体育教师专业发展丛书

BEIKE DE
MENDAO

备课的门道

于素梅 著

教育科学出版社
·北京·

出版人　李　东

责任编辑　欧阳国焰

版式设计　杨玲玲

责任校对　贾静芳

责任印制　叶小峰

图书在版编目（CIP）数据

体育教师专业发展"五课"门道/于素梅著 . —北
京：教育科学出版社，2020.9（2023.11 重印）
（体育教师专业发展丛书）
ISBN 978-7-5191-2283-6

Ⅰ.①体… Ⅱ.①于… Ⅲ.①体育课—课堂教学—教
学研究—中小学 Ⅳ.①G633.962

中国版本图书馆 CIP 数据核字（2020）第 151891 号

体育教师专业发展丛书
体育教师专业发展"五课"门道
TIYU JIAOSHI ZHUANYE FAZHAN "WU KE" MENDAO

出版发行	教育科学出版社			
社　　址	北京·朝阳区安慧北里安园甲 9 号	邮　编	100101	
总编室电话	010-64981290	编辑部电话	010-64989527	
出版部电话	010-64989487	市场部电话	010-64989009	
传　　真	010-64891796	网　址	http://www.esph.com.cn	
经　　销	各地新华书店			
制　　作	北京金奥都图文制作中心			
印　　刷	保定市中画美凯印刷有限公司			
开　　本	720 毫米×1020 毫米　1/16	版　次	2020 年 9 月第 1 版	
印　　张	80.75	印　次	2023 年 11 月第 3 次印刷	
字　　数	994 千	定　价	228.00 元（全套共 5 册）	

序

提笔给于素梅研究员的第三本新著《备课的门道》作序时，我想顺便谈谈自己对备课的一些感悟。

第一，体育教师用不用、该不该备课？其实，这个问题并不荒唐，这个问题实实在在困惑了许多体育教师，也困扰了我半辈子。我在日常的教学和讲学中，有时备课，有时也不备课。奇怪的是，不备课时，往往讲课信马由缰、海阔天空、一气呵成，效果极好，而认真备课，或极为认真备课时，甚至备课直至深夜时，第二天讲起课来却是磕磕绊绊、首尾不顾、忘东丢西、重复啰唆，效果平平，所以有时真觉得备课还不如不备课。

这就有了第二个问题，体育教师该怎么备课，备什么课？我现在悟来：备课也有"初级备课""中级备课"和"高级备课"之分。"初级备课"是一种"临时应急性备课"，是"短期备课"，它是备课的初始阶段和较低层次，是为了将一堂课完整地上下来的备课。"初级备课"大抵可以保证课的最基本质量，但却不是高质量。如果用装修房子作比方，那就是粗装修阶段，墙抹平、地磨平、打好隔断、安上门窗而已。"中级备课"是指把一堂课不断上、不断修正、不断淘汰、不断更新和不断完善的"中期备课"过程，它是为了较大幅度地提高教学质量的教材凝练和教学求精的方式。如果用装修房子作比方，那就是精装修阶段，地板装好、壁纸贴好、华灯安好。"高级备课"是指体育教师带着许多理论问题和教学问题，在社会和自然现象中去观察、去思考、去联想、去感悟的"长期备课"，对这种备课，很多人可能不承认是备课，殊不知这才是能够使课真正有高质量和特色的备课。如果还用装修房子作比方，那就是装饰房间的阶段，窗帘配好、家具备好、镜框安好、桌旗配好。第一种备课，谁都做，做得好就是合格的课；第二种备课，大部分人在做，做的情况差别很大，做得好的就是好课；第三种备课，小部分人在做，认真做的则更少，做好了，就是精品课、艺术课、大师的课。当然，还有一种"低级的备课"，那就是"为应付检查、应付教学管理制度的备课"，这种"备课"与提高教学质量的目的关系不大。现在的问题是，很多体育教师只是在做"初级备课"，甚至有不少人是在做"低级的备课"，这样的备课意义有限，甚至就毫无意义，因此教师要将备课不断地升级，不断地完善，有质量的备课多多益善，没有质量的备课不做也罢。

第三，备课的本质是什么？备课是写教案吗？当然是，也当然不是。精心的备课的成果必定要体现在精细的教案中，好的备课一定会有好的教案。但有了教案却未必就有了备课，有了漂亮的教案也未必说明有了认真的备课。好的备课一定是充满强烈责任心、广博知识、有创意的教学设计和对教学方法的不断斟酌的，好的教学设计一定产生好的教学计划，好的教学计划的"细胞"就是教案。但是，现在很多专家在写《如何编写教案》之类的书籍，很多基层体育教师也都拘泥于教案的格式怎样、教案的写法如何、教案的内容是什么，甚至教案应该有几行几列，等等。这些专家和教师在拘泥中，可能都忘了备课应该是要有教学的思想、教学的主张、教学的问题、教学的研究、教学的设计的，只有在这些基础上，才自然有了教案的技术，那时才知道教案的格式应该是怎样、教案的写法应该如何、教案的内容应该是什么，当然更自然地知道教案需要几行几列。

好了，回到《备课的门道》吧，于素梅研究员的书取名"备课的门道"，而没有取名"如何写教案"，想必是要告诉我们："备课"是一件科学的事，是件有思想的事，是件有技术的事，不是简单地写写教案那样的事，更不是像有些教师那样敷衍了事地准备准备就上课那样的事，甚至也不是我们过去一张嘴就是"三备""四备""五备"那样简单的事。"备课"要有走向学生需要的"门"，要有走向学生问题的"门"，要有走向学生兴趣的"门"，还要有走向教材的"门"。当然，还要有走向教法的"道"，走向安全的"道"，走向教育的"道"，走向因地制宜的"道"，走向因材施教的"道"，等等。这些都是体育教师，特别是一个好的体育教师应该努力去看清楚的"门"和

"道"。

于素梅研究员的《备课的门道》一书就是很想为大家点拨一下这样的门道，我为于素梅研究员热心为广大基层体育教师而做的这些努力和事情点赞！

再次祝贺"门道"系列体育教师专业发展丛书的又一本新著的诞生！

全国学校体育联盟（教学改革）主席

北京师范大学博士生导师、教授

二〇一六年春节于学院派

前　言

　　体育教师提高教育教学水平，加强专业发展至关重要，其中掌握"备课""上课""看课""评课""说课"这"五课"的技能更为全面、具体和必要。同时，这"五课"又是新课程改革以来，各地乃至全国体育教师基本功大赛、教学观摩展示活动、教师资格考试、教师招聘、教师教研等各级各类活动的重要内容和形式。然而，目前体育教师专业发展理论与实践相结合的专业论著尚不多见。经调查获悉，很多教师又十分迫切需要得到这些方面的理论与实践的指导。为此，笔者经过长期研究，设计并创作了有利于有效促进体育教师专业发展的系列论著，包括《备课的门道》《上课的门道》《看课的门道》《评课的门道》《说课的门道》五种。期望它们能够成为广大一线体育教师的良师益友，为体育教师成长与发展提供一些理论指导与方法借鉴，同时也希望能够为致力于体育教学及体育教师专业发展研究的研究者提供一定的参考。

　　"备课"，关键在于准确设计。体育教师对备课并不陌生，几乎每天与备课打交道。但是，从笔者当前所了解到的备课的现状看，体育教师对备课与教学设计、教案的关系问题的认识存在一定的模糊现象。尤其是，如何将课备得更加准确、合理，准备得更加充分，有利于在上课的时候从容应对，目前在备课环节还有一定的提升空间。基于此，本丛书也在"备课"如何准确设计、规范撰写上下了一些功夫。

　　"上课"，关键在于有效把握。就"上课"而言，有的教师能上但不会上；有的教师仅仅把事先写好的教案在课堂上演示一遍，课堂上新生成的东西不能灵活把握；还有的教师仅仅只顾教，而忽略了学生的学。尤其是新课程改革提倡培养学生的自主、合作、探究学习的能力，教师该如何在课堂上有效掌握并运用这些方式培养学生的学习能力，掌握有效的学习方法？基于此，为了提高体育教学的有效性，如何把握上课的门道至关重要。

"看课"，关键在于观察记录。无论是新任教师还是具有多年教学经历或积累有丰富教学实践经验的教师，"看课"是应掌握的基本技能之一。通过看课不但能够直接学习他人的教学经验，还能从中发现在上课的时候难以发现或感觉不到的问题。因此，"看课"已逐渐成为体育教师专业发展和教育教学能力提升的助推器。然而，不同的人或许有着不同的看课方法，那么，什么样的方法最有效？看课时的观察和记录该如何把握？常言说得好：会看的看门道，不会看的看热闹。掌握了看课的门道，不但在看课过程中能够有更多的收获，而且对评课或更好地上课都将起到一定的促进作用。

"评课"，关键在于多元视角。"评课"又分评说与评分，其中的评说是通过语言交流表达自己看到的、听到的、想到的等。评分通常用于评优活动中，以量化打分的方式呈现。就以语言交流方式进行的评课而言，大家有一种习惯，很多人都是从评优点、提缺点和提改进建议三个方面展开的。假如是一次集体的评课活动，采用这样的评课方式，往往会出现这样的尴尬情景：先评者滔滔不绝，后评者无话可说。因此，难以调动更多人评课的积极性。实际上，评课的方式有很多，可以从多个视角去评。如从归纳课的特点来评；按课的教学步骤一个部分一个部分地评；还可以从看课后得到的启发来评；等等。因此，掌握评课的门道对于拓展评课的思路与方法、提高评课能力等，都十分必要。

"说课"，关键在于清晰表达。"说课"重点要说课是如何设计的，将如何上。"说课"尽管不像备课、上课那样日常化，但是，说什么、怎么说等依然是体育教师应具备的专业技能之一。会说的，能够把握说课的节奏、内容和方法；不会说的，说了半天自己也没弄明白课为什么这么上而不那么上。由此可以看出，要想把课的设计说明白，需要一定的技巧，尤其是应重点说什么、说课内容呈现的顺序等都是需要掌握的。为了能够提高教师说课的水平，本丛书就"说课的门道"也做了重点的分析和研究。

本书重点讨论"备课的门道"，从"体育教师备课——理论准备"，到

"体育教师备课——实践方略"，再到"体育教师备课——困惑解答"，分析了备课常见现象，挖掘了问题存在的根源，重点探寻了有效备课的策略，理论与实践结合，文本与课堂互动，深入探讨了如何规范备课、有效备课。本书共分为三大部分，十五章，数十个案例分布在各章之中。第一部分"体育教师备课——理论准备"，包含"与备课相关的几个概念区分""体育教学设计范式及要素分析""体育教案命名的规范性""体育教案核心要素的取舍""体育学法指导从理论走向实践"五章内容。第二部分"体育教师备课——实践方略"，包含"体育教学设计基本要素撰写技巧与案例分析""体育教学设计核心要素——教案的撰写技巧与案例分析"两章内容。第三部分"体育教师备课——困惑解答"，包含"目标困惑：教学目标与学习目标有何区别""知识困惑：体育课堂健康教育知识如何传授""方法困惑：学法指导在体育教学中如何体现""差异困惑：体育课堂教学中学生差异如何关注""德育困惑：体育课上的品德教育应如何渗透""评价困惑：体育课堂学习有效评价如何设计""创新困惑：体育观摩课中虚假创新如何避免""场地困惑：大班额小场地的体育课如何规划"八章内容。

在本书创作过程中，作者尽管已经尽心尽力，但由于水平所限，难免会有不够完善的地方。对备课理论与方法的研究，尤其是就如何结合先有条件合理有效地进行设计等问题的探讨还有待进一步深入和强化。愿与广大读者和一线教师共同努力，为我国的体育教育事业发展多做贡献。

于素梅

中国教育科学研究院

2017 年 1 月 3 日

目 录

第一部分 体育教师备课——理论准备

第二部分

体育教师备课——实践方略

第三部分

体育教师备课——困惑解答

第八章　场地困惑：大班额小场地的体育课如

**　　　何规划　246**

第一
部分

体育教师备课——理论准备

备课环节把握得全面与否、准确与否、规范与否，都与能否上好课有着重要的关联。体育教师备课需要一定的理论准备。从明晰概念，到规范格式，到教案核心要素的取舍，再到体育学法指导从理论走向实践的方略，等等，都需要认真而全面地把握。该部分阐述了易混淆的几个与备课有关的概念，分析了体育教学设计的范式与要素，阐明了教案各核心要素的取舍方略等重要内容。

第一章　与备课相关的几个概念区分

"备课"是每一位体育老师都十分熟悉的一个概念，但当与教案、教学设计、教学计划等相关概念比较时，并非人人都能说得很明白。比如"备课"是否就等于"写教案"或做"教学设计"？"教学设计"文本是否就是一份"教案"的全部呈现？"教学设计"与"教学计划"又有何不同？假如这些概念及概念之间的关系处于模糊状态，无论是做好备课工作还是提交一份完整的教案等都难以达到尽善尽美。因此，厘清概念及其相互之间的关系十分必要。

一、备课是统称　设计在其中

老师们平常所说的备课，实际上是课堂教学前所做的一切准备性工作。如上课前需要我们有备课标、备教材、备学生、备场地、备器材、备方法、备防范等一系列思想认识上、操作行动上的准备工作。缺少任何一个环节，都直接影响教学的有效性。似乎备课与课的设计过程很相似，具有较强的关联性，但二者也不完全相同。

（一）备课标与设计

备课标，顾名思义就是要研读课标，了解课标对教师提出的一系列规定，把握课标对所教学段提出的目标要求，以及明确课标中呈现的课程基本理念，便于在课堂上贯彻落实。明确了课标，在进行教学设计的时候，就能够从总体上把握，把理念的贯彻落实时机或方法很巧妙地体现在设计之中。如要贯彻落实"帮助学生学会体育与健康学习"的基本理念，教师就需要在设计环节，把握好对学生听讲、观察、练习等学习环节的学法指导方式方法的设计。另外，在课标的实施部分，还有一些案例提示，认真研读课标以后，能够模

拟案例组织好课堂教学工作。因此，上好体育课的前提，首先是教师要对课标有较好的理解和把握。否则，有可能偏离正确的方向。

（二）备教材与设计

备教材，简单地说就是要吃透教材，认真研究分析教材的特点，把握教材的关键，尤其是把教材中隐含的运动乐趣充分地挖掘出来，将有利于激发学生的运动兴趣。在体育教学过程中，当看到示范错误、讲解错误、指导错误等各种错误教学现象的时候，我们的第一反应就是对教材的把握不到位。如小学跳跃练习——单跳双落，本来该教材是要培养和提高学生的跳跃能力，能够在跨越障碍的时候，采取单脚起跳双脚落地并缓冲的方法跨越障碍。教学关键点是要把握住如何跳得更高或更远。但是，很多教学并非如此进行，而是花费大量的时间，让学生练习不同形式或辅助性的单跳双落，结果有的本来能够跳得高一些或远一些的学生，由于受单双跳动作的练习限制，甚至出现不会跳的现象。实际上，在备教材的环节，教师们心目中还要有另外一个概念，即教材内容要有一个"教学化"的过程。同样的教材内容，不同的学段、不同的年级，甚至同一年级的不同班级，在接受这个内容的时候，都会有一定的差异，因此，备教材环节，要能够结合学生的实际考虑教材的"教学化"问题。这也是对教材进行深入分析和精心设计的环节之一。

（三）备学生与设计

备学生，实际上是了解学生情况，为合理组织教学做好准备性工作。学生是体育教学的主体，实际上，一切教学活动都是在为学生的发展而设计，对学生有充分的了解和把握，便于提高教学的有效性。然而，从课堂教学上的"走流程"现象不难发现，教师在备课环节，尤其是在教学设计环节，存在脱离学生实际单纯为教而备课的现象。教师很大程度上只是考虑到了自己讲解、示范、指导学生练习、提问、评价等的方式方法，而未考虑到学生应该如何听讲、如何观察、如何练习、如何讨论、如何展示、如何评价等。因此，我们通常所说的备学生，或者教学设计上的学情分析，并不是仅仅从学生的身心特点、运动技能基础、素质基础、兴趣爱好把握学生的基本情况，而是要用发展的、变化的眼光，动态把握学生基于这些特征和基础应如何让他们学得更积极、更有效等。这种对备学生的理解，实际上是站在了设计层面把握学生的学习的过程与方法。

（四）备场地与设计

备场地，一方面是说在上课前要对场地的形状、布局、特征等有充分的认识，另一方面就是要考虑该如何充分利用场地，合理地组织教学。不同的学校，场地质量标准、数量形状都各不相同，条件好的或许场地较大、类型较多，条件差的或许场地未达标，质地较差、面积较小。但无论如何，教师在教学前并不能对现有的场地进行改造或扩建，教师能做的是如何使现有场地发挥其应有的功能和价值。大而多的场地组织教学工作难度不大，小而少的场地难度随时都能显现。因此，在备课的时候，考虑其有效利用率十分关键。而事实上，在课堂教学中，并非所有的教师都在备场地这个环节下大功夫，有的甚至出现随意性现象。还有的大场地未能充分利用，如某校有若干个篮球场，可是，在学习篮球单手肩上投篮的时候，教师就仅仅把学生限制在一块篮球场地上学练。然而，在备场地环节，或者更进一步说，在进行教学设计的环节，还需要充分了解同一时间段上课的班级的情况，以便合理地设计组织形式，提高场地的有效利用率。

（五）备器材与设计

备器材，就是为课堂教学准备器材。体育学科有其特殊性，在学习诸多运动技能的时候，都会或多或少地用到体育器材，因此，对器材的数量、质量、安全保障等诸多问题都要有一个通盘的考虑。甚至哪些教学手段需要辅助器材的支持，如何制作或购置辅助器材，都是在备器材这一环节需要充分考虑和准备的。然而，备器材并非是准备工作的结束，而仅仅是开始。更为重要的是器材的合理运用，这就需要在具体设计上下功夫。甚至在课堂上发放器材、暂时回放器材，如何做到一物多用，何时需要辅助器材等都是需要精心设计的。体育教学中，我们经常会发现，有些教师在课堂上的器材摆放、使用都非常合理有效，这些是经过精心设计的结果。但我们有时也会在课堂上看到，发放器材费时太多，练习过程中，器材影响观察视线，甚至有安全隐患。因此，重视器材在课前的准备和设计十分重要。

（六）备方法与设计

备方法，不仅包括备教法，还要充分考虑学法。过去重教法轻学法的现象导致课堂教学中对学生学习有效性的忽视，一些教师只顾自己的教，结果有的学生在学、会学，而有的没有在学，还有的学而不会。因此，要能够从观念上转变，加强对学法的关注。备教法大家已较为熟知，因此强调一下备学法至关重要。备学法是要求任课教师根据以往的课堂观察总结学生的学法表现，会学的学生是如何学的，不会学的学生都在怎么学？从而找到学法指导的切入点。备方法除了充分考虑教法、学法，还不可忽视与教材的关联，因为，教材有易有难，按照学理研究大致分为会与不会有明显区别——较难的，会与不会没有明显区别——较易的，还有介于二者之间的。不同难度的教材无论是教法还是学法，都会有一定的区分。不同类型的教材，如田径、体操、武术、球类等，在教法的选择和学法的指导上也存在一定的差异。因此，从设计的角度，认真结合基础条件，充分规划如何教和如何学对能否实现有效教学十分关键。

（七）备防范与设计

备防范，就是要在如何不发生教学伤害事故上做充分的准备。过去大家都担心在体育课上发生伤害事故，但在备课的时候却很少考虑安全防范问题。如器材长期不用，质量变差，存在安全隐患，有可能在课堂上使用时让学生发生损伤。有的是一些具有危险性的器材，在使用前未能充分考虑其安全隐患。还有的是在组织练习活动时安全器材存在一定程度的安全隐患。如有教师在垫子上让四个学生两两相对站立，在统一口令下直体倒垫，做鱼跃前滚翻的辅助性练习。这种练习形式是十分危险的，万一两两头部相撞，很有可能出现脑震荡等严重突发事件。然而，除了那些未在安全防范上做充分准备者以外，有一部分教师防范准备工作做得比较充分，很值得借鉴。如一节小学的急行跳远课，在学生往垫子上做跳跃练习时，教师采取让学生交替踩垫子的方式，达到对垫子的固定，不至于因跳跃落地的刹那，垫子向前滑动而摔倒磕碰头部枕骨位置。还有的教师在进行这一教学内容时，事先准备了宽透明胶带，在布置场地环节，用宽透明胶带将垫子固定在地上，同样能够起到减少垫子在练习中滑动的作用。而事先准备宽透明胶带，考虑如何防范因垫子滑动而导致安全事故，这些过程既是备防范的具体工作，又是在设计环节必须把握的。

二、教案要呈现　备课是关键

前面我们重点从七个方面探讨了备课与设计之间的关联性，其实，教案和备课更容易被人们混淆。很多人会认为，备课就是写教案。事实上并非完全如此，备课的外延要比写教案大而广。

（一）备课是写教案的前提和关键

从现代汉语上来分析，备课和写教案二者都是动宾结构的词组，备即"准备"，写即"撰写"。"撰写"是为上课乃至上好课所做的文字性且专门的准备工作。"撰写"是能够看得见的伏案工作行为，"教案"是摸得着的物体。而备课既有能够看得见、摸得着的部分具体的准备工作，如需要自制某项辅助教具或去商场购置，也有隐含在教师内心的抽象的准备工作，如上观摩课前的自信心理暗示，上常态课前的烦躁心理安抚，等等。备课是撰写教案的前提，是能否写好、写透、写准教案的关键。但教学实践中，有个别教师将备课直接当作写教案，没有充分的准备工作，一说备课，就是拿起笔来写教案。没有认真研读教材，直接就是按照教材上的动作要领、教学方法建议搬到教案的某一部分。并不是说直接写教案不正确，只是缺少完整的备课这一环节的话，直接撰写的教案或许会存在这样或那样的问题。如明明知道学校有 50 个篮球，直接写教案的时候，全班 40 个学生上课，在场地器材这一要素栏目里就会直接写上篮球 41 个，即师生一人一球。练习手段和方法都按照一人一球设计。可实际上课的时候，篮球框里只剩下 20 个球了，原来是球被另一个班级提前借走了。结果，练习形式不得不临时改变，练习的密度和效果也就因此而大打折扣。假如在写教案的时候，能够提前对器材有一个充分的准备，在写教案上的场地器材内容的时候，就会变得更实际，练习形式也会在写教案的时候调整为 2 人一球的练习。因此，要想把教案变得更有效和真实，更能够发挥对教学的指导性，写教案前的备课工作少不得。

（二）教案是备课后的核心和文本

写教案最后呈现的是一份完整的直接可以指导教学的具体文本。更进一步说，教案是备课和写教案共同的成果。写教案包含在备课活动之中，二者最后都会以教案这一具体的文本呈现。但实际上，无论说备课还是说写教案，有的老师除了在备课这个环节不够重视，还有一些老师对写教案也未引起高度的重视。比如，有的是将自己上一学期或上一学年的相同内容的教案"割头换像"，把过去的教案进行复制、微调，然后当作"新教案"；有的直接从网上搜索相似或完全相同内容的教案，涂改个别信息就完成了"写教案"过程。更有甚者，有个别自认为"有经验"的老师，不写教案，课堂上"跟着感觉走"。这些做法，不但无法显示出"教案是备课后的核心和文本"这层关系，而且会导致很难将课上好。因为未经充分的备课环节，课堂上很难灵活把握学生的有效学习，这样也就会出现机械地走流程现象。

三、设计与教案　二者有分辨

写教案并不完全等于备课，那么，教学设计和教案是不是就完全相同了呢？实际上也不完全相同。假如将教学设计看作一个动词词组的话，教学设计就变成了一种行为操作方式，即对如何上好课的策划过程。既有对教材的深入研究过程，又有对教材的教法选择过程，还有对教材的重难点的把握过程。从这个意义上来说，教学设计的活动要比写教案的活动更加宽泛。假如把教学设计看作一个名词词组的话，大家能够看到的应该是一份完整的体育教学设计文本。教案应该是包含在这个文本之中的。如果从规范的角度来看，包含教案的体育教学设计文本才是最全面和具体的。但是，由于教师日常体育工作的忙碌、教学工作的繁重，要求每一位教师每天每节课都有一份完整的体育教学设计文本是不现实的。日常的教学设计文本要求大都停留在撰写教案上，而撰写完整的体育教学设计是所有类型观摩课的基本要求。如研究课，是给大家提供具有一定研究意义的课，并不会追求课上得非常完美，存在诸多问题，有时会更具研究价值。但这类课假如仅仅提供给大家一份教案显然是不够的。因为，参与研究者不能清晰地了解到单元计划，看不到任课教师对教材的分析和学情的分析，不能对设计的思路一目了然，还难以看到对安全隐患采取的方案措施，等等。因此，研究课在教学设计文本的呈现上要尽可能地全面具体，便于发挥研究的作用。

由此可见，进行教学设计与撰写教案既有本质的区别，又有必然的联系，教案包含在教学设计文本之中，写教案的过程是进行教学设计的必有环节。将二者完全等同和将二者绝对割裂都是不正确的。

四、设计与计划 不是一字差

对于体育教学设计和体育教学计划，也往往有人将二者混淆。从严格意义上来说，不是设计与计划中的"设"和"划"只有一字之差，而是二者有着本质的区别。从概念范围上来看，体育教学计划更为宏大；从内涵上来讲，体育教学设计更为聚焦具体的课堂。当然，二者也有一个关键性的连接点，即教案。在教学计划中大都将教案称为课时计划，教案和课时计划二者可以等同。

大家都很清楚，新课程改革以后，体育教学计划包含有水平的、学段的、学年的、学期的、单元的、课时的。是呈现从大到小，从宏观到微观，从宽泛到具体的递进过程。水平、学段、学年、学期更注重什么时间段教什么，是多项内容的教学时间分布，单元计划侧重于某一内容的课时分配，以及单元中的各课时要达到的目标和要解决的重难点设置。课时计划（即教案）所呈现的是某项内容如何教，教成什么样。以上这些都可以统称为教学计划，只是不同的阶段有着不同的计划形式和内容。体育教学设计显然大为不同，它直接指向的是某一节体育课，是对为什么要教，教什么，如何教，教成什么样的综合设计。是直接的微观工作呈现。分别对体育教学设计和体育教学计划有一个清晰的概念，便于做好各层面的教学文本准备工作。

或许有人会说，概念清不清晰，那是理论上的事情，与上课关系不大。不管能不能区分与备课相关的诸多概念之间的关联性和区别，都依然能够上体育课。但是，笔者认为，假如从理论上概念不清晰，备课、教学设计和教学计划、写教案等各项教学前的准备工作都难以融会贯通，那么就会影响到教学的有效性和质量的提高。因此，明确概念是做好教学准备和教学实施的前提和保障。

备课的相关概念

备课概念是统称，　教学设计在其中；
七大要素需记明，　设计重点要分清；
教案内容要呈现，　备课环节是关键；
撰写前提把握准，　核心内容是文本；
设计教案有不同，　前者工作要先行；
计划设计有差别，　设计指向是教学。

第二章 体育教学设计范式及要素分析

体育教学设计是有效进行体育教学的必备工作，但从当前一线教师的体育教学设计格式及内容来看，存在着一些误区和结构要素取舍的随意性现象。本章结合第一届全国中小学体育教师教学技能大赛中对体育教学设计的考核要求，阐述一下体育教学设计的范式，并对各要素进行必要性分析，为进一步规范体育教学设计工作提供一定的参考。

一、体育教学设计的定位

（一）体育教学设计不等于体育教学计划

体育教学设计是什么？它与体育教学计划是不是一回事？不同的人或许有着不同的理解，但无论如何理解两个概念及二者的关系，我们都需要首先厘清二者的含义及范围。实际上，体育教学设计是对课堂教学的总体规划与具体布局，需要对教学有一个总体的构思与分析，还要有一个具体的方案即撰写教案的过程。而体育教学计划是对学年的、学期的、单元的与课时的教学内容与时间等的分配与规划。二者的交合点是课时计划即教案。总体上来看，体育教学设计范围小且内容全而细，体育教学计划范围大且内容少而粗。因此，二者不能完全画等号，但二者又不是完全孤立、互不相干的。假如我们用图来表示的话，二者的关联性如图 1-2-1 所示。

从图 1-2-1 可以看出，二者交合部分是课时计划（教案）。因此，二者不是孤立的关系，但又不是完全重叠的关系，而是有一定交叉的关系，所以二者并不完全等同。

（二）体育教学设计不等于体育课教案

前面谈到体育教学设计不等于体育教学计划，但体育教学设计与教案能

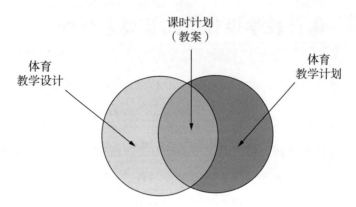

图 1-2-1　体育教学设计与体育教学计划的关系

否画上等号？对于这一问题的回答，显示也是"不能"。尽管现实中有人几乎分不清二者的关系，误认为二者等同，但这种认识是不全面的，是片面的。如在前几届全国中小学体育教学观摩展示活动提供的教学设计文本中，每届都会发现所提交的体育教学设计文本，首页是某某课体育教学设计，但具体文本内容仅有一份表格式教案。这种现象可以反映出，这些教师已经混淆了教学设计与教案的概念，或完全把二者等同了起来。实际上，二者是不完全等同的，尽管二者都直接指向课堂教学，教案只是教学设计具体化的主要内容，但有些内容是教案难以承载的。如教材分析、学情分析、安全防范等。因此，有必要厘清二者的逻辑关系，体育教学设计属于上位概念，体育教学设计的全部内容中包含教案。二者的相互关系如图 1-2-2 所示。

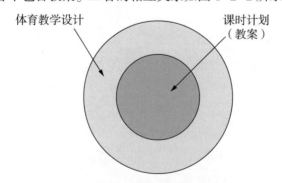

图 1-2-2　体育教学设计与教案的关系

从图 1-2-2 可以看出，体育教学设计与教案实际上可以看作包含与被包含的关系，教案是教学设计内容的最关键的部分。因此，二者并非等同。

（三）体育教学设计是对体育课堂教学的整体构思与具体规划

体育教学设计既不等于教学计划，也不等于教案，它是对体育课堂教学的整体构思与具体规划。从内容选择到方法的确定，从学情的分析到练习方式的安排，从场地的布局到教学的流程等，实际上是要通过设计阐明"教什么""为什么教""如何教"等一系列问题，而教案对"为什么教"基本上不涉及。因此，体育教学设计实际上是全面系统地对体育课堂教学的规划。因此可以说，教学设计全面而具体。由此可见，体育教学设计的存在是必要的，体育教学设计的操作需要有全方位的考虑，当一份教学设计完成了教什么、为什么教、如何教的阐述，甚至有的教学设计中还包含如何评的内容，我们就基本上可以认同这样的教学设计是较为全面的，是相对规范的。整体构思体现在指导思想、教材分析、学情分析、教学流程、场地器材布置、安全防范等要素的表述上，而具体规划主要体现在教案上，不但有课的每一部分师生活动的合理规划，还有课堂常规部分的每一项内容，更有时间、次数的合理分布等。因此可以说，教学设计并非全是构思，还有具体的操作，是想与做的结合，是设计与操作的综合体现。

二、体育教学设计范式及核心要素

比较规范的体育教学设计究竟是一个什么样的结构？包含哪些要素？这些要素存在的必要性何在？搞清楚这些问题，才是有效把握教学设计思路与方法的关键所在。

（一）体育教学设计存在的形式多样化现象

在对前几届全国中小学体育教学观摩展示活动的教学设计进行统计分析的时候，笔者发现，就体育教学设计的结构形式而言，多种多样，在要素的取舍上很少有完全一致的现象，如表 1-2-1 所示。

表 1-2-1　多样化的体育教学设计结构要素

案例	内容
1	课时计划（教案）
2	教材分析、学情分析、教案
3	指导思想、教材分析、学情分析、教案
4	指导思想、教材分析、学情分析、教学目标、教案
5	指导思想、教材分析、学情分析、教法学法、教学流程、教案
6	指导思想、教材分析、学情分析、教学过程、场地器材、教案
7	指导思想、教材分析、学情分析、教学流程、教学评价、教案
8	指导思想、教材分析、学情分析、教学目标、教学流程、场地器材、教案
9	《快乐木屐》设计思路：课的指导思想与构思、教学分析、教学目标、教学重难点、课的流程、场地器材；《快乐木屐》教案
10	本课设计的思考、教学内容、教学目标、学情分析、教学内容的重点与难点、教学特色、课的具体教案、课的流程、预计①、场地器材及布置

从表 1-2-1 中反映的情况来看，有将教学设计直接等同于教案的，有仅仅附加了教材分析与学情分析的，还有较复杂的把教学目标、重点和难点、教学特色等都写入设计之中的。另外，从 10 个案例中还可以看到，要素内容相同但要素名称不同。如教学流程，有的说成是课的流程；指导思想，有的说成是本课设计的思考；等等。总之，从这些案例中反映出教学设计结构的不一致性，缺乏相对统一的范式，还说明目前大家对体育教学设计缺乏相对稳定的认识。因此，研究体育教学设计的相对一致的规范模式，有利于更好地做好体育教学设计工作。

（二）体育教学设计的规范模式

从对体育教学设计的多种形式分析可以看出，概念不统一、结构不稳定，

---

① "预计"是案例中的原始表达，这一表格是呈现有这么多种教学设计结构要素表达形式，不代表其表述语言和形式完全正确。

甚至过于形式化的现象较为突出。因此，研究体育教学设计的规范模式十分必要。本部分通过归纳统计、专家访谈、逻辑分析等方式，初步为体育教学设计提出了一种结构模式，并在第一届、第二届和第三届全国中小学体育教师教学技能大赛中都作为一项重要内容，对一线教师进行了考核。其结构模式以"篮球运球"为例，如图1-2-3所示。

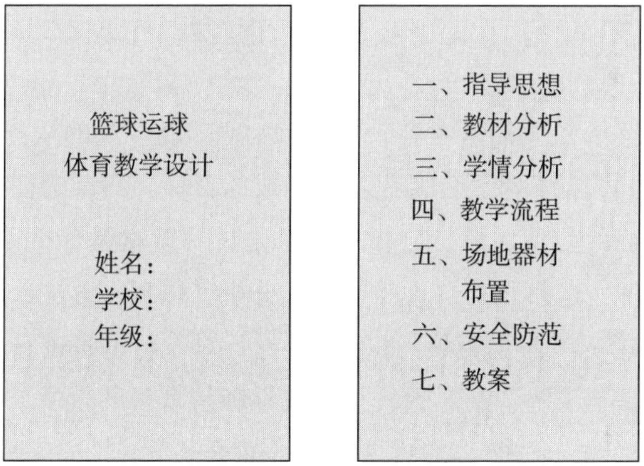

图1-2-3　体育教学设计结构模式示例

从图1-2-3可以看出，体育教学设计的若干要素中，实际上七个要素是必不可少的，即指导思想、教材分析、学情分析、教学流程、场地器材布置、安全防范、教案。其中，前面六个要素是从总体上对体育课的构思与分析，常常以文字为主呈现，而教案是教学设计的最核心部分，常常以表格形式呈现。教案中又包含教学内容、教学目标、重难点、课的结构、教师活动、学生活动、组织与要求、时间、次数、场地器材、练习密度、心率曲线、课后反思等要素。其中教师活动和学生活动，既包含教与学的行为，也包含教与学的方法。

（三）体育教学设计结构要素分析

在体育教学设计的若干要素中，每一个要素存在的必要性及要求是值得探讨的。

1. 指导思想

体育教学设计的首要要素一般都会阐明指导思想，这一要素看似具有一定程度的形式化成分，但缺少了该要素，体育教学就缺乏了明确的方向，尤其是要为体育教学寻找和确定教学的依据，往往都是以指导思想的形式反映出来的。由此可见，指导思想是不可缺少的。撰写指导思想的要求是：明确、清晰、有针对性。

2. 教材分析

体育教学教什么（具体内容）、为什么教（最客观的依据）、怎么来教（最适宜的方法），甚至教到什么程度（达成的目标）等都需要在教材分析中有一个较为明确的呈现。教材分析并非只是说明教材是什么、有什么特点，而是在全面了解所选教材的前提下，深入分析其依据、方法，以及与学生对应的目标。但有一点是明确的，体育教学设计对教材本身进行分析是必不可少的环节，凡是不了解、不熟悉教材的教学都是盲目的教学。基于此，在撰写教材分析的时候，要求写实了，写深了，写全了。

3. 学情分析

学情分析实际上大家并不陌生，但是，该要素撰写的形式化现象也比较明显，而且还有一个比较突出的现象就是脱离课堂，仅仅是就学生而说学生。实际上，上体育课最需要关注的对象就是学生，在对学生的情况进行分析的时候，不能仅仅停留在阐述学生的年龄、性别、生理和心理特点、兴趣、爱好等，可能有的还谈到了教材与学生的关联性，但这些都不是很全面。其中，缺乏一个最关键的内容，就是需要分析学生在以往体育课上的表现，即对学生学习行为的分析、学法的分析、学习态度的分析等。只有这样才能为更好地设计做有力的支撑。因此，要想写好学情分析，一定要与课堂关联起来，脱离课堂的学情分析很容易走进形式化的误区之中。甚至有的学情分析几乎写成了通用的，这种现象更需要避免。

4. 教学流程

教学流程有人表述为课的流程，实际上二者是有所不同的。就体育教学而言，课的流程是从课的开始一直到结束的各项活动的呈现顺序。而教学流程主要是具有教与学成分的环节的活动程序，因此，教学流程主要是针对体育教学的基本部分主教材的教学而言的。只要在教学流程要素下讲明主教材教学的各环节安排，就已经达到了最基本的要求。如天津小学的刘新建老师在跪跳起教学设计中的教学流程，是按照"跪撑前移—跪跳高—跪跳远—模仿练习—跳至一层垫子—跳至二层垫子—跳至三层垫子—跳至四层垫子—跪跳起"的顺序实施教学的，该流程很清晰。基于此，体育教学流程的关键是要把握好主教材教学的程序。

5. 场地器材布置

场地器材布置不同于教案上的场地器材，后者是数量和名称的呈现，而教学设计基本要素中的场地器材布置，却是用图示的形式把体育课上主要环节场地器材布置的情况绘制出来，体育课堂教学组织方式也就因此一目了然了。当然，不同的课场地器材布置有区别，但是，无论什么内容的教学，器材如何在场地上摆放是需要精心设计的，既要考虑美观，更要考虑合理、实用和安全。要充分考虑每一个器材在场地上摆放的科学合理，充分利用场地器材确保教学的有效性。如刘新建老师的那节跪跳起课的场地器材布置如图1-2-4所示。

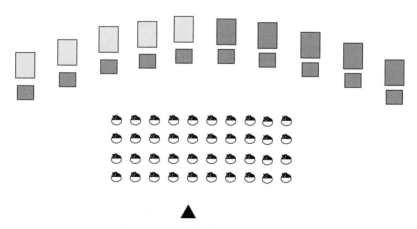

图 1-2-4　跪跳起练习场地器材布置

6. 安全防范

在过去的体育教学设计模式中，很少有安全防范要素，但该要素是必不可少的，尤其是在体育伤害事故发生后教师被认定为主要责任人的现实情况下，体育教师在教学设计环节充分考虑其安全隐患的防范措施十分必要。这样，一方面能够引起一线教师对安全问题的高度重视；另一方面，还能够充分防范安全隐患，做到最大限度地避免安全事故的发生。基于此，安全防范自然就成了不可忽视的要素。在撰写该要素的时候，需要从教材到活动、从场地器材到组织方式等多角度分析安全事故发生的可能性，做到防患于未然。而且，安全防范措施要求具体可操作。也就是说，不能只是以"注意安全"一类不具体的语言表述方式呈现。

7. 教案（课时计划）

教案作为教学设计的最核心内容，包含诸多需要引起人们注意和重视的要素，如教学目标、重难点、课的内容、师生活动、时间、次数、练习密度、心率曲线、课后反思等，每一个要素该如何把握都不可忽视。在撰写每一部分的时候，都需要明确、具体、科学、实际。尤其是实际，这几乎是对每一个要素的总体要求。任何一个要素的呈现如果脱离了课堂教学的实际，都难以达到规范与科学。如练习密度，有的教师在确定练习密度的时候存在想当然的现象。如在利用沙坑上跳远课的练习密度预计到60%，这是不太切合实际的密度，因为，任何一所学校跳远场地大都只有一个，最多也不过两个，因此，全班每个同学轮上跳三次、四次的很正常，这样的教学内容的练习密度往往不是很高，而预计60%则显然是脱离实际的。

体育教学设计不但在结构上还不够规范，而且各要素的呈现内容上形式化现象较为明显。每一个要素以何种撰写方式呈现才最为合理规范？这是值得深入探讨的，笔者将在下文中陆续展开讨论。

教学设计定位准，　结构范式看文本；

新课改后有不同，　元素构成区分明；

多多少少差别大，　理解不到结构差；

规范模式要记住，　必备内容七要素；

指导思想要写明，　把握方向最先行；

教材学情很关键，　分析深入又全面；

教学流程把握清，　简单明了图示中；

场地器材布置好，　教学效果常能保；

安全防范要到位，　保护方法要教会；

体育教案最重要，　规范撰写重实效。

第三章　体育教案命名的规范性

我们翻开任意一份体育教案，几乎都能首先看到一个名称，如"鹰狼团队""抗洪抢险""快乐的放牛娃""前滚翻""篮球——单手肩上投篮"等。不同的教学内容、不同的学段，甚至不同的教师都会选择不同的教案命名形式。但是，体育教案是否应该有个名称？应该有什么样的名称？哪些命名是不规范的？为什么会有个别一线教师在对体育教案进行命名时走进某一误区？如何命名才是相对规范的？以上种种困惑正是本部分要着力探讨的。希望通过对体育教案名称的归类及规范性问题的探讨，能够给一线教师对体育教案的命名带来一定的启发。

一、体育教案命名的必要性分析

体育教案是否需要一个名称？很少有人对此问题进行探讨，但通过对一线教师的访谈发现，有部分教师对此产生过困惑。因为他们看到有些教案有名称，有些教案并没有命名。笔者认为，给体育教案进行命名是必要的，主要从三个方面考虑。

第一，规范的体育教案名称应该是课的内容的高度浓缩，能够起到一目了然的作用。也就是说，看到某一份教案的名称就能马上知道该次课要教什么（或学生要学什么）。如，当我们看到"前滚翻"这样一个名称的时候，就会马上知道这节课是教前滚翻的；当我们看到"排球——正面传球技术"的时候，就会马上知道这节课学生要学习排球传球技术中的正面传球。

第二，规范的体育教案名称能够为组织者提供便利的分类依据，起到省时省力的作用。也就是说，当教育主管部门在组织教案评选活动或教学观摩活动时，首先需要对所报送的教案进行分类评选，如果教师所提交的每一份教案都有一个比较规范的名称的话，组织者就能够非常容易地将其按项目进行归类，易于组织评审工作。

第三，规范的体育教案名称还可以作为判断内容选择是否合理的依据，起到易于甄别的作用。教什么？教多少？甚至怎么教？在过去的体育教学大纲上都有较明确的规定。课程改革以后，《义务教育体育与健康课程标准（2011年版）》尽管未明确这些，但各水平段有着明确的教学目标要求，同时，为达到某一目标推荐了与之对应的教学内容。也就是说，我们从教案名称上就能够初步判断所选内容是否合理，是否切合实际。有的比较离谱的教案名称如"鹰狼团队"，不但不能明确学生要学什么，更不知道是否符合课标要求。因此，通过教案名称我们能够间接地判断教师是否具备体育教育教学基本技能。

当然，对于一份独立的体育教案而言，除了有名称，最好能够在相应的位置标注上是单元计划中的第几次课，这才是更加完善的。

二、体育教案名称的归类及特性

为了弄清哪些教案的名称是合理的，哪些名称是不规范的或问题突出的，笔者首先对已举办的几届全国中小学体育教学观摩展示活动的部分教案进行归纳与整理。经粗略对近200份中小学体育教案进行统计，将其名称大致进行了归类，结果如表1-3-1所示。

表1-3-1　体育教案名称归类

类型	教案名称	教学内容
情景比喻型	鹰狼团队	充电加油、打破坚冰、做大做强、得寸进尺、履带战车、诺亚方舟、龙腾盛世、集体跳绳、学跳竹竿、信任背摔
	我是光荣的消防兵	1. 学习消防兵救人与自救：（1）徒手抱人操，（2）徒手抬人操；2. 徒手抬人操接力赛；3. 救援任务；4. 抗洪抢险
快乐主题型	快乐篮球	篮球：行进间运球
	快乐的放牛娃	轻物掷准

续表

类型	教案名称	教学内容
明确目标型	做跆拳道少年 强身体素质	体验跆拳道文化：前踢动作+简单的礼仪+简单的裁判知识
	发展学生的投掷能力	玩椰子球
技术细化型	跑几步，单脚起跳用手或头触悬挂的物体	跑几步，单脚起跳用手或头触悬挂的物体
	小篮球行进间曲线运球	小篮球：行进间曲线运球
项目名称型	前滚翻	前滚翻
	太极功夫扇	武术：太极功夫扇
	踢毽子	踢毽子

通过归纳，笔者将其分为情景比喻型、快乐主题型、明确目标型、技术细化型、项目名称型五种类型。各类命名形式及其所反映出的特性分述如下。

（一）情景比喻型及其特性

情景比喻型教案名称如"鹰狼团队""我是光荣的消防兵"反映出了该教师用"鹰狼"比喻即将参与拓展训练的学生，用"消防兵"比喻即将投入"抗洪抢险"的学生。该类命名的突出问题是容易让人产生疑惑，甚至有人会不解地问："这是一份体育课教案吗?"这类命名形式主要是"情景教学"引入体育课堂以后出现的。由于情景教学多适用于小学或初中低年级学生，因此，情景比喻型的命名也应考虑学段的限制性。在初中高年级和高中学段的体育教案中出现情景比喻型的教案名称是不可取的。

（二）快乐主题型及其特性

快乐主题型教案名称如"快乐篮球""快乐的放牛娃"，反映出了以"快乐"为主题组织的教学活动。但从安排的教学内容来看，"快乐的放牛娃"这样一个名称与教学内容关联度不大，因为该节课组织的是投掷类项目学习，而放牛娃在放牛过程中需要投掷活动吗？除此之外，尽管我们一度引入日本的快乐体育，但快乐的体验主要是在参与学习活动的过程中产生的，题目上呈现"快乐"，学生未必就能真正地从教与学的过程中体验到快乐。而且，如果想以此类命名方法进行命名，也需要考虑是否是低学段和低年级，并非所有的学段都适用。

（三）明确目标型及其特性

明确目标型教案名称如"做跆拳道少年　强身体素质""发展学生的投掷能力"，主要反映了教师将该节课教学的目标呈现在了名称上，让人们一看到教案的名称，就能明确该节课主要是通过哪些项目的学习加强哪些素质或能力的锻炼与提高。这类命名方式并没有表现出比较突出的问题，但是，目前并不常见，从对教案的统计来看，仅仅有个别教师如此命名。也就是说，该类教案名称的命名并非主流方式。

（四）技术细化型及其特性

技术细化型教案名称如"跑几步，单脚起跳用手或头触悬挂的物体""小篮球行进间曲线运球"，主要反映出教师是用某项运动的具体技术甚至是组织方式来命名的。如后一种命名，首先我们判断是一节篮球课，其次是学习运球技术，具体地讲是行进间运球技术，而且并非是直线而是曲线运球。这样的命名方式比较直观，而且新课程改革前后都有不少教师采用此命名方式，新课程改革后表现更为突出。这类命名还有一大特点就是反映出了动作过程，如"跑几步，单脚起跳用手或头触悬挂的物体"。这类命名就目前教案名称分布情况而言，相对较多。但在命名时，部分教师有时容易犯过细或过于复杂的错误，也就是说名称的形式和内容的"度"难以很好地把握。

（五）项目名称型及其特性

项目名称型教案名称如"前滚翻""太极功夫扇""踢毽子"，都是直接用具体项目进行命名的。采取这类方式命名的较多，这在新课程改革前尤为突出。这类命名没有表现出较为突出的问题，但是，有时有些教师过于省事，就会出现不够具体的错误。因为并非所有的项目名称都能直接作为教案的名称。如篮球运动，作为一节篮球课，我们就不能在教案的名称上仅写"篮球"，因为篮球运动是由诸多技术、战术构成的，而且一节篮球课是不能把所有技术、战术教完或学完的。因此，仅以项目名称作为教案名称是有选择性的，有的需要细化到具体技术或战术。

三、体育教案命名的主要误区及成因

新课程改革后，部分体育教师在给教案进行命名的时候往往步入一个误区：追求新奇。由于部分教师缺乏对"创新"含义的深刻解读，就会在教案形式上尤其在教案的名称上大做文章，绞尽脑汁起一个新奇的名字，结果出现一系列的问题。诸如文不对题、主题不清、目标不明等。如类似于"鹰狼团队""抗洪抢险""我是光荣的消防兵"等，丝毫看不出体育课程的特性。

另外，还有一个比较突出的原因就是，迄今为止，规范的体育教案名称应该是什么样的，一线教师尚缺乏相对明确的概念，因为几乎没有任何一个专家或学者对此有指导性的建议提出，致使教师只有凭借自己的经验或喜好对体育课教案进行命名，至于是否规范，或许他们从未考虑过。

实际上，尽管目前尚未引起人们对教案名称问题研究的关注，但规范体育教案命名是十分必要的，如何命名才算规范呢？笔者通过咨询部分专家、访谈一线教师、分析现有教案存在的问题，并进行理性分析，提出了几点粗浅的意见。

四、体育教案命名的规范性探讨

规范的教案名称在命名的时候需要考虑既简明、准确，还要具体，这也是给体育教案命名的核心标准。

（一）简单明了的表达是最佳形式

作为教案的名称，从形式上来讲长度应该是越短越好，就如同文章的题目要限制在多少字以内或最好不超过多少字的要求一样，短小精悍的题目要比拖沓冗长的题目更易于让人接受。因此，如果要给教案进行命名的话，最好是简单明了，只要能表达出某节课的教学主要内容，能简化的尽量简化，达到教学内容的高度浓缩。如"前滚翻""踢毽子"等非常简单，再减少一个字就失去了完整性，再多上几个字也未必清晰，有时反倒多余。如前面所举的例子"做跆拳道少年　强身体素质"，该名称完全可以简化为"跆拳道"，或最多增加几个字，把该节课要学的跆拳道的某个技术名称写上足矣。基于此，建议在给教案命名的时候，把表述简化到最理想状态，争取做到"字字千金"，只有这样才能有简单明了的最佳形式。

（二）准确到位的术语是核心内容

简单明了固然需要，但是，就内容体系而言，我们更需要考虑一节课安排的主要内容是什么，为了确保简单明了的命名，因此，术语的选择和确定需要准确到位，也就是说要把该节课的核心内容呈现出来，并做到恰到好处，尤其是有多个技术或技术环节组成的独立项目或成套连贯项目，我们都需要考虑到在简明的前提下尽量准确到位。如武术课，我们如果简明到只用"武术"二字作为名称的话，我们不能明确该节课要学习武术基本功还是套路，是器械套路还是徒手套路，是套路中的哪些动作等。当然，"武术"和"前滚翻"并非同类，前滚翻是以几个技术环节自称的独立技术，是属于体操类项目的一项技巧运动，而武术是一项民族传统项目，武术本身内容繁多，是一节课甚至是几节课都难以完成的，因此，如果仅以"武术"为教案命名的话显然不够准确到位。作为武术教学，某节课的教学内容主教材的学习不可能太多，即便是有复习有学习的时候，我们应以"学习内容"作为命名的考虑重点，基于此，对于准确到位的理解，要根据项目类型来确定，但无论如何，不产生歧义、不表现离奇、不过于烦琐等都将成为简明、准确、具体的规范性教案名称的基本要求。由此，从形式和内容的综合层面上考虑，最佳的或是具有规范性的体育教案的命名应该是既简明、准确，又具体。

当然，对于体育教案而言，仅有规范的命名还很不够，目标确定如何增加可操作性？如何使教案的格式更简单明了？组织形式怎样安排才更科学？教案呈现的是教与学的活动还是教与学的方法？诸多问题，更是一份好的规范的教案所不可忽视的重要理论问题和实践问题。

体育教案命名的规范性

体育教案有名称，　依据内容有不同；
新课改后类型多，　形式不同创新说；
情景比喻占主导，　脱离实际并非好；
项目命名最常见，　细化内容是关键；
教案名称有要求，　简单明了不用愁；
准确到位把握早，　模棱两可要减少。

第四章 体育教案核心要素的取舍

当我们任意翻开一份表格式体育课教案，可以看到有很多要素组成，诸如教学内容、教学目标、重点和难点、教师活动、学生活动、组织与要求等。为了研究的便利，笔者将表格式教案分为前、中、后三个部分。其中，前一部分包括年级、班级、人数、教材内容（或教学内容）、重点和难点、教学目标等；中间核心部分包括课的内容、教师活动、学生活动、组织要求、时间次数等；后一部分包括场地器材、练习密度、预计负荷、课后小结（或课后反思）等。本书主要对中间核心部分要素的取舍问题进行研究，旨在为进一步规范体育教案的撰写提供参考。

一、体育教案核心部分要素归类与分析

新课程改革以后，体育课除了在教学中发生了诸多变化以外，在教案中也同样呈现出与课程改革前很大的不同。尤其是教案中的核心部分要素的变化更为突出，与课程改革前的教案相比，该部分究竟有什么变化？笔者就此对全国体育教学观摩活动报送的教案进行了粗略的统计与分析，针对教案的中间核心部分的要素进行了归类，结果如表 1-4-1 所示。

表 1-4-1　教案核心部分要素

类型	教案核心部分要素						
	案例	内容	教师教	学生学	组织与要求	运动量	其他要素
传统格式类	1	教学内容	教师活动	学生活动	组织与要求	时间次数	
	2	教学内容	教师活动	学生活动	教学组织	时间次数	

续表

类型	教案核心部分要素						
	案例	内容	教师教	学生学	组织与要求	运动量	其他要素
内容缺失类	3		教师活动	教与学	教学组织与要求	时间次数	
	4		教师活动		组织与学习		
师生活动缺失类	5	教学内容			组织教法及要求	运动量	
	6	课的内容			组织教法学法与要求	运动量	
组织要求缺失类	7	学习内容	教师指导	学生学习		时间	达成目标
	8	课的内容	教师活动	学生活动		预计程度	
运动负荷缺失类	9	教学内容	教师活动	学生活动	组织形式		
	10	课的内容	教师指导活动	学生主体活动	组织		
新增要素类	11	内容	教师指导	学习活动	组织要求	时间强度	教育结合因素
	12	学习内容	教师指导	学生学习	组织	时间	达成目标

从表1-4-1中可以看出，新课程改革以后，教案的核心部分的要素出现了多种多样的增、减、变的情况，笔者将其归纳为传统格式类、内容缺失类、师生活动缺失类、组织要求缺失类、运动负荷缺失类和新增要素类六大类。将其进一步归类，可以归纳为要素不变、要素缺失、要素新增三大类型。进一步分析如下。

其中，传统格式类主要是继续沿用课程改革前大家都熟悉的几个要素，包括教学内容、教师活动、学生活动、组织与要求、时间次数。这几个方面基本上能够反映：某次课具体要教什么；师生在教学过程中的各种教与学的活动有哪些；如何组织的这些活动；各种活动提出了哪些要求；每部分每项活动所用的时间，各项练习安排多少次。这些要素，能够让人们清楚教的什么，怎么教的。这也是最基本的信息。

部分要素缺失的类型中，集中反映了以传统类型为参照的个别要素的缺失情况。统计结果显示，目前的体育教案中四类要素均出现缺失，但这些要素的缺失现象，基本上不集中在同一份教案中，有的缺少了课的内容要素，有的缺少了师生的活动，有的未写组织要求，还有的缺少了时间次数。无论出现哪种情况，教案都显得不够完整，如有一份教案的核心要素是"教师活动、教与学、教学组织与要求、时间次数"，缺少了课的内容，显然是不完整的。更有甚者，不但缺少了课的内容，还缺少了学生的活动与时间次数。而缺失其他几种要素也是不可取的。

在个别新增要素类型中，如案例 11 和案例 12 中，分别新增了"教育结合因素"和"达成目标"。但"教育结合因素"新增的原因以及该因素的确切含义尚不十分清楚，新增的价值意义何在？这都是值得思考的。

二、体育教案核心要素取舍依据

体育课教案无论是哪种形式，包含多少要素，都存在着要素的取舍问题，但究竟该如何取舍，下面重点从必要性讨论要素的确定问题。

一份完整的教案究竟应该包含多少要素？哪些要素是必要的？这是撰写教案的前提。必要即不可缺少，是一份规范的完整的教案所不可或缺的。那么，哪些是不可或缺的呢？

（一）教什么、为谁教的各要素的取舍

要想通过一份教案了解一节课要教什么、为谁教。课的基本信息要具备，即年级、人数、性别、单元课次、教学内容、教学目标和重点与难点。如果

没有这些基本的信息，教学对象就会不明确，也就难以确定教学的目标，更难以确定教学的手段和组织方法。因为，年龄不同运动基础不同，不同人数组织形式不同，不同性别兴趣爱好不同，等等。假如没有单元课次，就难以把握教学进度，从哪里开始教、教到哪里就会变成一个模糊的概念。教学的内容、目标、重点和难点也是不可少的，如果没有这三大要素，就不知道是一节什么课，也不知道要教到什么程度，更不知道主要解决什么问题，等等。因此，假如一份教案基本信息不全面，就不能算是规范的教案。但是，当前教案缺少人数和性别的现象较为明显。

（二）怎么教、怎么学的各要素的取舍

了解一节课要怎么教、怎么学，课的核心要素不可缺少。诸如：分几个阶段，一般都采用三段式或四段式；课的内容，包括各部分都做什么；师生的教与学的各种活动，有的用教师活动、学生活动，也有用其他表达方式的，但无论如何表达，是要在教案上表明教师要做什么，学生要做什么，否则，就难以明确课上师生的教学活动以及是否合理，课堂组织也就无从谈起；还有就是课的每一部分或每一项活动所对应的时间和次数，如某项练习的练习次数和时间分布情况。这些要素是否完整，表明课是否具有可操作性。

（三）用啥教、教成啥的各要素的取舍

了解一节课用什么教、教成什么样，需要通过场地器材、练习密度、运动心率曲线、安全防范等来呈现。几乎所有的体育课都要用到场地与器材，只是所用的场地类型、大小不同，器材类型和数量不同而已。如果一节体育课在教案上未能明确用什么场地与器材，就很难判断教学组织方法是否合理。在此值得说明的是，呈现在教案上的器材最好是与课有直接关系的，如"篮球"，那些处于间接地位的辅助器材无须呈现，如推球用的"球车"可以不写在教案里。体育课程是能够增强体质、增进健康的课程，因此，体育课上要有一定的练习密度，并安排适宜的运动负荷，且运动心率曲线峰值所处位置合理。假如缺少练习密度和运动心率曲线预计，也就难以从教案上看出课的合理性与科学性。体育课的安全事故的有无与安全防范措施是否及时与得力有着最直接的关系，一份规范的教案必定要有对安全隐患的防范措施。因此，"安全防范"这一要素也是必不可少的。但现实是，有该要素的教案还并不常见。

（四）课后反思要素必不可少

课后反思（或课后小结）是在过去的教案中几乎都有的要素。该要素存在的必要性并非被人们所熟知。因为，很多时候所看到的课后反思或多或少地带有应付的成分，说明为什么要写课后反思、如何写课后反思还不是十分明了。这种情况下写出来的课后反思也就缺乏实际意义。课后反思不仅要写出该课存在的问题，还要分析教案的撰写是否有不当之处，通过教学进一步了解教案有哪些需要改进的地方，以及如何完善等。课后反思之所以必需，还在于是教师专业发展的助推器，便于对教学经验进行总结。只有经过不断反思才能找到更好的完善和努力的方向。

三、体育教案核心部分要素应取与可舍部分分析

目前，从表格式体育教案的变化来看，有些教师可能看到如此多样的变化不知该如何做，甚至不知道哪些必须有、哪些可以有。基于此，笔者对核心部分要素的取舍问题做一讨论。

（一）体育教案核心部分的应取要素

1. 课的内容

此处的内容是指课中安排的具体内容。目前，不同的教案中有不同的表达形式，如分别出现过"课的内容""教学内容""学习内容"等，为了与教案前一部分的"教学内容"进行区分，最好在核心部分的要素中运用"课的内容"的说法，因为，该部分的内容不单单包含有教学的内容，还有课堂常

规、准备活动或放松活动的内容，因此，采用"课的内容"这一说法较为准确。当然，不同的阶段会有不同的内容安排，就开始部分来讲，课的内容以课堂常规为主，集合整队，安排见习生，宣布教学内容、任务、要求等。准备部分主要是准备活动的内容。如徒手操，有徒手操的名称；游戏，有游戏方法、规则。有的课在准备活动前面还会有队列队形练习等。基本部分的课的内容，新授课主要以动作要领为主，复习课主要以动作名称为主，有的安排体能素质课课练内容的将课课练的名称写上。而结束部分的课的内容一般比较简单，包括整理活动和课堂常规的内容，如有的教案上写着"一、整理活动；二、集合整队；三、教师小结；四、宣布下课等"四项内容。总之，就课的内容来讲，这一要素既是核心部分的首要要素，又是必不可少的要素。因为，后面的各要素都要以该要素为依据安排。

2. 教师活动

在教案上教师活动已经出现过多种表达方式，如有的是用"教师教法"或"教法"等代替。教师活动在教案中是必不可少的，因为离开了教师教的活动就无法称其为"教学"。问题在于，新课程改革后，出现了该要素的缺失现象。如表1-4-1中的案例5、案例6未能将该要素列举出来，而是整合在组织与要求里，分别称为"组织教法及要求"和"组织教法学法与要求"。

从该要素包含的具体内容来看，教师在课堂上要做什么、怎么做都应该是教师活动的内容。如讲解、示范、巡回指导，以及讲解的方法、示范的方法、指导的方法等。新课程改革后，该部分内容有的用教师教法或教法代替了教师活动，从严格意义上来说，是缩小了教师活动的范围，仅仅强调了教师教的方法，实际上应该是教师教的行为以及教的行为呈现的方式，因此，用教师活动会更全面些。

3. 学生活动

由于教学是教师教和学生学共同组成的双边活动，因此，在教案上有教师的活动就应该有学生的活动与之对应。学生的活动自然就应该包含学生做什么和怎么做。如听讲、观察、练习，以及如何听讲、如何观察和如何练习等。但是，新课程改革后有些教案中学生活动有个别缺失现象，如表 1-4-1 中的案例 5、案例 6 中就未把教师活动和学生活动单列，案例 6 中只是把教法与学法合并在组织与要求之中，而案例 5 中只整合了教法，缺乏学法的内容。另外，案例 4 中只有教师活动没有学生活动，也没有要求，只是提出学习，即用"组织与学习"的要素形式呈现。

整个基础教育的课程改革都更加强调关注学生的学习，不但让学生学会，还要让学生会学，因此，在教案这一重要教学文件中就应该明确地将该部分内容写出来，不但要写，而且要写得更加完善和清晰明了。因此，规范的教案中学生活动要素是不可缺少的。

4. 组织与要求

体育教学的组织所呈现的是课堂上教师、学生、场地、器材等的相互关系。其中包括做某一个练习时学生如何站位，教师最合适的位置；做器械运动时，器材在场地上的摆放，以及学生与器材的距离；等等。在教案上，师生、场地器材的关系处理是以图示的形式呈现的。清晰完整的图示能够让人一目了然，仅从教案组织这一项内容上就能明白该次课的队形变换、场地器材的布置与使用、分组练习的形式等。目前有采取照片、电脑制图、手工绘画火柴棒式的简图等形式，也有运用圆、三角形等多种符号代表组织中的各种结构元素的，但无论如何呈现，教案中"组织"是不可缺少的。

"要求"在过去最常见的是出现在开始部分的集合整队的"快、静、齐"，准备活动部分的"动作舒展、到位"，基本部分的"精力集中、注意安全"，结束部分的"充分放松身心"等内容。其实，这些要求的提出作用并不是很明显，尤其是"注意安全"的要求，怎么注意安全，哪些活动中应该注意安全，如何才能避免安全事故等都不够具体。因此，"要求"不但要有，而且要更加具体些。如果不具体，该要素就变得可有可无了。但是，对于体育教学而言，随时随处都有可能发生伤害事故的危险。如篮球教学如何固定好暂时不用的球，才不至于散乱在活动场地发生踩球损伤；跳远课上如何提示双脚落地动作才不至于动作错误产生扭伤，甚至骨折。除此之外，所谓具体，就是要求提出以后，学生明白做什么、如何做。例如，教师示范的时候，所提出的要求并非只是主要观察，而是要写清楚让学生重点观察什么、怎么观察等。

"要求"这一要素以前在教案中除了有形式化、不具体现象，还有些教案上根本就未提及要求。如有一份初中一年级的实心球课教案，任课教师设计的教案核心部分的各要素是"教学内容、组织与教法、过程目标"三个内容；有一份篮球教案中核心部分要素由"教学内容、教师活动、学生活动、过程目标"四个内容组成；还有一份跨越式跳高教案中核心部分要素是"时间、教学内容、教师活动、学生活动、教育渗透"五个内容。从以上所列举的教案中的核心部分要素来看，都没有提及"要求"，都是不完整的。

5. 运动量

新课程改革后可以说变化最大的就是教案中的运动量（时间、次数、强度）的缺失，大部分教案中都没有注明时间、次数、强度等几项内容。实际上这是一种错误的现象，因为，缺乏了时间、次数和强度，课堂上各部分活动的组织就显得过于随意，甚至是不科学、不合理的。每个活动占多长时间？每项练习多少次？要求多大强度？这些都不能跟着感觉走，而应有较为严密的控制，因此，教案上该部分内容是不可缺少的。

然而，从对教案的进一步分析可知，目前存在着无运动量要素、有运动量的部分要素、有完整运动量要素三种类型的教案形式，进一步归纳，如表1-4-2所示。

表1-4-2 关于有无完整运动量要素的教案统计

类型	课的内容	核心部分要素
全无型	合作跑	教学内容、组织及教法、过程目标
时间型	跨越式跳高	时间、教学内容、教师活动、学生活动、教育渗透
次数型	迎面接力	教学内容、教师主导、学生主体、组织形式及要求、次数
时间次数型	技巧组合	教学内容、时间次数、教法指导、组织与要求
时间强度型	跆拳道	课的内容、组织教法与要求、时间、强度
全有型	快速跑	教学内容、次数、时间、强度、教与学的活动、组织与队形

从表1-4-2可以看出，运动量的呈现内容出现了各种各样的类型，经统计发现，既有全无型，又有单项元素型、两项元素型，有少数三项全有型。就体育教学而言，上面已经分析了时间、次数的必要性，因此，教案中的运动量中应该至少保留时间、次数两个要素，但最好能够三项都有，会显得更加完整。如果只保留其中的一项或甚至什么都舍弃，那显然是不合理的，也是不规范的。

综合分析来看，以上教案核心部分的五大要素是不可缺少的，只是个别教案出现了要素整合现象。关于整合要素，主要是师生活动与组织要求的整合较为多见。从形式上来看，要素个数少了，如"教学内容、教师活动、学生活动、组织与要求、运动量"五项变成了"教学内容、组织教法与要求、运动量"三项，但实际上在具体内容的撰写时，"组织教法与要求"变得更加复杂了。有时候教学中教师的具体活动、学生的具体活动以及师生教与学的方法在"组织教法与要求"栏目中就显得内容顺序安排难度加大。因此，笔者建议按照五项要素撰写教案为宜。

（二）体育教案核心部分的可舍要素

分析了体育教案核心部分的哪些要素"必须有""可以有"的情况以后，还需要对那些"可以无"的要素进行一下分析。新课程改革后，个别教师为了追求创新，在教案的格式上做了些文章，表现在教案核心部分各要素上的变化，有的是在原有的基础上减少了部分要素，有的是在原有的基础上新增了要素，还有的是变换了要素。这些现象通过分析，有些要素减得不合适，因为他减掉了不该减的关键内容，如时间、次数等。相反有的增加了没有必要增加的要素，如表1-4-3所示。

表 1-4-3　部分体育教案核心部分变换或新增要素案例

类型	课的内容	核心部分要素	变换或新增内容
变换型	弯道跑	教学内容、时间次数、教法指导、组织要求	教师活动、学生活动——教法指导
	篮球	教学内容、教师活动、学生活动、执行情况	组织与要求——执行情况
新增型	投沙包	教学内容、次数、时间、组织教法与要求、素质目标	素质目标
	旱地划龙舟	教学内容、教师活动、学生活动、组织要求、情景设置	情景设置
综合型	跨栏跑	教学内容、组织要求、教师主导、学生主体、时间、次数、阶段目标	教师活动——教师主导 学生活动——学生主体 阶段目标
	跳竹竿	教学内容与步骤、学习要求、实施的预期目标、组织形式	课的内容——教学内容与步骤 学生活动——学习要求 实施的预期目标

从表 1-4-3 所呈现的各种变换、新增和综合三种类型的核心部分要素的变化可以看出，新课程改革后出现了各种各样的创新形式，但这些变化是否是必需的呢？这需要对发生变化的要素的合理性进行分析。

1. 从变换型看可含要素

就变换型的情况来看，弯道跑教案中将教师活动和学生活动综合在教法指导这一项内容之中，问题在于，教法指导的含义是什么？教法指导是对谁进行指导？体育教学中有学法指导，而且学法指导明确指向的是学生，因此，体育教学中的教法指导提法本身是不确切的。另外，教学过程中既有教又有学，既有教法又有学法，因此，仅仅用教法指导难以涵盖教与学活动及教与学的方法，是不恰当的。采用原来的教师活动与学生活动会更完善些。

在篮球案例中的要素变换，是将组织与要求变换成了执行情况，这显然也是不恰当的。如果说能够用执行情况代替原来的组织的话，那么执行情况中却难以包含"要求",而教学中的具体要求是必不可少的,只有有了具体明确的要求,课才能更加有效与安全。

2. 从新增型看可舍要素

表1-4-3所列举的新增型的两个案例中,都出现了新增要素。其中,投沙包课的核心结构中出现了"素质目标",旱地划龙舟课中出现了"情景设置",要想看这两个新增要素的取舍问题,我们需要首先看一看二者的含义及对应的内容。素质目标与教学目标相比范围更小了,而且并非教学中的各个环节都能有非常具体的素质目标,作为素质目标完全可以在一节课中的教学目标里面呈现,本来在教案前一部分教学目标中制定出具体的素质目标都是一件相对困难的事情,因此,在教案核心结构中新增素质目标更有可能流于形式,更难以使该目标具体化。如任课教师在基本部分确立的素质目标是"培养学生主动参与的意识和创新精神,能相互交流和友爱合作",这样的素质目标要求是不具体的,难以评价的。因此,新增"素质目标"是不可取的。

另外,在旱地划龙舟课教案中出现了"情景设置",对于体育教学而言,只有情景教学课才会出现情景设置问题,而且情景的设置应该是在教学设计中出现的,或是说贯穿课的始终的一种情景教学法。但就目前课例中的情景设置内容来看,如在准备部分的情景设置有"学生自荐编领'浆'操、学生齐喊口号"等,可以看出,该内容完全可以被放置在学生活动之中。因此,单列一项"情景设置"是不妥的。

3. 从综合型看可舍要素

前面对变换与新增两种类型的核心部分要素的可舍问题进行了分析,结果表明,以上教案中出现的变换与新增的要素不够合理,那么综合型的情况如何呢?新课程改革后,有些老师不但想到了把课程改革前的核心部分要素名称进行变换,还想到了增加新的要素,如表1-4-3中的跨栏跑和跳竹竿两个案例就是如此。跨栏跑的任课教师在撰写教案的时候,把原来通常采用的教师活动变换成了教师主导,把学生活动变换成了学生主体,也就是说用师生的主导与主体取代了过去的师生活动。实际上这样做也并非十分合理,因为，主导与主体是说教师和学生在教学活动中的地位或作用，是一种定位，而非具体的活动或活动的方法。跨栏跑中新增的阶段目标，并非十分必要，因为并非体育教学活动中的所有内容都有目标对应，而有的活动是为达成目标服务的，因此阶段目标在教案核心部分中可以不增设。

跳竹竿教案中，任课教师是把课的内容变换成了教学内容与步骤，学生活动变换成了学习要求。关于核心要素中是用课的内容还是教学内容，前面我们已经做了专门讨论。把学生活动变换成学习要求，是把学生活动的内涵缩小化了。其实，学生在教学活动中要做什么、怎么做，绝非仅仅用"学习要求"能表达清楚的。至于跳竹竿教案中出现的实施的预期目标与跨栏跑中的阶段目标大同小异，因此，放在教案的核心部分要素里面也是不可取的。

体育教案中应该包含多少要素，哪些是必不可少的，哪些是可有可无的，哪些是最好舍去的，经过对新课程改革后出现的各种体育课教案类型进行分析，可以发现发生了很多的变化。尤其在教案核心部分的各要素上，教师们做了很多的尝试。诸如要素名称发生变换、新增一些要素等现象比较突出。但就体育教案的完整性与规范性而言，通过分析可以发现，课的内容、教师活动、学生活动、组织与要求、时间、次数、强度应该是不可缺少的。如果要考虑创新，一定不要忘记变换的前提和合理性，以及新增的必要性等。如果变换后不能完整表达，或新增后显得多余，撰写难度加大且意义不大，不如保持传统的教案格式。此外，创新并不完全集中在教案形式上，体育教学有创新的理念、创新的方法等都是可行的，单纯追求形式上的创新是缺乏实际价值的。

四、体育教案核心部分要素内容取舍的方略

体育课教案各要素一旦确定之后，每一个要素具体呈现在教案中的内容表述方式至关重要，既要把握准确性，还要体现合理性，更要符合规范性。然而，如何才能达到这样的要求呢？下面谈一谈体育课教案核心要素内容取舍的具体方略。

（一）反思：传统要素内容的规范性

写教案对于一线教师来讲，已经是相当熟悉和熟练的工作了，但是，教师们有没有静下心来仔细想一想，在过去的教案中，哪些要素内容写得比较得心应手，且符合要求？哪些要素内容撰写的时候还带有一定程度的不确定性，甚至还存在困惑？以及能否确定其规范程度？要能够弄清什么是规范的，即规范的标准是什么。如有困惑，要明白困惑的根源是什么，如何才能消除困惑。尤其是教案中如有困惑不可永远困惑着。

具体而言，就教案核心要素内容的规范性而言，可以用准确、具体的表述来呈现。如，"教学目标"的规范撰写，不仅要准确设定好目标维度，如可以采用知识技能学习目标、体能素质锻炼目标和情感品格培养目标三个维度，还要能够使各维度目标内容具体可操作，如在知识技能学习目标维度中找到"课题、条件和标准"三个关键词所表达的含义。其中，课题是要学习和掌握的知识技能（如学习篮球传接球技术），条件是目标在什么情况下完成的（如两人相距 3 米原地传接球），标准是目标实现与否的评价标准（如连续传接 10 个回合以上）。又如教案核心要素中的"课的内容"，规范的写法应如下：（1）课的内容表述全面；（2）准备部分有准备活动名称；（3）新授课有动作要领（或动作要领口诀）；（4）易犯错误与纠正方法；（5）保护与帮助方法；（6）课的内容安排合理；（7）结束部分有放松活动内容具体名称。

（二）分析：创新要素内容的合理性

前文谈到教案中的创新要素，有的是将原来的要素进行了分解调整，如将"组织教法与要求"分解调整为两个或三个新的要素，如"教师的教、学生的学、组织与要求"等；有的是新增了要素，如增加了"安全防范"等要素。无论是调整的还是新增的，各要素内容的呈现都要求合理，否则，创新就失去了意义。然而，创新要素内容如何呈现才是合理的呢？

首先，就过去人们常用的"组织教法与要求"和分解调整后的三个要素相比较来看，前者在撰写具体要素内容的时候，是将教师在课堂上的教和学生的学整合在了一起，即教学步骤大都是按照教学环节的推进逐一表述的，当然，教师的教和学生的学，既有集中又有交替出现的情况。"要求"的提出，大都会跟在不同的大的教学环节之中，如准备活动部分提出要求，主教材学习时提出要求，还有复习教材部分也会有相应的要求，等等。将"组织教法与要求"拆分以后，"教师的教"（或教师的活动）和"学生的学"（或学生的活动）各自独立出来，这就需要重点考虑两个要素如何合理表述其内容。内容呈现的逻辑主线可以按照课的各个部分的推进分述，两者之间大体呈现出对应性，即教与学行为的对应性。以基本部分为例，就"教师的教"而言，包括讲解、示范、观察、指导、答疑、评价、小结等各项活动。而且，这里的"指导"，包含过去意义上的学生练习过程中的教师巡回指导，还包括教师对学生学法的指导，即包含对学生如何听讲、如何观察等的指导。就"学生的学"而言，包括听讲、观察、练习、讨论、答疑、展示、评价等各项活动，这里的"答疑"和前者所不同的是要回答教师提出的问题。因此，如果将这些教与学的行为采用合理的方法呈现，就能够使新拆分要素的教案体现出新的范式和合理性。例如，"教师的教"，要求教学步骤清晰、教学步骤安排合理、学法指导及时得力、各种教法适宜等。

其次，对于新增的要素"安全防范"，由于体育课堂上的安全问题越来越受到人们的重视，因此，新增"安全防范"要素的必要性就不言而喻。过去尽管没有在教案中作为一个独立的要素提出来，但是，在有的教案的组织教法与要求中，也时常会看到"注意安全"或"一定要注意安全"的字迹。这说明教师在撰写教案的时候并没有完全忽略安全问题，只是尚未达到更加具体的层面。当教案中有了"安全防范"这一新要素以后，就要充分考虑什么样的表达才是最合理的。基于当前体育课的特点，需要充分考虑以下几个方面的有效防范：（1）安全隐患查找全面；（2）防范措施表述具体；（3）防范效果明显；等等。在全面性上，需要能够关注课的各个部分的隐患，而不是仅仅考虑主教材学习时的安全问题。在措施的提出上，要能够准确到位，即让学生能够知道如何防，而不是只有"注意安全"的表述，如此学生依然不知道防范方法。为了达到理想的防范效果，除了培养学生的防范能力，还要能够提出教师的防范行为，课堂上通过全面、仔细观察，发现隐患所在并及时、有效地做出处理。只有这样，"安全防范"要素才能充分发挥其存在的作用。

体育课教案，不仅要求要素取舍合理，要素内容表述准确，而且，部分要素如"教师的教（或教师活动）""学生的学（或学生活动）""安全防范"等还需要体现出有效性。需要进一步说明的是，传统的合理的要素无须做更多的、更大的调整，如三段式或四段式的课的结构需要延续下去，三维目标如同过去的三大任务，也无须做更多的花样翻新。在撰写教案的时候，应该把更多的精力用在如何将合理的要素表达更加准确、有效。假如要创新的话，可以在教学手段与方法上，尤其是在如何强化重点和突破难点环节进行合理的创新，而不能停留在为创新而创新的形式上的创新。

体育教案要素多，　大大小小分开说；
核心要素取舍好，　基本原则要记牢；
教学过程要分明，　三段四段都可行；
教学内容有不同，　基本部分不相重；
师生活动有区分，　呈现形式自主拼；
组织教法与要求，　传统表达不发愁；
师生活动若分写，　行为对应有区别；
时间次数不可少，　密度负荷均需要。

第五章　体育学法指导从理论走向实践

《中国学校体育》杂志"网研集锦__案例研析"栏目于 2015 年第 1 期，针对体育学法指导的若干问题进行了讨论。从一线教师们积极踊跃的讨论中可以看出，对体育学法指导是什么、体育课堂上如何实施等问题都颇感兴趣，而且，有的认识已经比较到位，还有的在过去的课堂上都已经渗透着体育学法指导，只是尚未对其进行归纳和理论提升。如同李春林老师说的那样："其实学法指导经常会被老师有意识和无意识地运用着。在教学各环节，对学生的个别指导上，同样运用着学法指导。"然而，对众多的讨论内容进行梳理后笔者发现，为了能够在体育课堂上将体育学法指导工作做得更明确、更有效，大部分教师还对体育学法指导与相关概念的关系问题，以及学法指导的基本理论问题的清晰化十分期待。为此，笔者对体育学法指导的关键问题做进一步探讨，希望能够给广大一线教师带来一些启发。

一、体育学法指导的理论认识

体育学法指导究竟是什么？是属于教法范畴，还是独立的元素？从其概念上来看，体育学法指导的实质应该是什么？就这些问题还很有必要做进一步探讨。因为，目前对体育学法指导究竟是什么的问题还存在一定的分歧。在探讨某一件事情的时候，概念是否清晰直接影响到实践中应用有效性的高低。

（一）体育学法指导与教法不完全是一回事

在讨论中发现，有不少教师认为体育学法指导等于教法，或归属于教法的范畴。还有教师对该问题产生困惑以后提出："学法指导究竟归于教法，还是独立于教法与学法之外的一种教学行为，希望于老师给予解答。"实际上，体育学法指导与教法并不完全等同。而且，一定程度上来说，二者并非在一个层面上，体育学法指导属于行为范畴，而教法属于方法范畴，行为与方法是有本质差别的。行为，简单地说是举止行动，指受思想支配而表现出来的外表活动。例如做出动作或发出声音等。而方法，一般是指为获得某种东西或达到某种目的而采取的手段与行为方式。因此，二者的本质区别，我们可以定位于一个是行为本身，一个是行为方式，即方法是采取什么样的行为方式达到预期的目的。教法一般指的是教师教的方法，而学法指导属于教师教的范畴，是一种教的行为。假如学法指导我们将其看作教的行为的话，那么学法指导方式，即教的行为方式，在这种层面上才可以基本上将学法指导法归属到教法之中，因此，学法指导本身并不等同于教法，只是相当于一种教的行为。正如李春林老师所言："学法指导是指教师指导学生掌握对知识的研究和认识途径的教学行为。"即已经把学法指导当作教学行为而非教学方法。

（二）体育学法指导概念的释义已趋于统一

学法指导是什么，目前基本上达成了共识，大多数教师都认为是对学生学习方法的指导。但是，在认识上略有细微不同，一线教师们对概念的界定或释义如表 1-5-1 所示。

表 1-5-1　学法指导概念释义

释义者	概念释义
于金波	学法指导，顾名思义就是对学习方法的指导
陈梅宝	教师对学生的学习方法进行的指导，简称为学法指导
李厚余	学法指导就是对学生的学习进行有效的指导
万磊生	学法指导通俗地讲是教师对学生学习过程的适时指导
张怡梅	所谓学法指导，顾名思义就是对学习方法的有效指导
沈锋	学法指导，顾名思义指的是教师在教学中对学生的学习方法或学习过程的指导
常德玉	学法指导，就是对学生"授之以渔"，教师教给学生学习的方法，就是引导学生，用科学的方法学会学习，学会自主锻炼

续表

释义者	概念释义
任洪章	体育学法指导主要是指，教师通过一定的途径对学生进行体育学习方法的传授、诱导、诊治，使学生掌握科学的体育学习方法，并灵活运用到体育学习和锻炼中去，逐步形成较强的自学、自评、自练的能力
何祥国	学法指导是指在特定学练环境中，教师以学生学习的心理过程和动作技能的形成过程为依据，为学生的自主学练等创设有利条件或环境，对学生的学习动机、过程、方法进行指导和引导，从而促进学生掌握运动技能的教学行为

从以上一线教师给出的概念中我们可以看出，大多数教师都已经认识到，学法指导是教师对学生学习方法的指导，即教学生会学，这是新课程标准中第三条基本理念"以学生的发展为中心，帮助学生学会体育与健康学习"提出的明确要求。教师们也已经充分认识到了贯彻落实课程标准这一基本理念主要通过学法指导来具体实现。然而，从这些概念的具体表述中我们也不难看出，有些释义更加具体和深入，如任洪章老师和何祥国老师，都深入地阐述了学法指导的概念。由此看来，对于学法指导是什么基本上达成了共识，且相对比较具体，从概念层面上尚不存在明显的歧义。

（三）体育学法指导的分类具有多元化特征

体育学法指导该如何归类，这又是一个重要的理论问题，在讨论中一线教师就该问题也都分别谈到了各种认识，下面将一线教师对"学法指导"的归类列举如下（表1-5-2所示）。

表1-5-2 体育学法指导分类

分类者	类别或环节
臧向前	预设指导、生成指导
张振峰	听讲法指导、观察法指导、练习法指导等
李厚余	刚学技术动作时、复习技术动作时、巩固技术动作时、纠正技术动作时
陈昌福	教师示范之前、讲解之前，学生练习之前、讨论之前、展示之前、评价之前等

表1-5-2所显示的一线教师对体育学法指导的分类或指导环节的认识，

可以归纳为，学法指导大家基本上能够找准指导的时机，尤其是归纳最为全面的，如陈昌福老师归纳的那样，在教师示范之前、讲解之前，学生练习之前、讨论之前、展示之前、评价之前等都是教师对学生进行学法指导的最佳时机。另外，臧向前老师将学法指导分为预设指导和生成指导，实际上，他告诉我们，学法指导不仅仅是在备课撰写教案阶段，对某些教学环节预设学法指导，还包括课堂生成的即时性指导，这样的指导往往更能体现出教师的教学能力和水平。

实际上，体育的学法指导除了上述大家讨论到的，还要对学法指导有一个层次之分，即清、懂、会的层次性。如当教师给学生做示范动作的时候，学生对教师的示范动作进行观察，此时此刻的观察法指导就可以划分为如何让学生看清的指导、如何让学生看懂的指导和如何让学生看会的指导。能力较强的指导者三个层次的指导可能会同时具备，部分指导者可能只估计到了前者或前两者。另外，根据教学的需要，有时或许仅仅需要看清，那么就要做出如何看清的指导。

（四）对体育学法指导的目的和意义较为明确

为什么要进行学法指导，从大家的讨论中发现，很多教师已较为明确其目的和意义。例如陈昌福老师认为："学生运用学法的过程正是其知识内化的过程，因此说学法指导是加速学生内化的有效凭借。"涂敏老师认为："通过进行学法指导，让学生学会学习，学会思考，学会创新，这是体育教学改革核心所在。"又如任洪章老师认为："首先，学法指导可以提高学生能力素质，培养学生的观察力、思维力、注意力、想象力和创造力等，教会学生科学的体育学习与锻炼的方法。其次，学法指导还可以提高学生的思想道德素质，帮助学生形成正确的学习动机，激发浓厚的学习兴趣，培养顽强的学习毅力，发挥非智力因素的积极作用，培养学生吃苦耐劳的精神。"李春林老师还用比喻的方式进一步指出了学法指导的作用，他认为，"学法指导是教师和学生直接的媒介，为教法和学法起到了牵线搭桥的作用"。由此可以看出，关于学法指导能够在教学实践中发挥何种作用，以及为何要对学生的学习方法进行及时有效的指导等问题，一线教师已经有了较为明确的认识，概括起来是：加速对知识的内化过程、学会有效地学习、提高能力和素质等。实际上，还可以将教师施教的体育学法指导进一步理解为，通过教师有效的学法指导，能够使学生达到三个转变，即实现从"不学"到"学"、从"不会学"到"会学"、从"会学"到"善学"的转变。

二、体育学法指导的教学实践

2015 年第 1 期的《中国学校体育》的有关体育学法指导的"网研集锦__案例研析"中，一线教师们除了就相关理论问题展开了激烈的讨论，还对学法指导如何在教案中呈现、结合自己的经验对体育课堂上如何有效进行学法指导等问题进行了积极的交流。笔者看了以后，收获很多。具体从以下两个方面谈一谈个人的粗浅认识。

（一）预设的学法指导可以在教案合适的位置呈现

受臧向前老师对体育学法指导分类（预设指导和生成指导）的启发，在教案上只能呈现预设的指导，而生成指导由于具有随机性或不确定性，因此，很难在教案上体现。然而，该如何、又在哪里体现预设的学法指导内容呢？

首先，最为理想的位置是在过去的教案的"要求"位置，哪个环节需要对学生进行学法指导，就可以将该部分的要求提得更为详细和具体一些，而且，要有针对性地对学生如何学提出明确的要求。如，过去我们有可能会在学生观察教师的示范动作部分，提出要求"要认真观察"。今后要在教案中体现出有学法指导，可以将该要求提得更为具体些，提出如何观察，即观察哪儿，先观察什么，后观察什么，观察过程中要思考什么等，而不只是简单地提出"认真观察"的要求。实际上，过去即便提了"认真观察"的要求，学生依然不知道该如何观察，因为他们有可能思想不集中，有可能抓不住重点等。

　　其次，新课程改革以后，体育课的教案格式发生了变化，没有了"组织教法与要求"要素，而是变成了"教师活动"和"学生活动"，由于学法指导属于教师教的行为，因此，将学法指导作为要求放入"教师活动"部分也较为合理。或许有教师认为，学法指导的对象是学生，那放入"学生活动"中是否更恰当？笔者对该问题的认识是，放入该处依然有其合理的一面，学生活动，那么学生该如何活动，可以提出学生学习活动的具体要求。因此，实际上学法指导放入哪里并不重要，关键的问题在于，备课环节任课教师要考虑哪些环节需要进行学法指导、如何指导等。这或许会改变过去备课的思路与方法，这样会使教学的有效性有所提高。

（二）体育学法指导在课堂上要准确有效

　　体育学法指导仅仅停留在理论层面上显然是不够的，把握在课堂上如何有效实施，这才是学法指导在"案例研析"中的最主要目的。从一线教师对这一实践问题的讨论中发现，有些课堂已经在不知不觉中实施着十分有效的学法指导。如万立江老师在教授篮球传接球时进行的学法指导。首先，让学生明确传接球练习要扩大篮球传接球的视野，培养传接球意识。其次，设置了练习规则，明确了练习的方法：全场在防守情况下进行传接球进攻击打篮球柱子的练习，并提出了具体的练习要求：在传接球练习时，不运球、不投篮，只能在有防守的情况下传接（特殊规定：只要运球了就不能再传了）。万老师的分析告诉我们：这样就能逼迫学生把头抬起来看同伴的位置，只有通过跑动才能选到最佳位置，同时都是在防守的情形下完成，这就告诉学生如何摆脱防守去完成上述任务难度是很大的，但是能够让学生明确传接球的目的和达到传接球的最佳效果。这样的学法指导，准确找到了学生过去的不良习惯（传球之前先运球，容易失去最佳传球时机）和掌握该项技术的关键点，实现了有效的学法指导。

　　同样，在教师们的交流讨论中，笔者还发现，有些教师在体育课堂教学中的学法指导具有明显的引导启发作用。例如，韦民老师在教授"持轻物投掷动作"时，选择了羽毛球作为投掷器材，并对该项技术动作的练习进行了高度的归纳，即"方向：抬头举臂找目标；准备：侧身转体移重心；难点：转肩翻肘成反弓；重点：蹬地发力快又狠"。这样的学法指导，一是让学生先集体朗读一遍所归纳的动作要领；二是教师边做示范边提示，让学生按照教师的示范和示范中的提示，逐一说出各部分动作的关键点；三是教师找一名学生配合示范，并明确提出其余学生观察的要点。即"（1）老师是怎样帮助他完成难点'转肩翻肘成反弓'练习的？（2）我的右手放在哪里，左手在干什么？（3）转向的时候，练习的同学身体是怎样转过去的，变成什么动作了？观察后我提问。"这一番指导语，采取有效的引导启发的方式，学生听了不仅知道如何观察，而且还会认真观察，并能观察出门道来。为此，学法指导要落到实处，教师要把握好指导的关键点和具体方法。除此之外，还要充分认识到体育学法指导的针对性和相对性，结合学生的学习情况，做出及时、准确、有效的指导。关于如何做好学法指导，李春林老师说："'学法指导'在我们的教学实践中一直都在做，这次于素梅老师提出来，我觉得能够让大家从思想上对'学法指导'有更深的、更清晰的、更系统的、更准确的认识，将'学法指导'从一个分散的无意识行为或模糊的教学行为，转化为概括性、原则性的知识，从而在课堂教学时更有针对性地进行相关教学。"愿体育学法指导能够在未来的体育课堂上生根、发芽、开花、结果，从而更有效地提高体育教学质量。

体育学法指导理论与实践

学法指导理论早，　任课教师了解少；
教案中间无呈现，　课堂教学不多见；
指导学法很重要，　课程理念已提到；
学习效果有区分，　方法不同是核心；
指导学法责任大，　听讲观察重方法；
学法指导时机多，　教前学后都能说。

第二
部分

体育教师备课——实践方略

备课重在实际操作，既需要把握好体育教学设计几大基本要素的撰写方法，如指导思想、教材分析、学情分析、教学流程、场地器材布置、安全防范等，更需要牢固掌握体育教学设计的最核心要素——教案的撰写技巧。本部分除了阐述体育教学设计基本要素，重点通过大量案例较为全面地分析了教案中各要素如教学内容、教学目标、重点难点、教学过程、时间分配、练习密度、心率曲线、教学反思等如何避免不良现象，如何把握撰写关键，如何更精准地服务于课堂教学。

第一章　体育教学设计基本要素撰写技巧与案例分析

一、指导思想的撰写

体育教学设计完整的结构要素中，第一个不可或缺的要素就是指导思想，大家在进行教学设计尤其是撰写教学设计文本的时候，很多老师都感到指导思想写出来比较空泛，因此，感觉指导思想无关紧要。其实不然，下面针对指导思想是什么，以及如何撰写指导思想展开讨论。

（一）体育教学设计中的指导思想释义

指导思想，不是要讲具体问题，而是要站在宏观的高度进行指点、引导，具有导向作用，提出带纲领性、原则性的意见。体育教学指导思想，就是体育教学必须遵循的总原则、总要求、总方略，引领着体育教学的方向。因此，指导思想是必不可少的基本要素。

体育教学指导思想包含行动指南（如贯彻落实"健康第一"）、主要方略（如激发兴趣、指导学法等）、目标任务（如全体学生的全面发展，即促进身心健康、技能掌握、人格培养等）三大内涵。基于该要素对体育教学的重要指导作用，在进行教学设计的时候不仅不可忽视指导思想的撰写，而且还要明确其内涵，以便准确把握教学方向，及有效提高教学质量。

（二）指导思想撰写内容要求

体育教学指导思想作为体育教学设计文本中的基本要素，在体育教师教学技能评优活动中，多数情况下会让参赛教师撰写一份完整的教学设计，其中，对指导思想的要求，一般情况下是看文本中是否有体育课程基本理念的具体描述。以义务教育体育与健康课程为例，课程基本理念包含四点：其一，坚持"健康第一"的指导思想，促进学生健康成长；其二，激发学生的运动兴趣，培养学生体育锻炼的意识和习惯；其三，以学生发展为中心，帮助学生学会体育与健康学习；其四，关注地区差异和个体差异，保证每一位学生受益。在评价指导思想这一要素的时候，一般情况下是有两条基本理念以上即为符合基本要求。当然，假如能够将行动指南、主要方略和目标任务都包含其中，则更为全面。

（三）教学设计文本中指导思想如何表述

指导思想的撰写除了清楚应该包含的内容，还要懂得如何规范表述。这里用一个具体的案例进行分析。例如，一节小学篮球运球课的教学设计文本中，对指导思想这一要素的表述是：贯彻"健康第一、安全第一"的指导思想，以运球为训练主线，以学生发展为本，引导学生熟悉篮球球性，掌握篮球原地运球和行进间运球的技能，提高学生的身体素质，努力使学生成为课堂上自主学习的快乐小主人，培养学生的创新精神和团结合作的团队精神。从该案例我们不难看出，如下几个信息值得关注。第一个信息是：有两条基本理念的内容隐含其中，一条是"健康第一"，一条是"学生发展"，这些其实也表达出了行动指南的内涵；第二个信息是：包含激发兴趣的主要方略（如努力使学生成为课堂上自主学习的快乐小主人）；第三个信息是：目标任务比较明确，如文本中不仅提到"掌握篮球原地运球和行进间运球的技能，提高学生的身体素质"，还提出要"培养学生的创新精神和团结合作的团队精神"。可以说，该指导思想的撰写是符合要求的，内容较为全面，表达也较为清晰。因此，指导思想的撰写要引起重视，了解内涵，明确表达。

二、教材分析的撰写

体育教学设计中包含诸多要素，其中对教材进行分析，一线教师并不陌生，但并非大家都已经掌握了规范的或相对完整的教材分析方法，尤其是切入点的把握上。正如一位老师所说："写教材分析的时候，总是找不到方向。"体育学科的教材，分析什么？如何分析？分析到何种程度？分析的关键点应如何把握？这一系列问题都是一线教师在进行体育教学设计时，需要重点考虑的问题。关于教材分析，并非仅局限于几百个汉字的呈现方式及内容，更需要了解和把握的是这几百个字的来历，如应该如何去分析教材？这才是问题的关键，只有把握住了分析教材的思路与方法，才能轻松规范地撰写教材分析这一基本要素。因此，很有必要对教材分析的过程与方法展开讨论。

（一）教材分析存在的若干现象

1. 脱离课堂现象

在对已有体育教学设计中的教材分析进行研究后发现，有些教材分析只是在做就事论事的工作，也就是说，就教材而论教材，集中体现在与课堂教学脱节，很多情况下，只介绍了教材的特点、功能，只是对教材的结构、口诀式的要领进行了总结和归纳，缺乏与课堂的关联。假如教材分析脱离了课堂，分析的意义就会大打折扣。因此，教材分析需要紧扣课堂，尤其要与课堂教学的主体学生、客体场地器材相关联，脱离学生和场地器材条件的教材分析，是缺乏实效性的教材分析。因为，即便同一个教材，如果教学对象不同，教学条件不同，其教学组织形式将有较大的差异，而且教学重点把握和教学难点的突破也因对象、条件不同而不同，因此，教材分析不能脱离课堂。

2. 浅显空泛现象

前面谈到了脱离课堂的教材分析，实际上，一些教材分析呈现出了不够深入，语言表述总是围绕着广义上的教材（运动项目）的特点、功能等展开的现象，内容显得有些空泛，未能凸显出教材分析的价值，很难体现出教材的优势、劣势、安全性、易出现的教学问题和调整方略等。也就是说，从教材分析中大都只能看到一些教材的显性特征与功能，而对教材隐性的东西很少谈及，这势必就会显得浅显而空泛。

3. 千篇一律现象

部分一线教师的教材分析，或多或少地会让人感受到千篇一律。也就是说，某一项技术在教学设计中的教材分析，当将其技术名称更换以后，教学设计未表现出不适。甚至有些教材分析已经形成了固定的模式，即便有与学生学习这一因素关联的，也大都是在普遍性地阐述不同学段、年级学生的生理、心理特点、兴趣爱好等。很少涉及认知规律，有的即便是分析到了认知规律，也仅仅停留在对规律的描述上，而缺乏对如何结合学生的不同认知规律组织主要教材的描述。

以上多种现象若没有规范的撰写格式加以引导，部分一线教师就会长期停留在不切实际的、千篇一律的教材分析层面上。看似仅仅是几百字的教材分析文本，不但反映出了体育教师对教材分析的重视程度，分析的能力水平有无欠缺，而且那些不规范、不完整、不深入的教材分析，最直接的负面影响，是不利于教学质量的提高和对课堂的有效把握。

（二）教材分析的定位

关于教材分析，不同的教师有着不同的理解，主要是由于教材具有广义、狭义之分。就"教材"本身而言，其含义由大到小依次曾经被理解为教科书、运动项目、运动技术等。因此，广义的教材可以定位在教科书和运动项目上，而狭义的教材即运动技术。实际上，体育教学设计中的教材分析，分析的是课堂教学的内容。教材是体育素材教材化的产物，而教学内容是将教材进行了教学化的处理（包括选择与整合等）。广义上的教材通常是一种贮存状态，而教学内容可以看作传输状态，教材经过教师的选择处理，被确定为教学内容以后，教师再选择适宜的方法将其传授给学生。几乎任何一项运动都是按单元完成的，单元尽管有大有小，但再小的单元也是由一项运动的多个技术组合而成，而且被分配到每一堂课的教学之中。因此，教学设计中的教材分析，实际上是对单个技术的分析，或是对一节课的教学内容的分析，是狭义的教材概念的分析。基于此，对"教材"进行分析的时候，着力点就需要以单项技术为主，而不是大谈某项运动或某类运动。

就体育教学设计而言，在教材分析文本撰写之前，先有一个分析教材的过程，分析教材具有明确的意义和要求，而且分析教材的时候需要考虑若干要素，可以从多个视角切入，如从课程标准的具体要求切入、从教材的使用切入、从传授和学习的角度切入等。下面对教材分析的关键问题逐一进行分析。

（三）教材分析的目的与要求

1. 为有效教学而分析教材

体育的教材分析工作是一项基础性工作，更是一项关键性工作，只有深入全面地分析教材，才能在教学中准确灵活地驾驭教材，才能真正做到体育教学工作深入浅出、重点突出。对教材进行分析还是正确确定教学目标的前提，教学目标都要通过掌握知识和技能的过程来实现，目标不同，学习的程度把握有所区别，同样的教材不同的目标要求也会有不同的教学组织形式。另外，分析教材更是确定教学重点的依据。教材分析得全面而深入，教学重点、难点的把握就会更加准确。教学重点的确定主要是由教材本身的性质、功能所决定，而教学的难点则是由教材的特点和学生学习体育的认知规律及特点所决定。只有对教材有了多角度的把握，才能实现有效的教学。反之，教学的有效性就难以凸显。

2. 分析教材需要深入具体

教材分析的深度和广度会直接影响课堂教学的质量。由于教材分析是进行教学工作的一项最基础最重要的工作，每一位体育教师都应该重视这一环节，不仅要具有分析教材的能力，还应该掌握分析教材的方法。对教材的分析应做到深入具体，既有对广义概念的教材的分析，又有对狭义概念的教材的分析，更有切合实际的与课堂关联的教材分析。

（四）教材核心要素的分析

分析教材要讲究一定的方法，找好分析的切入点，把握分析的关键点。就体育教学设计的教材分析而言，对教材的分析不能把注意力只停留在教材本身的特点、功能上，不可忽视教材的重点，尤其是对教材的安全性的考虑。

基于此，教材分析是有层次性的，需要首先考虑教材的核心要素。对教材的核心要素进行分析时，可以从教材本身的特点、功能等的分析展开。各核心要素分析的必要性及侧重点如下所述。

1. 教材特点的分析

体育教材从整体上来看有其自身的特点，与其他学科教材相比较而言，学科的特殊性更加突出。从局部来看，各运动项目有其各自的专业特点，与其他项目相比，专业化特征更为明显。从具体的教学内容而言，就单个技术的分析，首先需要将其置入运动项目之中，包括该项运动的特点，对该堂课传授的单个技术的特点等逐一进行分析。

2. 教材功能的分析

体育的教材一般都具有多功能性，当然，一些教材本身也具有其功能的特殊性。体育教学在选择教材（教学内容）的时候，实际上首先需要考虑的就是教材能干什么，能给学生带来什么？尤其是最主要的功能是什么？要充分了解教材的功能，无论是广义的教材（运动项目），还是狭义的教材（单个技术），都需要准确把握其功能价值。只有这样，才能一方面在教学中采取有效的教学手段，充分地发挥其功能，另一方面有助于选择和搭配辅助教材，以促进学生全面发展和强身健体。

3. 教材重点的分析

就教材而言，无论是"会与不会有明显区别"这样较大难度的教材，还是"会与不会没有明显区别"这样难度较小的教材，或是处于中间型的有一定难度但并不难学的教材，从掌握的角度来看，各类教材都会有其重点。这一重点，会在该教材教学过程中呈现。分析教材的时候，切不可忽视教材的重点。通常情况下，把握住了教材的重点，就能把握住教学的关键，教学时间、次数、要求等的提出，也才具有针对性。假如分析教材的时候，忽略了教材的重点，就很容易导致教学重点不明，眉毛胡子一把抓，从而导致教学的效果不突出。

4. 教材安全的分析

除了上述几个关于教材的核心要素的分析以外，实际上还有一项更为重要的要素就是安全性。如同日本的佐藤胜雄先生所言，体育就好像是一把双刃剑，一方面它有利于促进身体健康、增强体质，另一方面把握不好会带来一定的负面影响。如教材本身存在一定的安全隐患，但在分析教材的时候未能引起高度的重视，甚至完全忽略了对教材安全性的考虑，结果在教学中就会因教材本身的安全隐患而导致安全事故发生。基于此，任何一项教材，在对其进行分析的时候，都不可忽视安全性。有的是由教材本身的性质所决定的，有的是由该项教材的常规组织形式所致，还有的是虽然分析到了教材的安全隐患，但在教学中未采取有效的规避措施而造成的。因此，不但需要对教材的安全性进行充分考虑，还需要付诸行动，力争将体育教学中的安全事故控制在最小范围之内。

（五）教材关联要素的分析

在分析教材的时候，还要考虑其关联要素。因为任何一项教材都是在一定的教学环境中实施的，实施教学还受课标、单元、学生、方法、技巧等的影响，因此，不可忽视其关联要素。

1. 课程标准提出的具体要求

课程标准对教学提出的各项要求，实际上首先是对教材提出的要求。要求采用什么教材进行教学，要求达成什么目标即教到什么程度，甚至包括建议采用何种方式进行教学等，这些具体要求落实到教材上，在进行教材分析的时候就不能脱离课程标准而孤立地进行分析。如同教学工作要依据课标一样，所选教材需要符合课程标准的要求，并依照课程标准所提出的各种要求实施教学工作。

2. 教材所处的单元位置

一个单元由若干个课时组成，每个课时的内容是不重复的，每个课时的具体组织形式和要求都应有所区别，即便是分析复习课的教材，也应有其独特性。基于此，在对教材进行分析的时候，需要考虑教材在单元中所处的具体位置。因为，所处位置不同，教材的呈现形式及要求有着一定的差异，有时差异不是十分显著，但仍需要对微小差别进行深入的分析。只有这样，才能确保教学的有效性。

3. 教材传授的对象特点

体育教学的一切活动都要着眼于学生的发展，并落实在学生学习的效果上。因此，在对教材进行分析的时候，需要充分考虑教材传授对象——学生的生理、心理特点及认知规律。脱离学生的教材分析是不切实际的。

在对体育教材进行分析时，要考虑不同学段学生的认知规律与特点。处于小学阶段的学生往往表现出浅层次的好奇心，喜欢模仿，需要在乐中学；初中阶段的学生往往会表现出深层次的好奇心，喜欢尝试，需要在学中乐；高中阶段的学生往往会表现出求知欲，喜欢探究，需要达到学而乐。不同学段的学生在不同项目的学习中所表现出的认知规律和生理、心理特点，将在学情分析部分较为详细地阐述。

4. 教材教学的方法取舍

对于体育教学而言，同一类教材既可以用同样的方法组织教学，也可以用不同的方法组织教学。但用什么方法最有效、最科学、最合理？这就需要从教材自身的特性出发，还应充分了解教材所处的单元位置。例如，同一个教材，新授课上和复习课上其教学方法应有明显的不同。但总的原则需要在"教学有法，法无定法，贵在得法"的前提下，综合考虑某项教材教学方法的取舍。有的方法虽好，但并非所有的教材都适宜；有的教材虽难，但教学的方法并没有特殊的要求。基于此，我们需要扩大对"因材施教"概念的理解，既需要因学生的个体差异而实施教学，还需要考虑因场地器材不同而施教，更需要考虑因教材差异而施教。

5. 教材处理的技巧把握

教材与教学之间有一个教学化过程，这一过程说明了教学本身需要对教材做一处理，有的在规则上，有的在技术上，有的在条件上，但最终表现在对教材的处理上。教材处理的巧妙与否，体现出教师处理教材的能力水平高低，有时即便是做细微的调整，也能达到事半功倍的教学效果。因此，分析教材，有时候需要考虑教材自身是否需要做一定的调整，如急行跳远教材，往往是按照该教材的几大技术环节实施教学，包括助跑、起跳、腾空、落地四个关键环节。就起跳而言，由于受起跳板的位置所限，当学生在练习或测试中出现踏板犯规现象时，就很容易造成学生学习上的心理障碍，从而导致学不乐，学不精。对此，有的教师所提出的撤除踏板，从哪起跳从哪度量成绩的教材调整策略，能大大提高学生学习的积极性和教学的有效性。任课教师需要把握教材的处理技巧，以便在教学中灵活组织教学工作，顺利达成教学目标。

（六）教材分析表述案例

分析了教材仅仅是完成了教学设计中教材分析工作的第一步。分析教材是撰写教材分析的前提和基础，体育教学设计中的教材分析是呈现形式，在撰写教材分析时，全面、深入地分析教材是必不可少的环节，但该环节往往很容易被人们忽略。教材分析表述的内容和形式不像分析工作那样复杂，呈现出的内容也远远少于分析的内容，也就是说，教材分析文本不是分析教材过程的再现，而是在全面深入地分析教材的前提下，有侧重地表述，是以突出分析的重点和关键点为原则的。下面对教材分析的内容与撰写范式，以及内容呈现的逻辑顺序加以举例说明。

1. 案例基本信息

该案例是高中一年级男生的篮球行进间上篮的教学，学生人数为 40 人，课型为新授课，是篮球单元教学第三次课。前两次分别是行进间运球、行进间传接球学习。篮球数量 41 个，篮球场地 2 块，学生间的篮球技术差异显著。

2. 案例具体内容

该案例作为一项篮球基本技术教学，由于是一节新授课，场地器材较为充足，学生处于高中学段，具有较强的探究意识，因此，在撰写教材分析文本的时候，需要考虑以上分析教材的重点内容。具体表述如下。

【教材分析】

篮球教学作为一项直接对抗性运动，主要侧重于对学生进行竞争意识、合作精神等的培养，但在竞赛过程中不可避免地会因不合理冲撞而受伤。对于高一学生而言，大多数男生都较为喜爱该项运动，因此，在课堂学习过程中，学生会表现出极大的兴趣，甚至在教学比赛中忽略自我保护，从而存在一定程度上的安全隐患。又由于该年龄段男生体力、精力、动作记忆的能力都相对较强，因此，篮球行进间上篮的教学一方面需要更加规范地进行示范和讲解，另一方面需要学生在学习中增加探究环节，在比赛中体验投中的成就感，实现成功教学。为了提高该教材教学的趣味性和学生学习的成就感，需要在该项教材的教学中，适当安排教学比赛环节，在比赛中使学生投篮技术得到不断的巩固和提高。结合班级学生篮球基础的差异性，注意选择篮球技术掌握较好的学生辅助教学，比如让学生做示范，当助教，帮助其他学生学习，这样能增强篮球技术较差的学生的学习兴趣和练习热情。

体育教学设计的教材分析，实际上包含两个步骤，即分析教材过程和教材分析文本撰写过程，二者缺一不可。深入、全面的分析和规范的教材分析文本的撰写，有利于促进教学的有效性。教材分析要避免出现空泛、脱离课堂实际、千篇一律等现象。规范教材分析，既是组织好教学工作的基础和前提，更是体育教师教学设计能力的重要体现。

三、学情分析的撰写

学情分析是体育教学设计中的重要要素之一，对学生情况的把握程度对实现有效教学起着关键性的作用。在进行体育教学设计时，需要充分考虑学生，不只是要了解学生的人数、性别、年龄特点、认知水平、兴趣、爱好等基本信息，还要对学生的运动技术与运动素质基础、体育学习行为表现、态度等做深入的分析，更要结合课程标准、教材特点，甚至场地器材情况，分析学生在学习过程中是否需要特殊安排。除此之外，假如任教班级有特殊学生，如超重与肥胖等体育学习困难学生、处于伤病期的见习学生等，他们的体育学习如何安排，都需要有一个通盘的考虑。基于此，在体育教学设计环节，对学情分析的过程与具体方法，有必要展开讨论，以便更好地做到因材施教，促进全体学生的全面发展。

（一）学情分析存在的若干现象

学情分析对于一线教师来讲，并不陌生，几乎所有的教师都在备课环节对学情分析有过操作经历。但并非所有的学情分析都很全面、深入、有针对性，相反，还存在若干不良现象，概括起来，有如下两种。

1. 分析视角不全

学情分析从文字量上来看，可多可少，但从分析的视角选择来看，则不可过于狭隘，否则的话，就会出现分析不够全面的现象。但现实中，分析不全面较为多见，而且大都集中表现为仅仅介绍了学生的人数、性别、生理心理特点、兴趣爱好等基本信息。这样的学情分析意义不大。这些分析几乎放在任何一项该学段或该年级教学的体育教学设计中都可以通用，未与教学内容关联，未与教学目标关联，等等。如有一节体操前滚翻课的学情分析就显得不够全面：

这是一节小学五年级的体操前滚翻课，全班共 42 人，其中男生 18 人，女生 24 人。该年龄段学生活泼好动，上体育课的积极性比较高，爱表现自己，身体关节韧带的柔韧性比较好等。本课是一节新授课，学生对该教材比较陌生，但对在垫子上学习前滚翻动作具有一定的好奇心，教学中需要充分考虑学生的这些生理心理特点，合理地安排教学环节。

2. 分析程度不够深入

有些学情分析，视角也显得比较多元，但分析只是停留在表面上，显示出的是：只有描述而缺乏分析。也就是说，说清了有什么，是什么，而未分析为什么，以及该如何做等。缺乏分析成分或缺乏明显分析的学情分析实际上可以称为学情介绍。现实中，这样的案例并不少见。看似写得很全面且比较具体，但由于缺乏分析工作，导致该学情分析也难以发挥应有的作用。同时，也反映出任课教师对学生的情况了解不够深入，一定程度上，不利于实施有效教学。如有一份体育教学设计，其学情分析的具体内容是：

游戏是小学生比较喜欢的内容和教学形式。本次课结合学生生理和心理特点，在基本部分安排了"小兔赛跑""螃蟹赛跑""麻雀逗猫""小鸡吃米"等以动物为题材的游戏。全班共36人，男女合班上课，男女生比例均等，游戏组织分男生组和女生组。以比赛的形式组织教学，能够充分调动学生参与的积极性。

（二）学情分析的定位

学情分析是什么？从字面上来理解的话，包括三个关键字词，即"学""情""分析"，因此，在分析和撰写该部分文本的时候，就要充分体现这三个基本构成要素的内容。三个要素分述如下。

"学"指的是学生，是所担任体育课程班级的全体学生，在分析的时候，要确保是对全体学生的分析，因此，既不可只描述大多数学生的特点，也不可以个别学生的情况概括全体学生的特征。基于此，在进行学情分析的时候，分析的对象是全体学生。

"情"指的是学生的具体情况，涉及的面应尽量广一些，而不要仅仅局限于生理和心理特点、性别年龄分布、兴趣爱好表现等方面。由此，这个"情"既希望对共性情况进行分析，也希望对个性情况进行分析。甚至可以将其扩展为，既希望对课上情况进行分析，又希望对课下情况进行分析。如学生在课余时间是否有主动参与体育锻炼的习惯、锻炼的项目一般都是哪些等。对这些情况的了解，在深入全面地把握学生、促进课堂教学的有效性上，将发挥重要作用。

"分析"是关键。实际上，有些学情分析中有分析，且有较为深入全面的

第一章
体育教学设计基本要素撰写技巧与案例分析

067

第二部分
体育教师备课
——实践方略

分析，而有的学情分析未体现出分析的成分，这样的学情分析并不符合体育教学设计的具体要求，显得不够规范。基于此，"分析"不可少，但分析是建立在对学生具体情况较为了解的前提下所做的工作，分析有深有浅，分析也有详有略，分析还有多有少，但无论是深浅也好、详略也好、多少也好，都需要达到一定的程度。至于何时需要深入、详细、多元，何时需要浅显、粗略、单一，需要结合具体教学内容的难易、学生的特殊性多寡，甚至学校场地器材等具体情况灵活掌握。并非所有教学内容的学情分析都要求分析得非常深入，也并非所有教学内容的学情分析都完全等同，学情分析自身从内容到形式既要有规定性，也要有灵活性。

基于以上对"学""情"和"分析"三个基本要素的解读，进而我们可以来重新审视学情分析究竟是什么？需要做什么？就体育教学设计而言，基本上可以将学情分析理解为结合具体的教学内容，对要参与体育学习的学生的具体情况，进行相对全面而合理的分析和规划学习方略的过程。分析与规划的结果以学情分析的具体文本的方式呈现出来。

（三）学情分析的目的与要求

1. 学情分析的主要目的

学情分析是必要的，它的必要性突出表现在它的不可或缺性。实际上，就一份完整的相对比较规范的体育教学设计而言，学情分析是不可或缺的。因为，体育教学的对象是学生，即教学的主体是学生。但是什么样的学生，具有何种特征的学生，有着何种基础的学生，以及教学内容如何施教于学生，教学目标该如何确定，场地器材该如何合理安全地布置等，都是学情分析需要重点考虑的内容。因此，全面了解学生，并对学生的情况进行有侧重的分析是十分必要的。对学生的情况进行客观的分析，为实现有效教学提供了前提，同时，对选择教法、合理组织教学工作提供了依据。缺乏学情分析的教学将是盲目的教学。因此，学情分析既是准备性工作，更是基础性工作，还是保障性工作。

2. 学情分析的具体要求

学情分析不但必要，它还是可行的，是具有可操作性的。但是，对于体育教学的学情分析来讲，是要求分步骤、有侧重且详略得当地操作的。所谓分步骤，就是当我们要完成一份体育教学设计文本的时候，不要马上动笔，要有一个从"分析"开始的完整的设计过程，而且是基于学生情况的分析过程。也就是说，先想清楚，实际上这一过程就是分析学情的过程，但这个过程是很容易被忽略的，有些人是直接写而不分析，有些人是边写边分析，有些人先分析后写。但无论是谁先谁后，"分析"过程是不可缺少的。此外，学情分析文本撰写的过程，也就是如何将分析的结果呈现出来。这需要有一定的逻辑性，先说什么后说什么，主要说什么，基本上要有一个先后主次顺序。不可想起什么写什么，更不可想到哪写到哪。否则的话，学情分析就很容易出现上文所分析的不良现象。

（四）学情核心要素的分析

分析学情究竟要分析什么？首先需要对其核心要素进行分析，核心要素对学情分析的结果起关键性作用或最直接的作用。核心要素集中表现为学生性别、人数、年级、体育兴趣爱好、特殊性、体育学习与课余锻炼习惯、运动技术基础、身体素质基础等。对这些要素的分析归纳起来分为如下步骤和具体操作方法。

1. 学生的基本信息的分析

学生的基本信息包括学生的年级、人数、性别等基本固定的信息。这些信息对组织教学工作将提供重要的参考。因为，从年级信息中可以了解到学生在那一年龄段普遍性的生理、心理特征。人数，对于分组、选择练习方式，以及场地器材的准备与布局将起到重要的参考作用。而性别在教学内容的选择上以及组织形式上都起着重要作用。对学生的基本信息的分析，需要做到客观、到位、准确。因为，不同的教学对象其基本信息不同，教学内容的选择、教学方法的确定、教学组织形式的安排等都相应地有一定的差异。分析

第一章
体育教学设计基本要素撰写技巧与案例分析

069

第二部分
体育教师备课
——实践方略

的时候，除了就此类信息而论，还有必要与课程标准、教学内容等关联起来分析，否则的话，就会与具体教学的实践相脱离。

2. 学生的体育兴趣爱好的分析

所教学生有没有体育方面的兴趣爱好，如果有，是什么样的兴趣爱好，有多少兴趣爱好，兴趣爱好达到了何种程度，兴趣爱好的广泛性等，是进行学情分析不可缺少的核心要素。在对学生的体育兴趣爱好进行分析的时候，更需要与所教内容关联起来分析，先是判断有无兴趣，还有感兴趣的内容是否与所教内容相同或相近，再者就是全班学生的兴趣爱好是否一致，如果不一致，差异在哪。就某节课而言，对此项内容有兴趣的有多少学生，具体是哪些学生，主要是男生还是女生。进而再分析兴趣爱好之来源，是源于课堂教学的学习，还是源于业余课外活动的积累，还是同学间的相互影响，等等。掌握了兴趣及其来源，教师在安排教学工作的时候，就会及时调整教学指导方略，以确保兴趣爱好在课上发挥其正向作用。

3. 特殊学生的分析

有时候班级里会有特殊学生，所谓特殊学生有的是超重或肥胖者，有的是因某种身体原因免体的，有的是临时伤病需要见习的，有的是调皮捣蛋难以组织的，还有的是体育成绩优异技能突出的，等等。凡是在班级里应该特殊照顾或特别优秀的学生，都可以被视为特殊学生。假如在学情分析中忽略了对这类学生的分析，就显得不够全面。同时，组织教学工作的设想也会有所欠缺。如，很多时候体育课上任课教师对见习生的安排就显得有些随意，甚至是不管不问，有的见习生见老师这种态度直接就离开课堂到别处"见习"，有的等听到下课铃声后，又返回课堂，而有的，直接是一去不复返。当教师遇到存在上述情况的见习生后，在课前进行学情分析时，最好能够对见习生的安排问题有特殊的考虑。再如，对于班级中肥胖的学生的特殊照顾问题，也是不可忽视的。有些教学内容对于肥胖学生来讲，完成确实比较困难，需要教师或同伴的帮助才能完成，因此，一旦遇到肥胖学生学习困难的项目教学，在进行学情分析的时候，就要对该类学生的组织练习形式有特殊的考

虑。因此，只要有特殊学生，就不可忽视对他们的特殊组织与安排。只有这样的分析，才能为促进全体学生的发展提供保障和可能。

4. 课上体育学习习惯与课余锻炼情况分析

班级中有的学生课堂上的体育学习习惯非常好，甚至还有课余锻炼的习惯，结果这样的孩子不但学习的兴趣会较高，而且对新技术动作的学习和掌握速度也会较快。相反，体育学习习惯和课余锻炼习惯不好的学生，学习兴趣有时不浓，学习和掌握运动技术的速度也较为迟缓。因此，教师在进行学情分析的时候，需要充分考虑到学生的这些特点和差异，做到区别对待，灵活掌握组织与练习方法，甚至有时候在学法指导上也要因人而异。因此，根据课上有无好的体育学习习惯，课余有无体育锻炼习惯，可以归纳出四类学生，如图 2-1-1 所示。

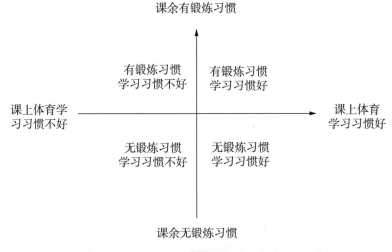

图 2-1-1　体育学习习惯与课余锻炼习惯情况分布

在进行学情分析的时候，学生的课上课下的具体情况不同，组织教学的时候都需要有所考虑。

5. 运动技术基础、身体素质基础分析

在进行某项运动技术教学的时候，有时候班级里会有一些学生有一定的

技术基础，有的身体素质条件较好，也就是说，一旦遇到班级中有基础好的学生，在进行学情分析的时候，就需要提到这样的学生，以便在组织教学过程中，一方面提出不一样的目标要求，另一方面有助于发现这些学生并有意安排他们辅助教学。基于运动技术好与差和身体素质好与差的情况也可以归纳出四种类型，如图 2-1-2 所示。

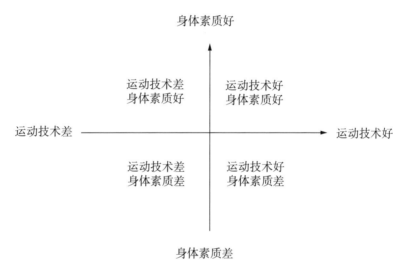

图 2-1-2 运动技术和身体素质情况分布

有时候，一个班级中学生的运动技术与身体素质都较为接近，但是，很多时候，并非如此整齐划一，而是具有一定的差异性。这种差异性有的表现在运动技术的差异性上，有的表现在身体素质的差异性上，甚至还有的表现在运动技术和身体素质共有的差异性上。基于此，在进行学情分析的时候，仅仅是笼统地根据学生的运动技术较差或身体素质不好来组织教学，安排练习形式，就显得缺乏针对性。因此，学情分析需要就学生的不同情况而深入、具体地分析。

（五）学情关联要素的分析

在对学生的学情进行分析的时候，还不能仅仅局限于对学情核心要素的分析，还应对其关联要素进行充分的考虑。如对课程标准要求、教学内容、场地器材、教学方法、突发事件的可能性等情况进行分析。

1. 课程标准提出的新要求

《义务教育体育与健康课程标准（2011年版）》明确提出，"激发学生的运动兴趣，培养学生体育锻炼的意识和习惯"，"以学生发展为中心，帮助学生学会体育与健康学习"，"关注地区差异和个体差异，保证每一位学生受益"，等等。因此，在进行学情分析的时候，就不可忽视这些新理念和新要求。那么，根据学生具体情况，如何才能使每一位学生受益？如何帮助学生学会学习？等等，这些都是在学情分析时不可忽视的。

2. 教学内容的选择

选择什么样的教学内容组织教学，该内容与学生的关联性何在，学习前学生对该内容是否具备了一定的基础，都是需要教师考虑的。零基础和有基础的学习，教学方法会有一定的差异。有时，教学内容的确定，如果事先征求了学生的意见，先有征求意见后进行内容选择，会更贴近学生的实际，但并非所有的体育教学都是如此，而过去更多时候，学生只是作为被动接受学习的对象来对待的。但内容是学生要学习的内容，假如不考虑内容选择的适宜性，就会因脱离学生实际而使教学效果不明显。

3. 场地器材条件

选择任何内容的体育教学，在分析学生具体情况的时候，实际上，也需要跳出来，不能只是就学生而分析，还需要充分考虑场地器材等实际条件。因为不同条件下的体育教学，在学生不变的情况下，学习的效果、积极性等都会或多或少地有所区别。因此，场地器材条件在分析学情的时候，也应有所顾及。

4. 教学方法的选用

体育课上选择什么样的教学方法施教，需要考虑学生的具体情况，反过来，有什么情况的学生，就要选择与之对应的方法组织教学。因此，教学方法与学情分析有很大关联性，忽略教学方法的学情分析也是不全面的。尤其是学法指导的方法更需要与学生的实际情况，尤其是学生的具体需求对应起来，只有这样，指导的有效性才能凸显。

5. 突发事件的可能性

体育教学设计环节，有时候很难预料到是否会发生突发事件，但突发事件有无可能发生，与学生的情况也息息相关。比如，具有一定危险性动作的学习，假如学生中有身体素质相对较差的，或学习不认真又容易出现调皮捣蛋现象的，这种课堂上的突发事件发生的可能性就会明显多一些。因此，在对学生进行学情分析的时候，突发事件这一难以预测的情况，也有必要结合学生的具体情况做出较为充分的估计。

（六）学情分析表述案例

学情分析需要两个过程，其文本撰写要相对比较规范。但学情分析究竟应该如何操作呢？下面以几位一线教师的具有一定亮点的学情分析文本为例简单地加以分析。

案例 1：初二篮球原地单手肩上投篮

【案例描述】　学生有一定篮球基础（比如运球、传球），有一定的球感和肌肉感觉，这对投篮学习有一定积极促进作用。但是，由于初二学生对投篮技术了解不多，都能投篮，但是技术基本都不正确。因此，这对教学及学生正确掌握技术动作具有一定的负面影响。所以，教师在教学中要让学生形成正确的思维与技术动作，启发学生循序渐进掌握单手肩上投篮动作要领。（案例来源：北京市第四十三中　宋冬梅）

【案例分析】　该案例中，任课教师谈到"初二学生对篮球技术了解不多，都能投篮，但是技术基本上都不正确"，该教师想到了这一点，并在文本中反映出来，基于该情况，有效组织教学的时候就会有所侧重。因此，可以说该案例是具有一定亮点的。然而，在进行学情分析的时候，并非所有的教师都能够如此表述。有的或许也想到了，但是，学情分析文本撰写时却未能提及。

案例2：高一篮球行进间投篮

【案例描述】 高一年级学生刚入高中，首先，这些学生学习热情比较高涨，态度比较端正，能以较大的热情投入体育课的活动之中。其次，高一的学生经过初中的学习，已经基本掌握了运球、投篮、传球等基本技术动作，但是，技术细节不够准确，需要在高中阶段在技术细节方面提升改进。再次，这些学生中大部分非常喜欢篮球且能完成基本技术动作，爱表现，教师应挖掘这部分学生的表现精神，辅导和帮助其他同学完成练习。最后，高一年级学生身体素质较好，活泼好动，运动起来不注意保护自己，在教学中应强调体育运动安全意识的培养。(案例来源：北京市第六十六中学　何百山)

【案例分析】 该案例在对学生情况进行分析的时候，何老师用到以下一些关键表述语："刚入高中""高涨""已经基本掌握""技术细节不够准确""提升改进""爱表现""不注意保护自己""安全意识的培养"等。这些关键性词语的表述，较准确地反映出了学生的特点，既有对核心要素的分析，如学生的兴趣、态度、身体素质、运动技术基础等，也有对关联要素的分析，如教学内容与学生实际的对应性分析。说明该学情分析是较有亮点，也是相对全面、深入的。

学情分析与教材分析一样都是体育教学设计过程中不可忽视的重要环节，其文本的撰写规范性程度的高低，一方面说明教师对这些要素的重视程度，另一方面还表现出对规范的学情分析的掌握程度以及撰写能力。为确保体育教学的有效性，加强对学情分析撰写过程与方法的掌握显得尤为重要。

四、教学流程的撰写

在体育教学设计中，教学流程是一个十分重要的要素，了解规范、合理的教学流程的表述形式和内容，能够较为全面、直观且简洁地把握体育教学的过程与重要手段。然而，从当前的体育教学流程内容和表达形式来看，存在着概念模糊、形式繁杂、内容偏离主题等若干现象。准确把握体育教学流程的内涵和特点，以及形式和内容等，对优化体育教学设计，提高体育教学的有效性等都将起着关键性作用。

（一）体育教学流程内涵与特点

假如要给体育教学流程进行定位，我们应该主要把握哪些内涵？它又有哪些特点？该部分将对此做进一步探讨。

1. 体育教学流程的内涵

在准确界定体育教学流程之前，我们很有必要先搞清楚"流程"的概念。《牛津词典》里的界定是，"流程是指一个或一系列连续有规律的行动，这些行动以确定的方式发生或执行，促使特定结果的实现"。而国际标准化组织在ISO9001：2000国际质量管理体系标准中给出的定义是："流程是一组将输入转化为输出的相互关联或相互作用的活动。"由此可以看出，一个或一系列、连续性、有规律、行动等都是流程的关键性要素。而体育教学流程我们可以根据流程的概念，将其界定为：体育教学中一个或一系列连续有规律的教与学行动。当然，这些连续有规律的教学行动将以事先确定好的方式执行，并达到特定的或预期的教学结果。这样一来，体育教学流程就不是简单的课的流程，其核心是要呈现出层层递进的有序性教学步骤。

教学流程作为体育教学设计中的一个关键要素，目前有多种表述方式，有教学过程、课的流程、教学步骤、教学程序等。无论采取哪种表述方式，其具体内容、形式应该是相对一致的，而非庞杂无序的。但目前情况并非如此。有些内容是从课的开始一直到课的结束部分的整个课的流程，这种流程，更像是"课"（完整性）的流程而非"教学"（局部性）的流程；有些内容呈现的是基本部分主教材和辅助教材的教学流程；还有的是基本部分主教材的教学流程；等等。有人将教学流程定义为"简称教学过程，是按一定的方法和规律设计的教学方案，通常是图片形式"。但究竟哪种呈现方式最为合理？从体育教学设计的整体结构来看，教学流程是教学设计前后两大部分（即课的总体设计与分析部分、教案部分）中前一部分的一个要素，篇幅无须过长，具体内容需尽量简洁，形式上要求直观。基于此，教学流程的设计与文本内容可以定位于基本部分主教材的教学过程，应多以图示的形式呈现。

2. 体育教学流程的特点

体育教学流程要能够呈现的是一种简明、连贯、完整、准确的教学行动。具体特点可以概括为如下几个方面。

（1）简单明了

体育教学流程无论以何种形式表达，首先至关重要的一点，就是要简单明了，几乎从流程上一眼就能够看出，该节课是要教什么，如何一步一步地教。能够让人们迅速把握住基本部分主教材教学的全过程以及方式方法，甚至是否科学、合理、有效都能够一览无余。因此，要求对教学过程的高度概括，且能够将主要的教学手段表达出来。然而，有的表述虽然简单，但是假如不是对主教材教学过程的把握，而是对整个课的流程的简单描述，那么依然不能达到简单明了的效果。

（2）连贯自然

体育教学流程除了要简单明了，还有一个比较突出的特点——连贯自然。连贯是要求每一个教与学的步骤之间无断层，或无明显裂缝，即一环扣一环地逐步地进行教与学的各项活动。而且，一个教学手段与下一个教学手段的过渡十分自然、十分流畅。表现在教学流程文本上，让人一看就能感受到是在逐步由简单到复杂、由徒手到器械、从辅助性练习到专门性技术学习的层层递进，并能够感受到是向教深教透的方向过渡。

（3）动态完整

体育教学流程是一个从一种形式到另一种形式过渡的动态过程。当从一种形式到另一种形式递进的时候，应明显表现出层次性和差异性。站在教师教的角度，从明确讲解到规范示范，再到有效指导，是一个从概念到体验，从理论到实践的教学过程；站在学生学的角度，从认真听讲到仔细观察，再到按明确要求完成各种形式的练习，也同样呈现出形成概念，到亲身体验，再到练习掌握并巩固提高的过程。规范的体育教学流程的表述，教与学的过程除了是动态的，环节还应是完整的，即严格按照人的认知规律实施教学活动。

（4）科学准确

体育教学流程的又一特点就是科学准确。科学性表现在层层递进的教学手段符合教育教学规律，是一种有序的活动。除此之外，还应能够从激发学生的学习兴趣出发，让学生能够真实地投入学习过程之中，而不能是一种假设的缺乏可操作性的过程。准确性的突出表现是每一种教学活动都具有针对性，有的是为强化重点而设计的教学手段，有的是为突破难点而设计的教学手段。总之，体育教学流程只有科学准确，才能提高教学的有效性，教学的质量才能随之得到提高。

（二）体育教学流程若干现象

教师在进行教学设计的时候，体育教学流程要素是需要重点考虑的，但是，很多教师对此的把握还存在这样或那样的问题，归纳起来主要有以下几个方面。

1. 将体育教学流程等同于体育课的流程

严格意义上说，体育教学和体育课两个概念之间存在着一定的差异，如果从课堂的角度出发，体育课堂上应该有具体的教学环节，可以说教与学的活动包含在课堂之中。当然，课堂上并非所有的环节都是教与学的活动，如集合整队、收还器材等都不是严格意义上的教学活动。如果从教学的角度来看，教学工作是通过具体的课堂这一重要载体完成的。因此，可以说，教学与课堂密不可分，但又不完全等同。这样一来，体育教学流程与体育课的流程就应该有其本质的不同，将二者完全等同显然是不正确的。但是，教学设计中将两者混淆的现象还比较突出。如有很多教师把体育教学设计中的体育教学流程大致表述为："开始部分：集合整队、安排见习生、宣布课的内容；准备部分：一般性准备活动、专门性准备活动；基本部分：主教材学习、课课练；结束部分：放松活动、小结、收还器材。"无论从形式上还是从内容上来看，该表述都是课的流程而非教学的流程，从内容上偏离了教学流程的主题。从这样的流程中很难看到教与学的活动方式和方法，看不到具体的具有连贯性的教学手段。

2. 体育教学流程形式庞杂、表述繁简不一

体育教学流程应该以何种方式呈现？从当前已有的体育教学流程案例中来看，表述形式不够统一。有的是长篇大论，几乎是教案的文字式再现；有的过于简单，看不到真流程；有的是绘图形式，一个个教学步骤环环相扣；有的是按照课的结构以一段段文字描述；等等。这些不同形式的教学流程表述现象，说明当前教师对体育教学流程究竟应该如何呈现缺乏相对统一的认识，结果就会出现大都根据自己的理解来把握教学流程的形式和内容的现象。出现这种现象的主要根源，一方面还是因为概念不清晰，另一方面是对流程的主次内容的取舍能力还有待提高，即高度概括和准确表达的能力还有所欠缺。因此，提高认识，准确把握体育教学流程的呈现形式十分必要。

3. 体育教学流程内容取舍不定、偏离核心

体育教学流程究竟应该展现出哪些内容？无论形式的繁简，其内容都不能偏离核心，但是，从对一些教学流程具体内容的分析来看，有的内容未能呈现出某次课的主教材的教学方法及步骤。如一节篮球单手肩上投篮课的教学流程，有的任课教师将其简单表述为"开始部分—准备部分—基本部分—结束部分"。还有在内容上略有增加但依然未呈现核心内容的，如"开始部分（集合整队、安排见习生）—基本部分（篮球单手肩上投篮、游戏）—结束部分（意念放松、小结）"。这两种形式看似都比较简洁，但由于都未能真正地把篮球单手肩上投篮的具体教学步骤表达清楚，因此，这样的教学流程内容的把握是不够准确的。又如，一节高一年级的跨栏跑技术教学，其教学流程设计如图 2-1-3 所示。

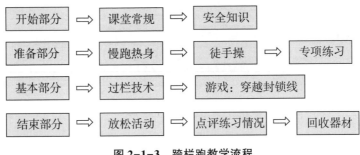

图 2-1-3 跨栏跑教学流程

从图 2-1-3 我们不难看出，尽管该流程图十分清晰，但是，作为教学流程的内容也未能抓住核心。该详细表述的部分，仅仅介绍了基本部分两项内容的名称，即"过栏技术"和"游戏：穿越封锁线"，而未能呈现过栏技术是如何一步步进行教学的。显然，这样的教学流程也未达到理想的程度。

（三）体育教学流程的内容与形式

体育教学流程的形式可以不拘一格，但是，要反映出来的内容不可过于繁杂，也不可过于简单，要能够做到恰到好处地表达。但什么样的才是恰到好处呢？下面具体讨论一下体育教学流程的内容和形式。

1. 体育教学流程的内容

关于体育教学流程的内容，大家都已有所了解，存在偏离核心的现象，即未能准确将体育教学核心部分表达在流程中，但如何表达才是最适宜的？有什么具体要求？下面逐一展开讨论。

（1）内容范围包括基本部分主教材的教学步骤

由于每一份体育教学设计都包含一份完整的教案，因此，教学流程内容范围的确定上，可以抓其主要部分，即基本部分主教材的教学部分。作为一节完整的课，主教材的学习是关键，方法手段设计得是否合理、有效，通过观察了解教学流程所呈现的内容就能够有个初步的感知。因此，即便是将教学流程写成完整的课的流程，最终能够反映出课是否是有效设计，也主要是通过基本部分主教材教学的设计情况呈现的。可见，与其将整个课的各部分内容都表述进去，倒不如只保留基本部分主教材，将该部分几个关键的教学步骤呈现给大家。

（2）内容表述在于主要教学手段的清晰连贯

一节课主教材要教什么，怎么教，是备课环节最需要关注的，也是教学设计的核心工作。在教学流程上展现的应该是既清晰又连贯的主要教学手段。如一节跳山羊课，任课教师设计的教学流程是：单踩双踏、俯卧分腿跳、原地并腿跳、双人跳"人羊"练习、分腿跳跃山羊练习。该教学流程可以清晰地显示，从辅助练习到技术分解练习，再到技术模仿练习，最后到完整练习的具有连贯性的学习过程。同时，在流程中看到是主教材的主要教学手段，那些主教材以外的活动都未呈现，达到了清晰连贯的要求。然而，有的教学设计中的教学流程内容表述尽管连贯，但并不清晰，如一节前滚翻的教学流程的设计是：活跃情绪、掌握技能（自主尝试、学练动作、巩固提高）、恢复身心。从该教学流程不能明确看出是一节什么内容的课，更看不到通过哪些手段和方法组织教学工作。因此，这样的内容表述是不适宜的。

2. 体育教学流程的形式

关于体育教学流程的形式，我们前面已经谈到了设计中的不良现象，但究竟什么样的形式最适宜？适宜的形式又有哪些类型呢？下面主要对三种形式展开讨论。

（1）文字式体育教学流程

体育教学流程，目前一些教师习惯于采用文字描述的形式。如一节支撑跳跃课的教学流程，任课教师用文字表述如下：

（一）开始部分。教师宣布本课的任务和要求，使学生明确本次课的目的和任务。

（二）准备部分。1. 篮球场上热身跑（蛇形跑）。2. 普拉提柔韧操。

（三）基本部分。分三个阶段。第一阶段：徒手辅助练习。第二阶段：三步踏跳提臂分腿回落练习。第三阶段：上器械完整动作练习。1. 巩固山羊分腿腾跃。2. 图示分析分腿腾跃技术要点。3. 尝试跳箱分腿腾跃。

（四）结束部分。1. 放松活动。2. 小结。

该教学流程所呈现出的相当于一份完整教案的简略版，从中看到了课的各个部分，以及各个部分的主要活动内容。实际上，该流程完全可以进一步简化，只留下基本部分三个阶段所表述的内容。这一部分主要包含的是有教有学的各项教学活动，可以称其为教学流程。因此，假如用文字表述体育教学流程，其文字内容应尽可能地简洁、准确，不能将教学流程等同于课的流程。

（2）图形式体育教学流程

图形式的体育教学流程，由于在形式上能够给人以直观的感觉，因此，现在越来越多的人认识到其优势并采用该种形式。如一节初一男生的武术健身拳课，该课是武术健身拳单元的第2次课。任课教师设计的教学流程如图2-1-4所示。

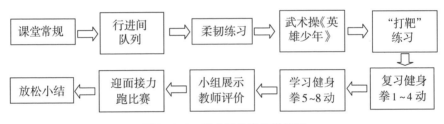

图 2-1-4　武术健身拳教学流程

从图 2-1-4 我们不难看出，整个流程包含课的全过程，即从开始部分的课堂常规，一直到结束部分的放松、小结。流程中的基本部分内容有"复习健身拳 1~4 动""学习健身拳 5~8 动""小组展示教师评价"和"迎面接力跑比赛"。显然，既有主教材教学过程的复习与学习，又有主教材教学效果的检验展示与评价，还看到了主教材技术动作学习后的素质练习。然而，该流程呈现出的主要问题是，一方面，"小组展示教师评价"与前面的"复习健身拳 1~4 动"和"学习健身拳 5~8 动"，内容类型不同，"复习健身拳 1~4 动"和"学习健身拳 5~8 动"主要呈现出的是教学的内容，而"小组展示教师评价"主要呈现出的是教学方式。二者不在同一个层面上，展示和评价活动可以作为"学习健身拳 5~8 动"中的一个重要的教学步骤。另一方面，整个流程并没有清楚地显示出主教材"学习健身拳 5~8 动"是采取什么方式学习的，让学生如何学会和怎样会学更没有提及。从总体上来看，该流程更像是课的流程，而非教学流程。形式的简繁确定上和内容的多少取舍上把握不当，也就是说，该细说、具体说的没有说，可以不说的却详细地做了表述。该流程尽管以图示的形式直观地呈现，但是，依然显得不够规范，需要进一步改善。

然而，有的任课教师采用图示法设计的教学流程，从形式上看，比较简单明了、规范；从内容上看，也比较具体、准确。如图 2-1-5 所示的一节小学二年级的跪跳起课的教学流程。

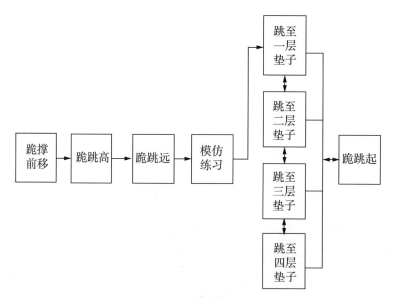

图 2-1-5　跪跳起教学流程

从图 2-1-5 可以看出，该流程图中包含的内容，主要是基本部分主教材跪跳起从辅助练习到跪跳起技术学习的全部教学手段。既表现出了连贯性，又体现出了由易到难的有序的教学步骤和方法。而且，从该流程的全部内容来看，还呈现出跪跳起教学手段安排的合理性和多样性。再者，从跳上不同层数垫子的图形表示中，看到了双向箭头，这说明该环节注重区别对待，考虑到了学生个体的差异性。学生可以根据自己的学习情况选择不同的垫子层数，如跳至三层垫子感到吃力的学生，可以选择返回到"跳至二层垫子"练习等。

比较前后两个图示表达方式可以看出，图示的方式除了要求清晰明了，还需要充分考虑内容选取的准确性，只有这样，图形式的教学流程才更能体现出它的功能和价值。

（3）混合式体育教学流程

在对众多体育教学设计文本查阅中笔者发现，有的教学流程呈现形式组合了文字式和图形式两种形式，本书将其称为"混合式"。如下面一节跆拳道课的教学流程所示。

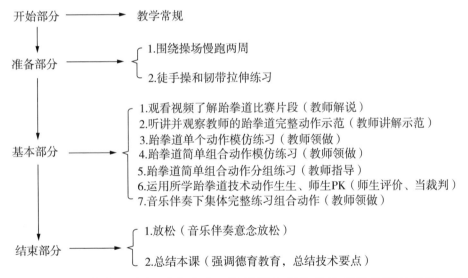

从形式和内容上我们不难看出，该教学流程依然注重的是课的流程，即包含了课的各个部分的活动内容，只是基本部分更为详细具体。实际上，假如要更为简洁地表述，可以将前后几个部分省去，只保留基本部分主教材教学环节的步骤与方法。文字上还可以进一步压缩，如可以表述为：观看比赛视频——听讲并观察教师讲解示范——单个动作模仿练习——简单组合动作

模仿练习及分组练习——生生教学比赛与评价——师生教学比赛与评价——集体练习。通过简化，一方面教学流程在教学设计文本中所占篇幅变小了，另一方面能够留出更多的空间呈现教学设计其他更为重要的要素内容，如教案部分可以尽量详细完整地呈现。

总之，在教学实践中，教学流程形式的选择，可以根据自己的喜好或各种形式的特点自主选择，把握的关键是，要能够使教学流程简洁、清晰、具体、准确。然而，无论采取哪种形式，体育教学流程一旦设计好，在体育课堂教学中就应该有一个相对比较准确的呈现，要尽可能地达到"设计与课堂教学的对接"。未能对接的，要么反映出教学设计不够合理，要么是课堂教学组织不够严谨。规范设计和合理组织课堂教学对提高教学有效性、提高教学质量都至关重要。

五、场地器材布置的撰写

体育教学不同于其他学科教学的一个比较明显的特点，就是上课地点的不同，体育教学主要在操场上完成，而且不同的教学内容除了要选择特定的或适宜的场地以外，大部分体育教学还都离不开器材。在选择和利用场地器材的时候，存在着场地选在哪儿？用多少器材？器材如何在场地上摆放才最为科学、合理、安全？这一系列的问题都是在体育教学设计环节必须考虑清楚的。否则，就会出现器材摆放的随意性，结果有可能因摆放不合理而存在一定程度的安全隐患。基于此，体育教学场地器材如何选择、检查、摆放是体育教学设计的又一关键性工作。同时，设计文本中应该如何呈现其内容也值得进一步探讨。

（一）体育教学场地器材的选择

在进行体育教学设计的时候，因体育学科教学的特殊性，场地器材的选择是必不可少的环节，且在教学设计环节首先需要确定。但选择哪块场地，使用多大范围，主教材将使用何种器材，是否需要辅助器材，分别需要几个，等等，这些都是在体育教学设计环节要完成的。场地器材的准确选择有一定依据。

1. 场地位置与范围选择的依据

（1）依据学校体育场地总体情况选择教学场地

具体为某一节课选择场地时，任课教师首先要考虑学校总体的场地情况，即根据学校体育场地的大小决定体育课的活动范围。在安排各种练习活动时，尤其需要将学生基本上限定在一定的范围内。如何组织各项活动，教学设计环节就需要精心策划。假如在设计中未充分考虑学校场地总体情况，只是根据教学需要安排练习活动，在教学中就会出现因临时调整而影响教学效果的情况。有时，因活动场地不得不临时缩小而增加了安全隐患（如投掷练习）。因此，安排什么活动，不但要考虑分组，更要兼顾场地的大小，准备让学生分布在怎样的位置，甚至组间距离的远近都最好事先有一个设计。

（2）依据班级数和人数选择教学场地

不同的班级个数和人数在进行体育教学的时候所占用的场地大小有所不同，尤其是相同内容的学习，班级个数与人数差异性更加明显。例如，高中一年级的排球传球技术教学，学校有两块排球场，40人一个班，有两个班级同时上该内容的课，场地的选择具有很大的局限性，很显然需要一班一块排球场地，传球练习除了一部分学生站在排球场地内两人隔网与不隔网对传以外，还得有约一半的学生到其他空场地上进行练习。假如是60人一班，分散到排球场外练习的人数就会更多，场外学生如何规定活动范围，也需要提前规划，否则，过于分散的话不利于指导。相反，假如一个班级只有20多人，一个排球场基本上能够满足传球练习的需要，也便于管理和指导教学。由此可见，场地的选择需要结合班级个数及人数来具体确定。班级个数与人数越多，选择的难度越大。基于此，教学设计之前，需要充分了解同一个时间究竟有多少个班级上课，每个班级大约多少人，以及每个班级的教学进度都有必要搞清楚。甚至哪个老师大致要用哪一块场地，最好都有所了解，不能到上课时才临时确定或调整。假如事先一无所知，场地设计就会显得盲目。

（3）依据课堂内容选择教学场地

体育教学场地很大程度上是根据课的各项内容的安排来选择确定的，内容不同，场地不同。在选择场地的时候，往往是以主教材所需场地为核心，其他内容，如准备活动、放松活动、基本部分安排的各种游戏、教学比赛等所选场地都围绕着主教材场地而确定。场地选择的合理程度，决定着教学的效果。但究竟该如何围绕主教材场地来选择其他各项活动的场地呢？主要是依照就近原则，有时可一场多用，有时要就近取舍。如篮球课，尤其是总体场地有限的学校，进入基本部分主教材内容学习之前的准备活动完全可以充分利用一块或两块篮球场地奔跑、做操或游戏，不一定都要到操场上慢跑一两圈再回到篮球场，做徒手操或熟悉球性练习。同样，乒乓球课也依然可以围绕乒乓球台做各种准备活动。当然，对于无须使用专用场地的课堂，如排球的垫球练习等可以将全班学生都集中在一块空场地上组织教学，只有学习发球、扣球、拦网等技术时才安排学生在排球场上进行练习。当然，有些项目如健美操、武术、体操技巧等选择场地的自由度更大。切不可被场地所困，最好能够节约性巧用场地。当然，假如一所学校场地十分充足，尽量选择较大的空间组织体育教学效果会更加凸显。因为，体育课毕竟是以活动为主的课，在能够确保便于指导的前提下，空间大些，效果会更佳。

2. **器材种类与数量选择的依据**

体育课上所用器材种类与数量，都事先需要在教学设计环节确定下来，否则，也不利于有效教学。在选择使用何种器材以及器材数量的时候，也同样需要考虑以下几个方面的依据。

（1）依据学校器材总体情况选择教学器材

学校与学校之间的差异，事实证明是较为明显的，无论是同一学段的还是不同学段的，也不论是城镇学校的还是农村学校的，由于国家很少统一配备相同规格和数量的器材，大都是各地甚至学校根据各自的经费情况和实际需要购置器材，因此，不同学校的体育课，任课教师在选择器材类型和数量的时候，需要先清楚地了解情况，基本原则是有什么用什么。有些教师或许会问，有什么用什么或许根本就无法满足正常的教学需要，这种现象固然会存在，因为毕竟在我国很多偏远的山区或贫困地区，上体育课缺乏器材现象较为突出，不能满足正常教学需要的情况自然就会存在，但不能因为器材不能充分满足课堂教学需要就取消该项目的教学，如篮球作为一项普及率较高的项目，即便是学校的器材紧缺，只有五六个篮球，甚至更少，也要安排该项目的教学，可以男女有别，女生选择其他项目的学习，男生安排篮球学习，毕竟，男生将来以篮球作为终身体育运动项目的情况更为普遍。假如篮球充足，男女生共同学习更为合适。

（2）依据班级个数和人数选择教学器材

在进行体育教学设计的时候，仅仅知道学校的器材存放情况还很不够，还要了解同时上体育课的其他班级数和人数，假如同时上体育课的班级多、人数多，器材的选择上就有可能出现"撞车"现象。假如学校器材充足，这种情况或许不会影响正常教学，如果学校器材不够充足，在进行体育教学设计的时候，就需要对这类情况做充分的考虑。使用多少器材？练习的时候是采用哪种练习方式才能确保有效组织？例如，篮球课，一所学校的篮球总共10个，两个班级同时上篮球课，按照一班一半的分配方式，只能分到5个篮球，除教师示范和组织练习用球，也就是说，仅有4个篮球可共学生练习。显然，这样的器材限制了教学的组织和练习的方式，既无法确保每人一球，也难以保证两人一球，这就需要根据班级人数来平均分配。若班级人数为40人，分组练习的时候只能保证10人一球。即便是把教师的示范用球也用于学生的练习，也只能实现8人一球。相反，如果一所学校有几十个，甚至上百个篮球，组织形式就会大不一样，学生几乎可以每人一球，对于运球技术教学而言，十分有利，教学的效果也会比较明显。这种器材、人数、班级数等情况的不同，都需要在体育教学设计环节进行周密考虑，以确保教学组织的合理性。

（3）依据课堂内容选择教学器材

任何一节体育课都会安排一定的教学内容，或学习跳远等田径类、或学习篮球等球类、或学习前滚翻等体操技巧类、或器械体操类、或少年拳等武术类，无论是何种项目教学，都或多或少地会用到器材。有的即便是主教材不使用器材，在课的其他部分如准备活动、素质练习等环节也会用到器材。因此，在进行教学设计的时候，应考虑课堂上所有环节有可能用到的器材，包括标准的器材和非标准的辅助器材，甚至是自制器材。周密、细致、全面地考虑课上所需任何器材，有利于按计划完成教学工作，并达成所设定的目标，否则，就有可能出现浪费时间的现象。教学设计环节容易被忽略的就是对辅助器材的考虑，往往在场地器材描述的时候仅仅考虑了主教材内容所需器材。如一节课中主教材是学习篮球的原地单手肩上投篮，辅助练习是运球绕杆接力，每人运球需要绕过几个杆？标志杆是用标准的还是自制的，或是用其他物品替代？这些都是在教学设计环节需要考虑的。否则在课前借器材的时候，一旦发现标志物不能满足该次课教学需要，就会显得手忙脚乱，或干脆临时调整采取减少个数的策略。除此之外，有时候还需要在起点和终点处画上标注线，用什么画？是否需要准备几支粉笔临时替代画线工具？等等。有时看似并不太大的问题，但往往是在设计环节考虑不周全，就会影响教学的效果。

（二）体育教学场地器材的检查

1. 检查时间

体育教学设计环节除了要考虑场地器材用什么？用多少？实际上还有一个重要环节，就是为确保场地器材安全有效，需要考虑场地器材的安全检查。但何时检查？现在通常的做法都是在课前借器材的时候，边借边查看一下是否能用，有多少能用，平日里经常看到的在借器材的时候给篮球、排球或足球充气现象就是如此。实际上，在教学设计前就应该对器材进行检查，除了检查有没有、有多少外，更要看看所用器材是否能够正常使用，有没有存在一定安全隐患的器材，假如有，需要做何调整或修缮？以确保教学工作正常开展。在充分了解这些情况以后，再进行教学设计，就会更加有针对性。因为，对于器材的类型、数量、质量都已经心中有数，课上组织何种练习，选择哪些可用器材来组织教学便会胸有成竹。另外，也可以在大致了解学校器材状况的前提下，先直接进行体育教学设计工作，待设计结束以后，再核查所需各类器材具体情况，如有出入再调整设计中的相应部分。无论设计前还是设计后，对器材类型、数量、质量状况进行检查是必不可少的环节。这一环节也是容易被教师忽视的环节。

2. 检查项目

（1）类型检查

一节课都安排了哪些内容，每一个教学环节所用器材是否能够满足，这是对器材进行检查环节要完成的工作。在检查器材类型的时候，可将器材检查分为几类和一定的先后顺序。首先，检查主教材所需器材，如篮球、排球、足球等球类项目教学，有没有这些器材？假如是武术剑术教学，学校供武术教学使用的是金属剑还是木头刻制的剑？其次，检查准备活动所需器材，是用主教材学习器材进行准备活动，还是用其他器材辅助做准备活动？辅助器材是否具备？再次，检查课中组织的游戏或教学比赛所需的器材，课中安排的是什么游戏？什么样的教学比赛？学校是否有满足游戏和教学比赛的器材？假如没有，可以用哪些物品来替代？有无让学生自备的小型器材（如跳绳、沙包、毽子等）？如果有，应在上次课结束的时候就要事先通知学生，否则，会在一定程度上影响正常教学。

（2）数量检查

在教学设计环节，不但要考虑教学所需器材是否有，还要看有多少？哪类缺少？哪类能满足需要？数量多少才算够用，这需要依据前面所提到的学校器材总体数量、同时上课班级数、班级人数等进行综合判断。检查的时候，了解了以上情况，才能最后确认一个班上课所需器材数量是否能够满足。

（3）质量检查

体育教学是否有可能出现安全事故，其中，器材的质量也是一个值得关注的问题。要确保体育教学的安全，首先需要看器材本身的质量，该次课教学所用器材是否存在安全隐患，即是否存在质量问题。如有没有羽毛球拍头晃动现象？体操单杠两端的接口处有没有出现松动现象？轮滑鞋轮子是否有松动的螺丝需要拧一拧？跳绳手柄与绳子的连接处有没有出现脱钩迹象？等等。凡是课堂上要用得到的器材，都需要一一进行质量检查，以确保安全教学。

（三）体育教学场地器材的布置

1. 场地器材布置需遵循"四最"原则

体育教学场地器材选择好以后，就要进行合理的布局，为了使场地器材在体育教学中充分发挥作用，在进行体育教学设计的时候，就要首先考虑如何使其发挥最大功效，且安全节省。基于此，要力争遵循"最节省、最安全、最合理、最有效"的"四最"原则。"最节省"显然是充分利用场地，尤其是小场地的课堂教学，这方面就显得更为重要；"最安全"即任何场地器材布局中都要有安全保障，无论场地大小，安全地规划，才能使教学中的每一个环节都不发生伤害事故；"最合理"是在确保安全和节省的前提下，器材安放在场地的什么位置，才更便于教师示范、学生观察，更便于教师指导学生练习，这实际上是对场地器材进行布局的最低要求；"最有效"是在合理、安全、节省的基础上，尽可能地让场地器材发挥最大的作用。有时需要一物多用，即一种器材被用于多项练习；有时需要多物一用，即多种器材服务于某一项练习活动。无论如何规划设计，只要能够满足教学并在教学中最大限度地发挥其作用，说明场地器材的设计就是比较合理的。

2. 场地器材的布置应考虑细节

在具体教学中，场地器材的布置有时候还会有若干需要调整的细节，就如同体育教学过程中的小的突发事件一样，处理得当就不影响正常的教学工作，甚至会有效促进教学。比如，器械体操山羊的教学，踏板与山羊究竟都应放置在何处？如何根据学生的不同高度，在练习的时候及时调整踏板的距

第一章
体育教学设计基本要素撰写技巧与案例分析

091

第二部分
体育教师备课
——实践方略

离？教师做示范的时候，是尽量远一点做出高难度又漂亮的示范？还是远近合适做出标准的示范？关于踏板放置固定或不定位置的问题也是需要在教学设计环节尽可能地考虑的问题。另外，器材高度的调整问题也需要在设计环节有所考虑。如跳箱教学，在全班同学练习时箱的高度是否放置一致？教师示范是否要用和学生一样高度的跳箱？何时需要一样？何种情况下需要不一样？各自都能带来哪些效应或影响？假如这些问题在教学设计环节没有周全的考虑，也有可能在具体教学时段出现根据需要再临时搬动某一节箱体调整高度的现象。又如，有些器械上的技术动作学习，需要事先考虑保护与帮助的问题，需要怎样保护，谁来保护，如何轮流保护，等等，都是需要考虑的。常言说，细节决定成败。场地器材布置中的细节一定程度上也决定着教学的效果，因此，教学设计需要关注细节，确保教学的有效性。

（四）体育教学场地器材设计的内容呈现形式

体育教学设计工作事先对场地器材的选择、检查、摆放等诸多方面进行周密的考虑和规划，是保证教学有效性的关键，该环节必不可少且富有意义。除此之外，还需要将构思好的场地器材在课堂上如何布局呈现在教学设计文本当中，一般可以有多种呈现形式，如文字式、图形式、综合式。经过对往届全国中小学体育教学观摩展示活动以及全国中小学体育教师教学技能大赛中的教学设计进行统计，目前，图形式所占比例较高。实际上，根据教学内容与所需场地器材的复杂性、多样性，可以适当选择不同类型的教学设计文本呈现形式。

1. 场地器材设计文本内容的取舍

场地器材布置在教学设计文本中究竟应呈现哪些内容，一节完整的课从开始到结束，由若干部分组成，各部分都有可能牵涉场地器材问题，但教学设计文本中需要如何呈现，是仅仅呈现主教材场地器材布置情况，还是课上所有部分的场地器材分布情况都呈现？实际上，回答这一问题，需要考虑课堂内容的复杂程度。一般情况下，如果主教材以外其他各部分内容比较简单，无须特殊说明，仅仅呈现主教材部分的场地器材布局情况即可；假如主教材以外的各部分内容较为复杂，所用场地器材都有必要交代清楚，就可以按照顺序，边用文字叙述边用图示标注出来。总之，有的需要仅仅只呈现基本部分主教材学习时的场地器材，有的需要将各部分场地器材布置情况都一一呈现，至于如何选择，需要依据课堂内容的复杂程度来确定。

2. 场地器材设计文本的呈现形式

体育课所用器材有所不同，复杂的需要更加清晰地呈现，简单的比较容易表述，但无论是文字式还是图形式都需要把握"清晰"的原则，但至于该采用哪种形式，需要考虑一节课中器材使用的复杂性。

（1）器械、内容单一的课：多采用文字式

有些课的内容比较单一，准备活动多选择的是徒手操等，游戏也较为简单，所用器材或许就只有一种。如迎面接力游戏使用的接力棒；又如教学篮球行进间单手投篮，使用篮球器材。这类课所用器材比较简单，无须图示就能将场地器材情况表述清楚，因此，这类课的场地器材布置，可多采用文字式表述。如"本次课场地器材包括篮球场两块，篮球 10 个，接力棒 4 根"。

（2）器材多样活动丰富的课：多采用图形式

当课上所用器材比较多样，活动形式比较丰富时，场地器材设计部分，往往单纯用语言很难描述清楚，需要借助图形，将各部分场地器材布置的情况呈现出来，以确保人们清晰地了解到这节课的场地器材是如何规划的，通过图示呈现，能够让人们判断场地器材规划的合理性。如一节箱上前滚翻课，任课教师所布置的场地如图 2-1-6、图 2-1-7 所示。在进行教学设计的时候，既可以用照片的形式，也可以以勾画简图的形式将各部分所用器材绘制出来。

图 2-1-6　箱上前滚翻场地器材布置（一）　　图 2-1-7　箱上前滚翻场地器材布置（二）

（3）男女器材使用有别的课：多采用图文综合式

有时，一堂课上器材的使用，男女有所不同，需要在进行体育教学设计时有特殊的标注。如一节跪跳起课，场地器材被摆放成扇形，且用不同的颜色代表男女生练习的位置，如图 2-1-8 所示。其中大一点的长方形代表的是小跳台，小一点的长方形代表的是小体操垫。男生使用的是左边白色的小跳台，因此都集中在左侧五个器械上练习，女生集中在右边灰色的小跳台的器械上练习。这种有特殊标记的器材，都需要采用文字说明与图形展示共同完成。

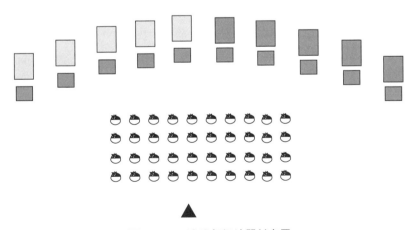

图 2-1-8　跪跳起场地器材布置

体育教学设计要素都有各自的规范撰写与表达方式，场地器材也不例外。而且，场地器材不但涉及选择、检查与摆放工作，更需要灵活把握在体育教学设计文本中的呈现内容与形式。简繁有别，并不拘泥于一种形式，这样的设计才显现出它的清晰性与规范性。当然，场地器材也同样需要创新，任课教师可根据具体情况进行适当的创新设计，这样可能会更加有效地促进课堂教学。

六、安全防范的撰写

安全隐患的防范是当前体育教学设计中常常被忽略的内容，过去大多数人只重视设计"教什么""怎么教"以及"教成什么样"，而忽视在教的过程中一切可能发生安全事故的隐患。随着安全事故的发生给人们带来越来越大的麻烦与压力，防范工作正逐渐得到重视。如压缩体操器械教学时数以减少事故发生的做法，但这样做并非良策，正确的方法是需要在体育教学设计环节充分认识到教学的内容、场地器材、组织方式等可能存在的隐患，并设法做好防范工作。然而，体育教学设计应如何针对安全隐患的防范做好规划与表述呢？下面从三个方面逐一分析。

（一）体育课安全隐患的危险性及认识误区

体育课上的安全隐患值得引起高度的重视，因为，一旦防范措施缺乏或不得力，安全事故就很难避免。尤其是不采取任何防范措施，安全事故的发生就更难规避。

1. 体育课上安全隐患的危险性

体育课中发生安全事故，大都事先存在一定的安全隐患，因此，安全隐患本身带有一定程度上的危险性。它的危险性主要体现在安全事故的发生上，由于安全事故有大有小，小则轻微擦伤或挫伤，重则骨折，甚至危及生命安全，因此，安全隐患的危险性也就有了轻重缓急之分。从安全第一的角度考虑，任何安全事故都有必要加以规避。为了有效做好防范工作，下面就有无

安全防范措施与有无事故发生构成的几种可能性进行分析说明，如图 2-1-9
所示。

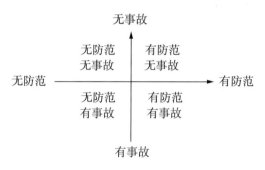

图 2-1-9　事故与防范的关系

从图 2-1-9 可以看出，有没有防范与是否发生安全事故存在着四种可能
性，即有防范无事故、无防范无事故、无防范有事故、有防范有事故。其中，
"有防范无事故"说明课中存在安全隐患，但防范措施得力，无事故发生。也
就是说，只有有效的防范措施才能避免安全事故的发生。而与之对应的"有
防范有事故"说明课中存在安全隐患，尽管采取了一定的防范措施，但由于
措施不得力，事故还是发生了。同样，从无防范这个角度来看，也有两种可
能性发生。对于"无防范无事故"而言，说明有的体育课不存在安全隐患，
即教材本身、场地器材、组织形式等都比较合理，学生在体育课上正常参与
体育学习会安然无恙。相反，"无防范有事故"的现象说明体育课自身存在一
定程度上的安全隐患，因未采取任何防范措施，致使事故发生。总之，体育
课要重视安全隐患的正确有效的防范工作，才能最大限度地避免安全事故的
发生，安全隐患的危险性也自然会降到最低限度。

2. 对安全隐患的认识误区

（1）忽视了安全隐患的存在

体育课由于大都在室外运动场上组织教学活动，有可能因各种因素存在
一定程度的隐患，并需要采取相应的防范措施避免事故发生。但实践中并非
完全如此，有部分体育课，从头至尾并不能看到、听到或感受到教师的防范

行动、语言或意识，犹如根本不存在任何安全隐患一样。更有甚者，当安全事故发生后，还有教师会认为是纯属意外。这些认识都集中反映了部分体育教师应有的安全意识的缺失。

（2）认识到安全隐患的存在但轻视防范工作

有些教师并非不具有安全意识，而是已经认识到了课中某个或某些环节安全隐患存在的可能性，但却轻视采取有效的防范措施。多数情况下只是听到教师向学生发出的"注意安全"或"一定要注意安全"的提示声音，可是，学生仅仅听到这样的提示或要求的话，仍然会不知如何做，结果会导致隐患依然存在。学生自己无积极主动的防范能力，教师又缺乏可行的防范指导，事故有时就很难避免。因此，只是认识到有安全隐患还远远不够，采取得力的防范措施，才能达到真正的防范效果。

（3）对安全隐患的危险性评估失准

体育课上存在一定的安全隐患并不可怕，令人更为担忧的是对其危险性缺乏准确的评估而做出超乎寻常的反应。如，当前有些学校不开设体操课，担忧体操课上发生意外事故，尤其是器械体操课更不让或不愿上了，操场上的单双杠不见了，跳箱、山羊等器械被堆放在器材室的角落或藏匿起来。这种做法，实际上是对体操器械在教学中存在一定程度的安全隐患而做出的高估危险性的现象。还有就是，对安全隐患的危险性低估的现象，有些体育课上也看到了教师采取了一定的防范措施，防止安全事故的发生，但却仍然出现事故，其关键问题在于对安全隐患未做出客观、准确、深入的评估，有时存有侥幸心理，总觉得安全事故可能不会发生，就淡化了对隐患的正确防范，这是不切实际的做法。因此，对安全隐患要有正确的认识，既不可过高估计而逃避，也不可低估危险性而麻痹大意。

（二）体育教学设计应考虑的安全隐患类型

体育课安全隐患究竟存在于何处？为了更好地做有效防范，有必要对其进行进一步归纳。体育教学设计中应从以下几个方面考虑体育课的安全性问题。

第一章
体育教学设计基本要素撰写技巧与案例分析

097

第二部分
体育教师备课
——实践方略

1. 体育教学内容自身的安全性问题

体育教学内容有的本身就具有一定的安全隐患，假如事先未能充分认识及未提出相应的防范措施，就有可能在组织教学过程中出现一定程度的事故。如，篮球传接球技术，要求在接球的时候手指朝向正确，否则，对于初学者来说，很容易造成手指挫伤。再如，体操双杠上的滚翻技术，它要求学生在做动作的时候，相应的肌肉用力正确，保持该技术所要求的身体姿态，手抓握杠的时候，一定要牢固等，一旦出现不按要求做动作或因技术动作未掌握，完成该项练习时，就容易从杠上掉下而出现伤及身体某一部位的现象。由此，对于那些安全性要求高的教材，教师在课前要有充分的认知度，才能及时有效地做好防范工作，最大限度地减少事故发生。

2. 场地器材的安全性问题

几乎所有的体育课都会或多或少地用到场地器材，因此，场地器材的安全性也不容忽视，这也是体育教学设计应重点考虑的内容之一。要想使体育课不因场地器材而发生危险，首先就需要充分考虑场地使用的安全性。如奔跑场地是否平整，有无小石块散落在跑道上；跳远沙坑是否安全卫生；篮球场地会不会因阴雨而湿滑；等等。只有确保场地符合要求，才能正常安排体育教学工作。要安全实施教学，就需要事先对其分别做好安全检查与及时修正。其次，器材的安全性同样不可忽视。尤其对于那些已经存在一定程度安全隐患的器材，更要确保其安全使用。如体操单双杠课前，需要检查器械的牢固性，看是否有螺丝松动现象，有松动未提前检修的话，很容易造成从杠上掉落而发生意外；羽毛球课前要检查羽毛球拍的拍头是否有明显或轻微的活动现象等，一旦这些现象存在，就会有较大的危险性，轻者刺破皮肤，重者也有可能造成一定程度伤残或生命危险。因此，课前尤其在课的设计过程中，要充分认识到检查器材的重要性，以及采取及时的行动使其达到安全标准，方可正常实施教学。

3. 教学组织的安全性问题

体育课上的安全事故，有些是因组织不当而引起。组织不当，一方面说明教师缺乏安全防范意识；另一方面，反映出部分教师的安全防范能力有所欠缺，也就是说，防范措施不及时或效果不明显。基于此，提高教学组织的安全性工作需要提高认识与防范能力。如投掷项目教学，学生的站位极其重要，过近易出现砸伤事件，过远会因捡器械而浪费一定的时间。只有做到恰到好处、远近适度，才能做出有效的教学组织工作。以前，因组织不当而引起的铅球、实心球、标枪等伤及学生现象有所发生，因此，需要引起教师的高度重视。投掷区在投掷练习过程中应严格禁止有人走动，面对面站立的两组学生，组织投掷练习的时候，需要严格按照教师的口令进行投或捡，否则安全事故随时都有可能发生。又如，体育课上个别游戏的组织活动，游戏本身或许并不存在安全隐患，可是，由于组织者对游戏缺乏组织中的安全性考虑，学生在游戏中竞争拼抢的时候很容易出现撞击损伤事件，或游戏中的小器械刺伤身体某一部位的现象，有时甚至导致无法挽回的后果（如刺伤眼睛）。因此，组织要科学、合理，确保体育活动安全有效。

（三）体育教学设计安全防范的表述方略

体育课上安全隐患的防范工作不但重要，而且在体育教学设计环节，尤其需要表述清楚，语言要具有针对性，既要能够分析安全隐患存在的可能性及存在的各种类型，还要能够针对不同的安全隐患提出与之对应的有效的安全防范措施。在体育教学设计中安全隐患防范的表述方略，需要从以下几个方面做起。

1. 对安全隐患的合理准确的判断

要想使体育课上的安全事故减少到最低限度，就需要对不同的安全隐患做出合理准确的判断。

（1）安全隐患有无的判断

通过分析教材、场地器材，以及有可能用到的组织方法或练习形式，初步判断该次课安全隐患存在的可能性。有时候，某一方面存在一定程度的安全隐患，有时候，几个方面同时都有可能存在安全隐患，但无论如何，每一

第一章
体育教学设计基本要素撰写技巧与案例分析

099

第二部分
体育教师备课
——实践方略

方面都需要在教学设计环节认真分析，并做出准确判断，为采取相应的防范措施提供参考。

（2）安全隐患大小的判断

安全隐患无论是一处还是多处，只要有安全隐患存在的可能性，就会有危险性大小之分。在进行体育教学设计环节，判断安全隐患的危险性大小是极其必要的，只有对其有较为准确的判断，才能知道将要采取的安全防范措施能否对其有防范作用，过高过低地评估危险性，都不利于防范工作的有效开展。

（3）安全隐患防范效果的判断

有时，仅仅知道有安全隐患，以及能够判断安全隐患危险性大小，还不能确保安全事故完全不发生，也就是说仍有发生事故的可能性。因此，依然需要教师准确评估防范效果，正确预测防范措施将能发挥多大作用，能否防范与防范效果如何是能否及时规避或减少安全事故发生的重要方面。有时候，安全隐患的危险性较大，所采取的防范措施不一定能够及时起到防范作用，这样就难以避免安全事故的发生。

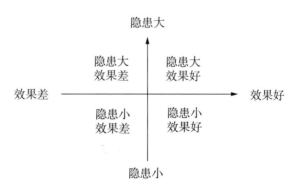

图 2-1-10　隐患与效果的关系

图 2-1-10 反映出，安全隐患大与小、防范效果好与差有可能构成四种可能性。其中，无论隐患大还是小，只要采取的措施得力都有可能达到理想的效果。相反，当防范措施不得力的时候，大小隐患都难以防范。基于此，防范效果需要考虑，但影响防范效果的主要因素——防范措施的合理性问题更

不容忽视。

（4）安全隐患防范难度的判断

体育课上不同的安全隐患，可以采取不同的或相似的措施做好防范工作，但有时候，虽然想达到理想的效果，但由于防范过程中有可能遇到这样或那样的难题而达不到理想的效果。其难度判断，就是对防范可行性的分析和论证过程。有时候，从理论上说，有些防范措施是极其有价值的，但实际教学中并不能够发挥应有的作用。如需要正确有效保护的练习而不得，其原因有可能是因为，保护者未能尽心尽力，或思想麻痹，还有可能重视了保护但保护方法不正确等，都有可能起不了太大的保护作用，结果导致事故发生。

2. 对安全隐患防范的具体表述内容和逻辑顺序

体育教学设计的安全隐患不但不能忽视，而且还要有具体的呈现形式，尤其哪些内容需要呈现，如何呈现才能让人一目了然并起到防范作用等，都需要重点把握。

通过分析判断体育课安全隐患存在的可能性、大小、效果以及难度以后，就需要首先简要地加以描述。体育教学设计在有限的空间内表述语言要尽量简单明了，点到为止。以上仅仅是判断了是否有必要防范，至于采取什么措施去防范才是重中之重。因此，从内容和呈现顺序上来看，首先，有没有的问题、问题多少、问题大小、问题难度、问题预测效果等，需要说清楚；其次，将重点放在一一对应的具体防范措施上。如教材本身的隐患采取何种措施做好防范工作，场地器材的隐患如何防范，教学组织的隐患如何防范。假如能够对具体教学环节（如哪项练习有可能存在安全隐患）找到有针对性的防范措施，则更加可取、有意义。尽量避免泛泛而谈，诸如，缺乏具体指导性的"注意安全"或"一定要注意安全"的表述，在教学设计文本中应尽量避免出现。

体育教学设计中的安全隐患防范是最易被忽略的要素之一，但它的重要性和必要性并不低于教材分析、学情分析、教学流程等，基于安全有效教学的需要，在教学设计环节有针对性地做好安全隐患防范工作的分析和表述十分必要且意义重大。但，值得提出的是，并非仅仅在体育教学设计中重视安全隐患的防范就一定能够避免安全事故的发生，仍需在课堂教学环节引起高度的重视，尤其需要将设计中的各项防范措施落到实处。

体育课堂教学安全一直是学校领导和教师们十分担心和困惑的问题，一方面担心安全事故的发生，另一方面对安全隐患的有效防范以及安全事故的处理存在种种疑惑。为此，重视安全隐患的规避显得至关重要，而且，措施越及时越得力，效果就会越明显。

（四）安全隐患的危险性及规避的可行性

体育课安全隐患大小不一，其危险程度也各不相同，总体上来说，安全隐患都隐藏着一定的危险性，且需要做好有效的防范工作，以尽可能地减少和防止安全事故的发生。同时，基于种种条件，规避安全隐患也是可行的。

1. 安全隐患的危险性有大有小

体育课多数情况下是室外实践课，无论是场地器材，还是组织方式，都存在一定的危险性，隐患大的有可能存在生命危险，隐患小的尽管危险性较小，但也有发生意外损伤的可能。总体上，大小隐患对应不同程度的危险，与此同时，假如发生伤害，其严重性也会随之分层。如果给安全隐患按其危险性大小进行分类，大致可以划分为危险性大、危险性一般、危险性小三类。例如，在学生严重睡眠不足的情况下，体育课上无论练习长跑、短跑等田径项目，还是在器械体操课上练习跳山羊或跳箱，都有可能发生晕倒或从器械上摔落下来休克，或出现更为严重的伤害。这类情况说明，由睡眠不足这一安全隐患隐藏的较大的危险性不容忽视。

另外，就处于中等程度的安全隐患而言，其引发的伤害事故也同样不可轻视。以体育课准备活动为例，准备活动不足或未做专门性准备活动，学生在基本部分学习运动技术的时候，也容易出现身体某部位的损伤。如果是短跑课，就有可能出现大腿后群肌肉拉伤；如果是篮球传接球课，就有可能出现手指挫伤；如果是武术课，就有可能出现韧带拉伤；等等。

再者，针对安全隐患危险性小的情况而言，也同样不能掉以轻心。假如是运动中因地面湿滑而摔倒，就有可能出现身体某部位的擦伤；假如跑步中地面不平整，踝关节出现扭伤的可能性也会存在；等等。

大大小小的危险，都会产生程度不同的伤害，都需要做出有针对性的规避方案，并能够有效实施防范措施。

2. 安全隐患规避必要且可行

体育课是能够有效促进学生身心健康的无与伦比的和无可替代的学科课程。安全隐患无论大小，如果不能做好及时有效的防范工作，都有可能对学生的身心健康产生一定的威胁。因此，为了提高体育的健身功能和价值，及时消除隐患十分必要且可行，但是，它的可行性表现在哪些方面呢？下面逐一分析。

首先，任课教师在备课阶段，有较为充足的时间对体育课各环节的安全隐患进行综合分析，也可与此对应提出规避方略。当然，这需要对安全隐患足够重视的教师才会在这一方面分配一定的时间。其次，基于教师长期的教学工作，已经积累了较为丰富的经验，能够准确判断体育课上哪些环节存在安全隐患，以及如何规避。当然，这需要在课堂上善于观察的教师才能做得更好。再次，体育教师一般情况下会对任教班级的学生情况有一定程度的了解，尤其是对哪些学生容易在体育课上不按照教师提出的明确要求参与运动，或故意扰乱课堂纪律导致安全隐患明显等都能够了如指掌的话，由学生自身缘故导致的安全事故也可以减少或尽可能地避免。最后，体育教师对安全事故的担忧已经成了较为普遍的现象，对安全隐患进行有效防范的重视已不言而喻。因此，无论是从教师的认识上，还是规避的方法上，都能够体现出体育课上规避安全隐患的可操作性。那么，具体该如何规避呢？

（五）备课时对安全隐患的规避方略

体育课上的安全隐患如何规避，关键不是在课堂上才发现隐患，而是在备课环节就要充分考虑哪里有可能存在隐患，并设计如何进行有效规避。下面从场地、器材、教材、学情、组织、天气等方面重点讨论安全隐患的规避方略。

1. 对场地隐患的规避

体育课对场地的利用是最为常见的，只要是实践课，场地是必备条件。然而，不同的场地上或许会存在一定的安全隐患。就田径场而言，假如是不够平整的土场地或煤渣场地，学生在这样的场地上运动，其发生扭伤的隐患随时都会存在；假如跑道上有小石块等障碍物，学生在上面无论练习长跑还是短跑，甚至是准备活动慢跑，都有可能因小石块被脚踩中而出现脚底部受伤。就篮球场地而言，该类场地不仅存在因采用水泥等材质硬化，导致经常在此场地上运动产生膝关节髌骨劳损的隐患，而且还有篮球场由于铺制木地板并在上面打蜡，出现运动中滑倒摔伤的危险。更有甚者，曾有一所学校篮球场在硬化的时候，图省事将各种画线都用器具刻成了大约有1—2厘米深的槽型，这就更增加了篮球场地的安全隐患。

场地存在的各种隐患都需要在备课的时候做好安全防范设计。在不平整的场地上课，如果是坑洼不平，需要在利用该场地活动时对学生做出及时的提醒，如果是有小障碍物，教师就需要在准备活动环节或做其他练习的时候，让学生边运动边弯腰低头将其捡出场外。篮球场地如果过硬或过滑，甚至有刻槽等异常情况，学生在该类场地上运动，也需要在备课环节做出充分的考虑，该如何安排练习、该如何提出明确要求等都十分重要。场地安全隐患的规避方略，可以写入要求部分，使其更加具体和可操作，并在课堂上及时做出明确要求。

2. 对器材隐患的规避

体育器材与场地一样，也是体育课上所必备。运动项目类型不同，所需器材的类型和材质不同。但多数器材在体育课上被使用的时候，也会或多或少地存在安全隐患。就体操器械而言，单双杠大多数学校都会购买并安装固定在操场上，该器材的安全隐患不仅是安置的稳固性问题，而且在双杠上做运动时，辅助器械如垫子是否在双杠下面铺垫是判断安全隐患有无、安全隐患大小的关键。山羊和跳箱也是存在安全隐患较明显的器械，不仅要求该类器械质地要有保障，而且该项运动进行时踏板的质量和摆放位置也十分重要。一次质量监测过程中，教师给学生做跳山羊示范的时候，突然出现"人仰羊翻"的现象，结果是由于"山羊腿软"所致。这说明，山羊的四条腿质量不过关，本身就存在着明显的安全隐患。再有就是器械的规格问题，如排球场上的排球网两边的立柱，假如安置得不稳固、自身制作的精细程度不到位等，安全隐患都有可能隐藏其中。如有所学校的排球网立柱上，刚好在固定网子的下端位置凸出一个钢筋头，极其危险，一旦有学生撞上，触及脸部的任何部位，就可能会产生严重的刺伤等。

器材及其使用过程中有可能存在的各类安全隐患，都需要事先有充分考虑和安排，否则，就很容易因质地粗劣、使用不当等出现安全事故。备课时要能够事先考虑到，在上课之前要做好安全检查，有没有体操单双杠固定不稳固现象，以及山羊、跳箱的质地以及有无破损等问题。起跳用的踏板也是需要在课前进行安全检查的。假如有任何安全问题，都要在上课前做好有效的规避，山羊假如存在腿软现象，最好不要使用该器械让学生练习，双杠假如固定不稳固，还要在课前先进行加固等。总之，器材使用前的安全检查是极为重要的。

除此之外，器材在使用过程中也会由于组织或摆放不当存在安全隐患，因此，在教案上明确提出具体的安全防范措施不容忽视，如向学生提出明确的使用方法，以及保护器械的要求等，可以大大减少安全事故的发生概率。

3. 对内容隐患的规避

体育课上选择什么内容，任课教师除了在进行教学设计的时候需要进行分析，还要重视对内容自身存在的安全隐患的全面而深入的分析。对不同的内容进行教学的时候安全隐患不同，有的可能隐患较大，危险性就高，有的可能隐患较小，危险性自然也会随之减小。从另一个侧面来说，就有可能导致的损伤类型而言，有的内容存在急性损伤的可能，还有的内容是短期没有明显的伤害，但长期练习会造成疲劳的积累导致慢性劳损等。例如游泳，该运动本身的安全隐患较大，出现溺水的可能性始终要高度重视；篮球的传接球技术，在学生练习的时候随时都有可能因动作错误而导致手指挫伤；篮球的高低运球技术，做久了，尤其是在质地过硬的篮球场上运动，不仅髌骨劳损有可能发生，而且腰肌劳损的可能性也存在；等等。

内容隐患也面临着出现各种安全事故的可能性，因此，做好规避工作尤为重要。对于游泳等水上运动，在备课写教案的时候，要能够安排有针对性的准备活动，做好充分的准备，既防止运动中肌肉痉挛，还要在学生进行游泳练习的时候，教师做好观察和指导工作。假如有学生出现意外溺水，教师如何进行施救等要做周密的设计。就篮球这项运动而言，无论是传接球还是高低运球，充分且有针对性的准备活动安排是有效防止手指挫伤和腰部、膝关节等部位损伤的关键。

4. 对学情隐患的规避

学情是学生在兴趣爱好、年龄特点、体能与技能基础等多方面的实际情况。体育课堂教学，不同学生由于存在各种差异，在备课环节的学情分析上，要强化安全意识。对于兴趣而言，没有兴趣的学生在练习中有可能积极性不高，重视程度不够，麻痹大意，安全防范意识淡漠，有可能在练习中因注意力不集中而导致伤害事故发生。相反，因有兴趣且太过于兴奋的学生也同样有可能发生安全问题。假如学习的是器材体操，就会因注意力不够集中而出现从器械上掉落摔伤的危险性。不同年龄的学生对安全隐患概念认识不一，对安全隐患规避的理解程度不同，安全防范意识也存在差异。还有就是，受学生不同体能与技能基础的影响，安全隐患存在的危险程度也略有差别。因此，学情方面的安全隐患分析与规避依然十分重要。

在对学情因素导致的安全隐患进行规避的时候，需要课前全面了解任教班级学生的情况，分析其安全隐患所在，在组织教学的各个步骤当中，有针对性地做出合理安排，给出特殊的指导方略。这就要求在备课环节进行充分的考虑和有效的设计，尤其是学生练习阶段的分组形式、练习方式以及要求提出，都要考虑其安全隐患规避的有效操作。当然，体育课上对学生进行安全防范意识的教育和引导，让学生不仅有安全意识，而且有防范能力，更是体育课堂规避安全隐患所不可忽视的。因此，在教学设计文本中，需要在学情分析部分或安全防范部分写清楚如何进行安全教育和引导的内容。从备课中"想到"到设计和教学中"做到"，最终才能"达到"理想的安全隐患的规避结果。

5. 对组织隐患的规避

体育课堂教学的实施，与组织工作密不可分，组织得好则有效性高，反之则有效性低。从组织的角度看安全隐患及其规避问题，也是做好安全工作之关键。就日常体育教学活动中的组织而言，经过精心设计的不仅组织井然有序，而且安全隐患也能够尽可能地避免。假如在备课的时候忽略组织隐患这一重要方面，体育课堂教学中就随时都有可能发生危险。例如，组织学生进行跑步的时候，前后学生距离过近，很容易造成踩脚而摔倒现象；又如组织学生进行体操技巧的各种滚翻练习，假如未能提示学生做动作前把眼镜等坚硬物体取下，就有发生刺伤的可能性；假如软式垒球课上组织学生做棒操或练习击球动作时，学生前后左右散开距离不足，就很有可能发生相邻学生互相被击打的危险；假如篮球课上组织学生进行投篮练习的时候，缺乏有序性，就很有可能出现踩踏至球上而发生踝关节扭伤甚至骨折现象；等等。因此，组织隐患也同样不容忽视。

规避组织隐患需要充分考虑三个方面。一是学习的内容自身的危险性，危险性越大组织工作就需要越精心。二是学生的组织纪律性，组织纪律性越差的班级或个人，组织学习活动的时候，就需要提出更加严格的要求，以及做好课堂观察和完善工作，还要在进行教学设计的时候，充分考虑出现某方面突发事件的预案。三是教师的组织能力是否能够做好各种隐患的规避工作，尤其是练习方式的安排上，有没有规避安全隐患的能力。教师通过反思，如果不具备或在这方面的能力不足，就要加强学习并提高责任意识，最大限度地避免因组织不当导致的安全事故的发生。例如，在一节鱼跃前滚翻课上，教师组织学生四人一块垫子，两两相对站立进行直体倒垫练习，一旦练习中

第一章
体育教学设计基本要素撰写技巧与案例分析

107

第二部分
体育教师备课
——实践方略

出现两两头部相撞，这样的事故发生就将十分严重，这是缺乏组织能力的教师设计的练习方式。而这节课上未发生安全事故，其根源不是教师及时发现了组织练习的隐患所在，而是学生在听到教师的口令后，倒垫之前，几乎所有的学生都稍稍向后退了一步，说明学生已经感受到了该项练习有可能发生头部相撞的危险。

6. 对天气隐患的规避

天气是指某一个地方距离地表较近的大气层在短时间内的具体状态。天气现象包括风、云、雾、雨、闪、雪、霜、雷、雹、霾等。体育课多在室外开展活动，因此，天气因素与其息息相关。尤其是雾、霾、风、雨、雪、雷等恶劣天气，假如体育课遇到这样的天气，更要充分考虑其安全隐患。夏季炎热的天气，冬季寒冷且风雪交加的天气等，更是防暑、防冻应重点关注的安全问题。

其中，风是难以避免的自然现象，体育课时间如果偶遇刮风天气，备课的时候，就要充分考虑风向，以及风级，是继续室外教学还是调整为室内教学。风级小的时候，包括站队的方向，练习位置的选择等都要做精心的设计。雨雪，作为一种天气现象，对体育课的影响也是不容忽视的，不仅需要对临时有可能出现的这种天气有预案，而且在备课的时候最好能够提前查看天气预报，如遇阴雨天气，就要有室内室外两种可能的选择。室外阴天无雨与有雨的教学设计要有明确区分，其目的是为了确保学生的身体健康和安全。雾霾，这样的气象情况现在越来越常见，也应引起广泛关注，雾霾污染程度越高，体育课设计越应引起高度的重视。夏天防暑和冬天防冻的预案因项目不同应采取不同的预防措施，如带防护用具上课等。总之，天气隐患的规避也是确保体育课安全的关键。

尽可能地确保体育课安全，有诸多影响因素需要关注，因为不同的安全隐患假如不及时规避，就可能造成严重程度各异的运动伤害，给学生的学习和身心健康都会带来一定的负面影响。这既需要广大体育教师进一步明确安全隐患的危险性，更需要针对不同的因素如场地、器材、教材、学情、组织、

天气等，在备课环节充分考虑规避的全面性与具体化，使安全隐患尽可能得到合理规避，从而促进体育课堂教学的有效性。

体育教学设计基本要素撰写技巧

教学设计要素全，　基本要素写在先；
指导思想明方向，　基本理念不能忘；
教材分析要深入，　特点方法要加入；
学情分析要全面，　个体差异有分辨；
教学流程图示法，　基本内容保留下；
场地器材充分用，　科学合理效果明；
隐患常见重防范，　师生配合保平安。

第二章 体育教学设计核心要素——教案的撰写技巧与案例分析

一、教学过程的合理分段

当我们任意翻开一份体育课教案的时候，几乎都能看到表格式教案的左侧被分为若干阶段的体育教学过程。从对新课程改革前后的比较来看，新课程改革后，分段问题发生了很大的变化，过去的三段式（或四段式）的运用不那么普遍了，而出现了令人眼花缭乱的五段式、六段式、七段式、八段式，最为夸张的是还出现了十二段式。很多一线教师对此产生了困惑，体育课究竟应该分为几个阶段？过去的三段式（或四段式）有错吗？笔者对新课程改革后出现的诸多体育教学过程分段情况进行了分析，重点分析了多段式存在的突出问题，提出了对体育教案教学过程合理分段的几点建议。

（一）体育新课程改革后出现的诸多分段形式及存在的问题

体育新课程改革后，体育教案上出现了诸多分段形式，笔者对全国中小学体育教学观摩展示活动所提交的部分教案进行了粗略统计，结果发现既有过去的三段式、四段式，还有五段甚至更多阶段的划分形式。其中，有些阶段划分存在着这样或那样的问题。

1. 新型三段式出现两极化现象

在众多体育观摩课教案中，我们不仅发现了过去的"准备部分、基本部分、结束部分"三段式划分形式（笔者为了研究的方便，本书将过去经常采用的三段式暂时称为原三段式），更看到了新的三段式，如表 2-2-1 所示。

表 2-2-1　原三段式、新三段式案例

原三段式	新三段式		
准备部分	导入	准备阶段	激发兴趣做好准备
基本部分	主题	学习体验阶段	积极锻炼发展素质
结束部分	结束	身心放松阶段	恢复身心小结下课

其实，过去人们多采用的三段式划分形式正如毛振明教授所分析的那样："三段式本身没有什么错。"过去将体育课划分为准备部分、基本部分、结束部分，是按照人体生理机能变化规律来进行划分的，是科学的、合理的。

体育新课程改革以后，有些教师为了追求分段名称的新奇，将过去的各阶段的名称做了创新，从名称的字数来看，有的比过去减少了字数，变成了"导入、主题、结束"这样的形式；有的比过去增多了字数，如"激发兴趣做好准备、积极锻炼发展素质、恢复身心小结下课"等。还有的是保留个别名称，创新部分名称，如"准备阶段、学习体验阶段、身心放松阶段"。从所列举的新三段式名称来看，主要存在几个问题：（1）出现了过于简单化的现象，回到了各学科共有的方式上了，失去了体育学科的特殊性。如"导入"往往任何一个学科的课堂教学的开始部分都可以归结为课的导入。（2）也出现了复杂化现象，把体育教学的目的、活动内容等都搬到了阶段名称上，使其失去了过去的简明性。如"激发兴趣做好准备、积极锻炼发展素质、恢复身心小结下课"和原来的"准备部分、基本部分、结束部分"相比，更加复杂了，将目的呈现在了所划分的阶段名称上，比如"激发兴趣""发展素质""放松身心"等都是教学活动的目的。

2. 分段依据不清晰、名称怪异

体育教学过程阶段划分，有一些明显表现出依据不清晰，缺乏统一的逻辑主线，而且个别名称有些怪异，令人费解，如表 2-2-2 所示。

表 2-2-2　多段式分段依据不清晰、名称怪异案例

四段式	五段式	六段式	七段式	八段式
动感节奏 快乐节拍 齐心协力共同进步 美好瑜伽	导入热身 学习乐园 激发情绪 高潮迭起 愉悦身心	导入主题 准备热身 我的运动 我的风采 我的组合 我的造型	营造气氛导出主题 牛刀小试 萌发激情 善于合作主动练习 创新探究 展示风采 真诚评价放松交流	课堂常规及准备练习 虎狼对抗狭路相逢 组合跳背 分腿腾跃器械 虎狼对抗虎跃狼腾夺红旗 虎狼大决斗橄榄球游戏 整理活动 小结布置课后作业

从表 2-2-2 我们不难看出，所列举的无论是新的四段式，还是五段式、六段式、七段式和八段式，从每一阶段的名称上我们可以发现，都存在阶段划分依据不清晰以及名称怪异现象。如四段式，前两个阶段的名称"动感节奏"和"快乐节拍"，根据其所在位置，实际上可以理解为是"准备活动"部分，但结束部分的放松活动也可能有动感的节奏和快乐的节拍。"齐心协力共同进步"与前两者命名方式并不具有一致性，其实是一种对团结协作的要求。而美好瑜伽，又是描述的运动项目，由此可见，该四段式缺乏统一的划分依据。其他几种分段形式，该问题同样存在，如六段式中的前两个阶段"导入主题""准备热身"，与后四个阶段"我的运动""我的风采""我的组合""我的造型"前后共六个阶段的划分，依据的究竟是什么，难以找到最合适的答案。

另外，怪异的名称也在表 2-2-2 中清晰可见。如七段式中的"牛刀小试"，八段式中的"虎狼对抗狭路相逢""虎狼对抗虎跃狼腾夺红旗"等名称都难以理解。何谓牛刀小试？虎狼对抗狭路相逢又该做何解释？出现了这些怪异的名称，难道还像是体育课的教学过程吗？

3. 阶段虽多但却不够完整

体育教学过程目前划分的阶段，很多都是五段以上的形式，存在着依据不清、名称怪异现象的同时，还有一个更为严重的问题，就是部分教学过程缺乏放松整理活动，如表 2-2-3 所示。

表 2-2-3　体育教学过程缺少放松活动的不完整案例

六段式	（1）导入；（2）热身操；（3）复习健身健美操基本步伐；（4）学习健身健美操基本步伐；（5）合作与创编；（6）展示成果
十二段式	（1）激发动机；（2）预热身心；（3）建立表象；（4）体验完整练习；（5）体悟形神特点；（6）巩固技能；（7）自主创新；（8）提升理解；（9）擂台展示；（10）情感升华；（11）总结评价；（12）布置作业

表 2-2-3 告诉我们，无论任课教师将教学过程划分为六段，还是划分为十二段，都表现出了结构不完整的问题。如六段式的后两个阶段的名称分别是"合作与创编""展示成果"，从哪一个都不能看出里面包含有结束部分的放松整理活动。表中的十二段式也是如此，最后三分之一的阶段名称"擂台展示""情感升华""总结评价""布置作业"也同样看不出有放松整理的迹象。因此，阶段划分尽管很多，但却忽略了体育课上必不可少的放松整理活动。

4. 过于情景化现象突出

在体育教学中，有些任课教师采取的是情景教学，如采用了"农田"和"战场"的情景设计。结果就出现了有些教师将体育教学过程也按照所设计的情景来分段命名的现象。如表 2-2-4 所示。

表 2-2-4　情景化体育教学阶段划分案例

五段式	（1）整衣待发；（2）步入田间；（3）田间劳动；（4）丰收季节；（5）欢庆丰收
六段式	（1）战前动员；（2）战前训练；（3）支援前线；（4）战役实施；（5）占领阵地；（6）凯旋

从表 2-2-4 中可以看出，五段式和六段式的体育教学过程都是按照情景教学的环节命名的。其中，五段式看起来几乎是把学生带到了"农田"里，六段式好似把学生带到了"战场"上。这样的阶段划分形式也有失合理性和科学性。

（二）对体育教学过程进行合理分段不可忽视的几个方面

如何对体育教学进行合理的分段，这是体育教师经常要面对的事情，当然，并不是对于每一个教师来说都是问题。通过对上述体育教案分段所存在问题的分析可以发现，分段问题主要集中在对分段的依据不一致、层次不清晰、名称不规范、数量过于繁多以及结构不够完整等方面。基于此，笔者提出以下五点建议。以便为一线教师撰写教案提供一定的参考。

1. 分段依据要一致

关于依据问题，实际上是要解决"为什么要这么分而不那么分"的问题。同一份教案中分段依据不一致屡见不鲜，如上文中所提到的"营造气氛导出主题、牛刀小试、萌发激情、善于合作主动练习、创新探究、展示风采、真诚评价放松交流"七段式中，从哪个角度都未能看清楚该任课教师是依据什么进行分段的。最让人难以理解的是"牛刀小试"，单从分段名称上难以理解，而且也确实看不出它与前后各段的关系。因此，无论是想分三段、四段还是更多段，最起码分类的依据一定要保持一致。要么是按照人体生理机能变化规律，要么是按照教学中的各项活动内容分段命名等，无论是依照什么，都需要保持一致，这样才不至于出现分段逻辑混乱现象。

2. 分段层次要清晰

该部分是要解决"如何分"的问题。体育教学过程在教案上所呈现的分段是否合理，还需要看层次是否清晰，各阶段要有连续性、渐进性，也就是各层之间具有一定的逻辑性。如上文所提到的五段式"导入热身、学习乐园、激发情绪、高潮迭起、愉悦身心"，其中，"导入热身"与"学习乐园"看不出是何种层次关系。同样，"高潮迭起"与前后相邻的"激发情绪"和"愉悦身心"究竟具有什么样的层次关系？这种层次不够清晰或缺乏层次性的分段，无论分段名称如何有创意，都将被认为是不规范的分段。

3. 分段名称要规范

对于所分每一个阶段的名称而言，是否规范，实际上是要解决"分成什么样"的问题。对于体育教学过程的分段来讲，每一段的命名都要能够符合"字字千金"的要求，而不能是"多一个字不多，少一个字不少"的命名。新课程改革以后，有些教师一方面想打破常规，对过去的科学合理的三段式或四段式进行创新，要么改变名称，要么增加段数，还有的采取了既改变名称又增加段数的分段方式。如上文中提到的"课堂常规及准备练习、虎狼对抗狭路相逢、组合跳背、分腿腾跃器械、虎狼对抗虎跃狼腾夺红旗、虎狼大决斗橄榄球游戏、整理活动、小结布置课后作业"，既增添了段数，三段式变成了八段式，又改变了名称，"开始部分、准备活动"，变成了"课堂常规及准备练习"，还出现了难以理解的不规范的名称，"虎狼对抗狭路相逢""虎狼对抗虎跃狼腾夺红旗""虎狼大决斗橄榄球游戏"等这些名称都是难以理解的。因此，在给每一个阶段命名的时候，完全采用过去的"准备部分""基本部分""结束部分"三段式名称或"开始部分""准备部分""基本部分""结束部分"四段式没有错。如果想有所突破，但一定要规范，其规范性，表现在每一个名称都应在统一依据下命名，而且是有层次的命名，不能是随心所欲的命名。如上文中反复提到的"牛刀小试"，究竟安排的是什么教学活动，从名称上显然是难以寻求到答案的。

除此之外，过于简单的无具体名称的阶段划分形式，如只是用"1、2、3、4、5、6……"数字表示各个阶段的区分，这样的阶段划分显然也是不规范的。因为这样很难让人一目了然每一步要干什么，也很难让人了解每一个阶段是要干什么，还需要人们进一步总结归纳。这样的阶段划分形式看似简单化了，实际上是更加复杂了。

4. 分段数量要适当

分段数量要适当，实际上是想解决"分多少"的问题。不反对创新，但创新要有度。是否需要创新，如何创新，都是在对体育教学过程进行分段前要考虑的问题，体育教学改革与创新，并不是集中在教学过程的分段上。对其进行分段的时候，最好不要少于三段，因为那是按照人体生理机能变化规律来划分的最简单的科学分段。多分的话不能过于烦琐。有些人想把基本部分更加明细化一些，把复习的、学习的、锻炼的等进行进一步区分，是可以接受的，或是按照活动形式进行明细化也是可以的，但问题的关键是，无论如何划分，都不能为了单纯追求创新而划分，而是为了更加有利于教学而划分，这是合理划分阶段的前提。上文中所列举的十二段等就显得过于烦琐、过于细化。当然，并不是说八段、九段就应该提倡，而是基于什么划分，划分的阶段要恰到好处，要简单明了。在体育教学过程的分段上，既不是划分的阶段越多越好，也不是越少越好，而是要合理。

5. 分段结构要完整

笔者在对大量的多段创新式划分案例的分析中发现，尽管有些教师把其划分为超过三段、四段的更多的阶段，实际上，却忽略了一个很重要的问题，那就是结构的完整性。无论分多少段，只要是结构不完整的，都是不规范的。结构完整与否，问题主要集中在是否存在"放松整理活动"的缺失上。如上文表2-2-3中提到的六段式和十二段式，都存在结构不完整的问题。基于此，在对体育教学过程进行分段的时候，首先应该考虑体育课不可缺少的准备活动、放松活动，因为前者是为基本部分的学习做充分准备的，既能够防止运动损伤尤其是急性损伤的发生，是不可缺少的内容或环节，又能够有利于基本部分的学习。后者其实也是为基本部分服务的，只是在基本部分的学习以后，能够使机体得以快速地恢复，是减少疲劳，甚至是为了防止慢性损伤发生的服务性活动。而从上文表2-2-3中列举的六段式和十二段式的分段结果来看，都少了"整理放松活动"，显然是不可取的。

对体育教学过程进行分段，看似很小的问题，其实它隐含着教师对体育课究竟应该如何分段的正确判断与态度，同时也体现出了体育教学设计的能力，还隐含着体育教师对新课程改革的理解程度。任何一节体育课，无论它是常态的还是被观摩的，我们都会看到任课教师将其划分为几个阶段，体育课的教案上更是清晰可见。但对体育教学过程进行分段，不能随心所欲，而是要科学合理，不可忽视逻辑性，不可忽视层次性，更不可忽视完整性。只有有了合理的分段，才有可能有清晰的教学步骤和良好的教学效果。

二、各项内容关联性的把握

任何一节体育课都会有各项内容包含其中，从不同视角来看的时候，体育课的内容可以划分为不同的类别形式。然而，无论如何归类，各项内容都应该有着必然的联系，并结合体育课的目标发挥着各自的作用。厘清各项内容的关联性，对有效选择并确定每一节课的具体教学内容将具有一定的指导意义。

（一）从课堂教学看内容设计存在的若干不良现象

在体育教学设计过程中，有一项非常重要的工作就是选择并确定各教学环节的内容，内容确定不当，不但不利于目标的达成，而且体育课的整体质量也难以保证，对学生的全面发展也将产生不利影响。当前，从体育课堂教学过程与效果来看，内容的设计存在若干不良现象，下面逐一进行分析。

1. 三大部分内容关联性不明显

在部分体育课上，准备部分的准备活动内容和结束部分的放松活动内容与基本部分的主教材内容之间的关联性不突出。具体表现在，准备部分未能针对主教材技术学习的需要，合理安排准备活动内容，尤其明显的是缺乏专门性准备活动。甚至有的课上，任课教师用眼保健操作为准备活动内容，这样的做法是不恰当的。结束部分也未围绕主教材学习的需要，做好专门性的放松，而是表现出较大的随意性。这样安排内容的结果，不但不利于运动技能的学习和掌握，而且还有发生运动损伤的可能。也会因放松活动缺乏针对性或及时性，导致疲劳的积累，不利于身心健康的发展。因此，体育课的三大部分内容确保相互关联，尤其是准备活动和放松活动为基本部分主教材学习发挥服务作用十分必要。

2. 基本部分主辅教材搭配不合理

就基本部分而言，无论是小学、初中还是高中的体育课，通常我们可以看到，大部分任课教师都会安排主、辅两项内容，即包括主教材学习内容和辅助教材锻炼内容。主教材一般以学习运动技术或战术为主，辅助教材一般以游戏、比赛等形式锻炼某方面的身体素质或培养健全人格为主。然而，在主、辅教材的搭配上，有些课堂存在明显的不合理性，即两项内容缺乏必然的联系。甚至有的课堂，为了单纯突出新颖性，安排一个既与巩固技术学习无关，又与提高素质无关的新奇游戏。游戏所能发挥的作用，只是看到学生在活动中体验到了快乐。为此，在安排内容的时候，要充分考虑主、辅教材各自发挥的作用，尤其是辅助教材在与主教材的搭配上，要能够达到强化技能学习或补充素质锻炼的作用。

3. 各内容时间分配缺乏全面考虑

在体育课堂教学中，除了各部分或各类内容选择准确、搭配合理，还需要合理分配各项内容在体育课上所占的时间。无论是哪项内容，时间分配不够合理，充分发挥作用就会受到不同程度的影响，尤其是有的内容所占时间过长，必然会影响到其他内容在该节课上的功能价值，甚至会出现个别内容因时间不足未能呈现的现象。如有一节武术课，准备部分比预期的延长了近十分钟的时间，并在准备部分新增了一项放松调整内容，结果导致基本部分游戏内容未做成，结束部分放松活动也来不及做就到了下课时间。这种现象，说明在进行教学设计的时候，各项内容的时间分配缺乏周密的安排，内容和时间分配上也存在明显的随意性。

4. 复习与新授内容时间安排不灵活

很多课上都会既有复习内容又有新授内容，而且多数情况下，都是先复习后学习，但从对大量的体育课堂观察来看，复习与新授内容在时间安排上不够灵活，常出现复习走形式或时间安排过短，未能根据需要来分配两者的时间。如一节篮球行进间运球课，基本部分开始先是安排了原地运球的复习，刚组织学生原地运球大约 2 分钟的时间，就直接进入了行进间运球的学习。可是，从学生的原地运球整体情况来看，原地运球技术并未掌握，尤其是手型不正确现象较为突出，此时教师并未结合学生掌握的实际情况，适当加长复习时间，而是很快进入学习下一个技术环节。这样的安排，明显表现出走过场现象，不但不利于对已学技术的掌握，还不利于对新技术的学习。因此，复习和新授内容在时间安排上，要灵活把握，要能够根据学生掌握的情况合理分配。

（二）从多元视角对体育课内容进行分类

体育课内容要准确安排，时间上要合理分配，需要首先了解内容的分类形式。下面从多元视角对体育课各项内容进行归类。

1. 依据三大部分划分体育课的内容

体育课的内容划分形式很多，依据三大部分可以将体育课的内容划分为：准备部分内容、基本部分内容和结束部分内容。这三部分的内容在体育课上各自发挥着不同的作用，但三者之间不是孤立的，而是相互联系的。准备部分除了课堂常规，主要内容是为基本部分的学习做好充分准备的活动内容——准备活动。准备活动除了大家熟知的一般性准备活动和专门性准备活动内容，也不可忽视两大问题：一是依据基本部分主教材学习选择什么样的一般性或专门性的准备活动；二是根据需要安排多长时间的准备活动。准备部分不是有准备活动就合理，而是需要有适宜的准备活动内容，且该项内容要能够直接服务于基本部分内容的学习。

基本部分从大的方面来看，一般会划分为技术、战术学习与素质锻炼，形式固然是多样的，但基本部分的内容，除了需要了解大体上分为两大类，更为重要的是要能够把握技术、战术学习的程度和素质锻炼的类型。否则，教学组织形式和时间上的分配就会显得盲目。例如，某一项技术学习，是要让学生会说、会做，还是会用？不同的"会"的程度，组织教法就会有明显不同，时间分配也会有一定差异。为此，基本部分内容也需要全面考虑是什么、为什么以及怎么样的问题。

结束部分除了要进行课的小结以外，最为重要的就是放松了。不过，一般的体育课上，都会看到任课教师安排放松活动，只是放松活动的具体内容和组织形式、时间分配各有不同。结束部分的放松活动要能够真正起到放松的效果，放松活动的内容要围绕基本部分内容安排，无论是组织形式还是时间分配都需要具有针对性和实效性，脱离基本部分的放松活动是不适宜的。

2. 依据主次作用划分体育课的内容

体育课基本部分的内容有的是起主要作用，有的次之。按照主次作用可以将体育课基本部分内容划分为主教材内容和辅助教材内容。主教材内容往往是一节课的核心内容，其他内容基本上都是围绕该内容选择和搭配的。就一个学期而言，主教材通常具有计划性，某一节课安排什么主教材内容往往在学期开始就已经被确定，即在学期计划中有所安排，而不是随着教学的进程任意选择的。因此，主教材的选择和确定不是以某一节课为转移的。就一个单元而言，主教材一般还具有连贯性，前后课时是相互关联的，是按照由简到繁、由易到难，循序渐进逐步学习的。辅助教材也是十分重要的，尽管不作为核心，但是它也是一节课不可或缺的。有的辅助教材能够对学习主教材起强化作用，有的辅助教材能够对主教材起补充作用。如主教材学习双杠的跳上支撑摆动前摆下技术，可是，教学过程中教师发现大部分学生上肢力量较弱，跳上成支撑的动作困难，辅助教材可以安排上肢力量练习，强化技术动作学习所需臂力。又如，主教材学习排球的垫球技术，辅助教材可以适当安排下肢的跳跃性练习等。因此，体育课基本部分内容的安排除了考虑主次作用，还要考虑主、辅教材的合理搭配。

3. 依据教材新旧划分体育课的内容

体育课的内容有学习新教材和复习旧教材之分，因此，可以将其划分为复习内容和学习内容。一节课上，复习内容和学习内容的存在形式多种多样，但大多数是先复习后学习，也有少数是先学习后复习的。当然，也有根据需要将复习和学习穿插或交替安排的情况。无论如何安排其先后顺序，复习内容和学习内容各自的作用既有所不同，也相互影响。复习是为了巩固提高，而学习却是为了了解、熟悉和初步掌握，二者具有明显的区分。但与此同时，复习内容和学习内容又存在一定的联系，即复习到位，有助于进一步学习新的内容。为此，正确认识二者之间的关系十分重要。然而，有时候，新旧教材也会被分割到两节不同的课中，如一节是独立复习课，而另一节可以是单独的新授课。复习课主要是复习已学技术、战术为主，而新授课却以学习新的技术、战术为主。无论是将新旧教材安排在同一节课，还是将二者分配到两节课中，专门就一类教材组织教学，一个至关重要的问题是合理把握复习和学习的方式手段。一般而言，复习内容要考虑其组织形式的趣味性和重复性，学习内容不可忽视示范性和指导性。

（三）内容合理设计应把握的几个关键点

体育课的内容需要合理设计，才能凸显各项内容所发挥的作用。为此，下面谈几个需要把握的关键点。

1. "会"与"不会"的界限需要分清

要想做到内容的合理安排，首先要明确什么是会了，即会与不会应有一个较为明确的区分，这样才能减少盲目性，体育教学才能按照达到"会"的程度安排内容和合理组织。当前，无论是确定单元长度，还是为一节课主教材内容选择组织形式，都需要准确把握什么情况下是学会了。但是，究竟学到什么程度是会了呢？通过长期对体育课堂的观察，以及与有丰富经验的一线教师的交流，就学习技术或战术而言，本书初步将"会说""会做""会用"划分为三个不同层次的"会"。其中，"会说"主要是指学生能够用语言描述所学技术的动作要领或战术的动作方法，如学了前滚翻以后，学生能够较为准确地将前滚翻的动作要领用语言表述清楚。"会做"主要是指学生能够用肢体将所学技术按照动作要求展示出来，而且是独立完成。还以学习前滚翻为例，"会做"就是学生能够独自按照动作要求顺利完成前滚翻动作。"会用"主要是指在不同的环境或运动场景下，都能够将所学技术动作完成，或遇到突发情况能够运用所学技术进行自我保护，如学了并会做前滚翻以后，当有人从后面突然踹一脚时，本能的反应是向前跑几步，反应慢的会突然摔倒，假如能够利用所学的滚翻动作，将能够最大限度地防止摔倒擦伤或骨折。又如，学习完篮球运球技术以后，在有人防守的情况下，依然能够顺利运球突破防守等。为此，教师在设计某节课要学习的内容时，需要根据要达到的哪一个层次的"会"，来准确安排与此对应的方式方法。

2. 内容的搭配需要找准其连接点

无论从哪一视角看体育课的内容，要想做到内容之间搭配合理，需要找准各项内容之间的连接点。也就是说，要明确内容与内容之间因什么而联系在一起。是因目标一致，还是作用互补，或是互为促进等。

假如从三大部分来看，准备活动和主教材之间的连接点在于"有利于技术学习和掌握"，把握住这一连接点，对准确选择准备活动内容，尤其是选择专项准备活动内容将具有明确的指导性；放松活动和主教材之间的连接点在于"有利于身心健康"，对该连接点的准确把握，有利于确定放松活动的内容、时间和组织形式，便于身心的及时恢复。假如从教材的新旧来看，复习和学习内容之间的连接点是"有利于技能学习、掌握和提高"，对该连接点的准确把握，能够有利于根据学生对运动技能掌握情况，合理把握复习与学习的时间分配和组织形式，使得体育课教与学的过程变得更加灵活。假如从主、辅教材来看，二者之间的连接点是"一般身体素质或专项身体素质的提高"，把握住这一连接点，准确选择具有关联性的辅助教材将更为容易。

由此可以看出，教学设计过程中，在选择和分配各项内容的时候，找准内容与内容之间的连接点至关重要。

3. 内容与目标的关联性需要十分明确

体育课程目标是体育教育的方向标，是体育教学内容选择的引导者，要正确选择内容，就需要明确内容与目标的关联性。

就目标而言，当前最为权威的体育课程目标表述是：体质健康促进目标、运动技能掌握目标和健全人格培养目标。体育课各项内容的选择要能够围绕这三维目标中的某一个维度或多个维度进行，当然，这里所谈论的与目标关联的内容主要是指基本部分安排的各项内容。脱离目标的内容选择是不明确的，但该如何把握内容与目标的关联性呢？最关键的是需要分清谁先谁后。过去很多人都在说"目标引领内容"，即所谓的目标在先、内容在后。实际上，这种认识是有局限性的，在体育课程的层面可以如此理解，但是到了课堂教学的层面，并非如此。因为，此时的主教材内容事先已经确定，因此，主教材内容与目标的关联性是要能够围绕该内容，结合学生的实际，以及学校的场地器材条件，确定难度适宜的目标。基本部分辅助教材的确定，一方面要考虑与主教材的搭配，另一方面不可忽视对该节课教学目标的服务性。此时此刻，目标与辅助教材内容之间，又变成了目标在先、内容在后的关系。当然，这一目标常常不是指向技能，更多的是指向体质健康或健全人格培养方面。因此，在选择辅助教材内容的时候，要增加与目标关联的针对性，减少盲目性。

体育课教学目标的设定，一方面是要依据三维课程目标并考虑如何将其具体化，另一方面是要充分考虑主教材内容、学生发展、场地器材、单元课次等因素来综合确定某一节课的明确目标。辅助教材内容的选择，要实现的是主教材难以完成的目标。如主教材是篮球的原地单手肩上投篮，目标除了技能目标围绕原地单手肩上投篮学习和掌握程度设定，在体质健康方面，目标设定的是提高学生的快速奔跑能力，健全人格培养方面，设定的目标是培养学生的合作意识和团队精神。这两项目标，主教材学习的全过程很难实现，因此，在选择辅助教材的时候，就需要围绕"奔跑能力""合作意识"和"团队精神"来确定。

总之，内容设计要想达到科学、合理、有效，不但需要考虑把学生教到什么程度，还要充分考虑内容之间的连接点，以及内容与目标的关联性，从而减少盲目性，并提高教学质量。

三、教学目标的设置与落实

体育教学设计尤其是教案中，都可以看到关于目标的表述，但通过对当前一些大型活动提交的体育教学设计（或教案）中的教学目标文本和体育教学实践的分析，笔者发现，仍存在一些有待进一步解决的理论与实践问题。本部分重点在分析新老问题的基础上，进一步探讨体育教学目标的合理位置、有效设置方法，以及在体育课堂教学中该如何使目标落到实处。

（一）若干"问题目标"分析

无论是全国中小学体育教学观摩展示活动还是评优活动的教案中，都出现过带有这样或那样问题的目标，即所谓的"问题目标"。这些"问题目标"笔者通过统计后进行了初步的归纳，其中，有些目标是模仿体育新课程标准中的五大领域目标（或课程标准修订后的四个学习方面），笔者将其称为"临摹型"体育教学目标；有的是什么内容都能套用的教学目标，该类目标笔者称为"通用型"体育教学目标；有的是既不具体又缺乏可操作性的"空洞型"体育教学目标；还有的是为追求创新而自创的"奇异型"体育教学目标；还有的教学目标是将几种目标范式进行了重新组合，因此，笔者将其称为"重组型"或"整合型"体育教学目标；等等。当然，以上分类方式并非绝对，而是为了研究的便利，其实，各类型之间存在一定的交叉性，如"临摹型"教学目标可能同时也是"通用型"和"空洞型"教学目标等。

为什么将以上归纳的几类目标都称为"问题目标"呢？现分述如下。

1. "临摹型"体育教学目标

这类目标在新课程改革初期最为常见，临摹最多的是新课程标准中提出的五大领域目标，即运动参与目标、运动技能目标、身体健康目标、心理健康目标和社会适应目标。如一节搏击健美操课，该节课的教学目标任课教师的临摹如表2-2-5所示。

表2-2-5 "临摹型"体育教学目标示例

1. 运动参与目标：培养学生终身积极参与体育运动的态度和行为，自觉参与学习。
2. 运动技能目标：使学生了解并掌握基本的音乐节奏与肢体动作的关系。
3. 身体健康目标：提高学生身体协调性，发展灵敏、柔韧、耐力和力量及反应等能力。
4. 心理健康目标：增强学生参与体育锻炼的信心，培养学生克服困难的意志品质，培养学生机智灵活的优秀品质，享受音乐和运动相结合的运动乐趣。
5. 社会适应目标：在集体活动中提高学生的群体意识，培养学生良好的合作精神，使其人际关系变得更加和谐。

从形式上来看，该目标是完全按照新课程标准中的五大领域目标临摹下来的，这样做并不是说完全不可以，问题在于，一节课仅仅 40 或 45 分钟，这五大领域的目标是否真的都能达成？有无重点发展？是为了目标而制定目标，还是应该为学生的发展而制定目标？很显然，从上述目标示例中，我们并不能看到真正是要重点考虑发展学生哪方面的素质或技能。由此，在制定目标的时候我们就不能过于追求形式而照搬，况且新课程改革也没有明确提出要以这五大领域目标为标准来制定每一节课的体育教学目标。因此，这种临摹型的目标对于一节体育课而言是不可取的。

2. "通用型"体育教学目标

在对体育教案进行统计与分析时，笔者发现，有些体育教学目标的部分表述形式缺乏针对性，如若将教学内容替换了，目标的表述似乎也能说得过去。如某任课教师为一节篮球课制定的教学目标，当将篮球课换成排球课时似乎也能说得通。从这样的目标能明显地看出一种不负责任的态度，根本没有充分考虑到学生的实际情况、教材的特点，以及该节课在单元计划中所处的位置等。如一节篮球课教案中教学目标的制定如表 2-2-6 所示。

表 2-2-6　"通用型"体育教学目标示例

1. 学习简单的球类，激发学生对篮球的兴趣。
2. 能模仿简单的单个动作，如运球、急停等。
3. 让学生主动参与活动，体验运动的乐趣。
4. 培养学生自觉遵守纪律的意识。

从这节课的教学目标来看，首先，第一条"学习简单的球类"应如何理解？什么是简单的球类？篮球是否属于简单的球类？其次，当我们把第一条目标中的"篮球"换成"排球"似乎也能说得通。另外，第二条目标中的"运球、急停"如果被换成排球运动中的"发球、传球"等似乎也可以。剩余两点，就更不具有针对性了。不但将篮球换成排球，就是换成体操、田径、武术等非球类运动也一样。因此，这样的目标就几乎成了可通用的目标。由此可见，该目标示例也完全属于"问题目标"。这样的目标还同时存在大而空、不具体、不具有可操作性等缺点。很显然，这样的目标内容和形式也是不

可取的。

3. "空洞型"体育教学目标

在研究中笔者发现，有些体育教学目标的制定相对比较空洞，即缺乏具体的可操作性的内容，大都采取的是泛泛而谈的形式来制定。如一节武术健身拳课，其目标的制定如表 2-2-7 所示。

表 2-2-7 "空洞型"体育教学目标示例

1. 使学生掌握基本的武术步伐及手势，并对套路的开始部分熟悉。 2. 发展学生的柔韧性、协调性。 3. 培养学生积极思考的能力及欣赏美、创造美、不怕困难的品质。

该目标共三条，几乎每一条都存在着一定的问题。首先是第一条的表述存在专业术语错误和语句不通顺问题，武术基本功包含手型步型、手法步法，很显然"步伐及手势"的表述是不规范的，这充分反映出该任课教师的武术专业知识的匮乏，甚至在教授武术前也很少研究教材。真可谓是"以其昏昏，使人昭昭"。其次是"对套路的开始部分熟悉"，这样的表述该如何解释？主要的问题在于套路的开始部分到哪？熟悉到什么程度？是说说、看看，还是练练？不得而知。除此之外，"发展学生的柔韧性、协调性"该如何把握，怎么发展？发展到什么程度？都没有具体的方法和要求，不具有可操作性。还有最后一条的表述，"培养学生积极思考的能力"，是想通过什么方式来发展这种能力？还有"不怕困难的品质"，采取什么样的方法进行这种教育？如果没有具体的措施，可以认定条条目标都是较为空洞的，故属于"空洞型"体育教学目标。

4. "奇异型"体育教学目标

有些目标可能是为单纯追求新奇而进行的自主创新，但是在自主创新的过程中，人们往往忽略了目标的准确性、一致性，甚至可行性等问题。结果出现了一些不伦不类的目标，有的还显现出几分怪异。如有的教学目标中出现了"理念目标"，有的认知、技能、情感目标中多出了"负荷"目标项等。这些目标制定与呈现方式确有不妥。如一节篮球双手胸前接球课的目标，如

表2-2-8 所示。

表 2-2-8 "奇异型"体育教学目标示例（一）

> 认知：学生能领悟篮球运球的动作要点。知道双手胸前接球的做法，知道什么是"二次运球"违例。
> 技能：80%以上学生基本掌握篮球的双手胸前接球姿势动作，95%以上的学生能正确进行低运球。
> 情感：学生能正确地评价自己，学习情绪饱满，注意观察，识别正误，有强烈的个人责任心和集体荣誉感。积极参与竞争，遵守规则。
> 负荷：平均心率：120—130 次/分钟；最高心率：170—180 次/分钟。

我们暂且不说认知、技能、情感这样的目标项是否合理，关键的问题在于我们从该目标示例中看到了在过去的诸多教学目标中从未看到过的"负荷"目标项。通常情况下，"负荷"在以前的教案中都是习惯于放在教案最后（密度与负荷预计）的内容。将"负荷"放在目标中来提出，打破了常规，从一定程度上说算是一种创新，也够新奇，但却有不妥，因为运动负荷的大小是衡量一节课科学合理性的重要标志，是一种要控制的要素，而非要达成的目标。因此，对新奇的追求不能不考虑它的适宜程度。

除此之外，一节"少年篮球——原地单手肩上投篮"课的教学目标的制定中出现了难以准确把握的"理念目标"。

表 2-2-9 "奇异型"体育教学目标示例（二）

> 1. 理念目标：结合本课对学生进行卫生健康教育和奥运知识教学与宣传。
> 2. 认知目标：在学习主教材与游戏练习中，教育学生团结协作、合作竞争、相互鼓励、和谐共进。
> 3. 技能目标：①使学生初步掌握原地单手肩上投篮的运动技能；②培养学生学会游戏、懂得健身，为终身体育奠定良好的基础。
> 4. 情感目标：在轻松愉快、和谐有序、自主合作、探究创新的场景中寓教于乐，使学生学习、掌握新知识、新技能，学有所获。

从理念目标项中的具体内容来看，似乎可以将其合并到认知目标项中。该任课教师单列出一项理念目标，其初衷尚不十分清楚，但结果显然是不恰当的。

5. "整合型"体育教学目标

有些教案所呈现的体育教学目标，其中，有些目标构成是对两类或更多类目标范式的重组或整合。这样的目标尚搞不清楚制定者是出于何种目的，但整合后的结果呈现出一定的问题，最突出的问题是逻辑混乱或依据不清。如一节小学的"跑几步，一脚有力踏跳，越过 30 厘米横绳，双脚落入垫子"体育课的教学目标的制定，如表 2-2-10 所示。

表 2-2-10 "整合型"体育教学目标示例

> 1. 运动参与、身体健康：掌握跑几步，一脚有力踏跳，越过 30 厘米横绳，双脚落入垫子。通过自主学习、合作学习、探究学习，培养学生与他人合作的意识。
> 2. 技能目标：知道为什么要学跑几步，一脚有力踏跳，越过 30 厘米横绳，双脚落入垫子，体验跳跃与生活的实际应用。
> 3. 情感目标：围绕"秋游"主线进行情景教学，通过秋游的过程掌握各种在生活中可以应用的常识。

通过对该目标做进一步分析，我们不难看出，运动参与、身体健康属于五大领域范式中的两项，而技能目标和情感目标又属于认知、技能、情感目标范式中的两项，很显然，制定该目标的任课教师是对这两种范式进行了整合，各取一部分，构成新的教学目标。从严格意义上，并不能说这样的目标是绝对错误的，但该目标呈现出了依据不一致的现象。

（二）体育教学目标的新老问题

当前，体育教学目标的形式、内容上都存在着亟待解决的问题，下面重点进行逐一分析。

1. 体育教学目标形式问题

体育教学目标的形式问题主要体现在：形式上过于多样化。据统计发现，有完全照搬课程标准中所提出的五大领域的目标形式，即运动参与目标、运动技能目标、身体健康目标、心理健康目标、社会适应目标；有将五大领域简化的目标形式，如选择保留其中四个目标或三个目标；还有根据认知目标、技能目标、情感目标三部分设置的；还有的目标设置完全沿用过去的三大任务式；还有的增加了新的目标要素，如理念目标；还有的是将上面某两种目标形式进行整合，出现了认知技能目标、身体健康目标、情感目标的自主创新式目标形式。这种多样性的目标形式，一方面表现出了完全照搬课程标准中的学习领域划分形式，显得过于死板，且五大领域目标在一节课中实际上是难以完全达成的，另一方面，形式过于多样，也说明体育教学目标理论的不成熟性，教师们大都是根据自己的理解和习惯确定。由此，目标的形式有待进一步规范化。

2. 体育教学目标内容问题

体育教学目标的表述是目标具体内容的呈现，从对大量的目标案例的观察分析，笔者发现，目前，尽管有人已经关注到了体育教学目标的内容应尽量具体，但依然存在着笼统的、难以评价的目标内容。这些目标内容问题集中起来主要表现在：目标表述语言过于空泛，只是表明了一种方向，而未具体到如何做，做到什么程度。如有个目标案例是这样表述的："通过本节课的学习，培养学生的集体主义精神和勇敢顽强的意志品质。"还有的案例表述为："促进学生的速度、力量、柔韧、灵敏等素质的提高。"像这样的目标表述方式，就很难评价体育课是否达成了目标，学生的集体主义精神和勇敢顽强的意志品质是否真正地得到了培养？学生的各种素质是否得到了有效提高？因此，目标内容不具体是体育教学目标问题的关键之所在。需要进一步研究目标中的每一个字、词、句该如何表达，才能够体现出可操作性等特点。

然而，合理的形式与具体的内容应该是什么样的呢？从形式上来看，体育教学目标无论依照哪种范式，都需要在认知技能、体能素质、心理品质三个方面有所体现。而教学目标的内容表述的具体性体现，需要突出一点，就是可评价性，也就是说，看了课以后，能够看出来目标是否已经达成或基本达成，即用可观测、能量化的语言表达目标。

3. 体育教学目标合理定位问题

假如说将体育教学目标的形式与内容问题确定为老问题的话，那么目前又出现了一个新问题，即体育教学目标在单元计划与教案中的位置问题。前些日子，曾有人提出"在单元计划和教案中，应该把目标写在前面，内容写在后面"的主张。但是，为什么？是贯彻落实"目标引领内容"？还是担心

"目标在一定程度上不能引领内容"？后来，这一问题便作为一个新问题在专家、学者、一线教师中议论开来，而且在个别地区已经有一线教师做出了回应，已经有教师错误地将教案中的目标与内容颠倒了顺序。但目标与内容究竟应该如何定位？哪个在前哪个在后才更为合理？实际上，这已不仅仅是一个简单的位置问题，更是对目标与内容的理解是否到位的问题。在此，有必要对体育教学目标的合理定位问题做进一步的讨论。

关于体育教学目标应该位于何处？就体育教师日常所要完成的教案来讲，与教学内容的位置关系如何确定？过去已经习惯的和正确的定位方式是否需要改变？事实上，人们在撰写教案的时候，事先已经选定了教学内容，只有有了要教的内容，才能设计规划该内容如何教，教到什么程度。如何教是方法问题，而教到什么程度是目标问题，也就是说，是先有内容后有目标的。换句话说，体育教学目标是根据某节课的具体内容来确定的。实际上，任何一项内容都有其要达到的目标，至于目标达到何种程度，是要结合学生情况、场地器材情况，以及该次课在单元计划中的具体位置而定的。因此，目标在内容之后确定，目标的位置放于内容之后，都是无可非议的，是一个根本无须争论的问题。

（三）体育教学目标的有效设置

有效设置体育教学目标，不可把简单问题复杂化，也不可对此轻视。但如何对一堂体育课的教学目标进行设置呢？主要基于该堂课的教学内容，尤其是依据主教材的教学内容而定。不同的内容有可能达到不同或相同的目标，但无论怎样，在设置目标的时候，一方面要考虑内容的特点和作用，更主要的是要考虑如何使所设置的目标具体化，且具有可操作性。也就是说，通过一堂课的教学，目标的达成度应该能够在课结束时得到检验。假如难以检验，不是目标设置的问题，就是课堂教学设计与具体实施的问题。本部分重点探讨体育教学目标如何进行有效设置。

1. 有效设置体育教学目标的依据

要对体育教学目标进行有效设置，需要充分考虑主教材内容是什么，有什么特点，在本次课教学中将发挥什么作用？还需要考虑学生的实际情况，不仅仅是该年龄段学生的生理心理特点和认知能力，更重要的是要看该任课班级的学生在学习该项内容前的素质与技能基础。除此之外，学校的场地器材条件也是有效设置目标不可忽视的条件。当然，目标的设置与教师的教育教学能力与水平也有十分密切的关系。同样一项内容，不同的教师进行教学会有不同的结果，可能学生有的掌握快，有的掌握得较慢，甚至教学效果几乎不明显。因此，单纯依据其中的任何一个方面来设置目标都难以达到理想水平。

2. 有效体育教学目标的维度确定

体育教学目标的老问题——形式问题，反映出当前教师对目标形式并未形成定论，尚未见到有统一的规定，教学目标表达方式发生了变化，从大纲主导下的三大任务呈现方式，悄然变成了用五大领域目标或认知、技能、情感目标来表达。但究竟哪一种形式最合理，很少有人对此有所探讨。笔者认为，在确定有效体育教学目标形式的时候，维度不可过于宽泛，更不可大包大揽，当然，也不能捡了芝麻丢了西瓜。如何才能做到恰到好处？我们在确定其维度的时候，过去的三大任务一直都未被质疑，且在课程改革之前长期延续着。只是进入了新课程标准实施的时期以后，大家为了迎合新课程标准提出的几个方面的学习领域，就有人开始模仿、套用，还有人做了一些新的尝试。实际上，无论是过去实施体育教学大纲的时期，还是现在实施体育与健康课程标准的时期，体育课，尤其是作为一节体育课所能实现的或达到的目标，应该是极其有限的，不可过分夸大一节体育课的功能。基于此，从目标维度的确定上，仅仅需要考虑某一节课重点要教给学生什么，锻炼学生什么，培养学生什么。而且这三个方面也应该是有主有次的。就新授课而言，是以传授与学习为主的；对于复习课而言，在锻炼与培养方面力度会有所加大。假如是一节单纯的综合素质提高课，很显然锻炼的价值就会更加凸显，其目标就会越发明确具体。但无论是何种类型的课，从学习、锻炼、培养三个维度来设置目标是较为合理的。进一步可以将其归纳为知识技能学习目标、体能素质锻炼目标、情感品格培养目标三个方面。当然，这种三维目标形式只是一种建议，是结合新课程理念提出的一种构想。

3. 有效体育教学目标的表述方法

把握了从哪几个维度进行目标设置还不够，还需要能够熟悉和掌握具体到什么程度才是有效的，或有效性是如何具体体现的。前人的研究中曾对该问题展开过多种形式的讨论，如美国的体育教学论专家西登托普认为，体育教学目标应该包含三大要素：课题、条件和标准。如"在 1.2 米的水中能够数清同伴伸出的手指"目标，课题是"游泳课水中数数"；条件是"1.2 米的水中"；标准是"数清同伴伸出的手指"。又如，国内有研究认为，体育教学目标应该包括四个要素，即行为主体、行为动词、行为条件和行为程度。如"通过直观式教学，学生了解排球基本的垫球知识，能说出双手正面垫球动作要领及手臂的击球部位"目标，行为主体即"学生"，行为条件是"直观式教学"，行为动词是"说"，行为程度是"能说出双手正面垫球动作要领及手臂的击球部位"。

以上两种目标表述方式实际上都是针对认知技能目标而设置的，至于从锻炼与培养方面如何表述才更为具体，却很少有人涉及。因此，目前，在体育教学目标中存在着一个比较突出的现象，就是认知技能目标较为具体了，锻炼与培养目标依然是大而空。如在一个运动技能目标被认为不错的目标案例中，有关锻炼与培养两个方面的目标分别是这样表述的："身体健康目标：提高学生身体协调性，发展灵敏、柔韧、耐力和力量及反应等能力。心理健康目标：增强学生参与体育锻炼的信心、克服困难的意志品质。培养学生机智灵敏的优秀品质，享受音乐和运动相结合的运动乐趣。"这两个方面的目标表述，显然一个针对了锻炼，一个针对着培养，但任何一个方面的表述都不够具体，都表现出大而空的缺点。基于对以上情况的分析可以看出，无论是采取国外的还是国内的目标设置方式都能够使认知技能目标接近具体，并具有可操作性和可评价性。而锻炼与培养这两个方面的目标该如何才能更加具体？至关重要的一点是要找准主要锻炼的体能素质（如耐力）或主要培养的品质（如坚强的意志）是什么。因为一节课难以面面俱到，越是全面就越是空洞。另外，要有具体的操作方式或评价方式，如国外曾用"不说风凉话"作为一个目标表述形式，同样，我们可以用"在有同伴保护的情况下敢于在双杠上完成前滚翻动作"，这就可以评价是否培养了学生的勇敢顽强的意志品质。而不是仅仅用"培养学生勇敢顽强的意志品质"来表述空洞的培养目标。至于锻炼类的目标表述也如此，其关键点也是用可评价的方式来表述具体的某一方面的体能素质锻炼目标。如我们可以用"通过柔韧素质的练习，约一半以上的学生能够在做纵叉时动作完全到位"，而不是仅仅用"锻炼学生的柔韧素质"等来表述。

（四）体育教学目标的课堂落实

关于体育教学目标能否在课堂上具体落实的问题，从理论上说，不应该作为一个重要的问题来讨论，但当前有一些体育课堂难以看到在体育教学目标上的具体落实。尤其是，有很多课堂在教学程序上或内容安排上有远离目标的现象。换句话说，有的课将目标设置与具体教学截然分开了，二者的相互关系在课堂上表现得不是十分清晰。关于目标具体不具体与课堂上有无落实，可能组合而成的各种情况，如图 2-2-1 所示。

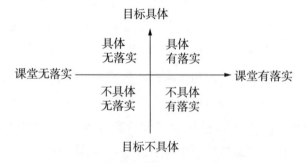

图 2-2-1　目标具体与否与课堂有无落实情况

从图 2-2-1 可以看出有四种情况，即"具体、有落实""具体、无落实""不具体、无落实""不具体、有落实"。从这四种构成情况可以看出，第一种情况"具体、有落实"是一种最理想的状态，希望体育课上不但设置的目标比较具体、具有可操作性，而且能够有明确的落实方法。"具体而无落实"的是需要在实施层面加以改进的，而"既不具体又无落实"的是更应改进的，不但要从目标有效设置上下功夫，还应找到具体的落实方法。最后一种情况"不具体有落实"理论上存在，但实际上是不太可能出现的情况。基于对以上几种情况的分析，并结合具体教学实践，首先需要将体育教学目标进行有效性具体化设置。其次，就是在对课堂教学各环节进行精心设计的时候，应注意每一项活动都要考虑为达成目标服务，如采用什么样的练习方法效果更佳？练习次数与时间如何确定才能实现目标？而不是想当然地设计，更不是跟着感觉走地实施教学。具体落实各教学环节，需要把握一个关键点，那就是围绕目标选择方法。因此，在体育教学内容、目标与方法三者之间，就存在一个先后顺序问题，即"先有内容——根据内容设置目标——依据目标选择方法手段"的设计过程。有了这样一种思路和程序，目标在教学过程中具体落实问题才有可能实现。

当然，仅有这样的设计思路还不够，有时，在课堂实施过程中，还会有一些突发情况，如课堂中发现用某种方法继续组织下去有可能离目标越来越远，即出现高估了方法手段所起的作用的情况，这就需要在教学的某个或某些环节做出适当的及时的调整，有的表现在练习次数时间的增加或减少上，有的表现在具体方法的调整上，也就是说，目标设置后，实施过程是一个动态的变化过程，而不是完全把设计思路与方法再现的过程。只有有了合理的设计，又有了及时的观察并做出有针对性的调整，体育课堂教学才能有望目标达成最大化。

体育教学目标的设置是体育教学设计工作中非常重要的一项任务，无论将目标放置于体育教学设计的前一部分"基本要素"中，还是后一部分"核心要素（或教案）"中，都需要将目标确定得恰到好处，可以从学习、锻炼、培养三个方面考虑目标维度问题。还应把每一个方面的目标内容设置得具体，也就是说语言表述应避免过于空泛，应尽可能地考虑可操作性与可评价性。

除此之外，目标在体育教学实施过程中也应很好地把握，不但要落实到课堂上的每一个教学环节之中，更要用动态的眼光来看待目标的达成过程，真正做到内容适宜、目标具体、方法合理，最终实现有效教学。

四、重点和难点的确定与突破

体育课堂教学无论是什么内容，都会牵涉重点的强化和难点的突破问题。站在教学设计的角度，选择何种手段在课的基本部分主教材教学时强化重点、突破难点？这既是一线教师关心的问题，又是体育教学准确性、有效性的具体体现之关键。为此，讨论体育教学中的重点强化与难点突破手段十分重要。

（一）体育课堂落实重点和难点的若干现象

体育课堂落实重点和难点的具体情况，不仅反映出教学设计的优劣，还体现出体育教师把控课堂的能力与水平高低。就目前对众多体育课堂教学的观察来看，关于重点的强化与难点的突破，除了部分课上教师能够教准、教深、教透以外，一些课堂明显存在这样或那样的不良现象。为了提高教学质量，不良现象值得我们进一步分析与讨论。

1. 体育教学过程中无重点强化与难点突破现象

当我们翻阅教案的时候，几乎都能在教案上找到"教学重点与难点"的具体内容，无论是重点和难点分开表述还是整合在一起表述，都表明教师在设计环节并没有忘记这一重要要素的呈现。但是，在对诸多体育课的观察中，我们发现，有些课上并没有强化重点与突破难点的教学手段。尽管也是一节时间完整、过程完整的课，但是，因为没有具体的强化重点与突破难点的环节，显得课的准确性不足。从而会表现出，学生掌握运动技能的速度和质量有限。如一节初中二年级的篮球运球课，原本是一节新授课，可教师在整个教学过程中，并未强调这节课的重点，更没有提及难点是什么，该如何突破。而是安排了十余种不同形式的行进间运球练习。其结果显示，学生在运球的过程中，只是不断地运球、丢球、捡球，再运球、再丢球、再捡球的无数次的重复。不仅这样，大多数学生的运球手型依然僵硬，甚至出现多种错误的动作。这样的课仅从重点和难点来看，是教偏了，未能围绕重点和难点组织学生练习，是在借助学生为教师表演。显然，这种现象是亟待改变的。

2. 体育教学落实重点和难点蜻蜓点水形式化现象

体育课堂上关于重点和难点的落实，有的存在着蜻蜓点水现象，即在课的开始部分，宣布完该次课的内容和学习任务后，紧接着把重点和难点向学生陈述了一下，学生对重点和难点的认识程度教师不得而知。或许有些学生听了，但没有记住；或许有些学生听到教师在讲，却不知道讲的是什么。假如在学习基本部分主教材的时候，能够再次强调，或安排专门的练习手段强化重点和难点，学生或许会较为明白。但是，有些课上，任课教师仅仅在开始部分做了介绍，其余环节都未提及。还有些情况，教师不是在开始部分介绍具体的重点和难点是什么，而是在基本部分学习技术动作的时候告诉学生"我们这节课重点要学习的是……"，学生或许只是知道那是要学习的内容，而并没有感觉是重点。除此之外，还有一种情况是，针对重点的强化与难点的突破，教师简单地安排了一项练习，但时间和重复次数却十分有限，也就很难起到让学生掌握重点技术和突破难点的作用。例如，一节前滚翻课上，教案上写着，本节课的难点是"团身紧、滚动圆"。可是，在基本部分主教材学习环节，除了看到让学生两人一组在垫子上练习大约 1 分钟的"不倒翁"（一人背着垫抱头团身，另一人前后交替按压），再也没有看到任何能够强化学生"团身紧"和"滚动圆"的辅助练习。这样的教学就重点和难点而言，显然存在着形式化现象。

3. 体育教学中强化重点与突破难点错位现象

在观察体育课的时候，我们甚至还看到过强化重点和突破难点的错位现象。所谓错位，就是课堂上所强调或突破的重点和难点与教案上撰写的重点和难点不一致，等于没有教准，结果就会出现教案上的重点和难点只是摆设的现象。存在这种现象的主要原因，一方面是因为任课教师对确定重点和难点的实际意义认识不到位，即不知道教案写上重点和难点是要干什么，或许仅仅认为只是规范教案所需。另一方面，是因为任课教师未能真正搞明白课堂上主要解决什么问题，而是想当然或一味地为创新而创新，采取的创新手段都与强化重点与突破难点无关，尽管课堂形式上比较新颖。除此之外，还有一种大家容易忽略的原因是，教师的教育教学能力不足，虽然教师也在如何强化重点和突破难点上下了一番功夫，但是，始终未能找到最合适的手段，或找到了自认为比较合适的手段，结果却并不理想。例如，一节急行跳远课，该次课教案上确定的难点是助跑与起跳的有效衔接。可是，在课堂上，很少听到和看到教师给学生讲为什么要注意两者的衔接，如何才能达到有效，采取哪些措施更具有针对性，而是按照常规教学，先让学生量步点，争取能够踏上板，进而让学生一个接一个地做完整技术的练习，体验完整技术。还不断地发出表扬之声，当某一同学踏上板了，或跳得远了，即表扬说"某某同学跳得很好"，然而，学生既没有明确做出有效衔接了是什么样的身体感觉和技术动作，也不清楚没有做好有效衔接的感觉有何不同，更不明确如何做才叫有效衔接了。这样的教学从重点和难点上来看，即未教准。

（二）体育教学重点强化与难点突破的必要性

体育课堂上重点的强化与难点的突破至关重要，假如忽略了这一点，体育课堂教学的有效性就很难得以凸显。

1. 落实单元计划重点和难点需要强化与突破

运动技术的掌握不是一节课所能达到的目标，而是要通过一个甚至几个完整单元才能实现。然而，每项技术都含有重要的技术环节，对于较为复杂的技术，也或多或少地存在掌握起来比较困难的地方。又由于一项完整的技术往往会被分解到单元中的每一节课上学习，因此，要想顺利完成单元计划，不解决好重点和难点问题就很难实现。由此可见，落实单元计划，每堂课上做好强化重点和突破难点工作是十分必要的。例如，初中一年级的学生要进一步学习篮球技术，由于篮球技术由运球、传接球、投篮、持球突破、抢篮板球、防守等组成，要想全面掌握篮球技术，篮球单元计划中的每项单个技术的学习都要重视，要想掌握好单个技术，就要在课堂教学中注重强化重点与突破难点的教学手段的设计，否则，篮球单元教学就难以顺利完成。

2. 掌握运动技能重点和难点需要强化与突破

运动技能又称"动作技能"，指人体运动中掌握的和有效地完成专门动作的一种能力。是在空间内正确运用肌肉工作的能力。运动技能的形成是有阶段性的，不同的阶段具有不同的特点，通常划分为三个阶段，即认知阶段（泛化）、联系阶段（分化）、完善阶段（自动化）。在认知阶段，练习者主要是通过视觉观察示范动作并进行模仿练习，较多地利用视觉来控制动作。在联系阶段，练习者经过一定的练习之后，初步掌握了一系列局部动作，并开始把个别动作联系起来。在完善阶段，练习者的动作已在大脑中建立起巩固的动力定型。在运动技能形成过程中，技术重点如果不进行强化、难点不采取有效的手段去突破，无论在认知阶段，还是在联系阶段，都难以建立正确的动作概念，更难以确保按技能形成规律达到自动化程度。因为，重点是技术的核心（或技术的某一环节），难点是形成技能的关键（或掌握重点技术要达到的效果），所以，在掌握运动技能的目标下，强化重点、突破难点至关重要。

3. 达成教学目标重点难点需要强化与突破

体育课堂，无论是强化重点的有效方式，还是突破难点的重要手段，都与其目标有着必然的联系，尤其与运动技能目标的达成直接关联。而一节课质量水平的高低，最重要的是要看目标的达成情况，达成度越高质量也越高，反之则越低。因此，体育课堂上是否有重点的强化与难点的突破手段，以及手段的选择是否切实可行，与要达成的教学目标密不可分。从这一角度来讲，选择和确定准确、有效的手段强化重点与突破难点不容忽视。例如，一节高中二年级跨栏课的运动技能目标是："通过跨栏步动作多种方法的学与练，使75%的学生能完成摆动腿积极下压和起跨腿折叠外展提拉的动作，60%的学生跑跨结合流畅。发展灵敏、力量等身体素质，提高学生的协调性。"教学重点是："摆动腿积极下压和起跨腿折叠外展提拉。"教学难点是："摆动腿与起跨腿的协调配合。"其中，目标要求是"75%的学生能完成摆动腿积极下压和起跨腿折叠外展提拉的动作，60%的学生跑跨结合流畅"。我们暂且不说目标定得是高是低，仅从目标内容上和学生比例上就能够看到，假如课堂上不采取有效措施强化重点和突破难点，目标就很难实现。

（三）通过合理手段强化重点与突破难点的有效策略

前面已经反复谈到，体育课堂上强化重点与突破难点十分必要，又至关重要。然而，采取哪些手段是最有效的？体育教师应如何合理选择并在课堂上有效组织？下面，从准确、新颖、实效三个方面展开讨论。

1. 准确：瞄准重点选择手段

好的体育课需要好的设计，在设计的时候，需要充分考虑重点技术或技术环节该如何强化，这就需要选择准确、有效的手段。或许这些手段无须太多的创新，只要实用，能够缩短掌握运动技能的时间，同时又提高技能掌握的效果。但该如何选择才能体现出是准确的？也就是说，什么样的手段最能有助于重点技术或环节的学习？首先，运用符合教材特点的手段。不同的教材有着不同的特点。有的难度大，有的难度小；有的技术性强，有的娱乐性强；有的是个体学习，有的需团队合作；有的有危险，有的很安全；等等。在选择能够起到强化重点的教学手段的时候，首先需要考虑要学习的教材是属于哪一类，具有什么特点，重点技术或环节的学习难度大小、有无危险等，在此基础上，确定难度适中、安全可靠的手段为宜。其次，选择适宜学生接受的手段。不同年龄的学生在学习运动技术的时候，需要采取与其年龄相适宜的练习手段。因为，不同年龄段的孩子表现出不同的性格特点、兴趣爱好、素质与技能基础等，所以即便是同一项技术的学习，处于不同学段或不同年级的学生所适宜的练习手段也将有所不同。如小学低年级的学生学习前滚翻的时候，可以采取"小手按大手"的直观练习手段，强化学生对技术动作重点的认知；小学高年级学生学习前滚翻的时候，直接通过语言提示的方式就可达到相似的效果。最后，选择便于组织操作的手段。强化重点选择的教学手段的准确性，还要从是否便于组织和操作这个层面来考虑，所选择的教学手段，尽管能够起到一定的作用，但是，结合课堂实际，假如难以实施，重点最终也难以得到强化。也就是说，重点技术或环节学生难以掌握。由此可见，手段"准确"是最首要的策略。

2. 新颖：瞄准难点创新手段

体育教学手段新颖与否，不仅衡量着教师的创新意识和能力，而且还是能否激发学生运动兴趣的关键。教学的难点，在一定程度上比重点更难以把握。仅靠教学手段准确，有时还难以达到理想的教学效果。因为，越是有难度的环节，假如不充分调动学生学习的积极性，当尝试几次失败，或难以体验到成功的喜悦以后，学生练习的积极性就会逐渐降低，直至拒绝练习。因此，要想突破教学难点，设计新颖的教学手段十分重要，这样教学效果也会提高。例如，在一节小学四年级的跳远课上，任课教师组织学生进行从能够活动的踏板跳向体操垫子的练习。学生分成 6 组，每组 6~7 人，依次进行从助跑到跳向垫子的完整练习。该节课的难点之一是"踏跳有力"。为了让学生能够做到踏跳有力，并更加直观和体验到乐趣，任课教师设计了在每一组踏板的前端放两个小的可以发出声音的塑料玩具，当学生助跑，脚踏上板以后，玩具就会发出响声，而且，响声大小与踏跳的力量有关，力量越大，响声越大，学生为了听到响声，也会用力踏踏板，多次强化以后，学生自然就明确和掌握了踏跳有力的要求。这样的练习手段，不仅激发了学生练习的兴趣，而且还直接能够检验学生踏跳的力度是否符合要求，教学效果显然是十分可喜的，难点不知不觉中就突破了。

3. 实效：聆听观察把控手段

体育课堂上采取的教学手段，大都是教师在设计环节结合教学经验，并充分发挥想象设计而成的，在课堂上实施的时候，会产生多种可能的效果。有的效果十分明显，说明设计合理；有的效果一般，说明设计有待改进；有的效果较差，说明设计失败。因此，不能把教学设计中的练习手段当成无生命的文本，而是要与课堂实际紧密结合，充分考虑它的动态可变性，需要结合课堂教学随时随处根据需要而调整。只有这样，无论是选择的还是创新的手段，都将最终能够发挥应有的作用。要想把控好练习手段在组织实施过程中的效果，需要至少做好两件事。一是聆听学生在练习过程中的各种声音，有没有好的建议，有没有对练习手段的疑惑或不满。假如能够听到有利于优化练习手段的声音，教师就要做出及时的调整。二是观察学生练习中的各种行为，积极的学生，是怎么表现出积极行为的，不积极的，在做什么，假如有故意扰乱课堂纪律的现象，或者出现无故见习的现象，都要引起教师的关注。通过观察了解现象，通过思考分析根源，通过调整激发兴趣，提高实效。这是在强化重点、突破难点过程中所不可缺少的教学行为。只有这样，课结束的时候，学生不仅能够将重点技术或环节掌握，而且难点也不再难了。

体育课堂教学要强化重点、突破难点究竟应该如何选择、创新和把控练习手段，这或许是很多教师所困惑的。从分析课堂现象，强化与突破必不可少，到提出几点策略，初步对如何从教学设计环节切入，合理、有效地把握重点强化与难点突破，但这样远远不够，还需要一线教师在教学实践中不断探索，结合所传授内容和教学实际，更加全面、深入地探讨不同运动项目最适宜的重点强化和难点突破方略。

五、师生活动的定位与表述

通常情况下，教师们在撰写体育教学设计核心文本——教案时，都会涉及师生活动，但师生活动究竟应该写什么？如何写？写到什么程度？是活动内容一一对应分开写，还是将二者整合在一起写？目前并没有明确的定论，过去在表格式教案中，我们时常会看到，很多教师是将师生活动的内容共同放置于"组织教法与要求"之中的，有部分教师是将师生活动分开作为两个要素呈现在教案中的。但究竟采用哪种形式更为合适？更清晰？下面重点讨论一下关于教案中的"师生活动"的定位与表述内容和方式，以期为规范体育教学设计提供一点建议。

（一）教案中师生活动若干表述现象

在一份相对比较完整的体育课教案中，不同的教师所撰写的师生活动表述的内容与方式有所不同，有的比较详细、具体，有的比较简单、模糊，而且所放的位置也有所不同，有的集中放置于"组织教法与要求"中，有的却分别放置于教师活动、学生活动中。现将各种现象归纳如下。

1. 单一要素综合表述现象

"组织教法与要求"这一形式，教师和学生的活动内容与方法的表述，大致可以将其归纳为"独立交替""混合交替""独立不交替""单一不交替"现象。这里的"独立"主要是指教师的活动与学生的活动分条单独阐述；"混合"主要是指教师的活动与学生的活动同时作为某一条内容整合在一起表述；"交替"是指教师活动与学生活动二者按照教学流程一个接一个地依次呈现。

（1）师生活动"独立交替"表述现象

那些将师生活动整合在一起放置于"组织教法与要求"中的教案，往往是教师活动1—学生活动1—教师活动2—学生活动2……交替出现的为多见。如一节高三年级的跨栏课教案，其中师生活动内容是："（1）教师示范栏侧攻栏和过栏练习，并讲解要领。（2）学生分组练习体会技术要领，每人练习8—10次。（3）练习中思考：怎样才能让两个动作更有效地协调配合起来？（4）利用主席台平台和跳箱完成攻栏腿的前伸练习。（5）教师总结上一练习的情况，针对学生易出现的问题进行总结点评，并示范讲解加速跑过栏技术。（6）学生认真听讲，分组练习过栏技术连续动作，每人练习10—15次。（7）练习中思考：怎样才能快速过栏，提高过栏流畅性？"这种表述形式主要体现在，按照课的时间顺序或课的流程，将以教师为主的活动和以学生为主的活动内容、方法依次交替呈现出来。但这种方式的不足之处在于，有时候，师生活动是同时发生的，很难分出先后顺序。如当学生练习的时候，教师同时在巡回指导；当教师示范的时候，学生同时在观察；等等。

又如，一节初二年级的绫球教案，其师生活动的表述是："（1）教师提问，在没有防守的时候，学生采用的是哪种传接球技术，在传接球的时候，怎样提高传接球的成功率。（2）学生练习2分钟。（3）在1分钟内，看哪组传球次数多。（4）师生共同总结：没有防守的时候，一般采用低手传球和单手肩上传球技术。距离的远近，和出手的力量控制是提高传接球成功率的因素。（5）教师继续提问，在有防守的时候，学生更多地采用哪种传接球技术，怎样提高传接球的成功率？（6）学生三对三进行进攻、防守练习3分钟。进攻失误，防守成功，双方角色转换。（7）师生共同总结有防守的传接球技术，一般多采用单手肩上传接球技术。出手弧度、力量的控制是提高传接球成功率的因素。"这份教案的表述方式与前一份教案十分相似，都呈现出了师生活动是相互交替的特点。另外，从具体内容上来看，在师生活动中缺少一个关键性内容，即学法指导。只是简单地罗列了教师的讲解示范、学生的练习，至于如何讲解示范？如何听讲观察？如何练习？缺乏具体的指导方法。

然而，两份教案都有一个明显的优点，即都是让学生在探究中学习。唯有一点不同，跨栏教案中只是提出了让学生思考，而没有具体写清楚思考后谈体会，而绞球教案中除了有提出问题，即带着问题进行练习，还有师生的共同总结。显然，后者相对较完善一些。

（2）师生活动"混合交替"表述现象

有些教师的教案，未将教师的活动与学生的活动分开，而是将师生的活动"混合"在一起交替呈现。如一节初中二年级的校园健身街舞课的教案，师生活动部分的表述方式是："（1）跟音乐练习基本步法；（2）教师领做，学生练习；（3）跟音乐连贯动作；（4）小组练习，教师巡回指导。"很显然，从这份教案中我们也只是看到了师生活动的内容，至于如何练习、如何指导都缺乏具体的方法。另外，这种将师生活动混合交替的现象，还存在着不够清晰和不一致等问题。如"（1）跟音乐练习基本步法"和"（3）跟音乐连贯动作"，与（2）和（4）所用的表达方式明显不同，前者是单一的学生活动，在这两个教学环节的前后都未提及这两种活动形式下教师的活动是什么，而后者却是既有教师的活动又有学生的活动的表达方式，尽管还不够完整和具

第二章
体育教学设计核心要素——教案的撰写技巧与案例分析

143

第二部分
体育教师备课
——实践方略

体，但毕竟显现出了师生双方的活动内容。因此，假如采用"混合交替"的方式，也需要各环节都基本保持形式上的一致。除此之外，应尽量具体，尤其是教与学的方法不可过于简单，更不能省略。

（3）师生活动"独立不交替"表述现象

有的教案将师生活动分开表述，不采取交替方式，而是分先后呈现出来。如一节少年初级长拳武术课的教案，师生活动共同放置在了"教与学的活动"一栏中，且将某一环节教师的全部活动放置在前，学生的全部活动放置于后。具体表述内容和形式是：

◎ 教师引领学生看图解和动作示范，提示动作的重点和难点。★要求注意上步与拖步动作的区别，注意动作的劲力和眼法。

◎ 教师巡视指导、个别辅导。

◎ 教师聆听学生的交流发言，进一步讲解动作技术，解答问题，提出增加练习难度的练习。

◎ 教师组织5—6动作，集体从分解到完整性练习。

◎ 教师组织完整性练习（1—6动作）。

◎ 请学生个别展示，教师归纳总结。

◇ 学生认真听讲、仔细看图。

◇ 分组合作学练，边思边练，思考问题，寻找答案，提高动作质量。

◇ 小组合作集体讨论，推荐发言代表并积极参加交流发言。

◇ 听口令集体进行分解和完整性练习。

◇ 集体完整性练习（加上已学过4个动作练习），巩固1—6动作技术。

◇ 各组分别参加展示交流1—6动作，其他组同学评议鼓励。★注意动作正确性，手脚配合与动作的力度，相互提醒，注意练习时的距离。

从这段表述中，我们看到，符号"◎"代表的是教师活动，符号"◇"代表的是学生活动，符号"★"代表的是具体要求。这部分教与学的活动，不但将教师和学生的活动单独分开来写，而且从师生活动的具体要求中看到了类似"学法指导"的内容，如在教师讲解示范环节的第一个教学环节，提出要求，让学生在观察示范时"注意上步与拖步动作的区别，注意动作的劲力和眼法"。这种独立且不交替的表述形式，从一定程度上来看，相对比较清晰，而且所表述的内容也较为具体，即有具体的教法、学法和学法指导。但不足的是，实际教学活动并非是先教师活动再学生活动，尤其是活动的内容和方法，大都是同步的，因此，这种绝对的将教师活动和学生活动割裂开来，并前后分开表述的形式并非适宜。

再如一节篮球单手肩上投篮课的教学，在教法栏目中所呈现的师生活动内容与顺序是："（1）教师讲解单手肩上投篮的动作要领；（2）教师示范单手肩上投篮技术动作；（3）提出具体要求分组让学生练习；（4）学生分散在两个篮球场的四个半场中练习原地单手肩上投篮动作；（5）四组半场投篮比赛；（6）全场篮球教学比赛。"我们从这个案例中，明显看出前三步主要是教师的活动，后三步主要是学生的活动。这种表述形式容易出现教学步骤和方法遗漏现象，如就教师的活动而言，教师巡回指导、纠正错误、学法指导等教学环节未呈现出来，或许教学中有，但教案中未呈现。从学生方面来看，学生听讲、观察、模仿等学习环节与方法也未能看到。当教师讲解、示范的时候，学生所做的事情必定是听讲、观察，但问题在于，该如何听讲、如何观察、观察什么等都是需要在教案上有所呈现的。

（4）师生活动"单一不交替"现象

有个别教案，其中的师生活动由于受重教法、轻学法的思想影响，仅仅单一表述了教师在教学中做什么，而没有清晰具体地将学生的活动表述出来。如一节小学四年级的障碍跑教案，其中在"教与学的方法、措施"栏中表述的是："（1）讲解游戏规则。（2）组织绕的游戏，教师仔细观察。（3）用限时和比快的方式激励学生快速通过障碍。（4）组织学生游戏，强调规则，防止发生安全事故。"这部分内容显然是在阐述教师如何教，很难找到学生该如何学的内容，更难以看到教师如何对学生的学法进行指导，这样的表述方式显然是不完整的、不规范的、不合理的。

2. 二要素分列表述现象

有些教案的师生活动直接就被分成两列，一列是教师活动或教法，另一列是学生活动或学法，活动的内容和方法分别按教学流程各自依次呈现出来。如有一份小学一年级"不同路线的走和跑"单元教学的第二课时——直、曲线图形跑教案，师生活动分别用"教师引导与组织""学生参与"两个要素来表述。其中，"教师引导与组织"针对游戏三"贴膏药"的具体活动，安排的是："1. 组织变化队形。2. 讲解游戏规则并示范游戏方法。3. 组织学生开始游戏。4. 逐渐加大游戏难度：从 1 对到 3 对。5. 简单评价。"由五个内容组成。"学生参与"安排的是："1. 认真听游戏规则。2. 积极参与游戏，守规则。3. 注意安全。4. 学会倾听。"从这两列表述的内容来看，师生活动分开对应呈现，看似较为清晰，但存在一个比较突出的问题：师生活动的内容与方法还不够具体。如"组织学生开始游戏"是如何组织的、分几组、做几次等都不太明白。同样，在学生参与的活动中也存在不具体的现象，如"注意安全"就缺乏具体的操作方法，也就是说，该如何注意安全不够明确，因此，像"注意安全"这样的表述在教案中所发挥的作用就微乎其微了。除此之外，师生活动的内容有所呈现，但方法还不够明确，如"教师引导与组织"中的"简单评价"就缺乏具体的评价方法介绍，哪怕只是简单地介绍是口头评价，或者是以评价表的方式，也会显得具体些。总之，有些教案将师生活动分开写较为清晰了，但仍不够规范和完整。

（二）教案中师生活动的定位与表述方法

规范的教案或清晰的教案，师生活动的写法是至关重要的，且师生活动的内容、方法以及具体位置都值得做进一步探讨。

1. 师生活动写什么

师生活动究竟应该写什么？也就是说，师生活动应该包含哪些内容？目前，尚未形成定论。教师们大都根据自己的理解或写教案的习惯进行个体化表述。但是，从规范性上来考虑，师生活动的内容至少需要写清楚是什么活动，如何活动，即师生活动的内容与方法，好让人们通过浏览教案就能够一目了然体育教学中教师要干什么，学生要干什么。如教师活动中，既要写教师讲解这一教学环节，更要写清楚如何讲解。与之对应的，既需要写学生听讲这一学习环节，也要写清楚如何听讲。只有这样，教案才能达到清晰又具体，别人才容易看明白，规范性才有所体现。

2. 师生活动怎么写

有了师生活动的内容，还需要考虑这些内容与方法如何呈现出来。先写什么？后写什么？语言表述的程度如何把握？哪些写法较为合理？实际上，就师生活动而言，无外乎有两种表达形式，一种是分开写，一种是合并写。合并的写法目前主要有，"组织教法与要求""教与学的活动""教与学的方法、措施""师生活动"等。而分开的写法目前主要有"教师活动、学生活动""教法、学法""教师的教、学生的学"等。无论从形式上采用哪种写法，至关重要的就是内容要具体、清晰，达到规范化。

（1）师生活动分写方式

假如采用分开写的方式，就是教师活动、学生活动分别作为两个独立的要素呈现在教案核心部分。教师所有的活动内容、方法都写在教师活动这一要素下的栏目中，同样，学生的活动内容与方法应写在学生活动这一要素下的栏目中，这样让人看起来感觉非常清晰。具体内容呈现顺序可按教学流程，至于某一技术的学习，教师是先讲解还是先示范，或是边讲解边示范，需要根据技术本身的特点、教学的需要而定。具体呈现形式有：（1）传统式：讲解—示范—观察指导；（2）领会式：观察（学生的练习）—提问（学生的感受需求）—讲解—示范—观察指导。同样，学生的学习活动内容和方法呈现形式与教师活动对应的，可以采用：（1）传统式：听讲—观察—练习；（2）领会式：体验—答疑—听讲—观察—练习。以上两种方式，在教学过程中是目前采用较多的方式，尤其是第一种传统式，几乎所有的教师都采用过。但需要补充完善的是，需要在教师活动、学生活动之后，分别加入"要求"的内容。如教师的"示范要求"，可以在要求中提出教师选择什么样的示范位置、示范面，甚至示范时机与示范次数等。如学生的"练习要求"，可以在要求中提出，学生练习时是要求他们边想边练，边看边练，还是边讨论边练？

练习中想什么、看什么、讨论什么等最好都有明确的要求。这样会显得教法、学法清晰而具体。

（2）师生活动合写方式

有些省份明确要求教师活动和学生活动内容与方法在教案中不分开来写，如有的地区是在"组织教法与要求"中合写教师的活动和学生的活动。采用这种方式呈现教师和学生在体育教学中的活动内容与方法，同样能够将教师的活动和学生的活动表述出来，且表述完整，但往往缺乏师生活动非常明确的一一对应性，也就是说，教师们在写这部分内容的时候，先写什么、后写什么、写成什么样等都未能很好地把握。目前，从所了解到的情况来看，有的教师在"组织教法与要求"下面表述教师的教和学生的学的活动内容与形式，如教师讲解、示范、指导，学生听讲、观察、练习等依次表述。还有的是教师讲解学生认真听讲、教师示范学生认真观察、学生练习教师巡回指导等同步表述。无论采取哪种方式来表述，都略显简单，未能充分呈现教师活动和学生活动的具体方法。而且在"要求"中所提的大都是"快、静、齐""注意安全"等对学生集合、练习等的要求。缺乏对教师教和学生学的具体要求。

假如采用合写的方式，建议师生活动按照教学流程同步并依次将具体内容和方法表述出来，而且需要明确提出"要求"并随机跟在某一活动之后，尤其针对基本部分的教学环节，每一师生活动的要求提得越全面、越具体，活动方法就越清晰，教案也就越规范。

师生活动表述是否合理恰当，对于判断一份教案是否规范来讲至关重要。但目前的表述还存在诸多问题，无论采用分写还是合写，都需要达到内容全面、步骤清晰、方法具体的要求。其中，分写的形式要多关注一一对应性，合写的形式要多关注师生活动的同步性。只有这样，教学设计尤其是教案的撰写才会逐步趋于规范。

六、毛净时间的确定

无论是 40 分钟的小学体育课，还是 45 分钟的中学体育课，其中都共同有上课时间规定。在备课时，教师们会在教案上相应的位置，标注上各部分的时间、各环节的时间，甚至各项练习的时间，或许大家已对时间分配习以为常，对于哪一部分、环节或练习分配多少时间已经积累了经验。然而，不知大家是否考虑过时间的毛与净问题？毛时间和净时间无论在长度上，还是在对应的内容上都有一定的区别，若对毛净时间的把握不准，不仅有可能难以控制好课的总体时间，而且还有可能出现练习密度预计不准和把握不住的现象。因此，在撰写教案的时候，需要充分考虑毛时间与净时间。

（一）体育课各类时间的定位与关联性

体育课有规定的时间，这是合理组织和有效教学的前提。除此之外，准确分配课上各类时间，也是科学安排教与学环节、准确预计练习密度等的重要保障。然而，体育课各类时间中间如何关联，又该如何对其进行准确定位呢？下面逐一进行分析。

1. 体育课总时间：决定着各部分时间的长度

体育课的总时间是指一节课从上课铃响起到下课铃敲响之间的时间总长度，一般情况下，小学一节课时间多为 40 分钟，中学一节课时间多为 45 分钟。但是，也有部分区域的个别学校有体育课总时间长度适当缩短或延长的现象。如有的学校分大小课时，小课时 30 分钟，大课时 50 分钟或 1 个小时，这样的课时长度分配，多出现在基础教育课程改革之后，且非体育一门学科所为，而是从学校层面进行整体改革时所呈现的结果。

然而，无论一节体育课总时间是多少，它都无形中决定着各部分的时间分配。假如按照三段式划分体育课的话，体育课总时间长度决定着准备部分、基本部分、结束部分的时间分配。基于长期对中小学体育课堂的观察和对一线体育教师教案的了解，结合人体运动机能变化规律、特点，大致可以按照几个百分比进行归纳，并合理分配各部分的时间，即准备部分（包括开始部分和准备活动）约占体育课总时间的 25%，基本部分为 60%，结束部分约为 15%。这样的话，小学 40 分钟的课，三部分的时间分配大约为 10 分钟、24

分钟、6分钟。初、高中45分钟的课，三部分的时间分配大约为11分钟、27分钟、7分钟。由此可以看出，体育课的总时间决定着各部分时间的分配。教师们可以结合自己的经验，参照这样的比例，合理地安排各部分的时间及与之对应的内容。

2. 各部分的时间：影响各项内容的时间分配

各部分的时间，是按照三段式（或四段式）划分的三大部分，即准备、基本、结束各部分的时间分配。各部分时间之和应与课的总时间相吻合。如果出现不一致，多于或少于总时间，说明在安排各部分时间时有误。

由于体育课内容十分丰富，既有常规内容，又有主教材学习内容、体能素质锻炼内容，还有为基本部分学习发挥服务功能的准备活动和放松活动内容，等等。体育课上一旦各部分时间确定以后，每一部分中各项内容的时间就能够进而进行分配。例如，准备部分的课堂常规，通常情况下，老师会先让体育委员整队，然后向老师报告人数，师生问好，老师再宣布课的学习任务并提出要求，检查服装、安排见习生等。完成这些开始部分的常规通常只需2分钟左右的时间。以小学的体育课为例，准备部分总的时间大约是10分钟的话，剩余的8分钟左右的时间就可以安排准备活动，包括一般性的和专门性的准备活动。该部分的时间分配也就很清晰明了。

再来看一看基本部分各项内容的时间分配。过去，我们所看到的体育课教案上，基本部分的时间按照比例，小学约24分钟，中学约27分钟，该部分的内容大多数情况都是至少包含两项以上内容，其中一项是主教材，另一项是辅助教材。两大项内容的时间分配，主教材所占时间比例相对较高，辅助教材所占时间比例相对较低。至于具体的比例，需要结合教学目标而定，因此，教学目标的设置就需要十分明确具体，而且要求学生掌握的程度与时间安排的长度息息相关。关于基本部分的辅助教材，要么是另一项运动技术的学习，要么是体能素质锻炼内容，但无论是什么，该部分的时间都不会超过基本部分总时间的一半，一般以2/3和1/3的比例分配基本部分时间为宜。假如是小学体育课基本部分占24分左右的话，主教材学习大约占2/3，约为

16 分钟，辅助教材大约占 1/3，约为 8 分钟。同样，就中学 45 分钟课堂而言，27 分钟左右的基本部分，主辅教材的时间分配大约分别为 18 分钟和 9 分钟。

就结束部分而言，我们用同样的方法来看一看，结束部分有放松活动、小结、收还器材、师生再见等。小结时间一般都会安排 1 分钟左右，而收还器材和师生再见的课堂常规需要 1 分钟左右，那么剩余的时间就应该是放松活动了。如果是小学体育课，由于结束部分的时间大约为 6 分钟，因此，放松活动的时间最好要保证 4 分钟左右；如果是中学体育课，7 分钟的结束部分，放松活动时间最好安排 5 分钟左右。有了这样大致的时间概念，在分配各部分内容时间的时候也就能够做到心中有数，也就不会在时间的合理分配上有过多的纠结了。同时，我们在看、评体育课的时候，也能够大致判断所看课在各部分内容时间上的安排是否合理。那些放松活动不足 1 分钟，整个结束部分不足 2—3 分钟的安排显然是不妥的。

3. 各内容的时间：限制各类活动的时间设定

各内容的时间是指教案中课的各项内容的时间分配，包括集合整队时间、宣布课的任务时间、准备活动时间、主教材学习时间、体能素质课课练时间、放松活动时间等。假如课的各项内容都有具体完整的时间标注，各部分课的内容时间之和都应与其对应部分的总时间相一致（如基本部分各项内容所占时间之和等于基本部分总时间），否则，时间分配上就存在误差。

课的各项内容时间确定以后，接下来就要考虑各项内容所安排的相应的教学活动，为了能够更为明确地把握各类活动时间的合理确定方法，下面以基本部分主教材教学为例进一步分析。以小学体育课为例，根据上文各部分和各项内容的时间分配方案我们可以了解到，小学体育课 24 分钟左右的基本部分时间，大约有 2/3 的时间即 16 分钟左右可用于主教材的教学。为了更为明确地细分主教材安排的各类教学活动的时间，我们首先需要确定主教材的教学，是仅有新授内容的学习或单纯的复习，还是即有复习又有学习。因为不同的内容安排在时间的分配上会有所不同。假如是一个单元的第一节课，仅仅安排的是一次新授内容的学习，如学习篮球双手胸前传接球技术，那么，

第二章
体育教学设计核心要素——教案的撰写技巧与案例分析

151

第二部分
体育教师备课
——实践方略

这 16 分钟就要围绕这一内容的技术学习而展开，大致确定这一时间以后，就需要考虑，学生学习与教师传授的时间分配，要能够以学生的发展为中心，给学生更多的学习时间，包括学生听讲、观察、练习、展示、讨论、评价等。就新授课而言，可能评价环节很少被考虑，但是，要能够留足了时间让学生听讲、观察与练习，教师主导的时间就要少于学生主体作用发挥的时间，为此，教师就不能在课上喋喋不休地用语言来灌输，更不能无辜地浪费学生的学习时间。如，有一节体育课，学生做练习（武术操）时由于需要音乐，教师就让学生稍息等待，而自己漫步走到远处的音响前，拉起音响返回到队伍前面。做完练习后，教师依然是让学生稍息等候，又慢腾腾地将用过的音响放回到远处的原位，这来来回回整整浪费 80 秒，即 1 分 20 秒的时间。这样的做法，显然是在进行教学设计的时候缺乏时间观念，也就是说，未能充分考虑将更多的时间用于学生学习，课上的取送音响的环节显然是浪费了学生练习的时间。

由于教学是教师教和学生学的双边活动，离开了以教师为主导的教或离开了以学生为主体的学，都不是完整意义上的教学。因此，教学活动中，教师的主导作用与学生的主体作用发挥和时间分配要合理把握，教师过于主导了，学生的主体作用就难以很好地发挥。因此，我们也同样可以就师生主导与主体方面大致对时间有一个分配比例，结合以前对诸多课的观察以及与实践专家的沟通交流，假如教师在基本部分主教材新授课教学时主导作用发挥与学生主体作用发挥的时间比例大致确定为 3∶7 的话，师生主导和主体作用发挥的具体时间就分别为 5 分钟左右和 11 分钟左右。5 分钟是以教师为主导用于讲解、示范、组织、点评等的时间，而学生的 11 分钟，就主要用于练习、展示、讨论等。假如一节课上用于学生的学习时间不足 11 分钟，就很难判断该课的时间和内容安排合理。这也为我们评课提供了较好的依据。假如是既有复习又有学习的主教材内容，我们可以用 2∶8 的比例分配师生课堂上主导与主体作用发挥的时间节点，即 3 分多钟和近 13 分钟的时间分配。假如是单纯的复习课，师生主导与主体作用发挥的时间分配又有了新的变化，可以用 1∶9 来区分，即教师主导的时间不足 2 分钟，其余 14 多分钟都留给学生做各种形式的复习活动。由此我们还可以看出，不同的内容，由于时间分配比例不同，师生所能支配的时间也就各异。从新授课到复习课，学生所能自主支配的时间逐渐增多。

4. 各类活动时间：存在着毛时与净时之区分

通过上文的分析，我们可以大致将各类活动时间归纳为：课中用于完成某项内容教学所细分的各类活动分别所占的时间。例如，主教材新授课的内容教学，其中，教师用于讲解、示范、组织、点评的时间大概为 5 分钟，根据教学的实际需要，或许讲解 1 分钟、示范 1 分钟、主教材学习期间的总的组织时间为 2 分钟，点评 1 分钟，那么，这些 1 与 2，就是各类活动的时间。同样，学生能够发挥主体作用学习的时间假如是 11 分钟的话，这是学生练习、展示、讨论等的时间之和，再细分，占比例最高的应是练习，其次是讨论，最后是展示。当然，根据教学需要不同，讨论和展示的时间可以有所调整。而且，在考虑各类活动的时间时，毛时间和净时间就需要引起我们的关注。

当我们把时间从课的总体到各部分进行分配，再到各项内容与各类活动的时间细分以后就会发现，体育课教案上的时间，并非随便想填多少填多少，更不能想填就填，不想填就不填。如果在进行体育教学设计的时候不重视时间的分配，就很难把握好体育课堂，也就难以呈现有效课堂。认真把握时间，最为关键的还在于各类活动的毛时间和净时间的控制上。由于不同的班级学生人数不同，不同难度运动技术的学习，所需时间不同，场地器材条件不同，组织练习形式各异，因此，假如不区分毛净时间，就很难确定或很难准确把握教学效果。那么，毛净时间如何区分呢？在一项活动中，假如安排 10 分钟的练习时间，实际上，教师们在具体考虑的时候，不仅是这 10 分钟用于练习，而且要进一步考虑，因人数（一班 30 人或 40 人）、练习内容（如跳山羊或篮球的原地运球）、场地器材（篮球课上 10 个篮球或 40 个篮球）条件不同，10 分钟之内能够用于所有学生和单个学生的有效练习时间要做到心中有数，否则，就难以准确预计练习密度，也难以预计目标达成度。这里的毛时间所指的是 10 分钟，而净时间有两个含义：一是真正用于学生练习的时间，要除去练习中的其他组织调队等时间；二是一个学生练习所用的时间，假如是跳山羊，或许单个学生的练习时间，只有 1 分钟（多组练习），假如是每人一球的篮球原地运球练习，单个学生的练习时间或许能够达到 8 分钟。总之，只有充分考虑到了毛净时间之区分，才能够更为准确地把握课堂，从而更加有效地组织教学。

除此之外，只有有了毛净时间之区分，教案上的练习密度才能够预计得更为准确。如一节小学五年级的体育课上，一位学生完成各项练习的时间总计 15 分钟（包括准备部分的准备活动，基本部分的主教材练习、素质练习，结束部分的放松活动等）那么，该课的练习密度就是 37.5%左右，在教案上自然就可以很轻松地表达为 35%—40%，或直接写 37%左右。这样的密度预计就不是随便写的，而是有一定根据的，是因为在设计的时候有了毛净时间区分之后做出的判断，结果就会与其他人测的该课的练习密度相对比较一致。这种方式的预计可以说是相对准确的，是认真的且负责的。那些凭空写练习密度的方式显然是不可取的。

（二）体育课教案中时间分配若干问题

当翻开若干体育课教案的时候，就时间方面，笔者曾发现诸多问题，具体反映在以下几个方面。

1. 毛净不分问题

在过去看到的诸多体育课教案中，多数情况下，时间标注存在毛时间和净时间没有区分的现象。那些只标注三大部分的时间，或最多标注到各项内容时间的教案，其大多也都属于毛时间，而未能区分出净时间。一般而言，能够看到净时间的地方，多是将各类活动细分的时间，但从对过去的教案的了解来看，很少有细分净时间的教案。假如教案上没能呈现出细化后的净时间，教师在进行教学设计的时候，也要能够在时间层面考虑到净时间，只有这样，才是真正站在学生学习的立场上的备课，而不是站在教师完成教学流程层面上的备课。备课撰写教案环节，毛净时间区分十分必要。

2. 分总不等问题

体育课教案上的时间，还偶尔会看到这样的问题：各部分的时间相加之和不等于课的总时间；还有的是课的各项具体内容的时间分配之和，不等于所对应部分的时间。无论是前者还是后者，都是撰写教案的认真程度不够的表现。过去的各类教学比赛，全国的也好，地方的也好，甚至是区县的或学校的也好，无论是进行教学基本功大赛，还是进行教学观摩展示活动，首先都会对参赛教师或任课教师的教案进行评判，假如时间分配不一致、有误差的话，直接反映出的是不认真对待、习惯不良，会归结为态度不端正问题，间接反映出的是该选手的能力问题。那些已取得丰富教学经验的教师，尤其是已形成独特教学风格的教师，一般不会出现时间不一致问题。常言说，细节决定成败。因此，体育教师要发展，一定要注重细节，各部分的时间做出分配以后，要能够核算检验其一致性，否则就很容易出现差错。

3. 多少不准问题

有些教案上的时间，看似没有不一致现象，但是，却与设计的课堂教学差距明显。有的各部分时间分配明了，但是具体到课上，却出现较大出入，有的甚至最后的放松活动就被挤丢，还有的课上，整个结束部分仅剩下不足1分钟时间。曾看到过的最短的结束部分时间是26秒，不仅没有了放松活动，而且连课的小结内容也被挤得无影无踪。这一情况也充分说明，有些教师在教学设计环节对时间的合理分配重视程度不够，教案上所标注的时间随意性较大。因此，要想提高课的有效性，时间的准确分配十分关键。

4. 标注不全问题

有些教案上呈现出的时间，除了各部分的时间以外，后面各部分、各内容、各活动都看不到具体的时间分布情况。或有的仅仅在主教材部分标注了复习、学习分别用时多少，课的其他内容均无时间呈现。这种现象，从完整性上来说，教案是不规范的，因为没有各项内容的时间，就很难把握各项内容学生的活动时间，进而教案后面的练习密度也就无从谈起，但往往会出现这种情况，尽管教案中各项内容和各类活动的时间没有标注，却依然看到了练习密度预计的结果，那么，计算练习密度的练习时间是从哪里来的呢？甚至有些课上整篇教案都看不到一个时间数字，这样的教案更有失规范性。

（三）体育课教案中毛净时间的合理分配方略

当了解到当前体育课教案中在时间的分配和标注上存在若干问题以后，在以后的备课和教案撰写阶段不仅需要引起高度的重视，而且还要掌握合理的分配方法，只有这样，才能够显现出教案的完整性、规范性，才能够体现出一位教师认真对待每一件教学事件的基本素养，才能够充分体现出教师能力之高低。为此，下面谈一谈合理分配教案中时间的方略。

1. 转变观念：提高对时间分配的重视程度

合理分配时间，并准确区分出时间的毛与净，首先就是要能够转变观念，将过去认为不重要的时间问题，充分地重视起来。不仅需要多花费一点时间对课的时间进行合理的布局，还要多花一些精力，结合课的目标、内容、教学条件等，考虑时间分配的合理性与实效性。否则，只是口头上说重视，行动上依然会出现随意对待时间分配现象。为此，认真的态度和执行力十分重要，仅仅停留在反思和知错层面，很难有大的改观，也就难以看到全面、系统、准确的时间分配结果。

2. 吃透教材：时间分布依照内容难度

每一部分或每项活动究竟需要安排多少时间，也不能凭空预估，而是要真正地研读教材，并达到吃透教材的要求。否则就很难预计各项练习的时间长度。吃透教材，不仅意味着把握教材的特点，把最适宜的教法搞清楚，而且从充分考虑时间的分配上看教材的时候，需要对完成某项技术的练习所花费的时间进行精细计算，如完成一次跳山羊练习（助跑、起跳、腾空、落地、走出垫子）的时间大约需要 20 秒，那么，一个接一个做的话，1 分钟能够完成 3 个人练习。假如，有 4 个山羊同时分 4 组练习，每分钟就可以实现 12 个人各练习一次。假如这个班级有 40 个学生，全部学生轮流一次的时间是 3 分多钟，不足 4 分钟。假如按毛时间 4 分钟计算的话，16 分钟的主教材学习，学生全部用于练习的话，大约每人能够在这节课上完整地跳 4 次。为此，不仅各项内容、各类活动的时间容易分配了，而且练习密度也将能够相对准确地预计。

3. 分析学情：把握各项活动时间进度

要想准确把握各项活动的时间进度，深入分析学情十分必要。各项活动的时间进度把握，不仅与教材难易度有关，而且与学生的年龄特点、兴趣爱好、素质基础、技能水平等都有着密切的关系。年龄越小，注意力越不容易集中，因此，教师在组织某项练习的时候，需要不断地提醒或引导。学生的兴趣爱好不同，完成某项练习的速度也有一定差异，兴趣十足的学生，完成练习的速度和质量就会快而优，相反，则要在如何激发兴趣上考虑时间的分配。除此之外，由于学生已有的素质和技能基础不同，在完成某项活动的时候，也会有进度上的差别，因此，分析学情不仅有利于选配内容和方法，还可以较为准确地把握各项教学活动，尤其是学习活动的进度，便于更为准确地把握课堂。

4. 结合目标：合理分配有效练习长度

每份教案上都可以看到教师事先设置的教学目标，目标能否顺利达成，与各类活动尤其是练习时间长短有着密切的关联。目标达成难度大，分配的练习时间自然就会长些，反之会短些。因此，我们在设定目标的时候，就要注意它的具体化和可操作性，缺乏可操作性的目标，就难以通过各项练习活动达成。例如，篮球原地胸前传接球技术教学，在技能目标中设定两人相距 3 米，连续传接 10 个球不落地。显然，这样的技能目标就需要在了解学情的前提下，合理安排两人一组相距 3 米的练习传接球形式和时间。学生的基础较好的话，练习时间无须太长就能达到目标；学生的基础较差时，可能需要较长的时间练习，技能目标才能达成。总之，目标可以决定练习的时间长度，在进行教学设计的时候，不容忽视。

任何一节体育课，都有时间限定，不仅有总时间的规定性，每一部分时间的分配也应该较为合理。在安排具体内容的时候，课的内容或多或少地都会占有一定的时间，即便事情再小，如师生问好，也需要几秒钟的时间才能完成。更大的活动或教学环节更是如此，如基本部分主教材的教学，既是一节课时间分配上的关键环节，也是决定一节课任务完成得顺利与否的关键。有了较强的时间观念，目标的达成也好，重点和难点的突破也好，其难度都会大为降低。因此，重视体育课上的时间分配，尤其是能够区分毛、净时间，并合理地将时间分配到各部分、各内容中，甚至各活动对应的位置之中，这样不仅教案格式上显得规范与完整，而且教师也会轻松把握课堂，并有望呈现课堂教学的理想效果。

七、准确的练习密度预计

体育课教案中有一个重要的要素——练习密度，在撰写教案的时候，任课教师大都会对练习密度预计一个数字（百分比）。然而，当深入分析密度的来源和准确性的时候，笔者发现有不少密度的预计带有一定的随意性，甚至惯用某一百分比作为很多不同内容课的练习密度。这显然是缺乏针对性的。那么，教案中如何才能预计出较为准确的练习密度？笔者针对密度困惑进行探讨，旨为广大一线教师在预计练习密度时提供参考。

（一）体育课教案中练习密度预计若干现象

练习密度大都会与运动负荷心率曲线并列呈现在一份完整的教案最后。然而，教案上的练习密度却存在若干不规范现象。

1. 练习密度"没有填"现象

作为一份规范的体育课教案，练习密度要素栏中需要看到带有百分号的练习密度的预计数字。它不仅是教案规范与否的标志之一，而且，还能够反映出教师对课的效果的合理把握。但是，有一些教案上的练习密度栏中却是空白的，即未对该次课有练习密度的预计。这样的教案，在实际运用于课堂教学时，很容易出现跟着感觉走，上到哪里是哪里，上成什么样是什么样，甚至是想让学生练多少就练多少的不良现象。而且，当没有练习密度呈现的时候，也难以判断课的整体效果，课上体现出的练习密度是大是小也难以判断其准确性。假如是一节观摩评优课的教案，如果出现练习密度"没有填"现象，会对评审结果带来一定的负面影响。因此，无论从规范性上还是从有效性上来讲，教案上的练习密度栏目中的内容是不能空缺的。

2. 练习密度"随意写"现象

体育课教案上的练习密度不能空缺，但是，也不能随意填写上一个数字，如果是毫无根据地任意填写，只是从完整性上消除了练习密度栏的空白，却与课没有关联，这种现象可以称为练习密度"随意写"现象。这种情况下的练习密度来源何在？在一次与一线教师的交流中，笔者了解到，有的是"百度"上参考类似内容的练习密度；有的是基于过去的习惯，大概地填写一个惯用的练习密度数字；更有甚者，既不是资料所获，也不考虑个人经验，而是不假思索地随意填写。练习密度要素下的数字的随意性越大，距离教准、教好越远，因此，练习密度栏中的数字要尽可能地减少或消除"随意写"现象。

3. 练习密度"估不准"现象

实际上，除了那些没有填、随意写练习密度的现象，还有一种情况是：练习密度有预计，有时还很有可能是十分认真的，但是，由于缺乏预计练习密度的方法和技巧，结果就会呈现"估不准"现象。具体来讲，不准主要有两种情况，要么是估计过高，要么是估计过低。这种过高或过低的练习密度预计，其原因有所不同。估计过高的，一般是把教学中学生练习的毛时间当作了净时间。主要是把某项技术全班学生练习的总时间当作了计算练习密度的时间，结果就会出现过高现象。过低的估计一般较少，一方面过去的体育课堂教学实践中的练习密度普遍较低，另一方面，过低的估计多出现在课堂上学生的练习时间有所延长，或练习次数与时间分配不够对应，即一次练习所用的时间估计过少，结果就会出现填写在教案上的练习密度过低现象。除此之外，还有其他原因，如突然在课堂上增加了新的练习内容，或原有练习增加了次数等，也都会显得预计的练习密度低于课堂上的实际练习密度。

总之，练习密度在教案上不仅要有，而且还要能够做到相对准确。否则，练习密度预计就失去了意义。

（二）体育课教学中练习时间控制若干现象

练习密度的核心要素是时间，练习密度的大小看课堂上时间的有效利用程度，有效利用率高，尤其是有效用于练习的时间越多，练习密度越大。而练习密度的大小又直接决定着教学目标的达成，因此，练习时间能否合理得以控制是课堂有效性的关键。下面，对体育教学实践中不注重充分利用时间的现象进行逐一分析。

1. "集合过频"影响多人练习现象

体育课堂上，在组织教学的时候，往往会看到有些教师让学生集合次数过于频繁，影响学生的练习时间。如在学生练习教师巡回指导的教学环节，有的教师在指导过程中，发现个别学生出现错误动作，不断地让全班同学都集中起来，指出某个学生的错误动作，让那些已经练习正确的同学，也来观察听讲单个人的错误动作，这在时间上显然是一种浪费。有时，还可能会出现以下状况，一位同学本来自己做的是正确的，而当教师在集中讲解某同学的错误动作时，没有注意听讲，这位同学将错误动作误认为是强调正确动作，结果本来练正确的动作又改成了错误动作。因此，一旦是个别同学的动作错误，最好能够进行单个指导。一次，在某省参加教研活动的时候，就有一位一线教师向我咨询"当学生练习中出现错误动作何时需要集中讲解"的问题。比较适宜的做法是当多人或多组学生出现错误动作时，适当找准集中纠正的时机。毕竟运动技能的形成规律，起初的泛化阶段，就是学生容易出现错误动作的阶段，学生出现错误动作不可避免，也是规律所在。有时，个别同学暂时出现某种错误动作，可能经过自己反复练习，也能够自己发现错误所在并逐步纠正过来。因此，要尽量减少或避免过频集合的现象，尽可能地在纠正错误动作时不让更多的人受到影响，以确保让学生有足够的时间练习。

2. "组别过大"练习等待过长现象

体育教学中当学生练习或游戏、比赛的时候，多数情况下需要分组进行，可是，所分组别有大有小，大小组别的人数有多有少。如果是分小组进行集体练习，每个组同时且同一组学生同步练习，组别大小对学生的练习时间影响不大，对练习密度也不会造成不利影响。然而，当一组中每个同学是依次轮流练习的时候，组别过大，未轮到练习者就会有较长时间的等待，组别越大等待时间越长。基于此，就要充分考虑组别与练习时间的关系，不要让这一因素影响到练习密度，从而影响练习实效。然而，在实践中却有一部分课上的分组出现组别过大、练习等待过长现象。如一节小学四年级的跳高课，教师在场地上用四个跳高架拉起了两条橡皮筋，组织全班 40 个学生分两组进行跨越式跳高练习，结果，练习中很多的时间学生都在等待，这种情况需要引起重视。要切合实际，利用跳高架替代品，撑起更多一些的跳高橡皮筋，让学生们有更多的练习跳高的机会，从而可以提高练习的密度，有效促进教学目标的达成。

3. "忽略细节"时间无意流失现象

细节决定成败，体育课上的细小环节也应引起任课教师的注意，否则，会对课堂教学效果产生不良影响。尤其是在时间的有效利用上，更不能忽略时间的节省问题，甚至需要争分夺秒，充分利用课堂上的分分秒秒，以确保给学生更多的有效时间。但是，教学中并非所有的教师都能够做到时间的充分利用，有些教学环节因缺乏周密的设计，导致时间上的浪费。例如，前面所谈到的一节武术课，老师浪费了 80 秒的时间，去取送音响，遗憾的是，该任课教师并没有意识到这一不良现象，结果结束部分只剩下 26 秒的时间，不仅基本部分还有一项游戏没有完成，结束部分的放松活动更不见踪影。还有一节课，教师带着学生在准备部分要做篮球操，需要音乐的伴奏，但是，由于音乐过门过长，师生足足等了约 40 秒的时间才开始按音乐节拍做操。实际上，不注重细节，在教学时间上的浪费现象还远非这些，教师在课堂上要多观察，设计时要尽可能地考虑周全，减少时间浪费，以确保教学的实效性。

4. "讲多练少"练习密度难升现象

大家对"精讲多练"这一体育教学要求并不陌生，几乎人人都能够脱口而出，但是在教学中体现得并非十分到位，甚至有些课上还出现明显的"讲多练少"现象。有的只需简单提示的练习要求，教师却反反复复地强调，学生不仅不能认真耐心地听讲，因减少了练习时间，一定程度上还影响着学生练习的兴趣。实际上，有些教师不能达到精讲的原因有很多。一是处于"困教型"（刚担任体育教师工作，教学遇到的困难较多，甚至出现讲解示范错误或不当现象）的教师，由于对教材、学生、课堂的把握还不是十分准确，讲解的时候，难以用精练的语言表达教学和设计意图，结果就会出现"该少讲的讲多了""不该讲的讲了"等现象。二是组织纪律性不强的班级，任课教师本要按照精讲多练的要求组织教学工作，但是事与愿违的是，班级学生组织纪律性不强，导致各项学习活动难以正常有序开展，教师在维持纪律上占用了一些时间，而导致学生练习时间不足，适宜的练习密度也难以得到保障。三是教师尽管明确体育教学需要，但又没有对此引起足够的重视，这就很有可能难以实现"精讲多练"。因此，体育课堂只要达不到"精讲多练"，练习密度就很难保证，更难以提升。

（三）体育课教案中练习密度准确预计策略

提高体育课教案的规范性，练习密度必不可少，而且练习密度还要预计得相对准确，否则，也只是一个摆设。为了能够提高练习密度预计的准确性，下面谈几点策略。

1. 提高认识 力求规范

是否在教案上呈现练习密度预计，这首先是认识问题。凡是在教案上能够体现出练习密度者，就已经认识到要保证教案的规范性，练习密度必不可少。但是，仅仅认识到这些还远远不够，还要能够对准确的练习密度的重要性提高认识，即要重视练习密度规范且力求准确，做到这些，认识才算到位。

否则，依然可能会处于应付层面，而难以实现所撰写教案的价值和意义。因此，提高认识，是要提高必要性与重要性的认识，从提高认识，到付诸行动，是每一个体育教师需要认真把握的。

2. 厘清概念　人员分辨

体育课练习密度，通常是指一个学生在体育课上参与各项练习的时间之和，与课的总时间之比所占的百分比。一个不可忽视的概念要素——"一个学生"的练习时间，而非是计算全体学生。在预计练习密度的时候，基本上是按照一个普通的中等水平的学生练习的情况来预计。既不能按照技能水平最高，课堂上最活跃、练习最积极的学生预计，也不能按照技能水平最低，课堂上最不活跃、最不积极的学生预计，只有这样，安排练习的手段、确定练习的次数和分配练习的时间才能够趋于准确与合理。那些用全班学生练习时间来计算练习密度的，多半会出现预计练习密度过高的现象。

3. 精心设计　毛净明晰

教案中呈现的教学过程，需要精心设计，从练习密度准确性角度出发，要能够对练习中的毛净时间有一个清晰的概念，并明确区分。基于练习密度的毛净时间需要考虑三个方面的问题：一是某项练习活动，学生练习过程中的毛净时间之分；二是单人和全体练习时间之分；三是单人练习中的有效时间计算。

就一项活动而言，如全班学生一起完成的徒手操，教案上假如分配的时间是 3 分钟，如果学生在做徒手操过程中教师不进行示范或讲解，而只是学生连续地完成整套操的练习，这个 3 分钟就可以看作是净时间，净时间就可以根据练习方式（集体练习、轮换练习等）来确定单人练习时间，以备计算练习密度所用。至于单人和全体练习时间的区分，也同样是要根据练习方式，确定单人在练习中所占用的时间。一种是集体练习等于全体练习时间；另一种是依次单人练习，根据事先分配的练习总时间，除以小组人数，确定单人练习时间。当然，这应该用净时间来计算。而单人练习中的有效时间确定，就是要确定真正用于练习的时间，而不包含练习后的自然漫步返回的时间。

当然，假如完成一次练习后，教师要求每一个学生慢跑返回，或做某项跑步辅助练习返回，都可以计算到一个学生的练习总时间之中。因此，要想确保练习密度预计准确，三种情况下的毛净时间要明确区分，否则，预计的练习密度有可能出入较大。

4. 多次核算 密度不变

准确预计练习密度是必要的，而且也是可行的，但要在分清毛净时间的基础上，经过认真核算才能预计准确，无论经过多少次核算，练习密度都要保持相对的稳定性。假如几次核算的练习密度不一致，说明在确定练习时间上有误差或在计算方式上有不同。为此，首先，要充分把握哪些内容被规定在了练习时间之列：准备部分的准备活动，学生参与的各项练习；基本部分主教材学习的各项练习，基本部分专门安排的课课练或专项体能练习；结束部分的放松整理活动等所用的时间都属于要计算练习密度的时间范围。其次，把每一个环节的单人练习时间做进一步计算，并将一节完整的课的单人练习的各项时间进行合并，计算出单人练习总时间，然后，计算其与总时间之比后的练习密度。计算公式可以简化为：

$$练习密度 = \frac{一个学生一节课各项练习时间之和}{一节课的总时间} \times 100\%$$

通过这一公式，多次计算练习密度，假如基本保持一致，说明练习密度预计相对准确。否则，就要认真核查练习时间的分配是否合理，单人练习时间的计算是否正确，等等。

练习密度看似在教案上占据很小的位置，却不容忽视，因为练习密度不仅与运动技能目标能否实现有着直接的关联，而且还是是否能够达到有效促进体能发展之关键。在学生体质健康水平不容乐观的今天，在"强化体育课"政策背景下，在倡导提高质量的《国家中长期教育改革和发展规划纲要（2010—2020 年）》指引下，提高练习密度成为关键的因素。教案上准确预计练习密度需要引起我们的高度重视，转变观念、提高认识、厘清概念、精心设计，确保练习密度准确，效果明显，以最终达到有效贯彻落实国家的教育方针政策，尤其达到有效促进学生体质健康发展和运动技能掌握之目的。

八、合理的运动心率曲线绘制

体育课上的运动负荷包括运动量和运动强度，体育运动中，只有运动负荷保持适宜，才能达到较好的锻炼效果。体育课上运动负荷安排过大或过小，都难以达成体能锻炼的目标。就体育课设计而言，不仅要在体育课上安排合理的运动负荷，而且还要绘制相对比较准确的运动心率曲线图。然而，目前存在哪些绘制运动心率曲线的问题呢？又该如何合理地将运动心率曲线绘制在教案上呢？

（一）运动负荷测定及曲线的由来

测体育课上的运动负荷主要采用的方法有脉搏测量法、询问法和观察法等。采用脉搏测量的方法主要是在体育课上，从开始到结束，通过相等时间间隔（如 3 分钟测一次）测定的某一学生的每分钟心率，并将测定时的时间与测得的心率绘制在一个坐标系中，连接各点所得曲线，便是运动心率曲线。心率与安排的练习内容、练习方式等有关。采用询问法测定运动负荷的时候，主要可以通过询问学生练习后的身体自我感觉，当学生回答很累、有点累、还行、较轻松、很轻松等感觉的时候，与之对应的心率也会有所不同，但对于这种主观感觉的方式往往不绘制运动心率曲线，而是可以作为教师调控运动量或强度的依据。观察法测定运动负荷时，主要是教师通过课堂观察，及时了解和把握学生在练习中的负荷是否适宜，过大过小都能够通过课堂观察进行判断，并及时做出调整。例如，可以通过观察学生在体育课上的脸色、表情、出汗量、反应速度等判断其所承受运动负荷的大小。要能够始终以学生的身心健康发展为中心，有效调控练习的次数、组数、时间、强度等。只有这样，体育课的科学性才能够有所体现。在武汉举办的第六届中小学体育教学观摩展示活动中，主办方采取了测心率的方式，对每一节展示课的运动负荷进行了准确把握。这一做法无形中告诉我们，体育课要重视运动负荷的合理控制。

（二）教案中的运动心率曲线绘制若干现象

过去，有教师对教案上是否要绘制运动心率曲线产生过疑惑，有些课的教案上直接就不绘制运动心率曲线。体育课教案上的运动心率曲线绘制都存在哪些现象呢?

1. 无运动心率曲线要素现象

在对以往的体育课教案进行查阅的时候，笔者发现，有少部分教案上根本就找不到运动心率曲线这一要素，自然也就未能给该要素留有空间。这种现象说明，这部分教师完全忽略了运动负荷大小的控制，这可以反映出，这些教师对练习活动的安排会带有一定的随意性，或是跟着感觉走，上成什么样是什么样，上到哪里是哪里。至于要达到什么锻炼目标，也很难有效控制和合理判断。同时，教案上无运动心率曲线这一重要指标，就很难反映出课的科学性。课与课之间的衔接性，学生发展的递进性，也很难显现。因此，首先要引起大家对运动负荷的重视。

2. 有要素但无运动心率曲线图

有的教案格式上已经设计有运动心率曲线要素所在的栏目，但是该部分却是空白的，有的也只是画一个空坐标系于此，即未能对运动负荷变化情况进行预计，并绘制出具有一定规律的图形。这种现象表明，假如教案格式是由区域统一设计的，说明顶层设计者考虑到了需要绘制运动心率曲线，只是任课教师未能引起高度的重视。假如是这种情况，与前面我们谈到的无运动心率曲线要素一样，都表明任课教师对运动负荷的忽视。假如教案格式是由任课教师自己设计的，说明该任课教师从思想上引起了重视，但是到具体绘制曲线图时，要么方法没有掌握，不知道该如何绘制该曲线图，要么时间有限，未顾上绘制，或等到课后再补。无论是何种原因，只要未绘制运动心率曲线，就是不完整的教案，或不够规范的教案。

3. 有曲线无时间次数刻度标注

假如一份教案上在运动心率曲线要素下或栏目中绘制有心率变化规律，不仅说明该任课教师对体育课上运动负荷的重视，而且还基本上完成了一个相对比较规范的，即要素内容齐全的教案文本。然而，有些曲线图上却没有标注时间和次数的刻度。这种现象说明，尽管有曲线图绘制结果，但是，因没有具体的时间次数对应，说明该曲线图与课实际有可能脱节，即随意画出的曲线。认识到了但态度上不够端正，存在应付差事的现象。这种情况下绘制的曲线，难以准确反映学生在课堂上的心率变化，因此，形式化的运动心率曲线也是不提倡的。

4. 有刻度标注但曲线与课不相符

从查阅教案的结果可以看出，有一部分教案上在运动心率曲线栏目中，既有带时间次数刻度的坐标系，又有运动心率曲线图，但是经过认真与课进行比对发现，有一部分曲线的绘制带有一定的随意性，即曲线上的心率高低变化情况与课上各部分安排的练习实际可能呈现的结果不相符。尽管已考虑到了标注刻度，看似更加规范了，但是由于与课上的实际不相符，说明依然未能足够重视。或许这种现象相对较为普遍，但是主要根源何在呢？是态度问题还是方法问题？这种有但不准、像但不是的运动心率曲线，也与真正的规范的教案存在一定的差距。

（三）规范准确绘制运动心率曲线的必要性与可行性

教案上规范准确绘制运动心率曲线，不仅是十分必要的，而且是可行的。具体分析如下。

1. 运动心率曲线规范准确绘制的必要性

体育课教案上的运动心率曲线代表着一节课上所安排的各项练习中学生参与活动时心率发生的变化规律。图形不同，说明学生心率变化有所区分，一般而言，运动负荷模式有如下几种：标准型、双峰型、前高后低型、前低后高型。实践中各种类型都有，根据课的内容不同、课的类型不同、课的目标不同而有着不同的呈现。首先，运动负荷由小到大逐渐上升到一定水平，在基本部分学习期间持续一段时间以后再逐渐下降。从图形变化特点来看，一般是出现一次高峰，这样的运动心率曲线变化类型，通常被界定为标准型。其次，还有出现两次高峰的双峰型，即学生在一节课上主要是指基本部分承受两次运动负荷较高的练习，特点是有两个明显的或较为突出的运动心率曲线最高点。第三种类型表现出的是基本部分有两次一高一低的负荷峰值，且前面的较高，后面的较低。与此相反，还有第四种类型，呈现出的是前面较低后面较高的两次高低不等的峰值。但哪种最为理想呢？一般而言，基于课的类型不同（新授课、复习课等），课的内容不同（如跳远、篮球、武术等），呈现的运动心率曲线结果也不尽相同。但总体上来看，假如是一个最高峰，一般安排在基本部分的中期偏后一点为宜，符合人体机能在运动过程中的变化规律。两个高峰的话也尽量都安排在基本部分，那些在准备部分或结束部分出现最高峰的现象是不妥的。前者容易过早产生身心疲惫之感，后者不利于课后恢复，影响接下来的其他学科课程的学习。因此，在教学设计环节，既要能够根据课的具体情况灵活把握运动负荷，又要能够规范准确地将运动心率曲线绘制在教案的适当位置，力求做到科学合理地组织课堂教学中的各项练习活动，让学生在体育学习中得到有效的锻炼。

2. 规范准确绘制运动心率曲线的可行性

体育课教案中的运动心率曲线的绘制，对于任何一个任课教师而言并不难，难就难在观念未能转变，导致对运动心率曲线的重视程度不够，结果出现了前述各种现象。因此，一旦观念得以转变，充分认识到重视运动负荷的重要性，就不会忘记在教案的适当位置绘制运动心率曲线。

除此之外，要考虑能否绘制出规范准确的运动心率曲线的问题。实际上，由于大家对教学中各部分学生的各项练习都有合理安排的过程和经验，甚至有的教案上某项练习的具体次数与时间都标注得十分清楚，而且任课班级的人数也事先确定，因此，预计某项练习学生的心率及其变化应该不是一件难事。这就要求教师们根据学校场地器材情况、学生人数以及教学内容和选择的练习手段、方法等，合理规划各项练习的时间和练习次数，以便于为绘制规范准确的心率曲线提供保障。

（四）绘制运动心率曲线的过程与方法

体育课教案上绘制学生在体育课上的运动心率曲线，十分必要且可行，但是假如不讲究任何策略，绘制的运动心率曲线就很难体现出规范性与准确性。那么，如何才能达到规范与准确的绘制要求呢？

1. 转变观念：绘制规范准确运动心率曲线的起点

教案中要绘制规范准确的运动心率曲线，首要的就是要转变观念，即把不重视转变为重视，把不认真转变为认真，把未掌握的方法掌握起来。从思想上、认识上、方法上都发生了质的变化以后，等于为此迈出了重要的第一步。无论是过去处于不重视、不愿，还是不懂、不会，只要迈出了重要的第一步，等于消除了最大的心理上的障碍。因此，对于每一个任课教师而言，转变观念，提高对运动心率曲线绘制的认识至关重要。

2. 把握时间：绘制规范准确运动心率曲线的关键

无论课的内容、练习手段安排如何，绘制运动心率曲线，需要清楚课中各项练习的时间分配，而且在考虑时间这一关键因素的时候，还要能够区分出各项练习的毛时间和净时间。比如，一节肩肘倒立课，从准备部分开始就安排了学生的准备活动练习，先是集体慢跑3分钟，然后集体做徒手操3分钟，接下来是分组在小组长的带领下做各关节和韧带肌肉的拉伸活动2分钟；在基本部分，教师讲解、示范以后，带领学生进行每人一垫做仰卧举腿等辅助练习，整个练习大约有3分钟时间，该项练习结束，又安排了3分钟的两人一组互助性练习，即一人做练习，另一人站在练习者的头部旁边做触同伴的脚尖推送练习……从这节课的部分练习时间分配情况来看，显然都是毛时间。而我们要依据这些时间和练习内容预计学生所承受的运动负荷的时候，就要考虑其中一个学生在各项练习规定的时间内参与练习的具体时间。其中，集体练习，如果持续性练习无其他停顿现象，可以算是学生练习的净时间，假如是分组练习或单人依次练习，就要根据分组人数多少来计算单人在规定时间段内可能占用的练习时间，如 3 分钟的两人一组推动举腿练习，那么其中一个人的练习时间最多只能是一分半钟，甚至更少（要除去相互交换的时间）。基于此，在提前绘制心率曲线的时候，对整个课的时间分配、各环节安排的练习及毛净时间进行确定，就能够提高曲线的变化规律的准确度。假如能够按照每 3 分钟预计所测定学生的心率的话，按照课的内容、练习安排情况，分别绘制出对应时段学生参与练习预设情况，就能够绘制出更为规范的曲线，而不至于随意勾画。但根据课的具体内容和练习的毛净时间绘制心率曲线，是一件需要细心才能完成的事情。这一要求也体现出，规范准确设计需要认真的态度作为前提。

3. 明确方法：规范准确绘制运动心率曲线的保障

运动心率曲线的呈现，能够相对准确地反映课的安排的科学性和合理性，当教案撰写完之后，他人通过教案上的曲线变化规律和特点，就能够大致了解该次课的运动负荷安排的情况，初步判断课的结构、内容、形式等是否合理，甚至对体能目标能否达成也有个大致的了解和预判。因此，对运动心率曲线绘制的准确性就有较高的要求。但采取什么方法才能更为准确地绘制出运动心率曲线呢？

首先，时间定位。即绘制运动心率曲线的时间间隔长度，是每两分钟、三分钟还是更长的时间间隔取一个点预测心率次数。这是绘制运动心率曲线十分重要的一步，一般而言，时间间隔越短，准确性相对越高，但时间间隔一般情况下不短于两分钟。

其次，设计坐标。确定了时间间隔以后，就可以先绘制一个坐标，并在横坐标上标注出总时间和时间间隔，然后，在纵坐标上标注次数刻度，如将 60 标注为第一刻度，接下来每个 10 次为一个刻度，即标注上 60、70、80、90、100、110、120、130、140、150、160、170、180……当然，纵坐标假如从 60 开始标注第一刻度的话，0 到 60 之间需要用虚线或用双斜杠断开后的实线呈现，因为，0 至 60 所代表的时间的长度不一定是实际距离，其长度多数情况下会略短。

第三，确定点位。确定好时间间隔的长度以后，就要根据该时间间隔前后对照确定在不同的时间段学生在做什么活动，以及活动的方式等。例如每三分钟确定一个点的话，一节初中体育课总时长 45 分钟，就要比对 16 个点，即体育课进行到 0 分钟（课一开始）、3 分钟、6 分钟、9 分钟……42 分钟、45 分钟，学生参与对应活动时的心率。例如，课在进行到 6 分钟的时候，学生正在集体做准备活动徒手操，基于教师平日的经验，学生做徒手操时的心率大约是 95 次的话，您就可以在 95 的次数刻度纵坐标与 6 分钟时间横坐标交集得到一个点。以此方法，可以通过比对分别找到各时间点的活动内容，并预计其心率频次。实际上，在体育课现场测定学生的心率的时候，我们还要考虑课上各项练习安排的节点，要在不影响学生练习的情况下测定心率，因此，就会出现时间刻度根据测定的具体的时间间隔绘制曲线的情况。如，我们在看课的时候，考虑到学生的练习不受影响，可能课上实际测得的时间间隔是 3 分钟、6 分钟、8 分钟、12 分钟、14 分钟……时间间隔有长有短。任课教师的课前预计不会因此受影响，而是说明在实践中测定的时候会有不完全一致的现象。假如测定的与课前任课教师预计的出入不大，说明课前绘制的运动心率曲线是准确的。

第四，绘制曲线。将通过比对确定的每一个时间点上预计到的学生的心率频次，分别对应标注在坐标系上，会有 16 个对应的点呈现出来，然后从课的开始到课的结束，依次将各点连接起来，就能够呈现出一节课上一个学生的心率变化规律，呈现出的曲线图的类型，至于是标准型、双高型，还是其他类型，就能够一目了然。课上各项内容的安排、练习方式的合理性，也能够通过该曲线做初步的判断。

第五，核验完善。为了进一步明确判断教案上绘制的运动心率曲线是否准确，可以采取课上检测的方式进行核验。当然，时间间隔也要尽可能地与预测时保持一致。通过课堂检测结果，一方面比对与预测的一致性，另一方面可以反映出预计的准确度高低，以便于校正结果和提高课前预计的能力。

当然，这一个过程并非一定要做，因为受时间和条件的限制，任课教师一人很难同时完成教学与检测工作。更多时候，在公开课、评优课等开展观摩展示活动时更具有操作的可行性。

运动心率曲线是体育课教案中必备的要素，因为有了该曲线，既可以清楚地了解到体育课上任课教师设计各项练习的合理性，又能够反映出体育课上运动负荷安排是否科学。因此，重视运动负荷并掌握规范准确的运动心率曲线绘制的方法十分必要。

九、教学反思撰写方略

任何一名体育教师自从教开始，发展过程中都需要教学与科研能力的不断提升；顺利贯彻落实体育新课程改革，更需要教师的综合能力。如何提高体育教师的教科研能力？一直是大家比较关注的重要课题。有人从强化培训内容和形式角度研究，有人从建立"传、帮、带"团队角度探索，但这些都是借助外力提高能力，尽管效果有时也会明显，但在调动教师主观能动性上还有欠缺。基于教学反思价值的特殊性，又基于教学反思操作的便利性，更基于教学反思结果的实效性，下面重点从如何不拘一格写反思的视角，谈一谈体育教师如何通过撰写教学反思，少走弯路且不断提高教科研能力。

有学者指出"教师的成长＝经验＋反思"。然而，反思是什么？哲学上称为"不同于直接认识的间接认识"。现代汉语词典将其解释为"思考过去的事情，从中总结经验教训"。教学反思的实质在于发现问题和解决问题，从而进一步激发教师的责任心，使教师在不断改进教育教学行为的过程中，把自己的教育教学实践提升到新的高度。

然而，当问及部分教师是否对写教学反思有兴趣、有经验时，有不少教师摇头不语。究其原因，有的不知道真正要反思什么，有的因"老生常谈"而厌倦反思。当然，也有不少受益者，教科研能力有了一定程度的提高。那么，该如何撰写教学反思？下面谈几点认识。

（一）不因教学反思工作而苦恼

应该把撰写体育教学反思当作一件轻松愉快的事情，只有这样，才能发掘出反思的价值。但有些人在写教学反思的时候会莫名其妙地苦恼，甚至会发出"为什么要写反思"这样的感慨。撰写体育教学反思从一定程度上来说，既是一项必要的工作，又是提高教科研能力的重要手段，之所以有人对此项工作感到苦恼，说明尚未认识到它的重要性和挖掘出撰写反思的特殊价值。但对撰写反思如何才能不感到苦恼并能够对其产生一定的兴趣？我们需要重新审视一下"为谁反思"，这是一个兴趣有无的关键性问题。假如把反思当作为别人而写，教师十有八九不会积极主动，甚至有厌倦之感；假如把反思当作为自己而写，教师大都会积极主动，甚至乐此不疲。因此，要把撰写反思的工作看作"反思自己的教学，为自己反思教学"的过程。然而，过去有些教师在写教学反思的时候，不同程度地存在反思不够及时、反思内容不够深入、反思范围不够全面等现象。不及时表明兴趣不浓、动力不足；不深入显示目的不明、方法不灵；不全面说明能力显弱、视野不广；等等。假如能够及时、深入而全面地反思，将会大大减少教学反思工作的苦恼。

（二）不为教学反思内容而困惑

体育教学反思写什么？翻阅教学反思文本笔者发现，有的摆了事实，有的讲了道理，仅有个别展开了分析，存在"反而未思"的现象，即只是对教学的简单回顾，未深入思考"为什么"和"怎么办"。"反而未思"的反思，很容易颠来倒去地重复写，为"不知在写什么"而困惑。一份完整的教学反思，最好能够从"摆摆事儿""讲讲理儿""说说法儿"方面去撰写。其中，"摆摆事儿"是描述教学中要反思的教学事件"是什么"，可以是某一个教学情节，可以是目标的达成情况，还可以是学生学习中的特殊现象，等等。"讲讲理儿"是谈一谈为什么，既要探寻原因，还要有对教学经验和教学问题的归类。"说说法儿"是要谈一谈用什么方法来解决问题，即"怎么办"。假如是经验的话，要能够谈一谈该经验对未来的教学有何新的启发。总之，教学反思，要能够有从"事儿"到"理儿"再到"法儿"的递进内容。撰写教学反思的过程，实际上是一个对"是什么""为什么"和"怎么办"的全面梳理过程。

（三）不被教学反思形式而束缚

撰写教学反思不是一件被动痛苦的事情，而是一项自主有趣的工作；不是一项老生常谈的事务性工作，而是一项常谈常新的研究性写作。为此，撰写教学反思最好不受形式束缚。

1. 教学反思篇幅可长可短

撰写体育教学反思，无论是一节课的，还是某一单元、学期或学年教学结束以后的，有话可长，无话可短，一味地追求长篇大论，容易因无话可说而产生厌烦情绪。反思内容无论长短，都要是"有感而发"。而且，所写内容要能够对改进教学有独到见解。体育教学反思篇幅会因反思目的不同而不同。假如是对一节课中某一教学事件的反思，可就事论事，说清为止。假如是对某一阶段的某一教学现象进行反思，篇幅相对会长些。如就体育课堂见习现象而言，发现过多少见习现象？为什么会有不同的见习现象？如何要求见习生"既见又习"？见习生在课堂上不可忽视，对见习现象的反思，能写出一篇甚至多篇反思性文章。为此，教学反思的篇幅因反思的内容、目的不同可灵活把握。

2. 教学反思内容按需确定

由于体育教学不存在绝对的重复，会随着教学对象、教学内容、教学目标不同而不同，需要反思的内容会随着条件的变化而变化。例如，反思课程理念"以学生发展为中心，帮助学生学会体育与健康学习"落实情况。首先，需要思考该理念包含什么含义？需要教师怎么做？体育课堂上是否做到了"以学生发展为中心"？是如何"帮助学生学会体育与健康学习"的？假如做到了，是如何做的，有哪些经验值得总结；假如有欠缺，哪里出了问题，是什么问题，如何进一步解决。又如，要反思教学目标的达成情况：一节课教学质量的好坏，教学目标的达成度起着决定性作用。课结束以后，需要反思目标是否如期实现，假如目标达成度很高，该目标是根据什么设定的？又是如何把握教学过程与方法的？对此可做经验总结。假如目标达成度不高，要思考教学过程中哪里留有遗憾，是目标定高了，还是组织方法不当？对存在的问题也需要分析原因，找到进一步解决的办法。

当然，除了对教学中的某一方面进行反思，还可以从多个方面同时展开反思工作，因目的不同，反思内容各有侧重。假如是单纯为提高教学质量而反思，可以对体育教学中的某一（或若干）问题或现象逐一反思；假如为提高科研能力而反思，可以归纳同一类问题或现象集中反思。反思的深入性和全面性，后者会比前者有更高的要求。但无论如何，反思内容可根据需要灵活把握。

3. 教学反思对象灵活多样

体育教学反思的对象并不仅仅局限于任课教师某一节或多节体育课，也可以对所观摩的课堂进行反思，还可以对某一或多个专家学者的讲座进行反思，等等。拓展反思对象，将能够积累更多的教学经验和更快地提升教科研能力。

从不同对象的反思难度上来看，对自己的课堂进行反思相对容易些，因为从设计到实施，自己都亲力亲为，对"是什么""怎么样"了如指掌。而对观摩他人课堂的反思，会有一定的难度，不但存在是否看懂的问题，还存在判断是否正确的问题，更存在改进策略是否可行等问题。对专家学者所讲述的教学理论与方法进行反思，难度更大。因为，首先要考虑对理论与方法的理解是否到位，其次要思考这些理论与方法在教学实践中如何运用，能否很好地运用，更要考虑运用的效果如何等一系列问题。有时，现场看似听懂了，但实践中无从下手；有的实践中尝试了，但缺乏对关键问题的把握，未能成功；有的尝试成功了，但缺乏举一反三的拓展性运用的能力；等等。因此，教学反思对象是多元的，反思难度也是不同的。

　　教学反思是教师综合能力的体现，是对教育教学规律的探索与发现，是教学创新的基础，是教学研究的财富，是教师成长的起点。在有限的时间内，要快速提高教科研能力，希望教师们能够不拘一格去反思，并把"反思教学"当成一种好习惯。

体育教学设计核心要素撰写技巧

核心要素是教案，　撰写技巧是关键；
格式表达要规范，　信息内容要齐全；
内容在前目标跟，　教学目标三维分；
目标具体要准确，　师生努力可跨越；
重点难点不能混，　技术效果对应准；
师生活动巧安排，　学法指导跟进来；
时间毛净有不同，　合理分配效果明；
练习密度准预计，　课堂组织力求细；
心率曲线绘制清，　负荷安排要适中；
教学反思不能少，　发展提高很重要。

第三
部分

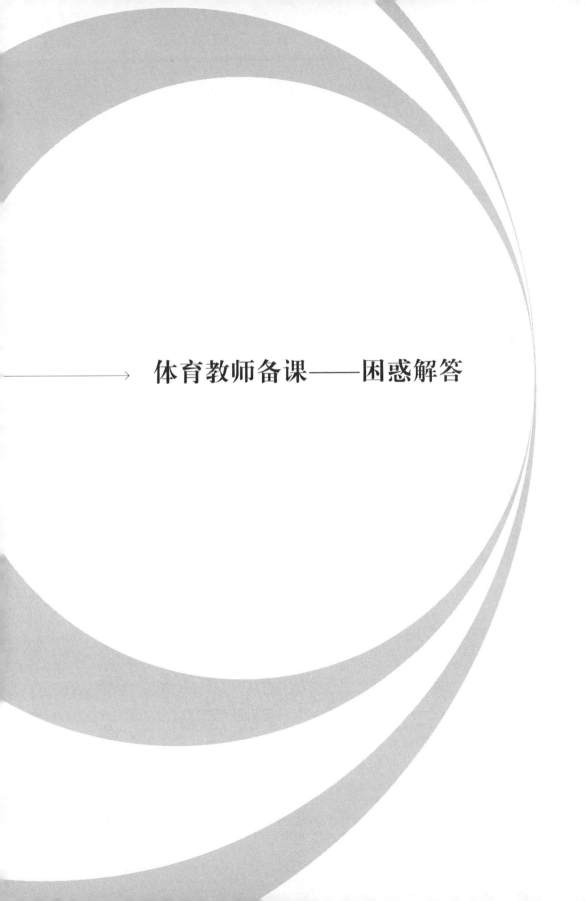

体育教师备课——困惑解答

从对一些体育教学设计的分析中，笔者发现，有一些问题长期存在；在与诸多体育教师的交流中，笔者获悉，有些体育教师在备课方面还存留一些困惑。如何面对新老问题，如何解除长期困惑，该部分从目标困惑、知识困惑、方法困惑、差异困惑、德育困惑、评价困惑、创新困惑、场地困惑八个方面阐述了困惑产生的根源，重点提出了一些行之有效的策略，如健康教育融入策略、大班额小场地有效安排体育教学活动策略等。

第一章 目标困惑：教学目标与学习目标有何区别

在以往看到的体育课的教案上，目标部分不是用教学目标就是用学习目标来表述，然而，这两种目标表达形式有没有本质区别？分别该如何表述才更加准确？这些问题一直以来都是一线教师较为困惑的问题。本章分别对以上问题进行了探讨，并针对如何具体在文本中表述目标内容，讨论了具体的方法和应把握的几个关键点，旨在为一线教师更好地把握目标的设置提供一定的参考。

一、教学目标与学习目标是不是一回事

过去有人曾经问过这样的问题，体育课教学目标和学习目标有什么区别？教案上究竟应该用教学目标还是学习目标呈现目标的具体内容？就以上问题，首先我们需要搞明白，教学目标和学习目标是什么关系？为什么有些人在教案上用教学目标，而有些人用学习目标？实际上，不但存在着认识上的不统一问题，还存在着概念的不清晰现象。

（一）教学目标和学习目标不完全是一回事

无论从教学目标和学习目标字面上比较，还是从教学目标与学习目标内容上来分析，教学目标和学习目标都不完全是一回事。

从概念上来看，教学目标是指教学活动实施的方向和预期达成的结果，是一切教学活动的出发点和最终归宿，它既与教育目的、培养目标相联系，又不同于教育目的和培养目标。而有人在对学习目标的概念进行界定的时候，只是说"学习目标是学习的出发点，也是学习的归宿"。显然，这并没有揭示出学习目标的本质。实际上，从字面上来解释的话，学习目标无外乎是指学生通过学习预期要达到的结果。二者的区别在于：教学目标是从教师教和学

生学的综合角度设置的，内容的表述是站在教师教的角度而不是仅站在学生学的角度。学习目标是从学生学习的角度设置的，内容的表述也是站在学生的立场上呈现的。

（二）教学目标与学习目标的共同的载体是教学活动

教学目标和学习目标不完全是一回事，但是二者又有着必然的联系，二者共同的载体就是教学活动，离开了教学活动无从谈教学目标，学习目标也不复存在。除此之外，二者的共同点还在于无论是从教学的角度还是从学习的角度描述，最终达成的都是学生在体能素质、运动技能、健全人格方面要发生的变化。即学生的发展、变化和提高是目标的精髓。所不同的是教学目标由教师来制定，学习目标由教师制定略显不妥，因为学生存在差异，学习目标之差异也自然存在。教师对每一个学生学习目标的把握也难以达到精准。因此，教学目标和学习目标无论从形式上还是从内容上都有明显的不同。要能够认清其不同，才能更好地把握教案中的目标的表述。

二、教学目标与学习目标的混淆现象

既然体育教学目标和学习目标不完全是一回事，二者就不能混淆，更不能视为等同，在撰写教案的时候，一定要避免混淆现象发生。下面针对一些混淆现象展开讨论。

（一）名称是学习目标内容却是教学目标的表述现象

有的教案上在目标栏中，标题写着学习目标，但具体的目标内容却依然是教学目标的表述方式。如有份高一年级"快速跑"教案是这样表述学习目标的："学习目标：采用游戏、接力的形式，进行加速跑、往返跑练习，发展学生速度以及快速跑的能力；通过教学培养学生顽强拼搏、锲而不舍、团结协作的精神品质，提高他们的安全意识。"从这份教案可以看出，目标内容是站在教师教的角度表述的，很显然用"教学目标"定位更为准确，而该节课用"学习目标"显然是不准确的。这一现象说明，自课程标准出现"学习目标"的表述以来，由于没有对学习目标与教学目标在内容表述上有何区分的进一步解释，因此，有些教师在教案撰写，尤其是在用"学习目标"替代"教学目标"的时候，对两种表达方式的认识并不是很清晰，结果就很容易导致"换汤不换药"现象的发生，即将已经熟知和习惯了的教学目标表述方式不加调整地照搬到学习目标之中。这一现象或许尚未引起大家的关注，但是，这种现象说明了在教案中该如何规范设置目标，教师对其把握还不够到位。追求教案的规范性，就要使每一个要素能够准确反映出应有的作用并有规范的呈现形式。而且，如果是不清楚地写，就有可能导致不明白地教。

（二）名称是教学目标内容却是学习目标的表述现象

不能用教学目标的表达方式去表述学习目标，同样道理，也不能用学习目标的表达方式来表述教学目标。然而，在过去的个别教案中却有此类现象。如有份高三年级"篮球运球、双手胸前传接球"教案，将教学目标表述为："（1）认知目标：进一步建立运球、双手胸前传接球动作概念；（2）技能目标：巩固提高运球、传接球技术动作和对球的控制和支配能力，发展灵敏、速度、耐力等身体素质；（3）情感目标：培养勇敢、机智、果断、胜不骄败不馁的优良品质和团结一致、密切配合的集体主义精神。"从该目标中，我们不难看出，三维目标内容都是站在学生的角度表述的，这种表述方式显然也有失妥当，因为标题是"教学目标"，而具体每一个维度的目标内容都是"学习目标"的表述方式。这种现象在撰写教案的时候也是应该尽量避免的。

（三）同一目标内既有教学目标又有学习目标的表述现象

在同一目标内，如果出现既有教学目标的表达语言，也有学习目标的表达语言，说明对教学目标和学习目标的概念是混淆的，尽管这种表达有可能对教学效果的影响不是很明显，但是，这种表达是不严谨的，也是不规范的。如有份"搏击健美操"教案，将教学目标表述为："（1）了解搏击健美操的概念和搏击健美操的基本动作，激发学习兴趣；（2）掌握搏击健美操前五组的动作技能，在创编健美操过程中，提高健美操动作的组合编排能力，发展学生灵敏、协调性等身体素质；（3）充分发挥想象力和合作探究的能力，培养团队协作能力和集体荣誉感。"从该案例中，我们显然看到了既有教学目标的表述语句，如"发展学生灵敏、协调性等身体素质"，是站在教师教授的角度来说的；又有学习目标的表述语句，如"了解搏击健美操的概念和搏击健美操的基本动作，激发学习兴趣"，是站在学生学习的角度来说的。由此可见有些教师对教学目标和学习目标的表达形式产生了混淆。

三、教学目标与学习目标的取舍及规范的撰写要求

一份完整的体育教案上，究竟是用教学目标还是用学习目标，一方面要考虑教师的习惯性写法，另一方面看要突出什么。至于选择什么，并没有明确要求一定要用教学目标或一定要用学习目标。因此，在二者的取舍上，任课教师有一定的自主性。但该如何取舍？什么样的表述是基本符合要求的？下面分别对以上问题进行讨论。

（一）教学目标与学习目标的取舍

撰写教案的时候，究竟是选用教学目标的形式来表述一节课要达到的目标，还是用学习目标来表述，下面就二者的取舍问题谈几点认识。

首先，从严格意义上说，教学目标应是教师根据教学的实际情况和学生发展的需要设定的，而学习目标应该是学生根据教学的情况、自己原有基础和自己发展的需要自主设定的。也就是说，教学目标和学习目标分别是由教师和学生各自设定的教学或学习应达到的程度。但实际上，目前大家对两者的认识，并非如此。在一些教案上也出现教师为学生设置学习目标的现象。但这样的话，教师为学生设定的学习目标和学生为自己设定的学习目标就会有一定的出入。因此，从这种情况来看，教案上的目标用教学目标或许会更容易把握。

其次，由于《义务教育体育与健康课程标准（2011年版）》在课程内容部分，各个学习方面的目标呈现是学习目标而不是教学目标。如水平一运动技能学习方面，学习体育运动知识的学习目标是：获得运动的基本知识和体验。因此，出现了学习目标逐渐在教案中替代了教学目标的表述现象。这样表述并没有错，只是在目标的具体内容的表述上，要与教学目标的角度有明显的区别。学习目标内容具体呈现的时候，最好不要出现"能够使学生……""帮助学生建立……""培养学生……"等的表述形式。

最后，假如选取了教学目标或学习目标作为教案中的目标表述形式，最好能够在整个单元、整个学期的每一份教案上都能够保持一致的写法。不能一个单元内，这节课的教案是用教学目标，而另外一两节课又是用学习目标。同样，在同一个学期内的教案上，每个单元的目标表述是用教学目标还是用学习目标，也要保持一致，最好不要在一个学期中这个单元用教学目标，下一个单元又用学习目标。保持一致是规范性的另一种体现形式。

（二）教学目标和学习目标表述案例分析

无论是用教学目标还是用学习目标作为目标的标题呈现，都会涉及目标内容的规范性表述问题，下面分别从三维目标的表述案例来分析一下，目标大致写成什么样基本上符合要求。

就教学目标而言，我们先来看一个案例。该课是某任课教师为初中二年级学生设置的一节"篮球原地单手肩上投篮"课。目标分为知识技能学习目标、体能素质锻炼目标、情感品格培养目标三个方面。具体目标内容是："教学目标：（1）知识技能学习目标：通过本课的学习，使学生能够认识到单手肩上投篮的正确的动作要领，使80%的学生能够运用单手肩上投篮技术完成投篮练习任务；使20%的学生达到完成该项技术时能够全身协调用力。（2）体能素质锻炼目标：通过本课的练习，使学生在上肢力量及全身的协调性上得到锻炼，并通过课课练提高学生的速度和灵敏素质。（3）情感品格培养目标：通过合作练习及分组比赛，培养学生相互学习、相互帮助、勇于展示、团结协作的品质。"从该目标的维度和具体内容表述情况来看，用这三个维度较为合理，相对比"认知、技能、情感"三维目标更为准确和全面；比"知识与技能、过程与方法、情感态度与价值观"三维目标更容易准确撰写。从具体的表述内容来看，采用"使学生能够……""提高学生的……素质""培养学生……的品质"等语言表达方式，由此能够明确地看出，是站在教师的角度设定的目标。因此，该案例可以作为教学目标的语言表述范例。

就学习目标而言，也首先看一个案例。该案例是一节小学四年级的"击剑：佩剑的基本动作"课。该课任课教师设置的目标是："学习目标：（1）通过学习，初步学会击剑的基本步伐，掌握佩剑防守与进攻的动作要领；（2）通过练习，锻炼协调性、上下肢力量，以及反应能力；（3）通过参与游戏活动，提升相互帮助、团结协作的品质和增强集体荣誉感。"很显然，该表述方式与前面所说的教学目标截然不同，从具体内容中，我们没有看到"使学生能够……"等的表达形式。三个目标尽管没有写明哪一个目标是属于哪一个维度，这三个方面的目标表述中也没有出现"学生"这一名词，但是，无论从字面上还是从具体内容上来理解，都能够感觉到是站在学生的角度设置的目标。尽管不是由学生亲自设置的，但是，当教学目标调整为学习目标表述的时候，语气调整一下，就能看出二者的明显区别了。当然，更具体、适宜的学习目标应该由学生自己来设置，或学生与任课教师共同协商来确定。不过，有时候，如果任课教师在课前准备阶段，与学生有过交流，并能够充分把握学情的话，教师设置学生的学习目标也是可行的。

四、教学目标与学习目标设置应把握的关键

体育教案上关于目标的撰写，无论是用教学目标还是学习目标，都要确保准确、具体和适宜。这是目标是否合理、规范的关键。

（一）准确性是清晰呈现目标的前提

一线教师在撰写教案设置目标的环节，首先要把握好一个概念就是"准

确"。如何才能准确？准确是否有明显的特点？如何才能达到准确？这是设置目标的时候需要充分考虑的问题。

"准确"一词，可以基本定位在"与实际或预测完全相符"。或换句话说是"严格符合事实、标准或真实情况"。就目标而言，确保目标准确，意味着实际教学结果与预先设定的目标基本吻合。那么，什么样的才算是准确呢？无论三维目标中的哪一个维度，在教学过程中都应有所体现，而且课结束的时候，每一个维度的目标都应该是完全达到了。缺少任何一个维度目标的准确性，都不能称为目标准确。由此可以看出，结果与所定目标相符是准确性的最本质特性。如果从目标的角度来评价的话，我们可以理解为不具有准确性的目标设置是不合理的；如果从教学实施的角度，我们可以说，达不到预期目标的教学也不是最有效的教学。因此，准确性也同时是体育教学的根本要求。

（二）具体性是目标能够操作的保障

要想使目标能够体现出设置的准确性，及目标设置与实际教学结果相一致，有一个关键性问题需要认真把握，即目标的具体性。具体性是目标规范、合理与否的又一大特性。

具体，言外之意就是不抽象、不笼统，细节很明确。目标具体与否，也同样体现在目标的设置是否抽象、笼统，细节是否明确。从具体的含义可以看出，具体的目标要求是不抽象的、不笼统的，更重要的是细节要明确的。纵观过去有很多的目标中出现的"初步了解""基本掌握""进一步提高"等的语言表达形式，就显得较为笼统和抽象。不具体的目标本身也缺乏可操作性，在进行教学评价的时候，也难以做出准确的评价。因为，什么是初步了解了，什么是基本掌握了，什么算是进一步提高了，甚至提高多少都难以度量。为此，要想使目标具有可操作性，用具体的表达，尤其是能够量化的尽量量化的表达，才能具有可操作性，包括教学的具体化和评价的标准化。如箱上前滚翻的"基本掌握"的目标语言，可以调整为"在同伴的保护和帮助下能够按照动作要求完成箱上前滚翻技术动作"。

（三）适宜性是学生发展要求的标准

前面谈到目标设置准确、具体十分重要，否则，就难以评价和操作。但是，假如所设置的目标与教学实际相脱离，与学生发展相违背，尽管目标较为准确，也体现出了具体性，依然不能算是一个合理的和规范的目标。因为，从一定程度上来说，脱离实际、背离发展的目标缺乏适宜性。然而，适宜是什么？如何才能达到适宜？

所谓适宜，即合适、相宜。适宜的目标是难度合适的，要求相当的，是通过师生的共同努力能够达成的。过去的诸多目标设置中存在较为明显的不适宜现象，或体现出目标设置与实际教学两张皮现象，甚至有的教师在设置目标的时候，未与实际课堂教学相结合，写教案是为了上交任务，至于课上成什么样根本没有考虑，因此有时候反映出是跟着感觉走的教学，说明将事先设置好的目标早早扔到一边去了。如一节小学二年级的"前滚翻"课，教师为该次课设置的体能素质目标是："通过游戏，使学生的速度、灵敏、柔韧、耐力、力量等都得到一定的发展。"首先，我们会从目标表述中发现，该目标呈现出了大而全的目标设置不良现象，一节课要想使几大素质都能得到发展，是很难或几乎是不可能通过师生的共同努力办到的。其次，与学生的素质发展敏感期不相一致，其中的耐力和力量素质并非在小学二年级就需要很好地发展，说明从学生的发展角度，该目标也缺乏适宜性。因此，从目标层面上来讲，适宜的目标才有利于学生发展，学生发展需要设置适宜的目标体系。

在体育课程改革过程中，存在诸多困惑。其中，目标的设置问题，是长期且深入影响体育教学效果的主要困惑之一。长期以来，有很多人在为如何规范设置目标而纠结，本书认为，教学目标与学习目标只是具体命名上的自主取舍问题，从教师教的角度来看，为体育课设置目标，用教学目标还是用学习目标，并没有严格的规定，只是在表述形式上有所区分就可以。但是，假如从学生学习的角度来看，学习目标最好能够由学生结合教学目标和自己的实际情况自行设定，或最起码也要在学生的参与下，师生共同确定，这样设置的学习目标才能够更加准确、适宜。

然而，本书仅仅是对过去观察到、了解到的一些关于目标问题的初步思考，或许或多或少地能够给一线教师带来一点目标设置方面的启发，但还远远不够。因为目标的设置还会有一些新的困惑不断涌现，因此，仍需大家共同努力，进一步深入探讨如何设置目标这一带有普遍性的困惑。

规范设计要素全，　目标设置是关键；
教学学习有不同，　目标选择要分明；
两种表达都可行，　目标对象要搞清；
语言措辞不相混，　核心内容是根本；
备课环节自主定，　目标维度少变动。

第二章 知识困惑：体育课堂健康教育知识如何传授

世界卫生组织是从身体健康、心理健康和社会适应三个维度来对健康的概念进行界定的，说明对学生的健康教育也应包含这三个方面的重要内容。无论是《义务教育体育与健康课程标准（2011年版）》，还是《普通高中体育与健康课程标准（实验）》，都分别对身体健康、心理健康和社会适应方面需要学生掌握的内容提出了一定的建议。然而，在体育课上该如何对学生进行健康教育知识的传授呢？尤其是在未来的一段时间里，体育课程在要强化健康教育新要求的背景下，研究体育课上如何进行健康教育更加重要和迫切。本书从归纳各水平段的内容举例开始，在分析当前体育课上健康教育知识传授存在问题的基础上，重点提出健康教育知识传授的有效策略。

一、体育课程标准中的健康教育知识与分析

课程标准中对各水平段的健康教育知识都有着较具体的建议，下面按水平段和身体健康、心理健康与社会适应三方面进行系统的梳理。

（一）《义务教育体育与健康课程标准（2011年版）》健康教育知识内容

《义务教育体育与健康课程标准（2011年版）》在健康教育方面提出了较为全面和具体的知识体系教学要求。本书从身体健康、心理健康与社会适应方面做了不完全统计，具体如表3-2-1所示。

第二章
知识困惑：体育课堂健康教育知识如何传授

189
第三部分
体育教师备课
——困惑解答

表 3-2-1　《义务教育体育与健康课程标准（2011 年版）》中的健康教育知识体系归纳

水平段	身体健康	心理健康与社会适应
水平一	（1）饮食、用眼、口腔卫生等个人卫生常识。 （2）正确的身体姿态。	（1）体育活动中完成学习任务的方法。 （2）体育活动对情绪的积极影响因素。 （3）体育活动中适应新的合作环境的方法。 （4）体育活动中爱护和帮助同学的表现。
水平二	（1）近视眼预防、食品卫生、主要营养素的作用等有关知识。 （2）一些疾病的危害和预防知识。 （3）体能的构成。	（1）体育活动中坚持完成有一定困难的体育学习和锻炼任务的方法。 （2）体育活动中保持高昂情绪的方法。 （3）体育活动中与同伴交流与合作的方法。 （4）运动规则和体育道德行为规范。
水平三	（1）运动系统的基本构成。 （2）一些疾病预防的基本知识和方法。 （3）食品安全的基本知识。 （4）青春期的生长发育特点及保健常识。 （5）不同的身体姿态所代表的礼仪内涵。	（1）在比较困难的体育活动中表现自信和克服困难勇气的方法。 （2）对自己及他人身体条件和运动能力差异的认识。 （3）体育活动中遇到挫折控制情绪、表现自制能力的方法。 （4）体育活动中融入团队完成任务的方法。 （5）正确认识体育道德并把握实践的方法。 （6）正确对待体育活动中的相对较弱者的方法。
水平四	（1）营养、睡眠、吸烟、饮酒等与健康的关系。 （2）一些疾病的预防知识和方法。 （3）青春期的身心变化规律，青春期保健知识和方法。	（1）积极应对各种困难，并果断做出决策的方法。 （2）体育学习和锻炼中遇到挫折和失败的原因，保持稳定和积极情绪的方法。 （3）在集体性体育活动中共同努力实现目标的方法。 （4）在体育活动、比赛和日常生活中表现出良好道德行为的方法。

从表 3-2-1 我们可以清晰地看出，随着水平段的升高，身体健康方面的教育内容从难易度上来看，有一定的递进性。如就饮食和营养方面，水平一只是提出了应了解饮食卫生；而水平二提出了食品卫生和主要营养素的作用等知识；水平三需要了解的是有关食品安全的基本知识；水平四需要学生掌握营养、睡眠、吸烟、饮酒等与健康的关系。总的看来，难度上是在逐步增加。从表中还可以看出，课程标准还结合学生的身体发育特点，从水平三开

始让学生逐步接触关于青春期的生长发育等的相关知识。

在心理健康与社会适应方面，也体现出了明确的要求，且难度逐步提高。如水平一只是要求学生能够在完成体育学习任务的过程中，了解完成任务的方法；而到了水平二提升为体育活动中坚持完成有一定困难的体育学习和锻炼任务的方法；水平三的要求是，在比较困难的体育活动中表现自信和克服困难勇气的方法；水平四是积极应对各种困难，并果断做出决策的方法。看起来都是"方法"问题，但是，从要求上已经体现出了难度逐步增加，从而让学生能够在义务教育阶段，达到既能够完成各项任务，还能够懂得完成各项任务的具体方法，更能够提高学生应对和处理各种困难的能力。

（二）《普通高中体育与健康课程标准（实验）》健康教育知识内容

在健康教育知识方面，课程标准提出了作为一个健康教育系类应有的明确的要求，在具体健康教育知识体系教学建议上，本书从身体健康、心理健康、社会适应三个学习领域（高中课程标准尚未将心理健康和社会适应整合为一体）分别对水平五、水平六进行了统计，具体内容分布情况如表 3-2-2 所示。

表 3-2-2　《普通高中体育与健康课程标准（实验）》中的健康教育知识体系归纳

水平段	身体健康	心理健康	社会适应
水平五	（1）艾滋病的传播途径和预防措施。 （2）性病的传播途径和预防措施。 （3）常见传染病（如流行性感冒、病毒性肝炎和细菌性疾病等）的传播途径和预防措施。 （4）心血管疾病、癌症和糖尿病的起因和预防措施。 （5）其他疾病（如常见遗传性疾病、地方病等）的起因和预防措施。	（1）体育活动中成功和失败的原因。 （2）体育活动中培养自尊和自信的方法。 （3）不良情绪对健康的危害。 （4）自己在日常学习和生活中的情绪变化特征。 （5）体育活动对形成坚强意志品质的重要作用。	（1）通过体育活动提高人际交往技能的方法。 （2）体育活动和其他活动中竞争和合作的关系。

续表

水平段	身体健康	心理健康	社会适应
水平五	（6）食物营养价值和合理膳食的构成。 （7）学习、劳动等过程中对饮食营养卫生的要求。 （8）制订有特色的简单营养配餐处方的方法。 （9）环境因素对身体健康的影响。 （10）改善自己身体健康状况的计划制订方法。 （11）我国传统养生保健方法与现代体育锻炼方法的异同。	（6）心理障碍（如抑郁、焦虑、恐慌等）的产生原因。 （7）体育活动对预防和消除心理障碍的作用。 （8）性成熟的心理特征。 （9）控制性吸引产生干扰的方法。 （10）正常的异性交往和性罪错的区别。	（3）良好的体育道德表现。 （4）个人参与体育与健康活动的权利和义务。 （5）个人健康与群体健康和社会发展之间的关系。
水平六	（1）艾滋病和性病的国内外流行趋势。 （2）艾滋病和性病对人类社会发展造成的危害。	（1）体育活动对形成积极人生态度的作用。 （2）选择控制情绪的适宜方法。 （3）在具有挑战性的体育活动和其他活动中控制个人的不合理行为的方法。	（1）体育活动和比赛中自己的角色与团队的关系。 （2）学校和社区的体育与健康环境的评价方法。

从表 3-2-2 我们不难看出，作为高中阶段的水平五的健康教育知识体系，主要集中在身体健康和心理健康两大方面，社会适应方面也包含一部分内容。与《义务教育体育与健康课程标准（2011 年版）》中的健康教育知识内容相比，高中阶段的健康教育知识呈现出如下特点：（1）内容选择更加广泛且难度加大。如高中课程标准中明确而具体地提出了让学生了解"艾滋病的传播途径和预防措施""心血管疾病、癌症和糖尿病的起因和预防措施"等。（2）反映出了与义务教育阶段内容的衔接性。如各个水平段都提出了有关饮食卫生方面的知识，且各水平段难易度分配较为明显，水平一是"饮食卫生常识"；水平二是"食品卫生、主要营养素的作用"；水平三是"食品安全的基本知识"；水平四是"营养……饮酒等与健康的关系"；水平五是"食物营养价值和合理膳食的构成"。（3）充分体现出了注重保健知识与能力的培养。如提出了"改善自己

身体健康状况的计划制订方法"的教学要求。（4）对学有余力的学生专门设立了健康教育拓展内容。比如在水平六中从身体健康、心理健康和社会适应等方面提出"艾滋病和性病对人类社会发展造成的危害"等一些健康教育内容建议。

二、体育课程标准中的健康教育知识分类

从对义务教育阶段和高中阶段体育课程标准的梳理中，笔者发现，尽管课程标准从身体健康、心理健康和社会适应方面对健康教育提出了对应的教学要求，但是这些健康教育知识在具体课堂教学中，由于知识类别不同，教学的切入方式就会有一定的区别，为了能够提高健康教育的有效性，下面先对健康教育知识从运动技能关联度、所处的水平阶段和课程标准提出的学习方面进行归类。

（一）从运动技能关联度划分健康教育知识类型

健康教育的知识有的与所教运动技能有着最直接的关系，有的呈现出的是间接关系，还有的与运动技能项目几乎没有任何关系。因此，可以大致将健康教育知识划分为与运动技能直接关联类内容、间接关联类内容和缺乏关联类内容。其中，直接关联类内容是指关联程度很高的，换句话说，就是学习运动技能本身需要掌握的健康知识，如学习篮球运动时，需要让学生了解并掌握传接球时预防"手指挫伤等运动损伤预防"的知识与方法。间接关联类内容是与运动技能学习不是直接相关的，但有一定的间接关系，如健康教育中的"运动系统的基本构成""青春期的生长发育特点及保健"等，学生掌握该类知识会有利于促进运动技能的学习。缺乏关联类内容是与运动技能学习没有直接或间接的关联性的，是独立于运动技能学习之外的一类知识，如"艾滋病的传播途径和预防措施""性病的传播途径和预防措施"等，与运动技能未呈现出明显的关联性，但作为健康教育类知识还是需要传授。

（二）从不同的水平阶段划分健康教育知识类型

体育课程标准无论是过去的实验版还是后来的修订版，都将年级进行了

整合，将学生按照水平段进行了划分，即水平一相当于小学一、二年级，水平二相当于小学三、四年级，水平三相当于小学五、六年级，水平四相当于初中一、二、三年级，水平五相当于高中一、二、三年级。这样一来，健康教育知识也自然按照水平段划分为五个水平，即水平一健康教育知识、水平二健康教育知识、水平三健康教育知识、水平四健康教育知识、水平五健康教育知识。其中，水平五健康教育知识还作为七大系列中的一个系列内容要求专门分配课程进行传授。各水平段在健康教育内容维度上有一定的一致性，如有身体健康方面的营养类知识、损伤类知识、疾病类知识等，也存在明显的循序渐进性，内容难度随着水平段的升高而逐步增加。了解了这一具有逻辑性的健康教育内容体系，就能够在教学的时候合理把握。

（三）从几大学习的方面划分健康教育知识类型

《义务教育体育与健康课程标准（2011 年版）》将各水平段的课程内容划分为运动参与、运动技能、身体健康、心理健康与社会适应四个学习方面。以前的《普通高中体育与健康课程标准（实验）》，是按五大学习领域划分的，除了运动参与、运动技能、身体健康与《义务教育体育与健康课程标准（2011 年版）》相同以外，心理健康与社会适应是各自独立的，没有将其合并。现在新修订的《普通高中体育与健康课程标准（2017 年版）》，是集中用运动能力、健康行为、体育品德即体育学科核心素养来表达，以上五个学习领域分别体现在三个方面的核心素养之中。划分健康教育知识类型的时候，依然可以依此将其归纳为身体健康类健康教育知识、心理健康类健康教育知识和社会适应类健康教育知识。同时，这样的划分还符合世界卫生组织对健康的定义。其中，身体健康类是比较重要和全面的，既包含一般的卫生常识，还包含营养、饮食等健康知识，还有关于运动性伤病的防治知识，以及常见疾病的预防知识等。心理健康类大都集中于与运动技能学习和锻炼有关的心理健康问题，还有学生生长发育时期的性心理教育等。社会适应类既包含运动中的情感体验、合作交往等内容，还包含体育学习和锻炼中遇到挫折和失败后，如何保持稳定和积极情绪的方法等内容，以及在体育活动、比赛和日常生活中表现出良好道德行为的方法等。

三、体育课堂健康教育知识传授的若干现象

中小学体育课程标准中健康教育知识内容有哪些，以及如何将其归类，前面我们已经做了分析，但是，在提出有效的健康教育策略之前，还需要充分了解当前体育课堂中健康教育知识传授时出现的若干现象。通过梳理，笔者发现，不仅存在健康教育课时不明、健康教育知识渗透不及时现象，还存在健康教育评价缺乏现象。下面逐一进行分析。

（一）健康教育课时不明

健康教育作为一项重要的教育内容，除了在体育课堂教学中有机渗透，还需要专门开设健康教育课程，即以一种理论传授的方式集中向学生传授健康教育知识、技能和方法，便于学生更好地、更系统地掌握，也能够提高学生对健康教育的重视程度。如开展营养与健康关系的专题讲座，艾滋病、乙肝等传染性疾病的预防专题讲座等。但是，从当前中小学课程体系建设上，很多学校未能开设健康教育课程，或未能对健康教育开展专门的讲座活动。甚至高中阶段课程标准明确规定了"健康教育系列"内容的情况下，很多学校也未能具体按照课程标准的规定认真落实。这样的话，很难将健康教育知识全面而系统地传授给学生，也难以引起学生对健康的充分关注，或者因未能掌握科学有效的方法难以很好地促进身心健康。为此，确保健康教育课时十分必要。

（二）健康教育知识渗透不及时

无论是与运动技能有直接关联的健康教育内容，还是有间接关联的内容，在体育课堂上都要注重对该类知识的渗透。这样才能够更科学地学习运动技能。同时，还能够促进运动技能学习的有效性。就目前的体育课堂而言，在

大量的观察中，笔者发现，有些必要的健康教育渗透时机，有些教师尚未充分把握。如在体育课准备活动阶段，未能联系到准备活动与基本部分主教材的学习而传授相应的运动损伤的预防知识，学生甚至做准备活动的目的就不够明确，只是被动地在教师的引导下接受着各项练习活动。在基本部分主教材运动技能学习的时候，也同样存在类似的问题，甚至有些学生在运动中发生了损伤时，教师还未能向学生传授该损伤发生的原因和如何预防。结果就会导致学生对运动性伤病知其然而不知其所以然，即知道运动中受伤了，是什么伤，但不知道为何受的伤，更不知道如何预防。还有就是在学习运动技术的时候，有些体重超重的学生完成某项技术的时候较为吃力，教师就需要适当地对如何减肥、保持良好的体型进行引导，但是，很多情况下，一些教师会视而不见。这些未能及时抓住良好教育时机的现象比较普遍，需要从思想上和行动上做出一定的转变。

（三）健康教育评价缺乏

健康教育知识不仅需要向中小学生传授，而且及时有效的评价也非常重要，因为评价不仅能够及时了解健康教育的效果，而且一定程度上还能促进健康教育工作更好地开展。但是，目前除了健康教育有待完善，在健康教育评价方面更为缺乏，尤其是尚未建立明确的评价标准。如有的教师开展了健康教育专题讲座，但由于缺乏对学生掌握健康知识的及时评价，就难以了解到健康教育工作开展的有效与否。除此之外，由于课堂上未能及时跟进对体育课上所渗透的健康教育的评价，因此，就很难了解到学生是否听了，是否听明白了，是否在活动中能够运用了。为了提高健康教育的有效性，体育课堂评价、单元评价，甚至学期中和学期末的评价中注重健康教育评价都很有必要。

四、体育课堂健康教育知识传授的有效策略

健康教育知识的传授，不仅要能够转变观念，加强对此项工作的重视，

更重要的是要掌握具体有效的方法。下面从直接关联性内容的传授、间接关联性内容的传授和缺乏关联性内容的传授三个方面重点讨论一下具有可操作性的策略。

（一）直接关联类内容的传授

对于与运动技能有着直接关联性的健康教育知识，在传授的时候要把握三个关键点。一是吃透教材，充分挖掘运动技能本身显性或隐性的运动伤害发生的可能性。二是把握特点，认真学习相关的运动性伤病特点，从而找到有效的预防措施。三是找准时机，直接关联类健康教育内容的传授时机的把握有前、中、后三个时机，根据教学的需要可以灵活判断和渗透。既可以在准备活动部分事先提及，也可以在某项运动技能学习之前事先告知学生哪些损伤有可能在练习该项技能的时候容易发生。还有就是在学习或学生练习过程中及时提醒，要能够确保姿势动作正确，否则很容易发生某种损伤。再者就是运动损伤发生以后，或练习结束以后还要再次强调有着直接关联性的健康知识（尤其是运动性疾病）。如夏季的体育课，如果天气十分炎热，就要在学习运动技能的时候，除了传授相关运动损伤的预防知识，还要能够向学生介绍中暑、晕厥等的防治方法，让学生了解这些知识，确保体育课安全有效。

（二）间接关联类内容的传授

对于具有与运动技能学习有着间接关联性的内容，在体育课堂教学中也不容忽视。尽管这类知识不像直接关联类知识的传授时机多而广，但是由于它的不可或缺性，因此，也要加强对该项健康教育知识的传授。然而，这类知识的传授可以采取的方法就会有所不同，概括起来应注意以下几点：一是灵活多变。既要能够随着季节的变化而把握健康教育的内容的不同，又要能够根据班级学生情况的特点而有所区分，不能一刀切、大一统地进行健康教育。如每一个季节都有学生需要掌握的健康知识，要能够在不同季节的体育课上有所渗透。另外，由于不同班级学生体型、素质基础、体质健康状况有所不同，因此，间接关联类健康知识内容的取舍也各有不同。有肥胖学生甚至肥胖学生人数较多的班级，要能够针对肥胖学生如何保持良好的体型传授相关的知识和方法；耐力素质较差的班级，要适当融入一些关于耐久跑练习对心肺功能的影响，以及心肺功能强弱对耐力素质的影响的知识的传授；等等。二是注意关联。该类健康教育在实施的时候，要能够把握好时机，以及与课堂的关联，不能孤立地或与一堂课学习无任何关联地进行健康知识的传授，这样很容易造成因学生不愿听讲而达不到教育的目的。一定要能够找到与该次课的连接点，如与肥胖学生的关联讲述营养饮食知识、与器械运动的关联讲述心理健康知识、与合作学习的关联讲述社会适应内容等。三是点到为止，这类健康教育内容的传授，不可占据时间过长，内容太多。因为，毕竟该类知识并不与运动技能的学习有最直接的关联性，是根据需要和条件适当进行的知识传授，因此，要把握好"度"，无须过多地反复强调，从而做到主次分明，确保体育课堂教学主要目标的达成。

（三）缺乏关联类内容的传授

健康教育知识的传授，并非仅仅限制在与运动技能有着直接或间接关联的内容。从大健康观来看，尤其是按照世界卫生组织对健康概念的界定，那些缺乏关联性但又对学生的身心健康有着一定影响的内容依然不能忽视。如水平一中的口腔等个人日常卫生，水平二的近视眼预防，水平三的食品安全的基本知识，水平四的一些疾病预防知识和方法，水平五的心血管疾病、癌症和糖尿病的起因和预防措施等，都是有必要向学生传授的。不仅要让他们了解知识，有的还需要他们掌握正确方法。但这类内容很难与运动技能学习相融合，也难以在体育课堂教学中渗透，因此，就需要开展专门的讲座，最起码应该利用不良天气（如雾霾、雨雪等）确保课时不被挤占，还要能够借机向学生集中传授相关知识和方法。具体传授的方式，既可以知识讲述，又可以根据不同年龄阶段学生的兴趣爱好和身心发育特点，选择开展某种室内活动，在活动中将该类知识巧妙地传授给学生，还可以播放相关录像材料，让学生通过观看、讨论等掌握该类健康知识。即让学生能够在听中学、看中学、说中学和做中学，形式多样才能消除枯燥乏味，学生学习的积极性才能得到应有的调动，从而提高该类内容教学的有效性。

五、体育课堂健康教育评价建议

体育课堂上学生是否掌握了一定的健康知识、方法和能力，需要一线教师把握合理、科学、有效且易操作的测评方式。为此，本书介绍几种简单的测评方式，希望能够给教师们带来一点新的启发。

（一）及时提问法

体育课堂上要向学生传授健康教育知识，不仅要把握传授的时机和内容选择的合理性，而且还要能够根据课堂上学生的学习情况及时提问，从而达到健康教育的完整性。这对于与运动技能有着直接关联性的健康教育知识的传授效果检验来说尤为重要。如当学习篮球传接球技术之前，先向学生讲述传接球的时候，因手型不正确很容易造成手指挫伤，这种口头的一般性的传授，有的学生并未思想集中或认真听讲，因此，需要在讲解完之后，根据现场学生的听讲情况，及时做出引导性提问，看学生对该项损伤的了解情况。还可以在学生开始练习之前，或教师在示范动作之前，强化该项损伤发生的原因和预防方法，可用引导性提问问学生如果手型不正确会发生何种损伤，以强化记忆，并引起重视。这样的及时提问，往往能够起到更好的健康教育效果。

（二）精细观察法

在体育课堂教学过程中，教师除了要能够善于观察学生在学习运动技术时的状态、动作的规范性、认真程度、是否掌握了练习的方法等外，还要能够对课堂上所传授的健康教育知识的实效性进行判断。因此，就需要教师在教学的过程中，精准细致地观察学生对健康教育知识的听讲效果和执行情况，包括听没听、听懂没听懂、听会没听会等的观察。在讲述的时候，要能够注意观察学生的眼神和表情，在指导学生练习的环节要能够观察学生对健康教育知识和方法的掌握情况。如观察学生练习传接球时的手型，是否做到了接球的时候手指不能正对来球方向；武术课上做准备活动拉韧带的时候是否有偷懒应付现象；体操器械课上是否有同学在杠上打闹；等等。不但要做到观察的精准和细致，准确判断学生对健康教育的重视和执行情况，而且还要能够及时采取应对措施，做到及时反馈和正确引导，甚至还要根据观察到的结果及时改进和调整教法，从而达到以评促教的目的。

（三）活动设置法

在过去的时间里，由于健康教育未能引起体育教师的高度重视，健康教育的方式也不够灵活，健康教育评价的方式更为有限，而且一提及评价，很多人就会首先想到纸笔测试等传统方式。实际上，根据体育学科和课程实施过程的特殊性，通过设置简单有效的健康教育测评活动也能够达到评价健康教育效果的目的。采用活动测评的方式完成测评工作，所设计的活动形式和内容的确定，要能够符合学生身心发展特点，尤其是情景的选择要恰当，不可出现低龄化等现象。如小学低年级即水平一学生的活动测评，要尽量生动、形象，并以人、动物为主要对象创造故事情节或生活情景。小学中高年级即处于水平二、水平三的学生的活动测评，可以选择与食品、植物等相对静止物体作为测评的直观教具。而水平四的学生已经具有一定的抽象概括能力，因此，可以通过一些具体的事物做出抽象的表达，以达到活动测评的目的。如针对水平一的学生，可以通过设置"小蝌蚪找妈妈"的故事情节，创编测评学生安全意识和防范能力的情景。又如，针对水平四的学生，可以创设一个抽烟环境，让学生在该场景下做出如何拒绝吸烟和远离二手烟造成的危害的正确选择。

（四）纸笔测试法

纸笔测试几乎是所有理论知识和方法测试的常用方式，健康教育测评也可以选择该类方式，但是纸笔测试的时间要能够很好地控制，体育课堂教学过程中采取纸笔测试显然是不恰当的，那么，纸笔测试健康教育效果该如何把握时机和有效方法呢？

首先，纸笔测试内容确定要聚焦。对中小学生的健康教育测评，通过纸笔的方式要测试什么，测试内容是完全依照教什么，则测什么，还是从课程标准中随机选择？实际上，从严格意义上来说，对于中小学生而言，知识类试题可以遵照学什么测什么的测试思路，而对于能力应用型试题的确定，可以结合学生的实际情况和教材、课程标准等的目标要求灵活把握。但一个最为关键的问题不可回避，纸笔测试内容的确定要精准，即试题陈述精确，不易产生歧义，还要能够准确反映出学生的水平。过难过易或模棱两可的测评试题的设计都难以达到测评的目的。

其次，纸笔测试组织方式要简便。纸笔测试的组织方式要简单便捷，不可过于复杂。但究竟该如何简便？有哪些具体的操作方式需要把握？从测评的次数上来看，就一学年而言，测评次数要尽量少，1—2次为适宜。最好不要伴随单元测评，而是要以学期结束或学年结束为时间节点，组织学生进行纸笔测试。从每次测评的时间长度来看，一次测评的时间要尽量短，10分钟以内完成较为理想，因为健康教育知识掌握程度权重，毕竟在整个体育成绩考核中只是其中的一小部分。从测评题型的设计上来看，纸笔测试的题型要尽量采取客观性试题的方式，因为主观性试题不但在作答的时候费时，而且在评价的时候也难以评判，五花八门的答案很难进行比较。从测评地点的选择来看，纸笔测试的地点要能够尽量选择室内，基于体育学科教学的特殊性，学生在室外的体育课堂上不便于携带纸笔，更不便于书写，因此，纸笔测试选择教室内更便于操作。从评价的角度来看，除了以优、良、及格、不及格这种等级方式来区分成绩优劣，最好能够以十分或百分的形式，并按照纸笔测试的权重核算出最后分值，便于与体育其他方面的成绩整合。

最后，纸笔测试结果反馈要及时。健康教育纸笔测试并不是最终的目的，其主要目的是要能够通过测评，一方面有利于教师及时了解健康教育效果，另一方面在于让学生及时了解自己学习的结果，哪些方面的知识还有欠缺，便于找准加强学习的知识点，还有一方面是通过及时反馈，进一步完善健康教育教学的方式方法。哪些知识适合于专题讲座？哪些知识更适合在体育课堂渗透？以及该如何开展专题讲座和有效渗透？因此，需要打破过去传统的将纸笔测试仅仅看作是一项测试工作，测出分数就万事大吉的思想和做法。当然，纸笔测试结果的反馈有多种方式：可以采取教室内与其他学科成绩一样公开张贴的方式，让每一位学生及时了解自己的实际成绩，了解自己在全班同学中健康教育知识掌握所处的位置；也可以采取像其他学科讲评试卷的方式，带领学生逐一对试题进行分析和解答，查找问题的根源，提出今后学习的要求；还可以采取将测评试卷发给学生，以作业方式完成错题更正。当然，还有一种方式，就是以班级或小组为单位进行讨论的方式，将讨论内容集中在测试时做错的试题上，并举一反三，将与之相关连的知识一并进行拓展性学习。总之，纸笔测试结果的反馈是必要的，反馈的形式也是多元的，重视反馈作用的发挥更是不可忽视的。

健康教育知识如何传授

健康第一是理念，　健康教育很关键；
教育知识内容多，　学段不同分类说；
教育现状有疏漏，　强化渗透显不够；
知识传授要灵活，　室内室外均可做；
并行结合与融合，　兴趣激发重娱乐；
评价方式有不同，　测试活动要分明；
健康教育若加强，　身心健康台阶上。

第三章 方法困惑：学法指导在体育教学中如何体现

学法指导的概念已越来越多地被人们所认识，体育课上部分一线教师也在逐步尝试实施学法指导，而且还积累了一些难能可贵的经验。进一步探讨学法指导，其目的是想帮助体育教学实践者在课堂中更加灵活自如地使学法指导发挥其重要作用，从而提高体育教学的有效性。

一、体育课实施学法指导必要且可行

体育课是否实施学法指导，其教学效果将有明显的不同。体育课实施学法指导十分必要且可行，必要性与可行性具体表现在如下几个方面。

（一）体育学法指导的必要性

学法指导是促进学生掌握正确学习方法、提高学习效果的重要教学行为，在学法形成过程中起着关键性作用，也是教师的教与学生的学有效衔接的重要教学行为。为此，对体育学法指导的必要性进行归纳，主要体现在以下几个方面。

1. 注重学法指导比传授知识技能更重要

正如陶行知先生所言：教是为了不教。指导方法在一定程度上比传授知识技能更重要。一旦学生掌握了学习的方法，不仅可以在课堂上使学习效果事半功倍，而且可以运用所掌握的学习方法进行自学，学到更多的知识技能，并能够很好地巩固课堂上所学的内容。同时，注重学法指导的班级与不注重学法指导的班级，经过一段时间的教学以后，学习成绩也会不同。这一点，在通过大量的观察，以及与一线教师的交流可以印证。然而，在注重指导学生掌握学习方法的同时，也不可忽视知识技能的传授。因此，不但授之以鱼是需要的，而且授之以渔是更加重要的。

2. 帮助学生学会学习符合课程基本理念

《义务教育体育与健康课程标准（2011 年版）》的课程理念第（三）条中提出"以学生发展为中心，帮助学生学会体育与健康学习"，说明课程改革已经明确要求帮助学生掌握学习方法。学生的学法来源比较多元，在对"体育学法的来源"调查中发现，79.3%的学生都认为来源于"教师指导"[①]，因此，教师要能够通过学法指导帮助学生尽快实现"学会学习"。然而，课程标准中的课程基本理念，并非所有的一线教师都已经做了认真解读，即便是知道各条理念的内容，但根据笔者了解发现，如何具体贯彻落实每一条理念还需要强化认识。尤其是在"帮助学生学会学习"的理解和落实上需要更加明确和具体。因为这一理念直接指向的就是教师要注重学法指导，以便于在学生形成有效学法的过程中给予一定的帮助。

（二）体育学法指导的可行性

体育学法指导在体育课堂教学中十分必要，但假如未掌握指导的方法、不具备指导的能力也很难达到让学生学会学习。通过研究发现，体育学法指导尽管在理念上很多教师了解得晚一些，但是学法指导的教学与研究行为或多或少、若明若暗地在以往的体育课堂中和在研究中都有所呈现。为此，有必要对体育学法指导的可行性做进一步归纳。

1. 部分教师无意中在运用学法指导

尽管从学术概念上部分教师或许还不太清楚学法指导是什么，但是却有部分教师在体育课堂教学中不知不觉地运用着，而且这或许就是大家可能不明白的"为什么有的教师教学效果明显，而有的教师教学效果不十分明显"的主要原因所在。即因为教学活动中可能对学生的学法进行了指导而产生了较好的效果。例如，在北京市西城区育民小学何雪老师的一节肩肘倒立常态课上，何老师示范前有一段指导语："请同学们注意观察：一看我压垫了没

① 于素梅，毛振明. 体育学法论［M］. 北京：北京体育大学出版社，2009：91.

有；二看我的手指尖是向哪个方向的；三看在还原的时候，我做的是什么动作，身体哪个部位先着的垫。看完以后我要提问。"实际上，这段指导语就是较为明确的学法指导，即观察法的指导，是要告诉学生如何观察，如何把握示范动作的细节，并通过"看完以后我要提问"这样的语言，引导学生认真观察。尽管何雪老师过去并不十分清楚这段示范前给学生提出的要求叫作什么，但已经无意中在通过这种方式有效地指导着学生，即不知不觉中用到了学法指导。

2. 部分教师有意地在关注学法指导

很多一线教师在教学中十分注重创新和提升教育教学能力和水平，尤其是当一种教师们不太熟悉的理论或方法出现以后，有些教师就会在教学中有计划有步骤地学习和尝试，这将对提高教学质量起到重要作用。关于学法指导在体育教案中如何体现、在体育课堂上如何实施，有些教师也有意地在尝试。例如，北京市海淀区二里沟中心小学的张艺兵老师，在杂志上看到关于学法指导的文章后，他在比对自己的教案，并反思教学过程时产生了困惑，教案中如何体现学法指导？教学中学法指导如何实施？基于这样的困惑他带上自己的教案与笔者进行了讨论，交流了他对学法指导的理解，提出了学法指导在教案中和教学中呈现的想法。有这样的关注精神和快速行动，即便再陌生和复杂的学法指导也能够得以很好地落实。

3. 部分教师积极参与讨论学法指导

关于体育学法指导的理论与方法，《中国学校体育》2015 年第 1 期的"网研集锦__案例研析"，围绕以下问题进行了网络专题研讨：（1）什么是学法指导？（2）哪些学习环节需要进行学法指导？（3）如何及时有效地在学生的学习环节进行学法指导？（4）学法指导的具体内容在教案上如何呈现？（5）您曾经有过哪些学法指导的经验？（6）您对学法指导还有哪些困惑？在讨论中，有的教师不断地针对学法指导谈论自己的认识和观点，有的教师结合以往的做法交流自己的经验，还有的不断提出困惑以及谈论与他人不同的认识，等等。讨论中不但大家的热情很高，而且有的教师对学法指导的理解十分到位，有的在教学中的尝试也较为准确，列举的案例中的学法指导过程也比较合理有效。因此，有了这些热情，有了这些思考，伴随不断地交流，学法指导在课堂上的应用将会得到广泛重视。

4. 部分教师在深入地研究学法指导

一线教师对体育学法指导从认识到尝试，从尝试到总结，经历了一个从理论学习到实践体验，又从实践到进一步反思和归纳新的理论的过程，体现出对体育学法指导进行了较为深入的研究。仅从《中国学校体育》2015 年第1 期"网研集锦＿案例研析"栏目中，笔者就看到了诸多一线教师关于学法指导的研究，如《基于"课标"理念对学法指导的思考》《学法指导与教法、学法之间的理性分析》《开放式运动技能的观察学习与指导策略分析——以篮球双手胸前传接球为例》《例谈体育课堂中教师对学生进行的学法指导》《实例分析"学法指导"在体育课堂教学中的运用——对湖州市优质课〈技巧—跪跳起（水平二）〉的学法指导解读》等。通过研究不仅能够提升体育教师的科研能力和水平，而且随着对学法指导研究的不断深入和丰富，在课堂上的学法指导策略也会更加合理和有效，从而更加全面地建立体育学法指导体系，充分发挥学法指导在体育课堂上的关键作用，最终实现课程标准的有效贯彻落实，以及课堂教学质量的进一步提高。

二、体育学法指导要求全面且具体

在具体实施体育学法指导的时候，有人曾问，教学中体育学法指导究竟该如何体现？这一问题实际上是想了解全面性、具体化的学法指导是什么样的。下面针对这一问题做进一步讨论。

（一）体育学法指导的全面性与具体化释义

体育课堂实施学法指导能够促进学生掌握有效的学习方法，但需要对学生的哪些学习方法进行指导？如何使指导发挥更大的作用？从学生学习的角度来看，应该对学生学习的全过程施以学法指导。体育课堂教学中学生的学习环节主要有听讲、观察、练习、评价等，这些环节的学习都要求方法有效，否则，就难以达成学习的目标。然而，并非所有的学生都会听讲、会观察、会练习、会评价，如何才能让学生从不会到会，从会的不多到全面掌握各环节的学习方法？教师的学法指导的全面性和具体化起着至关重要的作用。

首先，全面是指学法指导要周密、完整。要对学生学习环节的所有方面实施指导，诸如体育教学中及时做出听讲法的指导、观察法的指导、练习法的指导、评价法的指导等。因此，学法指导的全面性，即全方位、系统化地对学生学习的各个环节的学习方法进行指导。

其次，具体是指不抽象、不笼统，细节很明确。做出的指导，要能达到学生一听就能懂，一看就能做，即学生接受指导后达到愿学习、能学习、会学习等。因此，学法指导的具体化，就表现在及时、到位、清晰、明了地对学生各环节的学习方法进行指导。

（二）体育教学中各环节学法指导的有效方略

学生的学法需要教师在施教过程中进行全面而具体的指导，但这仅仅才表达出其必要性，究竟该如何做出具体的指导方才体现出操作的可行性呢？下面主要以案例分析的形式对学生学法指导的几个环节谈几点认识，一线教师可以结合自己的教学经验和遇到的实际问题再做进一步的拓展。

1. 听讲法的指导

学生在听讲的时候会表现出各种各样的听讲方法，总的可以归结为会听和不会听，无论是会听还是不会听，分别都会有多种表达行为，如教师在讲解篮球双手胸前传接球技术的时候，在讲解的同时徒手做了示范。这时你就会发现：会听的学生中，有的在边听边模仿教师做的动作，有的在边听边皱眉头思考，有的边听边频频点头，等等。这些表现都说明学生在认真听讲，且在边听边思考，甚至有的还伴有模仿的肢体动作。假如都能这样，学法指导在这个环节或许就无须实施，但问题在于并非所有的学生都能如此认真地听讲，而是有部分学生走了神，有的东张西望地听，有的交头接耳地听，有的低头不语地听，有的虽然目不转睛地盯着老师，但其实心不在焉，等等。之所以有这些不会听的学生，一种可能或许是教师在讲解之前未能及时对如何听讲进行指导，一种可能或许是指导的方式不够具体，学生依然不知道如何听讲，还有一种可能或许就是尽管做出了具体的指导，但由于缺乏及时对学生的学法进行进一步观察，结果听讲法的指导只是停留在了形式上。

因此，要想使听讲法指导真正发挥应有的作用，最好能够把握以下几点：（1）"听什么"讲明确，让学生听讲之前就知晓要听讲的内容；（2）"怎么听"交代清，达到让学生听讲不走神，能够完整地将该听的内容听到、听全；（3）"听成啥"及时查，强化反馈环节，对会听的给予鼓励和表扬，对不会听的要找到原因，个别提醒或对普遍现象做出集体指导。总之，学生只有知道听什么，又明确了怎么听，再能够及时了解听得对不对，才能逐步掌握听讲的有效方法。

2. 观察法的指导

体育学习活动中，学生在观察教师的示范动作，或观察同学的展示活动时，也会表现出各种各样的观察方法。同样是有的会观察，有的不会观察，会不会观察决定着能不能看清、看懂、看会。因此，为了让学生都能够通过有效的观察掌握技术动作方法，观察法的指导方略需要一线教师有所了解，并能够灵活应用。例如，在健美操教学中，由于健美操运动既包括上下肢的配合，还有上下肢左右侧的顺序呈现，更有和音乐节奏的契合等，学生在观察教师示范动作的时候，假如教师不提出明确的要求，学生就很难抓住关键。因此，观察法的指导要求就应该非常明确，具体来讲包括以下几个方面：（1）"看什么"说清楚，让学生明确是要看动作的全过程，还是要看某一个小细节（如上肢动作还是下肢动作）；（2）"怎么看"讲明白，让学生在观察的时候不盲目，知道先看什么后看什么，看的过程中想什么等；（3）"看成啥"要检查，及时了解并向学生反馈观察的方法是否正确，并做出适当的调整。总之，全面而具体的指导，对学生掌握正确有效的观察方法十分重要。

3. 练习法的指导

学生掌握运动技能很大一部分是靠反复的练习而获得的，因此，掌握练习的方法对运动技能的形成至关重要。实际上，在学生的各种练习活动中，有的学生会练，而有的学生在练习过程中表现出各种各样的无效或低效练习方式。练习法的指导，主要集中在那些不会练习或练习效果不明显的学生。例如，学生在听和看完教师对肩肘倒立的保护与帮助方法讲解和示范以后，学生在练习保护与帮助方法时出现了各种各样的错误形式，这种现象说明教师自己明确该如何保护与帮助，也向学生讲解和示范了该方法，但是假如没有告诉学生如何听讲和观察教师是如何保护与帮助的，未能强调和强化保护与帮助时的站位、手扶持的位置，以及如何用力等，学生十有八九都难以掌握正确的保护与帮助方法。基于此，教师在学生练习之前，甚至是示范之前都要明确告诉学生认真听、仔细看，方能正确练。

练习法的指导要把握以下三个方面：（1）"练什么"提前讲，让学生在练习活动中目的明确；（2）"怎么练"具体说，让学生能够把握关键，练习体现针对性和准确性；（3）"练成啥"巡回看，尤其让那些不会练习的学生明确错在哪里，如何纠正。实际上，对于不会练习的学生而言，教师要善于归纳总结。除了有未能听明确、未能看清楚教师的示范动作和强调的内容，还有一种情况，就是学生的素质基础，如学生的协调性差，学生的力量素质不足，也都直接影响练习的效果，就会出现这样的现象：有的学生即便是练习方法上不存在明显的问题，也会影响练习的效果。因此，值得进一步说明的是学法指导具有相对性，尤其是练习法的指导，要因人而异，不能一刀切，要找到不会练或练不会的根源，否则，指导的作用就很难发挥。

4. 评价法的指导

《义务教育体育与健康课程标准（2011年版）》中明确提出，"教师应加强对学生评价的指导，提高学生正确评价自己和他人的能力"。通过对大量体育课上学生自评或互评的教学环节的观察，笔者发现，形式化现象较为明显，即教师安排学生自评或互评，大都是"下面大家进行自评"或"同学们，下面大家小组内进行一下互评"，至于评什么、怎么评，尤其是评成什么样，很少有教师对学生的评价做出评判，结果，学生只是经历了自评或互评的过程，而没有在方法上尤其是在能力上得到应有的提高。存在这种现象的主要原因在于，学生无论是进行自评还是互评，教师对学生的评价法的指导有所欠缺。

可见，不可忽视评价法指导。评价法指导应如何实施？这不仅是理论研究者需要深入研究的问题，而且是实践者要不断尝试和归纳总结的问题。走进课堂探讨评价法指导如何具体操作时，也可以从三个方面来把握：（1）"评什么"要明确，学生一旦知道了评什么，在观察的时候就会比较有侧重点；（2）"怎么评"要说清，让学生知道如何观察自己或同伴的动作，并能够找到问题所在，或结合动作要领评判动作的规范性、完整性等；（3）"评成啥"要交流，不仅要聆听学生的评价结果，还要能够观察、分析、判断学生的评价是否客观、准确等，假如是评价方法不正确，可以引导学生掌握方法，假如是评价结果不准确，可以引导学生提升评价能力等。总之，学生评价法的优劣与教师的指导是否及时、具体、有效等息息相关。因此，教师提高评价法指导能力是有效提高学生评价能力的关键。

体育学法指导越来越受到人们的关注，不仅因为体育课堂教学中学法指导具有提高教学效果的功能，而且因为其对学生正确有效的学法形成起着关键性作用。因此，把握课堂实施学法指导的具体方法十分关键。本书走进课堂，分类梳理学法指导的切入点和有效措施，将对学法指导理论的建立和教学实践的不断完善发挥重要促进作用。

学法指导很关键，　能教会教分界线；
教案当中指导明，　具体落实要求清；
体育课堂有体现，　讲解示范均可见；
传授之前明要求，　学习环节理解透；
认真听讲与观察，　掌握知识和学法；
练习过程方法懂，　目标达成变轻松。

第四章　差异困惑：体育课堂教学中学生差异如何关注

体育课教学中学生存在差异是绝对的，没有差异却是相对的。因为，尽管是同一年龄段的学生，首先男女生之间存在着差异，既有性别的区分，又有兴趣爱好之不同，还有运动技能基础和身体素质基础的差异；其次，同一性别之间也会存在差异，如同是男生，每一个体也照样存在兴趣、技能、素质等的不同，女生与女生之间也是如此。因此，在实施体育课堂教学的时候，学生之间的差异性不容忽视。但该如何关注学生之间的差异？采取哪些有效措施，既能调动每一个学生学习的积极性，又能顺利完成教学任务？目前，诸多一线教师对如何关注差异，如何进行区别对待、因材施教还存在不同程度的困惑。本章通过归纳现象、分析原因，重点讨论这一问题的有效解决策略。

一、体育课堂教学中学生的差异表现归类

在体育课教学中，无论是常态课还是非常态下的体育课，都能或多或少地看到学生在学习时的不同表现，要么积极性主动性不一，要么理解速度有快有慢，还有技能掌握早晚有区分，再有就是学生的组织纪律性有所不同。总之，这些都使得任课教师要耗费一定的时间和精力尽量缩小学生之间的差异，或尽量让每一个学生在原有的基础上有所提高。

（一）体育课教学中参与程度高低之差异

《义务教育体育与健康课程标准（2011 年版）》将学生的学习划分为四个方面，运动参与、运动技能、身体健康、心理健康与社会适应。其中，只有学生的学习达到积极主动的参与程度了，运动技能的学习和掌握才能具体

实现，身体健康促进、心理健康和社会适应能力的增强才能落到实处。因此，不仅参与而且要积极主动参与才是体育课教学所需。然而，在对当前的体育课教学的观察中，笔者发现，很多体育课堂都会出现积极与不积极两种类型的学生。积极的学生无论在听讲、观察，还是在练习、讨论、展示、评价等具体学习环节中，都能够按照教师的指令顺利完成学习任务。而那些不积极的学生不是在听讲中交头接耳，就是在观察教师的示范动作时东张西望，或者是在练习中扎堆偷懒，更有甚者，直接在体育课上无故见习，做悠闲的旁观者等。这些不积极不主动学习的种种表现，都会不同程度地影响其学习的有效性。

（二）体育课教学中理解能力强弱之差异

学生在体育课教学中，无论学习体育知识，还是运动技能，或是掌握锻炼方法等，都会在学习过程中表现出理解能力的差异。理解能力强者，很快就能明白教师所讲技术要领的动作方法，观察完教师的示范动作就能马上模仿出来，这样的学生在教与学的各个环节中能够与教师做到有效配合，教师所设置的教学目标很大程度上也能如期达成。而还有些学生，或许在课堂上所占比例不高，但是，由于理解力较弱，听不太懂、看不太明、做不太对的情况会时有发生。如，教师讲完肩肘倒立保护与帮助方法并示范以后，在练习中就有个别学生保护与帮助同伴的时候，站位与教师要求的位置刚好相反。这种情况一方面有可能是学生没有注意听讲，但也有可能与学生的理解能力有必然联系。

（三）体育课教学中技能掌握快慢之差异

体育课堂上，学生对运动技能掌握的程度不仅反映着教师教学能力和水平的高低，也能体现出学生学习方法的优劣。然而，学习运动技能几乎是每一节体育课都要重视的，可是，不同的学生在同一个教师传授和指导下，却会有的学生掌握速度较快，有的学生掌握速度较慢。这种掌握速度快慢之不同，对教师把握教学进度会带来一定的难度。尤其是按照事先设定的教学流程组织教学活动，一旦出现较多学生未能达到流程设定的理想状态的情况，教学流程中事先安排的活动方式就有可能被调整。调整的幅度越大，教师把握的难度越大，对教师提出的挑战也就越明显。但，学生在学习中技能掌握速度的快慢有差异又是客观存在的，在这种情况下，该如何根据差异合理组织好教学活动，值得进一步探讨。

（四）体育课教学中遵守纪律强弱之差异

学生在体育课上，因组织纪律性上存在差异，将有不同的学习行为表现。有些学生在学习过程中能够在教师的正确引导下认真学习，无论是听讲、观察，还是练习，都能够聚精会神认真完成，这样的学生不会对教师的教学思路和方法运用产生负面影响，教师也能够很顺利地完成讲解、示范、指导等各项教学活动。但是，对于那些组织纪律性不强的学生，诸如让认真听讲、观察、练习的时候，有些学生"走神儿"，甚至跑到远处做其他的事情，这样，组织难度会无形中加大。如有一节小学二年级的跳单双圈课，教师把学生分成人数相等的 6 个组，每一个组按照从前到后的顺序依次练习，可是，却有两个学生无论该不该自己练习，都会在场地上跳来跳去影响其他学生练习，任课教师当时也拿他们没有办法。出现这种现象，尤其对于新任教师来讲更难处理。

二、体育课堂教学中学生差异的根源

学生在体育课教学中所表现出的各种现象，实际上可以从不同与不等两个视角查找根源。一种是属于不分高低、强弱等级的不同类，如性别不同、年龄不同等；另一种属于有强弱、好坏区分的不同层，如素质基础差异、技能差异等。下面分别从性别、年龄、体质、技能、习惯等方面讨论差异根源。

（一）性别不同兴趣爱好各有倾向

体育课教学中，因学生的性别不同，就会呈现出较为明显的兴趣爱好倾向性，且随着年级的增高，这种差异就越显著。表现在安排同一种运动项目学习内容的时候，要么男生积极主动性很高，要么女生如此。究其原因，是男女生之间存在着客观的因性别特点导致的不同的喜好。通过男女生在参与各种运动项目中的积极性情况，可以归纳总结出哪些项目更适合于男生或女生。当然，在常规之外，还有可能出现特殊情况。例如，有些女生喜欢踢足球，可常规思维和观察中，是大部分男生喜欢踢足球，假如仅仅考虑球类教学中向男生传授足球运动的知识和技能的话，校园足球的普及性就很难得以实现。因此，在性别不同兴趣爱好会各有倾向的情况下，不可忽视特殊性，这种特殊性往往是任课教师需要重点关注的。

（二）年龄不同发展需求各有不同

不同年龄的学生在身心发展和素质发展方面都有着各自不同的需求，同时，也正是因为年龄不同各自有着素质发展敏感期，因此，体育课教学中就会显现出具有一定差异的素质基础和身心特点的体育学习行为表现。就教师而言，对于不同年龄的学生，无论是在不同年级还是同一年级或同一班级，假如在教学中采取相同的组织教法和锻炼手段，这些学生可能就会出现学习效果的差异，这种差异应该是教师能够把握的。假如体育课教学中未曾顾及这些，一方面说明教师疏忽，或认识尚不到位；另一方面或许是因为班额过大，即便是有要区分的设想，却难以实现，结果依然出现大统一的教学组织形式，这种情况或许可以归结为力不从心的有差异难关注的教学。

（三）体质不同接受能力强弱不一

在差异现象中，我们谈到在课堂上有些学生动作掌握速度快，而有些却慢，究其原因，与学生的体质状况有着必然的关联。学生之间身体形态有可能不同，如有的学生体型正常，有的却超重或肥胖。身体机能也会存在一定差异性，如有些学生心肺功能良好，有些稍差一些。学生的身体素质更有可能差异明显。如，有些学生速度素质较好，耐力素质却不好；有些学生柔韧素质较好，平衡能力却不足；还有些学生协调性较好，力量却不足；等等。在学习某一项技术的时候，倾向于力量型的技术，那些力量素质好的学生学起来就显得轻松些，倾向于柔韧型的技术，具有良好柔韧素质的学生掌握得就会较快。因此，由于学生本身体质之不同，会导致接受能力存在一定的区别。为此，教师在组织教学工作时，不可忽视学生之间的体质差异。

（四）技能不同掌握程度各有差异

学生在学习新的运动技术动作的时候，会因为原有的技能基础不同，导致认识、理解和掌握新技术的程度存在一定的差异性。这种技能基础差异，一方面可能是学生在过去体育课堂上学习和掌握运动技能的程度不一影响新技术的动作学习；另一方面，可能由于有些学生课外参加校内外体育兴趣班、课余训练队等所致，事先对某项运动技能已经有所掌握，因而在该项运动的学习中表现出明显的优势。因此，对于那些技能基础好的学生，教师在传授的时候，掌握的程度就会明显好很多，而对于那些以前未接触过该项技术的学生而言，不仅掌握的速度会缓慢，而且通过同样课次的学习以后，在运动技能的熟练程度上也会差异明显。这种因技能不同导致的学习和掌握新技术动作的程度各异情况，实际上，在体育课堂上十分常见，但很多教师却依然按照统一的教学方式、练习方法开展教学活动，既很少对技能基础好的学生提出高标准严要求，也很少对技能基础差的学生施以特殊的照顾，结果就会导致人们常说的"吃不饱"和"吃不了"的状况发生。

（五）习惯不同完成动作方式各异

学生在运动技术动作学习的过程中，在同一个班级里往往会存在完成动作使用左右手或脚的习惯不同的现象。例如，篮球单手肩上投篮动作的学习，多数学生可能是用右手投篮，足球脚内侧踢球，大多数学生可能是用右脚去踢，而往往还有少数学生却是采用另一侧手或脚完成动作。这种因习惯不同导致完成动作方式各异的情况，实际上，在体育课堂上是较为常见的。但是，并非所有的教师都能够在教学中关注到这些有着不同习惯的学生，结果常出现有些教师在做动作示范的时候只做习惯于用右手或右脚完成动作的示范，而没有为"左撇子"学生做示范。这样的示范，左撇子的学生学习会在掌握程度上有一定的困难。假如在练习过程中教师没有关注到这些学生，即未能给予及时的特殊指导的话，他们或许只能慢慢地自我领会，这样自然就会出现掌握技术动作快慢之分。但是，假如教师能够关注到这种情况，或许左撇子的学生学习技术动作就不再出现落后现象。

三、体育课堂教学中关注差异不当现象

如果说体育教师在体育课堂上完全不关注学生个体之间的差异，这种判断是不客观的，只是关注程度或关注后采取的策略或许还有待进一步提高和完善。体育课教学中教师关注差异的不良现象主要表现在如下几个方面。

（一）有差异不分组的大统一现象

基于前面对各种差异和差异产生的根源的分析我们不难看出，体育课上确实需要教师根据各种差异存在的可能性，充分考虑并力求做到区别对待。但是，在体育课上，大多数情况下教师都习惯于采取有差异不分组的大统一组织形式，即无论何种差异，是体质好的还是差的，是技能基础强的还是弱的等，都按照教师设定的相同练习方式开展教学活动。这样的组织活动方式，表面上看，比较整齐划一，按照教师统一的指令完成练习任务。实际上，这样的大统一形式的课，往往就会缺乏实效性，因为有差异的学生没有被关注，等于反过来是学生们按照教师的指令统一学习，很像是在帮助教师完成教学任务，即在为教师服务，而不是教师为学生的学习服务。这种情况下的体育课，很容易被看作单纯走流程的课。因此，大统一的课是不提倡的。

（二）有分组不分类的形式化现象

除了看到体育课教学中的大统一现象，实际上，有一些教师已经考虑到

了要分组教学，而且在一些观摩展示课上，更能够看到有些教师采取分组的形式组织课堂教学，有的甚至能够看到根据学生情况分类的做法。可以进一步理解为，有些教师已经考虑到了学生的差异，需要分组学习，但是，往往分组以后，完成的教学任务还多为一致的。这样的做法就难以看出区别对待的效果。例如，有一节小学四年级的跨越式跳高课，教师把学生分成6个小组，其中一个小组3个人都是小胖墩儿。这样分组，看似把体形稍胖的学生分到了一个组别之中，但是，教师安排各组学生练习的内容和方式都是一样的，小胖墩儿们尽管分到了一组，并没有得到更多或特殊的关注，教师依旧是在6个组之间巡回做同样的指导。这种分组，看似按照体形也分了类，但是并不是真正意义上的分类，因为未能体现出小胖墩儿们需要的特殊练习方式，例如降低跳高横杆的高度、减少练习次数、增加指导的时机等。假如不对特殊需要的学生提供不同类的教学服务，这样的分组不分类就失去了意义。

（三）有分类不跟进的走过场现象

在体育课教学中，有些时候，我们也能够看到有的教师既考虑到了分组，又在分组过程中对不同类的学生有区别对待的练习任务或指导方式，这应该说就体现出了关注个体差异的教学。例如，在一节跳箱课上，教师在布置场地的时候摆放了三个同等高度的跳箱和一副山羊，在练习时，教师让动作完成不太好的几个学生直接分到了同一组只练习跳山羊，显然，比起跳箱来讲，是容易一些。在整个练习过程中，分配在山羊器械练习的学生自始至终都在此练习，教师也对其有同样的巡回指导的机会。相对于前一种分组不分类的形式化现象而言，这已经有了很大的进步，最起码是按照完成动作的难易度进行了区分。但是，从更好地促进体育教学的实效性上来看，假如这一组学生一直在练习跳山羊，即便出现有可能完成跳箱上动作的学生，也没有被提升练习难度到跳箱那里体验动作，这说明任课教师对这些具有差异性的学生的关注缺乏跟进。即只停留在了分组与分类上，未能充分考虑分类后课堂上学生的进步，也就存在着走过场的迹象。

四、体育课堂教学中对差异学生关注的方略

体育课上根据学生的差异，灵活把握、区别对待，让每一个学生受益，是具有一定难度的。难就难在学生既存在客观上的不同，还有主观上的差异，尤其是对于大班额来讲，关注差异因材施教实属不易。但假如教师能够转变观念，提高认识，找准切入点，整合有利资源，根据情况做出适当的调整，尽管不能看到巨大的改观，但能尽可能地让全体学生得到不同程度的学习和发展。下面谈几点关于差异学生如何关注的具体方略。

（一）分组分轮：体育课教学中大班额学生的差异关注

过去，我们都比较熟悉分组轮换，这里提出分组并分开轮换的方式，其区别的核心在于，不是所有的组都参与相同的轮换，而是按差异分组后，同一类学生组之间进行轮换，如差组与差组之间轮换。目前，不同学校的班额大小上，尤其是不同区域、不同学校自然班级的人数分布不均衡，少者 20、30 多人一班，多者 50、60、70 甚至 80 多人不等，超大班额还有 90 人甚至更多的学生被分配到一个班级中学习。其他学科教学，无论班额大小，大家共同坐在一个教室里，一个教师对着这么多学生讲授、指导，或许对学生的学习过程与结果影响不大，因为这些学科课程学生大都是在静止的状态下学习的。而体育学科除了风雨或其他恶劣天气时有可能在室内上课，大都在室外操场上进行活动。人数在 50 人以下，教师们或许还能够适应，但是一旦班额过大，会给体育教师的组织工作带来很大难度。假如在这种情况下，班级内学生之间素质、技能基础又有明显的两极分化现象，兴趣爱好又有不同，甚至有些学校大班额男女生没有分班上课，完成正常的教学工作实属不易。但这种大班额现实，体育教师是无力改变的，在这种情况下，该如何关注到大班额课堂上学生个体之间的差异呢？

分组，已是教师们经常想到的方法，分组后轮换学习也是大家比较熟悉的教学手段，这种分组轮换的方式一定程度上缓解了大班额的难组织问题，

但是个体间的差异却没有得到更多关注。因此，可以在分组的时候考虑到两极分化的学生和不同兴趣爱好的学生，并做出不一样的安排，即学习内容、练习方式等有所不同。学习一项新技术的时候，素质基础好、技能水平较高、兴趣较浓的学生，可以作为助教帮教师组织好课堂学习活动。从分组形式上，相似基础或技能水平的学生可以被分在同一组里，这样在学习的时候，除了听讲、观察等可以统一组织，共同参与学习，大量的练习活动时间，都可以按照分好的组采取有一定难度分层或形式不同的方式进行练习。过去不考虑差异分组的时候，对于不同练习内容或许教师会让学生在练习同等时间后，组与组之间进行轮换，即等时轮换。而对于按照差异分组后的组别练习，可以同级水平之间进行轮换，即好的与好的轮换，能力稍差的与差的轮换，或者按层分组以后，各组按照适宜的练习形式和内容不进行轮换。这样一来，不仅能够考虑到人数多难组织的现实情况，还在一定程度上考虑到了差异学生。当然，这样的分组分开轮换的方式，从理论上是能够说得通的，但是，实际操作起来是有一定难度的，难就难在教师的精力、课堂教学时间是有限的，要想使大班额学生的教学达到较为理想的效果，不借助于小组长、特长生等是很难实现的。这就要求教师平时要善于观察、勤于沟通、及时发现、重点培养一批体育小骨干，否则，大班额理想教学或许只能停留在理论层面。

（二）统分交替：体育课教学中正常班学生的差异关注

在班级类型上，既不是大班额，又不是小班额的中间型正常班比较常见。相对这类班级，有个体差异的学生，由于组织与大班额比较起来难度并不是很大，因此，就可以先统一学习，再分开做不同类基本练习，根据情况集中讲评，再分开做不同类提高练习，交替组织教学活动。当然，只要牵涉分组，教师就要事先安排好小组长认真负起责任，从而有助于分组分类练习活动的顺利开展。就教师而言，不能只是在课堂教学中临时根据学生的情况做出分组分类练习的决定和组织，而是要在备课阶段，即进行教学设计的时候，做好合理的规划。结合该次课要学习的内容，分析学情，确定教学中应如何分组，有差异学生的班级，学习方式和练习内容如何区分，练习中如何指导和根据课堂情况做出必要调整。假如在设计的时候都已经做到充分考虑和合理安排，体育课教学中的那些预知的差异学生就能够得到较好的关注，采取统分交替的方式能够较好地把握进度和效果。

当然，有时候，在课堂上还有特殊情况出现，例如课前没有请假，但一上课出现超过教师预估的见习人数，如五六个学生一起出列见习。就一节课而言，对这些见习生需要有一个合理的安排，防止出现不见不习、见而不习、习而不见等现象发生。见习生属于班级成员之一，因此，对于这部分见习生的学习安排，依然可以和全班其他同学一起按照统分交替的方式参与到课堂学习之中。统一和其他同学一起听讲和观看教师的示范动作以后，分开练习时，见习生可以完成一些力所能及的练习活动。教师在组织展示或点评学习环节的时候，他们依然可以参与到集体中来，这就需要一线教师引起对见习生的关注。但目前看到较多的情况是，见习的学生一节课大都被安排在一旁坐着，至于他们观察与否，练习与否，老师未关注的情况较为普遍。又如，在前文中提到的对于小胖墩儿而言，无论多少，在学习有一定难度的技术动作时，除了统一讲解和示范让全体学生一起学习以外，对这部分学生的特殊关注不可忽视，甚至有时候还要引导其他技能水平较高的学生和教师一起去帮助小胖墩儿完成动作。例如，在某高中，一节单杠跳上成骑撑前回环课上，一位自己无法完成动作的体重有 130 公斤的小胖墩儿，一直在一旁看着其他同学做动作，但又表现出很想尝试和体验的表情，教师及时发现以后，迅速走到小胖墩儿所在的练习组，和其他两个同学一起帮助他上了杠，并完成了骑撑动作，由于担心安全问题，就没有让其做回环动作，这一胖墩儿学生体验了杠上骑撑动作，尽管没有完成完整动作，但总算让该学生真正参与了这项内容的学习，而不是一直忽视他，通过小胖墩儿体验动作后露出的喜悦表情，就能想象到他获得的满足感。

（三）合理引导：体育课教学中特殊学生的差异关注

在体育课堂教学中，除了对学习和掌握速度慢、见习群体的差异关注，实际上，几乎在很多课堂上都会出现特殊的学生，大都集中在课堂表现与他人不同。有的是积极主动性不高，出现练习中的偷懒现象；有的是组织纪律性不强，出现交头接耳捣乱课堂，影响他人学习现象；有的是属于难以控制自己行为的多动者；有的是因为过于兴奋或激动，表现出非正常行为；有的因为心理素质发展不良，出现对他人的言行伤害；等等。教师在正常开展体育教学活动过程中，假如忽略了这些学生在学习和活动中的各种表现，除了会影响其他学生练习，对有不良学习表现的学生自己也会造成不良影响。因此，不能不管不问，要做出合理的引导。

如何做到合理引导？首先，善于观察，及时发现这些特殊个体。例如，教师让学生练习的时候，有个别学生偷懒，少练或不练；教师做示范动作的时候，有个别学生不看，还捣乱致使其他学生不能正常观看。其次，准确判断，分析所发现的某一特殊个体是一种什么学习行为，是何种原因导致的。例如，练习中学生偷懒，是一种不良的学习行为，但是，这种行为并非都是由于学生不爱学习造成的，也有可能在一定程度上与教师设计的组织形式不当有关。例如一节肩肘倒立课上，教师给大家 2 分钟的时间做肩肘倒立辅助练习，结果有两组女生练一下后，躺在垫子上开始聊天，当教师走近关注到的时候，她们又做一下动作，然后再继续聊天。看上去是学生偷懒现象，但究其原因，与教师采用时间控制而没有用练习次数约束学生的练习方式有关。假如，教师用每人练习 10 次的方式，或许就可以大大减少这种偷懒现象的发生。此时此刻，教师就不能直接批评学生，而是在反思自己不当安排之后，正确引导学生积极练习。对于在教师讲解、示范过程中交头接耳捣乱课堂的学生，教师一旦发现，或语言提示无效的时候，假如这些学生都在后排，教师可以及时把队伍调转方向，全体向后转，继续讲解或示范技术动作。而对于所谓多动的孩子，任课教师很难控制住其多动行为。有的表现出练习次数增加，该不该自己练习，都要抢着练习；有的是不表现在练习环节，而是做出各种各样的非常规课堂要求的动作，引起教师和同学们的关注；等等。对于这类个体，体育教师该如何关注呢？如果这样的学生在一个班级中较多，教师可以把这类学生分到独立的一个组里；如果只有一个或最多两个学生，可以考虑将他们分配到学习较好的一组中，这样对那些学习好的学生的影响会相对小一些，如果分配到较差一组的学生中间，较差的学生就更难得到很好的学习和锻炼，与其他学生的差距就更难缩小。

基于体育学科所具有的特殊性，顺利有效组织课堂教学并非容易，假如再出现各种各样的有某种差异的学生，组织难度就会更大。体育课堂上学生之间的差异程度有大有小、差异人数有多有少，而关注个体差异，让每个学生都能够在体育课教学中受益，既是新课程标准中的基本理念要求，也是注重全体学生全面发展之基本要求。采取分组分轮、统分交替和合理引导等方略，对有效组织体育课堂能发挥一定的促进作用。当然，这些措施还有待于一线教师在教学实践活动中进一步验证和完善。

体育课堂重学情，　学生差异很分明；

基本理念有要求，　全体受益是重头；

有些课堂一刀切，　锻炼手段无差别；

受益学生非全体，　违背课标要远离；

注重差异方法多，　分组分层分开说；

分组轮换按需定，　难度不同有定性；

特殊学生多引导，　关注程度不能少。

第五章　德育困惑：体育课上的品德教育应如何渗透

德、智、体、美全面发展的教育方针，说明德育在国家教育体系中位居首位且意义深远。党的十八大提出"立德树人"，且需要在综合教育改革中体现多学科协同实现德育的任务。体育作为学校教育的重要学科，教学中渗透德育义不容辞。但如何在体育课堂教学中不失时机地做好德育渗透工作，看似简单的问题，做起来是有一定难度的。因为，当前的体育教学中的德育渗透不仅存在教学观念有待转变的现象，而且有时也存在着身在误区的现象，甚至有些人对体育课堂上的德育渗透还或多或少地存在着一些困惑。为此，要通过转变观念、走出误区，并在破解困惑中探寻体育课堂教学中德育渗透的有效之法。

一、转变观念：渗透德育之需

观念是影响人行动的重要因素，有什么样的观念决定着有什么样的行动，因此，树立正确的观念十分关键。就体育课堂教学而言，目前存在着这样或那样的有待转变的观念，下面逐一进行讨论。

（一）从只重教向既重教又重学转变

长期以来，体育课堂教学中呈现着重教轻学，重教法轻学法的现象。其具体表现是，教师从备课环节就重视为什么教、教什么、怎么教等问题。而并非站在了为什么学、学什么、怎么学的立场上思考体育教学问题。尽管体育教学活动也是教师教和学生学的双边活动，但是，假如学生的学不能发挥很好的作用，教的效果就会大打折扣，教的意义和作用也就难以凸显。我国著名的教育家陶行知先生曾经说过，教师教的法子要根据学生学的法子，学生怎么学教师应该怎么教。因此，忽视学只重教显然是脱离实际的。为此，要提倡从只重教向既重教又重学的观念转变。只有这样，教师不仅在备课环节就充分考虑到学生需要如何培养，而且在教学实践环节，也能够注重对学生的观察，根据课堂的生成，围绕学生发展所需调整组织形式和教学的方法手段。

（二）从知识技能传授向全面育人转变

体育课程的培养目标既不是单纯的增强体质，也不是仅仅传授体育运动的知识技能，而是要将传授知识技能、增强体质增进健康和培养健全人格三位一体的目标体系进行整合，即朝全面育人的方向发展。然而，在过去的教学中并非都能充分地让这些方面很好地得以体现。更多的是注重了知识技能的传授，忽略了健全人格的培养。有些教师在体育课堂教学中遇到很好的德育时机的时候未能做出恰当的教育和引导；有些教师在备课环节缺乏对德育的充分考虑。因此，为了实现立德树人的总体要求，也为了能够使体育课堂教学发挥更大的作用，要能够实现教学观念从知识技能传授向全面育人的转变，将体育教学的功能价值发挥到最大。

（三）从单纯走流程向注重实效性转变

体育课的流程是按照课的总时间和各部分时间安排，将体育课上事先设定的各环节逐一呈现的全部过程。然而，假如说在这个过程中教师只是注重将教学设计文本中的各环节像走马灯似的一一呈现，而忽略了各环节的有效性教学，就会步入单纯走流程的误区之中。走进了这样的误区之后，无论是课的开始部分和准备部分，还是基本部分和结束部分，都有可能存在单纯走流程的现象。如在一节评优课上，教师在队列队形环节，发出了"立正、稍息、向右看齐、向前看、向左转、向右转、向后转"等一系列口令，教师在喊口令的过程中，未能及时发现大多数学生脚上"倒小碎步"式的错误转法，而是只顾一个接一个地"正确地"喊着口令。这种不注重效果的只是口令喊得正确，而未能关注学生做得如何的做法是明显的单纯走流程现象。又如，一节排球课上，主教材部分的教学流程是两人一组垫球练习、正面传球练习、传垫结合练习等。但是，从实际课堂教学的效果观察中发现，从两人垫球开始，大多数组的练习结果都是"有去无回"，即一个人垫过去，另一个人不是接住垫来的球，并将球垫过去，而是一垫一捡，再垫再捡。可是，教师不但未能根据学生练习的实际情况做出练习方式的调整，而且还继续过渡到两人传球和传垫结合的练习。这种对教学流程的把握情况，也是单纯走流程较为典型的案例。单纯走流程的结果，也就很难根据学生发展所需实现全面育人的目标。

二、走出误区：渗透德育之重

德育工作十分重要，需要学校教育者共同努力，但是，在学科教学中，有时会因为存在这样或那样的误区，影响到学科教学的有效性和全面育人功能的发挥。

（一）走出"德育由专门德育课程具体实施"的误区

学校是培养学生德、智、体、美全面发展的教育阵地和摇篮。它对学生全面发展的培养要能够超越任何教育机构和社会组织之上。然而，对学生的品德教育并非专门的德育工作者一人所能，而是要靠学校各个学科、全体教师的共同参与和共同努力才能实现的。那些在非专门德育课程的教学中忽略育人工作的做法不仅违背教育规律，而且学科的教学和发展也会受到一定的限制。这说明，那些持有"德育由专门德育课程具体实施"认识的教师已经走进了一定的误区之中，是需要转变认识和观念的。体育课程教学除了具有健身功能，它还具有教育功能，要通过各种活动的组织，实现对学生的正确教育和引导，达到"既教书又育人"的综合效果。缺少育人作用发挥的体育是不彻底、不完整的体育。为此，体育课堂要主动承担起德育的功能，体现正确的教育和引导。

（二）走出"课堂多表扬少批评甚至不批评"的误区

新课程改革初期，受"以学生的发展为中心，突出学生的主体地位"要求的影响，有些教师未能正确理解这一理念的基本内涵和具体要求，走进了"课堂多表扬少批评甚至不批评"的误区之中。对于体育课堂上学生出现的错误，教师该不该批评，该如何批评？并非是一有错误就批评，也并非是有了错误不批评，而是首先要能够判断错误的来源，是由何种原因导致的错误，一旦确定错误的根源是由学生的错误思想意识和不当行为引起的，教师一定要能够及时指出并给予正确的引导。但是，有些情况下学生呈现的"错误"（如学生在练习中偷懒），并非都是学生主观意愿所为，有时是教师的教学组织方式或要求不当造成的。如前面谈到的 2 分钟练习导致学生偷懒现象的案例，这一案例说明，我们不能只从现象就发出批评的声音，而是要挖掘现象背后的根源，准确实施教学。

相反，我们也不可过多地表扬，尤其那些不切实际的表扬更应该引起注意。因为这样的表扬会影响学生的价值观，影响学生对正误判断的能力。如有一节小学的跳跃类课，教师在课前准备了几个新板凳，并将此放在了练习场地的附近。上课一开始，教师问学生："同学们，大家看一看，咱们今天增加了什么新器材？"学生们异口同声地回答——"板凳"。教师马上向学生竖起大拇指，并表扬说："你们真聪明。"这是应该用"聪明"这样的词进行表扬的吗？假如知道板凳就是"聪明"的话，还有笨的人吗？为此，体育课堂上的表扬一定要切合实际，给出真实的、应该有的表扬方式和语言。

三、破解困惑：渗透德育之法

体育学科的课堂教学不仅要充分认识到德育渗透的重要性，关键是要把握好德育渗透良机和掌握有效的德育渗透之法。下面从德育时机如何巧抓、德育内容如何渗透等方面讨论一下有效的德育方法。

（一）德育时机如何巧抓

假如体育教师善于观察的话，实际上，体育课上的德育时机会比较容易能够找到。因为体育课和其他学科课程的课堂教学所不同的就是，它是在师生不停地交流互动中完成的，在交流过程中和在学生参与各种学习活动中，随时随处都可能出现教师事先未能预料的事情。例如，在一节小学五年级的体育课上，教师将小体操垫折叠后平放，布置成四列练习障碍跑的场地，组织学生分组进行奔跑连续跨越障碍练习。当一个学生在练习中不小心将其中的一个垫子踢开，跟原来的位置比移动了以后，其中有一个男生快速跑过去，将该垫子复位。教师发现后及时在同学们中表扬了该学生，引导大家要向他学习，并提出在练习中甚至在以后学习和生活中要能够相互帮助。显然，这一体育课上任课教师就及时抓住了德育时机，并做了正确引导。

（二）德育内容如何渗透

德育的时机需要巧妙地把握，而德育的内容也不容忽视，因为只有有了正确的或准确的教育内容才能达到理想的教育效果。如一节小学五年级的跳高课，教师布置的是圆形场地，中间放一立柱，向圆周拉出几个橡皮筋，学生们分组在上面练习跳高。其中，教师把三个看似肥胖的同学放在了一组进行练习，由于他们跳得较为吃力，很多同学都会不自觉地关注他们的练习。练习过程中，有一个小胖墩儿同学跳过皮筋的同时，蹲了个小屁股墩。此时此刻，只听很多同学不仅鼓起了倒掌，还大声嘲笑，这个小胖墩儿同学不仅害羞而且还流露出尴尬的表情，心情应该是很不愉快。这时，任课教师没有及时制止和批评发出嘲笑之声的同学，而是走到小胖墩儿面前并拍着他的肩膀说："没事，你要顶住！"这种教育方式显然不妥当，小胖墩儿需要安慰，但是嘲笑的同学更需要受到批评和进行正确引导，否则，他们依然会在以后的课堂上发出如此这般的嘲笑声，或更严重的不友好举动。因此，德育要确定好对象，并把握好要教育什么。该案例中，教师要做的德育引导应该是——"任何时候都不能嘲笑同伴，而是要乐于帮助同伴完成动作，看到同伴的进步要能够发出积极鼓励和赞赏的声音"。常言说，没有不好的孩子，只有不好的教育。为此，正确而准确的德育渗透十分关键。

德育工作在学校教育中是重中之重，各学科在德育中担当起重任，将更有利于凸显学校育人工作的实效性。体育作为学校教育中的一门重要而特殊的学科，在课堂上积极渗透德育义不容辞。为此，需要更多的一线教师转变体育教育观念，巧妙把握德育时机，将最有效的德育内容渗透到课堂之中，让每一个学生在获得运动技能、提高体能素质的同时，健全人格也得到应有的培养，最终实现学生的全面发展。

体育课上品德教育如何渗透

教育方针说得明，　立德树人任务行；
全科育人是要求，　体育学科不落后；
转变观念成必需，　走出误区明学理；
德育时机处处有，　观察聆听不放手；
准确判断是前提，　教育引导利学习。

第六章　评价困惑：体育课堂学习有效评价如何设计

体育课堂学习评价越来越受到一线教师的重视。新课程改革以后，很多课堂上都能够看到评价的环节，只是评价者的呈现有所不同，有的是教师评价学生的学习情况，有的是学生自我评价、同学间或小组间互相评价等。但值得进一步思考的是，有些评价的设计不够完整，存在有头无尾、无头有尾、无头无尾等现象，这使得评价作用难以得到充分发挥，同时，也或多或少地存在走过场现象。因此，如何对体育课堂中学生的学习进行有效评价的设计和实施是值得深入研究的课题。

一、体育课堂学习评价若干现象

体育课堂引入学习评价，其主要目的是：通过评价活动的开展，了解学生的学习状况，培养学生的评价能力，督促学生有针对性地学习、改进和提高等。但是，由于不同教师把握课堂的能力有所不同，能力较差的难以很好地把握评价的过程；教师对学习评价认识各不相同，有些认识有偏差的，评价关键环节缺失、形式化等都有可能不同程度地出现。下面从四个方面谈一谈体育课上出现的评价不良现象。

（一）"无头无尾"的评价形式化现象

就课堂评价而言，何为头？何是尾？弄清这一问题，首先需要了解学生学习评价环节的完整结构。即第一是评价标准，第二是评价方法，第三是评价小结（反馈）。通过提供评价标准，让评价者明确动作做成什么样是好的、什么样是不好的。即动作规格要求学生要了如指掌，否则就难以展开评价活动。评价方法，即在评价的时候重点观察什么、思考什么、如何评说等都需要告诉学生，否则，学生在评价过程中就会出现盲目观察现象。学生评价后的小结十分关键，通过小结要让学生明白，自己评价得是否正确。如果评价有误，原因何在，学生能够明白这些，在评价活动中就能够逐渐增长评价能力。例如，体育教学某一环节，教师让学生评价的时候说："下面同学们两人一组相互评价。"既没有给出评价的标准，也没有在学生评价活动结束后进行小结，难以体现出评价的价值和意义。显然，这是属于"无头无尾"的评价，该评价既缺乏评价标准，也缺少评价后的小结，这样的现象反映出教师对学生评价方法与能力培养的理解尚不十分清楚，结果就会出现评价走形式现象。我们要充分认识到"无头无尾"的评价是不可取的。

除此之外，有些评价可能有头无尾，也有可能无头有尾，这些评价都难以起到真正的作用。

（二）"时机不准"的评价干扰项现象

体育课堂学生学习评价时机的把握十分关键，把握准确，评价能够事半功倍，把握不准，不仅作用难以发挥，有时还会干扰主教材的学习。平日，我们在观摩体育课的时候发现，有些环节组织学生进行评价的时机并非恰到好处，而是有的时机选择过于提前，即学生尚不具备评价能力时安排评价。这样不仅让评价难以起到作用，还很有可能影响主教材的学习。例如，一节小学四年级的箱上前滚翻课，教师刚刚示范完箱上前滚翻技术动作，让学生体验动作练习时，就开始在该环节同时设计让学生自评和互评活动。结果学生在箱上做动作的时候，动作不够认真，完成动作的质量难以保证，因为学生做完动作要去跳箱前面的评价表上填写动作完成结果。从一定程度上来看，就是评价干扰了主教材技术动作的练习效果。或许有人会有不一样的看法，认为体育课堂上增加评价环节，正是新课程改革所倡导的，而且在课程标准中也提出了明确的要求。但问题在于，评价环节设置在体育课堂教学中的哪个时段？是在学生学习到什么程度后再置入评价？最佳时机的选择和确定是教师教学能力水平高低的体现。时机选择恰当才算是贯彻落实好了新课程标准对课堂评价的要求，否则，就很有可能被称作干扰项。

（三）"等级不明"的评价无区分现象

无论是对体育课堂学习过程评价，还是对学习结果评价，一般都会呈现出好与差之分，或优、良、中、差的四级区分。或者用积极性强弱、学习能力高低等方式进行模糊判断。也就是说，评价的结果要有区分度，而且有差异是绝对的，无差异却是相对的。但是，并非所有的体育课堂评价教师都能把握住这一关键点。例如，一节小学三年级的踢毽子课结束的时候，教师利用小黑板，组织学生从学习态度、合作精神、创新意识三个要素进行评价。结果五组小朋友都得到了同样的评价结果，即都在各自指标要素空格处画满了大红花。这一评价结果表明，五组的小朋友都有同样好的学习态度、一样的合作精神和创新意识。表面上看，这种评价结果等于对全班同学进行了表扬，抓住了学生喜欢被称赞的心理特点，但实质上，这样并没有起到真正的评价作用。假如不愿意直接做出高低优劣区分，也要能够通过学生的具体表现差异，间接让学生知道，哪些方面他们与其他组的同学还有差距，或离老师的要求还有距离，假如是这样的评价结果，可以让学生明确下一步努力学习的方向。是学习的积极性不够，还是合作精神上还有待提高，或是创新意识上还暂时落后？假如是有区分的评价，就能够真正起到激励作用，同时更能发挥引导作用。因此，等级不明无区分度的评价要尽可能地减少使用的频次。

（四）"结果失真"的评价半作秀现象

在有些体育课堂上，尤其是观摩展示活动中，有时我们会看到，有些任课教师设计的评价环节结果失真，这样的评价多采用的是教师评价学生的学习。即评价结果与学生实际掌握的情况不相符。例如，一节初中二年级女生班的健美操课，教师把学生分成人数相等的四组进行练习，在评价环节，展示完以后，教师分别对每一组的展示情况进行了评价，但是，让人感到疑惑的是，这位任课教师并没有按照每一组学生展示的真实情况进行评价，而是按照健美操的动作规格，将全部规格分配到四组展示的学生身上。看似十分巧妙地做了评价，但是，由于每一组学生的动作都存在一定的问题，尚未达到动作规格要求，不仅显得虚假作秀，而且因不切实际，对学生的进一步学习也难以起到应有的促进作用。由此可见，结果失真的评价是要尽量避免的，否则就失去了课堂引入评价的意义。

二、体育课堂学习有效评价设计的过程与方法

体育课堂如何有效引入评价，设计是关键，然而，如何把握这一关键？其设计的过程与方法何在？下面从三个方面做进一步讨论。

（一）结合目标：明确课堂评价的目的

体育课堂教学评价环节的引入，需要结合目标设置情况充分考虑其目的与意义。因为就课堂教学评价而言，有的是在目标落实过程中发挥检查调整作用，有的是要促进目标的顺利达成，还有的侧重于检验目标最终达成情况，等等。因此，引入评价的内容、评价的方法都与教学目标有着必然的关联性，不能脱离目标毫无目的地任意设置评价环节。假如是为了发挥评价的检查调整作用，评价可能就需要设置在运动技能学习过程之中，评价内容就要选择单个运动技术的某一环节，或动作的某一要求。例如健美操某一节的上下肢配合动作，通过评价了解学生上下肢协调配合完成的情况，可以作为重要的参考，以此及时调整教学进度和方式方法。假如是为了促进目标的达成，需要开展激励性评价，通过教师评价，激励学生的学习。对于掌握动作速度较缓慢者，帮助学生树立信心；对于动作已较好掌握者，引导他们积极主动地帮助同伴共同完成练习任务。假如是为了检查目标最终达成情况，评价需要在基本部分主教材即将结束的时候展开，评价的内容可以是该节课所学的主要技术，评价者既可以是学生，也可以是教师。这样的评价，一方面检验了该堂课的教学效果，另一方面还为下一次课的学习提供了重要参考。为此，结合目标明确课堂评价的目的，有效安排适宜的评价十分必要。

（二）分析学情：把握课堂评价的时机

不同的评价时机能够带来不同的效果，但选择什么时机引入课堂评价，这不仅与目标的设置情况有关，更与学生有着密切的关联。在过去的教学案例中，有的评价时机选择不够准确，结果不仅有可能发挥不了评价的作用，而且还有可能出现干扰主教材学习的现象。因此，把握好时机十分关键。要把握好这一关键，前期对学情的分析至关重要。因为不了解学生运动基础，就难以准确把握在学习某项技术的时候学生可能掌握的程度；不清楚学生的评价能力，就难以把握评价的过程；对学生的学习习惯不知情，就难以组织有针对性的评价；等等。因此，充分了解和分析学生的运动基础、评价能力和学习习惯等，是确定评价时机所不可忽视的。假如学生的运动基础较好、评价能力较强、学习习惯良好的话，评价时机可以灵活把握，设置在学习技术过程之中、之后均可。在学习过程中引入评价，基础与习惯好、能力强的学生，评价的过程能够顺利开展，评价的检查和调整作用也能有效发挥。假如通过了解学情，知道学生的运动基础不足、评价能力不强、学习习惯不良，学习评价的引入就要相对推迟，尽量安排在运动技能学习即将结束的时候，甚至可以不引入评价。因为基础、能力和习惯不好的情况下，学生参与评价的积极主动性、有效控制性、准确评判上等都难以达到理想状态。或许有人会问，假如班内既有较好的又有较差的，该如何把握评价引入的最佳时机？对这一情况，我们更要灵活把握，学习评价内容和要求不能一刀切，甚至在评价的时候，可以把学生根据学情先进行分组，对不同组别提出不同的评价要求。如果能够如此分层安排，学生的评价能力也将会有不同程度的提高。

（三）全面构思：确定课堂评价的方法

学习评价的引入，需要全面考虑各因素，不仅要充分考虑目标、内容、重点难点、学情等前置因素，还不能忽略课堂新生成的如突发事件等滞后因素。体育课堂评价，师生均可操作。就学生评价而言，既可以是学生自评，还可以是学生互评。从评价内容上，可以是技术的某一环节的评价，也可以是完整技术的评价。但是，就课堂评价方法的确定而言，需要综合考虑课堂教学的诸多因素，概括起来，评价的方法可以尝试性地采用以下两种。一是间断评价法，即一节课上评价分两至三个环节，中间可以有时间间隔，即练习一段时间以后再实施下一次评价，这种评价能够发挥检查和调整作用，使学生边学边了解学习效果，进而提高运动技能掌握的实效。二是一次不间断评价法，即在一节课上，出现一次评价环节，无论是设计在练习中还是练习后，都可以根据需要起到评价的作用。练习过程中的一次性评价，可以考虑教师评价学生的学习阶段性成果，及时调整教学方案，使其更加有效；练习后评价，可以安排学生自评或互评，因为这个时候的评价，学生通过完整的基本部分主教材的学习，基本上可以掌握一节课的运动技能，学生评价的时候，不仅能够做出相应的技术动作，而且对技术动作的优劣也能够有一个基本的判断。

三、有效实施体育课堂评价的策略

体育课堂评价设计效果，通过课堂教学评价环节的实施能够得以很好地验证，为了能够使设计工作科学、合理，且恰到好处，在课堂教学中要把握以下策略。

（一）按需调整策略：依据课堂教学需要调整评价方法

体育课堂教学是在动态环境中完成的教与学的全过程，在这个过程中实施学习评价，并非是将评价设计原封不动地搬到课堂上来，而是要灵活把握评价的方法，尤其是当在原定教学环节开展评价活动感到不适宜的时候，或学生还难以评出结果的时候，就不能再照搬原有设计，而是要根据教学需要调整评价时机与方法。假如设计的是学生互评，可是，当学生在练习过程中，教师发现大部分学生尚未掌握技术动作，学生互评就难以正常开展。也就是说，不仅评价结果与想象的会差距明显，还难以锻炼或培养学生的评价能力。

在这种情况下，可以适当将评价环节后移，但是假如直到基本部分教学时间即将结束的时候，大部分学生完成动作依然有困难，评价环节就可以考虑删除，即不走形式化的学习评价。例如，一节篮球的行进间运球新授课，任课教师事先设计了学生两人一组在练习一段时间以后互相评价的环节，可是，在练习中教师发现，原来设定的评价环节难以正常落实。因为可以明显看到，学生在行进间运球时总是掉球，有的学生连正常的连续两次运球都存在困难，因此也就难以完成评价。于是，教师就未如期开展学生互评活动。这种调整十分必要，而且也是按照课堂教学灵活把握的。但是，假如该任课教师发现了学生难以完成行进间运球技术后，依然将评价引入原设定教学环节，不仅不能发挥评价的作用，还会影响学生对运动技术的练习，这样的做法显然是不可取的。

（二）过程优化策略：依据评价实施情况优化评价流程

在体育教学中假如引入了课堂评价，为使评价结果更加客观和反映出对学生的评价能力的培养，就需要依据评价实施情况优化评价流程。以学生评价为例，一个完整的评价环节，需要有评价标准介绍、观察要求、评价结果点评的跟进等。除了在实施评价的时候需要把握这一流程的完整性以外，即让学生知标准、会观察、有反馈（知道自己评价得对不对），还要依据体育课堂上的评价实施具体情况，进一步优化评价过程。例如，评价一节健美操课的学习效果时，教师安排的是小组内互相评价，不仅事先告诉了学生健美操的规范动作要求（即简单的评价标准），还提出了明确的观察要求，可是，学生在评价的时候，却只说哪里做得不到位，而没有评出哪里做得好，即采取的是指错式评价。一旦发现学生存在这种不够全面的评价现象，就要及时纠正，指导学生既要能够看到同伴完成动作哪里较好，还要能够指出存在什么问题有待改进，即给学生一个关于评价内容完整性的正确引导。否则，学生即便是知道评价的标准，由于评价内容不全面，依然等于不会评价。然后，再观察、再指导，直到学生能够较为理想地完成评价活动。学生在整个评价活动中的表现，教师点评时，也不能只说好，或不切实际地表扬。而是要客观地给学生指出评价过程中存在的问题，便于他们进一步提高评价能力。这就需要任课教师能够把握学生评价的全过程，及时发现问题，做出适当的调整，优化评价的过程，从而提高评价的实效性。

（三）反思改进策略：依据课堂实施效果反思评价疑惑

评价在体育课堂上的运用，并非都能够达到理想的效果，有时，运用不当有可能事与愿违。但是，都有哪些情况属于运用不当呢？一是效果不明显。有可能是评价时机不当，大都属于过早安排了学生评价；也有可能是学生在未掌握评价标准的前提下，不能判断动作的好与差；还有可能是学生观察方法不正确，未能做出准确的判断；等等。二是效果相反，即评价结果正误颠倒。这种情况充分说明，学生处于对技术动作的泛化阶段，尽管听到和看到教师讲解、示范都是正确的，但是，由于尚未真正理解和掌握技术动作的关键，处于依着葫芦画瓢阶段，结果就很有可能将观察到的同伴的错误动作说成正确的，等于模糊评判下了结论。然而，这还只是从评价结果上来说表现出的效果相反。实际上，有些学习评价的引入，会干扰主教材的学习，因评价而使技术动作掌握速度滞后。这样的评价环节引入的必要性就令人感到疑惑，尤其是新授课，是否引入评价需要慎重考虑。因为当学生尚未掌握技术动作，不具有自评互评能力的时候，往往就会出现评价的形式化现象，甚至出现不切实际的错误评价，浪费了课堂教学有效时间，达不到理想的评价效果。

体育课堂上引入学习评价，在一定程度能够起到检查、督促和激励作用，但那些时机把握不当、过程不完整、方法不合理的评价，就很有可能起到负面作用。因此，并非每一堂课都需要有评价，一旦要设计评价，就要全面考虑实施评价所需的条件、课堂组织方式，以及如何利用评价结果发挥其评价功能。盲目地引入评价是不可取的，只重形式不重能力培养的评价也是无意义的，重视结果忽视过程的评价也难以达到新课程标准提出的评价明确要求。

要想使评价更具合理性，把握目标、分析学情十分关键；希望评价突出实效性，从评价标准到评价方法再到评价反馈缺一不可，且环环相扣。总之，评价因需要而设计、因实情而调整、因效果而反思。只有精心设计、及时调整、不断反思，体育课堂学习评价才能发挥更大的作用。

学习评价有很多，　评价对象分开说；

教师学生都可行，　评价效果有不同；

不良现象经常有，　形式过场跟随走；

无头无尾啥评价，　能力水平都显差；

求真务实评价好，　标准方法最先保；

评价设计重过程，　时机内容方法明。

第七章 创新困惑：体育观摩课中虚假创新如何避免

当我们看体育观摩课的时候，大都能够发现有不少观摩课都有不同程度的创新环节设计，学生对一些合理的创新也颇感兴趣，合理的创新也能够提高体育课堂教学的有效性。然而，观摩课中也存在流于形式的虚假创新，这类创新容易被看课水平有限者误认为是有价值的创新，影响对课做出真实的评价，也不利于此类创新设计者体育教学能力的提高。为此，研究体育观摩课创新问题十分必要。

一、体育观摩课上的虚假创新若干表现

既然大家已经认识到体育观摩课上存在虚假创新现象，那么，虚假创新都有哪些表现呢？充分认识体育观摩课上的虚假创新表现，有利于对此类创新及时做出准确的判断，从而正确评价一节课的优劣。

（一）从教学内容来看：缺乏教育性的选创

关于创新，不同的人有不同的设计，有些课上的创新设计集中在教学内容上。有时我们在看课的时候，有可能会看到以往从未见到过的教学内容形式。如，一节看似要踢毽子的课，可是在这节课上却没有看到学生踢一次，而是用不同的方式把毽子放在头上、放在肩上向前走，放在背上向前爬，放在腹部手脚撑地仰望天空后退走。一节课下来，观课者未能看明白创新的意义何在，是要解决什么问题，或是要达到什么目标。还有的是为了激发学生的参与兴趣，创编了游戏内容。游戏的创编要确保趣味性、锻炼实效性的同时，还不能忽视教育性。然而，有些体育课上的游戏却未能如此。有的不仅看不出明显的教育价值，还有个别游戏的创编，不利于同学之间的团结、友

好相处，这样的游戏创编显然是不成功的。例如，有一节投掷沙包课，教师设计了一个比赛性游戏，在两队之间拉一条高高挂起的绳子，一声哨响，双方通过投掷动作将沙包投向对方，看谁能够砸准同伴，砸准次数多者获胜。这样的游戏，尽管复习了投掷，但却不利于同学间建立友谊，一旦在游戏过程中砸中同伴的头部或脸部尤其是砸到眼睛上的时候，随时都有可能出现大小不等的安全事故。因此，在对教学内容创新的时候，要充分考虑其教育意义。

（二）从教学手段来看：缺乏针对性的设计

我们在看观摩课的时候，看到一些创新手段的设计，有时到课即将结束时也未能明确其设计意图，更谈不上要突出解决的是什么问题。甚至，有些课上的创新手段，练习结果还很有可能不同程度地出现负迁移现象。这说明，有些设计可能就连任课教师也难以明白其创新手段究竟是否能够达到预期的目的，这样的创新显然是缺乏针对性的。例如，一节小学四年级的跳高课，在课课练部分，教师设计了由易到难循序渐进的提高搬运能力的练习，结果是一人从起点到终点搬运，两人一组抬着搬运，最后是三人一组抬着同一物体搬运。搬运的距离和物体的重量未能随着人数的变化而增加。这样的练习手段，显然体现出的并非是由易到难的循序渐进，而刚好相反，是由难到易了，因为同样重量的物体多人抬着要比一人搬着更容易些。又如，一节侧向投掷沙包课，教师采用让学生往地上投毽子的方式体会投掷出手的速度，并以毽子弹起的高度和发出声音大小判断练习效果。这种设计显然也有失准确性。

（三）从学生学习来看：缺乏积极性的参与

创新设计效果如何，可以从学生参与的情况来做出大致的判断。因为很多创新是要通过学生的积极参与才得以充分体现其实效性的。有些课创新内容也好、创新手段也罢，假如学生不能积极参与进来，这样的创新显然也不够有效。例如，在一节双杠"跳上成支撑——支撑摆动前摆下"技术动作学习中，任课教师在双杠的另一端分别自制了辅助标志物，让学生在练习的时候，有意去用脚尖触碰标志物，可是，学生似乎没有感觉到标志物的存在，没有做出有意触碰的动作，照样按照自己的方式练习着，也没有对该标志物产生兴趣或好奇心。又如，一节小学体育课上，教师根据搬运接力赛游戏为学生们改编了一个"母鸡下蛋"的游戏，结果，从学生参与游戏的情况和面部表情可以看出，男女学生都很不情愿参与该游戏活动。这说明，这样改编后的游戏，依然达不到创新的目的和效果。

（四）从场地器材来看：缺乏实效性的自制

在诸多有创新设计的观摩课上，其中有一部分是通过场地器材的增减或变化呈现出来的。同样，虚假的创新，也可以从场地器材方面有所反映。而且虚假的场地器材创新，多表现在自制的器材缺乏实效性上。有的为上一节观摩课（或评优课），课前耗费很大的精力、时间、财力、物力等，自制了在课上使用仅仅不到 1 分钟的器材。这种自制器材，或许自身有一定的功能价值，但是在课堂上因安排使用该器材的时间较短，价值却没有充分地发挥。例如，有一节小学一年级的跳单双圈课，任课教师用泡沫板设计了几颗长满绿莹莹叶子的"大树"，摆放在场上，准备活动的时候，带着学生模拟穿过森林去动物园，然后到另一个场地上模仿动物行走，结果学生仅仅从这些"大树"间穿行了一次，可见，这样的器材自制很难发挥其实效性。也有的自制器材是好看不好用，让学生有较好的视觉冲击，一饱眼福，但是却不能很好地运用，结果也成了体育课上的摆设。除此之外，有些自制的创新器材因不够安全，也难以达到理想的效果。

二、体育观摩课上虚假创新存在的根源

体育观摩课上存在虚假创新，或许有些设计者尚未意识到，更不知道该如何避免。因此，进一步分析虚假创新存在的根源对及时规避这一不良现象至关重要。归纳起来，大致可以划分为如下几种。

（一）方向不明：导致缺乏实际效果的创新

新课程改革提倡体育教学要有所创新，不仅要在教学中注重落实健康第一、激发兴趣、学法指导、关注差异等课程基本理念，还要把握课程划分的运动参与、运动技能、身体健康、心理健康与社会适应四个学习方面以及各方面要求达成的目标。在实施建议中还提出了在选择和设计教学内容的时候，要符合"充分考虑学生的运动兴趣与要求""适合教学实际条件""重视健康教育"等具体要求。在选择与运用教学方法的时候，"应创设民主、和谐的体育与健康教学情境，有效运用自主学习、合作学习、探究学习与传授式教学等方式方法"。这说明，新课程改革已经明确了教学中的创新目标和具体方向。但是，由于个别教师研读课程标准、把握课程改革方向还不够到位，很容易造成形式上的创新现象。如用反复扎堆讨论当探究学习，用分组练习当合作学习等。这种单从形式上新的学习方式的引入，显然是不切实际的，也难以体现出实效性。另外，我们过去看到过的"抗洪救灾"等机械性的情境教学的设计与组织，也很容易走进过分追求形式化的误区。因此，任何偏离课程改革方向，甚至走进认识误区的创新都难以达到真实有效。

（二）能力不足：导致缺乏教育意义的创新

创新能力是体育教师教育教学能力的重要方面，体育课上是否呈现合理有效的创新，更是体育教师创新能力高低的具体体现。有些课上出现的缺乏教育意义的游戏或类似游戏的创新组织形式，都说明任课教师未能充分把握所创新的器具或形式的有效性，创新的教育功能价值就很难体现。或仅仅考虑到了所创新环节的趣味性，或只是考虑了它的新颖性等。总之，未能全面考虑和充分发挥创新环节的促进学生全面发展、体现学科特点的功能价值。这种现象，都可以大概归结为创新能力有待提高。例如，前文中谈到的"母鸡下蛋"游戏、"互投沙包对抗赛"等都是因为创新能力有所欠缺而导致的教育意义的缺失。假如在创编游戏或设计比赛方案的时候，仅仅考虑的是趣味性或竞赛功能，就不适宜于在体育课上实施。体育是学校教育中一门重要的学科，体育课是体育课程实施的最主要途径，体育课上的任何活动都不可脱离教育因素，不能开展对学生的全面发展产生负面影响的活动，违背教育规律的所谓的创新设计更不能出现在体育课上。缺乏教育意义的创新都在一定程度上反映出创新能力尚有待提高。

（三）指导不力：导致缺乏促进发展的创新

体育观摩课上的创新，有些是任课教师所为，而还有一部分是指导教师与任课教师共同的智慧，很多创新都能够给大家带来耳目一新且合理有效的感觉。然而，在诸多创新教学活动中，总会看到有个别创新难以有如此体现。其中，有的是多而不新（如有的指导教师同时给多个任课教师指导，并让他们用相同的游戏活动方式体现创新设计），有的是思想离奇（如给每一个被指导的观摩课教师设计一个体育课堂上的与众不同的突发事件），还有的创新设计，任课教师自身未能理解指导教师的真实意图，而是被动机械地将其照搬到课堂上，结果就难以很自然、很巧妙地在课堂上呈现。这样的创新设计由于任课教师多处于被动接受，而不是自主创新，因此，一定程度上不能很好地促进体育教师的创新能力的发展和提高。实际上，真实、合理、有效的创新一方面在提高课堂教学质量的同时，还能够发挥有效促进教师创新能力提高的作用，有效创新的不断积累，体育教师对体育课堂教学创新的理解和准确把握也将逐步完善。因此，作为指导者在发挥指导作用的时候，要能够收放自如，给任课教师更多的创造性思维能力发挥的时间和空间，在力求体育课有真实创新的基础上，不可忽略促进对任课教师创新能力发展的指导。

三、体育观摩课上有效创新设计的策略

上好观摩课与很多因素有关，是否有创新，尤其是否有真实的合理的创新，都是观摩课能否真正体现出新颖性和实效性的关键。

（一）吃透教材：把握有效创新关键

大家都懂得，几乎每一项运动都有其兴趣点，吸引着人们对该项运动的热情。体育课教学，准确把握好各项运动的兴趣点，并根据其设计创新教学手段，能够有助于调动学生参与学习的积极性。对某项运动进行教学的时候，围绕该项运动的兴趣点，设计不同的练习手段，让学生充分体会和感受该项运动给他们带来的快乐体验。例如，篮球运动的兴趣点在投篮这项技术上，假如一节课都不让学生有接触篮筐的机会，学生始终都会在对投篮有一种期待中学习，难以最大化地调动其学习的积极主动性。假如学校篮球场地不足，不能满足学生体验投篮的需要，教师可以结合场地器材特点，在适当的地方悬挂自制的篮筐，让学生体验投篮给他们带来的愉悦心情。例如，有一节这样的篮球课，任课教师在体育馆墙壁上相隔一定距离悬挂十多个篮圈，组织学生进行投篮体验性比赛，从学生的表现中可以看出他们对投篮的热情很高。除此之外，教材的重点难点也是需要在教学中认真把握的，假如能够围绕重点的强化和难点的突破设计创新教学手段，既能够有利于激发学生学习的积极性，还能够有助于学生快速掌握技术动作。例如，我们经常会看到一些教师组织学生学习前滚翻技术的时候，让学生借助夹手绢的方式保持身体团身姿势，这是要解决前滚翻重点"团身"、难点"团身紧"的练习手段。学生通过这种练习会充分体会和强化练习中的团身动作。因此，吃透教材，才能够准确把握技术教学的创新关键，要么围绕兴趣点，要么注重重点的强化和难点的突破等。

（二）熟悉学情：设计有效创新方式

我们在进行教学设计的时候，要求分析学情，并根据学情确立目标和选择方法。学生是学习的主体，任何创新的学习方式，假如脱离学生的实际就难以发挥应有的作用。对学情的了解程度决定着创新设计的针对性和实效性。因此，要进行创新设计，需要熟悉学情，仅仅达到了解的程度还难以充分把握创新效果。然而，熟悉学生哪些方面的情况，才能更好地设计有效的创新方式呢？学生参与体育学习，无外乎会涉及他们的兴趣爱好、体能基础、技能水平，以及学习行为等方面。结合学生情况设计有效的创新，首先，需要明确创新方式的设计目的是什么，是单纯满足学生的兴趣爱好，还是要增强某方面的体能素质，还是要提高运动技能水平，抑或是改善学习行为，无论是何种目的，只要能够事先在设计的时候明确，就能够设计出有针对性的创新方式。反之，就容易出现虚假创新。其次，结合以往经验整合或调整创新方式。任何一项活动的开展，假如能够同时发挥两种以上的功能价值，该活动的设计就显得更为有效。在设计新的学习方式的时候，假如过去有类似的设计但效果不是十分明显，那么本次设计就可以扬长避短。在功能整合时，要充分考虑促进学生两项以上基础或能力提高的融合度和结合方式。例如，可以同时做增强体能和提高技能相结合的创新方式的设计，在有趣的锻炼体能活动中整合运动技能的巩固和提高练习方式，或在有趣的运动技能练习中，巧妙地融入体能锻炼，就如同《浙江省义务教育体育与健康课程指导纲要》中明确提出的"组合"概念一样，有机整合有可能达到意想不到的教学效果。

（三）因地制宜：自制有效创新教具

很多体育观摩课上我们都能够看到教师自制的教具，有的是用于基本部分主教材的学习，有的是用于辅助教材游戏或比赛活动，还有的是服务于准备和放松活动。因此，自制教具现象较为普遍。既然如此，关于教具的有效自制与运用问题的进一步研讨显得非常重要。实际上，当大家看到本部分标题的时候，就能够发现，"有效"二字十分醒目，因为每个小标题上都有它们。在这一部分讨论自制教具的时候，之所以也同样强调"有效"，是因为有些课上自制的教具未能发挥作用，或作用不是十分明显，甚至由于用了这些教具影响了其他内容的完成。例如，一节小学的"藤铃球"课，教师为结束部分自制了三座山的画板，进入结束部分以后，教师带着学生游览三座山，在每座山前和大家一起回忆山的典故，游完了山，课也结束了。反思该部分的教学过程与内容，自制的辅助教具究竟发挥了什么作用？除了让大家重温典故以外，很难找到更多的作用，反倒因为该部分的活动占用了放松活动和课的小结时间，是得不偿失的。之所以要提出因地制宜，一方面是要结合本校场地器材实际条件，另一方面还要结合该次课的实际需要，在这样的前提下，能够有针对性地服务于顺利完成教学任务，最终服务于学生发展的教具自制，才是合理的、有效的。因此，在课前的自制工作中，至少要考虑将发挥什么作用（如激发兴趣），解决什么问题（如突破难点），有没有浪费课堂教学时间现象（如是否占用了放松活动时间）等。自制，本身就是创新过程，教具是自制的成果，而成果的运用效果能够直接反映出创新的价值，要想体现创新的价值，即自制出有效的创新教具，自制的过程与方法都要与其成果的运用最直接地关联起来，否则，很容易出现徒劳的虚假创新。

（四）观摩学习：确立有效创新时机

体育观摩课上的创新，既是设计者所重视的，也是观摩者所期待的，假如时机把握不好，就难以发挥创新效应。但究竟怎样才能把握好时机呢？上观摩课的任课教师除了凭借自己的经验、聆听指导教师的指导，多观摩学习他人的经验十分必要。因为当换一个角度，作为一个观摩者观看课上的创新活动的时候，能够通过观察分析某创新活动是否有必要。通过观察学生参与的情况，分析判断创新活动所起的作用，创新活动介入的时间、内容和组织形式是否得当，甚至能够发现时机是否过早或过晚了，创新内容是否与该课有关，组织形式是否过于花哨，等等。教师从中能够学到很多和发现一些自己上课时难以发现的问题。尤其是看到相同年级、同类内容的课时，观察课中的创新设计与运用情况就更有必要，它更能带来最直接的新的启发。因此，为观摩课设计创新活动的时候，只是完成了设计并不能代表能力不凡，要充分考虑创新活动放在课的哪个时段最恰当，否则就难以发挥创新作用。总体上而言，无论是新授课还是复习课，假如能够在基本部分主教材学习的环节，在强化重点、突破难点的时候设计出有效的创新手段，则最为理想。因为这个时段安排创新手段，不仅能够调动和激发学生参与学习的热情，还能够有助于教学目标的达成。

体育观摩课上要尽可能地避免出现虚假创新，虚假创新的负面影响不言而喻，但更为重要的是要把握如何才能做到有效创新，吃透教材、熟悉学情、因地制宜、观摩学习，为有效创新提供了视角和途径。但究竟能否达到有效创新，一方面要靠教师的悟性，另一方面还要看教师的学习和钻研精神。从虚假创新到有效创新，看似文字的简单变化，实际上，是要从观念的转化开始，到能力的提升，再到执行力的转变的，否则，依然会停留在虚假创新的原点。

体育观摩课中虚假创新如何避免

常态课上好坏说，　创新要求并不多；
观摩课堂讲创新，　是否新颖成标准；
创新环节有真假，　虚假创新能力差；
根源分析问题明，　方向目的均不清；
创新结果看实效，　虚头巴脑都不要；
吃透教材明学情，　因地制宜方可行。

第八章　场地困惑：大班额小场地的体育课如何规划

体育课班级人数的多少与场地的大小都与体育教学的组织和效果有着最直接的关系。班额过大不仅会遇到诸多实施困难，场地过小也难以顺利开展体育课堂各项活动。因此，对大班额和小场地的体育课堂合理规划策略进行研究十分必要。本章内容从当前大班额和小场地在体育课堂中存在的三难现象的研究切入，重点对大班额小场地体育课堂教学的合理规划进行研究，旨为广大一线教师在教学实践中更好地开展大班额小场地体育教学工作提供参考，为后续研究提供基础数据。

一、大班额小场地体育课堂教学三难现象

基于当前我国中小学体育现状，就体育课堂教学而言，不仅存在着班级人数多，同一时段上课班级多，还存在场地面积和类型不足等现象，更存在既是大班额又是小场地的教学困境。对此笔者做进一步分析如下。

（一）班额过大体育教学活动"难组织"

体育学科的课堂教学与其他学科相比具有明显的特殊性，组织难度无论班额大小都比其他学科相对较难，因为几乎所有的课堂学习都在活动中进行，需要教师具有较强的调控和组织能力。假如班级人数过大，尤其是超过了国家规定的各学段班级人数，势必会给一线体育教师的教学组织带来更大的难度，班额大者有的达到80—90人，几乎等于正常班级的两倍，组织难度加大，会带来一系列的影响，甚至导致不良的后果。诸如安全防范难度加大，安全事故发生率升高；组织纪律性降低，影响学生听讲和观察；等等。除此之外，班级人数过多会导致教师身心疲惫，影响教学水平的发挥；大班额的

体育课堂，学生人数较多，练习机会会受到一定的影响，因此，也会或多或少地影响学生参与学习的热情。总之，班额大不仅难以组织开展各项教学活动，而且负面影响也比较突出。改变这种大班额现状十分必要，否则，高质量的体育课堂教学也就很难实现。

（二）场地不足体育教学活动"难落实"

只要是室外课教学，体育场地都是必不可少的。不同的教学内容使用的场地类型各异，不同的教学班级人数，所需要的场地大小也各不相同。对于场地面积和类型充足的学校来讲，无论班额大小，都能够满足其教学的实际需要。而就小场地学校而言，大小班额都会受到教学场地条件不足的影响，具体体现在难以落实课堂上的诸多练习活动。例如，在小场地学校，假如只有一副篮球架，而班级有40人，就难以满足正常篮球教学的需要，更何况很多情况下都不只是一个班级在上课。即便是只有一个班级在上篮球课，课上组织投篮练习或教学比赛都难以实现。常言说，巧妇难为无米之炊，场地小，直接影响教师教学水平和能力的发挥，在进行教学设计的时候，很多活动方式都不能选用。活动场地小还难以达到学生体能素质锻炼的目的，甚至还不同程度地影响到运动技能的学习和掌握，因此，场地不足的问题更应引起高度的重视。注重学校场地资源的开发一定程度上比器材的购置更加重要。如果不具备一定的场地条件，再多的器材都难以发挥其锻炼的价值。

（三）班额大场地小体育教学"难开展"

在对大班额、小场地学校客观条件分类分析以后，都能够对二者的体育教学活动的组织和落实难度有一定的认识。然而，既是大班额又存在场地不足的情况下，大家可以想象其开展体育教学活动的难度会有多大，可以说是几乎难以开展。因此，有些学校直接用放羊式教学应对其班额过大与场地不足的现状。进一步分析会发现，从准备活动开始，大班额小场地的课堂教学其开展的难度就已经凸显，更何况是基本部分主教材学习。人数多的话听讲和观察教师的示范动作则不利；练习活动无论是集体还是分组练习，小场地都难以容纳下大班额班级的学生，练习活动受限其学习效果就会大打折扣，偷懒现象也会时有发生。遇到这种情况，对体育教师的教学组织能力更是一种挑战，能力水平越低者越难驾驭这类课堂，而对于能力层次较高的教师，顺利开展体育教学活动的难度也会有增无减。为此，大班额小场地学校在课程改革进一步深化的关键时期，要么学校改善办学条件，压缩班额和扩大活动场地，要么就进一步研究合理规划策略，否则，就难以开展正常的体育教学活动。

二、大班额小场地合理规划，有效安排体育教学活动

无论是大班额，还是小场地，或是二者皆有的情况下，由于组织、落实和开展体育教学活动存在一定的难度，因此，在难以改变班额大小和难以改善场地结构的情况下，就要对现有条件下的体育教学进行合理规划，具体从如下几个方面展开分析。

（一）大班额体育教学的合理规划

大班额体育教学要想有效开展各种活动，除了一线教师在实践中积累的发挥小组长作用、开发新颖的活动项目以提高学生参与学习的积极性等经验，实际上，我们还可以从采用集体或分组方式，学习同类项目或不同类项目的多种组合中探寻如何进行合理规划，从而提高教学的有效性。

1. "集体同项"：内容选择明要求

集体同项是指集体学练同一项目，如大班额的班级在体育课上同时学习耐久跑、健美操、武术操等内容，给组织工作降低了难度。但是，并非所有的项目都适合于集体练习，也并非一个单元的所有课时都选择该类练习形式。那么，集体同项的目的、内容选择、组织方式该如何进行合理规划呢？首先，大班额集体练习同一项内容，其主要目的是减少人数多的组织难度，而且集体练习同一项内容，项目的集体性越强练习的效果越明显。其次，集体学习

内容的选定，要能够尽可能地倾向于健美操、武术操等集体统一在教师的口令或音乐的伴奏下进行的练习，而且即便是有分组穿插其中，分组的组别大小也可以不受人数的限制，它不像篮球投篮那样，面对同一个篮筐，组别越大依次轮流投篮的机会越少。最后，选择什么样的组织方式是在大班额教学活动中教师们最感困惑的事情，集体同项，主要是以集体练习为主，但是并非一节课都要采取该方式，根据学习的需要，完全可以有一定时间的分组练习形式，但集体性的学习占主导。因此，就练习形式而言，可以是多样的，依据教学效果的需要可灵活把控。

2. "分组同项"：组长作用巧发挥

分组同项，意味着大班额以分组练习为主要形式，且分组练习同一项内容。与前者相比，分组练习的时候，由于受教师精力所限，因此，如果能够借助小组长的力量，就会大大降低组织的难度。为此，要考虑小组长如何确定，小组长该如何协助教师发挥作用，以及在组织过程中，任课教师的角色该如何定位。对于大班额的班级，体育课上一旦分组就会涉及小组长充当小老师的问题，小组长确定得好，会大大提高教学的有效性。小组长的确定可以采取多种形式，体育成绩相对较好的可以分配到不同的组别中担当起小组中的协助作用；各组排头的或排尾的也可以作为小组长被指定；或者选择自告奋勇积极主动争当小组长的同学；还有就是，有意让每一组表现最好或最调皮的学生担当起小组长的角色；等等。总之，小组长的选定不应太固定，而要灵活，要根据课堂教学组织活动的要求，不断轮换，这样可以调动更多人的积极性，培养他们的组织能力并发挥其主观能动性，协助教师组织好班额大的班级的体育课堂教学工作。

3. "分组分项"：依据兴趣可选择

就大班额的体育课堂教学而言，分组分项意味着不仅要分组组织练习活动，而且各组练习的内容有所不同。一定程度上，与分组同项相比，这又增加了教师指导上的难度。当然，这样的形式也离不开小组长的作用，但最为关键的是，如果分项练习的话，该如何进行分组，哪些组别练习哪些项目？

练习一段时间以后是否需要轮换？轮换的依据何在？是依据时间的长短还是依据学生学习的需要？或是依据教学计划的安排？总之，假如是分组又分项的组织形式，解决好如何分组的问题是首先要把握的。为此，充分考虑学生的兴趣十分必要，尤其是在即将分项练习前的分组阶段。比如可以按照男女生的兴趣爱好不同，将全班同学分成男生项和女生项，进而再分组，如男生分成两组练习同一项内容，女生分成两组练习另一项内容。这样既考虑到了性别之分，又顾及了性别不同兴趣的差异。除此之外，还可以在分组前，教师事先确定好两个或多个学习内容，学生自主选择，教师根据学生所选的情况进行分组，假如某项内容选择人数较多，可以分成若干组，假如某项内容所选人数较少，组别可以少些，假如少至不能构成一个组别，如只有一两个学生，可以临时取消该项内容，给这一两个学生再次选择的机会，与其他项目组别合并。至于轮换问题，有两种可能性，即可以轮换也可以不进行轮换。假如是以兴趣为前提的分组，不轮换也罢。假如是以教学计划为依据进行的分组分项练习，可以在练习一段时间以后，做推磨式的依次轮换，直至每一组学生都能练习到该次课上所安排的内容。

（二）小场地体育教学的合理规划

场地的大小对体育课堂教学效果的影响不言而喻，为了能够使场地小对教学效果的影响尽可能地降到最低限度，合理地规划小场地十分必要。那么，小场地体育教学在班额不太大的情况下该如何开展？如何设计才是可行的？下面主要从三个方面展开讨论。

1. "动静结合"：把握静之关键

动与静是两个完全相反的概念和状态，将其用于小场地的教学之中，意指将运动中的和静止状态下的体育锻炼有机结合起来，尽量避免小场地带来的不利影响。然而，动静结合中的动与静该如何把握？动静是交替还是依次先后呈现，运动的内容是什么，静止的锻炼选什么？在讨论该问题之前，事先值得说明的是，这里的"静"是相对的，是相对于有位置移动的项目来讲的，而非绝对的静止不动。有关"动"类的活动大家都很熟悉，动静结合关键是要把握两个核心点，一是如何结合，二是静为何物。例如，准备活动的慢跑，过去大家习惯于围绕操场或指定的场地完成，假如同一时间段上课班级多，就难以按常规的做法完成慢跑活动，可以考虑让学生在原地进行"跑步"，即用跑步的姿势做原地踏步式的跑，只要持久，依然能够达到一定的效果。又如，在课课练部分，假如锻炼学生的基本运动能力——平衡能力，就可以少选择行进间的平衡练习方式，而选择原地不动的金鸡独立、燕式平衡、静态俯卧瑜伽球、站立平衡垫等方式锻炼平衡能力。至于动静的结合，可以依据具体的教学内容而定。例如某节课学习行进间运球，动静的结合就要考虑行进间运球与原地运球的有机结合，毕竟在篮球比赛中也依然是动静结合的运球方式，因此，教学中这样安排动静结合也是可取的。

2. "远近调整"：把握近之策略

远近调整是说在练习中学生与学生之间的站位，练习目标距离的定位，教师示范的取位，以及班与班之间的选位等，都有远与近的合理调控。这就要求任课教师在课前进行教学设计的时候有更周密的安排，因为基于场地小的客观现实，既要达到理想的教学效果，还要尽可能地避免安全事故的发生，所以远近距离的科学、合理、安全分配不容忽视。首先，在练习中，学生的站位要在充分考虑到其安全的情况下，在不互相影响练习效果的前提下，尽可能地保持最近距离。其次，就练习目标距离的定位而言，假如是练习行进间运球，场地大的情况下，可能练习运球的距离定得稍远些再返回，而场地小的情况下，可以近距离往返次数增多地进行练习。再次，是教师示范位置的取舍，场地大的情况下，教师做示范的时候，或许没有太考虑有效最近距离的问题，但是，假如体育课是在一个小场地上组织教学活动，教师的示范距离或许就受到一定的限制，因此，教师在设计环节，或在现场示范之前，要能够权衡最佳距离且不影响学生观察的效果。最后，就是班与班之间了，小场地上多个班级上课，安排不合理的时候，势必会带来班级之间的相互影响。有的在绕操场慢跑的时候，会撞击到其他班级行进间运球的同学，甚至有时练习耐久跑的班级会有踩到篮球课班级运飞的篮球上的安全隐患。因此，场地越小，班与班的场地分配更应该引起重视，既要顾全大局，还要合理有效。

3. "两班合一"：把握合之形式

两班合一是对于在小场地上上课的小班而言的，即班级人数不多的情况下，假如学校的运动场地不足，班与班之间，即同年级的两个班级可以合为一个稍微大一点的班级，由两个体育老师共同组织教学工作。但最好是两个班级的教学内容和进度完全相同的前提下，两个班级内容或进度不同，很难合二为一。假如在学期开始就有这样的合班上体育课的计划，就要能够尽可能地学期一开始就如此安排，这样可以确保进度和单元内容一致。同时，还可以考虑两个平行班级两个单元先后安排变为交替学习，即在一节课上两个单元的内容都有，合班以后，等于分组组织两项内容，然后采取轮换的方式交替学习。例如，某学期有两个单元，一个是篮球的基本技术运球和传接球，一个是体操的技巧肩肘倒立，两个班级两个单元内容一致，在合班上课的时候，既可以按顺序一个单元一个单元地学习，一节课安排一个内容，也可以一节课安排两个内容，然后中间两个小班内容轮换继续学习，即 A 班先学篮球基本技术，B 班先学体操技巧，然后再轮换 A 班学习体操技巧，B 班学习篮球技术。这两个班级的开始部分、结束部分、放松活动均可以集体一起完成。合班进行教学以后，还可以充分发挥教师的专业特长，假如一个教师是篮球专项，另一个教师是体操专项，这样两班合一的方式更为适宜。

（三）大班额小场地体育教学的合理规划

对于那些既是大班额又是小场地的学校，开展体育教学活动更是难上加难，对于这样的条件，怎么做才是可行的呢？下面重点从三个方面来讨论。

1. "同级异项"：合理规划体育教学内容

同级异项是指同一年级的大班额的班级在同一时间段安排的教学内容需要尽可能地不同，因为场地越小，同类场地就更少。例如一个不足 200 米的运动场地，其篮球场的个数也不会太多，有很多小场地学校仅有一块或两块篮球场地，这种情况下，对于60人以上的大班额班级来讲，一个班级有效安排上课就有困难，更何况班级多时，就越难处理。因此，同时既是大班额又是小场地的学校，两个班级以上同时上课，其内容应尽可能地不同。这样的安排仅仅能够保证不同班级不同内容能够正常开展教学活动。例如，有的班级在练习耐久跑，有的班级在练习篮球，还有的班级在练习体操技巧等。班级之间不互相干扰，场地器材也各尽其用。之所以提出同级异项，主要是考虑一般情况下，同一年级学期或学年安排大体上都是进度一致和内容相同的，单元计划实施的时候可以考虑先后顺序不同。而对于不同年级而言，由于本身内容与其他年级就有所区分，因此，按原计划形式实施教学活动即可。

2. "四周拓展"：合理挖掘可利用的场地

小场地有多个大班额的班级同一时间段上课时，难度之大可以想象，因此，我们可以合理挖掘一下操场周围或学校周边的可利用场地，但是，要确保安全和不影响其他活动的情况下做场地资源的开发。操场的四周可以拓展延伸到校园内的其他可利用场地，例如教学楼两侧的空地、进出校园的道路上、没有上课班级的房屋前等，都可以考虑是否能够开展占地面积无须太大的，可以灵活把握的运动项目，如单人跳绳或踢键子，就可以考虑选择这样的非固定操场的空地组织教学活动。对于一些农村学校而言，班额较大场地不足，假如学校周边有一片空地或无车辆通行的乡间小道，体育课又是耐久跑，也可以考虑一个班级到安全的学校附近的乡间小道上练习。假如学校周围有一片树林，也可以适当考虑充分利用这些资源组织一些体育课练习活动。总之，当学校场地难以满足正常体育教学需要的时候，向四周拓展活动场地，合理挖掘有利资源也是可取的。

3. "内外交替"：合理调控体育学习环境

内外交替，意思是说，室内室外的场地要交替使用。从内容上讲，可以在学期开始之前就统筹规划一下哪些内容的学习可以在室内进行，哪些内容必须在室外才能完成教学任务。就室内而言，除了健康教育的部分内容可以在室内进行讲解或演示以外，可以适当安排几项技术学习集中在一起在室内进行动作方法或规则要求的讲解和观看视频，或开发一些可以在室内锻炼的体能练习——如室内素质操等。而且班级之间可以交替开展室内教学，可以保证室外尽可能有较少的大班额班级在小场地上开展教学活动，小场地的负面影响也就会有所缓解。但值得注意的，一是室内教学内容的选择要有精心的准备，不能为了室内而室内，还要与学期或学年的计划，以及学生的身心健康发展有密切的关联。二是室内外的交替既有同一个班级先后安排室内外的交替，还有不同班级室内外的交替，即某班级安排在室内，另一班级可以选择室外。当然，室内外交替不可过于频繁，作为体育课，还应充分考虑课程性质，以室外教学为主，本书只是在考虑到场地小班额大的情况下，如何通过内外交替起到缓解正常开展体育教学活动的压力。

广大的一线教师在进行体育教学设计的时候，大多数情况考虑的是内容如何安排，方法如何选用，目标如何设定，重点难点如何确定，以及教师的教和学生的学如何更加有效，等等，或许在考虑大班额和小场地的合理规划和组织问题上略有滞后。实际上，据笔者观察和研究发现，之所以有诸多教师对大班额小场地体育教学感到困惑，主要是缺乏关于这方面的经验的交流学习和方法指导。希望本书能够或多或少地对有这方面困惑的教师带来一点启发，也希望能够为后续研究开启新的思路。

体育课上学生多，　组织难度不用说；
场地大小有不同，　大班小场更难行；
运动项目有区分，　集体学习难成真；
三难现象要解决，　大班施行分组学；
小场地上把握好，　动静结合都能保；
人多场小规划难，　周边拓展要安全。

序

再次提笔给于素梅的新著《上课的门道》作序时,她已经是中国教育科学研究院的研究员了。因此对作者的称谓已不是问题,而且,我给自己学生的作品写序现在也不是第一次了,困惑也自然没了。但是,说到上体育课的事,依然有诸多的困惑,甚至是满腹狐疑。

全中国有大约 50 万人在上(教)体育课,有两亿人在"被上(教)"体育课,体育课真是个大事,但也真是个"囧事"。因为,在社会上,有数亿人参加的体育活动却不是被体育教师教过的,而是自己学的;还有数亿人从事的体育活动是不健康的、不安全的;在学校,有学生说"我们喜欢体育但不喜欢体育课",有学生说"我们上了十二年体育课什么都没有学会",有学生说"体育就是跑长跑做体操,四肢发达头脑简单"。这个至今有了 110 多年历史的体育课,到今天还有很多的学校偷摸着能不上就不上;就是上了,也大致上是随意上的,有的上得不错,有的上得很不好,好与不好,各自评说,自娱自乐,全凭良心。体育课至今都没有个质量的标准,说起该怎样上体育课,什么是好的体育课,全国体育教育人依然是众说纷纭,莫衷一是。

因此,在这样的大环境下,写一本《上课的门道》,算是于素梅研究员自讨苦吃了,但写了就说明作者的挑战精神和责任心。于素梅研究员的书依然取名《上课的门道》,而没有取名《上课的"热闹"》,一定是想告诉我们:上体育课是门科学、是个技术、是个责任、是个研究,上好体育课是体育教师一辈子都要去探寻、去琢磨、去精益求精的事儿,这不单是因为上体育课是我们的职业、我们的饭碗、我们的前途,还因为上好体育课是党和国家交给我们的任务,是强健中华儿女体质健康的使命,也是让亿万中国人都享受终身体育、过一辈子健康文明幸福安全生活的责任。上体育课,无论如何不能上成一个看起来热闹、实际上草包的课堂，更不能上得连点儿热闹都没有的课堂，但是大家谁又不知这样的课堂在我们身边有太多太多呢？

上课有门，教学有道。门在哪里，路在何方？

上课要入门要上道，教师一定要有正确的体育课程教学观念，观念歪了，那么上的是错误的课，还在那里沾沾自喜，夸夸其谈，其结果是误人又误己。

上课要入门要上道，你脑子里一定要有一个严肃的质量观念和质量标准，如果没有一个清晰的质量观念和标准，那么上课就没有进步的阶梯。

上课要入门要上道，你胸中必须有一颗谦虚的心，如果一个教师不能谦虚好学，那么他就会永远在那里孤芳自赏，井蛙观天。

上课要入门要上道，你要有敢于创新的肝胆，当然创新绝不是为所欲为，更不是放胆胡来，创新来自于坚实的理论、丰富的经验和真实的问题。

上课要入门要上道，你必须要有教师的良心，在心中有一面体育教师的职业镜子，因为有时体育课上不好还不单是技术和经验的问题，还有内外因的双重作用，根本就没有打算上好，就想着"做一天和尚撞一天钟"，那么上课门自然不想进，道也不想走了。

上课要入门要上道，你必须要有一群好朋友、好同志，要有许多第三只眼睛帮你把关，为你出谋划策，仅凭一己之力，可能会有所成就，却绝不能很大。

……

上课要入门并走上溜光大道，还需要很多，比如必须有对教学环境的敏感、对教学安全的敏锐、对教师仪表的审视、对天气与运动的理解、对个体差异的关心、对学生心理的体验、对身体疲劳的体会、对学生群体的了解、对学生思维的把握、对学生情绪的把控等等。这些，于素梅研究员都已经给大家非常细致地谈到了。

我想，《上课的门道》一书可能最想告诉我们的是：要上好体育课就必须先甘心当一个平凡的体育教师，要渴望当一个好的体育教师，要当一个好的体育教师，就必须先爱上自己的平凡的工作，要甘心去钻研这样一个表面看起来并不伟大的课题，而且一生坚持不懈，任何体育教师如果有了这个甘心和渴望，那么上好体育课的门就永远是朝着他敞开的，他上好体育课的道就永远是一条金光大道。

　　是为序。再次祝贺《上课的门道》这本好书的出版。

全国学校体育联盟（教学改革）主席

北京师范大学博士生导师、教授

二零一六年春节于学院派

前　言

　　体育教师提高教育教学水平，加强专业发展至关重要，其中掌握"备课"、"上课"、"看课"、"评课"、"说课"等"五课"的技能更为全面、具体和必要。同时，这"五课"又是新课程改革以来，各地乃至全国体育教师基本功大赛、教学观摩展示活动、教师资格考试、教师招聘、教师教研等各级各类活动的重要内容和形式。目前，体育教师专业发展理论与实践相结合的专业论著尚不多见。经调查获悉，很多老师又十分迫切需要得到这些方面的理论与实践的指导。为此，经过长期研究，笔者设计并创作有利于有效促进体育教师专业发展的系列论著，包括《备课的门道》《上课的门道》《看课的门道》《评课的门道》《说课的门道》。期望这些论著能够成为广大一线教师的良师益友，为体育教师成长与发展提供一些理论指导与方法，同时也希望能够为致力于体育教学及教师专业发展研究的研究者提供一定的参考。

　　"备课"，关键在于准确设计。体育教师对备课并不陌生，几乎每天与备课打交道。但是，从当前所了解到的备课的现状看，体育教师对备课与教学设计、教案的关系问题的认识存在一定的模糊现象。尤其是，如何将课备得更加准确、合理，准备得更加充分，有利于在上课的时候从容应对，目前的备课环节还有一定的提升空间。基于此，本套论著也在备课如何准确设计、规范撰写上花了一些工夫。

　　"上课"，关键在于有效把握。就"上课"而言，有的教师能上但不会上；有的教师仅仅把事先写好的教案在课堂上演示一遍，课堂上新生成的东西不能灵活把握；还有的教师仅仅只顾教，而忽略了学生的学。尤其是新课改提倡培养学生的自主、合作、探究学习的能力，教师该如何在课堂上有效掌握并运用这些方式培养学生的学习能力，掌握有效的学习方法？基于此，为了提高体育教学的有效性，把握上课的门道至关重要。

"看课"，关键在于观察记录。无论是新任教师还是具有多年教学经历或积累丰富教学实践经验的教师，"看课"是应掌握的基本技能之一。通过"看课"不但能够直接学习他人的教学经验，还能从中发现在"上课"的时候难以发现或感觉不到的问题。因此，"看课"已逐渐成为体育教师专业发展和教育教学能力提升的助推器。然而，不同的人或许有着不同的看课方法，那么，什么样的方法最有效？看课时的观察和记录该如何把握？常言说得好：会看的看门道，不会看的看热闹。掌握了看课的门道，不但在看课过程中能够有更多的收获，而且，为评课或更好地上课都将起到一定的促进作用。

"评课"，关键在于多元视角。"评课"又分评说与评分，其中的评说是通过语言交流表达自己看到的、听到的、想到的等。评分通常用于评优活动中，以量化打分的方式呈现。就以语言交流方式的评课而言，大家有一种习惯，很多人都是从评优、缺点和改进建议三个方面展开。假如是一次集体的看课评课活动，采用这样的评课方式，往往会出现先评者滔滔不绝，让后评者无话可说。因此，难以调动更多人评课的积极性。实际上，评课的方式有很多，可以从多个视角去评，如从归纳课的特点来评，按课的教学步骤一个部分一个部分地评，还可以从看课后得到的启发来评，等等。因此，掌握评课的门道对于拓展评课思路与方法、提高评课能力等都十分必要。

"说课"，关键在于清晰表达。"说课"重点要说课是如何设计的，将如何上。"说课"尽管不像备课、上课那样日常化，但是，"说课"依然是体育教师应具备的专业技能之一。会说的能够把握说课的节奏、内容和方法，不会说的说了半天也没说明白课为什么这么上而不那么上。由此可以看出，要想把课的设计和如何上说明白，需要一定的技巧，尤其是，应重点说什么、说课内容呈现的顺序等都是需要掌握的。为了有助于提高说课者的说课水平，本套论著对说课的门道也做了重点的分析和研究。

本书重点讨论"上课的门道"，从走近课标、把握方向，到结合课堂若干现象、关注细节、探寻解决策略，再到了解特性、走出困惑。由远及近，由表及里，不仅力求理论与实践相结合，还注重问题导向，采用发现问题、分析问题、解决问题的思路剖析体育课堂的真问题。尤其是那些容易被忽略的小问题，笔者在本书中也进行了探讨，对学生学习的关注度较高，加大了对学生学习的分析力度，以帮助更多的老师全面把握好课堂，从而提高体育课堂教学的有效性。

本书共分为三大部分，二十五章，五十多个案例分别分布在各章之中。第一部分"体育教师上课——走近课标　明确方向"，包含"从课程性质明定位"、"从课程理念明要求"、"从课程目标明方向"、"从课程内容明范围"、"从实施建议明方法"五章内容。第二部分"体育教师上课——走入课堂　把握细节"，包含"常规要求'少不得'"、"音乐元素'多不得'"、"口令技能'错不得'"、"虚假掌声'要不得'"、"表情观察'粗不得'"、"提问对象'定不得'"、"学法教法'偏不得'"、"诚信教育'缺不得'"、"探究学习'假不得'"和"安全防范'松不得'"十章内容。第三部分"体育教师上课——走出困惑　了解特性"，包含"目标难度'适宜性'"、"内容确定'衔接性'"、"示范形式'多样性'"、"指导学法'准确性'"、"手段创新'有效性'"、"学习主体'能动性'"、"游戏选编'针对性'"、"体能锻炼'常规性'"、"德育渗透'随机性'"和"评价引入'必要性'"十章内容。

笔者在创作过程中，尽管已经尽心尽力，但由于水平所限，难免会有不够完善的地方。对上课理论与方法的研究，尤其是就课堂问题的探讨还有待进一步深入和强化。愿与广大读者和一线老师们共同努力，为我国的体育教育事业发展多做贡献。

于素梅

中国教育科学研究院

2016 年 12 月 18 日

目　录

体育教师上课——走近课标　明确方向

第二
部分

体育教师上课——走入课堂　把握细节

体育教师上课——走出困惑　了解特性

第一
部分

体育教师上课
——走近课标 明确方向

课程标准是中小学体育教师从事体育教学的重要依据，《义务教育体育与健康课程标准（2011 年版）》（简称 2011 版课标，也称修订版），分别对课程性质、基本理念、课程目标、课程内容、实施建议等进行阐述。本部分从这五个方面对课标进行解读，重点提出以下建议：如何从"课程性质"明确课程的定位；如何从"基本理念"明确新的要求；如何从"课程目标"的分布和表述明确教学应把握的方向；如何从"课程内容"明确教学范围；如何从"实施建议"明确有效的教学方法。

第一章　从课程性质明定位

无论是体育课程标准还是过去的体育教学大纲，都对体育课程性质有着明确的定位。体育课程性质不仅明确指出了该课程的功能、价值，而且显示了明确的方向。本章分析了《全日制义务教育体育与健康课程标准（实验稿）》（简称实验版）与修订版在课程性质方面的变化，重点提出了如何依据课程性质确立具有学科特性的教学内容。

一、实验版与修订版课程性质内容的变化

2001年和2011年分别出台了两个版本的义务教育体育与健康课程标准，两个版本的课程标准，在课程性质上发生了一些变化，下面重点做对比分析。

表 1-1-1　两个版本对课程性质的描述

版本	课程性质表述	关键词
实验版	体育与健康课程是一门以身体练习为主要手段、以增进中小学生健康为主要目的的必修课程，是学校课程体系的重要组成部分，是实施素质教育和培养德智体美全面发展人才不可缺少的重要途径。它是对原有的体育课程进行深化改革、突出健康目标的一门课程。课程价值包括增进身体健康、提高心理健康水平、增强社会适应能力、获得体育与健康知识和技能	手段、目的；身体健康、心理健康、社会适应能力、体育与健康知识和技能
修订版	体育与健康课程是学校课程的重要组成部分。本课程是以身体练习为主要手段，以学习体育与健康知识、技能和方法为主要内容，以增进学生健康，培养学生终身体育意识和能力为主要目标的课程。体育与健康课程具有基础性、实践性、健身性、综合性	手段、内容、目标；基础性、实践性、健身性、综合性

从表 1-1-1 所呈现的两个版本课程性质可以看出，其文本内容表述方式发生了一定的变化。实验版的内容包含以下几点：一是以身体练习为主要手段、以增进健康为主要目的的"必修课程"；二是学校课程体系中的"重要组

成部分"；三是实施素质教育、培养德智体美全面发展人才的"重要途径"；四是深化改革、突出健康目标的课程；五是具有增进健康、获得知识与技能的"课程价值"。因此，必修课程、重要组成部分、重要途径、课程价值，为该版本课程的核心内容，不但反映出是什么样的课程，还表述了它的作用和价值。

修订版课程性质的主要内容，对其可进一步细分为以下几点：一是学校课程的"重要组成部分"；二是以身体练习为"主要手段"，以学习体育与健康知识、技能和方法为"主要内容"，以增进学生健康、培养学生终身体育意识和能力为"主要目标"的课程；三是具有基础性、实践性、健身性、综合性等特性。因此，该版本课程性质，重点呈现了课程的重要性、完成该课程采取的主要手段、学习的主要内容、达成的课程目标，以及明确了课程具有多重特性。与实验版相比，修订版有以下两点变化：其一，从具体内容来看，增加了对课程所具有的几大特性的表述；其二，将实验版中的课程目标与课程价值进行了拆分与重组。

因此，同实验版课程性质相比，无论是形式上，还是内容上，修订版都发生了一定的变化。这一改变，使课程性质更加清晰了，更加具体了，更加全面了。同时，也就有了新的要求，比如，在进行课程资源开发时，修订版要求依据课程具体特性来确定教学内容，对于缺乏实践性、健身性的资源或素材，就不宜开发为教学内容。

二、修订版课程性质的内涵与要求

在修订版中，关于课程性质的具体内容表述共413个字。从组成上来看，分为两个部分，前一部分是对体育与健康课程的定位，后一部分是对体育与健康课程特性的分述。两部分的内涵和要求如表1-1-2所示。

第一章　007
从课程性质明定位

第一部分
体育教师上课
——走近课标
明确方向

表 1-1-2　修订版课程性质的内涵与要求

部分	内涵	要求
体育与健康课程定位	1. 学校课程的重要组成部分 2. 以身体练习为主要手段 3. 以学习体育与健康知识、技能和方法为主要内容 4. 以增进学生健康，培养学生终身体育意识和能力为主要目标	1. 作为重要组成部分 2. 突出身体练习 3. 强调知识、技能和方法的学习 4. 明确促进健康，培养意识、能力的目标
体育与健康课程特性	1. 基础性：为学生终身体育学习和健康生活奠定良好的基础 2. 实践性：提高学生的体育与健康实践能力 3. 健身性：促进学生健康成长 4. 综合性：整合并体现课程目标、课程内容、过程与方法等多种价值	1. 重视掌握知识、技能、方法；重视习惯养成 2. 突出身体练习 3. 安排适宜负荷的身体练习，提高体能和运动技能水平 4. 强调育人功能，加强德育渗透，融合促进健康的知识与技能

从表 1-1-2 我们可以看出，从定位、特性两个部分，我们可以将修订版课程性质的内涵分解为四个方面，每一个方面都有较为明确的要求。

首先，在对体育与健康课程进行定位时，课程性质文本前一部分主要阐述了四个方面，高度概括后可以表述为"重要性"、"身体练习"、"知识、技能和方法"、"促进健康，培养意识、能力"；在选择确定教学内容时，就要充分考虑以上四个方面的具体要求，尤其要考虑的是手段、内容和目标是否与课程性质定位一致。

其次，课程性质文本后一部分集中阐述了体育与健康课程的特性，即基础性、实践性、健身性、综合性。在选择具体教学内容时，需要从这四大特性进行比对，看所选内容是否符合这些特性，尤其要考虑基础性、实践性、健身性是否突出；综合性体现在内容上时，主要考虑内容的整合，如渗透健康知识教育、融入品德教育等。

三、依据课程性质确定教学内容的具体方略

要想较为科学、合理地确定适宜的教学内容，课程性质是首要依据，脱离了课程性质的内容是盲目的，甚至有可能走进某一误区。依据课程性质确

定教学内容，主要分为以下两个步骤。

1. 依据体育与健康课程"定位"确定内容方向

体育课堂教学要选择什么内容，包括我们编写教材，都离不开对体育与健康课程具体定位的研究和分析论证。因为，其定位决定着内容选择与确定的方向，只有把握准方向，才能不走弯路，使课堂教学依照课改要求，符合课程性质。那么，体育与健康课程的定位是如何体现方向性的呢？我们认为，手段、内容、目标三者缺一不可。

（1）"身体练习"是主要手段

体育学科区别于其他学科的关键之处，就在于它是"以身体练习为主要手段"的课程。通过这种手段，学生不但能学习掌握一定的运动技能，而且还能通过一定的技能与素质练习提高体能，从而增强体质，促进健康水平。因此，在选择教学内容时，首要的判断方法就是看备选内容是否是通过身体练习形式来完成的。也就是说，首先要确定有没有身体练习，其次再明确是什么样的身体练习。假如所选内容不是通过身体练习来实施的，最好将其排除在体育教学内容之外（特指体育与健康实践课）。如果教学内容中没有一定强度和密度的练习，学生不但难以掌握运动技能，而且机体也难以得到锻炼和增强。如有的老师在体育课上组织学生摆多米诺骨牌，这项运动缺乏身体练习，显然将摆多米诺骨牌作为体育与健康实践课的教学内容是不妥当的。综上所述，有无身体练习可以作为选择教学内容的首要判断依据。除此之外，还要在身体练习程度上做进一步的考虑，即要明确"是什么样的身体练习"。这种身体练习要含有一定的技术成分，否则，就难以称其为教与学的内容。学生在体育课上进行锻炼活动，如图 1-1-1 和图 1-1-2 所示。

图1-1-1　小学生在做器械操

图1-1-2　小学生在练习软式排球

（2）"知识、技能、方法"是主要内容

体育与健康课程，不但要让学生动起来，还要以学习"体育与健康知识、技能和方法"为主。因此，在选择教学内容时，要看该内容是否含有知识、技能、方法的成分，是否能使学生掌握知识、技能与方法；同时，需要充分考虑课程性质的具体要求，达不到要求的，要排除在体育课堂教学之外。比如，有的老师用扁担把南瓜挑到操场，上起了"春播秋收"课；还有的老师让学生把教室里的扫把带到操场，跳起了骑马舞；等等。这些教学内容不但知识性不突出，而且明显缺少技术含量，只是有一定的身体练习。因此，是否具有"知识、技能、方法"的学习是选择教学内容的又一项重要依据。

（3）"健康、意识、能力"是主要目标

体育与健康课程性质明确提出，"以增进学生健康，培养学生终身体育意识和能力为主要目标"。因此，第三个方面的依据就是要看一看备选内容是否具有增进学生健康的价值与功能。当然，体育课是否能够达到增进健康的目的，便成为选择教学内容不可缺少的重要依据之一。如有的体育课上，老师组织学生在树荫下下象棋，很显然，这一内容很难起到强身健体的作用。

2. 依据体育与健康课程"特性"综合判断内容适宜性

体育与健康课程具有基础性、实践性、健身性、综合性四大特性，所选教学内容要符合这四大特性，否则，就可能会远离科学、合理、有效等基本要求。

（1）综合判断方法

为了能够使教学内容尽可能地适宜，我们需要采取——比对法来确定。具体操作方法如表 1-1-3 所示。

表 1-1-3　依据四大特性确定教学内容

备选内容	特　性				选择结果
	基础性	实践性	健身性	综合性	
内容一					
内容二					
内容三					
……					

注：（1）利用该表进行内容选择时，根据备选内容所具有的特性，用打"√"的形式逐一判断；（2）在"选择结果"栏目的确定上，依据特性中所符合的"√"多少来判断是否被选中，本研究认为，符合三个以上特性的，即前面有三个以上"√"的，在"选择结果"中可打上被选中的"√"。

在确定教学内容时，用表 1-1-3 的方式可以较为明确地判断备选内容是否可以被选中。但需要说明的是，在备选内容栏中，列举的内容应为运动项目，而非具体运动技术层面的内容。因为只要项目确定了，具体到教哪些技术，还要结合中小学不同水平级学生的具体需要而定。当然，这种判断方法，只是针对项目本身，而未能结合某一学段或年级的具体内容确定。更确切地说，这种方法更适合于体育素材进入教材化阶段时的选择。当然，早已被编进教材中的一些项目，一般情况下无须再做这类判断。

（2）判断案例分析

采用表 1-1-3 的判断方式，来验证一下，前文中所提到的几个案例为什么不能作为体育与健康内容来教学？下面以象棋、多米诺骨牌、扫把、扁担和南瓜为例，根据课程性质的四大特性判断其作为体育课程资源的适宜性，如表 1-1-4 所示。

表 1-1-4 判断已被引入体育课程的资源

备选内容	特性				选择结果
	基础性	实践性	健身性	综合性	
象棋	√				
多米诺骨牌	√				
扫把		√	√		
扁担和南瓜		√	√		

通过分析发现，象棋、多米诺骨牌除了具有一定程度上的基础性外（知识层面），其他三个方面的特性都很难具备；扫把、扁担和南瓜尽管也被个别老师引入了课堂中，但从表 1-1-4 中的四大特性判断结果来看，除了具有实践性和一定程度上的健身性之外，其基础性和综合性都难以体现。综合以上判断，这四项内容均未达到三个"√"，因此，作为课程资源被引入体育课堂都是不适宜的。

在新课程改革初期，由于放开了对教学内容的选择权，很多老师开动脑筋，开发了丰富多样的课程资源，但由于缺乏对资源开发的判断方法与能力，使得一些不适宜的内容被引入了体育课堂中，如果这种现象长期存在，势必会对体育课程改革，尤其对学生的体育学习和各种能力的培养产生一定的不利影响。体育与健康课程性质，不但让我们认识到体育与健康课程是一门有别于其他学科的特殊课程，更能够帮助我们从丰富的课程资源中科学、合理地开发体育课堂教学内容，一定程度上能够杜绝不科学、不合理的资源走进课堂。当然，选择与确定内容，单单通过课程性质所反映的特性，还具有一定的局限性。无论是素材"教材化"，还是教材"教学化"，还要充分考虑学生、器材、场地、师资、目标要求等若干因素，只有这样，才能使教学内容更加适宜，并充分发挥它的教育与健身价值。

为了强化对课程性质的把握，下面进一步做一归纳。

从课
程性质
明定位

体育课程特点多，　课程性质逐一说；

强身健体功能准，　身体练习是根本；

知识技能与方法，　教学内容不落下；

能力培养是目标，　锻炼意识为首要；

基础实践与健身，　综合特性也紧跟；

依据性质明定位，　把握方向不掉队。

第二章　从课程理念明要求

修订版明确提出了"健康第一"、"激发兴趣"、"学会学习"、"关注差异"四大理念，每一个理念都为一线教师指明了在教学中应把握的方向，本章重点分析各理念的基本含义、要求及落实策略，并以个案的形式，对"帮助学生学会体育与健康学习"在课堂上的落实方略进行解析。

一、课程基本理念及其落实

2012 年 10 月，笔者参加了《全日制普通高中体育与健康课程标准（实验）》修订前的调研，当与一线教师谈起体育课程基本理念时，部分一线教师的反应是：记不清课程基本理念中都说的是什么了。这引起我对一系列问题的反思：为什么体育课程改革至今，会有那么多的老师对课程基本理念印象不深？课程改革又是如何贯彻落实的？执教小学和初中体育的老师们，是否对义务教育体育课程基本理念也同样记不清了呢？任何一门课程的改革，其基本理念都是至关重要的，它指明了课改的方向，提出了课改的内容，强调了课改的要求，等等。因此，理念并非虚设，需要引起我们高度的重视，并通过认真研读、深入理解，探寻落实的具体方略。如果忽视理念的具体要求，有些教师会迷失课改的方向，甚至会走进误区。实际上，不知道课改要求改什么、不知道课改后体育课怎么上等现象，很大程度上是对体育课程基本理念缺乏深入研读和正确理解的表现。

1. 体育课程基本理念发生了变化

与实验版相比，修订版中课程基本理念发生了一定的变化。那么，课程基本理念变在何处，为什么需要关注其变化，下面分别进行阐述。

（1）理念变在何处

通过对两个版本课标中课程基本理念的比较，我们发现，其文本内容主

要有四处发生了变化，具体变化情况如表1-2-1所示。

表1-2-1　两版体育课程基本理念内容比较

课程标准	课程基本理念
实验版	1. 坚持"健康第一"的指导思想，促进学生健康发展 2. 激发学生运动兴趣，培养学生终身体育意识 3. 以学生发展为中心，重视学生主体地位 4. 关注个体差异，确保每个学生受益
修订版	1. 坚持"健康第一"的指导思想，促进学生健康成长 2. 激发学生的运动兴趣，培养学生体育锻炼的意识和习惯 3. 以学生发展为中心，帮助学生学会体育与健康学习 4. 关注地区差异和个体差异，保证每一位学生受益

从表1-2-1可以看出，两个版本的课标文本相比，第一条基本理念中有一个词发生了变化，即由原来的"发展"变成了"成长"；第二条基本理念由原来的"培养学生终身体育意识"变成了"培养学生体育锻炼的意识和习惯"；第三条基本理念由原来的"重视学生主体地位"变成了"帮助学生学会体育与健康学习"；第四条基本理念由原来的"关注个体差异"变成了"关注地区差异和个体差异"。总的来看，理念变得更具体了，如第二条基本理念把"终身体育意识"修订为"体育锻炼的意识与习惯"。同时，更注重培养学生学会学习，即更加强调学法指导，如第三条基本理念提出"帮助学生学会体育与健康学习"。

（2）为何关注变化

这些变化，我们不可视而不见，需要认真分析其变化的根源何在，尤其要明白，这些变化应如何落实在课堂上。当我们认真分析其变化的内容时就会明白，这些变化实际上给一线教师提出了一些新的要求，具体体现在三个方面：一是强调对学生体育锻炼意识与习惯的培养；二是强调学法指导；三是关注差异，强调要有针对性地进行教学。发生这些变化的根本原因是体育教学要体现五个"出发"，即从学生的实际出发、从意识培养出发、从掌握学法出发、从掌握技能出发、从关注发展出发，老师们只有仔细查找变化的根源，才能更好地把握好体育课程改革新形势下的体育课堂。

第二章 015
从课程理念明要求

第一部分
体育教师上课
——走近课标
明确方向

2. 体育课程基本理念的结构与内容

当反复研读体育课程基本理念时，我们不难发现，四条基本理念不但具有一定的层次性，而且内容十分清晰，对教师以及对学生都提出了具体的要求。

（1）课程基本理念的层次性结构

义务教育体育与健康课程基本理念的结构内容，具有明显的层次性，通过分析发现，第一条基本理念"坚持'健康第一'的指导思想，促进学生健康成长"，明确提出的是重视"健康"的促进；第二条基本理念"激发学生的运动兴趣，培养学生体育锻炼的意识和习惯"，是要求重视"兴趣、意识与习惯"的培养；第三条基本理念"以学生发展为中心，帮助学生学会体育与健康学习"，是要求重视对学生学法的指导；第四条基本理念"关注地区差异和个体差异，保证每一位学生受益"，强调的是全体学生的发展性。由此可以看出，新的理念不但依然将促进学生的健康放在首位，而且强调了义务教育阶段要重视培养学生的体育锻炼意识与习惯；同时，还特别提出了，教师要在学法指导上下功夫，不但要让学生学会体育知识、技能，还应关注学生掌握学习方法的重要性。当然，依然要重视全体学生的全面发展问题。

（2）从理念中的主要动词看教学具体要求

体育课程基本理念文本中，每一条理念都有表示不同含义和具体要求的动词，下面逐一进行分析。

①第一条基本理念文本中的动词与教学具体要求

第一条基本理念中主要有"坚持"、"促进"、"构建"、"强调"、"融合"、"掌握"、"发展"、"形成" 8个动词。每个动词的具体要求如表1-2-2所示。

表1-2-2　第一条基本理念文本中的主要动词与教学具体要求

动词	理念内容	关键词
坚持	坚持"健康第一"的指导思想	健康
促进	促进学生健康成长	健康
	促进学生身心协调、全面地发展	发展

续表

动词	理念内容	关键词
构建	构建体育与健康的知识与技能、过程与方法、情感态度与价值观有机统一的课程目标和课程结构	课程目标、课程结构
强调	强调体育学科特点	学科特点
融合	融合与学生健康成长相关的知识	健康知识
掌握	掌握运动技能	运动技能
发展	发展体能	体能
形成	形成健康和安全的意识以及良好的生活方式	意识、生活方式

从表 1-2-2 可以看出，第一条基本理念要求坚持"健康第一"的指导思想，促进学生健康成长，分别提出了更加具体的要求，这些要求既有课程本身的，也有对教师的，还有对学生提出的。其中，教师需要重点关注以下问题：如何在体育课堂中融合与学生健康成长相关的知识？如何让学生掌握运动技能？如何发展学生的体能？如何才能让学生逐步形成健康和安全的意识以及良好的生活方式？

②第二条基本理念文本中的动词与教学具体要求

第二条基本理念中的动词有"激发"、"培养"、"强调"、"注重"、"引导"、"提高"、"重视"、"促进"、"形成"9 个动词。具体分析如下。

表 1-2-3　第二条基本理念文本中的动词与教学具体要求

动词	理念内容	关键词
激发	激发学生的运动兴趣	运动兴趣
培养	培养学生体育锻炼的意识和习惯	意识和习惯
	培养学生刻苦锻炼的精神	刻苦锻炼精神
强调	体育与健康课程强调在课程目标的确定、教学内容和教学方法的选择与运用方面	目标确定、内容与方法选用
注重	注重与学生的学习和生活经验相联系	学习与生活关联
引导	引导学生体验运动乐趣	运动乐趣

第二章　017
从课程理念明要求

第一部分
体育教师上课
——走近课标
明确方向

续表

动词	理念内容	关键词
提高	提高学生体育与健康学习动机水平	动机水平
重视	重视对学生进行正确的体育价值观和责任感的教育	价值观、责任感
促进	促进学生主动参与体育活动	主动参与
形成	基本形成体育锻炼习惯	锻炼习惯

从表 1-2-3 可以看出，通过这些动词，第二条基本理念对课程、教师、学生提出了具体要求。在体育课堂教学中，教师需要考虑以下问题：如何才能在教学中联系学生的生活经验？如何引导和激发学生的运动兴趣与体验乐趣？如何渗透对学生体育价值观和责任感的教育？如何培养学生刻苦锻炼的精神与锻炼的意识和习惯？

③第三条基本理念文本中的动词与教学具体要求

第三条基本理念明确提出的动词主要有"帮助"、"重视"、"促进"、"发挥"、"培养"5 个动词，具体分析如下。

表 1-2-4　第三条基本理念文本中的动词与教学具体要求

动词	理念内容	要求关键词
帮助	帮助学生学会体育与健康学习	学会学习
重视	重视学生的发展需要	发展
	十分重视学生在学习过程中主体地位	主体地位
促进	始终以促进学生的身心发展为中心	发展
	促进学生掌握体育与健康学习的方法，并学会体育与健康学习	学习方法
发挥	课程在充分发挥教师教学过程中主导作用的同时	主导作用
培养	注重培养学生自主学习、合作学习和探究学习的能力	自主学习、合作学习、探究学习

从表 1-2-4 可以看出，在这 5 个动词的具体要求中，教师需要重点关注以下问题：如何在体育教学中帮助学生学会学习，掌握学习方法？如何在以学生的发展为中心的前提下，处理好主导作用与主体地位的关系？如何培养

学生自主、合作、探究学习的能力？

④第四条基本理念文本中的动词与教学具体要求

第四条基本理念中提出的动词主要有"关注"、"保证"、"选择"、"设计"、"运用"、"接受"、"促进" 7 个动词。具体分析如下。

表1-2-5　第四条基本理念文本中的动词与教学具体要求

动词	理念内容	要求关键词
关注	关注地区差异和个体差异	差异
	充分关注不同地区、学校和学生之间的差异	差异
保证	保证每一位学生受益	学生受益
	体育与健康课程强调在保证国家课程基本要求的前提下	基本要求
选择 设计	各地区和学校要根据体育与健康课程目标及课程内容，因地制宜，合理选择和设计教学内容	因地制宜、教学内容
运用	有效运用教学方法和评价手段	教学方法、评价手段
接受	努力使每一位学生都能接受基本的体育与健康教育	体育与健康教育
促进	促进学生不断进步和发展	进步、发展

从表1-2-5可以看出，教师在进行体育教学时，要使理念落到实处，还需要重点关注以下问题：如何关注差异？如何因地制宜、因材施教？如何才能使每一个学生都能得到不断的进步和发展？

3. 忽视理念的体育课堂教学若干现象分析

在贯彻落实体育课程标准的进程中，体育课堂发生了一些较为明显的变化；同时，我们也看到，有些教师对课程标准的基本理念认识还不够深入，时而出现一些忽视理念具体要求的体育课堂。下面着重从以下四个方面来分析。

（1）健康知识"融合"教育时机与内容不够准确和全面

体育新课程改革，将课程名称由过去的"体育"更名为"体育与健康"，由此，人们对"健康"与"体育"的关系，以及如何处理这种关系的理解与定位开始多元起来。其中，有些人的理解出现了偏差，在第一条基本理念中

第二章　019
从课程理念明要求

第一部分
体育教师上课
——走近课标
明确方向

"融合与学生健康成长相关的知识"方面，目前做得还很不够，甚至有的老师还没有找到融合什么内容，因此，与过去相比，很多体育课在体现新理念方面没有太大的变化。问题可能在于以下三点：第一，缺乏与健康知识融合的意识；第二，有一定的意识，但未能找到相互融合的时机；第三，捕捉到了时机，但未能找准有效促进健康成长的适宜的相关知识。由此看来，"融合"既需要重视对学生健康意识的培养，又需要有方法与适宜的内容。可以尝试以下一些方法：在传授运动技术时，可以讲述在练习中如果错误动作长期持续，有可能导致急慢性运动损伤等知识；在组织学生学习前滚翻、后滚翻以及鱼跃前滚翻时，可以讲述当在生活中发生意外跌倒或从高处掉下时，如何运用这些滚翻技术做自我保护等知识；当课堂上出现突发事件时，借机分析该类事件发生的原因，讲述防范方法等知识。也就是说，在体育教学中，教师要能够有渗透健康知识的意识与方法，把握好时机，只有这样，"融合与学生健康成长相关的知识"理念才能落到实处。

（2）运动兴趣的"激发"过于偏重游戏化

关于如何激发学生的运动兴趣，很多教师采取游戏等形式，尽管起到了一定的作用，但效果还不够深入与持久。在实际教学中，很多游戏只是让学生一时体验到了参与运动的快乐，至于激发学生主动、自主、持久地有参与运动的兴趣，还有待加强。有些教师只是想到了学生爱玩，喜欢做游戏，就选择了某一个或多个游戏，但对究竟应该选择什么样的游戏、如何组织这些游戏等问题，还缺乏全面而深入的思考，结果出现泛化游戏的教学现象；有的教师把缺乏教育引导意义的，甚至不恰当的游戏引入课堂。这些现象，部分小学体育教学中表现得较为明显。

实际上，激发学生运动兴趣的方式并不局限于游戏，让学生体验运动的快乐也并非只有游戏才能实现，跳出偏重游戏化的思维方式，探寻并挖掘运动项目自身的兴趣点，才能真正达到持久激发兴趣的目的。如篮球运动，该项运动较为明显的兴趣点是投篮，学生参与的兴趣点，多为投篮进球。为激发学生参与运动的兴趣，教师可以采取多种形式的比赛，如投篮赛、半场赛、全场赛等教学比赛组织篮球体育课堂。在参与比赛的人数上，既可以减少人数，如变成3对3、4对4等，还可以增加人数，如6对6、7对7、8对8，甚至更多。有些老师可能会考虑，如果按照篮球比赛规则5对5组织比赛，对于大班额上体育课，很难保证在一节课上让每一个学生都能参与进来，不参与就谈不上兴趣，参与的时间不到，兴趣激发也不会十分理想。基于大班额现象，参与比赛的人数可以适当增加，比赛某环节也可以融入学生练习之中。因此，无论是哪项运动，只有找准项目本身的兴趣点以及学生参与的兴趣点，多让学生参与体验，并从中获得乐趣，学生才能真正积极、主动地参与到各项活动中，并不断地掌握运动技能；相反，单纯通过各种游戏的方式来激发学生的运动兴趣，一旦离开了游戏，让他们参与运动技能学习时，依然有可能会出现消极被动的参与局面。基于此，"激发学生的运动兴趣"要打破游戏化思维方式，应从培养学生终身体育意识、习惯、能力入手，从运动项目自身的兴趣点切入进行体育教学，才能真正贯彻落实第二条基本理念的具体要求。

（3）学法的"指导"忽略与不具体

体育课程第三条基本理念明确提出"帮助学生学会体育与健康学习"，就是强调要关注学生的学法，并能够指导学生掌握学法。但在教学中，体现的并不是十分突出，有的是未能体现有学法的指导，有的略有体现但不够具体。如篮球单手肩上投篮教学，一种情况是缺乏观察法指导的示范，教师直接在讲解动作要领之后说，"同学们，下面我给大家做一下示范"。至于老师示范时，学生需要观察什么，老师没有提出任何要求，结果大部分学生因为不知道观察什么，会不知不觉地把注意力集中在篮筐上，关注老师能否将球投进篮筐。另一种情况是，对学生的观察略有要求（近似于学法指导），但不够具体。老师在讲解单手肩上投篮的动作要领后说："同学们，下面我给大家做一下示范，你们一定要注意观察。"在这样的要求中，大家似乎能听到"一定要注意观察"的近似学法指导，但做进一步分析可以发现，仅仅是"注意观察"的指导语几乎起不到真正意义上的学法指导的作用，也就是说，学生听了这

第二章 **021**
从课程理念明要求

第一部分
体育教师上课
——走近课标
明确方向

样的指导语,依然不知道该如何观察,因为老师并没有说清楚具体的观察方法。这样的教学就很难把"帮助学生学会体育与健康学习"落实到位。当然,也有的课上有明确的学法指导,如有一节肩肘倒立课,老师示范前要求学生认真观察,并告诉学生观察老师做肩肘倒立姿势时手指的朝向、落下时身体哪个部位先着垫等。如图1-2-1、图1-2-2、图1-2-3、图1-2-4所示。

图1-2-1 肩肘倒立示范提出观察要求

图1-2-2 准备做肩肘倒立示范

图1-2-3 肩肘倒立示范要求

学生观察手指方向

图1-2-4 肩肘倒立示范结束下法

身体先着垫部位观察

(4)体育教学内容与组织形式"安排"一刀切

体育课程第四条基本理念明确提出,"关注地区差异和个体差异,保证每一位学生受益"。就是让老师们在选择教学内容与组织方法时要关注到每一个学生的发展。但在实际教学中,理念要求并非完全落实到位。在选择教学内容和组织方法时，大都采取的"齐步走"、"大统一"，甚至是"一刀切"的方式，未能充分体现学生个体之间的差异。但实际上，学生之间的差异是比较明显的。如一个班级里，从运动技术层面来看，有的技术较好，有的较差；从身体素质层面来看，有的素质很好，有的素质一般，有的素质很差；从兴趣爱好上，学生的个体差异也较为突出。不顾差异地开展教学，很难确保让每一位学生受益，即便学生或多或少地都有所收获，但效果也难以达到十分理想的程度。因此，无论是确定内容，还是选择有效的方法，教师都需要考虑个体差异，尤其是个体差异明显时，需要考虑并体现分层教学。这样似乎对老师们的要求显得过高了，但为了能够较好地贯彻落实体育课程标准提出的基本理念，有必要尝试改变过去的教学形式，关注个体差异，并将其更好地落到实处。

4. 体育课堂落实理念需要把握的关键点

基于以上对课程基本理念的阐述，结合对忽视理念的教学现象的分析，我们认为，从课堂实际出发，有效贯彻落实课程基本理念并不难，但需要把握几个关键点；否则，落实基本理念时重视不够、不分主次、理解不到位，课堂教学依然可能会远离课改，甚至走进误区。基于此，提出以下几个需要把握的关键点，以便为贯彻落实基本理念提供借鉴。

关键点一：健康第一始终如一，确保体育课程促进学生健康。

《中共中央国务院关于深化教育改革，全面推进素质教育的决定》明确指出，学校教育要树立"健康第一"的指导思想。体育作为学校教育重要课程之一，以"健康第一"为指导思想开展体育教学工作，将是重中之重。由此，体育课堂教学不仅要以"健康第一"为指导思想，更要能够"始终如一"，即教学内容的确定、教学方法的选择、组织形式的运用等都要始终如一地贯彻"健康第一"。也就是说，无论从思想认识上，还是从内容、方法、组织上，都要确保围绕促进学生的健康而开展体育课堂教学工作，要求教学要素与环节凸显科学性、合理性、有效性。因此，脱离"健康第一"的课堂是违背课程理念的课堂，能否始终如一地把握好"健康第一"，将是衡量课程理念落实与否的具体体现。

关键点二：激发兴趣、培养锻炼意识与习惯需要找准切入点。

修订版多次提出要培养学生体育锻炼的意识与习惯，然而，无论是培养意识、习惯，还是传授运动技能掌握终身受用的体育锻炼方法，其关键点是要合理有效地激发学生的运动兴趣，并能够让学生在学习中体验到锻炼的乐趣，否则教学目标就难以实现。而问题在于，如何才能真正激发学生对运动的兴趣，将学生对体育的热爱引导到对体育课的兴趣中来。我们认为，要想实现以上目标，需要找准切入点。在实际教学中，有人尝试过竞赛法，有人尝试过激励法，还有人用体验法让学生体验成功，等等。由此可以看出，大家的切入点主要集中在有效的方法上。同时，我们应该认识到，意识的培养与习惯的养成非一朝一夕之功，在体育教学中，教师要有培养学生意识、习惯的高度认识，否则，体育课很有可能流于形式。

关键点三：传授知识、技能与发展体能应成为体育课堂教学之本。

体育课程基本理念在强调健康第一、激发兴趣、培养意识与习惯的同时，依然强调传授知识、技能与发展体能是体育课堂教学之根本。基于此，在贯彻落实基本理念时，教师要以传授体育知识、技能作为教学的根本，并以发展学生体能为重要突破口。体育学科离开了运动技能、发展体能等知识的传授，就失去了体育学科的本质，本末倒置或者淡化运动技能教学是异化体育课程与教学改革的做法，是对理念缺乏深入理解和全面把握的不可取的做法。因此，通过科学合理的练习内容与形式，教师要始终坚持对运动技能的传授，并在此基础上发展学生的体能。

关键点四：指导学法与培养自主、合作、探究能力需要强化。

第三条基本理念明确提出，要"帮助学生学会体育与健康学习"。实际上是告诉我们，要指导学生掌握学习的方法，并培养学生自主、合作、探究学习的能力。由此可见，掌握方法与提高能力是学生学会学习的重要保障。但问题在于，在体育课堂教学中，目前有没有学法的指导？有什么样的学法指导？课程改革后的体育课堂是如何组织学生自主、合作、探究学习的？由于长期受重教法、轻学法的影响，大多数老师对"学法指导"的概念缺乏了解，即便在体育课上我们隐约能够看到学法指导的影子，任课教师很少能够认识到学法指导的重要性。除此之外，自主、合作、探究学习的能力的培养也有待进一步强化。课程改革后，有些体育课堂上出现了绝对自由式的自主、单纯分组式的合作、扎堆式的探究等形式化现象，因此，贯彻落实体育课程基本理念，需要进一步强化学法指导环节，扎扎实实地培养学生自主、合作、探究学习的能力。

关键点五：因地制宜、因材施教，确保全体学生的全面发展。

不同区域、不同学校，以及不同个体之间，差异是绝对的，而无差异是相对的。体育课程实施除了要考虑区域差异、学校差异之外，体育教师在组织课堂教学时更要关注到全体学生和学生的全面发展。用一刀切、齐步走的方式组织教学工作是忽视个体差异的体现。为了贯彻落实课程基本理念，关注区域、个体等差异性问题，就需要教师首先要树立一种尊重差异的思想，其次要能够在认真贯彻落实国家课程教材内容的基础上，因地制宜地选择区域性内容，弘扬民族特色体育，并能够考虑学生的个体差异，因材施教。

课程基本理念已经为我们指明了方向，提出了要求，贯彻落实每一条基本理念是每一位体育教师实施课改的重要依据和努力方向。认真解读理念、分析理念，并贯彻落实好理念，才能使体育课程与教学改革稳步向前推进，使体育课程健康可持续地发展下去。

二、基本理念落实案例分析

体育课程第三条基本理念提出，"以学生发展为中心，帮助学生学会体育与健康学习"。那么，"帮助学生学会体育与健康学习"，需要一线体育教师做什么、怎么做呢？下面针对这一理念进行分析，并走进体育课堂，提出几点贯彻落实该理念的具体方略。

1. "帮助学生学会体育与健康学习"解析

体育课程基本理念为什么要在修订版中专门提出要"帮助学生学会体育

第二章 025
从课程理念明要求

第一部分
体育教师上课
——走近课标
明确方向

与健康学习"，而实验版中只是提出要"重视学生主体地位"？提出这样的新理念，其出发点是什么？希望教师怎么落实在课堂上？该理念对学生的发展究竟能起到什么作用？在回答这些问题之前，我们首先对该理念的关键词进行一下分解，如表1-2-6所示。

表1-2-6 "帮助学生学会体育健康学习"解析

关键词	要求
帮助	教师帮助的含义是指导
学生	教师帮助的对象是学生
学会	教师帮助的结果是让学生学会
体育与健康	教师帮助的课程是体育与健康
学习	教师帮助的环节是学习

从表1-2-6所列举出的几个关键词可以看出，第三条基本理念对教师的各项要求较为明确，尤其是当我们把"学会"和"学习"放在一起的时候，可以看出，"学会学习"意味着掌握学习的方法，把"体育与健康"加入其中，说明这是学习体育与健康课程，即"学会体育与健康学习"的方法，要求教师帮助学生掌握学习的方法。一方面，教师要把握正确的方向，通过观察学生的学习进行准确判断，并告诉学生哪些方法是正确的，哪些方法是错误的；另一方面，教师还要传授给学生正确的方法，并促进学生快速地掌握有效的学习方法，从而提高学习效率。在体育学习过程中，假如学生仅仅是观察老师的教法，按照老师的教学组织方式，被动地参与其中，就很难掌握学习的方法。要想掌握正确有效的学习方法，需要老师采用正确有效的教法，因为有一部分学法来源于对教法的内化。综上所述，"帮助学生学会体育与健康学习"意味着帮助学生掌握学习体育的方法。

2. 为什么强调"学会学习"

我们已经分析了学会学习意指掌握学法，说明了掌握学法已成为体育课程改革不可忽视的重要内容。但是，为什么要强调学会学习，或者说，为什么要强调学法的重要性呢？

长期以来，无论是理论界还是实践者，大都关注教法而忽视学法，甚至有人不认为有学法的存在。无论是不重视学法也好，还是完全不认为有学法也好，有效学法的掌握和运用在学生的体育学习中一直发挥着重要作用。以前，我们都在说，要重视学生的主体地位、以学生的发展为中心等，但实际教学中教师更多关注的还是怎么教，最多考虑选择哪些练习形式让学生进行练习，很少从学生的角度、学生的实际需要出发去设计听讲、观察、练习等的方式方法，而不去关注讲解的方法、示范的方法、纠正错误的方法，以及保护与帮助的方法，结果就很自然地出现学生被动学习、被动接受的局面。我们应该从学生的学习出发去备课，从学生的学习出发去设计讲解、示范等教学活动，我们的备课才能更具时效性，我们的讲解、示范，学生才能听得更清晰，看得更认真仔细。当教师在教学中真正地在为学生的"学"考虑的话，学生自然就会感受到一种关心和被重视。这样既合情又合理，合情合理的教学，师生的关系也会相处得更加融洽。因此，强调学会学习，除了要强调学生掌握学习方法之外，实际上，教师也不知不觉地关注到了学生的发展，即以学生发展为中心。

3. 学生在体育学习中在怎么学

当我们观看常态课或观摩课时，能够观察到学生在体育学习过程中的各种表现形式，下面以"听讲"、"观察"、"讨论"、"练习"为例，结合课堂观察结果，谈一谈在不同的学习活动中，学生都在怎么学？

（1）学生在怎么"听讲"

在体育教学中，当老师讲解动作要领、技术环节，纠正错误，介绍保护与帮助的方法等内容时，学生应该有一个对应的学习活动，这就是"听讲"。不同的学生可能有不同的听讲方式，有的人会听，有的人不会听。会听的也可以分为不同的听法，而不会听的也可能有各种各样的不会听。学生听讲时会有各种表现，注意力集中情况也有所不同。如图 1-2-5、图 1-2-6、图 1-2-7、图 1-2-8 所示。

第二章 **027**
从课程理念明要求
第一部分
体育教师上课
——走近课标
明确方向

图 1-2-5　不认真听讲的学生在做其他动作

图 1-2-6　大部分学生注意力不集中

图 1-2-7　后排学生集体走神

图 1-2-8　大部分学生都在认真听老师讲解

　　对于不会听者，如有的学生人在课堂心在外，自然就很难听进去老师讲的内容，更不用说听懂了；有的学生是在听，但听的过程中东张西望，不断溜号，或时而说话时而听，这样的听讲者也很难听明白老师讲的究竟是什么；还有的学生看似在认真听，既没有明显看出有精力不集中的现象，也没有与同学交谈，甚至是目不转睛地在盯着老师，但就是这样的听讲者，也很有可能是没有用心，即在不思考地听，或填鸭式地听。

　　对于会听者，如有的学生边听边点头，说明他听了，而且认真听了，还听懂了，这种现象说明学生在听的时候动脑筋分析了；有的学生边听边皱眉头，有可能这样的学生在听讲的时候有部分内容没有听清楚，或听清楚语音了但没有听明白语义，即没听懂，这样的学生也同样在认真听。除此之外，有的人在听讲的过程中遇到不明白的地方，就立刻举手问老师；有的学生等老师讲完以后举手问刚才没有听懂的内容；有的学生尽管当时没有听懂，但是也不问，而是继续学习。

由此可以看出，学生听讲时，有会听的，也有不会听的。对于教师而言，应该及时发现并进一步了解学生的若干种听讲方式，及时发现不同的听讲者需要什么样的听讲指导，帮助他们掌握正确有效的听讲方法；否则，不会听的学生，或许一直都不会听。

（2）学生在怎么"观察"

在体育教学活动中，当老师做示范前，要求学生认真观察，尤其是运动技术动作较为复杂或具有一定难度的技术动作，学生不会观察，就很难看清楚技术动作路线、用力顺序、动作关键等细节。实际上，课堂上存在很多不会观察的学生，比如，当老师做篮球投篮示范时，学生把目光都集中在篮筐上，期待着老师进球，这就是一个比较常见的不会看的现象。除此之外，有的学生在观察老师的示范动作时，抓不住主次，或抓不住关键，往往老师示范一遍以后，学生面无表情，既没有表现出看明白了，也没有表现出没有看明白；还有一些学生在老师做示范时，趁机和其他同学聊上几句，这也直接反映这些学生不会观察，会观察者几乎不会出现开小差的情况。从结果上来看，当学生练习时，有的学生根本不知道练什么，也不知道怎么练。也就是说，要练习的动作，既不会做，也不会模仿，这说明在看的过程中，因不会看而没有看懂。在实际教学中，即使那些认真看的学生，如果不边看边动脑思考、徒手或有器械配合模仿的话，观察也难以达到理想的程度。学生在观察中的表现如图 1-2-9、图 1-2-10、图 1-2-11 所示。

图1-2-9　学生在认真观看跆拳道视频

第二章　029
从课程理念明要求

第一部分
体育教师上课
——走近课标
明确方向

图 1-2-10　观察老师的示范动作时
有同学在闭目养神

图 1-2-11　观察中大部分学生
模仿老师的动作

当然，体育课上，有部分学生在观察老师的示范动作时，既认真又有法。如有的学生边看边想，明显看出是思考问题的表情，或表现在眼神上，或表现在面容里；还有的学生边看边动手，如老师教篮球传接球时，老师站好了位准备示范，总是能够看到有个别学生向老师那样，双手放于胸前做出模仿传接球的动作。这种学习方式，不但动了脑还动了肢体，多感官协同学习的方式要比站到那里不动脑地看，效果会更加明显。另外，观察时也会有学生能够及时地向老师提出请求，或要求再做一次示范，或提出没有看明白的动作，让老师进一步做补充性讲解，还有的学生将疑惑放在自主练习阶段提问，等等。

总之，观察是一种最为常见、最讲究方法的一种体育学习活动，教师要想帮助学生掌握观察的方法，就需要了解不会观察的学生都有哪些不会观察的情况，然后，再采取针对性的措施，帮助他们尽快掌握观察的方法，以不断地提高学习效率。

（3）学生在怎么"讨论"

体育教学过程中，会经常看到老师安排学生讨论，或学生自主讨论的学习环节，但学生都在怎么讨论呢？通过观察发现，有的学生在讨论中表现得积极主动，甚至抢着发言，讲的还很有章法、符合逻辑；有的学生则在讨论中一言不发，有的学生不发言是在认真地听别人说，有的学生不说也不认真听。这些现象都说明讨论环节确实存在学生会与不会讨论的问题。那么，会与不会有哪些具体表现呢？

一是不会讨论。对于那些不会讨论的学生而言，有的有参与讨论的愿望，只是还未掌握讨论的方法，或对某一个问题没有明确的观点或想法，未能积极发表意见，表现出一言不发；有的知道答案，或有一定想法，但由于缺乏胆量，不敢发言，总是在听别人说；还有的未能掌握发言的技巧，发言语无伦次，没有条理性，缺乏清晰的逻辑思路；等等。

二是会讨论。对于会发言者而言，也有几种不同的表现形式。比如，有的学生在讨论中积极主动，且思路清晰，观点正确；有的学生慢声细语，娓娓道来，逐一把自己的想法与同学一起交流；有的学生总是最后发言，当他听完所有的同学发言以后，会做总结性的发言，先是判断前面几位同学的发言，赞成哪些观点，反对哪些观点，最后再谈一谈他对这个问题的看法等，这种发言方式颇具有总结性，说明他不但认真说了，而且还认真听了。讨论就是要求听与讲有机地结合起来，只听不讲、不听只讲都不是好的讨论参与者。既能认真听别人的看法，又能发表自己的观点，是对参与讨论的学生的最基本的要求。当然，会讨论者，还要掌握发言的技巧，说得别人心服口服，想听、爱听，并能够传递给同学们正确的思想和观点。学生学习中的讨论如图 1-2-12、图 1-2-13 所示。

图 1-2-12　学生们在讨论如何投得更远

图 1-2-13　学生们在讨论中轮流发言

对于教师而言，在学生讨论时，一定要把握好这个环节，及时了解学生在讨论中的种种表现，以便做出正确引导。

（4）学生在怎么"练习"

实际上，体育学习很大程度上是靠反复的练习而习得的过程，运动技能也同样是因为练习而逐渐形成的。在体育教学活动中，学生怎样进行练习？会练与不会练有什么样的差别呢？

首先，是关于会练与不会练的问题。当观看体育教学活动场景时，你会看到不同的练习方式，有集体的练习、小组的练习，还有单人自主性的练习。这些练习对于学生而言，都有会不会练的情况。如集体练习的时候，有的学生的动作总是比别人慢半拍；也有的学生是故意偷懒，时刻盯着老师，老师的目光只要集中不到他那里，就在那静静地站着，完全不参与运动。偷懒现象，一定程度上也可以看作不会练的一种表现形式，当然，偷懒的学生中也有一部分是会练而故意不练的。另外，当老师让学生分小组练习时，有的小组学生都不会练，而有的小组每一个学生都在积极地练习，而且边练习边观看临近的同伴或领队的动作，要么模仿，要么自己琢磨。总之，在会练的组，会练的学生往往会带动全组同学跟着他按照正确的方法练习；而在不会练的组，往往会受到一定的负面影响。当老师让学生自己自由练习时，会练与不会练，就会看得更加明显：那些不会练的，练习的主动性会明显不足，练习的效果也会明显不高；而会练的学生积极主动，很快就能掌握技术要领。基于此，会练和不会练，无论人多还是人少，都有不同的表现形式。对于不会练的学生，他们在练习中的偷懒现象各种各样，如图 1-2-14、图 1-2-15、图 1-2-16 所示。

图 1-2-14 练习中偷懒聊天

图 1-2-15　练习中偷懒做其他事情

图 1-2-16　练习中偷懒搞笑

其次，是会不会练给学生的学习带来的影响问题。会练与不会练会给学习者带来不同的影响，其中，一种是积极的、正向的，而另一种是消极的、负向的。对于那些会练者，每次练习都能边练边想，甚至边练边看别人如何在练，与他人的练习进行一下对比；当练习中遇到困惑时，会练者还能积极主动地找老师解决问题。因此，这样的练习自然就会带来积极的影响，运动技能掌握的速度就会加快；相反，对于那些不会练者，无论练习中溜号与否，都表现为抓不住关键，练习效果不明显。

因此，对于一线教师而言，要及时了解学生在练习中有可能出现的各种情况，认真分析那些不会练者的种种问题与原因，才能找到有效的指导方略。

学生在体育课上的学习活动远非这些，以上所列举的是较为常见的。如果教师对这些常见的学习活动中学生的学法能够及时了解，并做出判断和有效指导的话，学生就能逐渐掌握学习的方法，就会不断地靠近"学会学习"的目标。另外，在体育学习过程中，听讲、观察、讨论、练习等各种学习活动都具有一定的关联性，不是孤立的，而是相互影响，相互促进的。因此，关于学习方法的掌握，教师要用全面的、整体的观点来观察教学中的每一种学习活动，将任何一种方法孤立起来都是不妥的。

4. 如何帮助学生"学会学习"

帮助学生学会学习意味着要指导学生掌握学习的方法，在研究体育学法时，笔者曾对学生的学法来源进行过调查，调查结果显示：79.3%的学生认为，他们的学法主要来自教师的指导。那么，"学法指导"目前又是什么状况呢？教师怎样才能更有效地帮助学生掌握学法呢？

（1）体育学法指导及存在的问题

所谓学法指导，是指在教学中教师采用有效的措施，对学生的学习尤其是学习的方法所进行的一系列指导工作。在体育教学中，教师要对学生进行有效的学法指导，需要依据教材的性质、教师的教学经验、学生的学法表现、学生的性格特征，以及运动技能学习的不同阶段对学法的要求等，采用有针对性的措施进行指导。

从体育常态课、评优课的观察中发现，目前，体育教学实践中的学法指导未显现明显的规律性，且缺乏针对性。由于体育学法目前尚未受到更多的关注，因此，体育学法指导更未引起人们的重视。比如，在一线教师的教案中，还未能找到有关学法指导的具体表述；在体育课上还很少听到清晰的学法指导语，未发现非常具有针对性的指导策略。有的教师尽管已经意识到学法指导对学生掌握学法的重要性，但由于缺乏有效的指导策略，有些指导还处于混沌阶段。即指导语不够清晰、不够准确、不够具体，表现在教师指导后学生依然不知道如何做。比如，有的老师在长跑教学中这样提示学生："一定要在跑步过程中调整呼吸。"那么，学生该如何调整呼吸呢？，显然，这个提示是不具体的。还有的老师在实心球教学中告诉学生："出手角度别太高，也别太低。"学生听了以后，能知道什么是最合适的出手角度吗？显然，这个提示也不清晰。

（2）体育学法指导的具体要求

①体育学法指导要具体化

体育学法指导要具体化，就是通过指导，使学生知道怎么听、怎么看、怎么练。我们先看一个有针对性的学法指导案例，这是北京市育英中学的一节韵律操课，黄莉老师引导学生用迁移法进行学习。黄老师说："大家看着我的动作，跟我一起做，我们一起来学左侧手脚的配合动作，你们注意观察，找规律，一会儿自己做右侧手脚的配合。"这段指导语指导学生用迁移法学习，在学习中要注意观察找规律。这样的指导很具体，学生即使不知道什么是迁移法，也能按照老师的指导去练习。由此可见，学法指导从语言上说，要能让学生知道做什么，这也是对教师提出的最基本的学法指导要求。

②体育学法指导要有相对性

体育学法指导的目的是教学生"学会学习"，因此，体育学法指导是必要的。通过研究分析，体育学法指导同时又是可行的，但它不是万能的，体育学法指导就其所发挥的作用来看，是相对的。体育学法指导作用的发挥，受很多因素的影响，如教师指导的形式、内容、时机的把握等。因此，体育教师在课堂上要对学生的体育学习方法进行指导，需要做到以下几点：其一，需要了解学生的兴趣爱好、学习基础、技能水平等具体情况，确定在哪些方面需要学法指导；其二，要了解教材的特点、难度等，确定需要学法指导的教材内容；其三，要依据教学内容在一个单元的具体位置来确定学法指导的力度，同样的内容，在单元中所处的位置不同，学法指导的侧重点有所不同。总之，学法指导工作不可一刀切，要尽量减少盲目性，认清其相对性。对于没有兴趣又不会学的学生，要先激发学生的运动兴趣；对于素质差不会学的学生，应该先改善学生的素质水平，才能使指导发挥作用。因此，教师应充分把握差异，做出有效的学法指导，只有这样，帮助学生学会体育与健康学习才能有望。

体育学法直接影响学生能否"学会学习"，更重要的是直接影响体育教学的有效性，可见，体育学法不可忽视，体育学法指导更要作为新一轮课程改革的体育课堂教学的重点工作加以落实。基于学法指导的相对性，需要教师正确客观地认识学法指导所能发挥的作用，既不夸大其功能，也不要像过去那样做出不明确、不具体的指导，要能够力求实现学生在体育学习中更加清清楚楚地学，明明白白地练，最终既学准了、学会了，又学乐了、学热了。

为了加深对落实体育课程理念的认识，下面进一步对其进行归纳。

第二章
从课程理念明要求

035

第一部分
体育教师上课
——走近课标
明确方向

从课
程理念
明要求

体育课程理念明，　健康第一最先行；

激发兴趣紧跟后，　意识习惯培养够；

学生发展为中心，　学法指导要加深；

关注差异需延续，　全体受益提效率；

落实理念要求多，　把握动词重点说；

帮助学习不偏离，　个案分析助解谜。

第三章　从课程目标明方向

修订版"课程目标"部分，从四个学习方面提出了与课程目标对应的规定，本章对该部分目标内容进行了分析，并提出了如何依据这些目标的规定性制定相应的教学目标。

一、"四个学习方面"课程目标的规定性

修订版在第二部分"课程目标"中提出："课程分为运动参与、运动技能、身体健康、心理健康与社会适应四个学习方面。"那么，"四个学习方面"的目标要求是什么？能否从"四个学习方面"出发设置教学目标？如何在课堂上把握好学生的学习和提高？对于一线教师而言，在认真贯彻落实体育新课程标准之际，有必要对以上问题进行梳理。

1. "四个学习方面"在体育教学中的若干现象

在体育教学中，由于教师对"四个学习方面"的认识和把握不同，在教案和课堂教学实践中出现过一些不良现象，归纳如下。

（1）教案中教学目标的设置存在过全、过泛的现象

每一份教案都会有一个教学目标，自体育新课程改革以来，有部分教师按照学习领域确定目标维度，在体育新课改初期，看到较多的是按照五大领域设置目标，如一节健美操课的教学目标，如表1-3-1所示。

表1-3-1　新课改初期一节健美操课的教学目标

领域	教学目标
运动参与	培养学生终身积极参与体育运动的态度和行为，自觉参与学习
运动技能	使学生了解并掌握基本的音乐节奏与肢体动作的关系
身体健康	提高学生身体协调性，发展灵敏、柔韧、耐力和力量及反应等能力

第三章 037
从课程目标明方向

第一部分
体育教师上课
——走近课标
明确方向

续表

领域	教学目标
心理健康	增强学生参与体育锻炼的信心，克服困难的意志品质。培养学生机智灵活的优秀品质，享受音乐和运动相结合的运动乐趣
社会适应	在集体活动中提高群体意识，培养学生良好的合作精神，使人际关系变得更加和谐

修订版出台以后，有部分教师又转向了从"四个学习方面"设置目标，如一节足球脚背正面颠球课的教学目标，如表 1-3-2 所示。

表 1-3-2 修订版出台后一节足球脚背正面颠球课的教学目标

学习方面	教学目标
运动参与	调动学生学习足球的积极性，让学生乐于和老师共同参与学习
运动技能	通过足球脚背正面颠球的教学，向学生传授脚背正面颠球的技术要领，让 80% 的学生掌握一抛一颠的技术，如有基础的学生可掌握一抛多颠的技术动作
身体健康	发展学生身体的灵活性、反应能力以及左右脚的协调能力
心理健康与社会适应	通过小组合作交流学习充分促进学生个性发展，让学生体验颠球的快乐

这样的目标设置形式，显然是照搬了"课程目标"的总体要求，不太符合一节课教学目标的实际，目标表述内容上也显得过于宽泛，总体上显得过于全面且不具体。也就是说，几个学习领域并非在一节课上都有均等的体现，事实上也难以均衡地发展，基于此，目标维度的确定要尽可能地接近体育课堂教学实际。

（2）"四个学习方面"存在形式化现象

有些课堂，为了在"四个学习方面"都有所体现，出现了为参与而参与等形式化教学现象。如有的课上，教师为了让学生参与到练习中去，并体验运动的乐趣，大量引入游戏教学。有时，所引入的游戏过于偏重娱乐性，而忽视了教育性，甚至缺乏安全性。也就是说，缺乏对游戏多种功能与价值的考虑。有的课上，教师为了培养学生合作、竞争意识以及集体主义精神，过多地采用了竞赛式学习，且形式化的竞赛现象突出，当竞赛中出现了较好的教育时机时也未能把握，使得学生心理健康与社会适应能力难以得到应有的改善和提高。如一节课，老师以竞赛的形式组织了"赶猪"游戏，比赛结束后，老师问各组分别得了多少分。其中，一组未能准确、快速地回答出来，这时老师说："你们组不团结，没有合作意识，自然是最后一名。"这样的教学情节，实际上是合作意识和团队精神教育的良好时机，借此可以教育学生，假如教师能够用正确的方法加以引导，心理健康与社会适应方面的教育和能力培养才能更好地实现。

通过以上现象我们不难看出，一些教师对课标所规定的"四个学习方面"并未能真正地理解，在教学中落实得还不够准确。

2. "四个学习方面"及其应把握的关键

"课程目标"从"四个学习方面"进一步分化目标要求，那么，每一个学习方面意味着什么？其目标要求是如何确定的？下面分别进行分析与归纳。

（1）"四个学习方面"的定位

"四个学习方面"意味着什么？要想在体育教学中将各方面落实到位，首先需要对这些方面的定位做进一步了解。

表1-3-3 "四个学习方面"的定位

学习方面	定位	关键动词	关键点
运动参与	是指学生参与体育学习和锻炼的态度及行为表现，是学生习得体育知识、技能和方法，锻炼身体和提高健康水平，形成积极的体育行为和乐观开朗人生态度的实践要求和重要途径	参与、习得、锻炼、提高、形成	态度及行为；实践要求和重要途径
运动技能	是指学生在体育学习和锻炼中完成运动动作的能力，它反映了体育与健康课程以身体练习为主要手段的基本特征，是课程学习的重要内容和实现其他学习方面目标的主要途径	完成、反映、实现	运动动作能力；基本特征；重要内容；主要途径
身体健康	是指人的体能良好、机能正常和精力充沛的状态，与体育锻炼、营养状况和行为习惯密切相关		状态；密切相关
心理健康与社会适应	是指个体自我感觉良好以及与社会和谐相处的状态与过程，与体育学习和锻炼、身体健康密切相关	感觉、相处	状态与过程；密切相关

第三章 039
从课程目标明方向

第一部分
体育教师上课
——走近课标
明确方向

从表 1-3-3 我们可以看出，除身体健康外，其他三个方面的概念界定中，都有几个明确的动词。这些动词体现的是对学生的具体要求。教师在教学中要关注这些方面，如在运动参与方面，学生的参与情况，是否有了一定的习得，是如何锻炼身体的，健康水平的提高上有无变化或有无变化倾向性，以及积极的体育行为等是否有所形成或形成的迹象，等等。另外，教师还需要对各方面的关键点有所把握，如果教师对学生"参与学习和锻炼的态度和行为结果"等方面缺乏了解，就很难在体育教学中有效地把握这几个方面的贯彻落实。只有通过了解学生所表现出的态度及行为差异，了解学生的参与度，才能为有效施教提供重要参考。

（2）"四个学习方面"的要求

"四个学习方面"的课程目标要求分析如下。

表 1-3-4 "四个学习方面"的要求

学习方面	要求	关键动词	关键点
运动参与	课程强调通过丰富多彩的内容、形式多样的方法，在小学阶段注重引导学生体验运动乐趣，激发、培养学生的运动兴趣和参与意识，在初中阶段引导学生逐步形成体育锻炼的意识和习惯	强调、注重引导 小学：体验、激发培养 初中：逐步形成	运动乐趣；运动兴趣和参与意识；体育锻炼的意识和习惯
运动技能	在小学阶段，要注重体育游戏学习，发展学生的基本运动能力；在初中阶段，要注重不同项目运动技术的学习和应用，鼓励学生参加多种形式的比赛，逐步增强学生的体育与健康学习能力、安全从事运动的能力，加深对体育运动的理解。无论是在小学阶段还是初中阶段，都要重视选择武术等民族民间传统体育活动类项目进行学习	小学：注重、发展 初中：注重、鼓励参加、逐步增强、加深 共同：重视选择	小学：体育游戏学习、基本运动能力 初中：学习和应用、比赛、学习能力、运动能力、理解 共同：民族民间传统体育活动类项目学习

续表

学习方面	要求	关键动词	关键点
身体健康	课程强调引导学生努力学习和锻炼，全面发展体能，提高适应环境变化的能力，形成关注自身健康的意识和行为。小学阶段要注意引导学生懂得营养、行为习惯和疾病预防等身体发育和健康的影响；初中阶段应要求学生了解生活方式、疾病预防等对身体健康的影响，自觉抵制各种危害健康的不良行为，初步掌握科学锻炼的方法，提高体能水平，基本形成健康的生活方式	强调、引导、发展、提高、形成 小学：注意引导、懂得 初中：要求、了解、抵制、掌握、提高、形成	努力学习和锻炼；体能；适应环境变化的能力；意识和行为 小学：影响 初中：影响、不良行为、方法、水平、生活方式
心理健康与社会适应	课程十分重视培养学生的自信心、坚强的意志品质、良好的体育道德、合作精神与公平竞争的意识、帮助学生掌握调节情绪与人交往的方法。小学阶段要注意培养学生自尊、自信、不怕困难、坦然面对挫折，引导学生在体育活动中学会交往；初中阶段要注意指导学生掌握调节情绪的方法，培养果敢、顽强的意志品质和团队合作精神	重视、培养、帮助、掌握； 小学：注意培养、引导 初中：注意指导、掌握、培养	自信心、意志品质、体育道德、合作精神与公平竞争的意识；方法 小学：自尊、自信、不怕困难、坦然面对挫折、学会交往 初中：调节情绪的方法、意志品质和精神

从表 1-3-4 中可以清晰地看到，对"四个学习方面"的具体要求，我们可以通过分析其动词和关键点把握课程要求和教学之关键。如就运动技能而言，对小学阶段，课标提出"要注重体育游戏学习，发展学生的基本运动能力"，其中，"注重"和"发展"是需要重点强调的。而且，从关键点上，我们看出，与之对应的是"体育游戏学习"和"基本运动能力"。因此，就小学阶段的体育教学而言，在运动技能的学习方面，课标提出注重通过体育游戏的学习，重点发展学生的基本运动能力；而在初中阶段，需要注重不同项目的技术学习和应用等。同时，课标又提出，两个学段都要重视选择武术等民族传统体育活动类项目的学习。可见，明确不同学段学习要求上的差异性，是有针对性地搞好运动技能教学的关键所在。

第三章 **041**
从课程目标明方向

第一部分
体育教师上课
——走近课标
明确方向

（3）"四个学习方面"的目标

"课程目标"中对"四个学习方面"进行了目标细化，如表 1-3-5 所示。

表 1-3-5 "四个学习方面"的目标

学习方面	目标	关键动词	关键点
运动参与	1. 参与体育学习和锻炼 2. 体验运动乐趣与成功	参与、体验	体育学习和锻炼；运动乐趣与成功
运动技能	1. 学习体育运动知识 2. 掌握运动技能和方法 3. 增强安全意识和防范能力	学习、掌握、增强	体育运动知识；运动技能和方法；安全意识和防范能力
身体健康	1. 掌握基本保健知识和方法 2. 塑造良好体形和身体姿态 3. 全面发展体能与健身能力 4. 提高适应自然环境的能力	掌握、塑造、发展、提高	保健知识和方法；体形和姿态；体能与健身能力；适应自然环境的能力
心理健康与社会适应	1. 培养坚强的意志品质 2. 学会调控情绪的方法 3. 形成合作意识与能力 4. 具有良好的体育道德	培养、学会、形成、具有	意志品质；方法；能力；体育道德

"课程目标"提出了"四个学习方面"的目标要求，从两个方面到三个方面，以及四个方面不等。其中，"运动参与"方面，仅仅就"参与"和"体验"两个方面提出了运动参与的目标要求；"运动技能"方面，是从"学习"、"掌握"、"增强"三个方面提出了对体育运动知识、运动技能和方法、安全意识和防范能力方面的目标要求等。

3. 依据"课程目标"的规定性有效设置体育教学目标

从前面我们对"课程目标"在"四个学习方面"的定位、要求和目标的分析来看，这"四个学习方面"都分别有一些规定性，对于这些规定性，可以从目标表述上了解到，是通过体育与健康课程的学习，力求达到的具体要求。而且，我们还能了解到师生在达成各方面目标时的操作方法和行为方式。基于此，设置下位的体育教学目标，就有了重要的依据和方向性。那么，如何依据"课程目标"的规定性设置教学目标呢？

（1）体育教学目标维度依据"课程目标"的规定性进行整合

前文谈到，"四个学习方面"并非体育教学目标设置的维度，在确定体育教学目标维度时，可以依照"四个学习方面"提出的目标内容，将其进行整合。在课程目标的第一个学习方面"运动参与"的目标中，"参与体育学习和锻炼"是达成运动技能、体能素质等目标的前提，"体验运动乐趣与成功"实际上是在运动参与中的情感体验。因此，"运动参与"学习方面可不独立设置目标维度，而是将其目标内容并入其他几个方面之中。"运动技能"、"身体健康"两大方面，既包含知识、技能、方法的学习，又包括体能素质的锻炼和基本运动能力等的培养。而"心理健康与社会适应"学习方面的目标可以将其概括为品德、能力等的培养目标。由此，可以将"四个学习方面"的目标整合为"知识、技能学习目标，体能素质锻炼目标，情感、品德培养目标"，并从这三个维度的目标出发设置具体的体育教学目标。

（2）体育教学目标内容依据"课程目标"的规定性进行取舍

"课程目标"中的"四个学习方面"的目标规定性，并非体育教学具体目标，体育课程落实到课堂上时，每一节课所能达成的目标都是十分有限的，主要是因为课堂时间的限制，难以达到各方面的课程目标要求。因此，在对具体的课堂教学进行目标设置时，教师需要根据教学内容（尤其教材特点）和学生情况对目标规定性进行合理取舍。例如，就"心理健康与社会适应"的目标而言，尽管提出了"培养坚强的意志品质；学会调控情绪的方法；形成合作意识与能力；具有良好的体育道德"，但就具体的每一节课，能够在其中一点上有所体现或一定的进展已经比较理想，很难面面俱到。如通过学生参与学习和锻炼，在"合作意识和能力"方面有所培养或提高。同样，其他几个学习方面的目标规定性在取舍时也是如此。

（3）体育教学目标的表述既要具体又要准确

设置体育教学目标，仅仅有了较为明确的维度，在规定性上有了针对性的取舍还不够，还需要考虑目标表述的具体化和准确性。所谓"具体"，反映的是可以量化，即可数、可测、可量。所谓"准确"，意味着目标的设置与教

第三章 **043**
从课程目标明方向

第一部分
体育教师上课
——走近课标
明确方向

学实践高度一致性，也就是说，通过教学实践，各个维度的目标都已经达成或基本达成，意味着目标的设置准确性较高。那么，如何具体和准确地设置教学目标呢？以"运动技能"这一学习方面进一步分析，在运动技能方面，有"掌握运动技能和方法"的目标规定，在设置教学目标时，不能就某一教学内容仅仅提出"掌握某某技能和方法"，而是要设置具有可操作性的目标。如初中二年级篮球传接球教学的运动技能目标设置，可以将其目标表述为"通过各种形式的辅助练习，有 80% 的学生能够两人一组相距 3 米完成 15 个回合的连续传接球，20% 的学生能够完成 10 个回合"。这样的目标具有量化的特点，从目标文字表述上可以看出，既可以数，又可以量，还可以计算。因此，这样的目标表述形式是较为具体的。另外，什么样的目标才是准确的呢？我们依然用上例谈到的篮球传接球运动技能学习目标，假如通过观察教学活动发现，几个量化指标"80%、3 米、15、20%、10"全部体现，说明该目标的设置是较为具体的和适宜的。看是否准确，就要结合课堂实际教学效果而定，假如课堂上仅有 60% 左右的学生达到了 3 米 15 个回合的传接球要求，或 80% 的学生在 3 米线之间传接球只完成了 10 个回合，说明目标设置过高了或学习效果未达到；相反，假如 80% 的学生在 3 米线之间都达到了 20 个回合以上的传接球标准，说明目标定的稍低了。因此，体育教学目标的设置既要具体还要准确，只有这样才能合理与有效。

体育教学目标的设置，一直以来都是体育教师感觉较为困惑的部分，结合"四个学习方面"规定的目标内容，在进行具体的体育课堂教学目标设置时，既要对这几个方面进行整合以确定维度，还要对课程目标的规定性进行取舍以确定目标内容，更要在具体化和准确性上下功夫，力争达到合理表述。除此之外，还要依照课标提出的"运动参与、运动技能、身体健康、心理健康与社会适应四个方面是一个相互联系的整体，各个学习方面的目标主要通过身体练习实现，不能割裂开来进行教学"开展好体育教学工作。

二、运动参与和运动技能的落实方略

修订版在第三部分"课程内容"中，从水平一至水平四的"四个学习方面"都有"达到该目标时，学生将能够……"的表述，该表述是什么含义？该如何对其定位？是属于内容层面还是目标层面？体育教学中该如何贯彻落实？本节内容重点从"运动参与"、"运动技能"两个方面进行探讨，以期对有效实施体育课程标准提供参考。

1. "达到该目标时，学生将能够……"的定位

"达到该目标时，学生将能够……"这样的表述在"课程内容"部分共出现 64 次，主要是在各水平段"四个学习方面"的每一个学习目标下面。这样的表述，究竟代表什么？是目标的细化形式，还是内容的具体呈现，或是达到规定学习目标时的学生学习的表现或结果？应该如何对其定位呢？

带着种种疑惑，我们对"课程目标"、"课程内容"中的核心内容进行分析后发现，在"课程内容"中的各学习方面下的黑体部分内容，如水平一"运动参与"中的"参与体育学习和锻炼"，"运动技能"中的"学习体育运动知识"、"掌握运动技能和方法"、"增强安全意识和防范能力"等表述，在"课程目标"部分被称作"运动参与的目标"和"运动技能的目标"，即属于目标范畴。但是，当以上被称为"目标"的内容再次出现在"课程内容"部分时，很容易被理解为内容。一方面，它是在"课程内容"中的主要位置。另一方面，下面分别跟进的有对应水平的学习目标，如水平一"运动参与"中的"参与体育学习和锻炼"下面有"学习目标：上好体育与健康课并积极参加课外体育活动"，但上面所说的"学习体育运动知识"等，该是目标还是内容？"达到该目标时，学生将能够……"的含义又是什么？为了弄清这些问题，我们首先做两种假设，通过对两种假设的分析，进一步探讨其含义。其一，假设"课程目标"和"课程内容"中共同的表述如"学习体育运动知识"是目标的话，而"学习目标"部分的内容自然也是目标，那么，"达成该目标时，学生将能够……"部分的内容中或许就应该包含内容的成分，否则，"课程内容"章节中，我们就找不到具体的课程的内容。其二，假设我们把"课程内容"中的"学习体育运动知识"一类的表述当作内容，显然与"课程目标"部分把它们定位成目标相互矛盾，也就是说，同一种表述既是目

标又是内容是很难成立的。基于此，我们把"达到该目标时，学生将能够……"中的部分表述当作内容更为合理。当然，从字面上来理解的话，该表述还包含达到目标时学生的具体表现，或者看作衡量目标是否达成的标准。因此，"达到该目标时，学生将能够……"既包含"目标达成与否的衡量标准"，又包含为达成目标而建议的教学内容。

2."达到该目标时，学生将能够……"的标准体系

当把"达到该目标时，学生将能够……"视为既包含衡量目标达成的标准，又包含为达成目标而建议的教学内容时，我们可以将每一水平段各学习方面的这部分内容进行归纳，看其中有什么，有无规律性，有什么特点。下面从"运动参与"、"运动技能"两大学习方面对各水平学习目标及目标达成的标准（或具体要求）进行归纳。

（1）各水平"运动参与"若干学习目标及目标达成与否的检验标准

课程标准在各水平段"运动参与"的学习目标达成与否的检验，归纳结果如表 1-3-6 所示。

表 1-3-6　各水平段"运动参与"若干学习目标及目标达成与否的检验标准

水平段	目标维度	学习目标	检验标准	关键点
水平一	参与体育学习和锻炼	上好体育与健康课并积极参加课外体育活动	积极、愉快地上体育与健康课和参加课外体育活动	积极、愉快地参加
水平二	参与体育学习和锻炼	积极参加多种体育活动	乐于参加新的体育活动、体育游戏和比赛	乐于参加新的
水平三	参与体育学习和锻炼	学会通过体育活动进行积极性休息	认识到适当的体育活动是一种有效的积极性休息方式并付诸实践	认识到并付诸实践
	体验运动乐趣与成功	感受多种体育活动和比赛的乐趣	感受体育活动和比赛中的乐趣，获得成功的体验	感受乐趣，获得体验

水平段	目标维度	学习目标	检验标准	关键点
水平四	参与体育学习和锻炼	初步形成体育锻炼的习惯	自觉上好体育与健康课，经常参加课外体育锻炼	自觉上好，经常锻炼
	体验运动乐趣与成功	初步形成积极的体育态度	在体验运动乐趣的过程中初步形成积极的体育态度	体验乐趣中初步形成

从表1-3-6显示的结果可以看出，水平一和水平二目标要求一致，都只有一个维度，即"参与体育学习和锻炼"；而水平三和水平四，除该维度，还都增加了"体验运动乐趣与成功"。从该水平"学习目标"的层面来看要更具体些，如水平一的"学习目标"是"上好体育与健康课并积极参加课外体育活动"。要求"上好"，还要求参加"课外体育活动"等。从纵向来看，随着水平段升高，"学习目标"从简单的参与，提升到习惯的养成和态度的形成，如水平四这一阶段，有了"初步形成体育锻炼的习惯"和"初步形成积极的体育态度"的目标要求。那么，通过什么来检验是否达成了所要求的学习目标呢，从"达到该目标时，学生将能够……"中可以看出，目标达成与否的检验标准较为清晰，通过一些关键词句，表达了不同的标准。如就"参与体育学习和锻炼"这一维度而言，水平一的学习目标达成与否的检验标准是"积极、愉快地参加"，水平二到了"乐于参加新的"，水平三则是为"认识到并付诸实践"，水平四为"自觉上好，经常锻炼"，是从被动到主动，并向"自觉参与"过渡。

（2）各水平"运动技能"若干学习目标及目标达成与否的检验标准

"运动技能"各水平段都是从"学习体育运动知识"、"掌握运动技能和方法"、"增强安全意识和防范能力"三个目标维度来要求的，下面把每一个方面分开进行分析，其结果如下。

①"学习体育运动知识"的各水平"学习目标"及目标达成与否的检验标准

对"运动技能"学习方面的"学习体育运动知识"目标维度及其相关目标要求进行归纳，如表1-3-7所示。

第三章 **047**
从课程目标明方向

第一部分
体育教师上课
——走近课标
明确方向

表 1-3-7 "运动技能"目标维度之一:"学习体育运动知识"

水平段	学习目标	检验标准	关键点
水平一	获得运动的基本知识和体验	(1)知道所学运动项目或体育游戏的名称或动作术语 (2)体验运动过程并初步了解一些运动现象	知道、体验、了解
水平二	学习奥林匹克运动的相关知识	了解一些奥林匹克运动的知识	了解知识
	体验运动过程并了解动作名称的含义	了解多种动作术语或动作名称的含义	了解含义
水平三	丰富奥林匹克知识	增加对奥林匹克知识的了解	增加了解
	了解运动项目的知识	了解多种运动项目的名称及其基本的健身价值	了解名称及价值
	学会体育学习和锻炼	初步具有自主学习、合作学习和探究学习的能力	初步具有能力
	观看体育比赛	经常观看现场或电视实况转播的体育比赛	经常观看比赛
水平四	简要分析体育比赛中的现象与问题	简要分析现代体育与奥运会发展过程中所发生的一些重要事件与问题	简要分析事件与问题
	提高体育学习和锻炼的能力	(1)基本掌握科学锻炼身体的知识和方法 (2)基本形成自主、合作和探究学习与锻炼的能力	基本掌握知识和方法;基本形成能力

从表 1-3-7 显示的各水平在"学习体育运动知识"的学习目标来看,随着水平段的提高,目标要求越来越高,从最初的水平一"获得运动的基本知识和体验",到水平二以后的"学习奥林匹克运动的相关知识"、"体验运动过程并了解动作名称的含义",以及"观看体育比赛","学会体育学习和锻炼",到水平四"提高体育学习和锻炼的能力"等。目标内容越来越广,目标难度越来越大。与之相对应的"达到该目标时,学生将能够……",即目标达成的检验标准也伴随各水平"学习目标"的变化而变化。从各水平"学习目

标"达成检验标准中的关键点来看，目标检验标准越来越高，从水平一仅仅是"知道、体验、了解"，逐渐过渡到以后各水平的"增加了解"、"初步具有能力"、"基本掌握知识、方法，并形成能力"等。不同水平段所呈现的"学习体育运动知识"方面的差异性和难度递进性，为准确设置各水平段体育运动知识具体的学习目标提供了一定的参考。

②"掌握运动技能和方法"的各水平"学习目标"及目标达成与否的检验标准

在"运动技能"学习方面，"掌握运动技能和方法"的各水平"学习目标"及其相关要求进行归纳，如表1-3-8所示。

表1-3-8　"运动技能"目标维度之二："掌握运动技能和方法"

水平段	学习目标	检验标准	关键点
水平一	学习基本的身体活动方法和体育游戏	做出基本身体活动动作	做出动作
	学习不同的体育活动方法	（1）初步学会常见的球类游戏 （2）学习一些体操类活动的基本动作 （3）学习一些游泳或冰雪类活动基本动作 （4）学习一些武术类活动的基本动作 （5）学习一些其他简单的民族民间传统体育活动类项目的基本动作	初步学会、学习一些基本动作
水平二	提高基本身体活动和完成体育游戏的能力	完成多种基本身体活动动作	完成动作
	初步掌握多种体育活动方法	（1）初步掌握几项球类活动的基本方法 （2）初步掌握一些体操类活动的基本动作 （3）初步掌握一些游泳或冰雪类活动的基本动作 （4）初步掌握一些武术类活动的基本动作 （5）初步掌握一些其他简单的民族民间传统体育类项目的基本动作	初步掌握基本动作
水平三	掌握有一定难度的基本身体活动方法	完成有一定难度的基本身体活动动作	完成有一定难度的动作

第三章 049
从课程目标明方向

第一部分
体育教师上课
——走近课标
明确方向

续表

水平段	学习目标	检验标准	关键点
水平三	基本掌握运动项目的技术动作组合	（1）基本掌握一些球类运动项目的技术动作组合 （2）基本掌握一些体操类运动项目的简单技术动作组合 （3）基本掌握一些游泳或冰雪类运动项目的基本技术 （4）基本掌握一些简单的武术套路 （5）基本掌握一些其他有一定难度的民族民间传统体育活动类项目的基本技术	基本掌握技术或组合
水平四	基本掌握并运用运动技术	（1）基本掌握并运用一些田径类运动项目的技术 （2）基本掌握并运用一些球类运动项目的技术和简单战术 （3）基本掌握并运用一些体操类运动项目的技术 （4）基本掌握并运用一些游泳或冰雪类运动项目的技术 （5）基本掌握并运用一些武术类运动项目的1—2组技术动作组合 （6）基本掌握并运用一些其他较复杂的民族民间传统体育活动类项目的技术	基本掌握并运用技术、组合、简单战术

从表1-3-8显示的结果来看，在"运动技能"学习方面的"掌握运动技能和方法"，各水平"学习目标"大体上分为两大块，一块是学习掌握身体基本活动方法，另一块是学习掌握多种运动项目，只是随着水平段的升高，目标要求难度加大。如就身体活动方法而言，水平一的学习目标是"学习基本的"，水平二为"提高基本身体活动和完成体育游戏能力"，水平三成了"掌握有一定难度的基本身体活动方法"，水平四对该方面的目标未做具体要求。而关于各运动项目的技术学习而言，随着水平段的升高，目标要求发生了明显变化：从水平一的"学习不同的体育活动方法"，到水平二要求"初步掌握多种体育活动方法"，水平三就开始要求"基本掌握运动项目的技术动作组合"，水平四不但要求"基本掌握"，而且要求"运用运动技术"。由此可以看出，各运动项目的技术学习的目标无论是对低水平段还是高水平段的学生都有相应的要求，并随着水平段的提高，要求从"逐步掌握"到"能够运用所学技术"。然而，依据学习目标的要求，体育教学活动在选择教学内容时，

就要充分考虑不同水平段的学生特点，以及课标的目标要求，来合理安排运动技能教学工作，既不可忽视运动技术传授，也不可操之过急。

该维度各水平"学习目标"下的"达到该目标时，学生将能够……"，呈现的特点是，不同水平段标准不同，也反映随着水平段的升高，标准有提高的趋势，且提高的内容与学习目标相对应。如水平一"掌握运动技能和方法"这一维度，"学习目标1：学习基本的身体活动方法和体育游戏"，目标达成检验标准是要求"做出基本身体活动动作"，及时把握关键点是否能"做出动作"显得很重要。其他水平段的标准也同样明确了要求学生是"初步学会"还是"初步掌握"，或"完成有一定难度"等。另外，在运动项目技术动作学习的目标要求上，也都随着学段的延伸要求掌握的程度各不相同，从最初的水平一的"初步学会和学习一些"，到水平二的"初步掌握一些"，再到水平三的"基本掌握基本技术、技术组合"，最后到水平四要求"能够运用技术、组合和简单战术"。不同的目标要求，为各水平段设置具体的学习目标提供了重要参考。

③"增强安全意识和防范能力"的各水平"学习目标"及目标达成与否的检验标准

"增强安全意识和防范能力"目标维度，各水平"学习目标"及目标达成检验标准的归纳结果，如表1-3-9所示。

表1-3-9　"运动技能"目标维度之三："增强安全意识和防范能力"

水平段	学习目标	检验标准	关键点
水平一	初步了解安全运动以及日常生活中有关安全避险的知识和方法	知道基本的安全运动知识和方法，注意体育活动和日常生活中的安全	知道知识和方法、注意安全
水平二	重视体育活动和日常生活中的安全问题	（1）基本掌握体育活动、比赛和日常生活中的安全常识 （2）表现出主动规避运动伤害和危险的意识与行为	基本掌握、表现出主动意识和行为
水平三	初步掌握运动损伤及常见意外伤害的预防与简易处理方法	了解并学会一些运动损伤及常见意外伤害的预防与简易处理方法	了解并学会方法

第三章 **051**
从课程目标明方向

第一部分
体育教师上课
——走近课标
明确方向

续表

水平段	学习目标	检验标准	关键点
水平四	提高安全运动的能力	具有较强的安全运动能力	具有较强的能力
	把安全运动的意识迁移到日常生活之中	在日常生活中具有安全行动的意识和能力	具有意识和能力

从表 1-3-9 可以看出，"增强安全意识和防范能力"，各水平学习目标要求各有不同。各水平学习目标呈现的差异性具有以下特点：水平段越低，安全意识和防范能力要求越低；相反，水平段越高，要求也随之增高。如水平一学习目标是"初步了解安全运动以及日常生活中有关安全避险的知识和方法"；到了水平二，学习目标变成了"重视体育活动和日常生活中的安全问题"；水平三难度加大且更加具体了，定位在"初步掌握运动损伤及常见意外伤害的预防与简易处理方法"；水平四的学习目标要求是"提高安全运动的能力，并能够把安全运动的意识迁移到日常生活之中"。各水平"学习目标"与之相对应的具体检验标准，一方面更加清晰化了，另一方面更加具体化了。如水平三与学习目标对应的检验标准是"了解并学会一些运动损伤及常见意外伤害的预防与简易处理方法"，目标是否达成衡量的标准看是否达到了学会的标准。

3. "达到该目标时，学生将能够……"的落实方略

各水平所建议的教学内容，究竟要教到什么程度，在不同水平段，教师在运动参与、运动技能、身体健康、心理健康与社会适应等方面如何把握学生在各水平的培养与发展，在"课程内容"中的 64 个"达到该目标时，学生将能够……"中，都已经有了相对比较明确的要求或标准。但是，一线教师在教学中该如何贯彻落实课标中的"课程内容"，更进一步说，如何充分依据每个水平"学习目标"，以及"达成该目标时，学生将能够……"中的目标达成检验标准，设置体育教学具体的目标和组织体育教学工作，下面做进一步分析。

一般看来，有人会认为说体育教学目标设置难以具体化，也有人认为，

设置目标缺乏明确的依据。实际上，当我们分析课标第三部分"课程内容"中的"达成该目标时，学生将能够……"的具体含义及规律时不难发现，每一个水平"学习目标"之后，都有检验目标达成的标准，这些标准实际上正是一线教师在设置目标时的重要参考依据。尤其应该引起重视的是，依据"运动技能"和"身体健康"课标建议内容以及目标达成要求，设置较为具体的目标并不难。因为，课标中"课程内容"部分，不但有层层递进的课标在"四个学习方面"的目标维度、水平"学习目标"、目标检验标准或要求，而且在"达成该目标时，学生将能够……"的举例中，已经有较为明确的教学内容建议。也就是说，已经为具体的学习目标的设置搭好了架构。下面重点针对"运动参与"、"运动技能"，尤其是在"达到该目标时，学生将能够……"方面，谈一谈如何贯彻落实课标。

（1）依据目标体系确定目标难度

在目标设置方面，比较难控制的应该是对目标难度的把握。因为目标设置到什么程度，也就是说，要求学生学到什么程度，往往需要教师十分明确，否则，就难以有效组织教学工作。那么，该如何使目标更加清晰呢？

从同一水平横向来看，课标"课程内容"部分从"四个学习方面"的目标维度，到水平"学习目标"，再到"达到该目标时，学生将能够……"需要达到的标准，逐步具体化。如"运动技能"学习方面目标维度之一是"学习体育运动知识"，水平一的"学习目标"是"获得运动的基本知识和体验"，再进一步具体化的目标检验标准变成了两个方面，其一是"知道所学运动项目或体育游戏的名称或动作术语"，其二是"体验运动过程并初步了解一些运动现象"。其中，"知道名称或术语"较为清晰而具体地提出了明确的学习要求。由此，在制定具体的目标方面，假如对体育运动知识方面设置目标，就可以依据逐步具体化的目标内容和具体要求有针对性地表述该方面的具体学习目标。

从不同水平纵向来看，由于各水平段学生的年龄、身心发展特点有一定的差异，因此，在同一目标维度上，各水平的要求也有所不同。如"运动技能"目标维度之二是"掌握运动技能和方法",从水平一到水平四,是从"学习不同的体育学习方法"到"学习技术及运用"的层层递进。而且,我们从目标达成检验标准中还可以看出,是分别对球类、体操类、游泳或冰雪类、武术类、其他民族民间传统体育活动类等运动项目具体目标的要求,从学习基本动作到初步掌握一些基本动作,再从基本掌握基本技术或简单技术动作组合,到基本掌握并运用这些项目的技术和简单战术等,目标难度逐步加大,目标内容逐渐增多。在贯彻落实课程标准时,尤其是在设置具体的体育课堂学习目标时,依据这些目标的逐步变化,来确定所要设置的目标难度。

(2)"达到该目标时,学生将能够"为评价提供了重要依据

无论是体育教学评价,还是体育教学质量评价,都需要有较为具体的评价指标体系,尤其需要有清晰的评价内容。而"达到该目标时,学生将能够……"部分既包含目标达成与否的检验标准,又有建议的教学内容。假如要对学生进行体育学业成绩进行测评,可以依据该部分的目标要求,设计测评维度;假如要对中小学生进行体育教育质量监测,可以重点监测中小学生运动技能掌握程度。究竟应该建立什么样的监测指标体系,也就是说,具体监测什么要结合具体项目而定。以篮球为例,监测中小学生所掌握的篮球技能水平,可以依据课标中的目标要求做出较为准确的监测指标,包括监测内容和难易度。课标"课程内容"中明确提出,水平一(一、二年级)目标要求的是"初步学会常见的球类游戏",水平二(三、四年级)是"初步掌握几项球类活动的基本方法",到了水平三(五、六年级)才要求"基本掌握一些球类运动项目的技术动作组合",水平四(七、九年级)提高到了"基本掌握并运用一些球类运动项目的技术和简单战术"。由此可以看出,假如以篮球(或小篮球)为例来监测质量水平,由于小学五年级以上才开始学习球类运动项目的技术动作及组合,因此,在小学四年级及以下各年级监测篮球技术或动作组合就不够合理。同样,由于水平四才开始学习球类运动的简单战术,因此,在小学阶段评价学生篮球战术学习情况,显然也是违背课标要求,不切实际的。

走近课标，再次研读课标中的"课程内容"时，"达到该目标时，学生将能够……"以特殊的含义展现于此，教师在对其内涵尚未明确规定的前提下，试图通过两种假设推断其定位。经研究，"达到该目标时，学生将能够……"实际上可以理解为包含两部分内容，前一部分为检验水平"学习目标"达成的标准，后一部分，即"如……"以后的部分，可以看作为达成水平"学习目标"建议学生学习的内容。通过对目标体系进行分析发现：从目标维度到水平"学习目标"，再到目标达成与否的检验标准，层层递进，更加清晰化、具体化。而且，不同水平段，水平"学习目标"的深度和广度都逐渐在加深和扩大，因此，认真研读该部分的课标文本，不但对设置更加具体的学习目标能够提供重要参考，而且为教学（质量）评价提供了重要的指标确定依据，目标设置与结果评价也将由此而更加准确和清晰。

三、身体健康和心理健康的落实方略

上文中，我们对修订版"达到该目标时，学生将能够……"的含义、"运动参与"和"运动技能"两个方面的目标体系、达成与否的检验标准，以及贯彻落实课标的主要方略做了一些探讨，下面重点对"身体健康"、"心理健康与社会适应"两方面目标问题及落实方略进行分析，旨在为有效实施课标提供参考。

1. 各水平段"身体健康"若干"学习目标"及目标达成与否的检验标准

课程标准的各水平段在身体健康方面，分别从"掌握基本保健知识和方法"、"塑造良好体形和身体姿态"、"全面发展体能与健身能力"和"提高适应自然环境的能力"四个维度设置学习目标。

（1）"掌握基本保健知识和方法"

对身体健康学习方面的"掌握基本保健知识和方法"目标维度及其相关目标要求进行归纳，如表 1-3-10 所示。

第三章 **055**
从课程目标明方向
第一部分
体育教师上课
——走近课标
明确方向

表 1-3-10 "身体健康"目标维度之一:"掌握基本保健知识和方法"

水平段	学习目标	检验标准	关键点
水平一	初步了解个人卫生保健知识和方法	初步了解饮食、用眼、口腔卫生等个人卫生常识	初步了解常识
水平二	了解个人卫生保健知识和方法	了解近视眼预防、食品卫生、主要营养素的作用等有关知识	了解有关知识
	初步了解基本预防知识	初步了解一些疾病的危害和预防知识	初步了解预防知识
水平三	初步了解人体运动系统	知道运动系统的基本构成	知道构成
	了解卫生防病的知识和方法	了解一些疾病预防的基本知识和方法	了解知识和方法
	了解食品安全与健康的关系	了解食品安全的基本知识	了解基本知识
	初步掌握青春期的生长发育特点与保健知识	了解青春期的生长发育特点及保健常识	了解特点及保健常识
水平四	了解生活方式与健康的关系	了解营养、睡眠、吸烟、饮酒等与健康的关系	了解关系
	基本掌握卫生防病的知识和方法	基本掌握一些疾病的预防知识和方法	基本掌握知识和方法
	基本掌握青春期保健知识	遵循青春期的身心变化规律,基本掌握保健知识和方法	遵循规律、基本掌握知识和方法

在"掌握基本保健知识和方法"方面,各水平段的学习目标要求各有不同,总体上来看,是用"初步了解"、"了解"、"基本掌握"三个不同的程度词语表达,用于区分逐渐提高的目标要求。另外,根据学生所处的身心健康与生理发展期不同,各水平又在学生需要了解或掌握的健康知识内容方面有所区分,如针对水平三、水平四的学生,分别提出了初步掌握和基本掌握青春期保健知识等。

另外,在各学习目标达成与否的检验标准上,一方面更加具体化了,另一方面也伴随着相应的学习目标的变化有所改变，无论是难度还是保健知识内容的广度上都是如此。如水平一的标准是"初步了解饮食、用眼、口腔卫生等个人卫生常识"，水平二要求能够"了解近视眼预防、食品卫生、主要营养素的作用等有关知识"，水平三、水平四的变化更加明显。

（2）"塑造良好体形和身体姿态"

"身体健康"学习方面，对"塑造良好体形和身体姿态"的学习目标与目标达成有否的检验标准进行归纳，其结果如表1-3-11所示。

表1-3-11　　"身体健康"目标维度之二："塑造良好体形和身体姿态"

水平段	学习目标	检验标准	关键点
水平一	注意保持正确的身体姿态	（1）知道正确的身体姿态 （2）在日常生活和运动中注意保持正确的身体姿态	知道姿态、注意保持
水平二	改善体形和身体姿态	注意保持良好的体形，矫正不正确的身体姿态	注意保持、矫正姿态
水平三	保持良好的身体姿态	初步了解不同的身体姿态所代表的礼仪内涵，并保持良好的身体姿态	初步了解、并保持姿态

表1-3-11显示，从水平一到水平三，"塑造良好体形和身体姿态"的目标内容是从"注意保持正确的身体姿态"，到"改善体形和身体姿态"，又到"保持良好的身体姿态"，总之，从"保持正确的"到"矫正不正确的"，再到"保持良好的"，体现的是一个动态发展变化的良好体形与身体姿态塑造过程的目标要求。

在学习目标达成情况的检验标准上，各水平段都更加清晰了，也就是说，在哪些方面？如何做？做到什么程度？都可以从"达到该目标时，学生将能够……"下面的内容中找到具体要求。如水平一强调的是"知道正确的身体姿态；在日常生活和运动中注意保持正确的身体姿态"，一方面是要求该水平段的学生知道什么是正确的身体姿态，另一方面要求学生在日常生活中和运动中都要注意保持正确的身体姿态。除此之外，难度也加大了，如水平三还要求学生"初步了解不同身体姿态所代表的礼仪内涵"等。

第三章 **057**
从课程目标明方向

第一部分
体育教师上课
——走近课标
明确方向

（3）"全面发展体能与健身能力"

"全面发展体能与健身能力"，是"身体健康"学习方面比较重要的维度，其目标体系及检验标准，如表 1-3-12 所示。

表 1-3-12　"身体健康"目标维度之三："全面发展体能与健身能力"

水平段	学习目标	检验标准	关键点
水平一	初步发展柔韧性、灵敏性和平衡能力	（1）完成多种柔韧性练习 （2）完成多种灵敏性练习	完成练习
水平二	发展柔韧性、灵敏性、速度和力量	（1）了解体能的构成 （2）通过多种练习发展柔韧性 （3）通过多种练习发展灵敏性 （4）通过多种练习发展速度 （5）通过多种练习发展力量	了解构成、发展素质
水平三	提高灵活性、力量、速度和心肺耐力	（1）通过多种练习提高灵敏性 （2）通过多种练习提高力量水平 （3）通过多种练习提高速度水平 （4）通过多种练习发展心肺耐力	通过多种练习提高素质水平
水平四	在运动项目练习中提高灵敏性、速度、力量、心肺耐力和健身能力	（1）在多种运动项目练习中提高灵敏性 （2）在多种运动项目练习中提高速度水平 （3）在多种运动项目练习中提高力量水平 （4）在多种运动项目练习中提高心肺耐力	在多种运动项目练习中提高素质水平

从"全面发展体能与健身能力"的各水平段的学习目标来看，不同水平段要求发展的体能素质有所不同，灵敏素质在各水平段都要求发展或提高，平衡能力集中在水平一发展；柔韧素质集中在水平一和水平二两个阶段；速度、力量从水平二一直到水平四都有要求；心肺耐力素质是针对水平三和水平四提出的目标要求。以上是从素质与能力类型上的区分。在层次上，是从"初步发展"到"发展"，再到"提高"，以及在运动项目练习中提高各项素质。

另外，从学习目标是否达成的检验标准来看，从水平一的"完成"多种柔韧性和灵敏性"练习"，到水平二了解"体能的构成"，并通过多种练习"发展"柔韧、灵敏、速度、力量等素质，再到水平三的通过多种练习"提高"该水平学习目标要求的灵敏性、力量、速度、心肺耐力素质水平，到水平四在各种"运动项目"练习中提高相应的素质水平。可以说，从完成练习，到了解体能结构，并在练习中发展素质，再过渡到要求提高素质和在运动项目练习中提高素质，目标难度不但逐渐加大，而且练习环境逐步改变，即从"一般练习"到"运动项目练习"来发展和提高体能素质。

（4）"提高适应自然环境的能力"

对"身体健康"目标维度之四"适应自然环境的能力"进行梳理，该维度各水平段学习目标及其相关目标要求如表1-3-13所示。

表1-3-13　"身体健康"目标维度之四："适应自然环境的能力"

水平段	学习目标	检验标准	关键点
水平一	发展户外运动能力	乐于参与户外运动	乐于参与
水平二	增强适应气候变化的能力	适应寒暑、燥湿等气候变化	适应气候变化

"提高适应自然环境的能力"仅仅在水平一和水平二两个水平段提出了学习目标要求，而且学习目标达成与否的检验标准也有所不同，水平一为"乐于参与户外运动"，而水平二要求的是"适应寒暑、燥湿等气候变化"，围绕这些目标要求和检验标准，在开展教学工作时需要教师引起必要的关注。

2. 各水平段"心理健康与社会适应"若干"学习目标"及目标达成与否的检验标准

"心理健康与社会适应"学习方面，分别从"培养坚强的意志品质"、"学会调控情绪的方法"、"形成合作意识与能力"和"具有良好的体育道德"四个维度提出了目标要求。

（1）"培养坚强的意志品质"

"心理健康与社会适应"学习方面的第一个目标维度——"培养坚强的意志品质"，各水平段学习目标及其具体的目标要求，如表1-3-14所示。

第三章 **059**
从课程目标明方向

第一部分
体育教师上课
——走近课标
明确方向

表 1-3-14 "心理健康与社会适应"目标维度之一："培养坚强的意志品质"

水平段	学习目标	检验标准	关键点
水平一	努力完成当前的学习任务	认真完成体育学习和锻炼任务	认真完成任务
水平二	坚持完成有一定困难的体育活动	在有一定困难的体育学习和锻炼中坚持完成任务	在有一定困难中完成任务
水平三	在体育活动中表现出克服困难的意志品质	在比较困难的体育活动中表现出自信和克服困难的勇气	在比较困难中表现出自信与勇气
水平三	正确认识和对待身体条件和运动能力的差异	正确认识自己及他人的身体条件和运动能力,并对自己充满信心	正确认识条件和能力、充满自信
水平四	具有坚决果断的决策能力	积极应对各种困难,并果断做出决策	积极应对困难、果断决策

"培养坚强的意志品质"各水平段的学习目标,无论从范围上还是从具体要求上都有一定的差异性。从水平一学习目标要求"努力完成当前的学习任务",到水平二要"完成有一定困难的体育活动",再到水平三"表现出克服困难的意志品质",到了水平四,则要求"具有坚决果断的决策能力"等,目标要求逐步加大。而衡量目标达成与否的具体检验标准,水平一看是否是"认真完成"的,水平二是看在有一定困难的体育学习和锻炼中能否"坚持完成任务",水平三是看在比较困难的体育活动中是否能够表现出"自信和克服困难的勇气",水平四是看面对各种困难能否积极应对,并做出"果断的决策"。由此可以看出,进一步明细化的目标达成检验标准,教师更便于把握。

(2)"学会调控情绪的方法"

通过对"心理健康与社会适应"学习方面的目标维度之二——"学会调控情绪的方法"进行归纳,各水平段学习目标及其目标相关要求各有不同,具体情况如表 1-3-15 所示。

表1-3-15　"心理健康与社会适应"目标维度之二："学会调控情绪的方法"

水平段	学习目标	检验标准	关键点
水平一	体验体育活动对情绪的积极影响	体验体育活动中的情绪变化	体验情绪变化
水平二	在体育活动中保持积极稳定的情绪	在体育活动中保持高昂的情绪	保持高昂情绪
水平三	在体育活动中注意调节自己的情绪	在体育活动中遇到挫折时注意控制自己的情绪，表现出自制能力	挫折中情绪调控
水平四	积极应对挫折和失败并保持稳定情绪	分析体育学习和锻炼中遇到挫折和失败的原因，并保持稳定和积极的情绪	分析原因、保持稳定和积极情绪

体育教学中会遇到学生情绪的变化，需要教师在教学中帮助学生学会控制情绪的方法。各水平段"学会控制情绪的方法"有着不同的学习目标要求，从表1-3-15显示的情况来看，水平一要求学生"体验体育活动对情绪的积极影响"，水平二要求学生"保持积极稳定的情绪"，水平三是要求学生"注意调整自己的情绪"，水平四是要求学生"积极应对挫折"等。从情绪体验到保持良好情绪，是一种能力的提升过程，同时，水平段越高，提出的能力要求越强，如到了水平四就要求学生能够面对挫折和失败有积极应对的能力。为此，正确引导学生面对挫折和失败的积极态度和正确做法十分重要。

与各学习目标相对应的检验标准，即学生达到对应的目标需要做到的具体要求，各水平段也略有差异，也是从"体验"到"保持"，再到"控制"，到了水平四，要求能够分析体育学习和锻炼中遇到挫折和失败的原因，并能够保持稳定和积极的情绪。而与学习目标有所不同，水平一体验的是情绪变化，水平二要求保持高昂的情绪等。

（3）"形成合作意识与能力"

对"心理健康与社会适应"学习方面的"形成合作意识与能力"目标维度进行归纳，结果如表1-3-16所示。

第三章 **061**
从课程目标明方向

第一部分
体育教师上课
——走近课标
明确方向

表 1-3-16 "心理健康与社会适应"目标维度之三:"形成合作意识与能力"

水平段	学习目标	检验标准	关键点
水平一	在体育活动中适应新的合作环境	在新的合作环境中愉快地进行体育活动和体育游戏,与同伴友好相处	愉快地活动,友好相处
水平二	在体育活动中乐于交流与合作	在体育活动中主动与同伴进行交流与合作	主动交流与合作
水平三	在团队体育活动中能较好地履行自己的职责	乐意融入团队体育活动并完成自己的任务	乐意融入团队,并完成任务
水平四	树立集体荣誉感	在集体性体育活动中共同努力实现目标	集体中共同实现目标

合作学习是课标中提出的在体育课堂上贯彻落实的学习方式,要在教学中运用好这种学习方式,就要求学生具有合作的意识和能力。"心理健康与社会适应"学习方面"形成合作意识与能力"的学习目标,正是为达成该水平目标而提出的。而且,不同水平段的学习目标要求各有不同。从水平一的"适应新的合作环境",到水平二的"乐于交流与合作",再到水平三提出的"在团队体育活动中能较好地履行责任",水平四则要求学生"树立集体荣誉感"。除此之外,目标达成情况的检验标准也分别在具体要求上和难度上与各水平段的学习目标相对应。而且,主要体现在如何在体育活动中与同伴友好相处、主动交流与合作、融入团队、集体中共同努力等。不同水平段的学生由于其年龄特点有所不同,学生会从不知道何谓合作,通过一些有针对性的教学活动的开展,到逐渐形成合作意识与能力。

(4)"具有良好的体育道德"

对"心理健康与社会适应"学习方面的"具有良好的体育道德"目标维度及其相关要求进行归纳,如表 1-3-17 所示。

表 1-3-17 "心理健康与社会适应"目标维度之四:"具有良好的体育道德"

水平段	学习目标	检验标准	关键点
水平一	在体育活动中爱护和帮助同学	在体育活动中表现出对同学的关心与爱护,乐于帮助同学	关心、爱护、帮助同学

续表

水平段	学习目标	检验标准	关键点
水平二	遵守运动规则并初步自我规范体育行为	初步了解体育道德，并注意规范自己的体育行为	初步了解、规范行为
水平三	形成良好的体育道德意识和行为	对体育道德具有一定的认识并能努力实践	认识体育道德并实践
水平三	在体育活动中尊重相对较弱者	正确对待体育活动中的相对较弱者	正确对待弱者
水平四	形成良好的体育道德行为并迁移到日常生活中	在体育活动、比赛和日常生活中表现出良好的道德行为	表现良好道德行为

党的十八大明确提出党的教育方针中，把立德树人作为教育的根本任务。立德树人，要求全科育人，体育课程在培养学生的道德行为方面与其他学科一样肩负重任，但体育课程由于与其他课程形式有着本质的区别，也就是说，学生的交往活动更加丰富多样，因此，体育学科教学更有利于培养学生具有良好的道德行为。在"心理健康与社会适应"方面的水平目标也有要求，即"具有良好的体育道德"，为了达到该目标要求，各水平段都提出了相应的学习目标。从纵向来看，随着水平段的提升，道德行为要求越来越明显：水平一要求学生能够"在体育活动中爱护和帮助同学"；水平二要求学生能够"遵守运动规则并初步自我规范体育行为"；水平三的要求更为具体，即要求"形成良好的体育道德意识和行为；在体育活动中尊重相对较弱者"；水平四提出了"形成良好的体育道德行为并迁移到日常生活中"的更高要求。

各学习目标对应的目标达成检验标准，也与学习目标一样逐渐有所变化，但由于该标准可以用来检验学习目标达成与否，因此，更需要关注的是其中的关键词句。如水平一强调"关心、爱护、帮助同学"，水平二强调"初步了解、规范行为"，水平三则强调"认识体育道德并实践，正确对待弱者"，水平四要求"表现良好道德行为"。在"具有良好的体育道德"方面，体育教学可以依据不同水平段所提出的具体学习目标要求和检验标准来安排与培养道德行为有关的各项活动。

第三章
从课程目标明方向

063

第一部分
体育教师上课
——走近课标
明确方向

3. "达到该目标时，学生将能够……"的落实方略

（1）"身体健康"若干学习目标的落实方略

①依据知识难度按水平段分层落实

体育课堂教学中，一个很重要的任务就是要向学生传授体育与健康知识，那么，在不同水平段应该传授哪些知识？"身体健康"在"掌握基本保健知识和方法"维度中的具体学习目标内容，给我们提供了重要的参考依据。无论是保健知识内容广度还是深度，都分别从水平一到水平四做了较为明确的划分，即某一水平段教到什么程度已经基本上有所规定。如水平一控制在"初步了解个人卫生保健知识和方法"；水平二又在此基础上增加了"初步了解基本预防知识"，相当于要求掌握两个方面的内容；水平三增加了"人体运动系统"、"卫生预防"、"食品安全与健康的关系"、"青春期生长发育"四个方面的内容；水平四包括"生活方式与健康的关系"、"卫生预防"、"青春期保健知识"三个方面的内容。各水平段清晰的内容分布，以及对相同内容的学习，从"初步了解"到"了解"，再到"基本掌握"具有递进性的目标要求，一线教师可以以此为依据，较为清晰地设置相应水平的具体学习目标，课程标准的落实也会变得简单起来。

②依据素质类型按水平段分类落实

在"身体健康"目标维度"全面发展体能与健身能力"中，明确将体能素质与基本运动能力在各水平段的发展类型做了明确的要求。如体能素质，水平一要发展的是柔韧和灵敏素质；水平二除了柔韧、灵敏以外，又增加了速度和力量；水平三集中在灵敏、力量、速度上，同时又增加了耐力素质；水平四除了柔韧素质以外，其余的四项素质都包含其中。就基本活动能力而言，水平一提出了平衡能力，水平二和水平三未做明确的规定，水平四提出要提高健身能力。由此可以看出，在设置相应水平段的素质与能力目标时，不能脱离标准中的这些规定性。而且，还要结合具体的学期教学进度和单元课次分布情况，将各水平段的体能素质锻炼目标合理地进行分配。比如，就柔韧素质而言，仅仅在水平一、水平二有明确的要求，因此，在目标设置时

就要力求控制在这两个水平集中发展；相反，心肺耐力素质的锻炼，规定是从水平三开始到水平四。因此，在水平一、水平二出现耐力素质发展就不够合理。基于此，为了更好地贯彻落实好课标中的学习目标规定性，在具体设置体育课学习目标时，就要严格参照课标规定，否则容易出现不合理性，甚至是不科学性。

（2）"心理健康与社会适应"若干学习目标的落实方略

"心理健康与社会适应"学习方面在设置具体目标时，容易出现随意性，也就是说，脱离课标中的具体而明确的要求，自行确定培养的范围和程度，结果出现目标设置与学生的年龄、身心发展特点不相符的现象。因此，在设置目标时，需要认真研读"心理健康与社会适应"中各维度在各水平的目标分布情况，确保目标设置的准确性。

①意志品质培养体现层次性

在"心理健康与社会适应"目标维度"培养坚强的意志品质"中，已经明确地将各水平段需要培养什么样的意志品质做了区分。比如，水平一提出的是"努力完成当前的学习任务"，水平二是"坚持完成有一定困难的体育活动"，水平三变成了"在体育活动中表现出克服困难的意志品质"，水平四要求"具有坚决果断的决策能力"。因此，在设置"意志品质"培养方面的目标时，要根据从教的水平段，对照相应的目标要求，制定适宜的目标内容及难度，既不可随意提高要求，也不可忽视层次性，而是要将意志品质培养做得扎实有效。关于培养学生顽强拼搏的意志品质，足球比赛能够发挥很好的作用，如图 3-1-1 所示。

图 1-3-1　学生在足球比赛中顽强拼搏

②合作意识与能力培养要循序渐进

对学生合作意识与能力的培养，是体育学科具有的重要功能。如何在相应水平段设置具体的学习目标呢？参照课标中"心理健康与社会适应"目标

第三章 **065**
从课程目标明方向

第一部分
体育教师上课
——走近课标
明确方向

维度"形成合作意识与能力"中提出的各水平段的目标要求，我们可以依据各水平段在合作意识与能力培养中体现的循序渐进性，把握某一水平段的具体目标内容和难度，避免出现盲目性。如水平一仅仅要求的是"在体育活动中适应新的合作环境"，强调的是"适应环境"；水平二提出了"在体育活动中乐于交流与合作"，强调的是"乐于"；水平三要求"在团队体育活动中能较好地履行自己的职责"，强调的是"履行职责"；水平四要求的是"树立集体荣誉感"，即"在集体中共同实现目标"。从要求上来看，呈现了循序渐进的过程，因此，要贯彻落实好课标中的目标要求，需要认真研读该部分内容，有针对性地确立各水平段学生在合作意识与能力培养方面的具体目标要求。培养合作意识和能力，要创设合作学习环境，如通过教学比赛建立团队意识，如图 1-3-2 所示；通过合作学习培养合作能力，如图 1-3-3 所示。

图 1-3-2　教学比赛中建立团队意识　　　图 1-3-3　小组合作学习

"达到该目标时，学生将能够……"的具体内容广泛而逐步深入，通过对"身体健康"和"心理健康与社会适应"两大学习方面的各目标维度进行分析发现，一线教师在设置相应水平段具体学习目标时，能够找到与之对应的规定性，从而减少盲目性。尤其是保健知识的传授、体能素质和基本运动能力的发展、意志品质的培养，以及合作意识与能力的培养等方面具有层次性，循序渐进的目标要求更是清晰可见。因此，认真研读课标中关于"课程内容"的具体内容表述，进一步明晰各水平段的具体要求，为设置具体学习目标奠定基础。

为进一步对课程目标加深理解，下面对此进行归纳。

课程目标内容多，　四个方面分开说；

运动参与要求明，　体验乐趣相伴行；

运动技能目标清，　掌握技能不放松；

身体健康很关键，　体能素质课课练；

心理社会讲的全，　培养道德大无边；

学习目标维度新，　学习锻炼培养分；

知识技能靠学习，　素质锻炼不分离；

品质道德要培养，　三个维度把方向。

第四章 从课程内容明范围

修订版在"课程内容"部分，对运动技能、身体健康等的教学内容提出了一些建议，下面重点对各类内容进行分析，探寻其规律性，并提出教学内容选择的方略。

一、各水平段"运动技能"内容建议

修订版在"课程内容"部分对各水平段都提出了较为具体的教学内容建议。那么，在运动技能方面是如何建议的？具有什么规律性？尤其随着学段和年级的升高，教学内容建议是否呈现一定的衔接性？对于一线教师而言，该如何对应所教水平段依据课标中的内容建议确定教学内容？下面对以上问题进行讨论，期望能够给一线教师确定运动技能教学内容带来一定的启发。

1. 不同水平段"运动技能"教学内容建议

对修订版第三部分"课程内容"进行归纳，并将四个水平段关于"运动技能"的内容建议做如下分述。

（1）水平一"运动技能"教学内容建议

水平一包括小学一、二两个年级，内容建议上没有按年级进行具体细化，而是从总体上提出的。水平一"运动技能"方面，是从体育运动知识、运动技能和方法、安全意识和防范能力三个维度分别提出的教学内容建议，具体建议内容如表1-4-1所示。

表1-4-1 水平一"运动技能"教学内容建议分布情况

内容范围		具体内容举例	目标要求
体育运动知识	名称和术语	跑步、篮球、乒乓球、游泳、滚翻、仰卧起坐	能够描述
	运动现象	速度、节奏、力量、方向	能够体验

续表

内容范围		具体内容举例	目标要求
运动技能和方法	基本的身体活动方法和体育游戏	走、跑、跳、投、抛、接、挥击、攀、爬、钻、滚动和支撑	能够完成
	球类游戏	小篮球、小足球、乒乓球等球类游戏	有所表现
	体操类活动的基本动作	横队和纵队看齐、向左（右、后）转、立正、稍息、踏步、齐步走、站立、蹲立、仰卧、俯卧、纵叉、横叉等基本体操动作；棍、球、绳等轻器械体操动作；多种个人和集体的舞蹈动作、韵律动作等	有节奏感、柔韧性、协调性
	游泳或冰雪类活动的基本动作	水中呼吸、蛙泳的基本动作；冰上行走等（有条件的地区和学校）	能够完成
	武术类活动的基本动作	基本手形、抱拳、马步、蹬腿、冲拳；3—5个简单动作组合等	具有协调性和连贯性
	简单的民族民间传统体育活动类项目的基本动作	滚铁环、抽陀螺、荡秋千、跳皮筋、跳绳、踢毽子等	能够完成
安全意识和防范能力	基本的安全运动知识和方法；体育活动和日常生活中的安全	穿着合适的运动服上课，运动前做准备活动，在规定的场地内活动，合理正确地使用器材；过十字路口时不闯红灯，走斑马线；乘汽车时系安全带，头、手不伸出窗外；简单的紧急求助方法	懂得如何规避

从表1-4-1"运动技能"教学内容建议可以看出，水平一运动技能的教学在体育知识方面，侧重对所学运动项目或体育游戏的名称或动作术语的描述；在体验运动过程中初步了解一些运动现象，并未明确要求对较具体的体育知识的掌握。在运动技能和方法方面，要求能够在体育游戏中做出如走、跑、跳、投、攀、爬、钻、滚等动作，以及初步学会球类、体操类、游泳或冰雪类、武术类、其他简单的民族民间传统体育活动类等体育项目的基本动作。其中，球类建议以小篮球、小足球、乒乓球等项目组织的游戏为主。从运动技能具体内容举例来看，大部分类型都是以基本的、简单的动作学习为主。从安全意识和防范能力方面的内容可以看出，从小学一、二年级开始，

就需要培养学生在体育活动、日常生活中的安全意识和防范能力，尤其是要让他们懂得如何在运动和日常生活中避险，如运动前需要做准备活动、在道路上过十字路口时要走斑马线等。这些教育不但是最基本的，也是十分必要的。

（2）水平二"运动技能"教学内容建议

水平二包括小学三、四年级，"运动技能"内容建议也未再按年级细分，水平二的具体建议内容归纳，如表 1-4-2 所示。

表 1-4-2　水平二"运动技能"教学内容建议分布情况

内容范围		具体内容举例	目标要求
体育运动知识	奥林匹克运动的相关知识	国际奥委会会旗、奥林匹克格言	了解程度
	动作名称的含义	体转运动、跑跳步、马步、助跑、起跳；投远与投准、跳高与跳远的区别	了解程度
运动技能和方法	基本身体活动和体育游戏	曲线跑、合作跑、持物跑；单、双脚连续向高和向远跳跃；单、双手的投掷和抛物；攀、爬、钻	完成情况
	球类活动的基本方法	小篮球、小足球、羽毛球、乒乓球或其他新兴球类活动的基本方法	初步掌握
	体操类活动的基本动作	有队形的跑步走、齐步走变跑步走、各种队列队形变换；爬绳、爬竿；单杠、双杠、山羊、垫上等体操基本动作；健美操、校园集体舞等韵律活动和舞蹈动作	初步掌握
	游泳或冰雪类活动的基本动作	蛙泳或者滑冰、滑雪的基本动作	初步掌握
	武术类活动的基本动作	武术的基本动作、6—8 个简单动作组成的武术套路	初步掌握
	简单的民族民间体育活动类项目的基本动作	荡秋千、跳皮筋、跳绳、踢毽子等活动的基本动作	初步掌握

续表

内容范围			具体内容举例	目标要求
安全意识和防范能力	体育活动和日常生活中的安全问题	体育活动、比赛和日常生活中的安全常识	体育活动中自我保护和相互保护的知识、消除体育活动中安全隐患的方法以及中暑的识别和预防等知识；自然灾害、突发事件的躲避；鼻出血的简单处理方法以及其他简便的止血方法；滚翻、山羊分腿腾跃的保护方法	基本掌握
		主动规避运动伤害和危险的意识与行为	投掷练习中的安全隐患的规避；滚翻、山羊分腿腾跃自我保护和互相保护的情况	表现出安全意识和行为

从表 1-4-2 可以看出，水平二也是从体育运动知识、运动技能和方法、安全意识和防范能力三个维度分别提出的内容建议。首先，在体育运动知识方面，开始提出了较为具体的知识内容，如要求学习国际奥委会会旗、奥林匹克格言等奥林匹克运动的相关知识，体验运动过程并了解动作名称的含义。对于运动技能和方法，一方面，在水平一的基础上，要求提高基本身体活动和完成体育游戏的能力；另一方面，要求初步掌握球类、体操类、游泳或冰雪类、武术类等体育项目的基本动作。如武术类的内容建议是初步掌握武术的基本动作、6—8 个简单动作组成的武术套路。而在安全意识和防范能力方面，要求学生重视体育活动和日常生活中的安全问题。要求达到基本掌握体育活动、比赛和日常生活中的安全常识，并能够表现出主动规避运动伤害和危险的意识与行为，如在滚翻、山羊分腿腾跃练习中的自我保护和互相保护的意识与行为能力。

（3）水平三"运动技能"教学内容建议

水平三包括小学五、六年级，内容建议也没有再细化到各年级，也是总体上对该水平提出的。其中，"运动技能"方面的内容建议如表 1-4-3 所示。

第四章　071
从课程内容明范围
第一部分
体育教师上课
——走近课标
明确方向

表 1-4-3　水平三 "运动技能" 教学内容建议分布情况

内容范围			具体内容举例	目标要求
体育运动知识	奥林匹克运动的知识		现代奥运会的起源与发展、中国在奥运会上获得的主要成绩	进一步了解奥林匹克运动知识
	运动项目的知识		田径运动、球类运动、体操类运动、水上和冰雪类运动、民族民间传统体育活动类以及新兴运动项目中一些项目的名称及其基本的健身价值	了解运动项目的知识
	体育学习和锻炼方法		运用已有的知识和技能改进和提高动作质量；改编简单的徒手操或体育游戏；创编跳绳的方法等	学会体育学习和锻炼
	观看体育比赛		观看足球、篮球、乒乓球、游泳、体操、武术等运动项目的比赛	经常观看现场或电视实况转播的体育比赛
运动技能和方法	有一定难度的基本身体活动方法		后蹬跑、连续纵跳摸高、急行跳远、各种方式的投掷动作；有一定速度要求的滑步、攀、爬、钻、滚动、滚翻等动作	掌握活动方法
	运动项目的技术动作组合	球类运动项目的技术动作组合	小篮球、软式排球、小足球、羽毛球、乒乓球、短跑网球或其他新兴球类运动项目的技术动作组合	基本掌握技术动作组合
		体操类运动项目的简单技术动作组合	队形变换和队列动作；单杠、双杠、山羊等器械体操和技巧的简单技术动作组合；健美操、街舞、啦啦操、校园集体舞等韵律活动或舞蹈的简单成套动作	基本掌握简单的技术动作组合
		游泳或冰雪类运动项目的基本技术	蛙泳或滑冰、滑雪基本技术；相应的速度	基本掌握基本技术
		简单的武术套路	少年拳、地方特色拳种、9—10 个简单动作组合的武术套路	基本掌握武术套路
		有一定难度的民族民间传统体育活动项类目的基本技术	竹竿舞、花样跳绳、抖空竹、踢花毽等项目的基本技术	基本掌握基本技术

续表

内容范围		具体内容举例	目标要求
安全意识和防范能力	运动损伤及常见意外伤害的预防与简易处理方法	运动中自我保护和互相保护的基本方法、常见运动损伤（如扭伤、挫伤、擦伤等）及轻微烫烧伤的预防与简易处理方法；识别常见的危险标识；煤气中毒、触电、雷击、中暑的发生原因及预防和简易处理方法等	初步掌握预防和简易处理方法

　　水平三和水平一与水平二类似，在运动技能方面，也是从体育运动知识、运动技能和方法、安全意识和防范能力三个维度提出的建议。在体育知识方面，不但需要学生掌握丰富奥林匹克知识，要求了解田径运动、球类运动、体操运动等运动项目的知识，还需要学生掌握自主学习、合作学习和探究学习等的体育学习和锻炼的方法，除此之外，还要求学生观看足球、篮球、乒乓球等运动项目的比赛。总体来看，体育运动知识建议涉及了奥林匹克、运动项目、学习与锻炼方法、观看比赛等四个方面。在运动技能和方法的掌握上，提出了掌握有一定难度的基本身体活动方法，如后蹬跑、连续纵跳摸高等。在运动项目方面，提出了基本掌握球类、体操类、武术类等运动项目的技术动作组合。对于游泳或冰雪类、其他民族民间传统体育活动类要求掌握基本的或具有一定难度的技术。水平三在增强安全意识和防范能力方面，提出了初步掌握运动损伤（如扭伤、擦伤、挫伤等）及常见意外伤害（如煤气中毒、中暑等）的预防与简易处理方法。

　　（4）水平四"运动技能"教学内容建议

　　水平四包括初中一、二、三年级，"运动技能"内容建议也未再细化到各年级，对该水平的运动技能内容建议，如表1-4-4所示。

第四章 **073**
从课程内容明范围
第一部分
体育教师上课
——走近课标
明确方向

表 1-4-4　水平四"运动技能"教学内容建议分布情况

内容范围			具体内容举例	目标要求
体育运动知识	体育比赛中的现象与问题	现代体育与奥运会发展过程中所发生的一些重要事件与问题	奥运会、兴奋剂、球场暴力等事件与问题	认识事件与问题
	体育学习和锻炼的能力	科学锻炼身体的基本知识和方法	运动强度和密度、靶心率、心率测定和运动量控制等基本知识和方法	提高体育学习和锻炼的能力
		自主、合作和探究学习与锻炼的能力	设置个人学习目标、选择学习策略等	发现和解决有关问题的能力
运动技能和方法	运动技术	田径类运动项目的技术	短跑、中长跑、定向越野、跨栏跑、接力跑、跳远、跳高、投实心球等项目的技术	基本掌握并运用运动技术
		球类运动项目的技术和简单战术	篮球、排球、足球、羽毛球、乒乓球、网球、毽球、珍珠球和三门球等球类运动项目的技术和简单战术	基本掌握技术和简单战术
		体操类运动项目的技术	器械体操、技巧、健美操、街舞、啦啦操、校园集体舞等项目的技术动作与组合动作	基本掌握技术
		游泳或冰雪类运动项目的技术	蛙泳或滑冰、滑雪等基本技术，其他泳姿或有一定难度的滑冰、滑雪技术等	基本掌握技术
		武术类运动项目的1—2组技术动作组合	9—10个动作组成的武术套路	基本掌握技术动作组合
		较复杂的民族民间传统体育活动类项目的技术	竹竿舞、花样跳绳、抖空竹、踢花毽等项目的基本技术	基本掌握技术

续表

内容范围		具体内容举例	目标要求
安全意识和防范能力	安全运动的能力	全面地掌握安全运动、保护他人和自我保护的方法以及常见运动损伤的紧急处理方法；基本掌握溺水的应急处理方法	提高安全运动的能力
	安全运动的意识迁移到日常生活中	走路、骑车以及特殊天气（如下雨、下雪、大雾等）条件下注意安全；自然灾害（如地震等）或突发事件（如火灾等）发生时主动规避危险的知识和方法等	能将安全运动的意识迁移到日常生活中

从表1-4-4我们可以发现，运动技能内容建议的维度划分也同前三个水平段一致。其中，在体育运动知识方面，提出了能够简要分析体育比赛中的现象和问题，以及提高体育学习和锻炼的能力，如基本掌握运动强度和密度、靶心率、心率测定和运动量控制等基本知识和方法；在运动技能和方法方面，提出了"基本掌握并运用运动技术"总的目标要求，提出了短跑、中长跑、定向越野、跨栏跑、接力跑、跳高、实心球等田径类项目的技术学习要求，以及球类、体操类、游泳或冰雪类、武术类、其他民族民间传统体育活动类项目的技术；在安全意识和防范能力方面，不但要求提高安全运动的能力，还要求能够将安全运动的意识迁移到日常生活中，如基本掌握溺水的应急处理方法等。

2. 修订版中体育教学内容建议的规律性

教学内容建议集中反映了维度一致、衔接明显、项目全面等规律性。

（1）"运动技能"教学内容维度一致

无论是小学的三个水平段，还是初中的水平四，在"运动技能"方面都包含体育运动知识、运动技能和方法、安全意识和防范能力三个维度。而且，每个维度的具体内容具有一定的差异性，且都是从"学习"、"掌握"、"培养"三个层面提出具体目标要求。这说明，无论是哪个水平段的学生都既需要学习体育运动知识，又需要掌握具体的运动技能和方法，还需要培养安全意识和防范能力。这种高度的一致性告诉我们，作为体育教育工作，不可片

第四章 **075**
从课程内容明范围

第一部分
体育教师上课
——走近课标
明确方向

面地只强调某一个方面，而是需要做到全面且主次分明地开展教育教学工作，使学生得到较为全面的发展。

（2）"运动技能"教学内容衔接明显

通过对各水平段运动技能教学内容建议的分析来看，修订版不但对各水平段提出了较为明确的目标要求，更为重要的是，我们看到了各维度在内容上的衔接性。突出表现在以下几个方面：体育运动知识内容由少到多，具体内容由易到难，学习要求由低到高。如同样是体育运动知识维度，水平一强调的仅仅是知道动作名称或动作术语，体验运动现象；水平二除了开始学习奥林匹克运动的相关知识，在体验运动过程中，还需要了解动作名称的含义；水平三在奥林匹克运动的知识方面提出了更高的要求，如初步了解现代奥运会的起源和发展等，并提出了解多种运动项目的名称及其基本的健身价值，需要具备新的学习能力，还增加了对观看现场或电视实况转播的体育比赛的要求；水平四的体育运动知识，无论在能力上还是在方法上都提出了更高的要求，要求学生关注体育比赛中的现象与问题，并在掌握科学锻炼身体的基本知识和方法的基础上，提高体育学习和锻炼的能力。运动技能和方法、安全意识和防范能力，在各水平段之间也表现了较为明显的衔接性，如民族民间传统体育活动类项目从水平一的"简单的……"看其熟练程度，到水平二的"简单的……"看动作质量，再到水平三的"有一定难度的……"看其动作质量与数量，最后到水平四的"较复杂的……"看其运用情况。除此之外，对于其他运动技能项目，一线教师也可以进一步对比分析所建议内容是如何衔接的。

（3）"运动技能"教学内容项目全面

课标中的"课程内容"部分，从整个义务教育阶段来看，在"运动技能"方面，既涉及了知识、技能和方法，也有安全意识和能力的培养，且包含了田径类、球类、体操类、武术类、游泳或冰雪类、其他民族民间传统体育活动类，以及新兴体育类若干种类运动项目。因此，从总体上来看，"运动技能"方面的教学内容建议较为全面和具体。从单个水平来看，无论是哪个水平段，三个维度都齐全，而且在技能教学上，除了水平一建议在体育游戏活动中完成多种形式的走、跑、跳、投等基本身体活动动作，初步学会常见的球类游戏外，水平一的体操类、游泳或冰雪类传、武术类、其他民族民间传统体育活动类，尤其是水平二以上各水平段都要求学习和掌握各运动项目的活动方法、基本技术，水平四还提出了学习简单战术的建议。另外，以某一类运动项目来看，如球类，涉及了小篮球、小足球、排球、软式排球、篮球、足球、乒乓球、羽毛球、网球、短拍网球、毽球、珍珠球、三门球等。民族民间传统体育活动类包含的内容也十分丰富，有滚铁环、抽陀螺、荡秋千、跳皮筋、跳绳、踢毽子、竹竿舞、花样跳绳、抖空竹、踢花毽等，教学内容建议也非常丰富。

3. 修订版体育教学内容建议中的几种现象

（1）有内容无标准现象

令一线老师欣喜的是，与实验版相比，修订版有了明显的改进，在每个学段都提出教学内容的建议，但有一点遗憾就是，修订版本身缺乏关于教学内容教到什么程度的具体要求，即缺乏"内容标准"，如篮球运球"会"的标准是什么等未能呈现。然而，在体育教学中，只有有了标准，才更有利于对学生进行相关测试，体育教学的质量才能有一个客观的、相对一致的评价。

（2）精学简学未定现象

修订版中有很多教学内容举例，但具体到田径类、球类、体操类、武术类、游泳或冰雪类、其他民族民间传统体育活动类等项目，哪些该精教精学，哪些该简教简学，从课标中尤其是从"课程内容"部分尚未看到明确要求。如果所有内容都教的话，就有可能再次出现蜻蜓点水的现象；如果只选择一两项或三四项的话，又不利于丰富体育文化知识和技能的教育，对学生选择终身体育锻炼项目也受到一定的限制。假如有了精简教学的建议，不但教师在选择内容、设计教学单元长度时有了权威依据，一定程度上还有利于国家体育教育质量监测工作的顺利推进。

（3）个别概念不清现象

总体上来看，无论是可读性，还是实用性，修订版都有了一定的突破。但仍留有遗憾，主要是个别概念容易产生疑惑。例如，第三部分"课程内容"标题下面的各部分内容的呈现形式，好像都是各水平段四个学习领域的学习目标，而非课程内容，而且，在第二部分"课程目标"中已有所体现。只是在"达到该目标时，学生将能够"后面的"如……"中看到了一些内容举例，而且接下来就是"评价要点"和"评价方法举例"。由此分析来看，"课程内容"的概念在该部分不是很清晰，假如能按内容的形式列举各水平段各学习方面的建议就会更加可读和实用。

4. 依据内容建议确定具体教学内容的方略

（1）课标中的教学内容建议可以作为选择内容的重要依据

将课标中各水平段的教学内容建议进行梳理，其目的并非是让教师严格按照该建议开展教学工作，只是想进一步梳理都有哪些建议，以及不同水平段在运动技能方面的内容特点、规律，以及目标要求。至于在体育教学实践中是否完全按照建议的内容进行教学，还需要依据教材、学校的条件，以及学生的具体情况等综合做出判断。课标中的内容建议可以作为一线教师选择确定具体教学内容的重要依据。

（2）各水平段确定教学内容可以参考内容建议的难易度进行分层

通过对课标中教学内容建议进行梳理，我们发现，各水平段所建议的教学内容具有一定的难易梯度，而且，各水平段所提出的目标要求也较为具体。因此，在各水平段选择确定相关内容，我们可以参考课标中的难易度划分情况，更为准确地把握不同水平段的运动技能教学难度。

（3）校本教材的教学内容可以参考课标中的教学内容维度进行设计

很多学校都有自己的校本教材，那么，这些学校在课堂上教什么？教到什么程度？我们发现，过去大都集中在对运动技能的教学上。基于修订版从运动技能方面的体育运动知识、运动技能与方法、安全意识和防范能力等三个维度建议教学内容，因此，校本教材的教学也应适当拓展原有内容，增加知识教育、安全意识和防范能力教育方面的内容。也就是说，从整体上来看，校本教材所呈现的知识、技能的传授，既要有方法的指导，还要有相关技术学习安全意识和防范能力的培养，这样的校本教材，才更符合课标的要求。

体育课上教什么？从大纲时期的规定内容、规定时数，到实验版时期由教师根据目标自选内容，再到修订版阶段的建议内容，可谓变化之大。课程改革时至今日，一线教师在选择和确定内容上都或多或少地总结了一定的经验。参考修订版所建议的内容进行教学，将更加规范，内容上也趋于统一，同时也能逐步体现中小学各水平教学的有效衔接性。

二、各水平段"身体健康"内容建议

修订版在"课程内容"部分对各水平段都提出了较为具体的教学内容建议，前面已经对运动技能方面的内容建议展开过讨论，下面重点对身体健康方面所建议的内容进行讨论，期望通过分析，对一线教师确定教学内容带来一定的启发。

1. 不同水平段"身体健康"教学内容建议

修订版第三部分"课程内容"中，四个水平段都分别对身体健康方面提出了较为具体的建议，下面重点对各水平段的"身体健康"内容建议进行归纳。

（1）水平一"身体健康"教学内容建议

水平一包括一、二年级，"身体健康"内容建议没有再细化到各年级，而是总体上对该水平提出的，归纳结果如表 1-4-5 所示。

表 1-4-5 水平一"身体健康"教学内容建议分布情况

内容范围		具体内容举例	目标要求
基本保健知识和方法	个人卫生保健知识与方法	饮食、用眼、口腔卫生等个人卫生常识	掌握知识和方法

第四章 **079**
从课程内容明范围
第一部分
体育教师上课
——走近课标
明确方向

续表

内容范围		具体内容举例	目标要求
良好体形和身体姿态	正确的身体姿态	正确的坐、立、行姿态	知道正确的身体姿态
	日常生活和运动中注意正确的身体姿态	保持正确的坐、立、行姿态和读写姿势	保持正确的身体姿态
体能与健身能力	柔韧性练习	横叉、纵叉、仰卧推起成桥、握杆转肩、跪坐后躺下、坐位体前屈和立位体前屈握脚踝	按要求完成练习
	灵敏性练习	8字跑、绕竿跑	按规定完成测试
适应自然环境的能力	户外运动	假期与家人一起进行户外运动	参加户外运动

从表1-4-5可以看出，水平一在身体健康方面，修订版提出的具体教学内容建议范围包含了基本保健知识和方法、良好体形和身体姿态、体能与健身能力、适应自然环境的能力四个部分。其中，基本保健知识和方法侧重于个人卫生保健知识与方法，如饮食、用眼、口腔卫生等。在体形与体态方面，则要求学生知道并保持正确的身体姿态。可见，小学一、二年级的学生身体姿态教育十分重要，无论是采取何种方式实施教学工作，都要让学生能够在坐、立、行等方面有所体现，在日常生活和运动中一旦发现姿态有问题，还需要及时给予纠正。例如，可以通过让学生练习十字象限跳，锻炼其灵敏性和反应，如图1-4-1、图1-4-2所示。

在体能与健身能力方面，由于该年龄段孩子的柔韧与灵敏属于发育敏感期，我们可以通过练习劈叉、仰卧推起成桥、转肩、跪坐后躺等，锻炼小学一、二年级学生的柔韧性，通过8字跑、绕竿跑等，锻炼其灵敏性。除此之外，该阶段的学生还需要多参与户外运动，教师可以结合布置家庭作业的形式告诉孩子要在家长的陪同下，利用节假日到户外运动，多与大自然接触，增强适应环境的能力。

图1-4-1　十字象限跳女生练习　　图1-4-2　十字象限跳男生练习

（2）水平二"身体健康"教学内容建议

水平二包括三、四年级，修订版中对该水平段身体健康方面的内容建议，如表1-4-6所示。

表1-4-6　水平二"身体健康"教学内容建议分布情况

内容范围		具体内容举例	目标要求
基本保健知识和方法	个人卫生保健知识和方法	近视眼预防、食品卫生、主要营养素的作用；烟草对健康的危害；尊重生命、保护生命的意识	了解个人卫生保健知识与方法
	疾病预防知识	常见呼吸道传染病的预防、肠道寄生虫病对健康的危害与预防、营养不良、肥胖对健康的危害与预防；疫苗接种、动物咬伤或抓伤时注射狂犬疫苗等知识	初步了解疾病预防知识
良好体形和身体姿态	保持良好的体形，矫正不正确的身体姿态	身高、体重的合理比例及其重要性；合理膳食和体育锻炼对改善体形的作用；自我矫正和督促同伴矫正不正确的身体姿态	改善体形和身体姿态

第四章 081
从课程内容明范围
第一部分
体育教师上课
——走近课标
明确方向

续表

内容范围		具体内容举例	目标要求
体能与健身能力	体能构成	心肺耐力、力量、柔韧性、身体成分、速度、灵敏性是体能的组成	了解体能构成
	柔韧性练习	横叉、纵叉、仰卧推起成桥、握杆转肩、跪坐后躺下、立位体前屈握脚踝等练习	发展柔韧性
	灵敏性练习	十字象限跳、绕竿跑	发展灵敏性
	速度练习	50米跑、15秒快速跳绳	发展速度
	力量练习	立卧撑、纵跳摸高、斜身引体	发展力量
适应自然环境的能力	适应寒暑、燥湿等气候变化	夏天、冬天或气候变化时坚持参加体育活动	增强气候变化的适应能力

　　修订版对水平二的身体健康方面提出的教学内容建议，从内容维度上与水平一保持一致，也是包含了同样的四个方面的内容。但是，在具体内容上有了较大的变化，范围更加广泛了，难度适当增加了。如基本保健知识和方法，增加了对主要营养素作用的了解、烟草对人体健康危害性的了解等。与此同时，还增加了一定的疾病预防知识，如要求水平二的学生初步了解常见呼吸道传染病的预防、肥胖对健康的危害与预防等疾病预防知识。水平二继续要求在保持良好的姿态的前提下，增加了一些改善体形和身体姿态的内容，如要求能够自我矫正和督促同伴矫正不正确的身体姿态等，相当于在能力方面提出了较为明确的要求。

　　在体能方面，除了耐力要求以外，修订版对力量、速度、灵敏、柔韧四个方面都有对应的要求，即在这几个方面要求都有不同程度的发展，并提出了一些具体的发展这些体能的有效手段。除此之外，与水平一十分相似的是，该水平段也要求学生通过多参与户外运动增强对气候变化的适应能力。

　　（3）水平三"身体健康"教学内容建议

　　小学五、六年级属于水平三这个阶段，修订版在身体健康方面提出了一些较为具体的内容建议，归纳结果如表1-4-7所示。

表 1-4-7 水平三 "身体健康" 教学内容建议分布情况

内容范围		具体内容举例	目标要求
保健知识和方法	人体运动系统知识	运动系统的基本构成。如肌肉、骨骼、关节等简单知识	初步了解
	卫生防病的知识和方法	贫血对健康的危害;常见肠道传染病、疟疾、流行性出血性结膜炎、碘缺乏病的预防;保护视力;吸烟和被动吸烟的危害等基本知识和方法	了解
	食品安全与健康的关系	食品安全的基本知识。购买包装食品时注意查看日期、保质期、包装有无胀包或破损;不购买无证摊贩的食品;不采摘、不食用不认识的野果、野菜和蘑菇;容易引起食物中毒的常见食品等	了解
	青春期的生长发育特点与保健知识	男女少年在青春发育期的差异,女生月经初潮和男生首次遗精及其意义;青春期的个人卫生知识;与体育锻炼有关的青春期保健常识(如女生经期体育锻炼的注意事项)等	初步掌握
良好体形和身体姿态	不同的身体姿态所代表的礼仪内涵,并保持良好的身体姿态	不同身体姿态所表达的尊重、谦虚、亲近、傲慢、粗野等含义	保持良好的身体姿态
体能与健身能力	灵敏性、力量、速度和心肺耐力	灵敏性练习：十字象限跳、8字跑、三点移动、绕竿跑	提高灵敏性
		力量练习：俯卧撑、立卧撑、双杠支撑臂屈伸、单杠斜身引体、纵跳摸高、举哑铃	提高力量水平
		速度练习：50米跑、快速仰卧起坐、15秒快速跳绳	提高速度水平
		心肺耐力练习：50米×8往返跑、定时有氧跑、校园定向越野	发展心肺耐力

在水平三身体健康方面,修订版提出了保健知识和方法、良好体形和身体姿态、体能与健身能力三个方面的内容建议。其中,在保健知识和方法方面,该内容建议已经涉及了运动系统的知识,如肌肉、骨骼、关节等简单知识。除了增加了卫生防病、食品安全等与健康有关的知识以外,还重点加入了青春期的生长发育特点与保健知识,这或许与该年龄段的学生开始进入青春期有关。因此,在具体教学中应关注对该水平段青春期卫生的教育和正确

引导。

该水平段在良好体形与身体姿态方面，要求在保持良好身体姿态的前提下，建议学生懂得不同身体姿态所表达的礼仪内涵，如哪些表示尊重、谦虚、亲近，哪些表达的是傲慢、粗野等。在体育教学中需要对这些方面的教育和引导有所渗透。

关于体能的发展，水平三开始强调了发展心肺耐力，当然，也要求进一步提高灵敏、力量、速度等体能水平，并在每一项体能的发展上提出了较为具体的锻炼方法。这为一线教师选择并确定内容方向与具体方法提供了重要参考。

（4）水平四"身体健康"教学内容建议

初中一、二、三年级属于水平四这个阶段，修订版"身体健康"内容建议如表1-4-8所示。

表1-4-8 水平四"身体健康"教学内容建议

内容范围			具体内容举例	目标要求
保健知识和方法	生活方式与健康的关系	营养、睡眠、吸烟、饮酒等与健康的关系	膳食平衡有利于促进健康，充足的睡眠有利于生长发育，不良生活方式有害健康；食物中毒的常见原因；拒绝吸烟、酗酒的方法；毒品对个人、家庭和社会的危害，拒绝毒品等	了解生活方式与健康的关系
	卫生防病的知识和方法	一些疾病的预防知识和方法	乙型脑炎、肺结核、肝炎的预防方法，不歧视乙型肝炎患者和病毒携带者；了解艾滋病的基本知识及预防方法，不歧视艾滋病患者和病毒携带者；不滥用镇静、催眠等成瘾性药物	基本掌握卫生防病的知识和方法
	青春期保健知识	青春期的身心变化规律，保健知识和方法	青春期心理发育的特点和变化规律，青春期常见生理问题的预防和处理方法；异性交友的原则，容易发生性侵害的危险因素，保护自己不受性侵害；预防网络成瘾等	基本掌握青春期保健知识

续表

内容范围		具体内容举例	目标要求
体能与健身能力	灵敏性、速度、力量、心肺耐力和健身能力	灵敏性练习：球类运动中提高灵敏性，如篮球运球突破	提高灵敏性
		速度练习：民族民间传统体育活动类项目中提高速度水平，如30秒快速跳绳或踢毽子	提高速度水平
		力量练习：体操类运动中提高力量水平，如单杠、双杠	提高力量水平
		心肺耐力：田径类运动中提高心肺耐力，如800米跑（女）、1000米跑（男）	提高心肺耐力

通过对水平四"身体健康"教学内容建议的归纳，可以看出，修订版更加注重保健知识和方法、体能与健身能力的学习和培养。而且，在保健知识和方法方面，不但要求学生更为全面地掌握青春期保健知识，还要求学生了解生活方式与健康的关系。由于该年龄段孩子大多处于叛逆期，而且多有自己的主见，又不够成熟，有的学生开始出现吸烟、酗酒等不良嗜好，甚至有可能会接触到毒品等危险物品，因此，对该水平段的学生加强这方面的保健知识教育十分必要。在教学中，应对这些方面有适当的侧重，但形式应是多样的，可作为专题来讲，也可在体育室外课中渗透。

在体能与健身能力方面，修订版对该水平段在灵敏、力量、速度、心肺耐力等方面都提出了一定的发展要求。在心肺耐力方面，锻炼的距离有所增加，如从水平三的50米×8，变成了水平四的800米跑（女生）和1000米跑（男生）。这项运动是提高心肺耐力的重要手段，因此，教学中需要适当安排。另外，修订版提出了在运动项目学习中要加强对灵敏、力量、速度等多种体能的发展。这说明提高体能并非只有通过课课练的形式才能实现，也同样可以穿插于运动技能的学习之中。

2. 修订版体育教学内容建议的特点及规律性

（1）身体健康教学内容维度递减

修订版从水平一至水平四的身体健康教学内容，所涉及的维度由水平一、水平二的四个维度，到水平三的三个维度，再到水平四的两个维度，反映了维度逐渐递减的特点：最先减少的是"适应自然环境的能力"，其次减少的是"良好体形和身体姿态"。这说明，在水平一、二阶段，我们需要重视学生对自然环境适应能力的培养。而良好体形与身体姿态的培养在整个小学学段都需要加强。也就是说，学生进入初中之前，适应自然环境的能力和体形与身体姿态都应该得以培养。到了水平四初中阶段，需要增加保健知识和方法的学习，以及注重提高灵敏性、速度、力量、心肺耐力和健身能力等。维度的递减，不但反映了不同水平段需要侧重的身体健康教学内容，还体现了剩余维度具体内容的广度与深度在逐渐加大。

（2）身体健康教学内容衔接明显

根据不同水平段学生的年龄、生理、心理等的发育特点和发展的需要，修订版所建议的身体健康教学内容反映明显的衔接性。也就是说，无论从难度上，还是从广度上，身体健康教学内容都在逐渐加大。比如，"保健知识和方法"这一维度，水平一是"基本保健知识和方法"，建议掌握饮食、用眼、口腔卫生等个人卫生常识；水平二尽管也是"基本保健知识和方法"，但所建议的内容除了个人卫生保健知识和方法，还新增了疾病预防知识，且个人卫生保健知识难度有所增加，如了解主要营养素的作用、烟草对健康的危害等；水平三去掉了"基本"二字，内容增加到四个方面，即增加了人体运动系统知识、卫生防病知识与方法、食品安全与健康的关系、青春期的生长发育特点与保健知识等方面的内容；水平四除了去掉了"基本"二字，更新增了有关生活方式与健康的关系等内容。除此之外，其他几个维度的变化也呈现了知识难度的递进性和知识广度的延伸性。

（3）身体健康教学内容知识丰富

从修订版"课程内容"部分对各水平段的身体健康教学内容建议的具体知识点来看，所涉及的知识点有上百个，进一步归纳可以看出，仅饮食方面的知识点就有10余个。又如，仅防病知识与方法方面的知识点就有20余个，其中建议学生要了解疾病预防所涉及的疾病就有常见呼吸道传染病、肠道寄生虫病、乙型脑炎等10余种。可以看出，修订版在身体健康方面建议的教学内容十分丰富。

3. 依据内容建议确定内容的方略

（1）依据课标建议确定身体健康教学内容范围

修订版已经针对各水平段提出了较为具体的身体健康教学内容建议，一线教师在选择和确定具体的身体健康教学内容时，可以依据课标所建议的几个维度，确定具体的范围。如水平一和水平二都将身体健康部分划分为四个维度，即基本保健知识和方法、良好体形和身体姿态、体能与健身能力、适应自然环境的能力。因此，在确定具体的教学内容范围时，就可以参考课标中的这些维度适当安排各年级的内容，这样做，能大大减少教学内容选择的盲目性，使身体健康教育更具有针对性和实效性。

（2）依据课标建议确定身体健康教学内容难度

各个水平段，尤其是分布到各年级后，在身体健康方面仅仅确定了教的范围还不够，还需要明确具体要教什么内容，更重要的是要弄清楚，各项内容需要教到什么程度。修订版已经明确地提出各水平段的身体健康教学内容建议，教师在确定内容难度时，基本上可以依照课标的建议。即便是还想在此基础上有所拓展，也可以依照课标中的目标要求来确定。有了难度把握，教学的目标就比较容易设置，教学组织形式也比较容易确定。因此，修订版中的内容建议是确定内容难度的重要依据之一。

（3）依据课标建议确定身体健康教学组织形式

当确定范围与具体内容后，我们就会考虑，这些内容该如何组织教学。修订版在身体健康部分对各水平段的内容以及目标要求的程度不同，我们可以从中判断课堂教学中该如何实施，尤其是采用何种方式组织教学，或如何才能让学生通过学习这些内容达到预期的目标。通过研读修订版身体健康教学内容建议，我们可以看出，要求学生"了解"的知识，我们可以作为"简学类"让学生达到了解的程度；要求学生"掌握"的知识，我们可以作为"精教类"具体详细地讲述或通过具体的实践让学生达到掌握的程度。除此之外，该部分还要求学生"按要求完成"的内容，我们可以设计成各种练习形

第四章 087
从课程内容明范围

第一部分
体育教师上课
——走近课标
明确方向

式组织学生练习，如柔韧性、灵敏性等体能发展就可以如此。另外，还有的是要求学生利用假期与家人一起"参加户外运动"的内容，我们可以通过布置课外作业的形式来实施。

与运动技能方面内容相比，身体健康方面内容尽管在时间上不如后者明确、具体、丰富，却十分重要。除了在体育教学过程中通过各种身体的练习达到一定的健身目的外，教师需要在教学中安排具体时间，设置身体健康方面的教学内容。有的可能穿插于教学中，从渗透的角度完成该项教学；有的可能每节课留出几分钟时间，组织体能锻炼；还有的可能会利用雨雪天气专门进行身体健康知识与方法的理论教学；等等。无论采取何种形式，加强身体健康教育，不但能够有助于学生的身体健康水平的提高，还能够为学生运动技能的学习和掌握打下一定的基础。

下面对课程内容做进一步的归纳。

课程内容相对全，　身体技能任意选；
各个水平有不同，　内容特点有分层；
上下衔接有区分，　任教年级应对准；
技能学习渐增高，　年级变化风向标；
游戏活动是基础，　技术战术分清楚；
身体锻炼是块宝，　敏感期内不可少；
课堂教学定内容，　课标建议不逆行。

第五章　从实施建议明方法

《义务教育体育与健康课程标准（2011 年版）》在第四部分"实施建议"中，分别从学习目标的设定、教学内容的确立、教学方法的选用和教学评价的引入等方面提出了一些实施建议。下面结合当前体育教学中存在的若干问题对实施建议进行分析。

一、设置学习目标的建议

关于体育学习目标，既是一个老生常谈的话题，又是一个常谈常新的问题，至今关于学习目标的维度与准确性设置仍未得到应有的解决。在学习目标的设置上，修订版在第四部分"实施建议"中，针对教学建议提出了较为明确的"设置学习目标的建议"（以下简称"目标建议"），下面重点对目标设置维度的确定方法和准确性的表述方法进行探讨。

1. 修订版中"设置学习目标的建议"的具体要求

修订版在"目标建议"中提出了三个方面的具体要求，内容如下。

（1）"在目标多元的基础上有所侧重"的要求

在"目标建议"的第一部分，对目标应有所侧重做了具体的说明，尤其从几个动词的表述上，更加明确了诸要求，如表 1-5-1 所示。

表 1-5-1　在目标多元的基础上有所侧重

动词	原文	含义
体现	体育与健康课程的学习目标应充分体现知识与技能、过程与方法、情感态度与价值观三维目标的思想	充分体现三维目标
强调	强调运动参与、运动技能、身体健康、心理健康与社会适应四个方面目标的有机整合	强调四方面有机整合

第五章 **089**
从实施建议明方法

第一部分
体育教师上课
——走近课标
明确方向

续表

动词	原文	含义
体现	充分体现体育与健康课程的多种功能和价值	充分体现多种功能和价值
侧重	体育与健康课堂教学在体现学习目标多元特征的同时，还应注意有所侧重	体现多元特征并有所侧重

　　从表1-5-1可以看出，修订版在目标多元的基础上有所侧重的要求中，集中在几个关键性动词上，其中包含两个"体现"、一个"强调"和一个"侧重"。而且，进一步对其含义进行概括可见，不但要求"充分体现三维目标"、"充分体现多种功能和价值"，还要"强调四方面的有机整合"，更要"体现多元特征并有所侧重"。这四个方面对于如何贯彻落实课标中的"目标建议"有了较为明确的指向性。

　　（2）"细化本标准提出的课程目标"的要求

　　在"目标建议"的第二部分，提出了"细化"的要求，通过对动词的归纳，更进一步对该部分的要求具体化，如表1-5-2所示。

表1-5-2　细化本标准提出的课程目标

动词	原文	含义
结合	教师应结合实际，将课程目标具体化	结合实际具体化
提高	提高目标的可操作性	提高可操作性
促进	有计划、有步骤地促进学习目标的达成	促进目标达成
组成	学习目标是由水平目标、学年目标、学期目标、单元目标、课时目标组成的完整体系	学习目标是完整体系
制订	教师应根据本标准的总要求制订各层次的具体学习目标	制订具体学习目标
包括	具体学习目标一般应该包括"条件"（在什么情境中）、"行为"（做什么和怎么做）和"标准"（做到什么程度）三个部分	条件、行为、标准三部分
使用	为了更好地表示目标的层次性，在制订学习目标时应使用能够体现不同层次意义的行为动词	体现不同层次行为动词

　　从表1-5-2可以看出，修订版对课程目标进一步细化提出的具体要求，通过"结合"、"提高"、"促进"等若干个动词能够对此做较为全面、深入的

了解。而且，其含义也十分清晰，如提出了"结合实际具体化"、"提高可操作性"等具体要求。在贯彻落实课标"目标建议"部分时，通过进一步熟悉其中的关键动词，并对其含义进行归纳，便于有效落实。

（3）"目标难度适宜"的要求

修订版在"目标建议"的第三部分，针对"目标难度适宜"提出了具体的要求，如表1-5-3所示。

表1-5-3　目标难度适宜

动词	原文	含义
根据	教师应根据学生的体能、运动技能等实际	根据实际
设置	设置能激发学生学习动机和愿望	激发动机和愿望
达成	经过师生共同努力能够达成的学习目标	能够达成的目标

表1-5-3是将"目标难度适宜"的具体要求进行了细分，把"根据"、"设置"、"达成"三个关键性动词分离出来。可以看出，要做到设置的目标难度适宜，既需要"根据学生的体能、运动技能等实际"，还要通过设置"激发动机和愿望"，并经过师生共同努力完成"能够达成的学习目标"。由此可见，目标难度适宜的关键在于通过师生的共同努力能够达成。

2. 对"设置学习目标的建议"的合理把握

修订版在设置学习目标的建议中提出了三个具体要求，即"侧重"、"细化"、"难度"。那么，究竟要侧重什么？如何侧重？细化什么？如何细化？什么样的难度是适宜的？如何做到难度适宜？下面逐一进行分析。

（1）对"侧重"的合理把握

就修订版中提出的"侧重"而言，说起来容易，做起来并非那么简单。长期以来，很多教师设置的目标，都未能充分体现"侧重"二字。大多数目标都是注重了全面性，结果导致目标不够具体，更体现不出准确性。目标设置提出要有所"侧重"，究竟应如何理解和贯彻落实？下面做进一步分析。

①关于"目标维度"的问题

"目标建议"第一部分中尽管提出了"体育与健康课程的学习目标应充分

第五章　**091**
从实施建议明方法

第一部分
体育教师上课
——走近课标
明确方向

体现知识与技能、过程与方法、情感态度与价值观三维目标的思想"，但并没有告诉我们要从这三个方面设置学习目标。然而，在体育教学实践中，却有很多教师将这三个方面作为维度设置目标的现象。之所以认为这三个方面不是最佳的学习目标维度，其主要原因是"过程与方法"是体育教学需要关注的，但假如把过程与方法当作一个维度的目标来设置的话，就很难量化和具体化，也就不太适宜作为其中的一个维度设置目标。况且，"过程与方法"只是要求教师要关注教学的过程与方法，而不是作为目标维度设置目标。

②关于"四个方面整合"的问题

"目标建议"第一部分中提出了"强调运动参与、运动技能、身体健康、心理健康与社会适应四个方面目标的有机整合"，那么，该如何整合？过去，尤其是在课改初期，很多一线教师在设置目标时，直接将"五大学习领域"作为目标的维度，修订版将"五大领域"调整为"四个学习方面"以后，又有将"四个学习方面"当作维度来设置目标的现象，这两种确定维度的方式都显得不妥，其主要原因在于运动参与是进行体育学习的前提和保障，没有参与，任何技能的学习和体能的发展等都将是一句空话。况且，将运动参与作为一个维度的目标，也很难量化和具体化。另外，就身体健康而言，主要是通过参与各种形式的体育学习和锻炼，使其得到增强的一个方面，而非一节课、两节课就能达到的目标，是体育课程总目标之一，也是体育课的主要功能之一。因此，将身体健康作为某一节课的目标设置也略有不妥。

③关于"有所侧重"的问题

"目标建议"第一部分中提出了"体育与健康课堂教学在体现学习目标多元特征的同时，还应注意有所侧重"，那么，究竟应侧重什么？根据体育课的功能和价值来看，体育课的教育功能和健身功能最为突出。教育功能承载着知识、技能与方法的传授，还包含情感的培养和良好品德的养成教育等；健身功能中主要是促进学生体能发展和基本运动能力的提高等。体育课堂根据类型不同，有的课堂以学习运动技能为主，有的课堂以锻炼身体为主，而有的课堂二者兼而有之。无论是哪类课堂，都或多或少地会促进学生某一方面的情感与品质培养。基于此，关于目标的"侧重"问题，一方面要根据课的类型来确定，另一方面，即便是以锻炼身体为主的课，还要侧重于某一方面的体能或基本运动能力的锻炼，而不能走进大而全的目标设置误区。

（2）对"细化"的合理把握

所谓"细化"，无外乎就是要具体化、精确化，或更加清晰化。那么，究竟应该如何体现"细化"呢？从"目标建议"中所提到的关于细化的具体描述中看到，细化是有层次性和具体要求的，重点从以下几个方面加以分析。

①关于"学习目标的完整体系"的细化问题

"目标建议"第二部分中明确提出，"学习目标是由水平目标、学年目标、学期目标、单元目标、课时目标组成的完整体系"，并要求"教师应根据本标准的总要求制订各层次的具体学习目标"。这一要求中，我们不难看出，教师需要掌握五个层次的学习目标设置方法，从水平，到学年、学期，再到单元、课时，层层递进，由大到小，由相对比较宽泛，到越来越具体。平时，教师接触最多的就是课时学习目标的设置，过去常被称为"教学目标"，无论是从整个教学来设置目标，还是从学生的学习来设置目标，实际上都是针对学生设置的，只是在表述方式上有所区分。因此，用"教学目标"还是"学习目标"，可以根据已有的习惯，也可以按照课程标准中的表述方式。另外，对于"学习目标"，大多数人理解为一节体育课的目标，而对于水平段的、学年的、学期的以及单元的目标，都习惯于用水平目标、学年目标、学期目标、单元目标表示，且不易产生歧义，因此，有的学习目标被定位在一节课上也较为常见。但无论如何定位，使各层次的目标具体化至关重要。

②关于"具体学习目标"的细化问题

"目标建议"第二部分中明确提出了"具体学习目标一般应包括'条件'、'行为'和'标准'三个部分"。无论是哪个层次，在制订具体目标时都需要用这三个要素的内容来呈现。即学习目标要体现这三个明确的要素，不仅要做到细化，而且要更加具体化，同时还要体现可操作性。在这里有两点值得进一步说明：其一，每一个层次的目标都可以按照这三个要素来设置，只是层次不同，三个要素的具体化程度有所不同，而且，修订版在"目标建议"中还明确指出，"为了更好地表示目标的层次性，在制订学习目标时应使用能够体现不同层次意义的行为动词"；其二，同一个层次的各维度的目标也都可以如此设置，只是维度不同，三个要素的具体化方式有一定的区分。

（3）对"难度"的合理把握

"目标建议"第三部分提出了"目标难度适宜"，那么，什么难度的目标才算适宜？如何才能设置出难度适宜的目标？适宜性如何体现出来？下面逐一进行分析。

①关于"根据实际"的难度把握问题

在"目标建议"的第三部分中，首先提到的是"教师应根据学生的体能、运动技能等实际"确定目标难度。问题在于，学生的体能也好，运动技能也罢，只有具体的教学对象明确以后才能有所掌握。因此，把握难度，更适合中下层次的目标设置，如学年目标、学期目标、单元目标、课时目标；而且，随着层次的逐渐深入，对目标难度的把握会更容易。

②关于"能激发动机和愿望"的难度把握问题

"目标建议"第三部分内容中明确提出"设置能激发学生学习动机和愿望"的难度目标。由此可以看出，在考虑目标难度时，是否能将学生学习的动机和愿望激发出来，将成为能否顺利达成目标的关键所在。因此，一线教师在制定目标时，要充分考虑目标难度的适宜性。如果目标难度过大，学生会因为通过努力也难以达成，而失去学习的动机和愿望；目标难度过小，学生会因为无须努力就能达到，也同样难以激发起学习的动机和愿望。为此，准确把握能激发学习动机和愿望的难度成为目标是否合理的关键。

③关于"努力达成目标"的难度把握问题

"目标建议"第三部分中提出，设置的应是"经过师生共同努力能够达成的学习目标"。该要求有两层含义，一是师生共同努力；二是能够达成。实际上告诉我们两个信息，即条件是师生的共同努力，结果是能够达成，由此看出，所设置的目标，既要呈现一定的难度，又要通过师生的共同努力能够达成，这样的难度往往是比较适宜的。但问题在于，该如何将目标的难度确定到这一程度上来？这可能不仅仅是了解学生的体能和运动技能就能达到的，而是要综合考虑若干要素，诸如场地器材能否满足达成目标的条件、教师的教学技能水平能否满足于达成所设置难度的目标、学生的兴趣爱好和性格特点是否与完成该难度的目标相匹配等。因此，在设置具体的学习目标时，最难把握的可以说是目标的难度问题。如何把握好难度，在下文中将做进一步探讨。

3. 学习目标设置中的若干现象及其根源

在日常教学活动中，见到最多的是课时的学习目标设置，其次是单元的学习目标设置。下面以课时目标设置为例，看一看目前存在哪些现象？产生这些现象的根源何在？

（1）注重"多元"忽略"侧重"的现象及其根源

通过对众多体育课学习目标的研究，我们发现，目标维度面面俱到的占很大比例，尤其是"五大领域"或"四个学习方面"的目标设置方式，都说明目标设置过于注重面面俱到，而缺乏必要的针对性。即便是采用"认知、技能、情感"三维目标设置方式，或采用"知识与技能、过程与方法、情感态度与价值观"三维目标设置方式，都未能关注到目标的"侧重"问题，而仅仅考虑到了多元化，目标大都难以达成，或重点要达成的目标不突出，结果导致目标设置形式化、目标与实际教学脱节等。

出现这种现象的主要原因在于，一方面对课标提出的"在目标多元的基础上有所侧重"不够了解或有一定了解但不够重视；另一方面对怎样做到"有所侧重"未掌握具体的方法，结果导致只注重目标的多元化现象。

（2）目标"笼统"缺少"细化"的现象及其根源

无论是采用哪种维度设置的学习目标，目标的表述"笼统"现象较为突出，如就运动技能目标而言，很多目标用"初步了解"、"初步掌握"或"进一步提高"等表述形式来设置运动技能目标，看似有一定的层次性，但具体到什么情况下是达到了"初步掌握"、"初步掌握"的具体标准，用什么来衡量，还不够清晰，显然缺乏细化。假如对照具体学习目标设定的三个要素，要么缺少一定的条件限制，要么行为动词不够清晰，还有就是标准不够明确，无论是哪种情况的缺失，都难以体现目标的具体化。再如，就发展学生体能目标而言，有很多目标中的表述用了"发展学生力量、耐力、柔韧、速度等素质"等方式，而且，大都提到三项素质以上，实际上，究竟体育课上重点要发展哪方面的素质，从这样的目标表述上看并不十分明确。

很多目标缺少细化的根源，通过分析可以归纳为以下几点：一是由于受长期空泛目标设置的惯性影响，不知道需要细化；二是尽管了解到课标中提出的关于具体目标的细化要求，但因为不知道如何细化而依然存在目标设置过于笼统的现象；三是根本不重视目标设置的作用和意义，导致目标设置的随意性较大，显然也就难以做到学习目标的细化。

（3）目标"难易不定"有失"准确"的现象及其根源

在一些学习目标的设置中，有些教师在目标难易度的确定性上不够重视，结果是有的目标定的过高，通过一节课难以完成；有的目标定得过低，不用做出努力就能轻而易举地达成。除此之外，还有出现忽视少数学生的学习目标现象，如有很多运动技能目标在设置时，采用百分比来明确有多少学生达到本节课设定的目标，如"80%的学生能够熟练掌握双手胸前传接球技术"，那么，剩余20%的学生是什么目标，还是学成什么样是什么样？甚至有的教师在用百分比设定目标时，百分数本身就不够准确，一节课下来，学生达不到教师事先设定的标准。以上几种情况，都充分表明目标难度未能得到很好的把握。

原因何在？通过进一步分析发现，有些教师在设置目标时未能重视目标难度问题，或根本不了解课标提出的目标设定方面的新要求；而有些教师了解课标的新要求，但由于准确把握目标难度的能力有限，因此，也使得目标的设定不够准确；还有一些教师只考虑了运动技能目标的准确性，却忽视了其他维度目标的准确性等。无论是何种原因，都会导致目标设定有失准确，甚至出现跟着感觉走、上到什么程度是什么程度的错误做法。

4. 正确贯彻落实"设置学习目标的建议"的主要方略

（1）目标有所"侧重"的方略

前面我们已经分析了课标对"侧重"的要求，也分析了实践中出现的未能侧重的现象及其原因，但最终需要解决的是该如何有所侧重，下面谈一谈设置目标有所侧重的主要方略。

①确定适宜的目标维度

目前，有多种目标维度确定的形式，前面我们做了论述，目前有"五大领域目标式"、"四个学习方面目标式"、"认知、技能、情感目标式"、"知识与技能、过程与方法、情感态度与价值观目标式"等。除此之外，有人采用的是传统的三大任务式，还有一些目标维度是个别一线教师的自创形式，或将多种目标维度进行整合，或新增目标维度式等。那么，适宜的目标需要什么样的目标维度？

首先，分析目标维度。以往各目标维度确定形式有什么优缺点？无论是"五大领域目标式"还是"四个学习方面目标式"，将这些目标式作为目标设置的维度，显然过于全面；而且，一节课中要做到面面俱到是不现实的，也没有必要。除自创目标式外，其他的大都是三维目标形式，而且并非都是适宜的。其中，"认知、技能、情感"三维目标设置方式缺少体能目标的维度，如果把认知目标与技能目标合二为一，以"知识与技能目标"来设置，这样的话，可以将"体能目标"作为第二个维度加入其中。因为体育课的主要功能是增强体质，增进健康，而体质健康水平的高低，主要是通过身体形态、身体机能和身体素质三大方面体现的。因此，体能目标不可缺少，且目标越明确越利于操作。"知识与技能、过程与方法、情感态度与价值观"三维目标式，同样也不是十分恰当，其原因，前面我们曾经做过分析。三大任务式的目标设置方式，实际上相当于以下三个维度：一是知识与技能目标维度，二是体能目标维度，三是品德培养目标维度。这种目标形式，课改至今依然适宜。

另外，有的一线教师为了突出创新性，设置新奇的目标维度。其中，有

第五章 | **097**
从实施建议明方法

第一部分
体育教师上课
——走近课标
明确方向

的目标维度显然不太适宜，如有的教师将目标维度确定为认知目标、技能目标、情感目标、教育目标四个维度。教育目标指代的是什么？是否与前面三个维度有所重复？严格意义上说，若干目标维度都属于教育类的，因此，没有必要再单列教育目标维度。

其次，确定目标维度。通过对以上已被使用过的目标维度形式分析发现，有的是过于全面，有的是不够完整，既缺乏侧重点，又缺少其准确性。基于此，本研究提出三维度目标设置方式，即在"认知、技能、情感"目标和"知识与技能、过程与方法、情感态度与价值观"的基础上进行整合，可以将其整合为"知识技能学习目标、体能素质锻炼目标、情感品质培养目标"，这三个维度与过去的三大任务基本相吻合。因此，在设置目标时，也可以用阿拉伯数字 1、2、3 替代这三个维度名称，也就是说，依然可以按照过去三大任务式来设置学习目标。另外，从这三个目标维度我们还可以看出，"知识技能"目标用的是"学习"动词表述的，也说明是通过学习获得的；"体能素质"目标用的是"锻炼"，说明是通过锻炼增强的；"情感品质"目标用的是"培养"，说明是通过培养发展的。由此可以看出，这样的目标维度与体育课的功能相吻合，而且，通过对以往课堂教学的观察和分析，几乎每一节课上这三个维度都或多或少地会有所体现。因此，从目标维度的宽度或广度来看较为适宜，只是不同的课的内容和形式，需要侧重的某一目标维度有所不同。

②合理分配单元各课次的目标要求

要区分哪些目标需要侧重，需要具有整体观，即从单元的角度进行整体分配。一个单元需要学习什么、锻炼什么、培养什么，在确定单元内容和长度时，就应该有充分的考虑和安排，而且，不同的课次应该有不同的目标。事先将需要侧重的目标分配到各课次之中，在设定课时学习目标时就无须再重新考虑哪些目标需要侧重，哪些目标无须侧重。如初中二年级的篮球教学单元，从单元长度上，根据该学段学生需要掌握的篮球技术动作的需要，既可以设定为大单元，也可以设定为中等长度的单元。无论单元长度大小，只要是学习运动技术，每一节课都需要将目标重点放在篮球知识技能的学习上。

当然，根据学生体能素质和情感品质发展的需要，可以伴随着技能的学习，将其分别分配到各课次中去发展。但需要强调的是，要在设定单元计划时就要对此有全面的考虑。这样，整个单元的学习目标会非常清晰，而且，被分配到各课次中的目标也会具有循序渐进性。至于每个课次安排什么目标内容，侧重哪一个目标维度，需要依据情况具体分析，既要考虑教材、器材，还要考虑课标、学生等实际要求和需要。

③采用三要素设定需要侧重的目标内容

前文中已经谈到，修订版"目标建议"中提出目标设定需要包含三个要素，即"条件"、"行为"和"标准"，但这并不意味着所有的维度都要严格按照这三个要素设定目标，只是需要侧重的目标最好能够如此设定。假如一节体育课需要侧重运动技能方面的目标，至少在该维度目标设定时，要在目标表述中体现以下几点：设定的是什么条件，采取的是什么行为，要求达到的是什么标准。如一节排球垫球教学，任课教师将运动技能目标设定为："通过本课教学，80%学生能在相距3米的距离成功完成一垫一抛，部分较弱的学生可以完成3次以上的自抛自垫，较好的学生可以完成两人一组相距3米的3次以上对垫。"其中，条件是"相距3米"；行为是"一垫一抛"、"自抛自垫"、"对垫"；标准是"1次"、"3次"。而且，我们还可以看到，这里目标例不但为80%的学生设定了目标，还有对部分较弱的和部分较好学生的目标要求，即照顾到了全体学生。同样，假如需要侧重体能素质目标，在设定目标内容时，最好也能按照三要素具体化设置该目标。在设置过程中，不但要体现条件，还要有一定的行为动词，更要有标准，否则的话，该目标达成情况就很难评价。

（2）目标要求"细化"的方略

关于目标的细化问题，前面我们也从要求、现象、原因等方面做了分析，那么，在细化的操作层面该如何把握？下面重点就"细化"的方略做一探讨。

目标的细化归纳起来，可以将其理解为将目标表述更加具体化，具有可操作性和可评价性。那么，该如何将目标更加具体化？从哪些方面切入更容易理解和便于操作？下面谈几点个人的看法。

①目标中关于"条件"、"行为"、"标准"的体现

在设置某一节课的学习目标时，要将目标具体化，并具有可操作性，需要在目标中体现具体的"条件"、"行为"、"标准"。课标中也有进一步的说明：条件意味着是"在什么情境中"，行为是"做什么和怎么做"，标准是"做到什么程度"。具体操作起来该如何把握这些方面的要求呢？

其一，就"条件"而言，一节课的教学，会有一定的情境作为条件，组织学生学习。如篮球的传接球练习，学习情境可以设定为"两人相距 3 米传接球练习"；排球的垫球练习，学习情境可以是"两人一组相距 5 米做一抛一垫练习"；体操箱上前滚翻的学习情境可以是"在同伴的保护与帮助下练习"；等等。其中的"两人一组相距 3 米"、"两人一组相距 5 米"和"同伴保护与帮助"等都是具体的条件，这些都是可看、可测、可数、可评的。

其二，就"行为"而言，任何练习都是在一定的行为支配之下完成的，但基于行为具体指代的是做什么和怎么做，因此，既有课题（做什么），又有方法（怎么做）。还以篮球、排球、体操为例，看一看"行为"的具体表述方式。其中我们将"两人相距 3 米传接球练习"中的"传接球练习"进一步设定为"连续传接球练习"，更加明确了练习的方式方法；而"两人一组相距 5 米做一抛一垫练习"中的"一抛一垫练习"，假如将其调整为"连续一抛一垫 5 次轮换练习"，练习的方式方法就更加具体了；体操箱上前滚翻"在同伴的保护与帮助下练习"也可以将其进一步调整为"在同伴的保护与帮助下完成规定动作的练习"。由此也可以看出，除了动作是在同伴的保护与帮助下完成的以外，更具体的是要求按照规定的动作（如上箱和下箱都分别举手示意等）完成练习。

其三，就"标准"而言，我们同样可以在上述目标例的基础上做进一步的调整，从而看出具体的标准。如篮球传接球练习的技能目标，我们可以将其表述为"两人一组相距 3 米连续完成 5 次传接球练习"（传接球期间，球不落地），其中"连续 5 次"就是具体的标准；同样，排球垫球练习的技能目

标，我们也可以将其表述为"两人一组相距 5 米，连续完成 5 次一抛一垫练习，抛、垫的位置要求达到同伴身体正前方，且完成 5 次后双方互换练习方式"，其中"连续完成 5 次"和要求"抛、垫到同伴的身体正前方"等都属于规定的标准；体操的箱上前滚翻的技能目标也同样可以做进一步的调整，如将原来的表述调整为"在同伴的保护与帮助下，依次完成 2 个规定动作的练习"，其中，"依次完成 2 个规定动作"就是具体的标准。

②目标中关于"百分比"的设定问题

在目标中采用百分比的方式设定较为常见，如"通过各种辅助性练习，使 80% 的学生能够在同伴的帮助下完成直腿上箱挺身跳下动作"，其中的 80% 就是采用百分比的方式设定的目标。问题在于，百分比该如何确定？平常看到的教案中的学习目标所呈现的百分比是如何设定的？是随意性的、估计到的，还是依据单元计划中的各课次具体设定的？或许很多人对这类百分比数据的由来并没有太留意。但无论怎样，当百分比作为目标出现时，这些百分比表达目标的出处一定要非常明确。除此之外，还要对剩余的百分比的学生学习目标有一个较为明确的设定，不能只顾多数而忽略少数。课标第四条基本理念明确提出要"关注地区差异和个体差异，保证每一位学生受益"。如何才能使每一位学生受益？受益的标准是什么？假如目标不是针对全体学生的，似乎就可以看作违背了课程理念的规定。因此，一方面，百分比要相对准确；另一方面，要照顾到全体学生的目标。尽管目标难度会有区分，但也要在目标中体现全体学生。如前面我们谈到的一节排球正面双手垫球课的知识技能目标中，既有 80% 的学生的学习目标，又有部分较弱的和部分较好的学生的目标，这样的目标设定方式，显然已经体现了全体学生的目标。

（3）把握目标"难度"的方略

对目标难度的把握并非十分容易，尤其是对于那些长期不重视目标设置者而言，要想达到目标难度适宜，不但需要引起高度的重视，更重要的是要掌握一定的方略。下面谈几点关于"难度"把握的认识。

第五章
从实施建议明方法

101

第一部分
体育教师上课
——走近课标
明确方向

①全面把握课标中的目标要求

对于每一个水平段的目标要求，课标中都有一定的规定性，无论是目标维度，还是目标内容，都呈现了一定的递进性。因此，在设定具体的单元或课时学习目标时，需要在把握全局的基础上，认真领会学生所处的水平段及其目标要求。也就是说，所设定的具体目标要在课标对目标的总体要求下，再将其具体化。

②全面把握教材的规定性

对于每一个学段或年级，需要教什么、教到什么程度，教师都需要事先有一个全面的了解。由于体育学科的教材目前尚未在各学段、各年级做出明确的规定，也就是说，教材各学段尚缺乏有效衔接，因此，还需要任课教师来把握。这在一定程度上，给设定具体的学习目标带来了一定的难度，但也不可忽视这一问题。一线教师可以参考任教学段或年级的教材，在确定好教学内容、分配好单元长度后，再做出具体的规定。同一个教学内容，有的教师规定的单元长度相对较长，而有的教师规定的相对较短，单元长度的不同，决定着每次课的目标也会有所不同，因此，任课教师可以参考他人设定的目标形式，但不可完全照搬他人的目标内容。

③依据学生的实际情况把握目标难度

无论是课标的规定性，还是教材的单元分配长度，最终起决定作用的还是学生的体能基础以及运动技能已有水平。脱离学生实际情况的目标设置是不可靠的，同时，对目标能否达成也是很难确定的。因此，设定单元目标也好，课时目标也罢，都需要结合学生的实际情况来确定。对于新任课教师来讲，该如何基于学生的体能与技能基础把握目标难度呢？在设定目标时，需要与以前的任课教师沟通，了解学生的情况；如果面对的是刚刚进入新学段的学生，由于学生的来源比较分散（如高一年级的新生来源于很多初级中学），教师也可以通过访谈学生，了解以前学过什么，学到什么程度了，哪方面的体能需要得到进一步锻炼等，就能比较客观地掌握学生的实际情况。总之，在充分了解学生的基础上设定目标难度会更加适宜。

修订版从"侧重"、"细化"、"难度"三个方面明确提出了"设置学习目标的建议",那么,究竟应该如何对该建议进行全面的分析和理解,本研究尝试对该部分进行了探讨,在较为全面和深入地分析了"建议"内容的基础上,根据对该"建议"的理解,提出了几点把握学习目标设置维度和准确性的建议,希望这些分析和讨论能够给一线教师在确定目标维度和确定难度,以及准确表述目标内容方面带来一定的启发。

二、确定教学内容的建议

修订版提出了"选择和设计教学内容的建议"。该部分是如何建议的?一线教师应如何根据这些建议选择适宜的内容开展教学活动?以下从分析具体的建议内容入手,重点梳理各建议给教师提出了哪些较为具体的要求,并进一步分析教师应如何依据这些要求组织教学工作,旨为一线教师有效贯彻落实课标提供一些参考。

1. 课标中关于教学内容建议的具体表述及应把握的关键点

课标在"选择和设计教学内容的建议"中从五个方面提出了具体的建议和要求。在选择确定教学内容时,教师应关注和把握的关键点分别列举如下。

（1）体现"目标引领内容"的思想与应把握的关键点

课标在"体现'目标引领内容'的思想"方面,做了具体的说明,如表1-5-4所示。

表1-5-4　体现"目标引领内容"的思想

动词	表述	关键点
体现	体现"目标引领内容"的思想	目标引领内容
根据	教师应根据体育与健康课程的目标	课程目标
分析	认真分析教材,选择和设计教学内容	教材
提高	提高学生的运动技能和体能水平	技能和体能
加强	加强学生健康维护的意识	健康维护意识
促进	促进学生身心协调发展	身心协调发展

第五章 103
从实施建议明方法

第一部分
体育教师上课
——走近课标
明确方向

从表1-5-4可以看出，首先，在选择内容时，要能够"体现'目标引领内容'"的思想。什么是目标引领内容？目标在什么情况下引领内容？从该部分的具体建议中我们不难发现，是课程目标，言外之意，可以理解为在课程层面"目标引领内容"是成立的，之所以"体现'目标引领内容'的思想"，是在具体选择教学内容时，要能够依据课程目标的总体要求；否则，违背课程目标要求的教学内容选择，难以获得理想的教学效果，学生的发展也难以达到理想化程度。

基于此，我们对该部分的具体要求进行分析后发现，建议中要求做到"认真分析教材"，所选内容要能够"提高学生的运动技能和体能水平"，并通过"加强"学生健康维护的意识，"促进"学生的身心协调发展。因此，在选择和设计内容时，关注"体现"、"根据"、"分析"、"加强"、"促进"等关键性动词，方能明确其具体做法。在认真把握好"目标引领内容"、"课程目标"、"教材"、"技能与体能"、"健康维护意识"、"身心协调发展"等若干个关键点以后，就能较好地把握内容选择的方向性。

（2）符合学生身心发展特点与应把握的关键点

在"符合学生身心发展特点"中，也有几个动词和关键点值得关注，分别将其归纳如下。

表1-5-5　符合学生身心发展特点

动词	表述	关键点
符合	符合学生身心发展特点	身心发展特点
考虑	教学内容的选择和设计要充分考虑不同学段学生的体育与健康学习基础、身体特征、体能发展敏感期和心理发展特点等	学习基础、身体特征、敏感期、心理发展特点
提高	提高体育教学内容的针对性	针对性

表1-5-5中显示了对如何做到"符合学生身心发展特点"的具体建议，其中，在选择和设计教学内容时，需要充分考虑学生的"学习基础"、"身体特征"、"敏感期"、"心理发展特点"等。这些方面既是要把握的关键点，也是在实践中有些教师容易忽视的，甚至是难以做到全面考虑的。如在学生的

体育与健康学习基础方面，升入新学段的新生（如初一、高一）往往存在很大的差异性，体育老师在选择内容时难度较大。因为学生大都来自不同的学校，其体育与健康学习基础参差不齐，不但所学运动项目上可能会存在一定的差异性，而且很有可能存在掌握程度上的不同。尽管中小学目前有近十套国家审定的教材，小学也有几套教师用书，初中和高中既有学生用书还有教师用书，但是，一些学校并没有按照教材进行教学。因此，很多担任新生体育与健康课的教师大都会感觉课难上、学生难教，其主要原因在于学生学习基础的差异，导致确定及设计内容的难度加大。当然，关于学生的身心发展特点以及体能发展的敏感期等方面的理论研究已相对比较成熟，因此，教师要以科学的理论依据为参考，认真把握学生的身心特点以及敏感期，准确确定学生需要学习的项目类型与要发展的体能。

（3）充分考虑学生的运动兴趣与应把握的关键点

"充分考虑学生的运动兴趣与要求"中的主要动词和关键点，如表1-5-6所示。

表1-5-6　充分考虑学生的运动兴趣与要求

动词	表述	关键点
考虑	充分考虑学生的运动兴趣与要求	兴趣与要求
以……为重点	教学内容的选择和设计应以学生喜闻乐见的运动项目为重点	喜闻乐见
与……相联系	并与学生已有的体育经验和生活经验相联系	经验
激发、培养	激发与培养学生的运动兴趣	运动兴趣
调动	调动学生学习的积极性	积极性

在体育学习过程中，学生的运动兴趣起着关键性作用，因此，在选择与设计教学内容时，就要求我们充分考虑学生的运动兴趣。该如何才能做到考虑"充分"呢？首先，教师要以学生"喜闻乐见"的运动项目为重点，对于喜闻乐见的项目，不同水平段会有所不同，因此，还需要进一步定位；其次，教学内容要与学生已有的"体育经验和生活经验"相联系，也就是

第五章 105
从实施建议明方法

第一部分
体育教师上课
——走近课标
明确方向

说，教师对学生已有"经验"的把握至关重要。因此，教师在组织教学活动时，不但要重视和积累教学的经验，还要不断地观察，全面把握；否则，就难以在激发学生的运动兴趣方面找准切入点，也就难以充分调动学生学习的积极性。

（4）适合教学实际条件与应把握的关键

"适合教学实际条件"中也有一些需要把握的动词与关键点，如表1-5-7所示。

表1-5-7 适合教学实际条件

动词	表述	关键点
适合	适合教学实际条件	实际条件
考虑	教学内容的选择和设计要充分考虑场地与设施条件、季节、气候和安全等具体情况	具体情况
教学	因时、因地制宜地进行体育与健康教学	因时、因地制宜

无论教什么内容，体育与健康课都需要与教学实际条件相适应，否则就难以实现科学性和有效性，甚至难以正常开展。课标教学建议中提出了哪些具体的建议呢？从表1-5-7中可以看出，"场地与设施条件"、"季节"、"气候"、"安全"等是需要重点考虑的。其中，场地与设施属于硬性条件，这是能否正常开展教学工作的先决条件；季节与气候是客观且又无法违背和抗拒的自然条件；而安全既体现出了条件的客观性，也反映了人的主观能动性，也就是说，安全条件与安全意识都是一线教师在选择和设计教学内容时的关键。把握好以上几个方面，才能做到"因时、因地制宜地进行体育与健康教学"。

（5）重视健康教育与应把握的关键

"选择和设计教学内容的建议"中最后一条，"重视健康教育"是不容忽视的，但往往又是容易被忽视的。从动词和关键点来归纳具体建议内容，如表1-5-8所示。

表 1-5-8　重视健康教育

动词	表述	关键点
重视	重视健康教育	健康教育
根据	各校应根据实际情况	实际情况
利用	充分利用雨雪等天气的上课时间	雨雪天气
开展	每学年保证开展一定时数的健康教育内容教学	健康教育

从表 1-5-8 中我们不难看出，对于体育与健康课而言，重视健康教育十分必要，不但提出了利用雨雪天气开展健康教育工作，还建议"每学年保证开展一定时数的健康教育内容教学"。但是，问题在于"一定时数"该如何衡量和确保达到？在这一问题上，无形中会对如何开展好健康教育教学内容带来一定的难题，由于缺乏相对具体的教学时数规定性，一些任课教师也会因此而忽视健康教育。

2. 选用教学内容时如何达到"适宜性"

教学内容的选择对于搞好体育教学工作十分重要，依据课标建议，该如何才能达到内容选择的适宜性呢？下面从以下几个角度展开讨论。

（1）关于内容体系的适宜性

基础教育的体育与健康课程，从小学一直到高中，各学段应该有一个完善的且适宜的内容体系，而不是仅仅考虑某一学段、某一年级或某一教学班要教什么。目前，尽管小学有教师用书，初高中都有相应的教师用书和学生用书，但从教材本身的内容选择性和确定性以及目前教学的实际情况来看，并没有完全呈现科学、合理的衔接性。该内容体系的确定，一是需要专家和一线教师配合，充分考虑教材特点，从理论体系构建到实际操作协力完成；二是需要依据课标在"课程内容"部分建议的各水平需要学习的内容范围；三是需要考虑学生自身的情况，如兴趣爱好、体能发展敏感期分布、身心发展特点变化规律性等综合确定内容。假如体育教学内容体系完善，一线教师在确定教学内容时就会容易得多。尽管目前尚未建立具有一定衔接性的、适宜的内容体系，但随着体育课程与教学理论的日益完善，该体系也必将会形

第五章 **107**
从实施建议明方法
第一部分
体育教师上课
——走近课标
明确方向

成并日趋完善。

（2）关于学、练、看内容的适宜性

体育教学内容的可选择性非常丰富，但被确定后的内容究竟在需要掌握的层面上，该如何对此做进一步区分？也就是说，哪些是需要学习的？哪些是需要锻炼的？哪些是需要看一看了解的？从需要学习的内容来看，哪些学习单元需要拉长，哪些学习单元可以安排的短一些？从需要锻炼的内容来看，先锻炼什么后锻炼什么？从需要了解的内容来看，哪个学段、哪个水平、哪个年级需要了解什么？对这些问题的回答，往往就是体现其适宜性的关键所在。要想区分学、练、看的内容，依照课标的具体建议，不但需要和学生的兴趣爱好关联起来，而且要充分考虑学生终身体育发展的需要，看一看哪些内容有助于终身体育意识的形成，哪些内容是作为终身体育能力发展要学习的，对此都要有明确的区分。另外，从体育文化传承的角度，可以依据大型赛季（如奥运会、全运会）介绍所谓"时令性"的内容，满足学生们的求知欲望，如奥运会举办前后，可以向学生介绍相关内容，以提高学生对体育精神与竞赛知识等运动文化的认知。

（3）关于具有差异的区域内容的适宜性

我国各区域差异十分明显，其中包括经济发达与不发达地区的场地器材设施的差异、南北方同一季节不同气候的差异，还包括不同民族地区民族活动的差异等。基于这些差异，就全国而言，要想统一教材，统一进度，难度很大，因此，就要考虑不同区域的内容适宜性。实际上，体育新课程改革建立了国家课程、地方课程、校本课程三级课程管理制度，各地区可以在地方课程和校本课程内容的选择和设计时充分考虑其内容的适宜性。如南方夏季的天气更为炎热，有条件的学校，甚至一年三个季节都可以开展水上运动，一方面通过传授水上运动技能提高学生生存技能，另一方面也可为终身体育奠定良好的基础；而北方冬季寒冷，冰雪天气时间相对较长，因此，冰雪项目的开展就可以相对集中一些。与此相对应的，小学高年级以上阶段的学生，耐力素质的提高也可以得到更好的发展。

我国少数民族地区体育活动十分丰富，从传承与弘扬民族民间传统体育文化的角度，教师可以选择一些项目，让学生了解其博大精深的民族传统体育文化底蕴，还可以开展一些如竹竿舞、抖空竹、踩高跷等活动，从而提高学生的运动技能和生活技能。这些项目，既可以作为地方课程以区域的形式开发利用，也可以从学校的角度开发校本课程，并发展为学校体育特色，从而锻炼学生某些方面的专长，为学生的终身体育奠定良好的基础。

（4）关于健康教育内容的适宜性

自体育新课程改革将课程名称由"体育"更名为"体育与健康"以后，人们对健康的重视日益加强，《健康教育》也作为一门独立的规定课程开设，尽管开设的效果尚不够理想，甚至很多学校《健康教育》课程还没有正常开展起来，但是学生的健康问题已引起广泛关注。一个普遍性的观点就是充分利用雨雪天气的上课时间开展健康教育。问题在于，不但每学期体育课巧遇雨雪天气的时机具有较大的不确定性，而且每个班级遇到的雨雪天气机会也有所不均，因此，将健康教育寄托在雨雪天气上不太现实。假如说要求"每学年保证开展一定时数的健康教育内容教学"的话，一方面，需要规定具体时数，否则就难以保证开展；另一方面，还要考虑教什么，否则就难以确保健康教育的系统性和质量。因此，仅仅用"一定时数"很难确保健康教育工作有效开展。实际上，就体育课程而言，健康知识与方法等的传授，除了要注重前面我们谈到的形式以外，体育课教学中的融入至关重要，通过渗透性的教育和引导，既能确保健康教育工作的开展，丰富和提高学生的健康知识、方法与自我保健能力，还能做到理论与实践的有机结合，使技能学习与身体锻炼更加科学合理。所以，从体育课程的角度谈健康教育的话，形式可以更加灵活，可以考虑与运动技能学习和体能锻炼相关联的内容，从而做到相互促进，同步提高。总之，健康教育实际上既需要关注形式，又需要关注内容。把握好这两点，其适宜性才能有所体现。

体育教学内容的选择与诸多因素有关，修订版在"选择和设计教学内容的建议"中明确提出了体现"目标引领内容"的思想、符合学生身心发展特

第五章
从实施建议明方法

109

第一部分
体育教师上课
——走近课标
明确方向

点、充分考虑学生的运动兴趣与需要、适合教学实际条件、重视健康教育五个方面的具体要求。如何按照这些建议选择和设计好教学内容，这是一个值得深入探讨的理论问题和实践问题。通过系统分析发现，体育课堂教学内容的选择首先要充分考虑课标中的具体建议；其次，在确定了教材后，要认真研读，吃透教材，充分挖掘教材的兴趣点和安全隐患所在，在确保安全的前提下，充分调动学生学习的积极性；最后，还要根据区域差异和学生个体的差异，以及学生终身体育发展的需要，把握好哪些内容需要深教、多教，哪些内容可以少教，还有哪些内容可以不教，从而做到该学的学精、学通，可以不学的介绍一下即可。因此，体育教学内容不是什么都要齐头并进，也不是眉毛胡子一把抓，而是要从学生发展的总体需要出发，内容有所侧重，方法有所创新，形式可以多样。只有这样，内容的适宜性才能真正得以显现。

三、选用教学方法的建议

修订版在"教学建议"部分"选择和运用教学方法的建议"中列举了几个案例，分别涉及培养学生的自主、合作、探究学习意识和能力。从这些案例中不难看出，在体育课堂教学中，可以设置一定的教学环节或练习手段，有针对性地使学生这些学习方面的能力得以提高。那么，究竟有效的自主、合作、探究是什么样的？一线教师在教学中应如何把握好这些学习方式？又存在哪些认识误区？下面重点对各案例进行分析，并多视角地对几种学习方式的拓展性运用进行归纳。

1. "选择和运用教学方法的建议"中应把握的关键点

修订版在"选择与运用教学方法的建议"中提出了五个方面的要求，不同的方面都分别有所侧重。从每一个方面的核心词的分析来看，分别用了"应有利于"、"应针对"、"应创设"、"应发展"、"应高度重视"等，可以看出，都用"应"做什么来定位。说明对应的五个方面的建议都是一线教师在教学中应该贯彻执行的。通过进一步分析五个方面的内容，一线教师在选择与运用教学方法时，应把握住以下几点：第一个方面主要强调了所选用的方法，要有利于促进学生的"整体发展"；第二个方面强调的是，所选用的方法要能够调动学生学习的"积极性"；第三个方面集中在通过采用一系列方式的引导和培养，使学生"学会学习和锻炼"；第四个方面提出了采用一定的方法"发展体能"；第五个方面主要是针对如何通过重视个体差异，促进"每一位学生的发展"。从以上这些要求不难看出，在选择与运用教学方法时，需要将关注点锁定在促进学生的全面发展上。而且，还要能够调动积极性、关注差异，发展体能。也就是说，无论选用什么方法组织教学，都必须充分考虑一些相关因素，以及考虑目标性，否则就难以达到理想的教学效果。

2. 全面学习，找准核心

随着新课改的不断推进，越来越多的人已经对"自主、合作、探究学习"耳熟能详，但当进一步问及这些学习方式"是什么"的时候，并非所有的教师都能回答清楚，对这些学习方式的合理有效的选择和运用就更不多见。因此，很有必要从多个角度对自主、合作、探究学习方式进行剖析，并找到准确的定位。

（1）"主动"——自主学习方式的核心

目前，自主学习能力已成为 21 世纪人类生存的基本能力。自主学习是与传统的接受式学习相对应的一种现代学习方式。顾名思义，自主学习是以学生作为学习的主体，通过学生独立地分析、探索、实践、质疑、创造，来实现学习目标。传统的接受式学习，学生如同学习的客体，是被动地在接受学习的信息，缺乏独立自主地完成学习任务的属性；而自主学习强调培育学生强烈的学习动机和浓厚的学习兴趣，从而进行能动的学习，即主动地、自觉自愿地学习，而不是被动地或不情愿地学习。新课改倡导将自主学习引入课堂，是要转变学习的方式，充分调动学生学习的积极性和主动性，从"要我学"向"我要学"转变，以培养学生的习惯与能力。因此，把握"主动"二字，自主学习方式的运用就会变得更加有效。

（2）"配合"——合作学习方式的核心

合作学习是指学生为了完成共同的任务，有明确的责任分工的互助性学

第五章 111
从实施建议明方法

第一部分
体育教师上课
——走近课标
明确方向

习。体育新课程改革倡导将合作学习引入体育课堂，并培养学生合作学习能力。合作学习的精神实质是什么？学生之间的相互配合是合作学习的精髓，合作学习是学生以小组为单位，通过相互配合，完成学习任务，提高学习成绩，这是合作学习倡导者们的最初的出发点，也是我们现在采用这一学习方式的主要目标。学习者之间的配合主要源于各自的、有责任的分工，因此，分组合理、分工明确、配合协调、目标一致、学习愉快、效应明显等是成功的合作学习应体现的主要特征。因此，建立相互配合的运作理念、把握配合的最佳时机与有效方法等，是提高合作学习效果的关键所在。

（3）"解惑"——探究学习方式的核心

探究学习是学生在主动参与的前提下，根据自己的猜想或假设，在科学理论的指导下，运用科学的方法对问题进行研究，在研究过程中获得创新实践能力和思维发展，自主构建知识体系的一种学习方式。探究学习具有主动性、问题性、开放性、生成性和创造性等特征。探究学习方式的运用，首先需要深刻领会"探究"的含义，探究即探索研究，是学生在学习情境中通过观察、阅读，发现问题，搜集数据，形成解释，获得答案，并进行交流、检验等探索研究，或发现新问题的研究性学习过程。体育学科的探究学习也是对相关问题或现象进行探索研究的过程，总的可以概括为"解惑"的过程，是从不知到知、从知之不多到知之甚多，甚至透过现象揭示本质的过程。因此，何谓"惑"、如何"解"是探究学习选用时应把握的关键。

3. "培养学生自主学习意识与能力" 的案例分析与拓展

（1）自主学习案例分析

修订版在附录2《发展学生自主、合作、探究学习能力案例》部分，首先列举了一个"在篮球投篮教学过程中培养自主学习的意识和能力"的案例。该案例分为五个部分，即"学习阶段"、"学习目标"、"教学内容"、"教学步骤"、"说明"。属于水平四学生的教学案例，教学内容是"投篮练习"，设定的学习目标包含三个方面："1. 提高1分钟投篮的命中率；2. 体验投篮的乐趣和提高命中率的成功感；3. 培养自主学习投篮的方法和能力。"从这三个方面的目标来看，集中表现在通过自主学习掌握运动技能，有情感体验，还有方法的掌握和能力的提高，使学生在投篮练习中，充分体现自主，并感受运动的乐趣。在实际教学中，教师应围绕这些目标展开教学，从而培养学生自主学习的意识和能力。

通过对教学步骤的分析，我们不难看出，在设计的六步教学中，第一步是让学生自己选择投篮距离，体现了"自选"；第二步是学生自己设置1分钟命中的次数，体现了"自定"；第三步是学生思考如何投准，体现了"自创"；第四步是学生尝试练习和体验，体现了"自练"；第五步是学生的自我评价，体现的是"自评"；第六步是达成目标的学生和未达成目标的学生分别自我设置新的目标，体现的是"自设"。总体看来，这样的教学步骤，每一步都让学生对自己的学习做主，将自主权交给了学生，充分发挥了学生学习的主动性，使学生体验到运动的快乐，达成自己设定的目标。在实际教学中，教师应给学生提供多样的自主学习空间，从而培养学生的自主学习能力，形成自主学习的意识和自觉行为。

（2）自主学习教学拓展思路和方法

就自主学习而言，过去我们也时常能够看到，但是，总体看来，学生自主性的发挥还不够充分。这说明，这样的教学设置还缺乏精心的策划，未充分体现是为学生自主学习意识和能力的培养而安排的自主学习教学环节，也反映有些教师对自主学习的理解和重视程度还有待提高。那么，一线教师该如何有效拓展思路和设置自主学习教学呢？

①从无意走向有意

有些课堂上，学生的自主学习并非教师有意设计，而是学生自发的学习行为，或者是教师不经意间组织课堂时安排的。因此，自主学习的表现就不够彻底或规范，学生学习的效果也就在无意中难以形成自主学习的意识，更难以提高自主学习能力。基于此，为了能够对学生自主学习能力进行培养，需要教师有意设置自主学习环节，就如同上述案例中所做的，让学生自己定距离、定次数，以及让学生自我评价等。一旦教师有意为学生创设自主学习

第五章 **113**
从实施建议明方法

第一部分
体育教师上课
——走近课标
明确方向

的机会，学生才能有意地采用这种自主学习的方式学习、改进和提高。

②从形式走向具体

在有些课堂上的自主学习环节，有教师的设计在其中，但是，有很多只是走走形式，或走个过场而已，未能具体深入到学生自主学习能力培养上，结果就会导致，学生做了也难以明白是一种什么学习方式。这种形式化的自主学习，不太容易调动学生的积极主动性，往往还是以被动地接受学习为结果表现出来。如有的篮球运球课上，老师讲解示范以后，让学生自主练习运球，每一个学生都是按照老师的吩咐，做着相同的动作，没有学生自己的练习方式，也没有让学生根据自己的掌握情况而有选择地练习，或进行拓展性练习，也就等于不是自主的练习。可见，这种自主性还不够充分。因此，在自主学习方面，教师要尽量更加具体一些，而不是停留在形式上。让学生自由练习时，教师需要提出一定的要求，学生可以根据自己对技术动作的理解和掌握情况进行练习，即相对自主地进行练习，而非完全受约束地进行练习，只有这样，学生自主学习的能力才能得到培养和提高。

③从局部走向整体

有的教学设计中有自主学习的情节，但是，大都只是在某一局部的学习环节之中，如同蜻蜓点水，这样培养学生自主学习能力的效果不会太明显。因此，真正的自主学习应该贯穿课堂，无论是准备活动、放松活动，还是基本部分主教材的学习，每一个环节都可以配合或服务于主教材的学习设置自主性的学练。学生从多个环节较为全面地感受自主学习的特点，以及尝试自主学习的方法，自然就能更加有利于自主学习意识和能力的形成。如从准备活动部分就可以自主学习与非自主学习相结合，学生统一活动以后，再留出一些时间，让学生根据自己的情况强化某一关节和部位的活动。放松活动也可以改变过去的整齐划一的方式，适当预留一定的时间，让学生根据自己的情况，增加某一部位的放松时间或加大放松的力度。这样的教学组织，学生就能逐渐感受到自主学习的真正含义，并逐渐掌握自主学习的有效方法。

4. "培养学生合作学习意识与能力"的案例分析与拓展

（1）合作学习案例分析

修订版在"教学建议"的附录2《发展学生自主、合作、探究学习能力案例》中，也列举了一个"在跳长绳教学过程中培养合作学习的意识和能力"的案例。像自主学习能力培养案例一样，也是从五个方面介绍的案例内容。该案例的教学内容是跳长绳，是针对水平三的学生设计的案例。其目标包含三个方面，即"1. 提高连续跳长绳的总次数；2. 增强跳绳动作的协调性；3. 提高与同伴合作跳长绳的能力"。从目标上来看，体现了三个方面，即"次数"、"协调性"与"能力"。具体教学设计七个步骤，高度概括起来分别是：教师提出目标—分组练习—讨论与分析—解决问题—互助学习—集体练习—小组比赛。从对这些教学步骤的进一步分析发现，第二步是分组进行跳长绳练习，出现同学之间的第一次合作，这种合作方式体现为有摇有跳，"摇"与"跳"的配合，也是同学间配合的具体表现，这种合作是相互配合的合作；第三步和第四步是学生的讨论、分析、解决问题，体现的是同学之间的"共同"二字，大家一起参与到这一系列研讨活动中，体现的是一种合力，即能够达到集体公关的效果，这是研讨式的合作；第五步是同学之间相互帮助、共同提高的一种学习方式，显然也是合作的体现，是互助式的合作；第六步是再一次进行集体练习，也是一种合作的形式出现；第七步是小组间的比赛，以小组为单位，本小组内容的成员齐心协力，相互配合，参与竞争。这种合作是为了竞争的合作。总之，合作方式依据目的而不同，合作的人数有多有少，合作的时间有长有短。不过，感到有点遗憾的是，该案例在充分挖掘合作内涵上还有待改善。如一项小集体活动，该项活动不是集中在一起练习同样的动作就算合作，而是这个集体中每一个人都担任独自的任务，离开了任何一个成员，该活动就无法进行下去。这反映出合作是有任务在其中的，即任务驱动式的合作。

（2）合作学习教学的拓展思路和方法

合作学习与自主学习的本质区别，就在于自主学习强调独立性，而合作

第五章
从实施建议明方法

115

第一部分
体育教师上课
——走近课标
明确方向

学习强调的是集体性。但并不能简单地把合作学习理解为分组学习，假如分组以后，小组成员没有各自分配的任务，这样的分组练习并非是真正意义上的合作学习。合作学习离不开任务，合作学习需要每一名成员的担当。在实际教学中，教师需要转变认识，提高对合作学习的深度把握。

①从个体走向集体

合作学习不是一个人的事情，而是一个重新建立起来的小群体的学习行为，需要学生从自我中走出来，以一种新的姿态面对一个集体。在合作学习中，不但学习的形式发生了变化，而且学习任务和学习结果也发生了质的变化。体育课堂上，当学生以个体存在于学习之中的时候，除了受教师意愿的束缚外，实际上，很多时候还是可以根据自己的情况把握学习的进程。如投掷力量大小、跑动速度快慢等都是自己可以控制的，而且不会对别人产生太大的影响，更多是对自己的学习效果有一定的影响。但是，以集体合作为主要形式的学习方式，是集体共同完成的一项学习活动，集体中个体的一言一行、一举一动都不能以自己的意志为转移，而是要更多地考虑团队。总之，合作学习在形式上不再是一个人，而是一组学生；合作学习的特点不再是独立性，而是群体性。这就要求在教学中有分组，即合作学习的前提就是先将学生分成不同的学习小组。但并非所有的分组都一定有学习上的合作，还需要有个体的分工。关于合作学习，如北京小学走读部赵颖老师组织的篮球交替运球练习，如图1-5-1、图1-5-2所示。

图1-5-1 合作学习中男生篮球运球练习　图1-5-2 合作学习中男女生篮球运球练习

②从独立走向分工

在学习的过程中，学生从个体向集体转变的同时，实际上也伴随完成任务的性质发生了改变，也就是说，独自一人学习时，其学习的任务是由自己独立完成，完成的好与坏其责任都由个体一人承担。而学习群体形成以后，学习的任务是由集体中的每一个个体共同完成的，且分工是较为明确的，其任务有的是一致的，有的却是各有不同。无论是否相同，每一个人都有一份责任在其中，且需要有担当意识，认真完成所承担的学习任务；否则，合作就难以顺利，效果也难以显现。在此需要强调的是，从一人独立完成学习任务到分工协助完成任务，需要思想上的转变，要有团队意识和合作精神，需要体现同伴之间的配合。假如每个人都能有如此的转变和表现的话，合作学习自然就能发挥其功效，学习的效率也就自然能够提高。

③从简单走向复杂

一般来讲，合作学习的任务难度会比个体自主学习的难度有所提升，也就是说，一个人独立完成的往往都是较为简单的任务，而合作学习的任务会复杂些，要通过同伴间共同努力才能完成。从另一个侧面来看，简单的学习任务无须合作，而复杂的任务才有必要合作。假如在教学中未能把握简单与复杂任务的关系，让合作者完成相对比较简单的学习任务，很容易走进形式化的合作误区；相反，一些复杂的学习任务，假如只是考虑让学生自己独立完成，会有可能出现尽管个人也努力了，但依然难以达到预期的目标，这种方式的教学组织也不是最适宜的。因此，合作学习也可看作从由简单任务走向复杂任务的一种方式。

5. "培养学生探究学习意识与能力"的案例分析与拓展

（1）探究学习案例分析

课标"实施建议"部分，就探究学习意识和能力的培养，列举了一个"跨栏跑"案例，是水平四初中生的内容学习。学习目标设定在三个方面：一是探究提高跨栏跑速度的方法，二是提高跨栏跑的速度，三是改进跨栏跑的过栏技术。从目标上来看，需要学生在学习过程中探究的是"提高跨栏跑速

第五章 117
从实施建议明方法
第一部分
体育教师上课
——走近课标
明确方向

度的方法",并通过运用探究的结果反复练习,从而提高跨栏跑的速度,并能够逐渐改进跨栏跑的过栏技术。为达成这些目标,案例中呈现的教学环节分为七个步骤,即教师设置栏架—教师提出问题—教师鼓励学生思考—学生分组练习观察记录—自我分析提出建议—结合建议改进练习—展示比赛。以上这些,实际上是对七个教学步骤师生教学活动的高度概括。我们从中不难看出,该探究学习案例,采用的是教师提出问题、学生探究的学习模式,体现的是从"问题"开始探究"答案"的过程。学生在探究过程采用的是个体的练习、反思与同伴观察、建议相结合的形式,也就是说,是自我探究与集体探究共同完成的学习活动。

（2）探究学习教学拓展思路和方法

探究学习的核心概念是"探究"二字,在探究学习中,"探"与"究"二者不能分开,"探而不究"、"究而不探"都难以充分发挥该学习方式的真正价值。那么,探究学习究竟是一种什么样的学习方式?与过去传统意义上的接受式学习有什么本质的不同?我们需要对探究学习有一个充分的认识,进而把握组织探究学习的方式方法。

①从被动走向主动

探究学习与接受式学习的最本质区别在于,学生的学习状态从被动接受性的学习向主动发现式的学习转变了。无论学生探究的结果如何,从形式上应完成这一转变。真正意义上的探究学习,不但要求学习的状态发生改变,更看重的是让学生亲历探究的全过程,需要让学生了解问题从哪里来,为什么要探究这样的问题,否则会出现机械化的学习现象。除此之外,探究的问题也可以由学生自我发现或从现象中归纳。总之,源于问题的探究,要能够充分调动学生学习的内驱力,可以充分利用学生的好奇心,让其刨根问底地学习。

②从未知走向已知

探究学习,实际上也是从未知向已知转变的过程,无论是从教师提出需要探究的问题出发,还是从学生在学习过程中发现的现象所总结的问题出发,表现的都是一种未知的状态，但教学需要逐渐消除或减少未知，学生通过自我或与同伴之间的探索研究，不但能找到问题的答案，还能通过探究发觉更深入的问题。探究学习的过程，通过不断地反复挖掘，使得理论知识得到不断的积累，实践经验得到一次又一次地提升。然而，在从未知向已知转化过程中，且不可走进探究的误区，也就是说，不赞成老师事先告诉学生答案的做法。同时，在教学活动中，教师还要能够善于观察并发现学生自发的探究活动，进而对其做出正确的引导，为培养学生探究能力做好积极的促进工作。体育课堂上的探究学习，如图 1-5-3 所示。

图 1-5-3　探究学习如何完成得更好

③从现象走向本质

需要探究的问题都应该是值得探究的且有一定难度的问题。初始的探究往往停留在现象层面，探究不够深入的话，很难发觉事物的本质。况且，有些问题的答案并非唯一，探究的范围需要有一定的拓展。也就是说，从广度上和从深度上综合来讲，探究学习都应该有所触及，尤其是发掘事物本质时，探究的内容、形式，甚至是探究的操作方案都需要有周密而严谨的设计，否则，停留在现象上打转转的探究本身就失去了探究的意义。基于此，学生在学习过程中的探究活动，不但需要目的明确，而且随着学生年级的提高，探究事物本质的要求也需要逐渐加大。

第五章 119
从实施建议明方法
第一部分
体育教师上课
——走近课标
明确方向

然而，自主、合作、探究学习在体育教学中的有效运用是有一定难度的。长期受接受式学习方式的影响，转变学习方式本身对教学，尤其对学生的学习都是一种挑战，学生能否打破这种学习的惯性，能否深刻领悟这些学习方式的内涵，都是自主、合作以及探究学习方式能否有效开展的关键。

四、引入学习评价的建议

修订版在第四部分"实施建议"中，专门对如何实施体育与健康学习评价提出了较为全面而具体的评价建议。但是，一线教师在体育课堂具体操作学习评价的方式方法上还有欠缺，主要表现在有的走进了形式化的误区，有的依然未能在课堂上有所体现。新课改背景下的体育课堂，究竟该如何有效落实评价建议？如何在体育课堂有效开展学习评价？下面谈一谈具体的学习评价落实方略。

1. 把握要全面：落实学习评价的总体建议是什么

在修订版"评价建议"部分，首先有一段总体的说明，下面我们通过几个动词，对其做进一步分析。

表1-5-9　评价建议总体要求

动词	文本语句	关键词
促进达成	体育与健康学习评价是促进学生达成学习目标的重要手段	学习目标；手段
倡导构成	本标准倡导体育与健康学习评价以多元的内容、多样的方法、多元的评价标准和评价主体，构成科学的体育与健康学习评价体系	多元；多样；科学；体系
收集	多方面收集评价信息，准确反映学生的学习情况	信息；准确
发挥	充分发挥评价的诊断、反馈、激励与发展功能	诊断；反馈；激励；发展；功能
挖掘	更有效地挖掘每一位学生的体育与健康学习潜力	学习潜力
调动	调动他们的体育与健康学习积极性	积极性
促进	促进学生更好地"学"和教师更好地"教"	学；教

从表1-5-9不难看出，课标在总体介绍评价建议时，重点用"促进"、

"达成"、"倡导"、"构成"、"收集"、"发挥"、"挖掘"、"调动" 8 个动词全面概括了体育与健康学习评价是什么，课标倡导什么，如何做，等等。

实际上，在体育课堂教学实践中具体落实评价建议时，首要的任务就是先全面地把握学习评价提出的要求，否则就难以将学习评价做得合理和有效。过去在部分课堂上出现形式化或完全没有落实评价建议的现象，究其原因，主要是对总体要求未能充分而全面地把握。最突出的表现是：体现了评价主体的多元性，但忽视了评价体系的科学性，尤其未能充分发挥评价的诊断、反馈、激励与发展等综合功能。结果在有效挖掘潜力、调动学习积极性、促进更好地教与学上体现得不充分。因此，在有效贯彻落实课标的过程中，尤其是在课堂上具体落实评价方式方面，最好能够重新对课标"评价建议"部分的内容做深入的分析，把握其关键，否则就很难落实准确、到位。

2. 目标要明确：体育与健康学习评价目标是什么

体育新课程改革为什么要提出新的评价方式？其主要目的是为了能够使评价更好地发挥促进学生全面发展的作用。学习评价的总体目标就自然设定在了"有效促进学生的不断发展"上，具体到某一个学年、学期、单元、课时学习，一线教师该如何确定与之相对应的学习评价目标呢？下面简单做一分析。

（1）认真把握好几个关键动词

在明确体育与健康学习评价目标时，修订版用"了解"、"判断"、"发现"、"培养与提高"等关键动词提出了具体的关注点。其中，在确定学习评价目标时，首先是要了解学生的体育与健康学习和发展情况，便于确定要达到的目标程度。其次，在了解基本情况的前提下，才能够较为准确地判断学生在体育与健康学习过程中存在的不足，找到其原因，更好地提出改进的措施。同时，在这个过程中，还能够发现学生在体育与健康学习中的潜能，并通过为学生提供各种展示自己能力、水平和个性的机会，起到鼓励和促进学生进步与发展的作用，最终达到培养与提高学生自我认识、自我教育、自我发展的能力。

第五章
从实施建议明方法

121

第一部分
体育教师上课
——走近课标
明确方向

（2）为实施学习评价做好准备工作

"明确体育与健康学习评价目标"部分提出几个要关注的问题，实际上也等于明确指出了为贯彻实施评价建议和为学习评价的具体落实应做好的准备工作及其程序。其中，"了解"、"判断"和"发现"等关键性动作引导下的具体工作内容和方法，既是确定学习评价目标的必要工作，又是在具体实施学习评价前的重要准备工作。只有做了充分的"了解"、准确的"判断"和及时的"发现"以后，才能做好评价工作。"培养与提高"既是达到学习评价目标的具体工作要求，也是学习评价具体落实程度的关键一步。因此，一线教师在贯彻落实课标的过程中，不可忽视课标中提出的具体评价建议。

3. 内容要合理：体育与健康学习评价内容是什么

在修订版"评价建议"部分，第二个方面提出了要合理选择体育与健康学习评价的内容。但究竟评价什么？从哪些方面展开评价？建议中明确提出了四个评价维度，即"体能"、"知识与技能"、"态度与参与"、"情意与合作"。

（1）"体能"评价什么

就"体能"评价而言，课标明确提出主要根据教学的实际情况以及参考《国家学生体质健康标准》确定体能测试的指标。实际上，在中小学校，体能的评价，大都依据该标准的指标来衡量学生的体能水平，很少依据学校教学情况自行测试学生体能。之所以存在这种现象，究其原因，主要是由于新课改前的学习评价，未能充分重视体能评价，大都是以运动技术测评单一的方式评价学习成绩。要全面贯彻落实课标，认真落实评价建议，除了《国家学生体质健康标准》规定的测试指标，各学校可以根据学生和教学的情况灵活把握体能评价指标，既可以采用渐进式的单一项目，随着年级的增高逐一评价，如初中一年级以测试速度为主，初中二年级以测试力量为主，初中三年级以测试耐力为主，又可以多个项目综合，在同一年级或学段多次评价，如初中学段每个年级每学年都可以测试速度、力量、耐力类指标等。但无论如何测试、测试什么，体能评价都是不可忽视的学习评价内容。

（2）"知识与技能"评价什么

关于知识与技能的评价，新课改前后都较为重视。新课改后的知识与技能评价，强调主要依据课程标准的学习目标与要求，以及教学的实际情况，选择确定评价指标，主要是评价学生对知识与技能的掌握程度和应用能力。一线教师在具体贯彻落实评价建议时，依然需要重视知识与技能的具体评价指标的确定，而且需要协同考虑该内容的评价在整个学习评价中所占的比重。随着学习评价范围的扩大，知识与技能的评价依然很重视，在比例分配上，与新课改前相比或许有所减少，但所占比例与其他指标相比依然是最高的。

（3）"态度与参与"评价什么

对学生的学习态度与参与情况进行评价，课标提出了出勤率、课堂表现、学习兴趣、探究问题，以及也可以评价课外参与体育与健康活动的行为表现等。其中，除了出勤率可以直接量化出结果以外，其他方面，如表现、兴趣、积极性等都难以具体用量化的方式把握，因此，就要考虑定性评价，但依然可以分层。如在学生的课堂表现方面的评价，可以采用良好、一般、较差等三级评价，或细化成五级评价方式。学习兴趣也是如此，可以划分为兴趣较高、一般、无兴趣，参与探究积极、一般、不积极等。但问题在于，无论采用几级形式进行评价，级别好分，但具体操作方法有一定的难度。一方面，通过什么方式记录课堂表现；另一方面，班级人数较多的情况下，如何完成对每一个学生的学习"态度与参与"评价。但无论怎样，首先，需要有对学生态度与参与进行评价的意识和行动；其次，就是要根据课堂教学具体情况，研究设计评价方法，如有人在课堂上采用小组长协助老师进行评价的方式，还有人采用对表现比较好的学生和比较差的学生进行评价的方法。

（4）"情意与合作"评价什么

除了在体能、态度与参与方面提出了评价的具体要求，修订版还针对"情意与合作"提出了评价建议。具体建议的是对学生在体育学习和锻炼中的情感表现、意志品质、人际交往与合作行为等几个方面进行评价。同样，在这几个方面的评价操作方式上，也如同"态度与参与"评价一样，存在一定

第五章 123
从实施建议明方法

第一部分
体育教师上课
——走近课标
明确方向

的操作上的困难。某种程度上，"情意与合作"方面的评价难度更大。为了便于操作，依然可以采取分级定性评价的方式来实施。

总之，新课改后的评价维度更加多元了，而且，在确定具体的评价内容权重分配上，如同课标中所表述的"各校可根据教学的实际情况和学生的学习需求，自行确定"。值得说明的是，有时，课堂上在对学生的学习态度、参与情况、情意与合作表现等方面进行评价时，可以及时采用口头语言或肢体语言表达的方式，方法简单，且便于激发学生学习的热情或及时纠正学生在学习中表现的各种学习态度问题。

4. 方法要有效：体育与健康学习评价方法如何体现多样

修订版在"评价建议"第三个方面，提出了要"采用多样的体育与健康学习评价方法"进行评价，且提出了几点更加明确的要求，概括起来主要包括：确保科学、公正、准确；保证评价结果的可信度和有效性；简便、实用和可操作性；制定评价标准；调动积极主动性；发挥育人功能；等等。但究竟如何才能体现多样，修订版主要提出了三个"相结合"。本研究重点从如何结合上进行分析。

（1）"定性评价与定量评价相结合"及其落实

"评价建议"部分介绍了学习评价在体现定性评价与定量评价相结合方面，重点从学习评价内容维度和不同水平段两个方面进一步做了较为具体的建议，即"体能、知识与技能"这两项内容的评价可以采取定量的方式，而"态度与参与、情意与合作"这两项内容可以采用定性的方式。明确提出水平一的学习评价可采用评语式评价；水平二、水平三的学生可以采用评语和等级制相结合的方式；水平四的学生以等级制为主，结合评语式评价。也就是说，从定性定量分配上，比较弹性化，可以定量的要定量评，难以定量的要定性评。低年级水平段定性评，随着学段水平的提高，逐渐转向以定量评价为主。基于以上分析，不同学段不同年级，定性、定量的选择各异。总之，尽管提出了要定性评价与定量评价相结合的方式进行学习评价，实际上一线教师有一定的自由度和区分度，关键是要能够根据自己担任的水平段按照课标中建议的评价形式实施评价工作。

（2）"形成性评价与终结性评价相结合"及其落实

课标提出"形成性评价与终结性评价相结合"，实际上是既要重视对学习过程的评价，又要重视对学习结果的评价。建议中明确提出："教师应注意观察与记录学生的行为表现，用口头评价的方式，及时向学生反馈评价信息，帮助学生了解自己的学习情况并改进学习方法，不断提高学习能力。"该建议要求教师要把握"观察与记录"、"口头评价"、"反馈"、"帮助"等关键点。其中，观察与记录是关键，如同我们在前面分析的那样，是做好课堂评价的基本的准备工作。而终结性评价从时间上，重点强调的是"学期或学年"的评价。这种终结性评价既要综合学生在体能、知识与技能、态度与参与、情意与合作方面的学习情况和发展变化，也要结合期末测试成绩，完善其评价的结果。而且，在此基础上，还应该对学生的体育学习给出评语，从而体现体育与健康学习评价的全面性、科学性与准确性。至于该如何具体操作，课标提供了三个案例，分别在课标文本《附件3　体育与健康学习评价参考用表》中显示，一线教师可根据需要灵活参考，在此，不再对这些案例做进一步分析。

（3）"相对性评价与绝对性评价相结合"及其落实

学习评价在新课改以前侧重于绝对性评价，新课改后，在课标中提出相对性评价与绝对性评价相结合，其重点是要评价学生在体育与健康学习方面的进步幅度，便于让每一个学生都能通过努力获得成功体验。学生的进步成绩如何获取，关键是要在学期初针对要评价的指标对每一个学生有一个全面的测试，尤其是体能、知识与技能两个方面。由于需要通过量化的形式才能看出其学习的结果，因此，通过学期初和学期末两次测试，方能客观地对学生的学习做出合理的判断。当然，相对性评价并不是要替代过去所采用的绝对性评价，而是一种有效的补充，即除了要对学生进行相对性评价，还要结合学生的终结性评价结果，即学生的绝对成绩和相对成绩综合判断才能更为全面地衡量其学习结果。其中绝对性评价是自己与其他同学比较，而且是在

第五章
从实施建议明方法

125
第一部分
体育教师上课
——走近课标
明确方向

相同评价标准之下的比较；相对性评价是自己的现在与自己的过去比较，而且是以自己的过去的成绩发生的变化为参照。对于促进学生的发展这一评价目标而言，相对性与绝对性有机结合方能更好地促进其不断地发展。否则，仅仅是绝对性评价，那些学习很努力但天生素质弱的孩子，就难以体验到运动的乐趣；而仅仅是相对性评价，那些成绩已经很优秀的学生，也就是说难以再看到明显进步幅度的学生，也同样很难体验到学习的快乐。基于此，二者结合最为适宜。但是，在现实中，有一些教师忽略了对学生的相对性评价，建议通过研究找到使二者有效结合的评价，一定程度上也会更有利于教学。

5. 主体要灵活：如何发挥多方面评价主体的作用

修订版在"评价建议"部分明确提出了"既要采用教师评价，也要关注学生的自我评价和相互评价，并能发挥其他与学生体育与健康学习有关人员的评价作用"。其中几个关键性动词，如"采用"、"关注"、"发挥"告诉我们，实际上体育课堂评价依然是以教师评价为主，学生自评、互评、小组内评不可忽视，其他人的评价根据需要可以发挥一定的作用。那么，这三类群体究竟是如何建议的呢？下面逐一分析。

（1）"教师评价"的落实

教师评价在体育与健康学习评价中起主要作用，课标在教师评价方面提出的具体建议，突出表现在以下几点：全面和准确；用发展的眼光；表扬和激励为主；多反馈与多建议。因此，在具体落实体育与健康学习评价时，要多采用教师评价这一主体，因为科学、公正、准确的教师评价具有权威性。更为重要的是，要用发展的眼光看待学生，并多采用表扬和激励的方式。当然，在评价过程中，反馈与建议更不可忽视。学生只有及时了解自己的学习状况，尤其是学习中的问题，方能及时改进和提高；否则，会难以发挥评价的作用，学生的不断发展也就难以实现。在评价中，首先，教师要转变评价观念，要用发展的眼光进行评价，并以正向评价为主；其次，要认真按照建议中教师评价要求进行评价工作。但是，教师评价不能走形式化，否则就失去了评价的意义。比如一节投掷课上，用画大红花的方式进行评价，因为所有的组别评价结果都相同而未能发挥评价的作用。如图1-5-4、图1-5-5所示。

图1-5-4　画大红花评价方式

图1-5-5　画大红花评价结果

（2）"学生评价"的落实

在一定程度上，学生评价能够提高学生正确评价自己和他人的能力，而那些形式化的学生评价难以达到理想的效果。要想把握好学生评价在课堂上有效实施，需要首先了解课标中所提到的学生评价的方式，依据学生情况研究具体操作方法。学生评价方式有自评、互评和小组内评价。当前，在具体落实学生评价的过程中，很多评价活动的组织都缺乏具体的评价标准，使得学生不知道从哪些方面进行评价。尤其是在互评、小组内评价时，很容易出现因无标准而走形式的现象。因此，要想落实好学生评价，关键的问题是要让学生明确评价的标准，否则，就难以准确、客观地判断好与差。除此之外，还要综合考虑学生评价是否需要在某一节课上采用，运用的时候是否存在干扰主教材学习的现象。假如因学生自评或互评活动的加入影响了主教材学习的效果，这样的评价时机或内容是不妥当的。因此，要想引入学生评价，需要充分考虑评价什么，何时评价，如何评价。为了提高学生的评价能力，不但要求教师在学生评价前有一个如何评价的方法指导，还要在学生评价后有一个点评或建议。

（3）"其他人员评价"的落实

体育与健康学习评价主体，除了师生，也可以根据需要借助于他人，更为全面地对学生的体育学习或参与的体育活动做一个准确的判断。同时，他

第五章 127
从实施建议明方法

第一部分
体育教师上课
——走近课标
明确方向

人的评价有时也能够对学生的学习起到激发和促进作用。课标中所建议的评价主体有班主任、家长。班主任在学校几乎朝夕与学生相处，对学生的各方面的情况有一个较为全面的了解，而且在大课间、课外活动中，班主任往往和同学们一起参与其中。因此，班主任对学生的评价可以作为课堂学习评价的补充，便于体育任课教师更为全面地把握学生的态度与参与、情意与合作等方面的表现。而家长对学生放学回家的表现了如指掌，参与体育锻炼的情况也十分了解，因此，家长对学生的评价其参考价值也不容忽视。获取他人的评价信息的方式，可以召开班主任座谈会、家长座谈会的形式，也可以通过问卷调查等便于操作的形式等。

6. 结果要重视：如何合理运用体育与健康学习评价结果

对学生参与体育与健康学习的情况进行评价，无论采用何种评价方式，最终都会有一个评价的结果。但究竟该如何合理地运用这些结果，更好地促进学生的发展？对于一线教师而言，首先要把握好几个关键的动词，即"反馈"、"判断"、"分析"、"帮助"等。反馈评价结果，能够让学生及时了解自己的学习效果；与学生一起判断体育与健康学习目标达成的程度，用于衡量学生的学习过程和结果与目标的差距，便于及时调整教学进度和指导学习方法；通过分析体育与健康学习的进步与不足，让师生共同了解教与学的环节、内容，甚至方法改进，并帮助学生去改进。这一系列的活动，都是源于教师对评价结果的反馈。但实际教学中并非所有的教师都能如此。

除此之外，还有一个至关重要的问题就是要处理好"关系"，即体育与健康学习评价与《国家学生体质健康标准》测试和"体育中考"等的关系。尽量避免"考什么，教什么"、"测什么，练什么"等不良现象。

下面对课标中的实施建议做进一步归纳。

从实施建议明方法

课程标准有案例，实施方法明建议；

学习目标准设置，侧重细化和适宜；

条件行为和标准，三位一体不拆分；

教学内容优选配，　锻炼技能都要会；
精简学习有区分，　终身体育是根本；
教学方式引用新，　自主合作探究深；
能力培养是关键，　走出误区方可现；
教学评价建议清，　定性定量有折中；
评价主体有不同，　作用发挥效果明；
过程终结巧结合，　相对绝对要灵活。

第二
部分

体育教师上课
——走入课堂　把握细节

要想把课上精彩，平日认真观察课堂十分重要，而且，那些容易被忽略的课堂细节更是搞好课堂教学工作的关键点。该如何走入课堂，把握课堂细节，该部分从常规、音乐、口令、掌声、表情等多个视角，讨论影响教学质量的诸多因素，并通过走进课堂观察教学的细小环节，把握上好体育课的门道。

第一章　常规要求"少不得"

说起体育课堂常规，每个人都能说出个一二三来，但关于课堂常规，不知大家是否从观摩课中发现一种奇怪的现象，即观摩课上几乎听不到安排见习生的声音，也很少看到在课结束时师生一起收还器材的环节。这到底是为什么？另外，很多研究都把体育课堂常规划分为课前常规、课中常规和课后常规，真的如此吗？常规究竟该如何定位？有哪些？如何履行常规？怎样检验？目前，存在哪些认识误区？为了能够提高体育教学的质量，确保教学安全有效，十分有必要对体育课堂常规问题做进一步梳理。

一、体育观摩课中的课堂常规疑惑

在现场观摩体育课或观看观摩课录像时，我们会经常发现一种百思不得其解的现象，即有些课堂常规不见了踪影。如看不到见习生了，也看不到学生帮助老师收还器材了。一节课、两节课看不到还算正常，为什么若干节课都是如此呢？实在不明白究竟是为什么？有一次，拨通了一位具有一定教学经验的一线老师的电话，向他讨教，他很自信地说："观摩课就没有见习的学生，尤其是观摩展示活动的时候，学生人数都是事先定好的，不会有见习的。"听了这样的回答，感觉其中似乎有一定的道理，但往往就是因为类似这样的原因，很多观摩课显得有点失真，换句话说，表演的成分就多了起来。观摩课中无论是未安排见习生，还是没有师生共同收还器材的环节，都反映出有些教师对履行课堂常规的认识还不到位。实际上，无论是观摩课还是常态课，课堂常规都不可轻易增减，否则就不叫常规了。观摩课上不安排见习生、不收还器材显示出常规不完整，同时也走进了一种认识误区。有人会认为观摩课上没有人见习，而且还会认为器材无须学生收自然有人帮助收。关于收还器材，有的是学生收还，有的是老师收还，还有的是师生一起收还。

如图 2-1-1、图 2-1-2、图 2-1-3、图 2-1-4 所示。

图 2-1-1　学生收还器材

图 2-1-2　任课教师和学生一起收还器材

图 2-1-3　其他老师和学生一起收还器材

图 2-1-4　其他老师收还器材

二、体育课堂常规认识误区与现象

1. 将体育课堂常规等同于体育教学常规

一些研究把体育课堂常规划分为三大块，即课前常规、课中常规和课后常规。这种认识，实际上是把课堂常规的概念扩大化了，也就是说，所阐述的课前、课后的一些常规，已经超出课堂的范围，超出课堂的常规又怎能称为课堂常规呢？因此，将课堂常规分为三块内容显然有些不妥。我们知道，一定程度上，教学可以被看作一个广义的概念，教学除了课堂上狭义的具体教与学的活动外，实际上我们可以广义地将教学的活动做以下划分：课前的准备，如进行教学设计、撰写教案；课中的授课，是教与学的狭义上的教学概念；课后的反思等。因此，体育教学常规可以将备课等课堂以外的活动包含其中。基于此，我们不能将体育课堂常规等同于体育教学常规，体育课堂常规应限定在一节 40 或 45 分钟的课堂上，超过这些时间的，教师需要做的或学生需要做的任何活动，都难以被包含其中。除此之外，还有人用体育教学课堂常规来定位，从体育课堂常规、体育教学常规、体育教学课堂常规三种表述方式出现的频率来看，体育课堂常规最为常见，但从大家归纳的具体内容来看，体育教学常规更能承载课前、课中、课后三大部分具体的内容；而体育教学课堂常规，实际上是对体育课堂常规的进一步明细化，区分于体育训练课堂。因此，无论是叫体育课堂常规也好，体育教学常规也罢，或体育教学课堂常规，都必须首先明确概念的内涵与外延，哪些概念可以近似于等同，哪些概念应该是包含与被包含的关系。只有这些概念清晰了，落实课堂常规才能够准确到位。

2. 将体育课堂常规与体育教学要求混淆

体育课堂常规是什么？它究竟与体育教学要求有没有区别？假如有区别，区别在哪里？有没有将二者混淆的现象？在研究很多关于体育课堂常规的文献时发现，目前，在一些研究中，有人已经把体育教学中的具体要求当作课堂常规，也就是说，把对教师的要求和对学生的部分要求都当作了课堂常规。如有研究认为，体育课堂常规对教师而言，要"认真做好学生的学期、学年体育成绩的考核和评定，重视资料的积累和保管，并定期进行科学的分析和归纳，指导和改进教学工作，不断提高教学质量"。显然，这些都是对教师日常工作的具体要求，而非课堂常规。主要原因在于，这些工作并非课堂上现场完成的常规工作。除此之外，在学生方面，该研究谈到，"站队时要做到快、静、齐"。可以看出，该研究无论是对教师还是对学生要遵守的常规内容，都混淆了对教师和学生的课堂内外的要求。假如把要求完全等同于常规的话，就没有单独再提出"常规"的意义了。常规是要求师生要做到的一些日常教与学中具有特殊意义的要求，而且，还是任何类型的体育课上都必须履行的。

3. 体育课堂常规范围过大超越了常规内容

当我们仔细分析有些研究对体育课堂常规的具体表述时就会发现，有些体育课堂常规超越了常规内容。如有研究在表述学生课前常规时说："首先要让学生养成有体育课的一天更应重视科学饮食的良好习惯。"而且，还进一步解释说："这不但对青少年健康成长有着非常重要的作用，而且为学生进行安全锻炼和较好地完成本节课的教学任务提供了必要的物质保障。"看似是有理有据的阐释，实际上，已经远离了体育课堂常规的本质或核心。也就是说，如果把课前学生应该如何饮食都作为课堂常规的话，还有什么不是常规的呢？有人把"下课后要做好体育课笔记"也作为是学生需要履行的常规。"课后做笔记"这样的要求现实吗？目前，又有多少学生将其作为常规认真执行的呢？难道下课后做好体育课笔记不是一件极其稀少的现象吗，又怎能算是常规呢？

又如，有研究对体育课堂常规的具体内容进行表述时说，"体育课堂常规包括教师对日常课堂教学方式、教学内容、教学组织形式、教学手段、教学管理和教学评价等方面的设计和安排"。这样的解释显而易见是过于全面了，远远超过了"常规"的范围。

4. 对体育课堂常规的认识不一

体育课堂常规应该是教师与学生在课堂中认真遵守的行为规范，但通过对已有研究进行梳理后发现，当大家都在说体育课堂常规时，实际上，一定程度上说的并不是一回事儿。从执行者的角度来说，有人认为是师生要履行的，如有研究认为，"体育课堂常规，是为了保证体育教学工作的正常进行而对师生提出的一系列基本要求，是学校体育教学管理的一项重要工作"；有人认为只是教师本人要求做到的，如有研究这样描述，"体育课堂常规就是教师开展和处理日常教学活动的一般行为方式，是教师的一种日常教学活动"。从常规内容来看，80%以上的研究者将体育课堂常规的内容设定为：课前——教师备课、写教案、了解学生情况、准备场地器材、服装准备等；学生有事请假、服装准备；师生提前到教学场地等。课中——教师宣布课的内容、目标、要求，按教案上课，注意安全卫生，做小结和讲评等；体育委员整队、

第一章 137
常规要求"少不得"

第二部分
体育教师上课
——走入课堂
把握细节

报告人数，学生专心听讲、仔细观看，爱护场地器材，收还器材等。课后——教师写课后小结，检查场地器材收还情况，进一步了解缺勤学生等。少数研究者将体育课堂常规直接指向了课堂，将其主要内容列举为：一是集合整队与报告人数；二是师生问好；三是宣布课的教学目标和教学内容；四是安排见习生；五是检查服装；六是安全检查；七是激发学生的情趣和注意力；八是做准备活动；九是进行以掌握运动技术和技能为主的教学；十是做放松活动等。还有个别研究者将体育课堂常规的内容归纳为：体育课堂安全保障的要求；新课标背景下体育课堂的要求；学校教育、家庭教育和社会教育的共同要求；等等。以上归纳的是研究者对体育课堂常规的认识，有的偏重于广泛性，有的偏重于概括性，这说明大家目前对体育课堂常规尚未达成共识，为此，进一步研究体育课堂常规的定位十分必要。

三、常规"少不了"也"多不得"

分析到此，我们可以对本研究提出的体育课堂常规既"少不了"也"多不得"进行归纳。常规少，主要看少了什么？哪里少了？少了有什么影响？常规多，主要是多了什么？哪里多了？多了有什么不妥？实际上，从目前大家对体育课堂常规的认识和课堂上出现的疑惑来看，观摩课上很少见到安排见习生和收还器材的情况，实际上是常规少了的具体体现。除此之外，还有一些常态课，不做或不充分做准备活动、不做放松活动或放松活动做不到位等也是常规少了的现象之一。体育课堂上常规不执行或执行力度不够，不但对体育课会产生一定的影响，有时候对学生的健康也会带来一定的负面效应。如课的开始不做准备活动，很容易在剧烈的运动中发生急性拉伤、扭伤事件；课的结束不做放松活动，在疲劳逐渐积累的情况下，也有可能导致慢性劳损等现象发生。有时，不安排需要见习的学生进行见习，很有可能在练习中出现意想不到的突发事件。因此，该有的体育课堂常规"少不得"。

为什么在强调体育课堂常规"少不得"的同时，还提出"多不得"呢？这是因为，一方面，有很多研究认为将课前和课后需要教师做的一些工作归纳到课堂常规中，常规的落实情况很难衡量；另一方面，有的研究即便是将体育课堂常规已经定位在了课堂中，也同样会出现过于宽泛、面面俱到的现象。也就是说，有研究者几乎把体育课堂上向教师和学生提出的各种要求都看作常规了，一旦出现这种情况，也就等于无常规。当把体育课堂对师生的要求都看作常规的话，实际上也就无法突出哪些是必须完成且要很好地完成的要求，哪些是可以达到或基本可以达到的要求。

基于此，我们认为，体育课堂常规是师生需要履行的，对体育课质量有直接影响的，缺少了它，体育课就显得不完整、不科学、不合理的，无论是常态课还是观摩课都必须遵守的规范化要求。

四、体育课堂常规的特性与归类

体育课堂常规不能多也不要少，那么，哪些应该是体育课堂常规？体育课堂常规应该具备哪些特性呢？

1. 体育课堂常规的特性

关于体育课堂常规的特性，无论是教师需要执行的，还是学生要遵守的，可以从以下几个方面来归纳。

（1）限定性：范围上被限定在体育课堂中

在分析讨论哪些是体育课堂常规，哪些不是体育课堂常规时，要把常规的范围划定到课堂中，因为课堂之外的要求尽管也很重要，它毕竟不能算是课堂常规了。因此，被作为课堂常规的具体要求或行为规范，就要符合限定性，不被限定的，尤其是课堂以外的，无论有多么重要，它已经超越了课堂的范畴，就不能算是课堂常规的内容。

（2）稳定性：时间上应该是长期不变的行为规范

作为课堂常规，不能今天是这些，明天是那些；也不能这样的课是这些，那样的课是那些。无论是常态课还是观摩课，无论是今天上的课，还是明天要上的课，都应该有着一致性的且长期的规范化要求。实际上，我们从"常规"二字上也能够直接看出其稳定性的特征。因此，凡是被列为常规的内容，

第一章
常规要求"少不得"

139

第二部分
体育教师上课
——走入课堂
把握细节

师生都需要长期坚持执行与遵守，且认真履行。

（3）实操性：行动上应该具有具体的操作方式

体育课堂常规不能只落实在口头上，一定要落实在行动上。因此，体育课堂常规就应该具有一定的实操性，即可以行动起来，有具体的操作方式。如宣布课的内容、目标和要求，是要求教师在课的开始部分，张开口要"说"的，"说"本身是操作方式之一；又如，师生一起做准备活动，是要求师生都"动"起来的，无论是伸伸胳膊、踢踢腿，还是扭扭脖子、转转腰，总之，可以看到在"做"，即操作。因此，体育课堂常规是能说出来、做起来的规范要求。

（4）实效性：效果上应该具有明显的正向作用

为什么要规定师生都必须在体育课堂上遵守常规？要确保体育课的规范性的同时，实际上，至关重要的一点就是要能确保体育课堂教学的质量。如何能够确保？体育课堂上规定的各项常规，应被看作保证课堂教学质量的基本要求。也就是说，常规的设定要有利于课堂质量的提高，能够起到正向的促进作用。

（5）可评价性：质量上应该能被定性或定量评价

体育课堂常规是基本要求，但基本要求执行的效果如何？需要进行评价才能有所区分与判断。因此，被设定的常规就应该具有可评价性，而要评价常规执行的情况，就要分条目、分层次进行。如从判断有与无，到判断有多少，再到判断有多深。就拿安排见习生来说吧，体育课堂上，教师是否履行了安排见习生的常规？是如何安排见习生的？对学生见习是否有监督检查？反过来，评价见习常规落实情况时，就可以根据教师具体安排见习生的情况而做出判断。

2. 体育课堂常规的归类

不同的研究者或实践者会从不同的视角对体育课堂常规进行归纳，尽管有的不完全准确。在目前已有的归纳方式中，最为常见的是按照课前、课中、课后来归纳，还有按照对教师的常规、对学生的常规等方式来归纳。实际上，当我们把体育课堂常规限定到一节课 40 或 45 分钟之内的话，我们还可以从准备部分、基本部分、结束部分三大部分来归纳总结其常规内容，归纳情况如表 2-1-1 所示。

表 2-1-1　体育课堂常规的分类体系

各部分	师生	场地器材类	服装类	时间类	内容类	安全类
准备部分	教师	1. 借器材 2. 布置场地	1. 穿运动服 2. 穿运动鞋	提前到达上课地点等候学生	1. 向学生问好 2. 宣布课的任务与要求 3. 安排见习生 4. 做准备活动	1. 检查场地、器材 2. 检查服装、饰物
	学生	1. 借器材 2. 帮助老师布置场地	1. 穿运动服或便于运动的服装 2. 穿运动鞋	1. 提前或按时到达场地上课 2. 有事请假、不旷课	1. 体育委员整队、向老师报告人数 2. 向老师问好	不带与课无关的任何尖锐锋利的东西
基本部分	教师	观察场地、器材情况，确保正确使用			按备课方案组织教学工作	观察场地、器材情况，及时调整确保安全使用
	学生	1. 爱护场地、器材 2. 正确使用器材			认真听讲、观察、练习等	做动作时按要求完成，练习中不追逐打闹
结束部分	教师	指导收还器材			1. 放松活动 2. 小结、讲评 3. 宣布下节课内容 4. 向学生说再见	
	学生	收还器材		不早退	1. 放松活动 2. 向老师说再见	

从表 2-1-1 可以看出，体育课堂上的常规，实际上可以按照场地器材类、服装类、时间类、内容类、安全类等来归纳。经过初步梳理，目前，师生共有 36 个要履行的常规，其中，按照部分来归纳的话，体育课堂常规分布情况如图 2-1-5 所示。

第一章
常规要求"少不得"

141

第二部分
体育教师上课
——走入课堂
把握细节

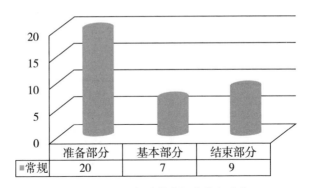

图 2-1-5　各部分体育课堂常规分布

从图 2-1-5 可以看出，师生要执行和遵循的课堂常规多集中在准备部分，占全部总数的 55.6%。

按照类别划分的话，其中场地器材类、服装类、时间类、内容类、安全类等各类常规分布情况如图 2-1-6 所示。

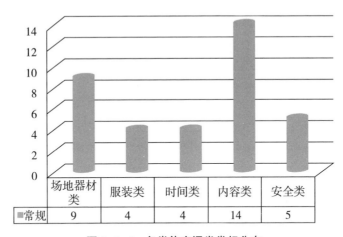

图 2-1-6　各类体育课堂常规分布

从图 2-1-6 可以看出，体育课堂常规按类别来划分，多数集中在内容类上，占 38.9%；其次是场地器材类的常规，约占总量的 25%。

3. 贯彻落实体育课堂常规应把握的关键点

体育课堂有若干个需要师生共同履行的常规，为了更好地贯彻落实常规，

需要把握以下几个关键点。

关键点1：从思想上要高度重视常规。

体育课堂常规无论多少，对于体育老师来讲都需要引起高度的重视，因为履行与否，以及履行的程度大小都直接影响体育课堂质量。那么，如何从思想上引起重视呢？一是要充分认识到认真履行常规的目的和作用；二是要充分认识到常态课与观摩课上的常规并无明显区分；三是要在教学反思中增加对常规履行情况的反思内容等。只有从思想上引起重视了，才有可能履行到位。

关键点2：从内容上要全面落实常规。

对于贯彻落实常规而言，仅仅从思想上有了高度的重视，还不能达到理想的效果，仍需要具体操作，尤其需要根据准备部分、基本部分、结束部分的分布不同，充分而全面地把握每一项常规的具体要求和执行方式。要求教师做到的，教师要能够以身作则，始终如一；要求学生做到的，需要教师向学生讲述清楚，让学生知道有常规要履行，且更要明确如何履行才符合基本要求。讲述时，教师不可遗漏自己认为不太重要的常规，尤其是安全类的常规，它直接关切到学生的健康与安全，更不可掉以轻心。

关键点3：从操作上要落实得充分具体。

想到了、做到了，还需要做到位。所谓"做到位"，就是要达到一定的效果，如在准备部分，学生要能在上课时做到"不带与课无关的任何尖锐锋利的东西"，究竟学生做到了没有，对于教师而言，需要通过观察、语言引导，检查学生是否完全按照常规要求做到位了。假如在检查中发现有学生依然带有手机、钥匙、发卡等与体育课无关的有一定安全隐患的物品上课，教师就应该在准确判断后，即刻做出适当的处理。如果不重视这个环节，很有可能因一时的疏忽而发生危险。关于课上排除安全隐患做好防范工作的案例，如图2-1-7、图2-1-8所示。

第一章
常规要求"少不得"

143
第二部分
体育教师上课
——走入课堂
把握细节

图 2-1-7　安全防范跳远课上踩垫子　　图 2-1-8　安全防范体操技巧课上收眼镜等

关键点 4：效果上要做好督促、自查评价。

体育课堂常规履行的效果如何，一方面要通过整个课堂教学效果来评价，另一方面要关注履行过程中的具体操作方式的正确性、持久性、准确性等。这需要教师高度负起责任，督促学生认真履行，同时教师自己也需要具有较强烈的责任心，在学生练习期间要不断地根据器材有可能发生移动等情况，履行好检查工作，及时自查某个环节是否有缺口，并不断地完善和跟进。只有这样，才能尽可能地确保安全，又能确保顺利完成教学任务，促进体育课教学质量的提高。因此，不是仅仅在思想上重视就能够说明一切了，更需要采取具体行动和及时有效的督查措施，确保常规保质保量地履行到位。

体育课堂常规是师生在课堂教学中要执行与遵守的基本要求，贯彻落实常规有利于提高体育课的质量，基于此，关注每一个环节，重视每一项常规落实的效果，是每一位体育老师不容忽视的。

关于体育课堂常规，下面做进一步的归纳。

常规要求"少不得"

课堂常规有很多，　高度重视不为过；
理论研究不错位，　实践操作需全会；
各个部分有不同，　多少大小都履行；
见习生要有安排，　收还器材不例外；
常规内容分类清，　逐一落实思想明；
认真执行有保障，　安全质量跟得上。

第二章 音乐元素"多不得"

走进新课改后的体育课堂，我们会听到很多体育课融入了音乐的元素，有的是在准备部分做准备活动时响起了音乐，有的是在结束部分做放松活动时播放音乐，还有的是在基本部分练习过程中有音乐响起，甚至有的课堂音乐贯穿课的始终。音乐走进课堂有哪些现象发生？该如何准确定位体育课上的音乐？音乐与哪些教学要素有关？在有效选用音乐时需要重点考虑哪些关键点？以上这一系列问题都需要做进一步讨论。

一、体育课堂上的音乐现象

音乐走入体育课堂后，在音乐的选择、使用上等，都出现若干值得我们反思的现象，下面举例进行分析。

1. 过门过长时间浪费现象

众所周知，45 分钟的体育课是非常宝贵的，在有限的时间内要完成很多任务，组织若干活动，因此，任何一个环节都需要争分夺秒，减少对时间的浪费。然而，有的教师在选择音乐时，往往忽视了音乐过门的长短，有的过门时间过长，师生等待的时间过久，无形中是一种浪费。如一节篮球课，老师让学生熟悉球性时，选择了一首乐曲，学生成圆形队站立，老师站在圆心处准备在音乐的伴奏下带领学生做练习，但是，由于音乐选择不当，过门过长，师生都静静地抱着球立等近 1 分钟，这反映出对有效教学时间的浪费。出现这种现象的原因，一是教师对音乐的选择能力不足；二是教师对音乐的处理能力缺失。随着音乐逐渐走进课堂，体育教师需要不断提高音乐素养，否则，很难达到理想的音乐使用效果。如图 2-2-1、图 2-2-2 所示的音乐过门过长现象。

图 2-2-1　音乐过门过长在等待　　　图 2-2-2　音乐过门结束开始做篮球操

2. 音乐故障处理不当现象

音乐走进课堂，无论对教师，还是对学生，都是一件有着积极意义的事情。但在使用音乐的过程中，一旦出现故障且对其处理不当，很有可能正向作用发生逆转，影响教学的有效性。体育课堂上，出现过的音乐故障有音乐不出声、音乐内容错位、音乐戛然而止、音量过小或过大等现象。遇到这种情况，需要教师机智地做出恰当处理。但由于有的教师前期准备工作做得不够充分，有的教师处理突发事件的能力还有欠缺，因此，就出现了一些对音乐故障处理不当的现象。比如，某省组织的一次课堂教学大奖赛上，一位老师上了一节前滚翻课，课非常精彩，无论是夹彩带做"不倒翁"前滚翻辅助练习，还是课堂教学气氛都十分突出，但结束部分放松活动时，在音乐的伴奏下师生共同跳起了彩带舞，突然，音乐被卡了，老师走向录音机，一看磁带被缠绕在录音机上，一时间很难处理好，又时逢课即将结束，就随口说了一句不文明的话——"他妈的"，顿时，评课专家和看课老师都面面相觑，精彩的课就因故障处理不当而失去了获奖机会。实际上，遇到这种情况，教师需要机智面对、冷静处理，用口令继续下面的放松活动，依然能够圆满地完成教学任务。

3. 音乐过多干扰课堂现象

体育课堂上使用音乐，其目的是提高体育教学的有效性，音乐的选择与使用一定要把握好度，即不可过多过泛，尤其当音乐的使用成了体育课堂教学的干扰项时，这说明音乐的选用是不当的。在体育课堂上，有的老师把播放器系在腰间（并不反对），是方便了很多，但有的老师利用这种便利，过多地在课堂上播放音乐就显得不妥，放大了音乐对体育课堂教学的功效，使用不当就会干扰到体育课的有效性。还有的老师上篮球课，准备活动环节就放开了音乐，基本部分选取背景音乐组织学生学练篮球技术，结束部分又在音乐的伴奏下做了放松活动。问题在于，当基本部分学习篮球技术时，背景音乐有可能分散学生的注意力，尤其是当老师讲解、示范篮球技术的动作要领和动作方法时。一旦出现音乐的干扰现象，说明对音乐使用的度缺乏准确的把握。因此，音乐作为一种新的体育教学元素不可过泛，即"多不得"，使用音乐要恰到好处，只有必要的、健康的、有效的音乐才是最适宜的。

二、体育课堂上的音乐定位

体育课堂上的音乐该如何定位，我们可以分别从结构性和主体性加以分析。

1. 从"结构性"上对音乐的定位

音乐与体育课是什么关系，它在体育课中扮演的是什么角色？不同的人或许会有不太一致的认识。目前，主要集中在三种观点上，其一，认为音乐是体育教学媒介；其二，是把音乐当作体育教学的手段；其三，把音乐看作体育教学元素。无论是"媒介说"、"手段说"还是"元素说"，都反映音乐逐渐成为体育课堂教学中的一个重要组成部分，在提高体育教学有效性上，音乐扮演着重要角色。笔者倾向于将音乐作为体育课堂教学的元素，认为在促进教学效果的提高以及激发学生参与运动的兴趣方面，音乐会逐渐凸显其重要价值。实际上，我们过去在谈到体育教学时，并没有把音乐作为其元素之一来考虑，一方面说明当时尚未认识到其作用和价值；另一方面，课改前，未要求从"运动参与"的方面来评价学生，也就缺乏对激发学生兴趣的特殊

第二章 **147**
音乐元素"多不得"
第二部分
体育教师上课
——走入课堂
把握细节

考虑。因此，过去的某些体育教学，有的略显枯燥乏味，有的过于死板教条，有的死气沉沉缺乏激情。课改后，当把音乐作为体育课堂教学的一种元素考虑的话，强化了要重视将音乐融入体育课堂，进而就要不断提高体育教师的音乐素养，选好、用对音乐，使其充分发挥应有的功效。

2. 从"主体性"上对音乐的定位

在体育课堂教学中，音乐究竟应该处于什么地位？目前，存在两种认识，其一，是把音乐当作"主体"，即达到一定的练习效果必不可少。其二，是把音乐当作"背景"，即将其当作一种辅助工具，而并非必不可少。在教学环节中，体育课堂教学中的音乐所发挥的作用不同，有的属主体音乐，有的属背景音乐，并非只有一种定位形式。如健美操，离开音乐就很难跳出动作的韵律效果；而其他项目的教学，如篮球课让学生运球时，有教师放了一首《相信自己》，激发了学生练习的激情，但假如不放这首歌曲，也同样可以采用其他方式来激发学生的运动兴趣。

三、体育课堂上的音乐关系

体育课堂上的音乐不是孤立存在的，它与很多因素有关，诸如音乐与教材的关系、音乐与教法的关系以及音乐与师生的关系等，要想正确、合理、有效地选择使用音乐，需要弄清体育课堂上的音乐关系问题。

1. 音乐与教材

体育课堂上选择什么样的音乐，与教材关系最为密切，换句话说，在将音乐引入课堂时，首先要看一看使用的是什么样的教材。有的教材没有音乐难学难练；有的教材有音乐比无音乐好；有的教材，有没有音乐差别不大；有的教材，添加的音乐成了干扰项。因此，选择什么样的音乐，教材在一定程度上起着关键性作用。但该如何区分"必须"、"可以有"、"无须"与"不能有"呢？老师们可以结合自己多年的教学实践经验来做出判断，尤其从音乐引入的必要性与可行性上都可以采取经验法来辨别。至关重要的一点，就是需要考虑教材的主导作用，也就是说，依据教材而选择音乐。如街舞、踏板操、健美操等体育项目的教材，音乐就是必不可少的，在课堂上没有音乐教师就难以施教，学生更难以学。

2. 音乐与教法

体育课堂上的音乐与教法是否有关？假如有的话是什么关系？也就是说，从体育教学效果上来看，音乐对教法的选择和使用是否有影响？教法对音乐的选择是否有较为明确的要求？实际上，当音乐尚未走进课堂时，体育教学同样离不开一定的方法，无论所采用的方法效果如何，体育课堂上教法的存在是必然的。其中，教师讲解、示范阶段，以及学生练习环节，都有教法包含其中，学生在原有的教法教学指导下掌握一定的知识与技能。新课改以后，当人们把音乐引入体育课堂后，教法在原有的基础上，某些方面无形中发生了变化：有的因为音乐更加有趣了，有的因为音乐更加多样了；有的因为音乐更加有效了。也就是说，因为音乐的存在，教法的形式、效果等都或多或少发生了变化，说明音乐对教法的变革起到了促进作用。如过去做徒手操总是老师喊口令，学生完成每节操的动作，有的学生会懒洋洋的，出现胳膊伸不直、腿踢不起、腰弯不下等动作不到位的现象；当把口令换成了一首适宜的乐曲后，大多数学生都精神头十足，甚至出现为自我表现而做好每一节动作的现象。

3. 音乐与师生

除了与教材、教法有关以外，体育课堂上的音乐与教师、学生存在一定的关联性。懂音乐的教师，音乐的选择就会比较适宜和合理；不懂音乐的教师，在音乐的选择和使用上就有可能出现这样或那样的问题，甚至直接影响教学的有效性。同样，音乐的选择也离不开学生这一重要的教学对象。例如，不同年龄段的孩子对音乐喜好有所不同，当一节体育课上，选对了音乐，意味着选曲符合学生的年龄特点，教学效果就能达到理想的水平；否则，就有可能费力不出功。有人疑虑，为什么广播操推了那么多年，很费劲，而且学生又很难对广播操产生浓厚的兴趣？而《江南 style》《小苹果》等歌曲一下子就引起了学生的浓厚兴趣？实际上，其中一个关键点就在于音乐。大家都

第二章 **149**
音乐元素"多不得"

第二部分
体育教师上课
——走入课堂
把握细节

知道，广播操的音乐大都是第一节什么运动、第二节什么运动，可后者却大不一样。当然，还有两者的运动特点与风格上的差异，也决定了主动与被动的参与情况。由此看来，因后者更贴近孩子们的实际生理和心理发展特点与需求，而迅速火热起来。因此，选择什么样的音乐不可无视学生的兴趣爱好、年龄特点，也不可不强调教师的音乐素养，否则，音乐的选用上就不会达到理想的效果。体育课上无论使用何种音乐，都应该由任课教师自己控制选择与播放。但是，实际教学中并非完全如此，尤其是观摩课上，有些是由他人播放，结果很有可能产生意想不到的负面影响。关于任课教师自己播放音乐和他人帮助播放音乐的案例，如图 2-2-3、图 2-2-4、图 2-2-5、图 2-2-6 所示。

图 2-2-3　体育课上老师自己播放音乐 1

图 2-2-4　体育课上老师自己播放音乐 2

图 2-2-5　体育课上老师自己播放音乐 3

图 2-2-6　他人播放音乐

四、体育课堂上的音乐选择

1. 选择音乐要考虑必要性

当我们在考虑是否需要选用音乐以及选用什么类型的音乐时，一个不可忽视的问题就是一定要首先考虑其必要性。再好的音乐，体育课堂不需要，就没必要将其引入课堂。另外，并非体育课堂的各个环节都需要音乐。在体育教学实践中，有的音乐的选择却忽视了该问题。比如，在准备部分本可以用口令就能达到较好效果，却刻意选了一首不太适宜的乐曲，反而影响了活动的有效性；在做肌肉、关节、韧带等部位放松活动时，有些教师却为了引入音乐，放出了一曲仅让学生闭目养神意念放松的音乐，而未充分达到放松的目的；在基本部分选择音乐时，除了韵律操、街舞等类型的教材，其他如篮球、田径、器械体操等在组织教学时，在选择上需要慎重，有的可能仅仅是干扰了课堂，可有的或许导致学生分散注意力而在器械上做动作时出现危险情况。因此，对音乐选用的必要性不可忽视。

2. 选择音乐要考虑针对性

基于以上分析，在为体育课堂选择音乐时，其针对性是要考虑的一大因素。音乐一旦脱离了针对性，就很难看到其作用和功效。但针对性该如何把握？建议把握"三看"，即一看教材可选什么样的音乐，二看学生喜欢什么的音乐，三看教学需要什么样的音乐。如准备活动与放松活动的目的和作用差别很大，所需的音乐截然不同，但体育教学中却有两个教学环节选用完全一样音乐的不当现象，这说明任课教师缺乏针对性的考虑。还有就是，不同学段的学生具有较为明显的音乐倾向性，甚至同样是小学学段，一、二年级学生的体育课与五、六年级学生的体育课在选择音乐上都应考虑其差异性，如小学低年级尽量选择儿歌类音乐。

3. 选择音乐要考虑多样性

音乐进入课堂，几乎所有的人都意识到了是一件好事，但单一音乐，很难持久发挥其作用；而长期都用一种音乐的话，学生自然也会产生听觉疲劳，甚至出现新的枯燥乏味感。基于此，教师平常要善于积累音乐，尤其是在观看别人的体育课时，听到好的音乐，要及时地记录下来，并在自己的课上尝试使用。除此之外，还要多熟悉音乐，包括从类别上要能够掌握不同类型音乐所能发挥的作用，以及在不同的体育课堂之中尝试引入。这一方面能够体现多样性；另一方面，经过多次反复的尝试，能够发掘对促进体育教学效果更加明显的音乐。为实现多样性，教师需要用一种求变、求新的思想选用音乐，否则就很难达到理想的效果。

4. 选择音乐要考虑实效性

体育课上所有要选用的音乐，都需要考虑其实际能发挥的作用，这是我们选用音乐的初衷。我们还要辩证地看待音乐的实效性问题，即好的音乐不一定什么课都适用，好的音乐不一定课的每一部分都适用。因此，我们既需要选择好的音乐，又要考虑该音乐适合放在什么环节。另外，音乐的选择要想达到一定效果，还要考虑一致性，即音乐节奏与动作节奏的一致性、音乐曲目与年龄段的一致性、音乐类型与教材内容的一致性、音量控制与教学环境的一致性、音乐内容与时代发展的一致性等。因此，音乐的选用是否具有实效性也是不容忽视的关键点。

音乐走进体育课堂，从一定意义上说，能够有效促进体育课堂教学质量的提高。音乐能使枯燥的运动变得更加有趣，提高了学生参与运动的兴趣；音乐能使口干舌燥的口令得以"调休"，提高了教学的轻松感等。但音乐的选择使用要把握好一定的度，不可过多过泛地使用不该使用的音乐，否则就很有可能对课堂起干扰作用。因此，对于有必要引入课堂的音乐，可以积极尝试使用以提高教学的有效性；不好的音乐或好的但没有必要引入课堂的音乐要有所限制，只有这样才不至于走向极端，最终从整体上提高教学效果。

关于体育课堂上音乐的使用，进一步归纳如下。

音乐元素"多不得"

音乐走进新课堂，　选择使用有专长；

常见现象要规避，　音乐素养要给力；

教材类型有不同，　音乐选配思路明；

学生特点有区分，　音乐确定随身心；

音乐使用重实效，　干扰课堂统不要；

课堂音乐不在多，　恰到好处最先说。

第三章　口令技能 "错不得"

从学科教学来看，口令在体育课堂教学中必不可少，而且在体育课中发挥独特的作用。体育课上因为有了口令，学生才能令行禁止；有了口令，课堂教学才能井然有序。然而，作为体育教师一项最基本也是十分重要的教学技能，在实施过程中要确保口令的完整性、准确性和及时性等突出特性，不标准、不完整、不及时，甚至错误的口令都会对体育课堂教学效果产生一定的负面影响。因此，口令不可忽视，更 "错不得"。

一、口令在教学中的定位

体育课堂上的口令是指挥学生行动的命令，是组织教学调动队伍的信号，是每一个教师必备的基本功。体育教学中的口令的重要性是不言而喻的，但口令该如何被定位？这是一个重要且需要进一步明确的问题。

1. 口令在体育课堂教学中发挥重要且无可替代的作用

体育课堂教学不能没有口令，缺少口令的教学很难想象会上成什么样。如集合整队时，如果没有口令，学生就会不知道该如何集合，在哪儿集合；想让学生由跑步变走步时，没有口令，跑步的学生就不知何时转换，更不会自然停下来。因此，口令虽短小，但作用很大，忽视口令在体育课上所发挥的作用，将直接影响教学的有效性。

2. 口令在体育课堂教学中属于非普遍正常语序的语言

非正常语序的语言，言外之意就是非普通语言，体育教学中的语言分为很多种，有讲解的语言，有师生沟通交流的语言，有指令性语言等。其中，讲解也好，交流也罢，一般情况下，这样的语言不会故意提高嗓门，也不会有严格的节奏要求，甚至还可能有温和的表情包含其中；当老师下达某一口令时，会截然不同，有的短促有力，有的拉长声音，不同的口令有着不同的要求。假如把口令发成与讲解、谈话，甚至是表扬、批评学生同样的语调语气时，学生听起来就会觉得很怪异，就会用异样的目光注视老师。从这个角度看，口令是一种特殊的语言形式。

3. 口令在体育课堂教学中有特殊的发声要求

口令与其他有声语言一样，都需要通过声带发出声音，但口令对发出的声音有着特殊的要求，尤其要求声音洪亮、口齿清楚、节奏准确、语调威严，这些要求是确保学生认真执行口令的前提。假如老师在下达口令时声音微弱，学生就难以听清要做什么，自然也就不能很好地执行口令；假如老师下达的口令吐字不清晰，学生在执行口令的效果上也会大打折扣。除此之外，节奏不准、缺乏威严的口令也同样不会有理想的效果。因此，口令应按照特殊的发声要求来下达。

二、常见问题口令分析

体育教学离不开口令，但体育课上发出的口令并非都是正确的，有些是不完整的、相混淆的，还有些是错误的等，这些口令都需要进一步规范，笔者将这类口令称为问题口令。为提高体育教学质量，需要减少或杜绝问题口令。

1. 问题口令一——缺失口令

在体育课堂上，我们有时会听到有的老师发出的口令不够完整，也就是说，总觉得少点什么。有时，因口令的不完整可能造不成太大的影响；可有时，因为口令不够完整，会导致组织的混乱；更为严重的，还有可能出现伤害事故。如有不少老师在喊完"向左（右）看——齐"后，不接着喊"向前看"，而是学生自觉主动地，或因教学的需要不得不向前看，等于是学生无意中完成了向前看的动作。这样的缺失，有些老师很少引起注意，甚至在观摩展示活动中也有类似的现象发生。尽管这类口令不会导致什么严重的影响或后果，但毕竟不完整，也就意味着不规范，因此，将其归纳为问题口令。

第三章
口令技能"错不得"

155

第二部分
体育教师上课
——走入课堂
把握细节

除此之外，还有些口令，在调队、组织学生做练习时，老师心中有数，但没有完整地将口令下达出来，导致有的学生在教学中面面相觑而纹丝不动，有的学生执行错误。如本来是四列横队，集合整队完后，老师要带着学生围绕操场做慢跑准备活动，可是，老师在这个时候却没有下达完整的口令，所发出的口令，不是"前缺"，就是"后少"。老师面向四列横队的学生站立，自己做了向左转的动作以后，喊出"第一排同学，跑步——走"。于是，第一排同学有的转了方向，有的没转方向，就开始跑起来了，而接下来，第二排排头学生迟疑了一下，听到后面的同学说"跑啊"，才开始跟随第一排同学跑起来。这样的口令，与其说不完整，倒不如说几乎没有。这样的情况，不能充分说明老师心中有学生，因为他没有考虑到组织练习需要下达完整的口令。

2. 问题口令二——混淆口令

体育教学中的口令，除了有些口令不完整，还有的口令与口令之间有混淆。看似发出了准确的口令，实际上，当我们仔细听时，会发现有的口令是混淆的。如体育课上在带领学生跑步结束时，不少老师会发出"立正"的口令。"立正"与"立定"尽管只有一字之差，但使用场合、动作要领等都有本质的不同。"立正"是静态的口令，侧重于姿势，要求的是两脚跟靠拢并齐，两脚尖向外分开约60度；而"立定"是动态的口令，侧重的并非是姿势而是过程，是齐步走、正步走、踏步走等结束时使用的口令，听到口令后，要求左脚再向前大半步着地（脚尖向外约30度），两腿挺直，右脚取捷径迅速靠拢左脚，成立正姿势。具有本质区别的两种口令，一旦混淆使用，尽管不会带来较为严重的影响，但毕竟显现出教师专业技能不过硬或基础不牢的问题。

除此之外，体育教学中还有一些曾被混淆的口令，如向左（右）看齐，正面站立时，分不清该喊左还是右；让学生跑步时老师未喊"跑步走"，而发出来"跑不跑"；让学生踏步时老师未喊"踏步走"，而是喊成了"踏步踏"等，都属于混淆口令。这些混淆看似是"左、右"不分，"走、跑"不分和"走、踏"不分的字词不准问题，实际上是教师对规范口令缺乏牢固掌握的体现。

3. 问题口令三——错误口令

要想确保体育教学的有效性，就口令而言，不能有缺失，也不能有混淆，更不能有错误。前面谈到的左与右方向混淆，走与跑、走与踏文字混淆，实际上，从另一个角度来看，也可以把这些口令归纳为错误口令，因为毕竟未按标准的、规范的方式发出口令。另外，当我们看到操场上学生在跑步或做专门的行进间队列队形练习时，还会发现，老师喊出的"1—2—1"与学生的左右脚不一致，有的老师发现后做了及时的调整，而有的老师一错到底，学生自然是一步一步交替地跑着或走着，或许感受不到哪些是错误的哪些是正确的。

除此之外，还有一种口令"向前几步——走"和"后退几步——走"也比较容易被忽略，"几步"要求喊成单数，如一、三步等但课堂上有不少老师喊成了双数，如"向前两步——走"。

三、体育课口令的多元分类

当我们谈起体育课口令时，不由得会问，体育课口令属于哪类口令？实际上，对口令的分类同样需要从多个视角来划分，并非只有唯一的分类方式；而且，分类的依据不同，类别也会各异。下面对口令的种类进行归纳并举例说明，归纳结果如表2-3-1所示。

表2-3-1　体育课口令的多元分类

依据	类别	举例	备注
有无预令	有预令口令	向右看——齐	预令+动令
	无预令口令	立正、稍息	没有预令
有无呼应	有呼应口令	师：向右——转 生：1—2	师生共同完成
	无呼应口令	向右——转	老师一人完成
有无走动	原地口令	向左——转	原地转动
	行进间口令	向左转——走	行进间转动

从表 2-3-1 所列举出的各类口令做进一步的分析可以看出，不同类型的口令有着不同的作用和特点。

1. 依据"有无预令"划分的口令

对于口令而言，有预令的和没有预令的口令，二者存在一定的差异性，这种差异性不单单是文字多少的区别，还体现在节奏等方面的不同要求。如表 2-3-1 中所举出的"向右看——齐"这一有预令的口令，其中，"向右看"就是预令，能起到行动的预备作用；而"齐"就是动令，能起到行动的信号和指令作用。在喊该口令时，不可将"向"、"右"、"看"、"齐"四个字均匀地喊出，需要预令"向右看"稍拖长声音，待学生明白往哪个方向看时，快速发出"齐"的动令，声音洪亮、节奏准确地完成该口令的下达。而对于无预令的口令，要求有所不同，如"立正"、"稍息"两个口令，都只有两个字组成，在喊这类口令时，最好能够前一个字轻而短，后一个字重而长。

2. 依据"有无呼应"划分的口令

在小学体育课堂中，我们经常会听到这样的口令，即教师喊出指令性口令，学生喊出应对性口令，年级越低这样的口令越多。那种有学生配合对应发声的口令是有呼应口令；相反，只是教师一人在喊某一种指令性口令，学生并没有发出任何声音，只是按照教师的口令要求一声不吭地完成动作，这样的口令被称为无呼应口令。无论有无学生呼应口令的配合，教师的口令都无须发生变化。如"向右——转"的口令，有呼应是学生在听到老师喊完"向右——转"的口令后，齐声喊出"1——2"并完成该口令所要求的动作；无呼应时，学生也同样需要这样完成动作，只不过学生没有配合老师发出"1——2"的声音。而对于教师而言，无论学生有无呼应，"向右——转"的口令都不会有任何改变，都需要按照规范的要求喊出口令。

3. 依据有无走动划分的口令

根据是否有走动来划分口令，这种依据下划分的口令包含原地的口令和行进间的口令，如表 2-3-1 中的"向左——转"和"向左转——走"两个口令，前者是在原地站立时完成的，后者却是在行进间走动中完成的。由于原地与行进的区别，两种口令完成的难度也各不相同，相对于行进间而言，原地口令简单得多。另外，尽管行进间口令"向左转——走"也与原地的"向左——转"一样由预令和动令组成，但行进间的口令在下达时，关键是要掌握时机，喊快、喊慢都难以达到准确无误的效果。

除了表2-3-1所列举的分类视角，实际上还可以探寻更多的分类依据，诸如按照运动项目来划分口令、按照复杂程度来划分口令、按照有无器材辅助来划分口令，等等。

四、如何重视教学中的口令

口令需要喊正确，但假如不重视，也就难以喊出规范的口令，如何才算是重视口令呢？重视口令首先要做到"三不要"。

1. 重视口令"三不要"

（1）不要用平日说话的语气喊口令

人们平常通过语言相互交流，与体育课堂上喊口令有本质的区别。但在实践中，我们会发现，有的老师所发出的口令与平常说话没有太大的区别，也就是说，有的是低声细语地在喊口令，有的是高声粗语地在喊口令。这种现象反映出，发出这种口令的老师，未能充分认识到口令的重要性，未能引起对什么环节喊什么口令的高度重视。

（2）不要用不变的节奏喊口令

口令与节奏密切相关，有些口令受特定的规则所要求，如齐步走、跑步走、正步走等；有的口令未严格规定其节奏。然而，体育课上的口令无论长短，都有一定的节奏变化，而且会根据教学情节的需要有长短的调整。但实际教学场景中，有的老师喊出的口令，该短促有力时却拖泥带水，该适当拉长时却又"小兔尾巴"不够长。看似长短节奏的变化未能准确把握，实则反映的是缺乏节奏要求变化的喊口令技巧，结果发出了不适宜的口令。

（3）不要用含糊的印象喊口令

体育教师在课上发出的任何一个口令都应该是清晰、准确、有效的，但

第三章
口令技能"错不得"

159

第二部分
体育教师上课
——走入课堂
把握细节

实际教学中，并非所有的老师都能如此。有的老师喊出了相似的口令，如我们前面分析过的将"立定"喊成"立正"，"跑步走"喊成"跑步跑"，"踏步走"喊成了"踏步踏"等。这些口令，假如不仔细听似乎发现不了有什么问题，而且，学生听到这样的口令往往还能做出正确的动作，但从规范口令的角度来看，这样的口令最起码是不专业的，当然，也是不标准的。这些口令所反映的主要问题也在于老师平日未能引起对口令的高度重视，有的是听到别的老师这么喊也跟着学，有的是在学生时代听自己老师这么喊过也就如此模仿，根本不去认真研究与分析其对错。

重视口令是把口令喊规范的前提和保障，不重视口令，原本能喊对的口令也有可能喊错。因此，是否"重视"对于能否喊出规范口令至关重要，下面谈一谈重视口令要把握的"三要"。

2. 重视口令"三要"

（1）要有学习精神

规范的、有效的口令是需要学习的，尤其是那些经常喊错误口令或偶尔有错误口令者，更需要认真地学习，只有学习才能提高，只有学习才能规避问题口令。也就是说，首先要有学习精神。但现实中，有的教师不太重视口令的学习，甚至有"不知者不为过"的错误认识。学习口令要有计划、有落实，有内容、有目标，有掌握、有提高。诸如，先列出一个学习计划，确定该计划要解决的突出问题是什么？如何具体落实？学习还要有方法，不能眉毛胡子一把抓，要能够从解决实际问题中学习。因此，不同发展阶段的教师要有学习的侧重点。如准教师（体育师范生）要先在理论中学，边学边练；新任教师（初登讲台的教师）要在应用中学，边练边学；有一定教学经历的教师（中青年教师）要在反思中学，边思边学；有丰富教学经验的教师（中老年教师）要在指导中学，边教边学。学习是永恒的，口令是相对不变的，学会正确的口令下达方法，体育课才能发出精准的口令。因此，只要学习，无论哪个阶段、哪个层面的学习，都能掌握正确的、规范的口令并运用到课堂教学之中，发挥其无可替代的作用。

（2）要有虚心态度

任何阶段的学习都需要虚心，尤其是初学阶段。对于初学者而言，一般指体育师范生，对于口令，尽管以前从老师那里听到过，也执行过，但还没有亲自喊过。听口令和喊口令是两个截然不同的感觉，要求也有本质的区别。在学生时期听口令时，对口令的规范性并没有严格要求要掌握；而对于喊口令而言，却大不相同，根据所掌握的口令标准程度不同，喊出的口令差异就会较大。基于此，对于师范生而言，从一开始就需要虚心学习，而不能因为以前听过老师怎么喊就只做简单模仿。虚心学习，态度端正，就是要求除了从书本上学以外，还要虚心向同事学习，力争所掌握的每一个口令都是正确的，避免将来从教时发出错误的口令。而对于那些已经成为教师的口令学习者而言，尤其是曾发出过或经常发出有问题口令的教师而言，虚心听取别人指出的口令问题，认真学习正确口令的使用方法，才能不断提高体育教学能力和水平。因此，重视口令，保持虚心的态度至关重要。

（3）要有创新意识

对口令的创新，主要体现在要灵活使用口令上。当然，对于"立正"、"稍息"、"向左（右）看齐"等口令的规范要领无法创新，也难以创新。但有的口令在使用上可以有所变通，有的老师为了提高口令的作用，在小学体育课上，经常会让学生对口令进行"呼应"。比如，当老师喊"稍息"时，让学生喊"左动"，同时完成"稍息"动作；当老师喊"立正"时，学生又喊出了"左回"，并同时完成了"立正"动作。这种形式的口令就有所变通，是一种创新，一定程度上提高了学生执行口令的注意力，也便于学生对口令规范动作的记忆。还有的口令随着场合的不同或教学情节的不同需要有所调整，有的需要适当拉长预令的声音，如同样是向右看齐，班级人数多少不同，老师喊口令时，其节奏就可以有所调整，为了使每一名学生都能清晰地听到老师发出的口令，人数越多，需要适当拉的长度也就越长。但值得说明的是，我们不能为创新而创新，不要为追求新奇而使正确的口令发生变异。

体育课上的口令，不仅关系到课的质量，还是衡量教师教学技能尤其是

第三章 161
口令技能"错不得"

第二部分
体育教师上课
——走入课堂
把握细节

组织能力强弱的重要标志。因此，体育课上的口令下达要力求规范、标准、及时、有效。无视口令在体育教学中的作用，或不重视对"问题口令"纠正的做法都是不可取的。提高教学质量，目标、内容、方法重要，口令也同样错不得。

对口令进一步归纳，如下所示。

体育课堂口令多，　分类不同逐一说；

问题口令需避免，　准确到位放在前；

动令预令要分清，　关键时候不放松；

师生配合叫呼应，　学段考虑选择性；

口令技能要提高，　不同时期有真招；

师范学生强理论，　新任教师找自信；

工作多年经验多，　口令熟练少出错；

观察课堂靠眼力，　聆听口令需心细；

辨别错误有不同，　学看听练效果明。

第四章 虚假掌声"要不得"

掌声在体育课堂教学中较为常见，尤其是观摩课或评优课中，听到掌声的次数会更多，甚至一次鼓掌持续的时间也更长。然而，当我们把关注点定格在掌声上时不难发现，有的掌声似乎很及时、很自然，也很真实，而有些掌声觉得莫名其妙，甚至显得有些多余。究竟问题何在？原来，体育观摩课或评优课上，存在教师向学生"要"掌声的现象，即不是发自学生内心想鼓的掌声。其实，体现体育教学的有效性，烘托课堂气氛绝非是通过要掌声所能达到的，鉴于此，下面重点谈一谈体育课堂教学中的掌声问题。

一、体育课上的掌声现象

体育课上，我们时常会在一定的教学情节中听到掌声，有的掌声教师没有事先安排，是学生自发且自主鼓起的，有的掌声或许与教师的启发诱导有一定的关系，但无论是哪种类型的掌声，它们集中表现出以下几种现象。

1. 有无诱导的掌声

体育课上的掌声存在多种现象，有的有诱导，有的无诱导；有时有掌声，有时无掌声。分别列举如下。

从图 2-4-1 我们可以看出，体育课上的掌声有无，诱导与否，整合起来有四种可能存在的现象，即有诱导有掌声、无诱导有掌声、有诱导无掌声、无诱导无掌声。这四种现象，其中最为理想的情况是"无诱导的掌声"，这种情况是学生自然发出的最真实的情感表露，或是最精彩的教学情节的反映。当然，掌声有的是鼓给老师的，如一位老师示范投篮，次次都投中了，学生对老师的示范报以热烈的掌声；也有的是针对学生自己或同伴鼓的掌声，如一位胆小的学生，在双杠上顺利完成了一连串的组合动作，下杠后同学们不约而同地为他鼓起了掌。无论是鼓给谁的，这些掌声都不受外界的诱导因素

第四章
虚假掌声"要不得"

163
第二部分
体育教师上课
——走入课堂
把握细节

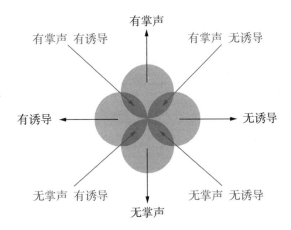

图 2-4-1　有无诱导与有无掌声的几种现象

影响，因此，这样的掌声在体育课上出现得越多越好。与此相反，有时体育课上尽管能够听到掌声，但有的与老师的启发诱导有较大的关系，这样的掌声，有时候有的学生鼓的不太情愿。观摩课或评优课上，看课者有时会觉察到掌声似乎来得不是时候，甚至看出它的多余。除此之外，有时候尽管老师有所引导，但学生依然没有意识到，而是坚持自己的情感体验，未能迎合老师鼓起掌声。常态课上的掌声多数情况没有老师的引导，当然，也有一些常态课上听不到掌声，没有掌声的课也是正常现象，并非所有的课都有掌声。毕竟，体育课堂效果的好坏，起决定作用的并非只是掌声的有与无或多与少。

2. 有无必要的掌声

体育观摩课或评优课上，时常会看到或感觉到老师给学生"要掌声"的情况发生，但并非所有要来的掌声都很有必要，也并非所有的学生都能积极地给予配合。下面从有没有掌声和有没有必要的维度进行分析。

图 2-4-2 显示出，在课堂上是否有掌声与有没有必要可以划分为四种情况，即"有掌声有必要"、"有掌声没必要"、"无掌声没必要"、"无掌声有必要"。从这四种情况来看，体育课上的掌声有的有必要，而有的没有必要，这主要是针对教师引导学生鼓起的掌声，即"要来"的掌声。如在教学比赛活动中，某一组或某一个学生获得了胜利（或第一名），如果学生并没有对获胜

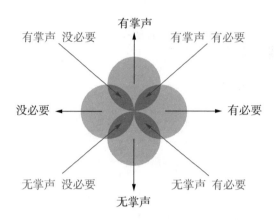

图 2-4-2 有无必要与有无掌声的几种现象

的学生鼓掌,这时教师就可以顺势提醒大家为获胜者鼓掌以示祝贺,这样的引导是有一定必要性的。无论是哪一组,也无论是哪位学生获胜了,都希望得到一定的肯定或鼓励。但有时候,体育课上要来的掌声就显得意义不大,如课的开始,老师问全班学生:"同学们,你们有信心吗?"学生齐声回答:"有。"老师接着说:"给自己鼓鼓掌。"于是,学生未等老师的话音落下,就鼓起了掌。显然,让学生为自己有信心而鼓掌,意义不大,作用更不明显,而且还在一定程度上显示有作秀的成分。相反,对于体育课上没有掌声的情况,也分为两种可能性,一种是没有必要也没有掌声,另一种是有必要但没有掌声。对于没有掌声出现却很有必要的情况,老师需要抓住时机做好积极的诱导工作。体育课上所见掌声如图 2-4-3、图 2-4-4 所示。

图 2-4-3 体育课上给同伴
加油助威的掌声

图 2-4-4 体育课上鼓励同伴完成动作的掌声

第四章
虚假掌声"要不得"

165
第二部分
体育教师上课
——走入课堂
把握细节

二、体育课上的掌声问题

我们前面谈到，体育课上有的掌声并非都是十分有必要的，也并非都是学生自发的。当然，有时候教师启发引导学生鼓掌是有必要的，但并非所有诱导下的掌声都很有必要。因此，有必要探讨一下掌声的相关问题，如掌声的时机问题、掌声的次数问题、掌声的作用问题、掌声的回应问题，等等。

1. 掌声的时机问题

通过观察体育课堂，我们发现，学生自发鼓起的掌声中，往往发生在教的环节，而且是教得较为精彩，如教师的示范非常优美，教师的语言非常生动等；有的发生在学生学的环节，如学生个人或小组的展示动作或技术比较漂亮，或表现比较完美等；还有的是在教学比赛中，获胜或即将获胜的场面，往往能够听到掌声，有的掌声较为热烈、持久，有的掌声较为低缓、短暂。对于教师"要"来的掌声，就要把握好时机，否则就难以起到应有的作用。不分时机或不分场合地"乱要"掌声是不可取的，这种情况往往会消减课的整体效果。因为体育教学质量水平的高低，不是靠掌声多少来衡量的。不恰当时间的鼓掌也会显露作秀的迹象。

2. 掌声的次数问题

体育课上的掌声是多好还是少好？不能一概而论，要因课的过程、课的效果而定。实际上，无论是课本身，还是课呈现的效果，都与教师的教育教学能力和水平有着直接的关系。有些课堂上，不时会传来掌声；有些课堂上，即便是教师有明显的诱导，也有可能一次都听不到掌声。在实际教学中，有的掌声是教师要来的，其中，有的很有必要，而有的并没有必要。因此，一方面，掌声的多与少并不代表教学效果的好与差；另一方面，我们更不能为了追求有多的鼓掌次数而反复地向学生索要掌声。因此，掌声的多与少既要从课堂需要出发，还要从教师的教学水平出发。有时需要却不会要，有时没必要却多次要，都是不适宜的做法。

3. 掌声的作用问题

在体育课上，恰如其分的掌声能够起到正向激励作用，而多余的掌声（主要指没必要却要来的掌声），不但不能发挥积极的作用，有时还可能带来一定的负面影响。因此，为了能够充分发挥掌声在体育课上的积极影响和正向作用，一方面，教师要多观察，在哪些教学环节学生自发鼓起了掌声，并分析掌声鼓起的缘由。往往学生自发鼓掌是课堂真实效果的集中体现，为了提高课堂有效性，教师在以后的教学中就需要在关键环节倍加关注或强化。另一方面，教师需要把握好以下问题，哪些环节有必要向学生要掌声？所要的掌声在课堂上能发挥什么作用？能否达到预期的目的？教师在全面把握这些问题的前提下，才能在关键的教学环节巧妙地向学生发出要掌声的信号。太过直白或太过牵强的鼓掌"要不得"。

4. 掌声的回应问题

我们前面谈到，体育课上的掌声有的是自发的，有的是教师诱导的，甚至是强烈要求的。对于那些没必要向学生要的掌声，无论鼓起的声音高低，还是时间长短，由于它的不必要性，决定了这些掌声是毫无意义的，教师也无须回应什么；而对于那些自发的和有必要诱导且诱导成功的掌声，教师对该类掌声或多或少地应给予一定的回应，教师听到这些掌声后，最好不要摆出视而不见、听而未闻的姿态。假如，学生鼓掌赞美老师的优美漂亮的示范，老师听到掌声以后，最好能够说声"谢谢"或点头微笑以示回应。一方面可以拉近师生间的距离；另一方面，对学生也是一种尊重和教育，无形中告诉学生，当听到有人用口头语言或肢体语言赞赏自己时，需要说声"谢谢"或微笑着点一点头。另外，当学生给某个或某组学生鼓掌时，尤其是在展示技术动作环节，教师也不能无动于衷，有必要随着学生们的掌声也鼓起来；除此之外，还需要语言强化，尤其是对赢得掌声的那些学生，要及时给予表扬和鼓励，给其他同学树立榜样，以增强其信心。

三、体育课上的掌声定位

前面我们曾谈到掌声的现象和问题，在此，也有必要对体育课堂上掌声的定位问题展开讨论。而且从掌声的作用出发，重新梳理以下问题：掌声是什么？为什么掌声在体育课上具有特殊的作用？哪些掌声可有可无，哪些掌声很有价值，哪些掌声毫无意义？不同的教学环节，掌声分布如何？假如能够对掌声有一个客观的定位，不但体育教师会对掌声有新的认识，而且还会由"不重视"向逐渐"重视"转化，并走出各种认识误区，从而关注掌声，发挥掌声的特殊作用，为提高体育课堂教学的有效性发挥一定的作用。

1. 体育课上的掌声是什么

生活中、工作中、课堂上、讲座中等场合都能听到各种各样的掌声，但掌声是什么？体育课上的掌声是否具有特殊的含义？除了与日常中的掌声一样有尊重、鼓励、肯定等的作用，实际上，体育课上的掌声还有其独特性，既有使获胜的学生更能体验到成就感的"祝贺类掌声"，还有使对有难度的运动恐惧的学生增加自信的"壮胆类掌声"，更有使耐久跑运动中途退场的同学重返跑道的"激励类掌声"，等等。体育课上的掌声，大都发自学生内心，是一种来自心灵的声音。

2. 不同教学环节的掌声分布情况

体育课上的掌声都出现在哪些教学环节，下面按照四段式划分体育课，如表 2-4-1 所示。

表 2-4-1　体育课中的掌声分布

课的结构	出现频率	教学环节	自发的掌声		要的掌声	
			现象	举例	现象	举例
开始部分	低	导入	有、极少	有趣的导入	有、少	师：同学们，有信心吗？生：有。 师：鼓掌！（生鼓掌。）

续表

课的结构	出现频率	教学环节	自发的掌声		要的掌声	
			现象	举例	现象	举例
准备部分	低	游戏、教师示范徒手操	有、少	游戏好玩、有输赢，示范优美	有、少	师：同学们做得非常好，让我们为自己鼓掌。（生鼓掌。）
基本部分	高	示范、展示、游戏、比赛	有、多	示范成功，展示优美，比赛获胜	有、多	师：比赛过程中给自己队鼓掌加油。（生鼓掌，并喊加油。）
结束部分	低	小结	有、少	即将下课时，学生鼓掌以示对老师的感谢	有、少	师：今天大家表现都非常好，让我们为自己鼓掌。（生鼓掌。）

从表 2-4-1 所列举的各种掌声的情况可以看出，无论是自发的还是教师引导下要来的掌声，体育课上几乎所有的部分都有出现掌声的可能性，只是不同的部分，掌声出现的次数、激烈程度、主动性不同而已。其中，出现掌声次数比较多的是基本部分，这一部分的掌声，既有给教师的，也有学生给自己或同伴的，还有老师给学生的。无论这个部分出现什么样的掌声，对于教师而言，都应多注意观察，并经常思考掌声是如何发起的，以及观察学生对掌声做出的各种反应，尽可能借助掌声的促进作用，有效组织教学。但也要避免在不必要的环节向学生反复多次地要掌声，其效果有可能会适得其反，不但不能调动学生学习或练习的积极性，还很有可能引起学生反感，出现消极状态，影响学习。

3. 体育课上的"倒掌"

体育课上的掌声，大都是正向的，具有一定的积极作用，但也不可忽视教学中的"倒掌"。如老师示范失败了，或倒立时没有立住，力量过大倒下了；或跳山羊时未成功跳过，而是人羊马翻了等。这样失败的示范情节，往往就会引起学生哄堂大笑，甚至鼓起掌声，这时的鼓掌往往都是"倒掌"。一旦出现这种场面，教师一方面有必要因为失败而表示歉意；另一方面，也需要借机教育学生，不可在别人失败时，嘲笑甚至讽刺、挖苦别人，应发出友

第四章
虚假掌声"要不得"

169
第二部分
体育教师上课
——走入课堂
把握细节

好的、富有诚意的鼓励之声。当然，同学之间更要做到以诚相待，互相帮助，互相鼓励，共同进步。一旦听到"倒掌"的声音，教师需要因势利导，巧妙地渗透德育教育。这样的教育跟进，"倒掌"之声才能越来越少，直至在课堂中消失。

掌声，看似很小的现象，但体育课堂上的掌声不可忽视。正确把握掌声，能发挥更大的效应；错误使用掌声，尤其是向学生多次要不必要的掌声，不但毫无意义，而且因虚假的教育引导，很有可能影响到学生的学习情绪，对体育课产生错误的认识，不利于对学生运动兴趣的激发。因此，体育课上的掌声不可忽视，要正视其功能作用，不可过分夸大其功效，还要时刻关注出现"倒掌"时的教育。

关于体育课上的掌声，做进一步的归纳。

虚假掌声"要不得"

体育课上听掌声，　真假效果要分明；

精彩环节多自愿，　索要现象不少见；

观摩课上掌声多，　主动被动分开说；

看评效果能明辨，　虚假掌声不混乱；

课堂观察积经验，　把握关键掌声现；

动作优美掌声响，　及时回应实效长；

作秀课堂掌声鸣，　走出误区方可行。

第五章　表情观察 "粗不得"

在日常生活中，我们经常可以看到各种各样的表情。在某一场景下，不同的人既有可能流露同样的表情，也有可能因心理反应各不相同而流露不同的表情；就同一个人而言，不同的场景下也会流露完全不同的表情。体育课上，学生也同样存在着表情的变化，不同的表情可能代表不同的学习状态或情绪。因此，为提高教学的有效性，在体育教学中教师要认真而仔细地观察学生的表情。那么，体育课上学生都有怎样的表情？不同的表情代表什么含义？如何对表情进行定位？教师该如何通过观察学生的表情调整教学方式手段？下面重点对学生的表情问题进行探讨，旨在为一线教师更好地把握学生学习中的细微变化、及时调控课堂节奏或方式方法提供一定的借鉴，从而有利于及时关注学生的学习动向，促进学生学习效率的提高。

一、体育课堂表情的定位

体育课堂上，我们有意无意中会听到学生爽朗的笑声、唉声叹气的不满声，或同学之间的争论声，当我们定神看学生的表情时就会发现，不同的声音伴随各式各样的表情。有的表情代表学生发自内心的喜悦、兴奋之情；有的表情好似流露着不满情绪，甚至是一种愤怒。当我们仔细观察并认真思考与联想时发现，这些表情都与不同的教学情节相对应。如当老师表扬某一位学生时，被表扬的学生会露出淡淡的、自信的微笑，而个别学生也很有可能由于嫉妒而不满，当然，大多数学生会表露羡慕的眼神；相反，当老师批评某一位学生时，尤其是年龄越小的学生，会噘起小嘴，或拉长小脸，个别学生因抱有侥幸心理而窃喜。以上情境说明，学生受到不同的教学语言刺激会流露不同的表情，同样的教学语言刺激，不同的感受者表情也有可能各异。而且，这些表情常常是十分自然的，不带有任何修饰的，是学生最真实的情感表达。那么，我们该如何对体育课堂上的表情进行定位呢？体育课堂中学生的表情是基于一定的教学情节表露的情绪变化或状态，不同的教学情节有着不同的情绪表征，不同的情绪表征隐含不同的心理应激反应。因此，体育教学中，教师要善于通过观察学生的表情，结合学生的学习行为特点，分析和评估学生的心理反应。体育课堂对学生表情观察得越多，积累得越丰富，做出的判断越准确，教学的有效性就会越凸显。

二、体育课堂表情的分类

在体育教学实践中，由于不同的表情代表不同的含义，不同的表情反馈教学效果的差异性，因此，对表情的类别进行归纳尤为必要。而且，不同的分类依据，所划分的表情类别会各有侧重。

1. 从表情的引发者来分

依据表情的引发者不同，可以将其划分为由教师的语言引发的表情、由教师的行为引发的表情；还有一些表情是由学生引发的，其中一类是由同伴言行引发的表情，还有一类是由学生自身对体育运动技能学习的情感体验引发的表情等，如表 2-5-1 所示。

表 2-5-1　从表情的引发者分类

引发者	方式	教学环节	举例	含义
教师	语言	讲解	皱眉头	没听懂
			微笑点头	听懂了
		表扬	微笑或伴随脸红	高兴
		批评	噘嘴、斜眼看老师	不满
	行为	突然击掌	瞪大眼睛看着老师	惊奇
		示范失利	皱眉、偷笑	不解
同伴	语言	竞赛获胜同伴欢呼	眉开眼笑、欢呼雀跃	兴奋
	行为	同伴展示优美	目不转睛	羡慕
		同伴动作错误	绷嘴、皱眉	着急

续表

引发者	方式	教学环节	举例	含义
自我	动作体验	自我动作错误	手托下颌、表情严肃、沉默不语	反思
		完成难度动作	面带微笑、握拳示意	成就感

表 2-5-1 所显示的各种表情，随着引发者的刺激方式不同而有所区别。但无论表情的引发者是教师、同伴，还是学生自己的切身体验，我们总能从学生的表情中发掘出表情产生的心理动因，用以推断各种表情所表达的不同含义。如当教师在示范时，一旦失手，有时会看到学生有皱眉、偷笑等情绪反应，或许学生会想："老师怎么能失败呢?""老师都做不了，我们怎么能学会呢?"

2. **从表情的特殊性来分**

体育课上学生的大多数表情，都是较为自然的，或者是教师能够预料的。但有的表情超乎教师所料，对于这样的特殊表情，更需要引起教师的注意，因为从这些特殊的表情中，教师有可能读出更多、更为复杂的内涵。对这些表情进行归纳，如表 2-5-2 所示。

表 2-5-2　从表情的特殊性分类

特殊性	特点	组合	举例	含义
普通表情	简单	单一	听到老师的表扬后微笑	高兴
			看到同伴前滚翻不能完成，攥拳抖动、皱眉	不安
			听到老师的批评转头斜视	不屑一顾
			听到老师的批评低头默许	认错
特殊表情	复杂	两种以上	观摩课上老师提出问题后，左顾右盼，想回答但又不敢回答	紧张
			观摩课上比赛获胜，表情淡漠，偷着乐	压抑
			常态课上给老师搞恶作剧，似笑非笑	纠结
			常态课上听到别的同学被表扬，噘嘴瞪眼	嫉妒
			听到老师的批评冷笑，不屑一顾	藐视

从表情的特殊性进行归类，我们会看到，特殊的表情往往相对比较复杂，而且多数是有两种以上的情绪体验综合而成。如在常态课上，有学生做了恶作剧后，其他学生的表情就较为复杂，想笑又不太好意思，所以，这种情况下的笑基本上是一种纠结的笑容。

3. 从表情的兴奋性来分

体育课上，不同的外界因素会引发与之对应的情绪状态，当然，在一定的外部因素诱导下，有的学生的表情含而不露，有的学生的情绪变化直接挂在脸上，教师通过观察，能够对学生表露的各种表情效果加以区分，如表2-5-3所示。

表 2-5-3　从表情的兴奋性分类

类别	引发原因	特点	举例	含义
兴奋类	比赛获胜；做自己喜欢的运动或游戏	手舞足蹈，大喊大叫	前仰后合地开怀大笑；快速伸出两个手指，打出成功的标记，并发出"呲"的声音	高兴
	失败、不服气	咬牙切齿，摩拳擦掌	瞪眼、绷嘴、转头斜视，用力砸拳跺脚	气愤
平静类	比赛或输，或赢	纹丝不动	表情淡漠，有的眼睛左右转动，有的眼睛注视斜下方	淡定
	做不太喜欢的运动	按部就班	沉默寡言，无精打采，眼神无力	不悦

从表2-5-3我们可以看出，兴奋类的表情和平静类的表情差异性较大，教师除了要善于观察学生为什么而引发兴奋，更要观察那些遇到输赢过于淡定的学生，这样的学生显现的表情，一定程度上可以说是超乎正常的状态，或许另有原因。因此，善于观察、及时分析并做出调整有利于学生的学习。

三、体育课堂表情的观察

无论是常态课还是观摩课，教师都需要对学生的不同表情进行观察和分析，一方面看一看表情是否真实，另一方面看一看表情有没有变化，在什么情况下发生的变化。为此，教师在观察时要把握好以下几个关键点。

1. 从全体学生的表情变化规律推断课的效果

从一节体育课上，如何判断学生学习的效果，或学习过程中学生的不同体验，我们可以从表情的变化来进行推断。那么，表情有可能发生哪些变化呢？从全班学生来看，大多数学生的表情在一节课上经历了什么过程，是从兴奋到平静、再从平静到兴奋的不断交替反复，还是从平静到兴奋、再兴奋的持续高涨，或是整节课都没有看到从平静转向兴奋的状态？任何情绪反应体现在面部的表情，都是不同心理反应的外在表现，因此，教师认真观察体育课堂大多数学生的情绪变化及其变化规律，有助于及时推断课的效果。体育课上的不同表情如图2-5-1、图2-5-2、图2-5-3、图2-5-4所示。

图2-5-1 动作不会做而低头不语

图2-5-2 比赛赢了好开心

图2-5-3 后排同学看不见很着急

图2-5-4 该我做了快点呀

第五章 175
表情观察"粗不得"
第二部分
体育教师上课
——走入课堂
把握细节

2. 从单个学生的表情变化特点探寻最佳教学组织方式

在观察学生的表情时，除了需要观察全体学生的表情是如何变化的，是什么原因导致的变化，更重要的是要关注学生个体，只有这样才能深入到学生的内心世界。如有的学生表情十分正常，随着老师的鼓励或表扬而高兴，露出微笑，甚至不自觉地耸肩或情不自禁地向上跳跃，表达出喜悦的心情。我们也不可忽视的是，难免会有个别学生，无论是听懂没听懂，还是看懂没看懂，都未显露表情上的变化，其原因或许是对学习某项技术的兴趣不高，或许是不善于把内心的感受通过表情反映出来。对于这类学生，教师就较难把握，也就是说，很难通过这些学生的表情调整教学的方式方法及其内容。这需要教师长期关注这类学生，或许能够了解到这些学生的其他表达方式。如有的学生在大部分课上都表现很淡定，很难露出微笑，也很难有纠结的情绪表达。但通过长期观察发现，当让这些学生当小组长带领大家一起练习时，能够看出他们兴奋的一面，如积极参与各种活动、协同老师组织课堂等。因此，观察不能流于形式，更不能完全按常理去推断，而是要具体情况具体分析，从而找到有效组织课堂的最好方式。

3. 观察学生的表情要与教学环节相结合

学生之所以在体育教学中会显露不同的表情，而且能够被观察到，其主要原因大都与教学环节密切相关。因此，无论观察到何种表情，尤其是特殊表情，教师最好能够反思一下教学环节，是内容的问题、组织形式的问题，还是教学方法的问题。有时，学生很喜欢教学内容，但由于组织形式不够新颖，学生往往很难表露兴奋且积极参与的情绪状态。如在讲解时，发现有相当一部分学生都紧皱眉头，目不转睛地盯着老师，一方面反映学生大都在认真听讲，另一方面通过学生紧皱的眉头中，教师需要反思一下教学语言：语速是否过快，语义表达是否含糊，是不是专业术语需要做通俗化的解释，等等。又如，在示范时，教师发现一部分学生东张西望，眼神中好似在寻找什么更感兴趣的东西，或许学生是由于不知道如何观察才溜号，或由于其他班级上了不同内容的课而被吸引，这时，教师需要立刻停止示范，进一步强调观察示范的方法，即做出观察法的具体指导。学生在学习过程中的特殊表情，也需要引起老师的高度重视，如观摩课上学生哭笑不得的表情，或许是学生看见了听课老师而紧张的缘故，或许是有可能引起兴奋的环节难以兴奋，但又有兴奋的冲动，结果是流露紧张的笑容。发现这种情况，教师要能够给学生以心理暗示，采取恰当的方式让学生放松下来。如转为背对听课老师的练习方式，学生就有可能减少紧张感。还有，在提问环节，一旦事先发现学生紧张，可以把原来设计的单个学生回答问题的方式，临时改变为教师引导下全体学生共同回答问题的方式，尽量减少因学生紧张而产生的尴尬情况。学生在听讲或观察中溜号现象时有发生，如图 2-5-5、图 2-5-6、图2-5-7所示。

图 2-5-5　练习时被飞来的大雁吸引

图 2-5-6　边练习边想其他事情

图 2-5-7　练习中过于自由

四、表情与组织教法调整

1. 依据学生的表情调整教学组织方式

陶行知先生说过，教的法子要根据学的法子，学生怎么学，教师就怎么教。学生在体育课堂上的各种表情，代表着真实的心理体验。在教学过程中，有的学生自始至终都面带微笑，说明心情比较愉悦，同时也说明乐学与善学。对于这样的学生，即便是用传统的填鸭式教学法也能得到较好的教学效果。而有的学生在课堂上，无论遇到什么教学情节，都难以露出一丝笑容；有的学生即便是略有微笑，时间也十分短暂。说明这样的学生对体育课本身兴趣不高，或对所安排的教学活动形式不感兴趣。因此，在教学时，教师需要依据学生表情的变化特点，考虑丰富多样的教学组织形式，尤其考虑其新颖性；

否则，仅用传统的方法很难激发学生参与的兴趣，也就难以达到理想的教学效果。例如，观摩课上学生表现出的哭笑不得的表情、未让先推车时的生气表情，以及推车时的喜悦心情等，如图 2-5-8、图 2-5-9、图2-5-10所示。

图 2-5-8　观摩课上哭笑不得的表情

图 2-5-9　未让先推车时的生气表情

图 2-5-10　终于该我推了好开心

2. 依据学生表情增加表扬、鼓励式的评价方式

在听到老师表扬或鼓励性语言时，大多数学生能做出兴奋、喜悦的表情，而且参与的积极性往往会随之增高。因此，在教学过程中，要能够不失时机地看到学生的点滴进步，采取表扬的方式，激励学生更积极地投入到下一个练习中去。尤其是那些对老师的表扬特别在意的学生，有时表扬会起到意想

不到的效果。当然，对于教师而言，要养成善表扬少批评的习惯，不能发现学生点滴的错误就指责学生，甚至有的教师看不到学生的进步就讽刺挖苦学生，这样做的结果就很容易导致学生出现更难看的表情，甚至对老师产生不满。因此，基于学生的这些特点，体育课堂上的表扬少不得，批评多不得，但遇到问题适当批评也很有必要。

3. 依据学生的特殊表情重点分析学生的心理特征与特殊需求

在体育课上，学生会或多或少地表现出一些特殊的表情，教师只要认真观察就能够从中发现学生的心理特征，发掘学生产生特殊表情的主要根源。如观摩课上哭笑不得的表情，是大多数学生在常态课上过于放松而在观摩课上又不得不老老实实，甚至不敢有个人的想法和做法的紧张与不愿受到约束的表情，即便是老师用语言提示"不要紧张"，学生也难以及时消除这种情绪反应。但往往在课进行到一段时间后，如到基本部分的中后期，教师安排游戏或比赛阶段，学生的表情就逐渐趋于自然和放松。基于学生的这种特殊的表情变化，一方面，教师需要在常态课上提高学生的严肃活泼等要求；另一方面，要教育引导学生树立信心，告诉他们学习的动作不难，都能掌握，回答问题对错无关紧要，关键是要勇于回答问题等。当学生养成了常态课上严肃认真的学习态度，又不失自主性，观摩课上就会有充分的自信，这些不太正常的表情就会渐渐消失。

除此之外，有时学生的特殊表情，是因为学生有特殊的需求，如表扬别人时不是为他人高兴，而是嫉妒之心横生。这样的学生表现出心理的不成熟，缺少谦虚谨慎，互相学习、共同提高的优秀品质。因此，教师在心理健康教育和社会适应教育方面要有所加强。

4. 教师保持良好的情绪激发学生积极地学习

学生在体育课上的表情，在一定程度上受教师情绪的影响。有的老师教学语言具有亲和力，学生自然就会放松，甚至随着老师的喜悦而高兴，随着老师的严肃而紧张。因此，教师需要学生保持一种什么样的学习情绪和心理反应，教师自身就需要以此调整好自己的情绪。值得注意的是，教师对学生的关心、爱护、帮助、支持、细心等对学生的影响都是正向的；相反，对学生漠不关心甚至讽刺挖苦，学生在体育学习过程中的表情就会变得复杂，也就很难通过学生的表情判断实际的教学效果。

体育课堂上，不同性格的学生遇到同样的教学情节有可能流露不同的表情；不同的教学情节，学生也会有不同的情绪表达方式。体育教师要想不断地提高教学质量，让学生学会、会学又乐学，观察学生的表情显得十分重要；而且，通过对所观察到的表情的归纳和总结分析，及时调整组织教法十分必要。教师在教学过程中，做到心中有学生，记录学生各种普通的、特殊的表情痕迹，就能更好地驾驭课堂。善于观察是教师心中有学生的具体体现，对观察结果的分析与及时调整教学，更是教师会教的重要标志之一。

关于课堂上学生的表情问题，下面进一步进行归纳。

表情观察"粗不得"

体育课上看表情， 学生个体有不同；
喜怒哀乐都能见， 细致观察方可辨；
观摩课上表情多， 真真假假分类说；
哭笑不得表情僵， 游戏比赛不紧张；
学生表情有规律， 表扬兴奋会延续；
批评同伴表情变， 讽刺挖苦不能现；
依据表情调教法， 学习效果不会差；
教师表情在其中， 潜移默化不放松。

第六章　提问对象 "定不得"

体育课堂上的提问十分常见，但并非所有的教师对提问方式都把握得很好，甚至有些教师为追求回答正确或答案标准，不但事先指定回答问题的学生，还有的事先告诉学生答案，课前背熟了、记住了，课上回答老师提出的问题。这种情况观摩课上表现得更为突出。然而，体育教学真需要这样的提问和回应吗？假如不需要，该如何把握提问的技巧呢？下面重点对提问现象、问题归因、提问归类、提问技巧等方面展开讨论。

一、体育课堂提问若干现象

通过对不同类型的体育观摩课观察，我们发现体育教学中就 "提问" 环节，存在若干值得规避的现象。这些现象不但影响教学的有效性，而且对学生知识技能的提高，对教师教育教学能力的提升都难以发挥应有的作用。归纳起来有以下几种现象。

1. 所提问题过于 "简单化" 的现象

有些体育课上，老师做完示范以后，问："同学们，老师做得好吗？"学生们回答："好！"还有老师在课的结束部分带领学生做放松活动前，问大家："同学们，你们累不累？"学生们用洪亮的声音齐声回答："不累！"老师此时此刻更希望听到的是 "累"，那样的话好安排放松活动，可是未能所愿。这些问题似乎问得很尴尬，学生尴尬的是，无论老师做的示范动作好不好，都要回答 "好！"老师尴尬的是，当学生回答 "不累" 时，接下来该如何安排放松活动。实际上，按照老师的设计，希望学生回答 "累！"或许学生没有反应过来老师提问的用意。反思这些 "问" 与 "答" 的过程，我们不难发现，类似这些简单的问题，归根结底是无须问。因为该问题不具有实际的价值，不但不能起到一定的积极引导作用，而且，还有可能适得其反。

2. 提问前指定回答对象的现象

体育课堂上，老师提出问题后，究竟应该让谁回答？有些老师似乎对这一问题不够清楚，因此，总是想事先定好回答问题的学生。这说明"提问"环节不是为学生设计，而是为老师自己设计的，老师是带着一种期待效应去提问的，总希望让学得好的学生回答，能够听到正确的或希望听到的答案。如有一节体操技巧肩肘倒立课，练习一段时间以后，老师提出一个问题，然后找人回答，有很多学生都举起了手，但看到老师并没有让举手的学生来回答，而是叫了一个没有举手的孩子，这个孩子尽管没有举手，回答的也十分正确。课后，我问了这位老师，结果他的回答不出意料，原来是事先已经安排好的让这个学生回答问题。可是，学生为什么没有配合老师把手举起来呢？难道对回答问题不太情愿？这样的现象在体育观摩课上似乎变得很常见。提问中，学生积极举手抢先回答问题，如图 2-6-1、图 2-6-2 所示。

图 2-6-1　学生积极举手抢着回答问题　　图 2-6-2　老师在提问抢先举手的学生

3. 课前告诉学生答案的现象

有些课上的提问，听上去同学们的回答好像是看着书本读出来的一样，也就是说，回答非常正确，甚至超乎你想象的标准。实际上，体育课堂上老师所提出的问题，学生们的回答应该更接近学生理解的实际，接近学生掌握的实际。但是，有时老师刚做完示范，提问学生动作要领或动作感受，学生依然能够回答得很理想。这更加不得不让我们思考，答案是从哪里来的？如一节鱼跃前滚翻课，让学生复习完前滚翻，即将进入学习鱼跃前滚翻时，老师先讲解了一下鱼跃前滚翻的动作要领，然后做了一次示范，接下来就问学生："同学们，谁能说一说前滚翻和鱼跃前滚翻有什么区别?"学生们纷纷举起了手，老师从举起手的学生中，挑选了两个学生回答了该问题。从回答中，我们惊奇地发现，为什么学生还没有练习，仅仅是看了老师的示范动作和对动作要领的讲解后，都能如此准确地回答二者的动作差异? 实际上，这样的提问是事先告诉学生答案的提问，这违背了人的认知规律，是不可取的。

4. 提问回答无下文现象

在体育常态课上，我们听到过有些老师未能继续组织学生回答所提出的问题，或许是忘记了，或许从学生们的学习过程中自己发现了答案。例如，有老师在教学中说："同学们，接下来两人一组在同伴的帮助下做肩肘倒立练习，一会儿，我将提问大家，如何能够帮助同伴完成动作?"这节课结束了，也没有看到老师组织学生回答所提出的问题。还有一种情况就是，学生在体育课上向老师提出问题，希望老师能够给予解答。可是，我们经常会看到，有些老师置之不理，甚至批评学生"不要瞎问"，好像老师认为学生在捣乱课堂纪律一样，这种现象也是有待改进的。也就是说，无论老师提问还是学生提问，都应该有下文，否则，提问就失去了意义。尤其是学生的提问更应引起老师的重视，或许是学生没听懂，或许是老师讲得不够清晰或不准确、不到位，或许是学生在练习中发现了更好的方法，等等。

除此之外，有些提问环节，老师需要进一步根据回答的情况调整教学活动方式。如有学生没有回答老师所提的问题，或者是回答错误。对于老师而言，一旦这种情况发生，就应该组织学生对刚才所学内容做进一步的巩固性练习，甚至再次讲解示范，以强化学生对所学知识技能的理解。

5. 提问过于频繁现象

无论是常态课还是观摩课，有些老师采用的"提问"手段过于频繁，似乎一节课都在"一问一答"中度过。适当的提问是有必要的，但提问过于频繁会出现走过场的现象，甚至学生对老师提出的问题不屑于回答。如有一节实心球课，老师大约每隔 2 分钟会提出一个问题，从"侧向推实心球如何站位？"到"正向头后前抛实心球上下肢如何协调用力？"再到"侧向与正向推抛实心球有何区别？"最后还提了"侧向推和正向前抛哪种方式投的更远？"等问题。有时，我们在教学中总想采用课标当中所倡导的自主、合作、探究的学习方式，但是，假如对这些学习方式的含义、适用范围、方法技巧未掌握的话，就很难有效地运用。而反复用提问的方式组织教学，并非是真正意义上的探究学习，很有可能已经走进了形式化的探究误区。因此，在选择提问的问题时，教师需要慎重考虑该不该问、哪些该问、何时问、如何问等关键性的问题。

二、提问"不适当"的原因

以上出现的各种提问现象，实际上，大都是不适当的提问。但究竟为什么会出现如此多的这类提问呢？究其原因，主要有两个方面。

1. 过于追求正确与标准的答案

这种情况在观摩课上出现得较多，尤其是那些教学经验不足的教师更为突出。这实际上是一种认识上的误区，很多教师上观摩课，都想体现学生学习的效果，通过何种方式体现呢？有的教师在课前让学生对新学内容反复练习，在课上体现动作学的快；有的教师通过提问的方式体现学习的效果，自然也就想到了用正确又标准的回答方法。在这种意识的误导下，也就很容易出现偏差，课前先指定好让谁回答，再事先把标准的答案告诉他们，甚至让他们背一背，确保课上回答正确。体育课，无论是常态的还是有人观摩的，回答问题过于追求标准，有时超过了学生的学习真实结果，反倒会影响教学的效果，给人们的印象往往是表演或者是作秀成分较大。这样的环节距离好课只会越来越远。

2. 走进了形式化的误区

体育教学的任何一个环节，我们都不能走形式化的弯路，形式化的结果不但教不透，学不通，而且更是教师教育教学能力和水平有所欠缺的集中体现。从提问的形式化来看，不但包含前面我们所分析的提问过于频繁，而且过于简单问题的提问，依然存在形式化的影子。这种形式化之所以左右教师的教学，其主要原因有以下四点：其一，对新课改的要求知之不多或知之不深；其二，对所教教材理解不够或理解不透；其三，对所教学生把握不准或缺乏信心；其四，对提问的方式方法甚至技巧有所缺乏。以上这些无论任何一个方面不足都有可能走向形式化，因此，全面提高体育教师的专业化水平至关重要。

三、体育课堂上的提问分类

体育课堂提问有不同的分类方法，如可以从提问者划分、从问题的难度划分、从提问的时机划分，还可以从提问的效果划分等，下面逐一进行归纳。

1. 从问题的发出者划分

体育课堂上的提问大部分是教师问学生，但也有的问题是源于学生的提问，如表 2-6-1 所示。

表 2-6-1　从问题的发出者划分的提问类型

提问者	类型	举例	特点
教师	教师提问	前滚翻的时候，身体的哪些部位先后触垫？	全体性，要求回答
学生	学生提问	老师，我跑步的时候，为什么会感觉到呼吸困难？	个体性，希望回答

从表 2-6-1 我们可以看出，老师的提问基本上都是针对全体学生，而且，大都是要求学生直接回答，或通过练习、讨论后回答。而学生提出的问题，大都是学生自身在学习体验中遇到的问题，希望老师能够给予解答，但是并非所有的老师都能及时听到学生提出的问题，或者有的老师听到后未能引起重视，即便是学生希望老师能够对问题有所解释，但并非都能如愿。

实际上，体育课上的提问还可以进一步归类，如根据问题的难度，提问还可以分为难度较大的问题、一般的问题和缺乏难度的问题。而学生提出的问题也可以分为与课堂有关的问题和与课堂无关的问题。对于与课堂无关的问题，老师可以不及时回答，如果这个问题也很重要，老师可以告诉学生课下交流。

2. 从问题的难度划分

体育课上提问的问题，有的有一定的难度，有的很简单，从难易度的区分上，可以划分如下类型，如表2-6-2所示。

表2-6-2 从问题难度划分的提问类型

难易度	类型	举例	要求
简单的	无须思考就能回答的问题	同学们，有信心吗？	少问
	简单思考就能回答的问题	同学们，累不累？	
	简单观察就能回答的问题	同学们，这是什么新器材？	
一般的	认真思考能够回答的问题	前滚翻时要求身体保持怎样？	可问
	认真观察能够回答的问题	做肩肘倒立时手是如何变化的？	
	通过体验能够回答的问题	前滚翻和箱上前滚翻有何不同？	
复杂的	深入思考才能回答的问题	出现踝关节扭伤的主要原因有哪些？	多问
	观察体验才能回答的问题	投实习球时如何用正确的出手角度？	
	经过合作才能回答的问题	两人三足怎样才能行走速度加快？	

从问题的难度划分的各种类型，实际上在教学实践中我们都能看到和听到，只是不太清楚属于哪类问题。通过归纳发现，有些问题要尽量少问或不问，如简单类型的问题都是如此。而对于一般类型的问题而言，教师可以问，但这类问题也不能问得过于频繁；相反，对于有一定难度的问题而言，有的需要学生深入思考，有的需要认真观察和体验，还有的需要同学讨论、共同体验等才能完成。因此，提问前教师要明确所提问题属于哪一类，应该让学生如何回答，最好能够做到心中有数，否则，可能会导致提问不良现象的发生。

3. 从提问的时机划分

根据提问出现的时机不同，可以将其划分为开始部分的提问、准备部分的提问、基本部分的提问和结束部分的提问。不同时机的提问又有什么不同呢？如表2-6-3所示。

表2-6-3　从不同时机划分的提问

时机	类型	举例	目的
开始	开始部分的提问	今天我们学习跳山羊，你们有信心吗？	鼓励
准备	准备部分的提问	跨栏时哪些身体部位容易受伤？	充分准备
基本	基本部分的提问	蹲踞式跳远有哪些技术环节组成？哪个是关键？	检验
结束	结束部分的提问	这节课上最快乐的体验是什么？	小结

从表2-6-3所列举的案例可以看出，不同的教学阶段有可能提出不同的问题。目的不同，问题的提问方式和难易度也会有一定的区分。但无论如何，我们需要更加重视基本部分的提问，基本部分不但教学时间最长，而且教学目标的达成、教学重难点的突破主要是通过该部分来实现，因此，该部分的问题要精心地设计。

除此之外，我们还可以从提问所能达到的效果来进行划分，可以将其划分为好的提问、一般的提问和差的提问。当然，体育课堂上的提问都希望能够达到理想的效果，但并非所有的提问都能如此。有的不该问的问了；有的需要这样问的，而那样问了；有的需要练后问的，却练前问了；等等。凡是达不到理想效果的都可以归为差的提问；对于那些有效果但不突出的提问可以将其归纳为一般的提问；只有那些具有明显效果的提问才可以称为好的提问。

四、体育课堂提问技巧把握

1. 问题有价值

体育课上，教师要向学生提出问题，并要求他们回答，无论是通过何种方式回答，首先要考虑的是，问题一定要有价值。否则，就要考虑不问，或更换问题再问。体育课时间是有限的，要把最有效的时间利用到教与学的各个环节中。从提问来看，同样不能浪费时间。那么，什么样的问题才算是有价值的呢？依据问题所能发挥的作用来看，要么起到一定的激励作用，要么

第六章
提问对象"定不得"

187

第二部分
体育教师上课
——走入课堂
把握细节

能够起到一定的引导作用，要么能够起到一定的督促作用，要么能够起到一定的检验作用等。凡是作用不明显的提问几乎都是无价值的。

2. 难易有区分

体育课堂提问只考虑有价值还不够，还有一个至关重要的问题需要把握，那就是该提问有多大的难度？问题过于简单则没有提问的意义，问题过难就会超越了学生的能力。问题的难易取舍上，既要考虑学生的年龄特点，还要考虑教材的难易度，尤其要考虑教学的进度。当然，稍微有难度的问题要把握回答的方式，分清是需要留足思考的时间让学生回答，还是需要学生观察体验后再回答，甚至有的问题需要安排分组讨论，学生们共同学习研讨后才能回答。因此，难易适度，方式准确，方能发挥提问的功效。

3. 提问不定人

现实中，有一些老师出现提问定人的现象，并不难理解。但提问事先定人有以下弊端：一是其他学生在学习时无须动脑，因为他们没有必要考虑回答问题，言外之意，就是老师不会要求他们回答问题，那就不利于调动学生学习的积极性；二是被指定回答问题的学生，或许一节课上都是紧张的，最起码在问题没有回答之前都会保持一种紧张状态，一定程度上来说，也会影响他们对其他知识和技能的学习，而一心在想着问题的答案。为此，提问事先不要定人，提问谁要能够体现随机性。

4. 回答力求真

提什么问题？提问谁？假如都是随机的，也就不会有课前告诉学生问题的标准答案的现象。体育课堂提问，在回答对错方面，并不重要，重要的是答案是真实的。假如老师事先把答案告诉学生，课前背熟，课上回答，这已经失去提问的意义了。为什么要提问？其最主要的目的是看学生掌握了没有，掌握的程度如何。假如学生都没有回答出来，或有回答不正确，对于老师来讲，正是需要进一步改进教法的最有效、最直接的信息反馈；假如学生有部分回答正确，还有部分回答不正确，老师也已经了解到这样的教学组织形式达到了什么样的效果；还有就是，有可能所提问到的学生都能回答得很好，但前提是事先不知道答案，说明老师的教和学生的学都相当有效。基于此，学生回答问题要力求真实，而不是过分追求标准和正确。

看似提问是很小的教学环节，实际上把握得好能起到意想不到的效果。假如不能巧妙地把握，问题过易了，方式有误了，还是过于形式化了等都难以达到理想的效果。基于此，要想使提问环节发挥应有的作用，需要对提问进行梳理，便于更好地找准时机、把握难度、灵活组织。

为了加深对提问的认识，进一步将其归纳如下。

提问对象"定不得"

课堂提问从头说，　问啥问谁现象多；

课前定人曾有过，　背诵答案更不妥；

真实课堂提问题，　随机选择不着急；

答案正误都无妨，　稳定情绪不慌张；

提问对象可多选，　依据学情不违反；

提问时机把握准，　作用价值不受损；

问题难度有区分，　不经思考假乱真；

动脑动口又动体，　质量效果不分离。

第七章　学法教法"偏不得"

修订版在课程理念中提出"帮助学生学会体育与健康学习"，意味着教师要重视让学生掌握学法。然而，纵观体育教学实践与理论研究，我们不难发现，大家对学法的认识还很不够，对学法的重视更显不足。但是，指导学生掌握学法是提高学习效果和教学质量的关键。因此，教师要从思想上转变过去重教法轻学法的观念，在进一步认识学法的基础上，通过课堂观察了解学生的学法，并指导其掌握正确的学法，使其达到会学的目的。

一、"重教法轻学法"的现象

重教法轻学法的现象，在教学实践与理论研究中都或多或少地有所显现，下面分别进行分析。

1. 认为只有教法而没有学法的现象

有一次，笔者在一所中学看课，课前和任课教师交流一个问题："体育课堂上您认为学生的学法是什么样的？"该教师惊讶地反问："还有学法？不是老师怎么教学生就怎么学吗？"看似有一定的道理，但仔细分析发现，之所以该教师有这样的疑问，说明他还没有认识到体育课堂上学法的存在，假如根本就不认为有学法的话，又何谈重视学法呢？

实际上，学法和教法具有同等重要的地位。有人认为，"教师怎么教学生怎么学"，这种认识忽略了学法的存在，也就等于忽略了学生在学习中的自主性；还有人认为，学生在体育课堂上的学习，是完全在教师支配下的一种被动的学习，这种认识违背了新课改提出的"以学生的发展为中心，帮助学生学会体育与健康学习"的基本理念，存在较为突出的认识偏差。

2. 教学设计重教法忽略学法指导的现象

翻开诸多教学设计或教案，我们从中看到更多的是教法，更具体地说，很少看到学法指导的内容。这说明，体育教师在备课时充分考虑到了"老师应该怎么教"，而忽略了"学生应该怎么学"，我们看到的学生的一些练习内容或组织形式，在一定程度来说，还不能算是学法，只是教师安排学生练习，如篮球课教案上写着"两人一组传接球练习"，仅仅是告诉大家有这样的练习形式，至于学生如何传接球、在传接球中主要关注什么、如何才能尽快掌握传接球技术等在教学设计或教案中却很难找到。而实际上，如何传接球正是需要说明的，也是教师向学生提出的学法要求，可以看作学法指导。

这种现象表明，在备课时，有些教师还没有充分认识到学法在体育学习中的重要性，大多数只是想到自己怎么去教，这样的设计以及教学很容易忽略学生学习的效果，这种想法和做法有待改进和提高。

3. 教师课堂观察忽略学法的现象

在高中一年级的一节排球观摩课上，老师讲解示范完以后，让学生两人一组自由结合练习正面上手传球。课中，突然发现一个女生站在操场旁边有一定高度的水泥台上，另一个女生站在平地上，两人在相互传球，为什么这样站位传球呢？带着这样的疑问，我咨询了其中一位学生，站在平地上的那个学生说："我们两个身高差别较大，同时站在平地上传球的时候，传不到几个球，球就会掉到地上，我们想尝试一下，这样站位是不是能多传一些，结果能够多传一两个。"这样的学生实际上是在探究学习，但遗憾的是，任课教师没有发现这样用自主、合作、探究的方式进行学习的特殊学生。如图 2 - 7 - 1 所示。

图 2-7-1　高低站位自主合作探究练习传球

这种现象表明，教师在课堂上对学法的关注还不够。实际上，在体育课堂上，当老师让学生听

第七章
学法教法"偏不得"

191

第二部分
体育教师上课
——走入课堂
把握细节

讲、观察、练习时，除了学生按照老师的要求进行听、看、练以外，有时还会看到与众不同的学法。为了更好地指导学生进行有效的学习，也为了能够通过了解学生的学法调整教法，需要教师在课堂上要不失时机地观察学生在怎么学。学生在练习中相互提示，如图 2-7-2 所示。

4. 教学研究忽略学法的现象

无论是教研还是科研，对教法研究的重视远远高于对学法的研究。教研活动主要研究的是如何教好课，科研活动（针对教学的研究）主要研究或梳理的是教学经验，大都是从教师如何教出发开展研究工作。然而，

图 2-7-2　跳箱练习中
有人提示"展体"

上好课的关键并不完全在于教法，有很大一部分在于学法。运动技能水平再高的老师，如果学生不愿学，或学生不会学，就很难教会学生；教法再特殊的教学，如果没有好的学法，教法也很难奏效。因此，在一定程度上来讲，教学研究的重心略向"学法"偏移十分必要。

二、学会与会学的方法对应

体育课堂关于运动技能的学习，主要期待两种结果，一种是让学生"学会"，另一种是让学生"会学"，这两种情况也正是目前课程改革共同期待的。然而，从方法层面来看，"学"与"会"分别是如何对应的呢？下面从两个方面进行讨论。

1. 教法与学法主要对应的是"学会"

过去，大多数情况下，我们在研究如何让学生"学会"，即如何快速地掌握运动技能。为了让学生"学会"，需要教法的正确有效性，如教师有效的讲解、有效的示范、有效的指导等；还需要正确有效的学法，如学生有

效的听讲、有效的观察和有效的练习等。这两类方法的正确有效与否，决定着学生"学会"的程度和速度。为了让学生达到预期的学习结果，如何教和如何学就显得尤为重要。那些只重教、不重学或只重学、不重教的教学都难以达到理想的教学效果，"学会"的程度也就不言而喻。基于此，为了能够达到让学生"学会"的目的，教法和学法应同时受到重视，因为二者同等重要。

2. 学法指导主要对应的是"会学"

学法存在正确与不正确之说，或存在有效与无效之分，因此，需要对学生的学法进行指导，使其掌握正确有效的学法，这就凸显了学法指导的重要性。但并非所有的教师已经认识到了学法指导的重要性，也并非所有的教师都知道如何进行学法指导。因此，为了让学生达到"会学"的目的，提高教师对学法指导的认识，以及掌握有效的学法指导方法至关重要。如示范，尽管教师能够做出优美规范的示范动作，但是，学生不一定都会观察示范，或许仅仅是对老师示范的一种欣赏，表现出的是"拍手叫绝"或"惊讶得目瞪口呆"，而没有观察到老师是如何完成这一示范的。这种现象就足以说明，学生尽管有观察的行为，但由于缺乏具体有效的观察方法，尚未达到"会"观察的效果。

就学法指导而言，无论教师做的动作是否优美，都需要在示范前，提出明确的观察要求，如先观察什么、后观察什么以及重点观察什么等，都要让学生在观察前一清二楚。如观察动作路线、方向、用力顺序，甚至手型步法等。观察是一种十分重要的体育学习行为，学生会观察，一定程度上可以被认为是"会学"的表现。由此可见，学法指导与"会学"息息相关。

三、方法"偏不得"的缘由

之所以提出体育课堂教学方法"偏不得"，主要是目前在很多方面，都显示了重视学法的必要性，下面做具体分析。

1. 课程理念"帮助学生学会体育与健康学习"要求学生掌握学法

在课程基本理念方面，实验版和修订版发生的比较明显的变化就是，课标第三条基本理念由原来的"以学生发展为中心，重视学生的主体地位"变成了"以学生发展为中心，帮助学生学会体育与健康学习"。这种变化，实际上强调的是，除了教会学生运动知识、技能，还要重视对方法的传授。因此，在课堂上就不能只重视教法，还要重视学生的学法，诸如，学生在怎么学？哪些学生的学法有问题？学生应该如何学？这些问题都需要教师加强关注，根据学生学习的实际需要，进行有效的学法指导。就学生而言，不仅要"学会"，还要"会学"。

2. 陶行知先生"教的法子要根据学的法子"要求依据学法调整教法

陶行知先生说过，"先生的责任不在教，而在教学生学"，"教的法子要根据学的法子"，"教是为了不教"。这些经典的教育观告诉我们，让学生掌握学法是教学的关键。同时，这些教育观还显示，教师的教和学生的学密不可分，脱离学生学的教是盲目的，不考虑学法的教法，其效果是受限的。因此，依照陶行知先生的教育观，教师应认真观察课堂上学生的学法，并及时调整教法，从而提高教学的有效性。有时，学生的学法会给我们带来诸多的启发，如在前面我们曾经提到的"高低站位传球"的探究学习，就值得我们对如何调整教法做进一步思考。通过观察学生探究学习，可以在以后的分组练习中，考虑将身高接近的学生分在一组，避免因身高悬殊而影响练习的效果。

3. 提高教学的有效性需要学生采用正确、合理、有效的学法

我们经常听人说教学有效性的问题。为了提高教学的有效性，有人从场地器材的合理布局方面做文章，有人从组织方法上去优化，还有人从教学语言和教学行为上去规范，等等。但是，从学生学习上来强化更不可忽视。无论是场地器材的布置、教学语言和行为的规范落实，还是组织方法的选择，其施教对象都是学生，如果忽视了学生的"学"，尤其是忽视学生的"学法"是否正确有效，提高教学的有效性就会有难度。因此，应在有效的指导下，确保学生采用的是正确、合理、有效的学法。

4. 完善学法理论需要观察并归纳学法的现象及特点

体育学法理论研究目前还处于初期阶段，其理论体系尚未完善，有待进一步研究。体育课堂是研究学法的重要途径之一，而观察是深入研究学法的重要方式，只有通过课堂观察才能及时了解学生的学习情况，尤其要了解在不同的教学环节学生都在怎么学、哪些学法是有效的、不同学生的学法具有何种特点等问题。尽管笔者在 2009 年由北京体育大学出版社出版的《体育学法论》一书中已经对学生的学法表现进行过观察与梳理，如对不同课型、不同学习环节、不同性别、不同学段、不同学习内容，甚至不同兴趣和不同气质类型学生的学法表现进行过探讨，但是，还缺乏对复杂多样学法的特点及学习规律等的系统研究，因此，为了完善学法理论，对学法的观察与归纳还有待深入开展。

5. 有针对性的学法指导需要全面了解学法

为了贯彻落实"帮助学生学会体育与健康学习"的课程理念，要求教师对学生进行有效的指导，尤其是指导学生如何掌握正确有效的学法。但是，假如教师对学生，以及对学生的学法不够了解，就很难将学法指导工作做好。不了解学生听讲的方法，不了解学生观察的方法，更不了解学生做练习时在想什么，或都在怎么练，学法指导就无从下手。假如教师仍持有重教法轻学法的态度或观念的话，对学法的了解就会知之甚少，或一无所知。因此，在对教法与学法的关系问题的认识和处理上不可出现偏颇。全面了解学生的学法，能为有针对性地进行学法指导提供切入点。

四、重视"学法"具体方略

要想达到重视学法的目的，在课堂上不可忽视两个方面，一是对已有学法的观察，二是对学法的具体指导。

1. 观察学法的方略

要重视学法，需要行动起来，强化课堂观察是重视学法的具体表现，但究竟应该如何观察才能全面而深入地了解学法呢？下面从对学生听老师讲解、看老师示范以及练习的方法的观察，讨论一下观察的方略。

第一，听讲法的观察。教师要想对学生听讲法进行指导，就要充分了解哪些方面需要指导，且需要怎样指导。假如对学生现有的听讲方法了解不够，就很难对听讲法做出有效的指导。观察听讲法不但要从学生的表情和身体动作入手，还要聆听学生在听讲过程中发出的声音，从而观察听讲的效果。学生是如何想的，或许通过观察难以确切地掌握，但当我们观察学生的表情、动作、声音时，可以对其进行推测。因此，就观察而言，及时捕捉以上各个方面的学习信息，就容易做出基本的判断：学生是否在听，会听还是不会听。但是，有些教师在教学中往往忽视对这些方面的观察，自然也就难以做出有效的指导。课堂上，我们听得更多的是"下面我讲一下动作要领，大家一定要认真听（或注意听）"，试想，"认真听"或"注意听"是如何何？几乎没有提出任何具体的听讲法要求。对学生的听讲法进行观察时，不但要观察一节课，还要有若干节课的观察经验，积累学生听讲的若干现象和特点，从而为有效指导提供参考。

第二，观察法的观察。当教师做示范时，需要学生认真观察，但并非所有的学生都在认真观察，也并非所有的学生都会观察。对学生观察法的观察，是全面而深入地了解学生的观察示范动作的现象及特点的必要手段。教师在课堂上观察学生时，要把握以下关键点：在老师没有提出任何观察要求时，学生都在怎么观察；当老师提出了认真观察的要求时，学生的观察有没有变化；当老师提出具体的观察要求时，学生的观察行为是不是能达到理想化的程度。实际上，很多老师在做示范前，没有向学生提出具体的观察要求。假如是这样的话，会有相当多的学生在观察老师做示范动作时，容易受外界因素干扰而跑神；没有走神的学生，有可能出现观察位置或顺序不对，达不到理想的观察效果。如单手肩上投篮示范，老师一说要做示范，学生的目光不由分说大都集中在篮圈上，在等待老师的示范结果——能不能投进球。老师在观察时，可以归纳哪些学生不会观察，哪些学生会观察，观察过程中的眼神、动作等有什么特点，不同学生之间有什么差异等。通过多次观察，能对学生的观察法进行较为系统的归纳，便于教师更好地做出有效的指导。

第三，练习法的观察。学生在练习时，教师往往会做巡回指导，看哪些学生做错了动作，以便及时给予纠正。实际上，学生在做练习时，更需要老师指导的是"如何练习才能将技术动作掌握得更快、更好、更牢"，也就是说，需要老师对练习的方法进行指导。要做到有效指导，前提是教师需要了解哪些学生的练习方法有问题。因此，观察学生的练习法是能否进行有效指导的关键。在观察时，要善于归纳学生在练习中的各种表现，包括练习中的表情变化、练习中发出的各种语言。如有人边练习边皱眉头，说明在认真思考，或遇到了练习中的难题；有人边练习边问同伴"这个动作该如何做？"说明学生遇到难题时请求同伴帮助；有的学生除了按照老师的要求进行练习，还拓展了新的练习方法，不断地尝试，说明学生在探究着练、创新地练；当然，还有的学生是边练习边聊天，甚至是边练习边休息。教师只有获取了以上练习中的表现，才能有针对性地进行指导。

2. 学法指导的方略

体育课堂上，无论是要重视学法，还是要及时观察学法，其最终目的是要确定学法指导的策略，通过学法指导让学生掌握正确而有效的学法。因此，学法指导成为关键因素，那么，如何实施学法指导呢？

第一，根据观察了解学法现象，找准学法指导的切入点。学法指导究竟要指导什么，从哪里进行指导，是学法指导能否达到一定效果的关键。因此，需要对观察到的学法进行系统而全面的梳理，将需要指导的内容和方法进行归类，看哪些需要听讲法的指导，哪些需要观察法的指导，哪些需要练习法的指导。而且，指导工作要从简单逐步过渡到复杂，从表面逐步向深层渗透。学生从对学法初步了解，到进一步掌握，再到能够灵活应用。如就观察法而言，当老师做示范时有一部分学生不认真观察，因此，老师不但需要提出集中精力认真观察的要求，还要引导学生掌握老师做示范时的动作准备、动作路线、动作关键、动作结束时的方法等。必要的时候需要动手模仿，但无论何种情况，都需要学生动脑思考。

第二，根据观察了解班级学习整体情况，确定学法指导的时机。把握了学法指导的切入点，往往还不能确保指导的有效性，还要根据情况找准学法指导的最佳时机。时机的把握主要考虑学习的不同环节，但最佳时机应为提前指导。无论是听讲法、观察法，还是练习法，提前指导的价值在于学习时间的节省化，即用最短的时间掌握知识、技能和方法。除此之外，还有教师发现学生学习方法上的问题进行指导的；还有听讲结束、观察结束或练习结束后，教师根据学生的学习情况，做出延迟性指导。当然，从指导的有效性和及时性上来看，提前指导最为理想，能有效地促进目标的达成。

第三，根据学生的学法反馈调整学法指导。学法指导既是相对的，又是动态的，即具有可变性。学生在得到老师的学法指导后，会改变学法，无论做出的改变是大是小，都有可能发生变化。这种变化不可忽视，教师需要及时观察，判断所做出的学法指导的针对性或有效性，一旦发现依然存在这样或那样的问题，需要将观察到的学法信息记录下来，作为调整学法指导的依据。通过不断地反复观察和调整指导的方法，最终能够让学生真正掌握有效的学法，并达到理想的学习效果。

过去，人们对教法的重视远远超过学法。基于新课改提出的新要求，转变观念提高认识，重视学法已成为必然。但是，只是思想上认识到还远远不够，需要行动起来，观察总结学法在哪里，学法的问题是什么，需要如何指导，只有这样，才能进行有效的学法指导，使学生逐步掌握适宜的学法，从而提高学习的效果，提高课堂教学的质量。因此，对提高体育教学质量而言，课堂上重视学法与学法指导，理论上加强对学法的研究，是极为重要和迫切需要的。

关于学法及学法指导，下面做进一步归纳。

体育教学方法多，　教法学法分开说；
教法重视已普遍，　学法关注很少见；
课标方法新要求，　指导学法不用愁；

课堂观察是个宝，　学法对错全明了；
重教轻学有偏离，　学法指导未常提；
教学观念需转变，　学生发展方可现；
学法指导方法全，　时机把握均提前；
缺乏指导问题大，　掌握学法效果差。

第八章　诚信教育"缺不得"

说起体育课堂诚信问题，或许有人会问，体育课堂怎么还存在诚信问题？主要在哪里？有哪些具体的表现？对体育课堂教学效果有什么负面影响？存在诚信缺失的主要原因是什么？如何对学生进行诚信教育？下面从有失诚信的"创编"案例切入，展开对课堂诚信问题的讨论。

一、涉及诚信问题的"创编"案例及分析

1. "创编"案例描述

一节器械操观摩课，老师组织学生学习几节单个动作，并对其进行了组合练习。在课的基本部分即将结束时，老师让学生以小组为单位创编器械操队形，并在创编结束后各组依次展示。结果显示，原教学班上课的学生所创编的器械操队形（提前录制的视频）与异地借班上课的学生创编的结果（现场观摩）完全一样。

2. "创编"案例分析

不同班级的学生各组创编的队形完全相同，这种情况令人疑惑，为什么完全不同的学生会有如此相同的创编结果？究竟是谁创编的？教师在学生创编队形这一教学活动中发挥的是什么作用？假如是学生自主的创编，不同学生完全相同的创编结果会有多大的可能性？假如创编活动教师占主导地位，任课教师又为什么这样设计体育课？带着这些疑问，笔者对该课例又认真进行了研究，结果发现，器械操的创编活动很大程度上应该不是学生所为，而是由老师事先创编好，让学生按照老师创编的动作进行练习，并在课堂上配合老师完成"创编"任务。这一设计反映一种体育课堂教学诚信缺失的现象。实际上，任课教师之所以这样设计，其出发点并非恶意，而是想突出创新，

又想突出教学的有效性。但所带来的负面影响或许任课教师课前未曾预料，不但无形中会对学生的诚信教育带来不良的影响，而且也是对看课者的一种善意的欺骗行为。为此，在创设观摩课堂时，要引起人们对该类问题的深入思考和高度重视。

二、体育课堂诚信缺失的具体表现及其根源

"诚信"一词，大家并不陌生，而且，各行各业都已将诚信视为是否能够健康可持续发展的关键。缺少诚信的行为不但是一种短视行为，而且对人对己都很不利。作为学校教育重要组成部分的体育教育工作，也依然不能缺少诚信。但并非所有的体育课堂都十分讲究诚信，体育课堂教学中的诚信缺失都表现在哪些方面？又是什么原因导致的诚信缺失呢？

1. 体育课堂教学诚信缺失的具体表现

体育课堂教学诚信的缺失，意味着课的价值削弱，同时，也将影响对学生诚信教育的结果。体育课堂教学诚信缺失现象在教学的各个环节都有可能出现，归纳起来有以下几种。

（1）内容选择上的诚信缺失表现

体育课堂教什么，学生学什么，属于内容的选择问题。纵观新课改后的体育课堂，我们不难发现，并非所有的教学内容都十分符合学生的年龄、生理、心理特点，兴趣爱好以及终身体育所需，而是存在一些无实际学习或锻炼价值的内容选择现象。如体育课堂组织的既不能锻炼学生身体，又缺乏实际教育意义，甚至不太健康的游戏活动，从某种意义上，可以归结为诚信缺失现象。学生参与了这些游戏以后，各方面都难以得到应有的发展，学习的时间又被这些无意义的游戏占用而被浪费。因此，诸如此类不为学生的发展考虑甚至是不负责任地选择内容的做法，实际上是诚信度不高的表现。

（2）方法选用上的诚信缺失表现

任何一节体育课教学，都离不开方法，但具体到课堂上，并非所选择的方法都十分有效，有的方法存在走过场或形式化的现象，尤其是观摩课堂，

这一现象更为突出。如新课改提倡的"自主、合作、探究"学习方式，在体育课堂运用时，有的就走进了一定的误区。如"探究学习"方式的运用，有的教师为了体现所设计的课堂有新课改的影子，组织了反复"扎堆"、缺少实际意义的形式化探究。另外，有的教师组织了以假问题且时间短、不完整的探究活动，结果学生由于受假问题的误导，难以探究出有意义的答案；由于受短时间的限制，难以对一些问题进行深入的思考；由于有的课堂上只是提出了探究的问题而没有进一步检查探究的结果，使学生逐渐对探究学习失去了兴趣等。一定程度上，这种形式化的现象，也是诚信缺失的表现。

（3）教学环节上的诚信缺失表现

体育课堂教学，尤其是新授课的学习，都不可脱离"教"与"学"的环节，但是，有一些课堂，尤其是经过精心设计并反复操练过的观摩课堂，往往在"教"与"学"的环节上得不到充分的体现。例如，有的表现为老师刚讲解完动作要领，学生都知道怎么做了；有的是老师刚做完示范，学生都已经知道该动作是什么感觉了；还有的是学生刚刚练习不到几分钟，学生都已经熟练掌握了；甚至还有的课堂，老师带领学生做武术套路练习时，老师因忘了下一个动作怎么做，出现卡壳现象，而学生却记得很牢，非常连贯地完成了套路练习；等等。从表面上来看，这些现象缺少完整的教学环节，是一种违背人的认知规律的教学情节，但实际上反映的也是一种教学诚信的缺失。

（4）创新设计上的诚信缺失表现

新课改后的体育课堂，几乎所有的观摩课都或多或少地表现出创新的内容，但并非所有的创新都能够给人们带来一些新的启发；相反，有的创新实际上是为创新而创新，缺少实际的创新价值，甚至出现弄虚作假的伪创新现象，本节开头的"创编"案例就是在创新设计上出了问题。除此之外，体育课堂上的无意义创新也时有发生，如一些课堂为了能够反映任课教师对突发事件的处理能力，指导教师在该课指导环节，故意创设了一个"突发事件"，目的是通过教师对该"突发事件"的处理，体现教师的应变能力，从而反映教师的教学水平。这种创设，已经脱离了实际，也就是说，已经不能真正体现出教师对"突发事件"的应对，因为，任课教师在准备该课时，事先已经知道是什么样的"突发事件"，已经设计好了如何去处理该"突发事件"，这样的做法缺少实际的意义和价值，也可以看作一种善意的欺骗。

（5）语言表达上的诚信缺失表现

体育课堂，有的教师的教学语言缺少基本的诚信，有的还表现出随意性较明显。如小学低年级体育课堂上，有的教师说，这节课上看哪位小朋友表现好，一会儿给他一个奖励。可是，一节课结束了，也没有看到该教师对表现好的学生有任何的奖励措施。假如这样的语言经常在课堂上出现，而且，每次也都不兑现奖励的话，时间久了，小学生会对老师失去信任，或许在课上也就不好好表现了。除此之外，还有一些体育课堂，教师为了让学生能够认真听讲、观察或练习，往往在这些教学活动之前，会提出一个问题。并说，一会儿大家观察（或听讲、练习）后，我会提问大家。可是，有些教师做完示范，而且学生也积极地配合认真观察完示范后，并没有听到和看到教师提问哪个学生。这样的教学场景出现得越多，越不利于学生对体育学习产生兴趣，甚至因教师不能"说到做到"，有的学生以后就不再认真听讲了，也不再认真观察了，在练习环节，也更加自由化或偷懒了。实际上，出现这些现象的根源也可以归结为诚信品质的缺失。

（6）游戏比赛中的诚信缺失表现

无论是小学还是中学的体育课堂，我们往往会在课的某一个环节，如准备活动或基本部分中的某一个教学环节中，看到任课教师组织一个甚至多个游戏，但在以比赛的形式组织游戏时，常常会看到一些教师忽略诚信教育问题。比如，在游戏前，教师对游戏规则讲述不明确，在游戏过程中出现各种不公平现象，而教师依然按照最终获胜的小组宣布比赛结果，这样会在学生心目中出现"可以没有明确规则"的思想。即便是教师将游戏规则讲述得非常清晰，但是，由于在具体游戏过程中，教师并没有严格按照规则要求学生，结果也会出现各种违背规则的情况。这种因教师的视而不见、得过且过，或有的稍有提示但未及时纠正，有的教师分组和组织过

第八章 203
诚信教育"缺不得"

第二部分
体育教师上课
——走入课堂
把握细节

程不合理，导致比赛结果不公平、不公正，给学生带来的依然是"可以不完全遵守规则"的想法和做法。例如，小学三年级的一节体育课上，教师组织学生绕标志物往返跑游戏，教师提出了"跑回到队伍最前面，与下一个同伴击掌后，同伴才能跑出"，可是，在比赛时，一开始有一组学生未能击掌，下一个同伴就跑出了，学生们一看老师没有制止，紧接着，其他组的学生也陆续出现了这种情况，甚至还出现有的学生没有跑到终点，下一个同伴就提前起跑的现象。从诚信角度来看，这些未能严格遵守规则的现象，不但反映出教师对诚信的重视不够，还表现出学生诚信意识的淡漠。

2. 体育课堂教学诚信缺失的根源

总体上来看，体育课堂缺少诚信的现象时有发生，在教学设计环节，有个别教师或许会注意到这一点，但未能引起教师的广泛关注，导致课堂上言而无信或虚假教学环节的存在。多数情况下，教师并没有意识到要重视课堂上的诚信问题，结果导致所设计的课堂出现诚信缺失现象。但为什么会出现"知"与"不知"的两种诚信缺失现象呢？换句话说，诚信缺失的主要原因在哪里呢？

（1）对有效教学认识不到位

体育教学都在力求达到有效性，但是，并非所有的教师都对有效教学的内涵有深刻的理解。导致有的课不但没有充分体现有效性，反而还会出现完全相反的结果。体育教学是否有效，关键要看"学生是否得到了应有的发展"；再进一步说，就是在内容的选择上、方法的选用上、创新的设计上等是否适宜，是否从学生的实际需要和发展出发，是否达到了发展的要求。如前文中提到的器械操的创编，任课教师事先创编好让学生课前反复练习，课堂上被当作学生的创编再现出来，这样的做法对学生的发展能发挥什么作用呢？学生不但不知道该如何创编，而且，学生还会对体育教学创编产生误解。这种情况，实际上是任课教师将虚假创编误认为是有效教学的体现。显然，这样的做法是不可取的。

（2）功利思想影响了对"诚信"的坚守

无论是评优课还是公开课，为了追求名利、体现教学的"水平"，有些教师会想尽一切办法在课的形式上大做文章，这样难免会忽略真真切切、实实在在的东西，而且，还会因为过多地考虑看课者，而忽略课堂教学本身的实效性。如忽略学生在体育课堂上的真实感受，相对比较机械地表演，有的演得比较逼真，更加接近真实的课堂；而有的演得较为虚假，远离课堂教学实际。这种常被视为作秀的课堂，实际上也是诚信缺失的表现。假如没有名利驱动，大家就是为提供课例深入研究而上课，为互相学习而观摩，体育课上的诚信度也会得以显现，甚至不断提升。

（3）评课标准的偏差导致诚信度降低

就评课而言，至关重要的是标准统一、客观，具有一定的导向性。但目前体育评课的权威标准并未建立，大家对课的认识不够统一，对于好课与差课的判断标准模糊，甚至不同的评课者对课的判断出现较大的分歧。任课教师在做课的时候，自然就会出现为迎合评课者的口味而准备。越是评课标准偏离客观实际，任课教师做课的效果也越远离诚信。因为，备课的出发点和目标都已经显现出不是将求真放于首位，而是为迎合评课而在做课，这样往往会因此而脱离实际，自然难以摆脱作秀的怪圈。

（4）诚信素养不稳固而导致缺失现象

无论是做什么事情，人们都应将诚信放在首位。但目前诸多事实显现，并非人人都很讲诚信，也并非所有的人都有稳固的诚信素养，部分体育教师在体育课堂教学中的做法也不十分理想。假如一个人的诚信素养尚不十分稳固，做事的时候，尤其是遇到要求诚实守信的时候，就很有可能出现思想上的不坚定，不讲诚信的事件就自然会发生。体育课堂教学的诚信缺失现象，也很有可能是由此而生。因此，教师的诚信素养同样需要建立。

（5）诚信缺失未被引起广泛关注

关于体育课堂诚信缺失问题，目前，尚未有人明确提出该如何应对，有的是未能发现该问题的存在，有的未能充分认识到该问题的严重性，还有的是未能专门提出对于不讲诚信的教学及诚信素养缺失的任课教师的问责机制，结果，体育课堂上的诚信缺失问题自始至终未得到消除。以上这些诚信缺失问题尚未引起必要的重视，而且，诚信缺失对体育教学效果尤其是对学生产生的不良影响更不容忽视。

三、诚信观念、诚信素养的强化与提高

1. 强化诚信观念、提高诚信素养的必要性

（1）体育课堂诚信缺失对体育教学效果会带来不良影响

在设计课时，有些教师未能充分认识到课堂是否存在诚信缺失问题，因此，往往无意中就会产生忽略诚信的教学环节。器械操的创编环节的诚信缺失，并非任课教师故意不讲诚信，而是忽略了对诚信的充分考虑。尽管如此，这样的设计依然会对教学效果带来不良影响，如创编环节不够真实、创编形式不够丰富等，结果在展示环节显得不够精彩。为此，从提高体育教学效果的角度，强化诚信观念、提高诚信素养显得十分必要。

（2）体育课堂诚信缺失对学生的学习也会产生不良影响

体育课堂缺少诚信的教学不但影响教学的有效性，对学生的影响更不容忽视，如器械操创编环节的诚信缺失，很容易使学生在创编时流于形式，由于不是真正在创编，因此，学生就很难在该环节充分地调动积极性，也就很难使创编意识和能力得到应有的锻炼和提高，"以学生的发展为中心"就难以得到充分的体现。除此之外，教师在教学环节出现诚信缺失现象，对学生的诚信品质的培养也就更加不利。即便任课教师明确提出要让学生讲诚信，学生依然会因教师的非诚信行为而对这种品质的培养产生抵触情绪。体育课堂上，教师缺少诚信，久而久之，学生对教师的尊重和配合就会逐渐减弱，学生的诚信意识也会因此而逐渐淡化。

（3）体育课堂诚信缺失不利于对学生的诚信教育

体育课堂讲诚信，体育教师守诚信，在一定程度上对学生的影响是积极的、正向的，尤其是对学生诚信教育的影响是不可低估的。但是，一旦

课堂上教师的诚信度不高，不能进行正确的引导，久而久之，学生就会在这样的不讲诚信的学习环境中丧失诚信意识和品质。当教师发现了诚信问题较为明显，需要引起重视的时候，再去对学生进行诚信教育，往往会有一定的难度。因此，与其事后纠偏，倒不如教师一开始就率先垂范，给学生创造一个诚实守信的学习氛围，润物细无声地使学生树立诚信观念，养成讲诚信的好习惯。

因此，体育教学设计中的诚信设计不容忽视，体育教学实践中教师的诚信行为影响更加深远。在创设优质课堂的同时，重视诚信的影响至关重要。

2. 强化诚信观念、提高诚信素养的可行性

（1）强化诚信观念可以从体育教学设计做起

体育教师要强化诚信观念，有若干视角可以切入。从教学设计环节做起，能从思想上引起学生对树立诚信观念的重视，因为在设计过程中，事先能够把握究竟哪个教学环节能够体现教师的诚信，哪些环节对学生的"诚信"教育时机最佳。假如任课教师在每次备课环节都能对诚信问题做出认真的考虑，在教学实践中体现的就应该是诚实守信的教学情节。那么，如何在教学设计环节做到对"诚信"的关注呢？

首先，在选择教学内容时就要考虑内容的适宜性。体育课堂上传授的无论是体育基础知识，还是运动技能与锻炼方法，都需要围绕一个"适"字做文章。做到内容选择依据清晰，由易到难层层递进，教学环节达到教深、教透，学生在一节课上确实有所收获，有所提高，最终衡量的是"学会了"，或者是"学懂了"，以及"会学了"。达不到理想教学效果的内容，需要反思其原因，如是难度过大了，还是实用性太差了，或是距离学生的需要太远了等。

其次，在考虑采用什么方法教的时候，依然需要重视方法的有效性。有效的体育课堂教学需要有效的方法做保障，而且，方法对施教内容究竟能否发挥作用，发挥多大作用，可以依据教学效果来衡量。方法越有效，教学的效果也就越明显。有效的方法体现的是一个"实"字，可有的课堂方法过于

多元，脱离教学的实际，有时，尽管是不错的方法，但并非都能适应于每一节课上使用。因此，在选择确定方法时，充分考虑其有效性至关重要。

再次，在设置教学目标上，依然需要考虑准确性。有些任课教师在进行教学设计时，对目标的设置未引起高度的重视，往往会出现目标空泛、过大、过多等现象，而在具体落实目标环节，能够落实的又很有限，结果是大部分目标未能如期实现。假如将目标设置放在诚信问题上来考虑的话，目标的不准确，便是诚信度不高的表现，因此，在设置体育教学目标时，需要重点考虑其准确性，从而提高诚信度。

最后，在教学设计环节，还有很多地方能够体现诚信，如教学比赛规则的执行应说一不二；教学语言的发出应讲实话，讲真话，说到做到；教学手段的创新应真切、有效，尤其要考虑能否真正解决重难点问题。过于形式化的虚假创新手段，难以达到理想的教学效果，有时甚至还适得其反，造成不良影响。因此，讲诚信，强化诚信观念，要及时抓住体育教学设计这一重要环节。

（2）提高诚信素养可以从日常教学细节做起

诚信素养的形成是一个长期的过程，需要在日常教学活动中不断渗透。常言说，身教重于言教。教师日常教学中重视诚信，体现诚信，对学生的积极影响也是不可低估的。

首先，日常教学中教师的各种语言是体现诚信与否的关键。一节课上，任课教师的语言信息量很大，如笔者曾经对一节"软式垒球：击球"课上教师的语言进行统计，结果显示，教师在课堂上的各种语言文字达8000多字，其中包括讲解的语言、指导的语言、激励的语言、总结的语言、组织的语言等。体育教学中的语言，无论是哪一种都需要严格控制，既要真实，又要守信。如表扬学生不失真，批评学生要诚恳，不讽刺挖苦，对学生的承诺要兑现，等等。

其次，日常教学中教师的各种行为，体现诚信方面更不容忽视。在每一节体育课上，教师会有各种各样的行为表现，如示范的行为、指导动作的行为、摆放器械的行为、参与活动的行为等。这些行为都力求规范、准确、积极、有效。即便在示范的过程中，教师有所失误，也应非常诚恳地从自身找原因，告诉学生示范不成功的真正原因何在，而不是怨天尤人。这样的话，不但有利于对学生开展诚信教育，而且还可以借此机会通过教师诚实守信的做法，去引导学生、感染学生，从而使学生在学习过程中树立"不会就是不会，不懂就是不懂"的思想认识。学生能够认识到自己的不足，方能找到努力的方向，从而认真学习、刻苦锻炼。

关于诚信教育，清华大学附属小学在操场上为学生设计了诚信墙和诚信器材室，学生自由管理器材，如图 2-8-1、图 2-8-2 所示。

图 2-8-1　学生自己管理器材借还

图 2-8-2　学生自主排队填写要借还的器材

　　体育课堂教学诚信尤为重要，无论是常态课还是观摩课都要得以充分体现。因为诚信的缺失不但对教学，还对学生学习的积极性、有效性等产生不良的影响。因此，无论是体育教学设计还是体育课堂教学，教师树立诚信观念和提高诚信素养十分必要。

　　对体育课堂诚信的进一步归纳，如下所述。

体育课堂动真情，　诚信教育最可行；

形式主义不能有，　虚假创编绕道走；

诚实品质表现灵，　教书育人更真诚；

目标设置不大空，　努力达成为适中；

内容依据学情选，　学生发展走不偏；

方法选用要贴切，　真真假假有辨别；

诚信素养要提高，　设计教学见真招；

有效课堂很多元，　诚实守信是首选。

第九章　探究学习"假不得"

体育新课程改革提倡将自主、合作、探究学习引入课堂，并培养学生的学习能力。纵观新课改后的体育课堂，不仅发现诸多形式上的探究学习，而且从探究涉及的问题来看，虚假问题的探究并不少见。那么，新课改倡导的探究学习方式是什么样的？体育课应如何运用？探究的问题应从哪里来？下面首先从探究学习的现象谈起。

一、体育课堂"探究学习"现象

在探究学习进入体育课堂以后，课堂上出现过诸多现象，归纳起来主要有以下几个方面。

1. 教师提问学生回答的片面性探究现象

探究学习并没有明确指出谁提出问题，谁回答问题。但是，体育教学中，往往有的教师将其片面地理解为教师提问，学生探究寻找答案。一来二去，学生对探究的认识也很容易被固化在这种形式上，影响学生真正意义上的探究能力的提高。

除此之外，就教师提出的问题而言，有的问题过于简单，不具有探究的价值。有的还甚至出现教师自问自答式的探究，这一现象常在观摩课上发生，即教师提出问题，再自己解决问题，学生按照老师的答案模仿下来。如健美操课上，教师提出创编组合动作的要求，让学生分组讨论并尝试创编，可是，这一创编环节，教师却在课前早已为每一组学生创编好了组合方式，并在课前让学生反复练习，在课堂上如同表演一样再安排学生分组探究"创编"的教学环节。这样的探究学习是不真实的，因为学生事先已知道答案（即创编的结果）；这样的探究也是难以提高学生学习能力的，因为学生未经真正的探究，而只是练一练。因此，探究学习既不能单纯地理解为是由教师提问学生回答的片面性探究，也不能采取虚假的方式组织学生探究。走出对探究的认识误区，教师努力把握探究的本质和操作方法十分必要。

2. 反复扎堆且时间不充分的形式化探究现象

探究学习引入课堂，本应是培养学生认真分析、研究问题或发现新问题能力的良机，但是，在实际教学中我们发现，有一些教师重形式而轻过程和效果，出现反复多次且时间短的探究形式，结果导致，尽管有探究环节的设置，但由于给学生留出的探究时间过短，使得探究结果不理想，或仅仅是走了"探究"的过场。如有一节课，在探究学习环节，教师安排学生 3 分钟的时间探究学习，通过练习，同学们互相切磋，看一看哪一种练习方式最有效。可是，时间刚过 30 秒，教师就把集合的哨声吹响了，有些学生还没有来得及体验动作。可想而知，这样的探究能有什么结果？某种意义上，这种所谓的"探究"，也可以将其称为是一种"虚假"的探究，既探究不到理想的结果，学生在探究学习能力上也难以得到应有的提高，这样的探究学习引入课堂也是毫无意义的。因此，只重形式的探究是要不得的。学生探究学习跳高的辅助性练习，如图 2-9-1 所示。

图 2-9-1　学生探究学习跳高的辅助性练习方法

3. 教师缺乏关注学生自主探究的现象

在体育教学活动中，善于观察的教师会发现，有时，学生在学习过程中，尤其是在练习环节，有自主探究的情况发生。有的是一个学生专心致志地探讨某一现象或某一问题，有的是两个或两个以上的学生自发合作探究。这些形式的探究，更多的不是教师主导的，有时，教师根本没有发现学生的这些学习活动形式，结果由于缺乏教师的正确引导，可能会远离探究的目标；还有的因为缺乏教师的及时鼓励，而导致探究活动得不到很好的延续，自然也就难以激发学生更深远的探究兴趣。因此，作为一线教师，要在课堂上认真观察，及时捕捉学生自主探究的环节，并做出准确的判断，进而有效指导。实际上，一些学生的自主探究还能对教师改进教法带来新的启发，因此，教师就更应该加强课堂上的观察，不能只顾自己的教而忽略学生的学。

4. 只寻找答案而不发现问题的单向性探究现象

目前，体育课堂上很多探究学习大都是由教师先提出问题，然后学生或师生一起探寻答案的单向性探究活动，这样的学习是对探究的不完整理解。实际上，真正意义上的探究，除了这种先有问题、后探究答案的形式以外，还有探寻或发现问题的学习方式。也就是说，从教学的某一环节，让学生发现问题、归纳问题，甚至寻找问题产生的根源。某种意义上，这样的探究更具有挑战性，不但需要学生具备探究的能力，还要求学生具有发现问题的敏锐观察力和分析判断能力。一定程度上，它比单纯地寻找答案难度更大，更需要学生积极参与，并充分发挥其主观能动性，否则，就难以发现真正的问题。如课堂上展示环节，其中一组做展示，让其余学生从该组的展示中寻找问题，并说出问题的类别，以及产生的根源。要在该活动中达到教师的要求，首先，学生需要认真观察，还要事先了解正确的动作，否则就难以发现哪里有错误；其次，就是要分析归纳都是什么问题，是上肢的还是下肢的问题，是力量的问题还是方向的问题；最后，需要进一步分析问题产生的根源，是学习的态度引起的，还是练习不充分引起的，或者是教师讲解示范不清晰或不规范导致的。总之，无论是课堂上探寻教师教的问题，还是学生学的问题，发现问题的探究学习更是课堂上不可或缺的，同时，又是学生真正意义上的探究学习能力高低的体现。

二、探究学习"真假问题"辨析

探究学习与问题是何种关系？有探究就必须有问题吗？如果回答是的话，

是先有问题后探究答案，还是先有教学现象后探寻问题？而且，更值得探讨的是，究竟应如何准确判断真假问题？问题源于何处？前面在列举探究学习各种现象时，曾经谈到探究学习的问题，下面重点对有关的"假问题"进行分析。

1. 过于简单无须探究的问题

就探究学习而言，有时设置的问题过于简单而无须探究，如果向学生提出此类问题，反而会影响学生思考、分析、解决问题，学生会对此产生错觉。久而久之，有可能会让学生养成不爱思考、不爱动脑的习惯。

体育课上探究的问题，依据难易度可以划分为不用思考就能回答的简单问题——无须探究；只需思考就能回答的较容易问题——可以不探究；必须认真思考和相互讨论才能回答的不太容易的问题——可以探究；不但需要讨论，而且需要亲身体验才能回答的有一定难度的问题——有必要探究；谈论、体验都难以回答的问题——无须探究。基于此，探究学习运用到课堂上，首先，要对问题的难易度有一个明确的区分；其次，确定"可以探究"和"有必要探究"的问题。否则，就很有可能导致形式化的探究学习，既不能达到理想的效果，也难以使学生的学习能力得到应有的提高。从探究学习的角度来看，那些过于简单的问题可以被称为"假问题"。

2. 难以探究其结果的问题

与过于简单的问题相对应的就是过难的问题，探究学习时，假如提出的问题难度过大，学生自己或与同伴一起，无论通过讨论还是通过实践都难以探究出具体答案，这样的探究实际上也失去了意义。由于学生很难探寻到结果，依然可以称为"假问题"，如教师提出的超过学生认知发展水平的问题。不同年龄阶段的学生身体发育水平和心理发展特点具有一定的差异性：小学一年级学生韧带柔韧性大，肌肉弹性好，但小肌肉发育不全；以形象思维为主，喜欢游戏和直观的东西，对自己感兴趣的东西注意力较为持久，但注意范围狭窄。小学二年级的学生，尽管小肌肉发育逐步完善，但是知觉发展不够充分，好动、好模仿、爱表现，以形象思维为主，抽象思维处于初步发展的阶段。小学高年级在身心发展及综合认知水平上都有明显的提高，如小学六年级学生生长发育处于高峰期，心理成长速度加快，该阶段的学生思维能力变得更加活跃，创新意识有所表现，感知事物的目的性和精确度都有所改善。因此，引导学生探究时，问题的难度除了要随着年龄的增长而提高以外，更为重要的是，探究什么，既要考虑学生的认知水平，更要结合其认知水平充分预测学生对问题的兴趣，以及参与的程度，否则，就难以真正体现探究的价值。

3. 提问时机把握不准的问题

探究学习时，有时并不是问题的难易度影响到探究的效果，而是对问题提出的时机把握不准而导致的。这一情况，从某种意义上来说也可归纳为"假问题"。该问题由于时机把握不能恰到好处，学生依然难以探究，或即便是探究了也难以达到理想的结果。如一节小学四年级的箱上前滚翻课，当老师做完示范后，在学生尚未练习的前提下，就开始提问学生："箱上前滚翻与垫子上前滚翻有何区别？"一般来讲，学生没有亲身体验，很难讲明二者之间的主要区别，但是，令人吃惊的是，学生竟回答得十分准确。原来是老师上课前把问题及问题的答案告诉了学生，这种方式显然也不是真正意义上的探究。这样的提问，学生的回答越准确，越接近标准答案，说明该教学环节越不真实。我们依然可以将此类问题称为"假问题"。类似这样的提问最好能够向后移，待学生通过练习，确实能够感知到箱上前滚翻与垫子上前滚翻的区别时，再要求将两者比较后回答。当然，可以让学生在课堂上带着问题去练习，学生练习的注意力也会更加集中，体会也将更加深刻，探究学习的效果自然也就会有所显现。

三、体育教学选用探究学习策略

体育课堂选用探究学习，一要确保探究出真实的问题；二要合理有效地选用这种学习方式，提高教学质量，否则，这一学习方式的运用难以体现应有的价值；三要通过选用这种方式，培养学生的探究学习能力。基于这些方

第九章
探究学习"假不得"

215

第二部分
体育教师上课
——走入课堂
把握细节

面的考虑，下面重点谈一谈具体策略。

1. 探究真实问题的策略

何谓探究？从字面上来理解，顾名思义就是探索研究。探究学习是学生在学习过程中通过观察、讨论、体验等方式探寻问题的答案，并找到解决问题的办法的学习方式。但是，如何才能探究真实的问题？下面主要从两个方面来讨论。

（1）教师向学生提出真实问题的策略

前面我们反复谈到体育课堂的"假问题"，究其原因，无外乎有三种情况，即过于简单、难度过大、时机不准。基于此，教师不但要把握好问题的难度，还要找准提问适宜难度问题的时机。但问题在于难度如何掌握，时机如何把握，教师往往会因此而感到困惑。要想做到难度适中，首先，教师在选择运用探究学习方式时，需要消除形式化探究思想，课堂上引入的探究学习不是走形式，也不是每节课都需要引入，当有必要采用这种学习方式时，再合理地运用；其次，充分了解学生的技能学习基础和认知发展水平，即学过没有、学得怎样等，依据这些，设计让学生通过思考、讨论、体验才能探究出答案的问题，过易过难的问题都不易设置；最后，就是要不断积累经验。依据学生对问题回答的情况，归纳总结哪些问题的难度是适宜的，因为有时候教师理解的难易度与学生真正对问题的反应并非绝对的一致，因此，从学生那里获得对问题难度的反馈信息十分重要。问题是易是难，只有学生的体会才最为深刻和可靠。

（2）学生探究发现真实问题的策略

探究学习还有一种情况，就是由学生主动发现问题，但怎样才能发现真实的问题？具体提出以下几点建议：其一，培养学生的问题意识。在课堂上要求学生采取质疑的方式学习，久而久之，将会使学生在学习过程中养成"打问号"的习惯。如在练习中，教师提出要求，学生在练习时可以边练习边质疑，这种练习方式可行吗？教师安排的练习方式存在哪些问题？还有没有更有效的练习方法？假如学生都能够带着疑问去学习的话，不但能够获得较好的学习效果，还能够及时发现问题，有助于向教师反馈有价值的改进教法的信息。因此，培养学生的问题意识至关重要。其二，培养学生的观察能力。学生能否发现问题，关键在于是否具有观察能力，因此，学生的观察能力的培养不可忽视。基于此，可以在教学过程中明确提出学生认真观察或带着问题去观察的要求，让学生习惯于观察，并养成深入观察的习惯。很多现象或问题，都是在经历认真观察与深入分析后被发现或确定的，但并非所有的学生在上课过程中都能做到认真观察。因此，教师需要提出观察的要求，还需要进行观察法的指导，如先观察什么、后观察什么、观察中思考什么等。只是要求观察，学生并非人人都会观察，也未必都能观察到具体的问题。其三，鼓励学生提问，并重视学生所提出的问题。对学生的提问及时做出回应，并积极引导学生纵向挖掘问题，形成问题串，这是发现真实问题很有效的方式，同时也是培养学生问题意识的有效途径。

2. 引入探究学习提高质量的策略

新课改将探究学习引入体育课堂，有望提高体育教学质量。那么，该如何通过引入探究学习提高教学质量呢？

（1）探究学习有效时机与质量的提高

探究学习中至关重要的是对时机的有效把握。通过对以往的体育课堂教学中的探究学习观察来看，有的课上的探究时间安排较为恰当，有的课上的探究时间过短，很难达到探究学习的目的。另外，关于体育课堂上在哪个时间段安排探究学习也不容忽视，不但要考虑具体的教学内容和教学进程，看哪个时间段安排探究最适宜，还要认真观察并充分考虑学生的学习积极性。一般而言，探究学习大都安排在基本部分，但至于是在基本部分的开始、中间还是后面，需要考虑内容、进程和学生等的综合情况。学生比较感兴趣且处于中等难度的教学内容，如篮球教学，安排探究学习的时间段可以灵活一些，即基本部分的任何一个时间段都能开展篮球探究活动。而对于那些较为枯燥、学生学习的积极主动性不是很高的内容，如体操技巧或器械体操，探究学习安排在基本部分后半段较为适宜，这些内容的学习由于具有一定的难度或安全隐患，因此，基本部分的前半段最好以教师讲解示范、学生练习为主。待学生排除了学习心理障碍、有一定的感知后，在后半段适当安排一个小环节的探究，更为安全、合理、有效。总之，探究学习安排在哪个时段，持续多久，需要审时度势。只有把握好时机，才能确保探究学习的有效开展，从而有利于促进教学质量的提高。

（2）探究学习形式与质量的提高

对探究学习时机有了很好的把握，并不是说一定都能提高质量，还要充分考虑探究的形式。探究形式，主要是指多少人一起探究，是学生独立自主，还是两人或三人以上的多人探究（也可称为小组探究），或是全班一起集体探究。至于采取何种形式，也同样需要考虑探究问题的难度和学生的探究能力，以及学生的认知水平。学生所处的年级越低，探究分组人数可以适当多一些；随着学生年级的逐渐增高，探究分组学习的人数可适当减少，甚至可以安排学生独立探究。因为年龄越大的学生，自我控制能力、独立思考问题和分析解决问题的能力都有所提高，安排较少人数的合作探究或独立探究都能达到一定的效果。

除此之外，在学生探究的过程中，教师应该是什么角色，是参与探究者、引导指挥者，还是结果评判者，或兼而有之，这需要结合学生的探究能力和积极性而定。如果学生的探究能力较弱，教师可以参与其中，并引导学生积极探究；如果学生的探究学习能力较强，或探究的问题难度适中，也就是说，学生完全有能力进行探究学习，教师把握好如何评价学生的探究结果即可，无须过多地参与到探究活动中，这样更有利于发挥学生学习的能动性，从而进一步促进学生探究学习能力的培养，也便于提高教学的质量。

（3）探究学习内容与质量的提高

探究学习的时机和形式都十分重要，但至于探究什么，如果不能很好地确定，也会直接影响教学的质量。当然，选择探究内容的前提是"有价值探究"，通过探究，要么学生的探究学习能力得到提高，要么技能掌握速度加快或理解更为深刻。形式化的或过于简单内容的探究，既浪费了时间，又收效甚微，得不偿失。另外，探究内容选择的关键是适宜性，其中包括兴趣的适宜性、基础的适宜性、认知水平的适宜性、身心发展的适宜性等。任何一方面都不可偏废，否则，就难以使真正的探究学习开展起来，也就无从谈质量问题。探究什么有谁来定，是被动地听从老师的安排，还是学生结合需要自行确定？这依然需要灵活把握，不可片面地理解和机械地运用探究学习。

一线教师对探究学习并不陌生，很多教师也都在体育课堂上引入过，但假如探究学习运用不当，促进教学质量的提高和学生学习能力的增强将很难实现。为此，把握好探究学习的时机、形式、内容至关重要。探而不究，不深入，不具体，是不可取的；究而不探，形式化，简单化，更是如此。要想达到理想的探究学习的结果，探索与研究，二者缺一不可。

关于探究学习，下面做进一步归纳。

探究学习"假不得"

提高质量策略多，　有效方式逐一说；
体育课堂有探究，　环节真实不可丢；
问题难度有大小，　教材学情忘不了；
探而不究形式化，　究而不探效果差；
探究学习有真假，　时间内容是关卡；
教师提问学生答，　双向探究不做假；
学生主动找问题，　探究结果无偏离；
探究能力要提高，　师生配合寻妙招。

第十章　安全防范"松不得"

体育课堂安全问题已经引起广大一线教师的广泛关注，在如何防范安全隐患方面，教师也做出了诸多努力。基于体育课堂出现安全事故的危害程度，以及安全隐患的危险性，强化安全防范意识是减少或避免安全事故发生的关键。体育课堂安全隐患存在何处？如何判断？在防范方面存在哪些不良现象？如何有效防范？以下对这些问题进行探讨。

一、体育课堂安全隐患藏身何处

体育课堂上哪里存在安全隐患？哪里出现的频率较高？当我们认真观察体育课堂时，安全隐患的藏身之处或许就能一目了然。常言说，当事者迷，旁观者清。任课教师有时在课堂上不一定能够及时发现各环节的安全隐患，但是，看课者大都能观察得更加细致和全面，大小安全隐患几乎都能被察觉。体育课堂上的安全隐患，通过大量的观察，总结如下。

1. 准备活动中的安全隐患

每一节体育课都有准备活动，而且，要求准备活动做得充分和有效。但是，实际教学中并非完全如此。就准备活动而言，慢跑中有无安全隐患，要看跑道是否平整，有无小石块，假如是雨天刚过，跑道是否湿滑等；做徒手操的话，操的编排是否科学合理，是否存在对某一个关节或部位有较大的负面影响；专门性准备活动有无针对性，是否达到了充分活动的目的；准备活动时间有无过短或过长现象，过长的准备活动势必会对学生的机体施加更大的负荷，容易导致因过早疲劳而在基本部分主教材学练中出现伤害事故。因此，准备活动不可忽视安全隐患的存在，课一开始就要高度重视安全隐患的防范。

2. 基本部分中的安全隐患

因学习的内容不同，体育课基本部分安全隐患的大小、多少、时间等也各有不同。但基本部分的安全隐患多出现在学生练习或游戏竞赛活动中。然而，这些隐患具体藏身何处呢？笔者经过长期的观察发现，安全隐患从引发者而言，有的源于教师的最初的设计；有的源于学生在学习过程中的粗心大意、不认真对待；还有的是源于场地器材本身的质量。源于任课教师的安全隐患，与教师在课前设计过程中对安全事故发生可能性的预判不足有关。如一节鱼跃前滚翻课，任课教师设计了一项辅助性练习，即四人两两面对面分别站在大体操垫子的两侧，听到哨声后，四人同时直体倒向垫子，做双手撑垫俯卧姿势。这项练习，存在较大的安全隐患，相对站立的两个学生同时做前倒动作时，很容易发生头部相撞，一旦发生，其后果将十分严重。源于学生的安全隐患，如学生在器械课上，相互追逐打闹，很容易发生磕碰在器械上而导致伤害事故。源于场地器械本身的安全隐患，如羽毛球课前未严格逐一检查羽毛球拍是否有松动现象，结果在一次羽毛球课上，就因拍头飞出扎伤了一位同学的脸部。还有在组织游戏或比赛的过程中，有时也会因器械摆放距离不合适，导致在比赛中出现伤害事故。

3. 结束部分中的安全隐患

结束部分是一节课即将结束的一段时间所安排的各项活动，从具体活动内容来看，不应该有安全隐患。假如有安全隐患，概括起来可以从两个方面来分析，一是已经到了结束部分时间，但课的进程依然在做基本部分的内容，如依然做体能素质课课练内容，有的是各部分教学时间安排不够合理，有的是设计时安排合理但课堂上时间控制不准确；二是在结束部分安排放松活动不合理，或没有安排放松活动就结束了该课。运动负荷较大的课，如果没有放松活动，紧张的肌肉得不到即刻的放松，容易产生即刻或延迟性肌肉酸痛，再次参加运动或上体育课时，增加了运动损伤发生的可能性。因此，结束部分要尽可能地避免安全隐患，如有隐患要能够及时做出有效的防范。

二、体育课堂安全隐患如何判断

众所周知，安全事故发生前，事先大都存在一定程度的安全隐患。就人类的疾病而言，防重于治，因为有的病能治，而有的病是难以治愈的。同样，就安全事故而言，防也同样重于处理。那么，如何防？尤其是如何才能及时发现安全隐患？教师需要加强对这方面的关注。

1. 从"主观感觉"判断体育课堂安全隐患

体育课堂上某一个教学环节有没有安全隐患，无论是任课教师还是看课者，都可以从自我主观感觉中判断。这种主观感觉最突出的特点就是，会让你揪心。也就是说，当某一环节存在安全隐患时，你会有揪心之感，如担心学生障碍跑中摔倒、从器械上掉下来、两人跑动中相撞等。有这种感觉的时候，往往就是伤害事故有可能发生的时候，而且，主观感觉越明显，安全隐患危险性越大，反之则较小。因此，教学中为确保安全，教师及时把握主观感觉十分必要。

2. 从"全面检查"判断体育课堂安全隐患

无论是课前还是课上，教师都需要重视对场地器材的检查，而且，检查需要认真、仔细，且尽量做到节节有检查，即刻做判断，及早做处理。因为场地器材几乎是堂堂需要，而且，场地器材的情况有可能随时发生变化。如跳远沙坑，周一使用注意了"松动"；周二下了一场暴雨，沙坑被雨水砸实落，周三再上跳远课时，依然需要再次对此"松动"，否则，因一时疏忽很有可能酿成大祸。例如，某中学初二的一节体育课，其内容是急行跳远，在练习过程中，一位男生跳进沙坑的一刹那，突然出现了腿部骨折。究其原因，一方面是学生落地姿势不正确，单脚落地的同时，后落地的那只脚插在了先落地的那只脚的后面；另一方面是沙坑在课前和课中都未将其"松动"。关于器材的检查，除了要看其稳固性，还要看其破损情况，是否达到了更换的程度。假如不稳固的和该更换的依然继续在课堂上使用，就很有可能在课中使用时发生意外。

除此之外，对场地器材的检查，还应在课堂教学中落实，即练习中通过认真观察，了解器材的摆放位置有没有偏转（如跳高垫子跳几次以后"跑偏"了），器材在使用过程中有没有即将断裂等。不但需要教师及时观察发现器材的安全问题，有时候，需要教师走向器材，晃动或按压一下，看一看器材的安全性能。总之，课前、课中对场地器材的安全检查十分必要，这种方式是判断安全隐患有无的重要措施。

3. 从"学生反馈"判断体育课堂安全隐患

安全事故多在学生身上发生，有的体育课上教师也出现过伤害事故，如有的教师因未做充分的准备活动，在做羽毛球示范时，跟腱断裂，在教师身上发生的安全事故同样会引起我们的重视。注意观察和聆听学生在练习过程中的各种反馈，尤其重视与安全有关的反馈十分必要。如有一位身材偏矮的学生在练习跳箱技术中发现踏板距离跳箱太远，就主动告诉老师，能否将踏板向前移动一下。此时，教师应马上做出反应，并调整练习队形，让身高相当的学生站在一起，避免来回拉动踏板调整远度浪费练习时间，或调整不及时而造成伤害事故；或者练习之前先让每一个学生试跳一次，感受一下踏板的远近，然后，将需要远距离踏板的学生分到一组，需要近距离踏板的学生分成一组。这样的调整就多源于学生对踏板远度判断信息的反馈。对于体操器械跳跃项目而言，踏板过远或过近不但影响完成动作的质量，而且还容易出现踩空而扭伤踝关节，严重的可能会导致踝关节骨折。

更为重要的是，在上耐久跑课时，一旦观察到某学生面色苍白，表情痛苦，就要马上采取措施，如由快跑变慢跑，由慢跑变走步，由走步变停下。学生的面色与表情已经向教师反馈了比较危险的信号，假如，对该反馈信息未能观察或观察到了未能及时做出应对，很容易酿成严重的后果。除了通过观察及时捕捉信息，教师还要认真听取学生的反应。如有的学生在跑步过程中出现心律失常，身体不适，而非极点现象，且报告给老师后，教师就要及时采取有效措施，将伤害事故发生率降低到最低限度，甚至可以控制在零危害范围。因此，体育课堂上及时观察学生练习中的各种行为表现，尤其是异常表现，并听取学生的语言反馈信息，将有助于及时防范隐患，减少伤害事故的发生。

三、体育课堂安全隐患防范现象

体育课有哪些不利于有效防范的现象？这既是一线教师在实践中提高防范效果需要进一步明确的，也是减少安全事故需要规避的。

1. 安全防范意识过强现象

假如我们说一线教师的安全防范意识不强，或许不是事实。实际教学中，大多数教师为了避免发生安全事故，有些内容（如体操器械）很少上，甚至不再上了；为了减少学生在耐久跑中出现安全事故，运动量不安排那么大了；为了避免学生在比赛中出现伤害，激烈对抗性的比赛不敢做了；等等。这些做法不是安全意识不强，而是过强的表现，这样的做法有可能导致因噎废食。归纳起来，是因为"怕"字在作怪，越是怕出现安全事故，就越有可能出现，因为学生长期不接触，已经丧失了规避风险的能力。问题的关键是要合理地预防，而不是过分地躲避。

2. 安全防范要求不明现象

体育课堂上我们经常会听到，有的任课教师在学生开始做动作前，发出"注意安全"或"一定要注意安全"的提示语。看似向学生强化了安全防范，实际上，学生听到这样的提示语后依然不知道该如何防范。因为，就"注意安全"而言，注意哪里的安全？如何注意安全？从提示语中并不能得到这些信息。结果，有安全隐患的地方很有可能难以规避事故发生。即便是加上了"一定要"三个字来强化，学生听到后的结果与不强调依然没有太明显的区别。因此，不明确的安全防范提示语应尽量不用。一旦在练习中要求注意安全，就要在语言表述上再具体些，指明学生应如何做，规避什么安全事故都应该向学生讲明。

3. 安全隐患危害低估现象

在体育课堂教学中，有的安全事故的发生是由于教师对安全隐患的危害性估计过低而导致的。如小学生练习跳箱前，由于教师对学生踏不准踏板造成的危害估计过低，一方面未能严格按照身高分组，或未能按照学生对踏板远近度适应性正确评估；另一方面未能向学生讲明踏空的危害性等，很容易出现可以预防但未能有效预防的踝关节扭伤或骨折的现象。又如，前面我们提到的四人两两在垫子两侧直体倒地成俯卧撑姿势，教师未能预见到有可能会出现头部相撞，或有预见性但未能及时调整练习方法，假如将该练习方式调整为一侧学生先倒，可以大大降低伤害事故发生的可能性。

4. 安全防范行动不力现象

关于安全隐患的防范，只是知道哪里有安全隐患，以及了解到安全隐患危害性大小，也难以完全避免事故的发生，还需要采取防范行动。假如不付诸行动的话，只有防范意识和对防范方法的理解都无济于事。实际教学中，有的教师的安全防范行动比较及时到位，如体操技巧课前收放学生随身带的小刀、钥匙、手机、眼镜、女生头上戴的发卡等。这种收放活动能减少因这些坚硬物品造成的伤害。又如，课前需要对场地器材进行检查，有的教师明明知道要做这些，但依然不愿意节节课付诸行动；还有的是已经从主观上有揪心的感觉，依然无动于衷，长期这样的话，就很有可能因防范行动不力而发生较为严重的伤害事故。

5. 安全事故处理不当现象

体育课堂一旦出现安全事故，很多情况需要教师现场处理。如学生踝关节突然扭伤了，而且发生了瘀血肿胀，如果处理不当，会造成二次受伤。如何处理最有效？需要即刻冷敷。假如教师缺乏这方面的常识，可能会让其他学生搀扶着受伤的同学到教室休息，或扶到医务室做诊断治疗，甚至还有可能给受伤的学生端一盆温水热敷。这样的做法其结果与即刻冷敷有很大差别，热敷的结果会使伤势更加严重。

另外，对于骨折学生的搬运方法也需要准确把握，搬运不当有可能造成更为严重的二次伤害。对运动损伤有出血现象的学生，止血是首选，选择哪里的动脉压迫止血，是能否达到止血的关键。由此看来，为了达到有效的处

第十章 安全防范"松不得"

225

第二部分
体育教师上课
——走入课堂
把握细节

理,体育教师需要掌握有效的方法,如同常言所说的那样,"体育教师是半个外科医生"。因此体育教师要多学习,掌握急救常识必不可少。

四、体育课堂安全隐患有效防范

有效防范安全事故,是师生共同努力的结果,任何一方忽视或措施不力都难以达到理想的效果。

1. 教师对体育课堂安全隐患的有效防范

一旦在体育课堂上发生安全事故,一般情况下,任课教师都难以完全逃脱对事故的责任,甚至有的责任并不在教师而在学生自己,也往往会让教师承担一部分责任。基于此,体育教师在体育课上的安全防范一定要"想得到"、"看得见"、"摸得着"、"行得通"、"做得快"。"想得到"是指在课前对安全隐患及其危害程度有一个充分的预估;"看得见"是指所采取的安全防范措施要能够比较直观;"摸得着"是指所采取的防范措施能够触及得到,而不仅仅是语言上的强调;"行得通"是指措施能够具体落实,且方法有效;"做得快"指安全防范行动要迅速快捷,及早将安全隐患消除到萌芽状态。

具体的安全防范措施,如图 2-10-1、图 2-10-2 所示。

图 2-10-1 安全防范固定垫子

图 2-10-2 安全防范固定垫子后的练习

2. 学生对体育课堂安全隐患的有效防范

体育教学由于是以师生共同活动的形式展开的,因此,对于安全事故的发生,师生都有不可推卸的责任,自然,在安全隐患的防范上也需要师生共同努力。就学生而言，需要"听得进"、"做得出"、"办得到"。其中，"听得进"是指学生要能够听从教师对安全防范的具体要求；"做得出"是指除了听到该怎么做，还要行动起来，不偷懒，尤其不做危险的动作；"办得到"是指尽力把需要防范的工作做好，最终达到教师要求的标准，力求达到不出现或少出现伤害事故。学生在体育课堂上的安全防范意识与教师相比远远不够，提高学生的安全防范意识，一方面要向学生阐明不同的安全事故对身心健康带来的影响性；另一方面还要能够通过一些特殊的手段，培养对安全隐患的防范能力，如可以在体育教学中设定一个环节——搬运伤员等，一定程度可以提高学生的安全防范意识和能力。

学生在前滚翻练习中戴眼镜和摘掉眼镜练习的安全防范情况，如图2-10-3、图2-10-4、图2-10-5、图2-10-6所示。

图 2-10-3　有学生把眼镜摘掉放在垫子旁

图 2-10-4　戴着眼镜做滚翻的女生

图 2-10-5　戴着眼镜做滚翻的男生

图 2-10-6　未做好准备活动在滚翻中
受伤的学生

　　体育课堂上的安全事故一旦发生，无论给学校、教师还是学生本人都会带来一定程度的伤害和阴影，加强安全隐患的防范，不但能够大大降低安全事故的发生率，而且还能够提高教学的有效性，更好地促进学生的健康发展。随着人们对安全事故认识的加深和防范措施的提升，安全事故的发生率有望得到控制或降到最低限度。

　　关于安全隐患及其防范问题，下面做进一步归纳。

安全防
范"松
不得"

体育课堂效果明，　安全防范需先行；

各个环节有侧重，　隐患大小各不同；

确定隐患方法多，　课内课外分开说；

课前检查很必要，　课上观察要做到；

主观判断法不少，　揪心之感最明了；

安全事故若发生，　现场处理思路清；

急救措施要科学，　二次伤害先杜绝；

安全隐患要知晓，　有效防范做得早。

第三
部分

体育教师上课
——走出困惑　了解特性

在体育教学工作中，有很多教师会提出这样或那样的困惑，有的困惑长期影响着教师的设计和课堂教学的有效性。本章在收集各种困惑的基础上，按照体育教学中的教学目标、教学内容、学习方式、动作示范等各大相关要素展开讨论，以期能够为体育课堂教学发挥一定的启发和引导作用。

第一章　目标难度"适宜性"

体育课堂教学质量的优劣，很大程度上可以通过教学目标的设置和落实情况综合反映出来。体育教学目标的设置从新课改初期的"抽象、笼统或大而全"，逐步向进一步深化改革过程中的"目标具体化、可操作、可评价"的方向过渡。然而，理想的目标不仅要具有可操作性，能够进行评价，目标设置的难易程度更是值得关注和认真把握的。假如目标难易度的把握不准，同样难以达到理想的教学效果。下面重点从目标难度设置体现"适宜性"的必要性、设置方略、顺利达成的几个关键点等方面展开讨论。

一、体育教学目标设置体现"适宜性"的必要性

任何一节体育课的设计都会有目标设置，目标难度无论是"过易"还是"过难"都达不到理想的教学效果。因此，目标难度适宜是十分必要的，具体表现在以下几个方面。

1. 体育教学目标的"功能"决定着目标设置要求适宜

体育教学目标具有多功能性，一方面，目标具有导向性，即制定什么样的目标，引导学生向哪个方向发展。无论是运动技能、知识与方法的学习，还是情感培养与品德教育，或是安排具有一定锻炼价值的体能练习，目标一旦确定，等于指向已经明确，师生在教学过程中会围绕着事先设定的目标完成教与学的整个过程。另一方面，目标能够激发兴趣，并能与学生自身的学习兴趣叠加发挥更大的作用。体育教学目标的设置，能够在一定程度上调动学生参与运动和学习的积极性。基于此，目标设置的内容不但要与学生学习和发展的需要相一致，还要能够充分考虑与学生自身的兴趣相吻合。还有一个方面，也是容易被忽略的目标的另一大功能——评价功能。实际上，目标本身不能直接进行评价，而是适宜的目标设置能够作为标准来评价体育教学

质量的优劣。因此，只有目标设置适宜，才能真正发挥目标的多功能性。

2. 体育教学目标"过易"难以调动学生学习的积极性

体育教师在对体育课进行设计时，会在教学目标的设置上花些工夫。但教学目标的设置有的不知不觉中走进了误区，认为较为容易的目标便于达成，结果，就忽略了学生参与积极性的问题。尤其是那些已经对某一项技术学习掌握到一定程度的学生，在过于容易的目标要求下，不便于他们再积极投入学与练的活动中。过易的目标大致分两种情况，一种是班内大多数学生感觉到目标容易达成；另一种是班内少数学生认为目标过易。这两种情况都需要引起任课教师的重视。2011 版课标第四条基本理念明确指出"保证每一位学生受益"。假如体育教学目标设置过易，无论是大多数学生还是少数学生，不通过努力就能掌握，甚至出现不学就会的情况时，学生的学习积极性自然就难以得到充分的调动，很容易出现被动参与的局面，也就意味着难以达到让每一位学生受益的结果。

3. 体育教学目标"过难"难以体现体育教学的有效性

相反，假如体育教学目标设置难度超过了师生共同努力的达成度，不但学生在学习过程中难以得到成功的体验，而且，一节课下来，也很难看到理想的教学效果。如跪跳起技巧的学习，假如小学二年级第一节课就设置 80% 以上的学生能够完成规范的跪跳起动作的话，显然是不切实际的。又如，体操器械跳山羊的学习，假如小学五年级第一节课就设定有 60% 以上能顺利过山羊的话，也显得目标过高。对于小学五年级的学生而言，第一次接触山羊，会有一部分学生，尤其是女生对该器械有畏惧心理，甚至连起跳都不敢大胆尝试，一些学生在第一节课会出现漫步走到踏板上，手扶山羊站立或身体趴在山羊上一动不动，这样就很难达到过山羊的目标。因此，一旦目标的难度脱离了学生学习的实际，就难以达到理想的教学效果，更难以评判课堂教学的质量。

4. 体育教学目标"错位"难以促进运动技能的发展性

设置体育课堂教学目标时，除了可能出现有的目标设置"过易"、有的目标设置"过难"以外，实际上，从对一些目标表述的分析中不难看出，有的

第一章
目标难度"适宜性"

233

第三部分
体育教师上课
——走出困惑
了解特性

教学目标的设置看起来不存在难易度不适的问题，却存在不准确的现象，即所谓的"错位"现象。如初中一年级学生学习篮球这项运动，第一节课运球，教师事先设置的目标是，完成多种变换方向的行进间运球。其中，有前进后退运球、左右移动运球、蛇形穿梭运球等。结果发现，学生在老师的口令指挥和示范带领下，完成了不断变换方式的运球，但学生的运球手形手法却未能掌握，大多数学生在运球过程中不停地中断，且手掌心触球的现象也较为普遍。该案例反映出，作为篮球单元的教学，运球的第一节课，其主要目标可以考虑如何让学生掌握正确的运球手形手法，否则，一旦学生通过反复多次的练习掌握的是错误的运球方法，正确的运动技术动作未能掌握，便谈不上技术与技能的发展。

二、体育教学目标设置"适宜性"的具体方略

什么样的体育教学目标才是最适宜的？设置适宜的目标需要把握哪些关键点？下面提出几点具体方略。

1. 把握课标中各层级目标是设置"适宜性"教学目标的前提

体育课程标准无论是实验版还是修订版，都分别就各层级目标进行了全面而系统的归纳。其层级递进性大致可以表述为：课程目标—水平目标—学年目标—学期目标—单元目标—课时目标等。从课程到课时目标维度逐渐清晰化，目标内容逐渐具体化，目标难度逐渐标准化。而且，各层级目标又具有高度的关联性，从下至上，逐步归属，即一个单元内每一个课时目标的达成，集结着单元目标的实现；一学期中，一个个单元目标的达成，又反映着学期目标的完成。同样，学期与学年、水平、课程目标的关系依然如此。由此可以推断，要设置具有适宜性的体育教学目标，需要全面把握体育课程标准中的各层级目标的内容及相互关联性。本研究所讨论的教学目标主要指课时目标，即针对一节课上体育教学目标的设置。

2. 深入分析教材的衔接性是设置"适宜性"教学目标的依据

体育课上教什么？教到什么程度？学段之间，应该有教材内容的衔接性，

而对于某一个学段，某一个年级，甚至是某一个班级在同一学年、学期或单元学习时，更应该具有内容的递进性。先学什么，后学什么，以及学习同一运动项目内容时，在一个单元中，某一课时学习什么，都应有对应的规定性。因此，对教材衔接性的分析不容忽视。如篮球技术由运球、传接球、投篮等各单一技术组成，不但该项运动各技术之间具有一定的衔接性，而且不同运动项目的学习也有一定的关联性，如田径与球类项目，学生在学习时，存在基础、应用与提高的相关性。在设置体育教学目标前，教师需要全面而深入地分析教材的衔接性，对设置具有适宜性的教学目标起关键作用。离开教材的衔接性谈目标的"适宜性"是不切实际的。

3. 全面把握学生的发展性是设置"适宜性"教学目标的关键

对于体育教学而言，无论从教的角度还是学的角度，最终都要对学生发挥教育和引导作用，要为学生的发展做好教学以及与教学有关的各项工作。过去，我们在课前准备，尤其是在教学设计环节，有一项工作需要做好、做扎实，即"学情分析"。分析学情，其最主要的目的是全面、深入地了解学生，更好地做到教学的有效性，并能够让每一个学生在课堂教学活动中受益。在设置教学目标时，要想使目标的设置难度更切合学生的实际，充分了解学生发展的需要是能否设置出难度适宜目标的关键。学生的发展既有心理的又有身体的；既有知识、技能、方法的，又有道德、情感素养的；既有近期的，又有长远的；等等。就某一节课而言，教学目标的设置不能脱离学生发展的需要而盲目设定。充分了解学生，要能够做到，既要全面把握全体学生的普遍性发展的需要，还要能够把握个别学生的特殊发展的需要，否则就难以做到促进学生的全面发展，也难以贯彻落实"让每一个学生受益"的基本理念。

4. 充分考虑学校设施条件是设置"适宜性"教学目标的保障

体育教学目标的设置与学校现有的场地器材等设施条件息息相关，目标难度设定的高与低，除了与教材的衔接性、学生的发展性等因素有关外，场地器材条件的多寡与优劣也直接影响目标能否达成。因此，作为一线教师，在为某一节课设置适宜的目标时，需要充分考虑本校场地器材能否满足教学的需要，尤其是当需要设置具体且有一定难度的目标时，离开了条件保障，目标的达成度将很难把握。与此相反，由于目标能否顺利达成还与诸多因素有关，因此，当学校的场地器材条件不十分充足的情况下，要达成有一定难度的目标，可以通过延长单元长度、优化教学方法等方式弥补其不足。而对于场地器材条件比较优越的学校，尽管有一定难度的教学目标有利于落实，但目标难度的确定，依然需要全面而充分地考虑学生的具体情况，如学生的兴趣爱好、学生的运动技能和素质基础等，都对顺利达成一定难度的目标起关键作用。

由此可见，无论哪一方面的因素，在一定程度上对目标的准确设置都有一定的影响，只是其影响是相对的，只有全面、系统地考虑多因素的基础上设定的目标才是适宜的，也是便于达成的。

三、体育课堂教学顺利达成目标应把握的关键点

体育教学目标无论是什么，其最后都需要顺利达成，有的课堂教学活动却与教学目标相脱节，即课堂教学方式方法与手段都未充分考虑目标的达成，教学效果成了与目标不相关联的结果。这样的体育课，无论各项活动安排得有多么新颖与精彩，由于未能达成目标，也不能算是理想的或优质的体育课。因此，体育课教学需要充分考虑教学目标的达成，那么，究竟该如何做到这一点呢？下面谈几点认识。

1. 体育教学手段的合理选择有助于目标的达成

体育教学过程中会用到诸多教学手段，不同的课也会有不同的选择倾向性，但无论选择何种教学手段，应考虑的前提就是要能够有利于教学目标的达成。尤其是具有一定难度的目标，有效教学手段的选择就更为重要，但并非所有的课都选择的如此恰当。如一节小学三年级的跪跳起体操技巧课，教师选用了一种"两人一组手拉手跪跳起"的辅助练习手段，即一人跪在垫子上，另一人迎面站立，并拉起跪在垫子上的同学的手，其目的是帮助完成跪跳起动作。结果这样的练习手段不但达不到一定的练习目的，而且因做动作

的同学的手被牵拉（相对固定），无法做摆臂动作，自然就会导致无法借助于摆臂的力量完成跪跳起。另外，还有一种练习手段同样达不到理想的效果，即让学生跪在斜放的垫子上，且面部朝向垫子的高处，这样的练习手段并非是减小练习难度循序渐进地学习跪跳起技术；相反，是增加了难度，跪在斜放的垫子上更难完成动作。因此，教学手段的选择与教学目标达成是成正相关的，教学手段的合理程度决定了目标的达成度。无效的跪跳起手拉手练习、拉拽练习等，如图 3-1-1、图 3-1-2 所示。

图 3-1-1　手拉手练习跪跳起　　　　　图 3-1-2　拉拽练习跪跳起

2. 学生学习兴趣的有效激发有助于目标的达成

体育课上激发学生的学习兴趣提高教学的有效性已被普遍认同，但该如何激发兴趣才更有利于教学目标的顺利达成？这是值得深入思考的问题。有的课上，对学生兴趣的激发不够深入，仅仅是通过一个小游戏调动一下学生参与的热情，这样的激发方式，一旦体育课上不做游戏，学生就没有了兴趣。兴趣激发时机的选择和切入点的准确把握十分重要。基于中小学生争强好胜、好奇好动、勇于挑战等心理特征，无论从活动方式的布局上，还是从活动内容的确定上，都要充分考虑以上特征。而且，为了便于达成目标，创新环节的确定最好能够出现在基本部分主教材学习期间，因为这样的安排，学生的积极主动性一旦调动起来，等于激发了学生参与主教材学习的兴趣，有了兴趣，学生学与练的注意力、投入程度会随之发生相应的改变，学习的效果也自然能够得以体现，目标的达成度就会更高。

3. 学法指导及时性与具体化有助于目标的达成

任何一节体育课都需要对学生的学习进行指导，尤其是在学习方法上的指导更有必要，当老师做示范时，不同的学生可能有不同的观察方法：有的学生会观察，自然能够掌握的快；有的学生不会观察，学习的效果就不太明显。因此，教师在讲解、示范等传授知识、技能的关键环节，需要对学生进行学习方法的指导，而且，指导越及时越具体，学生学习的效果就会越明显。但从对诸多教学实践的观察来看，有很多教师缺乏对学法指导的重视，更多的还是采用"下面我给大家做示范，同学们一定要认真观察"等的说明性语言，而不是用指导性语言来提示学生，这种缺乏明确指导的示范，学生的观察效果就会大打折扣。假如某一项技术的学习，教师在向学生做示范前，能够及时且具体地提出观察的要求，学生学习的效果就会十分明显；假如在观察示范前，教师首先告诉学生要观察什么以及观察的顺序，学生就能够观察教师示范的全过程，而不至于直接观察示范结果。教学活动是教师的教与学生的学共同组成的双边活动，教的有效与具体，能促进学的效果提高。因此，在体育教学中，学法指导工作要力求从不重视到重视，并力争成为一种习惯，从而提高学生学习的效率，有利于促进教学目标的顺利达成。

4. 课堂诊断与激励评价跟进有助于目标的达成

中小学体育课堂，教学过程中教与学的行为的反馈可以直接显示存在的问题，因此，教师除了要按照一定的步骤与方法实施教学工作外，课堂诊断与激励评价也不容忽视。假如任课教师能够对课堂教学情况及时诊断，并采取一定的激励评价措施，一定程度上能够促进教学的有效性。但究竟如何对课堂教学进行诊断？采取何种形式的激励评价措施才更有效？就课堂诊断而言，主要是通过课堂观察与分析判断等方式，及时了解课堂教学过程中存在的需要解决的关键性问题。激励评价是在观察、分析、判断后，对好的学习行为做出及时的表扬，对不利于掌握知识、技能与方法等的学习行为要采取必要的措施加以引导，避免因问题纠正的不及时而降低目标的达成度。当然，激励性评价应该是灵活的、多变的，具有及时性和实效性。小则通过面部表情或眼神的变化，大则通过语言或行动（如轻轻拍打学生的肩膀）以示鼓励，但无论采取何种方式，只要断定某一教学环节需要采取激励性评价，就应该及时跟进。

体育教学目标达成度是评价一节课优劣的重要标志之一，对目标难度的把握能够反映教师设定目标的能力和水平，能否顺利达成目标又是教师教育教学能力的集中体现。作为一名有着丰富教学实践经验的教师，在体育教学目标的设置与落实方面，需要充分发挥自身的专业技能，设置具体且适宜的目标，并能够选择有效的教学手段，充分地激发学生学习的兴趣，及时具体地指导学生，确保目标顺利达成，促进教学的有效性，从而提高体育教学的质量。

对如何把握目标难度适宜性做进一步归纳，如下所示。

目标难度"适宜性"

体育教学有目标，　难度事先设定好；

依据教材和学情，　目标遵循适宜性；

过大过小两头跑，　学习效果很难保；

目标高低有不同，　先大后小有分层；

目标落实关联多，　手段方法分开说；

相关因素利达成，　兴趣激发要先行；

学法指导促提高，　目标评价有新招。

第二章　内容确定"衔接性"

在体育教学实践中,每一个一线教师都会面临以下现实问题:每一节课教学内容设计中,一门技术教多长时间,一学期应教几门技术,内容的顺序如何安排;一个专项内容是在某一年级或学段一次性教完,还是在多个年级或多个学段都教;是多次简单重复性教,还是螺旋式上升着教;等等。对于这些问题,或许大家已经有过不同程度的思考,但究竟应该如何把握这些看似简单实际上有一定难度的问题,下面重点对教学内容衔接性问题进行探讨。

一、体育课堂教学内容的衔接性释义

何谓体育教学内容衔接性?衔接性是指某一件事情发展变化的全过程呈现的纵向衔接、层次递进、螺旋上升的特性。体育教学内容衔接性可以理解为体育教学内容在整个学校教育阶段全过程中的贯穿形式,尤其是指在学段、学年,甚至学期、单元、课时等各自内部或相互之间的内容连续性与完整性。

目前在体育教学实践中,从总体上来看,体育教学内容缺乏明显的衔接性。各学段体育教学各自为战,学段之间的内容衔接缺乏明显的层次关系,如篮球内容的教学,从小学高年级开始学习运球、传接球,到初中阶段依然从运球开始,到了高中乃至大学阶段,依然如同教初学者一样,从最基础的篮球技术,甚至从移动技术开始教起。简单重复体现了时间上的浪费,假如学生在每个学段学习篮球都是从头再来的话,上了十几年的体育课,篮球技能依然会很有限。

二、体育教学体现内容衔接的必要性

体育教学内容是否要体现衔接性?回答应该是肯定的。其缘由主要集中在以下几个方面。

1. 不同发展阶段的学生应该掌握不同难度的内容

学生在小学、初中、高中、大学阶段的学习，实际上是处于不同发展阶段的学习，对内容的广度和深度都有着不同的需求，不但要体现在不同运动项目的复杂性和难易度上，而且更体现在同一运动项目的知识、技术、战术等的难度分层上。显然，根据不同年龄阶段的大、中、小学生的生理和心理发育特点，内容的难度应该是由易到难、由少到多、由浅入深的。因此，在选择确定或分配内容时，就需要充分考虑这些特点，逐一分项、分层进行教学。从 2011 版课标中的课程内容部分，我们可以看到，水平一安排的大都是游戏形式的活动，随着水平段的提高，逐步增加运动技术，到了水平三、水平四，逐步扩展了项目类型和内容难度要求，并增加了战术的教学建议。由此可以看出，课标根据不同水平段的学生，对学习难度进行了分层。

2. 不同或同一运动项目内容有基础与非基础之分

根据毛振明教授对体育教学内容分类方法的研究，他将运动实践类的内容划分为七大类：一是为掌握运动项目技能的身体练习，包括田径、球类运动、武术、体育舞蹈、器具体操等；二是提高身体素质的身体练习，包括五大素质练习；三是提高基本活动能力的身体练习，包括攀、爬、钻、跳等练习；四是为掌握锻炼方法的身体练习，包括各种运动处方的实践；五是为进行安全教育的身体练习，包括救护、交通安全演练；六是为发展学生心理素质的身体练习，包括拓展训练、野外、冒险；七是为培养行为规范体态的身体练习，包括基本体操、队列等。

从这些分类依据和具体内容来看，有的侧重于运动技能掌握、有的侧重于身体素质锻炼，还有的注重基本运动能力提高、发展心理素质的身体练习等。由此可以看出，不同类型大项目群之间既有打基础的练习，又有学技术的练习，还有培养运动心理品质的练习。就运动项目技能类而言，有以跑、跳、投能力为主的田径类项目，有以传、运、投、抢、扣、垫、拦等技术为主的球类项目等。前者具有一定的基础性，后者技能性较为突出。对于同一个项目而言，如篮球运动，所包含的诸多技术，如移动、传接球、运球、投篮、抢篮板球等，其中移动、传接球、运球等与其他几项技术相比，基础性又相对明显。因此，不同或同一运动项目内容都有基础与非基础之分。在教学上把握这些特点，就能够相对准确地确定哪些是需要先学的，哪些是应该后学的。准确把握内容与内容之间的层次递进关系，便于合理统筹某一项运动在教学中出现的单元次数。

3. 完善的体育学科理论需要有衔接性内容的支撑

目前，与其他学科（如语文、数学等）相比，体育学科在教学内容的规定性上存在明显的区别。其中，体育学科在教材的配备情况上，小学阶段尚无规定教材，只有教师用书。而语文、数学等多个学科各个学段，甚至各个年级都有相对固定的教材。中小学教学中，其他学科几乎都是按照教材上编写的内容分章节、按单元逐步落实，且难度上层次性非常清晰；而小学体育学科教学在内容的确定上存在较大的自主性，有的是按照课标中所建议的内容，有的是依照过去的教学经验确定的内容，还有的是根据学校现有的条件以及学生的情况安排的，因此，小学体育学科教什么缺乏明确的规定性，衔接性也难以显现。

初中与小学、高中上下学段之间，甚至是高中与大学之间，体育教学内容的衔接性有待进一步研究和完善。从一个完整的体育学科而言，更需要科学化、规范化的内容体系。哪个学段、哪个学年，甚至哪个学期需要教哪些内容，先教什么后教什么，哪些多教、哪些少教等都需要有相对的规定性。教学内容有明确的规定和有效的衔接，既完善了学科理论，又减少了教师在选择和确定教学内容中的困惑。当然，规定性并非是将内容完全固定，依然可以有灵活掌握的主动性，如根据地方特色开发校本教材等都是提倡的。体育课程实施三级管理，实际上，已经明确了这一点。但是，需要把握和处理好规定性和灵活性的关系，在体育课程总目标的统领下，合理选择和确定适宜且前后衔接的教学内容。

三、体育教学内容体现衔接性的难题

实际上，目前要想达到理想化的衔接是有一定难度的，其关键点在于衔接性的内容由谁来设计。在实际课堂教学中，一线教师能否做到所教内容相互衔接？教学与教材是否存在一定程度上的不一致性？下面对这些问题进行探讨。

1. 体育课程内容由谁主导顶层设计尚不够明确

体育学科要顺利达成课程目标，一个至关重要的问题就是要对体育课程内容有一个全面而系统的整体性把握。需要具有大、中、小学上下贯通的教学内容的全局性视野，然而，谁将是主导者？是课程标准设计者，还是各学段的教材编写者？是致力于体育课程研究的专家、学者，还是体育教学实践者？或者聚集体智慧于一体，共同参与体育课程内容的顶层设计？通过对部分专家、学者以及一线教师的访谈，大家对该问题的回答尚不十分明确。只是看到有几家出版社与部分知名专家，各自组成团队分别编写单个或多个学段的教材和教师用书。在教材内容的确定上，体现的也是各版本自主支配的方式，难免会出现不同版本的教材在内容广度和深度的确定上，有时会存在不一致的现象。体育课程教学内容的衔接性非一朝一夕就能解决，需要有教育主管部门组织专家、学者、一线教师共同做出整体设计和规划，这一过程和形式，从体育课程改革或体育学科的发展来讲都十分必要和迫切。

2. 体育教材与课堂教学内容曾存在偏离现象

体育新课改以后，通过国家审定的体育教材有多个版本，如由人民教育出版社出版的体育教材、教育科学出版社出版的体育教材等，每个省通过一定的方式选择确定了其中的某一版本。另外，还有个别省份、部分地区采用的是以省为单位编写的体育教材。从体育课堂教学情况来看不难发现，有些学校的体育课堂教学未能按照教材来教，只是将某一版本的教材作为参考，由任课教师自行确定教什么，教到什么程度。另外，对教材的使用，教师对学生也缺乏积极的引导，结果很多学生很少翻开体育教材。这种教学与教材脱离的现象，不但不利于具有前后衔接性的内容体系的建立，更不利于体育教学质量的提高。相反，目前已经有一些学校，在体育教研组组长的带领下，组织本校各年级体育教师，以选用的体育教材和自身教学实践经验为重要依据，共同研究各年级内容如何呈现层次的递进，即从实际出发探讨年级之间的内容衔接性。据了解，北京市十一学校一分校在体育组蔡松梅组长的带领下、清华大学附属小学在体育组任海江组长的带领下都分别在致力于不同年级教学内容衔接方面的理论与实践相结合的研究工作。这将为有效促进具有衔接性的体育课程内容体系的建设提供重要的参考。

四、体育教学体现内容相对衔接方略

体育课堂教什么？在目前大、中、小学缺乏明显的具有衔接性的理论体系的前提下，对于承担某一学段或某一年级的体育教学任务的教师，仍然需要考虑所教内容衔接性的问题，但究竟应该如何做才能有所体现呢？

1. 依照课标确定体育教学内容范围

体育教学不能脱离课标，否则就失去了方向。认真研读过 2011 版课标的教师都不难发现，在课程内容部分，各水平段都有相对应的内容建议，只是未细分到各年级而已。体育教师在确定内容时，需要首先参考课标与任教水平段对应的内容建议，而且，关键要能够充分理解每项内容在不同水平段提出的具体要求。下面以球类为例看一看课标中的具体建议，如表 3-2-1 所示。

表 3-2-1　课标中对各水平段球类运动的内容建议

水平段	球类内容建议	教学要求
水平一	能够在小篮球、小足球、乒乓球等球类游戏中有所表现	能够有所表现
水平二	初步掌握小篮球、小足球、羽毛球、乒乓球或其他新兴球类运动的基本方法	初步掌握基本方法
水平三	基本掌握小篮球、软式排球、小足球、羽毛球、乒乓球、短拍网球或其他新兴球类运动项目的技术动作组合	基本掌握技术动作组合
水平四	基本掌握篮球、排球、足球、羽毛球、乒乓球、网球、毽球、珍珠球和三门球等球类运动项目的技术和简单战术	基本掌握技术和简单战术

从这四个水平段对球类运动的具体内容建议可以看出，从能在游戏中有所表现，到初步掌握基本方法，再到基本掌握技术动作组合，最后是基本掌

握技术和简单战术，难易度上是从易到难安排的，如从游戏到技术，再到技、战术的教学。而从球类运动所涉及的具体项目上，从小足球、小篮球、乒乓球三项运动，到增加羽毛球和其他新兴球类运动的基本方法，再到增加软式排球、短拍网球，最后到基本掌握篮球、排球、足球、羽毛球、乒乓球、网球、毽球、珍珠球和三门球等球类运动项目，可以看出，项目范围逐渐扩大，项目难度逐渐增加。因此，认真把握好这些特征，体育教学将有利于体现出内容的衔接性。

2. 根据教材把握体育教学内容难度的设置

除了课程标准，国家审定通过的教材也是体育教学的重要依据，因此，体育教学首先要吃透教材，全面把握教材内容之间的关系，以及同一学段不同年级教材之间的内在联系，从而掌握教材中的内容难度。有时，根据学校和学生的情况，有的教材或许难以完整地体现在教学中，还需要进一步加工处理，即还要经历一个"教学化"过程，使其更加贴近教学实际。如初中教材中的单、双杠器械体操内容，有些学校在权衡安全问题的前提下，已经将这些器械撤回并闲置在器材室，也就是说，一些学校单、双杠教学很难开展。这样一来，体育教材上的内容就不能得到完整的体现。操场上依然有单、双杠的学校，上这些内容的时候，也许会降低技术难度。如有的体育课只是让学生手扶双杠支撑行走以代替双杠技术学习；还有些学校可能会选择加大体操技巧项目教学单元的长度等形式，来弥补体操器械教学的不足。无论如何，教材难度需要准确把握，有的学校根据需要降低了内容难度，但需要根据具体的情况，做出客观的分析和判断。

3. 借助教学经验总结"学会"的特征

要力求教学内容具有衔接性，还有一个至关重要的问题，就是关于学生学到什么程度算"学会"了的问题。教学内容与内容之间如何承接，换句话说，一项内容学到什么程度可以转入下一项内容的学习。其中，一个重要的观测点就是要看学生是否已经"学会"了。但如何确定是否"学会"呢？我们先回到单元计划上，任何一节体育课，实际上它是一个单元中的某一个课

第二章
内容确定"衔接性"

245

第三部分
体育教师上课
——走出困惑
了解特性

时，而单元的长度又是如何确定的呢？一个单元长度是不是以学生"学会"为分界线呢？对于这些问题的回答，一线教师应该比其他人更有经验或体会。实际上，大多数有一定经验的教师都能够在某一单元学习以后了解到学生的掌握程度，是达到了熟练掌握，还是基本掌握，或是没有掌握。一项内容单元的设置，假如是一次性的，后续没有该单元内容的重复，需要达到"熟练掌握"的程度；假如后续还有难度逐渐增加的多次相对重复性的单元学习，或许达到"基本掌握"的程度就可以认为单元目标完成了。"基本掌握"和"熟练掌握"度的准确把握，对一个单元的长度和某项内容出现的单元次数的分配十分关键。为此，对"学会"的度的把握也应该具有灵活性，"基本掌握"以上都可看作"学会"的标志，达到了"熟练掌握"，意味着"学会"程度的加深，即反映"学会"的程度有所不同。无论是安排一个单元的一次性学习，还是多个单元的重复性学习，体育教学最终是要让学生达到"熟练掌握"，只有这样才算真正地学会了需要学习的内容，否则，容易出现教学上的"蜻蜓点水"现象。因此，要想达到内容的衔接，需要把握衔接的节点是否"学会"了。也就是说，当学生达到"学会"这样一个目标时，方可过渡到下一项目或技术的学习。当然，这里的"学会"主要是某一运动项目或运动技术的学习而言。具体到某一技术学到什么程度算是"学会"了，不同的运动项目、不同的技术都有各自的具体表现，但总体上，可以用"三会"来概括，一是会说了（能说出动作方法），二是会做了（能按动作要领独立完成动作），三是会用了（能在特定场合使用所学技术）。当然，关于什么是"会"的理论还有待进一步归纳和总结。

4. 准确把握多层次的体育教学内容衔接

我们谈起教学内容的衔接问题，一些人或许会马上想到不同学段体育教学内容的衔接，实际上，要想充分把握内容的衔接，除了学段之间，还要从学年、学期以及单元的角度，甚至是课时的角度全面考虑衔接问题。

首先，学段之间的内容衔接至关重要。当学生从一个学段进入下一个学段学习的时候，往往就读的学校就会发生变化，来自于不同学校的学生，由于尚未统一教学内容，因此，新学段一年级在安排内容方面就会有一定的困难。如小学阶段，不同的学校可能安排的内容范围和难度有一定的区分，当学生进入初中学习的时候，同一个班级里，有的学生学过并已经学会了某一内容，而另一些学校的学生可能尚未接触到这一内容，任课教师在安排新学段起始年级体育教学内容时，就会感到困惑，不知要教些什么，甚至不知道要从哪儿开始教。这种困惑主要源于学生学习基础有一定差别，与教学内容缺乏规定性更有关联。如果学段之间缺乏内容的前后衔接，即层次缺乏递进性，下一个学段的初始年级就很难安排内容，这样的情况会导致下一个学段难以与上一个学段做到内容上的有效衔接，也就不免会出现"铁路警察各管一段"的现象。

其次，学年、学期的内容衔接不容忽视。关于学段的体育教学内容衔接问题，大家已经有所认识，实际上，同一个学段不同年级之间的内容安排，除了考虑季节分配学期内容的适宜性，也应该考虑不同学年内容的衔接性。一方面是不同年龄的学生兴趣爱好、生理心理发育和发展水平有所不同；另一方面是学生身体素质发展有着对应的敏感期；还有就是不同年龄的学生对运动技、战术的理解和掌握有所不同。因此，在难易度即技术的复杂性上需要从低年级到高年级逐渐提高难度。为此，同一学段不同年级甚至是不同学期的内容安排，需要考虑敏感期、兴趣点、发展需求等，综合确定先教什么后教什么，以及教到什么程度等。另外，基于学段之间内容衔接不够明显的现象，对于中学和大学的起始年级内容的确定与难度的把握更应该引起高度重视，否则，就会影响整个学段的教学内容的安排。

最后，需要谈一谈单元、课时的内容衔接问题。体育学科课时是最小单位，多个课时组成了一个单元，为此，课时内容的安排实际上是站在单元的角度进行的合理分配。一项完整技术的学习，不但要体现目标设置的递进性，考虑解决重难点的递进性，还要考虑教学手段的递进性。这些方面的递进性都能落实了，内容的递进性也会最终有所呈现。例如，篮球运动从小学到大学都有不同的内容安排，自然应该算是若干单元组合而成，而且，技战术的

第二章 **247**
内容确定"衔接性"
第三部分
体育教师上课
——走出困惑
了解特性

学习需要是螺旋上升式的递进,即单元与单元之间应该按照"学会"的标准把握其递进性,而同一个单元的多个课时,也同样需要课时与课时之间的内容衔接性,如就运球而言,不同的课时可能会安排不同难度的运球技术的学习,且应是由简单到复杂,由学习向改进、巩固和提高的逐步递进。

体育教学内容的衔接性具有多个层次,除了从宏观上看上下学段之间应具有衔接性这一重要特征以外,同一学段各年级之间,同一运动项目各单元之间,同一单元各课时之间的内容衔接性都不容忽视。体育教学内容只有具有了衔接性,其学科发展才能更加趋于完善,教师对内容的选择和确定才能减少困惑,从而有利于把握有效的体育课堂,才能将更多的精力集中在如何提高教学的质量上来。

关于体育教学内容的衔接性,下面进一步对其归纳。

内容确定"衔接性"

体育教学内容多, 学段不同详细说;
突出问题有共识, 科学衔接尚未知;
内容确定依据明, 课标教材在前行;
课程标准提建议, 体育教材找根据;
教师经验有不同, 结合学情定内容;
大中小学有衔接, 同一学段递进学;
学年学期明安排, 单元课时不例外;
三会标准说做用, 熟练掌握是定性;
内容确定门道通, 衔接特性在其中。

第三章　示范形式"多样性"

就体育课堂而言，无论是小学的、中学的，还是大学的，几乎每一节课上，我们都能看到教师在为学生做示范的教学环节。示范效果的好坏，不仅对学生的学习积极性产生一定的影响，而且对正确运动技能的掌握也将发挥关键作用。因此，无论是示范的形式，还是示范的内容，都需要我们对如何提高示范的有效性进行深入的研究。

一、体育课堂动作示范若干不良现象

体育课堂上存在一些不利于提高教学效果的不良动作示范，这些示范若长期得不到改善，提高教学质量将很难实现。下面重点讨论一下都有哪些不良现象，以及不良现象产生的根源。

1. 动作示范失败的现象

体育课堂几乎对失败的示范是难以接受的，示范不成功给学生的学习带来的负面影响是多方面的，因此，教师在给学生做示范时，最低标准也要确保示范不失败。但是，并非所有的体育课上都能如此，如有一节初中的体操技巧手倒立课，教师完整而熟练地将动作要领讲解完后，接下来给学生做了一次示范，结果由于某种原因，教师手倒立没有"停住"，而是平身摔了过去，此时，学生一阵哄堂大笑，这种笑声实际上是对失败的示范感到不可思议而发出的。任课教师顿时感觉无地自容，不但面红耳赤，而且连正视学生的目光也不见了。如此失败的原因何在？任课教师的反思是：以前在大学里学习的时候，觉得手倒立是很简单的动作，本以为在示范时能轻而易举地完成，课前就没有进行练习或试做，结果可能时隔久远、体形发胖的缘故，动作难以控制，导致示范失败。

由此看来，要想确保示范不失败，教师在教授某一技术动作前，很有必要试做一下，看一看是否能够顺利完成，甚至通过反复练习达到熟练的程度都是十分有必要的。

2. 动作示范错误的现象

体育课堂示范除了有的出现失误以外，还有的示范出现错误动作，尤其是部分兼职体育教师在做示范时，由于未接受过正规的专业技能学习和训练，甚至兼职后的专业培训也很少参加，对技术动作的规格和标准把握就很难到位，很有可能在示范时出现错误动作。如有老师在教学生短跑蹲踞式起跑动作时，两只手和一只脚同时放在了起跑线后的紧靠起跑线的一条线上，学生模仿老师的动作，也都如此起跑，这种示范带来的效果，显然是不利于学生对正确蹲踞式起跑技术的学习和掌握。

无论体育教师是专职还是兼职，只要走向体育课堂，展示给学生的都应该是正确的动作，错误示范不仅会误人子弟，而且体育教学的有效性更无从谈起。

3. 示范次数不足的现象

体育课堂上的示范并没有严格的规定是要做一次、两次，还是多次，而是要根据课堂上学生学习的需要灵活把握。但是，有些课堂几乎将示范次数固定下来，即在讲解完后，给学生做出一次完整的或分解的示范，然后布置练习任务，让学生集体、分组或个人自主练习。在学生练习过程中或练习之后，并没有看到根据需要随机补充示范。尤其是学生在学习中需要教师再次示范的时候，很少看到有教师满足学生的需要而重做示范，仅仅一次或两次的示范，不利于学生的学习和提高。

由此看来，固定示范次数的做法是不可取的，一定要根据需要灵活把握。如一节前滚翻课，任课教师讲解完动作要领后，非常标准地给学生连续做了两次示范，然后，组织学生分组练习，教师按照常规方式巡回指导。可是，有一部分学生并未能通过观看两次示范记住该动作要领，反复练习中，有的学生滚不过去，有的一滚动就偏离方向，滚到了垫子一侧，还有的不敢做动作，教师非常费力地一组一组地纠正着，可是，学生依然进步不明显。此时此刻，实际上是需要教师再次示范，并再一次讲明动作要领，提出练习的具体要求，如果教师能够这样做，会更有利于学生尽快掌握技术方法，完成练习任务。

4. 动作示范方位不准的现象

体育课堂上做动作示范时的位置十分关键，位置不当将达不到示范的应有效果。然而，并非所有的教师都能把握好示范位置。如有老师在给学生做后抛实心球示范时，让学生横向站成长长的一列横队，老师站在该横队的一端。示范时，除了距离他较近的几个学生能够看到示范以外，大部分学生都未能观察到老师的示范动作，这样的示范位置显然是不合适的。还有一位老师在给学生做前滚翻示范时，他把场地布置成扇形，学生练习的垫子左右间隔约 3 米距离摆放着，学生都站在自己垫子的后端观看老师的示范动作，结果除了前排学生能够观察到老师的示范以外，其他学生几乎都很难看清老师是如何完成前滚翻动作的，这样的示范位置显然也是不适当的。站位过远不利于学生观察的示范，如图 3-3-1、图 3-3-2、图 3-3-3、图 3-3-4 所示。

图 3-3-1　站位过远示范 1 　　　　　　　　图 3-3-2　站位过远示范 2

动作示范方位不准，除了影响学生观察的效果，实际上，更为直接的影响是教学的有效性，学生由于未能及时观察到教师的示范动作，随后的练习就很模糊。有的学生根本不知道该如何练习，当教师让分散自主性练习时，不由自主地就会偷懒或观察其他同学练习。因此，恰当示范方位的选择不可忽视。

图 3-3-3 站位过远示范 3   图 3-3-4 站位过远示范 4

5. 示范方式单一的现象

体育课堂上的示范，目前存在以教师为主的示范现象。但是，当教师的示范动作不够优美或不够标准时，个别学生会主动做补充示范。这种情况告诉我们，学生也可以作为示范者在课堂上发挥示范作用。如一位教高中一年级篮球传接球的女教师，当完成了传接球示范后，一位男生走向前去，向老师要过手中的球并且说："老师，下面我给大家做一次示范吧。"接着边说边做："篮球可以这样传，也可以这样传。"我们通过观察发现，当这个学生在前面做示范时，其他学生都异常认真地观察该学生的示范动作。篮球课上学生补充示范，如图 3-3-5 所示。

图 3-3-5 学生补充示范传球

因此，当教师对某项技能示范不能达到胸有成竹的时候，或不能确保示范动作熟练、优美、标准的时候，可以主动借助于学生的力量，让技术较好的学生协助老师或替代老师做示范动作，一方面能避免不必要的尴尬，另一方面能发挥学生的示范作用，还可以对学生起到激励作用。

二、体育课动作示范释义及基本要求

体育课动作示范是什么？有什么作用和基本要求？这些问题都是任课教师首先要认真和全面把握的，否则，就很难达到理想的示范效果。

1. 动作示范是什么

从实践层面来看，动作示范是什么，几乎所有的老师都能说出来。假如我们进一步从理论上来分析的话，动作示范按字面意义去理解，可以将其分解为"动作"和"示范"两层含义："动作"实际上暗指的是某项运动的单个技术或单个技术的某一部分，可以看作一个名词。如前滚翻示范，该动作指的即是"前滚翻"；篮球单手肩上投篮示范，该动作指的就是"篮球单手肩上投篮"这一技术。而"示范"可以将其理解为两种词性，一是动词，即展示的意思，向学生展示动作方法；二是名词，即起到示范作用。因此，动作示范就不仅仅是做一次或做几次的问题，更要考虑示范的实效性。

2. 动作示范有什么作用

我们可简单地将动作示范理解为展示，实际上，动作示范还远不只是展示的作用，具体分述如下。

（1）强化认知的作用

体育课上，在学生学习运动技术、形成动作概念阶段，只靠教师讲解所能达到的教学效果是很有限的，更多是要借助于对该技术的示范才能达到更直观的作用。学生通过教师所展示的动作方法，不但能够明确动作的路线、方向、规格要求等，更为重要的是，在大脑中形成一个初步的概念，暗含"动作原来是这么做的"等认知。假如没有动作示范，技术动作在大脑中的认知是不清晰的。因此，基于动作示范展示所带来的强化学生认知的作用，课堂上的示范需要做得标准、优美，至少要能够确保正确而不失误。

（2）激发兴趣的作用

动作示范效果的好坏，还有另一个较为直接的功效就是激发学生的学习兴趣，尤其是对于动作做得优美、标准的示范，学生会产生跃跃欲试的感觉，甚至示范刚结束，学生就迫不及待地要去练习，这种效应，显示的就是示范所带来的激发兴趣的作用。当然，学生在学习中的兴趣并非只是因单一的示范效果所激发的，而是有着多元性的激发手段，但是，由于动作示范能够作为其中的一种有效手段，因此，就需要教师每次示范时，要力争做到激发兴趣的效果。那些失败的、错误的示范与激发兴趣是背离的。

（3）激励促进的作用

由于体育课堂示范并非是教师的专利，也可以由学生协助或完全替代老师来示范，因此，可以通过让学生示范的方式，激励其他学生认真学习。示范学生的技术动作，需要达到做示范的水平。通过让学生示范，能够在班集体中树立典范作用，既得到了教师对学生技术动作的认可，又能够在学生中发挥其榜样作用，从而营造学生间你追我赶的学习氛围。当然，学生示范并非是随机的，而是要有所准备，即教师在课前发现某学生具有能够示范的能力。如有的学生在校外参加多种体育班，已经基本熟练掌握了老师要教的动作；还有就是课前培养，为了提高示范效果，或因教师的示范动作尚未达到理想化的程度，教师就要培养个别学生，课前强化练习，达到课上能够示范的效果。学生示范激励作用的发挥，是教师有目的、有计划的工作才得以实现的。学生示范和师生配合示范有时会起到意想不到的结果，如图 3-3-6、图 3-3-7 所示。

3. 动作示范关注什么

体育课上的动作示范无论由谁来做（教师还是学生），都要充分考虑示范的位置、示范的面、示范的时机、示范的次数等一系列需要关注的问题。

（1）示范站在哪

体育课上做示范，站在哪里做是最有利的位置？这一问题需要在备课环节就应该有充分的考虑，而不是等到课堂上才临时决定。示范的站位主要是

图 3-3-6　学生示范

图 3-3-7　师生配合示范

要解决全体学生都能看得到、看得清的问题，因此，站在哪里才能达到这一目的，是选择站位的关键。如果是横向队形，示范者站在队伍的前面，假如所站位置过于靠近前排学生，前排两端的学生会看不清楚；假如所站位置过于远离前排学生，后排的学生很难看清完整的示范动作。因此，适中的位置选择至关重要。

当然，示范站位，一方面要根据学生情况不同而选择站位，如小班级和大班额示范的站位就应该有所不同；另一方面还要考虑示范的类型，要看是什么技术动作的示范，不同的技术动作需要选择不同的站位。如体操双杠、篮球投篮、武术五步拳等学习时的示范位置各有不同。合理选择示范位置是提高示范效果的关键。双杠课上教师的示范如图 3-3-8 所示。

图 3-3-8　教师做双杠示范

值得进一步说明的是,课堂上教师如何判断示范位置是否合适?需要教师认真观察学生在观看示范时的行为动作,是左右探头找空隙观看示范,还是在后排连续向上蹦来蹦去观看示范,或是从后排挤到前排观看示范。这些动作都是学生积极学习的一种表现,教师要能够善于捕捉这些行为信息,及时调整示范位置,便于全体学生都能够清楚地观察到示范的全过程。

（2）示范面向谁

在做示范时,除了示范站位需要认真把握以外,实际上,同样一个示范动作,面朝哪个方向示范,其效果也会有明显的不同。一般情况下,教师以前所采用的示范面大致可以划分为镜面示范、正面示范、背面示范、侧面示范等多种方位。不同的技术动作最佳的示范面选择有各自的倾向性,但是,有时根据教学的需要,某一技术动作也可以采取不同的示范面反复示范,以达到学生强化对技术动作认知的作用。以上是当队伍站成横向列队时常选择的示范面范围,实际上,在具体的教学环境中,有时是在圆形队中做示范,有时是在两两横队之间做示范,甚至还有在扇形队圆心位置做示范等。在这些位置做示范时,学生观察示范的位置是有所不同的,有的可能观察老师做的是正面示范,有的在同一时间观察到的却是背面示范,还有一些学生同时所观察到的是侧面示范。因此,如何才能让全体学生通过观察示范达到理想的学习效果,是需要进一步思考的问题。

首先,两两横队之间的示范,至少要做正反两次示范才能让每一个学生观察到示范动作;其次,圆形队中央位置示范时,示范的次数至少要能够保证左右前后四个方位四次示范,否则,学生观察示范就会存在不公平性,从而导致学习效果存在差异。总之,不能因示范面的选择不当而影响学生学习的效果。教师站在不同的位置示范如图3-3-9、图3-3-10、图3-3-11、图3-3-12所示。

除此之外,关于示范面的选择和确定,不可忽视学生的要求,要善于聆听学生在课堂上的不同声音,尤其是关于动作示范的诉求,教师应随机做出判断,在时间允许的情况下,采用个别示范的方式,以达到照顾个别有困惑

图3-3-9　前两排蹲下教师示范

图3-3-10　练习场地中教师示范

图3-3-11　圆形队中教师示范

图3-3-12　四列横队前教师示范

的学生有效观察的目的；那些无视学生的需要，单纯为示范而示范的做法，很难达到理想的教学效果。体育课堂无论做什么示范，都是为学生的学习而做的，一切不便于学生学习的示范都要及时做出调整。

（3）示范何时做

一节40或45分钟的体育课堂，究竟什么时候做示范效果最明显？根据对体育课堂教学的观察发现，大部分技术动作的示范都出现在基本部分主教材学习期间。当然，准备部分的准备活动，尤其是做徒手操或器械操时，也有部分示范；游戏环节，尤其是新游戏，也同样看到过示范。因此，不同内容的示范存在的教学环节不同，其发挥的作用也存在差异性。值得进一步讨论的是，同样是要学习技术动作，究竟什么时候示范是最佳时间？目前，从理论层面来看，并没有做出过明确规定，教师有很大的自主空间，需要根据教师自身的技能水平和学生的实际需要灵活把握。假如教师的示范水平较高，技能掌握很娴熟，示范的时间可适当提前，甚至可以提前至开始部分，就可以先示范一次，这样或许更有利于激发学生的学习兴趣。如一位软式垒球教师在开始部分做的示范，就达到了激发兴趣的效果。当然，在教学的全过程中，随时随处都有可能安排示范环节。因此，确定示范时间，应充分考虑"需要"和"灵活"两个关键词，最好不要将示范死板地固定在某一个教学环节之中。软垒击球课上教师把示范放在了开始部分，如图 3-3-13、图3-3-14、图 3-3-15、图 3-3-16、图 3-3-17、图 3-3-18 所示。

图 3-3-13　开始部分示范软垒击球动作 1

图 3-3-14　开始部分示范软垒击球动作 2

图 3-3-15　开始部分示范软垒击球动作 3

图 3-3-16　开始部分示范软垒击球动作 4

（4）示范多少次

在体育课上，关于示范的次数，并没有明文规定过，课堂上观察到的示范次数也有所不同，但至少会示范一次，有的甚至是多次连续或间断示范。示范的次数应如何把握呢？从认识上，既不是越多越好，也不是越少越好，而是根据实际教学的需要灵活把握示范次数；从行动上，每一次示范都要能

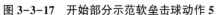

图 3-3-17　开始部分示范软垒击球动作 5　　图 3-3-18　开始部分示范软垒击球动作 6

够达到理想的效果，因为每示范一次，不但要占用一定的教学时间，而且还要考虑示范的多功能性。因此，无效或低效的示范应尽量减少，当然，失败的或错误的示范更应避免。要把握"用最少的示范次数达到最佳的教学效果"，既能节省示范所占用的时间，又能给学生留有更多的练习时间。因此，既要考虑示范的"效果"，还要考虑"灵活"。目的是要把课上活，更进一步说，示范次数灵活把握为最佳。

三、示范形式多样利于充分发挥实效

　　动作示范该由谁来做，过去大都集中在教师身上，有时，个别教师还会有一定的示范压力，因为不是自己所学专项的技术动作教学，做出标准的动作或多或少会有些吃力，更不用说优美的示范了。因此，要能够拓展思路，把示范者的范围扩大到学生身上，即有些示范，有必要的话，可以让学生帮助教师完成示范动作，甚至还可以借助影像视频发挥示范的作用。那么，示范形式的多样性都表现在哪些方面呢？影像视频示范，如图 3-3-19、图 3-3-20、图 3-3-21、图 3-3-22 所示。

　　1. 教师独立示范突出最佳效果

　　体育课堂的示范最多的还是教师，而且，教师示范的效果也能达到理想化状态，但前提是教师能够完成标准、优美的技术动作。其原因在于，教师在教学中担当传道、授业、解惑的重任，理所应当由教师给学生做示范动作，

图 3-3-19　教师安排学生准备观看 影像视频示范

图 3-3-20　播放影像视频的器材

图 3-3-21　学生在愉快地观看影像视频示范

图 3-3-22　影像视频中的示范动作

这是教师职责的一种体现；教师示范动作如果优美，还能对学生的学习兴趣起到一定的激发作用，并在学生中树立威信，便于学生积极参与学习和服从教师的教学指令。因此，只要教师能较好地完成示范，教师应尽量自己独立去做。当然，假如教师对某一技术动作不是十分有把握，也不能勉强自己独立完成，可以考虑借助学生的力量。

2. 学生替代示范弥补技能不足

体育课堂上选择让某一学生代替老师完成示范动作，并不是一件让老师丢面子的事情，某种程度上来讲，除了能够弥补任课教师因技能不足而难以示范的情况，有时还能达到理想的示范效果。当然，让学生示范不是盲目地或随便哪个学生示范都可以的事情，示范的学生需要有一定的技能特长，或通过教师的培养能够做出或很好地完成该示范动作，否则，就难以达到替代示范的效果。但是，无论从哪个角度来看，学生替代教师的示范不是越多越好，而只是起到一个弥补教师技能不足的作用，更多的时候还是教师示范更为妥当。毕竟在教学活动中，教师主要完成的是教授的任务，而学生主要完成的是学习任务。一定程度上，学生替代教师做的示范次数过多，对教师或多或少地还会带来一定的负面影响，不利于教师发挥组织与管理作用，教学的实效性也会受到不同程度的影响。

3. 师生共同示范节省教学时间

在一些技术的教学中，受技术本身的特点决定，有的技术适合于边讲解边示范，有些技术适合于讲解与示范分开进行。如篮球的传接球技术，可以边讲解边示范；体操的单肩后滚翻技术适合于示范与讲解分开。当然，假如想把某些不适合边讲解边示范的技术，采用边讲解边示范的形式完成的话，需要两人配合才能实现。因此，可以在课堂上选择学生配合教师一起完成示范的方法，如单肩后滚翻内容的教学，可以在课前培养一名学生，在课堂上配合教师一起完成示范，或让学生讲解教师做示范，或让学生示范教师讲解。这样一来，一方面可以节省一定的时间；另一方面，对于其他学生来讲，展现了一种新颖的示范方式，便于他们更加集中注意力听讲和观察，从而起到激励学生更好地学习的作用。尤其对于那些善于表现的学生，更能激励他们认真学习，争取也能够有与老师配合示范的机会。

4. 影像视频示范满足全面观察

体育课堂上，无论是教师还是学生所做的示范动作都难以采用放慢速度的方式来体现。有些时候动作速度过快的话，学生难以看清动作细节，如背越式跳高或跨越式跳高技术，一旦起跳，就难以将动作定格在腾空阶段，很快就会过杆落地，学生有时尚未观察到腾空在横杆上是什么姿势。因此，基于这类技术的学习，无论是教师示范也好，学生示范也好，或者是教师和学生合作完成讲解示范也罢，都难以让学生观察到某一技术动作细节。视频可以控制播放速度，在需要强化的地方，能以放慢或暂停的方式让学生认真仔细地观察每一个细节,因此,可以借助影像视频示范的方式,让学生观察技术细节。当然,视频的来源可以是竞技运动的优秀运动员的动作,可以是教练员的动作,也可以是教师示范录制好的动作,还可以是技术较好的学生在课前录制的动作等。需要说明的是,由于大部分学校操场上并没有大屏幕或播放视频的电子设备,这种方式的示范,并非所有的体育课堂都能采用,这种方式的示范具有较大的局限性。

在整个教学中,尤其是学生的学习中,体育课堂教学中的示范起着至关重要的作用。基于目前课堂中存在的若干不良示范现象,为了达到理想的教学效果,除了教师独立示范,还可以借助于学生示范,学生与教师配合示范,在条件允许的情况下,还可以采取影像视频示范的方式辅助教学。但无论如何,教师示范占据主导地位,教师提高技能水平,发挥示范的主导作用,是提高教学质量的关键。

关于示范形式多样性,做进一步归纳。

示范形式"多样性"

示范形式有很多,　效果不同分开说;
教师示范理当然,　学生示范看关键;
师生配合示范做,　观察学习都不错;
示范技术要过硬,　失败错误不管用;
位置选定要适中,　看清看懂不放松;
次数把握要灵活,　学情需要不定数;
示范时机把握准,　水平高超有创新。

第四章　指导学法"准确性"

在体育学习过程中，一方面，学生的学习效果与学生的学习态度、方法等有着密切关系；另一方面，与教师是否对学生进行了及时、有效、准确的学法指导也有着重要的关联作用。从一项关于学法来源的调查中获悉，有56.1%的学生学法来源于教师的学法指导，因此，在进行体育学习时施以有效的学法指导十分关键。但是，从对当前的体育教学进行观察、了解后发现，学法指导并非十分到位，有的教师不知道学法指导是什么，甚至在哪里进行学法指导还很茫然。

一、体育学法指导的必要性

在体育课堂上，并非所有的学生都掌握了正确的方法，往往存在多种不会学习的现象，如听讲时东张西望，或尽管目不转睛地看着老师，思想却早已溜号，结果既没有听清老师讲的是什么，更没有听懂动作方法；又如，学生观察老师做示范动作时，由于抓不住重点或找不到关键环节，往往观察结束依然不知道动作如何做。这些学习现象充分说明，学生在学习时缺乏有效的方法，反映出不会听讲、不会观察等。而体育课堂上的学习时间是有限的，尤其是教师的讲解和示范时间，大都是集中进行的，时间分配上也不会占用太多。假如学生没有进行有效的听讲和观察，在练习的过程中教师就会重复对个别学生进行讲解或示范，不但影响教师对其他学生的指导，而且，学习过程也存在时间上的浪费现象。

因此，在体育教学过程中，假如教师事先了解到班级内有些学生在听讲、观察、练习等方面未掌握有效的学习方法，教师很有必要在讲解、示范，以及分派练习任务之前提出明确的学法指导，即提出如何听讲、如何观察、如何练习等的具体要求。当听到教师明确了听讲、观察、练习等方法后，学生大都能够按照教师的指导进行有效的学习。因此，进行及时、有效的学法指导十分必要。

二、体育学法指导缺失现象

长期以来，由于存在重教法轻学法现象，很多教师对学法指导的概念和具体操作方法不同程度地存在困惑，甚至在教案上如何体现学法指导、教学中哪里该进行学法指导还不太明确。那么，体育教学中都有哪些学法指导缺失现象，又是何种原因所致？下面重点做一分析。

1. 体育学法指导缺失现象

（1）听讲法指导的缺失现象

在体育学习过程中，学生需要在诸多环节认真听讲，且听清、听懂、听会。如当教师讲解动作要领让学生建立动作概念的环节；当教师提出安全防范措施让学生尽量规避安全风险的环节；当教师介绍评价标准及要求让学生顺利完成同学间的互评任务的环节；当教师讲解游戏规则让学生熟悉游戏竞赛方法的环节；等等。可是，有些教师在这些环节进行讲解时，往往只是提出"一定要认真听讲"、"一定要注意安全"、"一定要遵守规则"等类似的"一定要"怎么做的提示语言，而未能明确提出应如何才能会听、会防范、会游戏等的有效听讲法的指导，结果会有部分学生未能及时听明白教师讲授的内容，而导致动作概念未能建立或出现错误建立、安全防范措施未能掌握、游戏规则不够明确等现象发生。

（2）观察法指导的缺失现象

体育教学中，学生未能做到有效观察，其主要原因在于未掌握观察的方法。观察法多源于教师的指导，可是，通过对当前体育课堂的了解，观察法指导的缺失现象较为明显。有的教师尽管提出来"一定要注意观察"的要求，但由于学生依然不知道如何观察而出现未能看清动作方法的现象。有时因观察法指导的缺失，还会出现尴尬局面。如一位年轻的女教师在给学生讲解完篮球单手肩上投篮动作要领以后，接着说，"同学们，下面我给大家做一次示范，你们一定要认真观察"。本次示范球没有投进，本来是一件十分正常的事情，可是这位任课教师接下来又说，"同学们，下面我再给大家做一次示范"。不巧，本次示范又没能投进，教师顿时感到一阵尴尬。出现这种情况，实际上是在教师示范之前缺少明确学法指导的缘故。由于没有及时进行"如何观察"的方法指导，结果大部分学生很容易把目光都集中在篮圈上，不约而同地观察教师是否把球投进。

除此之外，当同学们需要互相观察、互相学习时，有时也存在教师未能告诉学生如何观察同伴动作的观察法指导缺失的现象；当个别学生展示时，有时也存在教师忽略了指导其他学生如何观察同学展示的现象。这些现象，都不同程度地会影响到学生的观察效果。

（3）练习法指导的缺失现象

学生在体育课堂上练习某项技术时，我们会经常看到，有的学生练习行动迟缓，有的学生练习过程中不断地和相邻的同学聊天，还有的学生一直在错误地练习，却丝毫未觉察到自己动作的错误等。一方面，这些现象说明学生自己对如何练习或许不十分明确；另一方面，教师存在一定程度的练习方法指导的缺失现象，即未能告诉学生该如何练习。很多情况下，我们只是听到了任课教师说"下面两人一组（或多人一组）进行练习"，未能听到该如何练习的明确要求。结果就很有可能出现，有的学生在练习中偷懒，有的学生在练习中一错到底，还有的学生不知道练什么，而是在做自己喜欢的技术动作等。假如教师在学生练习之前能够提出明确的练习要求，相信效果会有所改观。

除了听讲、观察、练习等学习活动需要明确而具体的学法指导，实际上，通过对大量课堂的诸多环节的观察，在体育教学过程中，学生的讨论、评价等环节也依然需要准确的学法指导。

2. 体育学法指导缺失的根源

体育课堂上学法指导的缺失，究其原因，大致可以归纳为以下两种情况：即长期对学法的忽视，未能从思想上引起对学法指导的重视；已经认识到学

第四章
指导学法"准确性"

265
第三部分
体育教师上课
——走出困惑
了解特性

法的重要性，但不知道如何有效地进行学法指导等。

（1）思想观念偏颇导致学法指导的缺失

长期以来，重教法轻学法的现象，从课的准备阶段已经开始了，如备课时大都只考虑如何教。假如对学生的课堂学习方法关注不够，学生在听讲、观察、练习等学习环节就很有可能出现不会学的现象。然而，这种重教法轻学法思想观念上存在的偏颇，很多教师并未意识到其严重性，甚至有的教师还提出过"还有学法？不是老师怎么教，学生就怎么学吗？"等疑惑。这种观念若长期得不到转变，不但对教学的有效性会带来一定的影响，更为直接的是影响到学生的学习效果。因此，转变重教法轻学法的观念势在必行。

（2）有效方法不明导致学法指导的缺失

体育教学过程中，有时我们能够看到学法指导的影子，但是，部分教师对学法指导的有效方法尚未掌握。如教师在示范前，提出了"大家一定要注意观察，一会儿我会提问大家"等的要求，但这种要求并不是十分明确，即"注意观察"的内容并没有明确地告诉学生主要观察什么，先观察什么、后观察什么，观察过程中如何思考观察到的动作，等等。尤其是当教师示范完成后，有的教师并不兑现"提问"的承诺，以后再提出类似的观察要求，学生很有可能不再引起重视。还有就是，要求学生进行小组互评时，也提出了"下面小组互评，要注意观察小组内其他同学的动作，然后进行相互评价"。可是，教师并没有提出要观察什么，大多数情况下，评价的标准也没有告知学生。这样看似有指导的评价，学生依然对评价方法十分模糊，也就很难评出客观的结果。这一现象，也大都是教师未能明确如何对评价法进行指导所致。

三、学法指导的特性与策略

与其他学科的学习一样，体育学习依然需要有效的学法。由于学法指导对有效学法的掌握能够起到积极的引导作用，因此，教师掌握有效的体育学法指导十分重要。那么，体育学法指导具有什么特性？如何进行学法指导？

下面做进一步讨论。

1. 体育学法指导的特性

体育教学中的学法指导体现的是相对性、全面性、准确性、前置性等特性。具体特性分述如下。

（1）体育学法指导效果的相对性

尽管体育学法指导对于学生的学习起着至关重要的作用，但是，学法指导的效果也是相对的，同样一种指导方法，并非适合所有的不会学的学生。实际上，学生不会学的原因和类型千差万别，因此，学法指导的内容和方式也应根据不同的学法做出不同的指导。尤其是不同学习内容或不同学习环节，依然存在学法指导的相对性效果。有的需要侧重于听讲法的指导，而有的要侧重于观察法的指导等。

除此之外，尽管学生都是同样在练习法上存在问题，可有的学生主要问题在于协调性上，而有的学生则是练习中注意力分散的问题，还有的是力量不足所致。因此，学法指导不可一刀切、大统一，而要根据不同的需要做出有针对性、有选择性的指导。

（2）体育学法指导范围的全面性

对于一节体育课而言，教学效果如何，并非在某一个教学环节实施学法指导就能达到十分理想的效果，而是要考虑各环节指导的整合效应。也就是说，凡是需要指导的教学环节都要考虑施以有效的学法指导。从任何一节完整的体育课堂而言，从开始部分教师讲述本节课的内容、目标，以及提出具体要求开始，已经要求学生认真听讲了，不但要听，还要能够听清本次课最重要的教学信息。假如学生在这个阶段走神，就难以很有目标感地接受本次课学习。因此，在开始部分的学法指导，是要巧妙地引导学生注意力集中，明确本次的任务和要求；到了准备部分，需要学生认真做准备活动，教师在这个时候的指导也应随机跟上，以达到准备活动的有效性。然而，大部分的学法指导都集中在基本部分的学习阶段，实际上，常规的学习环节如听讲、观察、练习等都要求提出明确的指导，不可忽略任何一个学习环节，否则，就难以达到理想的学习效果。到了最后的结束部分的放松活动，也要明确提出要求，而不仅仅是放音乐让学生自由放松。还有一点不可忽视的是，小结部分也要能够充分调动学生的积极性，鼓励学生对课堂学习情况进行有针对性的总结，从而提高学生的概括总结能力。总之，体育学法指导范围要尽可能地广泛，尤其是一些关键学习环节进行有效学法指导更不容忽视。

（3）体育学法指导内容的准确性

体育课堂上，学生学习的各个环节，仅仅加强了学法指导还不够，还需要重点考虑具体要指导的内容是什么，该指导内容需要达到准确有效。否则，不但起不到正向引导作用，还很有可能是一种时间上的浪费现象。

体育学法指导内容的准确性体现在指导语具体、清晰、完整等方面。指导完以后，学生应该能够知道如何做，如投篮示范时，要能够告诉学生先观察什么，后观察什么，在观察过程当中如何动脑思考、分析、判断等。而且，指导语言要清晰，让每一个学生都能听清楚具体的要求。还有一方面就是要体现完整性，即通过指导要能够使学生不但完整地将要学习的内容信息准确获取，而且教师要及时兑现提出的要求。如有教师提出"观察后我提问大家"，可是，有的教师往往会忘记及时对学生的观察效果进行提问，久而之，这样的指导语就会逐渐丧失作用，学生的课堂观察可能会由此而变得不太认真。因此，体育学法指导内容的准确性并不仅仅是具体、清晰而已，还要确保指导效果内容的完整性，否则，就难以达到理想的指导效果。

（4）体育学法指导时机的前置性

体育学法指导何时进行？一般而言，为了能够让学生达到理想的学习效果，学法指导最好能够提前进行，即在讲解之前、示范之前、要求学生做练习之前等环节进行。也就是说，事先把学习的方法提出来，让学生在听讲、观察、练习之前都知道如何听讲、如何观察和如何练习，不至于等到发现学生在学习中出现各种问题时再采取补救措施。当然，在学生学习过程中，也会发现有个别学生在有指导的前提下依然不会学，教师发现后需要再次进行有针对性的指导。

在观察中一旦发现多数学生依然不会学习，教师需要及时查找自己的原因，看是否是指导方法或指导语存在一定的问题，一旦是学法指导自身的问题，教师要及时纠正，调整方式重新指导。总之，无论哪种情况，教师要能够善于捕捉最佳时机，否则，就难以发挥应有的指导作用。

2. 体育学法指导的有效策略

有效的体育学法指导具有一定的方法技巧，前面从体育学法指导的特性上略有提及，为了达到更为理想的效果，下面从三个方面再来谈一谈如何提高体育学法指导的有效性。

（1）备课环节确定好学法指导的时机与内容

在过去的备课环节，教师大都重视设置好教学目标、定准重难点、确定好教学步骤等一系列准备工作。实际上，细节决定成败，学法指导是教师在一个个教学步骤之间对学生的学习提出的具体要求，缺少了这些重要的且及时的要求，教学效果就会有所不同。因此，在备课环节就要充分找准学法指导的时机，需要指导的内容，即指导语都需要事先有一个充分的考虑。或许有人会进一步提出，学法指导在教案中应归属到哪里？经研究以及与一线教师的交流后发现，假如表格式教案中有"组织教法与要求"栏目，可以将学法指导的指导语以要求的形式写在教案原有的"要求"部分，只是比过去的教学要求提得更为明确了；假如教案格式是"教师的活动"和"学生的活动"这样呈现的教案要素，学法指导的具体内容可以放在"教师的活动"部分，因为学法指导毕竟是教师所做的工作，而且，学法指导本身也可以看作教法的一部分。无论学法指导的具体内容放于何处，备课环节确定好学法指导的时机与内容十分必要。

（2）教学环节把握好学法指导的过程与效果

体育学法指导是在体育课堂的若干教学环节中具体实施，为了取得明显的指导效果，不但需要对学法指导的过程进行把握，而且还要对学法指导的效果进行及时的反馈和调整。学法指导时机把握好以后，在相应的环节施以具体指导时，还要根据当时的教学环境灵活把握指导方式。假如学生的学习状态不佳，首先需要调整到理想的状态，教师在讲解前，首先要想办法把学生的注意力集中过来，调整到最佳状态，否则，再具体的学法指导都难以发挥其应有的作用。由此看来，把握好学法指导的过程尤为重要。

另外，学法指导以后，教师不能只顾走教学的流程，还要考虑指导的效果，因为学生对学法指导的接受程度，以及学法指导后的学习是否达到了理想状态，都需要教师随时观察学生的学习动向，做到全面了解。假如学生未按照学法指导的要求去做，需要及时查找原因，并尽早纠正；假如学生按照学法指导的要求去做了，但效果不明，教师要能够及时改变学法指导的内容与方式，甚至是时机，力求达到理想的效果。

（3）学法指导应依据学生的学习调整与完善

陶行知先生认为：教师教的法子要根据学生学的法子，学生怎么学，教师就应该怎么教。由此看来，学生是"怎么学"的，一定程度上对教师"如何教"起着关键性作用。例如，在一节小学五年级的跳箱课上，学生分组练习时，任课教师安排每一组都要有一名学生保护与帮助，而且，要不断地轮换。在学生练习过程中，突然听到一个声音——"提臀！"顺着这个声音找到了发出者的位置，原来是一位男生在保护与帮助的时候，提醒同伴在上箱的一刹那"提臀"。任课教师听到了这一声音，立刻鸣哨把全班学生都集中起来，并告诉每一个学生，保护的时候要注意提醒同伴"提臀"。这不但体现的是根据学生的学法在改进教法，而且是根据学生的学习情况及时做出学法指导，练习者听到同伴的提示声，更加强调了动作关键，完成动作的质量也有所提高。由此看来，学法指导需要根据教学环节学生学习的情况做及时的调整与完善。

总之，学法指导具有相对性，指导的方法要灵活。准确且有效的学法指导，事先要有所准备，还要能够根据课堂情况灵活把握时机和内容，方能真正促进学生学习效果的提高。

对学法指导的相关问题进行归纳，如下所示。

指导学
法"准
确性"

教法学法课堂中，　学生学习不放松；

学法指导及时行，　听讲观察效果明；

转变观念重学法，　教学质量不会差；

学法指导有特征，　全面深入认识清；

备课环节要关注，　文本记在要求处；

课堂指导时机早，　大小环节不缺少。

第五章　手段创新"有效性"

在体育教学中，我们经常会看到不少任课教师使用创新的教学手段，有的自制或购置了新器材，有的在原有器材上做了适当的改变，有的在练习的方式方法上做了创新，等等。然而，并非所有的创新都有效，有的甚至存在一定的安全隐患。那么，什么样的创新是有问题的？为什么要在教学手段上创新？该如何做出有效的创新呢？下面从三个方面展开讨论。

一、体育教学手段创新的若干问题

在教学中，具有一定创新程度的体育教学手段并非都是有效的，相反，有的教学手段在设计时缺乏更深入的考虑，结果存在这样或那样的问题。笔者对过去发现的和与一线教师交流中了解到的情况做一归纳，便于在教学设计过程中避免出现类似的问题。

1. 不切实际的创新教学手段

在对体育教学手段进行创新设计时，一个最基本的问题就是要切合教学实际，并在教学活动中能够依照该手段达到预期的目的。但是，有的教学手段的设计尽管存在一定程度的新颖性，但脱离实际的现象比较突出。如一节跪跳起课，任课教师设计了两种练习手段，其中，一种练习手段是两人一组合作练习，一人双膝跪垫，另一人站在面前拉手帮助完成跳起动作；另一种练习手段是把体操垫子斜放，练习者双膝跪垫，面朝垫子所在高处，自主完成跪跳起动作。显然，这两种练习手段都难以完成跪跳起练习。前者因手臂被同伴固定无法做摆臂动作，显然难以上跳；后者因在斜坡做跪跳起时，难以完成收脚动作。由此看来，不切实际的创新练习手段，并非是真正的创新。

2. 存在隐患的创新教学手段

体育教学中的创新教学手段，有的在设计时未能充分考虑其安全性，结果在练习过程中会存在不同程度的危险性。如一节篮球行进间投篮课，任课教师自制了一个比正常篮筐大 3—4 倍的大篮筐，教学中将其放在场地的中央，学生围成一个大圆，教师统一口令，全体学生从圆周向圆心大篮筐运球并做行进间投篮动作。该项练习中，有的学生行进间投篮动作快，有的慢，有的甚至做了转身背向篮筐做投篮动作，投进篮筐的球滚落在地上，十分危险，很容易造成跳起投篮晚的学生踩在球上。显然，这样的创新自制器材，存在的危险性足以影响到练习的有效性，是不可取的。

除此之外，还有一些辅助练习手段未能充分考虑安全隐患的存在。如一节跳箱课，教师在跳箱正上方让另一学生举起悬挂有物体的竹竿，做动作的学生，尽力用脚去触碰悬挂物，由于悬挂物和竹竿的不稳定性，很容易在练习过程中，竹竿头部和悬挂物触及练习者的面部，存在较大的危险性。因此，在设计新的练习手段时，一定要充分考虑其安全系数。

3. 偏离主题的创新教学手段

教学手段的创新本应起到较好的教学效果，但是，有些因仅仅考虑的是为创新而创新，导致走进了形式化的误区，很难达到理想的教学效果。如一节原地运球新授课，教师为了提高学生的练习兴趣，设计了 10 余种行进间练习手段组织学生练习，其中，有蛇形行进运球、有倒走运球、有侧行进运球、有交叉步运球等，这些运球方式在篮球比赛中很少见到，甚至根本用不上。在练习过程中，看到最多的是很多学生在运球过程中因篮球控制不住，到处捡球；而且，认真观察学生在运球过程中的手形，大都是用手掌心接触篮球进行运球练习，显然，手形是错误的。实际上，作为新授课，需要解决的主要问题并非是体验若干种方式的行进间运球，而是要解决手触球的部位以及手形等问题。这实际上是偏离了教学的主题，尤其是学生应在一节课上掌握什么不够明确。导致这种现象的主要原因，在于教师并没有从学生的实际学习的需要出发，而是从教师教的角度设计了各种练习手段。这样的设计显然也是不可取的。

二、体育教学手段创新的主要缘由

体育教学手段为什么要创新？不同的创新设计会有不同的目的，当然，创新的结果都在于提高教学的有效性，从而提高教学的质量。下面对主要的创新缘由进行归纳。

1. 为减少教材枯燥而创新

在众多的体育教材内容中，如田径的跑、跳、投等，学生在学习的过程中会感到很枯燥，尤其是各种跑类的项目，学生会更感枯燥。其结果有可能出现听讲精力不集中、观察示范不认真、练习活动不积极等现象，导致教学效果不明显。为了减少因教材枯燥带来的消极学习状况的发生，有的教师在备课时，就围绕减少教材枯燥做文章；有的教师变换练习场地，如在篮球场沿边线端线绕圈做行进间运球，这种做法是采用项目整合的方式，减少教材的枯燥；还有的教师采取 100 米或 50 米接力跑或比赛的方式，让学生分组练习，这种做法是增加竞赛成分以减少教材的枯燥；还有的教师组织学生做让距追逐跑游戏，即让奔跑能力相对较弱的学生提前跑出一定的距离，让奔跑能力相对较强的学生滞后起跑，并追赶跑在前面的同学，为了能够让所有的学生都能够在练习中有成就感，教师可根据学生实际不断调整让出的距离长短，这种方式实际上是利用成功教学减少教材枯燥的方式。

2. 为降低教材难度而创新

体育教材难度有大有小，从难度上来划分的话，包括三种类型，一类是会与不会有明显区别的教材，会就是会，不会就是不会，而且，这样的教材内容，不经过认真、努力地学习，很难掌握，如游泳、背越式跳高等就属于该类；另一类是会与不会没有明显区别的教材内容，如走、跑等，教与不教，学与不学，学生都能走和跑，只是要怎么走，跑多远、多快。这样的教材内容的教学难度最小，或几乎谈不上什么难度；还有一类是处于中间型的教材，如健美操、武术少年拳等，都属于中等难度的教材内容。为了降低教材难度，往往有教师会考虑设计辅助性练习手段的方式，如让未掌握游泳技术的学习者背上系浮漂的方式进行练习；又如，背越式跳高采取用橡皮筋而不用横杆的方式，降低了练习的难度，从而提高了学生练习的勇气和积极性。这样的创新，对于使用有一定难度的教材进行教学是很有必要的。否则，一旦学生产生畏惧心理，或经过反复多次的失败打击，就很难再激起练习的兴趣。

为了降低难度，当学生未能掌握技术时，可以让学生提前体验该技术感觉。有时，有的教师会想到用辅助教具发挥作用。如一节仰卧推起成桥的技巧课，在学生难以独立完成成桥动作之前，任课教师设计了一连串的降低难度的辅助练习手段，从坐在体操凳一端，向后倒做成桥动作，到平躺在有一定坡度的垫子上仰卧撑起，体验成桥动作，再到平躺在垫子上，采用垫子中间放一根绳子，将垫子卷起来成为垫子卷辅助教具，由站在练习者两侧的同学用练习者腰下的垫子卷将练习者提起成桥，让学生充分体验仰卧推起最后成桥的动作感觉。这样的创新手段在提高练习的有效性上，也能发挥较明显的作用。创新设计如图 3-5-1所示。

图 3-5-1 拉弹弓器械创新

3. 为突破教学难点而创新

体育教学的难点一般指的是运动技术要达到的效果，如前滚翻要求滚动圆、方向正，急行跳远要求踏跳有力或助跑与起跳的有效衔接等。因此，体育教学要能围绕如何突破难点、让难点不再难而考虑创新。这类创新，不但能在一定程度上激发学生的学习兴趣，而且能大大提高教学的有效性，并能逐步实现教准、教深、教透的教学要求。如一节前滚翻课上，为了能够让学生练习中达到滚动直，教师在每一块垫子的中央，用彩条贴出一条直线，让学生在练习中很直观地找到目标；还有的教师在中央位置纵向放上一排小贴画，学生如果沿直线滚翻的话，小贴画会沿背部中央贴上，如果滚翻不直，小贴画会斜着贴在背部；还有，为了让学生在练习前滚翻时身体团紧便于滚动圆，有的教师就让学生分别在下颚下、大腿与腹部之间、大小腿之间腘窝处分别夹一条彩色丝带，夹紧了这些丝带，学生就能够基本上滚动成圆，从而提高练习的有效性，尤其通过反复练习，达到突破难点的目的；还有的教师教前滚翻后，先引导学生做低头看天的游戏。另外，还有的教师在教学生学习急行跳远时，为了让学生体验踏跳有力，就设计了在人工踏板下对称放置两个挤压能够发出响声的橡胶娃娃。如果踏跳有力，响声较大，反之则响声较小。通过这样的创新手段的设计，学生学习兴趣得到一定程度的提高，同时有针对性地突破难点，体现了教学手段创新的必要性。低头看天练习和踏板下放橡皮娃娃练习等，如图 3-5-2、图3-5-3、图 3-5-4、图 3-5-5所示。

图 3-5-2 一个学生做低头看天示范

图 3-5-3 全体学生一起练习低头看天

图 3-5-4 踏板下放橡皮娃娃 1

图 3-5-5 踏板下放橡皮娃娃 2

4. 为强化教学重点而创新

体育教学中，除了要有特殊的教学手段突破难点外，实际上，对于重点的强化也尤为重要。只有设计有效的强化重点的创新教学手段，技术的关键环节才能顺利完成，甚至学生能快速地掌握要领。如小学生在学习急行跳远时，为了让学生了解踏板，并且准确踏板，有的教师采取让学生在踏板上根据自己通过实验选定的有力脚（起跳脚）起跳的位置贴上一致的大脚丫。如左脚起跳的学生，在练习的踏板上左脚踏跳的位置贴上左脚大脚丫；相反，在右脚踏跳的位置贴上右脚大脚丫。采取这样的手段，练习中不仅更直观，而且能够强化踏跳动作。还有前滚翻的滚动技术，为了能够让学生清晰地体验到滚动这一动作，有的教师让学生两人一组反复练习背部着垫，团身做不倒翁练习。通过反复练习，强化了学生滚动时的背部感觉，提高了教学的有效性。

5. 为提高练习兴趣而创新

有时，教学手段的创新，并不是因为教材难度大，也不是因为教材枯燥，更不是因为要强化和突破重难点，而是有的学生对上体育课兴趣不浓，参与度积极性不高。基于学生的好奇心、争胜心强等特点，有时候，可以专为提高学习兴趣而在教学手段上考虑创新。如有的教师在教学生鳄鱼爬的课上，带到课堂上一只用海绵制作的大鳄鱼，学生会模仿鳄鱼的姿势，俯卧在垫子上，而且，身体紧紧地贴在垫子上，像鳄鱼一样做向前爬行的动作。一方面，鳄鱼的出现满足了学生的好奇心；另一方面，鳄鱼的姿势强化了学生的记忆，学生能够很直观地观察到鳄鱼俯卧在垫子上的姿势，并能更加形象逼真地完成鳄鱼爬的各项练习活动。

又如，一节跳山羊课，学生需要在踏跳之后，过山羊之前，反复做分腿动作，可是，学生在练习这个分解动作的时候，往往兴趣不高，练习不积极。基于此，有的教师就采用在山羊两侧拉两条长线、长线上悬挂若干个小铃铛的方式让学生练习分腿，用腿触碰小铃铛。练习过程中，分腿越大，腿越直，触碰的越有力，铃铛就越响。这种练习手段大大提高了学生的练习兴趣，从而提高了学习的效果。还有的跳高课上是用小铃铛提示学生是否触碰到了皮筋，如图 3-5-6、图 3-5-7、图 3-5-8 所示。

图 3-5-6　跳高架上系着铃铛

图 3-5-7　学生在调整铃铛的位置

图 3-5-8　跳高皮筋上系上了铃铛

三、体育教学手段有效创新的方略

如何创新教学手段？时机如何把握？有哪些创新形式？创新价值如何取舍？这些问题都值得深入分析和研究。否则，就难以发挥创新的作用。

1. 创新时机把握：基本部分主教材教学创新为最佳

通过对以往体育课的观察，我们了解到，体育教学中的手段创新，大都出现在准备部分准备活动阶段、基本部分主教材学习阶段、基本部分游戏阶段、结束部分放松阶段等。那么，体育教学活动中什么时机创新效果最为明显？经过研究发现，基于各部分创新作用存在一定的区别，因此，只要能够有效促进体育教学质量提高的环节，都可以不失时机地采取创新的手段组织教学工作。但是，基于学习运动技术、掌握运动技能的主要目标的实现，尤其是要强化重点、突破难点的关键教学环节的把握，将创新时机确定在基本部分主教材学习时段最为理想。这样的设计，不但能够激发学生学习的积极性、满足其好奇心，而且通过学生的积极参与，更有利于学生对所学运动技能的掌握，对达成技能目标具有重要的作用。因此，假如说，整个体育课堂只有一处创新设计的话，最好能将其放在主教材学习环节；假如说，有两处及以上创新设计的话，至少要将一种创新的教学手段放于主教材学习环节，其他的可以放在所需要的部分。

2. 创新形式确定：简单真实的创新教学手段较理想

从形式上来讲，要摆脱过于复杂化的创新，尤其是为了降低教材难度的创新教学手段的设计，更应该把握简单易操作的教学手段，否则，就难以达到理想的教学效果。过于复杂的创新和过于频繁的创新有可能会走进为创新而创新的误区，有可能会不同程度地影响到主教材的学习和教学目标的达成。另外，教学手段的创新设计最好不要脱离实际，包括教学的实际和学生的实际，尤其要与生活实际相关联，方能如期将创新手段发挥到最佳功能状态。脱离教学实际的创新无法具有可持续性，脱离学生实际的创新不利于学生身心健康发展，脱离生活实际则难以体现创新教育的意义和学以致用的作用。因此，创新形式要能够确定在简单真实的基础之上。

3. 创新价值取舍：实现三位一体目标的手段价值大

体育教学目标是多元的，但无论从课程的角度还是从课堂教学的角度来看，体质健康促进目标、运动技能掌握目标、健全人格培养目标这三个维度的目标体系是体育学科应该把握的。因此，在考虑教学手段的创新时，要么能够有利于实现目标而创新，要么至少能够为便于达成其中的一个目标而设计创新手段。脱离目标的创新教学手段，不但花费了很大的精力去设计，而且浪费了课堂有效的教学时间，是得不偿失的做法。如有的教师自主创编了缺乏教育意义的"母鸡下蛋"的游戏，将该游戏搬进体育课堂，不但不能充分激发学生参与活动的欲望，体能素质难以有明显的促进作用，而且还缺乏技能学习的要素。因此，脱离三位一体目标的创新教学手段是应该尽量避免的。

4. 创新效果预设：有趣、有量、安全的创新手段作用强

在对体育教学手段进行创新时，我们不能顾此失彼，而是要周全考虑，不但要考虑它的趣味性、时间量，更要考虑其安全性。从趣味性上看，创新的手段要能够充分调动学生参与的积极性，便于促进运动技能的学习、体能素质的提高，或便于健全人格的培养。参与是基础、是前提，而有趣是参与的原动力。从时间量上来看，要因创新教学手段的持续性而发挥其作用，不能蜻蜓点水式地呈现创新教学手段。有的创新只是让学生看一眼或体验一次的做法是不可取的。从安全性上来看，任何一个创新教学手段的设计，都要首先考虑是否安全，有没有安全隐患，在哪个部位或环节有可能发生安全事故，自制器材材质的安全性能是否过关，练习手段的运用是否能够确保平安无事，等等。假如一个看起来形式上很好的创新，但由于存在较大的安全隐患，也不便于在课堂上使用，如同文中前面所举案例一样，一旦存在相撞、扭伤等隐患，这样的创新都将是无效的创新。因此，在创新设计环节，要能够对所创新的教学手段有一个充分的效果预设，一旦不能达到理想的效果，无论是趣味性、时间量，还是安全性，都要改变创新思路，调整创新方法，力求达到较为理想的创新。

关于教学手段创新的有效性问题，做进一步归纳。

体育课上有创新，　以假乱真问题深；
思想认识不到位，　创新手段难学会；
创新设计缘由多，　枯燥激趣分头说；
由难变易手段灵，　强重破难均可行；
创新安全有价值，　突出效果最真实。

第六章 学习主体"能动性"

21 世纪，自主学习能力已成为人类生存的基本能力。自主学习是与传统的接受学习相对应的一种现代学习方式。以学生作为学习的主体，通过学生独立地进行分析、探索、实践、质疑、创造来实现学习目标。2011 版课标在"实施建议"中明确提出："应创设民主、和谐的体育与健康教学情境，有效运用自主学习、合作学习、探究学习与传授式教学等方法，引导学生在体育活动中，通过体验、思考、探究、交流等方式获得体育与健康的基础知识、基本技能和方法，培养应对问题、自我锻炼、交往合作等能力，开展富有个性的学习，不断丰富体育活动经验，学会体育学习和锻炼。"而且，在附录部分还列举了"在篮球投篮教学过程中培养自主学习的意识和能力"的典型案例。不但充分说明了体育课堂引入自主学习方式的必要性，还表明了体育教学采用自主学习方式培养学生学习能力的可行性。为此，加强对自主学习主体能动性的研究具有重要的理论和实践意义。

一、"自主学习"与"接受学习"呈交替互融

体育课堂教学引入自主学习方式，并不是要反对过去的接受学习，而是接受学习方式的补充。二者尽管有本质的区别，但目标是一致的，都是通过学习让学生学会与会学，从而得到应有的发展。前者更体现自主性，后者则以非自主性为前提。体育课堂教学不同的环节需要不同的方式，问题在于有些人却将二者对立起来，肯定一种形式而否定另一种，如有人引入自主学习却否定了接受学习，这种认识和做法是不正确的。

1. "自主学习"与"接受学习"的交替

在没有强调自主学习之前，学生的学习方式大都是以接受学习为主。如老师讲解，学生认真听讲；老师示范，学生认真观察；老师指导，学生认真

第六章
学习主体"能动性"

281
第三部分
体育教师上课
——走出困惑
了解特性

练习；等等。引入自主学习后，并非要否定接受学习方式，二者之间可以交替使用。但如何交替？提高学习的有效性应注意哪些问题？交替可以有先后顺序，但是孰先孰后并没有做出严格的规定。也就是说，教师先传授，还是学生先自主体验式学习并没有限制。因此，可交替是绝对的，交替顺序是相对的，或者说先后顺序具有较大的灵活性。采取二者交替使用的方式，不仅是因为自主学习与接受学习各自有着功能与价值的独特性，而且，还因为丰富的学习方式便于激发学生的学习兴趣，从而提高学习效率。

如何交替使用自主学习和接受学习，要根据学习者的需要灵活安排。接受学习是多年延续下来的最常见的学习方式，顺应学生参与体育学习的认知规律，受传统教育教学方式的影响，多数情况下当前的体育教学接受学习先于自主学习；还有一种情况是先让学生进行自主学习，教师再进行归纳总结，然后，再按部就班地进行讲解、示范，学生通过听讲、观察接受教师传授的知识、技能和方法。课堂教学有诸多新生成的东西，可能会因为新的生成而改变原有的设计，因此，除了先后顺序上的倾向性以外，关键的是要根据需要确定交替的轮次，关于这一点也需要灵活把握。可见，交替时机和轮次的灵活把握是有效利用自主学习和接受学习的关键。

2. "自主学习" 与 "接受学习" 的互融

自主学习和接受学习除了在顺序上可以分清先后以外，实际上，有时二者是交融在一起共同发挥作用的，只是以哪种学习方式为主而已。也就是说，接受学习中需要有自主的成分在里面，而自主学习过程中也有接受的作用在发挥。即呈现"你中有我、我中有你"的特点。为什么还存在互融的关系？该如何充分做好互融的效果？这是十分值得探讨的问题，也是充分发挥二者各自作用的关键性问题。

世界上任何事物都不是孤立的，而是相互联系的，关键是如何把握好这种关联性。就自主学习而言，学生在进行体育自主学习时，有可能是在自主学习前听到了教师对如何进行自主学习提出的明确要求，要么就是在自主学习过程中能够不断地得到教师的有效指导。无论是学习前的明确要求，还是学习中的有效指导，都融入了接受学习。因此，自主学习过程依然离不开教师的教学活动参与其中。同样，就接受学习而言，尽管是以教师传授为主导，学生接受为主体，但学生的接受依然需要体现自觉、自愿、积极、主动等，脱离了这些，仅仅是被动式的接受也难以达到理想的学习效果。这就告诉我们，自主中有接受，接受中有自主，二者不是孤立的而是具有较大的关联性。把握好这种关系，就能够很好地区分和采用适宜的学习方式有效组织好教学活动。

二、"自主学习"与"合作学习"、"探究学习"并行协同

自主学习除了与接受学习不矛盾外，实际上，自主学习与合作学习、探究学习也密不可分，三者具有同等重要的地位，只是各自具有不同的能力培养侧重，是并行且协同发挥作用的学习方式。

1. "自主学习"与"合作学习"、"探究学习"同等重要

自主学习与合作学习、探究学习同时在课标中被提出，要求在体育课堂教学中引入，并培养学生自主、合作、探究的能力。说明这三种学习方式具有同等重要的地位，相互之间无可替代。

培养学生的自主学习能力主要体现在学生能够积极主动、自觉、自愿地参与体育学习，是学生个体发展的需要，而且是终身发展的需要。自主学习能力是创新人才必备的基本功，正如华罗庚的论述一样："一切创造发明，都不是靠别人教会的，而是靠自己想，自己做，不断取得进步。"采用自主学习方式还能够提高学习的质量，因此，自主学习是课堂教学十分重要的学习方式。

培养学生的合作学习能力主要体现在合作精神、交往能力、竞争意识、平等意识等方面。实际上，目前世界各国的教育都在强调合作，人类今后所面临的问题越来越复杂，要解决这些问题，光靠个人力量已很难实现。因此，当代教育必须重视培养学生的合作意识与合作能力，尤其是现在的学生大多是独生子女，独立的性格、以自我为中心的行为等都不利于健全人格的发展，

第六章
学习主体"能动性"

283

第三部分
体育教师上课
——走出困惑
了解特性

难以顺应世界教育改革的潮流，合作学习无疑是合作能力培养的有效途径。因此，体育课堂培养学生的合作学习能力十分必要。

培养学生的探究学习能力主要体现在学生发现问题、分析问题、解决问题等方面，是学习者通过探究活动生成知识的过程，也是学生通过亲身活动发现问题或探寻答案的过程。体育的探究学习既有学生自主的、自发的、自愿的，表现为积极主动的过程，也有教师提出问题让学生主动探究的过程。探究学习能力高低的检验，重点是学生探索研究的意识、行为和结果上，无论是发现问题还是为问题探寻答案，都能集中体现学生的研究能力。探究学习与自主学习有明显的区别，又不等同于合作学习，是具有特殊目的性的学习方式。体育课堂培养学生探究能力尤为重要，具有一定探究能力的学生，在运动技能掌握方面具有较明显的优越性。

2. "自主学习"与"合作学习"、"探究学习"协同作用

尽管自主学习、合作学习、探究学习在培养学生对应能力方面有各自的功能价值，但这些学习方式本身在发挥作用时，并不是互不关联的，而是具有较强的协同性或同步性。如自主学习，既包含学生个体的自主学习，也有与同伴联合共同开展的以小组为单位的自主学习，一旦出现小组合作，又离不开合作学习的一些功能特性。除此之外，无论是个体还是小组的自主学习，某种程度上还与探究学习密不可分，即自主中有探究。又如合作学习，不但体现自主的操作过程，而且是以集体的形式进行自觉、自愿的体现自主特性的学习方式，因此，合作中的自主也是存在的。再如探究学习，探究形式既有学生个体的探究，又有集体形式的探究。探究本身带有自主性，集体形式本身也包含合作性，三者互为一体，体现了自主、合作、探究在某种程度上的形影不离，共同完成对学生综合能力的培养。

三、"自主学习"主体能动性的可操作性策略

研究自主学习并非仅仅是要扭转错误认识，而是要在全面而深刻地解读其内涵的基础上，探寻体育课堂教学中的可操作性策略，从而提高体育教学

的有效性。

1. 自主学习主体能动性释义

"自主学习"体现着主体所具有的能动品质。学习是自主的学习,自主是学习的本质,能动性是学习的本质属性。学习主体的能动性是自主性的精髓,具体表现为自立、自为、自律三个特性,这三个特性构成了自主学习的三大支柱。

"自立"是说每个学习主体都是具有相对独立性的人,学习是学习主体自己的事、自己的行为,是任何人不能代替的,而且学习主体具有独立的心理认知系统。"自为"是独立性的体现和展开,它内含学习的自我探索性、自我选择性、自我建构性和自我创造性四个层面的结构关系,本质上是学习主体自我探索、自我选择、自我建构、自我创造知识的过程。"自律"简单地说是学习者对学习活动的自我约束,是一种学习上的自觉,体现为对自己的学习要求、目的、目标、行为、意义的充分觉醒,也是一种自主学习规范性的体现。

2. 发挥主体能动性的自主学习可操作性策略

（1）走出形式化的自主学习的认识误区

新课改以后,体育课堂上出现了各式各样的自主学习,但集中反映在形式化现象突出,导致真正的自主学习尚未发挥应有的作用。自主学习既包含自主的学,还包含自主的练,但有时,教师让学生进行自主学或练时,并非体现真实的自主性。如讲解、示范完以后,教师提出了练什么、如何练的要求,让学生分组进行自主练习。实际上,看似给学生自主练习的时间和空间,但是,学生的练习内容、方法、节奏等都还由教师控制,即体现不出学生自立、自为,也显示不出自律的特点,并非是真正意义上的自主练习。如果长期这样理解和运用自主学习,不但学生真正的自主学习能力得不到培养和改善,学习的有效性也难以有所体现。相反,还有一种将自主当自由的现象,即用放羊式教学体现新课改提出的自主学习,这种认识更加不利于学生学习能力的提高。在放羊状态下,教师完全失去了对学习活动的监控,学生也就很容易失去学习中的自律，从而导致"想学的学不到，不想学的到处跑"。因此，走出对自主学习认识的误区，充分发挥学生在自主学习中的能动性，对学生自主学习能力的培养才有望实现。

（2）激发学习兴趣打好自主学习的基础

心理学研究表明，学习兴趣的水平对学习效果能产生很大的影响。学生学习兴趣浓厚，情绪高涨，他就会深入地、兴致勃勃地学习相关方面的知识，并且广泛地涉猎与之有关的知识，遇到困难时表现出顽强的钻研精神。学生能否真正地进行自主学习，一方面要看教师的正确引导，另一方面就是要看学生自身的学习兴趣。对体育学习毫无兴趣的学生，无论教师如何引导，都难以将其引导到自主学习的真实场景中去，结果就会出现被动且形式化的学习。因此，激发学生的学习兴趣至关重要，但新的问题在于体育学习兴趣的激发并非易事。曾有人调查，很多学生喜欢体育而不喜欢体育课；还有人研究，学生学了12年的体育竟一项运动技能都没有掌握。这些研究的结论值得我们深思，为什么学生喜欢体育，体育课上依然是体育运动项目的学习就不喜欢了呢？每星期都要上体育课，又为什么学了12年却一无所获呢？这些问题固然会有多方面的原因，但一个不争的事实是，学生缺乏对体育课上体育学习的兴趣是最关键的根源。如何激发兴趣？这一问题长期困扰着研究者和一线教师。自主学习更需要以兴趣为前提，拓宽对兴趣的认识领域，从教师自身对学生兴趣的影响出发，是较为有效的策略。如提高教师的专业技能水平，能够让学生对体育学习增加期待；又如提高体育教师的人格魅力，可以提高学生对教师的效仿；等等。学习兴趣的培养不是带领学生做若干个游戏就能够达到的，需要教师全方位、多角度、深入地把握激发兴趣的有效策略。

（3）正确引导形成准确的自主学习概念

培养学生的自主学习能力，最终起作用的还是学生自身，也就是说，通过教师的正确引导，学生积极主动地参与才能提高自主学习能力。假如学生尚未建立准确的自主学习概念，很容易将自主学习理解为被动的接受式学习。表现出学习中消极被动或不知所措，有的可能是在"等、靠、要"教师的明确要求；有的可能是不知道自主性把握到何种程度；还有的可能是把自主当自由去理解了，结果很难达到自主学习的效果。这些问题集中体现了学生对什么是"自主学习"不甚了解，从而出现盲目的自主学习形式。实际上，核心概念的准确释义，是做好一切事情的根本，自主学习的概念不明确，自主学习就难以具体落实。然而，就体育学科而言，什么是体育自主学习？自主学习的特征有哪些？自主学习的表现形式如何？不但任课教师要了如指掌，有时还需要让学生有一个大致的了解，教师不能自己清清楚楚地教，而让学生稀里糊涂地学。让学生明确自主学习的概念和方式方法，使师生都清楚明了地把握教与学的各个环节。只有这样，培养学生的自主学习能力才不会是一句空话。

（4）创造时机给学生提供自主学习的环境

要培养学生自主学习意识和能力，教师就需要在课堂教学过程中，通过适宜的教学环节给学生提供自主学习的机会，否则，自主学习能力的培养会得不到实现。那么，教师该如何创造条件让学生自主学习？首先，任课教师要在某一个教学环节有意识地留出一定的时间，让学生接触或能够体验自主学习是一种什么样的学习形式，体验一下与接受学习的不同点和关联点在哪里，从开始接触到逐步熟悉，再到牢固掌握自主学习的方式方法，自主学习能力的培养才能成为可能。从学生的角度来看，自主学习是一个从不会到会、再到精通的过程。假如不给学生预留自主学习的时间，自主学习就会停留在口头上，体育课程改革也难以在教学方式方法上得到应有的推进。至于何时让学生自主学习，自主学习的时间预留多长，一切都要依据课堂教学的需要和学生发展的需要而定，即灵活把握时机。如健美操课的教学，当以传授的方式教完单个动作后，给学生留足了时间，进行动作组合，并以小组为单位组合出不同的形式。一方面，学生已经学了单个动作，具有了组合的条件；另一方面，教师也需要给学生一定的启发诱导，要把握组合的原则，等等。如果能经常在健美操课上给学生提供自主组合创编的时机，学生自主学习健美操的能力便会不断提高。

第六章　学习主体"能动性"

287
第三部分
体育教师上课
——走出困惑
　了解特性

（5）时时指导体现自主学习的主体能动性

　　真正的自主学习，其学习主体需要体现能动性，但当前体育课堂的自主学习环节，并未能明确地看出有主体能动性的体现。这就要求任课教师在授课过程中加强观察，及时对学生的自主学习过程与效果做出准确的判断，并能及时扭转错误的、形式化的自主学习。带领学生树立能动性的自主学习观，对于体育课堂上学生的自主学习，教师不能视而不见、听而不闻。假如不及时跟进指导，学生的自主学习能力的培养就会大打折扣。由于能动性主要体现在自觉、自愿、主动、积极等方面，因此，一旦在自主学习环节发现学生不够自觉、不太情愿，不能主动，消极待命地学习，都要及时做出调整，严格监控整个自主学习的过程。因此，只有自主学习具有能动性，其功能价值的优越性才能得以凸显，学生的自主学习能力才能得到提高。例如清华大学附属小学为学生购买了大网球，在教师的引导下，学生尝试着将球颠高，到颠多，再到移动颠稳，最后因球无意中漏出大网变成了大网拍球，这一系列的过程，从玩到赛都是教师给学生留足了自主学习探究的时空，学生们一步一步地发挥自己的想象，体现了学习的能动性，逐渐创造了新的玩法和拓展了该器材的锻炼功能。有些学校采用大网球让学生练习，大大提高了学生练习的积极性和主动性，如图 3-6-1、图 3-6-2、图 3-6-3 所示。

图 3-6-1　大网球集体练习

图 3-6-2　大网球分组练习

人们已经广泛认识到自主学习的重要性，尤其是认识到了培养学生自主学习能力的价值。基于目前存在一些认识上的误区导致操作层面上的偏差，深入研究自主学习，既是一个重要的理论问题，更是一个具有一定指导意义的实践难题。充分体现自主学习主体的能动性，

图3-6-3　大网球练习中球跑了出去

不但要激发学生兴趣，更要创造良好机会，并在自主学习过程中给予有效的指导，从而更好地贯彻落实新课改提出的转变学习方式、提高学生学习能力的总体要求。

关于学习主体能动性，下面做进一步归纳。

学习主体"能动性"

体育学习方式多，　自主接受分类说；

接受学习较传统，　自主学习课标中；

接受自主无对立，　相伴交融无顺序；

自主合作相伴生，　探究学习在其中；

学习方式看效果，　主体能动不会错；

自主学习设环境，　能动发挥效果明。

第七章　游戏选编"针对性"

体育游戏是以简单的规则为前提，以身体练习为基本内容，以游戏为形式，以增强体质、掌握技能、娱乐身心为主要目的的特殊体育活动。体育游戏深受中小学生的喜爱，常被一线教师作为提高学生参与运动兴趣的重要手段和小学阶段传授运动技能的重要载体。准确选择或创编科学、合理、有效的游戏十分重要。

一、体育游戏在课堂中的若干现象

体育课堂中的游戏丰富多样，在体育教学中发挥着重要的作用，但是，一旦游戏选编或组织不当，就会出现这样或那样的问题，下面谈几点不良现象。

1. 内容关联不清现象

选择或创编什么样的游戏，从内容的角度考虑，需要与主教材或教学的主题有较强的关联性。但是，有些游戏内容在选择时却忽视了这一重要方面。目前，出现比较多的现象是游戏满堂灌，各游戏之间又未呈现必然的联系，也未能反映一个明确主题。也就是说，体育游戏围绕什么情景或解决什么问题都不是十分明确，结果成了为游戏而游戏的简单堆砌。除此之外，在准备部分或基本部分即将结束时安排的游戏，都出现与课的主题或主教材内容不相符的现象，既看不到提高准备活动的效果，也看不出强化运动技能学习或提高某项体能素质，甚至有些课上，任课教师还在结束部分安排一个与放松活动毫不相关的游戏。从内容的角度看，以上这些游戏关联性不清晰，可以初步判断其针对性不突出，是不适当的做法。

2. 作用发挥不明现象

体育课堂教学中，体育游戏应该有明确的作用，在当前体育课上所看到的体育游戏中，有些游戏作用并不是十分明确，有的游戏选择非常随意，缺乏周密的考虑，有的一味地追求新异，结果浪费了宝贵的课堂教学时间。如有一节小学体育课，任课教师自己创编了"母鸡下蛋"的游戏。游戏方法是：将学生分成人数均等的几组，先是组织学生到事先搭好的"鸡窝""下蛋"（放下手中搬运的物体），而后比赛"取蛋"速度，与过去的往返运物接力十分相似。从游戏的命名来看，"母鸡下蛋"既缺乏明确的教育意义，又难以调动学生参与的积极性，大多数学生都很不情愿地按照老师的指令"下蛋"，这样的游戏难以达到理想的教学效果。还有些课上，长期做同一个游戏，该游戏也难以伴随课的内容的变化而发挥不同的作用。因此，一旦出现体育课上所选编的游戏作用不明确，这样的游戏也都是不适宜的。

3. 组织方式不当现象

体育游戏的组织非常关键，组织不当不但直接影响游戏作用的发挥，而且还会在一定程度上影响学生参与游戏的热情。体育游戏在体育课堂上的组织方式不当现象主要表现在以下方面：一是分组不合理。要么是每组人数不等，要么是男女比例分配不均，要么是体形差别较大，还有可能是基础、技能差异明显等。二是规则不遵照。具有比赛性的游戏，组织是否合理，一个关键点就在于是否严格按照规则执行。不遵照游戏规则的现象，有的是跑动的距离不等，有完全达到的，也有半途而返的；有的是击掌启动不统一，有执行的，也有未击先行的；有的是绕过障碍不均，有按照路线依次绕过的，也有未按线路往返、隔三差五只绕过个别障碍的；等等。三是奖罚不分明。体育游戏尤其是带有比赛性的游戏，游戏最后是会分出输赢的，学生也十分期待比赛的结果。可是，有的任课教师在游戏结束后对赢与输的奖罚上不够明确，只是宣布各组的名次，后续的奖罚激励措施都未曾提及。这些组织方式都难以调动学生参与的积极性。

4. 安全防范不力现象

体育课堂上安排游戏，无论是出于何种目的，也无论是游戏数量多少，都不可忽视游戏的安全保障。但是，在对体育课堂游戏的观察中发现，有的游戏从创编环节就忽视了游戏的安全隐患，如某任课教师创编了一个"网鱼"游戏，该游戏是采用一根长长的竹竿，竹竿的一端悬挂一个大大的渔网，游戏开始，网鱼者手持竹竿的另一端，上下、左右挥动着渔网捕捉跑动的"鱼"（学生）。游戏过程带有明显的安全隐患，挥动渔网时，一不小心就会触碰到学生的脸部，尤其是碰到眼睛会更加危险。又如，在组织迎面接力游戏比赛时，由于对持棒方式未提出明确的要求，接力棒很容易在快速奔跑传递过程中戳伤同伴，可是，任课教师始终未发现其隐患，更没有采取防范措施。组织这些带有一定安全隐患的游戏，随时都有发生伤害事故的可能，在体育课堂教学中要引起高度重视。

二、从三维目标看体育游戏的分类

体育游戏的分类方式较为多元，有的按照运动项目划分游戏的种类，如田径类游戏、球类游戏、体操类游戏等；有的依据游戏的作用划分，如娱乐类游戏、体能类游戏、教育类游戏等；还有的从游戏存在的时间早晚将游戏划分为传统游戏、现代游戏等。本研究从体育课程的三维目标对体育游戏进行归类，将体育游戏划分为增强体质健康类游戏、掌握运动技能类游戏和培养健全人格类游戏，这样划分游戏更便于一线教师选编。

1. 增强体质健康类游戏

在体育课上，这类游戏一般都安排在基本部分课课练时间内进行，而且，对其选编也会提出以下明确要求：一是确保一定的练习密度；二是体现适宜的负荷量；三是具有明确的体质促进项目。增强体质健康类游戏，一般还应具有一定的趣味性；否则，会因枯燥或单调激发不起学生参与的兴趣，也就很难达到增强体质的目的。

然而，该类游戏除了考虑其要求，还要考虑内容体系。过去最为常见的是按照体能素质类型划分，即按照力量类游戏、速度类游戏、耐力类游戏、灵敏类游戏和柔韧类游戏划分。而从增强体质健康的角度可以进一步细分为：塑造身体形态类游戏、改善身体机能类游戏和提高身体素质类游戏。与过去的五大素质划分相比，不仅增加了身体形态、身体机能类，而且针对性更加明显了。如塑造身体形态类游戏，可以创编有利于减肥的游戏类型；改善身体机能类游戏，可以考虑创编有利于提高心肺功能的游戏类型等，如有任课教师在体育课上组织学生比赛吹气球的游戏，对提高学生的肺活量会有一定的锻炼和促进作用。

学生做游戏场景如图3-7-1、图3-7-2、图3-7-3所示。

图3-7-1　奔跑接力游戏

图3-7-2　打蟑螂游戏

2. 掌握运动技能类游戏

在所有的游戏类型中，实际上有一类游戏是能够用于促进学生对运动技能掌握的。这类游戏在创编时大都会考虑促进学生对某项运动技能的掌握。掌握运动技能类游戏应体现如下特征：一是体现明确的运动技能；二是指向明确的运动项目；三是拥有科

图3-7-3　打气球游戏

学合理的游戏规则。这类游戏也应该对其趣味性有所考虑，否则，促进运动技能掌握的目的性就难以顺利达成。

另外，从掌握运动技能类游戏的内容体系来看，既可以按照运动项目类型来进行划分，如田径类、体操类、武术类、球类等；也可以按照单一技术划分，如运球类、传球类、投篮类、垫球类、射门类、滚翻类、攀爬类、跳

跃类等,其中,运球类、传球类等是从专项运动技能考虑游戏的选编,而滚翻类、攀爬类等则是从基本运动技能考虑的。但总体上都是围绕如何更好、更快地掌握运动技能而设计的。篮球游戏如图 3-7-4、图 3-7-5、图 3-7-6 所示。

图 3-7-4 一人运两球

图 3-7-5 两人背靠背运球交换

3. 培养健全人格类游戏

中国近代体育的积极倡导者蔡元培先生,在他的教育思想和实践活动中包含丰富的体育内容,他认为"完全人格,首在体育"。通过体育运动的方式培养健全人格可谓十分重要,用组织体育游戏的方式培养学生的健全人格,是一个非常有效的手段。这类游戏主要把握的不

图 3-7-6 两人面对面运球交换

是为增强体质,也不是为掌握技能,而是要针对如何才能培养健全人格而设计。因此,该类游戏需要体现如下特点:一是健全人格培养目的的明确性;二是健全人格培养游戏内容选择的针对性;三是健全人格培养的实效性。当然,趣味性在该类游戏中也不可忽视。

培养健全人格类游戏的内容体系,需要建立在健全人格的内涵之上。"健全人格"是一个表达人的本质存在状态的新时代概念。理想标准是人格的生理、心理、道德、社会各要素完美地统一、平衡、协调,使人的才能得以充

分发挥。实际上，2011 版课标中的身体健康、心理健康与社会适应学习方面的内容可以作为创编该类游戏的内容体系分类依据。既可以按其学习方面分为身体健康类、心理健康类和社会适应类，还可以细分为培养合作能力类、培养创新精神类、培养爱心奉献类等。总之，只要能够围绕健全人格的培养，该类游戏的创编就能体现应有的价值。

三、选编体育游戏应把握的关键点

无论是从现有游戏中选择，还是创编新的游戏，都不可盲目，要充分考虑其针对性。不仅要针对教学的需要，还要考虑学生发展的需要。下面就如何有针对性地对体育游戏进行选编谈几点认识。

1. "目的性" 需要十分明确

体育游戏的选编首先需要明确以下问题：为什么要选编某一游戏？该游戏要在体育教学中发挥什么作用？假如从三维目标体系考虑的话，是要达到增强体质的目的，还是要促进技能掌握，或是要培养健全人格？目的不明确，游戏的针对性就不强。确定了大的方向后，进而再考虑是要为巩固哪项运动技术的学习。如巩固篮球运球技术，可以安排一个带有运球技术的游戏；增强某一项体质，如提高力量素质，可以安排一个带有增强身体某一部位力量的游戏；要培养某一方面的人格，如提高合作能力，可以安排一个以相互配合、敢于担当的游戏。游戏的选编只要有明确的目的性，游戏与主教材内容或与教学主题之间的关联性也就会自然显现。

2. "科学性" 需要全面把握

体育游戏一旦走向课堂，就要充分考虑其科学性。体育游戏的科学性主要体现在以下方面：游戏的选择要符合学生的年龄特点，尤其是要与其身心发展特点相适应；游戏内容和组织形式，更要符合学生的认知特点和规律。具有科学性的体育游戏，从游戏名称、游戏方法到规则要求等都应是清晰的，表述是规范的，方法是合理的，奖罚是分明的。从一节课来看，能对完成该节课的主要目标发挥作用；从一个单元来看，体育游戏要能体现系统性，不

第七章　295
游戏选编"针对性"
第三部分
体育教师上课
——走出困惑
了解特性

是信手拈来的游戏，而是从一个单元的角度考虑每节课的游戏作用、游戏内容和方法；从一个学期而言，体育游戏的选编也需要通盘考虑，其科学性主要体现在两个不同：其一是每个单元的游戏作用有所不同，其二是游戏的内容和方法应有所不同。总之，无论是课时、单元或是学期，安排的每一个游戏都要充分体现其科学性。

3. "安全性"需要始终如一

无论是选编阶段，还是组织实施过程，都需要始终考虑体育游戏的安全性。任何一个环节放松安全防范，都有可能为安全事故的发生留下隐患。选择和创编游戏时，无论是对游戏的安全判断，还是创编游戏时所需要的场地器材的安全考虑，都要求细致周到，如游戏所需器械的性能是否可靠、质地是否过硬、承重能否保障等。假如创编游戏的过程中尚未发现任何安全隐患，也不可掉以轻心，游戏场地的布置不合理、游戏活动的组织不当也是引发安全事故的不可忽视的环节。因此，在布置场地时，器械与器械之间摆放的距离、器械在场地上的稳定性等都要引起高度的重视。在组织游戏时，规则要求提的是否到位、组与组之间的距离是否适当等都是防范安全事故发生要考虑的重点。

4. "实效性"需要综合体现

在体育课堂教学中，体育游戏要体现实效性，游戏的实效性应在以下方面有综合体现：在内容上应显现关联性或服务性；在组织形式上应含有一定的趣味性，达到了激发学生练习积极性的作用；在功能价值上应有明显的教育性体现；等等。由此可以看出，实效性应是全面的、系统的，只发挥某一方面的作用是不够的。因此，游戏的选编并非一件容易之事，轻视从系统的角度把握实效性是不可取的。根据游戏的特点和种类，游戏的实效性又是有主次之分的，把握主要作用，不忽视次要作用，是游戏选编的基本准则。实际上，游戏所能发挥的作用也是十分有限的，要想让一个游戏在各个方面都有突出的体现是不现实的。如增强体质健康类的游戏，主要是能够在体质健康增强上发挥重要作用，其他方面也或多或少地有所体现，这样就可以体现

实效性。

5. "趣味性"需要恰到好处

趣味性是游戏的重要特性之一，无论要通过体育游戏达到何种目的，缺乏趣味性是很难实现的。但是，趣味性不是无限放大的，是应该有一定限度的。作为教学内容的体育游戏，趣味性不是其唯一特征，而是辅助于其他特性而发挥作用的，有利于促进其他功能的体现。这种关系需要厘清。如通过游戏体现教育价值、健身价值，但是，缺少了趣味性的体育游戏，教育、健身价值都难以得到体现。由此看来，把握体育游戏趣味性的度十分关键，做到恰到好处是一种创编体育游戏的能力，无论是要增强体质，掌握运动技能，还是培养健全人格，如果过分注重或淡化趣味性，都难以达到游戏目的。

总之，基于丰富的体育游戏功能价值，选编和组织游戏的过程与方法需要把握好几个关键点。否则，就很容易出现若干不良现象。转变对体育游戏的认识，提升对体育游戏的选编和组织能力，准确把握游戏的功能价值，将有助于提高体育教学的质量。

对体育游戏选编针对性进一步进行归纳，如下所述。

游戏选编"针对性"

体育游戏功能强，　三维目标都帮忙；
创编游戏懂特性，　多元依据分类型；
目的明确又科学，　安全实效有辨别；
传统游戏类别多，　按项区分最常说；
体能技能和人格，　教学目标要综合；
强身游戏上体能，　技能游戏目标明；
人格培养不可少，　此类游戏不难找；
体育游戏内容全，　课堂运用要选编；
依据教材和学情，　游戏多少有不同；
组织过程严控制，　提高质量是大事。

第八章 体能锻炼"常规性"

体能是人体适应环境的能力，包括与健康有关的体能、与运动有关的体能。与运动有关的体能是人体各器官系统机能在体育活动中表现出来的能力。体能素质是人体肌肉活动的基本能力，是人体各器官系统的机能在肌肉工作中的综合反映，通常被看作人的身体素质，包括力量、速度、耐力、灵敏、柔韧等。力量大小、速度快慢、耐力高低、灵敏程度、柔韧范围等，能够综合体现体能水平的高低。因此，有效加强体能素质的锻炼尤为重要。

一、体育教学中体能素质锻炼若干现象

在观课时，我们通常能够看到任课教师在教学的某一个环节，尤其是在基本部分即将结束时，会安排几分钟的课课练内容。但是，通过大量的观察和分析发现，目前，体能素质锻炼无论是时间、内容还是形式都存在不完善之处。对此进行全面而深入地分析，将有利于一线教师正确认识体能素质，并更好地在课堂上把握体能素质锻炼的有效性。

1. 体能素质锻炼的形式化现象

体育课上安排一定时间的体能素质锻炼，已经越来越受到一线教师的重视，那么，该如何组织体能素质锻炼活动，即采取哪种形式效果更佳，这是提高课堂质量的关键所在。然而，纵观一些体能素质锻炼形式可以看出，有的明显存在走过场的现象。尤其是观摩课上表现得更为突出。如任课教师在课课练时间段安排了一个体能素质练习，并采取了循环练习的方式组织该项活动。循环练习由四项素质练习活动组成，采取了等时轮换，四项练习活动总时长大约安排 5 分钟，每个练习平均下来大约 1 分钟，这样的时间分配和内容安排，怎能达到应有的锻炼效果？因此，体能素质锻炼要摆脱形式化，

充分考虑其锻炼的实效性。

2. 体能素质锻炼的随意化现象

体育课上的体能素质锻炼，不能走向形式化的误区，也不能过于随意。锻炼什么，要有充分的依据，如按照学生素质发展敏感期、按照教学内容的需要、结合学校现有条件，等等。然而，实际教学中，并非所有的体能素质练习都科学合理，有一些内容的安排过于随意，甚至是教师想让练什么就练什么。过于随意的体能素质锻炼，不仅不能充分发展处于敏感期学生的素质，而且对运动技能的学习也难以发挥促进作用。尤其是那些不系统、不连贯、不持久的体能素质锻炼，既浪费了宝贵的课堂教学时间，又难以达到理想的结果。因此，要摆脱随意化现象，体现有序性的锻炼。

3. 体能素质锻炼的孤立化现象

体育课堂教学中，过去我们看到的体能素质锻炼，大都安排一个专门的活动时间，大纲时期常被称为"素质练习"，课标颁布以后，越来越多的人称为"课课练"。无论是素质练习还是课课练，其本质上并没有发生明显的变化，都是将体能素质的练习孤立于运动技能教学之外，独立地进行体能素质练习。现在的课课练，无论是练习内容还是器材类型上都有了很多创新，但是，由于仅仅是单纯的体能练习，学生的积极性往往还难以得到充分的调动。在运动技能教学过程中，学习技能会大大提高学生学习的热情，同时，安排适宜负荷的技能练习便于提高学生的体能素质，因此，假如把体能素质练习与运动技能学习有机整合，或许能够提高锻炼的效果。

二、体能素质锻炼的特性

在体育课上，合理安排体能素质锻炼内容和形式，要想达到理想的锻炼效果，需要该锻炼体现如下特性。

1. "层次性"是体能素质锻炼的首要特性

体能素质锻炼的层次性，不仅反映在不同学段、不同年级以及不同性别之间要有一定梯度地安排锻炼内容，而且在同一年级，甚至同一性别内部，体能素质锻炼依然要充分考虑阶梯性锻炼。从同一素质类型来看，有时需要多学段或多年级反复多次地锻炼，而某一项素质的多时段锻炼需要体现螺旋上升的特性，而不是缺乏层次性的简单重复。不具有层次性的锻炼，有的锻炼效果不理想，有的因类型或难易度安排不当而影响身体的正常生长发育。因此，层次性作为首要特性，在体育课堂上需要认真把握。

2. "系统性"是体能素质锻炼的必要特性

系统意味着由部分组成的整体。体能素质是由若干素质要素组成的，体能素质的系统性，首先体现在全面上，就某一个体而言，他的发展，不仅需要一定的运动素质，而且还要具备必要的健康素质。运动素质有助于运动技能的学习和竞技技能水平的提高，而健康素质有助于体魄强健。因此，全面的体能素质锻炼是十分必要的。另外，考虑到不同年龄阶段学生的素质都具有一定的敏感期，依据敏感期素质类型合理安排素质锻炼内容也是十分必要的。

3. "针对性"是体能素质锻炼的关键特性

体能素质锻炼的针对性，主要体现在体能素质锻炼内容的选择上。一方面，要能够与不同年龄段学生体能素质发展的敏感期相一致；另一方面，要能够充分考虑运动技能学习和提高的需要，有针对性地发展运动技能学习所需的素质，即明确要发展的运动素质是什么。当前，前者在实际锻炼中或多或少地会有所考虑，而后者在体育课堂上的体现较为滞后，教法过于单一，很少为技能学习先奠定一定的素质基础，对运动技能教学效果会有一定的影响。

4. "自主性"是体能素质锻炼的差异特性

2011 版课标在课程理念部分，第四条理念提出了"关注区域差异和个体差异，让每一个学生受益"。当前，在运动技能教学方面，越来越多的人逐步认识到关注个体差异的重要性。就体能素质锻炼而言，能够按照个体差异实施锻炼活动的并不多见，大都是以班级为单位，集体进行某一项或几项素质的练习，或者是分组轮换练习活动。但无论是集体还是分组轮换，其结果都是大家练习同样的内容，只是活动方式不同而已。真正有效的体能素质锻炼应能够让学生有一定的自主选择权。不同学生的体能素质能力差异是客观存在的，有些学生或许是力量素质差，有些学生或许是耐力不足，还有些学生可能灵敏性差一些等。有差异是绝对的，无差异却是相对的，因此，教师可以提供几种练习方案，让学生结合自己的体能素质基础，自主选择练习内容和方式。

5. "融合性"是体能素质锻炼的发展特性

在前文中我们已经谈到，体能素质锻炼应与运动技能学习相结合，这是促进体能素质锻炼可持续发展的重要形式。当前的运动技能教学和体能素质锻炼大多数情况都是"两张皮"，二者仅仅是条件和结果的关系，而未能将二者相互促进、相互影响的本质联系充分地挖掘出来，致使"两张皮"现象长期存在。体能素质锻炼融合在运动技能学习中，既能够达到运动技能学习、掌握和提高的目的，同时也能够通过合理的运动技能练习达到增强体能素质的目的。

6. "创新性"是体能素质锻炼的激励特性

创新在各行各业中都是实现快速发展的不竭动力。创新的反义词是守旧，任何守旧的做法都不利于兴趣的激发。体育课上我们经常看到体能素质锻炼的创新现象，如增加新型锻炼方式、添置具有一定创新性和新功效的器材等。但这里为什么还要重视体能素质锻炼的创新问题呢？主要是因为以下方面：一方面，仅考虑新颖而忽视实效，是不切实际的做法，很容易走进形式化误区，方式尽管新颖，但对某项素质锻炼的目的性并不突出；另一方面，对创新度的把握要能够较为准确，过度创新，要么安全运动得不到保障，要么创新浮于表面，达不到持久激励的作用。

7. "趣味性"是体能素质锻炼的永恒特性

定性评价体育教学质量时，我们会用是否准了、会了、乐了、热了等这些指标，其中，是否"乐了"是衡量一节课中，学生是否真正地享受到了体育给他们带来的快乐体验。除了运动项目本身所具有的兴趣点能够让学生体验到快乐以外，体能素质锻炼的形式、内容也都不可忽视其趣味性。目前，

第八章 **301**
体能锻炼"常规性"
第三部分
体育教师上课
——走出困惑
了解特性

除了器材和新方法以外，最多的还是通过各种游戏、比赛等方式体现其趣味性。但是，停止游戏比赛的方式或不用新颖器材时，学生对体能素质锻炼就很容易从积极参与过渡到消极观望。因此，充分挖掘学生对体能素质锻炼的兴趣至关重要。可以尝试从学生的需要出发，让学生领悟到运动技能学习进步缓慢是自身某项素质的缺乏带来的影响，懂得锻炼体能素质的重要性。即从被动练习向主动练习转变后，运动的趣味性就会深藏于心，即便是没有了游戏或比赛的方式，学生依然会兴趣盎然，锻炼效果也就不言而喻了。

8. "持久性"是体能素质锻炼的实效特性

体能素质的提高不是当天锻炼就能见到成效的，也不是这周每节课都练了，下周就明显提高了，实际上，某项素质是需要一个学期、一个学年甚至一个学段的锻炼以后，才能见到一定的效果。因此，持久性地对某项体能素质进行系统的锻炼十分必要。然而，持久性并不意味着一种方法从第一天开始到一个学期或一个学年结束一直不变，也不意味着一项素质从小学到初中，再到高中一练到底，而是结合学生素质发展敏感期、运动技能所需素质以及学生实际素质基础综合考虑它的持久性，通过不断变化方式激发锻炼兴趣的持久性。只有坚持不懈，体能素质锻炼的实效性才能达到理想的状态。

三、体能素质锻炼体现"常规性"的策略

体育课上，从开始到结束有诸多常规需要遵守，而这里讨论的是体能素质锻炼体现的"常规性"策略。一方面是提出要强化认识体能素质锻炼的重要性，另一方面是强调要充分认识在课的全过程中树立体能素质锻炼思想并付诸行动的必要性。

1. 体能素质锻炼"常规性"释义

常规性，顾名思义是经常实行的规矩或规定性。体能素质锻炼进入常规，意味着每节体育课都要考虑该项活动，每项技术的学习也需要充分考虑该项技术需要哪些体能素质，以及该项技术能够提高哪些素质。运动技能学习前的体能素质准备，需要在体育课堂设计环节有所考虑，而且更需要在课堂实

施阶段有所体现。运动技能学习过程中要充分考虑与体能锻炼的融合，即在反复练习某项技能的同时，考虑对某项素质的提高。如耐力素质是当前体质健康的重要指标之一，耐久跑又是学生最不感兴趣的项目，因此，就可以将篮球、足球等学生比较感兴趣的球类运动项目的学习与耐力素质锻炼相融合。如可以通过行进间直线或曲线运球接力赛、足球带球跑接力赛，甚至可以通过超过规定人数（超过项目比赛规定人数）篮球或足球教学比赛的方式促进体能素质的提高。当然，专门性的体能素质锻炼课课练也十分必要。总之，体能素质锻炼常规性主要体现在体能素质课课练堂堂有、运动技能学习常常带（最好不要为单纯学技能而学技能）等教学之中，其常规性就自然有所凸显，并能够达到因经常持久而有效。

2. 体能素质常规锻炼策略

基于体能素质对学生运动技能学习和健康体魄强健作用的重要性，体能素质要常规化锻炼，就要有具体可操作的有效措施。下面从课课练和运动技能融合锻炼两个方面谈一谈如何提高体能素质常规锻炼的有效性。

（1）常规课课练策略

从课课练来看，课课练要成为常规性的活动就需要有效的策略跟进。但是，如何将课课练既要长期坚持，又要常练常新呢？那就需要把握住四个方面的关键点：为什么练？练什么？怎么练？练的怎么样？实际上这四个一连串的问题需要每节课在备课期间都要做好充分的设计。

其一，为什么练？不但教师要能够明确为什么练，更重要的是要让学生明白为什么，不能一上来就练习。让学生能够知其然又能够知其所以然，有明确练习目的，学生或多或少地会从被动练习转向主动锻炼。

其二，练什么？在课课练上练什么，似乎是由教师选择和确定的，实际上，在具体到每一节课上时，要能够充分体现学生的需求。如有的学生力量差，需要集中练习力量；而有的学生，灵敏素质差，需要就灵敏素质加强练习等。因此，在选择练什么时，首先教师要有一个全面的考虑，通过学情分析环节，充分了解学生的体能素质基础的共性和个性特点。其次是学生对自

第八章 **303**
体能锻炼"常规性"
第三部分
体育教师上课
——走出困惑
了解特性

已要有充分的认知，在教师的引导下，每个学生要能够正确认识到自己哪方面的素质有待提高，师生协同才能确定针对性的练习内容。

其三，怎么练？体能素质锻炼不仅要体现内容选择的自主性，还要能够做到全体、小组和个体练习相结合。对于体能素质普遍较弱的班级，最好能够采取全班学生集体练习的方式；而对于适合于分组练习的班级（如一部分学生力量差，而另一部分学生耐力弱），要能够尽可能地采取分组练习的方式组织课课练活动；对于个体差异明显的班级，甚至可以采取个别辅导的方式，从而让每一个学生受益。假如都是一刀切、齐步走的方式组织课课练，到头来可能会出现强的一直强，弱的一直弱，达不到缺什么补什么的效果。

其四，练的怎么样？就一节课而言，我们过去很少考虑课课练的效果，缺乏对课课练的及时评价。实际上，无论是课课练，还是运动技能学习，都需要有一个及时反馈，这样不仅能够了解锻炼内容是否适宜，而且还能够进一步确定锻炼方法是否合理。当然，主要是通过教师的观察，以及与学生的共同讨论中了解一节课课课练的效果，便于及时调整或完善下一次课的课课练内容和方法。如观察学生参与的积极性、面部表情变化、身体出汗情况，聆听学生课课练的亲身感受，及时了解练习的量是大了还是小了，内容是多了还是少了，等等。

（2）体能素质锻炼与运动技能学习融合策略

要使体能素质锻炼与运动技能学习相融合，需要做到以下几点：其一，要转变观念，将过去单纯的运动技能教学转变到既能提高运动技能水平，又能有效促进体能素质提高上来；其二，要充分了解不同的运动项目能够有助于提高哪些体能素质；其三，要能够采取有效的措施实现"一箭双雕"的教学效果。

转变观念，听起来好像是一个老生常谈的话题，但是，不能一提到转变观念就觉得话题陈旧，而是要能够常谈常新。就体能素质锻炼而言，需要转变的观念是什么？过去的观念怎么了？通过哪种方式才能转变观念？运动技能学习与体能素质锻炼相融合能够有效促进体能素质的提高，具体操作起来，需要重新审视运动技能学习的全过程，充分考虑该如何体现体能素质锻炼的协同发展的效应。

探寻运动项目与体能素质促进的对应性，是实现运动技能学习与体能素质锻炼协同发展的关键。为了能够实现这一协同发展的目标，需要对运动项目各项技术进行分解，除了要充分了解每一项技术学习需要的运动素质基础以外，还要能够分析哪些技术的学习，尤其是运动技能的掌握过程能够有效促进哪项素质的提高。确定了这些，就能够采取有效的措施。

运动技能学习与体能素质锻炼相融合，达到理想的教学效果，关键要把握二者的关联点。如篮球的传接球技术，其关联点就是手臂力量和协调，除了需要学生具有一定的手臂力量，还要能够做到上下肢乃至全身的协调性。通过安排一定量的传接球练习，还能够有效促进学生上肢力量的提高。因此，可以通过改变传接球方式，甚至可以有所创新地采取多样化传接球练习，达到运动技能和体能素质双向提高的目的。

进一步对体能锻炼常规性进行归纳，如下所述。

体能锻炼"常规性"

学生体质不乐观，　体能锻炼是关键；
课程改革有强化，　课课练习不会差；
体能锻炼特性明，　层次系统针对性；
自主融合有创新，　趣味持久理解深；
体能锻炼常规性，　内容方式分学情；
敏感时期锻炼多，　技能学习融合做；
兴趣激发抓关键，　锻炼效果方呈现。

第九章　德育渗透"随机性"

德育工作在学校教育中理论上是最重要的工作，但在实际工作中却未能达到预期的效果。其根源是多方面的，其中多学科渗透性教育未能抓好是德育工作亟待加强的关键。目前，各学科在德育内容的渗透上存在"错失良机"的现象，结果是重学科知识或技能的传授，而育人环节常被忽略。体育学科也同样承担着育人的重任，尽管德智体美全面发展目标中，德育与智育、体育、美育并驾齐驱，但是，体育与智育、美育都不可忽视学科中的德育渗透。常言说，十年树木，百年树人，人的培养是一个长期且全面而系统的工程。脱离德育的体育教育是不完整的，也是不深入的。为此，重视体育教学中的德育渗透十分重要。

一、德育工作需要多个学科的协同

1. 立德树人之关键

《国家中长期教育改革和发展规划纲要（2010—2020 年）》中明确提出："坚持德育为先，立德树人，把社会主义核心价值体系融入国民教育全过程。"2014 年，教育部颁布的《教育部关于全面深化课程改革落实立德树人根本任务的意见》中，又一次明确要求，要把立德树人作为教育工作的根本任务。立德树人是一项重要的育人工作，涉及教育的各个方面。在培养社会主义建设者和接班人的宏伟蓝图中，立德树人是最本质的要求。

2. 学科协同之必要

立德树人是一项复杂的、长期的育人工程，其复杂性和长期性仅靠学校思想品德教育课程远远不能满足人才培养和发展的需要，要把立德树人工作做得扎实、有效，既需要教育综合改革把握明确方向，家庭、学校、社会形成合力并肩作战，更需要多学科融合德育于学科教育教学之中，发挥协同攻关作用。体育作为学校教育工作中的一个重要且无可替代的学科，越来越凸显其强大的功能价值。正如毛泽东同志在《体育之研究》中论述的那样："体育一道、配德育与智育，而德智皆寄于体，无体是无德智也。"可见，通过体育渗透德育更为重要。

二、体育课堂教学中德育渗透缺失

1. 体育教学德育渗透认识误区

体育作为一个能够渗透德育的学科，本应得到重视，但是，长期以来，一些认识误区的存在影响着体育渗透德育的具体落实。第八次体育课程改革初期，部分淡化运动技能教学的错误认识，将体育课当作放羊或半放羊式的教学，尤其将自主当作自由的做法，游戏化现象也较为突出，学生不但学不到运动技能，体育课上的育人工作自然也就被淡化。随着体育课程改革的不断深入，越来越多的人开始认识到运动技能教学的重要性，开始强化运动技能的教学，将很多精力用于课程资源的开发，传统项目的现代化改造、新兴项目的引入，学校特色项目的建立等，使体育课回归到为学生终身体育奠定基础的重视运动技能教学的轨道。然而，当时的体育课程改革，依然未将德育渗透重视起来，或更进一步说，似乎很多人还没有认识到德育工作也是体育教育的重要内容之一，因此，有诸多良好的德育教育时机被错过。尽管在实验版和修订版中都提出了心理健康和社会适应的学习领域，但如何将其落到实处，依然困惑重重，目前尚未有具体有效的落实方案，结果存在一线教师不重视或不知道如何重视的现象。

2. 体育教学德育渗透缺失现象

体育学科教学有诸多环节可以渗透德育，但是，实际教学中，德育渗透并不十分理想，且表现明显的缺失现象。体育中的德育渗透时机不容错过，目前有哪些错失良机的现象呢？

第一，备课环节忽略了渗透德育的设计。很多人备课时，教学目标中大都写着"情感、态度价值观"或"情感目标"的维度，其表述多为空洞的内容，缺乏可操作性，多数未能与教学实践结合起来。如有的教案中这样描述体育教学目标情感维度："培养学生自主意识和合作意识以及克服困难、勇于进取的优良品质。"还有的教案在教学目标中这样写道："提高学生的自信心，树立良好的心理氛围，培养学生勇于拼搏的优良品质和集体主义精神。"这样的案例还有很多，从目标表述中我们不难看出，勇于拼搏的优良品质也好，克服困难的精神也罢，实际上并没有说出通过什么活动达成这样或那样的良好品德培养目标。说明写的和即将要做的并不能一一对应起来。因此，这说明在教学设计环节中德育渗透工作未能引起人们的高度重视。

第二，上课环节错过了德育渗透的良机。实际上，体育课渗透德育，需要创新设计育人环节，课堂上随机都有可能出现育人良机，更需要教师善于捕捉，并积极采取有效措施，机智、巧妙地完成德育渗透工作。这种随机性的德育渗透往往会达到意想不到的教育效果。假如错失良机，实属遗憾。例如，在一节小学五年级的跳高课上，教师将学生按照体质和技能分为若干组，其中，几个小胖墩被分到一组里进行练习。在一次练习中，一个体重最大的小胖墩，通过努力终于跳过了横杆，但是，由于身体超重的缘故，落地时未能站稳，差一点摔倒，很多同学哄堂大笑，发出了集体嘲笑的声音。这一环节一出现，任课教师并没有及时对发出嘲笑声的学生进行批评教育和正确引导，而是走向那个较为吃力地完成动作的小胖墩面前，轻轻拍拍他的肩膀说："没事，你要顶住！"实际上，此时此刻，更需要将受教育者移向那些发出嘲笑声的学生的身上，要告诉这些学生，任何时候都不能嘲笑同伴，要在别人需要帮助的时候帮助他人。这样的教育是必需的，而且，这样的良机很多时候也是不可复制的。这就需要教师要能够全面提高教育教学能力，及时捕捉课堂上的德育教育良机。

第三，课的小结强化德育教育有所欠缺。几乎每一节课上，我们都能够听到教师在基本部分即将结束时，或在结束部分进行课的小结。总结的内容多为通过这节课的学习，大家基本掌握了什么、哪些同学表现不错，还有哪些地方需要继续努力等"套路化"的结语，缺乏对德育情节的强化。课的小结是对一节课的相对集中的较为高度的概括，在概括是什么、为什么、怎么样的过程中，很有必要对课上德育的关键问题再次提及，让学生加深印象、明确方向，并让学生明白树立良好的道德观念、形成良好的道德行为习惯的重要性。综上所述，体育课堂教学要树立德育渗透的理念，并达到德育渗透的深入性和全面性，使德育工作凸显实效。

三、体育课堂德育渗透三部曲

体育课堂上渗透德育，抓良机十分关键，有时甚至能够达到理想的教育效果。在教学中，把握好观察、判断、施教三步工作至关重要。

1. 德育时机观察

体育课堂观察是体育教师教学过程中的重要教学行为，通过了解发现，观察的内容大都集中在学生是如何听讲的、如何观察的、如何练习的，以及如何展示的等。实际上，体育课堂何时进行德育渗透，也是需要通过认真观察才能找准时机的，不注意观察，一些好的教育时机就有可能被错过。尤其是那些相对较小的教育时机，更容易被忽视。那么，该如何观察？具体要观察什么？在实施观察的过程中，要能够及时捕捉突发情况。如有学生在练习中主动去帮助技能差的学生；当两个人发生冲突时，有人主动道歉或有人主动示好；当有人摔倒时，有同学会主动搀扶；当有人表现突出受到老师表扬时，有同学向其点头微笑，表示为之高兴和敬佩；当有人做动作不小心摔倒时，一些学生发出了嘲笑的声音；等等。也就是说，通过仔细观察学生在学习过程中的语言、行动、表情等，能够及时了解到哪些地方是很好的德育渗透时机。因此，认真观察是把握好德育渗透时机的前提和保障。

2. 德育良机判断

在体育课堂上，如果观察到诸多看似可以作为德育渗透机会的教学环节，教师还要进行认真的分析和判断：一是判断哪些环节要进行德育教育；二是判断要进行哪方面的教育；三是判断如何教育效果更佳。这些判断应是及时

第九章
德育渗透"随机性"

309

第三部分
体育教师上课
——走出困惑
了解特性

的、迅速的、准确的，否则，德育渗透的良机仍然难以发挥应有的作用。那
么，该如何做出合理的判断？首先，要具有随时随处都有可能进行德育渗透
的观念，这样的话，德育渗透良机的捕捉就能够来得及时和迅速；其次，要具
有一定的对德育渗透时机的分析判断能力。德育是一个十分宽泛的概念，是教
育者有目的地培养受教育者品德的活动，是政治思想和道德品质的教育，包括
爱国主义教育、理想教育、集体主义教育、劳动教育、人道主义与社会公德教
育、自觉纪律教育、民主与法制观念教育、科学世界观和人生观教育等诸多内
容。不同的教育时机有可能隐含集体主义教育，也有可能是需要进行自觉纪律
教育，甚至有可能是劳动教育的时机，等等。教师要能够通过观察快速准确地
做出判断，否则就很难做出适宜的施教活动，也就难以达到德育教育的目的。

3. 德育方式施教

通过观察、分析判断属于哪类教育时机只是完成了其中的两步工作，关
键要能够及时采取有效策略进行德育施教。当然，根据具体的教育内容，可
以采取多种方式，诸如说服教育的方式、榜样示范的方式、实际操练的方式、
品德修养指导的方式、品德评价的方式，等等。其中，说服教育的方式是最
常用的方式，但这种方式往往难以发挥理想的作用。尤其是对于那些品德修
养相对较差的学生，只是说服教育很难奏效。对于榜样示范的方式来讲，在
使用时，既要让一贯表现较好的学生作为同学们要学习的榜样，还要及时发
现一贯表现不好的学生，偶尔有好的表现时，不能错过这样的偶然性榜样示
范作用，或许能够起到较明显的作用。实际操作的方式是一种通过切身体验
去感悟的方式，这种方式要比单纯的说教式效果更为明显，但并非所有的教
育时机都能够采取这种方式，这种方式更适合于有意创设的德育渗透。品德
修养指导的方式也十分重要，修养是在教师引导下，学生经过自觉学习、自
我反思和自我行为调节，使自身品德不断完善的一种重要方法。教师对学生
品德修养的指导十分关键，及时、正确、有效的指导能够促进学生自身品德
发展并提高其修养。品德评价的方式包括表扬、奖励与批评等。品德评价要
真实、贴切，否则，有可能起到反向作用，与德育目标背道而驰。

由此看来，德育的方式各有不同，特点和作用各异，但是，每一种方式都是进行德育不可或缺的，根据具体教学环境和学生发展的需要，选择适宜的德育方式十分必要。

四、体育课堂德育渗透之关键

体育课堂上进行德育渗透，并非时时处处或课课都有德育渗透良机，为了达到理想的教育目的，进行德育渗透环节的创新设计十分必要，为此，要把握以下三个关键点。

1. 了解德育渗透所需

结合不同水平段或不同年级学生的德育要求，才能有针对性地进行德育渗透的创新设计。那么，不同水平段的学生都有哪些德育渗透的需要呢？翻开 2011 版课标，我们可以从心理健康与社会适应学习领域中找到与之对应的教育要求。各水平段提出了"具有良好的体育道德"的总体要求。其中，水平一的具体要求是"在体育活动中表现出对同学的关心与爱护，乐于帮助同学。如当同学在体育与健康学习中遇到困难或需要保护时能够主动提供帮助等"；水平二是要求"初步了解体育道德，并注意规范自己的体育行为。如在体育活动中做到文明用语、讲礼貌、遵守规则等"；水平三提出了"对体育道德具有一定的认识并努力实践。如表现出胜不骄、败不馁、尊重同伴、尊重对手、尊重裁判等道德行为；正确对待体育活动中的相对较弱者。如在体育活动中不歧视并帮助比自己运动技能水平差的同学和其他弱势群体（如肥胖生和学困生等）"；水平四的具体要求是"在体育活动、比赛和日常生活中表现出良好的道德行为。如表现出公平、诚实、友爱、礼貌、尊重等行为"。任课教师可以结合这些具体要求，灵活把握并创新设计德育渗透的内容和有效环节。

2. 分析体育教学场景

体育课堂上实施德育渗透，需要充分考虑体育教学场景，从开始到结束的所有教学环节，都有渗透德育的可能。各环节该如何渗透、渗透什么等问题都需要深入思考。由于体育课堂结构可以划分为三段式或四段式，因此，

第九章
德育渗透"随机性"

311

第三部分
体育教师上课
——走出困惑
了解特性

体育课堂上的德育渗透如果按照课堂结构划分的话，也可以将其简单地分为开始部分德育渗透、准备部分德育渗透、基本部分德育渗透和结束部分德育渗透。又由于各个部分都有明确的任务和要求，因此，德育渗透在不同部分的教育内容和方式也各有区分。开始部分时间短，主要完成集合整队、安排见习生、宣布课的内容、任务和要求等。该部分如果渗透德育，或许在提出课堂要求部分，适当增加一些具体的德育要求更为适宜。或许只是三言两语，但是会让学生能够从思想上引起重视，规范自己的言行。准备部分主要完成的是准备活动，学生在参与该项活动时，假如是以整齐划一的慢跑、徒手操或器械操等练习的形式完成，德育渗透不太容易切入。但是，假如该部分是通过组织游戏或学生根据自己的情况自主做准备活动的话，渗透德育的机会就会增多。基本部分多数情况下都包含两项内容，一项是主教材的学习，另一项是以游戏、比赛、分组练习等形式的体能素质锻炼内容。无论是前面的主教材还是后面的体能素质锻炼，一节课中最佳的德育渗透时机无外乎基本部分这两项内容。如学习中如何做到互相帮助、游戏中如何做到互相配合、比赛中如何才能互相鼓励，等等。结束部分以完成放松活动、小结与收还器材为主要内容。无论是该部分的放松活动形式的选择，还是小结部分的强化，都能够有效实施德育渗透。

然而，从众多的体育课堂情况来看，主动在某一部分设计渗透德育的并不多见，说明体育学科的德育渗透意识和行动还有待加强。

3. 创新德育渗透方式

要在体育课堂上渗透德育工作，不但要抓好教育的良机，还要能够结合实际情况，进行教育方式的创新设计和组织。具体的设计思路与操作方法可以从以下几个方面入手。其一，在对某节课进行教学设计时，要确定适宜的德育渗透内容，通过前两个步骤的了解和分析，大致确定下来本节课上要渗透什么，要能够做到内容清晰、目标明确（课堂上突发的德育情节除外），使得德育渗透在体育课堂上能够层层落实、逐步推进，减少教育的盲目性。无计划地盲目施教，难以达到全面性、系统化的教育结果。其二，在进行教学设计环节，除了高度重视基本部分运动技能教学的方式方法、技巧、效果的设计以外，渗透德育的最佳教学环节要能够有一个准确的判断，并选择适合学生年龄特征、生长发育水平、心理发展特点的易接受的教育方式。教育方式不适宜，学生有可能对德育工作视而不见，或有抵触情绪，因此，把握方式的适宜性十分关键。其三，渗透德育方式的创新性是提高学生参与度从而提高教育效果的关键。但德育渗透方式的创新既要有巧妙的设计，还要有机智、灵活的课堂把控能力。体育课堂上的德育创新可以尝试"教学要素整合"的方式开展该项工作，可以采取如下整合措施：德育与课堂上的体育比赛整合，拓宽体育比赛的目的性，提高体育比赛的功能价值。如比赛前向学生提出明确的要求，除了充分利用所学技战术参与比赛，还要能够在比赛中赛出风格，做到失败不气馁，遇到同伴失误不抱怨，不通过不正当的防守方式伤及对手等。德育与课堂评价整合也是一种有效的措施，可以通过丰富课堂评价的功能来完成，如评价中的"诚信教育"，学生在自评互评时，要求学生能客观、真实地评价自己和他人。教师对评价的点评，除了评说学生的评价能力，还要能够对学生的评价诚信度进行分析判断，从而达到既提高了学生的评价能力，又能够借机渗透德育。由此看来，改变过去单一的比赛或评价的方式，在这些教学环节中巧妙地融入德育教育十分必要。

对德育渗透随机性做进一步归纳，如下所述。

德育渗透"随机性"

立德树人全科做， 体育课程不示弱；
课堂活动细观察， 渗透时机辨真假；
良机育人不放过， 对象方式不能错；
健全人格要培养， 品德高尚是脊梁；
运动技能要学习， 德育渗透不遗弃；
游戏比赛方式好， 德育渗透少不了；
教学设计想周全， 德育创设是关键；
渗透过程要完整， 德育效果有点评。

第十章　评价引入“必要性”

《义务教育体育与健康课程标准（2011年版）》明确提出了体育教学评价要求过程性评价与终结性评价相结合，而且，要采取教师评价、学生自评与互评等多元评价相结合的方式。为此，学生评价越来越受到重视，一线教师在课堂上引入学生评价者逐渐增多。但是不是每一节体育课上都需要引入学生评价？引入学生评价的目的是什么？学生自评、互评、小组内评价需要采取哪种方式组织评价活动？如何采取学生评价提高学习的有效性？当前存在哪些不良现象？为回答以上问题，下面重点对体育课堂教学中学生评价若干不良现象、体育课堂教学中引入学生评价所需条件、体育课堂有效引入学生评价应把握的几个关键点展开讨论。

一、体育课堂教学中学生评价若干不良现象

体育课堂教学中，越来越多的任课教师在课堂上运用学生评价，但纵观体育课堂上学生评价的过程与方法不难看出，目前存在若干不良现象亟待改善。

1. 学生评价不明确标准的现象

自体育新课程改革在课程标准中提出“发挥多方面评价主体的作用”以后，无论是在体育常态课还是观摩课上，都可以看到教师提出让学生自评或互评的评价环节。但是，在这些环节上，一个最为突出的现象就是，很少有教师事先向学生提出评价标准，即学生大都是在不明确标准的情况下进行自评或互评活动。显然，这种评价会导致盲目评价的结果，也就很难培养和提高学生的评价能力。实际上，在体育课程标准中，明确提出了“教师应充分调动学生参与体育与健康学习评价的主动性和积极性……教师应加强对学生评价的指导，提高学生正确评价自己和他人的能力”。说明学生无论

要进行自评还是互评，教师的明确指导极为重要，只有事先向学生提出明确的评价标准，学生才能真正对所观察和体验到的动作方法和要领做出准确的判断。

2. 学生评价干扰主教材的现象

体育课堂上，在哪个环节设置评价活动，是应该有充分考虑的，否则评价效果就不会十分明显，甚至干扰主教材的学习。如有一节"箱上前滚翻"课，在学生复习完垫子上前滚翻，教师讲解、示范完箱上前滚翻的动作以后，组织学生练习该动作。可教师在跳箱的前面垫子上分别摆放了用于评价的记录卡和笔。学生每次完成箱上前滚翻动作以后，就马上到放置的评价卡那里进行评价。自评结束后，又进行小组内评价。通过认真观察整个练习和评价环节可以看出，学生用于评价的时间明显多于在箱上做动作的时间，由于有评价任务，学生在箱上做动作的认真程度也有所降低，危险性也会随之增大。而此时此刻的评价难以看到应有的作用，尤其是学生刚进入新技术的学习，难以做出准确的评判，更难以起到对学生评价能力培养的作用。这种现象让我们认识到，当学习新授内容时，最好不要同时设置两项不同的新任务，更不要在刚开始练习时就设置评价环节，这样很容易分散学生学习的注意力，从而出现因评价而干扰了主教材学习的现象。

3. 学生评价活动无延伸的现象

体育课堂设置评价环节，一方面会充分考虑教学的需要，在一定环节需要检验学习的效果；另一方面也需要培养学生的评价能力。但是，很多评价活动的开展，除了很少有人向学生提出评价标准以外，另一个比较突出的现象就是，在学生评价结束后，很少有教师对学生评价效果及时跟进，即对学生的自评和互评情况未进行点评，学生不但不明白自评、互评或小组内评价结果是否准确，还难以了解到这些评价采取的具体方式是否正确，很容易导致学生轻视评价过程。因此，无论学生评价的情况如何，教师都应该及时对学生的评价进行小结，指出哪些评价是客观的，哪些评价过于主观，正确而准确的评价应该是什么样的等，从而让学生懂得什么是评价，不同的评价方

第十章 315
评价引入"必要性"
第三部分
体育教师上课
——走出困惑
了解特性

式该如何实施。

4. 学生评价作秀走过场的现象

在体育课上，尤其是在体育观摩课上，我们经常会看到，有些教师在课堂上提出评价要求后，未给学生留足时间，就很快结束评价活动。结果出现有的学生根本没明白让做什么，有的学生刚想认真看别的同学是如何做的动作，还有的学生看到了但未来得及说看到的结果，就被老师一个哨声结束了评价活动，这种现象在一定程度上可以归结为评价作秀现象。这样的评价活动的安排，不但学生不明确评价的目的，而且也很难在该环节体验到评价的过程和作用，更难以促进学生评价能力的提高。因此，引入学生评价不能为评价而评价，更不能组织虚假的评价，尤其是评价时间要能够充分安排，否则就难以达到评价的效果。

5. 学生评价时机不适当的现象

体育课堂上引入学生评价，对时机的把握非常关键，时机恰当将能够发挥应有的评价作用，时机不当除了有可能会干扰主教材的学习外，还有可能影响整堂课的教学有效性。当前，从对体育课的观察来看，如下几种评价的时机不够恰当：一是学生评价环节出现得太早。学生刚开始练习就让学生自评或互评，这时的评价有失准确性，即便是学生知道如何评，也会因运动技能尚处于泛化阶段，评出的结果并不理想，即有不少的错误动作有可能在此出现，会对学生学习的积极性产生不利的影响。况且，此时进行评价，学生自己还尚未掌握正确的动作方法，又何以去评价别人的动作。因此，过早安排学生评价不够妥当。二是学生评价环节可有可无时安排评价。课程标准中尽管提出了学生评价，但并非让教师每节课都要进行学生评价，不需要评价的环节进行了评价活动，浪费了有效的学习运动技能的时间，还难以发挥评价的作用。因此，除了评价时机要恰到好处外，还要把握它的必要性和可行性。

二、体育课堂教学中引入学生评价所需条件

体育课堂教学中引入学生评价是需要一定条件的，概括起来主要体现在以下几个方面。

1. 运动技能基本掌握：能评

运动技能的学习和掌握需要经历泛化、分化、自动化等几个连续的逐步提高的过程。就学生的体育课堂学习而言，由于受教学时间、人数、场地器材条件等的限制，达到自动化的水平不是十分普遍，笔者在《体育学法论》一书中，曾提出过"前自动化阶段"的概念。实际上，运动技能达到基本掌握就意味着到了前自动化阶段，即运动技能尚不十分牢固，但已经能够分辨出动作的优劣。当学生学习运动技能到了这一阶段，适当安排学生评价（自评、互评、小组内评价），大都能够对技能动作做出相对比较客观的评判，这样开展的评价才有意义，因此，该条件就是所谓的"能评"。

2. 评价标准提前了解：可评

任何评价工作都离不开标准，而且，在评价之前都需要先了解标准。体育课堂上的学生评价依然如此，没有标准的评价难以开展，即便是进行了评价活动，也难以达到理想的效果。因此，在评价工作开始之前，向学生介绍评价的标准，即动作规格、要求，进而让学生能够明辨什么是好的，什么是差的，好在哪里，差在哪里。也就是说，让学生在评价时不但要能够知其然，而且，要能够知其所以然。当然，标准展现给学生的方式可以多种多样，但课堂上应尽量做到简单、快捷、明了，用语言提示、文字展现、肢体表达等都能够达到一定的效果。当然，评价标准是应该有所区分的，不同的评价活动应该提出不同的评价标准。如学生自评应该有自评的标准；小组评价应该有评价小组集体动作的标准，小组评价标准相对而言也应该是更加全面。总之，了解了评价的标准，评价工作才能有效地进行下去，即所谓的"可评"。

3. 评价目的十分清晰：明评

体育课堂上的学生评价，其评价目的除了教师清晰，还要让学生明确，

只有这样才能把握好评价的方向。不同教学环节、教学内容的学生评价，其目的会有所不同，有的是为了了解自己掌握的程度，有的是为了观察学习同伴的正确动作，有的是为了互相激励，还有的是为了查漏补缺等。在学生进行评价前，评价的目的无论是唯一的还是多元的，都需要向学生讲明，否则，评价活动有可能因目的不明确而偏离方向。评价目的的提出要巧妙，不一定要用"评价的目的是……"这样的语言，如可以采用"下面看一看哪一组同学做得更好?"等语言表达形式，巧妙地将评价的目的通过引导让学生明了，如"小组评优"，学生在进行小组评价时，就会依照老师事先告知的评价标准进行评价，做到明明白白地评，即所谓的"明评"。

4. 评价过程已经把握：会评

体育课堂学生评价，无论是自评、互评，还是小组内评价，都有一个评价过程的把握问题。评价的全过程都包含"听、看、说"的行为方式，"听"是听老师介绍评价的标准和目的，听的过程要能够达到听清楚老师说的是什么，听明白老师要求如何做，"听"是学生评价的起点，而且，听的效果决定着评价结果。因此，在这一过程中，教师的介绍要清晰，标准要具体，目的要明确，让学生能够落实评价活动。"看"是在明确标准和目的的前提下，认真观察动作，自评时需要观察自己的动作是否到位，互评和小组内评价时都需要观察他人的动作是否符合标准。看的过程是评价的关键环节，能否看清、看懂、看出门道是评价结果客观与否的几个关键点。"说"是对所看结果的评判，是评价的主要方式，但说得要准确、客观，假如能够指出不足和改进策略，说明学生评价达到了较好的效果。为此，听、看、说是不可分割的，这些过程得以较好地把握，达到会听、会看、会说，也就自然体现了"会评"。

三、体育课堂引入学生评价应把握的关键点

体育课堂上引入学生评价，无论从培养学生的学习评价能力来讲，还是从提高教学的有效性上来说，都十分必要。要想使评价作用得以充分地发挥，应把握好以下几个关键点。

1. 事先做好学生评价完整设计

体育课堂上的学生评价不是随心所欲的，更不是在课堂上随机安排的，而是要在教学设计环节做好充分的考虑，不仅要根据教学的内容和进度考虑是否需要评价，还要根据学情和教学的需要确定评价的方式和时机。只有做好周密而细致的设计，才能在实际教学活动中有效地实施学生评价。然而，在对过去诸多教学设计文本的了解中发现，很多文本教案的相应部分，并未能找到学生评价的相关信息，而与之对应的课堂上却有学生评价的环节。这说明在教学设计时对学生评价未能重视，或者重视了但程度不够，未能将评价的相关信息等写入教案。这样一来，组织学生评价，在课堂上就很容易出现走过场的现象。那么，该如何做好设计呢？要考虑以下五个方面的要素，即标准、目的、对象、时机、方法等。"标准"，即评价的标准是什么，采取什么方法让学生明确评价标准，是通过语言表述，还是通过文字呈现、肢体展示等，要事先考虑清楚；"目的"，即为什么要进行评价，要提出明确的评价要求；"对象"，即谁评价、评价谁，根据需要灵活把握是采取自评、互评，还是小组内评价，评价方式不是越多越好，而是要恰到好处；"时机"，即何时评价，恰当的时机是体现评价作用的关键，评价时机过早或过晚都难以达到理想的效果。那么，什么样的时机是最佳的呢？学生"能评"、"会评"后，及时引入学生评价活动，学生参与的积极性会比较明显。

2. 提前告知实施技能学习评价

体育课堂上的学生评价，大多数情况下会安排在学习运动技能的环节，这样不但能有效促进学生对运动技能的掌握，而且还能检验运动技能学习的效果。为了有效促进运动技能的学习，对于有意引入学生评价的课堂，任课教师需要在运动技能学习之前，事先告诉学生要实施评价环节，让学生以更加认真的态度和好学的精神对待学习的全过程，便于在评价中展示出最佳的技能水平，得到教师和同学的认可。事先告知的方式要能够灵活巧妙，最好不要直接说"一会儿咱们要进行自评、互评或小组内评价"，而是要能够用激励性的语言暗示学生们有"评比"和"检查"。如可以说，"练习结束以后，

第十章 319
评价引入"必要性"

第三部分
体育教师上课
——走出困惑
了解特性

我要随机找两个同学给大家展示一下，看是否已经把这个技术掌握得很好了"；或者说，"一会儿，咱们各组要推出一个动作做得最好的小明星，与其他小组比一比"；等等。这样的语言不说评价胜似有评价，学生练习的积极性也会得到充分的调动。

3. 区分学生自评和他评的功能价值

学生评价在课堂上的形式，从评价对象来分，一是自评（即自己评价自己），二是他评（即评价他人或被他人评价）。在他评里面既有两人之间的相互评价，也有只评价他人而不互相评价的形式。自评与他评在其功能价值上有所不同，要正确引入学生自评和他评，明确并区分二者的功能价值十分必要。学生自评不仅能够引导学生要正确客观地评价自己，还能够通过发挥自评的激励作用，提高学生练习的积极性。除此之外，就自评而言，还能够通过该项活动的开展，培养学生的自我评价能力和习惯。学生只有具有了这些能力和习惯，才能够更好地提高自己的运动素质和技能水平，准确判断学习某项技术的难度和努力方向。为此，学生自评不可走形式，要能够将自评活动功能发挥得更加充分。他评主要用于评价他人或被他人评价，做好他评，首先要培养学生的客观意识，尽管有时候是通过观察他人的动作做出的主观判断，但是一定是在客观标准支配下的判断。为此，客观意识也就意味着标准意识，在评价他人之前更需要学生明确评价标准。其次，要培养学生的观察意识和能力。会观察还要善于观察，才能做出准确的判断，无论是评价他人还是被他人评价，只要能够做到客观、准确，都能够很好地体现他评的功能价值。

4. 观察评价过程中及时调整方法

无论是组织学生自评还是让学生进行互评，任课教师都不可袖手旁观，而是要认真观察学生在评价过程中的各种表现。了解是不是所有的学生都在认真参与评价，在互评或小组内评价活动中是否在认真观察同伴的动作。如果有学生没有认真观察，教师要了解是在做什么；如果观察结束后，学生的评价语言不够客观或准确，教师还要及时查找原因，是学生顾于面子，不愿意说出同伴的不足，还是没有看出同伴所做动作存在的问题。不同的问题要用不同的方式来处理，但绝不能听而不闻、视而不见，教师要能够及时发现学生评价中有可能存在的问题，并给予纠正；否则，就很难使学生的评价能力得到应有的提高，课堂上引入学生评价也就失去了原有的价值。

5. 教师的再评价力求到位

关于学生评价的完整性，以上已经初步谈了教师对学生评价的再评价问题，这一再评价环节，是对学生评价过程和结果的反馈，是十分必要的，应引起教师们的重视。实际上有无教师的再评价，会影响到学生对评价的重视程度。假如每次课上学生评价完，教师都不做适当的再评价，长此以往，学生在评价活动中就很容易走马观花，出现不认真看和不认真评的现象。那么，教师在课堂上应如何做到再评价及时到位呢？需要在认真观察学生评价过程的前提下，做到以下几点：一是总结学生在评价过程中存在的问题；二是要对学生评价结果的客观、准确与否的真实情况做出及时的判断；三是分别对存在的学生评价问题做出有针对性的指导。如学生评价时，未能结合评价标准，结果出现学生的评价内容不够聚焦，评价结果之间缺乏可比性。教师了解到这些情况以后，要提出明确的指导意见，可以围绕"自评、互评、小组评，评价标准记心中；观察有了针对性，评价结果易分明"来展开。还有可能是学生做出的评价结果与实际动作不相符，教师一旦发现这种现象，要深入分析其根源，结合具体情况，做出明确指导，让学生明确该如何参与真实、有效的评价活动。

体育课堂上引入学生评价符合体育新课程改革的需要，然而，并非每一节课上都需要开展自评、互评或小组内评价活动，要根据实际教学的需要灵活取舍。正确把握学生评价的有效方式方法十分关键，评价前，不仅要让学生明确评价的标准，还要认真观察，把握好整个评价过程，便于对学生的评价做出及时准确的再评价，使得评价有始有终，最大限度地发挥评价的激励和促进作用，从而提高学生的评价能力，有效提升体育课堂教学质量。

对评价引入必要性的进一步归纳，如下所述。

第十章 321
评价引入"必要性"

第三部分
体育教师上课
——走出困惑
了解特性

评价引入"必要性"

课程标准新要求，　课堂评价时而有；
依据进程巧安排，　自评互评时机来；
评价过程要完整，　标准方法均先明；
引入评价目的多，　评价开始提前说；
目的明确方向定，　评价过程思路清；
评价引入不随意，　能可明会是前提；
评价能力需培养，　观察引导放心上。

序

当提笔准备给于素梅博士的《看课的门道》一书作序时，还是感到有些诧异和困惑：

第一，对作者的称呼就困惑。称于素梅为同学或学生吧，肯定不行，既不符合她现在的工作身份，也不符合语法，更不符合国情；称她为老师吧，又显得很生分，显得我有点假谦虚了；称她教授或研究员吧，好像也有一些不合适的地方；幸亏老外给留下个以学位相称的习惯，算是解决了一个难题。

第二，我虽平生为人写序无数，但这次还是第一次给自己的学生的作品写序。用什么口吻写又感困惑，像平时指导她写论文搞研究那个口吻写肯定不行，那"序"就变成"导师意见"了，用给比较生疏的学者朋友写序那样客客气气的、充满赞扬的口气也不行，那就有借着夸学生夸自己的嫌疑了，于是就定在"体会与鼓励"的基调和口吻上吧。

第三，说到看课，自叹与于素梅博士的积累相差很远，虽然我也在全国看了不少的体育课，但知道她在撰写《体育学法论》著作之前，看了很多的体育课，关键是她在看课时要记笔记，要照相，回来要整理，要分类，要分析，这样的看课很具有研究性，看得也很深入，在这样的"认真看"中，她磨炼了一双看体育教学特色和问题的"火眼金睛"。因此，今天为她的看课体会作序也是颇有些难度的。

好了，回到写序，回到《看课的门道》。

"看课"是一个教学交流与评价的日常现象，但中国的看课与国外的看课相比被赋予了更多的意义。中国的看课既是区域交流，又是培训方式，也是奖励仪式，还是技能大赛，但国外看课行使最多的集体备课和学理研究的功能似乎不太多。看课的"眼光"和"门道"无疑是要根据看课的目的来决定，真的希望中国的学者们多从"学理"和"研究"、"备课"的角度去琢磨琢磨看课的"门道"，我想，这也是于素梅博士《看课的门道》想要告诉大家的吧。

"看课"也是一个需要认真做的工作。但不可否认的是，当前的看课活动办得很热闹，去看热闹的体育教师也多，不少教师看完课，在背起行囊准备返程时，就一句话的总结"这些课上得都不怎么样"，不谦虚的人还加上一句"比我上得差远了"。每次大型体育课教学观摩活动后，我最困惑的就是在《体育教学》等杂志上很少看到一些认真的分析文章，看不到对学理、教程、教法、学法、课程、规律的深入分析，体育老师们是不屑于分析呢？还是不敢分析呢？还是没能力去分析呢？我不得而知。在中国看体育课，好像"看"是永恒的主题，而论说其中的"门道"，却似乎被永恒地忽略着，我想，这可能也是于素梅博士《看课的门道》想要提醒我们大家的一件事情吧。

于素梅博士的书取名《看课的门道》，而没有取名《看课的"热闹"》，是想告诉我们："看课"是一个科学的活儿，技术的活儿，特别是对一线的教研员和体育骨干教师来说，更是一个不可或缺的重要技能了。但只有体育教育的内行才能看出的"门道"，却一直不被体育的专家学者所重视，也不被最需要这个技能的教研员和骨干体育教师所重视，因为，直至今日，也没见到一本像《看课的门道》这样的书。可见，很多人还真没有把看课当"门道"，就当热闹了。因此，于素梅博士的这本书也一定是在提醒我们，要重视体育教学交流与评价的技术的方法和方法论的开发。

看了于素梅博士的《看课的门道》后，我体会到，看课要真能看出门道，能时时看出门道，那也是需要有些基本条件的：

看课要看出门道，思想里一定有正确的体育课程教学观念，如果体育教育的观念歪了，那么坏课能看成好课，好课能看成坏课，这些年，我们在这方面的教训实在是太多太多了。

看课要看出门道，脑子里一定要有一个严肃的质量观念和质量标准，如果没有严肃的质量观念和标准，那么"放羊"的、低级趣味的、幼稚的东西都会被看成是好内容，而雕虫小技的"花活儿"能被看成是好方法和学习的榜样。

看课要看出门道，一定要有一个绝不放过现象背后本质的细心肠，如果没有细心，别人在体育教学中的那瞬息万变的"闪光"和"败笔"就会滑过和忽略掉，这也是微格教学的理论最想告诉我们的道理。

看课要看出门道，胸中还必须有一颗谦虚的心，如果一个人不能谦虚好学，那么他心中的"自我放大"就会把别人认真琢磨出来的好经验看得一文不值，这样的老师虽一时扬扬得意，却一生不再进步。

看课要看出门道，还必须有一双敏锐的眼睛和独特的视角，敏锐的眼睛和独特的视角都来自于独特的教学思想和创造性的意识，而这些思想和意识又来自于不断地学习和思考，如果没有这双眼睛和视角，那结果就是你看到的人家也看到了，人家没看到的你也没看到，或者就是人家看到了你也没有看到。

看课要看出门道，还必须在心中有一面对体育教师的职业的镜子。要知道好的体育教师应该是什么样子，优点经常表现在哪里，学生喜欢体育教师什么；体育教师的弱点经常表现在哪里，学生不喜欢体育教师的是什么，没有这面镜子，体育课中的教育门道也就基本看不见了。

……

看课要看出门道，还需要很多条件，比如必须有对教学环境的敏感、对教学安全的敏锐、对教师仪表的审视、对天气与运动的理解、对个体差异的关心、对学生心理的体验、对身体疲劳的体会、对学生群体的了解、对学生思维的把握、对学生情绪的把控，等等等等，很多很多，而这一切条件都来源于体育教师的认真思考，认真的思考来源于对工作的忠诚，工作的忠诚来自于对职业的热爱，对职业的热爱来自于一个人的责任心，责任心则来自于良心，而良心来自于一个人决心要做一个好人，做一个对社会有用之人的"三观"！

我想，这才是我们能看清体育课，能看懂体育课，能上好体育课，能上精体育课的最大的门道吧！我想，这一定也是于素梅博士《看课的门道》一

书所想告诉我们的吧!

再次祝贺这本以小见大的书出版,希望此类的书会越来越多。

全国学校体育联盟(教学改革)主席

北京师范大学博士生导师、体育与运动学院院长

二〇一四年春节于学院派

前　言

　　体育教师全面提高教育教学水平，加强专业发展至关重要，其中掌握"备课"、"上课"、"说课"、"看课"、"评课"这"五课"的技能是基本要求。同时，这"五课"又是新课程改革以来，各地乃至全国体育教师基本功大赛、教师观摩展示活动、教师资格考试、教师招聘、教师教研等各级各类活动的重要内容和形式。然而，目前体育教师专业发展理论与实践相结合的专业论著尚不多见。经调查获悉，很多老师又十分迫切需要得到这些方面的理论与实践的指导。为此，笔者经过长期研究，设计并创作了有利于有效促进体育教师专业发展的系列论著，包括《备课的门道》《上课的门道》《说课的门道》《看课的门道》《评课的门道》五种。期望它们能够成为广大一线体育教师的良师益友，为老师们的成长与发展提供一些理论指导与方法借鉴，同时也希望能够为致力于体育教学及教师专业发展研究的研究者提供一定的参考。

　　"看课"，关键在于观察记录。无论是新任教师还是具有多年教学经历或积累有丰富教学实践经验的教师，"看课"是应掌握的基本技能之一。因为，通过看课不但能够直接学习他人的教学经验，还能从中发现在上课的时候难以发现或感觉不到的问题。因此，"看课"已逐渐成为体育教师专业发展和教育教学能力提升的助推器。然而，不同的人或许有着不同的看课方法，但什么样的方法最有效？看课时的观察和记录该如何把握？常言说得好：会看的看门道，不会看的看热闹。掌握了看课的门道，不但在看课过程中能够有更多的收获，而且，为评课或更好地上好课都将起到一定的促进作用。

　　"备课"，关键在于准确设计。体育教师对备课并不陌生，几乎每天都与备课打交道。但是，从当前所了解到的备课的现状，以及人们对备课与教学设计、教案的关系问题的认识来讲，存在一定的模糊现象。尤其是，如何将课备得更加准确上，还有很大的空间。基于此，本丛书也在"备课"如何准确设计、规范撰写上下了一些功夫。

"上课"，关键在于有效把握。就"上课"而言，有的能上但不会上，不会上的有的仅仅把事先写好的教案在课堂上演示一遍，课堂上新生成的东西不能灵活把握，还有的仅仅只顾教，而忽略了学生的学。尤其是新课改提倡培养学生的自主、合作、探究学习的能力，对教师提出了新的要求。基于此，教师在课堂上应充分运用科学的教学方法，指导学生掌握有效的学习方法，培养学生的学习能力。从这个角度看，为了提高体育教学的有效性，如何把握上课的门道至关重要。

"说课"，关键在于清晰表达。"说课"尽管不像备课、上课那样日常化，但是，说什么、怎么说等依然是体育教师应具备的专业发展技能之一。会说的，能够把握说课的节奏、内容和方法；不会说的，说了半天自己也没有弄明白课为什么这么上。由此可以看出，要想把课的设计说明白，需要一定的技巧，尤其是应重点说什么、说课内容呈现的顺序等都是需要掌握的。为了能够提高教师说课的水平，本丛书就说课的门道也做了重点的分析和研究。

"评课"，关键在于多元视角。就评课而言，大家都有一种习惯，即很多人是以评优点、提缺点和提出改进建议三个方面展开的。假如是一次集体的评课活动，采用这样的评课方式，往往会出现这样的尴尬情景：先评者滔滔不绝，后评者无话可说。因此，难以调动更多人评课的积极性。实际上，评课的方式有很多，可以从多个视角去评，如从归纳课的特点来评，按课的教学步骤一个部分一个部分地评；还可以从看课后得到的启发来评；等等。因此，掌握评课的门道对于拓展评课思路和方法同样十分必要。

本书重点讨论"看课的门道"，本书的基本思路是：从理论到实践，从普遍到特殊，从整体到局部，并采用大量的案例分析探讨看课的方法和技巧。

本书共分为三大部分，包括九个专题、三个完整课例和数十个课例片段。其中，第一部分"理论准备"分为"看课的主要目的"、"看课的价值取向"、"看课的切入方法"、"看课的几项原则"四个专题；第二部分"实践方略"

分为"从整体看体育课的方略"和"从局部看体育课的方略"两个专题；第三部分"课例分析"精选三个完整课例来分析论述，分别为"研究课：看教学设计——'武术：健身拳'"、"常态课：看教法学法——'肩肘倒立'"和"评优课：听教学语言——'软式垒球：击定位球'"。

本书的内容从理论到实践，再到具体的课例分析，都较为贴近教学实践；所选案例既有全国大赛获奖的，又有常态课教学的，都是经过精挑细选的较为典型的案例。在此衷心感谢所有为本书提供案例的老师们，尤其要感谢北京第十四中学的李江泰老师，北京市西城区育民小学的何雪老师，河北省实验中学（石家庄二中南校区）的郄颖哲老师，北京市海淀区五一小学的郭蕊老师等。

笔者在本书的创作过程中，尽管已经尽心尽力，但由于水平所限，难免会有不够完善的地方。同时，就看课理论而言，仍有一定的补充完善空间。即便是实践方略，也主要是源于笔者近几年看课经验的总结和思考，课例的分析也仅仅是抛砖引玉，大家可以结合更多的课例进行整体或专题性看课，总结出更为丰富的理论和实践经验。愿与广大读者交流学习，共同为我国的体育教育事业发展多做贡献。

于素梅

二〇一四年一月一日于中国教育科学研究院

目　录

体育教师看课——理论准备

第二
部分

体育教师看课——实践方略

第二
部分

体育教师看课——课例分析

第一章　研究课：看教学设计——"武术：健身拳"　187

第二章　常态课：看教法学法——"肩肘倒立"　203

第一
部分

体育教师看课——理论准备

如何有效看课？一线教师或许会提出这样的问题，因为看课是较常见的教研活动方式。通过看课，能够以一个旁观者的视角更清晰地了解课堂教学各环节的具体情况，诸如哪个环节让你眼前一亮、哪个教学设计让你感到遗憾等，都能够通过看课这一直观活动进行较为全面的了解。会不会看，决定了能不能看出内在的门道；会不会看，还直接影响你能否获取有益的经验。

　　那么，看课的目的是什么，有何价值，如何切入，遵循什么原则等，这一系列问题，都是看课者首先需要了解的重要理论问题。

第一章　看课的主要目的

体育学科的看课与其他学科（如语文、数学等）看课有着明显的不同，体育学科看课主要在于"看"的过程，而其他学科的看课重点在于"听"的过程。因此，如何看，看什么，为什么看，都需要事先有一个清楚的了解。尤其是看体育课的目的要十分明确，否则，就难以达到理想的看课效果。

体育课根据其目的和呈现形式不同，有日常状态下所上的常态课，还有为观摩学习而组织的观摩课，由于二者存在明显的区别，因此，看这两类课也会有不同的看课视角和收获。甚至看同一类课或同一节课时，不同的看课者都有可能收获不同。究其原因，是看课目的不尽相同以及看课的价值取向不同。由此看来，对于看课而言，不同类型的课堂会有不同的看课目的。下面分别从常态课和观摩课的角度来讨论看课的主要目的。

一、看常态课：重点观察学生的学习行为

对于一线教师而言，自己在平日的教学活动中，由于班级教学人数和教师精力的限制，在课堂上很难关注到所有学生各种活动参与的情况，尤其是学生的真实学习行为或学习细节。如学生是如何听讲的、如何观察的；教师在做技术动作示范的时候，有多少学生在认真观察，有多少学生溜了号（见图1-1-1）；认真观察的学生，观察的方法是否正确；等等。因此，自然就会出现教师把教学的重点落到了"教"的环节，难以充分顾及学生"学"的环节。

图1-1-1　上体育课溜号现象

然而，体育新课程改革明确告诉我们，不但要让学生"学会"，还要教学生"会学"，如果全然不知学生究竟是怎样学的，也就很难让学生"会学"。基于此，一线教师需要在教学之余，抽出一定的时间观摩同事的常态课，或者到兄弟学校观摩其他教师的常态课，在互相学习和改进提高的同时，观察不同内容常态教学中的学生学习行为。如果说直接观察学生的学习方法显得不够客观，部分认知策略是难以通过观看完全把握的，那么，我们可以通过观察学生在学习活动中的行为表现来判断或推测学生的学法是否合理有效，进而对学生的学法进行指导。正如陶行知先生所言：教师教的法子要根据学生学的法子。通过观察常态课上学生的学习行为，还能够了解教师在常态课上是否真正做到了心中有学生。

当然，除此之外，看常态课有的是为了了解教法，如讲解的方法、示范的方法、指导的方法，还有的是为了了解教学内容的适宜性等，无论带着怎样的目的来看课，只要观察的侧重点到位，就会较好地达到看课的目的。

二、看观摩课：重点领悟教师的设计思路

与常态课相比，观摩课是有专门准备的课堂教学形式。在上观摩课之前，教师往往会在课的每一个环节及内容的衔接性，方法的合理性、创新性等方面下一番功夫，精心对该课进行设计。于是，不同的观摩课会展现教师不同的设计风格，有些可能突出某一个侧面，如突出教学内容和方法的合理匹配；有的可能突出场地器材的巧妙利用（见图1-1-2）；有的侧重于现代教学方法的融入；有的是考虑到评价环节巧妙自然的

图1-1-2　体育课场地器材的巧妙利用

贯串；等等。无论观摩课效果如何，看课者总能通过看课判断：教师的教学设计是否合理？教学设计合理性达到了什么程度？为什么说是合理的？在设

计方面最大的亮点是什么？通过观察了解他人的设计思路与方法，不但有利于看课者自身设计出好的观摩课，还能够提升常态课教学设计环节的合理性与规范性。

就看观摩课而言，无论是什么样的观摩课，一定程度上都或多或少地能够获得一些启发。比如，一节观摩课上得很平淡，没能让人眼前一亮，看课者会感受到"这样的课我也会上"。如果是这样的话，所带来的启发就是，观摩课不能如此平淡。自己的主观感觉告诉你或暗示你，观摩课应该有亮点，至少要有一个亮点，无亮点的话是不够精彩的观摩课，因为它未能凸显让人观摩学习的价值。

然而，假如一节观摩课不乏亮点，但有很大的表演成分，与常态课的教学条件相去甚远，也就是说，常态课中是不可能完成的。如果有这样的主观感觉，观摩课也就失去了应有的观摩价值。因此，这种主观感觉就会提示你，观摩课不应该有太多的表演成分，不能走入作秀的误区。

假如看到了一节异彩纷呈且又返璞归真的观摩课，既能较好地体现观摩价值，具有较强的专业引领性，又很贴近常态课的教学实际，具有普及性，这样的观摩课，是令人向往的。基于此，看观摩课时，通过分析，探寻它的设计思路和创新价值，能够给我们带来不同的启发，同时，还可以提高对观摩课的评判能力和教学组织能力。

为了进一步对看常态课与观摩课的目的进行总结，下面简单做一归纳。

看课的
主要目的

体育课型分类多，　常态观摩分开说；
看课效果有不同，　把握目的方可行；
常态课上看学生，　学习行为不放松；
观摩课上看设计，　合理创新多学习；
把握问题没得说，　积累经验不错过。

第二章 看课的价值取向

或许有人会说，看常态课和观摩课的价值取向约等同于其看课目的。但并非完全如此，这是两个不同的话语体系，是两种不同的目标指向。看课的目的主要指向或解决"为什么要看"，而看课的价值取向指向看课的结果。看课的价值取向是否正确，决定了看课的方法是否合理和看课的效果是否明显。

一、看常态课：如何让常态课异彩纷呈

就当前的体育教学而言，常态课存在不同的层次，从时间、效果有无保证的角度，可以将常态课划分为三大类，即差的、一般的、好的常态课，如图1-2-1所示。如果想把一节常态课上出彩是很有可能的，但要想把堂堂常态课都能上出彩，对于很多处于超工作量状态下的体育教师而言，是很难实现的。但是，让常态课上出特色来仍可以作为一线教师追求的目标，只有高目标定位，常态课才有可能上得出彩；否则，"放羊"、"半放羊"的体育课将还会持续下去。

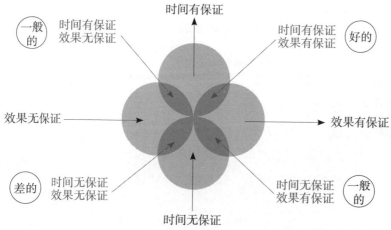

图1-2-1 从时间与效果有无保证对常态课的分类

从图 1-2-1 可以看出，好的常态课，既有时间保证，又有效果保证；一般的常态课，要么时间有保证，效果无保证，要么效果有保证，时间无保证；差的常态课时间与效果都无保证。

看常态课时，如何准确判断常态课的质量呢？看课的方法可以选用认同式的看法、质疑式的看法、综合式的看法等，并经过不断地积累和分析判断，自然就会实现其价值取向。

总之，看常态课既能发现诸多问题，也能获得一定的经验。在常态课教学中，教师应尽可能地避免出现所看到过的问题，还要力求将别人的经验逐渐体现在自己的常态课上，常态课上出彩便有望实现。

二、看观摩课：如何让观摩课返璞归真

看观摩课的目的是看其设计思路和教学亮点，那么，这或许只能作为一个起点或原因，回答了"为什么看"的问题，但是，尚未解决"如何看"的问题。如果我们把看观摩课的价值取向定位在"为了能够促进观摩课的回归"上，那么，"如何看"、"看什么"等问题，便都会迎刃而解。

如果一节观摩课不具有回归特性，你就会考虑为什么？缺了什么？多了什么？哪些太过了？这是刨根问底式的方法，这种方法是基于可能回归的程度，分析根源所在；还有可能会采用假设法看观摩课，也就是说，你认为不具备回归可能的课或表演色彩较浓的课，可以运用提出假设或几种可能回归的方案，这是对观摩课例的调整性设计，这比自己凭空设想或琢磨"应如何让观摩课更能够回归常态"要具体得多、现实得多。

从分类上看，观摩课与常态课一样，也可以将其划分为差的、一般的和好的观摩课，如图 1-2-2 所示。

从图 1-2-2 可以看出，观摩课好与差的核心区别就在于——是否作秀。作秀成分越大越接近于差的观摩课；相反，就越接近于好的观摩课。

除此之外，还可以采取"预期法"，在看观摩课前，或在看观摩课的教案后，最好能够对要看的观摩课有一个推测，也就是说，先设想一下这节观摩

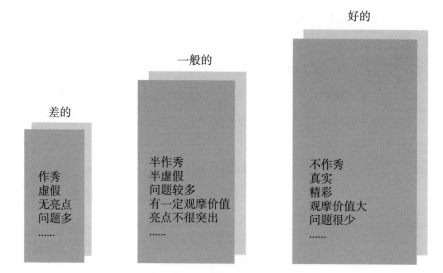

好的

一般的

差的

作秀
虚假
无亮点
问题多
......

半作秀
半虚假
问题较多
有一定观摩价值
亮点不很突出
......

不作秀
真实
精彩
观摩价值大
问题很少
......

图 1-2-2　观摩课的分类方式

课能够回归还是不能够回归，还是不完全回归。有了这种预期，看课的收效就会比较显著，有了提前预期，自然就比一无所知、一无所想的看课效果更胜一筹。

因此，体育课除了要上，还要看，因为看课能让我们获得上课过程中不一样的感悟和启示，对上出好的体育常态课和观摩课具有重要的意义。

然而，有的人不断地看课，有的人从不看课，这或许是兴趣所致，或许是时间有别。但无论如何，课是需要看的，而且需要多角度地去看，不能多看可以少看；看后还需要分析，无论分析的视角如何确定，也无论分析的程度是深是浅，分析也是十分必要的。看课而不分析课，仅仅是走了形式；分析课而不看课，是空洞的不切实际的做法。

基于常态课和观摩课的不同，下面进一步对看课的价值取向进行归纳：

目的取向分开说，　看课技巧易把握；

常态观摩有不同，　价值取向有分层；

常态课堂多平淡，　异彩纷呈要实现；

观摩课堂作秀多，　返璞归真重点说。

第三章 看课的切入方法

体育课看什么，或许有多个视角。有些人看课只想了解准备部分安排的内容、时间、组织方法等是否合理；而有些人看课是想了解任课教师从开始到结束时所有的语言，说了什么，讲了什么，哪些语言可有可无，哪些语言可能会有负面影响。基于此，下面着重谈一谈看课的视角，尤其探讨根据看课的目的，如何从一个或多个视角切入看课。

一、看体育课如何确定视角

看体育课视角的选定，关键是要根据看课的目的，因为目的不同，视角也会有别。诸如，想了解学生在课堂上的不同表现，从参与学习的积极性上可以分为主动参与学习和被动参与学习两种情况；从了解学生学习方法的角度，可以分为一般性的接受性学法、探究性创新学法等。因此，在看课视角上，可以选择关注从课的开始部分到结束部分学生的所有表现。当然，可以观察个别学生，如具有较好或较差的课堂表现的学生；也可以观察全体学生，并及时捕捉学生的特殊表现（见图1-3-1）。可以看一节课，分析一个班的学生的课堂表现情况；也可以看多节课，观察记

图1-3-1 学习中自觉帮助其他同学练习

录不同内容的课上学生学习的表现。无论从哪个视角看课，都需要首先明确目的，只有这样，才能在看课过程中有更多的收获。

相反，如果没有一个明确的视角，看课过程中会遗漏一些有价值的信息。如果看的是录制好的课例视频，可以采取多次回放的方法，每次选取一个视

第三章
看课的切入方法

013
第一部分
体育教师看课
——理论准备

角来看。如果观看的是现场体育课，在看课的同时，可以将该课录制下来，课后再反复多视角地观看。当然，看现场课也同样可以按事先确定好的视角同步看，并做好现场记录。

二、看体育课的切入方法

（一）各个部分切入法

根据人的生理机能变化规律，可以把体育课的结构划分为三个部分，即准备部分、基本部分和结束部分。当然，也可以把课划分为开始部分、准备部分、基本部分、结束部分。无论"三段式"还是"四段式"，都可以从需要看的部分切入。

如果要分析准备部分，可以观察并记录准备部分安排了什么内容，有无课堂常规，课堂常规的执行如何；有无准备活动，教师在准备活动中的语言、组织等是否得当，学生在准备活动中的表现以及准备的充分性如何；准备活动中是否有安全隐患，准备活动有无亮点，有什么样的亮点；存在哪些问题，解决问题的策略有哪些；等等。

如果要分析基本部分，可以看基本部分的主教材是什么，辅助教材是什么，搭配是否合理，采用了哪些教法，学生的学法表现有哪些，哪些方法的运用是合理的，哪些方法不够合理，以及为什么；教师的讲解、示范是否存在问题，存在什么问题，教师在示范的时候，有没有对学生进行观察法的指导，是什么样的指导等；学生在基本部分的学习阶段其积极主动性如何，学习目标达成情况如何；基本部分是否存在安全隐患，

图 1-3-2　交替踩垫子安全防范

哪些环节存在明显的安全隐患，如何做好学生的保护与帮助工作（见图1-3-2）；该部分教学过程中有无亮点，最突出的亮点是什么，带来了哪些启发；

等等。

如果是对结束部分进行分析，可以看该部分是否安排有放松活动，放松活动是否有针对性；是否有小结，小结中如何对该课进行总结性评价；是否布置课外练习的作业，以及是否预告下节课的学习内容；等等。

按各部分切入看课，可以分析一节课，也可以通过看多节课，分析某部分的特点、存在的共性问题，以及上好课的某部分的关键和要点。

（二）练习活动切入法

一节体育课上会有多个练习活动，而且在准备部分、基本部分和结束部分都会有不同的练习活动，只是大部分练习活动都会集中在基本部分而已。看课时，要注意以下问题：准备活动中包含哪些练习活动，是否有徒手操，徒手操的编排是否合理；准备部分是否安排有专门性练习活动，这些活动是教师组织的还是学生自主性的练习。基本部分的练习活动有多少，是否具有循序渐进性，各种活动安排的时间、次数、间歇时间是否合理，各种活动的安排是否考虑到了学生的个体差异，各练习活动学生是否是主动参与，活动的组织是否有安全隐患；是否有游戏活动，游戏是否与基本部分的学习有关联，如果没有关联，安排该游戏活动的目的是什么。结束部分的各项活动是否合理，尤其是放松活动是否能够真正起到放松的作用，等等。

一节课除了练习活动，还会有其他的活动形式，如教师讲解示范活动，学生的讨论活动，师生的问答活动，以及下课前的收还器材活动（见图1-3-3）等。

当然，要分析课的练习活动的特点或规律，仅靠观看一节体育课，还难以分析出比较可靠的结论。看

图1-3-3　体育课下课后学生收还器材

一节课所进行的分析是初步的，要探寻规律，还需要通过多节课观察记录才

能有较为准确和全面的分析判断，从而更深入地了解如何配合主教材的学习安排辅助性练习活动。

（三）场地器材切入法

室外体育课离不开体育场地和器材，只是有的场地大（见图1-3-4）、有的场地小，有的使用器材多、有的使用器材少。无论是大还是小，也无论是多还是少，场地器材是体育课的必备条件，毕竟"巧妇'难'为无米之炊"。当然，通过看场地器材的使用情况，我们也

图1-3-4　体育课大场地

可以领悟教师是如何做到"巧妇'能'为无米之炊"的妙处。

在教学中，教学效果与场地器材的布局和使用情况有着直接的关系。任课教师要学会合理摆放场地器材，最直接和最捷径的方法是通过看课，领会他人对体育课场地器材的选择、布局、使用，以及器材的管理等经验。如一节篮球课，有的老师可能在组织完运球练习后，学生将球任意放在身体附近，结果不一会儿工夫，满场地跑的都是球，既危险，又显得零乱。如果老师让学生每人带一个已经使用过的双面胶的底芯，用双面胶底芯固定临时不用的篮球，就会避免球满场"飞"的混乱情形，也可大大降低安全事故发生的可能性。

确保场地器材的安全性至关重要，不但能够减少安全事故的发生，而且能够有效地提高教学的效益性。课前，教师要构想课上所有器材的合理摆放方法，以及学生如何完成对器材的使用；要了解器材的摆放是否存在安全隐患，上课前是否对有些器材进行安全检查，如羽毛球拍的头部是否有松动不牢固的现象、单双杠的杠子固定是否牢固、跳远沙坑里的沙子是否被松动和平整过等。

（四）教学方法切入法

教学方法是将教学内容传授给学生的方式和手段，教学方法选用的优劣直接关系到教学目标达成的效果，即教学的有效性体现。体育教学方法，既有传统的讲解法、听讲法、示范法、观察法、指导法、练习法、提问法、答疑法等教学方法，又有现代教学理论推崇的发现教学法、领会教学法，还有当前新课程改革倡导的合作、自主、探究等学习方式。这些方式与方法的运用效果直接反映了教师在课前对教学方法的选择与利用，以及对方法的理解与驾驭能力等，从教学方法切入来看课，可以及时了解到这些信息，并能相对准确地做出判断。

在看课的时候，要观察并记录教师运用了哪些方法，哪些方法运用得比较合理、有效，哪些方法不太适合或出现错误选择与运用的现象，判断教学方法是否适合的依据是什么，应该采取哪些方法最有效。

其实，看课的时候，应把重点放在关注学生的学习方法上。就教学而言，无论教师的教法如何，假如没有好的学法，教法仍然发挥不了最大功效，只有好的学法与好的教法协同与对接，才能达到最佳的教学效果。但是，无论是上课还是看课，重视教法、轻视学法的现象比较突出，这就等于一定程度上强调了教的环节而忽视了学的环节。现实中，有的教师不认为有学法的存在，这种情况对提高教学的有效性更为不利。如在一次看课前，我与任课教师事先交流，目的是想了解该教师对学法的认识。于是，便问该任课教师："请问，您认为在您的课上，学生的学法是怎样的？"这位教师反问道："还有学法？不是老师怎么教，学生就怎么学吗？"这种疑问告诉我们，这位教师的头脑中根本不存在什么学法，而是认为"教法等于学法"。但事实上并非如此，不但有学法，而且，不同的学生还有可能有不一样的学法。看课既可以发现教法是否合理，还可以通过观察学生的学习，了解并推断学法的合理性和个体差异性。看课时关注学法，既要关注到全体学生都在怎么学、怎么练，又要能够快速捕捉到个别有特殊表现的学生的学法，并认真分析其原因。

（五）教学语言切入法

体育教学中，教师在一节课上会用很多语言组织体育教学工作，如宣布课的任务和内容的介绍性语言、阐述技术动作与要求的讲解性语言、表扬鼓励学生认真学习的激励性语言、发现错误并及时纠正的指导性语言，还有缺乏实质性意义的过渡性语言等。但是，体育课上还有部分语言显得有些多余，如部分教师反复不停地说一些口头语，还有一些不规范甚至不文明的、讽刺挖苦性的语言等，对于这些语言，体育课上是应该坚决杜绝的。

看体育课，从教学语言切入，还需要关注学生的语言，而且不可忽视学生的询问、质疑等声音。由于体育课程的特殊性，在体育教学活动中，师生有诸多互动的环节、师生之间的语言交流（见图1-3-5），以及学生与学生之间的语言交流（见图1-3-6）。但是，不知是否有看课者关注过学生在体育课上的语言，也就是说，学生在课上都说过什么？问过老师哪些问题？学生之间是如何通过语言交流的？任课教师对学生的提问做出了什么样的回应？是不闻不问、批评指责，还是耐心回答、积极鼓励，教师不同的应对方法会带来不同的教学效果。因此，看课者在关注教师语言的同时，也不可忽视学生的语言。因为从严格意义上说，教学语言既包括教师的语言也包括学生的语言。只是教师的语言会多一些，指导性会强一些，而学生的语言会少一些，探究性会强一些。

图1-3-5　体育课上师生之间的交流

图1-3-6　体育课上学生之间的交流

（六）讲解示范切入法

体育课离不开教师的讲解和动作示范，讲解是否准确、精练、有效，示范是否标准、优美等，一定程度上取决于教师的教育教学能力与水平的高低，还取决于教师的教学态度和责任心等。因此，看课者要观察了解教师的讲解与示范情况，从中发现问题。教师的讲解、示范是教师教的能力的集中体现，看课者对此进行认真的观察与分析，既可以从一节课上发现教师讲解、示范的特点，也可以从多节课上总结某一任课教师讲解与示范所呈现的规律性，如对于不同的教学内容，同一位教师讲解与示范的差异等。有时，我们还可以通过看相同内容的课，了解不同的任课教师讲解与示范的区别，进而分析这些差异是由什么因素引起的，最核心的因素是什么，进而提高自己的看课水平。

当然，看课的时候，我们还可以看到讲解示范者的不同，或讲解示范的形式不同。有的是教师自己独立完成讲解与示范，有的是由学生代替教师完成部分讲解与示范，还有的是教师与学生配合完成讲解与示范。如图1-3-7所示，这是一节女生班的体操技巧课——"单肩后滚翻成跪撑平衡"，由于任课教师难以独自完成边讲解边示范的教学环节，任课教师就提前培养了一名体育小骨干，让她配合老师一起完成边讲解边示

图1-3-7　师生配合讲解示范

范的教学环节，即教师示范学生讲解。当我们看到这样的讲解示范形式时，一方面，拓展了思路，会马上想起"讲解示范并非教师的专利"；另一方面，看到其他学生注意听讲和观察，也能够带来一定的启发。

除此之外，看课的时候，教师是否有讲解与示范错误，是什么样的错误，错误产生的原因是什么，如何纠正，以及讲解示范的内容、方式、时机把握

是否准确等，也都是看课者值得关注的方面。另外，看课者可以通过观察学生在听讲解和观察示范动作时的表现，了解讲解示范的有效性和针对性，对讲解示范的效果进行分析。如有的学生观看示范的时候皱着眉头，有的学生观看示范后非常兴奋，有跃跃欲试的感觉，等等。

（七）时间次数切入法

无论是中学的体育课还是小学的体育课，无论是常态课还是观摩课，也无论是球类课还是田径课，都有相同的时间规定。如一节课的总时间是 40 分钟（小学）或 45 分钟（中学）；还有大致相同的各部分时间分配，如准备部分一般为 8~10 分钟，基本部分一般为 25~30 分钟，结束部分一般为 5~8 分钟；更有各练习活动不同的时间分布，如一节篮球课"行进间运球"，有的教师可能安排准备活动徒手操 3 分钟，基本部分集体行进间运球 3 分钟，小组行进间运球 4 分钟，个人行进间运球练习 5 分钟，集体素质练习 5 分钟，结束部分放松活动 3 分钟等。因此，教学时间具有多重含义。看课者要分析教学时间安排合理与否，就要看是什么前提下的时间分配，看课的时候，需要记录总时间、各部分时间、各练习时间，还要分析时间安排是否合理，不合理的时间分配可能带来的负面影响是什么等。

体育课中的次数是一节课上每一项练习安排的频次。无论是教师主导下的集体练习、分组练习，还是学生自主支配下的个人练习，都是指练习的次数、组数或节拍数。比如，徒手操共几节，每节几拍；武术基本功练习，集体正踢腿每人连续踢几次；单手肩上投篮分组练习后，每人站多远的距离投几次，是一组学生依次轮流投，还是单个学生连续投；组织集体游戏时，该游戏是三局两胜制还是五局三胜制的组织形式，不同的组织形式会有不同的时间分配和次数规定。

总之，无论是什么内容、何种类型的课，其时间、次数都会在课中有所反映。因此，在看课的时候，我们可以从时间与次数切入，分析时间与次数分配的合理性，最终达到通过发现和分析问题，不断改进自己的教学质量。

（八）亮点与问题切入法

一般情况下，看体育课都会将看点集中在创新点或问题上，创新点一般也可以称为亮点，因为看到这样的环节，会让人眼前一亮。一节课有可能只有一个亮点，也有可能有多个亮点。还有一种情况，在看点中有一种属于突发事件，但又可以归结为亮点的教学情节。基于此，看课从亮点与问题切入，往往会给看课者留下较为深刻的印象。

不同的看课者能够捕捉到多少亮点可能有所不同。有些人通过看某一节课，能够发现一些亮点，但有些人就未必能够如此，这与看课者所掌握的技巧和看课捕捉信息的能力有较大的关系。亮点的呈现有时可能是活动形式上，有时可能是场地器材布局上，还有可能是所创编的活动内容上等。亮点是最吸引看课者眼球的，也是最容易从中得到启发的，亮点也是比较容易发现的。因此，看课时要能够注重各个环节，尤其是当某个环节让你眼前一亮时，需要定神稍作思考，判断这是关于什么的亮点，是科学的创新，还是存在一定问题的创新等。

但对于问题来讲，就有较大的差异性了，有些人看完一节课后基本上找不到问题，有些人看完一节课后找到了大家都能找到的问题，有个别人找到了大多数人找不到的问题，而且还有可能找到的是违背规律的大问题，即所谓的硬伤。看课的水平不同，看课结果会有一定的差异性，如图1-3-8所示。

从图1-3-8显示的情况可以看出，会不会看课差别很大，不会看课者，看不出问题，或仅仅看出了很小或很表层的问题；而会看课者，尤其是掌握了看课门道者，不但能够看出问题，还能够找到深层原因，并想到解决问题的策略。

当然，还有一些视角也是看课时能够切入的，如安全防范、教学目标达成情况、师生关系、突发事件等。至于如何通过看课及时捕捉所需信息，或对课进行系统的分析，在"实践方略"部分将进一步讨论。

因此，体育课如何看，关键是要找准切入点，不同的看课视角会有不同

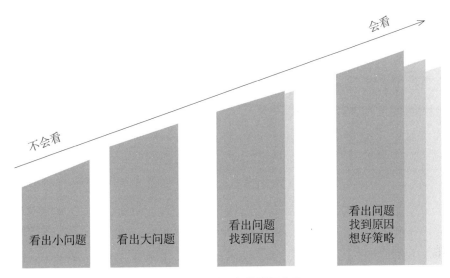

图 1-3-8 看课者的看课水平

的切入方法。当然，看课视角的选择主要是根据看课的目的来确定。一旦确定了看课视角，既可以通过看同一任课教师的课进行纵向比较与分析，分析每一视角下的某一专题的教学情况与效果，还可以通过看不同教师的课进行横向比较与分析，从而了解某一专题不同任课教师的各自特点，或不同课上学生的学习参与情况等。无论看什么，也无论怎么看，看课的最终目的无外乎提高自己的教育教学水平，或指导他人能够有更好的教学效果，尽量减少失误，更重要的是要通过看课，将课分门别类地进行分析，从而不断改进和提高教学质量。

基于对看课视角与切入方法的分析，下面做总体上的归纳：

有效观看体育课，　多元视角要把握；
基于目的选视角，　切入方法有很多；
单个部分要切入，　依据需要把握住；
练习活动逐个找，　合理有效才叫好；
场地器材独立看，　安全隐患可呈现；

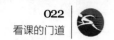

教学方法多又多，　教法学法分类说；
教学语言全面听，　师生互动不放松；
讲解示范是关键，　结合学生来观看；
时间次数认真记，　合理准确不儿戏；
亮点问题不放过，　主观判断按需做。

第四章 看课的几项原则

看体育课，需要有明确的看课目的做前提，找准切入点。然而，有时即便是这些都做到了，未必都能达到理想的看课效果。因为在看课的过程中，还有几项原则需要准确把握，诸如看体育课需要局部与整体相结合，看课的教学内容需要与教学方法对应考虑，看课过程中尤其需要手、脑、眼、耳等多感官并用。另外，看课与评课相结合、看课前与看课后的衔接等都是需要遵循的重要原则。如果在看课时能够把握好这些原则，将在一定程度上提高看课的效果，得到更多的甚至是意想不到的收获。

一、局部与整体结合原则

局部是整体的元素，整体是局部的叠加。看体育课的时候，我们往往看到的是一节课中一个个的局部环节。一节完整的体育课，就是由这一个个小的环节组合而成的。我们可以把一节体育课分为三大部分，即准备部分、基本部分和结束部分，各个部分又由各个小的环节组成，如准备部分，从集合整队、报告人数、安排见习生、检查服装、宣布课的内容和任务，到组织慢跑、做操或游戏等各个小的环节，都是构成该部分的元素。在看课的时候，如果把切入点放在准备部分，这些局部的小环节都是需要认真仔细关注的。但是，有时候，我们最终看的是体育课而非单一的准备部分，即便是要分析研究准备部分，也是体育课的准备部分，基于此，我们在努力把握好局部各环节的同时，一定不能脱离完整课堂。准备部分自身的科学性固然重要，但作为一节完整的体育课，其准备部分的各个环节内容安排的合理性更加重要，因为一个自身科学的准备活动并非对任何一节体育课都适宜。其他两个部分（基本部分和结束部分）局部与整体的关系亦是如此。

实际上，在看课的时候，很多人就会犯同样的错误，只就事论事，甚至断章取义，这样不利于从整体观评价课的效果。因此，看体育课既需要认真看清各局部环节的优与劣，更需要从整体观看各局部环节所发挥的作用和价值。

看体育课的时候，对于任何一个局部的环节，我们都不可孤立地分析。因为局部是整体的元素，任何一个元素都无法完全脱离完整的一节课而孤立地存在。有时候我们不能很明白地看清为什么要安排某一个教学环节，但当我们把整节课都看完以后，就会豁然开朗。这种现象，正是局部与整体有机结合看课的必要性所在。

如何做到局部与整体结合看体育课，下面做一小结：

局部看课事项多，　整体结合好把握；
完整课堂可分解，　各个部分按序写；
单个环节不明了，　打上问号标注好；
所看问题是个啥，　综合分析现真假；
亮点有时难判断，　前后贯串易分辨。

二、内容与方法协同原则

内容需要方法的体现，方法需要内容的支撑。对于体育课而言，最为关键的两大要素就是内容与方法，脱离了内容不知道教什么，没有了方法不知道该如何教。在看课的时候，我们不但能够看到教师教了什么，学生学了什么，还可以看到教师是如何教的，学生是如何学的。教了什么和学了什么是内容问题，而如何教和如何学是方法问题。就看课而言，需要将二者结合起来，在了解某一节课教师选择的教学内容的同时，往往需要看该内容采取的教学方法是否合理，因为不同的内容可能有不同的教学方法，相同的内容也可以用不同的教学方法组织教学活动。因此，内容选择正确只是第一步，关键的问题是采用了什么样的教学方法，这种方法是否合理有效，是否符合学生的年龄、性别等的特点，是否适合该内容的教学，在看课的时候，这样的综合信息需要及时把握。

但是，日常的看课活动，教师往往未能将二者协同起来，有些教师看课仅仅是了解该节课选择了什么教材，哪些是主教材，哪些是辅助教材，各类教材的搭配是否合理，至于该教材选择了哪些教学方法，选择的这些方法是否合理有效，被看作是方法问题，也就是说，看内容时很少想到方法，看方法时又很少联系到内容，将二者绝对孤立起来，说明缺乏协同看课的习惯。实际上，独立看内容或独立看方法是较为片面的，或是不完整的。将二者协同起来看才是全面把握内容选择与方法运用的科学性与合理性的有效方法。任何教学内容都需要方法的驾驭，任何方法的运用都需要内容做支撑，离开方法的内容和离开内容的方法都是缺乏生命力的。因此，要想提高看课的效果，需要在看课的过程中做到内容与方法的有机结合，孤立地看任何一方面都难以达到理想的看课效果，但专题研究式的看课可以有所区分。

对内容与方法协同看课的原则归纳如下：

内容与
方法协同

教学内容很重要，　离开方法无从教；
内容选择有区分，　方法对应才算真；
内容方法是一家，　孤立开来效果差；
看课关注教什么，　方法协同合理做；
独立畅谈教学法，　缺少内容难辨假。

三、手脑与耳眼并用原则

看、听、想、记结合为最佳。常言说，好记性不如烂笔头，看体育课依然如此。看课过程中很多信息会一拥而上，诸如亮点、困惑、启发等。在看课的过程中不但会听到很多，而且还能够看到各式各样的教学情节，这些诸多信息与情节如果不用笔及时记录下来，仅靠大脑的短时记忆，随着信息量的增多和时间的推移，很多信息就会逐渐消失，甚至颠倒、混淆。如果一些信息是十分有价值的或是问题的关键所在，消失后将很难追忆。因此，看课的过程中不但要看、要听，还要想，更要记。因为看课并非只是一种简单的视觉活动，而是需要手、脑、眼、耳等多种感官并用，方能达到较好的效果，搜集到更多的有价值的信息。

- **手记**

在看课过程中，看课者需要亲手记录看到和听到的信息，当然，看课过程中对所看内容的判断，以及看后受到的启发更是需要快速记录的内容。如果不动手记下来，课的实施过程不可能因为看课者需要思考、分析、记录而停留在某一环节上。课是动态的，是连续无间断的，它不会依据看课者的需要而组织课堂教学活动或放慢课堂节奏。因此，对于看课者而言，看课前要准备好记录的笔和纸。记录笔的选择上，用两个不同颜色的笔十分必要，如用一支红色的笔通过打"√"的形式标记亮点或关键点，通过打"×"的形式标记问题，通过打"?"的形式标记疑惑，而另一支不同颜色的笔（蓝色或黑色的笔）可以记录课上看到、听到或想到的需要记录的文字内容。

有些教师只记录看到的信息，这是不全面的，记录作用尚未充分发挥。记录除了按上课的时间顺序依次进行，在内容上，最好不要完全停留在只记录听到了什么和看到了什么，而是更需要记录想到了什么，甚至将想到的错误原因、纠正方法等都随时记录下来。除了要记，书写的速度还要快，也就是说，最好用速记（如符号替代法）的方式将重要信息记录下来，不能因为记录速度过慢而影响看听过程，这样会遗漏教学过程中的一些重要信息，导致看课不够完整。

不同的看课者或许记录的方式不同，但要达到记录的全面和有条理，建议在看课前根据看课的需要设计一个记录表，如表1-4-1所示。

表 1-4-1　体育课堂观察与记录

课前了解基本信息						
任课教师		上课时间		年级与班级		
教学内容		单元课次		课的类型		
教学目标						
重点、难点						
课中观察与记录						
课的结构	观察点	看课记录				
		基本信息	亮点	问题	疑惑	
开始部分	常规落实情况					
	……					
准备部分	一般性准备活动（内容、形式、效果）					
	专门性准备活动（内容、形式、效果）					
	时间分配（合理性、对应性）					
	……					
基本部分	教师的教（讲解、示范、学法指导等）					
	学生的学（态度、方法、效果等）					
	练习手段（有效性、新颖性等）					
	时间分配（合理性、对应性等）					
	安全防范（及时性、有效性、准确性等）					
	……					
结束部分	放松活动（内容、形式、效果）					
	……					
看课小结						

● **眼看**

看课最需要的是眼睛，不但需要眼睛看整个课堂的情况，更需要它能够迅速找到亮点或问题点，及时发现特殊情节。也就是说，眼睛的视域要宽，同时，当眼睛的视线需要集中的时候一定要能够看出"门道"或问题。看课的时候切忌漫无目的，眼睛不知道看什么好，结果一节课下来，有些教师看出了"门道"，而目的不明的教师很有可能看了场"热闹"。看课的效果反映了一个人视觉综合搜索信息的能力。看课的时候需要高度集中，眼睛需要非常犀利，从眼神的变化上要能给人一种"原来是这样!"——看明白了，"为什么能这样?"——在寻找问题的答案等感觉。

- **耳听**

在看体育课过程中，听取信息的能力至关重要，有的时候只要认真看就能看明白，如示范动作或练习形式，但是，有的时候需要认真听才能听明白。当然，在听的过程中，有很容易听明白的，也有难以听明白的。能否听明白与听的方法以及注意力集中程度有很大关系，由看课者的听觉信息的能力所决定，不同的能力体现将会产生不同的听课效果。如有些看课者只顾听教师在讲什么，在说什么，至于学生在课堂上说了什么却无心顾及；而有些看课者，非常关注学生在课堂上都说了什么，为什么说这些，教师对学生提出的问题或课堂上的言语做出了何种反应，是积极正向的，还是消极负向的，等等。可见，在看课的过程中，对听觉信息的捕捉非常重要。

- **动脑**

无论是看、听，还是手记，任何一个环节都需要动脑，不动脑，就不知道记什么，不知道看到或听到的对不对。因此，动脑是贯串到任何一个看、听、记形式中的思维活动。

看课需要听得清、看得明、想得出、记得快，由此，手、脑、眼、耳并用是提高看课效果不可忽视的原则。

看课过程较复杂，　多种器官是一家；
边看边听边记录，　手脑眼耳闲不住；
看听活动内容多，　动手动脑不多说；

看课发现有关键， 彩笔记下好分辨；

符号代表有不同， 优点不足分类统；

提高效果目标明， 认真勤奋反应灵。

四、看课与评课兼顾原则

看课是评课的前提，评课是看课的后续。看课其实并非最终目的，需要在看课后，对所看课有一个客观认识，当然并非是好与坏的简单评判。看与评兼顾，实际上是要求看课的时候多动脑，看课的同时多在大脑中打上几个问号。有时能够直接做出某种判断，但有时难以即刻判断，这也需要看课者能够在大脑中打出一连串的问号，提出一系列相关的问题，如为什么会这么分组，为什么采取这种练习形式而不用那种练习形式，为什么练习两次而不练习更多次，等等。

看课与评课兼顾，在时间上有同步进行的，也有即刻跟进或延迟性评课等多种形式。也就是说，有边看边评的，也有先看后评的，过去人们采用较多的是先看后评，尤其是专家对所看课进行点评。当然，边看边评和先看后评都各有利弊。边看边评对于经验不足的看课者而言，可能会遗漏一些信息；先看后评，如果没有及时记录所看到的有价值信息，看后评有时不免会有失准确性和完整性。因此，不但需要看课者提高看课的能力，而且需要在看课过程中及时记录有价值的信息，以备分析评价之用。

看课与
评课兼顾

有效看评体育课， 二者结合不会错；

看课认真记录多， 看后总结好评说；

看课过程多动脑， 符号标注不能少；

对号表明优点见， 错号显示要完善；

问号表示有疑惑， 区分归类好评课。

五、课前与课后衔接原则

看课前翻阅教案做预知，看课后询问教师来完善。看体育课并非仅限于40 分钟或 45 分钟的课堂，而是要有看课前的准备即翻阅教案，还应有看课后的完善即咨询教师。这两个不可缺少的环节体现的是大看课观下的看课活动。看课前需要事先知晓所看课的基本信息，看课后需要就看课过程中存留的疑点通过咨询任课教师得以化解。

看课前先看一看教案上的若干信息，可以给看课者提供重要参考，有利于规划看课方案或找准切入点。诸如，通过该课的教案了解到课的内容、目标、重难点、组织方法、练习方式、场地器材布局等，这样可以帮助看课者快速了解所看的是一节什么样的课。对于在教案上发现的问题，在看课的过程中看课者要集中注意力观看该部分。需要进一步强调的是，看课者认真研读课的教学目标和重难点十分必要，因为课上成什么样，目标是否达成了，重难点是否有所突破，需要在深入了解教案中的目标与重难点的基础上才能更好地把握。而且，一节课是否有效，也主要是通过看目标达成情况和重难点突破情况来确定的。因此，看课的前期准备工作是不可缺少的，有什么样的前期准备，就决定着有什么样的看课效果。

当然，看课者在前期对教案的知晓，还可以分为知的多与少和知的深与浅。如果只是浏览一下所看课的教案，而不做具体分析，也难以对看课起到较好的辅助作用。因此，需要看课者从广度和深度两个层面了解教案。其广度就是要全面，即全面了解教案上的各项信息，甚至课的练习密度预计等都需要有所了解；其深度就是了解的深浅，即是否认真分析教案的合理性。在了解教案上写的是什么以外，最好还要能够分析为什么。大多数情况下，教案的合理程度与课堂教学的合理程度呈正相关。因此，有无提前知晓，知道的广度与深度，一定程度上会影响看课的效果。假如时间充足，做到广泛而深入地了解教学设计情况，将更加有利于看课；假如时间不充足，如现场看课前几分钟或十几分钟才拿到看课的教案，至少也要认真研究内容、目标、重难点等重要信息。

对看课前的准备做如下小结：

看课前
的准备

有效看听体育课，　课前准备有预设；

先看教案知内容，　目标难点有不同；

教学过程看得见，　密度负荷有呈现；

清晰记录要求多，　表格设计最先说；

双色水笔准备过，　相机充电提前做；

观察记录不能错，　看课效果有把握。

看课后的咨询环节也至关重要，尤其在看课过程中有疑问时，如果不通过课后与任课教师的交流，也会直接影响看课的效果。当然，补充完善的形式并不拘泥于咨询任课教师，有时在看课结束后，听取任课教师的课后自评或专家的点评，也是很好地提升看课效果的方法。当然，主动找任课教师咨询，更具有针对性。

实际上，对于看课者而言，很多人都会认为，看完 40 分钟或 45 分钟的课就是看课活动的完成。其实并非如此，完整的看课，还应该有一个前后延伸，正如我们的课堂教学有课堂延伸——"课外活动"一样，看课的延伸从时间上说是课堂教学之外的时间。从内容上和形式上说，是课前对教案的翻阅和课后与教师的交流，尤其是对所看课堂产生的疑问的咨询。当然，不同的课型会有不同的咨询方式，如果是常态课，看课者有机会在课结束后与任课教师交流；而对于观摩课而言，未必有如此如愿的时间和机会；如果是现场观摩活动，如全国中小学体育课堂教学观摩展示活动，在展示结束后，会有一个甚至多个专家对展示课进行点评和指导教师的介绍，看课者通过听取点评意见和指导教师对课的设计思路的描述，可以更加深入而全面地了解所看的课，甚至可以及时补充看课过程中遗漏的信息。如果对所看课有不理解的部分，通过听点评环节能够加深对课的理解；如果未捕捉到亮点，通过听点评也能够重新收获亮点，有时也会进一步发掘看课过程中未能发现的问题。另外，每看一节课，建议能够做一个反思，整理看课记录，并反思看课的方法是否留有遗憾，如何改进。当记录很多看课信息后，还可以对此进行归纳整理，将看课经验进行总结，或将看到的所有问题进行归类等，为以后的研究工作积累很有价值的素材。因此，无论看什么样的课，重视看课的前后延伸环节是很有必要的。

看课说起来简单，但要想达到好的效果，做起来并非易事，因为它不但需要局部与整体结合看课、内容与方法协同看课、手脑眼耳并用看课、看与评兼顾看课，更需要树立大的看课观，通过前期知晓、后期咨询或听取他人点评等完善看课。这既是要把握的基本原则，又是要采用的有效方法。只有这样，看课所获取的信息才有可能是多元的、客观的和准确的。孤立地看与听而不记录，有可能走马观花，收效甚微；只看到局部而未综观全局，有可能一叶障目或断章取义。常言说得好，会看的看门道，不会看的看热闹，把握了看课的原则，看出课的门道并非难事。

有效看听体育课，　遵照原则不会错；
局部整体相结合，　关键环节能把握；
内容方法有协同，　合理有效方可明；
手脑眼耳要并用，　信息收集多又重；
看课评课兼顾说，　看评效果好处多；
课前课后有接受，　提高效率无折扣。

第二
部分

体育教师看课——实践方略

看课如何看出门道？会看的人不但能够把握全局，而且能够通过看细节找到真问题，进而分析其原因，并能找到解决问题的有效策略。因此，走进课堂，将所了解到的看课理论应用于实践的同时，把握看课的技巧十分关键。本部分重点介绍从整体看课和从局部看课的方略。把握了整体与局部，无论是全局性的问题，还是局部的问题都能有所把握。

　　从整体看课，要先看什么，后看什么，看课过程中思考什么等，都是从整体看课看出真问题和闪光点最先厘清的问题；从局部看课，体育课可以划分为哪些局部环节，哪些关键要素需要特别关注，如何从局部把握细节等，都是看出门道必须把握的实践问题。

第一章 从整体看体育课的方略

无论是新任教师还是有一定教学实践经验的教师，在看课的时候，大都要从整体上看，例如，通过看课了解任课教师的设计思路与方法，通过看课寻找问题，通过看课学习经验、看其闪光点等。从整体看课，要求看课者从头至尾完完整整地，而且各环节都要认认真真地看，并综合做出判断。

一、看体育教学设计的水平

决定体育教学效果的优劣，至关重要的因素就是课前的设计，教学设计是否合理，直接反映在课堂教学活动中。因此，通过看课，可以了解任课教师是如何进行教学设计的，教学设计是否合理，问题何在，应如何规范体育教学设计，等等。对于这些问题，笔者将结合看课实例具体分析，以便为体育教师进行合理的教学设计，以及从课上如何看出体育教学设计的技巧等提供参考。

在通过看课了解教学设计之前，我们首先讨论一下，体育教学设计目前存在的一些现象。

（一）体育教学设计的扩大化与缩小化现象

体育教学设计这一专业术语大家并不陌生，但并非每位教师都能真正地了解什么是体育教学设计，目前存在的两种现象说明，有些教师对体育教学设计的准确把握还不到位。

现象一 将体育教学设计等同于体育教学计划

关于体育教学设计的定位，有些教师将其误认为是体育教学计划。如有教师说："体育教学设计具有多个层次，即学年的、学期的、单元的和课时的。"这种认识实际上是把体育教学设计的概念扩大化了，而且，也是把"设计"完全等同于"计划"了。结果导致出现了混淆体育教学设计与体育教学计划的现象。

就体育教学计划而言，从时间跨度上来划分，它可以分为不同层次，如通常教师习惯从学年开始，然后是学期、单元，最后到课时，自然就会有对应的不同层次的体育教学计划。即体育学年教学计划、学期教学计划、单元教学计划和课时教学计划（或教案）。

而体育教学设计就大不相同了，体育教学设计直接指向的是课堂，我们可以理解为根据课标、教材、学生、场地器材条件等诸多因素，选择教学内容，设置教学目标，确定科学有效的方法，按照一定的时间顺序，进行合理组织与规划课堂教学的过程。也就是说，它指的是对课堂教学本身的规划，更进一步说，还可以通俗地理解为它要解决体育课"如何上"的问题，而体育教学计划主要解决某一时间段"上什么"的问题。同样的内容、同样的学生、同样的场地器材条件，不同的教师会有不同的设计，也同样会有不同的上法，因此，体育教学设计具有明显的个体差异性。

综上所述，将体育教学设计等同于体育教学计划是一种概念的"扩大化现象"，同时也是一种错误的认识。体育教学计划虽然不等同于体育教学设计，但二者也是有一定联系的，它们的连接点就在于课时计划，也就是说，体育教学设计中包含课时计划（即教案），而教学计划的最小单位也是课时计划。

现象二 将体育教学设计等同于体育课教案

所谓体育课教案，实际上就是教师平常所说的课时计划。教案不完全等同于教学设计，它只是教学设计的主要呈现形式，是最重要或最核心的内容，而不是全部。但有教师却将体育教学设计与教案画上了等号，很显然，这是把体育教学设计等同于体育课教案的"缩小化现象"。这种现象会导致对体育教学缺乏周密和细致的考虑，在教案上有些内容难以体现，如活动与活动之间的衔接、每一个练习内容安全隐患的规避等。但是，要想很好地把握体育课堂，对这些细节问题的把握都是至关重要的。事实上，教案呈现的内容很难将教学中的很多细节都反映其中，因此，就需要做科学、合理、具体的教学设计工作。体育教学设计自然就不会完全等同于教案，它还有指导思想、教材分析、学情分析、教学流程、场地布置、安全防范等要素，这是一份规范的教学设计所需要的要素，其中核心要素是教案，而其他几个要素可以称为基本要素。由此也可看出，教案应该是包含在一份完整的教学设计中的，二者并不是等同关系。

体育课教案中呈现的教学内容、教师活动、学生活动、时间与次数等都较为笼统，至于一节课中，教师应如何示范，包括位置、次数、时机等，教案上出现的往往只是"教师示范"几个字，或更简单的"示范"，而未明确写出如何示范，这就需要教师在教学设计过程中有一个系统的考虑。因此，相对于教学设计来说，教案上的内容是极为有限的，它所承载的内容不足以反映一节课中各个环节的具体活动方式。另外，有时看教案的时候还不足以看清教师对一节课的设计思路和创意所在，很大程度上只有通过看课，才能够更加明确教师的设计思路、方法与技巧。

（二）看"跪跳起"分析体育教学设计的合理性

体育教学设计是体育课堂教学的前期准备，该项工作做得是否充分，从教案上能够有部分了解，从体育教学实施过程中也能一目了然。但如何通过看课，全面把握任课教师的设计思路、方法，以及从中发现问题并能找到问题的根源，则需要按照一定的程序和方法看课并分析体育教学设计。下面以"跪跳起"为例展开讨论。

1. "跪跳起"课例的来源与教学设计基本信息

"跪跳起"课例是全国首届小学优秀课例评审一等奖获得者、天津小学刘新建老师的小学二年级的体操技巧课。

从教学设计上我们首先了解到一些最基本的信息，有利于更加有效地看课，并能较全面地了解任课教师的设计思路与具体方法。"跪跳起"这节课是一个单元4课时中的第1课时。上课时间为40分钟，学生人数未知，男女生比例未知（未能提供）。该课教师设置的教学目标包括三个方面："（1）能够说出跪跳起的动作顺序和要领，全体学生都能做出挥臂制动的动作，少数的优秀生能够在帮助下完成，加强学生安全参加锻炼意识的教育；（2）通过本课的学习，增强腰腹肌肉群的力量，提高灵敏性和协调性；（3）形成善于观察、乐于模仿、相互帮助合作进行学习的能力，培养果断、顽强进取的体育精神，可以和伙伴良好合作、关爱他人的优秀品质，在队列练习中体验个体在群体中的自豪感和责任感。"教学的重点是"两臂前挥摆并制动"，教学难点是"脚面和小腿压垫有力"。

除此之外，从体育教学过程上显示："常规队列—导入准备—基本练习—每课一玩—放松整理"五个阶段。每一个阶段的时间分配分别是 4 分钟、5 分钟、20 分钟、8 分钟、3 分钟，共计 40 分钟。教学设计中显示主教材的教学流程是"跪撑前移—跪跳高—跪跳远—模仿练习—跳至一层、二层、三层、四层垫子—跪跳起"六个环节，如图 2-1-1 所示。

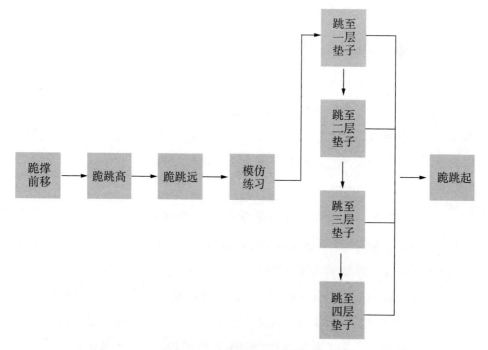

图 2-1-1 "跪跳起"教学流程

课堂教学过程中，部分练习如图2-1-2、图2-1-3所示。

图2-1-2 跪跳高练习   图2-1-3 跳至二层垫子练习

从该课例的设计来看，制定的体育教学目标比较明确，但在体育教学实践中，目标是否能够达成或基本达成，要看每一个教学环节的设计是否合理，是否在时间上、方法上、手段上都有自然衔接与过渡。设计合理与否，一方面要看各部分的实施效果，另一方面要看体育教学各细小环节的把握。

2. "分析体育教学设计合理性" 的看课视角选择

看任何一节体育课，选择看课的视角必不可少。重视视角选择，会使看课活动更有针对性和时效性，不重视视角的选择，有时看课可能会存在时间上的浪费或效果上留有遗憾，甚至有的时候会出现捡了芝麻丢了西瓜的后果。因此，无论基于何种看课目的，视角确定都至关重要。那么，分析体育教学设计如何确定看课视角？是一个视角还是多个视角？结合过去看课的经历，笔者认为，由于体育教学设计所涉及的要素不但包括"人"（教师与学生）与"物"（场地、器材、教材），还包括"事"（目标、过程、方法等），因此，在以"分析体育教学设计合理性"为目的的看课视角显然就应该是多元的，而不是单一的。基于此，看课的时候可以选择多个视角，在按照一定的时间顺序逐一看的同时，有些环节需要重点把握。如老师在示范的时候，学生在观察，师生的这一"示范—观察"环节，就存在教师如何示范的问题，包括示范的位置、示范的方法、示范的次数等是否合理。同时，还存在学生如何观察的问题：学生是如何观察的，是观察局部还是整体，观察过程中有无面部表情的变化，有什么样的变化，教师要求学生如何观察，学生在观察过程中存在问题的时候，教师应该如何及时做出调整。对于想了解体育教学设计合理性的看课者而言，这些方面都是需要认真关注的。

3."分析体育教学设计合理性"的看课方法

分析体育教学设计的合理性，需要视角多元化，这样才能获得综合的信息。最好能从大、小两个视角结合来看，大视角主要是看全面性、系统性上的设计，小视角主要是看教学细节上的设计。

（1）大视角看"跪跳起"课例

所谓大视角看课，一方面是从全面性来说，如按照时间顺序来看各个环节安排的合理性，又如看整节课的各项活动形式和内容安排的合理性；另一方面是从系统性来说，如同时兼顾看主教材和辅助教材内容的选择与教学方法匹配的合理性。本研究以各部分的活动内容与方法为例，对"跪跳起"课例进行分析。

该课例的教材内容包括两大部分，其中，主教材是"跪跳起"，选择的游戏是"毛毛虫接龙"和"劈叉接龙"。这些内容的学习和辅助性练习形式，遵循了循序渐进的原则，如同任课教师在教案上所呈现的"路径教学法"一样，渐进性实施了教与学的活动。从总体上看，在课的准备部分，学生准备活动徒手操结束后，教师设计了"让学生自主选择各种柔韧性练习"的教学环节，学生有的劈叉、有的下桥、有的跪地后倒成"小元宝"姿势等，为基本部分主教材的学习做了铺垫。紧接着，在原来队形不变的情况下，教师让学生在木地板上手向前远撑腿跟进做跪撑前移练习。这一环节的设计是本节课"跪跳起"主教材学习的起点。然后过渡到垫子上"跪跳高"和"跪跳远"的练习。又过渡到从小跳台上向垫子上做跪跳起辅助练习。跳台上的跪跳起练习，任课教师按照从易到难的顺序，安排了从跳至一层垫子→跳至二层垫子→跳至三层垫子→跳至四层垫子，依次过渡。然后，学生可以结合自己掌握的情况调整垫子高度继续练习，可根据需要重新返回三层、二层或一层垫子上练习。体现了新课程基本理念中的"区别对待"，照顾到了学生的个体差异。在课的结束部分，任课教师安排了两个游戏"毛毛虫接龙"和"劈叉接龙"，并作为素质练习前后呼应。游戏采取比赛的方式，最后让冠军队走上小跳台和大家一起在一首"感恩的心"的音乐声中共同做放松活动。获得冠军的学生得到了鼓励，同时对其他学生也是一种激励。在小跳台上练习，场地的布置如图 2-1-4 所示。

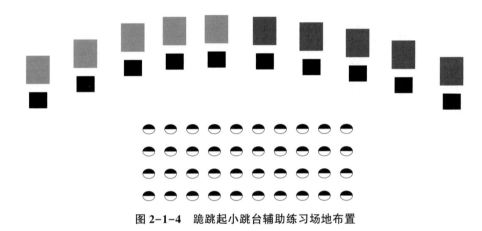

图 2-1-4　跪跳起小跳台辅助练习场地布置

总的来看，各个环节过渡自然、流畅，环环相扣，甚至可以说是达到了"无缝隙性"组织。内容选择适宜，方法选用有效，时间安排也比较合理。不但能看出该教师具有较扎实的教育教学技能功底，还反映出该节课的教学设计是经过精心策划的，因此，从大的视角来看，该节课的教学设计是合理的，有很多借鉴和学习之处。

（2）小视角看"跪跳起"课例

在看体育课的时候，所选择视角的大小是根据不同的看课目的来确定的。前面谈到从大视角来看体育课的教学设计的合理性，能够对此有一个较为全面的了解。实际上，由于细节问题的处理方式对教学的效果起着至关重要的作用，因此，看课时我们不可忽视任课教师对课的细小环节的设计。如教师对教学语言的运用，诸如如何表扬才能起到激励作用，如何批评才能起到督促引导作用，如何提示才能起到安全防护作用，等等。基于此，我们可以单独听和记录教师在各项教学活动中的语言。对于如何表扬、批评、提示、指导更有效，认真负责且有经验的教师，课前几乎都会进行精心设计。

"跪跳起"这节课上，教师语言的运用也值得借鉴。在调动学生积极性方面，各项活动中都有所体现，如布置场地环节，该教师用"看哪一组摆得快"；在辅助性练习阶段，教师用"看哪个同学跳得高、跳得远"；在游戏阶段，教师又用了"看哪一组同学接龙最长"等启发激励性语言，起到了调动学生积极参与的作用。

另外，教师关注学生在课堂上的各种方式的语言，并做出了积极的回应。比如，在一名学生进行跪跳起辅助练习"跪跳远"展示后，老师又一次组织学生进行自主分散练习，这时，有名女生走到老师面前轻声告诉老师："老师，我一会儿也想给大家做示范。"老师听了该学生的要求后说："你先继续练习，一会儿先给老师做一遍，如果做得好，老师就让你给大家做示范。"这样的回应说明教师对学生的重视，而且还考虑到了学生在课堂上提出的要求，并用了"做得好才能给大家做示范"的激励方式，而不是直接答应学生所提出的要求。非常巧妙的应对，一方面，反映老师的教学能力较强；另一方面，也给看课者很好的启发——体育课上不可忽视学生的语言。

由此可见，不同的看课视角，会得到不同的收获，就体育教学设计而言，这节课的观察，我们得到了很多启示，其中不可忽视的是：在进行体育教学设计时，不但要关注大的环节的连贯性、合理性，还要关注心理层面的设计，比如，如何运用巧妙的语言激励学生，如何考虑用不同方式回应学生提出的问题。心理层面的课前设计是教师容易忽视的，但又是很重要的。

（三）体育教学设计应考虑的教学要素与操作步骤

1. 体育教学设计应考虑的教学要素

体育教学设计需要考虑诸多教学要素，了解这些要素，是有效进行体育教学设计的关键。体育教学设计中考虑这些要素，实际上是对这些要素的进一步规划。对于体育教学而言，体育教学要素包括固有要素和生成要素，固有要素有场地、器材、教材、教师、学生等，生成要素有达成目标、安全防范、突发事件等。

在进行体育教学设计时，我们可以把体育教学要素分为以下三类。第一类是易控要素，如场地、器材、教材、时间、次数等，这些要素完全可以通过发挥教师的主导作用得到很好的支配；第二类是可控要素，如教师与学生、教法与学法、组织形式、安全防范等，这些要素不像易控要素那样容易被控制，但通过教师的精心安排也是能够控制的；第三类要素是难控要素，如达成目标、突发事件等，这类要素在体育教学活动中相对于前两类要素而言难以控制，因为它们与很多因素有关，有时甚至是难以预测的，如突发事件等。对于以上三类要素，在体育教学设计时都需要加以重视。

2. 体育教学设计的操作步骤

合理的体育教学设计应该按照一定的步骤把握操作过程。笔者认为，有些人通过看课能看出体育教学设计的合理性；有些人很有可能看不出来，其主要原因或许是由于对体育教学设计的规范结构不清晰导致的。为此，我们有必要谈谈如何进行体育教学设计，也就是说，如何处理好人、事、物之间的相互关系。使"人"的作用，无论是教师的主导作用还是学生的主体作用，在教学活动中都能够充分发挥；使"物"得到最合理和最有效的运用；使"事"得以最巧妙、最完善地体现。下面提出体育教学设计不可忽视的几个阶段及方法步骤。

（1）设想与分析阶段：思路清晰，分析到位

任何一次体育教学设计工作，最关键的问题是要思路清晰，如果没有清晰的思路作为先导，随后的设计工作很难保证合理与有效。在这一阶段，要解决"为什么教"和"教什么"的问题。"为什么教"想不清楚，等于依据不明；"教什么"不确定，等于内容适应性不突出。因此，需要明确指导思想，做好教材分析、学情分析等前期工作。

（2）选择与布局阶段：选择准确，布局合理

解决了"为什么教"和"教什么"的问题后，接下来就要考虑"如何教"的问题。因此，需要选择场地、器材，并对其进行合理的布局；需要选

择活动内容，并对各活动内容服务主教材教学的情况进行规划，如每个活动内容所占的时间、活动次数等。也就是说，从总体来看，准备部分、基本部分和结束部分分别选择什么样的活动内容和组织形式。如何突出时效性和创新性等问题也是在选择和布局阶段应该考虑的内容。因此，需要做好教学流程、场地器材布置、安全隐患防范等规划工作。

（3）编写与再现阶段：清晰表述，再现反馈

进行体育教学设计，只是想清楚还不能达到理想的效果，同时还需要写清楚。写清楚，实际上是要体现体育教学设计的结果。是否已经写清楚了，我们既可以从整个教学设计的全部内容来看，也可以从教案上得以验证，如果教案存在这样或那样的问题，会直接反映教学设计缺乏清晰的思路。除此之外，在以上环节都完成后，并不能算是体育教学设计工作全部结束，而是有必要对设计的课堂教学各主要环节加以自述，反馈设计合理与否。可以运用头脑再现法，也就是用想象式的再现，还可以运用自言自语的方式，做一个完整的或部分的自述。只有通过这些环节进一步验证后的教学设计才是完整的或相对合理的体育教学设计。

看课有很多视角，也有很多需要看的内容，就看体育教学设计而言，视角是多元的，方法是多样的。在能够看出门道的同时，了解体育教学设计的方法更是重中之重，因为看课的最终目的是掌握规范设计的方法。不同的课有不同的设计思路与方法，不同的教师有不同的设计能力与技巧，通过看常态课与观摩课、新授课与复习课、田径课与球类课等不同类型的课，看课者可以从不同的角度灵活掌握不同类型体育课的设计方法。

下面对如何看体育教学设计的水平做一简单归纳：

看体育教学设计的水平

教学设计要把握，　人和物事不放过；
看课了解合理性，　要素规范思路清；
计划设计有不同，　设计教案也不等；
备课过程区分做，　精心设计不要错；

"跪跳起"课是典型， 创新合理效果明；

大小视角要有序， 整体细节有考虑。

二、看体育教学中的真问题

几乎任何一节体育课，无论是常态课还是观摩课，都或多或少地会有一些问题，有的课问题突出，有的课问题较隐蔽。对于看课者而言，只要把握技巧，总能从中看出教学问题。然而，就看同一节课而言，有的人能看出问题，有的人看不出问题；就问题的数量而言，有人看到的问题多，有人却看到的少；从看问题的深度方面，有人能看到深层次问题，有人看到的却很表浅；所看到的问题中，有的可能是真问题，有的却是假问题。那么，怎样才能看出真的、更多的、更深入的问题呢？到底什么是体育教学问题？体育教学中会有哪些教学问题？如何在看课过程中发现这些问题？下面做进一步论述。

（一）体育教学问题的界定

就体育教学而言，有可能存在这样或那样的问题以及干扰项，但哪些教学事件或情节能够被界定为问题呢？实际上，体育教学问题可以理解为"在体育教学过程中出现的影响教学效果的异常现象或存在瑕疵的教学情节"。这些现象或情节在一定程度上或多或少地都会对教学效果产生一定的负面影响，需要采取一定的措施加以改进。体育教学问题有大有小，负面效应也有深有浅，问题的来源也比较复杂，归属各不相同。因此，要探寻体育教学问题以及找到解决问题的策略需要做出一番努力，需要掌握有效发现问题和解决问题的方法与技巧。

体育教学中有时还会出现一些干扰项，当然，问题不一定都是干扰项，但称为教学干扰项的一定是有问题的。干扰项主要是指"对正常教学秩序起干扰作用的事项或环节"。干扰项的确定有多个层面，从时间上看，是一种浪费现象；从内容上看，是一种多余现象；从空间上看，是一种混乱现象。因此，体育教学的干扰项也需要及时消除。

（二）看体育教学问题的若干视角

看体育课上是否存在问题或干扰项，可以从多个视角切入，如从时间切入、内容切入、方法切入、场地器材的使用切入、师生关系的把握切入、学生的学习表现切入、教师的讲解示范效果切入等。也就是说，如果想探寻体育教学过程中是否真正存在问题、问题的大小，有无干扰项、干扰项的影响程度等，都可以从以下视角去观察。

1. 从时间切入看体育教学问题

体育教学的时间，无论是小学的 40 分钟，还是中学的 45 分钟，都可以将其划分为准备部分 8~10 分钟，基本部分 25~30 分钟，结束部分 5~8 分钟。除此之外，每个部分的各项活动也都有相应的时间分配。从时间切入看体育教学是否存在不合理现象时，首先是看各部分的时间能否得到保证，其次是看每项活动内容的时间安排是否合理有效。如一节中学体育观摩课，所记录到的课的总时间仅有 37 分钟，显然从时间的安排来看是有问题的，是一节教学总时间不足的体育课。进一步记录各部分的时间发现，准备部分和结束部分的时间都很仓促。其中，准备部分从集合整队到准备活动结束，只有 5 分钟；结束部分用了 3 分钟时间，放松活动极其简单，几乎达不到放松的目的。因此，就时间上看，存在各部分时间分配不合理的现象。另外，从时间切入，还可以看时间利用的合理性，如是否是在有限的时间内安排了最有效的教学活动等。

2. 从内容切入看体育教学问题

内容是体育教学的关键要素之一，如果没有内容，体育教学工作就无法开展，而且，体育教学中的内容并非都仅为一项，有时会出现两项以上的内容。如主教材学习篮球单手肩上投篮，辅助教材为跳绳。从内容切入的角度看课，要关注以下问题：两种教材的内容搭配与时间分配是否合理，体育课上是否选择有不适当的教材内容，在教学中器材的安全性是否缺乏周密的考虑和有无预防措施；体育课的教学方法是否与内容本身相匹配，重难点是否突出并有所强调；学生对内容是否感兴趣，参与该项内容的学习是否有积极性；某项内容所需器材是否到位，所需场地是否得到了满足；等等。如篮球运球课，全班有 60 名学生，仅有 10 个篮球，这样的内容因器材不足其目标就不太容易制定和实现，本来需要 2 节课掌握运球技术的，或许就需要三四节课才能达成。因此，内容本身有可能会存在问题，与内容相关联的条件不具备的话，教学内容也难以在课堂上得到很好的落实。

3. 从方法切入看体育教学问题

在体育教学过程中，不但有教师的教法，还有学生的学法，更有教师对学生的学法指导法，但学法与学法指导法很容易被教师忽略，二者却又十分重要，在一定程度上起着关键性作用。在教学过程中，尽管教师运用了好的教法，学生若不能主动地学习，没有与之对应的有效学法，教法也很难达到理想的效果，尤其是缺乏学法指导的课堂，学生的学法更加茫然，因此，仅仅考虑教法是不够全面的。基于此，在看课的时候，需要在了解教师教法的基础上，不可忽视学生的学法，在教学活动中，学生的学法在一定程度上对改进教法起着重要的反馈作用。也就是说，教师可以根据学生在课堂上的学法来调整教法。在看课时，需要看课者综合把握学生的学法。例如，当教师做篮球投篮示范的时候，由于没有事先告诉学生如何观察示范动作细节，结果几乎所有的学生从教师示范的开始，就已经把目光集中在篮筐上了，等待观察教师是否把篮球投中。无论任课教师的示范动作是否标准，也无论该教师在示范过程中能否将篮球投进，一旦出现学生统一观察篮筐的现象，就说明教师"不会教"，也说明学生"不会学"。因为教师没有指导学生如何观察，结果学生不会观察，如果教师投篮未中的话，导致学生既没有看到教师是如何做的示范，又没有看到期待的投中结果，难以产生跃跃欲试的感觉。因此，教学方法是否有问题，要从三个方面来看，即教法、学法、学法指导法，三者缺一不可。教师依据学法调整教法，学生的学法主要是对教法的内

化，学法指导法能在有效教法与有效学法之间起到桥梁和纽带的作用。

4. 从场地器材切入看体育教学问题

常言说："巧妇难为无米之炊。"但有时候，即便是有了场地器材，依然会在体育教学过程中存在这样或那样的问题。通过看课，看课者要了解场地器材可能存在的问题，既需要看场地器材本身的数量是否充足，质量是否过硬，安全隐患是否有防范措施，还需要看场地器材的布局是否合理、经济、有效，可移动、需移动的器材的移动过程是否合理，在移动过程中存在什么问题，上课过程中是否存在对场地器材的损坏现象，如果存在是否能及时制止，等等。例如，某学校的一些篮球有破旧翘皮现象，有的学生在上课过程中会用手提起篮球上的即将脱落的球皮，这样会加速篮球的破损，看似很小的现象，实际上也属器材妥善利用问题，要禁止学生提球皮，但往往有些教师并没有及时制止。场地器材所反映的种种问题往往直接影响教学效果，还有可能存在较多的安全隐患，甚至出现安全事故。场地器材的问题可能大也可能小，可能多也可能少，但问题在于，要想看出场地器材的问题是需要具有一定洞察力和分析判断能力的。看课者不但要分析场地器材使用情况，而且要能够与教材、学生情况等协同分析，只有这样，场地器材最关键的问题才能被发觉，并找到解决的有效办法。

5. 从师生关系切入看体育教学问题

在体育教学过程中，师生关系始终处于被关注的焦点，因为教学活动呈现的是师生教与学的双边互动，这种互动的双边性随时随处都离不开师生的协同；否则，体育教学就难以实现。因此，对于看课者而言，完全可以从师生关系方面看体育教学中存在的问题及其原因。

图 2-1-5 教师讲解过程中学生的听讲状态

如看教师讲解的时候，学生都在干什么（见图 2-1-5），有多少学生认真听讲。如果没有太多学生认真听讲，本身就反映一定的问题，或是教师自身讲解水平的问题，或是教师在讲解之前未能指导学生如何听讲的问题，或是学生自身对该项内容的学习不感兴趣，或是体育教学外部环境造成的干扰问题等。无论是什么原因，从学生不能配合教师认真听讲这个现象来看，作为一类问题，需要我们多方面查找原因，以便找到解决问题的策略。当然，示范过程中学生的学习表现也不容忽视，因为，我们从中可以看到，学生在教师示范时从表情到行动的各种变化，是对成功示范和失败示范的不同反应。另外，有时候教学中安排的游戏、比赛等活动需要教师参与其中，这样学生参与的积极性才更高，但往往有些教师很难做到这样。

新课改以后，出现的最为突出的师生问题，就是主导作用和主体作用的关系处理不当。新课改后的体育课堂，有些过于强调学生的主体地位，结果出现一系列更大的问题，曾出现过只表扬不批评的课堂等，即有些体育课上，学生即便是犯了错，有的教师也不再批评学生了。实际上，这是一种错误的处理方法。教学中教师与学生的关系处理不当，将会不同程度地影响教学的有效性。

6. 从学生的学习表现切入看体育教学问题

学生在体育课堂上的表现，不但能反映教学的效果，而且能反映学生对体育课的认识，并直接影响自身发展的有效性。如果从学生的学习表现切入，看体育教学是否存在问题，我们需要透过现象看本质，如长跑课上见习的学生较多（如图 2-1-6，大课间长跑时，十几个学生见习不跑），体操课上见习的学生依然存在（如图 2-1-7，体操技巧课上，两个女生见习，在一旁聊天），到了男生喜爱的球类运动，女生喜爱的健美操运动，见习人数却明显减少，这种现象反映学生的课堂表现与教学内容有直接的关联性。

另外，体育教学中，不同的运动都有可能出现偷懒的学生，学生在体育教学中不练习而偷懒，本身就是问题，但为什么会偷懒，需要我们从偷懒的各种现象中分析其背后的原因。例如，长跑课上少跑一圈或两圈，或插道跑小圈；短跑课上不愿跑快，未按教师要求的速度练习；跳绳课上总是比别人

图 2-1-6　大课间长跑时见习的学生　　　图 2-1-7　体操课上见习的学生

跳得慢，且间歇时间长等。这些看似偷懒的现象，实际上是学生的学习不积极主动的问题，这样的状态若长期存在，会加大组织的难度。除此之外，在体育教学过程中，还容易出现学生调皮捣蛋的现象，如故意提一些刁钻问题为难老师，或老师在讲解示范时大声喧哗扰乱课堂纪律，影响其他学生听讲，或练习活动中不但不练习，还妨碍其他学生正常练习等。诸如这些表现，都是看课时不可忽视的教学问题。

7. 从教师的讲解示范切入看体育教学问题

教师在体育教学中几乎都要用到讲解与示范，但并非所有的讲解与示范都很有效，因此，需要看课者从该视角观察教师在讲解与示范过程中存在的若干问题。首先，从讲解与示范的正确性方面来看，确保讲解示范正确无误是体育教师良好基本功的体现，要想在看课过程中能够准确判断任课教师讲解示范是否符合其基本标准，需要看课者熟练掌握所看技术的动作要领，否则就难以做出正确判断。其次，看讲解示范是否存在方法问题，如有些技术学习需要先讲解后示范，有些需要先示范后讲解，还有的需要边讲解边示范，有时根据需要，还要进行多次讲解与示范。讲解示范呈现的顺序不同，教学效果也会有一定的差异性，如果顺序有所颠倒，有可能影响到教与学的整体效果。同时，讲解示范的顺序也是由技术本身的特点和性质所决定的，因此，看课者观察讲解示范的顺序至关重要。再次，讲解示范的效果是否会因为教师在讲解时的声音大小、语速快慢等导致学生不能正确获取讲解信息，是否有因教师的示范面选择不恰当、示范距离过远或过近、示范提示语缺乏而未能达到理想的示范效果。最后，通过看讲解示范，还可以观察在讲解示范的时候有无外界因素的干扰，如讲解示范时，部分学生因对另一个班级的教学内容更感兴趣，而出现课堂溜号现象。这一现象说明有某一事件干扰到了讲解示范的效果。

图 2-1-8 所示的是，一节跆拳道课上，教师在讲解时，由于受其他班级上课的干扰，而出现多数学生听讲注意力不集中现象。

由此可以看出，教师的讲解示范有无问题，需要看课者认真分析判断，同时，问题的来源也是多元的，有教师自身的讲解示范水平问

图 2-1-8　跆拳道课上学生听讲溜号现象

题、有学生的配合问题、有外界因素干扰的问题，还有可能是受目标或突发事件影响的问题等。但无论何种原因，也无论问题大小或多少，看课者都可以通过认真看讲解示范环节捕捉到这些问题。

除此之外，要想更充分地了解体育教学中存在的问题，还有很多视角，如从教学语言的角度、处理突发事件的角度、各教学环节之间的连贯性角度、目标的初始状态到目标的达成状态的过程把握角度、教学的某一部分（如基本部分）学生参与的积极性角度等，都可以观察并发现有无问题，以及问题产生的根源。

（三）个案分析看体育教学问题的步骤与方法

能否看出体育教学问题，受教师教育教学能力高低的影响，同时，看课的方法步骤是否正确与合理，对能否看出真问题也起着决定性作用。下面运用个案分析阐述看课探寻体育教学问题的步骤与方法。

1. 从"讲解距离"看体育教学问题的步骤与方法

案例1：讲解站位过远的后滚翻教学

【案例描述】　这是一节体育观摩课，教学内容是后滚翻。基本部分教学的时候，学生被带到事先摆放好的4排间隔有一定距离的垫子前蹲立，任课教师站在距离学生15米左右事先放好的向上倾斜且画有后滚翻图解的图板前，开始讲解后滚翻动作要领和方法。此时，任课教师或许已经意识到了学生因距离较远、位置较低而难以看清讲解内容，于是，他说："看不见的同学可以往前面来一下。"但学生们对这样的提示语并无任何反应，而且，大都低头准备做后滚翻动作，教师也未进一步确认究竟学生们是否看清了图板上的内容。在讲解中，教师只是自言自语地讲，学生则是低头蹲立着听，有些学生在教师讲解的全过程中都没有抬头看一眼图板，更没有看到图板上写的、画的是什么内容，师生在此出现了配合上的问题。可想而知，这样的讲解和听讲过程难以达到预期的效果。

【案例分析】　体育课上，教师时时处处都有可能讲解，有集中统一的讲解，有分组指导的讲解，但无论采取何种方式，都需要达到理想的讲解效果。学生不但需要听清教师讲了什么，还要理解所讲内容，并掌握动作方法。但上述案例未能达到理想的效果，其主要原因是图板距离学生太远。学生既看不清老师讲的是什么，也难以听清讲到哪儿了，结果才会出现师生在讲解环节配合不够默契的现象。

【步骤与方法】　看讲解是否存在问题，第一，看教师是在哪儿讲的，位置是否合理；第二，看教师是对谁讲的，是全班学生、某一组学生，还是个别学生，语音语调是否有必要的变化；第三，要认真听教师讲的内容是什么，讲解是否正确，有哪些技巧；第四，要观察教师讲解过程中学生的表现，大约有多少学生在看、在听，有多少学生溜号了，为什么溜号，是教师讲解自身水平能力所限，还是外界干扰，等等。如果看课者能够及时发现讲解中存在的问题，并加以总结与分析，才能不断提高看课水平，也能提高自己在教学中的讲解能力，更好地把握讲解的技巧。

2. 从"示范位置"看体育教学问题的步骤与方法

案例 2：示范站位不当的实心球教学

【案例描述】　这是一节初中二年级的实心球课。教师把学生集中在一起，讲解完实心球技术要领后，把学生分成对面站立的两排，并分散开来，教师站在其中一队的排头位置，同队站立的学生此时每人拿一实心球蹲立做好准备。教师蹲在排头位置做了一次"后抛实心

图 2-1-9　站位不当的实心球示范

球"示范，和教师同一队站立的学生似乎都没有看教师的示范，此时此刻，即便是看示范，也难以看清示范的过程与结果，因为与教师并列一排站着，不便于观察（见图 2-1-9）。教师示范一次以后，未考虑到学生是否已经看清了示范，就开始让学生一排一排地练习。

【案例分析】　作为一节实心球课，无论后抛实心球对于初二学生是否有难度，既然教师做了示范，就应该考虑示范的有效性。本案例中这样的示范方法显然是不可取的，示范的时候需要考虑全体学生的观察便利性，也就是说，要考虑学生能否看到示范、能否看清示范，否则，示范就失去了意义。那么，看课者如何从示范方面看出是否存在问题，以及问题的大小呢？下面谈一谈具体的步骤与方法。

【步骤与方法】　看示范时，第一，看教师要做什么示范，该示范需要什么样的示范位置；第二，看教师的示范位置与示范面是否正确；第三，看教师的示范动作是否正确；第四，看教师的示范有没有给学生带来负面影响，

通过学生的反应观察了解示范效果；第五，看教师在示范前是否给学生提出了明确的观察要求。除此之外，通过看学生观看示范时的反应，推测示范的合理性问题。如有学生在教师示范的时候踮起脚尖看示范，考虑是不是学生的组织队形有问题；又如，待教师篮球传接球示范结束后，有学生质疑教师的示范动作，或许是教师的示范有误；等等。在看课的时候，如果这些方面都能较好地把握，对于示范方面的问题就能全面宏观地把握了。

3. 从"评价时机"看体育教学问题的步骤与方法

案例3：干扰主教材学习的箱上前滚翻评价

【案例描述】　这是一节小学四年级的箱上前滚翻课。当示范完后，教师组织学生做箱上前滚翻练习，练习几分钟后，接着组织学生边练习边做自我评价，评价时机是学生在同伴保护与帮助下完成箱上前滚翻后，快速跑到前面事先在垫子上放好的评价表上做自我评价，

图 2-1-10　自评互评干扰项

评完后返回，后面的同学照做。每一组学生都完成动作后，各组分别集中，并在本组的评价表上做组内互评，如图 2-1-10 所示。

【案例分析】　新课改要求加强过程性评价，因此，有些课堂上就加入了自评、互评环节。但是，有很多评价方式与相邻教学环节的衔接存在一定的问题，尤其是本案例，自评的时候，学生为了评价，难以确保认真完成动作，有的滚翻后，脚没站稳就急急忙忙跑到评价表那里进行评价。可以看出，评价的加入使得正常的练习受到了影响，如果不能认真完成动作或保证不了练习质量的话，评价的加入是不妥的。另外，小组内的互评，由于在练习过程中尚未安排学生观察同伴的动作，也没有提供评价标准，结果在组内互评时

第一章
从整体看体育课的方略

057

第二部分
体育教师看课
——实践方略

学生很难客观准确地评出哪个同学动作完成的质量好或差。因此，是否加入评价，评价方式如何选择都至关重要。那么，如何看评价查找教学问题呢？

【步骤与方法】 看评价的加入是否存在问题，要从以下角度切入。第一，要看课的教学内容是什么，看是否需要在教学过程中进行评价，需要什么样的评价；第二，要看评价主体，是教师对学生进行评价还是需要学生自我评价，或学生互相评价；第三，评价的时机是如何把握的，评价时机不同，评价的效果也会有一定的差异性；第四，要看评价的内容与时间，评价活动占用课的时间多长，评价的内容是什么，评价表的设计是否合理；第五，要看有没有评价的标准，或者学生知不知道如何评价，这对评价的效果起着关键性作用；第六，要看评价的效果，要观察评价过程中和评价后学生的反应、在评价中学生参与的积极性、评价后学生的情绪表现，如果评价的内容、时机、效果等都非常理想，可以判断该评价是适宜的、有效的，否则，可能属于干扰性评价。

在体育教学过程中，有时存在一定的问题，即便是优秀课例，也有可能在某方面有待改进和提高。但是，能否看出问题，问题的影响程度能否切实把握准确，是衡量一位教师看课水平高低的标准之一。但是，仅仅能看出问题还不能算是已经完成了看课的任务，会看者不但能及时看出问题，以及看出更多、更深的问题，还能通过问题所反映出的现象分析其本质，判断其根源，以及找到解决问题的策略。

对看体育教学中的真问题归纳如下：

 看体育教学中的真问题

体育教学问题多， 视角不同分开说；
时间安排巧分合， 教学内容看选择；
方法把握有效性， 场地器材合理用；
师生关系处理好， 主导主体不颠倒；
学生学习表现好， 偷懒捣乱少不了；
讲解示范问题明， 位置选择看可行；
看课抓住关键点， 真假问题有分辨。

三、看体育教学中的闪光点

体育课，无论是好的还是差的，或是一般的体育课，都会呈现自身的特点，部分好的体育课或多或少地会有能够让人眼前一亮的特点，这样的特点可以归纳为亮点或闪光点。看体育教学不但能够看出问题与干扰项，而且通过认真观察和分析，还能够总结课所反映的特点，如果有一个或多个亮点，也能够通过看课发现这些亮点。关键在于，如何通过看课总结出课所具有的特点和发现亮点呢？下面从多个视角讨论观察与总结特点与亮点的方略。

（一）体育课的特点

1. 内容的选择不同导致特点各异

体育教学活动，当内容不同的时候，会表现不同的特点。我们通过大量的看课活动并认真观察发现，简单且熟知的内容学习，学生积极性并不是很高；不太简单，但难度不大的内容学习，学生积极性稍有提高；有一定难度且日常生活中不常见到的内容学习，无论是从听讲、观察环节，还是学生自主练习环节，都表现出了较积极的现象。也就是说，学生对简单且日常动作技能的学习，会出现消极、被动的学习行为；相反，对于那些有一定难度，也就是说，学生通过努力或克服一定的身体或心理障碍才能掌握的运动技能的学习，因好奇或因愿意接受挑战，往往表现出了积极、主动的一面。因此，我们可以从内容的难易度上来分析体育课所表现出来的特点，即从会与不会有明显区别、会与不会没有明显区别、中间型这三种难度类型的课来分析判断。

除此之外，就内容而言，还可以从不同项目类型上来观察与分析。我们通过看各种项目内容的课会发现，除不同的性别群体对项目类型的兴趣点有所不同外，相同的性别群体，如男生或女生在对项目类型的兴趣点上也会有一定的差异性。因此，我们会看到，学生在体育课上的学习行为表现并非完全相同，有的很积极、主动，有的却自始至终都表现出消极、被动的状态。当然，学生在体育课上的不同表现，也会受其他诸多因素的影响，当我们在进一步调查中发现，学生确实存在对教学内容喜好不同的倾向性。

2. 方法的运用不同导致特点各异

体育教学无论内容是否相同，都可以采取不同的方法组织教学活动。如有的内容教学适合于探究学习方式，有的内容适合采用领会教学法，还有的内容选择传统的"讲解—听讲、示范—观察、指导—练习"方式完成教学活动。总之，从方法来看，选取不同方法的课会有不同的特点呈现。至于不同的教学方式方法所体现的特点差异性，需要我们认真观察并加以总结。如两节同样用探究学习的体育课，一节是任课教师事先提出问题，让学生在课堂上寻找答案。在形式上，采用了分组讨论，并呈现了"分散—集中—再分散—再集中"的反复"扎堆式"的探究，而且，由于学生的分散讨论的时间很短，几乎不能对该问题有一个相对全面而深入的思考，因此，这样的教学活动，尽管也采用的是探究学习，但表现出的特点是"过于形式化"，这种形式化的探究学习既不能培养学生的探究能力，也难以在探究学习过程中探寻到理想的答案。另一节课，教师没有事先给学生们提出需要探究的问题，而是学生在课堂上自发地探究学习。如一节排球课，教师讲解示范后，让学生们两人一组练习正面上手传球，课堂上出现了一组学生与大家不一样站位的传球练习方式。

图 2-1-11 所示的高低站位的传球练习，反映的是两个学生对"不同高度站位的传球能否持续更久，连续传球的次数是否能够更多些"等问题的探究。

因为，两位学生在同样高度站位传球练习时连续传球的次数较少，也就是说，传一两个来回，球就无法连续再传下去，就会掉到地上，练习被中断。通过观察和分析发现，原来站在高处的那名学生身材较矮小，而另一名学生相对较高，这种学习方法，明显是有实效性的探究，

图 2-1-11　高低站位传球练习

也就是说是真正意义上的探究学习。但遗憾的是，这两名学生的探究学习并没有引起任课教师的关注，课结束以后，在与该任课教师的交流中发现，他对此形式的探究学习一无所知。

3. 组织要求不同导致特点各异

任何一节体育课中，我们都可以看出有各自的组织方式和学习要求，即便是同样内容的课，因组织形式与提出的学习要求不同，也会呈现不同的特点。如篮球课单手肩上投篮，有的教师按照先讲解、示范，后指导学生徒手、有球模仿练习，再分组按一定秩序对着篮架练习，按部就班地组织教学活动。而有的教师讲解示范后，解散让学生自由结合自主练习，教师巡回指导。还有的教师未先讲解示范，而是直接每人一球，去体验原地投篮动作，然后让学生在体验后提出问题，如"我怎么一次都投不进"、"我每次都撞到篮板了，但都未能弹入篮筐"、"我是不是力量太小了点"等，教师随后根据学生提出的问题组织讲解，总结投篮不中的诸多原因和提出解决办法，介绍正确的动作要领，并提出观察要求，进行动作示范，再让学生自由练习，进一步体验动作。如此反复多次，完成了一节单手肩上投篮课的教学。还有的教师在准备活动结束后就组织学生分四队在两个篮球场上打比赛，完成 5 分钟比赛实战后，教师组织学生讨论，并提出若干问题，让学生们思考，诸如"你们认为比赛中决定胜负的最关键的技术是什么"等，学生根据刚才的体验和观察，有回答运球、传球的，有回答投篮的，还有回答队员之间配合的等。教师分析了学生们回答的内容，并最后指出，如果每一个队员在场上都能有娴熟的运球、传球技术，假如未能掌握准确的投篮技术，不具备在赛场上的投篮技能的话，即便是有 N 多次的投篮机会也难以取胜。因此，篮球比赛，不但需要队员之间的密切配合，每一个队员需要掌握基本的运球、传接球技术，更要练就投篮的真功夫，否则，很难在比赛中获胜。这种教学组织方式，完全是从学生的体验、学生需求开始的，从而促进了学生的学习积极性，培养了学生基于问题自主学习的能力，因此，组织方式不同，所反映的教学特点也会各有不同。很显然，从需要的角度考虑教学组织形式的话，更能激发和调动学生学习的兴趣和积极性、主动性。就看课而言，在能够看出各种组织形式教学特点的同时，要能够吸取经验，改进自身的教学，这才是一线教师看课的核心价值所在。

（二）体育课的亮点

任何一节体育课都具有自身的特点，但并非所有的课都有亮点。亮点从感觉上看，是在看课的过程中，突然让你眼前一亮，有的是语言、有的是动作、有的是器材的运用、有的是练习方式等。如有位老师，他在教学生前滚翻的时候，让学生"低头看天"，让大多数看课者眼前一亮，马上就会在大脑中打出若干个为什么："低头能看到天吗"、"怎么才能在低头的时候看到天"、"为什么要采用低头看天的方式引导学生学习前滚翻"等。结果发现，这种让学生"低头看天"的教学，确实是亮点，因为这种教学组织方式，起到了激发学生学习枯燥无味的前滚翻技巧的兴趣问题，还起到了让学生快速掌握低头团身的技术动作要领。无论是哪一方面，都让你感受到了与众不同。作为有亮点的教学环节，或多或少地会表现一定的创新设计，而且，这种有创意的设计往往会给看课者较大的收获或启发。这种收获和启发，体现了课的观摩价值，但令人遗憾的是，具有明显亮点的体育课大多出现在观摩课或评优课上，进一步说是通过"做课"充分准备的结果，而较少出现在常态课中。基于此，如果想获取更多的亮点，建议多观看观摩课或评优课。但问题在于，如何才能在看课过程中发现特点和亮点？下面对这个问题展开讨论。

（三）看课与分析体育课特点的视角与方法

在看课并分析体育课特点的时候，会有若干个视角，而且，也会采用不同的方法总结其特点，下面介绍几种常用的视角与方法。

1. 从开始到结束的"整体性"看特点法

任何一节体育课，无论是小学的还是中学的，也无论是何种内容的体育课，都应该是结构完整的，从开始部分的集合整队，到结束部分的收还器材，各个环节都不可少。缺少常规也好，缺少教与学的环节也好，都不能称其为完整的体育课。

凡是完整的体育课堂，我们都可以从开始部分看起，按照时间的顺序，观察了解各时间段安排的教学环节，连续性看完以后，综合概括本节课所表现的特点有哪些，以及有别于其他课的突出特点是什么。如时间的利用上，每一个环节，环环相扣，看不出明显的接点，非常流畅，显现不出有时间上的浪费现象，因此，可以将此称为"无缝隙性组织"。又如，从课的各部分内容的安排上，表现了准备活动、放松活动与基本部分主教材的学习关系非常密切，具有明显的针对性，也就是说，可以归纳内容一致性的特点等。

2. 分析教学专题的"局部性"看特点法

很多时候，我们看体育课，往往都会看完整的一节课，但是在专题研究课的时候，往往会以某一专项活动为主来观看，并总结分析所表现的特点。这就要求看课者根据需要重点把握。如想分析了解体育教师讲解示范环节，无论是想发现问题，还是想总结讲解示范的经验，都可以重点对教师在体育课上讲解、示范的具体表现形式与方法进行有针对性地听与看。当然，在看课过程中，或许某一节课或多节课并未发现突出的特点或突出的问题，而是普普通通的教学组织形式。但是，我们从分析特点的角度来看的话，即便是没有独特性，也可以将常规中的细微差异归纳出来。也就是说，大体上相同的，只是看细节的不同。如尽管都是讲解动作要领与示范运动技术，不同的教师采取的顺序不同，有的采用先讲解后示范，有的采用先示范后讲解，还有的采用边讲解边示范的方式。除此之外，就讲解示范而言，有的在讲解示范前未对学生提出任何特殊的要求，而有的教师略有提及，还有个别教师，较为认真、详细地进行了学法指导。显然，不同的讲解示范方法，学生所获取的信息会产生一定的差异性。就讲解示范前有无具体的学法指导而言，我们可以将其分为"明确指导型"、"略微指导型"和"无指导型"三种表现形式。假如我们从听讲和观察的效果来看，对于那些有指导的、效果明显的听讲与观察，可以归纳为"高效讲解示范型"和"低效讲解示范型"两种。因此，可以从专题出发，分析体育课某一教学专题活动所表现出的不同特点。只有从所看的体育课上总结出课的特点，才能更有效地把握体育课堂。

（四）看课与分析体育课亮点的视角与方法

在看体育课的时候，发现亮点与总结特点有一定的关联性、互通性，但不完全是一回事，因为亮点并非每节课都有，亮点的发现不是人人都能做到，有无亮点和能否发现亮点在一定程度上，是教师的教学水平和教师的观察判断能力的集中体现。当然，看亮点的视角与方法也与一般常规看课略有不同，笔者大体上将其分为"有意"和"无意"两种看亮点的方法。两种看亮点的结果都能让看课者感觉到眼前一亮，"有意"看是在看课前就把看亮点当作目的，而"无意"看是在看课过程中无意之中获取，如同收获了意外惊喜一样。具体看法分述如下。

1. 整体性无意看亮点法

整体性地看课所获取的亮点，往往具有无意识性，也就是说，如同前文所述是属于意外收获。当然，这种亮点的收获，也取决于看的水平和认真程度，因为有时候亮点有可能仅仅由教师的一句教学语言而引发，如果不是十分认真或倍加关注每一个教学细节的话，就很有可能漏掉这些信息，难以收获亮点。也就是说，看课的时候，只有整体中有部分、全局中有细节地看，才能不遗漏细节中的亮点。当然，有时候亮点源于整体的设计，等到课全部看完以后，才会豁然开朗，有"原来如此"的感觉。无论是在细节中还是在把握全局中发现的亮点，都源于任课教师的精心策划和课前的有创意的设计，而不是凭空而来的意外的效果。因此，对于上课者而言，为了上出有亮点的课，需要课前在教学设计环节多下功夫；对于看课者而言，为了能看出课上的亮点，需要在看课过程中，不放弃任何一个细小环节，哪怕只是教师的一句教学语言或教学中的一个练习方法，也需要在看课过程中，开动脑筋，边看边思考，除了看到"是什么"，还要能够判断"怎么样"，更要能够认真思考分析"为什么"，只有这样，才能更好地感知亮点的独特价值。

2. 专题性有意看亮点法

除了在一般意义上的看课过程中收获亮点，还应该掌握专题性有意看亮点的方法。因为有些研究者想就某一专题获取经验，而经验并非时时处处都要通过直接经验获得，很多时候可以获得一些间接经验，同样能够对自我教育教学能力的提高、某项专题研究或理论构建提供有价值的参考。如要想研究学生的学法，我们可以观察与记录课上学生所有的学习行为表现，及时捕捉学生在学习活动中的特殊表现。当然，这些特殊表现有些是教师课前经过精心设计的，而有些是学生在学习中自发产生的，因为学法的来源，一方面源于教师的正确引导，另一方面源于学生对教法的内化，还有很重要的一方面，即体育课上又常常被忽视的一点就是学生的自主性学法。无论学生的学法源于何处，当我们看课的时候，把精力集中在有特殊表现的学生身上，就能够获得一般人难以收获的亮点。如前文中所提到的"高低站位传球"的一组学生的探究学习，当课后与任课教师交流的时候，教师却显得很意外。这足以说明，学生自主性的探究学习方式，并非任课教师课前所设计，它甚至被任课教师忽略了。还有就是，并非所有的看课者都看到了这样的场面。因此，看课收获亮点，只要是从专题出发，就更加要求看课者具有敏锐的洞察力和分析判断能力，能够把潜在的亮点，通过有效的途径搞清楚弄明白。如当教师发现这样站位的传球练习但又不明白为什么的时候，就需要进一步询问学生，或在课堂练习中，或在练习结束后，或是在课后与学生交流来获得更多的信息，以提高观课准确性。

看课看什么？怎么看？这些问题不但困扰着看课者，影响其看课计划与行动的有效实施，而且，看课者会发现，总结特点和发现亮点更加重要和困难。其重要性在于，只有通过看课总结出每一节课的特点和亮点，才能更加有效地组织体育教学活动；其困难在于，只是积极主动地看课，而不掌握看课的方法和技巧，很难在看课过程中通过各环节的具体情况总结课的特点，以及在有意或无意看课中发现亮点。总之，看课并不难，难就难在是否会看课，能否看出门道。

第一章
从整体看体育课的方略

065

第二部分
体育教师看课
——实践方略

关于如何看体育教学中的闪光点，进一步归纳如下：

体育教学闪光点，　特点亮点有分辨；
特点几乎课课在，　亮点跟随好课来；
特点归纳视角多，　内容方法分类说；
组织要求特点明，　归纳总结能分层；
亮点关键有感觉，　眼前一亮很明确；
场地布置亮点有，　完善练习不发愁；
语言运用感觉好，　听讲效果常能保；
方法手段思路新，　教学效果会紧跟。

第二章　从局部看体育课的方略

从局部看体育课并不意味着只看某一部分或教学中的某一要素，而是在观察全课的基础上，对某一部分重点关注。例如，要看课研究分析教师的教学语言的运用情况是否合理、有效。在看课过程中，就可以对教师的教学语言更加关注，认真听，甚至需要记录的时候，还要能够把教师所说的话原封不动地记录下来，便于后续的分析和讨论。从局部看课，不但要了解局部环节或要素如何定位，更要能够把握看局部的具体方法。

一、看准备活动

体育课的准备部分包含准备活动，准备活动该做什么、怎么做、做成什么样，不但对基本部分有着直接的影响，而且合理的准备活动对主教材内容的学习能起到较大的促进作用。新课改后，准备活动与以前相比，多了什么，少了什么，又变了什么，通过看体育课的准备活动，我们能够了解到其中细微的变化。

（一）看新课改后准备活动的变化

新课改后的准备活动，无论是内容还是形式都发生了一些变化，可以明显地看到，队列队形练习变少了，音乐变多了，活动方式变得更加自主了。

1. 队列队形练习有减少趋势

新课改初期，无论常态课还是观摩课，准备部分中的队列队形练习开始逐渐减少了。经对前三届全国中小学体育教学观摩展示活动的部分教案统计，没有队列队形练习的高达85%以上。这一现象说明，大部分教师在体育课的开始部分，不再组织队列队形练习，说明淡化了该项练习。而随着课改的不断深入，有些任课教师又开始认识到队列队形练习对学生发展的不可替代性，

便逐渐又将队列队形练习放入准备活动部分。实际上，队列队形练习是体育
教学的重要组成部分，体育课上合理地组织队列队形练习，不仅有利于提高
学生的注意力，还有利于让学生保持正确的身体姿态，促进身体的正常发育，
更有利于提高其组织纪律性。因此，队列队形练习少不得，尤其是小学体育
课堂更应加强该项练习。

2. 音乐运用有逐渐增多趋势

把音乐引入课堂可以说是比较有价值的做法，不但能够激发学生练习的
积极性，而且还能够调节课堂气氛，使课堂更加生动有活力。如准备活动部
分，在音乐伴奏下，能够提高学生参与准备活动的积极性，从而达到理想的
活动效果。但与此相反，如果出现音乐滥用的现象，不仅不能提高教学的有
效性，还会降低学生参与的积极性。如有一节课，因任课教师缺乏对音乐的
鉴赏能力，在准备活动——器械操练习时，所选音乐如同催眠曲，学生们做
操都无精打采；还有一节篮球课的准备活动熟悉球性的练习，师生各自抱着
篮球傻傻地等待长达近 1 分钟的音乐"过门"，浪费了练习时间。诸如此类，
在借助音乐丰富课的形式与提高效果的同时，也明显反映出部分教师缺乏一
定的音乐素养。

3. 活动方式转变自主活动增多

课改前的准备活动中，教师一般都习惯采用"慢跑、徒手操"、"慢跑、
游戏"、"慢跑、徒手操、专门性活动"等组合形式，当然，不免也有个别教
师不组织学生做准备活动的错误现象。新课改后，有些准备活动发生了较大
的变化，新颖度有所提高，有些不再以过去的慢跑、徒手操为活动内容，而
是增加了新颖的游戏或强化了专门性准备活动。然而，通过对大量准备活动
形式的分析发现，也有一部分体育课的准备活动，采取了让学生自主活动的
方式，甚至在开始部分的课堂常规结束以后，教师就开始让学生解散自由热
身。这种自主活动形式，虽然体现了自主，但很有可能在学生自主活动时出
现偷懒现象，影响基本部分的学习。因此，准备活动要能够收放自如，既不
能统得过死，又不能放得太开。能否达到准备活动的效果，是检验准备活动

是否合理的重要标志。

（二）看多种形式的准备活动

看准备活动，需要记录具体的时间与内容，分析其合理性。准备活动是否合理以及是否有亮点？有什么样的亮点？有什么问题？问题产生的根源在哪里？要回答这些问题，就需要有一定的判断能力和方法才能做出准确判断。下面以观摩课为例，分析当前准备活动中存在的若干现象。

1. 无准备活动

▶ 看点一：有无准备活动？

▶ 看点二：准备活动都做了什么？

案例1：我很棒！

【案例描述】 哨声响起，老师没有让学生集合，而是说："快来，同学们，上课了！""同学们，大家好！"学生围着老师异口同声地说："老师好！"接着老师说："同学们，在上课之前，大家大声地告诉老师，我很棒！"学生齐声说："我很棒！"学生回答完后，老师拍着前面几个学生的背，要求他们挺胸抬头，并引导大家说"我真的很棒"，学生跟着说："我真的很棒！"老师竖起大拇指夸奖学生说："你们真的很棒！"老师又问："同学们看没看过电视上八路军叔叔消灭鬼子的镜头啊？""看过。"学生又一次齐声回答。"谁来告诉老师，八路军叔叔是如何把鬼子炸得人仰马翻的？"学生争抢着说，有的说是用手榴弹，有的说用手雷……于是，老师引出今天要学习的内容——投手榴弹，模仿八路军叔叔看谁的手榴弹投得远。接下来就把学生分成四组，由组长带领体会怎样投得远。于是开始了基本部分的学练内容。在进入基本部分分组练习之前，包括开始部分集合整队在内总共用了 1 分 22 秒。

【案例分析】 该课在基本部分开始之前，总共用 1 分 22 秒，显然从时间上来看是不合理的，而且也没有具体的准备活动内容，显然是不科学的。

只是在基本部分之前用"我很棒"、"我真的很棒"引导学生树立自信。由于未组织学生做准备活动，很容易在基本部分练习中出现关节扭伤或韧带拉伤的现象。

2. 不够安全与口令错误的准备活动

▶ 看点一：准备活动组织是否安全？

▶ 看点二：口令是否规范、正确？

案例 2：沙瓶操

【案例描述】　　上课铃声一响，教师大声说："hello everyone!"学生齐声回答："hello teacher!"老师说："大家往前一点儿。"（依然是没有集合整队）老师接着举起分别拿着"沙瓶"的两只手，走到学生面前摇晃着"沙瓶"说："声音好听吗?"学生们回答："好听!"接着老师说："把声音送给每一个同学，好不好?"学生们回答："好!"接着，老师带领学生在体育馆大约一个篮球场大的范围内玩起了摇晃"沙瓶"的活动。由于老师事先没有讲任何规则，也没有提具体要求，因此，在活动中，几乎到处可以看到学生摇晃的"沙瓶"有触碰到同伴头部和面部的现象。而整个活动都未能听到一句安全提示的声音，也未采取任何安全防范措施。尽管这次准备活动未发生伤害事故，但安全隐患是比较明显的。

摇晃"沙瓶"把声音送给每个学生的过程中，音乐响起了，老师带领学生边摇边走成四列横队，但是，老师的口令却是"请同学们站成四路横队"，真不知道"四路横队"该怎么站，显然这是一个错误的口令。接着，老师又说"散一散，再散一散"，目的是让学生保持一定的间隔，因为接下来要做"沙瓶操"了。可是，这个时候老师用"散一散，再散一散"的口令来调整"沙瓶操"队形显然是不规范的。当学生站好准备跟着音乐节奏做操的时候，老师发现学生的站位还不是十分理想，于是就又说："再散一散，孩子们!"接下来，在音乐的伴奏下，老师和大家一起做起了"沙瓶操"。

随后，老师指挥学生"走成四路纵队，走成四个小组"，并安排每组的组长去指定地点拿器械——"小竹圈"，以比赛的形式依次传递发"小竹圈"。然后要求学生带着问题用"小竹圈"套"沙瓶"。第一个问题是：你是怎样玩的，最后玩的效果如何？第二个问题是：你怎样投才能非常准？整个过程安排 5 分钟。

【案例分析】 从该准备活动案例来看，其优点就是通过"摇晃沙瓶，把声音送给每一个同学"的活动和"沙瓶操"，使学生真正达到了基本部分前的热身，也就是说，从量上看是合理的。同时，看到了从准备活动向基本部分学习的自然过渡，即通过引导学生回想是否玩过套圈，以及让学生带着问题套圈的教学方式，很自然地过渡到了基本部分的学习。当然，该准备活动也存在一些问题，突出表现在缺乏安全提示、口令不够准确或不够规范。任何一节体育课在做操之前，调整队形都会遇到如何将学生合理、有序散开的问题，规范的口令中应该有以某某同学为基准、两臂如何举、向哪个方向看齐（散开）等信息。如"以右排头为基准，前排同学两臂侧平举，其他同学两臂前平举，向右看——齐！向前看"，当然，以中间某某同学为基准，也同样可以散开调整成做操队形。可是在该节课上，任课教师不但喊出了错误口令"四路横队"，而且在调整体操队形的时候喊出了"散一散，再散一散"的不规范口令。

由此可见，该课的准备活动、安全提示要加强，以免出现安全事故；口令下达要准确，以防队形不能及时站到位、多次调整而浪费时间的现象发生。

3. 提问过多练习过少的准备活动

▶看点一：准备活动都提问了什么？

▶看点二：如何组织的准备活动？

▶看点三：准备活动存在的突出问题是什么？

案例3：你喜欢什么动物？

【案例描述】　　这是一节"小动物比本领"小学体育课。一开始上课，教师问："今天我想问问大家，你们喜欢动物吗？""喜欢！""真的？今天老师带你们到动物王国去玩一玩，去乐一乐，你们高兴吗？""高兴！""你喜欢什么样的动物呢？"学生举手并回答。一个学生说："青蛙。""你可以模仿青蛙跳吗？"于是这个学生走出队列做一次青蛙跳。"动物王国里还有飞的、爬的，你喜欢哪一种呢？"一个学生就上前在地上做了爬行的动作，老师让学生猜一猜是什么动物："你们想一想，还有什么动物呢？现在模仿它的行走动作。"这时开始组织学生一排一排地学动物蹦蹦跳跳，刚跳一次，有的学生还没有弯下腰跳一下，老师立刻就吹了哨说："停下来，眼睛看老师，我发现动物王国里只有两种动物，一种是跳的，再有一种，哦，都是跳的，还有没有其他的动物？"于是引导学生做各种各样的动物行走练习，边练边问："你是什么动物？""企鹅"……"停下来，今天动物王国里面动物可丰富了，南极的企鹅也来到我们的动物园里，真是不一般。""同学们想一想，看双脚跳的动物能有几种跳？""开始！第一种、第二种，还有没有，第三种""好，停下来，你们都很不错，扮演得非常好，动物王国的动物都非常可爱，大家看，我为每个动物准备了一个家，是用纸盒子准备的家，你们想不想回家？""想！""但是大灰狼不一样，它肚子饿了，好想找一点儿食物吃，它来的时候你们就找一个安全的家躲起来，好不好？""好！"于是，老师从地上捡起一个画有大灰狼头像的纸帽子，戴在一个学生的头上，说："有没有喜欢扮演老鹰的？"有几个学生同时都举起了手，老师指定一名学生走在队伍前面，做起了模仿老鹰的动作。"老鹰来了，你们都怕不怕呀？""怕！"……如此教学一直持续了约5分钟。

【案例分析】　　这样的准备活动是不合理的，因为在整个5分钟的时间里，学生根本就没有肢体活动，其中反复出现"停"、"讲"、"问"、"答"、"试"、"练"等毫无意义的教学环节。诸如"喜欢不喜欢？高兴不高兴？想不想?"等一类不需要问的假问题,除了占用练习时间,根本不具有实际的意义。因此,在看准备活动的时候,不但要记录总的准备活动时间,还要能够记下学生真正用于做练习的时间,这部分时间才是有效的准备活动时间。由此看来,该课例的不合理性突出表现在教师让学生停下来说得太多、练得太少,不能真正起到准备活动的作用。

4. 有部分创新的准备活动

▶ 看点一:准备活动做了什么创新?

▶ 看点二:学生在活动中的积极性如何?

案例4:头肩写字操

【案例描述】 准备活动一开始,老师说:"用手可以写字,你们说,用头可不可以写字啊?""可以!""下面用头把你的姓名写出来,边写边说出笔画顺序,同时呢,把你的姓名大声说出来,告诉老师。要求写的时候笔画顺序一定要到位,清楚吗?""清楚!"当老师发出开始的口令后,学生就左右前后转动着头,并嘴里喊着横、竖、撇、捺……"没有写完的要继续,不要停下来,一定要把你的名字写完整了。"由于个别学生的姓名笔画比较多,因此,老师鼓励他们继续写下去。写完之后,学生大声地向老师报告着自己的姓名。"老师来问你们,急救中心的电话号码是多少?""119!""119?""120!""120,这是我们的生活常识,你们一定要记住。"老师接着要求学生用头书写"120"。学生又开始积极地用头写起来,而且嘴里还不停地喊着"120"。"下面我们加大难度了,两手叉腰,两腿左右开立,用你的双肩写字母'W',跟老师一起来,开始!"这时学生跟着老师用双肩写起了字母"W",甚至有个别学生使尽全身的力气在拼写字母。"再来一次,写出去,写回来。""实践证明,用头、肩都可以写字,用臀部可不可以写字啊?""可以!""大家试一试,写出你的姓名笔画顺序。"全体学生都一起扭动臀部,拼写自己的姓名笔画,嘴里还喊着笔画顺序,写完以后,又一次大声说出自己的姓名。"老师再来问你们，火警的电话号码是多少？""119！"老师要求学生用臀部写出"119"。接下来，让学生两手扶膝，老师带领学生用双膝写字母"O"，从外向内写，又从内向外写，反复写着……整个写字操活动时间为3分钟。

【案例分析】 有些课的准备活动能让人眼前一亮，无论是口令、内容，还是形式，会让人感受到准备活动有所创新。本节课的准备活动中，教师创编的头、肩、臀、膝等的写字操就是如此。

从该准备活动中头肩写字操的设计来看，老师巧妙地让每个学生用头、臀完成拼写十分熟悉的自己姓名的笔画，并让学生们用头写出"120"、用臀写出"119"、用肩拼写字母"W"、用膝写字母"O"等代替各关节的绕环、伸展等练习。这种练习活动不但充分调动了学生练习的积极性，而且还将生活常识融入课堂教学中。与传统的头肩臀膝等各关节的绕环运动相比有较大的改进，同时也抓住了小学生用身体写字的好奇心，该准备活动既有创新，又达到了身体主要关节充分活动的目的。

5. 完整、合理有效的准备活动

▶ 看点一：准备活动安排了哪些练习？

▶ 看点二：准备活动各项练习用了多长时间？

▶ 看点三：准备活动最突出的亮点是什么？

案例5：跪跳起

【案例描述】 集合整队、师生问好后，老师走到四列横队的学生前面，说："今天体育课上，老师带大家学习一下跪跳起，后面还有两个特别有意思的小游戏，一会儿学习的时候，老师看看谁掌握得最好，谁最先掌握我们的学习内容。"接下来就进入了队列队形练习的内容，老师喊口令"向右——转"、"向左——转"，学生们跟随老师的口令做着相应的动作转法。然后，老师要求学生报数，报完数后，老师说："数2的同学请举手，手放下。"以加深学生所报数字的印象。接着发出口令：“四列横队成八列横队——走”，学生边做边喊着“1-2-3”的口令完成了转法。根据学生的课堂表现，老师提出要求说“不要看别人，对正你前面的同学”，然后又发出口令“八列横队成四列横队——走”，学生又一次喊着口令完成了队形变换。在此基础上老师提高了难度，说：“我们把四列横队变八列横队，再加上向右转，就能够变成八路纵队，就是你们面对的方向发生改变，现在你面对的是老师，一会儿你面对的是篮球筐。”接着发出口令“四列横队成八路纵队——走”，学生转着喊着，“1-2，1-2-3”，完成了该队形变换练习。两次立正、稍息调整队形的口令后，老师又发出口令“八路纵队成四列横队——走”，学生们喊着口令“1-2，1-2-3”，变回到原来的四列横队，如此又反复一次后，结束了队列队形练习。

接着，老师说“两臂侧平举，散开”，然后，让学生一臂向前看齐，调整成体操队形准备做操。第一节肩背运动四个八拍，采用的是师生交替喊拍节的方法完成。老师说“1-2”，学生接着喊“3-4”，以此类推；第二节振臂运动，老师提出要求先“左臂在上”；第三节扩胸运动，老师做了前四拍示范，然后和学生一起做了四个八拍，扩胸过程中，发现学生两臂没有抬平，边喊口令边说“伸平”，以提示学生注意手臂动作；接着，做第四节体侧运动、第五节体转运动、第六节腹背运动；第七节前压腿，左腿在前，要求八拍一换；最后是第八节跳跃运动。

接下来是素质练习，让学生都做一做横叉。要求“前后距离拉开一点，手尽量靠近自己的腿，哪怕伸不直，也要尽力”。老师巡回指导，针对个别学生的柔韧性情况，及时用“好，有进步”，表扬了学生。老师又说：“现在我们做素质练习——柔韧性练习，你觉得自己哪方面还应该练习一下，需要加强一下，你可以自己做选择。”于是，学生开始有的下桥、有的劈叉、有的跪地上体后倒做“小元宝”，还有站立侧举腿做“朝天蹬”。老师在巡回指导过程中，边手把手地指导动作，边对个别学生说：“你如果做‘小元宝’，那么你应该把两腿并齐，肩着地。”

下面又是一个小练习，这时老师开始边讲边示范："跪在地板上，两手向前撑，然后腿离开地面在空中跳过来，看着，伸手——跳过来，要求尽量向远处跳。越高越远，做得就越好，现在同学们统一向左转，一起做双手撑地两腿屈膝前移向远跳的动作。"老师要求每人做三次，把两腿并齐。学生做完以后，老师说："谁觉得自己做得特别好，给大家表演一次。"一名举手的学生被叫到前面，那名学生问："在哪做？"老师说："在前面。"学生做一次后，老师说："下次做得再高一点，很不错。"接着全体学生向后转反方向做几次，老师又找一名做得比较好的学生给大家做了一次。接着要求原来报数的时候数"1"的学生，每人拿一块垫子，过渡到垫子上的"跪跳高"和"跪跳远"的基本部分的辅助练习。

【案例分析】 这是一节小学二年级的"跪跳起"课例，本课的准备活动非常有借鉴价值。从组织上看，各项练习衔接非常自然；从时间上看，准备活动充分合理；从内容上看，准备活动多样而富有针对性。

具体来讲，该课准备活动的时间总共9分钟，内容包括队列队形练习、徒手操练习、柔韧性练习、跪跳起辅助练习。不但从时间上、量上达到了热身的目的，从内容上与基本部分跪跳起的学习有很好的关联，而且各项练习过渡十分自然，可以说该课的准备活动是充分的、有效的和合理的，是值得借鉴的。

（三）看准备活动的方法与技巧

从前面几个案例我们可以看出，不同的案例反映出不同的准备活动现象或特点，有的不足之处比较明显，有的创新点较为突出，有的近乎完美。无论一节课安排的内容、时间、形式如何，作为看课者要想获得足够多的信息，要看出门道，需要掌握一定的看课方法与技巧。

1. 准备活动看什么与看课前的"准备"

当我们看课的时候，只要把关注点集中在准备活动部分，就存在看什么、怎么看的问题。首先要看有无准备活动，有什么样的准备活动，有多长时间

的准备活动，等等。

在看课前最好能做好准备工作，包括查阅教案上的准备活动内容、时间，以及准备活动的组织形式等，这样有助于提高看课的效果。同时要能提出几个为什么，带着问题去看，如教学中准备活动的时间能否做到严格控制，所选择的准备活动内容是否能够达到活动效果，学生在做准备活动时的积极性如何，准备活动的组织有无独特性，存在哪些问题，等等。还应该在看课前事先画好一个简易表格，以便快速清晰地记录活动内容、时间、形式、亮点、问题等，不至于在看课时出现无条理性记录。

2. 准备活动怎么看与看课中的"记录"

有些人看课可能有一个好习惯，就是随时把所看到的、想到的记录下来；有很多看课者会忽略这一做法，尤其是看准备活动的时候，记录的积极性并不是很高，而是把大部分精力集中在看和记录基本部分的内容。其实，对于看和分析准备活动而言，我们不能凭空或凭短时的记忆进行看课分析，这样会在分析的时候出现信息遗漏的现象，从而导致分析不到位。基于此，看准备活动就需要采取较为有效的方法。

第一，需要结合所看的教案了解具体教学过程中准备活动的时间、内容、形式等的合理性和一致性；第二，开始部分一结束就应立刻"开表计时"，或从开始部分就开始"计时"，在准备活动开始时记下活动开始的时间点，这是记录整个准备活动时间段的必要做法；第三，观察准备活动安排了几项内容，这些内容安排得是否合理，尤其是准备活动是否真正起到了应有的作用；第四，在观察准备活动内容的同时，注意了解准备活动是否存在问题，存在什么样的问题，有无亮点，什么亮点；第五，边看边记录时间、内容、形式、问题、亮点、启发等，有时，当需要记录的内容比较多的时候，还可以用符号的形式做快速记录。

看课的时候，最好能关注准备活动的细节，如有学生练习的积极性不高，或总是比别人动作迟缓，在看课的时候要有所关注和思考，是活动内容与形式不适宜的缘故，还是学生自身的态度问题。另外，准备活动期间所发生的任何突发事件也是看课者应十分关注的问题。

总之，任何一节体育课都应该有准备活动，而且准备活动也应该是合理的、有效的。因为只有合理、有效的准备活动，才能使基本部分的学习相对安全，才会有利于运动技能的掌握。通过看课，我们会发现当前的诸多体育课准备活动，无论从时间上还是从内容上，甚至在准备活动过程中口令的运用上，都出现这样或那样的问题。基于此，教师要多看不同类型课的准备活动，如常态课的、观摩课的，老教师的、年轻教师的，田径的、球类的等课堂的准备活动，才能获取更多的经验和发现更多的问题，并能总结出准备活动的特点或规律。

（四）从看课谈准备活动的"全"、"新"问题

每节体育课，无论是新授课还是复习课，也无论是运动技术学习课还是身体素质锻炼课，都会在准备部分安排一定量和不同形式的准备活动。那么，如何使准备活动发挥其应有的作用，并让学生产生一定的兴趣积极主动地参与其中呢？我们认为，把握好"全"与"新"，就有可能达到预期的目的。

1. "全"：考虑周全

准备活动安排什么内容、占用多长时间、采取何种方式、如何把握强度、师生如何互动、安全隐患如何规避、活动效果如何评判等问题，都是在教学设计与课堂教学过程中需要认真考虑和积极应对的关键性问题，但现实中却常出现顾此失彼的现象。

（1）内容：因需取舍

准备活动安排什么内容？哪些内容是必须有的？哪些内容是可以有的？哪些内容是不能有的？既要看学生的情况、场地器材的情况，更重要的是要依据主教材内容特点、难易度、单元课次等综合确定。实际上可以概括为"因需取舍"。例如，主教材内容是短跑，准备活动除全身性活动以外，还需要充分活动下肢的腿部肌肉、韧带、关节等。

（2）时间：相对稳定

准备活动需要安排多长时间？实际上这一问题，不应该再作为讨论的内

容。因为对于中小学体育课来讲，一节完整的课分别是 45 分钟和 40 分钟的时间，假如一节课的结构是准备部分、基本部分和结束部分的话，准备部分需要 8~10 分钟的时间，除去课的开始的常规 1~2 分钟时间，剩余的就是需要用于做准备活动的时间。但在实际课堂教学中，尤其是常态课准备活动有忽长忽短的不稳定现象，如有的准备部分在 5 分钟内草草结束，有的准备部分超过了 15 分钟之久等，这两种现象，都难以保证准备活动效果恰到好处。因此，准备活动时间需相对稳定。

（3）组织：时常变换

体育课的准备活动该如何组织？从组织者来讲，可以采用教师独立组织、师生共同组织、让学生尝试性组织等多种形式；从队形来看，可以采用横队、纵队，圆形队、扇形队或自由分散站立等多种形式；从器材来看，可以使用器材，也可以徒手进行；从新颖度来看，准备活动需要形式新颖，以充分调动学生参与运动的热情，否则，长期不变的准备活动就难以达到理想的效果。

（4）强度：大小适中

准备活动安排多大强度？这是一个不可忽视的问题。它不但关系到是否能为基本部分发挥有效作用，还涉及能否避免运动损伤，保障学生安全。因此，准备活动强度的控制也需要恰到好处。过小则达不到为基本部分充分做好准备的目的；过大又容易过早出现疲劳，影响基本部分学习的质量。当然，强度的控制需要与主教材内容相匹配，从学生的主观感觉上应达到筋骨舒展、微微出汗为度，尽量避免在准备活动期间出现学生大汗淋漓、气喘吁吁的现象。

（5）师生：共同参与

准备活动实际上应该是师生共同参与的活动，但实际课堂中并非完全如此。有时会出现这样的现象：任课教师吹哨集合，随后让学生围绕操场跑上两圈，教师自己却原地不动，更有甚者，有极个别教师安排学生跑圈的时候，趁机蹲在篮球架下面抽烟消遣。这样的情景，都是体育课堂上极其不正常的现象，这种现象以及类似的情况都应极力避免。还有相对比较常见的现象，就是只喊口令，除了示范一下活动操外，在学生做操和拉韧带过程中，教师几乎一动不动。假如只有学生活动，教师只是动动嘴的话，在基本部分教师做示范的时候，就有可能发生肌肉或韧带拉伤。体育教学是师生共同参与的双边活动，那么，准备活动也应如此，师生共同参与做准备活动应该成为体育课准备活动的常态；否则，教师在体育课上出现运动损伤也难以避免，教师的示范动作也会一定程度地受到影响。

（6）安全：具体落实

体育课安全事故的发生，并非都仅发生在基本部分，在课的准备部分依然需要加强防范。但并非所有的教师都能高度重视这一防范工作，有防范意识的教师也并非都能把握防范的有效方法。有的在准备活动过程中一字不提安全措施，有的也只是做了"注意安全"或"一定要注意安全"的泛泛提醒，而并没有具体落实安全防范措施。这样的安全提示很难起到规避伤害事故的作用。因此，在准备活动之前，教师就应该充分考虑所安排的准备活动内容和形式是否存在安全隐患。假如存在某种安全隐患，应及早做出调整，尽可能地在运动中避免发生伤害事件。在教学中，应少说"注意安全"等的简单提醒，多讲与多做"如何注意安全"的措施，只有安全措施具体了，准备活动才能真正有效。

（7）效果：及时评判

在通常情况下，很少有人在准备活动环节会注意效果的评判。有人可能会问，为什么要评判准备活动的效果？该如何评判？对于前一个问题的回答，很显然需要考虑准备活动是否达到了预期的目的，未达到目的的准备活动对基本部分的学习会产生一定的负面影响，准备活动未做充分或准备活动量过大等都会如此。通过观察，一旦发现此现象，就应该及时做出调整，以确保基本部分的学习安全顺利。假如说任课教师能够在准备活动期间也积极参与其中，而不仅仅是旁观者或指挥者的话，会有利于准确判断准备活动的效果。关于判断的方法，从教师的角度，可以采取观察法和体验法，无论采取哪种方法，提高判断意识至关重要。

除此之外，关于准备活动还有一些需要考虑的问题，如出现非损伤性的突发事件如何处理，天气突然有变化、学生在活动中偷懒如何处理等，这些问题都不可忽视。教师应加强关注，并提高灵活性，以妥善解决，合理安排。

2. 新：贵在变化

提到"新"，一般都不会有太多的歧义，但并非都能充分理解准备活动"新"的内涵或对"新"的要求。就准备活动而言，该如何体现其"新"呢？关键是在"变化"，那么，哪方面发生变化呢？

（1）新在观念的变化

体育教学准备活动的创新，首先应体现在观念的变化，有了创新意识，才能有创新的行动，才能见到创新的成效。观念的变化并非一日之功，需要长期对创新意识的培养。其培养途径有很多，如认真解读课改所提出的创新要求、查阅并分析准备活动创新设计实例、深度观察有创新的准备活动实施过程等。要想在观念上发生变化，还需要有敢于创新的精神，要敢于摆脱传统观念的束缚，才有可能在行动上发生实质性的改变。

（2）新在内容的变化

准备活动的内容确实需要全面考虑，但内容的变化更不容忽视。变与不变的内容在活动效果上会大相径庭。但变的前提是要把握好内容变化的方向，只有方向正确，才能做出正确的选择，否则有可能会南辕北辙。但也不能一味求变，要考虑为什么变，哪方面该变，如何变。如有一节观摩课，准备活动内容选择了眼保健操，看似让人眼前一亮，但随后会带来诸多思考：为什么要选择眼保健操？也就是说，首先要对选择该套操的必要性进行分析和判断，其次要继续分析眼保健操在这节课上要发挥什么作用。通过观察和分析发现，所选眼保健操与本节课基本部分主教材内容的学习几乎没有任何关联性，可以说，内容选择上是欠妥的，不能为变而变。

（3）新在形式的变化

在准备活动中，为了实现有所创新，在形式上需要有所变化，不能总是用一种固定的形式组织该项活动。例如，在徒手操活动中，总是教师一人喊节拍，学生跟着做，这样时间久了，学生做操的积极性就会降低。假如能够和学生交替喊节拍，或有学生自己边做边喊节拍，或师生同步一起喊节拍等，都能够在原有的基础上，调动学生参与活动的积极性。如教师喊"1-2"，学生可以喊"3-4"；教师再接着喊"5-6"，学生喊"7-8"，等等。学生由只做不喊，到边喊边做，从形式上发生了变化，从效果上也会有所提高。

除此之外，准备活动的结构也可以有所变化，准备活动的要求也可以有所拓展和更新，如扩胸运动在原有要求"用力后振"的基础上，可以加大难度，要求手腕内扣、两臂端平、用力后振等，这样还可以同时提高准备活动的效果。

准备活动看似时间短，但任务重，需要全面考虑准备活动的内容、时间、组织、安全、强度、评价等方方面面的具体操作策略。在此基础上，在创新意识引领下，为追求更高的目标，适当从内容上、形式上等方面体现变化，将在很大程度上提高准备活动的质量，更好地为基本部分学习做好充分的准备工作。

对看准备活动做进一步的归纳，如下所述：

看准备活动

新课改后变化多，　队列队形最先说；
音乐运用较普遍，　自主活动经常见；
准备活动看一看，　内容方式有改变；
创新活动常常有，　片面创新清理走；
头肩写字眼前亮，　眼保健操用不上；
看课方法要能保，　全新问题多思考。

二、看放松活动

放松活动是体育课中必不可少的部分，有效的放松活动，能够达到放松身心的目的。新课改后，有些体育课上的放松活动无论是在形式上，还是在内容上均发生了一定的变化，内容更加丰富了，形式也更加多样了，但有些教师看到这些丰富多样的放松活动后产生了一些困惑：放松活动究竟应该达成怎样的目的？如何活动才是最有效的？新课改后的放松活动所发生的变化，哪些是必要的？哪些是可有可无的？本部分从多个维度对有效的放松活动进行定位，并对看课分析放松活动的切入点进行探讨，最后对存在一定问题的放松活动案例进行分析。

（一）有效放松活动的多维度定位

目前，几乎所有的体育教师都认识到放松活动是不可缺少的，但至于为什么，并非所有的人都能有一个较为清晰的认识。下面从结构、功能、内容、组织等多个视角对有效放松活动进行分析。

1. 从结构定位

大家熟知的体育课的结构包括准备部分、基本部分和结束部分，每一个部分都有其核心内容。结束部分是以放松活动为主要内容，之所以在结束部分安排放松活动，主要是依照人体生理机能变化规律。因此，就整体结构而言，结束部分的放松活动是必不可少的，缺少放松活动的结束部分是不完整的，缺少放松活动的体育课是不科学的。放松活动与准备部分的准备活动、基本部分的运动技术学习等共同构成体育课的核心。

2. 从功能定位

体育课从健康角度看，它能够起到增强学生体质、增进健康的作用；从技能角度看，它可以让学生掌握用于终身参与体育锻炼的运动技能。体育课所能发挥的这些功能都是必不可少的。有效的放松活动不仅有利于学生在基本部分学习过程中消除身心疲劳，更好地促进学生的健康，而且，就运动技

第二章
从局部看体育课的方略

083

第二部分
体育教师看课
——实践方略

术的学习而言，有针对性的充分放松，也更有利于运动技术的学习和掌握。通过对身体的放松，肌肉关节的运动更加灵活，没有疲劳感的上下肢的配合会更加协调，无形中也就有利于缩短运动技术学习的过程，从而便于运动技能的掌握。

3. 从内容定位

体育课中的放松活动内容不但有徒手放松操，尤其是四肢各部位肌肉、韧带等的放松练习，而且有意念放松的内容。这些内容如同准备活动内容一样，同样起到关键性作用，与准备活动的内容选择同等重要，需要考虑为基本部分运动技术学习起服务性作用。准备部分内容的服务性，有助于学生在基本部分安全有效地学习；结束部分内容同样能为基本部分内容的学习起到有效修复的作用。如基本部分主要是耐久跑，在结束部分做放松活动的时候，放松活动的内容就不能简单地做一些徒手放松操，而是要有对腿部肌肉的特殊放松活动，尤其是做一些静力牵拉，促进肌纤维恢复有序的生理结构。专门的放松活动与专门的准备活动具有同等重要性。由此可见，放松活动从内容上看，同样是体育课必不可少的。

4. 从组织定位

放松活动在整个体育课组织活动中也是关键环节，在组织方法上是以教师引导下的学生自主练习为主，其组织形式与准备部分的专门性准备活动较为相似，是组织学生针对身体某一部位或多个部位甚至全身进行的放松方式。放松时间的长短，由课的总时间控制，因此，组织放松活动的时间不可能太长；又由于运动技术学习有可能导致不同程度的身心疲劳，因此，组织放松活动的时间也不宜太短。基于此，既要达到一定的放松目的和发挥其作用，又不能占用过多的时间，使其恰到好处。在组织方面，要求教师在结束部分合理安排各项内容的时间，应避免过多的讲解，对课的小结要精辟，避免在结束部分出现无谓的浪费时间的行为。

（二）看放松活动的切入视角与方法

就体育课的重要组成部分放松活动来讲，要想在看课过程中得到更多的收获，不但要求看课者能够从多个视角切入，而且在每一个视角下看放松活动的时候还需要掌握一定的方法技巧。

1. 从内容切入

看课的时候，就放松活动的内容而言，选择的是什么样的放松活动内容？有没有针对性的放松活动内容？这些内容对学生身心的放松是否具有全面性？这些问题都是看课者看放松活动的时候首先要考虑的，如果内容安排不当，就难以达到很好的放松效果。在看课过程中，既要能够及时记录，又要能够同时或在课后做出较为准确的判断。记录时需要及时记下每一项内容，如教师在放松活动安排了一套普通的徒手放松操，这套操有几节，每节都主要放松的身体哪些部位，每一节是否都是必需的，有无更好的放松方法被编入该套操中，等等。从内容切入看体育课放松活动的时候，要能够看出具体放松内容的有无、多少、适宜性等问题。内容分析得越全面越具体，看课的收获就越大，同时，对自我专业化水平的提高也会更加有利。

2. 从时间切入

放松活动的时间与内容有着必然的联系，如果没有内容显然不会有放松活动的时间分配，如果有放松活动的内容，无论是多还是少，无论是适宜还是不适宜，都会占用一定的时间。因此，在体育课上重点看放松活动的时候，要事先准备好秒表，既要记录结束部分的总时间、体育课总时间及各部分的时间分配，还要准确记录教师组织学生放松的时间。有了几个时间的记录，就能够分析有效放松活动时间安排是否合理。对于体育课教学而言，放松活动是必不可少的，放松活动的时间长短应根据基本部分内容的学习而定，而不是绝对统一的时间长度，基本部分练习的量与强度决定了放松活动的内容选择与放松时间长度。

3. 从方式切入

对于体育课上放松活动的方式，不同的教师会有不同的选择，同时，依据教学内容的不同，放松活动的方式也会有一定的差异性。看课的时候，要首先能够看出，放松活动采取的是什么方式，是学生自主式的还是全班集中式的，有无教师参与放松活动中，学生在不同方式的放松活动中有哪些表现，能否看出学生在不同方式放松活动中的倾向性。以上问题，都是看课了解放松活动组织是否有效的关键。了解学生在各种方式的放松活动中的表现，有利于教师调整和完善放松活动的组织。基于此，看放松活动的时候，不但要准确记录内容与时间安排，准确把握放松活动的方式，而且要及时记录学生在放松活动中的各种表现。

4. 从效果切入

一节体育课，任课教师所安排的放松活动内容是否具有针对性、时间分配是否合理、组织方式是否得当等，都决定着放松活动所能达到的效果。效果其实是对放松活动安排结果的一种有价值的判断，但是，判断放松活动的效果，要比单纯的记录内容、时间、方式更加复杂，同时需要教师有一定的分析和判断能力，既有简单的判断，又要具备综合判断能力，而且，对效果的判断要客观和具有整体把握能力。对效果的评判要求具有全局性，将放松活动放在整节课中来看它的科学性、合理性。在整个课堂中，才能凸显其放松活动价值的有无与高低。一个有效的放松活动，在某一节课中可能是有效的，但放在另一节课中不一定如此，因此，判断放松活动的效果要"因课而变"。另外，关键是要做到主观判断与客观判断相结合，即通过定性、定量相结合的方式最终做出判断，如看学生的精神状况、面色与表情，让学生自测脉搏与课前或课中对比，让学生评估身心自我感觉等多种方式；也可采取课上课下相结合的方式，如通过学生体育课后的表现及学习其他学科时的状态来反馈体育课上是否得到了有效放松。

5. 从问题切入

体育课上安排的放松活动是否有问题，看课者要能够具有判断和分析能力。放松活动有无问题？有什么问题？有多少问题？问题是否能够得以解决？如何解决？对于这些问题，都需要看课者在看课过程中及时把握。如何发现问题并能准确地分析问题产生的根源，是看课者应该具备的技能技巧。就放松活动的问题而言，看课者不仅要结合具体的内容、时间、方式等发现问题，而且要能够看出，是教师的问题、学生的问题，还是场地器材的问题等。如果说是内容选择、时间分配上的问题，可以说很大程度上都是教师的责任，因为体育教学经验告诉我们，学生对放松活动内容的选择和时间的安排上处于被动状态，大多数体育课的放松活动都是由教师组织引导，学生参与。如果教师进行了精心的组织和安排，依然达不到一定的效果，就要看学生的参与情况，了解学生是否发挥了积极能动性，这些可以通过观察学生在放松活动中的行为表现及时做出判断。因此，对放松活动问题的判断要对象明确，方法得当，评判客观。

6. 从亮点切入

与问题相对应的就是亮点了，在看放松活动的时候，有无让你眼前一亮的感觉，是判断有无亮点的主要标志。尽管只是一种主观的初始判断，这种感觉也是极其重要的。当然，要做出更加准确的判断，要能做到主客观的有机结合，如教师设计的放松活动内容与形式是否具有创意，学生在放松活动中有无突出的表现等。如果学生的积极主动性高，他们会流露出自信、喜悦的表情，甚至表现明显的成就感，这样的放松活动，可以看出学生在本节课上有一个愉快的经历，还能够表明学生对放松活动本身的高度认同。

综合以上情况可以看出，要想通过看课了解更多的信息和获得更多的启示，需要从多个角度切入，需要对体育课或体育课的某一部分、某个环节做出更加准确的判断。当然，就放松活动而言，也同样如此。如单纯要了解放松活动的内容选择合理性问题，看课者不但需要看某一节课的放松活动内容，更要看多节课的放松活动内容，通过纵横向的比较与分析，综合判断内容的选择是否合理，以及不同的运动技术学习需要选配什么样的放松活动才能发挥其效能。

第二章
从局部看体育课的方略

087

第二部分
体育教师看课
——实践方略

（三）放松活动问题课例分析

对于存在一定问题的放松活动，由于产生某一问题的根源不同，其问题表现各异。下面就放松活动中存在的常见问题进行案例分析。

案例 1：存在安全隐患的放松活动

【案例描述】 这是一节小学五年级的足球课。授课教师组织学生练习带球走，结束部分组织学生分组做"抢坐足球"游戏作为放松活动。学生五人一组，围在中间放有四个足球的圆周外，当教师发出"开始"的口令后，学生按照逆时针绕圆外周慢跑，当听到"停"的口令后，大家抢坐足球，没有抢到的同学接受两个俯卧撑的小惩罚，依次连续抢坐练习，大约 3 分钟后活动结束。当活动接近尾声的时候，有一名学生在抢坐足球时摔倒。

【案例分析】 该课例的放松活动之所以被作为问题课例，主要是因为以下两个方面：一方面，在学生抢坐游戏过程中有一名学生重重地摔倒在地，教师走向前扶起该学生的同时，却说"怎么摔倒了"。这样的事件发生应该说具有一定的必然性，并非偶然事件，因为所安排的放松活动形式本身存在一定的安全隐患。另一方面，任课教师应该明确保护器材的注意事项，尤其是篮球、排球、足球等，在课堂上是禁止坐在球上的，该课例违背最起码的保护器材的要求，即便是在课上不发生摔倒等意外情况，这样的放松活动依然是有问题的，而且，无论是身体上还是心理上都达不到放松的目的。

案例 2：内容形式不当的放松活动

【案例描述】 还是一节小学五年级的体育课，任课教师依然是组织学生学习足球，学习内容是用脚内侧停球、传球。在结束部分，教师组织学生"游览名山"，教师在课前准备好三幅画有名山的画板，放在操场的一片空地上，组织学生排成两列纵队，跟着教师慢跑和走交替，一幅一幅地游览，每到一幅画板前，教师就让学生停下来，提问谁知道画中名山的名字，画中名山有哪些名胜古迹和历史典故，知道的学生举手回答，回答错了其他同学可以做补充，依次类推，"三座名山"游览完了，本次课也就结束了。

【案例分析】 从该课例中，丝毫没有看到学生是如何放松的，更谈不到放松的效果。这样的放松活动，无论从内容上还是从形式上来看都不合理，而且，教师在课前还会占用大量的时间制作设计画板，显然是不可取的，本节课被列为问题课例也是显而易见的。这样的课例，几乎所有的看课者都能够看出其问题所在，明显表现出新课改后有的教师对创新教学的理解还存在一定的偏差，有的出现创新过度的现象。因此，体育课放松活动的内容选择要具有针对性，考虑其实效性，而不能单纯为追求创新而创新。在创新之前，要考虑该不该创新，该有什么样的创新，而不能仅仅是追求形式上的创新，费时费力却收效甚微的做法是不可取的。

案例3：作用相反的放松活动

【案例描述】 这是一节高中一年级的篮球行进间运球课。在课的结束部分，老师安排了一项放松活动——"运球突破明星"。老师吹哨，全体学生原地运球开始，哨声再次响起，变行进间运球，当老师说"姚明"时，学生们就开始做运球突破"姚明"的动作。照这样的方式，老师又说"科比"，学生们又一起运球做突破"科比"的动作。3分钟后，该活动结束。

【案例分析】 本节课所安排的放松活动，不但起不到放松的目的，还增加了学生们的紧张情绪，运球动作更加僵硬了，精神上也更加紧张了。本应在该时间段安排放松活动达到身心放松的目的，却未能如愿，说明这样的放松活动无论从内容上还是形式上都是不恰当的。

体育课上的放松活动尽管只有短短的几分钟时间，却是不可或缺的环节，内容的选择、形式的组织是否得当，决定放松活动的效果。在放松活动中，不但需要教师发挥其主观能动性，观念、思路要正确，还需要学生的积极配合。有针对性的内容选择和合理的组织，加上学生的积极参与，必将会达到良好的放松效果。同时，在组织放松活动的时候要确保安全第一，有了安全，才能有真正的健康保证。看体育课，若能准确把握放松活动的内容、形式、时间，分析其有效性，将有利于促进放松活动组织教学能力的提高，从而提高教学的质量。

（四）从看课谈放松活动的"老"、"新"问题

体育课的放松活动，看似老生常谈的事情，但当你定下神来再次回顾你的所见、所闻、所思的时候，就会发现，真的很有必要从一个新的视角重新理一理课改前后存在的老、新问题。这种梳理，将在一定程度上对规范放松活动的形式与内容等带来一些新的启示。下面重点从"三不"和"三变"谈一谈老、新问题是什么，进而从"三有"提出几点提高体育课放松活动实效性的建议。

1. 体育课放松活动的老问题

长期以来，关于体育课放松活动，大家都有一致的认同：放松活动是结束部分的一项活动形式与内容，不可忽视。但实践中往往会有各种原因，诸如思想的、方法的、内容的、能力的等方面的问题，导致放松活动效果并不那么理想。下面从"不安排"、"不充分安排"和"不对应安排"三个方面做进一步分析。

（1）"不安排"放松活动

在研究分析放松活动的时候，我们首先从有与无上来区分，无论是常态课还是观摩课，都存在一部分没有安排放松活动的情况。对不安排放松活动的体育课的原因进行分析发现：有可能是教师没有安排放松活动的意识，或是有放松意识却不愿安排，或是认为有的体育课运动量过小的缘故不需要安排放松活动等。无论属于哪种原因，作为一节体育实践课而言，只要学生参与了运动，无论运动量大小都需要安排适当的放松活动，那些未能在课的结束部分安排适量放松活动的做法是不合理的。因此，凡是没有放松活动的体育课应该被作为

不完整的体育课，假如观摩课中缺少放松活动，更应该作为问题提出，并加以纠正；假如是评优课中不安排放松活动，属体育教学设计不合理、不规范，基于它的不合理性和不完整性，评优等级就必定会受到一定的影响。

实际上，那些没有安排放松活动的体育课很大程度上是教师的态度问题，有的是"懒"字在作怪；有的是体育课的其他部分时间随意性较大，结束部分没有了放松时间（观摩课上也出现过此现象）；有的是对放松活动的重视程度不够，认为放松活动起不到太大作用，下课后慢慢也能通过休息得到调整等。无论何种原因，体育课上在结束部分不安排放松活动，即便是课的前半部分再精彩，也只是一节遗憾的、不完整的体育课。

（2）"不充分安排"放松活动

前面我们探讨了不安排放松活动是一种错误的现象，实际上，安排放松活动，但放松得不充分，也依然是一种遗憾。为什么会出现不充分安排放松活动的现象呢？究其原因，我们可以从以下两个方面来分析：一是不重视放松活动，只是一种走走形式、走走过场的思想，这样会导致安排放松活动的随意性，从时间上看，有的活动短至不足一分钟，这样的安排又怎能体现放松充分呢？二是重视了，但不知道如何重视而引起的不充分。重视与不重视、知道如何重视与不知道如何重视可能组成的四种情况，如图 2-2-1 所示。

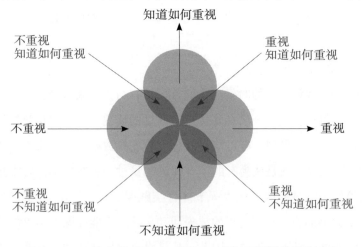

图 2-2-1　重视与不重视、知道与不知道如何重视的放松活动

从图 2-2-1 可以看出，理想的放松活动需要既重视，又能够知道如何重视，才能安排且放松活动比较充分。但现实情况并非完全如此，那些不重视的，无论知道与不知道如何重视，都难以达到充分放松的效果。同样，即便是重视了，但由于不知道该如何重视，同样会事与愿违。为此，对放松活动而言，教师首先要引起高度的重视，认识到它是必不可少的环节，还要认识到不同内容的课，应该如何安排放松内容和形式，以及如何合理分配放松的时间，只有这样，才能达到理想的放松效果。

（3）"不对应安排"放松活动

作为放松活动的老问题，放松活动内容与形式存在的不对应现象也较为常见。放松活动的对应性主要是指所安排的放松活动能够与基本部分的学习以及体能素质练习相呼应，换句话说，所选择的放松活动内容和形式要能够真正达到身心放松的目的，那些未能有针对性地安排放松活动的现象，是不科学或不合理的做法。因此，我们可以从重视与不重视，以及有无针对性来进一步分析其存在的可能性及原因，如图 2-2-2 所示。

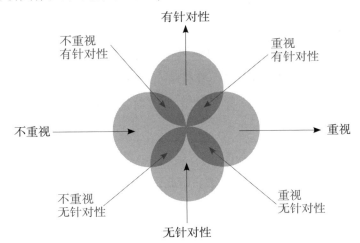

图 2-2-2　重视与不重视、有无针对性的放松活动

从图 2-2-2 可以看出，理想的放松活动，应该是既重视，又有针对性。实际上，在体育课上会出现多种情况，如有的很重视，但所安排的放松活动内容有所偏差；有的知道哪些属于有针对性的放松活动，但因为未能引起高度的重视，导致放松活动流于形式或走过场；还有的是既不重视，又缺乏针对性的放松活动。基于此，要想使放松活动达到应有的放松目的，除了要引起高度的重视，更为重要的是要能够准确地把握，尤其是对身体肌肉、韧带、关节等在基本部分参与活动的量与程度的准确把握。总之，要科学合理地选择组织放松活动，使参与活动部位得到充分有效的放松，放松活动要避免出现盲目性，盲目的放松浪费了时间，又不能达到理想的效果，必须彻底摒弃。

2. 体育课放松活动的新问题

当我们重新审视新课改后体育课放松活动的时候，不难发现，体育课放松活动在常见的老问题未能完全解决的情况下，在新课改以后，又增加了一些新的问题。这些问题可以从新课改后在放松活动环节所发生的若干变化来归纳。

（1）一变"形式化"

新课改后的体育课堂中，当我们把视线定格在放松活动的时候，看到了各种各样变换了形式的放松活动。虽然这种变化形式新颖了，在一定程度上会提高学生参与的积极性和主动性，同样也会提高放松整理的效果。但是，一旦过于追求形式就会走入一种"形式化"的误区，出现为创新而创新的所谓的"新颖"和所谓的"变化"，其效果也会适得其反。究其原因，有的教师对新课标的理念未能充分把握，缺乏认真研读的精神和灵活运用的能力，而是一味地在求异求新上下功夫，这属于方向问题。还有的是能力上的问题，也就是说，在判断形式与内容的主次关系上出现偏差，注重了形式而忽视了内容，结果导致了"形式化"现象。因此，新课改后的体育课堂发生了一些变化，但有的教师把握不准如何变，那些出现过于形式化的放松活动，大多是因为缺乏对"能变度"的把握能力而导致的。

（2）二变"音乐化"

放松活动适当借助音乐是应该提倡的，在一定程度上还能起到提高放松效果的积极作用。但一旦过分依赖音乐，或对音乐的使用出现异化现象时，有时就会发现，音乐在一些课上是可有可无的，甚至有的课上，用了不恰当的音乐，还影响了放松的实际效果。目前，采用意念放松活动的场景下，选用音乐辅助放松的较为多见，也有少部分选用音乐来辅助肢体肌肉或关节放松的。体育课堂的"音乐化"有可能导致两个问题：一是过分追求形式上的多样化，想用新颖来增添体育课的色彩；二是缺乏音乐素养，出现所选音乐不恰当，甚至带来一定程度上的负面效应。因此，应合理利用放松活动的辅助手段，并非所有的音乐都能给放松活动带来积极的效应，也并非所有的音乐都适合放松活动选用。那些有必要选用，且又能选到好的音乐的前提下，才需要附加音乐的伴奏效应。那些单独为新颖未能考虑实际效果的选择音乐的放松活动形式是不可取的。

（3）三变"意念化"

新课改后的放松活动出现的另一个比较突出的问题就是：一些体育课上不约而同地都采用意念放松的形式。当然，采用意念放松并不为过，问题在于，究竟什么课上该采用意念放松？哪些课上采用意念放松显得多余？哪些课上仅用意念放松还不够充分，还需要采用其他形式相配合才能达到身心放松的目的？假如这些问题都不是十分清楚的话，单一的选择意念放松也同样是不可取的。产生放松活动"意念化"主要有两个原因：一是对意念放松的真正作用未能完全把握，有的仅仅知道意念放松是一种心理放松活动形式，但至于哪种心理的疲劳状态需要采用何种有针对性的意念放松内容却一无所知，结果就会出现意念放松的效果不甚明显，从而导致"意念化"现象的发生。二是对体育课需要什么样的放松活动不是十分清楚，再加上过于追求形式上的新颖，同样会走入"意念化"的误区。基于此，在选择意念放松活动形式之前，需要对意念放松、课的内容、学生在课上练习的实际情况等多方面结合来判断是否选用意念放松，选择什么样的意念放松。

3. 有效组织放松活动的建议

前面我们分别从"三不"和"三变"谈了体育课放松活动的老、新问题，但应该如何有效组织放松活动？下面从"全面性"、"合理性"和"延续性"三个方面提出建议。

（1）部位有"全面性"

体育课堂上的放松活动尽管只有短短的 3~5 分钟的时间，但如何充分利用这短暂的时间达到放松的目的，首要的就是在课前进行教学设计的时候，充分考虑身心哪些方面需要放松，根据课的需要确定放松的部位，其原则要遵循全面性。放松全面了才能达到充分，也才能有实效性。避免出现放松部位判断错误现象，全面性集中要体现两点：一要准，二要全。只是全面而不准确，不是真正的全面性；只是准确判断，未能全面做到，也难以实现全面性。

（2）组织有"合理性"

有了准确的判断和全面的考虑，要想达到理想的放松效果，还要充分考虑其有效的组织形式，如何组织？每个部位放松多少次、多长时间？是自我放松还是相邻同伴互相放松？是单一形式深度放松，还是多种形式变换放松？这些问题都是教学设计事先要充分考虑的。放松活动组织的合理与否，直接影响放松活动的效果。无论如何组织，只要把握好"合理"二字，其效果就不太容易出现偏离。

（3）时空有"延续性"

关于放松活动时空上的延续性，可能是大部分教师容易忽略的。重视放松活动在时空上的延续性是指要让学生在课后适当的时间或场所再次强化一下放松，尤其是课上不十分充分的放松，课后就更需要加以补充。如通过布置课外"放松作业"的形式，做到课内外的有机结合，尤其是回到家之后，通过温水浴、自我按摩、保障睡眠质量等方式达到进一步放松以缓解身心疲劳等目的，从而达到延迟性的放松作用。尤其是对于练习密度较大、运动负荷偏大的课，延续性放松更具有实际意义。

体育课上的放松活动不是可有可无的，也不是流于形式的，它需要放松定位准确而全面，需要走出一些认识上的误区和避免操作上的错误。为达到最为理想的放松效果，有的体育课并不拘泥于课内的放松，还需要在时空上、形式上等有所拓展与延续，使课内、课外相结合，尽量用大的"放松观"把握体育课放松的方法。

对看放松活动的方式方法做进一步归纳，如下所述：

**看放松
活动**

放松活动定位多，　结构功能最先说；

内容组织不可少，　放松效果才叫好；

观看放松视角全，　内容时间方式先；

效果问题都可看，　突出亮点最难办；

放松问题课例见，　安全隐患有呈现；

内容形式有不当，　作用相反不能放；

新老问题都有过，　放松活动容易错。

三、看讲解示范

体育教学中，讲解和示范的效果对学生学习掌握体育知识、运动技术与技能起着关键作用。讲解示范是以教师为主的教学活动，但并非完全是教师的专利，我们在看课的时候既看到了教师独立所做的讲解示范，也看到了教师和学生共同完成的讲解示范，还看到了学生独立所做的讲解示范。基于此，一方面，我们需要明确师生都有可能参与讲解示范活动；另一方面，我们看课的时候，当把关注点集中在讲解示范环节时，需要首先明确，新课改后，体育课上的讲解示范是否有问题？有什么问题？从不同的视角看，有哪些讲解示范的形式？如何进行讲解示范才能达到最好的教学效果？下面，通过看课，进一步了解讲解示范，把握如何从讲解示范环节找到更多的问题和改进措施。

（一）体育教学中的讲解示范是什么

体育教学中的关键环节讲解示范究竟是什么？有哪些类型？讲解与语言、示范与展示等同吗？讲解与示范单纯是教师教的活动吗？基于以上问题，下面展开讨论。

1. 体育教学中的讲解示范作用

体育教学中的讲解示范是教师和学生沟通的桥梁，是学生建立正确技术概念的基本途径，就教师而言，是其必备的基本功。简洁、生动的讲解能够提高学生听讲的注意力和效果，而拖泥带水、生硬刻板的讲解，很有可能会分散学生的注意力，降低听讲的有效性。示范更是如此，优美、规范的示范动作能激发学生的学习兴趣，而不完美甚至错误的示范，能大大降低学生学习的积极性。因此，为了充分发挥讲解示范的作用，讲解示范需要达到清晰、准确、生动、熟练、优美等要求，否则，将很难发挥应有的促进作用。

2. 体育教学中，讲解≠语言

体育教学中的讲解不等于语言，只是语言的一种形式，是包含与被包含的关系，而不是等同关系。首先，二者运用的时机不同，体育教学的全过程都有可能出现语言的运用，但讲解并非如此，讲解是规范的语言形式，是指运用特殊的、规范的语言，把运动技术的动作要领、保护与帮助方法、易犯错误与纠正方法等简洁、生动形象地向学生讲述的过程；其次，二者的内容不同，体育教学语言的内容非常丰富，如讲解的语言、批评的语言、表扬的语言、巡回指导的语言、评价的语言等，而讲解的内容具有较小的范围，如对动作要领的讲解、对易犯错误的讲解、对纠正方法的讲解、对游戏规则的讲解等；最后，形式不同，讲解的语言一般都是正向的、正确的、单向的，但语言的运用在教学中既有正向的也有反向的，既有单向的也有师生双向的。因此，不能把讲解完全等同于语言。

3. 体育教学中，示范≠展示

正如体育教学中的讲解不等于语言一样，示范也不完全等同于展示，而是展示中的一种正规的教学活动。首先，示范与展示的时机各有不同，示范的时机相对较少，而展示的时机相对较多，除示范环节特殊的展示活动外，在学生练习过程中，发现好的或差的动作，都可以及时通过展示进行学习指导；其次，示范与展示的内容也各有差异，示范的内容多为运动技术，而展示的内容多种多样，除运动技术外，可以是学生的探究或创编成果，还可以是学生的错误动作等；最后，示范与展示的形式也有不同，示范多由教师来做的正确的运动技术操作方式，而展示既有教师的活动也有学生的活动，甚至学生的展示活动所占的比例更高。除此之外，展示还有可能借助多媒体教具，达到理想的展示效果。因此，也不能简单地把示范完全等同于展示。

4. 体育教学中，讲解示范并非教师的专利

很多人一提到讲解示范就会联想到是教师的教授活动，我们在众多的体育教学观察和分析中发现，讲解示范在体育教学中并非教师的专利。有一些课堂，有的教师让学生协作共同完成讲解示范环节；有的学生看听完教师的讲解示范后，提出质疑，并挑战老师，向全班同学再次示范。

基于此，尽管在大多数情况下，讲解示范是由教师完成的，学生是教学活动中的听讲者和观察者，但是，现在已有所变化，在讲解示范中，有的学生也转换了角色，从一个听讲者的身份变成了讲解者，从一个观察者的身份变成了示范者。这些现象的存在，打破了传统的讲解示范单独由教师支配的单一形式，学生在讲解示范中也能发挥一定的作用，甚至能达到意想不到的效果。

（二）讲解示范看什么、怎么看

或许有人会问，讲解示范还有什么特殊的"看法"吗？回答是肯定的。会看的人除了能像大家一样对讲解示范的正确性做出准确的判断外，往往还能看出错误的原因，以及进一步完善的对策。下面分别就讲解、示范探讨看课的方法。

1. 看听"讲解"的方法与技巧

有些内容的讲解无论是放在示范的前面还是放在示范的后面，都是可以独立呈现的，也就是说，对某一教学内容做单独的讲述。对于看课者而言，无论任课教师采用什么方法进行讲解，我们都可以采取有效的方法从中捕捉到更多的信息，发现问题或找到可借鉴的亮点。

（1）事先了解"要讲什么"是有效看听的逻辑起点

对"讲解"的一般情况的了解，是看听该部分的逻辑起点，如果不了解

任课教师要讲什么，判断教师讲解是否有问题就会有一定的难度。因此，掌握看听"讲解"环节的首要任务就是要了解教案，并认真听取教师在课的开始部分介绍的本节课的内容，而不是孤立地等待着教师的讲解。只有了解到讲什么，采用什么方法进行讲解，我们才能在看听课的时候评判讲的怎么样，以及如何改进和提高。

（2）观察了解"怎么讲的"是有效看听的关键环节

了解任课教师将要讲什么以后，在看听的过程中，听一听该教师所讲的内容是否与事先了解的相一致。更重要的是，要认真观察教师是如何讲的，包括教师在讲解过程中的语音、语调是否准确，语言是否精练、清楚，如何组织学生进行听讲活动，在听讲之前是否对学生的听讲法给予一定的指导，当学生在听讲过程中出现各种异常现象时，教师是否做出了适当的调整，等等。对这些信息的了解和掌握是判断讲解水平高低和效果明显与否的关键。

（3）及时分析"讲得怎样"是有效看听的难点

对于看课者而言，只是了解了讲的是什么、怎么讲的，还难以有更多的看课收获。及时对任课教师的讲解进行分析，并做出准确的判断或提出改进措施，既是看听讲解环节的重点，又是其难点所在。具有不同经验的看课者，该部分会有较大的差异性，同样一节课，可能有的人会认为讲得很好，而有的人却并不这么认为。一方面是评判视角可能有所不同，另一方面是看课者自身的讲解水平与能力不同，以及掌握的看听方法和技巧的差异性所致。因此，要想有客观、准确的评判效果，看听讲解的时候，需要做到视角选择要多元、捕捉信息要迅捷、分析判断要客观、看听态度要认真等。

2. 看"示范"的方法与技巧

体育教学中的示范，大家并不陌生，但问题的关键是"示范什么"、"何时示范"、"如何示范"、"谁来示范"以及"示范的如何"等，这是看课者要了解的信息。就示范而言，有时被放在了讲解的前面，有时被放在了讲解的后面，还有时为了达到一定的教学效果与讲解多次交替，还有边讲解边示范的形式。

（1）看"示范"了解"示范什么"是前提

在看课之前，通过教案和课的开始部分的教学内容介绍，我们可以初步了解本节课需要做什么示范，结合教学内容自身的特点，有可能对"如何示范"会有一个最初的判断。应该示范什么和实际上示范了什么在很大程度上应该是相一致的，但也有可能发生细微的变化，这就需要看课者在获取"示范什么"这一信息时，是否做到了课前与课中的有机结合。如果看到的内容前后是一致的，可能就不会产生质疑或困惑；假如有出入，对于看课者而言，就要立刻在看课的同时积极思考，带着疑问继续看下去。

（2）看"示范"捕捉"怎么示范"是关键

与看听"讲解"同样关键的是，在看"示范"的时候，要及时捕捉"怎么示范"的各种信息。因为，只有了解任课教师是如何示范的，才能进一步做出较为准确的判断。那么，如何才能全面而迅捷地获得示范方法的信息呢？我们认为，全神贯注是必备的看课态度，目光敏锐是及时捕捉各种信息的能力，及时记录是分析判断的前提和重要手段。不同注意力的看课者，在所获取信息的全面性上会有一定的差别；不同观察力的看课者，所获得信息的层次性上会有一定区分；有无记录，所获信息的准确性上会有所不同。因此，要想全面而准确地了解示范者是如何进行示范活动的，需要看课者掌握一定的捕捉信息的方法与技巧。

（3）看"示范"评判"示范得怎样"是难点

看课的时候，判断示范是否正确以及任课教师能力水平的高低是看示范至关重要的环节。同样的内容、同样的班级，不同的教师会有不同的示范方法，即便采用同样的示范方法，由于教师的基本功和教育教学能力的差异性，也会出现不同的示范效果。基于此，在看课的过程中，应将重点放在观察示范上，同时加强对示范效果的同步判断，并进行原因分析和提出对策建议。具体方法可以先采用好、中、差的等级评定法，进而针对情况进行分析。如"好"，哪些地方对我的启发最大，我能否做到这样；"差"，是改变示范的位置、器械的高度，还是提高某个方面的技能，从而提高示范效果。总之，看示范并非是简单的好与差的定性判断，更不是"示范的什么"、"怎样示范的"初始层面的看课，而是在判断好与差的基础上，能够看出为什么好、为什么差，尤其要能够提出改进方案，这才算看出了门道。

除此之外，在看听讲解与示范的时候，还需要了解很多信息，如谁做的示范？示范过程中是否有学生的参与？学生参与示范是教师的安排还是学生的自愿？另外，一节课上教师对示范时机的把握如何，做了几次示范，每次示范是否伴随有讲解，以及讲解示范有无明显的创新或突出的问题，这些都是在看课的过程中需要及时了解的。只有这样，才能通过看课全面系统地了解讲解与示范的合理性和有效性。

（三）不同课例中的讲解示范与分析

对于讲解示范而言，不同的看课和分析视角会有不同的分析结果，当然，看听讲解示范会有诸多视角。以下将从讲解示范者的角度，以教师独立、师生共同、学生独立三类主导方式的视角，分析新课改后体育课堂上的讲解示范问题。

1. 教师独立完成的讲解示范

作为讲解示范的主导者，教师独立完成的讲解示范是最常见的一种形式，无论是常态课还是观摩课，大都以这种形式出现。在教学过程中，学生接受教师的讲解与示范已常态化，而且学生也大都能够积极地参与到听讲和观察活动中。不过，目前，教师讲解示范的层次有所不同，有的效果十分明显，有的却差距很大，甚至出现严重的问题。下面针对有待改进的讲解示范案例逐一进行剖析。

案例 1：听不清的讲解

【案例描述】 这是一节小学二年级的跳单双圈课。将学生排成四列纵队后，任课教师站在排头位置，开始讲述跳单双圈的动作方法。除了前面几个学生原地不动、静静地听老师讲述外，后面有一半多的学生，有的歪着脑袋，有的向上蹦来蹦去的，想看到老师并想听得更清楚一些。

【案例分析】　当任课教师讲述跳单双圈动作方法的时候，由于站位选择不当，导致后面的学生听不清老师所讲述的内容。当队伍站成纵队的时候，后排的学生距离老师过远，会影响到听讲效果，基于此，应将队形调整成横队以提高讲解的效果。

案例 2：看不明的示范

【案例描述】　这是一节初中二年级的沙瓶操课。任课教师让学生事先站成扇形队，看来是考虑到了学生观看的效果。但是，在示范之前，任课教师让所有的学生把装有沙子的矿泉水瓶都放在老师和第一队同学之间，也以扇形摆好。当学生们站成扇形队后，教师开始示范，先是示范脚步动作，然后示范上肢动作，最后是示范上下肢的配合。在示范脚步动作的时候，站在后面两排的学生不时地向上跳起，或踮起脚尖看老师的脚步动作。

【案例分析】　从学生观看示范时的表现可以看出，教师在示范脚步动作的时候，由于放在师生之间的沙瓶挡住了后面两排学生的视线，因此，他们做出了跳起或踮起脚尖的动作。这样的示范是因器材摆放不合理而影响到了示范的效果。为了提高示范的有效性，教师可以要求学生把沙瓶摆放在扇形的两边，不至于挡住学生观看老师脚步动作的视线。

案例 3：信不过的讲解示范

【案例描述】　这是一节高中篮球课。任课教师讲授单手肩上投篮动作，教师先是讲解了投篮的动作要领，然后，做一次投篮的动作示范，结果球没有投进。作为一位普普通通的体育老师而言，既不是专业篮球队员，也不是神投手，因此，投篮示范球未投进十分正常。在老师第一次示范未投中的时候，全班学生只是面面相觑，没有任何一个学生说什么。可是，教师接着说："同学们，下面我再给大家做一次示范。"结果这次示范球又没能投进，于是，一个站在前排的比较调皮的女生开口了，说了声："老师，您真棒!"停了片刻接着说："老师，您怎么还没有进呀?"这时，教师的脸变得通红，流露出尴尬的神情。

【案例分析】　该任课教师示范后的尴尬与学生的讽刺言语，说明了对该讲解示范，学生是信不过的。其实，教过投篮的教师或许都有过示范时投不进的经历，但并非每位教师都会遇到这种尴尬的场面。对于这种突发状况，教师完全可以在示范之前，提醒学生，观察的"点"不要完全放在篮板和篮筐上，而要观察老师示范的全过程。同时，事先告诉学生不一定每次都能投进，只要观察投篮的动作过程，对于初学者而言，能够按照动作要领投就行。当然，教师投进更能激发学生学习篮球的积极性和兴趣。

2. 师生共同完成的讲解示范

有些课上并非教师一个人在示范，有时根据教学内容的特点，或者根据教师专业技能的水平的高低，可以让学生配合教师一起示范。

案例 4：师生共同完成的肩肘倒立讲解示范

【案例描述】　这是一节小学五年级的肩肘倒立课。由于教师的体型有些超重，估计是做示范有些吃力，或不一定很标准，于是教师就培养了一个体育小骨干，在课中配合教师一起示范，在教师的帮助下完成了该技术动作，同时，教师讲解动作要领以及注意事项。在讲解示范过程中，学生们观察示范的注意力非常集中。

【案例分析】　讲解示范实际上并非只有教师才能完成，当遇到特殊情况的时候，完全可以借助于学生的力量共同完成讲解示范的任务，而且效果或许会更加理想。该节课上，任课教师选择一位学生配合完成了肩肘倒立的讲解与示范环节，效果十分理想，调动了示范学生的积极性，同时也激发了其他同学的学习热情。

3. 学生独立完成的讲解示范

有些体育课上是学生独立完成讲解与示范动作，这样的课堂尽管不多见，但也同样是一种很好的教学方式，当然，有时是教师安排的，有时是学生自主完成的。

案例 5：纠正教师动作的传球示范

【案例描述】　这是一节高中男女合班的篮球课，具体内容是学习传球。当任课教师讲解完传接球动作要领，并示范结束后，一位男生一个箭步走到老师面前，要过老师手中的球说："老师，我来做一次示范吧！"边做边说："篮球可以这样传，也可以这么传。"这位学生除了示范双手胸

图 2-2-3　学生做篮球传球示范

前传球外，还示范了单手传球、背后传球等更高难度的传球技术。学生的这一举动，对于教师来讲确实是一种挑战，也是对教师教学机智的考验。此时，其他学生的注意力异常集中，学生传球示范结束的时候，全班学生响起了一阵热烈的掌声，如图 2-2-3 所示。

【案例分析】　对于这样的示范，在课前教师就应该预料到，一方面，对于一个非篮球专业的教师而言，篮球各项技术的示范有可能不是十分完美；另一方面，班级内有篮球技术非常好的学生，有可能向老师提出挑战。基于此，教师在备课环节，就应该考虑是自己示范，还是找技术好的学生示范。假如自己示范，就需要在课前反复练习，达到动作标准才能给学生做示范；假如让学生帮助完成传球示范动作，就应该在课前通知该学生，让他事先做好准备，不至于在课中出现尴尬局面。

总之，在看课的时候，就讲解示范而言，有多个视角可以切入，但无论

从哪个视角切入，既要能看出讲解示范的内容、方法，还要能分析判断讲解示范的效果和存在的主要问题，同时还应打破只有教师讲解示范的思维定式，在教学中可以尝试培养学生参与该环节的教学。当然，通过不懈的努力，教师提高讲解示范的技能水平更为重要。

（四）从看课谈讲解示范的实效性

如何才能提高讲解示范的实效性，通过看课，我们发现了不少问题，但大多数问题出在讲解示范的教师身上，因此，通过提高教师的讲解示范技巧提高讲解示范的实效性十分必要。

1. 吃透教材把握讲解法

就讲解而言，无论是什么教材，都需要教师事先对其有一个熟悉的过程，甚至达到研读的程度。当教师把教材吃透以后，一般都不会出现错误。在吃透教材的基础上，再研究用什么方法讲解效果更佳，诸如，将动作要领变成口诀或顺口溜，或安排让听不清、听不懂的学生及时提问，教师再用通俗易懂的语言加以解释等。

2. 熟练技术选择示范法

教师做任何技术的动作示范，都要求能够按动作规范完成，但并非所有的教师都能如此。一次，一位老师告诉笔者，不知什么原因，本以为能够轻松示范的"手倒立"，结果在示范的时候，一下子就摔了过去，惹得学生们哄堂大笑。这种情况说明，无论做什么示范，也无论过去把该示范做得多好，在需要示范时，要事先反复练习，直到确保能成功示范后，才能在课堂上完整地示范，否则就会有示范失败的可能。在此基础上，至于采用哪种示范方法就很容易掌控了，如教师连续示范、师生配合示范、慢动作回放性示范（对于可以做慢动作的技术）等。

最后将看讲解示范做进一步归纳，如下所述：

看讲解
示范

讲解示范要求多，	概念清晰少出错；
语言讲解有不同，	示范展示不相重；
讲解示范从头说，	教师学生多切磋；
教师动作不规范，	示范之前未演练；
示范动作信不过，	学生纠正现场做；
教师讲解效果明，	站位声音均可行；
示范讲解都看见，	发现问题及时判。

四、看教法学法

常言说："教学有法，法无定法，贵在得法。"学习也是如此，同样是贵在得法。那么，怎样才能通过看课，了解体育教学中任课教师是如何教的，学生是如何学的呢？教的法子与学的法子是否适宜与有效？针对这些问题，我们将对教法与学法的认识误区、教法与学法的动态关系，以及看教法与学法的难题进行分析，便于通过看课更好地把握教法与学法。

（一）教法与学法认识误区

体育教学中，无论何种教学内容，都要通过一定的方法完成教和学的过程。但是，在理论研究与教学实践中，目前对教法与学法认识上都存在一定的偏差，尤其是二者的关系问题，不同程度地存在一定的误区。目前存在的认识误区主要有三个方面：其一，是将学法完全等同于教法，认为教师"怎么教"学生就"怎么学"，学法等于教法，但实际上是不等同的。其二，是将教法与学法一一对应起来，认为讲解法与听讲法、示范法与观察法等一一对应，但实际上是难以对应的，能够对应的是教与学的行为。其三，是将教法与学法孤立起来，认为二者是互不相干、各自独立的。这种认识也是不全面的，事实上，二者不但有一定的关联，而且存在一种动态分化的关系，如图

2-2-4 所示。

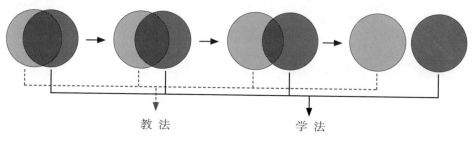

图 2-2-4　教法与学法的动态关系

教法与学法起初具有一定的重叠部分，随着学生对教法的不断内化和自主学法的形成，学法会逐渐从与教法的交合关系中分离出来，形成独立的自主学法。

（二）看课关注教法与学法的必要性

平常教师在看体育课时，很少关注教法与学法，尤其是关注学法的更不多见，但由于方法问题对教学效果起着关键作用，因此，教法、学法选择与运用的优劣是看课者不可忽视的，其必要性具体表现在以下几个方面。

1. 教的法子是否考虑到了学的法子

著名教育家陶行知先生在《教学合一》一文中提出："先生的责任不在教，在学，而在教学生学。""教的法子必须根据学的法子，怎么学就怎么教。"就体育教学而言，教师在怎么教，学生在怎么学，看课者通过看课可以了解到这些情况，同时可以了解到教师教的法子是否考虑到了学生学的法子。由于教法与学法的动态关系，说明教法是不能脱离学法而自行施教的。如果在看课的过程中不关注教法和学法，就难以对教法的合理性做出客观判断，即便是一种好的教法，也不一定适合任何内容的教学，更不一定适合所有的学生。因此，看课不可忽视对教法、学法的关注。

2. 教学中是否采取了有效的学法指导

学生在体育学习过程中，有无学法，有什么样的学法，其学法源于何处？

体育学法是来自学生自我学习经验的总结，还是来自教师的指导、同学的交流？调查发现，有79.3%的学生认为学法主要来自教师的指导，这说明教师有无学法指导，有什么样的学法指导，对学生有效体育学法的形成起着关联性作用。因此，在看课的时候，需要特别关注的是，任课教师是只顾自己教，还是十分关注学生的学，并不失时机地指导学生如何学。正确的做法是教师为学生的学而教，同时需要为学生形成正确的学法而进行及时有效的指导。综上所述，了解学法指导是看课不可忽视的重要环节。

3. 新课改后的教法学法是否有所改进

灌输式的教学会导致学生被动接受式学习，不利于创新人才的培养。因此，新一轮的基础教育课程改革强调要重视教学生"学会学习"，并提出了注重培养学生自主学习等能力的改革要求。基于此，新课改后的体育课堂，应该引入新的教法和学法，这样才能更好地服务于教学生"学会学习"的改革目标要求。

新课改后的体育课堂，的确在教与学的方法上发生了变化，诸如探究学习、合作学习、自主学习等的学习方式走进了课堂。但并不是说引入了这些学习方式就比过去有所改进，如果引入不当，不但不能起到积极作用，还会直接影响到教学的有效性。如有些课上反复让学生"扎堆"探究，甚至一节课上，这种方式占据了几乎所有的基本部分学习时间，不但看不到探究学习发挥应有的作用，出现形式化的探究学习，还会使学生对真正意义上的探究学习产生误解。有时教师让学生分组讨论问题的时间不足一分钟，学生根本来不及思考，学生对问题的讨论自然也就出现了形式化，这样的探究学习还不如回到传统的灌输式学习。因此，看课不是看是否引入了新的方法，而是要看新方法是否得到了有效的、合理的运用，这样一来，看课关注教法、学法就不可或缺。

（三）看课对教法合理性的分析与判断

1. 看课了解教法的主要途径

在体育课上看教法，最主要的目的是要判断教法的选择是否合理。因此，需要看教师选择的是什么样的教法、如何选择教法、所选教法在教学过程中存在哪些问题等。其主要途径可以采取看教案、看课堂、看课后等多种方式。

首先，了解教案上呈现的教法。教师在进行教学设计的时候，大都会考虑到怎么教，而且在教案上会有一定的体现。看课之前，看课者需要首先通过教案了解教法的选择，可以初步了解教师选择的方法，并结合教学内容和学生情况做出教法选择是否合理的初步判断。

其次，从课堂上了解教法。在课堂上，任课教师所选用的方法是否合理、有效，需要看课者做出综合判断。看课者不能将教法孤立起来分析其合理性，需要将教法放在完整的教学环境中，准确地了解教法的合理性具体要落实到教的各个环节上来。如教师讲解的时候，采取的是什么样的讲解方法；做示范动作的时候，采用的是什么样的示范方法；指导学生学习的时候，采用的是什么方式的指导，等等。由于不同的讲解法、示范法和指导法会产生不同的教学效果，因此，在关注每一种方法的时候，教师讲解、示范和指导技巧需要特殊关注，尤其对存在的问题更要准确把握。

最后，从课后了解教法。看课了解教法，除了通过教案和课堂上的关键教学环节以外，课后对教法的了解也不可缺少。如果是观摩课，可以通过专家的点评补充完善看课过程中出现的遗漏；如果是常态课，可以通过课后与任课教师交谈进一步掌握教法的选择与运用方法。之所以不能忽视课后对教法的了解，主要是在课堂上，虽然能够看出教师选择的是什么样的教法，但并不一定能够彻底明确任课教师为什么选择这样的教法，只有通过课前、课中、课后全方位把握教法，才能对教法选择是否合理、有效等做出综合判断。

2. 看课分析与判断教法合理性的视角

看体育课的时候，要想对教法的选择与运用的合理性做出准确的判断，需要从以下视角综合分析。第一，课堂上采取了几种教法。对教法掌握程度不同，做出的判断就会不同。第二，哪种教法是必需的，哪种教法是可用可不用的。要做出必要性的判断，需要看课者对课的内容和学生情况事先有一个全面的了解。第三，教师对教法的理解是否正确。可以通过看到的效果和组织教学中存在的问题做出判断，如果任课教师对某一种教法理解是错误的，他对该教法的运用很有可能就是不正确的；如果任课教师对某一种教法是一知半解的，他对该教法的运用也是不能很好把握的，会走向某一种误区之中。第四，教师对学生有无学法指导，有什么样的学法指导。学法指导实际上从一定意义上说也是属于教法的范畴，有效课堂需要教师对学生进行有效的学法指导。第五，对学生学习积极性的调动情况如何。再好的教法，如果不能充分调动学生学习的积极性和主动性，该教法是难以发挥应有作用的。因此，无论在课堂上看到任课教师采用了什么样的教法，都需要结合学生的学习情况来综合判断其合理性和有效性。

（四）看课对学法有效性的分析与判断

1. 看课了解学法的主要途径

看课了解学法的途径与教法基本相同，也需要通过课前了解教案掌握教师对学法的预设，但不同的是，从教案上并不能完全了解到学法，主要原因是学法很大程度上受学生的支配，而且，不同的学生还很有可能采用不同的学法。因此，不像教法那样，在教案上会有较为具体的体现。

看课并较为全面地了解学法，重点要放在课堂上，而且在课堂上的观察对象主要是学生，要不失时机地把握学生究竟是如何学的，如何练的。然而，看学法并非每一个看课者都很重视，即便是任课教师，有时也会忽略学生在课堂上的学法。如体育课上我们经常会看到，教师让学生们分组或自由练习的时候，总会看到有个别学生去辅导同伴学习的现象，这种互相学习的方式提示我们，都有哪些学生在帮助同伴学习？他的技术动作如何？看课者或许能够从中了解到这些现象，假如任课教师在课堂上也能及时关注这类学生，并进行全面的分析，对教法的改进将会有一定的启发。因此，无论是看课者还是执教者，都应关注学生的学法，尤其关注学生个性化的学法。

课后对学生学法的了解，一方面需要通过与教师的交流，另一方面还需要对有特殊学法的学生进行访谈，这样能够全面了解学法情况。

2. 看课分析与判断学法有效性的视角

在体育课上，学法是否有效，需要从多个视角进行分析判断。首先，要看学生在学习过程中，都运用了哪些学法。比如，听讲的时候是如何听的，大家的听讲方法有什么不同，观察的时候学生都有什么反应，都是怎样观察的，最有效的观察方法是什么，等等。其次，要看特殊学法。比如，体育课上是否出现特殊学法，这种学法是积极主动的还是消极被动的，等等。根据学的方法，教师要对教法做出适当的调整，尤其是关注到的特殊学法，是启发教师调整改进教法的关键。最后，要看学生的学习行为。学生是否在认真学，如果没有认真学都出现了哪些行为，为什么会出现这些行为，等等。事实上，无论从哪些角度观察和了解学法，都是十分必要的。同时，通过学生的学法也可以反映教法的合理性以及课堂教学的有效性。

（1）学生在怎么"听讲"

在体育学习的时候，针对老师的讲解，学生首先要认真听讲。但是，在听讲的时候，有的学生会听，有的学生不会听，会听与不会听，听讲的结果会有一定的差异性，如表2-2-1所示。

表 2-2-1　听讲行为与结果

学　生	听的行为	听的结果
不善听者	听讲时，人在课堂心在外，东张西望	听不进老师讲什么
	听讲时，不断溜号，东张西望，时而交谈	难以听明白老师讲的是什么
	目不转睛盯着老师，但不动脑	听清老师说话了，但不一定听懂说的是什么
善听者	边听边点头，动脑了	认真听了，且听懂了
	边听边皱眉头，思考了	认真听了，但没听懂、没听清
	边听边举手，或听完后举手，困惑了	认真听了，但有不明白的地方

从表2-2-1的听讲行为可以看出，不会听讲的学生，有着不同的不会听的行为，而会听的学生也有各种各样的听讲方式，如有的边听边点头，有的边听边皱眉头，还有的边听边举手等。不同的听讲方式将产生不同的听讲效

果，即便是会听讲的学生，由于听的方式不同，其效果也各异，有认真听且听懂的，也有认真听但没听懂的等。基于学生不同的听讲方式，教师首先需要关注不会听的学生，思考该如何引导他们认真听讲；而对于那些认真听讲的学生，教师要判断还有哪些学生需要进一步引导，怎样引导才能使学生更有效地听。看课了解学生的听讲方式的时候，通过观察多节课，看课者可以归纳学生在不同内容的课上和在不同教师的课上听讲的特点及问题。

（2）学生在怎么"观察"

当教师在体育课堂上做示范的时候，学生需要做的就是认真观察，但是，通过看课，我们会发现，有的学生会观察，而有的学生并不会观察，归纳结果如表 2-2-2 所示。

表 2-2-2 观察行为与结果

学生	观察行为	观察结果
不会观察者	低头不看老师，思想开小差	什么也观察不到
	时而看时而不看，精力不集中	不能观察到全部或细节
	只看结果不看过程（如投篮示范）	依然不知怎么投篮
	盯着老师的眼睛看，但没有看示范	等于没看，不能记住动作方法和路线
会观察者	边看边模仿	认真看了，并试图模仿老师的动作
	边看边皱眉头	认真看了，但没看清或没看懂
	边看边点头	认真看了，看清了，看懂了
	看后举手询问或要求老师再做一次示范	认真看了，但没有看明白

从表 2-2-2 中我们不难看出，对于不会观察的学生，在老师做示范的时候，有着不同的行为表现：有的学生低头不看老师的示范；有的尽管会看，但由于思想不集中，时而会走神儿；还有的只看结果不看过程，如篮球投篮示范时，很多学生直接把目光集中在篮筐上，等待老师的投篮结果等。这些不会看的学生，在老师示范完之后，几乎得不到太多有价值的信息。而对于那些会看的学生来讲，不同的学生也有不同的"看法"：有的学生是边看边模仿；有的学生是边看边思考并皱起了眉头；还有的学生是在观察老师的示范

动作的时候，未能观察清楚，举起手，要求老师再重新做一次示范；等等。各种不同的"看法"，带来了不同的观察效果。看课者应能够从中总结规律，并从学生观察的细节入手，了解学生观察的若干方法。

（3）学生在怎么"讨论"

体育教学中也往往会安排一定的讨论环节，在讨论的时候我们会发现学生有不同的表现，统计结果如表2-2-3所示。

表2-2-3　讨论行为与结果

学 生	讨论行为	讨论结果
不善讨论者	讨论活动中一言不发，东张西望	听或不听别人的讨论，未发表看法
	想发言但不敢说	未能表明自己的观点
	缺乏技巧，发言语无伦次	思路不清晰或观点不明确
	讨论中频频点头，完全赞同别人的想法	缺少主见
善讨论者	反应迅速，先发言，口齿伶俐	观点明确，思路清晰，认识到位
	先听一会儿，在中间发言	考虑全面，思路清晰
	先听别人发言，自己最后发言	总结性发言
	穿插发言，边听边说	不断表明自己的观点

从表2-2-3观察的情况来看，不会讨论的学生，在体育学习过程中往往一言不发或发言语无伦次，缺少自己的观点等。而会讨论的学生也有不同的表现，如有的学生反映十分迅速总是抢先第一个发言，有的学生先听别人发言而后发言，还有的学生边听边发言等。不同的讨论行为所对应的讨论结果也有所不同，有的人在讨论学习中收获很大，有的学生却恰恰相反。由此，看课的时候，我们通过观察学生在讨论中的不同行为表现，可以总结归纳学生的讨论方法，判断哪些是有效的，哪些有无效的，从而对如何指导讨论法提供参考。

（4）学生在怎么"练习"

体育课堂上，有的学生练习十分有效，有的学生练习则没有效果，通过观察，统计结果如表2-2-4所示。

表 2-2-4　练习行为与结果

学 生	练习行为	练习结果
不会练习者	光看不练，偷懒	不知道怎么练
	练的与老师要求的不一致	不知道让练什么
	边练边闲聊	精力不集中
	一错到底地练	不动脑，不思考，判断能力差
会练习者	边练边看别人的动作	自己的动作拿不准
	边练边听老师指导或指导同学	确保正确地练
	边练边问老师或同学	练着学着
	边练边创新动作	熟练掌握后有所拓展地练

从表 2-2-4 可以看出，对于那些不会练习的学生而言，有的是光看不练；有的是过于自主地练，而未按照老师的要求练习；有的边练习边聊天；还有的学生一开始练习就是错误动作，一错到底地练，从未想起纠正，或根本没有考虑自己所做动作是否正确。而对于那些会练习的学生而言，也同样有着各种各样的练习方法，如，有的学生边练习边看别人的动作，这样的学生是在比较着练，看自己做的动作和别人的是否一样，便于纠正自己的错误动作；有的学生在练习过程中注意听老师的指导；有的学生是给本组同学指导的，还有的是给其他组同学指导的（见图 2-2-5）；有的学生在练习的时候有问题能及时问老师或同学，这样不至于一错到底；

图 2-2-5　指导同伴练习

还有一些乐于创新的学生，练习过程中，在完成基本动作或基本要求的情况下，就主动尝试有创意性的练习，这些往往是学有余力的学生采取的方式。了解了不同学生会有不同的练习方法后，我们在看课的时候，就需要时刻关注学生的各种练习，及时判断正确的和不正确的练习方法，并能够找到纠正错误练习方法的有效策略。

（五）看教法与学法的难题

对于体育教学而言，教师运用了什么教法，学生采取了什么学法，通过看课可以部分把握，但并非能够全部把握，其原因基于以下难题。

1. 教学有法而法无定法的难题

教师在怎么教，往往受教师主观意识支配，在看课的时候，我们有时会发现教师教案上写着某某教法，但实际在课堂上基于诸多情况的出现，教师并不一定严格按照该方法进行施教，这或是因为现场出现了特殊情况，需要改变教法，或是因为在教学过程中发现更适宜的教法。因此，无论是何种原因，由于教学有法而法无定法的缘故，教法具有灵活多变性。同时，不同的教师，即便是教同样的教学内容，也往往会出现所选取的教法各不相同，无论选择使用什么样的教法，都有可能达到预期的教学目标。但是，这些情况的客观存在，往往会给看课者对教法的分析和判断带来一定的难度。

2. 完整学法不易观察的难题

在看课的时候，看课者所观察到的学法，一定程度上并不是完整的学法，而是学法中的外显部分。从结构来看，学法包括内外层四个要素，其中内层包括两个核心要素，即认知策略和学习行为（见图2-2-6）。也就是说，我们能够看到学习行为，但不能看到认知策略。学生为什么要采取某种练习形式，有时只有通过对学生的访谈交流才能真正地了解。

除此之外，要想通过看课全面准确地了解教法、学法，还需要看课者自身掌握各种教法，并对学法事先有个把握。如果看课者对教法、学法知之甚少，在看课过程中就很难把握教师教的方法和学生学的方法是什么，更难以判断哪些是合理的，哪些是不合理的。

体育教学中，不同的任课教师会有相似或完全不同的教法，不同的学生学法也会有较大的差异性。对于看课者而言，观察了解教法和学法不仅是必要的，而且是有效促进教学质量提高的关键。但是，仅仅通过看课达到完全把握教法与学法是有一定难度的，因此，需要多视角、多渠道协同来完成对

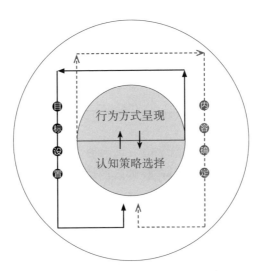

图 2-2-6　体育学法内外层四要素动态结构

教法、学法的深入了解和把握。

对看教法和学法的理论与方法做进一步的归纳，如下所述：

看教法
学法

教学方法要求多，　教法学法分开说；
教学内容有不同，　教法学法要可行；
教法学法有区别，　重教轻学不正确；
学会学习有方法，　学法指导不能差；
教法选择较适应，　教学效果好断定；
学法把握较复杂，　认知策略难觉察；
教学有法无定法，　认真观察收效大。

五、听教学语言

教学语言既包括教师教的语言，又包括学生学的语言。对于体育教学而言，从课的开始部分到结束部分，教师与学生会通过丰富的语言来展开教与学。在教学中，哪些语言是适当的，哪些语言是有问题的？教师对学生的各类语言（如提问等）做出的是什么反应？应该做出什么反应？教师在教学中应如何通过语言实施成功教学？为回答这些问题，以下通过看课了解教学语言现象，并进一步分析如何有效使用语言。

（一）体育教学语言≠教师的语言

一般情况下，当人们看到教学语言这一概念的时候，很多人都会联想到教师的语言，而且更多的还集中在教师教的语言，如讲解的语言、指导的语言等。实际上，教学语言并非只是教师的语言，还包括学生学的语言，因为教师的教和学生的学，缺乏任何一个方面都很难构成教学。因此，体育教学语言≠教师的语言，而是"体育教学语言=教师的语言+学生的语言"。

很多人之所以把教学语言直接理解为课堂上教师的语言，其主要原因是长期缺乏对学生学习的关注。过去很多情况下都是注重教师的教，从教师备课开始，尽管有学情分析，但往往都难以做到深入而全面的分析，大都是模仿式的学情分析。进行教学设计的时候往往关注的是如何教，尽管有很多教师在设计中会考虑到练习方式、练习内容等，但究竟学生如何练习，最多涉及分几组、如何分组等。至于学生可能在练习中出现什么问题，在听讲或观察过程中提出什么问题，一般情况下，很少有教师顾及这些。而学生在学习过程中的各种语言，尤其是学生的各种提问，教师都不可忽视，因为学生的语言有时能起到反馈教学效果的作用。随着新课改的不断推进，越来越多的教师开始逐渐关注学生的学习，并通过对学生语言的判断与分析，调整教学进程或教学方式方法。

（二）体育教学语言多视角归类

要想在看课的过程中较为全面地把握师生语言的合理性，首先需要了解体育教学中语言有哪些，从多视角进行分类，提高看课者对各种教学语言的准确把握。

1. 从语言发出者归类

教学是教师和学生共同的活动，教师和学生这两个群体所发出的语言都是教学语言的范畴。因此，从语言的发出者进行归类的话，我们可以把教学语言划分为教师的语言和学生的语言。这两大语言都贯串在课的始终，相比较而言，我们结合长期的教学观察与总结发现，几乎每节体育课上，教师语言都会远远多于学生语言，但学生的语言也是不可忽视的。教师语言根据发出的时机不同，有讲解的、激励的、批评的、指导的，根据时机不同，教师会运用不同的语言来组织课堂教学。尽管课堂上学生语言出现的频次和数量没有教师多，但也有多种形式，如提出问题的语言、回答问题的语言、练习中的自言自语、指导同伴的语言等。

2. 从语言的作用归类

不同的语言在体育教学中发挥不同的作用，基于语言在课堂上所发挥的作用，可以将其划分为正向语言和负向语言。正向语言包括讲解的语言、指导的语言、评价的语言、提问的语言、答疑的语言、过渡的语言等，负向语言主要指不恰当的语言或不文明的语言。各种正向语言在体育教学中发挥正面作用，如讲解的语言，是通过对动作要领的讲解，让学生对运动技术有一个初步认知，再通过观察示范和不断地练习逐步掌握运动技术；又如评价的语言，无论在评价的时候做出好的或差的判断，都能够让学生或教师有一个真实的反馈，通过这些评价的语言反思教或学的问题。而负向语言中，如讽刺挖苦式的语言，在教学中起的作用刚好相反，不但不能激励学生学习，而且有时会大大挫伤学生的自尊心或学习的积极性。如一节武术课上，教师看到一名学生压腿的时候韧带柔韧性较差，说出了"朽木不可雕也"的不文明语言，这样的语言会伤害学生的自尊心，因此，需要坚决杜绝此类语言。同样，有的时候，也偶尔出现学生挖苦教师的语言。如前文中谈到的一位教师给学生做投篮示范，两投未进，一位女生调皮地说："老师您真棒！您怎么还没进啊！"这样的语言对教师也是极不礼貌的行为。由此我们不得不反思，教师在教学中缺少了什么，是运动技术动作掌握不熟练、不过硬，还是教法不合理，或是学法指导不到位等。因此，体育教学中听到的各种语言，都会或多或少给看课者带来一些启发。

3. 从语言的形式归类

如果从发出的形式来分的话，我们可以将体育教学中的语言分为口头语言和肢体语言。这两种语言比较来看，口头语言起主导作用，肢体语言是辅助作用。口头语言既包括教师的语言也包括学生的语言，肢体语言不只是教师的肢体语言，在体育教学过程中，也会看到学生的肢体语言。如当教师提问的时候，学生举起手要求回答问题，尽管学生没有出声，教师也能够明白学生的意图。有时，教师并没有提出任何问题，学生也会在听讲、练习等环节举起手，表明学生有问题要咨询老师，而不是要回答问题。另外，学生在听讲或观看教师做示范时的各种表情，也无形中透露出学生听讲的效果，听讲或观察中将眉头皱起，大多数情况下表明学生没有听明白或没有看清楚。当然，对于那些不认真听讲的学生来讲，或许皱起了眉头说明听得不耐烦了。然而，并非学生的表情时时处处都能有一个准确的反映，有时只是起到一个辅助判断的作用，但是，教师不可完全忽视学生在体育学习活动中的肢体语言。

除此之外，根据不同的分类依据还会有更多的类型划分形式。如根据体育教学语言的效果可以划分为有效语言和无效语言，或亮点语言、普通语言、问题语言等。

（三）体育教学中的问题语言

从课的开始到结束，体育教学语言可以说几乎是无处不在，但并非所有的语言都是积极的、正向的，有些语言由于使用不当可能会适得其反。因此，了解体育教学中的问题语言，有利于我们对有效语言的正确把握。

所谓问题语言，就教师的教学语言而言，一类是想达到但实际上未能达到积极正向引导作用的语言，如本来想表扬学生，却没有达到激励作用，反而有可能会由于表扬一个学生而打击了一些学生；另一类是不恰当、不文明的语言，如当学生学动作慢时，有的教师骂学生"笨得像头猪"；还有一类是中性的语言，这类语言可能是可有可无的语言，甚至是完全没有必要的语言。

第二章
从局部看体育课的方略

119

第二部分
体育教师看课
——实践方略

大家都知道，体育教学要求精讲多练，凡是不能起到积极引导或发挥正向作用的语言应尽量避免。当然，还有一种情况就是，个别教师有语言重复习惯，其中过渡性语言的重复现象尤其突出。

就学生问题语言而言，有时也会偶尔出现。如教师在讲解的时候，学生除不注意听讲，还不时地打断教师的讲解，干扰教师讲解的思路；有的学生在教师做示范的时候，提出离奇的问题或不合乎常理的要求；有时，上课过程中学生不认真听讲和练习，而是两三个同学一起聊天，谈论与学习无关的话题；有的学生直接与教师顶撞，说出一大堆的理由逃避练习等；还有的情况是，学生说出不文明的语言，如一位教师在操场上跑步，有学生看到，对另一位学生说："兔子才跑步呢!"以上这些问题语言，实在令教师气愤，不过从另一个侧面也需要考虑，为什么学生会对某些教师说出不文明语言，教师是否有做得不妥之处，等等。总之，体育教学中的语言不可忽视，因为，有的语言在教学中发挥着重要作用，有些不文明语言对师生的心理会造成一定的负面影响。因此，我们通过看课，逐步归纳教学问题语言的特点或规律，能够对有效教学提供参考。

（四）看课分析教学语言的视角

看体育课分析教学语言的时候可以从多个视角切入，而且看听的方法也有若干种，下面对几种比较有效的视角与方法加以分析。

1. 从教师教的语言切入看课

体育教学中教师的教学语言多种多样，在不同的教学环节，会用不同的教学语言。比如，开始部分集合整队后的常规语言宣布课的内容；基本部分讲述动作要领的讲解性语言，指导学生练习并纠正错误动作的指导性语言；结束部分小结课的总体情况及存在问题的总结性语言等。其中各个环节还有很多表扬、批评、过渡等语言形式。

教师的诸多语言中，有些语言具有很强的技巧性，有些语言或许不太恰当；有些是口头的语言，有些是肢体的语言。作为看课者，要全面了解教师的语言，并要对教师的语言进行较为全面的记录和分析。无论是华美的语言还是有问题的语言，从教师的教学语言切入的时候应尽量做到全面把握。

2. 从学生学的语言切入看课

体育教学中，学生的语言在教学的各个环节也有可能出现，而且，语言形式也会多种多样。就口头语言来说，学生与教师相互交流的语言，有听讲过程中尚未听懂的质疑性语言，有练习过程中遇到问题的提问性语言，还有在学习过程中与同伴相互交流的语言，如与同学相互讨论探究问题的语言、同伴之间指导的语言等。就肢体语言来说，当教师提出问题需要学生回答的时候，有些学生有可能会举起手示意回答问题，还有的学生有可能用摇头的方式拒绝回答。除此之外，在练习过程中，难免会看到有个别学生态度不积极，实际上，学生的练习积极性也可以理解为一种语言，积极性高的学生练习的次数、动作到位程度都有所反映；相反，有偷懒现象的练习，可以判断出学生的学习积极性不高。尽管学生并没有通过口头发出任何声音，但细心的观察者能够通过学生在练习过程中的各种表现做出相对准确的判断。

3. 从亮点和问题语言切入看课

体育教学中的语言，无论是教师语言还是学生语言，都有可能出现值得学习的亮点语言或精辟语言、技巧语言等，还有可能在课堂上出现影响教学效果的问题语言。如果在看课的时候能及时关注这些语言，对促进语言的有效性以及避免问题语言在课堂上再次出现具有一定的作用。

亮点语言在促进教学效果方面会起到积极的作用。如当学生跑步难以坚持的时候，教师说："来，我和你一起跑，比一比看谁先跑到终点。"这样的语言一般情况下能起到良好的激励作用。还有的时候这样的语言是由学生说的，如一位学生一听到老师布置跑步任务就心里发怵，当老师发出这样的指令后，这位学生说："老师，您能陪我一起跑吗!"结果，这样的语言还挺奏效，这位任课教师二话没说，就陪着学生在操场上跑了起来。无论是教师还是学生，当在体育课堂上发出这样的语言时，给对方带来的都是激励和引导。有的时候，在维持纪律方面，有的教师的语言也能起到积极的正向引导作用，并能迅速达到目的。如小学三年级的一节体育课,当老师组织完小组之间的游戏比赛后,两组学生由于对比赛结果有争议而争吵起来,甚至动起了拳头,老师没有上前制止,更没有批评任何一个或一组学生,而是说"看哪一组同学先站好",这时,无论是其他学生还是相互争吵的学生,都迅速站在了自己的位置上。这样的语言在维持课堂纪律方面呈现了一定的技巧性,同时,也起到了意想不到的作用。

某种程度上,问题语言具有独特的研究价值,因为只有了解教学中的问题语言、问题类型以及产生问题语言的根源,才能在教学中尽可能地避免问题语言再次出现。如不切实际地使用过度表扬性语言,不但不能起到很好的激励作用,有时在很大程度上甚至起到消极影响。有些批评的语言处理不当也会伤到学生的自尊,如有位老师对跑得慢的一位学生说:"你跑步怎么像乌龟似的。"另外,还有些语言是错误指导性语言,当学生在练习过程中出现错误,教师想给予正确的指导,但教师不能清晰地说出问题产生的根源,而且,指导的时候也未给出正确的语言引导,如有教师在指导中说:"你那样做不对,应该这样做而不应该那样做。"到底该如何做,实际上该任课教师并没有讲清楚,这样的语言就不利于指导学生,也难以提高学生练习的实效性。

4. 从单一语言切入看课

根据语言所发挥的功能或作用,可以将体育教学语言划分为讲解语言、指导语言、激励语言、批评语言、过渡语言等,看课者可以根据需要从某单一语言切入,如从讲解语言切入,了解讲解语言运用的情况,总结其技巧方法,发现不利于促进教学效果的语言现象。

由于教学讲解几乎在所有类型的体育课上出现,因此,对于看课者而言,有必要单独就讲解的语言进行专题性探讨,而且,教师在教学中是否做到了精讲,精讲的度是如何把握的,需要不断地从"讲解语言"看不同教师的体育课,或者看同一教师不同时段的体育课,通过不断总结才能全面系统地把握讲解语言。有些教师讲解方法非常得当,学生听讲后很快能领悟动作方法和教师的意图;而有些教师讲解的语言除了不够精练,还有可能出现讲解错误或背诵式的讲解形式。基于此，及时了解教师讲解语言的合理性、有效性、准确性，以及是否有讲解的技巧等都是看听"讲解语言"时应该重点把握的内容。

除此之外，还有很多的视角可以切入了解体育课上的教学语言，如有的从整体切入，也就是说，要分析课堂上师生的所有语言。无论从哪个视角切入，都能全面了解语言的有效性等问题。

（五）看课分析教学语言的步骤与方法

对于看课者而言，确定了看课的视角，只是迈出了第一步，只有准确分析教学语言采用什么样的具体方法与技巧，才能全面而系统地掌握教学中出现的各种语言。下面介绍几种有效的方法，供看课者参考。

1. 记录法

在看课的过程中，有些人善于记录，而有些人则相反，对于分析教学语言来讲，如果不及时记录教学中出现的各种语言，就难以对语言进行分类、分层，更难以进一步分析语言的优劣，也难以得到更多更大的收获。基于此，及时、全面、准确地记录是分析教学语言最基础的工作。从记录的内容来看，要尽可能地做到全面、具体；从记录的形式来看，要尽可能多样，如用文字、符号、图示等方式记录。例如，记录好的语言和差的语言就可以分别用"√"和"×"标注，或用不同颜色的笔加以区分；有时语速快的时候，也可以用各种速记符号代替，也可以用图示标注，如练习方式，老师说两人一组进行行进间传球练习，可以用两个三角或圆圈代表两个学生，用虚线代表两人传球，用箭头表示传球方向等。看课的时候，只有及时将需要记录的教学语言如实记录下来，才能更有针对性地分析。

2. 归类法

看完一节或多节体育课后，如果采用记录的方法，一节体育课会记录下很多的语言内容，在此基础上，我们应该对所记录的语言进行梳理，并大致分类。分类的视角，可以从教师和学生的角度进行分类，还可以按语言的作用进行分类整理，也可以按语言的效果进行分类等。只有分类，语言的归属关系才能够相对比较清晰。如对讲解性语言的记录，我们可以把不同的课上教师的语言做一个横向的比对，还可以把一位教师各种类型的课上的讲解语言进行前后纵向比较，比较其差异性或变化规律，总结其教学语言风格等。

3. 分析法

语言通过梳理归类后就要进行分析，在分析的时候，要能够对语言有一个基本的判断能力，并能把握哪些语言是有效语言，哪些语言是问题语言，只有经过判断，在分析的时候才能做到全面而深入。分析体育教学语言要根据需要切入，假如需要分析学生在体育教学中的所有语言类型及原因，那么，我们在前两步记录与归类的基础上，要逐类展开分析，可以分析学生回答问题的态度、形式与内容等，如看学生想不想回答、哪些学生在回答、答案是否正确、有多少错误的答案、为什么会出现错误的答案等。还要分析学生在体育课上的各种提问，如中长跑教学过程中，有学生问："老师，我怎么跑着跑着感觉到呼吸困难啊？""跳山羊"课上，有女生问："老师，我怎么总是不敢跳啊？"看课者把所记录下来的各种各样的提问内容，分析判断都是哪类问题，进而分析为什么会出现这些问题，应如何解决。同时，分析这些提问，还需要关注或附加记录教师对学生提出各类问题的应对情况，是不管不问，还是认真思考并逐一回答。在看课中，我们只有分析得越全面、深入，所获得的信息才越有价值和意义，收获就会越大；否则只看不分析，看课的意义就很难体现。

4. 总结法

无论是什么样的看课目的，看课分析教法与学法也好，看课分析教学语言也好，最后都需要一个总结过程，做到看课有始有终。一方面，需要总结看课的过程与结果；另一方面，需要从看课对体育教学语言的了解进行反思，比如，看课的方式方法有无问题？切入点找得是否准确？是否在看课的切入点选择或方式方法选用方面留有遗憾？最大的收获是什么？哪些对自己的教学有启发或有借鉴意义？不但要总结，还要将总结落实到文字上，而且，最好每次看课分析后都要及时用文字总结出来，总结得越全面，收获就越大，提高的程度就越明显。在总结的时候要善于与他人交流，既可以与任课教师交流，也可以与一起看课的老师交流。如果看的是一节课例视频，最好能够将完整课例反复看或关键环节多次回放，以便准确把握教学语言；假如课例后面附有专家点评，最好能够参考专家点评，综合自己对课上教学语言的判断，最终做出相对比较客观的看课心得与体会。

在看课中，并非每位看课者都能够关注到教师和学生在教学活动中的语言，教学语言不但能够反映出教师的教学水平或技能、技巧，也能够通过学生的语言反馈教师的教学方式方法运用得合理与否。也就是说，如果把教学语言作为专题进行研究的话，可以获取很多有价值的信息，在全面了解教学语言各种现象的基础上，通过分析和总结，更进一步认识体育教学中哪些语言是恰当的，哪些语言可能是有问题的，只有通过不断地看课并做好及时的分析总结，才能更有利于对体育课上教学语言的准确把握，提高语言的运用技能，并能更好地、认真地对待学生的各种语言，从而提高体育教学的有效性，最终为提高体育教学质量服务。

对如何听教学语言做进一步归纳，如下所述：

教学语言类型多，　教师学生分开说；
分析判断按需做，　视角不同有把握；
教师语言重讲解，　文明与否分开写；
问题语言不放过，　深入分析能纠错；
学生语言也不少，　提问回答课中找；
问题语言不常有，　调皮捣蛋显身手；
亮点语言要记牢，　经验总结少不了；
单一语言有区分，　激励指导增自尊；
看听语言有技巧，　记录归类方法好。

六、看学生的表情

在日常生活中，我们经常可以看到人的各种各样的表情，在某一场景下，不同的人既有可能有同样的表情，也有可能因心理反应表现出不同的表情。体育课上每个学生在学习的时候，也同样存在表情的变化，不同的表情可能代表不同的学习心理状态。因此，为提高教学的有效性，认真而仔细地观察学生在学习过程中的各种表情十分必要。在体育课上，学生都有怎样的表情？不同的表情代表什么含义？如何对表情进行定位？任课教师该如何通过观察学生的表情调整教学方式手段？为回答这些问题，以下重点对学生的表情问题进行观察与分析，旨在为一线教师更好地观察和把握学生学习中的细微变化，及时调控课堂节奏或方式方法提供一定的借鉴，从而有利于及时关注学生的学习动向，促进学生学习效率的提高。

（一）体育课堂学生表情的定位

体育课堂上，我们有意无意中会听到学生爽朗的笑声、唉声叹气的不满声或同学之间的争论声，当我们观察学生的表情时，会发现不同的声音伴随有各式各样的表情。有的表情代表学生发自内心的喜悦、兴奋之情（见图 2-2-7），有的表情好似流露着不满情绪，甚至是一种愤怒的情绪。当我们仔细观察并认真思考时会发现，这些表情与不同的教学情节相对应。如当老师表扬某一位学生的时候，被表扬的学生会露出自信的微笑，而个别学生也很有可能由于忌妒而不满，当然，大多数学生会表现出羡慕的表情；相反，当老师批评某一位学生的时候，尤其是年龄小的学生受到批评，往往会噘起小嘴，或拉长小脸，与此同时，也很有可能，个别学

图 2-2-7　体育课上学生的喜悦表情

生因抱有侥幸心理而窃喜。这说明学生受到不同的教学语言刺激会有不同的表情，而且，同样的教学语言刺激，不同的感受者，表情也有可能各异，这些表情常常是十分自然的，不带有任何修饰的，是学生最真实的情感表达。

那么，我们该如何对体育课堂上的学生表情进行定位呢？体育课堂学生的表情是基于一定的教学情节表露出来的情绪变化或状态，不同的教学情节中学生有着不同的情绪表征，不同的情绪表征隐含不同的心理应激反应。因此，体育教学中，教师要善于通过观察学生的表情，并依据学生的学习行为特点，判断学生的心理反应。体育课堂表情观察得越多，做出的判断就越准确，教学的有效性自然就更有保证了。

（二）体育课堂学生表情的分类与分析

在体育教学实践中，由于不同的表情代表不同的含义，不同的表情反馈教学效果的差异性，因此，对表情的类别进行归纳尤为重要。而且，不同的分类依据，所划分的表情类别会各有侧重。

1. 从表情的引发者来分

依据表情引发者的不同，可以将其划分为由教师语言引发的表情、由教师行为引发的表情；还有一些表情是由学生引发的，其中一类是由同伴言行引发的表情，还有一类是由学生自身对体育运动技能学习的情感体验引发的表情等。如表 2-2-5 所示。

表 2-2-5　从表情的引发者分类

引发者	方　式	教学环节	举　例	含　义
教师	语言	讲解	皱眉头	没听懂
			微笑点头	听懂了
		表扬	微笑或伴随脸红	高兴
		批评	噘嘴、斜眼看老师	不满
	行为	突然击掌	瞪大眼睛看着老师	惊奇
		示范失利	皱眉、偷笑	不解

续表

引发者	方式	教学环节	举例	含义
同伴	语言	竞赛获胜而欢呼	眉开眼笑、欢呼雀跃	兴奋
	行为	展示动作	目不转睛	羡慕
		展示动作错误	绷嘴、皱眉	着急
自我	动作体验	展示动作错误	手托下颌、表情严肃、沉默不语	反思
		完成难度动作	面带微笑、握拳示意	成就感

表 2-2-5 所示的各种表情，随着引发者的刺激方式不同而有所区别。无论表情的引发者是教师、同伴，还是学生自己的切身体验，我们总能从学生的表情中发掘出表情产生的心理动因，用以推断各种表情所表达的不同含义。如当教师在示范的时候，一旦失误，有时，会看到学生有皱眉、偷笑等情绪反应，可能代表着"老师怎么能失败呢"以及"老师都做不了，我们怎么能学会呢？"等含义。

2. 从表情的特殊性来分

体育课上学生的大多数表情，都是较为自然的，或者说是教师能够预料的。但我们也会在观察中发现，有的学生表情超乎意料，对于这样的特殊表情，更需要引起我们的注意。从这些特殊的表情中，我们有可能读出更多、更为复杂的内涵，对这些表情进行归纳，如表 2-2-6 所示。

表 2-2-6　从表情的特殊性分类

表情	特点	组合	举例	含义
普通表情	简单	单一	听到老师的表扬后微笑	高兴
			看到同伴前滚翻不能完成，握拳、皱眉	不安
			听到老师的批评转头斜视	不屑一顾
			听到老师的批评低头默许	认错

续表

表 情	特 点	组 合	举 例	含 义
特殊表情	复杂	两种以上	观摩课上老师提出问题后，左顾右盼，想回答但又不敢回答	紧张
			观摩课上比赛获胜，表情淡漠，偷着乐	压抑
			常态课上搞恶作剧，似笑非笑	纠结
			常态课上听到别的同学被表扬，噘嘴瞪眼	忌妒
			听到老师的批评，不屑一顾	藐视

从是否具有特殊性上对学生表情进行归类，我们会看到，特殊的表情往往相对比较复杂，而且多数是由两种以上的情绪体验综合而成。如在常态课上，有学生搞恶作剧后，学生的表情就较为复杂，因搞笑想乐但又不太好意思，所以，会有哭笑不得的矛盾心理。

3. 从表情的兴奋性来分

体育课上不同的外界因素会引发与之对应的情绪状态，当然，在一定的外部因素诱导下，有的学生的表情含而不露，有的学生的情绪变化直接挂在了脸上。通过观察，我们能够对学生表露出的各种表情效果加以区分，如表2-2-7所示。

表 2-2-7　从表情的兴奋性分类

情 绪	引发原因	特 点	举 例	含 义
兴奋类	比赛获胜；做自己喜欢的运动或游戏	手舞足蹈，大喊大叫	前仰后合地开怀大笑 快速伸出两个手指，打出成功的标记，并发出"耶"的声音	高兴
	失败、不服气	咬牙切齿，摩拳擦掌	瞪眼、绷嘴、转头斜视，用力砸拳、跺脚	气愤

续表

情 绪	引发原因	特 点	举 例	含 义
平静类	比赛或输、或赢	纹丝不动	表情淡漠,有人眼睛左右转动,有人眼睛注视斜下方	淡定
	做不太喜欢的运动	按部就班	沉默寡言,无精打采,眼神无力	不悦
	做喜欢做的操	动作缓慢、摆头	眼睛微闭,仰头,面带微笑	陶醉

从表 2-2-7 我们可以看出,兴奋类的表情和平静类的表情差异较大,看课的时候,除了要善于观察学生为什么而引发兴奋,更要观察那些遇到输赢表情的学生所显现出的表情。因此,教学中,任课教师要善于观察、分析并及时调整,有利于把握学生的心理动向,便于指导学生有效学习。

(三)体育课堂学生表情的观察方略

无论是常态课还是观摩课,体育教学中需要对学生的不同表情进行观察和分析,一方面,看一看表情是否真实;另一方面,看一看表情有没有变化,什么情况下发生的变化。为此,需要在观察学生表情的时候把握好以下几个关键点。

1. 从全体学生的表情变化规律推断课的效果

从一节体育课上,我们可以从学生表情的变化来推断学生学习的效果,或学习过程中学生的不同体验。那么,学生表情有可能发生哪些变化呢?从全班学生来看,大多数学生的表情在一节课上经历了什么过程,是从兴奋到平静,再从平静到兴奋的不断交替反复,还是从平静到兴奋、再兴奋的高涨情绪持续过程,或是整节课都没有看到从平静转向兴奋的情绪状态等,这些不同情绪体现在面部的表情,都是不同心理反应的外在表现。因此,认真观察体育课堂大多数学生的情绪变化及其规律,有助于及时推断课的效果。

2. 从单个学生的表情变化特点探寻最佳教学组织方式

在观察学生的表情时，除了需要观察全体学生的表情是如何变化的，是什么原因导致的变化外，更重要的是要关注学生个体，只有这样才能深入学生的内心世界。如有的学生，表情属于常态化，听到教师鼓励、表扬等激励性语言，会露出微笑，甚至不自觉地耸肩，或情不自禁地向上跳跃，流露出高兴的神态，表达出喜悦的心情。但我们不可忽视，难免会有个别学生，无论是听懂没听懂，还是看懂没看懂，都未显现出表情上的变化。究其原因，或许是对学习某项技术的兴趣不高，或许是不善于把内心的感受通过表情反映出来。对于这类学生，就难以把握他在想什么，也就是说，很难通过这些学生的表情调整教学的方式方法及其内容，这就需要长期关注这类学生，力求通过其他渠道了解他们的情绪表达方式。如有的学生在任何内容的课上都表现很淡定，很难露出微笑，也很难有纠结的情绪表达，但我们通过长期观察发现，当让这些学生当小组长带领大家一起练习的时候，能够看出他们兴奋的一面，如积极参与各种活动、协同老师维持课堂纪律等。因此，观察不能流于形式，更不能完全按常理去推断，而是要做到具体情况具体分析，从而找到有效组织课堂的最佳方式。

3. 观察学生的表情要与教学环节相关联

学生之所以在体育教学中会显现出不同的表情，而且大都能够被观察到，其主要原因是，很多表情与教学环节密切相关。因此，无论观察到何种表情，尤其是特殊表情，最好能够思考是内容的问题、组织形式的问题，还是教学方法的问题。有时，学生很喜欢所学的内容，但由于组织形式不够新颖，学生往往很难表露正常的积极情绪。如在讲解时，发现有相当一部分学生都紧皱着眉头，目不转睛地盯着老师，这反映出学生大都在认真听讲，但通过观察学生紧皱眉头的表情，我们需要反思一下教学语言，语速是否过快，语义表达是否含糊，是不是专业术语需要做进一步通俗化解释；又如，教师在示范的时候，发现一部分学生东张西望，教师需要立刻停止示范，进一步强调观察示范的方法，即做出观察法的具体指导。这种现象，或许学生是由于不

第二章
从局部看体育课的方略

131

第二部分
体育教师看课
——实践方略

知道如何观察才溜号，或许是由于其他班级上了不同内容的课而被吸引。另外，学生在学习过程中的特殊表情，也需要引起我们的高度重视，如观摩课上学生不自然的表情，或许学生是由于看见了听课教师而紧张的缘故，或许在本应引起兴奋的环节难以兴奋，但又有兴奋的冲动，结果不自觉地露出了紧张的笑容，表情当然会不够自然。发现这种情况，教师要能够给学生以心理暗示，并采取恰当的方式让学生放松下来，如练习队形转为背对听课教师，学生就有可能减少紧张感。还有，在提问环节，一旦事先发现学生紧张，教师可以把原来设计的单个学生回答问题的方式，临时改变为教师引导下全体学生共同回答问题的方式，尽量减少因学生紧张而产生的尴尬局面。

4. 体育课堂学生表情与组织教法的调整

（1）依据学生的表情调整教学组织方式

学生在体育课堂上的各种表情，代表着真实的心理体验。如有的学生在教学过程中，自始至终都面带微笑，说明心情比较愉悦，同时也说明该学生是乐学与善学的。对于这样的学生，即便是用传统的填鸭式教学法，也有可能达到较好的教学效果。而有的学生在课堂上，无论遇到什么教学情节，都难以露出一丝笑容，即便是有微笑，时间也十分短暂，这说明该学生对体育课兴趣不高，或对所安排的教学活动形式比较反感。在教学的时候，教师需要依据学生表情的变化特点，采用丰富多样的教学组织形式，尤其要考虑其新颖性；否则，仅用传统的方法很难激发学生参与的兴趣，也就难以达到理想的教学效果。

（2）依据学生的表情采取激励性评价方式

大多数学生在听到老师表扬时，能做出兴奋、喜悦的表情，参与的积极性往往会随之增高，因此，在教学过程中，教师要能够不失时机地看到学生好的表现，或点滴进步，并采取表扬的语言，激励学生更积极地投入下一个练习中去。尤其是那些对老师的表扬特别在意的学生，有时表扬会起到意想不到的效果。当然，对于教师而言，要养成善表扬、少批评的习惯，不能一发现学生的错误就指责学生，甚至有的教师看不到学生的进步就讽刺挖苦学生，这样做的结果很容易导致师生关系的疏离，引发学生的抵触心理。因此，基于学生这些特点，体育课堂上的表扬少不得，批评多不得。

（3）依据学生的特殊表情重点分析学生的心理特征与特殊需求

学生在体育课上或多或少地会流露一些特殊的表情，只要认真观察就能够从中发现学生的心理特征，发掘特殊表情的引发根源。如观摩课上不自然的表情，是大多数学生在常态课上过于放松而在观摩课上又不得不"老老实实"，甚至不敢有个人的想法和做法的紧张与自我约束的表情，即便是教师用语言提示"不要紧张"，也难以及时消除这种情绪反应。往往在课进行到一段时间后，如到基本部分的中后期，学生的表情会逐渐趋于自然和放松。基于学生的这种特殊的表情变化，一方面，教师需要在常态课上提出严格要求；另一方面，要教育引导学生树立自信，教师可以告诉他们，要学习的动作不难，通过努力都能掌握，而且回答问题的时候，对错并不重要，关键是要勇于回答问题等。当学生养成了常态课上严肃认真而又不失自主性的学习态度后，观摩课上就会有充分的自信，这样的话，不太正常的表情就会渐渐消失。有时候，我们所看到的学生的特殊表情，是因为特殊的情绪体验造成的，如表扬别人的时候，同学们并非都一起喜悦，为他人高兴，有的忌妒心显现，恼怒之心横生。这样的学生表现出心理不成熟的一面，缺少谦虚谨慎、互相学习、共同提高的优秀品质。因此，教师在心理健康教育和社会适应教育方面要有所强化。

（4）教师保持良好的情绪以激发学生积极地学习

学生在体育课上的表情一定程度上受教师情绪的影响。有的教师教学语言具有亲和力，学生自然就会放松，甚至随着老师的喜悦而高兴，随着老师的严肃而紧张。因此，为了要学生保持一种良好的学习情绪，教师首先需要调整好自己的情绪。值得提出的是，教师对学生的关心、爱护、帮助、理解等对学生的影响都是正向的；相反，如果是对学生漠不关心的教师、大大咧咧的教师，甚至讽刺挖苦学生的教师，学生在体育学习过程中的表情就会变得复杂，也就很难通过学生的表情判断实际的教学效果。

第二章
从局部看体育课的方略

133

第二部分
体育教师看课
——实践方略

体育课堂上的学生表情无处不在，不同性格特征的学生，遇到同样的教学情节有可能流露出不同的表情；不同的教学情节，同一个学生也会有不同的情绪表达方式。体育教师要想不断地提高教学质量，让学生学会、会学又乐学，观察学生的表情显得十分重要，而且，通过对所观察到的表情进行归纳和总结分析，及时调整组织教法更为必要。教师在教学过程中，做到心中有学生，及时捕捉学生各种普通的、特殊的表情特征及规律，就能更好地驾驭课堂。善于观察是教师心中有学生的体现，对观察结果的分析与及时调整教学，更是教师会教的重要标志之一。

对如何看学生的表情做进一步归纳，如下所述：

看学生的表情

体育课上表情多，　课堂观察逐一说；
特殊普通要分明，　兴奋平静各不同；
学生表情有变换，　分析思考多判断；
观察方略不放松，　组织教法要贯通；
变化规律把握牢，　教学细节调一调；
表情特点有分辨，　观察记录能呈现。

七、看场地器材

对于体育课而言，场地器材的有无、数量的多少、质量的优劣、布局是否合理等对体育教学效果都起着至关重要的作用。如何通过看课了解场地器材运用的合理性？存在哪些突出问题？有哪些可借鉴之处？这些都是看课者需要重点考虑的问题。下面对场地器材在体育课中存在的问题、场地器材布置情况的观察视角与方法、分析的切入点选择等进行探讨，旨在为一线教师更好地把握体育课上场地器材的合理布局，从而提高教学的有效性提供参考。

（一）体育课场地器材运用诸现象分析

几乎每一节体育课都要用到一定的场地器材，只是不同的教学内容和组织方法，不同的场地器材条件，场地器材的选择和布置情况有所差异，但问题在于，无论是场地器材的多少与大小，在选择与布置方面都或多或少地存在一些有待改进的地方。下面从器材的多少、场地的大小的不合理运用情况进行多角度分析。

根据象限分析法把场地器材按照大小和多少来归属，可以将其划分为四种情况，如图 2-2-8 所示。

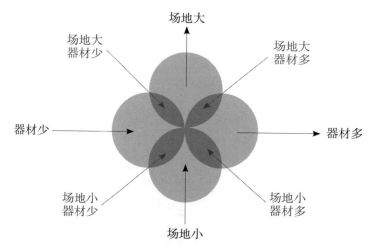

图 2-2-8　场地器材大小与多少的分布情况

从图 2-2-8 不难看出，就学校的场地器材而言，有可能存在"场地大器材多、场地大器材少、场地小器材多、场地小器材少"这四种情况，而且，根据学校条件的不同所占比例有所不同。就场地器材的大小与多少的单个情况来看，目前尽管有些学校器材多或场地大，但依然存在选择和使用方面的不合理现象；对于器材少、场地小的学校，本应充分利用现有条件合理或巧妙运用，也同样存在未能有效利用这些现有条件组织好课堂的现象。这些现象若长期存在，将不利于体育教学质量的提高。

1. "器材多"的不合理运用现象

并非所有的学校都缺乏体育器材，相反，有部分学校的器材闲置现象突出，不但同一类器材丰富，而且种类繁多，但就体育课堂上利用的器材种类

第二章
从局部看体育课的方略

135

第二部分
体育教师看课
——实践方略

与数量而言，依然不是很充分。有些教师未能充分考虑到学校已有的器材充足的优越条件，而是仅仅限定在所教运动技术自身的器材（如篮球课上仅用篮球），或自己专业领域的器材使用。究其原因，一方面，教师未能充分调动其主观能动性，合理利用现有充足的器材丰富课堂内容和组织形式；另一方面，很大一部分教师依然停留在过去的专业特长，未能在专业技能方面有所拓展，一些新兴项目的器材利用率并不高。除此之外，由于校园安全事故频繁地发生，尤其是体育活动中存在一定的安全隐患，教师更加谨慎，加强安全知识和防范措施，其结果，很多学校的体操器材，尤其是单双杠开始从操场合理位置被挪到了墙边上，或干脆被抬到器材室，担心学生在上面攀爬或翻越酿成伤害事故。因此，一些学校体育课上就不再教器械体操。2011 年笔者对某市体育教育质量监测的时候，在调研中曾问该市的一位体育老师："你们上不上体操单双杠课？"他的回答是："谁敢上，出了问题谁负责？"这样的担忧，必然会导致器材闲置。

2. "器材少" 的不合理运用现象

无论是城镇学校还是农村学校，各校之间的体育器材都或多或少地有所不同，甚至有的差异很大。器材少的本应充分利用有限器材组织好课堂，但实际教学中并非完全如此，有的学校器材条件有限，但在现有的条件下仍存在器材浪费的现象。如有一所学校，篮球数量本身就不足，全校仅有 4 个篮球，可在组织体育教学的时候，有的教师把其中的两个篮球悬挂在半空中做跳起摸高的标志物使用。本来标志物是可以用任意物体替代的，却用为数不多的篮球，这种现象反映出，尽管器材比较缺乏，但依然存在器材浪费的现象。

另外，有些学校班级人数多，应尽量采用选择两项内容进行分组轮换教学，以避免器材不足的问题，但很多情况下并非如此，结果出现因某类器材少而练习密度不足的现象。如果能够在组织课堂教学的时候充分考虑到器材的整合，便可以达到较好的教学效果。也就是说，器材不足并不是就无法组织好教学工作，实际上，如何充分利用现有器材或整合现有器材有效组织体

育课堂才是至关重要的。

3."场地大"的不充分运用现象

除了各校之间器材会有一定的差异外，实际上，场地面积在不同类型学校中也存在一定的差异。有些学校不但有标准田径场，还有室内体育馆，阴雨风雪天气依然能够正常组织体育教学，而有些学校并非如此。问题在于，即便是条件优越的大场地学校，也未必能够有效充分利用并很好地组织，有些依然是利用事先设计好的很小一块场地安排相应活动。对于体育课而言，学生的活动空间尽管不是越大越好，但是如果有较充足的场地，还是应该尽量把学生活动空间安排得宽松一些，如篮球场地较多时，篮球课就应尽量分组多一些，不至于全班学生集中在一块或两块篮球场上"扎堆式"练习。

4."场地小"的不巧妙运用现象

一些学校，尤其是城市学校，小场地较多，组织体育课或其他体育活动都会受到限制，很多练习方式都不得不取消，致使正常组织有效教学受限。假如客观条件已经决定了是小场地，无法在较短的时间内得以改善，对体育教师而言，就应该想尽一切办法巧妙地安排，最大限度地利用现有场地组织好体育教学。然而，在实际教学中，并非所有的小场地学校都能被巧妙地安排和利用，相反，有些教师一味地埋怨说"巧妇难为无米之炊"，结果上起课来如同应付差事似的；还有些教师，遇到场地小上课班级多的时候，干脆就带学生回教室自习，这样的做法显得更不负责任；当然，也会有个别教师在小场地教学中，想尽一切办法巧妙运用现有场地有效组织教学，如合班上课、内容调整、时间延伸、动静结合等很多方式都是巧妙运用小场地的做法。

由以上现象可以看出，当前，无论器材多还是少，也无论场地大还是小，都存在不合理、不充分和不巧妙运用的现象，这些现象对体育教学效果或多或少地会带来一些负面影响。对于看课者而言，除了能够看出不同类型场地器材存在的不良现象外，更应从中发现，哪些安排是合理的、有效的，哪些是能够让你眼前一亮的，并能从各种信息的获取中分析体育课应该如何布置场地、如何巧用器材等。

第二章
从局部看体育课的方略

137

第二部分
体育教师看课
——实践方略

就一节体育课而言，我们能够独立地看到场地或器材利用的情况，但更多的情况下，场地器材是难以分开的，也就是说器材是在一定场地上被利用的，器材应该摆放在场地的什么位置、大小不同的场地如何布局等更是我们在看课的时候应该综合把握的。对于场地大、器材多的学校，或许这一问题变得很容易，而对于场地小、器材少的学校，问题就变得复杂得多，但无论如何，我们既可以从看课过程中获取各种合理与不合理的场地器材布局信息，又能够进一步发现问题所在，通过分析与思考，还应找到进一步改进的措施，这既是对每一位看课教师的基本要求，又是对教师教育教学能力的考验。

（二）看课与分析场地器材的视角与方法

体育课上场地器材的布置是否合理，关键在于，能否准确把握场地器材信息，分析其合理性。对于看课者而言，不但需要多视角看体育课上的场地器材，更需要掌握一定的方法技巧准确判断其合理性，以及找到不合理的原因和制订纠正方案。

1. 体育课上看场地器材的视角

判断体育课上场地器材选择、运用、布局是否合理，需要看课者从多个角度切入，诸如类型、面积、数量、方位等固有要素，还要看其生成要素，如安全防范、时间效率，除此之外，还要看有无干扰因素，特点亮点何在。在此基础上，要对整个教学设计有一个反馈，最终判断其设计是否合理，从而找到问题产生的根源，也就是说，看场地器材的选择运用及布局，要判断好在哪儿，差在哪儿，要能看出问题并找到解决问题的策略。

（1）看场地器材的固有要素

看体育课场地器材，需要看的内容很多，要有一定的层次性。如果说固有要素是第一层次的话，那么我们可以把看固有要素作为看课的第一步，以此来获取看场地器材的基本信息，如果缺少了这些信息，后续的分析就难以展开。看固有要素是最简单的看课内容，只需记录下看到的客观现实。例如，就类型而言，需要了解选择了哪类器材，如果是体操类，要看是体操的双杠、单杠，还是技巧的垫子，或支撑跳跃的跳箱、山羊等；如果是武术类，看有无用武术器械，是什么样的器械，是刀、枪，还是棍、剑，体育课上用的是哪块场地，是室外篮球场、排球场，还是体育馆等室内场地。就场地面积而言，本次课用了多大的场地，是一个标准的或不标准的田径场，还是一块或多块篮球场。就数量而言，如果是篮球课，用了多少个篮球，多少根标志杆；如果是体操双杠课，用了多少块垫子，多少副双杠，有无辅助器械（如北京市索玉华老师的双杠课上自制了保护支持带等辅助器材）。就方位而言，要看场地器材的摆放朝向何方，若干器材是一个方位还是多个方位，等等。以上信息，作为看课者而言，在看课过程中或看课前需要做一记录，便于作为基础信息进行分析。但要求这一信息是准确的，因为场地器材布局的合理性既与场地器材的类型、数量、规格等有关，又与其摆放的位置有着必然的联系。

然而，有些教师在看课的时候，或许没有对场地器材做专门性关注，因此，就会忽略其基本信息。笔者认为，假如对场地器材进行专题分析，不但要如实记录类型、数量、规格、方位等，还要将其在教学中发生的变化（如器材位置的变动）情况及时做记录，以便分析器材移动的合理性。

（2）看场地器材的生成要素

在看课的过程中，我们除了要看其固有的不变或少变（器械位置在教学过程中发生的变化）要素以外，更多的是要对其生成要素的分析和准确把握。如果说看场地器材的固有要素是看"有什么"的话，那么看生成要素就是要了解"为什么"了。

就体育课而言，考虑场地器材的生成要素，可以从四个方面来切入，即场地器材的安全性、场地器材的经济性、场地器材的实效性、场地器材的创造性。也就是说，体育课上是否用最安全、最经济、最有效和最具有创意的方式，合理运用场地器材完成教学任务，这是任何一位看与分析场地器材者所不可或缺的视角和内容。

① 看场地器材的安全性

第二章
从局部看体育课的方略

139

第二部分
体育教师看课
——实践方略

按照场地的呈现形式，我们本应把场地器材的安全性放在最后来阐述，但基于当前部分一线教师对安全隐患的忽视，也为了进一步引起大家对场地器材安全防范的重视，下面首先对场地器材布局是否安全作为重中之重的内容来分析。

在一节体育课上，器材摆放在场地的什么位置、场地是否平整无障碍、器材与器材之间是否相互影响等都是看课者所要看的关键环节。场地器材的安全问题主要有两种：一种是主观有意的，另一种是无意的。也就是说，有场地器材本身的问题，有任课教师对场地器材的布局问题。就体育课安全事故而言，无论是属于哪一类原因所导致的安全事故，教师都很难完全脱离责任。因此，场地器材安全事故的防范，任课教师在课前课中都要引起高度重视。

看体育课的时候，要及时了解任课教师在课前是否对场地器材有安全检查，如单、双杠是否有松动，沙坑是否需要翻动平整，跑道上是否有小石块或坑凹，跳高架后面的垫子是否摆放位置合适，篮球课是否事先准备场上临时固定篮球的辅助物，等等。看课的过程中，要着重看一看器材的摆放和使用是否有安全隐患，教师对安全隐患是否有预案，课中是否存在由于场地器材出现的安全事故，以及任课教师对安全事故有无有效的处理方法等，这些都是看课中应该捕捉的信息。

② 看场地器材的经济性

经济性可以简单理解为节省化。体育课上所用的场地器材是否经济，也就是说，所用场地的大小、器材的多少是否恰到好处，既无浪费也不短缺，这也是任课教师在课前进行教学设计的时候应事先考虑的问题。

对于看课者而言，在观看场地的使用情况时，希望能够看到器材的选择与运用取得较好的教学效果。即场地小些的话，会影响教学的实施，大些的话，也不一定能促进教学效果的提高。器材也是如此，过少或许会不容易组织，过多也未必能效果更好。如篮球课是用一块篮球场好还是用两块好？田径课是仅用直道好还是用整个田径场好？技巧课是用五块垫子好还是用十块好？对于这些问题，恰到好处地把握会有一定的难度，需要看课者从多个角度综合判断，如对班级人数、学校总场地大小、学校某类器材的总数量、上课班级数、教学内容、单元课次等，都需要有一个详细的了解。判断的依据需要多元，只凭直觉简单的判断有可能会导致错误的结果，最好能做到主客观相结合，尤其人的直观感觉也是一种重要的判断依据。

③ 看场地器材的实效性

在体育课上仅仅考虑场地器材的安全性、经济性，还不能足以达到更好的教学效果。有时，几个方面会存在矛盾，如为了考虑安全和经济，场地器材的使用越少，出现安全事故的可能性就越少，在经济上也会越节省。体育教学除了要考虑安全、经济以外，其实际效果更应引起大家的重视，从提高教学的有效性方面，场地器材的利用所体现的实效性起着至关重要的作用。

看课过程中，了解场地器材的选择、布局与使用的实效性，需要看场地器材是否在课中发挥了最大的作用。当然，要在确保安全和经济实用的前提下，来判断其效果。如篮球课上，关于一个班 40 个学生需要几个篮球的问题，就要看篮球课上需要学习的具体内容。如果是熟悉球性、练习原地或行进间运球，当然是多一些好，能够一人一球就更为理想；如果是学习传球，所用篮球数量是班级人数的一半就可以了；如果是学习篮球战术，再少一些篮球也能满足上课的需要。因此，判断场地器材是否最好地发挥了效果，我们不但要结合具体的教学内容，还要看班级人数、组织的练习形式等。有效的场地器材布局，学生参与的积极性相对较高，学习的效果是较为明显的，安全系数是有保障的，又不会显得有任何浪费。基于此，看场地器材的实效性也需要多维度考虑。

④ 看场地器材的创造性

看场地器材的诸多生成要素，还有一点是看课者不容忽视的，就是场地器材的创造性。也就是说，在体育课上是否有任课教师的创造性劳动，即场地器材是否有所创新、有所拓展。当然，其前提也要确保安全，而且，在有效促进教学效果方面也应是积极正向的。

场地器材的创造性，不仅仅是一种创造性的劳动，而且是具有智慧的创造性劳动，当然，也并非所有的教师都愿意开展富有智慧的创造性劳动，因为这种劳动是要额外付出时间、精力，甚至经济代价的（如自己购买原材料），因此，安于现状不愿意多付出的教师就很难做出这种创造性劳动。就提高教学质量而言，部分任课教师所做出的创造性劳动能够发挥一定的作用。如有些教师就地取材、自制器材弥补了学校场地器材条件的不足，正常开展了体育课堂教学工作；有些教师在场地器材的使用上采取了"一物多用"的方法，有效组织了课堂，弥补了器材不足的教学难题；有些教师为确保安全自制了保护带，大大加强了体育课堂的安全系数；还有些教师用各种自制的器具进行多种辅助性练习，达到了巧妙突破重难点的教学效果。总之，看场地器材是否具有创造性，其视角也是多元的，但总的原则是，重视教师的创造性劳动成效。看课了解场地器材的时候，这些蕴含了教师创造性劳动的场地器材往往是我们把握的重点，因为它会给大家带来诸多启发，并能够举一反三，还能提高教师对体育教学工作的责任心和使命感。

2. 体育课上看场地器材的步骤与方法

看体育课，无论是看讲解示范、放松活动，还是场地器材，都需要做到课前、课中、课后的有机结合，只有这样，看课的针对性才能更加明确，看课的效果才能更加突出，对课的分析才能更加客观与深入。体育课上看场地器材，同样需要如此，其具体步骤与方法有以下几个方面。

（1）课前从教案文本中了解场地器材的规划

要想在看课过程中更快地了解任课教师对场地器材选择与布局的合理程度，作为看课者，课前需要通过教案文本，提前了解对场地器材的设计与规划布局。而且，可以通过教案文本了解到场地器材的固有要素，如场地选择情况、器材类型、数量等，从而节省看课过程中对固有要素了解的时间，以便留出更多的时间对场地器材的生成要素进行观察和分析判断。

实际上，除了在教案文本场地器材一览表中了解并准确地记录相关信息外，看课者还可以从教学的组织要求与方法中了解各教学环节的组织形式，对看课过程中安全性、实效性、经济性、创造性等生成要素做出及时准确的判断。但是，我们从教案上还不能准确地对以上各方面做出判断，而只是一种辅助判断，因为判断场地器材的规划是否合理，需要根据教学实践中所反映出的实际效果，才能做出更为准确的判断。

（2）课中从场地器材的实际使用情况把握问题与亮点

看课过程中所把握到的场地器材使用情况，是较为直观和客观的。有时在教案中呈现的场地器材文字或图形与实际的教学场景的场地器材不一定完全吻合。如器材的类型上，或许所用辅助器材或自制器材未能在教案上呈现出来，而且在实际教学中又发挥着重要的作用，因此，只有通过看课的实施才能更加全面地把握器材类型及数量；又如，关于场地器材的布局，有的教案中有所呈现，有的教案上并未呈现，还有器材在使用过程中的移动现象，移动的路线、移动中存在的问题等在教案上都难以找到。因此，看教学实践课是把握场地器材问题与亮点的关键途径。

在看教学实践课中，看课者应该重点把握以下问题：场地器材的选择、布局与使用是否存在问题，问题的大小，问题的影响性，问题的解决方案；是否具有亮点，有多少个亮点，亮点的成因，亮点带来的启发等。如"跳山羊"课上，一名学生在练习过程中"山羊"被推倒了，一名学生一个跟头摔了出去，幸亏只是"有惊无伤"，但对于这种安全隐患的存在，任课教师应该在课前有所考虑，课中应采取一定的措施加以预防。这一现象尽管很大程度上可能与器材本身的质量有关，但学生的技术动作有无错误也不可忽视。在学生方面，要看一看是否存在自身技术掌握不牢，如手扶"山羊"位置不正确、推手过早等原因，教师要针对学生的问题加以纠正。如果是器材本身的质量问题，就应该在器材的修缮或更新上做文章；如果是属于器材摆放问题，就应该检查是踏板距离"山羊"的位置过远，

图 2-2-9　"腿软"的"山羊"

还是"山羊"下面的场地不够平整，还是"山羊"的"腿软"（质量不过关）（见图2-2-9）。因此，无论是场地器材所反映的问题，还是所呈现的亮点，都可以通过实际教学过程来把握。对问题或亮点的成因，有时看课者难以准确地把握，一定程度上只是根据观察、分析、判断，甚至有时候是一种推测。因此，要想全面而准确地了解场地器材设计的思路与方法，有时候还需要课后与任课教师交流，把难以做出判断，或不能做出准确判断的问题通过交流找到更加准确的答案。

（3）课后结合任课教师的介绍评判作用效果

或许有人会说，看课只需要了解真实情况即可。实际上，并非完全如此，因为对课上生成要素的判断，是需要综合分析的，看课者看到的只是直观的东西，不一定能够明白任课教师设计的意图，有时候只有通过与任课教师交流才能更加全面地把握场地器材布局的合理性。然而，是否有必要在课后与任课教师交流，至少需要考虑三个问题：看课过程中针对场地器材有无疑惑？有哪些疑惑？哪些是难以自行解答的疑惑？如果这三个问题同时存在，就有必要在课后与任课教师沟通交流，从中了解和掌握教师的设计思路和解决困惑的切入点。

（三）看体育课自制器材及其安全使用

体育课上大家会经常看到由体育教师自制的器材，一方面，弥补了学校器材的不足，为保障正常教学发挥着重要作用；另一方面，体现了教师的责任心和敬业、开拓、创新精神。然而，当我们鼓励和赞美体育教师的自制器材的创造性教学行为的同时，我们不可忽视自制器材使用的安全性和合理性。因为教师自制的器材属于非标准器材，因此，在安全性能上尤为需要强调，在使用的时候也要力争其合理性，才能真正达到理想的教学效果，才能有助于促进体育教学质量的提高，否则，可能带来一定的不良效果。为此，从安全性、合理性切入，谈几点关于体育器材自制与使用的建议。

1. 体育器材的自制与使用情况

（1）体育器材自制情况

体育课上大家看到的体育器材，其中一部分源于教师的智慧，是教师利用购置的原材料或日常废旧物品加工改造而成的，同时，也是教师根据体育教学的实际需要，结合教学内容而制作的创造性劳动成果——自制器材，多用于日常教学或观摩课教学。自制器材从规模上来看，有大有小；从质量上来看，有好有差；从使用频率上来看，有多有少；从使用价值上来看，有高有低；从耐用程度上来看，有长有短；从安全性能上，有强有弱……因此，我们可以把教师们自制的器材根据其性能、特点、使用频率等划分为各种类型。从确保安全、合理、有效使用器材的角度，自制器材需要做到性能优良、美观耐用和安全可靠。但目前体育课上所呈现的各种自制器材，并非都充分考虑到了这些需求，有的甚至存在明显的安全隐患，或许是由于顾此失彼的缘故，或压根就缺乏安全意识。因此，自制器材需要规范，教师头脑中始终需要绷着一根安全的弦。

（2）体育自制器材使用情况

一般情况下，大家所能看到的体育自制器材，大都已经出现在了课堂上，也就是进入了使用状态的自制器材，从使用中我们可以看到其效果。我们结合所观察到的自制器材，并对其使用情况做进一步的归纳发现：自制器材在使用中有多种情况，从学生的喜爱程度上来看，有的爱不释手、关注备至，有的器材在课堂上却不太容易引起学生的关注，也就很少触碰；从自制器材的摆放来看，有非常合理的、安全的，且能达到理想的使用效果，有的却不太合理，甚至存在安全隐患，教学效果自然也就难以保障；从器材使用过程中的突发事件出现情况来看，有的器材整堂课下来安然无恙，可有的自制器材坚持不了多久就已出现破损，或完全无法再次使用。因此，关于自制器材的使用值得做进一步的归纳与总结，看课者应该认真观察自制器材在使用中存在的主要问题，便于为自制和修缮器材提供反馈意见。

第二章
从局部看体育课的方略

145

第二部分
体育教师看课
——实践方略

2. 自制器材的安全隐患判断及启示

对于具有创新意识和创新能力的教师，大都能够根据教学的需要，在体育器材不足的情况下选择自制。下面重点分析自制器材存在的安全隐患，便于及早将隐患降到最低点，甚至完全消除安全隐患。一节体育课上，究竟如何发现体育自制器材存在安全隐患，存在多大程度的隐患？一般情况下，我们可以采取主观判断和客观检查两种方式进行综合判断。

（1）"揪心"感是主观判断安全隐患的主要依据

体育课上，当学生利用自制器材进行练习的时候，任课教师或看课者假如感觉到"揪心"时，尤其是有"别摔下来"、"别被绊倒"，或"别被缠绕"、"被刺着"等担心时，我们可以想象，其中必然隐藏安全隐患。要么是器材自制质量存在明显问题，要么是组织形式不够合理而存在隐患。但无论如何，一旦出现有"揪心"的感觉，教师就要多加小心，再次检查器材的牢固性，一旦真的存在隐患，应提醒学生们在练习中要当心，并指导学生使用器材的正确方法。如果经过检查，发现自制器材无法继续使用下去（如即将断裂等），就要立刻移出教学场地，以最大限度地避免安全事故的发生。

（2）"按压、拉伸、晃动"是客观判断安全隐患的常用方式

当体育器材自制完成后，一旦要在体育课堂上使用，需要首先对这类器材进行认真细致的检查，通常情况下可以采用如下方法：按压一下器材的承重性能；牵拉一下器材的耐受力与弹性；固定住某一位置，利用前后左右晃动的方式，检查器材的稳固程度等。假如在使用前，做这些检查工作发现存在质量问题或性能问题，应拒绝在体育课上继续使用这些器材，那些自制完成就立刻投入使用的思想和做法，对于安全防范是极为不利的。除此之外，即便是课前进行了自制器材的安全检查，并具有良好的状态能够投入使用，在课堂上也依然不能掉以轻心，因为有的器材会在使用过程中出现脱落、断裂。因此，自制器材的及时检查是防止事故发生的不可忽视的环节。

（3）主客观判断结果对自制器材的启示

无论是主观感觉判断器材是否存在安全隐患，还是客观检查及早排除安

全隐患，其判断结果都会对器材的自制带来一定的启示。

通过客观检查发现，对于存在明显安全隐患的自制器材，或者安全事故发生的可能性比较大的自制器材，在将来自制同类器材的时候，需要在材料选择、组装、改造等环节强化安全意识，确保每一个环节的安全。尤其是将废旧物品改造成体育器材时，更要严格检查废旧物品的利用价值，一旦破损到难以多次重复使用的状况时，尽可能地不选用这类物品。如有的绳索在长期存放过程中多处被虫子叮咬，有的木板长久在潮湿处存放发生质变等，再利用这些材料改造自制成体育器材的时候，就很有可能存在安全隐患。

通过主观感觉判断发现，安全隐患有可能不是很明显，教师已经做过安全检查，但依然有"揪心"感觉的自制器材，在将来自制同类器材的时候，需要考虑其使用的范围，如多大年龄的学生使用合适，多少学生使用合适，如何摆放才能确保安全。假如这些问题都在自制过程中考虑周全了，就会在选材和制作时充分考虑其承受力、使用期限以及安全摆放的条件等，也就能够最大限度地确保自制器材的安全可靠性。

3. 自制器材使用的不合理性分析

除了要考虑安全隐患是否存在以及严重性等给自制器材带来一些新的启示外，实际上，在体育教学过程中，自制器材的合理使用也至关重要，如果自制器材使用不合理，也会失去自制该器材的意义。

（1）自制器材摆放位置的不合理性

自制器材的摆放要合理才有可能达到较理想的教学效果，但从目前的使用情况来看，依然出现有摆放不合理的现象。如一节观摩课，教师利用废旧的羽毛球筒作为器材用于器械操的学习。在教师讲解示范环节，学生将所有的羽毛球筒都摆放在了老师和学生之间，看似很整齐、美观地以弧形方式摆放在那里，实际上，已经影响到了教师的示范，更影响到学生清晰地观察示范。因为当教师做下肢动作示范时，脚的移动方式、到达点等，都被羽毛球筒所遮挡，不便于学生观察教师的细节动作。因此，除了完成创新自制，还应考虑课堂使用过程中摆放的合理性。

（2）自制器材使用时机的不合理性

自制器材的使用存在多种情况，有的是由于学校器材缺乏，又要提高学生学习的兴趣、练习的积极性等而自制的器材；有的是由于教学中主教材器材并不缺乏，只是自制了辅助器材，如北京市五一小学郭蕊老师自制器材"垫子卷"（见图2-2-10、图2-2-11），用于仰卧推起成桥的辅助练习等；有的是为了学生在锻炼体能素质方面研制的器材，如用矿泉水瓶装上沙粒自制力量练习的哑铃，在操场附近的墙面上用旧轮胎固定成抓扣手，当攀岩墙让学生发展攀爬能力等；还有的是在做准备活动或放松练习才派上用场的自制器材，如彩带等。

图2-2-10 仰卧推起成桥垫子卷练习1   **图2-2-11 仰卧推起成桥垫子卷练习2**

因此，基于不同作用的器材，在使用过程中就要择时取用，各就其位，有选择地使用。但是，有的体育课如同"放羊"，让孩子们在攀岩墙上一爬就是半节课，甚至一节课。还有的辅助器械，整堂课都不离其身，用时拿在手上，做各种动作，不用时拴在腰间以备后用，看似合理，实际上，当做其他动作的时候，有可能会产生干扰，甚至会有安全隐患。如一节观摩课上，由于主教材是跳绳，该任课教师自制的彩绳自始至终就不离身，准备部分做游戏时拴在腰间，做抓尾巴游戏，跑步时仍未将其放在合适位置，放松活动依然带着绳子做各种放松动作。这样的使用方式，显得过于死板，给课留下了败笔和造作感。

4. 安全、合理的体育器材的自制与使用方略

体育课上需要适宜、标准的器材，在一定程度上，自制器材也能发挥重要的作用，收到良好的效果。但如何自制与使用才更为安全、合理呢？

（1）"安全第一、质量至上"——把握自制器材的总体方向

体育课主要以各种活动形式来完成，学生在活动过程中容易出现一些突发事件，尤其是安全事件。假如自制器材不能确保安全，就失去了自制的目的和意义，因此，无论是自制何种器材，也无论自制多少器材，都要始终把安全问题放在首位，确保器材的质量。坚持这样的原则，自制器材发生事故的可能性就会大大降低。但在实际操作中，有些教师往往更加关注的是美观、新奇等要素。有效自制器材，需要走出一味地追求美观、新奇的误区，在"安全第一、质量至上"的设计理念引领下，凸显自制器材的实用性，远比美观、新奇更富有价值。

（2）"深思熟虑、认真打磨"——严把自制器材的制作过程

自制器材并非脑子一热、想一出是一出的事情，而是需要对为何自制、自制什么、如何自制等做深入的思考、精心的设计，还需要反复打磨，有时一次不成功、不理想，就推倒重来，尤其是较为复杂的器材的研制，更不能轻视，除了确保安全性，还要考虑其实用价值。只能确保安全但不实用的器材，无须制作；只是考虑到能够使用而忽略了安全性，也难以达到最佳效果。如一节观摩课上，教师自制了比标准篮球筐大两三倍的"大篮筐"，放置于画有圆形场地的中央，组织学生练习的时候，两次出现让人"揪心"的环节。其中，第一次是20人一起从圆周跑向中心的"大篮筐"，同时触摸篮网；第二次是20人一起运球朝向中心的"大篮筐"做投篮练习，由于有的学生原地投，有的学生行进间投，还有的学生背向做扣篮动作，滚在地上的篮球就有可能被某一同学踩上摔倒出现踝关节扭伤，尽管本节课上没有发生损伤事件，但这种安全隐患依然存在。基于此，在制作环节就要进一步考虑，是否需要制作2~4个，分散摆放，减少集中相撞的概率；是否可以把篮筐再做大些，中间竖一块大木板，将篮筐一分为二，分两边投篮，有撞板反弹，降低球进

篮筐落下的速度，便于有序捡球；或在组织方式上做进一步的调整，减少一次投篮的人数，最大限度地减少隐患，从而减少事故发生的可能性。

（3）"多次试验、精益求精"——确保自制器材安全有效

既然选择自制器材，就要充分考虑能够真正弥补器材不足或辅助教学的需要。因此，要想使自制器材的作用得到充分的发挥，就要在制作成型后，反复试验，看还有哪些不完善之处，如有的绳子太长了，有的板子太宽了，有的螺丝漏拧了，还有的材质太软了，等等。无论发现何种问题或疑虑，都需要进行二次加工，过长的尽量短些、过宽的尽量窄些，有松动的尽量紧些，过软的要更换硬度大些的材料。总之，为了确保安全，试验与调试必不可少，切不可一制作成型就投入正式使用，应经过多次试验后，在精益求精的基础上再进入课堂，这样自制的器材在体育教学过程中才有望安全有效。

总之，在器材不足或辅助练习需要的时候，自制器材十分必要，但除了考虑新颖、美观以外，其安全性需要重点考虑。只有确保安全的自制器材，才能在教学中发挥其独特作用。

对看场地器材做进一步总结，归纳如下：

看场地器材		
场地器材全面看，	关注使用和隐患；
大小类型有区分，	有效利用是基本；
课堂教学现象多，	场地布置有的说；
器材使用有不同，	仔细观察要分明；
安全经济和实效，	关键时候有创造；
自制器材有无数，	使用价值又不错；
综合判断不能少，	安全第一要记牢。

八、看课堂评价

新课改以后，对体育课堂的评价有了较大的变化，《义务教育体育与健康

课程标准（2011年版）》倡导体育与健康学习评价以多元的内容、多样的方法、多元的评价标准和评价主体，构成科学的体育与健康学习评价体系。但是，体育教师是如何做到定性评价与定量评价相结合、形成性评价与终结性评价相结合、相对性评价与绝对性评价相结合的呢？又是如何发挥评价的主体作用，合理地进行教师评价、学生自评和学生互评的呢？以下将对如何看体育课堂上的评价展开讨论，分析判断哪些评价方式设计得不够合理，哪些评价方式值得学习借鉴，以及该如何看出评价中的各种问题和亮点，并提出一些多元评价主体的评价建议等。

（一）看体育课堂评价的必要性

目前，就体育教学而言，无论是新教师还是有经验的教师，一个较为明显的共同困惑是组织课堂评价难。为什么大家都会感觉到组织课堂评价难？是不知道评什么，不知道如何评，还是不能准确地选择谁来评？为了进一步贯彻落实好新课标，也为了提高一线教师的评价技能，需要重点关注一下以下问题：任课教师是如何进行体育课堂评价的？在评价内容上是如何选择的？在评价方式上是如何确定的？

1. 新课改要求采用新的评价方式

体育新课程改革要求在过去采取的终结性评价的基础上，还要重视形成性评价。《义务教育体育与健康课程标准（2011年版）》中提出："教师应注意观察与记录学生的行为表现，用口头评价的方式，及时向学生反馈评价信息，帮助学生了解自己的学习情况并改进学习方法，不断提高学习能力。"那么，究竟教师应该如何观察与记录学生的学习表现？该如何采用口头评价的方式向学生及时反馈信息？又如何通过评价帮助学生了解自己的学习情况改进学法？以前是否有较为有效的评价方法？哪些值得借鉴？对于这些问题，通过看课能有更多的了解。

2. 成熟的体育课堂评价体系尚未建立

目前，在贯彻落实新课标过程中，大多数教师还都是摸着石头过河，在

第二章
从局部看体育课的方略

151

第二部分
体育教师看课
——实践方略

不断地尝试，还未形成成熟的体育课堂评价体系，因此，通过看课，可以搜集一些他人对课堂评价环节的设计、评价内容的选择、评价对象的确定以及对评价方式的把握情况等信息。无论我们看到的体育课堂评价是合理的还是不合理的，都会带来一些启发。

（二）看体育课堂评价的视角与方法

新课改以后，现在很多体育课，尤其是观摩课上都可以看到评价的影子。从形式上看，有的是口头的，有的是通过纸笔操作的；从主体上看，有的是教师评价，有的是学生自评，还有的既有学生自评，还有同伴之间的互评等。下面重点对看课堂评价的视角与方法展开讨论。

1. 看体育课堂评价的多元视角

看体育课堂评价的时候，可以从多个视角切入。假如从内容切入，可以重点记录评价的是什么。由于一节课时间所限，评价内容的选择不可能过多，安排过多的评价会流于形式。假如从主体切入，要重点看是谁在评价，是教师主导评价的过程与形式，还是有学生参与评价，也就是说，把目光集中在"谁在评"上；除了看谁在操作评价，还要看是如何评价的，是从哪个角度评价的等。假如从评价的形式切入，就要把重点集中在一节课上采用的是什么形式的评价，是口头评价还是纸笔评价，评价的合理性与否等。当然，还有其他切入的方法，诸如，从评价的时机把握切入看评价的合理性，从评价的效果切入等。切入视角的选择，需要考虑看课的目的，目标明确，切入准确，方能看出评价是否真实有效。

2. 看体育课堂评价的步骤与方法

一旦确定了看课堂评价的视角，就要考虑看课的步骤和方法。就看评价而言，首先，也需要先了解教学设计（或教案），看任课教师在课前有没有明确的评价设计，是想从哪些方面进行评价，涉及多少评价方式。通过查看教案，对课堂要组织的评价工作有一些基本了解，便于课堂上及时搜集评价信息。

其次，在看课过程中，重点看基本部分的各个教学环节，评价被安排在了哪个时段，是基本部分的中期还是后期，有时，评价环节也有安排在结束部分的做法。认真观察评价的引导语和评价形式，安排的时机是否恰到好处，评价形式是否对其他学习活动有影响，是什么影响。要能够在边观察评价过程的同时，及时记录一些重要信息，如口头评价的语言，即教师或学生都在评价中说了什么，评价语是否适当，是否客观真实等；还要记录对评价的思考，尤其是对于有问题的评价，需要及时记录问题所在，确认是时机问题、内容问题、形式问题，还是主体问题；同样，假如观看评价时让你眼前一亮，还需要及时记录是什么引起的眼前一亮。记录下重要信息，是学习评价经验的关键。在看课的时候，假如看到的并不是一次评价，而是反复多次的评价，除了要记录每次评价的内容、形式等基本信息外，还要思考有没有必要安排多次评价，任课教师是出于什么目的安排的这些评价。

除此之外，课结束以后，假如有尚未看清楚的地方，或者是没有听清或看明白是怎么回事，如学生在纸上进行评价的时候，填写的是什么样的评价表，由于课堂上不便于了解，这时需要在课后与任课教师交流，咨询评价的设计思路与方法等，进一步了解评价活动组织的合理性。

（三）体育课堂评价案例分析

通过看课我们可以判断评价的必要性、可行性以及合理性等。下面以较为合理的评价和有干扰作用的评价为例，看一看任课教师是如何组织评价活动，如何改进的。

案例1：劈叉小明星评比

【案例描述】　这是一节小学二年级的柔韧练习课，主要学习劈纵叉，看谁的姿势最标准。课上，老师安排了各种循序渐进、形式多样的辅助性练习，在基本部分快要结束的时候，老师组织学生评选班内劈叉小明星（见图2-2-12）。先是各小组内自己评比，然后，每一组推选出一个最好的参加全班各组的比赛，由全班学生根据每一个同学做的动作情况，推选出动作最标准的为小明星。

图2-2-12　劈叉小明星评比

【案例分析】　　该评价是通过小组评价和全班学生一起评价的形式组织的，总体上来看，都是同学间的互评，而没有采取教师评价和学生自评的方式。评价的主题是推选劈叉小明星，对于小学二年级学生来讲，乐于参与这种评价方式。本节课采取了小组到全班层层选拔的方式，较为合理。在评价前，教师需要把评价标准告诉学生，也就是说，应该从哪些方面来评。另外，教师还需要把评价方式告诉学生，即全班学生如何一起评，是举手表决的方式，还是通过各小组推选出来一个评判员打分的形式。但是，本节课都没有采取，而是每一组被推选的同学都做完后，老师问，哪个同学能够成为咱们班的劈叉小明星？然后根据学生们提出的同学姓名，听到名字声音最集中的为优胜者。为了更加客观起见，我们建议每组推选出来一名评判员，等每一组推选出来的学生做完以后，由老师提名，以每个评判员举手表决的方式，最后确定小明星人选，其余没有推选为班内小明星的，都称为组内小明星，这样鼓励的面加大了，有利于调动学生的积极性，而且还便于操作。

案例2：箱上前滚翻自评与互评

【案例描述】　　这是一节小学四年级的箱上前滚翻课。老师先是组织学生练习垫子上前滚翻，然后学习箱上前滚翻，练习一段时间以后，老师让每一个学生从箱上完成前滚翻动作后，立刻去前方事先放好的评价表上对自己完成动作的情况进行评价，每人评价一次后，在同一个跳箱做动作的那组学生一起在评价表上进行小组内评价。

【案例分析】 该评价体现出了新课改提倡的采用自评、互评的方式进行课堂评价。而且，采用评价表的方式组织学生自评与互评，可以说，任课教师在如何评价上下了一番功夫，做了精心的设计。唯一不足的是，学生完成箱上前滚翻动作接着去评价的时候，看到有一些同学，在箱上的动作不那么认真了，甚至是没有站稳就迅速向前冲，着急去评价。而且，箱上完成前滚翻动作的时候，因有评价任务，学生容易因分散注意力而出现伤害事件，尽管本次课未发生任何安全事故，却存在明显的安全隐患。建议在该环节不采用评价表进行自我评价和互评，而是换做让学生注意观察同伴的动作，然后用口头评价的方式实施学生互评。自我评价的改进方法，可以让每一个学生按照老师的要求完成动作，自我感觉每次完成的动作是否比上次有所进步，有进步的学生可以给自己竖起两个大拇指表示对自己的鼓励。这样简单的形式实际上也是评价，而且，还避免了干扰主教材学习的弊端。

体育课堂上的评价较为多见，但有的评价比较合理，有的评价还有待进一步改进，经常观察、记录并分析各种评价方式的引入存在的问题和经验，可以不断提高对体育课堂实施评价的实效性。

（四）体育课堂多元评价方略

1. 教师评价方略

教师评价是在体育课堂上，教师对学生的学习情况、效果等做出的及时评判。教师评价能够起到对学生的激励作用，同时，还能让学生了解自己的学习，尤其是运动技能的掌握情况，便于更好、更有针对性地练习。新课改提出的多元评价，即评价主体的多元化，教师评价在多元性评价中占据着重要地位，发挥着重要作用，下面介绍一些比较有效的教师评价方式，供一线教师在课堂评价时参考。

（1）语言激将法

课堂上，当教师发现学生做动作时一副满不在乎的表情，练习时注意力不集中，甚至有偷懒现象，假如这时采取口头评价的方式，一般的做法都是上前制止这种行为，更多的是采用批评，并指出其行为错误方式。有的教师还会拿班内表现好的同学做对比，越是这样，对于个别逆反心理较强的学生的效果越差。基于这种情况，当发现以上现象以后，教师可以采取激将的方法进行口头评价，如"小明，你看看咱班小刘，做得多好啊，很认真，我相信，你也可以做得好，甚至超越他!"。

体育课堂通过采用激将法，能够激发学生的争胜心理，从而改变原有的学习状态。这种方式的评价，适合于对学习行为的评价。

（2）变换表情法

体育课上的教师评价，有时通过语言表扬或批评学生，对于批评，有的学生难以接受，但有时候不批评又不能让学生了解自己动作或行为的错误。遇到这种情况，教师也可以一言不发，看到有不良表现的学生，不用马上当着全班同学批评他，因为顾及面子，有的学生一被批评就会变本加厉，有可能从自己不学习，到捣乱他人也学不成。因此，教师可以采取变换表情的方式，如与这位学生对视，而且较为严肃。遇到较为严重的情况，可以目视并皱眉，做出发怒的眼神，告诉这个学生，你的学习不良表现我已经发现。当这个学生看到老师的表情严肃，并注意到自己以后，或许会安静下来，这时，老师可以马上变换表情方式，冲着他点点头，并示以微笑，表示"这样做就对了"。

这样的评价既不伤害学生心理，又能起到立竿见影的效果，因为大部分学生往往会配合老师。老师给学生面子，学生也会反过来理解老师，并尊重老师。这样的方式要尝试着使用，一旦有的学生视而不见，就要改用其他方式。

（3）语言暗示法

遇到需要批评的学生，有时直接点名批评，不一定能达到理想的效果。如果采取语言暗示的方式，有时能够达到意想不到的效果。因为是谁犯的错或学习行为上出现的问题，学生往往心里十分清楚，即便是老师没有点到名字，他也会明白批评的是自己。那么，究竟该如何采用语言暗示达到评价的目的呢？老师可以尝试着说："刚才在练习的时候，我发现有一位同学表现得不好，一直在左顾右盼，没有按老师提出的要求练习，等一会练习的时候，再被我发现的话，我就让他到前边来，给大家做一下，看他是否已经掌握了咱们学习的这项技术。"

通过语言暗示，被暗示的学生往往就会转变态度，提高练习的积极性，免得被叫到前面做动作。教师要说到做到，假如真的没有任何改变，教师一定要采取下一步措施，而不能只是说说而已。

（4）即刻表扬法

当课堂上发现有的学生表现非常积极，做动作非常认真，动作完成得非常出色，或与以前相比有所提高等情况时，教师需要及早发现并予以表扬，哪怕只是一个字——"好"，学生听了都会露出一丝微笑，在行动上更加积极。教师如果能够对学生给予及时的肯定，几乎对于所有的学生都能起到激励作用。他们会感觉到，他们的表现或学习得到了老师的认可，甚至是充分的肯定，他们会有一种成就感，并逐渐产生学习的兴趣。

这种方式的评价，能够给学生带来满足感，激发学生参与的热情，从而提高学习的有效性。采用这种方式，要求教师要注意细心观察，及时捕捉任何一个需要表扬的时机。应该注意的是，最好不要只是等到结束部分小结的时候，才表扬班内表现好的学生，这时候的评价已经很难达到激励作用了。

（5）肢体语言法

体育课堂上，教师的评价不一定都用口头语言，有时，根据学生的年龄特点，或需要评价的内容不同，可以适当采取肢体语言的评价形式，以期达到应有的评价效果。肢体语言评价包括两种形式：一种是教师自己独立做出肢体语言，如看到表现好的或完成动作比较出色的学生，竖起大拇指，或紧握拳头，微笑着向他示意。如果全班大部分学生表现好的话，教师可以用鼓掌的方式表达要说的赞赏性语言。还有一种情况是，教师与学生通过肢体上的接触表达的评价方式，如走向前去和该学生击掌示意，表示学生做得很棒；发现某学生表现比较好，可以走向他，轻轻拍打一下学生的肩膀，或抚摸一下头部，并向他微笑点头，也能达到好的评价效果；对于表现不好的学生，教师走向前去轻轻拍打一下肩部的时候，可以用一副严肃的表情，让他知道他的表现不能令老师满意，或是因为动作不正确，或是练习不积极等。

这样的方式便于学生接受，而且，学生会有更深的感触，无论是得到表扬还是批评。肢体语言评价多用于小学各水平段，但是，需要注意的是，教师独立做出的肢体语言，一定要能够目视被表扬或被批评的同学，以提高针对性。另外，无论是批评还是表扬，拍打和抚摩都要求轻盈，不能力量过大，引起学生紧张或受到惊吓，从而影响练习。

（6）直观板书法

体育课堂上，也可以根据条件准备一个小写字板或小黑板，在课即将结束的时候，对各组的表现，从几个方面进行评价，如学习态度、合作精神、技能掌握、体能锻炼等。根据课堂上的观察，教师对各组学生分别用"打分"或"打对号"的形式，评出各组学生的课堂学习情况，最后，各组按照"得分"多少，或"对号"数量，评出本节课的标兵组。

这种方式能够激励学生，获得标兵组的会在下节课上表现得更好，而没有获得标兵的组，也能激发他们下节课有争当标兵的愿望。教师在课堂上需要认真观察，并能够记下学生们在课堂上的主要表现，事先做到心中有数，才能做到评价的客观准确。

（7）小小测试法

在对学生进行健康教育的时候，尤其是在室内课堂上，为了评价学生学习的效果，有时采用观察的方式发现问题。但是，这种方式对学生知识技能的掌握情况不太容易判断。基于此，可以尝试通过试题测试的方式，做到及时评价。当然，问题的内容设置要符合以下要求：一定是这节课上需要掌握的内容；问题的难度适中；问题的形式，需要采用客观性题目，节省时间，并易操作；问题的数量不可过多，一般3~5道题为宜；测试时长，一般控制在1~2分钟完成为宜。

通过测试了解学生掌握的情况，并能通过查阅全班学生的答题情况，及时将结果告诉给学生，根据情况，表扬或提出更高的学习要求，有时候需要以此布置家庭作业，课外拓展体育健康知识。采用这种方式评价，课前应做好充分准备，打印好试题，并现场快速浏览答题情况，判断准确、迅速。发现好的可以表扬，发现不好的要提出以后努力的方向，如课堂要注意认真听讲等。

（8）恰当提问法

室外课教学，在很大程度上笔试检查学生掌握的情况不太便利，因此，可以借助于提问的方式，了解学生掌握的情况，并及时做出评判。如在前滚翻讲解示范结束以后，可以提问学生："要想完成前滚翻动作，身体需要怎么做最便于滚动？"有时，学生练习一段时间以后，教师可以提问学生们："完成某一动作的体验是什么？"通过提问的方式，一方面可以及时了解学生听讲和观察的效果，另一方面可以了解学生在练习中是否按要求练习了。通过提问，还能够激发学生在以后的听讲、观察或练习中提高注意力。需要注意的是，提问的时机要恰到好处，不可违背学生的认知规律。

（9）动作展示法

在基本部分主教材学习过程中，或学习即将结束时，为了评判全班学生掌握的情况，可以采取分小组展示的形式。每个小组展示的时候，教师可以根据学生完成的动作情况，及时做出判断，并讲给学生们听；或者每组推荐一个动作展示的代表，再出来展示，看一看学生掌握的程度。

通过观察学生的展示，一方面可以了解教学效果，另一方面能够掌握学生的学习状况，做出准确的判断，用于比对目标达成情况。学生练习一段时间以后，采用动作展示的方式进行评价，时间安排得太早，展示效果不明显，因此，时机的把握非常重要。

（10）正误对比法

根据学生练习的情况，教师及时采取正误对比的方式进行评价，可以让学生提高对正确动作的认识，便于更好地练习。如发现有的学生动作做得比较标准，而有的学生出现这样或那样的错误，于是，教师可以将学生集中起来，让一两个动作做得比较好的同学进行展示，边展示边评价，评出其优点。然后，教师可以模仿学生的错误动作，展示给大家看，然后讲明错在哪里，该如何纠正。这样师生正误对比展示，能够让学生清楚地辨别正确的动作该如何做，错误的动作错在哪里，该如何纠正。

通过这种正误对比的展示，可以加深对正确动作的印象，减少错误动作的出现。当集中评价时，错误动作不需要让学生做，也不需要点名批评有错误动作的学生，教师根据看到的情况模仿就行；否则，让学生做错误动作，容易引起学生不自在，影响其继续学习的兴趣。

2. 学生自评方略

学生自评是在体育课堂上，学生采取口头、肢体、书面等形式，对自己体育学习的情况或知识、技能、方法掌握情况进行评价的一种形式。新课改提出的评价主体的多元化中，其中包含学生自评。这种评价能够让学生认识到自己的学习存在什么问题，并让他们充分地认识到对自己的学习及时做出真实的判断的重要性，便于学习效率的提高。下面介绍几种学生自评方式，供一线教师参考。

（1）自言自语法

体育课堂学习一段时间后，教师可以让学生对自己的学习进行评价，具体的评价方法，可以自言自语地回忆一下刚才学习的情况，如我的听讲认真吗？我听到了什么？我看到了什么？我还有哪些地方没有看明白？我练习的时候遇到了哪些问题？我要向老师请教哪些问题？通过学生的自言自语，及时总结学习中的收获和问题，便于更有针对性地学习。同时，还能提高学生的自我判断能力。有布置自评任务，还要有检查，根据需要，如是运动技能学习中的问题或困惑，教师有时还要给学生留出改进的时间。

（2）同伴比照法

学生在进行自我评价的时候，让学生边观察同一组同伴的动作，或相邻同学的动作，比较自己的动作与同伴的动作有什么不同，如高度、动作路线、方向、力度等，并判断自己的动作哪些地方是有问题的。如果通过比较，比哪位同伴做得好，有时，还需要换一个同学进行第二次比较，也就是说，再看看周围比自己做得更好的同学的动作，然后比较自己和他人的差别，哪些地方比自己完成得更好。

通过采用同伴对比的方式，让学生进行自我评价，可以及时了解自己在同伴中的位置，是否是最好，同时，还能及时发现自己的问题，便于改进和提高。在学生进行比较之前，教师要向学生提出注意观察的要求，而且，先观察什么后观察什么，都需要有一个明确的交代，否则，学生就难以比较出结果。

（3）参照图板法

当体育课上有图板展示的时候，教师组织学生进行练习一段时间后，让学生根据自己练习的情况，选择到图板前观看动作要求和动作方法，然后与刚才自己的练习情况进行比对，如自己的出手角度与图板上的要求相比，是高了还是低了。从而找出自己动作的差异性，或者了解自己是否已经达到了一定的要求，哪些地方还需要改进等。

由于图板上显示的，都是标准动作的方法与要求，因此，通过这种比对，学生可以很直观地了解正确的或标准的动作是怎么做的，加深认知，逐渐规范自己的动作。图板的制作要清晰，动作要标准，在操场上的位置要合理，既不能影响到学生们做动作，还不能相距太远，不便于观察。教师还要注意观察，哪些学生在这么做，学生观看完图板后，学生又做了什么，教师应及时发现这种评价存在的问题，并做到及时纠正或提醒。

（4）动作暗示法

学生在体育课堂自评的方法可以很灵活，有时还可以通过学生用自己的肢体动作进行暗示的方式，如自己做一个感觉比较好的动作，可以采用握起拳头，连续挥动两下，鼓励自己，表达自己的喜悦之情、成功之感；有的可以给自己竖起大拇指或用拳头槌击胸部来表达；还有的用比较大的动作，跳起来欢呼一下，或成弓步向前冲拳等。当感觉到自己的动作不是很理想，或者是失败的话，可以用一只手握住拳头，砸向自己另一只手的手掌，表示对自己的动作不满，需要继续努力。

根据学生的性格特点不同，这样的评价会有不同的形式，但无论采取哪种肢体动作，都能起到表达和暗示的目的。课堂上要求教师细心观察，并不断地总结学生通过动作暗示的方式，便于更好地组织学生自评。

（5）卡片提醒法

有的体育课可以采用事先做好的卡片，放在操场上合适的位置，或放置于学生的衣袋中，学生根据练习的需要随时拿出来比对图片中的动作方法，查找自己的不足，不断纠正自己的错误动作或不够标准的动作。卡片上也可以是问题的答案或动作口诀，学习一段时间以后，教师可以让学生统一拿出衣袋中的小卡片，及时了解自己知识或技能掌握的情况，从而做出准确的评判。通过卡片提醒的评价，能够培养学生善学、会学的能力。教师要提醒学生，事先要准备好卡片，制作好卡片上的内容和问题信息不宜太多，一到两个足矣，卡片上的内容，可以是关键动作的图片，也可以是动作的评价标准等。

（6）表格填写法

在体育课即将结束的时候，一般安排在做完放松活动之后，利用小结的环节，每人发一张自评表和一支笔，自由选择合适的地方，按照自评表上的要求对本节课进行自我评价，如课堂自我表现如何、动作完成情况、存在的主要问题、下节课努力的方向，等等。

该评价方式能够让学生对本节课的学习情况有一个较为系统的梳理，及时发现自己的问题，便于下节课更加明确地学习。评价表的内容不能太多，最好采用客观题进行评价的方式，其目的是省时、快捷，而且最好能够在 1 分钟内做出判断，并完成表格的填写。

（7）点将陈述法

体育课堂上的自评，由于时间的关系，不可能让每个学生都把自己的评价向大家陈述，根据教学的需要，可以随机点几个有代表性的学生，如表现非常好、练习非常积极认真、技术动作掌握比较好的学生；表现相对较差、练习不太积极、动作掌握不太好的学生；有特殊表现的学生，如乐于帮助别人的学生；有特殊学法的学生；等等。依次点出这些学生的名字，让他们在课堂上向大家简单谈一谈自己的学习情况，主要是技术动作的掌握情况，其他同学也可以与这些学生的陈述相对比，回想一下自己的表现和哪位同学很相似。

这样评价，不但能够锻炼学生发现问题的能力，还能通过这种方式的评价提高学生的自信心和参与意识，便于提高学习的有效性。点将的时候，一定要有代表性，这就要求教师在课堂上注意观察，及时发现学生的不同表现。另外，教师最好能够在练习之前提出相应的自评要求，便于学生观察、体验自己的动作，事先记下自己的学习情况，从而有利于这种评价方式的顺利开展。

（8）主动交流法

体育课堂上的学生自评，既可以在教师主导下，学生进行自评，也可以由学生自主控制评价方式。如可以采用向老师或同伴主动交流的方式，其具体操作方法是，在自主练习过程中，当练习一段时间后，学生可以将自己练习的情况，主动去向老师汇报或与同学交流，告诉老师或同学，自己已经掌握到什么程度了，还有哪些方面有问题，希望得到老师或同学的帮助。

这种方式既是一种主动学习方式，也是一种自主评价方式，也就是说，可以同时起到提高学习效果和通过自我评价让老师及时了解自己的学习情况的作用，也便于老师更好地指导。这种自主评价方式，最好能在自主练习过程中进行，这时老师刚好在巡回指导，有时间听取评价结果，并能及时给予一定的指导。此时，同伴也在进行自主练习，也便于同伴之间的交流。

（9）自评手册法

体育教师可以制作一个自评手册，每节课轮流由学生填写，填写时间可安排在下课以后，像轮流值日一样，每次由 3~5 个人在上面进行自评，每学期每个学生轮流两次以上，平常由体育委员负责保管，一周上交一次，体育教师根据学生的自评结果及时调整教学方法或内容进度。

学生通过在课后填写自评手册，一方面，锻炼学生的自评能力、主动意识；另一方面，还便于老师了解学生的学习状况，及时改进教法。自评手册由体育委员妥善保管，不能遗失，最好不要在班内相互传阅，并按时提交给老师，按时取回做下一次的轮流自评。另外，评价手册上写什么，怎么写，老师事先要在班内提出要求，否则不便于归纳和整理。

（10）课后作业法

学生自评可以课堂内外相结合，为了能够让学生对自己的学习有一个全面而深入的分析，可以适当通过布置课后作业的形式，让学生下课后，选择自己认为比较合适的时间，完成老师布置的评价任务。如从自我感觉良好、自我感觉不好的两大视角，分析判断有哪些方面、什么原因导致的、如何改进和提高等。完成后由体育委员统一收回并提交给老师。老师可以在下一节课的开始部分做简单总结。

这种方式，有利于让学生静下心来好好反思自己的体育课堂学习，深刻反思自己认为满意的和不满意的做法，便于不断发现并纠正自己的错误。这种方式可以适当采用，但不能过于频繁，最好用在关键技术的学习课后，通过布置课后作业的形式，便于学生更好、更快地学习掌握动作。

3. 学生互评方法的建议

学生互评是在体育课堂学生与学生之间，或个体对小组、小组对小组等的互相评价。学生互评也是在新课改中倡导的评价方式之一，巧妙地运用学生互评手段，有利于提高课堂教学的质量。学生之间的评价能够起到互相学习、互相帮助、取长补短、相互促进的作用，但评价的方式要有效、新颖，力求好的评价效果。

（1）观察指正法

这是体育课堂上常用的互评方法，教师布置完练习任务后，常常安排相邻的两个学生为一组，在练习过程中做到互相观察，然后，互相指出对方练习的不足，同时互相学习对方表现好的地方。这种评价比较简单，便于操作，教学中的很多环节都可采用，但一般多使用在新授课的练习环节。

通过相互观察，相互学习，能够达到共同提高的目的。互评的前提就是要做到认真观察，真正地发现问题，同时，能够清晰地表达给对方，才能发挥相互评价的功效。

（2）组内展示法

在体育课堂上，可以采用小组内逐一展示的方法，一位学生展示结束后，全组同学一起给展示的学生进行评价，不但要评出优点，还要发现问题，并提出改进建议，直到最后一个学生展示和同伴对其评价结束，该项评价方式便完成。

组内展示，小组集体对展示的学生进行评价，能够发挥学生群体的力量，全面地进行评价，发现更多的优点和不足，便于改进和提高。组内展示评价要有序进行，而且，最好有一名小组长主持，全组学生积极观察和发言。

（3）组间展示法

学生互评还可以采取组与组之间互相评价的方式，具体操作方法上，可以先进行组间展示，互相观察，一组展示，另一组或多组观察，待展示结束，其他同学共同评价。以此方法，每一组都有展示和被评价的机会，同时，又有观察其他组展示和评价他人的方式。组间评价多用于学习即将结束的时候展开。

通过组与组之间的评价，能够了解全班各组学生，甚至是每一个学生的学习情况，从而起到互相学习和提高的目的。组与组展示，需要由教师组织，一组一组地进行。另外，在展示前，要提出一定的观察要求，还要鼓励其他组的学生，在认真观察的基础上，有序评价，且以口头评价为主。

（4）讨论评分法

有些评价可以借助书面形式，比如，将事先准备好的互评表带到课堂，以小组为单位进行练习，练习结束后，小组集中，借助于评价表，大家讨论按照评价标准客观地给每一个同学评分，然后将评价表提交给老师，老师根据这些分数，及时了解学生的学习情况。

通过这种方式组织学生互评，能够培养学生客观、公正地对待周围的人

第二章
从局部看体育课的方略

165

第二部分
体育教师看课
——实践方略

和事，并提高观察和判断能力。给每一位同学评分之前，既要有充分的观察和判断，又要有统一的标准参照，否则就很难做到公平。

（5）推荐"PK"法

体育课堂上，当学生练习即将结束的时候，老师可以组织分组，要求他们根据大家的技术动作推荐一个本组认为最好的，然后，各组最好的再进行"PK"，"PK"结束以后，老师组织大家互相对参与"PK"的几个同学进行评价。一方面，比较哪一组推荐的学生动作最标准，完成的质量最高；另一方面，让大家谈一谈，哪些同学的哪些动作还有待改进。

这种方式的评价可以提高组与组之间的竞争意识，提高学生的团队精神，还能够激励更多的学生认真学习，争取也能有被推荐参与"PK"的机会。练习之前教师就要将"PK"的任务布置下去，好让每一组都有所准备，还能够提高他们对课堂观察的重视，从而提高其观察能力。

（6）手势妙用法

体育课堂上，除了教师可以用多种手势辅助教学以外，学生在学习和评价过程中也可以不通过语言，而是通过手势的变换表达评价结果。如可以用掌声表达评价的赞赏的结果，当一个同学做完以后，动作做得出乎意料的好，同学们不自觉地鼓起了掌，这是大家对这位同学所完成动作的积极肯定；还可以同学与同学之间竖起大拇指，或两个同学、多个同学之间相互击掌表达胜利与成功。

通过妙用手势，可以起到此时无声胜有声的评价效果，同时，也能让同学之间增加友谊和交流。借助于手势进行评价，其前提是需要建立在认真观察的基础之上，确保手势准确，从而起到应有的激励作用。

（7）标志提示法

体育课上可以事先做一些小标志物，如小脚印、小手印、直线或响铃等。借助这些小标志物能够起到辅助评价的目的。如在垫子的中央纵向画上一条直线，学生做完全滚翻，其他同学可以根据他完成前滚翻或后滚翻时是否沿直线滚动，做出动作的规范程度判断。如没有沿直线滚动，同学可以评价其方向不正。如果是跳山羊练习，学生可以在"山羊"的两侧吊起两个小响铃，根据铃声判断同伴的腿是否伸直并抬到了一定的高度。

标志物提示辅助评价，能够使评价更加直观和客观，还能提高评价的趣味性，并能提高学生练习的积极性。事先准备好适宜的标志物，并确定好在哪个环节使用这些标志物，而且，这些标志物要尽可能简单、明显。

（8）明星推选法

在运动技术的学习中，当学生兴趣不高时，教师可以组织学生采用推选班内小明星的方式，展开同学之间的相互评价。其具体做法包括如下内容：第一，在练习之前布置该项评价任务："班内推选小明星若干名"；第二，告诉学生推选小明星的标准和方法；第三，进行同质分组，确保每一组实力均等；第四，分组练习，在练习中要求学生认真观察；第五，组内比赛，组内每一个学生按照要求完成练习的动作，同组其他同学按照教师提出的评价标准给他评分，并说出优缺点，让被评价者心服口服，以此方式评价本组每一个同学，并推选出优胜者。当组别分的比较少的时候，每组被推选出的优胜者就可以成为班内小明星；如果班级人数比较多，组别比较多时，可以让被推选出来的组内明星再次进行比赛，最后推选出教师事先设定的明星人数。

该方式能够提高学生的竞争意识和团队精神，并提高练习的积极性和实效性。在推选过程中，标准一定要事先明确，否则就难以操作。

（9）标准研读法

在课前，教师要事先准备好评价环节所要用的评价标准，背面朝向学生挂在操场上合适的位置，如图板上、墙壁上或是篮球架上等。到了学生互评环节，教师将写有标准的纸张反过来，带领学生学习，了解这些评价标准。然后，组织评价工作，每一个学生看完同伴的动作后，按照标准中要求的几点依次做出评价。

教师事先准备评价标准，并给学生留出一定的时间熟悉这些标准。通过这种方式，可以提高学生评价的能力，同时，还能够让学生更加明确动作规范，提高练习的效率。评价方式可以两两同学进行，也可以小组组内评价使

第二章
从局部看体育课的方略

167

第二部分
体育教师看课
——实践方略

用，甚至是组员之间的评价，总之，标准可适合于任一形式的评价，因为该标准是规范动作的具体要求。

（10）组长记录法

有时候，体育课堂上并非都要进行学生互评，也并非所有内容的课都适合于学生互评，因此，就可以借助组长记录的方式，将本组每一个同学的表现事先记在脑子里，通过回忆的方式，课后在记录本上记下同组每一个同学的主要表现。

通过这种方式，一方面能够提高组长的观察和识记能力，另一方面还能够提高同学们练习的积极性和表现力。另外，这样的记录还能够为教师对学生进行过程性评价提供真实、可靠的资料。这种方式，对组长有一个特殊的要求，在学习过程中，还要认真观察同组每一个同学，并坚持每次课后做好记录。

对看课堂评价做进一步总结，归纳如下：

看课堂评价

课堂评价很重要，课程改革有强调；
提倡发挥多元性，师生评价灵活用；
合理有效看操作，摸索尝试不放过；
评价把握关键点，必要可行走在前；
时机不准法不明，标准缺乏不可行；
教师评价方式多，语言肢体都能说；
学生评价要记牢，关键时刻用一招。

九、看安全隐患

我们看课时，很有可能在某个环节让你感到存在安全隐患，尽管有时候一节课上并没有发生安全事故，但安全隐患也是需要引起高度重视的。那么，如何才能将安全隐患减少到最低限度，尽可能地实现安全有效的教学呢？下面重点对如何看体育课上的安全隐患进行讨论。

（一）体育课安全隐患的危险性及认识误区

体育课上的安全隐患值得引起我们高度的重视，因为一旦防范措施缺乏或不得力，安全事故就很难避免。

1. 体育课安全隐患的危险性

体育课上所发生的安全事故，大都事先存在一定的安全隐患，因此，安全隐患本身带有一定程度上的危险性。它的危险性主要体现在安全事故的发生上，由于安全事故有大有小，小则轻微擦伤或挫伤，重则骨折，甚至危及生命。因此，安全隐患的危险性也就有了轻重缓急之分。从安全第一的角度考虑，任何安全事故都有必要加以规避。为了有效做好防范工作，下面对有无安全防范措施与有无事故发生构成的几种可能性进行分析说明，如图2-2-13所示。

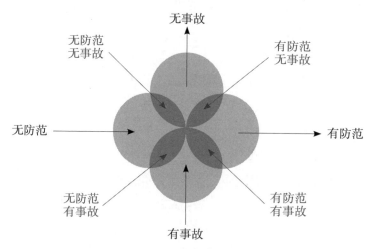

图 2-2-13　事故与防范的关系

从图2-2-13可以看出，有没有防范与是否发生安全事故存在四种可能性，即有防范无事故、无防范无事故、无防范有事故、有防范有事故。其中，"有防范无事故"说明课中存在安全隐患，防范措施得力，无事故发生。也就是说，只有有效的防范措施才能避免安全事故的发生。而与之对应的"有防范有事故"说明，体育课存在安全隐患，尽管采取了一定的防范措施，但由于措施不得力，而导致事故继续发生。同样，从无防范这个角度来看，也有两种可能性发生。对于"无防范无事故"而言，说明有的体育课不存在安全隐患，即教材、场地器材、组织形式等都比较合理，学生在体育课上正常参与体育学习会安然无恙。相反，"无防范有事故"的现象说明，体育课自身存在一定程度上的安全隐患，因未采取任何防范措施，而导致事故发生。总之，体育课要重视安全隐患的正确有效的防范工作，才能最大限度地避免安全事故的发生，安全隐患的危险性也自然会降到最低限度。

2. 对安全隐患的认识误区

（1）忽视了安全隐患的存在

由于大部分体育课都在室外运动场上组织教学活动，有可能因各种因素存在一定程度的隐患，这需要教师采取相应的防范工作加以避免事故发生。但实践中并非完全如此，有部分体育课，从头至尾并不能看到、听到或感受到教师的防范行动、语言或意识。更有甚者，当安全事故发生后，还有人会认为是纯属意外。这些认识都集中反映了体育教师应有的安全意识的缺失。

（2）认识到安全隐患的存在，但轻视防范工作

有些教师并非不具有安全意识，已经认识到了课中某个或某些环节安全隐患存在的可能性，却轻视采取有效防范工作的重要性。多数情况下只是听到教师向学生们发出的"注意安全"或"一定要注意安全"的指令，可是，学生仅仅听到这样的提示或要求，仍然不知道怎么防范，结果会导致隐患依然存在。学生自己无积极主动的防范能力，教师又缺乏可行的防范指导，事故发生有时就很难避免。因此，教师只是认识到有安全隐患还远远不够，还需要采取得力的防范措施，才能达到真正的防范作用与效果。

（3）对安全隐患的危险性评估失准

体育课上存在一定的安全隐患并不可怕，令人担忧的是对其危险性缺乏准确的评估。诸如，当前有些学校不开设体操课，担心体操课上出现安全事故，尤其是器械体操更不让上或不愿上了，操场上的单双杠不见了，跳箱、

"山羊"等器械被堆放在器材室的角落，或藏匿起来。这种做法，实际上是对体操器械在教学中存在一定程度的安全隐患而做出的危险性高估现象。还有就是对安全隐患的危险性低估的现象，有些体育课上也看到了教师采取了一定的防范措施，却仍然出现事故，其关键问题在于对安全隐患未做出客观、准确、深入的评估，有时存有侥幸心理，总觉得安全事故可能不会发生，就淡化了对安全隐患的正确防范，这是不切实际的做法。因此，对安全隐患要有正确的认识，既不可过高估计而逃避，也不可低估危险性而麻痹大意。

（二）体育教学中的安全隐患类型

体育课中的安全隐患究竟存在于何处？为了更好地做有效防范，有必要对其进一步归纳。

1. 体育教学内容自身的安全性问题

有的体育教学内容本身就具有一定的安全隐患，假如事先未能充分认识并提出相应的防范措施，就有可能在组织教学过程中出现一定程度的危险。比如，篮球传接球技术，要求在接球的时候手指朝向正确，否则，对于初学者来说，很容易造成手指挫伤；再如，体操双杠上的滚翻技术，它要求学生在做动作的时候，相应的肌肉用力正确，保持该技术所要求的身体姿态，手抓握杠的时候，一定要牢固等，一旦出现不按要求做动作或因技术动作未掌握，完成该项练习时，就容易从杠上掉下来而出现伤及身体某一部位的现象。因此，对于那些安全性要求高的教材，教师在课前要有充分的认知度，才能及时有效地做好防范工作，最大限度地减少事故的发生。

2. 场地器材的安全性问题

几乎所有的体育课都会或多或少地用到场地器材，因此，场地器材的安全性也不容忽视。要想使体育课不因场地器材而发生危险，首先就需要充分考虑场地使用的安全性，如跑道面是否平整，有无小石块撒落在跑道上；跳远沙坑是否安全卫生；篮球场地会不会因阴雨而湿滑；等等。只有确保场地符合要求，才能正常安排体育教学工作。要安全实施教学，就需要事先对其

第二章
从局部看体育课的方略

171

第二部分
体育教师看课
——实践方略

分别做好安全检查与及时修正。其次，关于器材的安全性同样不可忽视。尤其对于那些已经存在一定程度安全隐患的器材，更要确保其安全使用。如体操单双杠课前，需要检查器械的牢固性，看是否有螺丝松动现象，有松动未提前检修的话，很容易造成完成动作过程中出现杠体脱落，做动作的学生从杠上掉下来而发生意外；羽毛球课前，要检查羽毛球拍的拍头是否有明显或轻微的松动现象等，一旦这些现象存在，就会有较大的危险性，轻者刺破皮肤，重者也有可能造成一定程度伤残或生命危险。因此，课前尤其在课的设计过程中，要充分认识到检查器材的重要性，采取及时的行动使其达到安全标准，方可正常实施教学。

3. 教学组织的安全性问题

体育课上的安全事故，有一定比例是因为组织不当引起的。组织不当，一方面，说明教师缺乏安全防范意识；另一方面，反映部分教师的安全防范能力有所欠缺，也就是说，防范措施不及时或效果不明显。基于此，提高教学组织的安全性工作需要提高防范意识与防范能力。如投掷项目教学，学生的站位极其重要，过近易出现砸伤事件，过远会因捡器械而浪费一定的时间。只有做到恰到好处、远近适度，才能做出有效的组织教学工作。以前，因组织不当而引起的铅球、实心球、标枪等伤及学生现象时有发生，因此，需要引起教师高度的重视。投掷区在投掷练习过程中严格禁止有人走动，面对面站立的两组学生，组织投掷练习的时候，需要严格按照教师的口令进行投或捡器械的练习，否则安全事故随时都有可能发生。再如，体育课上个别游戏的组织活动，游戏本身或许并不存在安全隐患，可是，由于任课教师对游戏组织缺乏安全性考虑，学生在游戏中竞争拼抢的时候很容易出现撞击事件，或游戏中的小器械刺伤身体某一部位的现象，有时甚至导致无法挽回的后果（如刺伤眼睛）。因此，组织要科学、合理，确保体育活动安全有效。

（三）看课判断安全隐患的有无与严重性

要想使体育课上的安全事故减少到最低限度，看课时需要捕捉安全隐患处于何处、大小、防范难度等，并及时做出判断。

1. 安全隐患有无的判断

通过分析教材、场地器材，以及组织方法或练习形式，要能够判断安全隐患是否存在。有时候，是一处或一个教学环节存在安全隐患；有时候，几个方面同时都有可能存在安全隐患。但无论怎样，都需要看课者对安全隐患的有无首先做出准确的判断。前面谈到的"揪心"感就是从主观上判断安全隐患有无的有效方法。

2. 安全隐患大小的判断

安全隐患无论是一处还是多处，只要有安全隐患存在的可能性，就会有危险性大小之分。判断安全隐患的危险性大小极其必要，只有对其有较为准确的判断，才能知道课上教师所采取的安全防范措施能否对其有防范作用。然而，有时隐患较大，教师给出的防范措施并不给力，结果导致了安全事故发生；有时隐患较小，有的教师忽视了对其的防范处理。这些做法都须教师高度重视。

3. 安全隐患防范效果的判断

有时，仅仅知道有安全隐患，以及能够判断安全隐患危险性大小，还不能确保安全事故完全不发生，也就是说，仍有事故发生的可能性。依然需要准确评估防范效果，及时规避或减少安全事故的发生。有时候，安全隐患的危险性较大，所采取的防范措施不一定能够及时起到防范作用，这样就难以避免安全事故的发生。

图2-2-14反映出，安全隐患大与小，防范措施好与差有可能构成四种可能性，其中，无论隐患大还是小，只要采取的措施得力都有可能达到理想的效果。相反，当防范措施不得力的时候，大小隐患都难以防范。基于此，防范措施需要考虑，但影响防范效果的主要因素还是防范措施的合理性问题。

4. 安全隐患防范难度的判断

体育课上，针对不同的安全隐患，可以采取不同的或相似的措施，有时教师希望防范工作能达到理想的效果，但由于防范过程中有可能遇到这样或

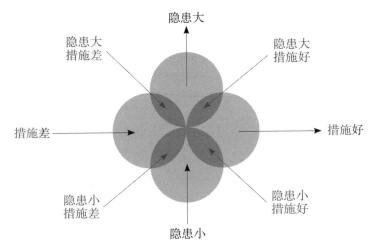

图 2-2-14　隐患与措施的关系

那样的难题而不能如愿。安全隐患防范难度的判断，就是对防范可行性的分析和论证过程。从理论上说，有些防范措施是极有价值的，但在实际教学中并非能够发挥其应有的作用。如需要正确有效保护的练习，但事故依然发生，其原因有可能是因为保护者未能尽心尽力，或思想麻痹，还有可能是重视了保护但保护方法不正确等，都有可能发挥不了保护的作用，结果导致事故依然发生。

看安全隐患的方法技巧做进一步总结，归纳如下：

教学事故要防范，　安全隐患是关键；
事故大小认识清，　防范意识放心中；
隐患种类多又多，　器材教材分类说；
看课关键要记牢，　隐患有无和大小。

十、看突发事件

体育课上的突发事件有大有小、有正向有负向，负向的突发事件，大的有可能出现伤害事故，小的会对课堂有所干扰。看突发事件，需要把握以下问题：为什么会出现这样或那样的突发事件？突发事件发生后教师应如何处理？不同类型的突发事件在课堂教学中将会产生什么样的影响？如何化险为夷？当然，要正确认识和应对体育课堂上出现的突发事件，还需要从其"因"、"果"着手进行分析，通过看课，不仅可以了解突发事件是什么，有哪些突发事件，同时，还可以观察教师对突发事件的处理能力。

（一）突发事件如何定位

在分析突发事件之前，实际上有一个至关重要的问题就是，体育课堂上发生什么样的事件才算是突发事件？如老师在讲解动作要领时，突然有学生提出一个令老师意想不到的问题，算不算突发事件？当老师让学生分组讨论要求每个学生都发言的时候，有学生一言不发，是不是突发事件？又如当老师让学生们分组练习时，有学生不小心摔倒擦伤了，属不属于突发事件？我们该如何给突发事件一个较为准确的定位？也就是说，体育课上发生的事件程度达到多大的影响才算是突发事件？

突发事件"度"的把握，可以看作是突发事件定位的关键。所谓突发事件的"度"，主要是指影响程度。由此，笔者理解突发事件的时候，从字面上看，包含两个核心要素，即"突发"与"事件"，也就是说，是教师始料未及的，体育课上突然发生的，同时，又是有前因后果的，称其为事件的。因此，那些由教师事先设计的事件并非是突发事件（据说，有个别地区，指导教师给任课教师指导课时，故意设计一个突发事件，让任课教师在课堂上解决），另外，对于体育课上学生出现的注意力不集中、不积极回答老师提出的问题等消极学习行为与态度，假如达不到一定的影响就构不成突发事件。因为，这种自我的学习态度或行为，对周围其他同学或整个班集体不会造成一定影响，或影响性未达到一定的程度；反之，便可视为突发事件。

（二）突发事件源于何处

体育课堂上突然发生的、有一定影响度的事件被看作是突发事件，那么，突发事件源于何处？也就是说，为什么会发生突发事件？为什么有的观摩课会事先预设突发事件？其目的何在？如何正确认识突发事件？要回答这些问题，我们首先需要进一步明确突发事件的来源。它不能由教师事先安排，即便是为了在观摩课上展示教师对突发事件的处理能力，采用这种方式也依然不妥。因为事先安排的所谓的"突发事件"，教师已经事先有所知晓，已经不能算是突然发生的，从中根本看不出教师处理突发事件的能力大小。突发事件一定是课堂上偶发的，而非事先设计的。突发事件本身，既有可能源于教师也有可能源于学生，还有可能源于场地器材等课堂内部环境，甚至有可能源于课堂外部环境，如其他班级课堂的影响、天气的影响等。对各种原因引发的突发事件具体分析如下。

1. 源于课堂内部环境的突发事件

体育课堂内的环境因素有教师、学生、场地、器材等。这些因素引发突发事件的可能性有大有小，以下分别阐述。

（1）教师引发突发事件的可能性

一般情况下，人们总是把教师作为处理突发事件的角色来定位，实际上，在体育课堂中，教师有可能会引发突发事件。如教师组织不当，口令不完整或口令错误，导致全体学生行动错误，教师费尽九牛二虎之力才能扭转局面，影响了教学的正常进程。当然，这种情况是教师不希望看到的，但确实发生了，归其原因又是教师所致。因此，我们就不能忽视教师引发突发事件的可能性，也就是说，教师自身也要关注每个教学环节，确保正确无误，以最大限度地减少突发事件。

（2）学生引发突发事件的可能性

体育课上的突发事件有一部分可能是源于学生，有的源于一个学生，有的是多个学生集体所为。突发事件的类型也非常多元，有的是学生因为调皮捣蛋思想在作怪引发的突发事件，具有一定程度上的主观性或故意性；有的是老师未曾料想到的突发事件，如未能严格按照老师的要求练习，出现安全事故；还有的是以一个学生为主、其他同学积极响应的突发事件，如体育课上有一个学生要求见习，紧跟着有几个学生一起提出同样的要求。实际上，很有可能这些学生根本不是真正需要见习，而是利用见习之机离开课堂去做自己想做的事情。从严格意义上说，这部分群体既没有"见"也没有"习"，不能称为真正意义上的见习生。对于一节体育课来讲，又是教师未能预料的，尤其是教师事先在进行教学设计的时候，准备按照班级原有人数分组，练习某一项技术或做游戏，这样一来，就有可能打乱教师的计划，而不得不另做调整。除此之外，体育课上因学生而引发的突发事件还有很多，如老师刚做完示范后，一名学生发现老师的示范不是十分标准或优美，主动上前给大家做示范，老师感觉很是尴尬。这样的事件，老师或许也未能预料。实际上，体育课上大部分突发事件都与学生有关，而且有相当一部分突发事件还是由学生引发的。基于此，要想避免体育课上出现突发事件，就要多注意观察学生，并在教学设计阶段，深入地做好学情分析，对有可能出现突发事件的环节有所预测，将负面突发事件发生的可能性力争减少到最低限度。

（3）场地、器材引发突发事件的可能性

体育课都需要场地，且大部分的体育课还需要器材，因场地、器材而引发的突发事件不可轻视，此类突发事件大都与安全事故有关，即危险性会波及学生的健康与安全。比如，有一节羽毛球课，对面两个学生在练习时，突然有一位学生的羽毛球"拍头"脱落被甩了出去，砸到另一位同学的眼部。这种事件尽管是两个同学在练习中发生的，但主要是由于器材本身的缘故所致。当然，其中还存在上课之前教师对器材的安全检查的问题。又如，一节跳远课上，一位学生完成一次试跳，突然出现股骨骨折这一严重事件。究其原因，主要是由于沙坑场地长期受雨水冲刷变得较为坚硬，学生助跑急行跳起落地，再加上缺乏有效缓冲能力，结果导致骨折事件发生。发生此类突发事件，更应引起教师的高度重视，因为这类突发事件的危险性要远远高于学生调皮捣蛋或教师错误口令而引发的事件，课前加强安全检查，及时消除隐患，是减少此类事件发生最有效的方法。

2. 源于课堂外部环境的突发事件

（1）外班体育活动引发突发事件的可能性

由于受场地条件、学生人数的影响，几乎每所学校很少有每次只有一个班上体育课的情况，往往都是两三个班，甚至更多的班级同时在一个操场上上体育课，这样就会互相干扰。假如在上课过程中发生突发事件，应引起任课教师的高度关注，并能及时采取有效措施进行调整。如一节跆拳道课，在体育馆表演台上组织教学活动，而馆内同时有其他两个班级在上篮球课，其中有一个班在进行教学比赛且较为激烈。同时，上跆拳道的班级，老师正在讲解示范，学生们席地而坐听讲观察，讲解示范结束后，老师发出"起立"的口令，并提出练习要求，大部分学生"听而未闻"、"视而不见"，而是纹丝不动并全神贯注地观看另一班的篮球教学比赛。此时，才引起任课教师的重视，从某种意义上来说，该讲解示范未发挥作用，直接影响到下一环节的活动。另外，在小场地上同时几个班一起上体育课时，由于事先缺乏沟通，体育课上班级之间有时会因场地而发生冲突，如一个班级在一块较宽敞的场地上练习武术健身拳，而另一个班级要从该处跑过（耐久跑），结果就会因未及时躲让而发生冲突。诸如此类的突发事件，尽管原因不在班内，是班与班之间发生的，也同样不容忽视。

（2）气候环境引发突发事件的可能性

受气候条件的影响，体育课随时需要调整活动的场所或训练强度，有时，会因调整不及时或考虑不周全引发事故，这样的突发事件也不可忽视。如在炎热的夏季上体育课出现的中暑事件，尽管有的学生没有因中暑而晕厥，但在十分炎热的气候条件下，会出现若干个学生精神不振、体力不支、积极性不高的现象。另外，在上体育课的过程中，有时会偶遇下雨，有的教师为了让学生坚持锻炼，在雨下得不太大的情况下，没有停止体育活动，结果就有可能因场地湿滑而出现摔倒损伤等情况。然而，这些因气候条件而引发的运动性损伤，在很大程度上是可以避免的。

（三）看突发事件的步骤与方法

在体育课堂上，突发事件往往是事先不曾料到的，因此，对于看课者而言，也难以有事先的准备。当然，在看课之前，事先了解一下教案十分必要，因为对教学目标、内容、场地器材等事先有个了解，能够在看课时做到心中有数，不至于盲目地看课。而且，可以集中注意力看课的细节，同时，还能够及时发现哪些环节和组织形式是教案中已经有设计的，哪些是临时调整的。当然，大多数课都会按照教案上所设定的组织教学。

除了看教案，在具体看课过程中，要把握以下几点：第一，从开始部分一直到结束部分，整个上课过程是否有突发事件发生。第二，当发现有突发事件发生时，要及时记录下来，并标注是正向的还是具有负面影响的突发事件，即对突发事件要做出判断。假如一节课连续多次突发事件发生，要能够逐一将其记录下来，并做出判断。第三，要能够快速分析产生突发事件的原因，同时也尽可能地将原因都做好记录。第四，需要认真观察教师处理突发事件的方法，是巧妙地处理，还是不管、不问，或是对突发事件缺乏处理能力，使突发事件的严重性加大。无论是什么样的处理情况，作为看课者，要及时捕捉这些信息，一方面有利于对突发事件及其处理方法进行归类，另一方面也便于提高自己对突发事件的预见能力和处理能力。第五，与其他看课专题一样，当在看课过程中未能完全搞明白突发事件，如没看清是如何发生的，或没听清楚教师是如何处理的等，都可以在课后与教师交流，以便对突发事件有更全面的把握。

（四）突发事件如何防范与处理

体育课上出现的突发事件，有一些是可以通过防范措施最大可能地降低的，有的突发事件，假如处理得当可以减小其负面影响。基于此，接下来谈一谈突发事件该如何防范和处理。

1. 突发事件的防范

对于有负面影响的突发事件，还是要多考虑防范措施，尤其对于有可能

第二章
从局部看体育课的方略

179

第二部分
体育教师看课
——实践方略

出现安全事故的突发事件更应做好防范工作，但如何防范呢？

（1）强化责任提高防范意识

实际上，任何一位教师都担心在上体育课的时候出现安全事故，因为一旦出现一例，将带来难以解脱的麻烦，当然，学生因不同程度的损伤更是深受其害。为了避免此类事件发生，任课教师应在体育课前、课中，乃至课后，都要强化责任，提高防范意识，也就是说，要首先想到去防范，既要充分还要细致，否则，就有可能因疏忽而引发伤害性突发事件。

（2）勤于动手动脑降低事故概率

体育教师是传递体育知识和运动技能的健康文明的使者，当然，没有任何一位教师会在突发的伤害事故面前无动于衷，但被动的处理与主动的排除将会是两种截然不同的结果。为了能够达到理想的防范效果，需要教师勤于动手动脑。其中，动手是指最好能够在课前对场地"看个遍"，对器材"摸个遍"。主要目的在于，及时发现场地、器材的安全隐患，发现问题及时处理。如破旧失修的羽毛球拍是否考虑更换？跳远沙坑是否在课前需要松动平整？跳高课中发现海绵垫子歪斜，是否需要动手归位？看似举手之劳，实际上，将能够极大地防范事故的发生。所谓动脑，就是指课前要对教材、场地器材、学生等有一个充分的考虑，要有预测能力，把有可能发生的伤害性突发事件充分地考虑周全，做好防范预案。同时，在课中，还要充分想象，通过观察了解突发事件发生的可能性，及时做出准确判断，以最大限度地减少事件发生。

2. 突发事件的处理

突发事件一旦发生，大都需要教师主动做出准确的判断，并正确、有效地处理。当然，不同的突发事件因其影响不同，处理的方法也有所区分。

（1）对严重突发事件的处理方略

在众多突发事件中，有的是较为严重的突发事件，一旦有这类事件发生，需要充分发挥"体育教师是半个外科医生"的作用，尤其是对严重程度较大、危及学生生命安全的事故，教师一定要冷静、机智、高效地处理。冷静，是要求此时此刻不慌张，淡定有章法，思维不紊乱，先干什么后干什么，安排得恰如其分。如判断是否需要拨打"120"电话急救，是否需要通知校医急速赶到，是否需要采取紧急措施解除暂时性的晕厥或休克症状等。机智，是要求判断正确，方法恰当，时机准确，一旦发生严重的突发事件，万万不可因过度紧张而思维短路，要很机敏地做出最快速的反应和采取最适宜的措施。高效，要求教师选择的处理方案具有时效性，如对骨折的学生采取何种搬运方法才不至于带来更大的伤害，教师要能够掌握不同部位损伤骨折学生的搬运方法。总之，体育教师不但需要有防范伤害性突发事件的意识，在较为严重的伤害事故面前，既要从容应对，还要能够方法得当。

（2）对中等突发事件的处理方略

中等突发事件对课以及对学生的影响介于严重与轻微之间，但它的影响性有时已经足以对课的有效组织带来麻烦，对学生的健康带来一定程度的危害。对于中等突发事件的处理方法，教师依然需要提高警惕，采取有效措施及时处理，确保课的有效开展。如当学生在体育课上发生打骂事件，教师就不能听之任之，不能得过且过地"冷处理"，而是需要采取积极的态度和有针对性的措施。当然，不同学段的学生在体育课上发生此类打架斗殴的事件，处理的方法也应有所不同。在小学学段，可以用"竞赛法"，如当教师发现有两组学生因比赛出现矛盾争执时，教师采取"看哪一组同学先站好，站得既快又整齐"的比赛方式，就有可能制止这类突发事件的发生。而对于正值青春期的初中生来讲，再用这样的方式处理就不灵了。有时需要反着来，因为处于青春期的学生逆反心理比较明显，假如一味地制止，学生就很有可能争执程度加剧，但反着来，或许能够取得理想的效果。当初中生发生打骂现象时，教师可以走上前去说："刚才谁先骂人的，骂的什么？我听听是不是还不够狠；打哪了？是不是还不够痛？"当学生听到这样的语言，往往都会停止下来不再争执。对于高中生来讲，可以根据时机和火候施加批评教育，采用动之以情、晓之以理、导之以行的方式处理该类突发事件。

（3）对轻微突发事件的处理方略

体育课上还有些轻微的突发事件，对课和学生产生的影响都不是很大，

第二章
从局部看体育课的方略

181

第二部分
体育教师看课
——实践方略

但有时确实会影响课的顺利开展，影响教师的教法实施，影响其他学生的学习效果等。因此，教师对轻微的突发事件也应给予一定程度的关注，不可置之不理。对这类事件，教师需要做到心中有学生，要对事件产生的原因有一个充分的认知，判断是场地器材的缘故，还是学生自身的原因；并对可能产生的结果有一个相对准确的预测，如是否影响学生们的学习积极性；是否影响学生之间的友好与团结，等等。诸如此类的分析判断后，就要采取恰当的方式给予应对，如在体育馆内上跆拳道教师讲解示范的时候，大多数学生出现听讲观察不集中的现象，教师要能够及时观察，并分析判断是否是由于其他班级的体育活动影响所致，紧接着需要行动起来，让学生背对其他班级上课，从而提高学生的注意力和关注度。体育教学中，教师要尽量避免只顾自己教而不顾学生学，只顾按教学流程组织教学活动，不顾学生在各个环节学习的真实情况。

再如，当示范结束有学生主动重新示范时，教师应结合学生示范的效果给予肯定，提高该学生的学习积极性，激励其他学生要有挑战精神。同时，对教师来讲，这也是一种鞭策，需要不断提高运动技能水平，否则尴尬的教学局面将很难完全排除。总之，轻微的突发事件不能因其影响不大而被忽略。

体育课上的突发事件，可以说会时有发生，由于其严重性不同，教师的重视程度和对学生的危险性、对课的影响性都有所不同，但无论是严重的、中等的，还是轻微的，只要是具有负面影响的，尤其是伤害性突发事件，都不可掉以轻心。可见，提高对突发事件的防范意识和处理突发事件的能力至关重要，同时，防范意识的强弱、处理能力的大小也是体育教师教育教学能力及专业化水平高低的重要标志之一。

对看突发事件的方法技巧进一步总结，归纳如下：

看突发事件

突发事件少不了，　课堂内外因素找；
事件源于随机地，　课前准备无设计；
事件作用有不同，　正向反向方向明；
引发事件因素多，　教师学生分开说；
内外环境考虑过，　准确判断不会错；
处理事件有区分，　轻重缓急要认真；
严重事件不慌神，　急救措施判断准；
中小事件不放松，　机智处理方法清。

第三部分

体育教师看课——课例分析

哪些课存在问题？是什么问题？哪些课亮点突出？是什么亮点？不同类型的课有什么特点？对于要把握看课门道的教师来说，通过一些具体的案例了解这些问题十分必要。诸如，研究课是如何上的？研究课的教学设计与实际教学是否存在不一致的现象？通过事先了解教学设计，进而观察研究课的教学过程，便能够找到问题所在。又如，体育教学中的教法和学法需要大家十分关注，通过看一节常态课，进一步分析其特点和案例中任课教师的教学经验，能够带来一些新的启发。看课并非都是用眼睛观察，还不可忽视听教学语言，课堂上师生都说了些什么？哪些语言准确、得体、有效？如何把握教学语言？这更是需要通过了解案例认真把握的。总之，通过全面系统地了解案例教学的全过程，不仅能够提高教师的看课技巧，而且能够提高教师的课堂教学质量。

第一章　研究课：看教学设计——"武术：健身拳"

　　大家对体育教学设计并不陌生，但是，我们怎么能够从看课中了解教师是如何设计的呢？课堂教学与设计是否完全一致？下面重点讨论如何通过看研究课来分析判断体育教学设计及与课堂教学的对应性。笔者由于参与了该研究课的观摩活动，因此，对该课的设计与课堂教学较为熟悉，希望能够通过对该研究课的分析，给大家带来一些启示。

一、看课前了解教学设计

　　无论处于何种看课目的，在看课前都需要了解教学设计，尤其是教学设计中的教案部分更要认真研读，了解教学的目标、重难点、教学方法、教学组织等。对于这些基本信息的了解，将对看课进一步了解教学设计的特点、优缺点，以及现场教学与教学设计的对应性等都有很大的帮助。下面以北京市第十四中学李江泰老师上的初中一年级男生"武术：健身拳"课为例进行分析。

"武术：健身拳"教学设计

任课教师：李江泰　北京市第十四中学

一、指导思想

　　本课依据《义务教育体育与健康课程标准（2011 年版）》水平四的基本精

神和要求，坚持"健康第一"的指导思想，贯彻以学生发展为本和健身育人的理念。

课堂教学中，在充分发挥教师主导作用的前提下，从学生身心健康发展需求，努力构建学生在体育课堂教学中的主体地位，引导学生在学练中开动脑筋，积极思考，注重激发学生的学习兴趣和练习欲望，师生共同努力创设严谨和谐的教学氛围。

二、教材内容

本课内容选自人民教育出版社《体育与健康：七～九年级 全一册》教材中的"健身拳"。

三、单元课次

本单元共 9 次课，本课为第 5 次课。

四、教学背景分析

1. 教材分析

健身拳，属于长拳。其中包括拳、掌、肘、爪、勾的打法和脚踢、膝顶、头撞、按摔等技法，内容丰富，攻防特点明显。本次课为单元第 5 次课，学习和掌握健身拳 5~8 动作（转身按摔→提膝架推→分拳前撞→ 托撞双肘）。

转身按摔由上步、平搂、下按、跪膝四个动作构成，具有明显的攻防特点；提膝架推需要较好的身体重心和方向的控制；分拳前撞和托撞双肘注意着力点和节奏。其中，转身按摔与提膝架推动作的衔接是难点，包括转身的方向、支撑腿的稳定和手臂变化的路线。

"武术：健身拳"单元计划

教学目标	认知目标：了解武术的基本知识及锻炼价值。
	技能目标：学习和掌握健身拳的整套技术动作，发展学生的灵敏、柔韧和协调等素质。
	情感目标：培养学生勤学苦练、自尊、自信的品质，尊重和爱护同伴，加强武德教育。

续表

课时	技能目标	教学重难点	教法措施及要求
一	1. 学习武术基本手型、步法。 2. 学习武术操《英雄少年》第一节至第三节。 3. 通过武术基本功和武术操学习，发展学生的灵敏、柔韧和协调等素质。	重点： 手型介绍（拳、掌、勾）； 步法介绍（弓、马、仆）。 难点： 发力技术。	1. 教师讲解示范武术基本功，学生跟随模仿练习： （1）拳、掌、勾手型变换； （2）弓、马步型变换； （3）仆步轮拍； （4）正踢腿。 2. 教师讲解示范抱拳礼和预备动作姿势。 （1）抱拳礼的含义。含义一：拳代表攻，掌代表防，掌盖拳表示尊重对手；含义二：拳掌代表武林五湖四海皆兄弟。 （2）武术立正与队列立正的区别。并脚尖、分脚尖。 要求：抱拳两手臂与肩同高，大小臂约120°。 3. 教师示范武术操1~3节。 要求：认真观察。 4. 分解动作模仿练习。 要求：精神集中，动作路线正确。 5. 分组自练，教师各组巡视，个别辅导。 要求：小组长负责，练习积极。 6. 集体听口令练习，教师语言提示。
二	1. 复习武术操《英雄少年》第一节至第三节。 2. 学习武术操《英雄少年》第四节至第六节。 3. 通过武术基本功和武术操学习，发展学生的灵敏、柔韧和协调等素质。	重点： 手型、步型。 难点： 上下肢的协调配合。	1. 复习武术基本功，强调技术要领。 2. 教师带领复习武术操1~3节，针对练习中出现的错误，重点强调动作要领。 3. 教师示范武术操4~6节。 4. 分解动作模仿练习。 5. 分组自练，教师各组巡视，个别辅导。 要求：小组长负责，练习积极。 6. 集体听口令练习1~6节。

续表

课时	技能目标	教学重难点	教法措施及要求
三	1. 复习武术操《英雄少年》第一节至第六节。 2. 学习武术操《英雄少年》第七节至第九节。 3. 通过武术基本功和武术操学习，发展学生灵敏、柔韧和协调性。	重点： 手型、步型。 难点： 上下肢的协调配合。	1. 复习武术基本功，强调技术要领。 2. 教师带领复习武术操 1~6 节，针对练习中出现的错误，重点强调动作要领。 3. 教师示范武术操 7~9 节。 4. 分解动作模仿练习。 5. 分组自练，教师各组巡视，个别辅导。 要求：小组长负责，练习积极。 6. 集体听口令练习 1~9 节。
四	1. 复习和巩固武术操《英雄少年》，规范动作。 2. 学习健身拳第1~4动作技术。 3. 通过健身拳学习，发展学生的灵敏、柔韧和协调等素质，以及良好的身体姿态。	重点： 冲拳、弹踢、蝶掌动作准确规范。 难点： 协调连贯、劲力顺达、眼随手动。	1. 教师讲解示范整套动作，提示特点和要求。 2. 分解进行戳掌、冲拳动作。 第一步：直立抱拳； 第二步：弓步戳掌； 第三步：马步收拳； 第四步：跪步冲拳。 3. 模仿学习抽拳弹踢。 4. 分解动作练习进步蝶掌。 5. 教师找学生示范讲解各动作攻防含义。
五	1. 复习健身拳第1~4动作技术。 2. 学习健身拳第5~8动作技术。 3. 通过健身拳学习，发展学生的灵敏、柔韧和协调等素质，以及良好的身体姿态。	重点： 按、摔、架、推动作路线清晰，准确连贯。 难点： 动作协调、劲力顺达、舒展有力。	1. 复习健身拳第 1~4 动作技术。 2. 分步进行转身按摔动作。 第一步：教学弓步下按； 第二步：练习转身跪步； 第三步：教学完整动作。 3. 分解进行动作练习。 第一步：提膝架推； 第二步：交叉上架； 第三步：分拳前撞； 第四步：托撞双肘。 4. 教师找学生示范讲解各动作攻防含义。

续表

课时	技能目标	教学重难点	教法措施及要求
六	1. 复习健身拳第5~8动作技术。 2. 学习健身拳第9~12动作技术。 3. 通过健身拳学习，发展学生的灵敏、柔韧和协调等素质，以及良好的身体姿态。	重点： 顶膝、横打快速连贯，准确有力。 难点： 动作轻快、勇猛，劲力顺达。	1. 分解动作练习。 第一步：左腿提膝； 第二步：跳步顶膝； 第三步：落步转身； 第四步：马步横打。 2. 定式分解练习，纠正收式动作。 3. 反复体会正确的发力顺序方法，体会以腰带臂。
七	1. 复习和改进健身拳完整套路，规范动作。 2. 通过健身拳学习，发展学生的灵敏、柔韧和协调等素质，以及良好的身体姿态。	重点： 精神饱满、动作准确工整、舒展有力。 难点： 节奏明显，富有气势。	1. 反复进行分段纠正和整套练习。 2. 分组进行复习纠正和演示。 3. 重点动作分解练习进行纠正。
八	1. 熟练和巩固健身拳完整套路，提高整套动作的连贯性和节奏感。 2. 通过健身拳学习，发展学生的灵敏、柔韧和协调等素质，以及良好的身体姿态。	重点： 动作路线、动作方向。 难点： 各个动作衔接连贯，节奏分明。	1. 教师讲解评分标准。 2. 分组进行复习纠正。 3. 分组演示，教师引导学生进行评价。 4. 强调动作重点和难点。
九	检查学生掌握健身拳套路情况。	重点： 完成考核。	1. 讲解考核要求，进行复习提高。 2. 布置考核的组织程序，按程序组织考核和观摩。 3. 宣布考核结果，进行单元总结。

2. 学情分析

本课教学对象为初中一年级新生，通过两个月体育课的观察和了解，发现学生体育基本素质一般，柔韧性、协调性和身体平衡控制较差；小学没有接触过武术教材，武术基本功几乎为零，缺乏对武术的正确认识和理解。针对以上问题，本课主要从学生的养成教育入手，将课堂常规与武德相结合，通过严谨的教学组织设计、准确规范的动作示范、认真刻苦的学练氛围，培养学生的武术兴趣，提高学生的运动技能。

五、教学流程

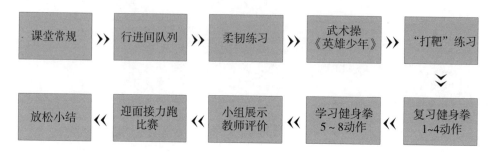

六、教学方法与手段

本次课根据学生的认知水平和实际能力，主要采取讲解示范、分解完整、分析讨论等教法，通过模仿练习、自主合作练习、游戏比赛等多种教法，使生生之间互相帮助、互相学习、互相指导评价、互相勉励提高，共同完成学习目标。

七、教学资源

1. 器材：接力棒 4 根。

2. 武术专用手靶 20 个。

3. 锥形标志筒 8 个。

4. CD 机 1 台。

"武术：健身拳"课时教学计划

年级：初一男生　　人数：37 人　　单元课次：第 5 次课　　教师：李江泰

教学内容：健身拳和迎面接力跑比赛。	
教学目标	认知目标：学生知道健身拳 5~8 的动作名称及攻防含义。 技能目标：学习健身拳 5~8 动作，85% 以上的学生在教师的提示和小组的协助下，能够较熟练地完成成套动作，并形成一定的武术攻防意识，提高灵敏、柔韧和协调等素质。 情感目标：培养学生认真观察、勤学苦练的学习习惯；学会尊重和爱护同伴，培养崇尚武德的精神。
教学重点：动作结构、动作路线。 教学难点：动作的连贯和用力顺序。	

续表

项目	课的内容	次数	时间	组织教法与要求
开始部分 3 分钟	一、课堂常规 1. 体委整队，清点人数； 2. 师生问好； 3. 检查服装； 4. 安排见习生，见习生随队听课，协助教师工作。		1 分钟	组织：四列横队
	二、宣布本课任务与要求 1. 学习健身拳； 2. 武德教育。		2 分钟	要求： 1. 集合做到快、静、齐； 2. 精神饱满，注意力集中。
准备部分 10 分钟	一、队列练习 1. 并队、列队走； 2. 并队、列队跑。		2 分钟	一、组织：如图所示 要求： 1. 排面整齐，精神饱满； 2. 脚步轻盈，动作自然。
	二、柔韧练习 1. 双人压肩； 2. 仆步轮拍； 3. 俯腰下压； 4. 正踢腿。	4×8	3 分钟	二、组织：四列横队呈体操队形 教法：教师领做，语言提示要领。 要求： 1. 双人压肩配合一致； 2. 仆步轮拍两臂异向同步，轮转充分； 3. 下腰上体尽量向腿靠拢； 4. 正踢腿上体保持正直，直膝勾脚高踢。
	三、武术操《英雄少年》 1. 起势； 2. 抻拉运动； 3. 开合运动； 4. 踢腿运动； 5. 侧展运动； 6. 拧转运动； 7. 俯仰运动； 8. 跳跃运动； 9. 收式。	4×8	5 分钟	三、组织 教法：教师和体育骨干领做，学生集体练习。 要求： 1. 动作正确，路线清楚； 2. 上下肢协调配合。

续表

项目	课的内容	次数	时间	组织教法与要求
基本部分 29分钟	一、学习健身拳 1. 复习1~4动作。 重点：冲拳、弹踢、蝶掌动作要领的学习。 难点：协调连贯、劲力顺达、眼随手动。 2. 学习5~8动作。 重点：按摔、架推、头撞和肘撞动作方法。 难点：协调连贯、劲力顺达。	3次	4分钟 20分钟	一、组织：如图所示 教法： 1. 分组独立完成健身拳1~4动作； 2. 教师评价，强调动作要领； 3. 教师领做，集体练习； 4. 教师完整示范健身拳5~8动作； 5. 采用"拍照"（或动作造型）学习方法，学习健身拳5~8动作； 6. 教师通过实战演示，讲解各动作攻防含义； 7. 在教师的指导下，进行各动作的衔接； 8. 分组在体育骨干的组织下练习健身拳5~8动作； 9. 教师对困难生个别辅导； 10. 教师讲解观察、评价的内容； 11. 小组展示成套动作，教师评价。
	二、"打靶"练习：马步冲拳		5分钟	二、组织 两人一组，一人持靶，一人练习，轮换练习。 教法： 1. 教师示范、讲解练习方法和要求； 2. 两人一组配合练习，教师提示要领。 要求： 1. 明确练习目的，体会动作要领，配合默契； 2. 注重武德，学会尊重同伴。

续表

项目	课的内容	次数	时间	组织教法与要求
基本部分 29分钟	三、迎面接力跑比赛 方法及规则： 1. 分成四组，迎面站立； 2. 统一右手传接棒，各纵队之间禁止站人； 3. 在起跑线后完成传接棒动作； 4. 在规则允许下，先完成组为胜，输者做5个俯卧撑。	3次		三、组织 分成四组，如图所示。 教法： 1. 教师讲解练习方法和要求； 2. 分成四组按要求进行练习。 要求： 1. 自觉遵守比赛规则，注意安全； 2. 积极参与，勇争第一。
结束部分	一、放松练习 二、小结 三、师生总结，收还器械		3分钟	一、组织 四列横队。 教法：教师带领学生放松。 二、小结 教师总结本节课完成情况。
教具	一块篮球场，接力棒4根，标志筒8个，手靶20个，CD机1台。			

安全措施：
1. 做好充分的准备活动；
2. 课前、课中、课后加强对学生的安全提示；
3. 场地布置合理、学生练习有序。

预计练习密度：35%左右。

课后小结：

该教学设计文本形式包含的要素比较全面，而且，还有详细的"武术：健身拳"的单元计划。教学设计内容撰写比较规范，既有较为具体的教材和学情分析，又有比较清晰的教学流程，最为具体和全面的是设计了本节课的课时计划（即教案）。从教案上来看，内容安排合理，目标具体，课的各教学环节的时间分配也很清晰，安全措施的提出也较为明确。可以看出，本节课的教学设计经过了任课教师的精心策划。之所以分析本节课，其主要目的是想通过看课，与教学设计做一对比，从课堂教学中看一看，教学设计有没有需要进一步完善的地方，经过认真准备的课是如何在课堂上体现的，以此来说明课前进行精心设计的必要性。

二、看课比较分析教学设计与课堂教学的对应性

通过课前了解教学设计，我们只能从文本中看出教学设计比较规范，但具体各部分的时间分配是否准确，教法组织是否合理、有效，我们还需要通过看课进一步分析判断，看该课，重点看教学设计与课堂教学的对应性。

（一）看开始部分与设计的对应性

【过程】

李老师在课前开始让学生检查服装，询问是否有见习生。这样做，节省了一定的时间，如表 3-1-1 所示。

表 3-1-1　开始部分各时间段教学安排

起始时间	教学安排	备注
1 分 34 秒	体育委员整队	课的录制从课正式开始前已经开始
2 分 10 秒	体育委员向老师报告人数	
2 分 50 秒	师生问好	
2 分 55 秒	宣布课的内容	学习健身拳 5～8 动作
2 分 59 秒～3 分 42 秒	提出上课的基本要求	在学习过程中，要体现武术的精神——习武首先要立德。德主要体现在以下几个方面：①自觉地遵守课堂常规；②尊重老师；③同伴之间互相尊重；④关心爱护同学。

【分析】

开始部分用时 2 分 8 秒，与教学设计中的安排（3 分钟）相比，有 52 秒之差。该部分的时间把握基本上说是准确的。

开始部分内容：严格按照教学设计中开始部分课的内容安排，完成了课堂常规和宣布本课任务与要求的所有内容，说明该部分的课堂与教学具有较高的一致性。

【启示】

开始部分时间安排基本准确，因为在体育委员整队前，老师安排了检查服装和安排见习生的内容，大约用时 35 秒。既使课堂上没有安排见习生，教学设计依然可以写出来，如该教学设计上写着"安排见习生，见习生随队听课，协助教师工作"。

（二）看准备部分与设计的对应性

【过程】

准备部分主要安排了三项内容：队列练习、柔韧练习、武术操，教学设计文本中各部分安排的时间分别是 2 分钟、3 分钟和 5 分钟，总时间是 10 分钟。课堂教学时间是否如此呢？看课记录的结果如表 3-1-2 所示。

表 3-1-2　准备部分各时间段实际教学安排

起始时间	教学安排	备　注
3 分 43 秒	队列练习	要求：排面整齐，精神饱满 要求：摆臂轻盈，动作自然
9 分 45 秒	柔韧练习	共 4 节柔韧练习操，每节 4×8 拍
14 分 19 秒	武术操《英雄少年》	共 9 节武术操，每节 4×8 拍
21 分 3 秒~21 分 58 秒	调整练习	调整呼吸、放松活动

【分析】

准备部分用时：通过该研究课发现，队列练习所用毛时间是 6 分 2 秒；柔韧练习所用毛时间是 4 分 34 秒；武术操所用毛时间为 6 分 44 秒；调整性练习用时 55 秒，统计结果显示，准备部分在课堂上的时间总共是 18 分 15 秒。

从时间的对应性上看，准备部分的设计时间与课堂用时相比相差 8 分 15 秒。为什么会出现准备活动时间设计与课堂教学差距 8 分多钟的现象呢？我们通过进一步分析发现，并队、列队走和跑的时间，设计中安排的是 2 分钟，实际用时达 6 分 2 秒；柔韧练习，设计 3 分钟，但是，实际用的毛时间是 4 分 34 秒；武术操的毛时间与设计的时间相比，超了 1 分 44 秒。总之，时间上出现了不对应现象。

准备活动内容：该部分除了按照教学设计的内容安排以外，在看课过程中我们发现，准备部分的最后，多安排了 55 秒的短暂放松活动，但教案中未显示，或许是任课教师根据教学的需要，临时决定做的调整性练习。

【启示】

准备部分内容，除了增加的临时调整性活动以外，设计与教学基本上是对应的。从增加的这项活动可以看出，在看课时，看课者并没有感觉到这项临时调整性活动多余。当学生在准备活动中负荷稍高的时候，有必要安排呼吸或肌肉、关节的调整，也就是说，课堂教学可以根据需要做适当的调整，或许会更加有利于学生基本部分的学习。

但是，从准备部分各项内容的时间分配和总时间的把握来看，超时现象比较明显，其中并队、列队走和跑超时达 4 分 2 秒，也就是说，是设计的 2 倍。柔韧练习也超了 1 分 34 秒，武术操超时 1 分 44 秒，另外，多出了 55 秒的附加活动。因此，从时间上给我们的重要启示是准备部分需要准确把握，尤其是时间上。准备部分多出的 8 分多钟，主要是调整队形、讲解方法、调整练习以及还有两次取送音响设备的时间。

这样的情况出现以后，一方面，需要查找原因，了解时间安排上出了哪些问题；另一方面，寻找解决办法，如柔韧练习可否减少到两个八拍，音响设备可否放得更近一些，中间的讲述可否再精练一些，等等。另外，我们在设计规划准备部分的时间时，需要对各项内容净用时和毛用时有一个估算，一般情况下，该部分的时间，应该用毛时间来设计，否则的话，很容易出现超时的情况。

（三）看基本部分与设计的对应性

【过程】

该研究课基本部分设计的时间是 29 分钟，其中有三项内容：一是学习健身拳，复习 1~4 动作，时间分配为 4 分钟，学习 5~8 动作，时间分配为 20 分钟；二是"打靶"练习：马步冲拳；三是迎面接力跑比赛，两者共分配 5 分钟。看课中记录的基本部分时间分配，如表 3-1-3 所示。

表 3-1-3　基本部分各时间段实际教学安排

起始时间	教学安排	备　注
21 分 59 秒	学习健身拳	主教材复习与学习
	1. 复习 1~4 动作	教师巡回指导
	2. 学习 5~8 动作	教师讲解一节后，带着学生做一节，学生模仿着做，共 5~8 节；教师领做，学生跟着模仿，教师提示动作方法；组长带领分组练习，教师巡回指导；集合；小组展示 1~8 动作，轮流展示；1~8 动作集体完整动作练习
46 分 36 秒~48 分 56 秒	"打靶"练习：马步冲拳	基本功练习
48 分 57 秒~49 分 23 秒	结束部分	简单小结

【分析】

基本部分用时：课堂教学基本部分的时间分布，第一部分内容"学习健身拳"总共用时 24 分 36 秒，其中复习 1~4 的动作用时 6 分 3 秒；学习 5~8 的动作用时 18 分 31 秒。第二部分内容"'打靶'练习：马步冲拳"用时 2 分 20 秒；第三部分"迎面接力跑比赛"未能组织。从实际课堂上的时间分配来看，复习 1~4 的动作的时间与设计的时间相比超了 2 分 3 秒；学习 5~8 的动作的时间与设计时间相比差 1 分 29 秒；"打靶"练习和迎面接力的时间与设计时间相比差 2 分 40 秒。总的来看，基本部分课堂教学时间是 26 分 57 秒，与设计的 29 分相比，差 2 分 3 秒，也就是说，基本部分未能达到设计的时间。

基本部分内容：课堂教学基本部分内容完成了两大项，其中一项完成了主教材的"学习健身拳"的重要内容，另一项是完成了"'打靶'练习：马步冲拳"。由于时间关系，第三项"迎面接力跑比赛"未能得到落实。另外，从教法上，实际教学中也做了适当的调整，在第三步教师领做，增加了"教师口令学生集体自主练习"，教师仅做动作名称提示。未完成第四步"教师完整示范健身拳 5~8 的动作"和第六步"教师通过实战演示，讲解各动作攻防含义"。而是在此环节增加了以下内容：① 教师一节一节地讲解领做 5~8 的动作；② 教师领做 5~8 的动作一遍；③ 教师领做，提示动作名称，学生集体模仿老师完成 5~8 的动作。

【启示】

从时间上看，基本部分内容的安排出入较大，最后一项"迎面接力跑比赛"未能完成。实际上，基本部分的时间未能达到预计的时间 29 分，而是相差 2 分 3 秒的时间。如果能从准备部分中挤出 2 分多钟的时间，也可以完成最后一项的教学。

教学设计与实际课堂的对应性需要引起我们的高度重视。该研究课为我们提供了一个很好的研究视角，就是如何科学合理分配时间，如何充分利用课堂时间。该课到最后显得仓促的主要原因，是由于没有很好地把控课堂时间问题。由于准备部分占用时间过长，一节课的总时间是有限的 45 分钟，一个环节的超时，必然会影响其他教学环节的时间不够充足。本节课的组织告诉我们，教学设计的时间尽管比较合理，但是，并不代表所有的课堂教学都能严格按照设计的时间如期完成教学任务，假如开始部分、准备部分、结束部分相差不到 1 分钟，基本部分相差不到 2 分钟，这是可以考虑的，因为我们的教案毕竟在时间的设计上仅仅是一种预计。但是，假如某一个部分时间超时或差时过多，就需要查找原因，分析为什么会出现超时或差时现象，从哪里把时间调整过来，等等。

除此之外，通过对该课的研究，我们还明白这样一个道理：教学设计中的时间分配应该引起我们的高度重视，我们的设计要尽量准确；组织教学应该确保每一个环节非常紧凑，力争不浪费时间，否则就很难确保时间的有效利用。

（四）看结束部分与设计的对应性

【过程】

教学设计结束部分安排了 3 分钟时间，其中包括：一是放松活动，二是小结，三是收还器材。课堂观察发现，结束部分只剩余 26 秒的时间，完成了小结、收还器材等内容。

【分析】

结束部分用时：从看课的情况来看，结束部分总用时 26 秒，与设计的时间 3 分钟相比，相差 2 分 34 秒。从时间的分配上看，教学设计比较合理，但是，由于准备部分超时比较多，基本部分未能如期完成设计内容，结束部分时间就显得有些紧张。

结束部分内容：教学设计在结束部分安排的三项内容中，放松活动在课堂上未能得到落实，其主要原因在于时间把握上有出入，导致结束部分内容未能完成。

【启示】

从时间上看，结束部分的课堂教学与设计相比出入较大。这一现象并非该课才有，我们平日在看课时，有时会经常看到，结束部分未安排放松活动或放松活动时间比较仓促，使学生很难达到有效放松的目的。有时，并非任课教师在设计时没有想到，而是在课的某一个环节由于时间的控制出现了偏差，未能严格按照设计中规划的时间开展教学活动，有时是因为教学的需要临时调整了某一部分的练习形式。但无论是什么原因，因时间分配上出现异

常，将会影响整个课的完整性，甚至有时还会影响到教学效果。

这一现象告诉我们，无论是常态课还是观摩课，都应引起我们对时间分配上的高度重视，每一个教学环节的时间把握要准确。这样，不但教学设计显得合理，而且课堂教学活动也能够顺利开展。但有些一线教师，往往在教学设计环节忽略对时间的高度重视，甚至出现对时间分配的随意性，如有的教案上各部分的时间之和，与各教学环节细分的时间之和不一致的现象。另外，由于体育课程的特殊性，每节课在结束部分安排适当的放松活动十分必要。因此，教师应该把握好课堂节奏，提前为放松活动预留一定的时间，带领学生完成放松，在确保体育课堂完整教学的基础上，不断提高教学质量。

第二章 常态课:看教法学法——"肩肘倒立"

体育课上最重要的就是教法、学法,有什么样的教法、学法,就会有与之对应的教学效果,因此,我们通过看课了解课堂教学的教法、学法极为重要。那么,该如何看课了解到教法、学法?从中学习哪些有价值的经验呢?下面以北京市育民小学何雪老师的"肩肘倒立"课为例,展开讨论。

一、看课前通过教案了解教法学法

作为一节常态课,"肩肘倒立"是北京市西城区育民小学何雪老师精心设计的一节小学五年级的体育课,该课的教案如下表所示。

"肩肘倒立"教案

班级:五年级四班　　　　　人数:30人　　　　　任课教师:何雪

教学内容:技巧:肩肘倒立;游戏:拔横绳。
教学目标:认知目标:初步尝试肩肘倒立的动作,了解屈肘撑腰和肩成三角之势的支撑方法。 技能目标:初步掌握两臂屈肘内收撑腰与肩支撑成倒立的动作方法,发展平衡能力。 情感目标:培养学生沉着、果断和勇于克服困难的品质。

项目	教学内容	时间	次数	学生学习方法	教师指导方法	组织与要求
开始部分	一、上课式 1. 队长整队; 2. 师生相互问好; 3. 宣布本课内容; 4. 提出本课要求。	4分钟			宣布本课内容,提出本课要求。	精神饱满,注意力集中。
	二、队列练习 1. 原地转法练习; 2. 向后转走。			节奏明显、动作规范。	有后转口令和无后转口令指导。	积极参与,练习认真。

项目	教学内容	时间	次数	学生学习方法	教师指导方法	组织与要求
准备部分	一、徒手操 1. 头部运动； 2. 肩部运动； 3. 体转运动； 4. 腹背运动； 5. 下蹲运动； 6. 弓箭步压腿； 7. 提踵练习； 8. 肘内收练习。 二、"课课练" 耐久跑。	8分钟	1	1. 跟随教师按照口令练习； 2. 节奏感强，动作力度适当。 两人一组互助练习。 按照耐久跑的能力依次排队，由慢到快逐渐加速练习。	带领学生完成练习。 与学生配合完成示范。 观察并及时提示练习中的问题。	认真练习，活动充分。 撑腰动作正确；双肘夹紧内收；前后距离适当；努力克服极点。
基本部分	一、技巧 肩肘倒立。 教材要点： 展髋伸腿向上，两臂屈肘撑腰和肩呈三角支撑，保持平衡。 保护帮助方法： 保护者位于练习者侧后方，在其后倒举腿时，握住两腿顺势上提。必要时可用小腿顶住练习者的腰部，助其展髋。	18分钟	2	1. 跟随口令做挺身练习； 2. 专注倾听讲解，并认真观察示范； 3. 听口令统一练习； 4. 专注倾听讲解，并认真观察示范； 5. 听口令统一练习； 6. 专注倾听讲解，并认真观察示范； 7. 听口令统一练习； 8. 专注倾听讲解，并认真观察示范； 9. 两人一组结合练习，尝试保护帮助方法； 10. 通过练、看、听的结合并根据自己实际情况做肩肘倒立练习。	1. 讲解并示范直腿坐撑→挺身支撑动作； 2. 讲解并示范仰卧举腿至头后，脚尖触地； 3. 观察学生动作，并及时给予提示； 4. 讲解并示范仰卧举腿后两手撑腰； 5. 观察学生动作，并及时给予提示、帮助； 6. 讲解并示范屈腿肩肘倒立； 7. 巡视并进行指导； 8. 讲解保护帮助方法并与学生配合完成示范； 9. 巡视并进行指导； 10. 鼓励学生独自完成肩肘倒立。	腹部挺起。 立腰直臂两手压垫。 撑腰动作正确，双肘夹紧内收。 想好要点再练习。 相互配合，积极参与，不盲目练习，注意安全。

续表

项目	教学内容	时间	次数	学生学习方法	教师指导方法	组织与要求
基本部分	二、游戏 拔横绳。	7分钟	1~2	1. 倾听方法和规则，并与教师产生互动； 2. 以小组为单位练习； 3. 学生分大组练习。	1. 讲解游戏方法及规则，并对学生进行规则教育； 2. 关注游戏全过程； 3. 参与评价。	遵守规则注意安全。 肯定成绩，尊重他人。
结束部分	一、放松练习 吹泡泡。 二、总结 三、收器材 四、下课	3分钟		1. 随着老师的叙述，"小泡泡"们飘舞放松； 2. 师生互动，学生相互评价学习情况； 3. 按值日表收还器材。	1. 运用生动的语言描述创设"泡泡"在空中轻盈飘舞的意境，引导学生放松身心； 2. 教师总结本课情况； 3. 提示学生码放整齐。	指定范围内练习。 诚恳虚心。
教具	海绵垫33块（2块备用），长跳绳4根。	场地设计				密度预计为30%~35%。
安全措施	1. 课前检查体操垫、长跳绳（4根合一粘捆牢固）。 2. 学生清空衣兜上课，并提示学生穿长裤。 3. 练习认真，做到令行禁止。 4. 随时提示，强化安全意识。					
练习队形						

续表

项目	教学内容	时间	次数	学生学习方法	教师指导方法	组织与要求
课后反思	肩肘倒立是《体育与健康》水平二中的教学内容，本课时的教学目标是：学习肩肘倒立的技术动作，发展学生的腰腹肌力量、灵活、协调等素质及平衡定向能力，提高学生自我锻炼能力，培养学生的创新意识及互帮互学的良好习惯以及沉着、果断和勇于克服困难的好品质。 为了更好地体现"教会学生学习方法"的新课程理念，这节课无论从教学组织形式，还是整个教学活动的实施过程，都体现以学生的发展为本，注重学生学法和实践能力的培养。 充分发挥教师引导的作用，从动作到形态，从动作步骤到方法练习的形式，不仅锻炼了身体，还有助于学生积极思维、动脑学习的养成。 从课堂效果看，每一名学生都积极投入，表现出主动、认真的学习态度。虽然是初学，但全班除体重过大的学生需要借助保护帮助完成动作外，其余学生都能够独立完成。刘懿伟还给了我和全班同学一个惊喜，他完成的动作质量非常高，听课老师都不禁为他鼓起掌来，优美的动作确实让大家振奋。在这种气氛的感染下，学生们都摩拳擦掌，跃跃欲试。学习氛围非常浓厚。					

二、看课中通过课堂分析教法学法

"肩肘倒立"是一节常态课，笔者亲自到现场看了该课，感触很深，下面重点从教师的教法和学生的学法方面谈一谈体育课堂看课的时候，如何把握教法、学法的特点与亮点。

（一）教师的教法

"肩肘倒立"这节课，任课教师所采用的教法主要从以下几个方面进行归纳。

1. 有效具体的安全防范法

课开始之前，老师检查了学生的服装、眼镜以及身上所佩戴的饰物等，凡是在学习肩肘倒立时有可能发生伤害事故的东西都被老师收集起来，暂时存放在操场上的某一位置，如图3-2-1、图3-2-2所示。

图3-2-1　老师在做课前安全检查

从课前对学生的安全检查可以
看出，老师不但对安全防范工作十
分重视，而且还给我们带来一定的
启发，体育课上的安全防范一定要
既有想法，又有做法，不能只是在
教案上写上"检查服装"，还要具
体落实到行动上，只有安全防范措
施具体，才能做到有效的防范。

图 3-2-2　老师在放眼镜等危险物品

又如，老师示范完肩肘倒立动作后，在让学生练习之前，老师说："倒立
结束屈膝放下的时候，一定要注意控制，这样不至于碰到你的脸。"这样的安
全提示，学生很容易明白该如何做，从而有效防范事件。

2. 灵活多样的课堂评价法

该课给我们的另一个明显的印象就是，授课教师对评价方式的把握较为
灵活，其灵活性主要体现在评价时机的把握，随时随处出现需要评价的，就
会十分自然地通过口头语言的方式
穿插评价环节。在评价方式的选择
上，主要采用的是表扬激励的形式。
如学生在准备活动围着操场慢跑的
时候，一方面，老师提示学生们应
该如何调整呼吸、脚如何落地、臂
如何摆等；另一方面，老师不停地
采用口头的形式表扬表现比较好的

图 3-2-3　跑步中提示方法

学生，如"某某同学的摆臂非常漂亮"等，如图 3-2-3 所示。

学生在练习过程中一旦听到老师的表扬，一般情况下都能提高练习的积
极性，表现得更好。

又如，当老师做完肩肘倒立的完整示范后，让学生体验动作，这时发现
其中有一名学生已经能够做出比较标准的肩肘倒立，老师走到他跟前说："李

伟同学真的很棒!"听了这样的表扬,这名学生倒立动作更标准了。然后,又让这位动作比较标准的、掌握动作比较快的学生给大家做一次示范,让全班同学都向他学习。老师说:"李伟是咱们班第一个做起来的,下面让他给大家做一下看看。"当李伟把动作稳稳地做起来后,老师带头和同学们一起给李伟鼓起了掌,并说"非常好"以表示鼓励。这种展示方式实际上也起到了及时评价的作用,不但能够激励展示者更加积极地练习,而且能够激励其他同学向榜样学习,提高练习的积极性。然后,老师又找了一个动作完成不太标准的学生做了一遍,给学生们讲了他存在的问题后,老师接着告诉学生们如何帮助这位学生完成动作,巧妙地把保护与帮助的方法介绍给大家。这种既有对比展示和评价的作用,同时也讲明了如何保护与帮助,达到了一箭双雕的效果。

3. 课堂练习及时提示法

学生在练习过程中,如果教师能够给予及时的提示,就能够让学生更加明确练习的方法,提高练习的有效性。本节课,学生在跑步过程中,老师不断地提示学生"体会摆臂对加快速度的作用"等。这样,学生就能在加大摆臂的同时,有意去体验加速跑动与摆臂加大幅度之间的关系。学生在跑步过程中,如果教师不提示任何语言,或仅仅提示说"跑步过程中一定要注意摆臂",或"加快速度,加大摆臂"等,都难以让学生主动去体验练习的效果。另外,在该课跑步结束后,老师让学生围着操场放松调整呼吸自然摆臂走一圈,并提示"自然摆臂,调整呼吸,均匀呼吸"等,学生随着老师的有效提示,达到了调整的目的。让两人一组进行夹肘练习的时候,老师说"顺势稍稍用力",等于让学生明白,不要用蛮力。实际上,还体现出了一种安全防范,假如用力过猛,或许会引起拉伤现象。老师让学生做肩肘倒立辅助练习、体会手按压垫子的动作时,提示大家"两只手一定要按压垫子,不要用手拽垫子"。由于学生对按压和拽两种动作方法有着明确的区分,因此,就不至于在练习过程中把"按压"当作"拽"来做。这种及时的提示,能够很快让学生掌握动作方法。

4. 观察示范明确指导法

一般情况下，在做示范动作的时候，并非所有的教师都告诉学生如何观察，而是说："同学们，下面我给大家做一示范，希望大家认真观察。"究竟该如何观察，实际上并没有说清楚。学生听了这样的语言，往往依然不会观察。但是，该节课老师在给学生做屈腿肩肘倒立示范前，却给学生交代得非常清楚："请同学们注意观察：第一，我压垫了没有？第二，手指尖是向哪个方向的？第三，在还原的时候，我做的是什么动作？看完以后我要提问。"这一番话说明了老师告诉学生该如何观察，不但要带着问题去观察，而且还要认真观察，观察以后要提问。因此，这一环节就足以证明教师会教，如图 3-2-4、图 3-2-5 所示。

图 3-2-4　老师讲解如何观察示范　　　图 3-2-5　老师做屈腿肩肘倒立示范

在老师有效的学法指导下，学生们很快掌握了屈腿肩肘倒立的动作方法，如图 3-2-6、图 3-2-7 所示。

图 3-2-6　学生自主练习屈腿肩肘倒立　　　图 3-2-7　老师观察指导学生练习

有效指导法的应用告诉我们，无论是讲解、示范，还是学生做练习，教师一定要对学生进行学法的指导，告诉学生如何听讲、如何观察、如何练习等，只有这样才能提高教学的有效性。如教师讲解什么是肩肘倒立时说："肩肘倒立，就是用你的肩和肘支撑住你的身体，呈倒立姿势。"学生一听就明白了肩肘倒立的含义。

5. 学生练习准确观察法

在教法中，实际上有一种容易被大家忽视的方法就是观察法。一提到观察，大多数教师都会想到学生在课堂上的观察行为，实际上教师在教学中认真有效地观察学生的学习情况也十分重要，因为只有通过准确的观察才能及时发现学生在学习过程中存在的问题，假如又能给予及时的纠正，学生的错误动作就能很快地改正过来。该节课，在学生练习环节，教师做到了认真而准确地观察，如当学生做肩肘倒立辅助性练习时，发现一名学生的手扶腰的动作方向反了，老师及时发现并上前做了纠正，如图 3-2-8 所示。

当老师讲解完帮助方法以后，学生两两之间体验如何帮助，老师通过巡回指导，及时发现了有的学生未掌握帮助方法，站在了做动作学生的前面，很难起到帮助的作用。于是，老师就走上前对其进行了纠正，如图 3-2-9 所示。

图 3-2-8 教师纠正学生的动作

图 3-2-9 教师纠正学生错误的帮助方法

（二）学生的学法

在这节课上，我们可以从中看出，有多种学法包含其中，也给我们带来
了一定的启发。

1. 多种形式的合作学习

合作学习是新课改倡导的新的学习方式，在这节课上，运用了多种形式
的合作学习，如在准备部分，首先老师让前后两名学生一组进行夹肘练习，
一人做动作，另一人轻轻扶住其肘部，顺势稍稍给力，加大练习难度，提高
练习质量及效果，如图 3-2-10、图 3-2-11 所示。

图 3-2-10　教师示范合作夹肘方法

图 3-2-11　两人一组合作夹肘练习

同学之间的再次合作是出现在两名学生共同完成动作上，其中一名学生
做动作，另一名学生帮助，如图 3-2-12、图 3-2-13 所示。

图 3-2-12　教师示范帮助方法

图 3-2-13　学生合作完成动作

图 3-2-12 所示的是老师站在学生身后做帮助方法的讲解，但由于未能强化帮助者应站的位置，因此，从图 3-2-13 中我们看到，学生在合作学习的时候，帮助者有站错位置的现象发生。该现象告诉我们，无论是哪个环节，都需要明确的学法指导；否则，学生就很容易忽略细节，有时细节也是关键环节。相反，那些认真观察的学生，在进行合作学习的时候，很快掌握了帮助的方法，两人之间配合很好。

2. 多次机会的自主学习

当老师做完示范或纠正完错误动作，甚至是学生展示之后，老师都会安排学生自主练习，而且，这样的练习在体育课上出现的次数最多。如当老师示范完仰卧顶髋动作以后，让学生按要求自主练习，如图 3-2-14 所示。当老师让一名学生展示之后，又安排学生每人 2 分钟的自主练习，如图 3-2-15 所示。

图 3-2-14　自主练习顶髋动作

图 3-2-15　自主练习肩肘倒立

从图 3-2-14 所示的练习情况可以看出，通过自主练习，学生很容易掌握比较简单的动作。而较为复杂的动作的自主练习，根据学生的身体状况、素质基础和技能基础不同，完成自主练习的效果有所不同。如图 3-2-15 所示的自主练习的结果表明，小胖墩儿的自主练习，独立完成肩肘倒立动作就比较困难，而有的同学已经能够在没有帮助的情况下独立完成完整的肩肘倒立。因此，老师通过安排学生自主练习，可以及时了解学生的差异性，并为区别对待教学提供重要参考。另外，老师让学生进行自主练习的时候，有偷懒习惯的学生，很容易在老师观察不到的时候停止练习。因此，需要把握好自主练习中的观察，及时发现并提醒学生坚持练习。

3. 拔横绳游戏竞赛法

本节课在基本部分快要结束的时候安排了一个游戏——拔横绳，并通过竞赛的方式锻炼同学间的团结、合作精神，以及力量素质的锻炼。这种竞赛方法显得新颖有趣，既体现了一物多用，又起到了锻炼综合能力的价值，如图 3-2-16、图 3-2-17 所示。

图 3-2-16　男生拔横绳比赛　　　　图 3-2-17　女生拔横绳比赛

对于小学生而言，除了比较爱动，而且还具有喜欢竞争的特点，因此，组织游戏比赛更能充分调动学生的兴趣。同时，学生们也得到了快乐的情感体验，如图 3-2-18、图 3-2-19 所示。

图 3-2-18　积极参与游戏竞赛　　　　图 3-2-19　快乐的啦啦队队员

第三章　评优课：听教学语言
——"软式垒球：击定位球"

看课重点在看，但也离不开听，因为教学语言主要是通过听觉器官完成的，而且，一节课上师生都说了什么，哪些是必须要说的，哪些是可说可不说的，哪些是一定不要说的，通过看课听教学语言可以对其有一个较为明确的判断。下面以一节河北省实验中学（石家庄第二中学）郄颖哲老师上的高中一年级的"软式垒球：击定位球"课为例，讨论一下教学语言。

一、看课前通过教案了解教学过程

郄颖哲老师的软式垒球教学，是软式垒球单元的 18 课时中的第 4 课时，教学设计如下。

"软式垒球：击定位球" 教学设计

【教材分析】

软式垒球是我校新开展起来的特色体育项目，因为其集跑、跳、投、打于一体，相较于其他投掷项目，此项目不仅能够锻炼学生的身体素质，还能培养学生的团队协作精神，提高学生的反应能力，是一项有利于学生强健体魄、锻炼意志、培养团队精神的项目。因其趣味性强，并有一定的竞争性，所以深受学生喜爱。

【学情分析】

本课教学对象为高中一年级学生，共40人（男女生各20人）。选修课第4课时，经过三节课的学习，学生有了一定的传接球及基本的防守技术基础，对于简单的防守封杀及跑垒和内外场防守分布能够认识清楚。针对这些基本情况，本课结合新课标，采用启发、创新、竞赛等教学手段，激发学生的学习兴趣，让学生在享受运动乐趣的同时学习运动技术。本课注重培养学生终身体育思想，并在此基础上实现身、心、社会适应三维健康的目标。

【教学目标】

本次课通过学习软式垒球挥棒击球的技术动作，实现以下教学目标。

（1）了解软式垒球运动的精神内涵并喜爱这项运动；

（2）使90%的学生正确掌握挥棒击球的技术动作，80%的学生能够在T座击球练习中准确地击中球，发展学生的力量、灵敏、协调等基本素质；

（3）通过游戏和比赛，培养学生热爱集体、积极进取、团结协作的团队精神。

【过程与方法】

1. 提问与讨论探究相结合发挥学生的主体作用。

2. 讲解与示范、正误对比相结合，理论指导实践。

3. 通过软式垒球游戏引导学生，由兴趣引起思考和学习。

【重点、难点】

重点：眼睛盯球，击球动作准确流畅，击球重心的移动。

难点：击球准确性。

【场地器材】

体操软垫16块，软式垒球40个，棒球40个，T座8个，足球场。

【教案】

授课教师：郄颖哲　　　　授课年级：高中一年级　　　　人数：40人

项目	教学内容	教师指导	学生活动	组织要求 达成目标	运动负荷		
					时间	次数	强度
开始部分	课堂常规：体委整队报告人数；师生问好；教师宣布本课内容；说明软式垒球和棒垒球的区别。	宣布本节课学习内容和目标，调动学生的学习兴趣。	认真聆听学习任务，了解学习要求。	组织： ♀♀♀♀♀♀♀ ♀♀♀♀♀♀♀ ♀♀♀♀♀♀♀ △♀♀♀♀♀♀♀ ▲ 要求：队伍整齐、精神饱满。	1分30秒		
准备部分	1. 绕垒跑。 2. 静态棒操：（右手持棒）颈后屈伸；全身伸展；体侧拉伸；体前屈伸展；体转拉伸；体后拉伸；两臂后平举体前屈；大腿前、后、侧拉伸；压肩；压肘；活动腕关节。	1. 带领学生进行慢跑热身、了解软式垒球场地。 2. 与学生一起做热身操，做操中提示学生动作有力规范。	1. 在老师组织下进行有秩序的热身活动。 2. 动作舒展规范。	组织：两列纵队慢跑。 垒间距20m 要求：口号响亮，集中注意力；熟悉棒垒球场地及垒包位置。 组织：体操队形。 要求：充分活动颈、背、肩、腰、髋、肘、腕及韧带。	10分30秒	1×10	

续表

项目	教学内容	教师指导	学生活动	组织要求 达成目标	时间	次数	强度
				运动负荷			
基本部分	1. 挥棒击球分解动作。 ①握棒： 要点：两手并拢，勿紧；手指第二关节一线。	1. 讲解示范。 2. 引导学生，观察动作。	1. 观察老师示范动作。 2. 找到握棒的正确方法，体会握棒的感觉。	组织：体操队形，每人一棒，熟悉球棒。 ♀♀♀♀ ♀♀♀ △♀♀♀♀ ♀♀♀ ♀♀♀♀ ♀♀♀ ♀♀♀♀ ♀♀♀ ▲	30秒		
	②准备姿势： 	3. 讲解示范（正面、侧面、背面）；练习挥棒；教师巡回指导。	3. 练习挥棒动作，要达到一边做动作一边口述动作。	握棒"并拢"；持棒"轻"；两肩"松"。 要求：手、膝、脚三点一线。	2分30秒		
	③引棒： 	4. 指导学生进行挥棒练习。	4. 感受在挥棒练习时身体的变化。	要求：重心稍稍后移，置于支撑腿（右腿）大腿内侧；上肢稍向后引即可。	1分		
	④伸踏挥击： 	5. 提示学生注意动作要点。	5. 体会挥棒动作的用力方向和顺序。	要求：两肩放松，两腿屈膝，重心位于两脚中间，盯住前方。	2分		

续表

项目	教学内容	教师指导	学生活动	组织要求 达成目标	运动负荷		
					时间	次数	强度
基本部分				要求:"紧和稳";体会重心移动和平稳转体。			
	2. 挥棒击球连贯动作。	6. 引导学生练习。 7. 巡回指导,帮助学生练习。	6. 互相观察同伴动作。 7. 找出动作要点,敢于展示动作。	要求:前导脚贴地滑步伸踏,伸踏距离以重心上下没有起伏为宜;转髋转体,用身体的旋转带动手臂挥棒击球。	2分	5~7次	
	3. T座击球练习。 ①5人一组击球练习: 1人击球,1人放球,3人防守。	8. 发现错误动作并有针对性讲解。	8. 练习击球。	组织:5人一组,分为8组,每组间隔5米。防守人不得靠近T座5米以内。	8分	6~9次	

续表

项目	教学内容	教师指导	学生活动	组织要求 达成目标	运动负荷		
					时间	次数	强度
基本部分	要点：侧身对准击球方向，伸踏脚脚尖垂直对准T座，盯球。 ②10人一组击球练习： 1人击球，1人放球，8人防守。	9. 引导学生找到动作关键、并展示动作特点。 10. 及时评价，组织学生练习击球，提示学生注意安全与纪律。	9. 团队分组合作。 10. 注意互相提示击球、防守。	 要求：轻击，做出完整、流畅的动作。 组织：10人一组，分为4组，每组间隔5米。防守人不得靠近T座5米以内。 	5分30秒	2~3次	
	3. 模拟比赛： 两块场地同时进行，10对10模拟比赛，抢占一垒。	11. 进行模拟比赛的讲解与演示，组织学生进行比赛。	11. 分组比赛。遵守比赛规则，发挥团队优势。	教法：讲解示范；练习挥棒击球；教师巡回指导。 要求：一人击球，一人放球，8人防守。每人击中球后迅速跑向场内防守换人，每次击球后防守队员逆时针跑步换位。跑步上下场，击球时，喊号示意，不扔棒。 要求：比赛礼仪，跑步上下场，击球后迅速跑向一垒。	6分		

续表

项目	教学内容	教师指导	学生活动	组织要求 达成目标	运动负荷		
					时间	次数	强度
结束部分	1. 在教师带领下学生做放松动作。感知意念、抖动拍打放松。	带领学生放松。	在老师带领下意念放松，抖动四肢，达到身心恢复。	组织：学生放松走成圆形。 ♀ ♀ ♀ ♀ ♀　　　　♀ ♀　　▲　　♀ ♀　　　　♀ ♀ ♀ ♀ ♀ 教法：语言导入，创设情境。	6分30秒		
	2. 学生自我评价。3. 教师对本课进行小结，布置回收器材。	总结、评价。	评价自己本次课学习情况并能互相评价，帮助回收器材。				
预计效果	练习密度：35%~40%。		预计生理负荷				

学生自我评价	附表1
课后反思	新颖的教学内容，特殊的技术动作，能很快地激发学生的学习兴趣。新颖的教学内容，如果没有科学的教学手段是不能持久发展下去的。因此，对于高中一年级学生学习挥棒击球的技术动作，本课利用分解教学、自主探究等教学手段以及比赛的游戏化，使学生能够很好地学习。根据课后的学生自评，我们可以清楚地知道，学生学习的具体情况是否达到了预期的教学目标，这为以后的教学提供参考。

附表 1

"软式垒球：击定位球"学习记录

姓名：	年　月　日

1. 能说出击球动作的基本要领吗？

　　(1) 能完全说出　(2) 基本能说　(3) 能说出一部分　(4) 不能　　□

2. 用力急击球 10 次，能打中几次？

　　(1) 10 次　　　(2) 8 次　　　(3) 6 次　　　(4) 0　　　□

3. 通过本节课的学习，正确地掌握了击球的技术吗？

　　(1) 完全掌握　　(2) 基本掌握　(3) 没太掌握　　(4) 没掌握　　□

4. 今天的课感觉很累吗？

　　(1) 非常累　　(2) 很累　　(3) 有点累　　(4) 不累　　□

5. 在学习过程中击球后的感觉怎样？

　　(1) 感觉非常好　(2) 感觉一般　(3) 有点感觉　(4) 没有感觉　　□

6. 今天的体育课感觉快乐吗？

　　(1) 非常快乐　(2) 一般　　(3) 有一点快乐　(4) 没有感觉　　□

7. 学习过程中能够与同伴很好地协作吗？

　　(1) 完全能够　(2) 一般　　(3) 勉强　　(4) 不能　　□

下节课要在哪方面再努力？

教师的话：

二、看课中记录并分析教学语言

（一）教学语言记录

【开始部分】

师：同学们好！

生：老师好！

师：好，稍息！大家都看到了，咱们今天场地上摆了这么多的 T 座，一共 8 个，这 T 座咱们不陌生吧？

生：不陌生。

师：T 座曾经见过，但真正用起来，今天是第一次。（举起左手，同时向上伸出食指，然后，举起两手，同时举起手中拿的棒）大家都知道，手里的棒子是干什么用的吗？

生：打球。

师：打球。棒球也是棒子，软垒也是棒子，都是打球，有什么区别呢？（等待学生回答，但学生没有回答出来，老师点一下头，然后说）不知道，棒球呢，是打运行中的球。而软垒呢，有 T 座，把球固定上去，放上去，打固定的球，难度是不是降低了？

生：是。

师：更简单，更容易打到球。

（这时，老师走到一个放有垒球的 T 座前，准备给学生做示范，上课 1 分钟的时候）

（老师做了一个非常漂亮的击打定位球的动作示范）

生：哇哦！（学生齐声发出惊叹之声，并不由自主地为老师鼓起了掌）

师：（走到学生面前说）想不想比老师打得更好？

生：（齐声回答）想！

师：想不想跟着老师学？

生：想！

师：好，立正。放棒。（这时师生共同把棒放在各自的脚前）

【准备部分】

师：全体都有，向右转。（1分20秒）好，女生，跑步走。（老师带领女生开始向前跑动）1-2-1、1-2-1、1-2-1，男生跟上。

师：（吹哨）嘟−嘟−嘟、嘟−嘟−嘟、嘟−嘟−嘟、嘟−嘟−嘟、嘟−嘟−嘟、嘟−嘟−嘟、嘟−嘟−嘟、嘟−嘟−嘟、嘟−嘟−嘟。

师：1。

生：嗨嗨。

师：2。

生：嗨嗨。

师：3。

生：嗨嗨。

师：4。

生：嗨嗨。

师：1。

生：嗨。

师：2。

生：嗨。

师：3。

生：嗨。

师：4。

生：嗨！

师：1-2-3-4。

生：嗨−嗨−嗨−嗨。

师：（吹哨）嘟−嘟−嘟、嘟−嘟−嘟、嘟−嘟−嘟、嘟−嘟−嘟、嘟−嘟−嘟、嘟−嘟−嘟、嘟−嘟−嘟、嘟−嘟−嘟、嘟−嘟−嘟、嘟−嘟−嘟。

（停止吹哨，师生静静地跑着，没有口令和哨声）

师：（吹哨）嘟－嘟－嘟、嘟－嘟－嘟、嘟－嘟－嘟、嘟－嘟－嘟、嘟－嘟－嘟、嘟－嘟－嘟、嘟－嘟－嘟。

（吹着哨声跑一会儿以后，师生又开始交替喊口令）

师：1。

生：嗨嗨。

师：2。

生：嗨嗨。

师：3。

生：嗨嗨。

师：4。

生：嗨嗨。

师：1。

生：嗨。

师：2。

生：嗨。

师：3。

生：嗨。

师：4。

生：嗨。

师：1-2-3-4。

生：嗨-嗨-嗨-嗨。

师：（吹哨）嘟-嘟-嘟、嘟-嘟-嘟、嘟-嘟-嘟、嘟-嘟-嘟、嘟-嘟-嘟、嘟-嘟-嘟、嘟-嘟-嘟。

（又一次静静地跑着，没有口令和哨声）

师：（吹哨）嘟-嘟-嘟、嘟-嘟-嘟、嘟-嘟-嘟、嘟-嘟-嘟、嘟-嘟-嘟、嘟-嘟-嘟。

（再次静静地跑着，没有口令和哨声）

师：（吹哨）嘟–嘟–嘟、嘟–嘟–嘟、嘟–嘟–嘟、嘟–嘟–嘟。

（吹着哨声跑一会儿以后，师生又开始交替喊口令）

师：1。

生：嗨嗨。

师：2。

生：嗨嗨。

师：3。

生：嗨嗨。

师：4。

生：嗨嗨。

师：1。

生：嗨。

师：2。

生：嗨。

师：3。

生：嗨。

师：4。

生：嗨。

师：1–2–3–4。

生：嗨–嗨–嗨–嗨。

师：好，左转弯（于是，学生左转弯跑过来），立定！（3分51秒）

师：全体都有，向左转（全体学生转向老师），稍息！下面呢，大家都看到了，把棒子拿起来（学生都把身边的球棒拿到手上）。（4分8秒）

师：立正！以中间同学为基准，持棒两臂侧平举，向中看——齐！（学生每个人右手持棒，快速做了侧平举动作）向前看！（同时，学生把侧平举的手都放下）全体都有，以前排同学为基准，持棒前平举，向前看——齐！（学生都是右手持棒，以前排同学为基准，做起了向前看齐的动作）抓紧时间调整自己的位置，向前看！

师：好，下面跟着老师来做，两脚开立，（4分50秒）与肩同宽，右手持棒，左手持棒头，向上伸展，好，仰头，头尽量向后，好，向左，感觉到体侧有抻拉的感觉，好，向右，好，还原。

两腿开立，向前体前屈，用力向前推出去，我看谁做得平啊，用力向前推，好，还原。

下面还是两脚开立，与肩同宽，跟着我做，用你的眼睛看你右侧的脚跟，好，反方向，好，停，还原。

现在两脚并拢，伸直啊，在这个时候，腿不要弯曲，（同时，老师用棒敲打一下自己的膝盖）好的，把棒子放身后，放过来，向下，好，放到最下面，能贴到脚跟的尽量贴到脚跟，贴不到脚跟的贴到脚踝，好，向上，慢慢地向上，慢慢地向上，抬、抬，好，身体呢，成了90°之后，就不要动了，然后，手继续往上走，好，手继续往上走，看谁的胳膊抬得最高，好，尽量往上走，好，慢慢地往下走，缓慢地往下，向下，对，感觉到大腿后侧有抻拉的感觉，回到脚踝、脚跟，好，还原。

好，现在呢，把我们的棒拿出来，用我们的右手持棒，放在地上，左手呢，扳着咱们的左腿（同时，老师做起了镜面示范），左脚的脚面，向后拉，感觉到大腿前侧韧带有抻拉的感觉，好，把你的膝盖向你的左上方抬起，抬平90°，甚至更大的角度，对，还原。

好，两手交换，换异侧腿，继续抻拉，好，大腿外展，膝盖，向右上方抬起来，好，停。下面用你的右手持棒，跟着我做，右手持棒，尽量向右（老师做的动作是左手持棒，右手放于左手肘关节内伸直；学生跟着老师的动作做相反手臂的持棒动作，发现有个别学生把没有持棒的手放在了肘关节下面，其原因是老师没有交代两个手臂如何交叉放位），向右压。换手，反方向，用力抻拉，感觉到大臂外侧有抻拉的感觉（这时候，需要老师做一个背面示范，让学生做对扭转方向最好），好，停。

现在呢，依然是右手持棒，从你的头上方放下来，用你的左手在后面慢慢地向后拉，（拉几秒钟以后）好，交换，这时候，把你的左手放过去，右手向后拉，用力，好，停。依然是右手持棒，咱们现在，放松、放松，让你的棒子前后摆动起来，对，摆动起来，摆起来，好的，现在向后转，好，转起来，我看哪一个做得最好，让你的手腕活动起来。好，向前，（观察几秒钟以后）转起来，转起来，好，交换，依然让它上下摆动起来，对，好，向后转，好，向前，停。（11分）

【基本部分】

师：现在，咱们两脚开立，双手握棒，以右手右打为例，如果你是左手的话，左打的同学，动作是相反的。右打的同学，左手放在下，右手在上，把两手胸前平举，好，收回来，向后压，然后向下，回来，向下，好，跟着我做，好，咱们越来越快啊，快了之后，好用力向下压，好，立住不要动，好，现在，向左，对，向右，左、右、左、右、左、右，好，快一点，好，停。好，放松。

师：好，全体都有，稍息。（12分18秒）咱们还按刚才的握棒姿势，其实，已经跟咱们正规的准备姿势有点类似了，握棒呢，用咱们的指根贴着棒子，五指并拢，两只手呢，靠在一起，不要太紧，两只手的手指的第二关节处，与棒子是一条线，一条直线，好，自己做一下。下面呢，准备姿势，记住三点一线，好，两腿微屈，脚尖指向前方，上体呢，采用咱们打雨伞的方式拿棒子，很放松，很轻松地把棒子拿起来，好，放在咱们的右腿上，右手呢，在上高于你的肩，或者平于你的肩，都可以，好，看到没有，膝盖、脚尖、手是落在一条直线上的，腰呢，挺起来，微含胸，不要罗锅。架起来，放松，两肩放松。眼睛呢，看向咱们侧面，往侧前方去看，对，与棒子的方向相反，好，摆出来，膝盖微屈，好，还原。

好，做一下侧面的，大家看一看。（14分19秒）两腿微屈，棒子呢，像打雨伞那样轻轻地拿起来，三点一线，手、膝盖、脚，眼睛看向棒子的相反方向，好的。

好，准备姿势，注意咱们的手指的第二关节处，是和棒子在一条线上，两手握紧，两手相靠，膝盖微屈，三点一线，眼睛看向棒子的另一侧，好，停。（学生模仿练习）做得很不错啊。好，准备，好了，继续往下走，好，现在，你的左脚呢，往回收，身体稍向后移，这个时候的感觉呢，感觉现在所有的压力都压在你持棒的这条腿上了，感受一下，是不是？

生：（齐声回答）是。

师：好的，现在，还是这种感觉，落地，这时候感觉哪只脚有压迫感？

生：（齐声回答）右脚。

师：还是右脚，对吧。右脚的前脚掌，落地之后呢，把棒子顺势挥击出去，转体挥击，转体挥击，好，还原。好的，准备，三点一线，手指第二关节处，好，引棒，好，感觉到，感觉到没有，右腿，右脚有压迫感，好，落地，挥棒。好的，停住，停住（这个时候，有个别学生没有停住）停住，（老师巡回指导）两腿夹紧，保证你身体的稳定性，好的，还原。好，听我吹哨咱们做啊，嘟（学生按照老师的哨声一起做动作），嘟（老师又吹了一声，学生有的动一动，有的一动不动，但是，不知道老师这个哨声是让动还是不让动的），嘟（老师又吹一次以后，学生都一起挥击一次），嘟嘟，好，（学生还原到站立姿势）还原，再来一遍，嘟，手腕放松，手腕放松，好，这两位女生做得不错，两个手要靠在一起，这个女生做得不错，这个女生也做得不错，嘟，引棒，感觉，感觉一下你的脚掌，嘟，（学生做了一次挥击）对，挥击。看有谁慌了身体，嘟嘟嘟（学生又一次还原到站立姿势）。（18分2秒）

咱们这次快一点啊，嘟、嘟、嘟（学生跟着哨声完成了准备姿势、引棒、挥击三个动作）。嘟嘟（学生又一次还原）。嘟、嘟、嘟（学生跟着哨声完成了准备姿势、引棒、挥击三个动作）。嘟嘟（学生又一次还原）。

好，稍息！（18分23秒）立正！以中间为基准，呈密集队形，向中看齐！向前看！稍息！好，前两排同学，蹲下。（18分40秒）

（老师拿一个T座，放在学生面前，靠中间一点，准备给大家示范）

下面呢，咱们开始做击球练习，T座击球练习，咱们呢，T座击球练习大家都看到了, 这是平的, 尖儿在后面 (同时, 老师用棒指着 T 座的下面), 尖儿指的是什么呢? 原来讲过。

生: 场外。

师: 对, 界外。界外区域, 当然了, 咱们是要往场内打球, 对不对?

生: 对。

师: 所以, 侧面对着它, 然后呢, 用咱们的脚尖, 深踏的那只脚, 左脚, 以右打为例, 左手左打呢, 则相反。左脚的脚尖对着 T 座, 对着球, 好, 大概距离呢, 一棒的距离, 或者自己调整, 你自己调整到最舒服击球为宜。做准备姿势, 深踏, 挥击, 开始打的时候, 咱们主要把这几个步骤做到, 轻轻地打出去, 不要用力, 轻打, 轻打, 轻轻地把棒子送出去, 做出动作来, 把棒子挥平, 挥稳, 把球打出去就可以, 不要发力, 每个人三次, 之后呢, 再做三次, 发力, 用 60% 的力量, 打球, 最后咱们在合组, 全力, 大力打球。

好的, 现在, 起立! 每组三个球, 一会儿, 分组之后, 拿球去练习, 好, 分组练习。

生: (齐声回应) 是。(20 分 47 秒)

(学生三个人一组, 拿三个球, 各自到分配好的场地上)

师: 好, 注意, 先轻打, 轻打。

(学生们站好, 并开始打球)

师: 对, 轻打, 先轻打。

(老师巡回指导)

师: 你的这个 T 座的位置, 咱们这个目标是这个垒包, 知道吧。

一位学生: 嗨。

师: (走到一组指导) 他打球的时候, 一定要注意, 站在这个位置。站到这儿。

师: (走到一组女生组) 手什么样的? 手? 慢慢来, 轻打。(老师看到一名女生仅仅是把球打到 T 座下面了)

师: 不要发力, 对, 每个人三次, 然后交换。他打球的时候, 你站这边,轻轻地打，把动作做出来，好，不错，很好，好，不错，很好，站位站位，怎么站的？脚尖对着哪？轻击，把动作做完全，完整啊，不要做了一半不动了，把棒子挥出去，对，轻击，把动作做完整。不是让你停在那儿。轻击，把动作做出来，把球打出去就可以，对，做出来，动作做出来，身体不要歪（老师看到一名女生打球的时候身体向一侧歪了）。不要歪，注意距离，你们要想，刚才老师给你们讲过的几点要求，咱们在做的时候的几点要求，好球。注意回传球啊，注意回传球，看着点，看着点，你打球的时候，一定要注意，捡球也一样，他抛过来的球，往这边走，知道吧，往这边抛。抛给他，你不要到这边来捡，这样会很危险，很危险。（23分46秒）（这时，老师发现一组学生练习的时候捡球和打球的动作很危险，于是集中讲解安全问题）

师：（吹哨）嘟嘟嘟嘟。

（学生都集中到老师这边）

师：不知道大家刚才有没有注意到，有一个同学在这里打击，挥棒打击，然后呢，旁边是不是有一个接球的同学？

生：是。

师：刚才这个接球的同学跑到这儿来了，为什么？传球的同学把球传到这儿，他就等着打击，如果说在这个过程中，他没有看到同学去捡球，想想，会不会打到他？

生：会。

师：是不是很危险？

生：是。

师：所以，一定要注意，T座，接球的人离T座一定要2米以外，2米以外接球，所有接球员回传给他的时候，这个人站在2米以外，然后，挥击完了以后，继续打击，明白了吗？

生：明白了。

师：好，继续练习。

生：好！（24分50秒）

（学生到练习场地继续练习，老师巡回指导）

师：好，把动作做完整，做完整，好的，好球。每个人轻击三次。握棒握棒，注意你的握棒姿势。动作做完整，引棒、深踏、挥击。注意你的手型啊，（老师手把手地教学生手型）好，继续，先轻打，然后逐渐地发力，在第二次、第三次打球的时候，注意稍微加力。

（老师观察学生的动作以后，准备集合）

师：（吹哨）好，大家集中一下，我刚才看了一下，有一个同学打击，出现一个问题，什么问题呀，打击的时候，为什么打不着球（边说，边做打不着球的动作）。一打，上去了，为什么？（26分36秒）

（个别学生回答：不行）

师：他的重心移到了前脚上，刚才一直说了，重心放在后脚上，对不对？

生：对。

师：对，打时放在前脚上了，眼睛呢，还有一个错误，眼睛没有跟球，（老师做一个挥不到球、眼睛不看球的动作）这样能打到球吗？

生：（边笑边说）不能。

师：身体坐住，重心三点一线，眼睛呢，始终盯着球，打出去，是吧？

生：是。

师：刚才呢，我看到有一位同学，做得非常好，（指着刚才做得非常好的学生）这位同学，来，给大家示范一下，这几个同学准备发球，来，往后撤一撤，看一看，距离，距离，（这个学生做一次示范，将球打出）看他的动作，中球，还是比较稳。下面继续分组练习。

生：（欢呼着）好！（27分40秒）

（各自跑到自己的练习场地，再一次练习起来，老师巡回指导）

师：注意身体的重心放在后腿上，不要左右移动，不要前后移动重心。好球，注意交换，防守与进攻对手要交换。好，手型，手型怎么样，两手靠近。

师：嘟嘟嘟。好，合成大组（男生合成两个大组，女生合成两个大组），球和棒，球和棒。（提示学生把球和棒放好）球棒，T座。注意调整一下咱们T座的位置啊，注意咱们的T座指向场内。两个人打，其他人上场防守，可以发力，可以发力。用80%的力量，用80%的力量用力打，体会击球的动作，体会击到球的感觉。全力跑，好球，每个人都要上场打击，知道吗？

一位学生：下一个。

师：好，快，跑起来。注意距离，注意距离，可以发力打球，好球，出局。注意发力顺序啊，注意发力顺序，好，定稳球，不着急。不着急，好，走走走走，快，跑跑跑，跑向一垒。快，等着你呢，好的，快点，全力跑向一垒。好，下面注意防守，好球，快快，跑步捡球，快一点，快一点，快一点，跑起来，好球。快快快，全力跑向一垒。注意动作，要发力，注意你的动作。好，直接接杀，好球。好球，快快快快快，快快快，跑向一垒。动起来，动起来，要往哪跑，注意，（看到一个学生没有打住球）击准球，好球。

（老师吹哨，32分33秒）

师：好，咱们这边场地集合。跑步跑步（老师边说，边做起了快速摆臂动作，提示学生跑步集合）下面呢，咱们都已经做过练习了，下面，咱们分组对抗，男生这里，传杀一垒，女生这里，举手杀。每队派一个队长，每队排头的吧。（石头剪子布，老师做出了手势）谁赢了，谁先攻，输了去防守。好不好？

生：好！（33分18秒）

师：一局啊，一局定胜负。开始。

生：好！（石头剪子布定攻守方）

师：好，我们下面开始互相行礼。（老师伸出胳膊，两掌心相对，打出手势，让双方互相行礼）

（女生两组分别见面握手，男生两组也如此）

师：好，回到原位。准备，比赛！（33分37秒）

（学生布置本方的防守阵容）

生：啊哦！

师：注意球，注意棒子，后面排队的也要注意距离，往后走。注意距离，全力冲向一垒啊。好，好球。

生：跑跑，快快。

师：好球、好球、好球。下面咱们增加点难度啊，在那站，在那站好就行，好的。

生：直接跑，直接跑。

师：快快快。3垒。好，注意后面人，后面人，注意啊，好，快快快快，快快快快，快。3垒。（一名男生又打击一个球，跑出）2垒。注意啊，不要扔棒，不要扔棒。好的，攻守交换一下。好，组织一下，组织一下，上场防守，组织一下。（35分24秒）

（学生交换了攻防以后，集体商议布局）

师：谁先打击，后面的人注意安全距离啊。好，快呀，交换攻守。

生：1、2、3，加油。

师：3垒。

生：（有的同学大喊）3垒。

师：注意，不要扔棒，大家都注意啊，注意不要扔棒。3垒。好球。快快，给他们加油啊。

生：加油！加油！加油！

师：2垒。

生：加油！加油！加油！好球、好球。

师：好球，跑起来。不管打到什么样的球，都要全力冲刺。注意距离啊。

师：好，收一下，把这些东西收到一起。（37分50秒）准备，准备放松啊。

（虽然听到老师要求要收这些器材了，但是有的学生依然继续跑垒，边跑边欢呼）

师：最后一个人了，是吗？时间到了。

生：出界了。

师：咱们现在打，是自由式规则，没有界啊。（同时两手交叉比画着）

【结束部分】

师：（吹哨）好，集合。（38 分 31 秒）快，跑过来集合，还是那个位置。好，互相行礼。（男生与男生、女生与女生每一组互相握手行礼）好，现在咱们放松，放松走向圆，走成一个圆。放松走过来，放松走过来，放松走成圆，放松，放松走。好了，放松走，放松走，好的，放松走，放松走，好，放松走，放松走，好，立定。好，现在面向我这儿。

（放松活动开始）（39 分 20 秒）

师：所有人，先坐下，咱们坐的时候，感觉腿怎么样最舒服？

生：趴着。

师：是不是分开了舒服？好，现在，把腿分开，平放在地上，好的，躺下。

（学生边发出声音，边躺下）

师：好的，两手在胸前交叉，放到你的胸前，两手交叉，好，两腿分开，闭上你们的眼睛，闭上你的眼睛，好，躺下去。慢慢地抬起你们的膝盖，好的，全脚掌着地，两腿微微地分开。现在从头开始放松，两眼在你的眼窝里，有上浮的感觉，感受一下上浮，想想你的眼球在你的眼窝里面，不停地上浮，放松，好的，放松，感受你的呼吸，一呼一吸，现在把你的注意力集中在你的嘴里、鼻腔、呼吸道，去感受空气在你的体内，一进一出。全身放松，你的背部，感受一下你的背部重力，贴到地面上，脚掌。越来越平缓地呼吸，没睡着吧？

生：（齐声回答）没有。

师：好，坐起来。（41 分 39 秒）

生：（有的学生）啊！

师：现在，自己抖抖胳膊，拍拍腿，拍拍你的大腿，在地上拍拍你的大腿。再两腿分开，然后，小腿，自己揉一揉，捏一捏，好，起立。起立！现在，身体前屈，体前屈，两手充分放松，自然下垂，好，抖动一下，伸臂，

充分地放松，好，停。(42分26秒)

师：好的，全体都有，向右转，这排女生，从这儿开始走，好，放松跟我来，好，跟我来，后面跟上，放松过来，每人一个写字板，坐下写东西，好，自己随便找地儿（同时，伸出双臂，向前指，表示让学生随便找地方），坐下来填写。(42分49秒，自评环节)

（每个学生拿一个写字板，坐下来进行自我评价，评价表上写着"软式垒球学习记录"。学生从拿到写字板开始写43分10秒，到44分4秒，全部填写完，并站好了队）

师：填完的同学，把写字板放在原位，过来站好队，想一想，自己想一想，自己哪方面应该努力啊？打击啊，传球防守啊（学生在填写过程中，提示语），写完为止，好，站好队。好，向右看齐！向前看！（44分9秒）稍息，简单地对咱们今天的学习，做一个评价，很多同学，学得很快，球，打得也很好，突出的，在那个场地的几名女生（边说，并用手指一指那个场地）打得非常好，还有几个男生，打的球也很习钻，很有力。记住咱们这节课的动作分几步啊？

生：三步。

师：都有什么啊？

（学生把今天所学的三步一一说了出来）

师：很好，咱们下一节课的努力方向你们刚才也都自己写了，是不是啊？

生：是。

师：希望这节课，不仅让你们喜欢上这项运动，而且希望能够让你们都感受到这项运动的乐趣，好的，咱们这节课就到这儿，一会儿大家一起把器材收回去，立正！（老师用左手把头上的帽子摘下来）好，下课！（边说，边向学生鞠躬）

生：（也像老师那样，摘下头上的帽子，向老师鞠躬）老师再见！

（二）教学语言分析

在看课的过程中，笔者详细记录了教学中师生教与学的所有语言，从文字量上来看，达 8000 余字，其中包括开始部分的教学语言、准备部分的教学语言、基本部分的教学语言和结束部分的教学语言。该评优课的教学语言表现出如下特点。

1. 讲解组织语言 "清晰"

从对语言的分析来看，在很多教学环节，教师讲解动作要领的语言和组织教学的语言都比较清晰，容易让学生了解和掌握动作概念、要领以及动作方法。如教师在比较棒球和软式垒球的区别的时候说，棒球是打运行中的球，而软垒有 T 座，把球固定上去，打固定的球，难度降低了。这样的讲解，学生一听就能够掌握二者的区别。

另外，教学生击球站位动作的时候，提出 "三点一线"，而且，进一步指出是手、膝盖、脚在一条直线上。这样的讲解既清晰，又容易被记住，因此，这些都属于有效的教学语言。

2. 安全防范语言 "具体"

在教学过程中，教师发现了有安全隐患的存在，立刻将学生组织起来，教师既没有不管不问，也没有像一般教师那样只说 "注意安全" 或 "一定要注意安全"，而是指出了当一个人在准备挥棒击球的时候，有人在距离很近的地方捡球存在危险性，并提出要求站在 2 米以外的位置接球，确保挥击不到人。

又如，教师调整持棒练习队形的时候，为了能够确保每人持棒做动作时打不到同伴，于是发出了这样的口令："以中间同学为基准，持棒两臂侧平举，向中看——齐！向前看！全体都有，以前排同学为基准，持棒前平举，向前看——齐！抓紧时间调整自己的位置，向前看！" 其中 "持棒两臂侧平举" 和 "持棒前平举" 都能够确保前后、左右间隔有足够大的空间。这样的队形能够确保练习的安全性。

3. 肢体与口头语言 "协同"

从看课过程中我们发现，有很多地方，教师在讲解或在组织教学某一环节的时候，既听到了教师的口头语言，同时又看到了手势等肢体语言同步出现，强化了语言的作用。如教师说"T座曾经见过，但真正用起来，今天是第一次"，同时，我们看到了，教师举起左手，并伸出了食指表示"1"的动作，强化了"第一次"的概念；又如，教师讲膝盖不能弯曲的同时，用棒轻轻敲打一下自己的膝盖，强化了不能弯曲的位置；再如，当组织学生进行教学比赛前，教师说，下面开始互相行礼，同时，我们看到，教师抬起两臂，两掌心相对，打出了两手相对靠近的手势，让双方互相行礼等。

4. 棒操等指导语言"详细"

在课的准备部分，教师带领学生做准备活动，教师的指导语言非常详细，学生听了基本上都能够把动作做到位。如教师边做边说："下面跟着老师来做，两脚开立，与肩同宽，右手持棒，左手持棒头，向上伸展，好，仰头，头尽量向后，好，向左，感觉到体侧有抻拉的感觉，好，向右，好，还原。"诸如两只手如何握住两端、体侧有抻拉的感觉等都很详细。学生听了以后基本上都能明白，而且很快能够模仿教师完成动作。

又如，教师做示范的时候，不但以右手右打为例，而且还讲明左手左打的学生，应该如何做。如在课的基本部分一开始，教师在讲解示范的时候说："现在，咱们两脚开立，双手握棒，以右手右打为例，如果你是左手的话，左打的同学，动作是相反的。右打的同学，左手放在下，右手在上，把两手胸前平举，好，收回来，向后压，然后向下，回来，向下，好，跟着我做，好，咱们越来越快啊，快了之后，好用力向下压，好，立住不要动，好，现在，向左，对，向右，左、右、左、右、左、右，好，快一点，好，停。好，放松。"这一番语言，既能让右手右打的学生顺利完成动作，还能够让左手左打的学生明白动作的方法，因为教师的指导语言相当详细和具体。

除此之外，我们通过看该课，还有很多启发，一是任课教师非常标准、漂亮的示范，让学生产生跃跃欲试的感觉。我们听到了教师做完示范以后学生响亮的掌声，还能够听到教师问："想不想比老师打得更好？"学生们齐声回答："想！"教师又问："想不想跟着老师学？"学生们洪亮的声音回答："想！"两个"想"字足以感受到学生强烈的学习动机和兴趣。由此可以看出，教师具有高超的专业技能，尤其掌握熟练的运动技能是多么重要。二是课堂规范有效的组织。从这节课的整体设计和课堂组织来看，没有发现非常明显的或严重的错误，课上各环节的安排比较流畅，过渡也很自然，教学方法和手段的运用比较有效，充分调动了学生学习的积极性。任课教师还在课的基本部分后期安排了让人人都有参与机会的教学比赛，课堂规范有效的组织给大家提供了很好的学习范式，说明教师具有较高的教育教学能力十分重要。该课不仅仅表现在教学语言的突出特点上，还有有效的教法和明确的学法指导，同时，教师对课上的安全隐患又采取了有效的防范措施，这是一节具有观摩学习价值的优质课。

体育教师专业发展丛书

评课的门道

PINGKE DE MENDAO

于素梅 著

教育科学出版社
·北京·

序

于素梅研究员的《评课的门道》书稿放在了我的面前，我一边赞叹她写书之快，也在惆怅疑惑关于体育课的纷扰、问题、争论、路数，当然也包括各种正确和不正确的"门道"怎么这么多呀！按说，体育课就是一堂课，为什么会变得如此复杂呢？这是因为体育课程是极具特殊性的课程，体育课堂是极具特殊性的课堂。

第一，社会对体育的期待是多样和多变的，体育课承载着不同时代、不同理论、不同意识形态、不同领导的不同的期待和要求，教育、健康、文化、奥运、卫生、生活、余暇、快乐、人格、卫国、劳动都是体育课义不容辞的责任。第二，体育课不像语文课、数学课那样明确、简明、齐整，有很强的顺序性和递进性，内容体系具有逻辑性，至少在当代中国，体育教学内容一直还是一个庞杂甚至有些混乱的内容体系。第三，体育课的教师并不是所有"体育"项目的专家和擅长者（健美操好的教师可能踢不好足球，篮球好的教师可能武术很差，更有一些只是跑得快、跳得远，但所有大球小球都不怎么擅长的教师），这在语文、数学的教学情境中是无论如何不可想象的事情。第四，体育课堂面临着一个比语文、数学课堂要复杂得多的"教学环境"，运动安全、场地布置、大小器材、气候天气、季节因素、运动负荷、身体差异、开放空间、学生交流、对下节文化课的考虑等，其组织工作要比语文、数学难上几倍，甚至几十倍。第五，体育课往往得不到社会和家长的重视，没有多少人会反对多上点语文课、数学课，也没有多少家长会容忍某个学校少上了语文课、数学课，更没有多少家长会容忍学生在语文课、数学课上什么都没有学会，但是同样，没多少家长会强烈反对少上了体育课，更没有多少家长会强烈抗议学生在体育课上什么技能都没有学会……

这就是极为特殊的体育课，因此，有着多样的学生发展目标、有着庞杂混乱的教学内容、有着不清晰的教材逻辑、有着复杂的教学要求和教学环境、有着背后"冷冷的"社会眼光的体育课堂，必定也是一种难以准确和科学评价的社会现象和教育行为。我想这也是于素梅研究员殚精竭虑去写《评课的门道》的内在动机吧。

"评课"是一个需要认真做的工作。但不可否认的是，当前的许多评课活动依然存在着为评而评、为名而评、因人而评的现象，甚至为挣钱而评的现象也依然存在，办得很热闹的评课多，去看热闹的体育教师也多，不少教师看完评课，依然没有从评课中看到学理、教程、教法、学法，依然没有在头脑中真正建立起对"好课"的评价标准，好像"评"和"被评"是永恒的主题，而对"体育课的评价标准"和"体育课的评价依据"的思考和讨论，以及必不可少的争论却似乎被永恒地忽略着，我想，这可能也是于素梅研究员《评课的门道》想要提醒大家的一件事情吧。

评课和看评课要入门道，思想里一定要有正确的体育课程教学观念。如果体育的教育观念歪了，那么坏课就可能被评成好课，好课就可能被评成坏课，我们在这方面的教训并不算少。

评课和看评课要入门道，也一定要有绝不放过发现现象背后的本质的敏锐眼光。如果没有敏锐的眼光，那么在体育教学中的那些瞬息万变的"闪光"和"败笔"就会滑过和被忽略掉。

评课和看评课要入门道，胸中还要有一颗谦虚的心。如果一个人不能谦虚好学，那么他心中的"自我放大"就会把别人认真琢磨出来的好经验看得一钱不值，这样的老师虽一时洋洋得意，但却一生不再进步。

评课和看评课要入门道，看课要看出门道，还必须要在心中有一面照见体育教师这一职业的镜子，要知道好的体育教师应该是什么样子的，还要知道体育教师的职业局限在哪里，知道学生喜欢什么样的体育教师。

……

评课和看评课要入门道，还需要很多条件。比如必须有对教学环境的敏感、对教学安全的敏锐、对教师仪表的审视、对天气与运动的理解、对个体差异的关心、对学生心理的体察、对身体疲劳的体会、对学生群体的了解、对学生思维的把握、对学生情绪的把控……这都需要体育教师的认真思考，认真的思考则来自对教育工作的忠诚，忠诚来自对教师职业的热爱，对教师职业的热爱则来自责任心，责任心必来自良心，而良心则来自一个人的"三观"！

我想，这才是我们能评好体育课、评清楚体育课的最大的门道，这一定也是于素梅研究员《评课的门道》一书最终所想告诉我们的"核心内容"吧！

再次祝贺《评课的门道》的出版。

全国学校体育联盟（教学改革）主席

北京师范大学博士生导师、教授

二〇一九年五月于上海锦江都城

前　言

　　体育教师提高教育教学水平，加强专业发展至关重要，其中掌握"备课""上课""看课""评课""说课"这"五课"的技能是基本要求。同时，这"五课"又是新课程改革以来，各地乃至全国体育教师基本功大赛、教学观摩展示活动、教师资格考试、教师招聘、教师教研等各级各类活动的重要内容和形式。然而，目前体育教师专业发展理论与实践相结合的专业论著尚不多见。经调查获悉，很多教师十分迫切需要得到这些方面的理论与实践指导。为此，笔者经过长期研究，设计并创作了有利于有效促进体育教师专业发展的系列论著，包括《备课的门道》《上课的门道》《看课的门道》《评课的门道》《说课的门道》。希望它们能够成为广大一线教师的良师益友，为体育教师成长与发展提供一些理论指导与方法借鉴，同时也希望能够为致力于体育教学及教师专业发展研究的研究者提供一定的参考。

　　"备课"，关键在于准确设计。体育教师对备课并不陌生，几乎每天与备课打交道。但是，从笔者当前所了解到的备课的现状看，体育教师对备课与教学设计、教案的关系问题的认识存在一定的模糊现象。尤其是如何将课备得更加准确、合理，备得更加充分，从而有利于教师在上课的时候从容应对。就这点来看，目前的备课环节还有一定的提升空间。基于此，本丛书也在"备课"如何准确设计、规范撰写上下了一些功夫。

　　"上课"，关键在于有效把握。就"上课"而言，有的教师能上但不会上；有的教师仅仅把事先写好的教案在课堂上演示一遍，课堂上新生成的东西不能灵活把握；还有的教师仅仅只顾教，而忽略了学生的学。尤其是新课程改革提倡培养学生的自主、合作、探究学习的能力，教师该如何在课堂上有效掌握并运用自主、合作、探究方式培养学生的学习能力，使其掌握有效的学习方法呢？基于此，为了提高体育教学的有效性，把握好上课的门道至

关重要。

"看课"，关键在于观察记录。无论是新任教师还是具有多年教学经历或积累了丰富教学实践经验的教师，"看课"都是其应掌握的基本技能之一。通过看课不但能够直接学习他人的教学经验，而且还能从中发现在上课的时候难以发现或感觉不到的问题。因此，"看课"已逐渐成为体育教师专业发展和教育教学能力提升的助推器。然而，不同的人或许有着不同的看课方法，那么，什么样的方法最有效？看课时的观察和记录该如何把握？常言说得好：会看的看门道，不会看的看热闹。掌握了看课的门道，不但在看课过程中能够有更多的收获，而且对评课或更好地上好课都将起到一定的促进作用。

"评课"，关键在于多元视角。"评课"又分评说与评分，其中的评说是通过语言交流表达自己看到的、听到的、想到的等。评分通常用于评优活动中，以量化打分的方式呈现。就以语言交流方式进行的评课而言，大家有一种习惯，很多人都是从评优点、提缺点和提改进建议三个方面展开的。假如是一次集体的评课活动，采用这样的评课方式，往往会出现这样的尴尬情景：先评者滔滔不绝，后评者无话可说。因此，难以调动更多人评课的积极性。实际上，评课的方式有很多，可以从多个视角去评。如从归纳课的特点来评；按课的教学步骤一个部分接一个部分地评；还可以从看课后得到的启发来评；等等。因此，掌握评课的门道对于拓展评课的思路与方法、提高评课能力等，都十分必要。

"说课"，关键在于清晰表达。"说课"重点要说清楚课是如何设计的，将如何上。"说课"尽管不像备课、上课那样日常化，但是，说什么、怎么说等依然是体育教师应具备的专业技能之一。会说的，能够把握说课的节奏、内容和方法；不会说的，说了半天自己也没弄明白课为什么这么上而不那么上。由此可以看出，要想把课的设计和实施说明白，需要一定的技巧，尤其是应重点说什么、说课内容呈现的顺序等都是需要掌握的。为了能够提高教师说课的水平，本丛书就"说课的门道"也做了重点的分析和研究。

本书重点讨论"评课的门道"。评课既包含有声的点评，也包含无声的评分。点评以指出优缺点和提出改进策略为重点，带有研究的取向。而评分多以判断能力强弱和水平高低为主，是比优劣的评，带有评优的取向。

《评课的门道》一书既有对点评方法与策略的描述，也有对评分标准与方法的研究与阐释。基于两种方式的评课，笔者分别从不同的角度，用大量案例分析评课的门道在何处，如何把握评课的门道。

《评课的门道》共分三部分十五章。第一部分，重点从理论层面介绍体育教师定性点评课应把握的基本理论与方法。即从评课的常见现象、评课的若干视角、评课的基本原则、评课的基本标准四个方面（即四章内容）对评课进行了基本概述。第二部分，重点介绍了体育教师评课的实践方略，分别具体地阐释了如何进行评课，包括评教学问题的方略、评教学内容的方略、评教师示范的方略、评学习方式的方略、评课堂评价的方略、评场地器材的方略、评突发事件的方略、评安全防范的方略八章内容。第三部分，重点进行了典型案例分析。介绍了三种类型课的评课方法，三种类型的课分别选择了三个典型案例。其中，评优课通过一节立定跳远课重点介绍了按照"六性"标准评课的方法，重点是量化评分的方法，也包含定性的成分，以及如何评出客观性。常态课通过一节肩肘倒立课重点介绍了按照十项要求评课的方法，重点是较为具体地提出了如何上好常态课，如何评出规范性。研究课通过一节快速跑课重点介绍了按照研究专题评课的方法，以及如何评出启发性。

在本书创作过程中，笔者尽管已经尽心尽力，但由于水平所限，难免会有不够完善的地方。对评课理论与方法的研究，尤其是就评课问题的探讨还有待进一步深入。愿与广大读者和一线教师共同努力，为我国的体育教育事业发展多做贡献。

于素梅

中国教育科学研究院

2018 年 12 月 31 日

目　录

第一部分　体育教师评课——理论准备

体育教师评课——实践方略

体育教师评课——课例分析

第一
部分

体育教师评课——理论准备

体育教师评课无论从形式上还是从方法上都与看课有着本质的区别，但是，看课是评课的前提和保障，没有全面、深入、细致的看课，评课就是无源之水、无本之木。也就是说，看课能为有效评课打下良好基础。但是，仅仅有看课的理论准备还不够，要想评出水平和技巧，也要掌握评课的基本理论。本部分重点从评课的常见现象、评课的若干视角、评课的基本原则、评课的基本标准等方面阐述评课的基本理论。希望通过本部分的探讨，能够给广大评课者带来一定的理论借鉴，为其后续研究提供基础数据。

第一章　评课的常见现象

　　评课对于诸多学科来说，都是十分常见的活动。基于体育学科的特殊性，与其他学科相比，体育学科具有比较明显的评课特点。为了更好地提高评课活动的有效性，很有必要对当前评课过程中存在的若干现象进行剖析。笔者通过参加全国、省、市、区、学校等各级各类的评课活动了解到，目前，有一些评课现象需要引起大家的重视，具体问题有待进一步改善。本部分重点对较为突出的逻辑主线不明确、视角切入不独特、问题分析不深入、课堂细节不重视、好课标准不统一五种现象进行分析，旨在为更加客观、合理地对体育课做出评判提供一定的参考。

一、逻辑主线不明确现象

　　在评课活动中，要对一节课进行评判，无论该课是优秀还是一般，对其做出评判一定不可缺少逻辑主线，即围绕什么进行评课要十分清晰。否则，很容易出现乱评现象，即"一会儿说东，一会儿讲西"，或"一会儿谈天，一会儿论地"等，让听者感到杂乱无序。例如，一节八年级的"足球——脚背正面踢球"课，有位老师是这样评的："这节课老师的教学语言非常精练，学生学习的积极性比较高，很多学生在比赛活动中奔跑拼抢比较积极，教学效果相对而言比较突出，器材的利用率比较高，但是收还器材学生的积极主动性不明显。"这一段评判，存在着一会儿说教师，一会儿说学生，又综合说效果，最后说到体育器材的使用和收还的问题。显然，这样的评课是缺乏逻辑主线的。表现出评课思路不够清晰的弊病，还容易出现遗漏或重复评现象。

　　关于评课的逻辑主线，实际上是很多元的。例如，以学生的学习效果为主线进行评课，可以围绕影响学生学习的内外部因素进行评说，如教材的选择问题、教学目标的设置问题、重难点的确定问题、场地器材的布置问题、方法手段的选用问题、教学技能的展现问题等，都是围绕效果来评。假如是以时间进程为主线，可以从开始部分、准备部分到基本部分，最后到结束部分，分段进行评说，优缺点也好，内容也罢，方法也可，都分别包含在课的对应部分。总之，评课逻辑主线应分明，思路应清晰，只有这样，评课才能达到应有的效果。

二、视角切入不独特现象

通过对大量评课活动的观摩，笔者发现大部分评课者都比较乐意采用优缺点式的评课方式，而且，大都先评优点，后评不足。无论对优点与不足是否有进一步的分析，这种评课方式是最常见的。然而，从优缺点这一视角进行评课缺乏新颖性，还往往表现出一定的局限性。如对课的真实感受或得到的启发有时就不知道该如何在评课活动中表达出来，尤其对于课中那些既未表现出明显是优点，也不能明确地归结为不足之处的部分，或属于课的特点的部分，就难以从优缺点的角度进行评说。因此，评课视角紧紧围绕优缺点开展的话，就会显得平淡和落于俗套，不容易显现出独特性、新颖性。听者也难以完全集中注意力并得到更多的启发。

然而，要想实现评课视角多元化，就要充分了解哪些方面可以作为评课的视角。多元视角各自所具有的优势和需要进一步完善的地方也要十分清晰。首先需要具有多元视角评课意识，即求变、求新的意识。其次，还要具有一定的能力，既包括洞察力，也包括归纳总结和表达能力。最后，具有创新意识和能力以后，才可以灵活把握评课的切入视角。如可以从"谈启发"的视角，将优缺点都融入其中；还可以从"谈感受"的视角，将优缺点融会贯通于感受之中。当然，还有更多的评课视角，如从"谈学习"的角度进行评课，即评课者从课中学到了什么，即便是课中出现的缺点，也可以换成"从这一现象中，我学到了……"等表达方式灵活评课。总之，评课视角最好能够独特，无论选择哪种视角，尤其是选择大家都不太熟悉的视角进行评课，往往能够达到意想不到的效果，会给听者带来更多的评课启迪。

三、问题分析不深入现象

在评课活动中，评课者对几乎所有的课都会指出尚需改进的问题。但一个较为普遍的现象是，很多人在指出是什么问题以后，对问题产生的根源分析深度不够，对问题带来的负面影响的分析也未足够重视。虽然有人会提及问题解决的策略，但是，由于问题的根源以及问题的影响未能得到深入分析，其策略往往都是泛泛而谈。究其原因，一方面是在看课环节，对真假问题的把握和区分还有待提高；另一方面，在深究问题的意识和能力上还有欠缺。例如，在评价一节课场地器材的使用情况上，或许有人会发现器材使用不当的现象，如篮球课上的间歇时间，少数学生坐在球上，有些老师视而不见，结果就会出现坐在球上的学生越来越多的现象。实际上，当老师看到学生坐在篮球上休息的时候，首先要能够确定这是一种不良行为，其次就要分析这是什么原因导致的。比如是老师对"如何爱护场地器材"的教育引导不到位，还是学生自身热爱场地器材意识不强、学生之间不能互相指出不足。另外，负面影响会扩散，一人坐、两人坐的时候，学生一看没有被老师制止，就会有更多的学生坐在篮球上休息、听讲，或观察老师的示范动作。假如有了这些分析，解决的策略显然可以更加具体化和更具有针对性。学生坐在球上的场景如图 1-1-1 所示。

体育课上存在的问题有的较小，有的却很大，且影响性较高。因此，在评课活动中指出存在的问题时，一定要全面把握问题呈现形式，弄清问题的性质是什么，什么原因导致的这一问题，该问题不及时解决会带来哪些影响，如何减少该类

图1-1-1 练习间歇时间学生坐在篮球上休息

问题的出现，等等。所以，即便是采用优缺点式的评课范式，对所存在问题的深入分析也是十分必要的。

四、课堂细节不重视现象

过去，在看评课的时候，关注细节的不是十分普遍。很多人会从教学目标的操作性、内容选择的适宜性、方法选用的合理性、场地器材布置的有效性等方面展开评说，而忽视对课堂教学细节的把握。如看完一节完整的体育课以后，有人说："这节课内容选择比较符合学生的年龄、性别特点；方法选用比较得当，取得了较好的教学效果。场地器材的布置也比较合理，避免了安全隐患等。"这种评课不能说存在什么突出的问题，但是，由于都是从大的教学要素进行的泛泛评说，而不是深入课堂细节，因此，这样的评课意义不大，而且等于在看课过程中未能把握住课的门道。当然，更没有体现出看课的门道。而门道存在何处？往往都体现在课堂细节之中。如从学生的掌声中我们听到了教学效果的真假，有的掌声来得很自然，而有的却显得很突然，即我们没想到有鼓掌的地方学生却鼓起了掌。当我们在分析教学效果的时候，单从学生的掌声中，我们就能区分出，哪些掌声是教师从学生那里要来的，哪些掌声是出于学生真实的心理应激反应。通过掌声的持久程度、鼓掌的原因、鼓掌的时机等，我们就能做出准确的判断。如一节课上，老师做示范之前，有一个较为明显的要掌声环节，即老师在做示范前说："同学们，下面老师给你们做个示范，如果示范动作做得好，希望大家给老师个掌声。"结果，老师刚做完示范，热烈的掌声就响起来了。实际上，通过观看和分析老师的示范，老师即便不向学生要掌声，学生也很有可能自然地鼓掌，因为老师的示范做得相当优美和标准。而要掌声是教师不自信的表现。

评课关注课堂细节，除了掌声，还可以观察学生的表情等，从表情变化中归纳总结出学生参与活动的积极性。

五、好课标准不统一现象

评课无论从哪个视角展开，都需要事先有一个好课的判断标准，否则，就难以确定哪些是优点，哪些是不足。但是，纵观若干评课活动，笔者了解到，当前，无论是正式评课，还是非正式评课，对什么是好课并没有统一的标准。甚至不同的专家对课的评判结果会存在明显差异，有的专家认为是比较好的课，有些专家或许会认为比较差。究其原因，除了缺乏统一的标准之外，实际上，还存在对课的认识深度不一、视角不同的原因。这就导致一线教师在对课的把握上缺乏稳定的、明确的方向性。假如有一个相对统一的标准或一些相对一致的评判要素，评课活动就会更具实效性。把课上成什么样也就会更加清晰。

随着课程改革的不断深入，对好课的评判尽管尚未构建出统一的标准，但大家认识上已经越来越趋于一致。通过对大量常态课和观摩课的观察、分析，以及与众多专家和一线教师的交流、学习，笔者发现，判断一节体育课是否是好课，从六个方面来评判，就会较为全面和具体。六个方面即真实性、完整性、准确性、创新性、实效性和安全性。

真实性，主要侧重于对一节课的设计和组织是否真真切切地从学生的实际出发，教学过程是否是一环扣一环，有教有学、从不会到会的逐步过渡的过程，有没有违背认知规律的现象发生，等等。课堂的不真实在观摩课中表现得较为突出，作秀成分越大越不真实。因此，在评课时，那些很大程度上带有作秀成分的课会越来越不被看好。

完整性是看课堂常规是否完整，课的内容安排是否完整。如上课有没有安排见习生，有没有检查服装和收还器材等常规，课的结束部分有没有安排放松整理活动等。课的结束部分收还器材如图 1-1-2、图 1-1-3 所示。

准确性，是要看一节课是否完成了设定的教学目标，是否是围绕强化重点、突破难点安排的教学手段，等等。有的课可能与目标比较接近，而有的课或许会与目标相距甚远；有的课在教学手段的选择和运用上，会围绕重难点的解决，而有的课却并非如此。因此，从这些方面可以判断课上得是否准确。

图 1-1-2　下课后个别学生在帮助捡沙包

图 1-1-3　下课后每个学生都收还自己使用的垫子

　　创新性，无论是常态课还是观摩课，要上好一节体育课，老师最好有良好的设计意识。有的可能围绕如何提高学生的兴趣做了一些尝试，有的可能会围绕强化重点、突破难点有一些新的考虑，等等。但无论如何，有良好的设计意识的课，会显得比较新颖，有助于促进学生乐学。

　　实效性，是评判一节课是否是好课的综合指标，是诸多因素集合而成的指标。学生通过参与体育课堂学习，假如能够体现出学准了、学会了、学乐了、学热了等状态，实效性就会有所凸显。或者更为简单地看课堂上学生学习的三个关键要素：乐、动、会。因此，评课的时候，可以依据课堂上的效果达成，将不同的课划分为缺乏实效性、实效性有部分体现、实效性有明显体现等不同的层次。

安全性，是所有体育教育工作者都十分关注的，但安全性在课堂上的表现也是分层的，有的安全性较强，有的一般，有的较弱，结果会区分出不同的安全层次。比如，有的课上有隐患但无安全防范，这是缺乏安全意识的体现；有的课上有隐患，有防范但不具体，这是安全防范方法缺乏的表现；还有一种情况是有隐患，防范也具体，但没有及时跟进，即提出具体防范措施或要求以后，未顾及结果，未对防范效果做出及时评判和提出更加有效的措施。总之，依据出现的不同情况的安全防范问题，体育课的安全性高低也自然能够得到有效区分。

评课活动十分常见，评课存在的有待改进的现象也相对比较多元。明确各种现象产生的根源，对有效把握评课技巧具有一定的促进作用。评课活动开展得如何，有无统一的评课标准更加关键，通过分析课的真实性、完整性、准确性、创新性、实效性和安全性，基本上可以对一节课是否是好课做出定性的评判。为了进一步对评课的常见现象进行总结，下面做一个简单的归纳。

**评课的
常见现象**

评课现象有很多，　不同角度分开说；

逻辑主线不确定，　东评西说难对应；

视角切入欠新颖，　评课效果显不同；

问题分析不深入，　心服口服难保住；

课堂细节不重视，　生动真实变其次；

好课标准不统一，　认识不同有分歧；

消除现象很重要，　走出误区为最妙。

第二章 评课的若干视角

评课不仅仅是专家、教研员或指导教师需要做的，广大一线教师也同样需要掌握一定的评课方法，以便更好地相互交流和学习。同时，现在越来越多的检验教师专业技能水平的测试或比赛也采用看评课方式了。因此，对评课多元视角的了解和灵活把握十分必要。评课要体现出一定的水平，需要有合理而独特的评课视角。纵观以往评课的方式方法，优劣式的评课方式较为常见，但有时会出现先评者评完优缺点以后，后评者重复评或无话可评的现象。因此，拓展评课视角，既能在评课过程中评出新意，还能听到意想不到的评课内容。本章重点谈几种不常用但又较为有效的评课视角，供大家参考。下面重点介绍优劣式、特点式、亮点式、启发式、感受式、学习式、分段式、要素式八种评课视角与方式，以及应把握的关键。

一、优劣式：强化分析与建议

优劣式即优缺点式，假如用优缺点式的评课视角对体育课进行评判，也许大多数人都能够评出一、二、三，但即便是都能评，评课的效果和显现出的评课水平也存在一定的差异。具体表现在：有些人仅仅只是罗列出来课的优缺点是什么；有些人不仅对优缺点有罗列，还进一步做了分析，但没有提出改进建议；有少部分人既有优缺点的罗列，还有对问题的分析，更有建议的提出，但在分析的深度和全面性上有待进一步提高，提出的建议仍有挖掘和提升的空间。为此，就采用优缺点式的评课视角而言，需要调整原有的评课思路和方法，强化对优缺点的分析，即要有较为充分的理由说明为什么是优点，为什么是缺点，优在哪里，缺在何处。除此之外，对缺点提出有针对性的且独到的改进建议更为重要。这样能让任课教师对评课结果充分认可。这样的优劣式的评课才更具有实效性。

二、特点式：高度概括与归纳

特点是什么？是人或事物所具有的特别或特殊之处。利用特点式的评课视角对于新任教师而言，可能会有一定的难度。因为要对一节课有整体的把握，并找到课的特别或特殊之处，而且还要能够做出高度的概括，如用"真、新、实"或"大、高、全"等概括一节课的特点等，新任教师是不太容易做到的。除此之外，还需要具体分析这些特点是如何概括出来的，有哪些具体的教学环节支撑。过去采用这一视角进行评课的人不多，因此，大多数人对如何通过归纳特点进行评课并非十分熟悉。特点式评课的重点在于，如何高度概括和归纳特点，并能从特点切入进行评课。一节体育课无论是好是差，都可能具有一定的特点，当然，特点并非都是优点。例如，通过观察一节投掷实心球课，评课者发现，老师在课上采用了多种新颖的教学手段吸引学生的注意和激发学生的兴趣，达到了很好的教学效果。为此，我们可以用一个"新"字对各种新颖的教学手段进行概括。那么，接下来需要继续谈新在哪里、新的价值和新的实效性，也可以在谈"新"的时候，将需要进一步完善的地方指出来，并提出合理化的改进策略。要想高度概括，就需要从全课来看多次出现的相同特性。假如只是在课的某一处有一种现象，就难以用"特点"二字来归纳。如课的基本部分后期安排一个较为新颖的游戏，这只能说明，游戏比较新颖，而不宜概括为整堂课具有"新"的特点。

三、亮点式：明确分辨与解析

看体育课的时候，有时会让你有眼前一亮的感觉，甚至还有可能在一节课上多次出现这样的感觉。假如遇到这样的课，我们就可以尝试一下亮点式的评课方式。但是，值得进一步说明的是，对出现的亮点假如不进行明辨的话，很有可能都看成优点，这对评课的客观性和真实性就会带来一定的影响。为此，当要从亮点这样一个视角进行评课的时候，需要把握两个关键点。一是当眼前一亮的时候，要能够定神思考和进一步观察，最终做出明确的判断，这一亮点是能够促进课堂教学的有效性，还是难以促进，甚至会带来一定的负面影响，即要有明确的分辨。只有这样，评课的结果才会更加客观和真实。二是对亮点做进一步的解析，联系整堂课的设计，说出亮在哪里，亮的必要性和有效性。假如该亮点依然存在不够完善的地方，我们就要根据看到的情况，结合自己的经验，提出合理的改进建议。然而，仅仅采用亮点式的评课方式，或许会给人们造成一种错觉——只说亮点，而不说不足。实际上，这种顾虑的存在不足为奇。真正的亮点式的评课，除了分析和阐明亮点之外，还会或多或少地结合自己的判断，对不是亮点而是有待进一步完善的地方，提出有针对性的建议，这才是完整的亮点式的评课。

四、启发式：善于联想与提炼

笔者从以往的评课活动中发现，用启发式的评课视角的评课者更为少见，甚至有些人未想到过可以用谈启发的方式来评课。实际上，假如一节课能够带给你诸多启发，那么采用启发式评课方式进行评课，很有可能比单纯评课的优缺点更有新意。而且，一节课带来的启发不一定都是由课的经验或优点引发的，还有一点不可忽视的是，如果课存在某一方面的问题，也可以从所受启发的角度进行评课。假如启发源于优点，可以表述为："某一教学环节启发我，在将来上课的时候，要能够充分体现出……"假如看到的是课中存在的教学活动（如评价活动、课堂常规等）不够完整的问题，也可以表述为："这种现象给我带来的启发是：教学活动的呈现要充分考虑其完整性等。"也就是说，启发式的评课实际上已经将课的优缺点都隐含其中了，在表达启发的过程中，已经全面地说出了大家习惯于用优缺点表达的对课的评判。然而，要很好地运用启发式评课方式进行评课，需要把握的是：要善于联想与提炼。所谓启发式评课的联想，是对看到的教学环节或某一现象进行延伸，充分考虑为什么会出现这一现象，为什么会安排这一教学环节，假如换一种方式是否会更有效。联想以后，自然就会有启发，而且不同的教学现象会带来不同的启发。提炼是对多种杂乱无序的启发的归类，是进一步归纳哪些启发源于优点，哪些启发源于缺点，并对如何采用经验和规避缺点的综合启发进行归纳和整理，然后具有一定逻辑性和层次性地表述出来。这种视角将会给人耳目一新的感觉，新就新在这是一种基于优缺点，又超越了优缺点式的评课方式。

五、感受式：用心领悟与总结

看完一节课以后，每个人都会有一定的感受，有的人感受深刻，有的人感受一般。当一节课让你感受十分深刻，又有表达的欲望的时候，采用谈感受的方式来评课也会达到较好的效果。然而，感受从哪里谈起，先谈什么后谈什么。感受可以作为逻辑主线，但逻辑起点是什么，需要在评课之前、看课之后有一个清晰的脉络。我们既可以按照课的结构来谈感受，也可以按照感受从深到浅或从浅到深的顺序来谈，还可以谈对课的几点最明显的感受。当然，对课的感受不一定都是课的特色或优点，也有可能对课上存在的问题感受较深，这样就可以围绕问题来谈感受，并提出自己的看法。但无论是谈感受的顺序，还是谈感受的内容，都需要评课者在看课活动中认真地领悟，并及时做出总结，才能有条理地从感受评起，并评出新意。其中，思考与联想是能否归纳出感受的关键，因此，边看边想，并对印象深刻的环节进行思考：它是什么，为什么，怎么才能更好，等等，这样自己对课的感受就会自然而然产生出来，并作为评课的关键点一个个积累起来。

六、学习式：客观评判与引领

在看评课活动中，无论我们看到的是一节何种质量的课，都有值得学习的地方，只是有的需要学习的地方比较多，有的少些。只要能够抱着学习的态度去看去评，就能达到学习的目的。因此，换一种评课视角，从学习的角度评课的话，也能够评得很全面和深入。那么，学习式的评课视角如何切入？这是评课者所关注的首要问题。实际上，一节课无论是其优点，还是不足，我们均可以转换为从一个学习者的角度谈这些方面。评课的内容可以先从优点部分谈起，具体的评课语言表述可以是："从这节课中，我首先学到了……"即可以把明显是优点的内容集中在这里谈。然后，谈课的不足的时候，不直接说不足之处，而是说"通过观摩学习，有几点想法和大家进行交流"，这时可以对看到的课的不足，谈几点个人的认识。在谈课存在的不足的过程中，我们依然能够学到，以后在自己的课上可以避免出现这些问题，甚至会把课上得更加完美，这实际上也是学习的过程，即学到了如何规避问题。学习式评课需要注意的是，要能够客观评价一节课，尤其是在判断优缺点的时候，对优点的判断一定是准确的，否则就容易产生歧义。因为，在采用学习式评课的时候，优点往往会以"值得学习的地方"来评说，假如优点的确定缺乏充分的依据，或出现不当或错误判断，学习式评课就失去了应有的价值和选择的意义。

七、分段式：把握顺序与分类

体育课最常见的结构划分是准备部分、基本部分和结束部分三大部分，即三段式，或开始部分、准备部分、基本部分、结束部分四大部分，即四段式。因此，在评课的时候，也可以按照这几个部分逐一来评。这样一来，既不同于过去大家习惯的优缺点式的评课视角，也不是按照得到的启发、感受进行评课，而是将两种以上方式进行整合，综合评课。为此，需要把握时间顺序和所评内容的类型。在时间顺序上，最先评的是课先出现的，如从集合整队、安排见习生、宣布课的内容等开始，最后评的是课上后出现的，如课的结束部分，放松活动的安排、小结和收还器材等。中间的准备部分和基本部分主教材的学习等内容是在中间来评。然而，除了按照时间顺序考虑各部分所评内容之外，实际上不可忽略的是进入各部分之后，是按照明确的优缺点逐一来评，还是不分优缺点只是按照各部分的教学要素来评，如在场地器材的运用上、在教学方法的选择上、在内容搭配上等。从评课的实效性来看，假如选择分段式评课视角，对各部分进行评的时候，依然可以评优缺点。这种方式与单纯的优缺点式所不同的是，将优缺点按所处阶段进行分析，即按照出现的先后顺序呈现，而不是按优缺点的大小和重要程度。因此，所谓的分类就是优点和不足两大类。当然，也可以采用自己习惯的评课方式，如按对各部分的感受来评，按从各部分得到的启发来评，等等。但无论如何，分段式要体现出时间顺序。

八、要素式：明确定位与协同

一节完整的体育课所包含的要素很多，既有人和物的要素，也有事的要素。人，无外乎老师和学生；物，不仅包含教材、场地、器材，还包含辅助教具，如多媒体教具、自制教具等；事，相对比较抽象，但在教学中起着关键性作用，如教学目标的设置、重难点的确定、教学方法的选择、德育渗透时机的把握等。在评课的时候，从全面性来考虑，评什么？首先要在人、事、物中间有一个明确的定位，既可以人、事、物综合来评，还可以以某一方面为主分开来评。但无论如何定位，都不可忽视人、事、物之间的关联性。如评物的时候，不可忽略与人的联系。如场地器材布置和使用是否合理，是人在使用过程中发现和判断的，离开人，单独谈物，难以对其合理性进行全面而深入的分析。因此，在定位的时候，要能够用相互联系的眼光，这是有效评课所不可忽略的。除此之外，按照要素式的视角进行评课的时候，要充分考虑要素之间的协同问题。即评某一方面的时候，要充分考虑及时跟进的另一方面是什么。如评教学目标设定是否合理，除了要评教学目标文本撰写的具体性、可操作性、全面性以外，需要考虑体育课堂各种教学手段是否是围绕有利于目标的达成安排的，还要考虑教学内容的搭配是否有利于教学目标的达成。同时，假如一节课的教学目标设定不够全面，只有大多数学生的目标，而缺乏少部分学生的目标，还可以延伸到在贯彻落实新课程理念的时候，未能充分体现《义务教育体育与健康课程标准（2011年版）》第四条理念"关注地区差异和个体差异，保证每一位学生受益"。因此，明确定位要素与要素之间的协同问题，是要素式评课应把握的关键。

就评课活动而言，不同的人有着不同的评课风格与习惯，优缺点式的评

课相对比较常见。除此之外,本章还讨论了特点式、亮点式、启发式、感受式、学习式、分段式、要素式这些评课视角。之所以如此,是因为想告诉大家,评课的时候,并非只有优缺点式一种视角,还可以站在不同的角度来评,而且灵活采用多视角评课,既是评课能力的体现,也是评课向全、深、新发展的趋势所要求的。为了进一步对评课的若干视角进行总结,下面做一个简单的归纳。

评课视角有不同, 自主选择方法明;

优缺点式最常见, 分析建议要呈现;

特点式评有侧重, 归纳概括要行动;

评优课上亮点有, 抓住它们不放手;

启发式评也新颖, 联想提炼不要停;

感受式评重领悟, 巧妙把握收得住;

学习式评要真诚, 批判引领方向明;

分段式评结构清, 把握顺序和类型;

要素式评不可少, 定位协同最重要。

第三章　评课的基本原则

　　论及评课，人们通常会想到两类形式：一是常规性的看评课中的对课的点评，二是在各级各类评选、展示等活动中要排出名次或奖项的对课的评优。这两类活动都有一个核心——"评"，但该如何评，依据什么来评，如何才能评得公平、公正、合理、客观，遵循一定的评课原则至关重要。下面主要从点评和评优两类形式的评课角度，阐述评课活动应遵循的基本原则，主要包括细看精评、前后贯通、先赞后建、标准一致、利于提升五项原则。旨在为更加客观、合理、有效地评课提供一定的借鉴。

一、细看精评：细看是前提，精评是关键

　　评课水平的高低，其前提是要会看课，要能够看出门道。然而，门道在哪里？如何看出门道？最为核心的就是要把握细节。能够做到细看，挖掘细节背后隐藏的东西，是决定精评的关键。有些人由于在看课环节走马观花，于是在评课的时候，只能是蜻蜓点水，难以把握课的精髓，对课的问题及其根源难以评出个所以然。评课语言不够精准，甚至大而空，不仅不够生动，而且没有太大的聆听或参考价值，这样的评课是失败的，不可取的。

　　如何才能做到细看精评？首先，转变过去看课的习惯与方式，要在充分考虑能够精细化评课的前提下去看课，这样课的细枝末节才能够一览无余。因为，粗略看评课与精细看评课，评出的效果差别较大。前者可能只是点到为止，甚至点不到或点不准；后者则能够评出真知灼见，让人有心服口服之感。其次，提高观察力和分析、判断能力。因为不同观察力的看课者所能看到的问题是不同的，即便是同一个教学环节，都看出了某种现象，但是因观察力不同，发觉的现象背后的问题和根源则不同，甚至会出现完全相反的两种判断结果。观察力强，就便于做出合理的分析和正确的判断，否则，就很

有可能抓不住本质。最后，就是要提高归纳、总结和表达能力。假如看课的过程中能够把握住细节，找到实质性问题，但是如果归纳、总结和表达能力欠缺的话，精评的效果也难以达到。有时，问题是由多种教学现象共同汇集而出的，这就要能够将相似现象进行归纳、总结。就点评课而言，要能够组织好准确的语言对其进行评说。

二、前后贯通：设计不忽略，重点评教学

对体育课无论是要进行点评，还是评优，都不能只是对课堂教学实施环节进行点评，而是要能够做到前后贯通，即在不忽略教学设计的情况下，重点评课堂教学的实施过程与效果。就一节课而言，设计在先，实施在后。而评课的时候，过去很容易犯的错误就是，只评课堂教学实施环节，而不评课的设计水平，结果很容易出现盲目评课现象。更有甚者，在看课之前，根本就不浏览教学设计文本，而直接看现场课或看事先录制的课的光盘，结果就是在不知道教学目标、不了解重难点、不明确教学过程与方法的情况下去看，如同只看到冰山一角，一般很难全面判断课的设计和课堂组织是否合理、一致。这种情况下，评课的时候会不够深入和不完全准确。为此，在评课环节，如果要想前后贯通，不仅要看设计环节是否合理，还要能够将重点放在课堂教学实施部分，做到重点突出，全面具体。

然而，如何才能达到真正的前后贯通呢？首先，在看课前要先浏览教学设计的完整文本，假如只有教案部分，要把教案认真阅读一遍，不仅要从教学设计或教案文本中了解基本信息，如授课年级、性别、人数、内容、场地、器材等，还要认真研读制定的教学目标、确定的教学重难点、采取的主要方法手段等。带着这些信息去看课的话，每看到一个环节、现象、问题，都能够从目标层面、重点强化与难点突破层面考虑是什么现象或问题。否则，想要看出门道、评出水平会有一定的难度。其次，要正确把握好设计与教学的关系。前面我们谈到评课不能忽视设计，但是，设计仅仅是预设，我们并不一定就能够将设计内容原封不动地照搬到课堂上去。由于课堂上会有一

些新生成的，且在设计环节未能预料的教学事件，因此，评课还要把握一个"活"字，即灵活处理好设计与教学的关系。好的设计是有效课堂的前提，但课堂教学不等于教学设计的再现。基于这种认识，评课效果就能够趋于理想化。

三、先赞后建：优点最先赞，建议跟进提

在评课活动中，人们的习惯往往就是，先说优点，再说不足，进而提出几点改进意见，无形中就已经遵循了先赞后建的原则。赞即赞扬，实际上就是用表扬的语言描述课好在哪里，为什么好。建即建议，实际上就是用诚恳的语言针对课的不足提出建设性的改进意见。假如是课的评优，依然可以在评定完等级以后，针对不同等级的课存在的问题，提出进一步改进和提高的建议。有赞有建的评课是完整的，先赞后建的做法是人们最易于接受的，因此，遵循这一原则无可非议。

如何更好地把握先赞后建的原则？首先，赞的内容和方式要十分明确和适宜。要具有高度的概括性，不能过细过杂，否则，赞的重点和效果就难以凸显出来。例如，当看到课堂上老师在学生听讲环节、观察环节、练习环节等都能够提出明确的要求，且这些要求都有利于学生掌握学习方法时，基于这几个环节的教学现象，在赞的时候，就可以用"该课比较注重对学生学习方法的指导"等语言。学法指导就概括了听讲法的指导、观察法的指导、练习法的指导等。其次，赞的语言表述要具体，而不能空泛，要能够有案例支撑，既要指出哪些环节好，还要能够分析好的原因，让人听了能够感受到：这种对课的点评是真实的、准确的、必要的和巧妙的。用过于空泛的语言去赞等于是在虚夸，会让人感到课并不像说的那么好，失真的点评不能让人信服。例如，有人在评一节弯道跑课的时候，泛泛地说："这节课的教法选择比较适宜，手段比较有效。"实际上，在组织学生学习弯道跑技术的时候，教师不但用了不适宜的教法——直道斜身走，体验身体内倾，还采用了无效的教学手段——左臂腋下夹绳摆臂跑，体验内侧臂摆动小、外侧臂摆动大的动作。

由此可见，对存在明显问题的地方还用"赞"的做法是不妥当的、不准确的。最后，提出的每一条建议要能够找到出处。要让人们明确，是针对哪些问题提出的改进建议，而不是凭空而谈。建议反映出的具体改进措施要能够合理有效。否则，所遵循的先赞后建的原则就难以发挥应有的作用。例如，一节小学体育课上，老师安排了一个游戏——搬运。让学生分成人数相等的 4 个小组，搬运的方式是由单人搬运物体从起点到终点，过渡到两人抬运相同数量和重量的物体，再到三人合运同样的物体。任课教师设计这种活动形式的目的是想体现出由易到难、循序渐进。实际上，从单人到最后的三人搬运同样的物体，不是由易到难，而是由难到易了，因为同样重量和数量的物体，两个人抬着要比一个人搬着容易，三个人就更容易将其运到目的地了。当如此指出需要改进之处的时候，任课教师就会十分认可。当提出要么将搬运物体的人数从多人向单人反过来过渡，要么从单人向多人增加搬运物体的数量和重量等建议的时候，任课教师就会表现出很愿意接受建议，力求进一步改进。

四、标准一致：心中一杆秤，标准不摆动

无论是对课的点评还是评优，都是需要标准的，而且标准应该保持一致，否则，好课与差课就会很难鉴别，甚至会出现因标准不统一，评的结果会产生一定的分歧的现象。这里所讲的标准一致包含两个含义：一是同一个人在评若干节课的时候，要用一致的标准来评。二是无论是点评还是评优，要分别做到标准一致。因为，不仅评优的时候会通过课的具体呈现，评出各种优劣等级，即优在哪里、不足是什么，要能够用相对一致的标准来判断，而且点评课的时候，也会遇到同样的事情——指出优缺点，而优缺点评判的依据就是标准。如果没有标准，优缺点也就无从谈起。例如，看过一些课以后，评课者发现大约一半以上的课都没有安排见习生、收还器材等环节，由此提出了课的不足。那么评课者是如何判断这两种情况都是不足的呢？其标准是，课要具有一定的完整性，无论是不安排见习生，还是不收还器材，都是课堂

常规不完整的表现，即用"完整性"的标准来评判其不足。

如何才能做到在评课的时候标准一致呢？首先，明确标准是什么很关键，也就是说，需要了解标准由哪些指标构成，各指标如何解释，即每一个指标的具体含义都要搞清楚，否则就很难实施评课活动。如评课的标准体系中，真实性、完整性、准确性、创新性、实效性和安全性等是最基本的指标，对每一个指标的进一步解释，是评课的主要依据。因此，明确标准十分必要。其次，懂得标准的应用至关重要。例如，真实性，虽然对真实性的解释是"主要侧重于对一节课的设计和组织是否真真切切地从学生的实际出发，教学过程是否是一环扣一环，有教有学、从不会到会的逐步过渡的过程，有没有违背认知规律的现象发生，等等"，但是，如何看出是否真实，有无虚假成分在其中，这需要深度挖掘真实与否的各种表现，分析各种表现背后可能隐含的是什么，否则就很难判断课的真实程度。例如，教师讲解示范完以后，虽然学生的练习量很小，但动作全会了。遇到这种情况，我们就可以分析"全会了"的背后隐藏着什么。接下来的疑惑是，学生究竟是不是在课堂上学会的？如果不是，是什么时候学会的？课前吗？假如是课前的话，为什么要在课前学会而不是在课堂上学会？又为什么已经会了的动作，教师还要在课堂上一步一步地从不会到会地教？假如回答是课前，而且是为了能够在课堂上显示出教学的效果十分明显的话，这就等于走进了形式化的误区，课就显得不够真实了。因此，一旦发现了课的问题所在——虚假，同时又有判断的依据，即可确定为真实性缺乏。因此，评课要想达到理想的结果，就需要有标准且标准一致。

五、利于提升：评课是形式，提升是根本

评课，过去在一定程度上只是对课的好与差、哪里好与差、如何解决课存在的问题等的综合表述。通过评课，无论是点评还是评优，假如最终能够有利于促进课的质量的提升，就是抓住了根本。利于提升，包含两层含义：一是将提升课的质量作为评课的出发点，这样的评课就会态度诚恳、语言得

体、贴近实际；二是将提升质量看作评课的最终目的，这样的评课就比较容易深入，同时，评课者的水平也会不断得到提高。

　　然而，如何在评课环节真正地做到遵循"利于提升"的原则呢？首先，评课的出发点要把握好。过去，有些人评课，只是说赞扬的话，诸如"这课上得很好，值得我学习"，但至于好在哪里，为什么好，却缺乏更加具体的表达。还有些人评课，只顾挑毛病，找问题，将一堂本来还不错的课，说得几乎一无是处。这两种心态的评都没有把握好出发点，即对"如何评才能有利于提升课的质量"考虑不周，结果就会出现过于自我的主观性评课现象。其次，评课的最终目的要明确。前面谈到，"将提升质量看作评课的最终目的"，但该如何把握好这一最终目的呢？过去，在诸多的评课活动中，专家点评课大都是完成了评课任务，显示出专家水平，或组织机构因为请到了某权威专家而感到活动有较高的层次。课的评优活动，无论是地方的还是更高层次的，评出奖项、代表性展示、专家点评等一系列活动后，似乎评优活动就结束了。实际上，这两种情况的评课都没有将最终目的设定在提升课的质量上。要想把握好这一点，既要强化研究性评课，指出一节课存在的问题，还要能够归纳出同类问题，分析为什么会产生这些问题。不仅要从任课教师的角度分析原因，还要能够从学生角度分析。找不到真正的问题根源，解决问题就难以达到理想的效果。问题得不到有效解决，课的质量提升也就难以落到实处。在过去诸多评课活动中，最缺乏的无外乎对问题根源的分析，大都是找到了问题，提出了改进建议。假如课上存在某种问题，是教师的思想观念因素造成的，不找到是什么观念和观念错在哪里，就难以知道如何转变观念，提升课的质量这一目的也就难以达到。

　　评课与看课不可完全割裂开来，因为看课是前提、基础。离开了看课，或对课的门道没有很好的把握，评课就难以精细。因此，要精评课，就要先细看课。除此之外，前后贯通、先赞后建、标准一致、利于提升等都是评课应遵循的重要原则。把握好每一条原则，不仅是体育教师提升评课水平的关键，更是体育教师提升体育课堂教学能力所不可忽视的。为了对评课的基本原则做进一步总结，下面做一个简单的归纳。

评课原则要把握，　客观合理皆无过；
细看前提把握好，　精评关键方能保；
前后贯通不可少，　轻重缓急区分早；
先赞后建顺序明，　建议提得要可行；
统一标准要建立，　最终结果无疑义；
利于提升是根本，　内容方式要精准。

第四章 评课的基本标准

　　评体育课需要标准，但长期以来，人们评课大都根据自己的主观感觉，对体育课的好与差的判断，尚未形成统一的标准，结果就会出现，对于同样一节课，有些人认为很不错，有些人认为问题较多，甚至还会有人认为问题很大。究其原因，除了看课水平、评课能力存在一定的差异以外，最为关键的就是缺乏标准的评是盲目的，是不科学的，说到底是不够合理的。为了促进评课的准确性、规范性和客观性，下面主要从评课标准的群体性现象、"六性"评课基本标准体系的初步构建两个方面讨论，其目的是要回答为什么评课需要标准、需要什么样的标准、如何使用标准等一系列长期困扰评课者的问题。

　　评课作为一项较为常见的教研方式频繁出现在诸多活动之中，评课假如没有基本的标准，评课活动就会显得盲目，甚至缺乏客观性和公平性。下面主要采用课堂观察、专家访谈、座谈、实践验证等方法，初步从真实性、完整性、准确性、创新性、实效性、安全性六个方面对体育评课基本标准进行建构。旨在为更规范地评课提供依据，促进体育课堂质量的提高。

一、评课标准的群体性现象

　　一堂体育课无论评出的结果如何，都需要一个标准，即使没有明确的或统一的显性标准，评课者心中也会有一个隐性标准。基于不同群体的特殊性，这一标准或许会出现同一群体趋同现象。依据大量的观察与讨论，下面以"什么是一节好课"为例，分别对校长、家长、体育教师、专家学者几类人群心目中的评课标准做进一步分析。

1. 校长心目中的好课

　　校长，作为学校的法人，学校体育工作的第一责任人，其心目中对体育课的评判应该有一个比较客观的标准。然而，在一些校长看来，体育课的好与差，主要看有没有出现伤害事故，因此校长们将安全性作为评判一节课的重要指标，甚至是唯一指标。如一位校长在回答什么是好的体育课时说："只要不出事就是好课。"由此看来，一节课出不出事被当作最主要的评判指标。这是站在学校发展、确保学生安全的角度对课进行的评判。然而，这并不是贴近体育课最本质属性的判断标准。因为，不出事是体育课上的基本要求。假如把不出事作为评判好与差的课的标准的话，课程标准的研制与推行也就失去了意义，体育教师的专业发展也无需再做更多的努力。然而，事实并非如此。

2. 家长心目中的好课

孩子在学校接受教育的全过程中，家长对其学习的情况和效果都可以进行评判。孩子参加体育活动，家长也同样可以参与评价一节课的质量。然而，通过与诸多家长的交流，笔者获悉，家长对孩子参加体育课的认识趋向于"孩子既要能够在体育课上学到东西，学会锻炼身体的本领，还要能够平安无事"。由此可以看出，在家长的心目中，学本领和安全是他们希望体育教师能够提供的，同时，也可以看作家长心目中的评判课的标准。这显然是站在孩子发展和成长的角度来评判体育课的。进一步分析可以看出，让学生掌握运动本领，对学生终身参与体育锻炼能够奠定好的技能基础，这也符合体育课程改革的明确要求。然而，仅从技能性和安全性上评课，显然是不够专业和合理的。

3. 体育教师心目中的好课

体育教师在学校体育工作中扮演着重要的角色，不仅有繁重的体育教学工作任务，还要组织大课间、课外活动，以及各种体育比赛或参与学校的一些大型活动的组织协调工作。在这样超负荷工作状态下的教师们对体育课的评判又有着什么样的标准呢？在与诸多一线教师的沟通中，笔者发现，一些体育教师心目中好课的标准趋向于：在这些课上，不仅顺利完成了教学任务，还让学生有了一定的发展，安全问题尤其需要关注。从总体上来看，这种标准既有从教师角度考虑的"任务的完成情况"，又有从学生角度考虑的"学生发展"，还有从课的角度考虑的"安全性"。即同时站在了三个视角来评判课的质量优劣。当然，由于各地教师所处的地方教育环境不同，所倾向的课的教学模式不同，在评判什么是好课的时候，自然或多或少地会带有一定的区域特点。例如，有些地方注重抓运动技能教学的质和量，有些区域则尤为强调体能素质练习的实效性，还有些省市更注重课的趣味性。当然，也有些地方更加注重传统意义上组织形式的整齐划一。由此可以看出，规范性的评课依然需要建立相对统一的基本标准体系。

4. 专家学者心目中的好课

这里所指的专家学者，实际上包含两类群体。一类是从一线中来，又经常指导一线工作的具有丰富实践经验的教研员、特级教师等实践专家；另一类是虽然未在一线从事教学工作，但是长期研究学校体育工作的理论专家或学者。

从实际工作情况来看，实践专家心目中的评课标准可能会比体育教师的更加全面和客观，也可能会比理论专家或学者的更切合实际。尽管目前尚未看到某实践专家提出一套完整的评课标准体系，或许尚未及时总结归纳和将成果可视化，但我相信在大多数实践专家们的心目中一定会有一个评判课的最基本标准。从各地开展的公开课观摩展示活动中，聆听实践专家的点评就能够给人很多启发，感受到他们心中的标准所在。尤其是各地的体育课评优活动所使用的评分标准，充分说明实践专家们对评课标准已有充分的考虑。这些评分标准，涉及备课、上课的诸多要素。其中，备课包括教学目标的设置、重难点的确定等，课堂教学包含教师的语言、示范、组织、课的密度的把握等。这些指标体系，一定程度上更倾向于对体育教师教学能力的评判。

理论专家或学者与前者相比是一个较为特殊的群体，因为他们往往是以一种局外人的视角，结合已有理论基础判断课的优劣。或者有部分专家或学者也会走进一线，间接地参与体育课活动，即通过看课的方式弥补实践的不足。但建立标准的时候依然容易出现过于理论化的现象，甚至有可能会只站在学生的角度来评判课的质量优劣。

　　为此，要建立一套客观的、准确的评课标准体系，就要整合集体的智慧，既要有实践者的经验支撑，又要有一定的理论依据。单纯从某一方面或站在某一群体的立场上构建，是很难让标准达到理想状态的。

二、"六性"评课基本标准体系的初步构建

　　从以上分析我们不难看出，构建相对统一的评课标准体系十分必要，但站在什么角度构建不得不慎重。因为角度选择正确，课的评判结果就会更加趋于准确。然而，要想使评课工作更为客观、规范，标准体系中的指标的确定就更为关键。下面逐一展开讨论。

1. 评课基本标准切入视角的确立

　　无论是口头还是书面评课，评课标准视角的确定无外乎四类情况：一是从教师的角度；二是从学生的角度；三是从课的角度；四是综合视角。假如没有一个统一的或恰当的视角，很有可能出现，同样是评一节课，由于所站的立场不同，评课结果会大相径庭。例如，一节篮球行进间传接球课，任课教师教学态度比较认真，讲解示范比较正确，时间把握也恰到好处，从教师的角度来评，这节课应该没有太大问题。但是，当从学生的角度看这节课的时候，却会评出不同的结果。学生在课堂上表现出的是：观察示范不知道主要看什么，练习环节未掌握更有效的方法，听到教师提出"别掉球"，传接球的时候大多数学生还依然连连"掉球"（接不住球）。假如站在学生学习的角度评这节课，这节课问题较大。这里存在着教师能教但不会教的情况，因为教师未能很好地关注到学生的学，尤其是未能有效指导学生如何学。因此，确立准确的评判视角十分必要。笔者在长期的观察和评课实践与研究中发现，假如从"课"自身的角度，而不单纯站在"教师"或"学生"的角度建立标准，评课会更为客观、准确。

2. 评课基本标准一级指标的确立

　　假如从课的角度建立评课基本标准，其一级指标就要能够尽可能地反映出课的方方面面，诸如要看一节课的整体效果是否真实、是否完整、是否准

确、是否新颖、是否有效、是否安全等。笔者初步从课所能表现出的六大特性，即真实性、完整性、准确性、创新性、实效性、安全性六个方面设立了评课基本标准的一级指标，并对各一级指标进行了简单的阐释，提出了评课活动中各指标应把握的关键，如表 1-4-1 所示。

表 1-4-1　"六性"评课基本标准一级指标

一级指标	释义	关键
真实性	在教与学环节上、组织上的真实程度	主要看有无虚假教学和组织，如是否有明显作秀现象等
完整性	课堂常规、课的结构是否完整；学生评价等教学环节是否完整等	主要看缺什么，如评价有无标准、课结束部分有无放松活动等
准确性	目标、重难点确定是否准确具体；课堂教学是否围绕达成目标、强化重点与突破难点而教等	主要看目标达成情况、重点强化与难点突破情况
创新性	是否有创新方法手段或新颖的组织形式等	主要看有无创新、创新真假等
实效性	教师讲解、示范、指导等所能达到的效果；场地器材利用有效与否等	主要看教师对学生学习的关注、场地器材充分利用情况
安全性	有无安全隐患，有无有效防范，有无伤害事故发生等	主要看安全防范措施到位情况

从表 1-4-1 可以看出，根据一级指标的六个方面基本上能够对体育课进行较为全面的评判。而且，这些方面还都是从体育课自身角度设定的，既不是站在教师教学的角度，也不是站在学生学习的角度。为了能够使评课活动更加具有可操作性，下面进一步将指标细分，并提出各指标权重分配建议。

3. 评课一级指标权重分配

评课基本标准一级指标确定以后，就需要对各指标权重进行分配。通过对大量理论专家与实践专家的访谈，并征求许多一线骨干体育教师的意见，以及评课实验的验证，笔者目前确立了六项评课一级指标的权重，如表 1-4-2 所示。

表 1-4-2 评课指标权重分配

指标	权重（分）	好课
真实性	10	真实
完整性	10	完整
准确性	20	准确
创新性	15	新颖
实效性	35	有效
安全性	10	安全

从表 1-4-2 中的权重分配可以看出，从课的角度建立评课基本标准，六大方面的权重分配凸显了课的侧重顺序：首先是实效性，占 35%；其次是准确性，占 20%；再次是创新性，占 15%；剩余的三项指标各占 10%。在具体评课的时候，参与评课的专家结合自己的经验，基本上都能够按照此权重分配，结合课上的具体情况做出相对准确的判断，给出较为合理的分值。当一节课按照此权重分配方式进行评分以后，可以按照如下等级判断方法确立课的优劣等级。如表 1-4-3 所示。

表 1-4-3 评课等级划分

等级	分值区间（分）
优秀	90—100
良好	80—89
一般	70—79
较差	60—69
很差	0—59

从表 1-4-3 可以看出，按照评课等级可将课划分为从优秀到很差五个等级，凡综合得分在 90—100 分区间的，都属于优秀的课。依此类推，按照对应的分值确定课的不同等级。这种评分方式还有一个优点就是，一节课假如得了某一个分值，如 70 分，当细化到每一个指标的分值的时候，还能够找到哪个指标扣分较多，也就是说能够较为容易地找到课的主要问题在哪里，便于指导改进。

4. 评课基本标准应用把握的关键

评课基本标准的初步构建，不仅经过了在评课活动中的多次验证，也与

部分一线教师和专家进行过沟通和交流。为了使该标准更便于使用，下面谈一谈在操作过程中应把握的关键。

首先，评课基本标准的建立能够弥补定量评课的不足。依照评课基本标准评课，能减少体育评课中难以量化的困惑。过去，无论是有经验的评课者还是经验尚缺乏的评课者，都或多或少地会对评课结果产生难以量化的困惑。评课基本标准体系建立以后，能够弥补这一不足，并尽可能地做到定性与定量综合评课，体现对好课差课的评判的客观性和准确性。至于能否评出准确的结果，当然还与能否看出门道有很大关系。

其次，评课基本标准的建立能够促使体育评课活动更加规范。构建体育课评课基本标准体系，不仅经历了长期的定性摸索，还考虑到定性与定量相结合的方式，力求体现出客观性、准确性。该标准从课的真实性、完整性、准确性、创新性、实效性和安全性六大方面进行初步构建，并根据各指标的重要程度对其进行加权，能够使评课工作更加清晰，并逐步趋于标准化和规范化。同时，该标准也隐含着体育课堂教学尤其是优质课堂的定位：真实、完整、准确、新颖、有效、安全。当然，体育评课标准的研究并未终结，笔者希望能够在以后的实践中不断将其丰富和完善。为了能够对评课的基本标准进行总结，下面做一个简单的归纳。

评课的基本标准

评课人群多又多，　视角不同分开说；
校长看评心中乐，　安全第一是好课；
专家学者有不同，　实际效果要分明；
标准体系要构建，　评分评说要呈现；
评课标准尝试做，　权重值内不超过；
真实分数看作秀，　完整缺失有折扣；
准确把握尤为重，　创新性上有行动；
实效性上学与会，　学法指导不后退；
安全评分不能乱，　事故不见看防范。

第二
部分

体育教师评课——实践方略

体育教师评课除了需要了解一些基本的评课理论之外，更需要掌握具体的操作方法。如：教学问题如何评？教学内容如何评？教师示范如何评？学生的学习方式如何评？课堂评价如何评？场地器材如何评？突发事件如何评？安全防范如何评？这一系列相关教学要素、内容、环节、条件等都是评课者需要重点把握的。要想评得准、评得巧、评得实，就需要评课者下功夫了解一下评课的实践方略，这样或许能从中获得不一样的启发。

第一章　评教学问题的方略

在评课活动中，更多的人热衷于评优点，而且有时甚至把不是特别明显的优点都——列举出来，这主要抓住了人们乐意被赞扬的心理特点。而在评课的不足或问题的时候，大都比较慎重，甚至有些课上出现的比较明显的问题也没有被指出来。当然，也有不少评课者能够很直率地将问题——指出，并分析问题产生的根源，以及提出改进的策略。客观评课，能够指出教学中存在的突出问题，这对上课者来说是很大的帮助。实际上，如果评课者能够发现问题，并真诚地指出问题所在，大部分上课者都能够虚心接受。但是，要把握评教学问题的技巧，不可采取批判式，更不可用攻击性较强的语言夸大问题。

体育教学问题有大有小，就一节体育课而言，出现的问题也有多有少，甚至还有真假之分。如何能够对看出的体育课堂教学真问题进行巧妙的点评，这是一个值得研究的综合性问题。本章主要从评体育教学问题的前提、评体育教学问题的原则和评体育教学问题的技巧三个方面进行探讨，旨在为后续研究提供重要理论参考，并为广大评课者提供方法借鉴。

一、看出真问题：评体育教学问题的前提

人们在看课的时候，总会有人看出的问题很多、很关键，也会有人仅仅抓住了细小的问题，难以发现隐藏在现象背后的真问题、大问题。这不仅是由看课多少所决定的，还受看课能否看出门道的能力强弱所影响。要评教学问题，首先需要具有看出真问题的能力。下面从三个方面展开讨论。

1. 不把现象当问题：体育教学中的问题有真有假

当我们看课的时候，会看到这样或那样的现象，但并非所有的现象都是问题。在众多教学现象中，有些现象或许是有利于促进体育教学有效性的，

或是教学经验的反映，而有些现象或许不能对体育教学的有效性产生积极影响，还可能或多或少的会有一些负面影响。因此，不能将体育课堂教学中的所有现象都当作问题来看待。在有一定负面作用的现象中，还需要分清其严重性。有些是影响不大的，或站在这个角度看是问题，而站在另一个角度或许就不是问题（或是假问题）。例如，一节投掷课，在课即将结束的时候，任课教师从学习态度、合作精神、创新意识三个方面安排了一个学习评价，对于这类现象，可以忽略不计。看评课的时候，需要能够辨别问题的真假，真问题自然会反映出其对体育课堂质量的影响。然而，并非所有看课者都能够看出真问题，甚至有些人会把真问题当作优点来评判。但最起码不能把所有的课堂教学现象都当成问题，要有准确的判断，否则就不利于把准促进质量提升的大方向。

2. 问题抓大不放小：体育教学中的问题有大有小

体育课堂教学中，能够被判断为有问题的环节，根据其对课的质量的影响性，我们可以用大与小的程度将其归类。但无论问题大小，为了更好地促进体育教学质量的提高，看评课的时候，重点关注大问题的同时，小问题也不可忽视。一般情况下，或许很多看课者都能发现大问题，而对于小问题，有些看课者可能会不屑一顾。但有些时候，小问题背后恰恰隐藏着更大的问题。例如，某地一所小学的一节二年级的体育评优课，任课教师在课的开始部分，准确地喊着原地向左、向右、向后转的口令，学生听到老师的口令后，分别依次转动到这些方向，可是，看学生的脚上动作就知道，很多学生都没有按照正确的原地转法的动作要求完成，而是用捣小步的方式，转到了相应的某一方向。在整个过程中，任课教师似乎没有看到学生的这种错误的脚步动作，而是一个接一个地喊着口令。这一看似比较小的问题，或许有些看课者会认为，老师的口令很正确，声音又很洪亮，不影响教学效果。但是，当我们深入分析就会发现，恰恰是这种看似很小的问题容易被人们忽视，这属于单纯走流程的现象。教学中的单纯走流程现象，长期以来并没有引起大家的广泛关注，尤其是在观摩评优课上，这种现象更为突出。假如我们再往上推的话，可以看作教师在教学过程中缺乏对学生的关注，未反映出是为了学生的学而教，而是为了让学生配合老师的教而学。这种情况，已经远远不能看作小问题了，而是最不容忽视的观念和认识误区问题。

3. 深层问题需探析：体育教学中的问题有深有浅

当我们对体育教学问题进行归类的时候，除了问题有真有假、有大有小之外，实际上，还存在显性和隐性之别。有些教学问题隐蔽，不易被发现。这样的问题，只有在看课的过程中能够看出门道者才能发现，而且还会因看课能力强弱在发现问题的多少方面有区分。所以，在评课活动中，有些老师提出的教学问题，会让大家比较吃惊，并突然感觉到这位评课者提出的确实是问题。还有些时候，这些让大家突然意识到是问题的教学环节，往往也会被某评课者评成优点。这种现象多出现在有一定教学经验的老师的课上，由于其已经积累了丰富的教学经验，人们看课的时候，或许会用先入为主的思想观念来评课，几乎看到哪些环节都首先想到是优点。由于教学过程一环扣一环，有时来不及定神思考就已经过渡到下一个环节了。这种差异更能够区分出看评课者能力的不同。

例如，某市一所小学的一节优质课，因为是在一次大型活动中被评为一等奖的课，大家自然会带着学习的心态来看这节课。可是，这节课上有一个教学环节——箱上前滚翻练习。教师让学生在器械上完成动作以后，紧接着在前方垫子上的评价表上进行"自评互评"。大部分看评课者认为这是一个很好的环节，其理由是，注重了新课标要求的体育课堂教学评价；少部分看评课者认为，这个环节也不错，只是感觉有点别扭，但不知道为什么；仅有个别看评课者说出了隐藏在背后的问题，这一环节其实是"评价干扰项"，即学生自评互评这一环节的引入，影响了主教材新授课学习期间学生的练习。当然，在这里并不是说新授课就不能让学生自评或互评，而是要根据具体情况而定，对于具有一定危险性的教学内容，假如学生刚刚接触这项技术动作，在第一次通过练习体验该动作的方法和难度时，就安排学生自评互评环节的话，学生很容易分散精力，直接影响练习的质量。通过分析这节课，我们可以进一步明白：深层问题是在自己看课能力不断提高以后才能发现的，而且这类问题是需要进行深入研究的。因为越是这类问题，对教学的影响越深入、越持久。

二、评出全面性：评体育教学问题的原则

一旦在体育教学中发现了问题，"怎么评"是一个更值得关注的问题。因为评得好，会让人心服口服，而且还会给人带来很多启发；评得不好，可能会带来不良影响，还会使人产生"究竟是不是问题"等的疑惑。但是，该如何把握评体育教学问题的原则呢？一个最为关键的原则就是要把握全面性。包括要阐述清楚这是一个什么问题，即对问题是什么、属于哪一类等的表述；还需要查找到问题产生的根源，即说明为什么会产生这样的问题；还要根据原因提出建设性的意见，即问题的有效改进策略。具体分析如下。

1. 是什么：什么问题先搞清

体育教学中的真问题，一旦被发现，无论是大是小，是深是浅，都要回答最首要的问题——是什么问题。例如，有评课者在评一节课的问题时说，"这节课教师的教学语言太多，尤其是不必要的集中纠正错误动作的指导语言过多，这会直接影响学生的练习"。从这个评教学问题的案例中，我们不难看出，这个评课者评说的是"教学语言问题"，即问题出在了教师的语言控制上。假如我们再将其进行归纳的时候，它又属于未能遵循"精讲多练"要求的问题。还可以继续从另一个角度判断，由于体育课程总体目标是要提高体能素质、掌握运动技能、培养健全人格，假如不能做到精讲多练，就会既影响学生掌握运动技能，又对学生提高体能素质不利，即影响目标达成。因此，该问题又可以上升到体育课堂教学实效性的高度。总之，在评课的时候，首先要弄明白即将评的教学问题属于哪一类问题，而且问题可以按从低到高的不同层次归纳，归纳的层次越高，对问题看得越透彻，评课的水平也会显得越高。

又如，一节小学五年级的篮球课——行进间运球课，其中一个练习，任

课教师让学生每人左手持一个篮球，右手做徒手模仿运球动作。从学生的练习中可以看出，很多学生右手徒手动作几乎都变形了，一些学生不像是在运球，而是像一次一次往后甩手，可是任课教师此时此刻并没有发现学生的这些错误的徒手练习。这一练习一直持续近 2 分钟，学生自然也表露出了满不在乎的表情。针对这一现象，实际上我们首先要考虑一手持球一手徒手练习的方式是否有必要的问题。从学生的表情和错误动作来看，安排这样的练习，显然是不妥的，因为它机械地照搬了"循序渐进"。还可以将此问题归纳为教师在教学中的课堂观察能力和调整机智缺乏的问题；还可以归纳为激发学生学习兴趣的能力不强问题。假如我们再进一步归纳的话，可以从器械利用情况来分析，属于对器材的合理利用不足等问题。总之，要想确定"是什么问题"，一要分清层次，二要准确定位。

2. 为什么：原因何在要分明

在评教学问题的时候，能够点明是什么问题，仅仅是完成了第一步，或最基本的一步。接下来，就要分析是什么原因导致的这一问题。但是，探寻原因的方法是什么呢？也就是说，如何才能挖掘出问题的根源呢？第一，要确定视角，是在一个视角下，还是多个视角下分析。单一视角分析的话，有可能是教师教育教学能力方面，有可能是学生学习与发展方面，还有可能是课堂教学质量把握方面，等等。另外，我们也可以从两个以上视角综合分析，如站在教师教和学生学的双重视角分析问题产生的根源等。第二，要把握层次，是在现象层，还是在本质层。常言说得好，透过现象看到本质。说明现象与本质有着必然的联系，本质隐藏在现象背后，问题在于如何才能看到本质，这是看课的时候需要认真把握的。第三，要依据明确，是依据课标中的基本理念、课程性质，还是依据教材中的具体要求等。原因的查找需要有理有据，这样，方向性就会十分明确。第四，要逻辑严密，是从点到面地找原因，还是从上到下地理思路，或是由浅入深地抓关键。

例如，就前面提到的"评价干扰项"而言，假如我们确定的是单一站在学生学习的视角进行分析，学生练习箱上前滚翻本来就带有一定的危险性，再增加一项自评互评的任务，就必然会影响到学生对箱上前滚翻技术动作的掌握，更增加了危险性。或许，学生对前面的评价表更感兴趣，停留在自评互评表那里的时间无形中会增加，也等于占用了学生练习的时间。再者，学生由于是首次接触箱上前滚翻动作，很难对自己完成的动作做出准确的判断，评价效果自然也就大打折扣。由此可见，在这个环节引入学生评价是不妥的，不仅不能有效促进学生对运动技能的掌握，还难以自评或互评出理想的结果，因为自己还做不好，何谈去判断他人动作优劣。因此，将自评互评环节定为干扰项是不无道理的。假如从现象与本质两个层面来分析的话，就现象而言，属于对学生自评互评的评价方式引入不当问题；就本质而言，属于教师对体育课堂教学中的过程性评价理解、把握不够全面和不够深入问题，未能把握学生自评互评方式运用的目的和最佳时机。教师需要进一步研读课标，全面分析教材和学生情况，否则，就会导致盲目落实课标的现象。

3. 怎么办：解决策略不放松

确定了体育教学真问题，并找到了根源，如果仅此而已，还不足以体现对任课教师的帮助。评课者最好能够顺势提出改进和完善建议，况且问题定位清楚以后，进一步提出解决问题的策略并不是一件难事，关键在于有没有这种意识。该如何把握好这一点呢？

第一，要充分考虑现有条件，不能提出不切实际的解决策略。脱离了现实，再好的策略也无济于事。第二，要充分考虑教师能力，不能提那些让教师通过努力也做不到的策略。这样的话，再好的策略也失去了意义。第三，要明确课程改革方向，不能偏离课程改革主方向而提策略。例如，再回过头来看一看前面我们反复提到的"评价干扰项"，按照一定的逻辑顺序可以这样提出改进策略：（1）可以在学生做箱上前滚翻练习的时候去掉该评价环节，让学生的注意力都集中在完成动作上。（2）假如舍不得去掉这一环节，可以考虑将该环节往后移，等学生练习一段时间以后，基本上能够在同学的保护与帮助下正确完成该动作时，再适当加入学生评价环节也未尝不可。（3）要注意确定评价对象，是教师评价还是学生评价，学生评价是自评还是互评。

基于新授课是带有一定危险性的技术动作的学习，教师应根据对课堂的观察，及时对学生的练习情况进行激励性评价，因为对于新授内容，学生对自己和对同伴的动作做出准确和客观判断的能力还有待提高，自评互评的时机显然需要再向后移。只有这样，教师对学生评价环节的把握才能够更加趋于合理和有效。

三、把握关键点：评体育教学问题的技巧

评体育教学问题，除了要能够看出真问题、评出全面性之外，实际上，要想体现出评课的能力和技巧，还需要重视评课的态度、把握住细节和有所创新。因为，态度决定一切，细节决定成败，创新决定高度。

1. 诚：态度决定一切

在评课的时候，采取什么态度进行评课，对评课效果带来的影响不容忽视。过去，我们在参与评课活动的时候，大概可以将评课态度归纳为以下三种：一种是非常诚恳的态度，无论是评优点还是说不足，都能够抱着对任课教师负责、帮助任课教师解决实际问题的态度去评，便于任课教师更好地提升课堂教学质量，任课教师的受益也会是最大化的。一种是就事论事的态度，即就课的问题而说问题，不是考虑到教师的发展，而是就课本身而评课的问题所在。还有一种就是不太负责任的态度，即对课本身不太负责任，又对教师不太友好。这种评课就会十分犀利，或会夸大问题，或只说明有什么问题，不进行论证说明，更不提出解决策略。持有第三种态度进行评课的话，任课教师的收获也是最有限的，甚至严重者还有可能受到一定的打击等。为此，评课者的态度要诚恳，发现并提出问题，而不是找到问题并批评教师，假如能够以以诚相待的态度去评，评课者的评课水平也会与日俱增，任课教师的教育教学能力也会得到不同程度的提高。

2. 细：细节决定成败

常言说，细节决定成败。评体育教学问题，能够把握细节也是评课能力和水平的体现，对评课活动能否成功开展起着关键性作用。但评体育教学问

题的"细"应如何把握呢？第一，看得要细。能否评得细，与是否看出细小问题关系密切，前者是前提。第二，听得要细。体育教学活动无论是任课教师还是学生，在此期间都会发出不同的声音，教师的讲解、指导、提问、点评，学生的回答、讨论、询问、与同伴交谈等，评课者在看课的时候，都不可忽视这些语言，而且不能忽视语言细节。如一节小学五年级的篮球课，在基本部分即将结束的时候，老师组织了一个接力游戏，每一组最后一名学生完成以后，快速举起手，并口头提示老师本组已经完成。游戏过程中，一个男生自己完成跑到终点以后，就快速举起手并向老师高声报告："我们到了！我们到了！"老师看到这个学生举起了手，就马上做出判断，这一组是第一名。结果呢，当游戏结束以后，这位小学生告诉另一组的同学说，"刚才我诱骗老师了"。同伴问："你怎么诱骗的？"他说："刚才我们组还没有跑完，我就举手了，老师也相信了。"不善于听学生语言的看课者在评课的时候，或许就很难听到这一对话，也难以把握因语言细节而暴露出的问题。第三，评得要细。评课的时候，在体育课堂教学中往往会发现以小见大的问题。评问题的时候，除了要能够把看到的细节和听到的细节评出来，还要能够在评的过程中把握参与评课活动的大家的反应，如眼神、掌声、听评课认真程度、讨论交流的积极性等。当评课者说出某一方面的问题时，大家的反应是否很强烈，有没有反对声音，有没有使大家都屏住呼吸在听你评说等，这些都能够间接反映出，评出的问题受关注程度，是否重要，是否是大家都没有看出的问题。因此，对看、听、评细节的把握，是有效评课的关键。

3. 新：创新决定高度

大家对"创新决定高度"这种提法并不陌生，但如何从评课的角度进一步认识这一共识，我们首先需要了解，评体育教学问题为何要新？其次，是要明确新在哪里？最后，要能够掌握如何新？至于为何要新，这一问题回答起来并不难。如果在评课的时候，能给人耳目一新的感觉，那么不仅能够吸引听者的注意力，引起听者的关注，还能够体现出评课者的能力，同时，还会给大家带来新的启发。谈到新在哪里，无外乎这几个方面：新问题（别人没有提及的问题）、新视角（别人尚未尝试的视角）、新表达（和别人说的方式、内容不同）等。而如何才能评出新意，需要把握的关键是：抢先评，由于是开场，评课者每说出一个方面的问题，如果是大家都还未听到过的，那么大家就会集中精力听这些问题。归纳评，由于是最后总结阶段，大家几乎都说出了教学中的所有问题。因此，最后评的时候，要具有一定的归纳和高度概括能力，将各类问题归属到一个层面上。如有些评课者说的是现象，而有的评课者已经触及了本质，因此要善于归纳，将不同类的评的结果，从同一个层面进行高度概括。换位评，就是要站在任课教师的角度评一评，即采用换位思考的方式。例如，可以说，"假如我来上这节课，这一问题我可能会这么处理……"或者说"假如我是一名学生，我会感觉到箱上前滚翻练习中的自评表很难准确填写"等。由此可见，评体育教学问题的时候，依然需要树立创新观念，提高创新能力，呈现创新结果。

有效评体育教学问题，说起来容易，做起来并不是那么轻松。因为那不单单是能否看出门道的问题，而是对评课者评课能力的全面考验和挑战。过去大多数评课者都习惯于先说说优点，然后谈谈不足，再或有或无、或多或少地谈几点改进建议。这一评课流程大家都已很熟悉，但当我们考虑如何专门评体育教学问题的时候，我们不得不对该问题进行深入的思考。只有把握好看出真问题这一前提，贯彻落实好全面性这一原则，再把握住诚、细、新的关键点，评出客观性、深入性、有效性、新颖性等都将成为可能。下面对评教学问题的方略做一个简单的归纳。

评教学
问题的
方略

教学问题有真假，　明白是非作用大；
问题呈现有大小，　大大小小都要找；
问题根源有深浅，　分析挖掘是关键；
评析问题结构明，　是啥为啥先搞清；
问题评说显技巧，　真诚细节新不少。

第二章　评教学内容的方略

谈及教学内容，大家马上就会想到教案上写在前面的一大要素栏目，很多教师都会在这一栏中写上主教材内容和辅教材内容。在新课程改革之前，我们还会看到，一些教案在教学内容栏目中写着学习内容、复习内容等。但无论这一栏目中写的是什么，教学内容都是一节课的核心。没有教学内容，教学目标尤其是技能目标就无从设置，教学重难点也难以确定，教学方法更无从谈起。我们在看评课的时候，如何评教学内容？从哪些视角切入？如何判断教学内容呈现的真问题？教学内容与哪些因素关联？评教学内容有哪些技巧需要把握？这些问题都值得进一步研讨。

本章主要从教学内容的概念谈起，分析了教学内容不同于课的内容，并分别就二者的关系做了进一步梳理。还分析了教材分析对评教学内容的辅助作用，以及阐述了看教学内容的切入点决定着评教学内容的视角等。提出了全、实、新等评教学内容应把握的几个关键点，旨在为更有效地评教学内容提供一定的理论参考和方法借鉴。

一、体育教学内容不同于课的内容

关于体育教学内容和课的内容，在备课写教案时经常会用到，但教学内容和课的内容是不是一回事？如果不是，二者的主要区别何在？有没有将二者混淆的现象？通过对大量教案的分析以及与部分一线教师的交流，笔者发现，有些教案有概念使用不准确现象，在该用课的内容的时候，却使用了教学内容。还有些教师认为，教学内容与课的内容没有明显区别。实际上，二者并不完全等同，厘清二者的关系，评课尤其是评教学内容，能够更具有针对性和实效性。那么，二者的差异何在？如何正确使用这两个概念？

首先，教学内容和课的内容之所以不同，主要是二者在范围上有一定的差异，课的内容的范围远大于教学内容，且包含教学内容。课的内容是从课的开始到课的结束的全部活动内容。如课堂常规中的集合整队、安排见习生、检查服装、宣布课的任务与要求等都是课的内容的一部分。主教材和辅助教材更是课的内容，而主教材和辅助教材共同称为教学内容。除此之外，准备部分的准备活动和结束部分的放松活动也都是课的内容，但由于准备活动和放松活动缺乏或很少有教与学的成分，因此，一般不将其作为直接的教学内容。但是，它们确实与主教材内容有关，即准备活动尤其是专门性准备活动直接服务于主教材内容的学习，放松活动的内容和形式，需要围绕基本部分主、辅教材而设计。因此，教学内容范围相对较小，一般定位于基本部分的主、辅教材内容；而课的内容范围大，是课的全部活动内容。

其次，二者在使用上位置不同。从以上分析我们可以清楚地看出，教学内容是只需要填写在教案主、辅教材的栏目上的要素，而课的内容很显然是要放在教案中课的结构后面的栏目上的要素，尽管教案格式有所不同，但是课的内容栏一般都会有。如教案核心要素的格式，有的是课的内容、教师活动、学生活动、组织与要求、时间次数；有的是课的内容、组织教法与要求、运动负荷；还有的是课的内容、教法、学法、组织与要求、时间次数；等等。无论是哪一种格式，大家都看到了课的内容这一核心要素。这里用课的内容而不用教学内容是根据它们的范围大小所确定的，将二者混淆使用显然是不当的。

二、教材分析在评教学内容中具有参考作用

评课，多数情况评的都是观摩课，其中，有的是评优课，有的是研究课等。任课教师都会事先进行教学设计，并撰写一份相对完整的教学设计文本。无论教学设计格式如何，我们都会看到里面有教材分析这一要素。教材分析主要是对所要上的课的主教材的分析，包括主教材的特点，单元课次，该教材的作用，即发展学生哪方面的能力，以及该教材适宜的教法与学法，甚至有时我们还能够看到要顺利完成主教材的学习，匹配了什么辅助教材等。

教材分析的具体内容能够为我们评课提供重要参考。因此，不仅需要在看课前充分了解任课教师对教材的分析，还需要在看完课即将评课的时候，结合所看教学内容实施情况，结合教材分析判断教学内容选择与施教的合理性。例如，某节课主教材内容是原地单手肩上投篮，教材分析中，我们看到了是篮球单元的第四次课，前三次分别学了运球，复习了传接球，学生学习并掌握到了一定的程度，大多数学生能够按照动作要领要求完成运球和传接球技术动作。就投篮技术而言，该节课是学生第一次接触，以前尽管大多数学生或多或少地投过篮，但是大都动作不正确，投篮准确度较低。我们还从教材分析中看到，教师准备通过这节课的教学，让学生初步学习原地单手肩上投篮技术，体验投篮动作。然而，在课堂实施过程中，整堂课下来，教师没有让学生体验一次有篮筐情境下的投篮，而是用大量的时间让学生徒手模仿投篮，仅有少量的时间，让两个学生一组互相练习模仿投篮动作。一来学生不知道真正的投篮的感觉是什么样的，二来学生的兴趣也难以得到应有的激发。因为，篮球运动的兴趣点多集中在投篮上，而学生几乎没有体会到。所以，我们在评教学内容的时候，教材分析会给我们很大的帮助，要充分发挥它的重要参考作用。

三、看教学内容的切入点决定着评教学内容的视角

评课之前都需要看课，没有精准的看课，也就谈不上精彩的评课。也就是说，看不出门道，也就难以评出水平。但具体到看教学内容的时候，应从哪些角度切入更便于评呢？从以前人们在评教学内容的过程中，笔者聆听到：有的人说"教学内容的选择与搭配比较合理"；有的人说"教法的选择符合教材特点"；还有的人说"男生对该内容的学习比较感兴趣，而女生的积极性不高"；我们还听到过有人评课时说"准备活动未安排专门性的练习"；等等。诸如这些评课的语言和评出的内容说明大家都是围绕教学内容在评，只是不同的人评的视角不同，是属于单一维度的评课。这也与他们的看课视角的选择有较大的关系。

　　为了使评课者能够多维度全面而系统地评教学内容，我们首先需要了解看课都可以从哪些视角把握教学内容，如何从多视角看教学内容的实施过程，并从中把握存在的若干现象或问题。看教学内容的时候，我们不能直接从基本部分看起，这样的话，就难以把握教学内容的前后搭配和辅助作用，也难以听清任课教师对教学内容的导入技巧等。

　　看教学内容的视角多种多样，从时间上来看，从课的开始部分，我们心中就要绷起看教学内容的这根弦。既要看一看教师是如何宣布教学内容的，对教学内容的学习提出了哪些要求。还要看一看教师是如何导入的，用什么内容和形式导入主教材，这实际上是看教学内容的开始。除了基本部分作为看教学内容的主要环节之外，准备部分和结束部分也不可忽视观看和聆听。直到最后结束的时候，教师都会进行一个长短不一的小结。总结的时候，任课教师也主要会对主教材学习的情况进行归纳。因此，从时间切入，看教学内容会贯穿课的始终。从形式上来看，我们需要看一看该堂课都采取了哪些形式让学生学习教学内容，既包括组织的形式，也包括学习的形式。当然，在这个视角下看教学内容的时候，我们需要重点留意准备活动形式、放松活动形式和基本部分内容呈现出的形式。如放松活动采取的是音乐伴奏下的舞蹈形式，而主教材的内容是排球的垫球，很显然，我们看到放松活动形式与主教材学习内容不匹配。从过程来看的话，主教材内容是如何一步步通过教师的教、学生的学与练达到从不知到知、从不会到会的过程。尤其是对于具有一定复杂性的内容，学生在学习时，教法不同，学习效果就会不同。有些教师注重从简单到复杂，从徒手模仿到实际操作，从看、听、思、记，到练与赛等的程度组织教学。运动技能形成要经历泛化、分化、自动化的过程，在每一个阶段的教学，教师是否遵照了这一规律，都说明教学内容在教学过程中的一步步呈现是否合理。总之，看课切入的方法十分多元，这些切入方法，直接影响到评教学内容的视角选择。评教学内容的时候既可以从一个视角也可以从多个视角展开。

四、"全、实、新"是评教学内容应把握的关键点

无论教学内容类型相同与否，不同的课堂内容呈现形式会有所不同。因此，在评课时不仅要把握住不同点，还要注意把握全、实、新的评课关键点。但究竟如何将教学内容评得深入、具体，并显现出评的水平呢？下面从三个方面逐一讨论。

1. 全：评教学内容把握范围上的"全面性"

当我们专门评教学内容的时候，不仅要评主教材内容，还要评对主教材起辅助作用的内容，还要评与主教材相关联的内容，否则，就难以体现出全面性。这样一来，我们既能够把握主教材在课上的传授情况，尤其是教与学的过程与效果，又能够进一步了解为了使主教材内容在课堂教学中充分发挥作用，达成预设的目标和突破所确定的重点、难点等。那么，我们该如何体现评教学内容的全面性呢？

首先，要能够充分挖掘主教材内容相关要素及其与主教材内容的内在联系。几乎每一节课上都会有一项主教材，但是主教材内容要传授给学生，并非只要有主教材自身就能够达到目的，而是需要更多的要素共同发挥作用。通过梳理可以发现，体育教学中与主教材内容相关联的要素，有辅助教材，如素质练习、游戏等；有服务内容，如专门性准备活动内容、有针对性的放松活动内容等；有场地器材等相关环境条件；有实施内容的适宜教学方法；还有学生的身心特点及兴趣爱好对教材的影响作用；等等。这些要素都是以主教材内容为核心的，是与主教材由近及远地发挥着各自的功能和价值的要素。

其次，要在全面、细致观察各要素发挥作用情况的基础上，巧妙地评出主教材内容及相关的各要素。而且评的时候还要注意先找到一个逻辑主线，不能过于宽泛地单一说各个要素，而是要通过明确的主线将各要素与主教材内容关联起来。例如，评场地器材关联要素时，我们可以根据观察到的具体情况，表达出这样的评课语言：该课对场地器材的使用不利于主教材内容的

学习，尽管在课前教师也自制了辅助练习器材，但是对辅助器材的利用并没有提高学生学习主教材内容的效率，相反，由于安全隐患的存在，增加了学生的恐惧心理从而影响了主教材内容的学习。又如，评教学方法关联要素时，要看一看教学方法的选择是否有利于与教学内容的准确对应。如果不是，说明方法的选择脱离了实际内容，因为没有内容的方法是无法衡量其效果的方法，脱离方法而单独谈内容也是毫无意义的。

2. 实：评教学内容把握语言上的"真实性"

说真话、讲实事，不仅是做人的最基本准则，在评课的时候，也要有所体现。有些人在评教学内容的时候，只习惯于用赞扬的语言评说内容的选择与搭配的合理性，表达出了内容与学生的身心特点如何一致。还有的人会评出教师对教材的处理如何得当，等等。实际上，对于真正会评课者而言，仅仅从大的方面说内容的选配和处理还远远不够，我们更要围绕内容评出细节，要能够分析出教与学的环节，教学内容存在的突出问题。假如我们没有评教学内容存在的问题的意识，就很难发现其真实问题，或许只是停留在表层，看到的只是内容的搭配和处理上的合理性。

然而，该如何发现内容问题，并巧妙地用真实的语言评出问题存在的根源呢？首先，我们在观察的时候，就要能够看出主教材内容是不是适应于全体学生。假如不是，有多少学生比较适应，而又有哪些学生不太适应，为什么？其次，在评教学内容的时候，我们要能够分析问题存在的根源，并能够提出改进的策略。例如，七年级的足球课上，男女生都学习足球头顶球技术。在学生做练习的时候，大部分女生都有偷懒现象，甚至有些女生在一开始学习时就只是站在一旁观看。相反，男生学习的积极性却很高，练习的次数不仅多，而且掌握动作的速度比较快。课堂上学习这样的技术动作的时候，从男女生反差较大的学习行为中可以看出，女生学习头顶球技术是不适当的。再追溯的话，教师在确定教学内容的时候，就应该考虑男女生因性别差异而存在兴趣爱好不同的情况。假如是足球课，男女生的学习可以各有侧重。例如，头顶球技术，课上安排男生的练习可以多于女生，或者女生学习不同的运动项目，如健美操。这种既指出问题所在，又能够分析问题根源，还能提出改进建议的评教学内容的方法，才是真实且完整的。

又如，在一节高中一年级的足球课上，课的结束部分没有安排放松活动，小结以后就直接下课了。一节课上学生做了各种奔跑着踢球的练习，在课的结束部分如果不安排适当的放松活动，就会不利于学生身体的恢复，对于个别平日缺乏运动的学生而言，还很有可能造成一定程度的疲劳。从表面上来看，这节课是缺乏放松活动，但问题在于常规内容不完整，主教材的学习缺乏有针对性的积极的放松，即教学内容实施过程不完整，导致的结果是不利于学生身体恢复或容易产生疲劳。因此，我们在评课的时候，不仅要指出缺少放松活动这一现象，还要能够分析原因和后果，不仅要提出要有充足的放松，还要有有针对性的放松的合理化建议。有些课在结束部分有放松活动，但只是在走过场，根本发挥不了放松的作用。这样的放松，在评的时候，也要及时地指出问题所在，并提出建设性改进意见，要能够让任课教师和其他听评课者认识到这一问题也是需要引起高度重视的，形式化的放松也依然存在内容辅助作用不能发挥的问题。

除此之外，结束部分的小结，需要对主教材内容学习的情况尤其是效果进行归纳，即对如何进行小结的，在小结的时候对主教材的学习是一种什么认识，学生掌握情况如何，教材重点的强化和难点突破结果如何等，都需要做全面的归纳。评课的时候，可以结合任课教师小结的情况对全面性和深入性做出评判，这有利于教师更好地把握小结的正确方法。

3. 新：评教学内容把握形式上的"新颖性"

评教学内容如何体现新颖？一方面体现出评教学内容的形式与众不同，另一方面评教学内容的深度与他人明显有区别。评的过程与效果能够不同程度地让人眼前一亮。但如何才能达到新颖呢？首先，要有创新评教学内容的意识，善于打破常规，选择新的视角呈现评的内容或用不同的表达方式展现出评教学内容的结果。其次，要有创新评教学内容的具体方法。例如，他人评的时候是从课的开始到准备，再到基本和结束各部分依次评教学内容在课堂教学中的呈现合理与否。而我们评教学内容的时候，假如依然按照这一逻辑顺序，显然是重复的，且无新意。因此，可以换一个角度，以基本部分主教材内容为核心，围绕这一内容考虑其他内容与其搭配的合理性，选择的教学方法与内容的匹配度，场地器材的使用与主教材内容的适应性，评价方式与内容施教的促进性，等等。这样的评内容方式，不仅换了一个角度，而且没有脱离内容这一主题，是通过体育教学中的相关联因素反映出教学内容选配与呈现的合理程度。最后，要有一定深度地评教学内容施教过程，即按照"是什么、为什么、怎么办"的思考问题的逻辑，逐步深入地分析内容的合理性。例如，教授箱上前滚翻的时候，老师安排了一个学生自评互评的评价环节。通过观察，笔者发现学生在箱上做动作的注意力不够集中、完成动作的质量存在一定问题，这时笔者就不得不思考这种现象是什么原因造成的。通过思考笔者发现，是因为在完成动作后即刻就要到前面设置的评价表上进行自我评价，学生在箱上完成动作的注意力就会分散，很自然地，完成动作就变得很草率。通过分析可以得出结论，在新授课主教材练习期间，要尽量避免让学生接连完成两项新任务。评价环节设置时机过早，就会影响主教材内容的学习效果。因此，建议将评价环节删除或延后几节课再安排。

　　体育教学内容无论搭配是否合理，也无论具体落实的时候受到哪些因素的干扰，我们在评的时候，除了就事论事，评述主教材内容在具体实施过程中是否存在问题，是什么问题，还要全面系统地分析根源，找到解决的策略。也就是说，评课要有一定的深度、广度和新颖性。否则，评教学内容就难以突显技巧和更有实效。下面对评教学内容的方略做一个简单的归纳。

评教学
内容的
方略

教学与课有不同，　内容指向要分明；
教材分析要研读，　评说内容把握住；
内容评析水平高，　切入方法很重要；
评课内容把握全，　语言诚恳是关键；
表达形式多又多，　新颖有趣客观说。

第三章　评教师示范的方略

体育教师的专业技能水平有高低之分，示范效果也不一。评课的时候，就教师的示范而言，有不少教师关注示范的位置、示范的标准、示范的效果等，而且大都是从优缺点两个方面评教师示范的。实际上，要想深入、全面且巧妙地评教师示范，还有诸多值得探讨的问题。

体育课上教师的示范无论是示范形式还是示范效果，都存在很大的差别。但是面对体育课上各种各样的示范，评课的时候如何巧妙地把握？本章主要从体育课教师示范若干现象谈起，提出了评示范要把握的前提，重点分析了从学生的学、教师的教和课的实施三个不同的视角评教师示范的有效策略，旨在为更全面、深入、合理地评体育课上的教师示范提供一定的参考。

一、难起效：体育课教师示范若干现象

体育课上教师所做的示范无论从形式上、还是从效果上，都有着不同的表现。有的效果非常明显，学生通过观察教师的示范能够感受到正确的积极引导作用，但有些示范却存在不当的问题，下面就影响效果的主要现象做进一步分析。

1. 示范动作错误现象

体育课上的示范要尽量避免错误，因为示范错误不仅不能对学生的学习产生正确的引导，而且不利于学生运动兴趣的激发。同时，教师在学生心目中的威信也将随之降低。但是，体育课上的错误示范却时有发生。例如，有教师在站立式起跑示范时，出现手脚一顺儿的错误现象；在篮球的双手胸前传接球示范时，接球时的手指错误，正对来球方向；等等。无论是何种运动技能的学习，凡是出现示范错误，就很难在评优活动中取得好的名次。而且这种评判结果很少会产生歧义，言外之意，大家都能够认同或接受对示范错

误者的近乎一票否决的评判结果。因此，示范错误在体育教学中是一定要避免的。

2. 示范动作失误现象

体育教师在课堂上做示范，除了有错误示范，还有些是教师未能完成完整的示范，或在示范过程中出现失误。造成失误的原因，并非教师不知道如何做正确的示范，而是由于其他某种原因导致失误。例如，一位教师在体操技巧手倒立示范的时候，未能倒立成功，由于用力蹬地过猛出现平身摔倒现象，引来学生一阵笑声。又如，一位教师在做跳山羊示范的时候，由于手扶山羊的位置不准确，将山羊推倒，出现"人仰羊翻"现象。假如说示范错误是教师对基本技术未能掌握的话，示范失误或许可以归结为教师未能掌握运动技能，或掌握技能尚未形成动力定型，改变环境或心境的时候，难以完成规定的完整示范。这种现象比错误示范更多见，尤其是遇到教师传授其非专业的技能时，示范失误概率会更高。因此，为了避免出现示范失误现象，教师也要不断地加强练习，力求使教学所涉及的运动技能达到自动化程度，从而才能真正地发挥示范作用。

3. 示范位置过远现象

即使体育课堂上的示范没有错误、无失误，也并非都能达到一定的效果。倘若示范位置过远，学生难以观察到教师示范的过程和细节，示范作用也难以发挥。例如，一位教师在做前滚翻示范的时候，把学生的练习垫子摆放成扇形，本来是为了便于学生观察。但是，教师在示范的时候，学生一个个蹲在垫子的一端，远离教师，观察教师示范的距离约 20 米，可想而知，除了前排的学生似乎能够观察到教师的示范动作，后面几排的学生都难以看到教师的示范动作是如何完成的。又如，一节小学的跳远课，任课教师设计的是让学生跳垫子替代跳沙坑，并将示范垫子摆放在距离学生较远的位置。结果学生不仅难以看清教师助跑与踏跳的衔接动作，也难以看清落地的收腿姿势。学生在观察这种示范后的练习中，显然对该技术的认识依然模糊，也就很难掌握技术动作。因此，示范位置过远现象也要尽力避免。示范位置过远现象如图 2-3-1 所示。

图 2-3-1 示范跳远的位置过远

4. 示范位置过偏现象

有些教师在体育课上做示范的时候，未出现错误、失误或示范位置过远现象，但是却出现了示范位置过偏现象，同样达不到应有的示范效果。例如，在一节实心球课上，任课教师做示范的时候，让学生与教师同排蹲立，每人手持实心球，准备向后抛出，教师事先做一次示范，但是，由于教师蹲立的位置过偏，示范的全过程几乎没有一个学生能够观察到，更不用说看清示范的方法了，这种示范显然是无效的。又如，一节 50 米途中跑课，教师在跑道上示范的时候，学生成四列横队，让前两排学生蹲下，便于后两排学生观察教师的示范动作。可是，学生蹲立和站立的方向却与教师的示范位置垂直，且教师沿着排头学生的位置向远离学生的方向跑出，假如学生不转身或转头自行调整的话，几乎所有的学生都难以观察到教师的示范。这些过偏的示范位置，不便于学生观察，学生也就难以掌握动作方法。示范位置过偏现象如图 2-3-2 所示。

图 2-3-2　示范后抛实心球的位置过偏

5. 示范视线阻挡现象

体育课上的示范，除了要注意位置适中，还要考虑是否有器材挡住了学生观察示范的视线。假如有遮挡现象，也无形中给学生的观察带来了一定的负面影响。例如，在一节小学四年级的跳高课上，教师并排摆放了 8 组跳高架和海绵垫，教师的示范器械摆放在了学生使用器械的正前方靠中央位置，按说从场地器材的布置上来看，是较为合理的。但是，当教师示范的时候却发现，任课教师让学生站在了 8 组器械的另一侧。也就是说，在教师和学生之间，是一排器械，教师示范的时候，一副副跳高架不同程度地影响着学生的观察，显然，示范效果会受到一定的影响。又如，一节健美操课上，教师把"课课练"部分要使用的自制器械（沙瓶）摆放在师生之间，后排的学生都几乎看不到教师的脚步动作，显然，上下肢的配合也难以观察清楚。因此，教师在做某项技术动作示范的时候，要确保学生的观察视线不受任何物体的干扰。

6. 示范缺乏指导现象

实际上，我们平日看到的体育课上的示范，尽管不出现以上几种现象，有时，也依然达不到应有的效果。究其原因，教师的示范存在着单纯走流程现象，即为示范而示范。也就是说，在完成示范教学环节时，不是为学生的学习而示范。这样的示范，很容易出现即便学生认真观察了，也难以会看、看懂、看会的问题。因为教师示范的时候缺乏对学生观察方法的指导。例如，一节高一年级的篮球单手肩上投篮课，教师讲解之后，告诉学生："同学们，下面老师给大家做个示范，你们一定要认真观察。"学生听到这种提示以后，开始认真观察教师的示范动作。可是，由于教师没有明确进行观察法的指导，结果大部分学生听了教师要做投篮示范以后，大都把目光直接集中在了篮圈上，在等待观察教师是否将球投进。显然，这种示范存在着走流程的现象，学生不知道先观察什么、后观察什么，而是根据篮球运动的兴趣点，都在观察投篮的结果，这样的示范是难以达到完美效果的。

除此之外，在少数课上，还出现需要用器械的示范，教师却不用器械（如篮球投篮完整示范不用篮球、排球垫球完整示范不用排球），甚至教师不做示范等现象，这或许与教师所掌握的运动技能水平有限有关（除徒手示范外）。但无论如何，一旦教师在课堂上做示范，而且有必要做示范的时候，就要力求发挥示范的作用。

二、会观察：评体育课教师示范的前提

基于前面谈到的体育课上有可能发生的若干现象，为了能够促进评教师示范的效果，有必要谈一谈对体育课上教师示范的观察方略。在评教师的示范之前，只有会全面、系统、深入地观察示范的内容、过程、形式、方法和效果等，才能准确无误地评出示范的真问题和好经验，然而，该如何观察示范呢？

1. 了解示范的内容与过程

在体育课上观察教师的示范，首先是要能够通过教案了解教师在课上要做什么内容的示范，以及充分把握示范的过程。有了这样的了解和充分的把握，在观察课堂上示范的时候，才能更具有针对性和实效性。我们可以通过浏览教案，获悉主教材的内容，即学生要在该次课上学习什么技术动作。这

一技术动作的学习，往往是需要教师示范的。例如，主教材如果是要学习篮球的原地单手肩上投篮技术，课上教师会或多或少，或徒手或持球地做该项技术的示范。即示范的内容可以通过教案上的基本信息了解到。再通过查阅"教师的教"栏目中的具体教学步骤与方法，可以进一步把握示范的过程，在哪里开始做示范，在主教材学习阶段安排几次示范，在开始部分的时候有无提前激发兴趣的示范，在课的结束部分小结的时候有无回顾总结性强化对动作认知的示范。假如能够在看课前事先对这些示范信息有所了解，观察示范时就能够不失时机，且较为全面地把握示范的效果。

2. 观察示范的形式与技能

体育教师在课堂上所做的示范，不仅有不同的形式，还能反映出具有一定差异性的示范技能水平。而这些都是可以通过观察课堂示范捕捉到的。然而，该如何观察示范的形式，如何观察出不同的示范技能呢？我们需要了解示范大概有哪些形式。从与讲解的搭配上来看，有只做不讲的独立示范，有边讲边做的整合示范；从示范对象来看，有教师独立的示范，有师生合作的示范，也有让学生单独完成的示范；从示范正误取舍来看，有只做正确示范，有正误对比示范；从示范完整性来看，有分解示范，有完整示范；从示范难易递进关系来看，有先易后难的示范，也有先难后易的示范；从器材使用情况来看，有徒手示范，有器械示范；从示范人数来看，有单人示范，有多人一起示范；等等。基于对以上示范形式的多样性和多视角归纳，在看示范的时候，就能够多一些思考和判断。当然，有的形式是相互交叉的。例如，教师独立示范的形式，既有可能是做的正确示范，也有可能做了正误对比示范等。由此可以提示看课者，在看到示范环节的时候，在形式上要能够从多个视角观察与判断示范的结果。几种示范形式如图2-3-3、图2-3-4、图2-3-5所示。

同时，我们还可以根据示范的具体情况，看到教师示范技能水平的高低。前面所谈到的示范不良现象，都可以归纳到较低技能水平的示范之列。相比较而言，中等技能水平的示范，就可以在观察的时候发现，教师虽然正确地

图 2-3-3　教师做快速跑示范

图 2-3-4　教师讲解，学生配合示范莱格尔跑

完成了示范动作，且位置适当，但是，由于未能关注对学生观察法的指导，因此，可以称其为中等技能水平的示范。高技能水平的示范，主要体现在示范效果上，教师的示范能够同时考虑到学生的观察方法是否正确，并能够及

图 2-3-5　学生配合教师示范足球传球技术

时正确地给予引导，又能结合学生观察中出现的特殊情况，做出示范方式的调整等，其效果则会很可观：学生看见了、会看了、看懂了、看会了。接下来学生练习的时候，能够基本正确地完成动作，即便是按照运动技能形成规律出现错误动作，也不会十分突出。

3. 聆听示范的提示与效果

教师的示范，往往会有一些语言相伴，大都是放在示范之前作为示范提示。但大多数教师习惯提示学生："同学们，下面老师给大家做一下示范，你们一定要认真观察。"从这样的提示语中，我们获取到的信息，无疑就是提醒学生们下面到示范环节了，让他们注意观察。但是，这样的提示与不提示没有太大的区别，因为教师并没有告诉学生如何观察他的示范。对于会观察的学生而言，或许无需过多的关于方法的提示就能达到一定的观察效果；而对于那些不会或不善于观察的学生而言，教师示范的作用就很难在他们身上有所体现。因此，教师的提示如果不到位，甚至没有提示的话，示范环节不但占用了宝贵的时间，而且还发挥不了应有的作用。体育课上聆听提示语的时候，要能够区分提示的程度：是否有方法的指导，是否有针对性的引起注意的要求。关于有观察法指导的示范，例如，一节小学肩肘倒立课，教师示范之前提示学生：一要看手是否压垫；二要看手指尖朝向；三要看还原姿势。这样的提示语显然有明确的观察法指导。学生听了这样的提示，都能够把握住需要观察的关键技术环节。有观察法指导的肩肘倒立示范如图2-3-6所示。

图2-3-6　有观察法指导的肩肘倒立示范

同样，示范的效果除了通过提示语能够预估到以外，实际上，教师示范结束以后，通过看学生的眼神、表情、动作或听学生的声音等，都能够初步判断出教师示范的效果。例如，一节软垒课，在开始部分，教师就做了一个漂亮、优美、标准的击球示范，学生看了示范以后，先是异口同声地发出了"呜啊！"的惊讶声，随后，学生们又一同给出热烈的掌声。教师问："同学们，想学吗？"大家一起高声回答："想。"教师又问："想比老师打得更好吗？"学生还是以一个响亮的"想"字回应了教师的提问。我们不难看出，这样的示范，充分调动了学生学习的积极性，激发了学生对软垒的兴趣，说明示范效果比较明显。当然，也有虚假示范效果现象，多发生在教师示范前向学生要掌声的情形下。例如，有一节小球操课，教师在示范之前，在提示中加入了这样的语言："同学们，如果老师做得好，希望能给老师一个掌声。"结果，教师示范以后，学生们都给了热烈掌声。实际上，这种示范效果，假如不提出要掌声，学生自然也会给的，因为示范动作确实十分优美。课堂出现这种现象，多数是因为教师的自信心不足导致的。显然，我们通过聆听提示语和全面把握学生观察示范的反应,就能够初步判断示范的真实情况。

三、有技巧:不同视角评教师示范的策略

过去,看课者评教师示范的时候,很少有专门就示范进行点评的,大都是将示范作为评课内容中的一部分来评说。如果示范效果明显,可能作为优点来评;如果示范确实存在某种问题,可能就会直接或间接地指出示范的问题及根源所在,有的还会进而提出有针对性的改进策略。但是,当我们专门评体育课上教师示范的时候,就不能只是泛泛地评说优缺点,而是要多角度、全方位、深入地评析示范的合理程度及效果呈现情况等。

1. 从学生学的角度评教师示范的效果

看示范的方法和结果,决定着评示范所能达到的全面和深入程度。当我们从学生学的角度来评教师示范的效果时,大致可以从以下几个方面展开。第一,评一评教师在示范的时候,究竟有多少学生在观看示范,以及观看时的精力集中情况,那些不看的或边看边溜号的学生在做什么,分析为什么会出现注意力不集中现象。第二,评一评学生对教师示范前的提示语的反应情况,有多少学生在按照教师的提示认真观察,观察中学生都有哪些语言和行动。第三,通过学生观察后做练习的情况,评一评观察示范的效果,是不是有学生不知道教师要求做什么,不知道如何做,或提出让教师再为自己重做示范的要求等。假如出现学生在观察中走神的情况,有可能是教师在示范前提出的观察要求不够明确,还有可能是教师的示范未能吸引学生的注意力,但也有可能是学生的学习习惯不良。假如在做练习的时候,发现大部分学生不能按照教师的示范模仿完成动作,或许是教师的示范位置不够适当,大部分学生未能观察清楚示范动作。如果大部分学生都做出了错误的动作,或许是教师自身的示范不够准确,学生跟随教师做出了错误的动作。如前面谈到的站立式起跑—顺儿的错误示范,结果学生在练习的时候,无一例外地都按照教师的错误动作做了"准确"的模仿。由此可以看出,根据学生在观察示

范和练习中的种种反应，都能够推断出教师的示范效果。好的示范过程与示范标准的把握，能够激发学生较为强烈的学习欲望，并能做出积极的反应。差的示范，学生的反应也自然是与之对应的，诸如溜号、动作错误等。学生观察示范中注意力不集中如图 2-3-7 所示。

图 2-3-7　教师示范立定跳远动作时学生未认真观察

2. 从教师教的角度评教师示范的能力

如果看示范的效果，我们选择了从学生学的角度来把握，那么，我们还可以从教师教的角度分析教师的示范能力。过去，我们会以是否掌握了运动技能，以及运动技能水平高低来判断教师是否具有真本事。而现在，这种认识有待进一步改善。实际上，能否把自己所掌握的运动技能传授给学生，这才是教师教学能力水平高低更准确的评价标准。教师在体育课上，不仅要会做某项技术动作，还要有技能体现，更要把规范的技术和高超的技能传授给学生。就教师的示范而言，示范的能力主要体现在以下几点：一是示范是否准确无误；二是示范时机是否恰到好处；三是示范前的提示语是否具体到位；四是示范的方位是否合适；五是示范中是否关注学生的反应；六是是否对示范效果做出判断并及时调整。过去我们谈教师示范的时候，可能大都会集中在：采取的是哪个方位的示范（正面、背面或镜面），示范是否正确等。实际上，新课程改革以后，为了能够很好地贯彻落实课程基本理念提出的"帮助学生学会体育与健康学习"，我们不得不与时俱进，把示范的能力进一步提升为：不仅要看学生看没看、看懂没看懂、看会没看会，还要强调学生会不会看，这些都是评判教师示范能力的标准。因此，在评示范的时候，我们也就不能只是对教师示范位置、形式、内容等做出好与差的简单判断，还要评教师对示范所能达到综合效果的驾驭能力，这种能力的差异性，也是教师会不会教的一个很重要的分水岭。因为教师示范是教师教的要素之一，示范能力强弱区分的关键点，在于是否让学生掌握了观察示范的方法。目前，能够体现出这种示范实效性的教师的数量还有待增加，并且还需要教师们转变对示范的认识。只有充分认识到学生掌握观察方法的重要性，才能在示范的时候有观察方法指导的具体体现。同时，我们也能够把握"能做示范"（单纯完成动作）和"会做示范"（关注学生的学法）两者之间的本质区别。

3. 从课的实施角度评教师示范的时机

当我们提及课上的示范时机时，大家或许会不约而同地想到基本部分主教材教学环节的示范。实际上，从课实施的全过程来看，示范不一定都集中在这一环节，我们不仅需要拓宽最佳示范时机的范围，还需要结合课的不同环节的实施效果，灵活把握不同内容示范的时机。就主教材规定要学习的专项运动技能而言，示范从基本部分可以向开始部分和结束部分延伸，前面我们已经谈到了示范所能发挥的激励和回顾强化作用。另外，即便是基本部分主教材学习期间的示范，也需要判断是做一次示范还是多次示范。课的实施过程中，假如一次示范就足以达到效果，也就不需要做出重复性示范。但是，很多情况下并非如此，往往根据课堂观察到的教学效果，需要教师多次示范。假如我们在看课时，发现需要多次示范的却未能如此，而不需要多次示范的却反复示范，评课的时候，我们都可以将其作为问题一并提出。另外，体育课上除了主教材运动技能的学习需要教师做示范外，有时复杂的或专项的准

备活动、不熟悉的游戏比赛方法等也需要教师做示范，以便达到更好的教学效果。

　　总之，评示范的时候，不仅要了解当前体育课示范中存在的若干现象，还要掌握看课时观察教师示范的有效方法，更要有评示范的技巧，并能够从不同的角度对示范动作的优劣、示范水平的高低、示范效果的好坏等做出分层、分类的评判。能否深入分析示范问题产生的根源，提出促进教师完善示范的合理建议，也是区分评示范能力强弱不可忽视的重要标志。下面对评教师示范做一个简单的归纳。

评教师示范的方略

示范问题有很多，　错误失败有偏颇；
评说示范有前提，　认真观察法不离；
观察示范看效果，　学习角度不为错；
示范评判有技巧，　角度把握最重要；
能力效果都要评，　示范时机要分明。

第四章　评学习方式的方略

　　体育新课程改革以来，在越来越多的体育课上，任课教师开始采用新的学习方式培养学生的学习能力。然而，在将新的学习方式引入的过程中，有些课堂却出现了假自主、假合作、假探究等形式化现象，不仅不能给体育课堂带来积极的正面作用，还会不同程度地影响学生学习的效果。由此，在评学习方式的时候，就要力求避免被虚假的学习方式蒙蔽，要能够将选用的学习方式中的真问题剖析出来，并能够找到问题的根源，以及解决的有效策略。然而，如何通过细心观察看出学习方式选用中存在的真问题？如何巧妙地评学习方式？本章重点就以上问题展开讨论。

　　学习方式不同于学法，是学法的上位概念。准确评学习方式，需要首先了解学习方式在体育课堂教学选用过程中存在的若干现象，并确定好评的视角，把握评学习方式的关键。研究表明，目前的体育课堂中，学习方式在选用上未表现出清晰的依据，在对体育学习方式的认识上还存在一定的误区，而且在使用学习方式的时候，或多或少地有极端化现象。在确定评学习方式的视角上，不仅可以从表现性上了解教案中的学习方式文本呈现的形式与内容，还可以评体育课堂教学过程中教师在学生采用某些学习方式进行学习时所发挥的引导作用，或是直接从实效性上评学生在学练中的学习方式操作过程与结果，抑或从教材的角度评学习方式选用的针对性，等等。评体育学习方式应把握的一个关键就是观察、分析并确定是否体现"真"字，如是否是真自主、真合作和真探究。

一、体育学习方式选用中的若干现象

　　体育教学中学习方式的选用，不仅要有科学的依据，还需要有正确的认识，更需要明确选用不同学习方式所能够达到的效果。可是，在实践中却存在这样或那样的现象，致使教学的有效性受到影响。

1. 学习方式选择依据不清现象

体育课堂教学选择什么样的学习方式既与教材有关，还与学生的学习基础及学习特点有关。但是，从诸多体育课堂上所呈现的方式不匹配、对象不适宜和效果不明显的现象可以看出，有些教师在选择和确定采用什么样的学习方式方面缺乏明确的依据，带有一定的随意性。例如，一节小学二年级的跳单双圈课上，本来该教材内容十分简单，基于该年龄段的学生的学习能力和身心发展特点，通过一些趣味游戏等形式，在调动学生参与学习积极性的同时，提高其跳跃能力，从而达到较为理想的教学效果。可是，任课教师却莫名其妙地采用了让学生分组探究的方式，组织了多次扎堆探究学习的环节，结果学生既探究不出实际的效果，也影响了跳跃能力提高的练习，体能素质的提高也自然受到了一定的影响。

2. 学习方式认识存在误区现象

新课程改革以后，自主、合作、探究学习方式引入体育课堂，培养学生自主、合作、探究的学习能力越来越受到人们的重视。但是，在对体育学习方式的认识上，很多课堂都明显反映出，教师在采用什么样的学习方式，以及如何使用最佳学习方式上存在一定的认识误区。有些课堂，把一般的分组练习当作合作学习，把放羊式的绝对自由当自主学习，把简单的问答式或一般的讨论当作探究学习，等等，这样的认识显然是走进了误区。在这种认识支配之下，体育课堂上培养学生的学习能力也就难以实现，一定程度上还很有可能导致教学效果偏离目标。如，有些课堂采用放羊式教学，看似给了学生自由支配的时间和空间，但由于学生在"一个哨子两个球，学生老师都自由"的状态下，既不能达成掌握运动技能的目标，也难以使体能素质得到应有的锻炼和提高。因为在这种形式下，对体育有较为强烈爱好的学生，可能在自由状态下能够活动起来，而那些尚未养成锻炼习惯，未产生浓厚兴趣者，会趁机做自己喜欢或愿意做的其他事情，甚至走出操场，走向教室，离开阳光，完全没有了体育课的学习行为和效果。为此，走出认识误区，准确、有

第四章
评学习方式的方略

069

第二部分
体育教师评课
——实践方略

效选用学习方式尤为重要。

3. 学习方式使用走向极端现象

体育新课程改革以来，尽管《义务教育体育与健康课程标准（2011年版）》在实施建议部分，明确提出了：有效运用自主学习、合作学习、探究学习与传授式教学等方式，引导学生在体育活动中，通过体验、思考、探究、交流等方式获得体育与健康的基础知识、基本技能和方法，培养应对问题、自我锻炼、交往合作等能力，开展富有个性的学习，不断丰富体育活动经验，学会体育学习和锻炼。但是，现实中的课堂却不一定能够具体落实课程标准的教学建议。要么是冲破底线的完全"放羊"状态，学生在体育课上难以学到知识、技能和方法；要么是教师仅仅利用过去一贯采用的"传授式教学"单纯地走教学流程，主宰整个课堂，致使学生在体育学习中缺乏"体验、思考、探究、交流"的机会。这些两极分化的现象，不利于学生养成良好的学习习惯，难以培养学生自主、合作、探究学习能力，"学会体育学习和锻炼"也难以体现。为此，在学习方式的使用上，教师需要转变观念，提高认识，研读课标，有效施教，从而消除学习方式使用过程中的极端化现象。

二、评体育学习方式的多元视角选择

评学习方式的视角十分多元。从不同的视角切入评体育学习方式，都能够归纳学习方式使用的经验和问题所在。下面从教案、教师、学生和教材四个方面展开，讨论多元视角的选择与切入方法。

1. 从教案文本评学习方式的"表现性"

无论在体育课堂上选用何种学习方式，按照常理，都应该在教案上有所体现，要么写在"师生活动"要素栏中，要么在"组织与要求"部分。假如只是在课堂上见到了采用某种学习方式，而未能在教案中体现，那么多数情况下，课堂上的运用会带有一定的随意性，说明这种学习方式未经过精心设计。因此，通过看教案上是否有学习方式使用环节的文字，就能够初步判断学习方式选用是否随意。学习方式在教案上的表现通常有几种情况：一是丝毫没有呈现，既看不到具体的某种学习方式的名词，也没有具体的环节定位，即"全无型"；二是仅仅有某种学习方式名称的提及，而没有具体的操作步骤和方法，这种情况可以归结为"半有型"；三是不仅有学习方式名称，还有具体的学习方式在教学中的操作步骤，这可以称为"规范型"。例如，在教案的教学步骤与方法要素栏中，提及了"自主学习"，并在接下来的具体方法描述中，进一步说明了哪个环节采用自主学习，以及自主学习的内容和具体要求。学习方式在教案中的不同表现，一方面说明任课教师对学习方式选用的重视程度，另一方面反映出对规范的教案文本格式与内容的把握水平。

2. 从教师施教评学习方式的"引导性"

体育学习方式尽管是学生学习的方式，但是从教师施教的情况也可以反观学习方式选用是否合理。从教师施教的角度评学习方式，主要看教师在施教过程中引导作用发挥的情况，这能反映出教师对学习方式的理解和把握程度。对学习方式的引导性主要体现为三个方面：一是在安排学生运用某种学习方式进行体育学习的时候，教师完全不进行引导，让学生自我控制。这种情况下，学生运用某种学习方式进行学习的效果不佳。二是学生在学习之前教师提出了要求，但学习过程中教师未能发挥引导作用，在采用某种学习方式学习的效果上有一定的体现。三是全程调控，能够把握住学习方式实施过程中的关键，引导学生有效学习，并能够注重培养学生学习的能力。这些情况都是需要认真观察和分析方能准确判断和区分的。这一观察和评课视角不容忽视，因为学习方式的使用，不仅学习者是主体，而且教师的主导作用直接影响着学习方式作用的发挥。

3. 从学生学练评学习方式的"实效性"

体育课堂上无论采用何种学习方式进行学练，都不在于形式，关键在于操作过程和能够达到的实际效果。因此，评学习方式的时候，从学生学练的角度重点要看"实效性"。学习方式所能达到的效果越明显，说明适应性越强，操作过程越合理。但如何才能判断其实效性发挥的程度呢？首先，要看学生在某种学习方式使用中的反应，是积极主动的还是消极被动的，参与的态度决定着能否发挥学习方式应有的作用，即"能否积极地用"。其次，要看学生在学练过程中对学习方式的正确把握，即"会不会用"。理解能力强且理解到位的学生，能够按照教师提出的具体要求，采用某种学习方式进行有效学练；理解不到位的学生，尽管也十分认真地进行学练，但是效果却不会十分明显。最后，要看学生在学习过程中是否有所拓展或是否有创造性。有些学生能够举一反三，而有些学生只是认认真真地执行着教师提出的学习方式操作要求。那些在原有基础上有所拓展或具有一定创造性地使用学习方式的学生，往往可以达成甚至超越预设的学习目标。例如，教师让学生进行合作学习时，有些组除了采用教师提出的合作方式以外，还尝试了更多的形式，这样不仅充分发挥了他们的智慧，还能够在合作能力方面得到提升。由此可见，从学生学练的角度看学习方式所能发挥的实效性，是最为重要的观察与评课视角。

4. 从教材类型评学习方式的"针对性"

不同的教材有自己所适宜的学习方式，而且教材处于单元的课次位置不同，学习方式也有别。因此，从教材类型评学习方式的时候，可以从所选学习方式与教材的对应性上来判断学习方式选用的合理性。那么，学习方式与教材的对应性该如何观察与判断呢？首先，从教材的难易程度上来看，教材难度不同，适宜的学习方式各异。其中，简单的教材适宜于自主、合作学习，复杂的教材适宜于接受式学习，处于中等难度的教材则可以采用合作、探究学习方式等。为此，在看课的时候，可以结合教材的难易程度来判断学习方式选用是否合理、有效。其次，可以结合教材特性来看，根据独立完成的项目、双人完成的项目、多人合作完成的项目等来确定学习方式。对于独立完成的项目而言，在学习的时候比较适宜于自主、探究、接受式学习，然后再根据独立完成项目难度进行细分。而对于双人或多人一起完成的项目，比较适宜于选择合作、探究、接受式学习，也会因难度不同倾向于不同的选择。在看课的时候，假如选用的学习方式与教材内容难度、特点不匹配，学习效果就难以达到，这可能是学习方式的针对性不强而引起的。

三、评体育学习方式应把握的关键点

准确评学习方式，除了要找准切入点，充分了解学习方式选用的目的之外，更要把握好几个关键点。

1. 评自主学习关键看是否"真自主"

评自主学习的时候，关键看是否是"真自主"。自主并非自由，是有组织且有明确学习目的的自我控制的过程与内容的学习。体育课堂上真假自主的区分在于教师是否给学生独立控制学习过程与内容的时机。教师安排让学生自己练习，但是，如果学生练习的手段与内容依然是按照教师严格要求进行的，学生没有自主变换手段与内容等的可能，这依然不能算作真正意义上的自主学习，最多可称其为"半自主"。例如，教师讲解、示范完篮球行进间运球技术以后，要求学生每人一球以篮球场的两个边线为界往返运球 5 个回合，学生按照此要求完成了运球练习任务，这种情况下的练习就是半自主形式的练习。还以篮球运球为例，假如教师示范完以后，提出的要求是：下面大家自由选择练习场地，自主确定练习路线，进行行进间运球练习，那么学生在这种要求下完成的练习，基本上可以算是自主练习。因为场地、路线距离和线路走向都是学生自主确定的，是其自己能够控制的。学生可以根据学校的场地情况和个人的素质与技能基础选择直线或曲线形式的练习。在体育教学中我们适当给学生一定的自主学练机会，能更好地发挥学生学习的主观能动性。

2. 评合作学习关键看是否"真合作"

评合作学习的时候，要把握的关键是看是否是"真合作"。真假合作的区分点是合作学习成员有无任务分工，任务的完成是否靠各团队成员的共同努力，是否离开了任何一个成员就会影响到任务完成的速度和质量。那些尽管进行了分组练习，但是个体任务并不明确，严格来说，缺少其中的一个成员但不会对练习结果造成影响的分组学习，都不是真正意义上的合作学习。例如，10 个学生一组进行篮球运球练习，让学生围成一个圆，每人一球原地运完自己的球以后，向前走动一步依次运前面同伴运起的球，如此完成的运球练习就可以称为合作学习。因为 10 人 10 球，且大家运完球以后，都是同时移动交替运前方同伴的球，形成了人走球不走的练习方式，缺少了任何一个人或任何一个人不移动，这项练习就无法完成，这样的合作便可以称为真合作。假如 10 人围成一个圆，每人只在原地运自己所持的篮球，尽管从形式上也是 10 人、圆形、运球，但是本质的区别就在于球无交替、人不移动。这 10 人中撤出任何 1 个或多个，练习依然可以持续，不会影响到练习效果。因此，这种情况下的分组练习就不算是真合作，难以体现出"合作"的特性。体育课堂教学要培养学生的合作意识和团队精神，就需要多安排具有真正合作意义的练习方式。学生合作练习如图 2-4-1 所示。

图 2-4-1 两人一组合作练习花样跳绳

3. 评探究学习关键看是否"真探究"

体育课堂上选用探究学习方式，从操作过程和结果上来看，是否是真正的探究学习，最根本的是要把握探究问题的真实性。那些不值得探究的假问题，那些难以探究的真问题，从难易度上不适宜于使用探究学习方式；如果在课堂上出现这样的探究，其探究的实效性就会难以体现；那些不理解探究的低年级，那些不便于探究的新教材，假如在体育课堂上选择了探究学习方式，也难以有明确效果；那些只重形式忽略内容的探究，那些有头无尾的探究，也很难看到探究的价值所在。以上多种情况的探究学习方式难以达到理想的探究学习效果，因此在某种意义上都可以归结为虚假探究。体育课堂上的"真探究"所具有的特点可以大致归结为：一是探究的内容多元，要么探究答案，要么归纳问题。探究不仅仅是寻找现有问题的答案，也可以从现象中发现问题。二是探究的形式多样，可以是一人探究，也可以是两人探究，甚至是多人一起的小组探究。参与探究的人数多少，与探究内容的难易度相匹配。三是探究的过程合理，安排的探究时间要充足，指导探究的时机要把握，调控探究的过程要恰当。四是探究的结果明显，真正意义上的探究一定能够发挥应有的作用，而且也能够表现出学生的高参与度和参与探究活动的积极性，无论是探究答案还是归纳问题都能够看到实效。除此之外，属于"真探究"的学习方式，还表现在教师对学生探究结果的评析也是及时跟进的，即整个探究过程是完整的。体育课上的探究学习如图 2-4-2、图 2-4-3 所示。

图 2-4-2　学生们在探究如何在放沙包游戏中获胜

图 2-4-3 学生们在探究如何在运球接力比赛中取胜

　　学习方式在体育教学中的选用如要力求达到理想的效果，需要引起高度的重视，关键是要避免学习方式使用过程中的形式化现象。看评体育课时，要想在学习方式上评出水平与技巧，就要能够区分自主、合作、探究等学习方式的真假，否则，评课就难以把握核心与关键，也很有可能停留在流于形式的泛泛的评之上，甚至还有可能出现评错现象。下面对评学习方式的方略做一个简单的归纳。

学习方式选择明，　依据清晰不误行；
新型方式作用大，　避免走向极端化；
视角选择特点多，　针对实效分开说；
正确引导有不同，　区分真假要跟从；
自主学习非自由，　合作任务放在首；
探究学习免扎堆，　动脑动手不瞎吹。

第五章　评课堂评价的方略

体育新课程改革以来，课堂评价越来越受到广大体育教师们的关注，很多课都设计了评价环节，只是评价对象、评价内容、评价方式有所不同。然而，该如何在评课活动中评课堂评价的过程与方法的合理性？如何看评课堂评价存在的若干问题？如何把握评体育课堂评价的技巧？本章主要对如何评体育课堂评价的相关问题进行研究，不仅归纳了体育课堂评价若干问题及其根源，还重点结合观察课堂评价环节的方略，深入分析了评体育课堂评价的有效方法与技巧。

一、体育课堂评价若干问题及其根源

体育课堂评价环节在诸多体育课上都有所体现。通过对大量课例的观察与分析，笔者发现，很多评价环节存在这样或那样的问题，甚至产生了影响主教材学习的负面效应。主要问题与产生根源归纳如下。

1. 课堂评价无设计现象

好的体育课一定会有好的设计，有效的体育课堂评价活动的开展，也一定需要有具体且合理的设计，否则体育课堂评价活动就难以达到理想的效果。然而，安排了评价活动的体育课，并非在教案上都能找到对课堂评价内容、方法、时机等的设计文字，而且这种现象还较为普遍。或许在备课的时候，部分教师有对某一教学时段安排课堂评价环节的考虑，只是没有落实到文字上。但是，未能落实到文本中的话，就会表现出一定的随意性。可能会使人感觉课堂评价是可有可无的，时间允许或许就组织学生评价，时间不允许可能就省去了该环节。因此，没有文本设计的课堂评价的不确定性，就会导致评价效果难以预测，对学生评价能力的培养或者想通过评价激发学生学习的兴趣也就无从谈起。

2. 课堂评价无标准现象

提起评价，大家首先就会想到一个词——标准，标准是评价任何事情不可或缺的。体育课堂评价活动的开展，也离不开评价标准。也就是说，无论是教师评价学生的学习，还是学生进行自评或互评，都需要事先有一个评价的标准。针对学生技术动作学习的课堂评价，更需要有明确而具体的标准，否则，就难以评出动作教学的优劣。然而，纵观中小学体育课堂，并非所有课堂评价活动的环节都事先给出了评价标准，先有标准再进行评价的并不多见。没有标准的评价，对评价的结果就难以做出准确的评判，评价的对与错、优与劣也难以区分。因此，课堂评价无标准现象需要引起我们的重视。

3. 课堂评价走过场现象

体育课堂评价除了需要明确的标准，让评价者做到心中有数之外，整个评价过程也需要很好地把握，不能只是流于形式，走走过场。一节课的时间毕竟是有限的，进行课堂评价必定会占用一定的时间，课堂上任何时间的浪费都直接影响着教学效果。因此，如果是走过场的评价显然难以达到理想的效果，也等于浪费教学时间。体育课堂上哪些是走过场的评价呢？如有位任课教师在学生练习一段时间以后讲道："下面两人一组进行互相评价，看谁的动作更好。"提出要求以后，教师并没有认真观察学生是不是在评价，也没有关注学生会不会评价，更没有总结评价的对与错，而是几分钟后，接着安排了下一项练习任务。学生由于没有听到类似什么是好与差的标准，也没有得到如何观察和评价的方法引导，更没有评价结果的检查，学生评价能力难以得到提高。这种课堂评价达不到任何评价目的，更起不到任何评价作用。因此，走过场的评价是应该避免的。

4. 课堂评价无归纳现象

体育课堂上的教师评价无需再对评价效果进行好与差的归纳，因为，评价主体是教师本人。但是，学生评价，其评价结果的判断就需要教师做出及时的反馈，因为学生不仅需要体验这一过程，掌握评价方法，还要培养评价能力。为此，教师需要对学生的评价过程与结果进行及时的归纳和总结。然而，评价活动有归纳者较少，大都仅仅是让学生展示一下评价结果，如每组评出技术动作掌握最好的，再在全班学生面前进一步展示，评出全班某方面的"小明星"。究竟学生在评价过程中是否存在方法上的问题，或评价结果是否有偏离，教师很少进一步归纳总结。因此，学生评价只是经历了一个过程，而无法判断自己的评价方法的对错、结果的好坏，评价能力也就很难有所提升。

二、观察课堂评价环节应把握的关键

体育课堂评价无论出现的是何种问题，都需要认真观察才能发现并做出判断。对课堂评价问题大小及其影响性的观察与判断有几个关键点需要把握，下面从四个方面进行归纳。

1. 明确课堂评价的目的是前提

要观察课堂评价的全过程与评价结果，首先需要明确任课教师安排课堂评价的目的或意图是什么。假如教案上有所呈现，可以直接了解；如若教案上没有相关内容，就要靠看课者在看课的时候，认真听取任课教师的语言提示，或观察领悟评价的目的。否则，只是观看评价而不明确目的，对评价过程与效果的判断就难以达到准确无误。然而，从学生评价的角度来看，评价的目的大都有哪些呢？概括起来有以下几种：一是通过评价达到互相学习和共同提高的目的；二是通过评价了解学习效果；三是通过评价推荐展示对象；四是通过评价达到查漏补缺的目的；等等。无论是何种目的，认真观察课的看评课者都能够从中获悉。明确了课堂评价目的这一前提，才便于更好地把握课堂评价的合理性与实效性。

2. 了解课堂评价的内容是保障

就观察课堂评价而言，对课堂评价内容的了解不容忽视，即要充分了解课堂上要求评价什么，是对技术动作学习的评价，还是对学生参与学习的组织纪律性评价，或是对学生学习方法优劣的评价。评价内容不同，评价方法的选择就有所不同。看评课者要在观察的时候，对评价内容了如指掌，否则，课堂评价的效果怎么样就难以判断。目前，中小学体育课堂的评价内容会随着教学内容和学生特点的不同而有所区别。例如，以学习某项技术为主的高中某年级的体育课，在评价环节大都会注重对技术学习效果的评价。又如，以体能锻炼为主的初中某年级的体育课，组织学生进行评价的时候，会倾向于对锻炼方法掌握情况的评价。再如，一节以游戏为主要内容的小学低年级的体育课，评价内容或许会定在看哪组或哪个学生更能遵守规则上。无论是在课堂上要求学生评价什么，对于看课者而言，都需要事先了解，否则，就难以做出准确的评判。

3. 找准课堂评价的视角是核心

在真正评课堂评价的时候，要有一个精准的视角，不能摇摆不定，一会儿从这个角度评，一会儿又从那个角度评，这样的话，听评效果就会受到一定的影响。为此，要先找准观察课堂评价的视角。看与评的视角需要保持一致，而且，从哪个角度看，再从哪个角度评，还能够使评价更为全面和深入。看课堂评价的视角一般会依据评价对象而定。如果是学生自评，观察者就要看学生自评的全过程，从教师提出自评要求以后，学生都做出了哪些反应，有哪些学生在自评，哪些学生听而不闻或视而不见，没有按照要求自评的学生都在干什么，参与自评的学生会不会自评，学生采取什么方式在自评，学生自评以后的反应又是什么，等等。假如看课的时候，能够针对以上问题认真观察学生自评活动，那么在评课环节，就能够从自评者的角度评自评活动开展的全过程以及效果。当然，课堂评价并非都是学生自评，有时会安排让学生互评，甚至还有教师评价的形式，但无论采取何种方式，只要观察的时候能够从评价对象切入，就能够全面而深入地了解课堂评价活动开展的合理性与实效性。除此之外，评课堂评价的视角也可以更加多元化，如从课上安排的整个评价环节，评课者按照时间顺序或活动内容等展开评课。

4. 整合课堂评价的实效是重点

观察体育课堂评价不仅视角多元，而且过程较为复杂。因为课堂评价的时机安排有恰当与否之分，课堂评价的内容选择有准确与否之别，课堂评价的对象确定有效果好差之异，课堂评价的目的设定有明暗远近之差，等等。因此，看体育课的时候，最好能够从整合课堂评价的实效出发，对课堂评价有一个更为周全的把握。尤其是在课堂评价环节即将结束的时候，要及时了解课堂评价真正给课堂教学带来了什么明显的效果，有无干扰作用，学生的评价能力是否得以培养，教师对整个评价过程的参与情况是否积极主动，是否做到了全程把控，评价目的是否得以实现，评价中是否有新的问题产生。课堂评价如果不具有或缺乏实效性，再新颖的评价方式，再有针对性的评价内容都将无济于事。因此，看评体育课的时候，要能够将整合课堂评价的实效作为重点，否则，就会远离评课的门道，而误入偏离评价主体的轨道。

三、评体育课堂评价的有效方法与技巧

要评体育课堂评价，除了认真观察，把握住观察中的几个关键点之外，评的时候还要把握有效的方法和技巧。具体分析如下。

1. 评体育课堂评价的时机把握

在参与评体育课堂评价的时候，究竟应该何时评？从整个评课活动时间节点上看，是抢先评，中间评，还是最后评？从评课内容的呈现来看，应将课堂评价放在何处评？为了达到较好的评课效果，一方面评课者要结合自己以往的习惯。先评与后评，其顺序的先与后问题不大，关键是要以评课者自己擅长的方式。如有些评课者总是会抢先评，那么，评课堂评价的时候，也可以率先评。相反，有些评课者常常是在他人都评完之后再发表其独特观点，这种类型的评课者也无需打破常规。另一方面，还要考虑在评的过程中，要评的课堂评价放在何处来评。这就需要充分结合课堂评价的实施效果。假如是作为经验需要学习的，那么可以放在评课内容的前面进行评说；假如某节课上的评价活动开展得不够理想，或问题较大，那么既可以放在不足部分分析，也可以放入建议部分提出。由此可见，把握好评课堂评价的各种时机也显得十分关键。

2. 评体育课堂评价的方式选择

评体育课堂评价活动开展得怎样，评价的方式十分关键。如果是优缺点式的评，可以将课堂评价活动开展的好坏直接从优点或缺点的角度进行评述。但是，采取这种方式评的时候，对课堂评价活动的准确判断至关重要，如果将其看成是优点，就要能说出它优在哪里，这需要有一个明确而深入的分析。相反，如果认为它是缺点，那么还有哪些方面需要完善，也需要有理有据，否则，就难以让听者认同。假如评的方式不选择优缺点式，而是就课堂评价活动所带来的实际效果来评，那么就可以分析判断该课堂评价是否有必要，评价过程是否完整，最后评出课堂评价活动的开展给学生带来了什么，等等。尽管没有直接说出优缺点，但是也能够从中判断出该评价活动开展的情况，评课者是认同还是不认同，或者态度中立，都能一听便知。当然，还有很多种评的方式可以尝试。例如，站在更高位的课改角度来评，先是评说新课改对课堂评价提出了新的要求，在该课引入评价环节，即先肯定其符合课改要求的做法。然后，再根据评价活动开展的情况，分析判断其是否真正达到了新课改提出的培养学生评价能力的效果，还是仅仅走了课堂上让学生自评或互评的过场。最后谈一谈需要改进或进一步完善的建议。总之，教师可以根据自己的评课习惯或经验，灵活把握评体育课堂评价的方式，评出水平和技巧。

3. 评体育课堂评价的内容取舍

前面已经对何时评、如何评进行了分析，但究竟在评课活动中应该评什么？一方面心中要有评什么的取舍，抓主要内容；另一方面需要对要评的内容细心观察，以便做出准确判断。那么，究竟应该评课堂评价的哪些内容呢？由于存在不同内容和不同目标的课堂，安排学生课堂评价的内容就会有所不同。因此，在确定评课内容的时候，第一，要考虑课的主题是什么。是篮球的单手肩上投篮？还是体操鱼跃前滚翻？即评课堂评价要确定课的内容是什么，这是能否评出水平的前提，有了这个前提，可以帮助评课者判断某环节安排评价活动是否恰当。所以第一个要选择的评的内容就是课的内容派生出的评价时机和评价内容及形式的确定是否合理，即评"合理性"。第二，要明确任课教师安排学生评的是什么。是评技术动作掌握的程度？还是评练习方法的创新？或是评探究学习的结果？离开了评价内容要求，评课评什么也难以确定。了解学生在课堂评价活动中的具体评价内容，可以帮助教师更好地判断评价内容的安排是否适宜，是否有过难或过易的不适宜现象。因此，评"适宜性"也是在取舍评课内容的时候需要重点考虑的。第三，就是教师在学生评价过程中的各种教学指导行为不容忽视，尤其是在整个过程中，教师说了什么，做了什么，有没有提示评价标准，有没有提出观察要求，有没有引导评价方法，有没有对评价结果进行小结，等等。实际上，在这方面，评课者需要评的就是教师的"指导性"，进一步说就是要评教师有没有学法指导，即有没有评价法的指导。因为有无指导对学生的施教效果和能力培养会明显不同。由此可以看出，当大家在一些评课场合要对课堂评价活动进行评说的时候，不可忽视课堂评价呈现出的合理性、适宜性和指导性等方面的内容。

4. 评体育课堂评价的技巧呈现

把握了评课时机，选择了评课方式，明确了评价内容，实际上已经能够较好地达到评课堂评价的效果。然而，假如从技巧方面来分析，就要能够体现出技巧性，更能展示出评课者更高的能力和水平。因此，需要进一步讨论，如何把握评的技巧？评课堂评价又有什么技巧可言呢？通过对大量评课活动的分析，以及与经验丰富的评课者的交流，笔者大致可以归纳为以下几个方面。一是评出自信。能够准确判断课堂评价活动的优劣，而且还能够提出合理的建议，能够在评的时候表达出自己的自信。当然，准确判断是关键，这需要对课堂评价的理论与方法有着较丰富的积累。二是保持谦虚。自信与谦虚并不矛盾，自信不代表骄傲，谦虚也不等于没有自信。因此，除了自信地评，还要谦虚地评。这意味着，尽管看出了问题，或判断出明显的优点。但是，也要谦虚地从学习的角度来评。如可以说，"我从该课堂评价活动中学到了……"或"老师安排该评价活动给我的最大启发是……"等。用谦虚的态度评，容易被他人接受，无论评得对错或好坏，不会让人产生抵触情绪。三是借机交流。评课堂评价的时候，有可能会与他人有不一样的看法，每个人都有可能有诸多理由证明自己的判断，而且还很有可能大家说的都有一定的道理。基于这种情况，作为已经把握了一定技巧的评课者，要能够在认真聆听他人意见的情况下，或在不太理解别人为何这么评的时候，即有困惑或疑问时，可以非常友好地和他人交换一下意见。之所以存在意见不统一，看法不一致，主要是因为视角不同。通过交流，假如大家都站在同一个角度看该环节的课堂评价的时候，或许看法就基本保持一致了。而且大胆交流也是一种胆识或自我超越。很多人在评课的时候，评述完之后再也不发表看法，这种评课者收获不会很大。实际上，看课也好，评课也罢，都可以看作一种学习活动。既然是学习，就要尽可能地抓住机会多学习，多与他人交流是一种很好的学习方式。

　　关于如何评课堂评价，尽管没有太多的研究者涉及该专题，但这一专题却是十分重要的。会不会评课堂评价，既是一个评课者对课堂评价的核心理念与要求了解和把握是否很清晰的体现，又是评课水平高低的证明。要想评出技巧，在了解当前课堂评价活动存在的若干问题的前提下，能够把握好最佳时机，选择出最适宜方式，还要能够对内容做好取舍，尤其是从合理性、适宜性和指导性方面去评课堂评价的内容，将能够评出让人耳目一新的感觉。下面对如何评课堂评价做一个简单的归纳。

评课堂评价的方略

课堂评价现象多，　不良现象逐一说；
课前准备无设计，　课上评价难做细；
观察标准不分明，　东看西比盲目评；
学生评价不归纳，　能力提升成假话；
课堂评价认真看，　细小环节有破绽；
评析目的方法清，　整合评说路路通；
自信谦虚巧把握，　借评学习很不错。

第六章 评场地器材的方略

体育课离不开场地器材，但体育课堂教学中场地器材的使用并非都十分合理、安全、有效。假如场地器材不能充分利用，势必会对体育课堂教学效果产生不利影响。观察体育课堂，了解场地器材在使用过程中的若干问题，及时查找原因，并提出改进完善策略，是评场地器材不可缺少的步骤。但要想评出技巧，还需要把握几个关键点。

本章重点对场地器材在体育课堂教学中的五不现象、五大观察视角、五个评说关键进行研究。调查显示，场地器材在体育课堂教学运用中存在数量不充足、质量不过关、使用不安全、布局不合理、维护不到位五个方面的常见现象。可以从课的结构、质与量、教师教、学生学、实效性五个方面观察场地器材。评场地器材应从事先了解类型与布置、详细观察使用过程与方法、分类归纳整理观察结果、灵活确定逻辑主线、巧妙评经验与问题五个方面把握其关键点。

一、体育课场地器材"五不"现象

在体育课堂教学中，从场地器材的使用情况来看，存在着这样或那样的问题。有的因数量不足而无法正常开展教学工作，有的因质量不佳导致不能顺利完成教学任务，有的因使用不当存在安全隐患，有的是布局不合理影响教学效果，还有的是在使用过程中不注重维护场地器材而使其破损，等等。各种现象具体分析如下。

1. 数量不充足现象

通过观察走访中小学体育课上使用的场地和器材情况，笔者获悉，由于受学校人数因素影响，很多学校存在绝对或相对场地不足现象，即小场地较为普遍，尤其是在城市学校这一现象更为突出。小场地对正常完成体育教学工作将产生一定影响。学校人数越多，同一时段上课班级越集中，影响越大。有时在一个周长不足 200 米大小的操场，同一时段有 5~6 个甚至更多的班级一起上课，因此学生很难得到充分的锻炼。例如，在一所中学，6 个班级同时在学校教学楼前的一个所谓的操场上课。由于场地小、班级多，有的班级在围绕场地练习耐久跑的时候，总不时地要躲避正在练习武术的学生和篮球课班级滚动在地上的篮球。有时受篮球场数量的限制，60 人以上的大班额教学，尽管有足够多的篮球，也很难让学生得到充分的投篮体验。器材数量的不足也会直接影响教学的实效性。例如，一些贫困山区农村学校，大部分器材存在数量不足现象。当教师安排相应项目教学时，不仅学生的兴趣难以被激发，而且学习的效果很难保证。常言道，巧妇难为无米之炊，场地器材在数量上的缺乏，给一线教师带来了诸多不便，教学质量的提高也难以实现。

2. 质量不过关现象

体育课堂教学过程中，除了场地器材的数量不足问题，质量问题也不容忽视。因为质量与安全问题息息相关，而且有些器材质量问题突出的话，也会引起学生的恐惧心理，导致练习活动无法正常开展。例如，在一所学校的初二年级的体育课上，教师教学生跳山羊。教师讲解完跳山羊技术的动作要领，给学生做示范的时候，上羊推手的一刹那，突然"人仰羊翻"。多数学生受到惊吓，有些学生当场就表现出不敢再练习。此后练习中有不少学生踏上踏板以后，手扶在山羊上不敢做起跳动作。后来检查山羊的时候发现，山羊"腿软"是质量不过关所致。还有些学校购置的器材，如篮球、排球、足球等，使用不久就破损，有的漏气，有的破皮，影响学生正常练习。除此之外，有些学校的塑胶场地质地差、不环保，经过太阳暴晒后，散发出难闻的气味，说明这是有毒的气体。师生长期在这样的场地上活动，将对其身体健康带来一定危害。存在质量问题的场地器材，一旦在体育课上使用，要么容易发生安全事故、影响身体健康，要么影响练习活动开展，因此质量不过关现象不容忽视。质量不过关的器材如图 2-6-1 所示。

图 2-6-1　质量不过关的乒乓球台

3. 使用不安全现象

场地器材除了因质量问题存在一定的安全隐患之外，实际上，在使用过程中也要及时做好安全隐患的防范工作，而且还要从课前借器材开始就要对其进行安全检查。可是很多情况下，借器材环节检查安全隐患，并非所有的任课教师都能做到。课前安全隐患未及时排除，有可能导致严重的安全事故发生。例如，在一节羽毛球课上，由于课前未仔细检查，未发现羽毛球拍头松动，结果导致课上练习过程中羽毛球拍头飞出刺伤学生脸部的严重损伤事件。有时课中器材的移动未及时归位，也容易造成安全问题。例如，一节背越式跳高课上，由于在多个学生跳过以后垫子移动错位，导致某学生过杆落地的时候摔落垫外，颈部挫伤。由此可见，课前检查、课中观察，并做出及时调整，可以最大限度地避免伤害事故发生。在看课的时候，也可以通过认真观察，分析判断任课教师对安全隐患的防范工作是否做得具体和有效。

4. 布局不合理现象

场地器材在体育课上的使用需要认真甚至巧妙地设计，设计不合理不仅会影响到学生学习的效果，而且还会存在较大的安全隐患。在教学实践中，有的属于场地较大而选择的活动区域较小，未能充分利用可以活动的空间；有的是器械的摆放过远、过近、过稀或过密。假如教师的示范器械放置过远或过近则不便于学生观察，假如学生练习器械放置过稀则不便于教师指导，假如学生练习器械放置过密，练习期间学生则会互相影响。例如体操技巧跪跳起课上，应巧妙设计体操垫子的摆放。出现上述各种现象都不利于教学任务的顺利完成。另外，对于练习中固定的器械，如体操的单杠、双杠、跳箱、山羊等，这些器材的练习中所使用的体操垫子、踏板远近要适中，否则也会对学生学习的有效性产生不利影响。再者就是球类课上，由于受场地的限制，如篮球课上只有两个篮球场，如何充分利用这仅有的两块场地进行各种练习活动要有周全的考虑，班级人数越多，场地的规划要求就越高。就球类器材而言，尤其是篮球课，假如篮球数量充足，能够达到每人一个篮球，篮球练习前后的取放就要有全面的规划，注意解决好球的自由滚动与取放便利问题。通过观察，笔者发现，练习过程中篮球满场地滚动，既影响学生用篮球的及时性、便利性，还存在一定的安全隐患。因此，球类课上事先确定好球的临时固定方式至关重要。

5. 维护不到位现象

体育课上充分利用场地器材是提高课堂教学有效性的重要因素，但场地器材的维护也不容忽视，尤其是体育课上要能够充分抓住时机对学生进行正面的教育引导，让学生保护好所使用的场地器材至关重要。但是，经观察以及与一线教师的交流，笔者发现，现实中不仅存在对场地的维护不到位现象，而且在课上还出现有意无意损坏器械的情况。各种现象造成的后果，有的是直接对场地器材有不同程度的损坏，有的产生了人为的安全隐患。例如，跳远课上练习过程中对沙坑的维护就非常重要，要尽量避免因沙坑过硬，沙坑凹凸不平未能及时平整而出现踝关节扭伤等事故。球类课上对球的保护也要引起重视，应教育学生不能拔羽毛球上的羽毛，不撕扯篮球、排球、足球上翘起的球皮，等等。但是，笔者观察了解到，不仅有的学生无意识地提拉翘起的球皮，有的还故意揭完好无破口的球皮。另外，还有的学生在练习间歇时间坐在球上。以上各种不认真维护场地器材的现象都是一线教师在课上应该重点强调并且尽量规避的。破旧器械不维护如图2-6-2所示。

图 2-6-2　破损的足球因未维护而废弃

二、观察场地器材的五大视角

在看课的时候，不同的看课者对场地器材的观察或许有不同的方式、方法。看课者选择的观察视角不同，看到的场地器材情况就会有一定的差异。有的视角比较明显，有的是走马观花式的，视角不同，观察效果也会存在差异。为了能够在观察中获取更多关于场地器材的信息，便于更好地评课，有必要对观察视角展开讨论。

1. 从课的结构观察场地器材

体育课各部分划分方式，大多数采用的是准备部分、基本部分、结束部分三段式，其中准备部分又包括开始部分和准备活动。也有人将课直接分为四个部分，即开始部分、准备部分、基本部分、结束部分。无论如何划分，场地器材在各部分的使用情况都需要进行认真的观察。假如从课的结构这一视角进行观察，那么既要从开始部分到结束部分按顺序观察场地器材的总体利用情况，还要注意分析判断各部分在场地器材使用过程中有无问题，以及通过观察看哪些环节场地器材的使用让人眼前一亮。也就是说，场地器材在某个方面有无创新之处。有的可能是创造性地自制了新的辅助教具，有的是在已有常规器材的利用上做了新的变换形式的尝试。除此之外，场地器材在各部分的使用是否合理，是否有一物多用、一物妙用的高效利用场地器材现象。相反，哪些教学环节存在场地器材的闲置或浪费现象，观察的时候应引起高度重视。总之，从各部分切入观察场地器材，不仅仅要看各部分用了什么，用了多少，还要看是如何用的，使用过程中的经验和问题都是观察的重点。

2. 从质与量观察场地器材

场地器材的质地与数量直接影响体育课堂教学的正常开展，质地好坏不仅关系到耐用性、美观度，而且关键在于是否有足够的安全保障。观察体育课的时候，从使用场地器材过程中所反映出的各种情况，能够大致判断其质量优劣程度，以及是否对体育课有负面影响。在评课过程中，针对某一教学现象的发生原因，可以做出综合判断，不排除对场地器材质量问题的分析。质量差的器材对教师的示范和学生的练习效果均会产生负面影响。因此，场地器材的质量保障极为重要。另外，在分析判断体育课综合效果时，效果是否明显，与场地器材的数量关系也十分密切。在场地的大小上，小场地组织大班额活动难度较大，小场地安排形式多样的分组练习也会受到很大的限制。在器材的数量上，有的时候，除了看是否有充足的器材确保体育课上练习所需之外，更要看在现有的场地器材数量范围内场地器材是否得到了充分利用。例如，某一节篮球运球课，拥有每人一球的器材条件，任课教师却未能充分利用，而是大量采用两人一组一球交替往返运球的方式组织练习活动，将近有一半篮球在筐内闲置。这样的组织和对器材的利用，显然是有待改进的。又如一节篮球单手肩上投篮课，本来有两块篮球场四副篮球架，足可以安排一定的时间让学生在篮球场上体验投篮动作。但是，教师却始终未能安排投篮练习，而是让学生两人一组模仿投篮动作，进行空投练习。这种有场地器材不利用或过少利用现象，评课的时候也要重点考虑。

3. 从教师教观察场地器材

从教师教的角度观察场地器材的时候，需要看整个教学过程中场地器材与教师的关系处理得如何。不仅要看教师的示范位置选择是否得当（需要基于学生和场地大小灵活把握），而且要看是否合理利用了场地开展教学活动。如一节体育课上，任课教师在示范站立式起跑和途中跑技术时，教师选择的示范场地方向与学生观察的方位背道而驰，这说明教师未能充分考虑到学生观察的便利性，而只是考虑到了自己示范的便利性。还要注意教师示范的时候是如何利用器材的。如有的篮球课上，本来该有球示范的，却整堂课未见到教师做一次有球的示范，而只是在给学生做徒手动作。评课的时候，就要酌情分析其根源，有时可能会让看课者联想到，教师在技能水平方面是否是缺乏自信等。假如是体操技巧课，教师的示范器械（如体操垫）摆放位置是否便于学生观察等，都需要任课教师做全面的考虑。除此之外，在整个教学过程中，教师对场地器材的安全问题考虑是如何体现的，关于保护场地器材与确保安全锻炼是否有对学生进行教育和引导等，我们在观察的时候，都需要引起重视。总之，教师的教离不开场地器材，场地器材使用不当，会不利于教的有效性发挥。为了更为深入全面地评课堂效果各影响因素及其关联性，从教师教的角度观察场地器材十分必要。

4. 从学生学观察场地器材

学生在体育课堂上的学习，无论是田径、体操项目，还是各种球类项目，离开了场地器材，学生的体育学习活动就很难开展，这说明学生的体育学习与场地器材的关系最为密切。因此，要想深入评析场地器材，从学生学的角度观察场地器材至关重要，尤其是从基本部分主教材学习的环节观察学生对场地器材的利用，更能够体现出场地器材在课堂上的使用效率。如观察学生在教师示范时的站位情况，是完全被限制的（或固定的），还是可自由走动选择最有利观察位置的。学生的观察位置选择的自主性越大，就会越有利于学生的观察和听讲。学生的练习活动更是如此,假如被限定在很小的区域内练习,这样做可能便于教师巡回指导了,但是学生之间的练习可能会产生相互影响,有些动作就不能充分地施展。因此,学练场地让学生有一定选择性是需要考虑的。就学生学习过程中的器材利用而言,除了注意前面分析的数量,以及是否充分利用现有器材进行练习活动之外,还不可忽视器材的规格与学生的年龄是否相符,学生是否对器材有保护意识,遇到安全隐患明显的器材,学生是否有防范能力,等等。另外,还要观察学生在器材借还环节是否有积极主动的表现,等等。

5. 从实效性观察场地器材

通过前面的分析可以发现,无论从体育课的结构、质与量的角度进行观察,还是从教师教、学生学的角度进行观察,实际上,都离不开实效性问题。但是,在课堂观察的时候,还不能忽视从整体观看场地器材在课堂上发挥的效果。这样能够更系统、更全面地分析判断场地器材的利用价值、综合问题及改进措施。基于此,在观察的时候,就要对场地器材在体育课上的利用情况有全局观,即从完整的课来观察效果。不仅要看整个课上教师在场地器材安全防范方面的系统设计,课上的防范实效性(因为安全问题是教师们最担心的问题),还要看教师在场地器材利用上有无创新设计,以及对体育课的影响是正面作用较大还是负面作用较大。如有的课上教师自制了新颖的辅助教具,却在课堂上因运用不当而分散了学生的注意力,影响了学习的效果。因此,可以从是否有利于促进学生身心健康等方面,综合观察分析判断场地器材在课堂上利用的情况。

三、评场地器材把握五个关键

要能够在评场地器材的时候体现出独特的视角和技巧,除了前面分析的观察视角与方法等相关问题之外,还要注意把握几个关键点,下面从五个方面进行讨论。

1. 事先了解场地器材的类型与布置

评场地器材，只是认真观察还不够全面。为了更便于观察，以及评的时候更为准确，评课者最好能在看课前，事先对任课教师所选定的场地和器材的布置情况等进行了解。了解方式可以通过三种途径：一是浏览教案，因为通过教案，可以初步了解基于不同项目教学场地器材的基本信息，如场地器材类型、器材数量、场地大小等。二是观看事先布置好的场地，器材的存放是否有利于在教学中使用。三是对于未看明白或对场地器材布置存有疑惑的地方，可以通过与任课教师、指导教师或其他看课者交流的方式消除疑惑。这些工作做得越具体到位，越便于评课者在课堂上对场地器材进行观察和准确评判。有时，在了解这些基本信息的时候，观察者还可以与以往的经验联系起来，事先做出场地器材布置合理与否的初步判断。总之，事先了解是评场地器材的关键之一。

2. 详细观察场地器材使用过程与方法

评课活动中要在场地器材方面评出水平，详细的课堂观察是重中之重，离开了这一环节，或在该环节未能看出门道，高水平的评课就无从谈起。但该如何观察课堂上场地器材的使用过程与方法？首先，确定好观察视角，既可以是单一的，也可以是多元的，但无论如何选择，视角的确定不容忽视。或许有的人在看场地器材的时候尚未充分认识到确定视角的重要性，结果会出现很多遗漏，有些课堂假象就难以准确判断，结果就看不出场地器材存在的真问题，评课时甚至会出现与他人完全不同的错误认识和理解。其次，要在观察的时候注重细节，如器械随风倒下的时候，师生对该器械的反应如何，是积极主动还是消极被动的反应能够说明很多问题。再次，要能够在观察的时候做好记录，将属于场地器材使用的经验和问题事先做一标注，在评课的时候就会便于查找和归纳整理。最后，要用虚心学习的态度观察场地器材，边看边思考为什么任课教师会有这样的设计思路，给自己带来哪些启发，等等。把握详细观察的几个重点环节是评出水平的关键所在。

3. 分类归纳整理场地器材观察结果

在评场地器材之前不可忽视对观察记录的整理，这将便于评课者很快理出评课的思路。要体现评场地器材的能力和水平，绝非是对数量、质量、使用、效果的简单评说，而是要由浅入深，不仅能够挖掘对场地器材使用过程中教师感到困惑的源头，还要能够找到解决困惑之根本。这更需要对观察结果进行分类归纳和整理，区分哪些环节器材的使用存在不合理现象，假如没有不合理现象，还要能够从场地器材的合理布置角度找到启发。那么，哪些地方布置合理，其合理性突出表现在哪里，是更有利于学生观察，还是更有利于练习，或是能够规避安全隐患，或是让学生有新鲜感，激发起学生对体育课的兴趣，等等。这就要求在归纳的时候，要边分类整理边分析判断。对于不合理的使用环节，还要能够结合已有经验分析增强其合理性的改进策略。这对于完整、深入、系统地评场地器材能够做好充分的准备，而不至于在评的时候即兴考虑改进措施。为此，看课后对场地器材使用全过程观察结果的归纳整理与深入思考不容忽视。看课不能走马观花地看，同样，评课也不能无章法地评。

4. 灵活确定评场地器材的逻辑主线

理清场地器材在体育课上的各种现象及合理程度，只是便于评课，至于能否体现出评场地器材的水平，还要能够灵活确定一条逻辑主线。因为一般情况下，评课活动并非仅仅只是评场地器材，而评场地器材更多的是作为评课内容的一部分。但是，假如是专门研究体育课上的场地器材，可以以专题的形式对其进行系统的看评，这样的评课活动便是以评场地器材为主的。无论是作为评课活动中的一项内容，还是以评场地器材为主的评课活动，都需要事先确定逻辑主线。只是前者的逻辑主线更具综合性，后者的逻辑主线会更体现出专题性。就常规的评课活动而言，逻辑主线既可以确定为时间顺序、内容呈现，也可以考虑以教师的教或学生的学等为主线。评场地器材的时候，可以沿着事先确定的主线将场地器材的使用情况巧妙地穿插其中，或作为其中的一部分单独评说，或与其他要评的内容相结合。

就场地器材的评课专题研究活动而言，任何一条评课逻辑主线的确定，都要围绕场地器材而定。可以选择场地器材使用过程中呈现出的各种特性，如安全性、合理性、实效性、新颖性等展开评说。也可以从场地器材与体育课上各要素之间的关系这样的逻辑主线进行评课，如场地器材与课的内容、场地器材与教师、场地器材与学生、场地器材与目标、场地器材与重难点，甚至场地器材内部的关联性都可以作为评课的内容。灵活确定评场地器材的逻辑主线是评出水平的前提，假如事先不确定一条主线，而是随意去评，既不能体现出评课者的评课能力，也难以让听者受到启发。

5. 巧妙评场地器材运用经验与问题

巧评场地器材，除了要做好各项准备工作，把握好评的语言、评的时机、评的深度和广度之外，还要在评的过程中对现场各种反馈有所聆听和回应。首先，评的语言要十分诚恳，包括评不足之处的时候，尽量不要以明显挑刺儿或过分批判的语气描述问题，而是应尽可能地考虑评说问题的目的不仅仅是指出问题所在，而是要体现出专业指导性和关爱，便于教师提高对场地器材的利用能力和水平。同样，对好的方面的评说，也不可采用过于夸张的语言描述其优点或亮点，依然需要具有求真务实的态度。其次，对评的时机的把握也不容忽视。有些人在评课活动中总是抢先评，有的在听到与他人评课有不同意见的时候紧跟着评，还有的采用归纳总结性的方式评，即在他人都评完以后进行归纳、补充。无论是抢先还是等候，要把握的关键点就是，老问题可以翻新了评，遇到别人都已经评说的问题可以换个角度评，对于那些未看明白的问题可以以征询意见与商量的方式评说，等等。再次，评场地器材时对广度和深度的把握可以体现出一定的灵活性，广不能无边，深不能无底。然而，边与底何在？一般而言，在评场地器材的时候不能无限制地延伸或拓展，课堂上发现的问题可以从人的因素追索到设计环节是否缺乏周密的考虑，或课堂上对场地器材的调控能力有无缺失；也可以从条件方面分析学校现有条件是否带来了不利影响；等等。最后，把控好评课过程中的各种反馈。当有人及时提出不同观点的时候，既要冷静，又要积极回应，回应的语气也十分关键。听而不闻、视而不见是不可取的，因为评课活动毕竟也是一种很好的互相学习、相互交流的机会。由此可以看出，把握评课的技巧，才能体现出超越他人的评课能力，从而评出新意。

评体育课上场地器材的使用情况，有多种方式，而且评课者对此也都不会陌生。但是，要想真正地评出水平，需要讲究一定的技巧。了解体育课场地器材使用存在的各种现象，把握好观察场地器材的若干视角，对巧评场地器材能够发挥很重要的基础作用。评场地器材的几个关键环节若能准确、全面地把握，体现出评场地器材的能力并非难事。但要想评好，还需要加强对体育课场地器材观察的重视程度，并具有认真的态度，否则就难以达到理想的效果。下面对如何评场地器材做一个简单的归纳。

评场地器材的方略

体育教学在操场，　场地器材使用广；
五不现象要把握，　数量不足难开课；
质量问题区分细，　隐患防范有交替；
布置场地要合理，　大材小用要规避；
维护切记要到位，　优劣器械要分类；
场地器材观察全，　视角不同有关联；
各段使用有不同，　一物多用要先行；
观察教师使用法，　灵活把握作用大；
学生角度不可少，　学习效果方能保；
优评巧评方略明，　逻辑主线呈现清；
经验学习放首要，　问题分析考虑到。

第七章 评突发事件的方略

突发事件明显的特征是突然发生与始料不及。体育课堂发生突发事件并不少见，对此不能忽视。任课教师不仅要认真分析突发事件的产生根源，还要迅速判断其性质是正向的还是负向的，更要对其做出及时处理。就看评课而言，不仅要通过观察及时了解突发事件，还要分析判断突发事件的产生根源，以及任课教师对突发事件的处理是否及时、得当。因此，评突发事件问题有必要进行多视角探讨。

本章重点对体育课堂突发事件的产生根源、判断及评的方式等进行了综合研究。结果显示，体育课堂突发事件主要由场地、器材、学生、教师等引发。突发事件并非都对体育课堂教学产生负面影响，也有一部分是对体育课堂有促进作用的。评突发事件的时候可以采取就事论事的独立式，也可以采取将突发事件包含在其他要素之中的融合式，等等。

一、体育课堂突发事件的产生根源

体育课堂突发事件源于何处？观察分析结果显示，主要由场地、器材、学生、教师等多种因素引发。

1. 由场地引发的突发事件

场地是体育课堂教学的必备要素，在体育课堂教学过程中的场地条件如何，以及使用是否合理与突发事件的发生有直接的关联。例如，在场地不平整的情况下，学生在该类运动场上参与活动，如快、慢跑步或各种跳跃练习，就有可能出现踝关节或膝关节扭伤现象。又如，假如刚雨过天晴后，场地依然湿滑，学生在这样的场地上运动，将有可能出现滑倒摔伤现象，轻者擦伤，重者有可能骨折，甚至一旦头部先着地，发生脑震荡的可能性也会存在。另外，跳远课用到的场地——沙坑，假如沙坑填充物不符合卫生标准，沙坑过硬或过软，都有突发伤害事故的可能。如一节八年级的跳远课上，学生在腾空落地的一刹那，突然小腿骨折。究其原因，一方面是场地过硬，另一方面是落地的时候，两脚出现了交叉现象。以上这些有一定负面影响的突发事件，多数情况下，防范工作做得好的话，是可以避免的。

2. 由器材引发的突发事件

体育器材也像场地一样在体育课上发挥着不可替代的作用，因器材引发的突发事件也时有发生，教学中不可疏忽。器材引发突发事件大致可以从器材质量是否过关、器材摆放是否合理、器材使用是否适宜等几个方面进行归纳。假如是因为体育器材质量不过关导致的突发事件，很有可能会导致学生运动损伤。例如，在单杠上练习时，如果单杠常年失修，使用中一旦出现脱钩或断裂现象，就会出现损伤的突发事件。又如，拔河运动中，绳子长期在湿潮地方堆放发生霉变，拔河过程中就很容易出现断裂现象，拉力越大，因绳子断裂发生摔伤的可能性越大。再如，跳质量不过关的山羊，很容易因"人仰羊翻"导致摔倒损伤。另外，篮球课地上滚动的篮球，很容易被学生踩到而出现意外。轻者软组织损伤，重者很有可能出现扭伤或骨折现象。

3. 由学生引发的突发事件

除了源于场地、器材因素的突发事件，实际上，还有一些情况是学生自身的缘故。如学生未能认真听讲，导致在使用某种器械练习过程中出现突发事件，还有一些学生在练习中不听从教师的指令而互相追逐打闹，未按照教师的要求遵守纪律，结果导致体育课上出现扰乱正常教学秩序的现象，影响教学工作的正常进行，致使难以按时完成教学任务。有时还会出现较为严重的伤害事故。如某一节体育课中，教师让学生自由组合进行练习的时候，其中两个学生追打，被追打者快速跑开，突然撞上第三个正在练习的学生，导致第三个学生被撞倒在地，门牙破损，口鼻破裂流血不止。这样的事件是突然发生的，也是教师始料不及的，而且是带有明显负面影响的。还有些时候，体育课堂上教师施教过程中，突然有学生提出让教师意想不到的问题。如有位教师正在给学生做篮球的传接球示范，示范刚结束，一位男生走向前要过教师手中的篮球说："老师，下面让我给大家做个示范，球可以这样传，也可以那样传，但是，不应该像老师您那样传。"话音未落，任课教师已经尴尬得无地自容了。也有些学生向教师提出建议或意见的时候，方式较为隐蔽，走向前悄悄告诉教师或趁他人不注意的时候去征求教师的意见等。实际上，体育课堂上，有时学生提出的建议确实能够有更好的学习效果，在这样的情况下，教师不可视而不见或听而不闻，而是要能够抓住时机完善教法和学法，这些都应该视为具有积极影响作用的突发事件。

4. 由教师引发的突发事件

多数情况下，体育课堂突发事件是由场地器材或学生引发的，但是也不可忽视教师组织教学过程中出现的失误或组织不当等问题。例如，教师在组织学生练习弯道跑技术的时候，在场地上画了两个大小均等的直径约为 10 米的大圆，哨声响起以后，站在两个大圆上的学生开始绕 8 字跑步，从这个圆跑到另外一个圆，由于两个圆的距离太近，学生多次出现了交叉与相撞的现象，这出乎教师的意料。但是，这也是任课教师经验不足导致的，在设计和画圆的时候未能充分考虑到这一情况发生的可能性。还有些情况是教师上课责任心不强，经常组织放羊或半放羊式的体育课堂。在这样的体育课堂中，很容易发生带有损伤性的突发事件（因为学生不知道如何在练习中做好自我保护）。另外，体育课堂上出现学生两人之间的争执，教师如果能够积极主动调节，可能会平息。可是，如果教师没有做出任何反应，就有可能因为教师的责任心不强导致学生发生更大的矛盾，甚至演变为两个学生之间动手打人现象。因此，部分突发事件既与教师的能力有关，也与教师的责任心有关，都不容忽视。

实际上，除了这几种比较多见的原因之外，还有如天气发生突变、教学周围环境有其他班级活动或其他事情强烈的干扰等，也都是不容忽视的引发突发事件的因素。

二、对体育课堂突发事件的判断

对体育课堂突发事件进行归纳，可以从某一或多个视角进行类型的判断。

第七章
评突发事件的方略

099

第二部分
体育教师评课
——实践方略

1. 从影响性判断突发事件

对突发事件的判断，假如从其对体育课堂的影响性来论的话，既有正向积极影响但比例相对较小的突发事件，又有带有负面影响且比例较大的突发事件。从影响性上进行判断的时候，正向的往往是能够有利于促进体育课堂教学的有效性的突发事件，如教学中有学生否定甚至推翻了教师的示范或练习手段，提出了更好的活动方式。例如游戏的时候，教师刚讲完游戏规则，就被某学生提出更多或不一样的规则要求，不仅增加了公平竞争性，而且提高了趣味性。任课教师遇到这种情况要明确判断，这是有利于更好地组织游戏活动和突出实效的提议，而非扰乱课堂纪律。除此之外，还要对此做出准确合理的应对。相反，具有负面影响的，往往是对教学过程或效果、对学生的身心健康等产生或大或小不利影响的突发事件。如体育课教学过程中，突然天气发生变化刮起了大风，在室外乒乓球课上，学生几乎很难完成正常的练习，很显然，这样的由天气引发的突发事件，对正常的课堂教学会产生负面的影响。由此可以看出，对突发事件正负向的判断并非难事，关键在于判断后如何基于不同的情况做出合理的应对。

2. 从严重性判断突发事件

就体育课上具有负面消极影响的突发事件而言，负面影响有大有小，那些产生运动伤害类的突发事件，更有严重程度之分。那么，该如何确定其程度呢？当前，体育教师都十分担心体育课上发生伤害事故，而且每次发生的事故多数均属于突发事件，是教师们所不愿看到的，严重的伤害甚至会使教师产生终生抹不去的阴影和愧疚感。从严重性上对突发事件进行归类，大致可划分为轻微影响、中度影响、严重影响三类。结合对学生身心造成的伤害来看的话，对其影响程度进行判断，轻微影响的，一般可以定位在轻伤不下火线的范围之内，即轻微的擦伤，或者是未造成任何皮肉之伤的心理恐惧感，如跳山羊课上从山羊上掉下来，只是受到惊吓，但在教师的正确引导下学生依然可以坚持练习。这样的就可以归为轻微影响的突发事件。

中度影响的突发事件，是因某种原因导致对学生产生一定的伤害，并影响其正常参与体育活动的突发事件。如学生因场地不平不小心扭伤了踝关节，不能继续坚持需要立即冷敷。再如篮球运动中两人为抢篮板球发生头部相撞的情况，一瞬间有学生头晕眼花，也要立刻停止运动，避免更严重的事件发生。这类突发事件都可以归为中度影响的突发事件，具有这类影响性的突发事件，一个较为突出的特征是，学生不能再坚持完成接下来的学习任务，要休息或就医。

严重的突发事件，多数情况下可以被界定为严重伤害类，在这种情况下，不仅要让学生立刻停止运动，还须将受伤学生马上送往医院救治，极其严重者有时甚至有生命危险。2015 年 12 月 26 日发生的"致命的例假"体育课突发事件，以及此前个别学校学生在跑步过程中的各种猝死现象，都是极端严重的事件，不仅给这些学生的家长带来沉重打击，一线教师也十分心痛。体育课堂上如果教师能够做到及时、有意义、合理的防范，伤害事故的发生率会大大降低。如果能再强化校园安全保障的硬性规定，教师们多半能够有一个安心的工作环境和安宁的生活环境。

3. 从预防性判断突发事件

体育课堂突发事件，有的是可以预防的，有的是防不胜防的，但该如何分析判断可不可预防的突发事件呢？也就是说判断的依据是什么呢？总体上来看，主要依据突发事件发生的原因来判断是否可以预防。例如，对于因地面不平整、雨后地面湿滑等发生的突发事件都是可以预防的。因为课前可以事先将场地进行修整，填平那些坑洼地面；可以事先将有雨水的地方进行处理，使其变得干燥，这样因滑倒而产生的伤害事故就可以最大限度地避免了，或者在运动中多一些具体的安全防范提示等。又如，因学生的组织纪律性较差导致的突发事件也是可以预防的。一方面通过强调课堂纪律，减少或防止无组织无纪律的过于自由化的打闹现象，另一方面可以增强教学手段的新颖性和趣味性等，让学生把更多的时间和精力投入学练过程之中，也可以尽可能地减少突发事件发生的概率。

对于判断为难以预防的突发事件而言，把握之难在于，是主观意识上的，是语言上的，还是行动上的。是能力经验问题，还是与能力经验无关的问题。例如，当前热议的"致命的例假"的案例，教师不仅在课的开始部分履行了安排见习生的课堂常规，而且教师们的经验当中几乎也都没有因例假而致命的预判。这一突发事件可以说经验再丰富的教师都难以预防。假如课前任课教师了解到学生最真实的身体状况，相信他们都不会再安排先天性心脏发育不良的学生像身体健康的学生那样参加剧烈的运动。因此，提前预知身体状况是可以最大限度避免危险性突发事件发生的。关键问题在于，一是出于种种原因，家长或许没有及时告诉学校孩子的身体真实状况；二是任课教师要积极主动与班主任沟通，可通过问卷的形式，对任教班级的学生进行问卷调查，从而对学生的兴趣爱好、健康状况有一个全面的摸底。也就是说，教师们起码要做到自己应该做的。如果学生或家长不如实告知身体情况，一旦发生恶性突发事件，那么教师已认真履行了应尽的责任，在追责上起码有一个合理的说法。为此，可预防的要尽可能地做好预防工作，难以预防的要准确判断其难点所在。教师们在通过体育课促进学生身心健康和进行技能传授、担当健全人格培养重任之余，也不可忽视自我保护。

三、评突发事件的有效方式

在评体育课突发事件的时候，可以采取多种方式，但无论采取何种方式，其目的是能够充分地表达出突发事件背后教师对各种事件的现场处理能力，包括具有负面影响的突发事件的预防能力，以及该类突发事件发生以后，教师的处理能力；具有正向作用的突发事件，教师巧妙地借鉴和施教能力等。实际上，多数情况下，评突发事件不仅聚焦于突发事件本身，而且对突发事件发生的过程、产生的原因、处理的效果等都要进行综合评说。为此，下面重点从两个方面讨论如何有效评突发事件。

1. 独立式：就事论事评突发事件重点把握"全面性"

独立评突发事件，是将突发事件作为一个单独的要素进行评说，与其他要素是并列关系。也就是说，在评课过程中，对突发事件的具体表现、发生原因、影响作用、处理方式等进行单独评说，不与其他要素有更多的关联，即就突发事件而评突发事件。例如，体育课堂上小胖墩跳高险些摔倒被其他同学嘲笑的事情发生后，被嘲笑的小胖墩红着脸、低着头感到不好意思。任课教师见状马上走到被嘲笑的小胖墩面前，轻轻拍打一下小胖墩的肩膀说："没事儿，顶住！"整个过程是教师在课前备课的时候未曾预料的。

在评的时候，可以首先说该事件呈现出的是"小胖墩被嘲笑"的现象，发生的根源集中在学生身上，学生们缺乏同学间的真诚的友谊和相互关心、帮助、鼓励等良好品格。该突发事件对学生的影响，一方面，被嘲笑是不该发生的事情，嘲笑一发生，既影响同学间的团结，还影响被嘲笑同学的心理健康；另一方面，由于任课教师只是走到小胖墩面前进行了安慰，而未对发出嘲笑之声的其他学生有任何批评教育，因此，总体上是不利于全体学生的良好品德教育的。以后再发生类似情况，学生还很有可能再次发出嘲笑之声。教师对突发事件的处理方式，存在引导不到位现象。教师不仅要安慰被嘲笑的学生，还要对嘲笑同伴的学生进行批评教育，引导他们相互关心和帮助，不能嘲笑。评突发事件，要对其发生的过程、根源、影响和处理等方方面面进行评价，并提出如何预防和处理该类突发事件的有效方略。通过这样的就事论事式的评课方式，不仅分析了突发事件的前因后果，而且还能够让大家知道遇到类似的突发事件该如何做出有针对性的处理。

2. 融合式：要素整合评突发事件重点把握"关联性"

采用融合式评突发事件，是将其融入其他要素之中进行评说，而不是独立于其他要素之外。比如，依据体育课的各部分分类来评的时候，假如突发事件发生在基本部分，就在评基本部分的时候，连带把所有发生的突发事件一并进行评说。假如发生在准备部分或结束部分，按同样的方式处理。又如，评课者按优缺点情况进行评课，假如该体育课上出现的突发事件具有积极影响作用，且教师处理得当，那么就可以在谈该课优点的时候，对该突发事件顺便评说一番。但是，无论突发事件是否具有正向作用，只要任课教师处理突发事件的方式不得当，或因此产生更大的不利影响，该突发事件就可以放置于缺点部分评说。也就是说，要视突发事件及处理效果来确定评课的时机与方式。

同样是"小胖墩被嘲笑"的案例，我们采取融合式评的时候，首先，判断该突发事件发生在基本部分主教材学习的时段。其次，由于该突发事件发生以后，教师的处理方法不够合理，效果上还有欠缺，教育引导不到位，对学生的影响又不容忽视。因此，假如采用优缺点式的评，就要将其放入缺点或不足部分进行评说，还要讲明为什么存在不足，如何处理更为妥当，并能够提出多种处理方案。我们假设此突发事件发生以后，任课教师不仅安慰了被嘲笑的小胖墩，而且瞬间抓住了德育的时机，对全班学生进行了"不能嘲笑他人"的教育和引导，如此在评课的时候，就要将这一突发事件放入优点部分来评。为此，融合式评突发事件，不仅要关注要素之间的关联性，还要经历一个观察、分析、判断、选择、评说的全过程。

如何评突发事件？这既是一个大家在评课活动中都要时常面对的问题，又是一个具有一定技巧性的问题。为了更好地、全面而深入地评突发事件，不仅要分析突发事件产生的根源，还要能够从影响性、严重性、预防性等多个方面分析判断突发事件的性质，更重要的是灵活选择评突发事件的方式。希望本章能够为更多的评课者带来一些启发，也希望能够为广大的一线教师正确处理课堂上的突发事件提供有价值的参考。下面对评突发事件的方略做一个简单的归纳。

评突发事件的方略

体育课堂有多变，　突发事件常呈现；
事件发生有根源，　人事物体不新鲜；
客观原因有很多，　人为因素师生说；
判断事件要果断，　巧妙处理是关键；
伪造事件不可取，　能力体现重自己；
突发事件准确评，　独立融合方法明。

第八章　评安全防范的方略

安全问题一向是体育课和课外活动中一线体育工作者和管理者最担心的问题，尤其是随着安全事故发生引发的一系列纠纷的不断升级，已经造成越来越多的教师不敢组织带有一定危险性的项目的教学工作。无论是"一朝被蛇咬，十年怕井绳"的恐惧心理作用，还是"因噎废食"的不良做法，都说明安全事故已经不仅仅是大家的困扰与担忧，而且是影响体育教育工作者的健康与学校体育工作顺利开展的重要因素。评课活动中专门对安全防范问题进行点评不容忽视。该如何具体操作呢？

本章重点对如何评安全防范进行研究。结果显示，在评安全防范的过程中存在忽略、不全、有"点"无"评"等诸多不良现象，选择评安全防范的视角要尽可能地多元化，场地器材、教学设计、课堂组织、学生学习、整体效果等都可以作为评安全防范的视角。无论选择何种角度切入，都有其对应的方略。

一、评安全防范的若干现象与分析

评课中对安全防范进行点评，由于不同的评课者认识不一，看课视角不同，把握程度有区分，会表现出不同的点评方式。其中，部分点评者还存在不良的评安全防范现象。

1. 安全防范完全忽略

当参与一个评课活动的时候，你有可能会发现，有人在评课的过程中完全忽视安全防范问题。为什么会出现这种现象？究其原因，有两种情况需要引起我们的关注。一是评课者缺乏安全观念，要么是在看课的时候从来没有关注哪里存在安全隐患、教师有没有采取防范措施等。要么就是在看课的时候虽然发现个别地方存在安全隐患，但是由于未引起高度的重视，也就不以为然。所以，在评课的环节自然也就未曾涉及安全问题。二是评课者不仅有安全意识，还较为重视安全防范，但缺乏评安全防范的方法，结果因不会评而未谈及安全问题。例如，有人在看课的时候，认真观察了场地器材使用过程中的安全隐患，还对此做了记录，有些地方还记录了教师采取安全措施的各种语言表达方式，但是评课的时候却未能听到他关于安全防范的只言片语，究其原因，是不知道从何处切入，未掌握评的技巧。

2. 只对安全事故点评

有人在评课的时候，既不是无安全意识，也不是未观察安全问题，而是未能将安全隐患和不当的安全防范列为安全问题，只关注课堂上是否出现安全事故。有安全事故的体育课，评课者可能会提及该事故，而对有隐患但事故并未发生的体育课，评课者或许在评的时候就不会谈及安全问题。这一现象表明，评课者对体育课安全问题的认识不够全面，未能将隐患和不当防范列入其中，结果就会导致认识上的偏差。存在这种现象的评课者，只要把关注点前移至安全隐患，或许就能够较为全面地把握安全问题，评课的时候就能够从多个角度来谈。有事故发生的，可以先谈事故，再找根源，找根源的同时就可以对安全隐患和不当防范一并进行分析和点评；而对于未发生安全事故的课堂，可以直接从安全隐患谈起，进而过渡到防范工作做得如何。总之，只对安全事故进行点评，是不全面的。

3. 课前课中点评不全

要在评课的时候把握全面性，不仅要对关于安全问题的课中所见所闻进行点评，还要考虑课前教师对安全隐患是如何处理的。或许有人会问，看课评课，课前教师的准备又看不到，怎么能够对此进行点评呢？实际上，我们看课的时候，体育课上存在的安全隐患或教师对此做出的防范措施，甚至出现发生安全事故的情况，不仅仅是课堂现场存在，很多情况下在课前就有。例如，教师课前的设计，对场地器材的安全隐患考虑不周全，结果在课上场地器材的使用过程中多次出现危险情况。又如，一节观摩课上，教师组织学生在体育馆篮球场地上进行立定跳远辅助练习的时候，因场地较滑又加上是在地板上铺的小泡沫垫上跳，结果导致多名学生连续摔倒。看似都是在课堂上出现的情况，实际上，都反映出教师课前准备的不足。因此，课前的准备情况也要作为评课堂安全的不可忽视的内容。

4. 安全防范有"点"无"评"

假如将点评进行细分的话，可以将其拆分为"点"与"评"两字或两种相继的活动。点，大家都很熟悉，即将某事情或现象指出来。而评呢，是要对指出来的事情进行评说，它怎么了？为什么？怎么办？从"点"与"评"两层含义再回过头来看安全防范的点评，我们就不难分辨出，有些评课者只是指出了体育课上哪里存在安全隐患，以及教师是如何做安全防范工作的，假如仅仅是做了这样的评课表述，就等于是只"点"无"评"，是不到位的评课，因为并没有体现出真正意义上的评。例如，一节鱼跃前滚翻课上，任课教师组织学生两两面对面在垫子上做直体前倒动作。这是一项有较大安全隐患的练习，当时没有出现任何安全事故，并不是教师采取了防范措施，而是学生自我本能的反应。在听到教师吹出统一练习的哨声之前，他们都往后退了一步才继续做动作，这样他们才安然无恙。评课者假如只是看到了并提到了该练习带有一定的安全隐患，容易造成学生两两相撞，那么这样的评课并不全面，或不到位。因为评的时候要能具体到为什么会存在这样的安全隐患，为什么没有出现伤害事故，如何消除安全隐患等。

二、评安全防范的视角选择与方略

在评课活动中评安全防范，可以从多个视角选择切入，诸如从场地器材的角度评、从教学设计的角度评、从课堂组织的角度评、从学生学习的角度评，还可以从整体效果的角度评。无论从哪个角度切入，都可以贯穿于全课，并能够从安全隐患的有无、大小，防范措施的有无、合理与否，事故有无发生、严重性等全方位对安全问题进行点评。

1. 从场地器材角度评安全防范

关于体育课上的安全问题，大家最担心的或许就是由场地器材的质量不过关、不符合卫生标准或使用不当导致的那些安全问题。看评课活动中，不仅要全面关注课前任课教师对场地的检查、对安全隐患的防范处理，而且要重视观察课堂教学过程中场地器材的使用情况。评课时需要对整堂课场地器材使用过程中任何一个存在安全隐患的地方都无一遗漏地系统评说。如可以从场地安全问题谈起，主要包括地面平整程度、硬度、光滑程度、周围障碍物等，这些都是评场地这一要素时不容忽视的地方。例如，就不平整的场地的使用而言，任何一项运动在不平整的场地上组织教学活动时都有可能存在一定的安全隐患，关键在于任课教师对不平整场地的使用是否做了有效的防范工作，做了哪些防范，这是评课者在评课时需要认真思考的。

器材的使用也是如此，器材在场地上的摆放位置、方式不合理以及使用不当，也都或多或少、或大或小地造成安全隐患，评课的时候也不容忽视。就长器械（如武术的棍、软垒棒等）而言，如果在使用过程中学生所站队形不同，安全隐患大小就会不同。就体操单双杠、山羊或跳箱等器械而言，要认真观察学生是如何使用的，从杠上脱手、从箱或山羊上摔落的防范措施做得是否到位等，评课的时候也需要指出来。另外，体育课上一旦有自制器材的使用，自制器材的材质、规格、使用过程中是否出现意外等也要相继评说。总之，假如是从场地器材角度评安全防范，最好能够自始至终围绕其进行全面而深入的点评。

2. 从教学设计角度评安全防范

一节课上是否存在安全隐患，或有隐患的地方是否采取了防范措施，实际上从这两点就可以看出任课教师在进行教学设计的时候有没有进行周密的考虑。从教学设计的角度进行评课的时候，一方面要看教学设计文本当中有没有关于安全隐患及其防范措施的表述；另一方面要看教学设计上是如何表述的，是具体的、全面的，还是空泛的、片面的。有没有文本表述和表达到不到位是从教学设计角度评安全防范做得好与不好的关键所在。那么，教学设计文本中哪些地方需要呈现安全隐患及其防范的表述呢？可以采用集中的方式，用"安全防范"等要素将一节课上可能存在的全部安全隐患和即将采取的防范措施——进行列举，包括课前的安全检查方法等。也可以采用分散的方式，将那些可能存在安全隐患的地方放在教学过程的对应环节评。如在准备活动期间安排某项活动的时候存在安全隐患，就可以在准备活动部分提出；基本部分主教材学习或组织游戏期间存在安全隐患以及有防范措施的话，也同样可以在相应之处做出相应的表述。总之，依据个人习惯或自己所在区域的教学设计规范要求灵活把握。在教学设计中有一定文本体现，评的时候要注意引导，而不只是简单地评有没有，是否具体，要能够分析评判，还要具体指出原因所在。

3. 从课堂组织角度评安全防范

体育课堂上安全事故的发生，与组织工作的好坏有着很大的关联，因此也可以从课堂组织角度评安全防范。从开始部分的集合整队，一直到结束部分的收还器材、师生再见，无不存在着各种各样的组织方法与措施。只是不同的教师有着不同的组织能力和组织效果，那些善于组织或能力较强的教师的体育课堂，发生安全事故的可能性较小，反之，就有可能存在较突出的安全隐患，甚至发生伤害事故。例如，前面谈到的一节弯道跑课，教师组织学生围绕两个事先画好的圆练习弯道跑动作的时候，教师让学生围绕两个圆交叉跑动，结果，出现学生之间相撞现象，这种安全隐患和潜在的危险是不容忽视的。如果某节课有安全事故，评课的时候，从课堂组织角度，就要看一看是否是组织不合理造成的，如果组织工作的疏忽导致了安全事故的发生，或存在着较严重的安全隐患，就要一针见血地指出组织的不合理之处、存在安全隐患的根源，要能够让任课教师充分地认识到因组织工作的疏忽很有可能引发安全事故，并对此高度重视起来。

4. 从学生学习角度评安全防范

学生在体育课堂上参与的所有学习环节都不可忽视安全隐患及其防范问题。无论是教师有指令的学习活动，还是学生自主的学习活动，预防伤害事故发生至关重要。学生学习过程中的安全隐患，一方面很有可能是源于教师安排的练习方式不当，导致学生在练习中存在一定程度的安全隐患或出现伤害事故；另一方面也很有可能是学生在学习过程中的组织纪律性不强，练习中注意力不集中，或学生之间的配合出现了问题；等等。从学生学习的角度评安全防范的时候，首先要通过观察分析哪里有安全隐患，是在进行什么内容的练习，是什么形式的练习；其次要分析判断是什么原因造成的安全隐患或事故，是客观的还是主观的，是自身的还是外在的，以及安全隐患或伤害大小，是否进行了防范，学生有无防范意识和行为，等等；最后，就是要针对所发现的学生学习过程中的安全隐患或事故，提出有针对性的防范措施，如果原本课堂上防范措施不得力，还要给任课教师提出如何改进的建议。因此，从这一角度评安全防范的时候要把握两个不可忽视的方面：一是学生的安全意识和自我保护能力；二是任课教师有没有及时发现学生学习中的安全隐患，以及对此有没有做出正确的引导。

5. 从整体效果角度评安全防范

体育课堂上是否存在安全隐患，防范措施是否给力，总体上的安全隐患及防范呈现出了何种特点，假如从体育课的整体效果来评安全防范的话，以上问题都不容忽视。在评课的时候，针对安全问题可以首先判断有没有安全事故发生，如果有就要分析根源，以及提出规避措施；如果没有就要看是否存在安全隐患，隐患的危害程度，以及哪些环节隐患明显，教师采取了何种措施，有没有教育引导和培养学生的安全意识和防范能力。总结归纳体育课在安全隐患及防范方面的特点也非常重要。例如，某节课的安全防范特点是全面、具体、有效，进一步分析，课上师生对安全隐患及其防范也都非常重视。课前任课教师对场地器材做了安全检查，在课的开始部分向学生做了正确的引导，教学过程中针对有可能存在安全隐患的细节，教师也都认真观察、提醒，规避了安全事故的发生。相反，假如某节课属于安全隐患突出，防范做得不够到位的课，评课的时候，无论是否有安全事故发生，都要能够及时指出安全隐患所在，说明安全防范不做或做得不具体的不良现象及其影响。更要能够评出该课之所以存在这样的现象，主要是教师的安全意识淡漠，防范措施不得力，或对学生的安全教育不够，以及学生缺乏一定的安全意识和

防范能力所致。

    评课过程中不可忽视安全问题，无论是否发生安全事故，也无论从哪个角度去评，都需要较为全面、具体和深入。通过评安全防范，一方面要引起大家对安全问题的重视，另一方面，还可以通过系统和较为深入地评，引导教师更加重视它，即从思想上和方法上达到对安全问题的把握。这既是体育课程改革的明确要求，也是学生健康发展需要重点关注的，更对解除或降低任课教师对安全问题的后顾之忧而言是十分必要的。下面对如何评安全防范做一个简单的归纳。

评安全
防范的
方略

安全防范问题多， 评析现象分开说；

看评安全把握住， 有点无评不深入；

只评事故轻防范， 评课效果不全面；

评出技巧选视角， 场地器材为首要；

组织练习隐患有， 如何防范不放手；

教学设计有体现， 课前课中都关键。

第三部分

体育教师评课——课例分析

体育教师掌握了评课基本理论与操作方法以后，或许已经能够尝试着独立地去评一节或多节课，并能表现出一定的专业水平。但是，为了能够强化教师们的评课技巧，对不同类型的课从评课思路与方法方面进行案例评析十分必要，因为不同类型的课有着不同的目的，观察的视角以及评课的方式也应有所区分。因此，本部分重点从大家比较熟悉的评优课、常态课、研究课这样的不同课型出发，以立定跳远、肩肘倒立、快速跑三节课为例，重点分析不同类型课的评课方法与应把握的技巧。

第一章 评优课：按"六性"标准评出客观性

很多地方在组织评课活动的时候，都会或多或少、或宽或窄、或粗或细地有相应的评课标准。因为，评优课与常态课、研究课最大的不同是：评优课多数是以量化的方式去评，即要评出分数高低，确定课的奖项或名次，所以标准成了评评优课的必备材料。本章重点谈如何利用"六性"标准去评评优课。

一、了解评优课"六性"标准

"六性"标准是什么？各个特性如何准确把握？如何利用这一标准去评评优课？下面做具体探讨。

1. 为何构建"六性"标准

在提出"六性"标准之前经常遇到这样的困惑：为什么不同的评优活动组织者评课标准不一？有的所评内容差别还很大。主要原因是目前国内尚未制定出评优课的统一标准。能否建立统一标准呢？为什么某区域在评课活动中提供了统一标准，但不同的评课者还会评出不同的结果？之所以有的评课结果一致性较低，是因为不同的评课者评课能力、视角有所不同，或许还会因为评课标准可操作性不强。因此，建立既客观又具有可操作性，还能够趋于一致的评课标准十分必要。

"六性"标准是从评优课所能表现出六个特性的角度确定的指标体系。一节评优课无论是否达到了优秀的标准，都能够从以下六个方面的特性进行评判，即真实性、完整性、准确性、创新性、实效性、安全性。假如从这六个方面去衡量一节评优课的质量优劣、水平高低，基本上是较为全面的。而且，通过教师们平日的经验，基本上能够相对准确地判断出这六个特性在课堂上的具体表现。同时，如果评课者都能掌握并运用这六个特性进行评课的话，所评结果不会相差太远，基本能够保持评课结果的相对一致性。

2. 评优课"六性"标准是什么

"六性"标准是什么？每个特性具体含义如何解释？每个特性所占权重如何分配？这些问题都是需要首先了解的。关于"六性"标准在前面的章节中我们已经做了一些介绍，包括权重和具体表现，进一步分析该标准，我们不难看出，"六性"标准的评课视角大致可以概括为：真实性，主要是看真不真，即是否有作秀或表演成分；完整性，主要看全不全，即内容等是否有缺失部分；准确性，主要看准不准，即教学手段方法是否准确；创新性，主要看新不新，即形式方法是否有所创新；实效性，主要看实不实，即组织教法实际效果如何；安全性，主要看防不防，即安全防范做得是否到位。通过六个特性进行评分，基于教师们的经验，便于判断，也更加能够体现不同评分者的相对一致性。进一步理解六个特性的含义如下。

（1）真实性

真实性重点看一节评优课的真实程度。多年前，有教师提出这样的建议：体育教学观摩展示活动别再举办了。为什么？当进一步追问的时候，笔者获悉，原来这位教师认为过去通过评优评出来的优质课在展示观摩的时候，很大程度上都是在表演，或作秀成分太大，不能在常态课上实现，因此他才提出此建议。通过分析可知，这种现象确实存在，更有甚者，从课的开始到结束几乎都在演戏一样表演着各个环节。观摩者没有兴趣，上课者同样也会在演示的过程中缺乏激情。曾有一位获得过一等奖的教师为了一节评优课准备了近 8 个月。可以想象 8 个月反复演练的结果会是什么样，除了熟练"驾驭"了课堂之外，任课教师的感觉往往是厌恶了这一教学内容。甚至有教师说，"一提起这一教学内容就想吐"。这说明，作秀或表演的不真实的课是不可取的。

然而，要想达到真实就要尽可能地减少作秀成分，但这有一个矛盾，很多教师处理不好真实与事先演练之间的关系。在评优课展示之前往往经过反复演练，因此难免会出现一些表演痕迹。为了提高真实性是不是就不能事先演练了呢？这并不是绝对的，但要把握好度。假如一次不演练就能上好课，

可以不演练；假如不踏实，信心不足想事先做几次演练，也不是不可以。度
的把握是关键，但具体展示时巧妙的处理也十分重要。总之，要尽可能地减
少或消除表演痕迹，提高课的真实性。从权重分配上，真实性占 10% 的比例，
虽然在所有特性中所占比例相对最小，但也说明从真实性上评一节课不可
忽视。

（2）完整性

一节课是否完整是衡量课优劣程度的一项不容忽视的重要指标。所谓完
整性，是指课堂常规是否到位、课的内容呈现是否全面等。

首先，我们来看看常规不完整的若干情况。常规不完整的表现有很多，
就对评优课的观察可知，最常见的常规缺失是不安排见习生和不收还器材。
对于不安排见习生而言，看似不太能引起大家的重视，实际上其背后反映出
很多问题。我们先了解一下为什么有些教师不安排见习生。笔者有一次带着
这样一个好奇的问题咨询了一个刚刚上完评优展示课的教师："请问您在课的
开始部分为什么没有安排见习生呢？"这位教师回答："没有见习的。"我又继
续追问："为什么呢？"他回答："学生都是挑出来的。"实际上，即便是挑出
来的，因为不是现场挑的，而是提前一两天甚至更长时间挑选确定下来的学
生，在上课的时候也依然需要问一问有没有见习的学生。假如上课的前一天
晚上有学生生病或受伤了，但是他依然坚持来到体育课上，教师并不知情，
一旦不安排见习生，出现因伤病而突发特殊情况的话，教师的责任就难以规
避，也不利于学生的身心健康。因此，安排见习生是不能忽视的最基本常规。

评优课上是否安排见习生还与一些教师的教学能力有关，有些课上任课
教师不安排见习生是担心一旦有人见习，可能就难以组织游戏或分组练习了。
一次一位任课教师说："如果有一两个人见习，我设计的 4 个人一组的游戏就
没法做了。"可以看出，这种不安排见习生的做法显然是因为能力有限所致。
但无论何种原因不安排见习生，都属于常规不完整的情况。

另一种情况的常规不完整具体表现在不收还器材上。过去经常会看到这
样的评优课，在课即将结束的时候不是任课教师和学生一起将所用器材收还

到器材室，而是由几个同事协助将器材收回。这种现象常态课上很少见到，甚至见不到类似情况。同时，不让学生一起收还器材也不利于对学生的教育和正确引导。

其次，我们再来讨论一下内容不完整的情况。有的表现为准备活动内容缺失，如有的课上明显需要做专项准备活动，但整个准备活动内容安排中却没有考虑到专项准备活动。还有的体育课缺少的是放松整理活动内容，有的在课的基本部分安排了一定量的肌肉力量练习，但放松的时候仅仅让学生做了短暂的意念放松，这显然达不到放松的目的。甚至还有的课堂上或许由于时间安排不当，根本就没有考虑到安排放松活动，结果是结束部分小结完就下课了，没有做任何放松活动。

总之，无论是常规的不完整还是内容的缺失，一旦在评优课上出现该情况，都可以在完整性占10%这样一个权重范围内酌情扣除一定的分值。

（3）准确性

一节课教得准不准，从很多方面都可以进行判断。首先，教师讲解、示范是否准确？包括有没有讲解和示范错误现象发生，有没有示范位置选择不当不利于学生观察的现象，有没有在讲解示范的时候向学生提出听讲和观察的具体要求等。如有一节途中跑课，课上教师在做示范的时候用上了站立式起跑，结果教师在示范的时候，两次示范都将站立式起跑姿势做成了一顺儿，即同手同脚，而且还向学生强调这是正确示范。除此之外，在强调是正确示范的时候，一脚还踩在线上，并让学生认真观察其脚和手，以及上下肢是如何配合的。这样的示范不仅是不准确的，而且是完全错误的。还有的示范并没有做错，只是站位过远，不利于学生观察；有的是选择示范面不当，也同样会带来不利于学生观察的负面影响。以上都是教不准的现象，一旦教师教不准，学生也就很难学准。

其次，教学手段方法是否准确？在进行某项内容的教学时，所选择的练习手段是否有利于学生的学习和掌握技术动作，是否出现把学生从会教成不会的不良现象。教学手段方法安排不准对学生的最直接影响就是学生难学会，甚至根本就学不会。如一节跪跳起课，教师安排了一项手拉手练习活动，一人跪在垫子上，一人拉着跪在垫子上的同学的手，教师让他们两人一组练习跪跳起。可是，几乎所有的学生都没有跳起来，因为跪跳起的技术环节是摆、压、提。一旦把摆的动作控制住了以后，接下来的两个环节就很难依次完成。更有甚者，某任课教师教弯道跑的时候，让学生两人一组练习斜身直走体会过弯道时身体内倾的动作，结果由于是让学生在直道上练习，几乎所有的学生从直道上跑动的时候就开始倾斜着身体了，这显然是练习手段选择不当造成的。

最后，目标定得准不准？确定教学目标不仅要考虑全面，而且还要兼顾具体可操作性。看评课的时候，我们除了要了解目标制定的情况如何，更要看目标达成的情况怎样。就目标制定的全面性而言，过去很多课的教学目标仅考虑到了大多数学生，也就是说，只见到了大多数学生的目标内容，而没有少部分学生的，从这一点上看就等于违背了课标中的课程基本理念第四点"关注区域差异和个体差异，让每一个学生受益"的明确要求。如某节篮球传接球课上，教师仅写出了80%左右的学生应完成的学习任务，忽略了剩余20%的学生要学到什么程度的目标定位。就目标的可操作性而言，很多目标都定得比较笼统而不具体，很难操作，更难以评价目标达成情况。如有些教案的教学技能目标常常表述为"初步掌握……""进一步提高……"等，结果完成到什么程度是初步掌握了，什么情况下又是达到进一步提高了，很难做出具体而准确的判断。就目标的达成情况而言，假如目标的确定是全面而具体的，还要看实际教学中教学组织是否已经顺利达成了目标，如果目标未能达成也是教学有失准确性的具体表现。如一节排球垫球课，教师确定的是2人一组相距3米连续垫球，约70%左右的学生能够连续垫10个球的目标。可是，在课的基本部分即将结束的时候，学生最多只能连续垫起5个球左右，很少有人能垫起10个，更别说是达到70%左右的目标了。

相对于真实性、完整性而言，一节课的准确性在权重分配上占据了20%，更需要认真把握。评课者在评课的时候也要在准确性的把握上花费更多的精力，从而更为精准地做出判断。

(4) 创新性

一节课是否新颖既是教师能力的体现，也是评判评优课优劣程度的一项重要指标。常态课或许并不要求每节课都要新颖，因为任课教师也难以做到堂堂课都能够新颖。但是，一旦要上一节评优课，或参加体育课的评优活动，几乎所有的教师都会考虑创新问题。要么在内容选配上创新（如创编一个新颖的游戏），要么在手段选用上创新，还有的在场地器材布置上尽可能地创新，等等。但是否真正体现出了创新性，创新的环节应该放在何处效果最佳，即如何把握创新的时机等一系列问题都值得进一步探讨。否则，就有可能出现为创新而创新的形式化创新现象。

体育课的创新可以有多种不同的方式，但要避免虚假创新，因为一旦被别人感觉到是一种不切实际的创新，这种所谓的创新带来的后果只有一个，就是降低课的质量，这样距离评优目标会越来越远。

首先，我们先来看看内容选配上的创新性。在一节课上，从内容的选配角度来看的话，在基本部分主教材确定以后，无论是准备部分的准备活动内容，还是基本部分的内容呈现，或是结束部分的放松活动内容，都可以考虑其新颖程度。有了一定的创新性呈现，或许会给人耳目一新的感觉，尤其是当其他评优课未能在这些部分呈现任何新颖元素的时候，适当地在内容选配上体现创新，胜出率就会有所提高。但不能出现为创新而创新的做法。内容创新的前提是要考虑其功能价值，为什么在某部分内容选配时体现创新，一定不能忽略该内容要发挥的作用，如果作用未能体现，而只是让人眼前一亮，就难以达到理想的效果。如一节小学二年级的跳单双圈课，参与评优展示课的任课教师在课前耗费了很多精力和时间等成本，制作了一二十棵"大树"摆放在场地上。看上去较为新颖别致，学生们或许也会很期待参与其中，但是在准备部分开始以后，教师带着学生仅仅从大树林的这端绕一圈走向了另一端，总共停留不到 1 分钟的时间就走出了"树林"到达另一块场地参与单双圈练习活动。可见该项活动缺乏真正意义上的创新性，学生自然也难以从这一教学活动中有所收获。这样的内容创新不当，一定程度上会影响到评优课的总体效果。

与此相反，一位任课教师在一节高一鱼跃前滚翻课的基本部分课课练上，想通过该部分的练习提高学生的上肢力量。虽然他选择的依然是人们常用的俯卧撑内容，但不同的是他组织学生做俯卧撑的形式发生了变化，不再是要求每人做几个、做几组，而是变换成了一种俯卧撑接力比赛。比赛开始，每组排头先做第一个，然后其他学生按第二个、第三个这样依次接力做下去，看哪一组在规定的时间内完成的次数最多。看上去都是俯卧撑，但是由于把练习升级为比赛，让学生在赛中练，并提高了学生的兴趣，培养了团队意识，学生的上肢力量自然也能够得到较好的锻炼。这源于什么，源于任课教师在设计创新的时候，最先想到的是该创新能发挥什么作用，要把握哪些关键，而不是单纯追求形式上的创新。

其次，我们再来讨论一下教学手段上的创新。前面我们已经谈过，基本部分主教材内容一旦确定，该内容就不能随意更换，因为该内容是由教学进度要求所决定。但是，我们完全可以在该部分内容的教学手段上做文章，从而提高创新性和实效性。例如，一节小学五年级的跳远课上，由于学校场地有限，没有跳远沙坑供学生练习，教师就用大垫子代替了沙坑组织学生的练习活动。教师确定的该课的重难点是：学习并掌握踏跳（或起跳）技术是重点，踏跳有力是难点。在组织学生进行练习的时候，教师事先为每组准备了两个挤压能够发出响声的橡皮娃娃，示范、体验练习环节结束以后，在进行分组自主练习时，教师让每一组学生在踏板的前端两个角下分别放一个小橡皮娃娃，从而让学生在练习的时候体会用力踏跳的效果。如果学生用力较大，橡皮娃娃发出的响声就大，反之则响声较小。采取这种练习手段大大提高了学生练习的积极性，同时也能够检验学生练习的效果，更为重要的是不知不觉中既强化了重点又突破了难点。这种创新是值得肯定和点赞的，而且这种创新有利于学生运动技能的掌握。

创新性在整个指标体系中占 15% 的权重，一节评优课在创新方面的体现是什么，从有无创新，到创新效果的优劣，再到创新时机的把握，教师们均可以借助自己的经验给出一定的分数。当然，最好的创新是基本部分主教材学习的时候采取了有效的创新手段，因为该部分的创新会带来明显的教学效果。

（5）实效性

实效性对于任何一节评优课来说都至关重要。假如一节课没有太大的表演痕迹，结构、内容上也较为完整，也有一定的创新成分，那么组织教学的实际效果对于一节课是否真正为优质课决定性更强。也就是说，最为重要的是要看是否有效，有多大的效果。当然，可以从多个角度观察判断实效性，但很多情况下都是集中在学生的学习方面。下面从"四学"这个角度逐一分析评优课的实效性。体育课"四学"是指学生在学习的时候体现出来的学准、学会、学乐、学热的四种表现。

首先，学准。前提是教师教准。假如我们前面谈到的准确性有所体现，教师既没有出现错误的讲解与示范，也在选择教学手段的时候能够准确地提高学习效率，学生学准就能够得到充分体现。学准的具体表现是听准、看准、练准等，这都与教师的教准息息相关。如要想让学生看准，教师的示范动作、示范位置、示范方位的选择等都至关重要。学生是否达到了看准，一方面看学生的表情，学生在观察的时候是疑惑不解的神态，还是豁然开朗自信淡定的表情，不一样的表情表达着不一样的效果；另一方面看学生的动作，学生在模仿教师动作或自主练习的时候和教师要求的动作是否有差距，有多大的差距，这些都能反映出学生是否看准了。尤其是教师示范的效果都能够从学生练习中得以验证。

其次，学会。什么是会了？过去在回答这一问题的时候，多数带有不确定性，那什么样的表现算是学会了呢？实际上，我们可以从五个方面来评定，即会说、会做、会用、会学、会做人。就同一节评优课而言，由于教学进度单元课次的原因，在一节课上"五会"很难同时得到体现。但是对于任课教师而言，要能够了解并认真把握这"五会"所处的不同阶段，力求在相应阶段让学生达到学会的程度。如新授课阶段，即一个单元的第一次课上，让学生达到会说并不难，而难在会做等几个方面上。可是，每一节课都不可忽视对学生其他方面的培养。即便是新授课，学生还不能达到会做的程度，但是也要能够安排适当的有利于学生会做的练习活动，尤其不可忽视的是要兼顾学法指导，即让学生在观察、听讲、练习的时候就掌握有效的方法，以便于学生在学习过程中逐渐掌握方法，提高学习实效。每一节课上引导学生会做人更不容忽视，党的十九大强调了"立德树人"这一根本任务。"立德树人"要求全科育人，体育也不例外。体育课上教师要善于捕捉学生表现出的良好品格的闪光点，还要能够及时抓住时机巧妙育人，培养学生良好的体育品德。

再次，学乐。学生在一节课上是否达到了学乐，我们从学生的各种表现中就能够较为准确地做出判断，诸如学生的积极性提高、学生呈现出喜悦的表情、学生勇敢接受挑战、学生能够主动与同伴配合等。一切正向的积极的表现都能够证明学生是在快乐中学习，同时他们又体会或享受到了体育活动带来的乐趣。当然，我们也要能够辨别学乐的真假情形。有些课上，教师为了取悦学生，非常牵强地穿插一个搞笑的动作或安排一个缺乏教育意义但比较有趣的游戏，这样的乐的效果往往仅停留在表面，而难以激发起学生自身的原动力，短暂的微笑迎合之后，学生依然是被动参与，这说明学生并没有真正地学乐。

最后，学热。学热的体现主要看出汗程度，但或许有些人出汗并不表现在面部，那么该如何判断学生是否学热，或真正达到了学热的效果了呢？我们需要把握以下几点：一是体育课上的时间分配，用于学生练习的时间达到多少，是否是一半以上的时间都用在了学生练习上，如果不是，学生自然就难以学热。二是单个学生练习的时间分配，练习密度高低不是用全班学生的练习时间衡量的，而是单个学生在课上各项练习时间的总和与课的总时间之比再乘以100%。那么，每一个学生在课堂上的练习时间都要能够有所保证。过去提出教师要把握"精讲多练"的原则，实际上为了提高练习的实效性，能够让学生热起来，还要注重让学生"少等多动"或"少站多练"。体育课中学生"候学"过多影响学热的情况如图3-1-1、图3-1-2所示。

图 3-1-1　足球课上学生排长队取器材

总之，实效性占 35% 的权重，评课者除了从"四学"等多个角度去把握，还可以有自己独到的视角。但实效性是可观测的、可评价的，是能够准确把握的。

（6）安全性

评优课上是否安全主要从哪些方面来评价？一方面是看有无伤害事故发生，另一方面看有无安全隐患，以及安全隐患得到了什么样的防范，是否是有效防范。在评课的时候，我们不能仅以有无伤害事故来判断安全性高低，而是还要看安全隐患的有无和防范措施是否得力。假如一节课上没有出现任何伤害事

图 3-1-2　体育课上分组组别过大
导致很多学生等待

故，安全性上也未必就能够得到满分。那么，如何判断和把握安全性呢？

首先，评课者要高度重视一节课上的安全问题。认真观察、深入分析、

准确判断至关重要。因为有些时候安全事故的发生并非都是源于教师不当的组织，有些时候与学生的自我保护意识和能力尚未形成也有着密切的关系。还有些是尽管教师再三强调注意安全，但依然有学生做出危险行为。要想准确判断安全性高低，评课者就不能忽视安全与否的判断依据，即产生根源的深度剖析是评判安全性的前提和保障。

其次，安全性评判要有相应的标准，何为安全性高，何为安全性低，用什么来判断，评课者心中要有一杆秤，这杆秤要能够衡量安全问题给课带来了什么影响。凡是在课上出现安全事故的，若 10 为满分（10%权重）可以从 5 分算起，也就是说，几乎可以因安全事故的发生扣除一半的分值。再加上课上安全隐患比较明显，而教师并没有采取及时有效的措施加以防范，剩余的这 5 分依然可以再次累加扣除。假如一节课上有安全隐患，教师做出的防范措施也不够到位，但是尚未发生任何伤害事故，这样的情况所扣除的分数应该控制在 5 分以内。根据隐患大小和教师做出的反应情况适当增加或减少扣除的分值，但总的扣分控制在 5 分以内为宜。即使未发生安全事故也不等于就可以 1 分不扣，因为隐患随时随处都有可能存在。然而，当有隐患，教师的防范措施比较得力的时候，扣除的分数应该控制在 5 分之内为宜。具体的有无伤害事故、有无防范等采取的评分方略可以参照图 3-1-3。

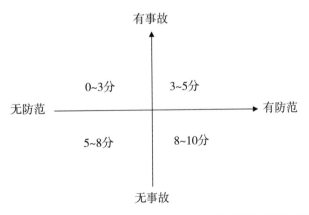

图 3-1-3　评优课有无安全事故与有无防范措施的推荐分值分配

从图 3-1-3 可以看出，有事故的情况下，评分线可以控制在 5 分以下。如果有防范可以相对控制在 3~5 分之间。假如有事故又没有采取有效的防范措施，多数情况与教师的安全意识和防范能力有关，分数可以控制在 0~3 分之间。根据事故大小来确定分值高度。相反，对于无事故发生的体育课，安全性分值可以控制在 5 分以上，再根据防范的有无来具体确定是 8~10 分之间还是 5~8 分之间。

假如一节课上没有出现任何安全事故，也有两种情况：一种情况是课上没有安全隐患，一种情况是有安全隐患，那么，教师对安全隐患处理得如何也可以用此方法做出分值判断，如图 3-1-4 所示。

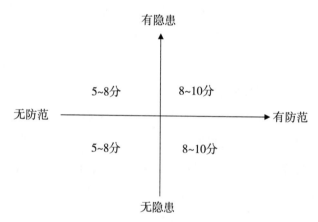

图 3-1-4　评优课有无隐患与有无防范措施的推荐分值分配

从图 3-1-4 可以看出，在没有出现伤害事故的前提下，无论有无隐患，凡是做好安全防范的，都可以将安全性分值控制在 8 分及以上。相反，未能做出防范措施处理的，尽管没有出现伤害事故，但是发生伤害事故的可能性随时都会存在，因此，凡是无防范的，无论隐患大小都应将其安全性分值控制在 5~8 分之间，之所以不在 5 分以下，是因为未发生大小不等的安全事故，等于是相对安全的一节课，但绝不是绝对安全的课。因为课上缺乏防范措施。体育课上的安全隐患如图 3-1-5、图 3-1-6 所示。

图 3-1-5　两手插兜跑步而存在隐患

图 3-1-6　跑步场地脚下有杂物、砖块而存在隐患

3. "六性"标准如何把握

　　了解了"六性"标准的具体含义，在针对一节课进行评优的时候，还要把握几个关键点，即全、细、深。

"全"的含义是指观察要全面,观察"全"方能评得"全"。例如,要判断课上得是否完整,除了需要观察课的开始部分有无安排见习生之外,还要观察课上其他部分课堂常规是否缺失,也就是说,要尽可能地把握课的全貌,只有全面把握以后才能较为准确地判断某一特性的呈现结果。再如,要判断实效性如何,除了看学生是否学得准之外,还要全面把握其会的程度,以及是否学乐了、学热了等。全面把握是能否评出优质课的前提。

"细"的含义是指观察要细致,观察"细"才能评得"细"。细节往往隐含着关键环节,甚至起着决定性作用。因此,在评课的时候,对学生的观察要细致入微,哪怕是一个不一样的表情,评课者只要认真观察,也能观察出不一样的结果。例如,当教师批评某学生的时候,有学生暗自窃喜;当教师表扬某学生的时候,有学生表现出极其不友好的表情。如果教师观察到这样的情况并做出了反应,及时正确引导,那么这节课就较为巧妙地抓住了育人的时机。评判的时候自然就更有理有据。

"深"的含义是分析要深入,分析"深"才能判断"准"。评课除了对性质进行判定外,还要有优劣高低上的鉴别。假如不对观察的一些现象或问题进行深入分析,就有可能会形成错误的判断。而如果要给出一定的分值,深入分析就更为重要。判断准与不准会得出两种不同的结论,当结论相悖的时候,分值差距就会很明显。同样的一种现象,得出的是两种不同的判断结果,任课教师要么吃亏,要么就会占到便宜。因此,评课尤其是涉及评分的时候,对深入分析的把握不容忽视。

二、按"六性"标准评立定跳远课

掌握了评优课的"六性"标准,我们就可以对任何评优课按照该标准进行评判。通过对比分析评判,可以采取量化的方式对评优课做出评分,再比对评分标准确定评优课的等级。下面以一节立定跳远课为例,按照"六性"标准尝试着做一次量化评分。当然,也可以通过六个特性进行定性点评。

1. 立定跳远案例来源

第六届全国中小学体育教学观摩展示活动评出的一等奖课例中,有一节重庆市人民小学胡佳佳老师的立定跳远课，这节课做了现场展示。之所以以这节课为例，一方面很多人都观摩过，另一方面是相对而言这节课有很多值得借鉴之处。

2. 立定跳远案例呈现

通过认真观看这节立定跳远课，笔者对这节课的部分信息做如下描述。从课一开始到课的结束，笔者对这节课的整个教学过程进行了记录，重点记录了教学语言，也有教师教的行为和学生学的行为的描述，以作为后面对课例进行评析的重要素材。

【课的开始部分】

老师：孩子们，好像有点紧张哦。露出你们的牙齿，笑一笑。能笑得灿烂一点吗？看谁的笑容最灿烂。（孩子们开始按照老师的提示露出牙齿和灿烂的笑容）哦，你的笑容不错，你的笑容也不错（边指着个别学生，边夸奖学生）。孩子们，好像有点紧张啊，还记得老师叫什么吗？

学生：胡老师。（孩子们异口同声回答）

老师：你们能用最欢快的方式跟老师打招呼吗？

老师：同学们好！（同时举起双臂做欢呼状）

学生：老师好！（也和老师一样举起双臂摇摆着欢呼）

老师：孩子们，还是有点紧张哦。

老师：我们玩一个好玩的游戏好不好？

学生：好。（欢呼着几乎蹦了起来）

老师：这是几？（同时伸出右手的一个手指）

学生：1。

老师：几？（同时伸出两个手指）

学生：2。

老师：几？

学生：3。

老师：聪明。

老师：这是几？

学生：1。

老师：这是几？大拇指代表什么？

学生：棒。

老师：老师送给你们。（同时伸出两只手的大拇指）

老师：立正。（开始整队准备上课）

老师：抬头挺胸，胸挺起来。

老师：向右看齐。

学生：1、2。

老师：看看这一队，站齐了，真棒！好的，这一队（一队一队地从排头组织队形），第三排，第四排。

老师：向前——看。

学生：1、2。

老师：同学们好！（2分零7秒）

学生：老师好！

老师：孩子们，喜欢玩游戏吗？

学生：喜欢。

老师：胡老师也很喜欢。今天我们一起去游乐园玩游戏好不好？

学生：好！

老师：我们玩游戏要注意遵守游戏规则。1. 听清要求做出相应动作。2. 有序练习。3. 爱护器材。明白了吗？

学生：明白了。

老师：下面我们一起出发吧，全体都有，向左向右转。

（学生按照老师的口令转了过去，但不整齐）

老师：好，转回来，向左向右——转。

学生：1、2。

老师：准备，出发！

（在音乐的伴奏下，老师带着学生围绕小泡沫垫子开始跑动起来）

老师：注意，小心追尾啊。注意超速啊。注意过隧道。减速。

老师：孩子们，找个位置马上停好。

（学生中有人滑倒）

老师：注意安全。

（学生中又有人滑倒）

老师：小心。

老师：孩子们，咱们的地滑，如果你不小心踩到垫子了，注意安全。好不好？

学生：好。

老师：（走向一个学生）稍微把垫子调整一下，注意安全距离。

老师：其他孩子们都安全站好了。孩子们，你们按照要求开车，真是一名好司机。

【课的准备部分】

老师：孩子们，今天你们脚下的垫子就是你们临时的家。在游戏的时候，听到"回家"的口令要迅速回。今天我们的游戏是到游乐园玩闯关的游戏。能做到吗？

学生：好。（同时欢呼着跳了起来）

老师：很有自信。（同时竖起了大拇指）

老师：第一关，模仿动物，看谁模仿得最形象、最生动。要求，根据提示，做出相应动作。小鸭子什么动作？

学生：嘎嘎嘎。（同时，举起两臂，摇摆着身体做出小鸭子走路的姿势）

老师：小鸭子，大摇大摆，嘎嘎嘎。（同时做出了小鸭子走路的样子）

学生：嘎嘎嘎。（和老师一起做出了小鸭子大摇大摆走路的样子）

老师：全体都有，玩游戏了，走起来。（走到学生中间，带着学生开始走动着做出小鸭子大摇大摆走路的样子）

（学生跟着老师走了起来）

老师：1、2、3、4，嘎嘎嘎。

老师：(马上转向男生组队伍的最前面，带着他们走了起来) 1、2、3、4，嘎嘎嘎。

老师：(对着一个女生竖起大拇指) 真像。

老师：来，跟着老师，1、2、3、4，嘎嘎嘎。(走进队伍里，边走边喊着口号)

老师：1、2、3、4，嘎嘎嘎嘎。1、2、3、4，嘎嘎嘎嘎。

老师：回家了。

(学生迅速跑着寻找自己的家，跑动中有学生滑倒了)

老师：小心，注意安全。(跑到滑倒的学生面前以示安慰)

老师：孩子们，老师说要安全回家，记住啦。一个脚向前推垫子的话就不容易摔倒，记住了吗？

学生：记住啦。

老师：真棒。(同时向学生竖起了大拇指)

老师：孩子们，骑马的动作会吗？

学生：会。

老师：动作做起来，驾。(同时做出骑马的动作)

老师：驾驾驾驾，准备，走。(同时走到队伍里，带着学生练习骑马的动作)

(学生跟着老师做起了骑马的动作)

老师：一起动起来，驾。(同时做出了手摇动马鞭的姿势，身体做着骑马的动作)

(学生紧跟着老师做骑马动作)

老师：真聪明，摇起来，驾。 (又在队伍里做起了骑马动作) 做起来，这边。

老师：回家了，注意安全。

(学生迅速寻找自己的家，有几个学生滑倒了)

老师：哎！(走到一个摔倒的学生面前进行安慰) 孩子们，你们一定要注意安全。

老师：（吹哨）嘟嘟！

学生：1、2。

老师：（再吹哨）嘟嘟！

学生：1、2。

老师：现在下垫子，下垫子。

（学生从垫子上跳下来）

【课的基本部分】

老师：来，我们做这个动作，1、2上垫子，记住哦。孩子们，我们有了新朋友，长着短尾巴、红红的眼睛、长长的耳朵，猜猜是谁？

学生：小白兔。

老师：真聪明。（同时向回答问题的那名学生竖起了大拇指）

老师：你们可以跳一跳吗？

（老师话音刚落，学生们就开始跳了起来）

老师：还记得吗？我们一起跳起来，小白兔、白又白，两只耳朵竖起来，爱吃萝卜爱吃菜，蹦蹦跳跳真可爱，蹦蹦跳跳真——可——爱！（同时走向队伍，做竖起大拇指的动作）

学生：（伴随着老师一起也唱起了儿歌）蹦蹦跳跳真可爱，蹦蹦跳跳真可爱！

老师：太可爱了。

老师：小朋友们，我们一会儿跟小白兔一起，要求双脚同时起，向着老师，跳起来。小白兔、白又白，爱吃萝卜爱吃菜，蹦蹦跳跳真可爱，蹦蹦跳跳真可爱！（同时做出了动作）

学生：（跟着老师做动作并唱起儿歌）爱吃萝卜爱吃菜，蹦蹦跳跳真可爱，蹦蹦跳跳真可爱。

老师：有没有吃着？

学生：有。

老师：吃着，胜利！

学生：耶！

老师：真棒！太厉害了。再来一次好不好？好不好？

学生：好！

老师：谢谢！

老师：再来一次。小白兔、白又白，两只耳朵竖起来，爱吃萝卜爱吃菜，蹦蹦跳跳真可爱，蹦蹦跳跳真可爱！

学生：（一起和老师做起了小白兔跳的动作，并一起唱起儿歌）小白兔、白又白，两只耳朵竖起来，爱吃萝卜爱吃菜，蹦蹦跳跳真可爱，蹦蹦跳跳真可爱！

老师：有没有捡到？

学生：有。

老师：捡到，胜利！

老师：孩子们，恭喜你们，顺利闯过第一关。（同时做出右臂上举动作）

学生：耶！（同时欢呼着跳了起来）

老师：别高兴得太早了，我们还有两关呢。

老师：第二关，我们一起来学，小白兔双脚跳，1、2、3、4、5。（同时，两脚一起向上跳起）

（学生跟着老师一起向上跳了5次）

老师：看着老师的手势，跳几次（伸出手指），几次？

学生：3次。（同时连续跳了3次）

老师：1、2、3。

（老师吹哨，并伸出了5个手指）

（学生看着老师伸出的手指连续跳了5次）

老师：真棒！你们做到了双脚同时起、同时落吗？

老师：孩子们，听哨音，嘟！

学生：（边数着数，边跳了起来）1、2、3、4、5。

（老师再次吹起哨声）

学生：（听到哨声后，边数着数边跳）1、2、3、4、5。

老师：孩子们，你们能像小白兔一样高高地跳起来吗？（说完，向上跳了起来）

（学生伴随着老师的动作也跳了起来）

（老师吹一声哨，同时向上跳起）

（学生和老师一起跳了起来）

（老师吹哨）

（学生听到哨声后，向上跳了起来）

老师：10次，看谁跳得最高，来，一起。

学生：1、2、3、4、5、6、7、8、9、10。（边数数，边向上跳了10次）

老师：（走进队伍里，连续说）真棒！真棒！

老师：（走到一个学生面前，蹲下去问学生一个问题）你能告诉老师，你是怎么做到的吗？

（学生小声回答老师的问题，说双脚要并拢）

老师：双脚要并拢（大声说），双脚要并拢。听见了吗？（同时问其他学生）

学生：没有。

老师：听见了就大声一起说，双脚要并拢。

学生：耶！

老师：（吹哨）嘟！继续，再继续。

（学生听到老师的哨声后，双脚并拢连续向上跳起）

老师：真棒！（说着走向一个学生，并调整了一下他脚下的垫子）小心，一定要注意。

老师：孩子们，咱们再一起跳起来，跳5次。嘟！（吹了一声哨声）

（学生和老师一起向上用力跳了5次）

老师：真棒！

学生：耶！（同时欢呼着跳了起来）

老师：孩子们，咱们接下来加上手臂，看能不能跳得更高。

老师：（做起了示范动作）1、2、3（向上跳起一次，加上了摆臂动作）。

（学生模仿着老师的动作向上跳了一下）

老师：再看一次。（接着又做了一次加上摆臂的向上跳的示范）

老师：（带着学生一起摆臂向上跳）1、2、3。

（学生跟着老师一起做向上跳的动作）

老师：看到了吗？

学生：看到了。

老师：看得真仔细。来，我们一起来，试一试，注意要双脚落地哦。

老师：准备，1、2、3。（同时做起了向上跳的动作，并加上了摆臂动作）

（学生跟着老师一起向上跳了一次）

老师：你的双手用力摆了吗？再来试一试。1、2、3。（同时又向上跳了一次）

（学生跟着老师一起向上跳了一次）

老师：太棒了，接下来我们比一比，看谁最棒。有信心吗？

学生：有。

老师：男孩子有信心吗？

学生：有。

老师：来，一起准备，嘟！

（学生听到老师的哨声以后，向上跳了一次）

老师：嘟！（又吹了一次）

（学生听到哨声后又跳了一次）

老师：来准备，嘟！

（学生听到哨声后再次向上跳了一次）

老师：嘟！再来一次。

（学生又一次向上跳）

老师：真棒！下面老师和大家一起跳，看谁跳得最高，数出来。1——

学生：1。

老师：2。

学生：2。

老师：3。

学生：3。

老师：哈，比老师跳得还高，真棒！

老师：孩子们，你们能够挑战自己吗？

学生：可以。

老师：先看老师试一试。（向上跳了起来）

（学生跟着老师一起跳了起来）

老师：跳得怎么样？屈膝缓冲，再来一次。（同时，转过身来，做侧面示范）1、2、3。（连续向上跳）

（学生跟着老师做了向上跳的动作）

老师：屈膝缓冲。（同时做出了屈膝缓冲动作）

老师：一起说一遍。（同时引导学生和他一起说）屈——膝——缓——冲。

学生：（跟着老师一起）屈——膝——缓——冲。

老师：来，和老师一起试一试。1、2、3。

（学生和老师一起跳了起来）

老师：别动，听老师讲。（走进学生中间，指导着个别学生的动作）

（学生都半屈膝姿势，等待老师的指导）

老师：来，屁股下去一点，有进步，再来一次。

（学生继续保持着刚才的姿势，接受老师的巡回指导）

老师：再来一次，准备，这次和老师一起做。

学生：好！

老师：准备，1、2、3。我做到了，你们做到了吗？

学生：做到了。（做了动作以后，都呈现蹲位等待老师的指导）

(老师走到一个学生面前，让这个学生做一个动作给大家看，等于让单个学生进行展示)

(学生按照老师的要求做了一个向上跳的动作)

老师：对了，真棒！(同时，向这个学生竖起了大拇指) 对不对，注意力要集中。

老师：好，起立。孩子们，咱们与临近的同学比一比，看谁的双脚跳得高。好，开始。

(学生开始了练习)

老师：(走到学生中间，进行巡回指导) 来，临近的，你们三个之间。

老师：来，你们临近的，左右前后相邻的同学一起练习，一起来比，明白了吗？好，开始练习。

(学生开始练习了)

老师：对。来，你们一起。(走近学生，拉着他们与相邻的同学练习起来)

(相邻的学生开始自主练习起来了)

老师：(走到学生中间并指导他们练习) 来，1、2、3。(给这几个学生喊着口令让他们进行练习)

(学生在老师的带领下，跳了起来)

老师：来，再来一次，1、2、3。(同时和学生一起做了向上跳的动作)

(学生按照老师的要求，做了向上跳的练习)

老师：很好，继续练习。加油。

(大部分学生在按老师的要求做练习，个别学生蹲在地上没有练习，有个别偷懒现象)

老师：你和谁一起呢？

学生：和他。

老师：对。嘟！(吹起了哨声)

老师：太棒了，按照你们的约定。(同时竖起了两个大拇指)

老师：孩子们都能正确做出评价，真棒！奖励给大家一个小游戏，我们都

是木头人。准备，试一遍，开始。我们都是木头人。（边说，边做起了动作）

（学生跟着老师一起做起了我们都是木头人的动作）

老师：（边蹦边说）我——们——都——是——木——头——人，不——能——说——话——不——能——动。（几乎是一个字跳一次）

（学生和老师一起做起了同样的动作）

老师：（半蹲位，停下静止在那里）动了吗？

（学生一动不动地停在那里）

老师：真棒！孩子们，木头人很喜欢结交朋友，我们一起跳起来，到木头人家里去串串门。准备，开始。我——们——都——是——木——头——人。

（学生按照老师的要求做起了动作）

老师：到木头人家里去。（边说还边在蹦着）

（这时有学生摔倒了）

老师：哦，注意安全。刚才我们稳稳地跳上去。不——能——说——话——不——能——动。（静止在那里了）

（学生伴随着老师的口令，也和老师一样静止在原地了）

老师：（发现有学生静止的时候做起了像骑马舞似的动作）嗨，你这像骑马舞啊，还是猴哥？

老师：木头人也喜欢蹦得高高的，你们可以吗？

学生：可以。

老师：准备。开始，我——们——都——是——木——头——人，不——能——说——话——不——能——动。（同时，跳完以后静止在那里了）

（学生跟着老师的节拍一起跳起来了）

老师：嗯？有同学进行了创新啊，好，结束，安全回家，注意安全。

（学生听到老师的口令后，在寻找自己的家）

老师：对，速度慢一点，慢一点，没有关系，垫子可以移一移。很不错，表扬你。注意调整垫子的安全距离，好吗？

（学生按照老师的要求在调整垫子）

老师：（走向一个正在调整垫子的学生）能调整吗？

（学生在调整）

老师：聪明。对了，真棒！孩子们。

（有个学生在踢垫子）

老师：（走过去）垫子不能踢哦，护着垫子就是爱护器材。（有育人的环节在里面）

（有一个学生把垫子往老师身后移了一下）

老师：（向后退的时候，差一点踩到学生，向后一转发现后面有一个学生）哦，吓我一跳。

老师：我们一起向前跳一跳，准备，前——回，后——回，左——回，右——回，（做着左右的镜面示范，前后做的是一致的动作）开——回，注意，转——回，停。

（学生模仿老师的动作，做着同步的练习）

老师：我们连起来做一遍，准备，开始。前前——后后——后后——前前——左左——右右——右右——左左——开开——合合——转转——回回。

（学生跟着老师的口令和动作，都一起跳了起来）

老师：我觉着你的声音配合老师，非常棒，鼓励一下。（走近一个学生，蹲下去给了一个小奖励）

老师：老师最欣赏能够和老师配合的孩子。太棒了！（同时用左手向这个学生竖起了大拇指）

老师：同学们，你们可以跟着老师拍掌的节奏一起练习吗？试一试，开始。（拍掌，并喊出口令，让学生配合一起练习）前前——（拍掌）

学生：（按照老师的拍掌和口令进行了跳跃练习，并喊出口令）前前——后后——后后——前前——左左——右右——右右——左左——开开——合合——转转——回回。

老师：（配合学生的练习。边拍掌边引导学生练习，老师喊"左左"，学

生喊"右右"，并跳着喊着）有进步。（及时表扬了学生）

老师：刚才练习的时候，你们的双脚跳起来了吗？好，准备，再来一次。（边说着，边向上跳起）（拍掌喊口令，让学生跳）前前——后后——后后——前前——左左——右右——右右——左左——开开——合合——转转——回回。

学生：（按照老师的节拍跳了起来，并和老师一起喊着口令）前前——后后——后后——前前——左左——右右——右右——左左——开开——合合——转转——回回。（其中里面有应和老师口令的）

老师：太棒了！（同时伸出两个大拇指）我们跟着音乐的节奏也能跳起来吗？

学生：能。

老师：有没有自信，我们试一试，music。（喊完以后，音乐响起）准备。

（学生在老师的指导下，做起了和老师同步的练习）

师生：（在音乐的伴奏下一起练习，边断断续续地喊着口令）前前——后后——后后——前前——左左——右右——右右——左左——开开——合合——转转——回回。

老师：真棒！（走向一个学生，是在练习中发现这个学生的垫子移动了）你的家不能移动。

老师：孩子们，跳得真棒！再奖励大家一个小游戏，想不想玩？

学生：想。

老师：听号抱团。仔细听啊，是相同颜色垫子的同学站在一起。

（学生听到口令后，分别找到是相同颜色垫子的同学。学生都陆续站在了一起）

老师：这一组成功了，这一组也成功了。（边走近学生，边观察已经站在一起的小组）找到了吗？你的小伙伴。

（学生都迅速找到了自己的同伴）

老师：成功了，非常棒！站好了吗？

学生：站好了。

老师：接下来，各组的小伙伴找一个数字，迅速站好。5、4、3、2、1。

（有一个学生从一组跑到了另一组）

老师：这个小伙伴要去哪儿呢？真棒！孩子们都找到了相对应的数字。好，下面我们比一比，看哪一组先把垫子摆成一个大大的加号。好，开始。

（学生按照老师的指令做出相应的摆加号的动作）

老师：（巡回指导）把数字放在前面，数字在前面。对，中间两块，非常棒！

（有一组已经摆好了）

老师：（马上走向前去，表扬他们）这组好了，第一名。真棒！

（还有一组摆好了，学生向老师举手示意）

老师：哦，这组也好了，真棒！

（又有一组学生示意放好了）

老师：3、3，4、4，你还没有站好吗？（看到有一组学生还在那里摆垫子，没有把垫子放好）这组需要帮忙吗？（说着就走向前去看一看）

（学生还在认真地摆着）

老师：哦，你们弄得真仔细。好了，站后面吧，你们的任务完成了。

（学生都分别站好了）

老师：孩子们，接下来。嘟嘟！（吹了两声口哨）

（有学生表现不错）

老师：（竖起大拇指）欣赏你，还记得我们的约定。现在还有哪个孩子没有记住我们的约定是什么，老师再检查一遍，看哪个孩子站得像老师一样。

（学生按照老师的口令站得笔直笔直的）

老师：做到了吗？表扬这一组，第五小组，非常棒！孩子们，接下来，我们不比速度，就比质量。看哪一组配合得好，我们就鼓励，看哪一组做得最棒。老师看一看。

老师：现在各小组跟着音乐跳起来吧。（音乐自动响起）

（有一个学生一听到音乐就开始跳动起来了，但他突然摔倒了）

老师：哦，注意安全。对。（在那里看着这个学生跳，过了一会儿又转身走向临近学生那一组）

（各组学生在音乐的伴奏下都跳了起来，在跳的过程中由于垫子滑动错位，有学生还不停地上前将垫子再次摆正）

老师：（巡回指导）哦，跳起来。（走到正在摆正垫子的一组，老师俯下身子说）好的，快点把它调整好。跳慢一点，跳起来。

（几乎每一组都有学生去将滑动开的垫子扶正，同时，每一组学生都依次在本组内练习着）

老师：这个同学，把垫子调整好了，太棒了！（及时表扬了调整垫子的学生，以示鼓励，让更多的人能够向她学习）

老师：继续练习，好的，左左——右右——开开——合合，对。

（学生练习着，并转身回到队伍中间了）

老师：（走到最后要指导的一组，刚好看见一个学生在摆正垫子）真棒！（同时向这个学生竖起了大拇指，以示表扬）

（学生继续练习着）

老师：好，停。OK，继续完成，对。

（学生一看垫子滑动开了，不练了，就返回队伍中间了）

老师：没关系，还可以继续调整好。

老师：孩子们，刚才，我们在音乐的节奏中，有些孩子不习惯，现在跟着老师拍的节拍再跳一次，第一个同学准备。根据老师拍掌的节拍。

（有一组的第一个同学已经跳起来了）

老师：（走向前去）你不知道我在跟你讲话啊？

（那个学生马上站好了）

老师：好的，真棒！

老师：前前——后后——后后——前前——左左——右右——右右——左左。

（学生跟着老师的节拍一起跳了起来，并和老师一起喊着口令）

老师：跳起来，跳起来。真棒，下一个准备。

（学生一个接一个地进行在十字垫子上的跳跃练习）

老师：听老师指挥，有些孩子跳得非常棒。好，准备。下一个同学，预备，开始。 （边击掌，边喊口令）前前——后后——后后——前前——左左——右右——右右——左左。

（学生按照老师喊的节拍继续跳着）

老师：真棒！能帮忙一下吗？（看到有一组的垫子滑动开了）

（学生向前将垫子调整好）

老师：太棒了！好，三名同学，准备。（走近一个正在调整垫子的学生）表扬你。准备开始。

（学生按照老师的口令跳着所学的几个跳跃动作）

老师：前前——后后——后后——前前——左左——右右——右右——左左——开开——合合——转转——回回。（喊到"左左""右右"的时候）能和我一起喊吗？

学生：（边跳边和老师一起喊口令了） 左左——右右——右右——左左——开开——合合——转转——回回。

老师：第四个同学准备。

（有一组的一个学生到前面把滑动的垫子调整好）

老师：（走向前表扬）对，真棒！预备，开始。

（听到老师的口令后，第四个同学开始跳了起来，并和老师配合喊出节拍口令）

师生：前前——后后——后后——前前——左左——右右——右右——左左——开开——合合——转转——回回。（老师说：和老师一起喊。老师喊"前前"的时候，学生开始喊"后后"，老师喊"左左"的时候，学生开始喊"右右"，以此类推）

老师：真棒！最后一名同学。（走向调整垫子的小组，边表扬边说）你们这一组不牢固了。再来一次。第五名同学，准备。

师生：前前——后后——后后——前前——左左——右右——右右——左左——开开——合合——转转——回回。

老师：(走向其中一组，并与一名学生击掌) 你们这一组太棒了！

(这名学生和老师击掌呼应)

老师：和老师击击掌，鼓励一下。

(几个学生都上前和老师击掌)

老师：最棒了，最欣赏你们这一组。

(有一组几个学生都一起趴下去调整垫子)

老师：(走向前) 行了行了，可以了可以了。你们已经表现得非常棒了。

(学生回到队伍里)

老师：好了。接下来看哪一组已经准备好了下一个环节。

(有一组的两个学生好像要打起来了，相互推来推去)

老师：哎，这一组的学生需要冷静一下吗？这一组的学生需要冷静一下吗？(边说边走近学生，学生不愿意上前。其中有一个小男孩可能是愿意上前的，老师就和他交流一下，并要求他表现要最棒)

老师：我们还有一关，第三关。但是，今天玩和平时不一样啊，要听要求。1. 根据要求进行练习。2. 遵守游戏规则。3. 重新调整垫子。开始。

(学生又一次配合摆垫子)

老师：(巡回指导) 从数字那边开始摆过来。注意距离。哎，这组好了。摆好就站好，聪明。

(摆好垫子的学生都分别跑到垫子的后面，准备练习，有个别学生还在调整未摆好的垫子)

老师：这是哪一组摆的，非常棒！(亲自去帮助学生摆好垫子) 斜一点，斜一点。(边说边拉着垫子)

老师：站得最好的第一名。(边说边指向右手边的这一组) 非常棒！这边也站好了。

老师：(边说边走到一组垫子上，做起了示范) 仔细看啊，我们的比赛是双脚依次跳过房子，记住哦，看清楚动作要求哦。然后从右手边跑回来，击掌，下一位开始。明白了吗？

学生：明白了。

老师：下面咱们先练习一遍，看哪一组能够按要求完成。开始。

（排头的学生开始按照老师示范的动作要求跳了起来，但是有的是跑过去的，有的是双脚着地跳过去的）

老师：记住哦，我们的要求是什么呢？就是这样。

（学生练习着，老师观察到他们有的不是从右手边返回的）

老师：记住啊，从右手边返回。对，双脚同时着地，非常棒！

（学生在依次练习）

老师：对了，双脚同时起同时落。对，记住哦，真棒！

（学生在练习的时候没有击掌）

老师：（发现了这个学生没击掌）哎，老师说击掌后下一个同学再开始哦。怎么样哦？是不是蹦得太兴奋了。

老师：嘟嘟！（吹响了哨声）

（学生听到哨声后跑回到队伍里面）

老师：1个、2个、3个。嘟嘟！

学生：1、2。

老师：这一组准备好了，这一组也准备好了，这一组也准备好了。（边说，边指着准备好的组）

老师：老师说练习几遍？

学生：一遍。

老师：聪明，你们按要求练习了吗？记住哦，一定要按要求进行练习。接下来我们要进行正式比赛了。练习的时候，我们要加油，可以鼓舞士气。加什么？

学生：加油。

老师：看哪一组最有士气。你们比赛的时候能把加油声送给小伙伴吗？

学生：能。

老师：现在我们要进行比赛了，你们准备好了吗？

学生：准备好了。

老师：信心好像不是很足啊，你们准备好了吗？（提高嗓门，再次问学生是否准备好了）

学生：（齐声并大声回答）准备好了。

老师：预备，开始，嘟！（同时吹响了哨声）

学生：（依次练习，并喊出加油声）加油、加油、加油。

老师：（巡回指导）哦，太棒了！

老师：嘟嘟！表扬。（吹响了哨声，并竖起大拇指表扬左手边的那一组学生）

老师：这一次老师发现，有些孩子的速度很快，但是有的孩子没有按照要求完成。所以，老师认为，这一次名副其实的冠军是这一组。太棒了！

学生：（只有这一组的学生欢呼着跳了起来）耶！

老师：孩子们，下面依次走向垫子，依次走向垫子，注意安全。

（学生按照老师的要求分别走向垫子）

老师：这是几点钟？

学生：五点钟。

老师：哦，五点钟了。准备。双脚同时起同时落，准备，开始。

学生：老狼老狼几点钟？老狼老狼几点钟？

（老师没有回答，继续往一边蹦蹦跳跳）

学生：老狼老狼几点钟？老狼老狼几点钟？

老师：2点钟。

（有学生准备跑回家呢）

老师：继续。

学生：老狼老狼几点钟？

老师：12点钟。

学生：老狼老狼几点钟？

老师：啊！（就开始追赶学生）还有一个。（一直追着一个小女孩，结果小女孩跑到自己的家，站到垫子上滑倒了）

（很多学生都找到了自己的家，还有一个小女孩继续跑着，跑着跑着滑倒了）

老师：注意安全。

老师：你们真棒，都能按时回家。我们除了按时回家还要做到安全回家哦。明白了没有？

学生：明白了。

老师：耶，你们真棒，你也明白了。（走过去和两个小孩子击掌表示表扬）。

学生：耶。（两个学生同时和老师击掌）

【课的结束部分】

老师：同学们，坐下来。

（学生在老师的指令下，都坐在了地板上）

老师：来抖抖腿。

（学生开始抖腿）

老师：抓脚尖。（说着站了起来，走向学生）抓脚尖10次，数出来。

学生：（抓住自己的脚尖，并数数）1、2、3、4、5、6、7、8、9、10。

老师：腿伸直，大声一点。（同时走向学生，指导着学生做动作）

学生：（按照老师的提示边做边数数）1、2、3、4、5、6、7、8、9、10。

老师：再倒着数10个数做抓住脚尖动作可以吗？

学生：可以。（边回答边开始倒着数数）10、9、8、7、6、5、4、3、2、1。

老师：（走向学生巡回指导）好，孩子们真厉害！

老师：孩子们，累不累？

学生：（大部分学生回答）累，（个别学生回答）不累。

老师：不累，你的体力真棒！

老师：咱们再跟着音乐节奏放松放松。好，准备。（向后回头看了看，好像是要音乐的动作）放松哦，听音乐。（等了一会儿依然没有等到音乐）

老师：好的，开始，跟着老师的节拍进行放松。（这时音乐响起了）

（学生听到了音乐，然后按照老师的提示做着放松活动）

老师：快的、慢的、重的、轻的。（边拍打着自己的身体，边说出力度）

（学生跟着老师的口令和节奏拍打着自己的身体进行放松）

老师：大腿，（边说边走向一个男生，去给他拍打几下）对，看你真可爱！好。停，大家起立。

（学生听到老师的口令后全体起立了）

老师：右手拿垫子，像老师一样哦，老师来检查。

（学生站起，并用右手拿着垫子）

老师：孩子们，今天你们玩得开心吗？

学生：开心。

老师：老师玩得也很开心，今天我们玩的是什么呀？

学生：跳。

老师：跳，单脚跳还是双脚跳？

学生：双脚跳。

老师：真棒。（同时向学生竖起了大拇指）

老师：孩子们，今天你们不但做了游戏，而且还通过游戏学到了本领。今天你们很成功。（同时举起双臂）

学生：耶！（也和老师一样举起双臂欢呼着）

老师：孩子们，小兔子们要回家了。以这个同学为排头，一路纵队，准备，走。（带着学生拿着垫子左右转动着跑了起来）

（学生跟着老师一起做着转动垫子的动作）

老师：（等学生都跑起来以后，老师又将垫子举起，打着招呼）同学们再见。

学生：（模仿着老师的动作，也举起手臂摇晃着手中的垫子离开了场地）老师再见。

（课全部结束了）

3. 立定跳远案例评析

评优课立定跳远获得了一等奖的好成绩，得到了评委们的充分肯定。下面用"六性"标准对该课进行评课分析。评分结果如表 3-1-1 所示。

表 3-1-1　评优课立定跳远评分结果

主要指标	具体表现	得分
真实性	真实，几乎看不到表演或作秀痕迹	9分
完整性	未听到有安排见习生、检查服装环节	8分
准确性	模仿各种小动物练习，组织游戏练习双脚起跳双脚落的动作，准确有效	19分
创新性	从准备活动开始就比较新颖，基本部分用情景教学通过游戏与通关的方式组织课堂，充分调动学生的参与热情	14分
实效性	学生在这节课上体现出了学得准、学得会（会说、会做，教学生会做人）、学得乐、学得热（大量的时间用于学生练习）	34分
安全性	未出现伤害事故，但防范措施不太到位，根据隐患调整练习方式不够及时	7分
合计		91分

从表 3-1-1 显示的评优结果来看，该课在六个特性方面的具体呈现和所得相应分值中，扣分最明显的是安全性，其次是完整性，尽管该课已经达到了优秀的等级，但是依然留有遗憾。同时，通过"六性"标准对这节立定跳远课进行评判，可以找到该课有待进一步提高的环节。显然，这节课最需要完善的，是如何使安全防范措施更具体和及时些，课堂常规更到位些。从整个"六性"标准比对的结果显示，这节课是具有一定观摩学习价值的评优展示课，不但教得准，有较好的创新，而且实效性较高，真实性强。下面对如何从"六性"标准评评优课，做一个简单的归纳。

评课
案例评析：
评优课

评优课的方法多，　评出水平重点说；

了解标准是前提，　定性定量无距离；

"六性"　标准反复讲，　重要程度不会忘；

立定跳远课例好，　观摩学习最重要；

看课记录环节全，　分析评判是关键；

比对标准按项走，　九十一分已达优；

扣分集中在安全，　提升空间有呈现。

第二章 常态课：按十项要求评出规范性

通过对大量课例的观察，笔者发现，体育常态课和评优课相比，无论是任课教师的准备程度，还是教师对课堂的重视程度和课堂效果，都有着明显的不同，我们就很难用评优课的"六性"标准去评常态课。那么，如何去评判常态课的质量呢？本章主要介绍常态课的十项要求。如果用这十项要求去评判一节常态课的质量，既可以看其规范程度，也可以了解其教学效果。下面以个案的方式对照常态课的十项要求，重点分析评常态课的基本方法。

一、了解常态课十项要求

什么是好的常态课？常态课应该上成什么样？不同的人可能有不同的回答。在一些校长眼里，凡是课上不出现任何伤害事故就算好课。看似简单的评价标准，实际上这一标准是很难实现的，所有任课教师都难以确保体育课上不出现任何伤害事故。很多情况下伤害事故的发生是可以预防的，但体育作为一门特殊的学科，其教学活动方式与其他学科的有着天壤之别，尤其是遇到直接对抗性运动项目学习的时候，伤害事故规避难度会更大。因此，如果按照一些校长评价好的常态课的标准，那就不够客观和不太现实。

然而，什么样的常态课是好的？有哪些具体要求？首先，我们需要明确，上好常态课的底线是"不放羊"，尽量避免"一个哨子两个球，学生老师都自由"的体育课。其次，除了"不放羊"，还要了解上好常态课需要满足的一些具体要求。

1. 为何提出十项要求

长期以来，广大一线教师都在各自的工作岗位上探索着如何上好常态课，但国家层面至今没有出台常态课的标准，结果就出现了对什么是好的常态课的不同认识，无论从形式上还是从内容上，或是从评价尺度上都不尽相同。全国举办体育教学观摩展示活动的时候，各省、市、区之间的质量差异，就可以在一定程度上反映出常态课的上法和具体要求的不同。实际上，无论是哪里的常态课，也无论是什么运动项目的常态课，好的常态课都一定符合一些基本的要求。笔者通过对常态课的长期观察，以及与专家学者和广大一线教师的交流，提出常态课应把握的十项基本要求，以便于广大教师更好地规范课堂，提高常态课教学的质量。

2. 常态课十项基本要求是什么

好的常态课要满足一些基本要求，或许有些教师现在的课就已经达到了这些基本要求，但并非所有的教师都已经达到。为了规范体育课堂，提高常态课体育教学质量，按照基本要求从事体育教学工作尤为重要。下面具体阐述一下各项要求的具体含义及基本操作要求。十项要求如表3-2-1所示。

表3-2-1 常态课的十项要求

序号	要求	基本含义
1	上课有教案	上课前要认真撰写体育课教案
2	常规要全面	体育课课堂常规要求全面具体
3	课堂重观察	体育课上要强化对学生的观察
4	讲做明方法	讲解示范要有明确的学法指导
5	组织口令清	组织教学活动的口令要求清晰
6	手段选择灵	教学手段方法的选择准确有效
7	学用结合早	及早体现学用结合的练习方式
8	密度适中好	体育课的练习密度要把握适中
9	德育应体现	体育课堂德育渗透要有所体现
10	隐患须防范	安全隐患要能够做到有效防范

从表3-2-1呈现的十项要求可以看出，要想上好一堂常态课并非易事，因为这些要求中，不仅体现了教师要有扎实的基本功，还体现了教师要能够转变观念，从重教向重学转变，更要贯彻立德树人的教育方针，除了把自己

看作一名体育教师之外，还要把自己当作一名教育者，把育人放在首位。下面逐一阐述这十项要求。

（1）上课有教案

凡是上体育课都应该有一份完整的教案。只是有的教师写得好，有的教师写得差；有的教师写得早，有的教师写得晚；有的教师写得规范，有的教师写得不太规范；等等。在撰写教案的时候，教师需要把握好几个关键点，评课者及时了解这几个关键点，有利于准确评常态课的优劣。

首先，教案的格式要排除无意义的创新，确保教案各要素名称准确表达。例如，教案分段问题，新课改前的三段式（准备部分、基本部分、结束部分）或四段式（开始部分、准备部分、基本部分、结束部分）都没有任何问题，因为是按照人体机能变化规律确定的。新课改后，那些将体育课教案划分为五段、六段甚至更多段是不可取的。又如，关于教案的核心要素的取舍，过去经常采用课的内容、教学步骤、组织教法与要求、课的时间与次数等，这些基本上能够反映出课上要呈现的内容、方法等相关信息。新课改后，有的教案将教学步骤和组织教法与要求进行了整合，把教学步骤调整为包含两块内容，即教师活动和学生活动，把组织教法与要求调整为组织与要求（该部分除了图示就是要求），这样表达也是能够行得通的。有的教师习惯于将教师的教和学生的学分开表述，这样写自然比较清晰。但有些教师的教案中却将达成目标要素和组织教法与要求并列，这显然是不可取的，因为在每一部分并非能有明显的达成目标的具体体现。

其次，教学目标制定得是否具体可操作十分关键。新课改前，很少有人表述为教学目标，更多的是表述为教学任务，一般没有具体维度名称，而是用三大任务的方式呈现。这里面隐含着三个方面的含义，一是知识技能学习，二是身体素质锻炼，三是情感品德教育。新课改后，一改过去的传统方式，大部分教学目标的表述变成了五维、四维、三维等目标维度划分格式。如新课改初期，很多目标维度都是按照当时提出的五大领域来确立的，即运动参与目标、运动技能目标、身体健康目标、心理健康目标、社会适应目标。《义务教育体育与健康课程标准（2011 年版）》发布后，将五大领域调整为四个学习方面，结果有些教师又把目标调整为四个维度。这样大而全的目标维度设置方式是不可取的。除此之外，还有人运用"知识与技能、过程与方法、情感态度与价值观"三个方面作为教学目标维度设置目标内容。这种三维方式也是很难将教学目标表达清楚的。试想"过程与方法"该如何设置目标内容？它又包括什么含义？实际上，假如要准确确定教学目标维度的话，我们可以尝试使用"知识技能学习目标、体能素质锻炼目标、情感品格培养目标"三个维度。这样的维度名称和所包含的内容比较清晰且全面。维度确定以后，就要确保能够有具体可操作性的目标内容表述。过去的教学目标表述多数只是用定性的表达方式，且难以操作，更难以评价，如用"初步掌握……""进一步提高……"等表述方式就比较空泛，更难以评价目标的达成度。要设置具体可操作性的目标，可以牢记三个关键词，一个是课题，一个是条件，一个是标准。课题是这节课上主要学习什么内容，即主教材内容；条件是在什么情况下完成；标准是要达到什么程度。有了这三个要素，教学目标尤其是运动技能目标就能够基本上达到具体可操作了。如"在 1.2 米深的水中能够数清同伴伸出的手指"，显然，课题是游泳，条件是 1.2 米深的水中，标准是数清同伴伸出的手指。

（2）常规要全面

体育课上的常规区别于其他学科课堂的常规，不仅复杂而且特别重要。多是从开始到结束都有常规，假如不能很好地履行课堂常规，课就会显得不够规范。例如，在开始部分我们就应该看到教师是如何召集学生的，有的有集合整队报告人数，有的有集合没有整队而是散点站位，但都同样进行着安排课的任务、宣布课的内容等环节。又如，队列练习，一定程度上也可作为课堂常规来进行，因为很多时候可以发挥其集中学生注意力的作用，是提高学生的纪律观念等的良好方式。在课堂教学中，无论教师是在讲解还是在示范，都要求学生认真听讲和观察，如果没有提出这些具体且必要的要求，就等于忽略了该项常规内容。再如，在课的结束部分教师要进行小结，或与学生一起进行小结，这项内容最好在每节课都能够得到很好的体现。最后的收还器材也不容忽视。当然，课中还有很多地方要体现常规内容。评课的时候，就常规而言，要能够全面把握其在课堂上的呈现。教师根据常规的到位程度，判断课的规范性。

（3）课堂重观察

通过观察体育课堂，笔者发现有些任课教师在课堂上"睁着眼睛约等于闭着眼睛"。为什么有如此的判断呢？因为，有些课上，教师只顾单纯走自己的教学流程，不重点关注学生在课堂上的学习情况，诸如学生是如何听讲的、如何观察的、如何练习的。有些任课教师不认真观察，甚至不进行观察。这样的体育课教学，其结果只能是完成了一节课的工作，而不是完成了一节课的真正意义上的教育教学工作。要关注学生在课堂上的学习，注重学生学习效率的提高。如果每节课都能如此，不仅能够提高学生掌握运动技能的速度，而且还能够真正地体现体育学科课程给学生带来的特殊的健康身心、掌握技能、培养健全人格的价值。

那么，什么样的课堂观察是必需的？如何正确把握课堂观察的方法和技巧呢？教师在教学过程中，要能够及时了解学生的学习情况。哪些学生在学？在怎么学？那些在学习中有偷懒行为的学生在做什么？是什么原因让他们产生了偷懒的错误行为？发现学生学习的问题，并分析原因做出明确判断以后，及时纠正学生不良的学习习惯，指导其掌握正确的学习方法，从而提高其学习效率。观察课堂的时候，从学生学的角度进行观察，我们希望任课教师能够看学生的表情、听学生发出的各种声音，看学生与学生之间的合作与探究，看学生对教师各种教学行为做出的反应，等等。教师及时引导学生从不学到学，从不会学到会学，方能提高教学的有效性。如果我们看到一节常态课中，教师对学生不做任何观察，或观察不及时、不深入、不全面，在判断课堂优劣的时候，自然就会认为其做得不好。

（4）讲做明方法

教师在体育课堂上的讲解与示范一定要富有意义，如果讲解与示范发挥不了应有的作用，就等于白讲和白做，一定程度上还等于浪费了宝贵的教学时间。过去的课堂在讲与做方面都存在哪些不良现象呢？有的是出现错误，如有教师在给学生做站立式起跑示范的时候出现错误的示范动作，学生都无一例外地全部学错。这样的错误示范在体育课堂上是要坚决杜绝的。有教师做示范的时候，仅仅说"同学们，下面老师给你们做个示范"，然后就开始示范了，由于学生不知道观察什么、怎么观察，教师快速完成示范以后，学生什么都没有看明白，组织学生练习的时候，大部分学生都出现了最简单的错误。这些错误动作往往在学生认真观察教师的示范动作后是可以避免的。但由于部分教师在讲解和示范的时候未能明确提出观察的方法，很多学生不会观察，这就等于示范的效果未能得到充分体现。

实际上，教师讲解和示范时是否明确进行了学法指导，不仅是能教和会教两种教学能力类型的最关键区分，也是能否达到理想教学效果的关键所在。评的时候，假如我们从某位教师的常态课上仅听到了前面所说的"下面老师给你们做个示范"，而没有提出具体明确的观察示范的要求，就可以判断教师在讲和做部分未明确学习的方法，相对应的，教法也不是十分清晰到位。

（5）组织口令清

体育教师组织课堂教学工作，很多时候会用到口令，从集合整队，到组织调队，再到喊着节拍练习等，口令发挥了其他方式、手段无可替代的作用。但并非所有的口令都恰到好处，有的教师在教学中发出错误的口令，还有的教师口令尽管无误，但口令使用不当，还有的属于口令不及时或不完整，等等。口令是一个教师教学基本功的具体体现，对于一个新任教师而言更是如此。假如一个刚毕业的学生到某学校应聘，通过聆听该生发出的口令，马上就能判断出来该生的基本功是否扎实。因此，在一定程度上，口令决定着成败，决定着效果的好坏。例如，某小学一位刚毕业不到两年的新任教师，上课十分认真，态度也很端正，但每次上课都会出现学生不听从指令、到处乱跑或聊天偷懒不练的现象。体育组长为此十分不解，观察了几次课后仍找不到具体原因。后来邀请笔者前去诊断，结果在观察完一节完整的篮球行进间运球课后，笔者发现，问题十分简单，就是出在口令上，口令下达不完整，学生根本不明白要做什么，怎么做。实际上该任课教师执教班级的学生并非都是调皮捣蛋的学生，而是未能听清指令不知所措，只好聊天或做其他与学习无关的事情。在我们平日评常态课的时候，"组织口令清"是一项基本要求，因此评课者要认真聆听任课教师的口令是否正确和规范，哪里存在问题，并能够及时提出，以使其不断提高教学的有效性。

（6）手段选择灵

体育教学手段的选择受诸多因素的影响，诸如场地器材条件、班级学生人数、教材内容等，但在选择的时候最主要的目的是要能为主教材的学习服务，要更有利于促进教学的有效性。常态课上尽管不要求教学手段堂堂新颖，但是教学手段发挥的作用要能够体现出来。那些仅仅讲究新颖而不注重实际效果的创新手段是不可取的。是否能够选择有效的教学手段，既与教师的教育教学能力关系密切，也与学生对教学手段的敏感性有关。因此，体育课堂上的教学手段不是随意确定的。那么，如何判断常态课上教学手段的优劣呢？要看采用某种教学手段以后，给学生带来了什么。是学习参与度更高了，还是更消极了；是掌握运动技能的速度更快了，还是减缓了；是同伴之间合作意愿更强烈了，还是消退了；等等。我们不能一看到未曾见到过的教学手段就赞不绝口，而是要看实际效果。最终判断其科学性、合理性、实效性。如某任课教师在教授弯道跑摆臂技术的时候，让每名学生左臂腋下夹住一根折叠起来的绳子练习摆臂，体会内侧臂摆动小，外侧臂摆动大的摆臂姿势，从原地摆过渡到行进间摆，最后让学生夹着绳子跑弯道。结果，当学生夹着绳子跑步的时候，很多学生的左臂不摆了，因为他们担心摆臂时绳子会掉下来。该案例反映出，采用不当的教学手段无法达到期望的练习目的。

（7）学用结合早

体育课上通常很多教师注重的是让学生掌握运动技能，而常忽略技能的运用。如学完前滚翻以后，多数情况下，当摔倒的时候学生依然会采用两手撑地的方式，而未能采用团身滚动的方式加强自我保护。这说明学生在学习体操滚翻动作的时候，教师缺乏对滚翻动作实用性的引导，学生学习的时候很难想象出何时会用到滚翻。再如，学完篮球传接球技术以后，在比赛的时候就有一些学生球传不出去，或一传就丢球。这一现象说明什么？说明了学生在学习的时候仅仅围绕两人传接球进行练习，而缺乏与比赛实际相关联的实战性练习，即脱离实际的练习难以达到学以致用的效果。

那么，该如何将学用结合得尽可能地早些呢？当学生初步掌握了某项技术动作以后，也就是说，学生能够用身体展示该动作（即会做）时，就要采取学用结合的方式，联系生活实际或比赛场景，强化该项技术，从而达到技能掌握的程度，如此在生活中或比赛中方能灵活运用。如篮球传接球技术学习，当学生能够两人一组原地和行进间传接球后，就可以模拟比赛场景，在两人传接球的时候设置障碍，要么有人抢断，要么加快推进速度，要么传运结合，从而加强学生对篮球传接球运动技能的掌握。学生在学习的时候及早有使用的意识，再提高运用的能力，学以致用才能够更好地实现。

（8）密度适中好

练习密度是确保学生在体育课上得到锻炼和掌握运动技能的关键要素，练习密度的高低，既体现出教师教育教学能力的强弱，同时也反映出体育课质量水平的高低。体育课上的练习密度多大为宜？是高了好还是低了好？如果用一句话回答的话，应该是适中好。因为练习密度大小不能一概而论，它受场地器材条件的限制，也与运动项目有着密切的关联，还与班级人数多少相关。但是无论何种条件何种影响因素，自始至终都要把握好两个原则，即精讲多练原则和少等多动原则。这两个原则告诉我们，一方面要保持合理适中的练习密度，教师在体育课上要尽可能地少讲，不能因为过多的讲解而占用了学生练习的时间；另一方面还要考虑学生在课堂上的状态，有时体育课上教师并没有过多的语言，没有过多的语言挤占学生练习时间的现象发生，但是教师分配的组别过大，学生等待练习的时间过久，或组织无意义的展示过多，即让多数人去观摩少数人的技术动作，或者是教师有其他方面不当的组织。如某节体育常态课上，教师将音乐播放器放在了距离练习地点较远的地方，练习开始时忘记了播放音乐，然后马上让学生原地等待，而任课教师缓慢走向音乐播放器，来回花了 1 分多钟的时间，影响了学生的练习时间。还有的是因为练习前所用的音乐过门太长，师生静静等待了近 1 分钟，也是学生白白地站着等影响到练习密度的现象。

评常态课的时候，就练习密度而言，我们需要看教案上的预计和课堂上的把控，一方面看是否一致，另一方面看有没有时间上的浪费。假如是在现场看评课，也可以借助对练习密度的测量来衡量和评判练习密度是否达到了理想的程度。总之，体育课作为以身体活动为主的特殊课堂展现形式，练习密度不能过低。使练习密度达到适度水平是每一位任课教师需要认真遵守的要求。

(9) 德育应体现

党的十八大以后，明确了立德树人在教育工作中的重要地位。体育学科以前缺失的是课程实施过程中的育人的落实，往往重视运动技能的传授和体能的改善，而育人工作却没有被放到重要的位置上。体育课上良好的德育始终未得到应有的重视。如有的学生在耐久跑课上怕吃苦，坚持不下来，中途退场，有的从一开始就不敢上场，早早当上了见习生。遇到这样的情况，教师要了解实情，及时教育和引导学生。还有的学生在体育课上因抢占好的位置或有利的练习场地而争吵，甚至大打出手，有的教师视而不见，有的教师仅仅是制止而不进行有针对性的教育。还有学生在体育课上做了好人好事，或帮助他人克服困难，教师却没能及时关注与表扬。

育人工作要抓时机，还要创造良机。当我们在评判一节常态课是否规范的同时，需要看一看课上育人功能是否有所体现，是否考虑到了学生未来发展所需要的良好品格的教育。

(10) 隐患须防范

体育课上随时随处都有可能存在安全隐患，如场地湿滑、器材破损失修、练习距离过于密集、练习要求提得不够具体、学生之间不能友好相处、体操器械上练习缺乏自我保护意识和能力、跳远沙坑不符合安全需要标准等。安全隐患的存在并不可怕，可怕的是对安全隐患不采取任何措施进行防范。有的虽然有防范措施但却不给力，如教师是通过语言提示提出的安全防范："注意安全"或"一定要注意安全"。这样的防范方法与无防范没有太大区别，因为学生听了这样的安全提示依然不知道该如何做，自然也就难保安全。

评常态课优劣的时候，就安全隐患的防范而言，需要把握几点。一看这节课上的安全隐患有无，如果有安全隐患，要看隐患大小，是否有较大的危险性。二看课上任课教师是否认真观察分析判断安全隐患的危险性，是否做出了有效的防范处理。三看课上是否出现安全事故，如果有事故发生，事故产生的根源何在。了解这几个方面以后，评出安全性难度不大，难就难在，我们评课的时候也忽略了对安全隐患防范的要求。也就是说，不仅上课教师要有安全意识，参与学习的学生要有，评课者同样也要有。尤其是捕捉安全问题的能力也决定着对安全性的判断。

3. 如何把握十项要求

常态课的十项要求相对具体而全面，评出常态课的优劣之前，需要认真了解其中的具体含义，把握任课教师应该如何做，以及做到什么程度。具体来讲可以从"全"与"实"两个方面进行把握。

"全"是指观察评判要全面。十项要求大致可以从哪十个方面具体把握，从有无教案到课堂观察是否得以强化，再到是否注重学法指导，以及有无德育渗透等，越全越能够做出相对准确的判断。当然，对于常态课而言，并非每一位任课教师任何时候都能够将这十项要求做到位，但是对于评课者而言，却需要有全方位的观察和判断。根据十项要求达到的情况，可以将常态课划分为差的常态课、一般的常态课和好的常态课。一般而言，好的常态课拿来就能作为评优课去上，可以给大家提供观摩学习的经验。任课教师能够按照十项要求将平日的常态课上得"十全十美"，那只是理想状态，很多时候，受教师的精力所限，尽管教师有较高的热情，依然会在某些方面有所疏忽。基于此，评常态课既要全面观察，又要全方位考虑，考虑任课教师做到了十项要求的哪些方面，哪些还有欠缺。评课者要能够找到问题，还能提出一定的提升建议，这有助于任课教师的改进提高。因此，评常态课对"全"的把握不容忽视。

"实"是指从实际出发，因地制宜地评。评常态课与评评优课不同，一定程度上，上评优课的时候，已经基本上克服了条件制约，往往都会有较好的器材条件和场地环境。从任课教师来讲，很大程度上已经不再是一个人的能力体现，而是在指导教师的带领下的团队智慧的结晶。但是，评常态课却与其有着本质的区别。一方面场地器材条件会有很大差异，城乡之间、东中西部区域之间、一线二线乃至三线四线城市之间等都不尽相同；另一方面教师处于不同的能力发展期，其所上常态课的效果也是有一定差别的。

体育教师的教学能力大致可划分为四种类型：学教型、能教型、会教型、精教型。属于学教型的教师，其常态课上往往会出现这样那样的问题，因为他对很多方面可能还疑惑不解。这类常态课上有问题是难免的。属于能教型的教师的一个最大的特点，是基本上这一能力类型的教师大都在单纯走教学流程，很少会注重课堂观察，更难以指导学生掌握有效的学习方法。能教型的教师能够完成平日的教学工作，但其质量多有不足。属于会教型的教师与能教型的教师有一个最明显的区别，就是会教型的教师不仅会认真观察课堂上学生的学习情况，更为重要的是之所以成为会教型教师，是因为他们比较重视学法指导，无论是在讲解还是示范的时候，都能够告诉学生如何听讲、如何观察，甚至如何练习。该能力类型的教师的教学效果往往比较明显，而且从教学观念方面，已经从重教转向了更重视学生的学习。属于精教型的教师已经能够灵活自如地驾驭课堂了，或许这类教师的课堂与教案多少会有些出入，也即是说，他们不一定将教案上的内容完全呈现在课堂上。这是因为，精教型的教师会根据课堂上的实际情况及时调整内容或方法。精教型的教师往往以学生发展为中心，既注重对学生能力的培养，又兼顾到方法的传授，更考虑到了学生未来发展所需要的良好品格的养成教育。

基于以上分析，从实际出发，因地制宜评常态课将是客观的和相对准确的。

二、按十项要求评肩肘倒立课

了解了常态课的十项要求之后，我们在评价一节常态课的时候，就可以对照这些基本要求，看该课符合哪些要求，还有哪些方面有待完善。通过这种方式既可以找到常态课的短板，还可以为进一步提高常态课的质量提供重要依据。

1. 肩肘倒立案例来源

肩肘倒立这节课是一节常态课，授课者当初是北京市西城区育民小学何雪老师，现在是西城区体育教研员。之所以说它是一节常态课而不是其他类型的课，是因为在观摩这节课之前，笔者跟何雪老师有个约定，在她按照正常教学进度上课的过程中，笔者将随机选择某一天去观摩她的常态课。一来观摩学习，二来对她的体育教学能力做初步诊断，结果去的那天，刚好赶上何老师上这节肩肘倒立课。

2. 肩肘倒立案例呈现

笔者观看了这节肩肘倒立常态课并对教学过程进行了记录，重点记录下了教学语言，以便于进一步分析常态课的质量与水平。同时，对这节课的评析也为评课者提供了方法借鉴。

【课的开始部分】

老师：（上课铃响了，开始集合整队）稍息！立正！向右看齐！向前看！

（学生按照老师的口令集合了）

老师：同学们好！

学生：老师好！

老师：稍息！（接下来开始介绍这节课要学习的内容，并提出了一些要求）这节课我们来学习肩肘倒立，希望每个同学都能够认真学习，并保证自己和同学们之间的练习安全。能做到吗？

学生：（全体齐声回答）能。

【课的准备部分】

老师：向右转！变跑步队形，并注意前后距离。

（学生按照老师的口令和要求，将四列横队快速调整为两路纵队。前后学生搭肩看齐）

老师：找好位置，并活动一下踝关节、膝关节。

（学生按照老师的要求都活动起了各个关节）

老师：踝关节、膝关节。好，原地高抬腿，准备。

（学生按照老师的口令做起了原地高抬腿动作）

老师：抬平。

（学生按照老师的要求尽量将腿抬平）

老师：嘟嘟——嘟！（急促地吹响了口哨，并说）排头带着，从这边开始，跑步——走！

（学生听到老师下达的指令后开始由排头学生带着跑出去了）

老师：注意跑步的姿势，两臂前后自然摆动。

（学生成一路纵队沿着操场跑道跑去）

老师：随时调整和前面同学的距离。

（学生继续沿着操场跑步）

老师：呼吸加上，不要夹着，以肩为轴前后摆动。

（学生按照老师的提示继续跑）

老师：落地要轻。

（学生继续跑）

老师：（提示学生）上体不要晃，肘关节往后带。

（学生继续跑着，听着老师的指令）

老师：继续，肩关节放松。对。肘关节向后带。

（学生已经完成一圈的跑步练习）

老师：注意调整呼吸。对齐跑，不要错落跑。进入第三圈。前两圈完成得非常好。（鼓励学生要坚持跑下去）

（学生坚持跑到了第三圈）

老师：大家的摆臂非常漂亮。（鼓励学生坚持跑）

（学生坚持跑完了第三圈）

老师：下面准备进入第四圈。加大摆臂。

（学生迈开了大步，坚持跑下去了）

老师：体会一下加大摆臂和加快速度的跑步。

（学生边听老师的指令，边认真地跑着）

老师：进入白线后慢慢地调整。

（学生由跑步变成了便步走）

老师：两臂自然摆动，调整呼吸。

（学生按照老师的要求，边走边调整呼吸）

老师：非常好，好，呼吸要均匀。

（学生围着操场慢走一圈）

老师：现在开始找到自己的脉搏，调整到跑步前的水平。是否有还没有恢复的？好，等他们过去以后我们再进场。（这时，有其他班级的学生在跑道上跑）

（学生在跑道上原地踏步，有的学生弯腰蹲下系鞋带）

老师：好，直接站成准备活动队形，今天有没有需要调整的？通过我们刚才的跑之后有没有需要调整的？

（学生按照老师的提示要求走向操场）

老师：后面快一点，快。前后有没有需要调整的？

（学生回到准备活动队形，还有个别学生弯腰蹲下系鞋带）

老师：没有，是吗？

（学生都站好了）

老师：好，下面我们做准备活动。第一节头部运动，两手叉腰，预备起，1、2、3、4，5、6、7、8。（喊完做完第一个八拍，走进队伍里）

（学生按照老师的口令做着头部运动）

老师：2、2、3、4，5、6、绕环。

（学生听口令做头部运动的第二个八拍）

老师：3、2、3、4、5、6、7、8；4、2、3、4、5、6、7、8。（同时做了第三个和第四个八拍的动作）

（学生在老师的口令引导下，完成后面两个八拍的动作）

老师：第二节，肩绕环，臂夹紧，（边示范边讲解）对。1、2、3、4，5、6、7、8。（前四拍前后夹臂展臂，后四拍绕肩）

（学生模仿老师的动作，完成了第一个八拍的练习）

老师：2、2、3、4、5、6、7、8；3、2、3、4、5、6、7、8；4、2、3、4、5、6、7、停。

（学生伴随着老师的口令，模仿着老师的动作完成了四个八拍的肩绕环练习）

老师：腰部运动。（说完，两手屈臂抬平，做起左右转腰的示范）1、2、3、4，5、6、7、8。

（学生模仿老师完成腰部运动的第一个八拍）

老师：（走进队伍里，喊着口令让学生完成后三个八拍，并走到动作不规范的学生那里给予提示）2、2、3、4、5、6、7、8；3、2、3、4、5、6、7、8；4、2、3、4、5、6、7、停。

（学生按照老师的口令完成了后面三个八拍的练习）

老师：腹部运动，好，预备，（做一个八拍的示范，边做边喊口令）1、2、3、4，5、6、7、8。（做完就走进了队伍里）

（学生模仿老师的动作，听着口令完成了第一个八拍的练习）

老师：（观察指导，不再做后三个八拍的示范）2、2、3、4、5、6、7、8；3、2、3、4、5、6、7、8；4、2、3、4、5、6、7、停。

（学生在老师的口令下，自主完成了后三个八拍的动作）

老师：好，弓步压腿。（边说边前后腿成弓步姿势，做起了示范）1、2、3、4，5、6、7、8。

（学生按照老师的要求，做出了弓步姿势）

第二章
常态课：按十项要求评出规范性

167

第三部分
体育教师评课
——课例分析

老师：（走进队伍里，不再示范，而是去指导学生，有时走到跟前扶着学生的肩膀向下按压几下）2、2、3、4，5、6、7、换方向。

（学生听到老师的口令后全体转换方向）

老师：3、2、3、4，5、6、7、8；4、2、3、4，5、6、7、8。

（学生做完转回到原来的体操队形方向）

老师：好，下面五指，四指在一起。（边说边举起了双手，做出了虎口张开，四指并拢，并与拇指分开的动作，进入了专项准备活动阶段，老师转过身，又做了背对学生的示范动作）看老师啊。

（学生模仿老师的动作，举起双臂，做着拇指与四指分开的动作）

老师：反手托在腰后，同时，两个肘关节用力向内收，预备，预备开始，1、2、3、4，5、6、7、8；2、2、3、4，5、6、7、停。

（学生按照老师的口令和要求做了两个八拍）

老师：后两个八拍一队三队做，二队四队像我这样来帮助他。（说着，叫来一个学生做示范）3、2、3、4，稍稍地给一点点力，知道了吗？要顺势。顺着他夹肘的力量。

（一名学生和老师一起做示范，其他学生观察示范）

老师：好，二队四队，开始。3、2、3、4，5、6、7、换，4、2、3、4，5、6、7、8。（让学生互换做）

（学生按照老师的要求，两人一组做第三个八拍和第四个八拍）

老师：好，有的学生托手、托腰不对，四指向下。（说着，又背对学生做了一下手托腰的示范）反手托腰，就不会让手脱落了。

老师：好，预备，反手托腰，现在后面的同学检查前面的同学，看看他的手托对了没有。（巡回指导）

（学生按照要求再次做练习）

老师：下面我们开始拿垫子，一队二队大排头带，三队四队小排头带。全体都有，向左向右——转。

学生：（按照老师的口令转过身子）依次去堆放垫子处取垫子。

老师：拿了垫子以后，将垫子摆好。

（学生按照老师的要求取了垫子，并把垫子放好）

（老师指着一个学生告诉他让他把练习场地调整到后面去）

（那个学生按照老师的要求调整了练习位置）

老师：（拿了一个垫子走到两列横队之间，准备给学生做示范，同时让前两排向后转，准备让全体学生观察她的示范动作，示范前解释说）两腿直腿坐在垫子上，两手自然向后撑在垫子上，让你的脚尖、肚子和身体成一条直线。连续做两次，明白了吗？

学生：（聆听了老师的讲解，观察了老师的示范，并回答了老师的问话）明白。

老师：好的，下面都面向北，坐下。

（学生按照老师的要求每人都坐在自己的垫子上）

老师：下面准备撑起——坐下——撑起——坐下，听口令做。（同时，用手势比画着动作，接下来开始喊口令）1、2、3、4，5、6、7、8；2、2、3、4，5、6、7、停。（连续喊了两个八拍）

（学生按老师的口令节拍，1—撑起，2—还原，3—撑起，4—还原，依次类推，连续完成了两个八拍）

老师：（走进队伍里，询问学生是否用力了）用力了吗？用力了。

（学生拍着自己的肚子，向老师表示用力了）

【课的基本部分】

老师：（让前两排学生向后转，准备给学生做示范）注意认真看，两脚夹紧，腿夹紧，两手直臂落在身体两侧，怎么举腿呢？两臂用力压垫，看我压垫的动作，同时两腿举起来。听清了吗？

学生：听清了。

老师：（做起了具体示范，并说）压垫，举腿。（头转向右侧问学生）看清了吗？

学生：看清了。

老师：（头又转向左侧问学生）看清了吗？

学生：看清了。

老师：要是想把腿举起，两臂用力压垫才能做到举腿。开始体验一下，预备。

（全体学生都各自躺在自己的垫子上，按照老师的口令做动作）

老师：（看到学生的头放得太靠上了，出垫子了，提示学生身体向下一点，头也能放垫子上）头往下一点，头触垫子往下一点。

（躺在垫子上的学生中那些头部太靠上、头部几乎挨着地的学生听到老师的指令后，有的学生的头部就往垫子上移动一点）

老师：往下一点，对。

（学生按照老师的指令都躺平了，做好了准备）

老师：好，嘟嘟！预备，嘟！（马上吹起了哨子）压垫向后倒，脚尖着地，压垫子，使劲压垫子。

（学生按照老师的哨声和指令做起了动作，举腿后倒，脚尖接触地面，两手压垫子）

老师：（边说边走向手未能压垫子的学生，蹲下来纠正学生的动作）压垫子，对了，对了。好，嘟嘟！好。

（学生听到老师的指令和哨声后都起身坐起来了）

老师：非常好！嘟嘟！预备。（再次吹响了哨声）

（学生听到哨声后，又一次平躺在垫子上）

老师：要有压垫子的动作，对。

（学生按照老师的指令又一次做举腿后倒动作）

老师：两脚一定要并拢，压垫子，压垫子，对。（巡回指导，去辅导没有压垫子的学生）

（很多学生按照老师的要求做出了两脚并拢和两手压垫子的动作）

老师：好，好，做完了之后，坐好。

（学生按照老师的要求都坐好了）

老师：（把目光转向一个学生，并问）都能过去吗？

（学生点点头）

老师：好，下面我们再提高一次，再在刚才动作的基础上把腰空出来，对吗？用我们刚才学过的反手托腰，使你的大臂撑住垫面。什么叫肩肘倒立呢？肩肘倒立，字面的意思是，肩、肘撑起自己的身体，把身体成倒立姿势。听明白了吗？

（学生点头示意）

老师：下面我们先体验一次，一会儿再看老师的动作。请你们注意观察。第一，（同时伸出一只手指，举起手臂）看看我压垫没有（两手比画着做压垫，并用两手上下震动两下）；第二，我的手是怎么样，手指尖是朝哪个方向的（两手比画一下两手手指尖）；第三，我在还原的时候，身体还原的时候，是先做的哪个动作？看完之后，我要提问（举起右手，呈现学生回答问题举手的姿势）。

（学生认真聆听了老师刚才的讲解与要求，并观察了老师的示范）

老师：清楚吗？

（学生点点头）

老师：好嘞！（说完走向示范的垫子跟前）

（学生随着老师的走动，前两排学生向后转身，转向老师，准备观察老师的示范动作）

老师：（走向垫子以后，稍微调整了一下垫子，并指着垫子一头的学生让他们往另一端移动移动）这边，往这边来一下。到那边去，要不你们看不见。

（学生起身走向另一方）

老师：站两边就行，别挡着坐着的同学。（坐在了垫子上，准备示范，但看到有的学生挡住了坐在垫子上的学生，就提示说）别挡着坐着的同学，往后站一点。

（学生听到老师的指令后，往后退了退）

老师：这边也别挡着坐着的同学，对。

（这边的学生听到老师的指令后，也向后退了退。其中，有一个学生提醒他前面的一个男同学，让他向后退一些，那个同学听后向后退了几步）

老师：看我，起。（同时，做起了示范动作，先是做了举腿后倒。两手先是压着垫子，然后，两小臂抬起，两手撑着腰，接下来，两腿屈膝，两手压垫子一下，又还原到撑腰处一次，又压垫，两腿放下伸直，坐起）

（学生认真观察老师缓慢的示范动作）

老师：我下来的时候，哪先放的？

学生：手。

老师：对，一定是先把你的手，把你的"架子"放平，然后，再还原。明白了吗？

学生：明白了。（同时，有个别学生点点头）

老师：还有一点要注意的是，我们成屈膝的时候，一定要有控制，这样的话，你的膝关节就不容易打着自己的脸。明白了吗？

（学生点头示意，表示明白了）

老师：好！再看一遍。（说着拉着垫子往前走了几步，又坐在了垫子上准备做示范）在这儿再做一遍。你们看我，坐好，起。（坐下向后倒身，做起了刚才的仰卧举腿脚尖触地、两手撑腰动作）

（学生观察老师的示范）

老师：（几乎做的是慢动作，先是仰卧、手压垫举腿，再轻轻收腿，两手压垫，缓缓坐起身子）抱腿。看清了吗？

（学生点点头）

老师：好，好嘞，准备。（说着，起身站了起来）

（学生起身回到自己的位置上，准备做练习）

老师：动作并不难，但是一定要控制好自己的身体，保持好平衡。

（全体学生都躺在了自己的垫子上）

老师：躺下之后一定要注意姿势，夹腿，绷脚面。

（有学生听到老师的要求之后，做出了夹腿绷脚面动作）

老师：对。预备，按照刚才的动作，开始。

（学生听到老师的口令后，开始做起了动作）

老师：向后触地，对，手扶腰，对。（说着，走向两手撑腰的动作做得不规范的学生，并给他进行了指导）

（学生按照老师的指导做好了两手撑腰的动作，其他学生完成动作以后也起身坐了起来）

（老师走进队伍里，走向一个男生，让这个男生再次做一下这个动作。但他做出了两手撑腰手指完全相反的错误动作。老师看到这种情况以后，开始手把手地纠正他这个错误动作，同时让其他学生继续练习一次）

（这个学生按照老师的纠正完成了动作，其他学生按要求又做了一次）

老师：对了，起。我看一眼，来，预备。

（学生再次躺下准备完成动作）

老师：按垫子啊，按压垫子，别拽。（刚才通过观察发现有个别学生做动作的时候不按压垫子，而是在拽垫子）

（学生按照老师的要求都躺下来）

老师：预备，把腿伸直，绷脚尖。

老师：嘟！

（学生听到哨声后，开始举腿做动作了）

老师：按压垫子。

（学生完成了按压垫子的动作）

老师：托腰。（又发现了刚才做错手撑腰的学生，走向前去再次纠正他，纠正完以后说）对。

（学生按照老师的要求做完动作）

老师：好，还原。下面谁愿意来给大家做一次，有没有？

（没有学生吱声）

老师：今天怎么这么沉默？（说着把垫子拿起，向后拉了拉，边拉边说）啊，不像大家的风格。

老师：谁愿意来？

（还是没有学生吱声）

老师：（走向一个学生）来，你先来。

（这个被叫到的学生站起身准备做展示，躺下，熟练地完成了刚才的练习动作）

老师：好，给两分钟的时间进行练习。开始，有没有需要老师帮助的？告诉我有没有需要老师帮助的？

（学生都躺下了，准备开始做动作）

老师：开始。（说完走向队伍里，准备巡回指导）

（在两分钟的练习时间内，有的学生练习一次接一次，有的学生练完一次以后就坐起来和其他的学生聊天了）

（老师巡回指导，走到远处的学生，俯下身子手把手地纠正其错误动作）

（被指导的这个学生再次做起了这个动作，但是完成起来还是比较吃力）

老师：一定要把你的头放正了。对。好。立起来。好。慢慢地，一条腿先起，对。（说着走向一个学生）好。别坐那儿，自己练。别坐那儿，自己练。

（刚才坐着的学生，听到老师的要求后，又开始练了起来）

老师：练。好，再完成一遍之后，请面向我。

（学生开始再次完成动作）

老师：嘟嘟——嘟！慢点，不着急，不着急。好。面向我，刚才我们做的这个动作叫作屈腿肩肘倒立，有些同学别忘了，刚才那个动作叫什么？

学生：屈腿肩肘倒立。

老师：对，屈腿肩肘倒立。完成一半了，下面呢我们的脚可以不再触地，借助刚才的屈腿，然后，利用我们最早做的挺腹动作，做出展髋动作，髋关节往上挺，好，还是一样，这边看不见的同学向那边移动。（说着准备给学生做示范了）

（学生做好了准备，各自站在了自己的位置上，准备观察老师的示范）

老师：（坐好之后，前面加了一个平举，摸脚面，贴着垫子起，然后，脚尖向上伸，还原）看清楚了吗？

（学生点头示意）

老师：我在这边再做一遍啊。（说着拿起垫子，走到另一端，准备再次做示范动作）（躺下，后倒，举腿）手撑腰，举腿，还原。

（学生认真观察老师的示范动作）

老师：看清楚了？

（学生点头表示看清楚了）

老师：好，现在试一遍。

（学生各自站在自己的垫子旁准备试一次）

老师：今天大家太安静了，有点不适应了啊。好，开始。（说完走向学生纠正其错误动作）

（学生听到练习口令后，在垫子上开始做练习）

老师：不错，不错，已经不错了。（看到一个学生坐起来了，但身体不太直）哎，李伟，很棒啊。（看到李伟同学做得非常标准了）

（学生按照老师的要求在努力做着这个肩肘倒立动作）

老师：（巡回指导，并继续说）向上伸，脚尖向上伸。

（有一个学生做不到，老师巡回指导时发现了这个学生做的错误动作）

老师：压垫子，手一定要压垫子。腰立起来啊。

（学生完成动作以后准备下来）

老师：下来的时候先屈腿，先屈腿。

老师：好，来，面向我，李伟是咱们班第一个做起来的。他做得多么漂亮，他做的展髋的动作特别漂亮。来，大家看啊，开始。

（李伟同学听到呼叫后，走向老师的示范垫子）

老师：直接在你的垫子上做。对，一步一步地，很稳。怎么样？（带头给李伟同学鼓起了掌）

（伴随着老师的掌声，全体学生也开始鼓掌）

老师：不错，好，下来。

老师：非常好。好，再找一个，宇航来，帮他把垫子拿上来。

（准备做展示的同学坐在了垫子上）

老师：大家都到那半球。

学生：那半球？（有学生反问，听到开始的口令后到了另一边）

老师：那半球。好，开始。

（学生走向垫子开始做展示，慢慢一步一步地完成了展示动作，其他学生和老师一起在一旁观看着）

老师：出现一个问题，（注视着这个学生完成展示动作，发现他做的过程中存在问题）需要对他进行保护与帮助。那么，我们保护与帮助的方法是，一定站在练习同学的侧后方，用双手抓住他的踝关节，用你的膝关节轻轻地顶住他的腰部和臀部。

（学生在原地观察，但不利于观察清楚）

老师：去那边看，去那边看。（想让学生从后侧转向前面观看老师示范的保护与帮助方法）

（学生听到老师的指令后都站了起来，围着老师和那位展示的学生，认真观察）

老师：我们别太使劲，轻轻地用你的膝关节顶住。一定要站在侧后方，顺着他上起的力量向上提，稍微给一点点力。下面前后两个同学一起进行练习。

学生：（听到了练习指令后开始分散开来准备两人一组进行练习）（有学生问）向哪边做啊？

老师：向哪边都行，向哪边都行。好，开始吧。

（学生开始两人一组进行练习了，练习过程中需要同学保护与帮助的时候，有学生不知道站在哪里了）

老师：（走进学生练习场地之间，并指导着不知道如何保护与帮助的同学）站在侧后方，站在侧后方。（走向一组学生，开始手把手地教一位女生保

护与帮助的方法)

（学生跟着老师学习该如何进行保护与帮助）

老师：（提示做动作的学生）脚尖向上伸。对。（说完，又蹲下去帮助做动作的学生将其两肘关节往里面移动）

（保护与帮助者扶住同伴的小腿）

老师：好，起来了吧。好的。（转身走向其他学生，并说）还有没有起来的？（巡视着学生做练习和使用保护与帮助的方法）对，对。（说着说着，走向一组男生，并用膝关节帮助那个学生顶住腰部，给那个学生演示保护与帮助的方法）对对，单膝顶着。

（学生在练习的时候，有学生没有站在练习者的侧后方进行保护与帮助，而是站在练习者的头部位置了）

老师：（发现以后及时走过去纠正）站在练习者侧后方。（完整地又做了一次保护与帮助的动作，并俯下身子用肩部顶着这个学生，用双手去扶练习者的肘关节，并说）一定要夹肘。

（好多学生继续练习，这个观察老师做保护与帮助动作的同学认真聆听了老师的讲解，并观察了老师的示范方法）

老师：（指导完，又转向另一组学生，这是三人一组的小组，看见学生保护与帮助姿势不正确，马上跑过去并开始了指导，先是扶练习者的肘关节，又提提他的腿，又扶扶他的手，使其保持好两手撑腰的姿势）对。

（三人小组中的两个学生认真观察老师的保护与帮助动作和指导方法）

老师：（走向另一组学生，并问）做完了吗？

学生：做完了。

老师：好，嘟嘟——嘟！

（学生听到哨声后立刻集合了）

老师：好，还有没有刚才保护但是没有保护起来的？

（没有学生回答）

老师：别不好意思。刘梭，来，来来来，最大的块头儿。

(一个班级内最胖的学生走向老师，准备接受老师的指导)

老师：来来。咱们鼓励鼓励他。

(学生听到老师提出的要求后，鼓起了掌)

老师：来，好，准备，压垫子，没关系。

(学生很吃力地做着)

老师：对对，好的。(同时，进行了保护与帮助)

(学生完成了动作，其他同学又一次给予其热烈的掌声)

老师：肘关节夹住，对。好，屈腿下，手，手，手松开，先松手。不错啊，还要继续练习。

(那个"小胖墩"非常有成就感地开心地回到了队伍里面，其他学生第三次鼓起了掌)

【课的结束部分】

老师：(带着喜悦的心情，很开心地讲)好，今天我们学习并初步尝试了肩肘倒立，我们再继续努力。好，现在我们还要把垫子放到刚才取垫子的位置。

(学生迅速收放垫子)

(老师也将她的示范垫子折叠后拿了起来，走两步后，把她的垫子交给了一位男同学，并让他帮助将垫子放到原位)

(学生都收好垫子，摞起来了)

老师：大家都收好垫子后，回来，下面我们该做游戏放松一下啦。(说完，拍了两下掌)

(学生认认真真地将垫子摆好)

老师：放好了就行了。

(学生都按要求收放好了垫子，跑回到老师集合的队伍里)

老师：前两排同学蹲下。

(前两排学生闻声蹲下了)

老师：去把绳子取回来。(给学生讲一讲接下来要做的游戏，让一名学生跑过去把游戏要用到的绳子取回来，之后让学生起立，带着学生走向游戏场地)

（学生跟着老师走向游戏场地）

老师：记住男生第一队第二队。第一队站在中间的这条白线上，面向南，中间要留出一点位置。

（第一队男生按照老师的指令站好了）

老师：第二队男生上来以后面向北。正好一个一个插进去。（说完，老师走进队伍做了个示范，让学生看如何插进去）第二个、第三个、第四个，依次向后站。明白吗？好，快。

（第二队男生迅速走向老师指定位置去站好，但是第一个男生跑过去后，站错了位置，方向也站错了）

老师：面向北，对。

（学生都按照第一个男生站的方法依次站好了）

老师：对了，对了，女生看着啊。我的这个绳，这样拿着，对。（说着，把绳子放好，交给学生）

（学生接过老师手中的绳子，都握住了绳子，准备游戏）

老师：对，快快快，对，怎么握绳，胸前正手抓，对。

（学生按照老师提示的方法正手抓好了绳）

老师：下面听到信号之后，两队同时向你们各自面向的方向使劲，这回明白了吗？明白了吗？明白了吗？

学生：明白了。

老师：哪一个队，哪一个队，先把绳拉过你前面的这条白线就算胜利。预备，（转向另一侧，再次指导学生握绳的方法）正手握绳。正手，对，预备啊。

学生：（都握好了绳，做好了准备）

老师：预备——嘟！

（学生听到哨声后开始用力拉绳，学生们开心得很，几乎每个学生都在快乐地游戏着）

老师：嘟嘟——嘟！来，女生来试试。男生把绳子放到地上。

（女生走向前准备游戏，并站队握绳）

老师：对，相反方向。预备了哈。正手正手，准备好。这边绳多了，往这边来一下，对。好，准备了。

学生：（女生按照老师的要求调整着队形，这时有一个男生喊起了加油）加油！

老师：预备——嘟！

学生：（女生游戏，男生在后面喊加油）加油！加油！加油！加——油！加——油！

老师：（看到南边的一队女生已经被北边的一队女生拉过去了，接着吹响了哨声）嘟！下面咱们再换一个方向，刚才面向南的，现在面向北，开始。（让男生进场再游戏一次）

学生：（男生走向场地，准备再次游戏，站好后，有人已经开始使劲了，有学生说）先别使劲，先别使劲。

老师：女生往前面站，对对。

（学生做好了准备，准备听哨声，但已经有学生开始使劲了）

老师：预备，现在先别使劲啊。预备——嘟！

（学生听到哨声后开始拉起来了，男生拉，女生在一旁喊加油）

（学生快乐地游戏着，老师指着学生也开心地笑着，有两个学生都拉倒到地上了）

老师：嘟嘟——嘟！

（学生还在拉着）

老师：（再次吹响了哨声）嘟嘟！男生不错啊。女生来，女生来。

（女生跑向场地做着准备）

老师：嗨，最后一次了，男生在那边加油啊。预备。好，预备了哈。预备——嘟！

（女生游戏着，男生喊加油）（一个女生拽倒在地）

老师：嘟嘟！嘟！集合，咱齐玉非常勇猛。

学生：哈哈哈哈哈哈……

老师：永不放弃，是吧？都倒地上了，还死死地抓住绳子不放。这种精神非常好啊。你们发现了吗？刚才女生发现了一个小技巧，她们把绳子的两头一起往外兜，这样会有效很多。以后我们在延伸这个游戏的时候，也可以让两个相对应的人势均力敌，这样就会取得更大的胜利。好，今天我们学习了肩肘倒立，大家都学得非常认真。收腹立腰。

（学生和老师一起总结今天学的内容的要点）

老师：肩和肘形成一个三角形，今天大家练得都很不错，以后的课上还要熟练。好了，一会儿呢，下课之后，各组把垫子放回器材室。摆齐了，一定要摆齐了。好，明白了吗？

学生：明白了。

老师：好，稍息，立正，向右看——齐，向前——看，同学们再见。

学生：老师再见。

老师：下课。

3. 肩肘倒立案例评析

肩肘倒立这节课作为一节常态课，如果我们用常态课的十项要求来分析它，如下所述。

关于"上课有教案"。该节课认真完成了教案的撰写，教案格式比较规范，内容安排合理，时间分配清晰，目标的确定也比较具体。

关于"常规要全面"。课堂常规是体育课上师生都需要履行的。常规有无，以及常规是否全面，都反映出体育课的规范程度。而且，课堂常规还与学生的养成教育、安全教育等有着密切的关联。抓好课堂常规有利于提高教学的有效性。这节课的课堂常规相对比较完整，教师不仅在课开始前检查了服装、尖锐物品，还询问了有没有需要见习的学生。纪律要求明确，课的结束部分安排了小结，且安排收还器材的学生，在课结束后由各组学生将器材收还到了器材室。

关于"课堂重观察"。课堂观察主要是任课教师在课堂上对课堂学习情况的观察和了解，根据观察的结果及时调整课堂教学的方式方法，并有效指导学生学习。有的教师在课堂上注重对学生的观察，有的并非如此。本节课教学中学生练习的时候，教师将比较多的精力花在了对学生练习情况的了解上面，从而能及时发现问题，并能够准确纠正。如发现学生手撑腰的姿势不对就立刻纠正；准备示范的时候，看到有后排学生看不清楚，让前面站着的学生向后退几步，不要影响后面的同学；游戏时看到一位女生摔倒在地上了，两手还死死抓住绳子不放松，及时进行了德育渗透；等等。这些都表明，教师在上课过程中注意对课堂的观察，尤其重视对学生学习情况的观察。这有利于教师及时发现真问题，并做到有效解决。

关于"**讲做明方法**"。讲做明方法重点是说教师讲解示范的时候要明确提出学生聆听和观察的方法。方法明不明决定着学生聆听和观察的效果好不好。在教学过程中，该任课教师比较注重学法指导，能够很好地贯彻落实"以学生的发展为中心，帮助学生学会体育与健康学习"的课程理念。这不仅有利于学生掌握学习方法，而且还有利于学生对运动技能的学习。如当教师做肩肘倒立示范的时候，她先提出了明确的学法指导："请你们注意观察。第一，看看我压垫没有；第二，我的手是怎么样，手指尖是朝哪个方向的；第三，我在还原的时候，身体还原的时候，是先做的哪个动作？看完之后，我要提问。"接下来，教师做示范，学生非常认真地观察教师的示范动作。

关于"**组织口令清**"。这方面集中体现在教师的口令的发出和口哨的使用上。教师在教学过程中，组织教学工作口令应十分清晰，下达的命令也要很明确，这样学生在明确了教师清晰的口令后，才能够迅速完成动作。例如，组织学生做准备活动围绕操场慢跑前，教师发出了这样的口令："向右转！变跑步队形，并注意前后距离。"学生迅速站成两路纵队，并适当调整了与前后同学的距离。又如，当教师让学生准备做一个肩肘倒立辅助性练习的时候，教师说"下面准备撑起——坐下——撑起——坐下，听口令做"。同时，教师用手势比画着动作，接下来开始喊口令："1、2、3、4，5、6、7、8；2、2、3、4、5、6、7、停。"教师连续喊了两个八拍。学生呢，按教师的口令节拍做着1—撑起、2—还原、3—撑起、4—还原，以此类推，连续完成了两个八

拍的练习。

关于**"手段选择灵"**。练习手段的选择决定着教学效果，所以，我们可以用灵与不灵来判断教学手段。有效的教学手段表现出的是：学生练习有一定的积极性，练习后的效果较为突出。无论是个人练习还是小组合作练习或是集体共同练习，学生的参与度都会相对较高。相反，一旦练习手段选择不佳，有的学生的练习会比别人次数少或不投入，有的学生只被动机械地练习而不动脑，甚至有的学生会完全停下来不愿练习。这节课上，任课教师选择的多种练习手段中，在结束部分安排的比赛性游戏，学生的参与度很高。男生两队之间比，女生两队之间比，结果可以在比赛中看到，几乎每个学生都享受到了游戏比赛给他们带来的快乐，笑声和笑容从一开始到游戏结束都持续不断。还听到了学生为同学加油助威的声音，声音之集中，持续时间之长，说明学生团结协助的团队意识较强。甚至有个别学生在游戏中被拉倒在地时还一直坚持到最后，这些参与的积极性表现，都反映出练习手段的选择激发了学生的兴趣。但遗憾的是，这个游戏放在了结束部分作为放松活动的一项内容，稍有不妥，因为学生在参与该游戏比赛时心理上或许能够得到放松，但身体的放松却难以体现。

关于**"学用结合早"**。"学用结合早"要表达的是：体育课堂上的学习要和日常生活中或正式体育比赛中遇到的场景关联起来，且需要早一些结合。具体包括：一是学习运动技术时，要能够与生活中遇到的需要该技术的场景结合练习。如学习前滚翻要能够告诉学生在生活中从高处掉下，或快要摔倒时如何用团身滚动方法加强自我保护，并让学生在课堂上多体验。又如，学习篮球传接球技术的时候，需要适当地让学生在模拟篮球比赛的场景练习有人抢断的传接。二是学习锻炼方法时，要能够延伸引导学生在课后自主锻炼的时候运用课堂上所学的那些方法。如每节体育课教师都会带领学生做准备活动，但是大多数学生却没有在课外自主锻炼前先做准备活动，说明学生未能真正掌握课堂上的那些练习，也说明大部分教师都未能在学生做准备活动的时候告诉他该如何运用。三是学习做人时，除了教育引导学生在课堂上如何做人之外，还要能够延伸到生活中如何做人，并能够举出相应的案例去引导他们哪些能做，该如何做，哪些不能做。在肩肘倒立这节课上，学用结合表现得不太明显，或许有人会说，在生活中难以用到肩肘倒立。实际并不然，肩肘倒立中的同学间的保护与帮助是互相的，可以教育引导学生要乐于帮助别人，并认真保护与帮助别人，帮助别人完成动作本身就是助人为乐的事情。有些学生在保护与帮助他人的时候心不在焉，位置站反等现象时有发生，教师要及时纠正。除此之外，如果教师能够引导他们做人或许效果更突出。

关于**"密度适中好"**。练习密度在体育课堂上安排得适中与否，不仅影响着课的规范性，更影响着学习效果。练习密度既不是越大越好，也不是越小越好，而是适中最好。过大过小的练习密度都不是最佳的，那么，什么样的才是适中的？拿什么来衡量练习密度是否是适中的呢？从时间上来把握的话，看是否有一半以上的时间用于学生练习了，有无明显的大大小小的时间浪费环节。从原则上来把握的话，看体育课堂上是否做到了"精讲多练"和"少等多动"；有没有讲了一些或说了一些不该说的，或说了不起任何作用的话；有没有让学生花了较长时间等待练习的环节；等等。从体征上看，学生的面色表现如何，是红润微汗，还是大汗淋漓，还是毫无变化。从呼吸情况来看，是稍有变化，还是无动于衷或气喘吁吁等。本节课教师对练习的把握上，除了课的开始阶段跑得似乎有点多以外，整堂课的练习密度的把握都较为适中，几乎不存在练习时间浪费现象。

关于**"德育应体现"**。体育课上的德育工作不仅要有，而且几乎每堂课都要能够不失时机地进行渗透和引导。尤其是课堂上看到、听到、感受到的值得引导的时机更不容错过。因为，往往那些课堂新生成的而非教师有意设置的教育环节，学生接受得更为自然与有效。例如，当课堂上出现学生间争执的时候，教师要教育学生互相谦让，以礼相待，吃亏是福。当学生在课堂上看到标志杆倒下影响练习的时候，有学生主动上前将其扶正，确保练习正常进行，教师应以此为榜样教育学生要有责任意识和担当精神等。这节课上，在课小结的时候，教师及时表扬了那名在游戏比赛中摔倒但依然坚持到最后

的学生，这种顽强拼搏和坚持到底的精神着实需要启发引导其他学生去学习。

关于"**隐患须防范**"。体育课上尽管我们不能完全保证不出现任何伤害事故，但是，很多情况下的伤害事故是可以通过有效的防范措施使事故发生率降到最低限度的。那么，体育课上是否对安全隐患做到了及时有效防范，既是常态课是否规范、完整和有效的表现，也是教师安全防范意识和能力强弱的体现。凡是室外体育课，无论什么内容，都会或多或少地存在着一定的安全隐患，只是有的隐患大，有的隐患小，有的隐患明显，有的隐患不明显。这节肩肘倒立课，在课的开始部分教师就及时检查了服装，并将学生的发卡、眼镜、钥匙等尖锐物品事先收放到了操场旁边的台子上了。从一定意义上来说，强化安全防范十分必要，但也有些许疑惑，就是当提前将近视学生的眼镜取下收走以后，是否会影响到学生观察教师的示范动作，对于那些近视程度高的学生，慢跑或做其他练习的时候，是否会因为看不清而增加新的隐患等。这些疑惑如果能够顺利消除，体育课的安全保障问题或许都能迎刃而解。而另外值得许多老师学习的是，何雪老师在做示范的时候，特意很具体地讲明了为什么在肩肘倒立完成后的还原阶段需要注意安全。她说："我们成屈膝的时候，一定要有控制，这样的话，你的膝关节就不容易打着自己的脸。"并非所有的老师都能够在安全防范方面做得那么具体，更多的老师通常在常态课上，甚至是观摩课上会说"注意安全"或"一定要注意安全"这样的不具体的防范语言。下面对如何从十项要求评常态课做一个简单的归纳。

评课案例评析：常态课

常态评优有不同，　十项要求结果明；
定性评说是关键，　逐条比对皆可现；
十个方面相对全，　把握课堂有关联；
肩肘倒立上得好，　学法指导用得巧；
部分手段选择灵，　兴趣激发最先行；
课堂观察细又多，　发现问题及时说；
比对十项有遗憾，　学用结合未曾见。

第三章 研究课：按研究专题评出启发性

研究课作为一种特殊的课例形式，通常用于多种教研活动之中，从学科角度看属于体育课，但又与普通的评优课、常态课有一定的区别。有时开展教研活动的时候，也会选一节评优课或常态课进行教研工作，但是，单纯意义上的研究课和课例研究是不完全相同的。所谓研究课通常有较为明确的研究专题，以研究专题的设定为前提，或针对某一专题从课中展开研究工作，看看该专题的呈现情况。那么，究竟研究课的专题是什么？如何通过研究专题评出某研究课的研究价值所在？本章重点探讨这些问题。

一、了解研究课的研究专题

可以从多少视角设计研究课的研究专题。需要研究什么就设计一节什么问题的课，相反，也可以找到有相似问题的课去研究。

1. 为何要设置专题的研究课

很多教研活动的开展，其宗旨在于通过对课的研究提高教师的教学技能水平。但是，长期的教研活动带来的启示是，通过研究体育课，可以比较直观地找到课中的问题，通过研讨分析问题产生的根源，互相交流应改进的策略，这些不仅能够对任课教师提升专业技能有很大的帮助，而且对于参与研讨的教师而言，也同样能够带来诸多启发和教学能力的提高。但一个比较突出的问题就是，所选课要具有代表性，研究什么样的专题，课中就要能够充分体现该专题的经验或突出问题。有的研究课不一定是存在这样或那样的问题，而是具有丰富的经验。那些经验也是研究的最好素材。因此，源于专题研究的研究课的设计或选取非常重要。当然，研究专题可以从不同角度确定，一般而言，通常基于研究者需要研究或解决的问题确定。诸如，教师的讲解专题、教师的示范专题、学生的练习专题、学生的观察专题、学法指导专题、场地器材专题、安全防范专题、突发事件专题、课堂游戏专题、放松活动专题、准备活动专题、队列队形专题、课堂常规专题、音乐选配专题等。有些研究课上可以以某一专题为主开展研究活动，而有些课上或许会为多个专题提供研究范例。无论如何，研究课按照专题设计或选取是十分必要的。那样可以使教研活动更具针对性和实效性。

2. 研究课的研究专题有哪些

如果从专题研究的角度开展教研活动，那么可以说浙江省的教研活动开展得比较深入、全面和持久。在浙江省九城区中小学体育教研联盟主席沈斌和浙江省教育厅教研室中小学体育教研员余立峰老师的共同组织下，陆续分别在小学、初中两个学段举办多期体育教研活动。尽管每次的活动主题不同，但一个最大的特点是每次都有不同区域的观摩展示活动课供大家观摩研讨。笔者多次参与九城区活动的体会是，研究专题可以按需设置，可以根据事先设定的专题组织课堂教学活动。那么，如何设置研究专题呢？分类依据不同，专题设置的思路和方法以及呈现形式也各异。下面分析几种常见的研究专题，以便于能够给广大参与评研究课的教师提供一定的参考，为上研究课的教师带来一些启发。

（1）教师讲解专题

研究课针对教师讲解展开研究工作，既需要了解讲解中的若干问题，也需要学习有经验的教师在讲解的时候积累的经验。就讲解经验而言，有的教师讲解幽默风趣，有的教师讲解精准简洁，还有的教师讲解生动形象，更有的教师讲解具有明确的听讲法指导，等等。就讲解问题来讲，有的讲解出现错误，有的讲解不够精练，有的讲解声音过小，有的讲解站位过远，等等。不同的讲解问题都要尽可能避免，但是通过对研究课的研究才能强化印象，学习经验。如一节体育课教师在课堂上的教学语言记录下来总共 8000 多字，分析整理后发现，大约有三分之一的语言可以省去不讲，有三分之一的语言必须要讲，还有三分之一的语言需要进一步推敲后再讲。这说明通过聆听和记录的方式可以进一步分析语言的问题和根源。又如一节软式垒球课，教师在向学生讲述棒球和软垒两项运动的区别时，从比较两个棒子打球的方式一语道破了二者的差异所在。教师说："棒球是打运行中的球，而软垒是打固定的球，方法更简单了。"这样的讲解语言就比较简单明了，显然也很精准，便于学生理解和掌握。以语言为专题进行研讨，可以深入了解讲解语言究竟该如何表达更合理。

（2）教师示范专题

研究课如果以研究教师的示范为主，那么在这个研究课上要么体现出教师示范的丰富经验，要么包含有多种示范问题，以便于提高其研究价值。就示范经验而言，有的是时机把握灵活，有的是示范位置恰到好处，还有的是示范动作优美潇洒，更有的是示范明确提出了观察示范的具体要求。看到这样的课和观察到任课教师的这些示范经验，自然就能够对示范能力的提高起到一定的促进作用。就示范问题而言，可以说是五花八门，最不能接受的就是示范错误，因为一旦示范出现错误，就会误人子弟。示范问题有的是所选示范位置不利于学生观察，甚至无法让学生观察到，但教师还依然做着自己的示范。还有的示范尽管没有出现任何错误，但是多次示范均未能成功，失败的示范自然也难以带来好的效果。有的示范如同教师自己在表演，展示自己的技能水平有多高，丝毫没有顾及学生的学习效果，也就是说，不提任何观察法要求，而是一味地在自我欣赏式地展示高超的技能水平，结果学生的收获甚微，这样的示范是不可取的。以示范为专题，从正反两个方面进行研究，往往能够发挥更好的研究作用。

（3）教师指导专题

体育课上当学生做练习时，往往会看到教师指导的身影，但应该如何进行指导，以前教师的指导存在哪些问题，有经验的指导又是什么样的？这些问题都值得进一步探讨。就教师指导中的经验而言，有的教师在学生练习的时候，迅速跑向学生中间，及时发现需要强化指导的学生。有的教师还参与到学生练习之中，充分调动了学生练习的积极性。还有的教师在指导的时候发现表现好、动作优美的学生及时叫到前面给全班学生展示。还有的教师在指导的时候专注于对学生练习方法的纠正。我们可以看到，给力的指导者往往会在学生练习的时候比较积极，甚至能够跑得满头大汗，如图 3-3-1 所示。

图 3-3-1　一位篮球教师指导学生进行快速运球推进练习

相反，就指导问题而言，有的教师按部就班地分组逐一指导，无论学生是否需要指导依然是平均分配指导时间和精力。有的教师发现一个学生出现错误动作，不针对个体进行指导，而是每次都让全班学生停下来接受一个学生的错误动作的指导。还有的教师只强调结果而未能发现错误的根源，指导效果也就不言而喻了。如一节篮球行进间运球课，教师发现学生在运球的时候总是出现不同程度的掉球现象，有的学生掉球频繁，有的学生时好时差。听一听教师的指导语我们就可以明白，他的指导难以达到一定的效果。教师反复强调："别掉球！别掉球！"显然，这样的指导属于无效指导。因为，学生听了这样的指导语以后，根本不明白自己掉球的原因，当然也就难以做到有针对性的纠正。

（4）学生听讲专题

如果研究课设置的专题是学生听讲，评课者就应把注意力放在学生听讲环节上。学生听讲行为的好与差，直接决定着听讲的效果。当然，学生会不会听，听得效果怎样，既与学生的听讲态度、能力、方法有关，也与教师的教法有着密切关联。在课堂上就学生听讲而言，有的会听，积极且全神贯注，效果明显。有的不会听，听讲时走神、心不在焉，时断时续听到一些无关紧要的信息，漏掉很多关键性信息。更有甚者，当教师讲解的时候，有些学生其目光不是直接集中到教师身上，而是东张西望，寻求着其他更有趣的目标，这样的听讲很有可能连讲课教师的声音也难以听到。作为专题对学生听讲进行研究的时候，不仅要观察分析学生听讲行为的表现，还要能够通过分析找到听讲问题存在的根源，尤其要能够找到如何促进学生积极听讲的方法。除此之外，在观察课堂的时候，还要能够对教师针对不会听讲的学生做出的反应给予及时有效的评判。有的教师即便是发现了学生听讲中的若干问题，但依然不理不睬，学生良好听讲法的掌握也就无从谈起了。当我们看到教师对不会听讲的学生或听不到声音的学生进行有针对性的指导时，我们最好还要能够及时记录下教师的指导语并对其进行分析和评判指导效果。

（5）学生观察专题

学生在体育课上的观察时机最主要的是当教师做示范的时候学生观察教师的示范动作。除此之外，当某学生或某些学生展示的时候，其他学生也要进行观察，当学生要互相评价的时候也需要学生的观察行为。那么以学生观察为专题评研究课或对研究课进行评析的时候，我们可以了解的信息有哪些呢？其一是学生会观察的课堂。具体表现为可能会有学生知道先观察什么、后观察什么、重点观察什么；有的表现为学生边观察边做出模仿动作；还有的学生在观察过程中皱着眉头思考，进而点头示意看明白了；还有的学生在观察以后举起了手，咨询教师一些未能观察明白的问题；等等。其二是学生不会观察的课堂，在观察过程中的表现各式各样。有的学生在观察的时候东张西望，注意力不够集中；有的学生在观察过程中低头沉思，未能持续注视观察目标；有的学生在观察过程中与同伴聊天，且聊天内容与观察内容毫不相干；还有的学生在观察以后教师让做练习的时候不明白任务要求，说明其观察的时候心不在焉；还有的学生尽管看似认真观察了，但是在观察后的练习中错误较多，这表明他几乎没有观察到什么，或是没有观察明白；等等。

评研究课中学生的观察，既要能够从学生会观察的课堂上了解观察的有效方法，也要能够对那些学生不会观察的各种表现进行归类阐述，甚至找到根源，提出有效观察的最佳方式。

（6）学生练习专题

学生在学习过程中的大部分时间都是通过各种方式进行练习，练习时间越长越能有利于学生运动技能的掌握，对学生体能素质的提高也更有保障。但练习情况如何，对于研究课而言，要么学生做的是有效练习，要么效果不明显。这与练习的行为是否正确有关，也与教师对学生提出的练习要求有关。那么以学生练习为专题的研究都有哪些情形呢？第一，对于高效的练习而言，具体表现是学生练习进步快、效率高。如果是学生在练习中出现错误动作，经过有特殊手段的反复练习，错误动作很快消失；如果是学生在练习前有胆怯心理，经过诱导性辅助练习，很快消除了紧张和恐惧心理；假如是难度较大的运动技能的学习，经过反复练习以后，变得比较容易被学生掌握。第二，对于一般效果的练习而言，主要表现为学生被动练习的情况比较突出。学生按照教师提出的练习次数逐一完成了各项练习，但缺乏自主探究式的练习，尤其表现为练习机械化，甚至从一开始练习就做错了动作且一错到底。这样的练习有可能是学生对某项练习内容不感兴趣，也有可能是学生对练习的形式不感兴趣，还有可能是与分组形式有关。无论是何种情况，凡是出现被动练习的，其效果都难以得到应有的保证。第三，对于低效或无效练习而言，学生在练习中的表现更不乐观。有的是间断练习，即学生练练停停，观望一下他人都在干什么，然后再继续练；有的学生从教师布置完练习任务后就未能启动练习，一直偷懒到练习任务结束；更有甚者，有个别学生在练习任务下达后，总是捣乱，影响他人正常练习；等等。专题研究学生练习的课堂，评的时候要能首先对这些不同的练习行为和效果了如指掌，否则就难以很好地把握。

（7）课堂评价专题

如果将研究课定位在研究课堂评价上面，那么就要认真把握好课堂评价的形式、内容、方法等。第一，就课堂评价的形式而言，可谓是丰富多样。如果我们从评价者的角度来分，可以是任课教师对学生的课堂学习进行评价，可以是学生对自我学习的评价，还可以是同伴之间或以小组为单位组内或组间评价，或一对一两人之间进行评价，等等。相反，也可以学生现场评价教师，但这种情况很少在课堂上出现，课堂上多以教师评价学生的学习为主。第二，就课堂评价的内容而言，可以评价某个动作的掌握情况；可以评价学生练习中的具体表现是积极主动还是消极被动；可以评价同伴之间的配合，是乐意还是反感；可以评价学生学习方法是正确的还是错误的；可以评价学生探究学习的结果；可以评价学生创新能力的体现；等等。凡是能够评价的都可以在课堂上组织评价环节实施评价活动。但过去的评价内容都集中在对运动技能的掌握程度上的评价。第三，就评价方法而言，可以采取定量、定性或定性和定量相结合的综合评价方式开展课堂评价活动；也可以采取评优的方式评出"小明星""小冠军""小飞人"等，以激发学生学习的热情；还可以以培养和提高学生的评价能力为前提，组织开展评价方法的研究性评价，即从布置评价任务，提出评价要求，具体操作评价到对评价的结果进行点评，都交给学生，学生的评价能力能够经过锻炼得到不同程度的提高。

（8）场地器材专题

以场地器材为专题对课进行研究评析，主要包括两方面内容：一是场地及其使用情况，二是器材及其使用情况。具体而言，我们可以以不同图示的方式分析场地器材使用的具体情况。

首先，就场地而言，场地有大有小，利用的情况也有合理与不合理之分，具体使用情况如图 3-3-2 所示。

从图 3-3-2 我们不难看出，无论场地大小都会存在使用合理与否的情况，无论场地大小只要使用不合理都不利于有效教学。对该专题的研究，要能够区分出对场地合理利用的情况，以便于归纳和总结场地使用的经验，及时发

现场地使用的相关问题。假如场地使用不合理，要能够找到不合理的根源，而不能仅仅停留在不合理的认识上。

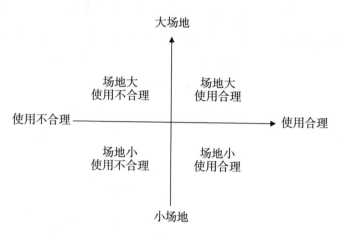

图 3-3-2　场地大小与使用情况分布

其次，就器材而言，体育课上很多项目的教学都会用到一定的器材。有的是标配器材，有的是自制器材；有的器材发挥主要作用，有的器材所起的是辅助作用。对器材的使用存在充分使用与否、能否满足教学需要等情况。如图 3-3-3 所示。

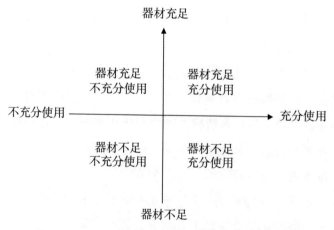

图 3-3-3　器材充足与否和是否充分使用的情况分布

从图 3-3-3 来看，无论器材是否充足，也都有可能存在能否充分使用的情况。充分使用器材，在器材充足的情况下，几乎不会出现让器材闲置的情况，教师更多时间会安排学生进行器械练习而不是徒手练习。在器材不足的情况下，充分使用器材会表现出一物多用的情况。相反，无论器材是否充足，对于那些不能充分使用器材的课堂而言，都会直接影响着学生学习兴趣的激发，不利于学生学习效率的提高。

基于对以上情况的分析，研究场地器材，既要从其大小、数量分布情况来评析，更要能够看场地器材的使用情况，合理与充分使用方能确保有效教学。过去观察的体育课堂，有的教师经验丰富，出现器材不足，不仅会促使教师自制器材，还能够促进对器材多次反复地使用，提高其使用率，以提高教学的实效性。关于场地器材的安全隐患及其防范方面可以参见前面在"六性"标准中的对安全性的分析。

(9) 音乐使用专题

新课改前，体育课上的音乐使用深受任课教师的青睐，新课改以后音乐的使用更加普遍。不仅很多课上都能听到音乐，而且同一节课上还会在多个环节多次听到音乐。但与此同时，音乐使用的问题也较突出。因此有必要将体育课上的音乐使用作为一个专题进行研讨，那么，需要从哪些方面切入呢？在研究课上有不同的音乐使用表现，要么是巧妙有效地使用音乐，要么是产生负面效应的音乐使用。下面逐一进行分析。

首先，从音乐选择和使用的巧妙上来看，音乐的选择要恰当，既要符合学生的兴趣爱好、年龄特点、发展需求，又要能够与课的内容相匹配。有些内容需要高亢激昂的音乐，有些内容需要舒缓优雅的音乐，选择和使用音乐是否恰当会带来不同的效果。

其次，从音乐选择和使用的不当上来看，体育课上的音乐问题可谓多种多样。有的音乐节奏不明、音质欠佳；有的音乐在播放过程中突然中断；有的音乐听起来不够悦耳动听，甚至造成学生烦躁不安；有的音乐使用过于频繁，对主教材学习产生负面冲击；等等。

评析研究课上的音乐使用问题要能够从正反两个方面了解音乐使用在体育课堂上的功效，准确判断音乐的取舍和使用情况。

（10）立德树人专题

对于体育课堂上的立德树人问题，既要重视又要讲究方式方法，把握得好能够充分发挥育人作用，反之，负面影响也会随之而至。在研究课上专题研究立德树人问题，要能够了解关于立德树人我们要进行教育的内容有哪些？有哪些形式可以引入？如何基于课堂情况巧抓教育时机？体育育人与其他学科育人相比是否具有特殊性和优越性？对以上问题的回答，对于每一个研究体育课堂的立德树人问题者而言，都值得进一步探讨。专题研究体育课上的立德树人，切入的视角很多，为了使研究更具价值，下面从三个方面谈一谈体育课上的立德树人问题。

首先，不同学段的孩子需要不同的育人模式。同样是谈育人工作，由于青少年儿童在不同的发展时期有着不同的性格特点和品格表现，所以，有针对性地对其实施教育和引导非常关键。不同学段孩子心智发展水平也存在一定的差异，因此，不能用同一个育人模式去教育引导不同时期的孩子。例如，对于小学阶段的孩子而言，其处于习惯养成的关键期，模仿能力很强，又具有较强烈的好奇心，对是非对错还难以做出准确的判断，因此，要能够把握好这一时期孩子的特点，选择适宜的方式进行德育渗透。

其次，育人内容丰富多样且不拘泥于品德教育。学生未来一生发展既需要能力更需要良好品德，常言说：做好人方能做好事。体育学科教学，育人义不容辞，育的范围要能够尽可能地宽一些，育的内容要尽可能地准一些，"因材施育"不容忽视。具体来讲，既要"育体"，还要"育心"。即"形神兼备"式的育更能体现育人功效。"育体"主要体现在良好锻炼行为的培育上，学生的一言一行都能够反映出育的结果。"育心"主要体现在心灵的塑造上，爱心奉献教育、助人为乐教育、友好合作教育、拼搏进取教育等都要能够很好地把握。除此之外，要能够育其高雅，消除低俗；要能够育其自主创造，减少机械模仿。培养其健全人格，塑造其美好心灵，为孩子们的健康幸福人生奠基。

最后，立德树人的真正含义实际上包含两个方面，即教师要先立德，然后方能树好人。因此，研究立德树人在体育课上的具体体现时，不能忽视教师的品德修养之表现。心灵纯洁、富有爱心的教师，方能育出人格健全的学生。这就要求我们研究立德树人工作时不能忽略对师德的要求。

（11）突发事件专题

体育课上的突发事件各式各样。从突发事件的关联性上来看，有的与伤害事故有关，有的与教学效果有关。从突发事件的发生方式来看，多数是预料之外的，少数是预料之中的。从突发事件的处理方式来看，有的造成了较大的负面影响，有的却出乎意料地对课堂教学增加了助力。总之，突发事件专题研究要能够从多个层面分析研讨。

首先，就突发事件的发生情况而言，专题研究突发事件，需要从突发事件的发生、发展着手。突发事件源于什么，是外部环境突然发生变化所致？还是师生自身因素影响的结果？突发事件的发生对体育课带来的影响是什么？是正向促进，还是负向制约？师生在突发事件发生以后做出了什么样的反应？对这些问题的研究都能够让教师更加深入地了解突发事件的性质和特点。

其次，就突发事件的处理情况而言，能否巧妙处理好体育课堂上的突发事件，与教师驾驭课堂的能力息息相关。有的任课教师不仅能够预料突发事件发生的可能性，而且还能够在突发事件发生后第一时间做出诊断并机智处理。如果是带有负面影响的突发事件，该任课教师会使其影响降到最低。如果有可能是带有一定正能量的突发事件发生时，有些任课教师也能够借力充分发挥它的正能量效应。但并非所有的教师都能够如此处理突发事件，有的教师会在突发事件发生时措手不及，有时还会出现相反效果的处理方式，还有的教师不仅未能做出快速反应，还加重了突发事件的影响。

研究突发事件专题的时候，看到、看清、看准、看懂、看会至关重要，看出门道方能评出更好的效果。

（12）安全防范专题

安全事故无论是否是在体育课上都有发生的可能性，如校园踩踏事件、马路交通事故、自然灾害导致的人员伤亡事件等，很多情况下都是防不胜防。但是，就体育课而言，尽管也有可能发生意想不到的事故，但很大程度上是可以做到有效防范的，这就需要教师对安全隐患的把握精准到位，作为专题研究安全防范，不仅不能忽视对安全隐患的性质把握、对安全防范的效果了解，还要注意到安全意识和防范能力的教育引导工作做得如何，更要关注学生的安全防范能力是否足以达到防范事故发生，等等。

首先，看一看安全隐患的性质问题。安全隐患多为隐性的存在，但也有一些隐患属于显性的，即能够看得见、摸得着，能够对此做出判断的。如学生每人手持软垒棒，准备做棒操，可是学生散开的方式并没有发生任何变化，还依然采用的是徒手做操的方式组织学生前后左右成体操队形散开。持棒做操和徒手做操可以说最起码要拉大至少前后左右一臂加一棒间隔，否则安全隐患会很大。

其次，看一看安全防范的措施问题。安全防范工作做得好坏对安全事故的规避影响很大，做得好，很大程度上可以减少甚至避免安全事故的发生。研究安全防范的时候，要能够分清楚防范的方式是语言的还是行动的，是具体的还是抽象的，是直接的还是间接的，不同的方式会带来不一样的防范结果。如当安全隐患被发现后，任课教师只是用语言反复强调"注意安全""一定要注意安全"等，就难以发挥任何防范作用。又如，体操跳山羊课上，当教师发现踏板发生倾斜后，迅速跑上前将其归位，隐患就会随之消失。

最后，看一看安全事故的发生问题。体育课上一旦发生安全事故，或是极其严重和危险的，或是无大碍的，还有的处于中间危害程度的。但无论属于哪一类事故，都要能够观察到任课教师对伤害事故发生后做出的是什么反应和什么行动。有的教师手忙脚乱，有的教师淡定自如，有的教师施救后再求助，不同的反应和行动会带来不同的处理效果。如有学生骨折后，任课教师并没有迅速将受伤的学生抬起，而是求助校医用担架进行了伤员搬运。研究伤害事故、及时把握任课教师对伤害事故发生后的做法是否得当十分必要。

作为一个专题研究安全防范问题，要认真观察课堂，在了解安全隐患、安全防范和安全事故发生的可能性和具体表现的前提下，正确判断和准确把握安全事故的根源及处理办法至关重要。

3. 评研究课应把握的关键

评研究课的时候，我们既不对其进行评分，也不倾向于批判或表扬，而是站在学习交流的角度，研究相关专题，解决实际问题。那么，评研究课应把握哪些关键点呢？概括起来要把握"真"与"深"两大关键。

"真"是指真实分析研究课的经验和问题，既不夸大优点，也不回避不足。尤其要从研究的角度分析课中的真问题，挖掘真根源，提出真策略。那些只表扬不批评的评课方式不可取。如果是按专题进行分类评析，要能够对要研究的专题进行全面真实的分析，任何带有虚假成分的专题评析都要不得。

"深"是指研究课的分析要有深度。要能够区别于评优课的评分和常态课的评说。要建立在有理有据的评说与深刻剖析其根源的基础上。对评研究课"深"的度的把握至关重要，对课的专题研究达到的程度既决定着评课效果，也体现着评课能力。评研究课时可以采取连续追问的方式，要有打破砂锅问到底的精神，直至挖掘出满意的答案。

二、按研究专题评快速跑课

研究课与评优课和常态课之不同，就在于研究课主要用于研究，无论是以事先设定专题的方式去研究，还是从一节值得研究的课上归纳专题进行研究，研究课最大的价值不在于有多优秀，也不在于是否符合常态课的十项要求，而在于其具有一定的研究价值。也就是说，凡是具有一定研究价值的课都应该是好的研究课，研究价值越大，提供研究的环节内容就会越多越好。研究课一定程度上还是奉献课，不介意人们如何查找问题，但最终的目的是共同提高。通过研究，研究者能够及时发现突出问题和找到主要经验与特色。上研究课的教师也将在他人的研究评析中发现自己的短板，进而提升教育教学水平。下面以山东省泰安市第六中学（简称"泰安六中"）周艳老师的一节初二年级的快速跑课为例，分析如何通过研究专题评出启发性。

1. 快速跑案例来源

快速跑这节课是体育教学研究群首位管理员陈明海老师推荐的，是泰安六中的周艳老师上的课。这节课从研究的角度来看，不是事先设定专题上课并提供研究，而是先有课，后通过观摩归纳专题的研究。希望能够通过对该研究课的评析给评课者带来一定的启发。

2. 快速跑案例呈现

这节快速跑课，有让人眼前一亮的地方，也有有待提升的地方。下面，首先将课的各环节教学过程进行描述，以便后续进行更深入的分析。

【课的开始部分】

学生：向前看，第一排从右到左依次报数。（1、2、3、4、5、6、7、8、9、10）报告老师，本班应到40人，实到40人。（集合整队开始了，体育委员召集大家集合，报数并向老师报告人数）

老师：好，入列。

（整队的学生迅速跑向队伍之中）

老师：（小步跑向队伍前面，做师生问好）同学们好！

学生：老师好！

老师：很高兴啊，今天能够给大家上课，一起来学习，这是我第一次给你们上课，第一次见面啊，我会送给你们一个小礼物。这个礼物呢就是一个小小的魔术。你们要睁大眼睛来看，不要漏过一些小小的细节，我现在先把魔术道具拿出来哈。

（学生认真观察着老师的教学行为）

老师：一根绳子啊，小小的一根绳子，还有一把剪刀，一把剪刀，看清楚了吗？这根绳子是一条直的绳子，没问题吧？

学生：没有。

老师：然后把它折叠，大家看好它的长度哈。（边说边操作起来）

（学生认真观察老师的魔术变化方法）

老师：把它折叠起来，就是我的大约一扎的长度，是不是啊？

学生：是。

老师：然后，看好剪刀，拿到手里面了。好，前两排女生蹲下。

（前两排女生蹲下了）

老师：好了，我下面要变魔术了，同学们要看仔细了哈，这个折叠的绳子，我要把它放到我的手心里。倒过来，这一头是不是让它合起来了？

学生：是。

老师：然后我要把它合并起来，我要把合并起来的那个头给拽出来，明白了吗？

学生：明白了。

老师：然后，我用剪刀把我合并出来的头给剪开。是不是剪开了？

学生：是。

老师：是不是把它给剪开了？

学生：（认真观察，并回答）是。

老师：把它给剪断。（说着，把手中的绳子剪断）全部剪断哈。就说这一块我不要了。看好了吗？是不是全部剪断了？

学生：是。

老师：（剪断绳子以后，并说）好了，我下面要吹一口仙气了哈。（说之前，实际上已经对着手吹了一下了）看绳子是不是有变化哈。呼！（对着手吹了一下）大家瞪大眼睛来看一下，（说完，把手中的绳子一点一点地拉开）是不是还是这么长？

学生：是。

老师：是不是我的一扎的长度啊？

学生：是。

老师：看一下啊，我把它折起来。是不是我的一扎的长度啊？

学生：（很多学生都面带微笑地回答）是。

老师：想知道它为什么没短吗？

学生：（齐声大声回答）想。

老师：那好，那我们集中精力上好这一节课，到最后的时候，我要把这个谜底告诉你们，好吧？

学生：好。

老师：前排女生，起立。

（前两排女生听到老师口令起身站立起来）

【课的准备部分】

老师：下面我们要进行这堂课的第一项内容。是什么，一个热身跑活动，是不是啊？

学生：（个别男生回答）是。

老师：要进行一个慢跑，然后，同学们跟我一起来好不好？

学生：好。

老师：向右——转。

（学生听到老师的口令后向右转去）

老师：（迅速跑向队伍最前面，在音乐的伴奏下，老师喊）跑步走。

（师生共同在咚咚咚咚的音乐声中开始了热身慢跑活动）

（老师从队伍的最前面跑向一侧排头左右）

（学生在老师的带领下，进行慢跑热身）

老师：（跑到大约有两分钟的时候，开始发出口令）左转弯，1、2、1；1、2、1。

（学生按照老师的口令变换了方向和脚步）

老师：1、2、1，好，变队跑，分开。（让男女生分开跑）

（学生按照老师的指令，男女生跑着跑着分开到两边去了）

老师：（带着学生跑）好，左转弯，好，带回原来场地，好，立定。女生加速。好，向左转。

（学生按照老师的口令迅速做老师要求的各种动作）

老师：好，同学们，现在跑完操了，是不是身上很热了？

学生：是。

老师：累不累？

学生：不累！

老师：下面我们再进行热身准备活动，准备活动，好吗？

学生：好。

老师：好，下面听口令，立正，女生，向前两步走。好，向后转。

（学生听到口令后向后转）

老师：听口令了，成体操队形散开。

（学生按照老师的要求成体操队形散开了）

老师：好，放下。（音乐响起）双手叉腰，准备。

（学生按照老师的指令做出了双手叉腰的动作）

老师：踏步哈，准备好。调整一下呼吸，把你的呼吸调整均匀，踏步。

（学生按照老师的要求完成了动作）

老师：调整呼吸，把呼吸调整均匀。头部运动，1、2、3、4，5、6、7、8，绕环，2、2、3、4，5、6、7、8。好的，调整一下呼吸。把呼吸调整均匀。

（学生按照老师的口令完成了第一节头部运动）

老师：动起来，好，第二节，肩关节运动，把手臂抬起，摆臂，5、4、3、2、1，准备，1、2、3、4，5、6、7、8；2、2、3、4，5、6、7、8。（不停地转动方向边做示范边带大家一起做）

（学生边观察老师的示范动作边完成动作）

老师：5、4、3、2、1，腰腹运动，准备。1、2、3、4，5、6、7、8；2、2、3、4，5、6、7、8。好，踏步，跳起来。看谁步踏得好，还有一下。胳膊压腿，先左腿。预备，1、2、3、4，5、6、7、8，反方向，2、2、3、4，5、6、7、8。

（学生跟着老师听着音乐完成了各节动作）

老师：双手叉腰。踢腿运动，想好了，先左腿，踏步准备，左右开始。1、2、3，跳起来，2、2、3、4，5、6、7、8；4、2、3、4，5、6、7，好，踏步。（此时的口令喊得有些乱了）

（学生按照老师口令，完成了动作）

老师：好了，调整呼吸，腕踝关节运动。1、2、3、4，5、6、7、8；2、2、3、4，5、6、7、8；3、2、3、4，5、6、7、8；4、2、3、4，5、6、7、8。好，停。（边做边转动方向）

（学生跟着老师的节拍，踏着音乐，原地做腕踝运动）

老师：好了，累不累啊？

学生：不累。

老师：好的，女生向后转。

（女生听到老师的口令后向后转了过去）

老师：向中看齐，同学们快一点。

（全体学生听到老师的口令后向中看齐）

【课的基本部分】

老师：好了，下面我们做一个游戏，游戏的名字呢，叫"送快递"。要求我们在做的时候，双手不能扶你自己的身体，明白了吗？

（有学生点点头）

老师：不能扶你的肚子啊，还有那些东西。嗯，下面啊，去拿我们的道具哈，先把你们的队形调整好，好不好？

学生：好。

老师：每一组有一个小旗杆，小组长带领组员对着小旗杆先站好。对着前面的小旗杆，成体操队形，散开。

（学生听到老师的口令后自动对着小旗杆散开了）

老师：好了，同学们，下面我把"邮件"发给你们，但是要记好，刚才强调的游戏规则，第一项是什么？

学生：手不能扶身子。

老师：对。手不能扶你身上的"邮件"，对不对？

学生：对。

老师：第二项要注意，一定要加快速度，不要让你的"邮件"掉下来，如果掉下来了怎么办啊？

学生：捡起来。

老师：原地捡起来。再把你的"邮件"送到目的地。对不对啊？

学生：对。

老师：来，第一名同学。（把"邮件"递给了第一排的第一名同学）

（学生接过"邮件"放在腹前）

老师：（又走向第二排的排头，并说）第二名同学的。

（第二名同学转头看了看第一名同学，也模仿着把"邮件"放在腹前）

老师：（又去给第三名同学发"邮件"）来，第三名同学。

（第三名同学接过来"邮件"并放好）

老师：（走向第四名同学把"邮件"发给他）来，第四名同学。

（第四名同学接过来"邮件"，并放在腹前）

老师：好了，同学们听好。拿着你们的"邮件"绕过障碍，然后，传给你们的下一位同学。听明白了吗？

学生：听明白了。

老师：好的。听清口令，预备，嘟！

（学生听到口令后每排排头迅速跑出，其中有一个同学的"邮件"在快跑到终点的时候掉到地上了，他迅速返回捡起来后，又返回跑了过去，其他的三名同学在绕过障碍跑回的时候，"邮件"陆续也掉了下来，都分别捡起来继续向前跑）

老师：加快速度。快跑了。

（学生闻讯快速跑，有的学生的"邮件"又一次掉落在地上，第二排的那个女生先跑到了）

老师：大家在跑的时候一定要注意脚下的安全。把腿抬起来，把速度加快。这样才能保证"邮件"安安全全地送到目的地哈。

（学生一个接一个地传递着"邮件"，一个男生在绕障碍的时候，用手扶了扶腹部前面的"邮件"）

老师：看一下，他们为什么老是掉？为什么"邮件"老是从身上掉下来？找一下原因。

（学生继续跑动传递"邮件"，站着等待的学生或许会在老师提出这样的问题以后，提高观察的力度，并能去思考可能的原因）

老师：一会儿会找同学来回答哈。

（学生继续跑着，"邮件"还在掉着）

老师：给他们呐喊一下，加油一下。

学生：加油，加油。（有同学先喊了一声，接着有同学也喊了一声，大家齐声又喊了一声，然后都不再喊了）

老师：看哪个组能够得第一。给他们加油。

（尽管老师又一次说了"给他们加油"，但是没有一个人发出给同伴加油的声音）

老师：加快加快，同学们，加快速度。

（学生听到老师的口令后，有的速度加快了）

老师：速度慢了，你的"邮件"会掉下来的，会掉下来的。

（学生听到老师的口令后，继续跑，有的已经开始加快速度跑了）

老师：同学们加油。

（学生没有迎合老师的加油声给同学们加油，有的同学看自己的"邮件"快掉下来的时候，手不停地去扶一下）

老师：不错，同学们做得很好哈。刚才那个同学做得很好，"邮件"一直没有掉下来。加快加快。好，第一名。第一名，你们胜了。

学生：（第四排男生说）我们第一啊。

老师：好了，给胜利的同学鼓鼓掌，他们是最棒的啊。

（学生听到老师的要求后，都鼓起了掌）

老师：好了，把"邮件"收好，这是你们的战利品。

(学生听到要求后，把"邮件"叠起来放到了衣兜里)

老师：同学们，以我为基准，向左向右看齐。

(学生做了向左向右转的动作)

老师：集合。(同时打出了集合的手势，两手一高一低举起)

(学生迅速集合)

老师：来，向我这边靠拢一点。好，同学们加快一点。

(学生又一次按照老师的要求，完成了动作)

老师：好的，前两排同学请蹲下。

(前两排学生蹲下了)

老师：好了，我们刚做了一个游戏，是不是有点累了？

(学生没有任何回应)

老师：稍微休息一下，我来讲解一下。

(学生按照老师的要求都准备好听老师的讲解了)

老师：刚才，通过刚才那个急速快递，你体会到了什么呢？我找个同学来回答一下。通过刚才那个快递，急速快递，你体会到了什么？来，体育委员来回答一下。

学生：摆臂。

老师：对，跑步，第一要摆臂，对不对啊？

学生：对。

老师：你们已经发现了，刚才你们跑的时候，"邮件"掉下来后，把手臂停下来去捡，跑动速度就降了下来，而且完全要停下来，是不是啊？所以，跑步要摆臂。是不是啊？

学生：是。

老师：第二点是什么？还有哪个同学知道？

(有一个学生举起了手)

老师：好，请你来回答一下。

学生：要抬腿。

老师：对，跑步要抬腿。我们要把腿抬起来，送出去，你这个距离才能缩短一点。是不是？好了。就刚才我们体会到的问题，你自己感受到的，我们来看一下，咱们今天的上课内容——快速跑。明白了吗？

学生：明白了。

老师：重点是什么？

学生：速度。

老师：对，要快。然后要摆臂。

（同时，学生也跟着老师一起说了重点）

老师：两腿要蹬地，是不是啊？两腿要用力来蹬地。来，同学们来看一下，（说着把提示板向学生拉得靠近一点）这是我给你们准备的礼物啊。快速跑的定义，采用自然站立式起跑，快速跑分为什么？起跑——加速跑——途中跑和最后的冲刺。

学生：冲刺。（有个别学生回答出来了）

老师：好，很好，很聪明，和最后的冲刺，这整个合起来才叫快速跑。快速跑起跑后，两脚要用力快速充分蹬地，摆动腿，积极向前摆动，摆动腿，积极向前摆动。（说着做了一次积极向前摆动的示范）胯怎么办？你的髋关节？要前送。

学生：（跟着老师一起说了）前送。

老师：要把胯落在后面，肯定是跑不起来的，对不对啊？然后，两臂以你的肩为轴，前后自然摆臂，对不对？还要放松而有力，上下肢的配合要协调一致，我们这样跑肯定是跑不快的。（说着做了一个一顺跑的姿势）上下肢要协调配合起来。下面我来做一下快速跑，同学们看一下对不对。（说完，老师做了一次示范）两脚开立，对不对？

学生：对。

老师：前后自然摆臂。

学生：（和老师一起说了要领）摆臂。

老师：然后，看到我的摆臂有个什么特点了吗？看出来了吗？

学生：以肩为轴。

老师：对，以肩为轴。然后，上摆至下颚部位，下摆至，看在哪儿，手在你腰间位置。

学生：腰。

老师：对，你腰间位置。这就是我们的一个正确的摆臂动作，简单一句话，前不——

师生：露肘。

老师：后不——

师生：露手。

老师：对，大家都知道。前不露肘，后不露手。然后，利用你的两脚的充分蹬地，两脚前后开立，这么着肯定是跑不起来的。（说着老师两脚并在一起站着）两脚要自然分开，前后站立，然后你的两腿迅速蹬地，然后，迅速向前跑。（说着跑了出去）是不是这样？

学生：是。（有的学生点头，有的学生回答，有的学生边点头边说"是"）

老师：并配合你的摆臂动作，是不是啊？

学生：是。

老师：哎，对。然后。我们看一下啊，重点，这节课的重点是什么？两脚的充分后蹬与积极的摆臂，是不是啊？

学生：是。

老师：难点是什么？

学生：上下肢相互配合，协调用力。

老师：对。你的摆臂和你的腿要完全协调起来，才能使你快速前进，我们上下肢脱节了，速度肯定就起不来了。一定要记住：一，两脚的充分用力蹬地，二，两臂的自然？

学生：摆臂。

老师：对，两臂前后用力摆。好，我们看一下这几幅图画，第一幅图画，

你们看到了吗?

学生:看到了。

老师:两腿要干什么?两腿要前后用力快速充分蹬地,是不是这脚蹬直了,蹬直以后要怎么样?有一个折叠。看出来了吗?有一个折叠。然后,进入下一次的蹬地折叠。它是一个——(说着用手转动了一下等待学生回答)

学生:循环。

老师:对,它是循环进行的。两臂要前后自然摆动。然后我们看一下我们运动会的时候,同学们的照片,是不是这样啊?两腿要尽量地抬高,迈出去,看好了,胯是不是送出来了?

学生:对。

老师:然后,后腿要充分后蹬,完全要蹬起来,通过折叠往前放,对不对啊?折叠,前放,这一步出来,你的步幅就——

学生:大了。

老师:摆臂还要注意什么?频率要快,步幅要大。步频、步幅。(老师边说边做了相对应的动作)是不是啊?一定要注意到这两点。

学生:是。

老师:看了我们的定义,还有重点和难点,还有这些动作,你们学会了吗?快速跑该怎么来做?

学生:学会了。(异口同声回答)

老师:好了,我们来试一下,有没有学会,有没有体会到,我们来试一下。来,中间两排同学请起立。

(中间两排学生站立起来)

老师:来,女生向后转。好了,以左边同学为基准,成体操队形散开。

(学生听到要求后迅速成体操队形散开了)

老师:好,左边同学右跨一步,走。

(左边的学生听到老师的要求后向右跨了一步)

老师：好，放下。好了，我们先进行一个原地的练习，明白了吗？体会一下我们刚才所学的摆臂动作。好不好？

学生：好。

老师：来，跟老师一起，两腿前后自然开立，重心落在前脚上，两臂前后自然摆动。（做出了直臂摆动的动作）

（学生模仿老师的动作也都做的是直臂摆动）

老师：1、2、1，1、2、1，1、2、1。换，1、2、1。（喊着摆着换成了曲臂摆动）

（学生跟着老师的摆臂姿势的变化也都换成了曲臂摆动）

老师：1、2、1，1、2、1，1、2、1。好嘞，加快。1、2、1，1、2、1。（说完变成了边击掌边喊口令）

（学生曲臂快速摆动，伴随着老师的节拍摆动着手臂）

老师：1、2、1，1、2、1，1、2、1，1、2、1。

（学生摆臂的时候，有的学生低下头练习摆臂）

老师：（看到有学生低头摆臂，说）抬起头来，跑步的时候，不需要低头。1、2、1，1、2、1。好，停。

（学生听到老师喊停的声音后就停了下来）

老师：感受到摆臂了吗？

学生：感受到了。

老师：摆臂的时候要注意什么？肘关节不能往外展得太远，是不是啊？这样展了之后就把力量给分解了。（边说，边左右摆臂故意做出肘关节外展的姿势）肘关节要前后自然运臂，是不是啊？

学生：是。

老师：来，我们再练一次手臂上的动作，好不好？

学生：好。

老师：来，准备。两臂上的动作，两腿自然开立，手臂摆起来。

（学生做好了准备，准备听口令再次练习摆臂）

老师：1、2、1，1、2、1，1、2、1，1、2、1，1、2、1。换，1、2、1。
（换成了曲臂摆动）

（学生跟着老师的口令也一起换成了曲臂摆动）

老师：1、2、1，1、2、1。加快，1、2、1，1、2、1。（击掌的同时喊1、2、1的口令）

（学生跟着老师的节拍练习前后摆臂动作）

老师：1、2、1，1、2、1，1、2、1，1、2、1。自己看一下自己的手臂。1、2、1，想一想，前到哪里，前不露肘。

（学生跟着老师的口令和要求低头看一看自己的手臂动作）

老师：后不露手，1、2、1，立定。好，停，然后，再练习什么？是不是该练习一下腿部了？

（没有学生呼应）

老师：（自己继续说）下面该练习一下我们的腿部了。跑步的时候，一定要把腿——

学生：抬高。

老师：对，一定要把腿抬高，抬起来。那么下面我们就要练习一下高抬腿。好不好？

学生：好。

老师：要把腿尽量抬高，要抬起来。然后呢，腹部不能放松。收紧了，这样来做。（说着给学生做了一个高抬腿的示范）好不好？

学生：好。

老师：我们准备试一下，高抬腿，准备。走。1、2、1。

（学生听到老师的口令后开始做起了高抬腿动作）

老师：1、2、1，1、2、1。抬高，收紧腹部。1、2、1，1、2、1。加快、加快、加快。（开始快速击掌，啪啪啪啪，啪啪啪啪，啪啪啪啪，啪啪啪啪，啪啪啪啪，啪啪啪啪，啪啪啪啪）

（学生按照老师的击掌节奏加快了速度）

老师：调整呼吸，加快速度，速度加快，同学们。（啪啪啪啪，啪啪啪啪，啪啪啪啪，啪啪啪啪）好好，加快，加快，加快，加快。（边说，边走进队伍指导）

（学生按照老师的要求加快了高抬腿的速度）

老师：（啪啪啪啪）好的。不错啊，很好。累不累？

学生：累。

老师：好的，我们稍微缓解一下。我们知道了，跑步腿要抬高，还有一个是什么呢？

学生：步幅。

老师：步幅是要腿抬高，还有是什么？

学生：步频。

老师：对，步频要求快，速度要快，是不是啊？我们要通过小步跑来练习这个步频，好不好？

学生：好。

老师：先看老师做一遍，加快，加快，加快。（说着，给同学们做了一个小步跑的示范）好，我们来试一下。好，准备，开始。1、2、1，1、2、1。

（学生听到老师的口令后，开始做小步跑动作练习）

老师：加快，对。（和学生一起做小步跑动作）臂摆起来，自然摆臂。抬起头来，身体别往下压太狠了，同学们。（边说边做了一个身体往下压的错误动作提示学生）抬起来，要把身体抬起来。

（学生按照老师的要求，把身体抬起来了）

老师：对，要把身体抬起来。加快加快。（啪啪啪啪，啪啪啪啪。又开始击掌提示学生加快速度）

（学生听到击掌声后，开始逐渐加快了速度）

老师：跟着老师的节奏来。（啪啪啪啪，啪啪啪啪，啪啪啪啪，啪啪啪啪）好，加快。（又一次提高了声音喊加快）

（学生又一次加快了速度）

老师：（啪啪啪啪，啪啪啪啪，啪啪啪啪）好，不错，很好，停。好了，原地练习得怎么样？是不是有所体会了？下面我们要进行一个行进间的练习，同学们。行进间练习要求我们跑到前面的指定位置，好吧？

学生：好。

老师：第一项练习摆臂，然后高抬腿跑加小步跑，再加速跑，好吧？

学生：好。

老师：第一项，第一排跑完之后从两侧回来，把队站好，好吧？

学生：好。

老师：来，第一排准备，摆臂动作。1、2、1，1、2、1，1、2、1，1、2、1。跑步——走，加快。

（听到老师的口令后第一排学生迅速跑出）

老师：很好，好，第二排同学准备。准备。1、2、1，1、2、1，1、2、1，1、2、1，1、2、1。嘟！（吹响了哨声）

（第二排学生先是原地摆臂5个"1、2、1"，然后，按照老师的口令和口哨跑出了）

老师：好，第三排同学准备。准备，开始。1、2、1，1、2、1，1、2、1，1、2、1。嘟！

（第三排学生原地摆臂4个"1、2、1"后，按照老师的哨声向前跑出）

老师：同学们很积极，很想练习快速跑。好，第四排同学准备，摆臂开始。嘟嘟嘟；嘟嘟嘟，嘟嘟嘟；嘟嘟嘟；嘟——（由口令转向了口哨）

（第四排学生听到哨声后先是原地摆臂，然后听到"嘟——"的一声长哨跑出了）

老师：好了，来来来，第一排同学。下一项高抬腿加快速跑。准备，准备。高抬腿开始。嘟嘟嘟；嘟嘟嘟；嘟嘟嘟；嘟嘟嘟；嘟——

（学生按照老师的指令和口哨练习高抬腿加快速跑）

老师：好的，第二排同学，准备。嘟嘟嘟；嘟嘟嘟；嘟嘟嘟；嘟嘟嘟。腿要抬高一点。嘟嘟嘟；嘟——

（第二排学生也按照老师的指令和口哨向前跑出了）

老师：好的，第三排同学，准备，开始。嘟嘟嘟；嘟嘟嘟；嘟嘟嘟；嘟嘟嘟；嘟——

（第三排学生按照老师的指令和口哨跑出了）

老师：第四排同学，准备，开始。嘟嘟嘟；嘟嘟嘟；嘟嘟嘟；嘟嘟嘟；嘟——

（第四排学生按照老师的指令和口哨也跑出了）

老师：好，请第一排的同学准备，小步跑加加速跑。来，第四排的同学抓紧时间回来。刚才已经通过了两个练习，下面是最后一个练习，就是小步跑加加速跑。刚才的两个练习包括摆臂和步幅的练习，我们要把腿抬高。下面就要进入一个步频的练习。进行步频练习的时候，同时也要注意前面两项，一定要记住手臂要前后用力摆起来，腿要抬高，好不好？

学生：好。

老师：我们进行第三个练习的时候，一定要把前两个练习加上哈。好，第一排同学准备，小步跑开始。嘟嘟嘟；嘟嘟嘟；嘟嘟嘟；嘟嘟嘟；嘟——

（第一排学生听哨声练习，并向前跑出）

老师：第二排同学准备，开始。（这次是拍掌加哨声）嘟嘟嘟；嘟嘟嘟；嘟嘟嘟；嘟嘟嘟；嘟嘟嘟；嘟——

（听到"嘟——"的一声长音，第二排的学生迅速跑出了）

老师：第三排同学准备。嘟嘟嘟；嘟嘟嘟；嘟嘟嘟；嘟嘟嘟；嘟嘟嘟；嘟——

（学生按照老师的指令和口哨练习小步跑加加速跑）

老师：第四排同学准备。嘟嘟嘟；嘟嘟嘟；嘟嘟嘟；嘟嘟嘟；嘟——

（第四排学生听到哨声后练习并向前跑出）

老师：好嘞，各位向前两步——走。（并打出向前走的手势）

（学生听到老师的口令后向前走了几步，回到刚才练习的起点位置）

老师：好，同学们抓紧时间站好，通过刚才的原地练习和行进间的练习，

我们是不是又体会到了什么？快速跑的基本动作，是不是大部分同学都掌握了？

学生：是。

老师：对，下面我们进行一个小小的游戏，稍微放松一下，好不好？

学生：好。

老师：我们现在是四排同学，是不是啊？

学生：是。

老师：第一排是红队，第二排是粉队，第三排是黄队，第四排是绿队。听到了吗？

学生：听到啦。

老师：下面在小组长的带领下，去取一下气球，好不好？

学生：好。

老师：来，向右转，跑步走。

（师生共同从刚才站立的场地上跑向游戏场地）

老师：来，从上往下解，每人解一个，同学们。

（学生听到老师的指令后，排着队一个接一个地解拴在柱子上的气球）

老师：把气球解下来后绑在你们的脚腕上，迅速跑到场地上去。

（学生听到老师的口令后完成了任务）

老师：绑到脚腕上。

（学生来到场地上开始绑气球）

老师：好了，同学们，绑到你们的脚腕上，向下绑一点。（然后，走进队伍里观察并指导学生绑气球）

（学生都蹲下去绑气球了）

老师：好的，向下绑一点。绑到你哪只脚上都可以哈。左右脚自己来选择。在我们的气球里面有一个小小的礼物，我看哪一名同学能够把礼物找到。踩破气球之后，有一个小小的礼物，把它捡起来打开看一下。四组同学在规定的时间和范围内去踩其他组同学的气球。不要踩到你们自己组同学的气球了。保护好自己组的成员，好不好？

学生：好！（声音比前面练习时的回答声都显得洪亮得多，说明学生对游戏的兴趣要比快速跑的练习兴趣高得多）

老师：来，站队，都系好了吗？

学生：系好了。

老师：好了，按照我们刚才的队形站好了。来，前后站好，同学们。（走到侧面，看到还有两个学生蹲在地上绑气球）

（学生都回到队伍里面，站好了）

老师：好的，系好了，听明白规则了吗？

学生：听明白了。

老师：踩其他组同学的气球，看它的里面是不是有一个礼物，把它捡起来，老师一会儿要问的，好不好？

学生：好。

老师：规定就在这个圆圈里面，不能出圆圈，好不好？

学生：好。

老师：听到哨音开始。准备，嘟——

学生：（听到老师的哨音后，迅速跑出，开始游戏。游戏非常积极，拼抢踩气球非常激烈，学生完全放开了，活跃起来了。还不时听到气球被踩破的声音）哦，哦，好。（游戏中，还有个别同学发出了叫声）

老师：黄队气球还有很多啊。

（学生继续相互踩踏气球，有些学生弯腰去捡地上的纸条，并打开看上面的内容）

老师：嘟嘟——嘟。（吹响了哨声，准备集合）好了，站队。（老师打出集合站队的手势）好，集合了，同学们，快速把队站好。

（学生听到老师的哨声以后，迅速集合了）

老师：看哪一组同学剩下的气球比较多。来，同学们，把队站好了。抓紧时间把队站好。来，抓紧时间，抓紧时间，快点站好。

（学生按照老师的指令，迅速站在了自己的集合位置上）

老师：哎，同学们，谁找到任务了？

（其中有位同学举起了手）

老师：好，请这位同学讲一讲，请注意听他找到的任务。

学生：一排听信号跑，二排转身跑，三排高抬腿跑，四排小步跑。

老师：第一排什么？

师生：听信号跑。（老师先回答，学生也跟着回答了"听信号跑"）

老师：第二排？

师生：转身跑。（学生先回答，老师再重复一遍）

老师：第三排？

师生：高抬腿跑。（学生先回答，老师又重复一遍）

老师：第四排？

师生：小步跑。（学生先回答，老师也重复一遍）

老师：好的，我们看一下红队的气球现在是最多的，是不是啊？

老师：好的，我们集体给红队放礼花。

（啪啪啪啪，师生一起鼓掌）

老师：把气球踩烂了。

（脚腕拴着气球的学生和临近的同学开始动起来了，有的去踩，有的躲藏）

老师：快快快，踩。礼花都放完了吗？

学生：放完了。

老师：还有谁的礼花没点燃？

学生：（后排有个别学生的气球还没有被踩破，临近的同学马上就开始踩了）哈哈哈哈。

老师：好的。明确了刚才的任务，我们进行一下练习。好的，以中间的那名同学为基准，成体操队形散开。

（学生迅速手拉手成体操队形散开了）

老师：手放下，第一排，听信号跑，是不是啊？好的，听好了。第一排准备好，嘟——

（第一排女生听到老师吹响的信号迅速跑了出去）

老师：好，从两侧回来，第二排，转身跑，转过来，同学们。

（学生听到老师的口令转身向后了）

老师：听准了，往后跑，转身跑。嘟——

（第二排女生听到老师吹响的哨声后，转身向后跑去）

老师：好，第三排同学，什么跑？

学生：高抬腿跑。（第三排同学回答）

老师：对，准备，开始。

（听到准备开始的口令后，第三排学生做起了高抬腿动作）

老师：嘟——

（听到哨声后第三排学生迅速向前跑去）

老师：第四排同学，什么？

学生：（第四排学生回答）小步跑。

老师：好，准备，开始。

（学生做起了原地小步跑动作）

老师：加快。（同时，加快速度拍掌以表示让学生小步跑的速度加快）

（学生听到老师的口令和掌声节拍以后，迅速加快小步跑的节奏）

老师：嘟——

（第四排学生听到哨声后迅速跑出）

老师：好的，抓紧时间回来，同学们。

（听到要求后所有学生走向老师并准备集合）

老师：好，把队站好。刚才的游戏好玩吗？

学生：好玩。

老师：要求我们怎么样？反应要快，是不是啊？

学生：是。（回答"是"的学生声音不多，也不大）

老师：不仅你不能被别人踩到气球，而且你还要去踩别人的气球，是

不是？

学生：是。

老师：要求你反应特别快。就是我们在快速跑中也要怎么样？

学生：反应快。（有少数学生小声说）

老师：也要反应快。准备好之后，听到信号赶快跑出去，是不是啊？

学生：是。（声音不多也不大）

老师：还有什么呀？速度要快，我们不要被别人踩到气球，还要想办法逃离，是不是啊？但我们还要去踩别人的气球，踩到别人的气球后赶快逃离，是不是啊？

（没有学生回答"是"，只是安静地听着老师的讲述）

老师：我们还要把速度加起来。能做到吗？

学生：能。（声音比刚才大多了）

老师：来，进行一下全程的练习。就针对我们刚才练的那几项。高抬腿、小步跑和摆臂。还有我们的听信号跑，转身跑。都是反应类型的练习，我们进行一下全程的练习，体会一下快速跑到底该怎么做。好不好？

学生：好。

老师：来，第一排同学准备，站立式起跑姿势。

（学生以站立式起跑姿势站着，有学生站得对，有学生站成了一顺儿）

老师：来，预备。

（有个别学生抢跑出去了，老师还没有发信号）

老师：不要着急，听信号听准，反应要快。嘟——

（听到哨声后，第一排学生快速跑出了）

老师：第二排同学，准备，反应要快。嘟——

（第二排学生听到老师的哨声后迅速跑出了）

老师：第三排同学，准备，嘟——

（听到哨声后，第三排学生跑出了）

老师：第四排同学，准备，嘟——好的。

（第四排学生听到老师的哨声后跑出了）

老师：好，请同学们抓紧时间回来。好了，来，向中看齐。（举起手集合整队，但没有喊"向前看"）

（学生迅速按口令集合了）

老师：好，前两排同学蹲下。

（听到指令后，前两排学生蹲下了）

老师：好了，经过我们刚才的原地练习、行进间练习和整体练习，我们已经完全学会了快速跑，是不是啊？

学生：是。（声音很小也很少）

老师：快速跑要求怎么样啊？

学生：摆臂。（个别学生在回答）

老师：对，反应快。摆臂，前后自然摆动。

（有个别学生也跟着老师的节奏回答着问题）

老师：前不露——

学生：肘。（声音很大很齐）

老师：后不露——

学生：手。（同样回答的声音较大，说明多数学生都回答了）

老师：摆姿呢？（用右手，比画着左手举起的拳头和下颚处平齐一下）

学生：下颚。（学生回答）

老师：然后，双腿要充分用力——

学生：蹬直。

师生：蹬地。

老师：大腿要——

师生：抬高。

老师：是不是？大腿要抬出来，通过你的送胯动作，把你的步幅折叠，通过大小腿的折叠把步子送出去，是不是啊？

学生：是。

老师：这就是我们的快速跑。整体完全做起来要掌握几点？

（学生不知道如何回答）

老师：四点。

学生：（有个别学生迎合了一下）四点。

老师：一反应，二？

师生：摆臂。

老师：三？

学生：步幅。

老师：四？

学生：步频。

老师：很好，同学们总结得很好。我们把它们很好地整合在一起，就是我们的快速跑。那么，大家学会了快速跑，我们进行一个接力赛。好不好？

学生：好。

老师：胜利的一组同学，我们要为他们唱歌，好不好？

学生：好。

老师：起立，向右——转。

（学生听到老师的口令后，全体向右转去）

老师：好，听好了，同学们，我们绕过前面的障碍杆。我们前面有四个障碍杆。然后，通过击掌，比如我跟第一名同学击了掌之后，其他同学才能走，明白了吗？

学生：明白了。

老师：一个循环接力赛，看哪一组得第一，好不好？

学生：好。（声音很大，也很齐）

老师：你们有信心吗？

学生：有。

老师：好的。很棒。好，每排对一个障碍杆。成体操队形散开。

（学生听到口令后迅速成体操队形散开了）

老师：好，听准老师的信号。好，准备。

（每排的第一名学生做好了准备）

老师：嘟——

（每排第一名学生迅速跑了出去）

老师：同学们请注意，跑的时候摆臂，两臂前后自然摆动。然后，腿呢，要抬高。频率要快。我们一定要注意到这几点，要做到。

学生：（一个接一个地击掌跑了出去）快呀，你快点——（有个别学生提示同伴要快点跑）

老师：注意一下，我们的摆臂，摆臂。好的，哈，女生跑得很棒啊。

（学生还在继续比赛）

老师：动作很好。不要太向前了，同学们。（看到有个别同学太向前了）不要超过我，你们的距离不要超过我。（由于没有划线，有的学生一点一点地往前挪动）来，女生不要超过我哈。

（学生听到老师的要求，调整了一下）

老师：好的，女生，女生不要超过我。好，加快加快，摆臂要快。速度要快，大腿要抬高。脚下的频率要快，我们要做到快频率，同学们。哎，很好。

学生：加快点儿，加快点，加油加油。加油，加油，加油。（个别男生有不文明的语言发出）

老师：（音乐响起）下面咱们给男生组第一名鼓鼓掌。

师生：哗哗哗哗哗哗。（师生共同为第一名的男生组鼓掌了）

老师：女生哪一组第一啊？

学生：（第一的女生组集体举起了手，其他女生指出了获得第一的组）

老师：很好啊，这一组女生第一啊，我们给她们鼓鼓掌。

师生：哗哗哗哗哗哗。

老师：同学们刚才体会到了吗？要有快频率，腿要抬高，步幅要大，步频要快，摆臂要自然用力，是不是啊？

学生：是。

老师：（几乎没等学生回答完，老师接着说）上下肢要协调。这样我们的速度才能提高，对不对呀？

学生：对。

【课的结束部分】

老师：好的。来，听清口令，向左——转。来，向右看齐。

（学生都在动，究竟是向哪里看齐，好像学生没有听太清楚）

老师：向前看，好了，同学们。这节课学习了——

学生：快速跑。（齐声回答）

老师：对，快速跑。重点是什么？

学生：摆臂。

老师：还有什么？

学生：步幅。

老师：还有什么？

学生：步频。

老师：还有呢？

学生：摆动。

老师：还有？

（学生沉默不语，没有回答出来）

老师：两腿？

学生：蹬地。

老师：对，两腿要用力蹬地。然后，摆臂要积极用力，是不是啊？

学生：是。

老师：难点是什么？

（学生没有回答出来）

老师：（做起了摆臂姿势）上下肢要做到——

学生：协调。

老师：对，上下肢要做到协调用力。是不是啊？对，同学们，只要把重点和难点记住，课下我们再进行——

学生：练习。

老师：课下我们再进行练习、巩固，好不好？

学生：好。

老师：好的。那么，下面我们进行放松练习，好不好？

学生：好。

老师：跟着我一起进行放松练习。向右——转。

（学生听到老师的口令转动了方向）

老师：下面第一排排头跟着我，接下来第二排接着前一排的排尾，好吗？走成一个"圆"，好，齐步走。

（学生在音乐的伴奏下，开始走出，慢慢走成了"圆"。并听着《如果感到幸福你就拍拍手》歌曲，边走边拍手）哗哗，哗哗……

老师：加油，对。（音乐，如果感到幸福你就跺跺脚）跺脚。（说着，自己做出了跺脚的姿势）

（学生听着音乐变换着动作，也跟着音乐跺起了脚）

老师：跺跺脚。

（学生跺脚了，咚咚）

老师：跺跺脚（看到提示板有点影响学生行进，就上前把它往一边挪挪）

（学生按照歌曲中的要求，拍手、跺脚）

老师：拍拍肩。

（学生拍了几下肩）

老师：拍拍肩。好的，踏起来，放松，全身放松。

（学生伴随着音乐响声，转圈、做动作）

老师：跺跺脚。

（学生跺脚）

老师：跺跺脚。

（学生在音乐的伴奏下，用力踩脚两次，啪、啪）

老师：好的，立正。向左——转。

（学生们停下来，按照老师的口令执行动作）

老师：好，继续做啊，踏步。

（学生继续跟着音乐做动作，拍手、踩脚、拍肩等）

老师：好嘞，大家跟着一起唱好吗？下面我们给第一名送一首歌，好，跟着一起来一遍，跟着一起唱，我们给刚才接力赛第一名的同学唱一首歌，好吗？一起唱起来。

师生：（一起唱起来了）如果感到幸福你就拍拍手——哗哗。

老师：大声一点。

师生：如果感到幸福你就拍拍手。

老师：大家大声点唱。踩踩脚。

（学生跟着音乐和老师的指令一起踩了踩脚）

师生：如果感到幸福你就踩踩脚。如果感到幸福你就踩踩脚。如果感到幸福你就拍拍肩。（同时，说与做结合）

老师：好，立定。来，以我为基准，集合。来，向里边集合过来就行了。不需要站队了。好了，今天我们的课就到这儿了。通过刚才的练习，咱们同学很努力，是吧？动作做得很好。咱班不愧是很棒的一个班。配合也很好，反应也很快，是不是啊？

学生：是。

老师：大家都在尽力地完成，看有个别同学跑得满头大汗地还在跑，是不是啊？

学生：呵呵呵呵。

老师：今天你们学到了吗？把这个动作学会了吗？

学生：学会了。

老师：好的。我希望下课以后你们加强练习好不好？

学生：好。

老师：好，下课。(同时弯下腰鞠躬与学生再见)

学生：老师再见。

师生：嗨！(一起手搭手，做出了庆祝成功的动作)

3. 快速跑案例评析

快速跑这节课作为一节研究课，按照需要研究的专题进行分析的时候，基于课的特点、亮点和有待改进的环节，我们尝试着可以做如下专题式分析。

(1) 课的内容衔接性专题分析

该节课的内容，从开始部分、准备部分，再到基本部分和结束部分，在课的各个部分内容安排上，各部分衔接比较自然流畅，各部分内容与内容之间具有较强的连贯性。如从开始的用绳子变魔术，其目的是集中学生的注意力。到慢跑热身和原地的徒手操，其目的是预热身体，为基本部分安全学习提供保障。再到基本部分开始的时候的一项游戏"送快递"，其目的是让学生先体会快速跑的身体感觉。再做原地和行进间的各种摆臂、高抬腿、小步跑等练习，其目的是让学生明确快速跑的重点是摆臂、步幅、步频、蹬地等，难点是上下肢的协调配合。再然后是完整动作的快速跑，其目的是让学生运用站立式起跑反复体会快速跑技术。并通过接力游戏进一步巩固所学快速跑技术。放松部分在音乐的伴奏下舞动身体，并随着音乐让学生唱起了歌，其目的是让学生的身心得到放松的同时，把歌声送给在接力比赛中获胜的组，以示鼓励。可以说，内容的安排比较巧妙，衔接自然。

但从内容的实施过程来看，也有些小遗憾。一方面是是否需要进一步明确快速跑四个技术环节（起跑、起跑后的加速跑、途中跑、终点冲刺），因为不同环节跑的方法有所不同。如果再能强调一下，学生对快速跑的理解就很有可能会得到进一步强化。另一方面，放松活动内容的安排，选择和着歌声的拍手、踩脚、拍肩，难以达到真正放松的目的，如果能有针对性地进行上下肢的放松或许效果会更明显一些。

（2）组织口令准确性专题分析

体育教学中的口令用得非常频繁且关键，比如组织调动队形、做操、发出练习指令、放松、口头喊节拍等。口令发出要求清晰、准确、完整等。如果不清晰，学生不知道让做什么；如果不准确，有可能出现错误行动；如果不完整，学生做不到位。因此，口令的使用至关重要。该节课上的口令使用也很多。例如，让学生跑步的时候，教师发出了"跑步走"的口令；让学生做徒手操的时候，教师喊出来"1、2、3、4，5、6、7、8；2、2、3、4、5、6、7、8"等节拍；让学生练习摆臂、高抬腿跑、小步跑的时候，教师喊出来"1、2、1；1、2、1；1、2、1"的口令；等等。然而，这节课上的口令多处出现有待改进和提高的地方。其一，出现了不完整的口令，如教师让学生集合的时候，喊了"向中看齐"，却忘了喊"向前看"；其二，有不准确口令，如教师喊"同学们，以我为基准，向左向右看齐"的口令时，表现出的是不够准确；其三，有不统一口令，如教师喊节拍学生做徒手操的时候，有的喊的是 2 个八拍，有的喊的是 4 个八拍，还有的喊的是三个八拍，中间漏掉了"3、2、3、4，5、6、7、8"第三个八拍。以上这些只要稍加注意，都能够改进完善。

（3）教学语言精准性专题分析

教学语言在体育教学过程中既有教师的语言，也有学生的语言；既有口头语言，也有肢体语言。这些语言在教学中发挥着重要作用。其中，教师的语言，无论是口头讲解的语言，还是组织练习时提出要求时的语言，或是与学生沟通交流时的语言，都要求任课教师发出精准、正确、简练、文明的语言。在一定程度上，语言是否准确，决定着学生学习的积极性和实效性。因此，教学语言少不得、错不得，教学语言还要带有一定启发性等。该节课上教师的语言很多，各部分都有体现。总体上来讲，基本上达到了要求，但有几处存在语言不太到位现象，有待进一步完善。有的教学语言不够完善。任课教师要求学生在进行快速跑练习的时候说："上下肢要协调配合起来。"但为什么不继续强调一下什么才算是协调配合呢？有的教学语言不够准确。如教师问学生："两腿要干什么？两腿要前后用力快速充分蹬地。"两腿如何做出蹬地动作？是两脚蹬地而不应该是两腿蹬地。显然，从教学语言的角度来评的话，应该是有不够准确的语言表达。

除此之外，从教师语言的精准度上来看，还有一个不容忽视的问题就是，教师在开始部分变魔术后，学生想知道为什么老师剪断了绳子以后，伸开手看到的教师手中的绳子还是像原来的那么长。教师说"那我们集中精力上好这一节课，到最后的时候，我要把这个谜底告诉你们"，可是，课的结束部分教师并没有把"谜底"揭开。这说明，在教师语言上，承诺了什么，还要能够兑现。从小的方面说，可能不会影响课的效果，但从大的方面说，会影响对学生的诚信教育。

（4）练习密度适宜性专题分析

练习密度大小是衡量一节体育课教学效果的一项重要指标。体育课程性质明确提出，要增强学生体质，增进健康。但假如一节体育课不考虑练习密度的适宜性，或练习密度过小而达不到锻炼的目的，体育课的功能价值就很难得到充分体现。然而，为确保练习密度达到一定的水平，体育课上对练习时间的有效把握起着决定作用。过去，我们要求任课教师在课堂上一定要把握"精讲多练"的原则，也就是说，教师要尽可能地做到精讲，让学生能够有更多的练习时间。实际上，除此之外，还有一种情况也不容忽视，有时教师在课堂上做到了精讲，但是练习密度依然不高。这种情况其根源何在呢？一方面有可能是组织学生练习的时候，组别分得太大。如40个学生分成4组，10人一组，那么，就有可能出现4个学生练习，36个学生在等待的情况，该节课上也有类似的情况。假如我们能够把4人同时在练调整为10人同时在练，那么就减小到了30人在等。另外，我们还可以考虑，假如在练习的时候每排学生的间隔距离再拉大2~3倍的话，学生就几乎可以同时练习了。40个人同时集体练习就避免了学生的长时间等待。还有一个环节就是准备组织学生做游戏，让学生去取事先系在标志杆上面的气球，在这个环节，学生排着队等待着一个接一个地解下气球再拴在自己的脚腕上，用时较长，也在

一定程度上不利于练习密度的把握。

　　以上是几个重点需要研究的方面。除此之外，从"五会"，即会说、会做、会用、会学、会做人这些方面来分析，这节课比较注重让学生"会说"和"会做"。这对于一节新授课而言，总体上来讲，抓得还比较准确，而且多次反复地用启发引导的方式，让学生能够说出所学快速跑技术动作的方法和重点、难点。用让学生谈感受的方式，说出快跑运动时的身体感觉。在会做方面的把握上，通过各种形式的快速跑辅助练习，如原地的摆臂、高抬腿跑、小步跑，行进间的摆臂加上加速跑、高抬腿加上加速跑、小步跑加上加速跑等方式的练习，让学生多次练习巩固快速跑的动作方法。直到学生会说、会做快速跑技术动作。同时，这也说明本节课是围绕重点、难点而学而练，而且还可以用"以赛代练"的方式激发了学生的运动兴趣。下面对如何从研究专题评研究课做一个简单的归纳。

研究课堂不常见，	教研活动才呈现；
评课关键不能混，	问题多少看标准；
评析此课重研究，	专题分析放在首；
正反方向均可行，	剖析问题方法明；
快速跑课选得好，	任课教师献功劳；
提供研究意义大，	抓住关键不落下；
优点突出在连贯，	教学语言有遗憾；
口语精简有空间，	提高密度不走偏。

序

　　于素梅研究员的书稿《说课的门道》也放在了我的面前，在惊叹她真是一架"写书机器"的同时，我也更加确信我在《评课的门道》序言中的观点：体育真是一个极为特殊的学科，因此围绕体育课所产生的纷扰、问题、争论，当然也包括各种正确和不正确的"门道"才会如此之多！

　　平心而论，我至今对体育"说课"都是有疑问的。"说课"的意义是什么？"说课"等于上课吗？"说课"等于备课吗？"说课"等于研究课吗？"说课"等于示范课吗？用"说课"来评价教师、来考核新教师准确吗？科学吗？可信吗？"说课"没有"纸上谈兵"之虞吗？为什么要"说课"，是因为无法调动学生上课而只能用"学生缺席"的"说课"形式吗？是因为"说课"比上课更能准确评价教师的水平吗？是不是我们确信有很多教师能上好课但却不能说好课，因此只能上好课的未必是好教师？还是我们已经断定：教师只要能说好课就一定能上好课，因此，说课好的教师则一定是好教师？

　　我坚定地认为：上好课是体育教师的真本事，而"说课"充其量是对课堂的设计、过程、氛围和效果的预估，它不是真正地"发生"，它是教学研究的一个辅助性手段，至少它现在只能是。但是，既然"说课"已经成了当下体育教学研究的一种方式，那么我们就应在不断正确认识"说课"的意义和价值的同时，不断地尽力规范"说课"，将"说课"科学化、标准化、可信化。我想这一定是于素梅研究员写《说课的门道》不可缺少的动机吧。

　　"说课"越来越需要严肃和严谨，因为它已经担当了"评价""考核""评优""选拔"等重要的作用（本文作者正是对"说课"的这些颇为"力不从心"的担当忧心忡忡）。据本人观察，当前的说课活动依然存在着许多问题，"假大空的说课""寅吃卯粮的说课""狐假虎威的说课""装腔作势的说课"都出现过，用大家没听过的、听不懂的概念和理论唬人的现象并不少见，

"以其昏昏使人昭昭"的"说课"可谓遍地都是。这样的"说课"不但于提高体育教学质量无补，而且造成了体育教学研究的不良风气。我想，这应该是于素梅研究员在《说课的门道》中最想提醒我们的一件事。

要说好课，要让"说课"变好，头脑里一定要有正确的体育课程教学观念。如果体育教育的观念歪了，那么坏课能被说成好课，好课能被说成坏课，我们的体育教学会大大倒退。我不是危言耸听，我们的确面临着这样的危险。

要说好课，要让"说课"变好，一定要在心中牢记"学理"和"规律"，不可为虚假的所谓"创新"，而忘记了"科学"，不要为并没有经过证明的"新理论"，而忘记了"实践是检验真理的唯一标准"的"铁律"。

要说好课，要让"说课"变好，就要时时直面"课堂现场问题"。如面对真实的教学环境，面对真实的教学安全，面对真实的教师行为，面对真实的天气，面对真实的教材，面对真实的学生个体差异，面对真实的学生心理，面对真实的负荷和疲劳。而能直面这些问题都源于对体育教学的深入研究，源于对提高体育教学质量的真心追求。这一切也自然源于我们对党的教育事业的忠诚，源于对教师职业的热爱，源于人民教师的责任心，源于体育教育人的良心。而没有经过这些规范的"说课"一定是夸夸其谈、纸上谈兵、瞒天过海、欺世盗名的。

我想，这才是我们能说好课、用好说课，并能让"说课"走上正确发展道路，最应该记在心里的门道。这一定也是于素梅研究员《说课的门道》一书最终想告诉我们的"核心内容"吧！

再次祝贺《说课的门道》的出版。

北京师范大学教授、博士生导师

全国学校体育联盟（教学改革）主席

二〇一九年五月于上海锦江都城

前　言

　　体育教师提高教育教学水平，加强专业发展至关重要，其中掌握"备课""上课""看课""评课""说课"这"五课"的技能尤为必要。同时，这"五课"又是新课程改革以来，各地乃至全国体育教师基本功大赛、教学观摩展示活动、教师资格考试、教师招聘、教师教研等各级各类活动的重要内容和形式。然而，目前关于体育教师专业发展的理论与实践相结合的专业论著尚不多见。经调查获悉，很多教师十分迫切需要这些方面的理论与实践指导。为此，笔者经过长期研究，设计并创作了有利于有效促进体育教师专业发展的系列论著，包括《备课的门道》《上课的门道》《看课的门道》《评课的门道》《说课的门道》。期望它们能够成为广大一线教师的良师益友，为体育教师成长与发展提供一些理论指导与方法借鉴，同时也希望能够为致力于体育教学及教师专业发展研究的研究者提供一定的参考。

　　"备课"，关键在于准确设计。体育教师对"备课"并不陌生，几乎每天与备课打交道。但是，从笔者当前所了解到的备课现状看，体育教师对备课与教学设计、教案的关系存在一定的模糊认识。尤其是如何将课备得更加准确、合理，备得更加充分，从而有利于教师在上课的时候从容应对。就这点来看，目前的备课环节还有一定的提升空间。基于此，本丛书在"备课"如何准确设计、规范撰写上下了一些功夫。

　　"上课"，关键在于有效把握。就"上课"而言，有的教师能上但不会上；有的教师仅仅把事先写好的教案在课堂上演示一遍，课堂上新生成的东西不能灵活把握；还有的教师仅仅只顾教，而忽略了学生的学。尤其是新课改提倡培养学生自主、合作、探究学习的能力，教师该如何在课堂上有效掌握并运用自主、合作、探究方式培养学生的学习能力，使其掌握有效的学习方法？基于此，为了提高体育教学的有效性，把握上课的门道至关重要。

"看课"，关键在于观察记录。无论是新任教师还是具有多年教学经历或积累了丰富教学实践经验的教师，"看课"都是其应掌握的基本技能之一。通过看课不但能够直接学习他人的教学经验，而且还能从中发现在上课的时候难以发现或感觉不到的问题。因此，"看课"已逐渐成为体育教师专业发展的助推器。然而，不同的人或许有着不同的看课方法，那么，什么样的方法最有效？看课时的观察和记录该如何把握？常言说得好：会看的看门道，不会看的看热闹。掌握了看课的门道，不但在看课过程中能够有更多的收获，而且对评课或更好地上课都将起到一定的促进作用。

"评课"，关键在于多元视角。"评课"又分评说与评分，其中的评说是通过语言交流表达自己看到的、听到的、想到的等。评分通常用于评优活动中，以量化打分的方式呈现。就以语言方式交流的评课而言，大家有一种习惯，很多人都是从评优点、提缺点和提改进建议三个方面展开的。假如是一次集体的评课活动，采用这样的评课方式，往往会出现这样的尴尬情景：先评者滔滔不绝，后评者无话可说。因此，难以调动更多人评课的积极性。实际上，评课的方式有很多，可以从多个视角去评。如从归纳课的特点来评；按课的教学步骤一个部分接一个部分地评；还可以从看课后得到的启发来评；等等。因此，掌握评课的门道对于拓展评课的思路与方法、提高评课能力等都十分必要。

"说课"，关键在于清晰表达。"说课"重点要说清楚课是如何设计的，将如何上。"说课"尽管不像备课、上课那样日常化，但是说什么、怎么说等依然是体育教师应具备的专业技能之一。会说的，能够把握说课的节奏、内容和方法；不会说的，说了半天也没弄明白课为什么这么上而不那么上。由此可以看出，要想把课的设计和实施说明白，需要一定的技巧，尤其是应重点说什么、说课内容呈现的顺序等都是需要掌握的。为了能够提高教师说课的水平，本丛书就"说课的门道"也做了重点分析和阐述。

本书重点讨论"说课的门道"。说课包含"说"与"课"两个部分，"说"是用语言表达，"课"是看设计，说课是通过语言表达的方式，说清楚课是如何设计的，将如何上。假如所说的课以前已经上过，那就属于上课后的说课，应该说出课是如何设计的，如何上的。

《说课的门道》一书既有对说课方法与技巧的描述，也有对说课与模拟课概念的区分，还有如何提升说课能力的策略，以及说课评优标准设立的建议。除此以外，还有基于大量的案例分析说课的经验与问题。

《说课的门道》共分三部分十四章。第一部分，包含四章，分别是说课的若干现象、说课的若干困惑、说课应遵循的原则和说课应把握的技巧。该部分从分析问题与困惑出发，阐述了说课的原则与技巧，有助于规范说课。第二部分，从实践层面谈从说课到评说课的具体操作方法。包含八章，即说课前的充分准备、说课中的内容取舍、说课中的时间分配、说课中的示范处理、说课与模拟课的区分、成功说课应把握的关键、说课能力提升策略、说课比赛评优方法。第三部分，主要通过案例分析，介绍了他人成功的说课经验，提出了进一步提高说课水平、完善说课文本的建议。该部分包括两章，即说课视频分析和说课文本分析。在说课视频部分，重点分析了跪跳起、前滚翻、实心球、篮球、足球五个说课视频。在说课文本部分，重点分析了自然站立式起跑、障碍跑、跳跃、篮球、足球五个说课文本。

在创作过程中，笔者尽管已经尽心尽力，但由于水平所限，本书难免会有不够完善的地方。对说课理论与方法的研究，尤其是就说课问题的探讨还有待进一步深入。愿与广大读者和一线教师共同努力，为我国的体育教育事业发展多做贡献。

于素梅

中国教育科学研究院

2019 年 5 月 10 日

目 录

体育教师说课——实践方略

体育教师说课——案例分析

第一
部分

体育教师说课——理论准备

体育教师专业要获得发展，说课能力的提高至关重要。要达到成功说课，需要一系列的准备，有文本的准备，也有表达能力和技巧的准备等。本部分系统归纳了说课的若干现象、若干困惑等，重点提出了说课应遵循的原则，介绍了说课应把握的技巧等，但愿这些能够给教师们成功说课带来一些新启发。

第一章　说课的若干现象

关于说课，各地曾不同规模地组织过活动，有的是新任教师选拔，有的是区域说课比赛，有的是教学研讨活动，有的是职称评审，等等。无论是何种活动中选择说课，都面临着说什么、怎么说、说得怎么样等一系列问题。尤其是对说课过程中存在的若干不良现象，更需要了解，便于在以后的说课活动中避免同类现象发生。

说课已经逐渐成为一种常见的衡量体育教师能力的重要方式。由于学科间的性质差异，体育学科的说课与其他学科有着明显的不同，如何把握体育学科说课技巧并成功说课，这是很多教师都关心并期待解决的问题。本章从说课中的现象谈起，分析在诸多说课活动中看到的若干不良现象，旨在为一线教师更好地说课，评委们更加客观有效地评说课提供一定的参考，为后续研究提供基础数据。

一、说课的界定

什么是说课？除了平日一线教师上课，为什么还要说课？或许有人曾经有过这样或那样的疑惑。说课与上常态课不同，也与模拟上课有别，那究竟何为说课？说课，顾名思义，是把一节课的设计思路、方法、意图，课堂教学组织方法与效果等，通过语言表达出来的一种特殊形式。因此，说课是通过语言来描述课是如何设计、如何上，它与上课明显不同。说课能够衡量教师的设计能力和表达能力。说课所用时间可长可短，长者可在15—20分钟之内完成全部说课内容，短者可在10分钟左右完成，当然，根据活动需要，也可限定在5—10分钟之内。就说课内容而言，过去见到最多的是完整体育教学设计的压缩版。实际上，有几个必要要素需要把握，诸如教材、学生情况、目标、重难点、场地器材、教学过程、教学手段与设计意图、预计效果、安全防范等，如果这些都能够说清楚，基本上就能把要说的课表达清楚，能让他人听明白你是如何设计的、如何组织教学的。

二、说课的不良现象分析

说课活动开展过程中，有诸多不良现象应引起我们关注。有的是准备工作做得不够充分，有的是缺乏说课技巧，还有的是说课能力有待提高，等等。下面对说课中的各种不良现象逐一进行分析。

1. 低头读稿现象

说课过程中，有的说课者总是低头读说课稿，甚至一直在这么做，唯恐漏掉了要说的内容。对于低头读稿者而言，根据情况不同可以分为全程读稿、大部分时间读稿和偶尔读稿三种表现。分析这些现象产生的原因，一方面是对说课准备不充分，不熟悉要说的内容，另一方面是对说课概念不清。这样的说课状态很难在一些评优或招聘活动中获得好成绩，会给评委和其他听者留下不良印象，大家或许会认为该说课者的能力有待提高。为此，如何消除低头读稿现象呢？根据说课者的情况不同，解决策略也有所区分。对说课内容不熟悉的，属于准备工作未能做充分，是比较容易解决的，多熟悉说课内容就基本上能够迎刃而解。而对于那些不知道说课是要突出"说"的说课者，就要转变观念、提高认识。最难改善的一种情况是表达水平不高，或说课能力不足，即便是已经把说课内容牢记在心，说课时也难免会低头读稿。这集中反映出，一是不够自信，二是过于紧张，三是稿子或许是别人帮助完成，自己虽反复背会，但不敢脱离稿子。这些情况都需要做出有针对性的处理，否则，就很难消除低头读稿现象。

2. 背诵文稿现象

实际上，有些说课者不是在说课过程中低头读稿，而是虽然眼睛已经脱离了文稿，但是却像小孩子背书那样背诵说课稿。具体表现在：有的老师在说课过程中停顿时间过长，在思考下面要说什么；有的老师出现前后重复现象，刚刚说过的内容，再次重复表达，可能是忘记下面要说什么了；还有的前后顺序颠倒，与说课稿上的内容差别较大；更有甚者，完全中断了说课，或许是由于过度紧张把后面要说的内容全部遗忘。无论属于哪种情况，都说明不是在"说"课而是"背"课。背的结果呈现出多种可能：完全将内容背完、断断续续、完全中断，这三种情况都不是理想的说课应有的状态，也都说明说课者未能把握住说课的技巧。这样的说课方式无论在评优还是在招聘或职称评审过程中，都难以取得理想的成绩。因此，这种背诵文稿式的说课方式也应尽量避免。改进策略是要在理解的基础上反复熟悉说课稿，除了确保是自己独立设计并撰写文稿（最多有指导教师的指导，而不能完全由别人设计），最好还要在说课比赛前将要说的内容像过电影似的在脑海中多过几遍。只有这样，才有可能消除背稿现象。

3. 边说边教现象

在参与说课活动中笔者发现，有的说课者既没有低头读稿，也没有背稿，但是在说的过程中却多次出现了"教"的现象。如有的教师，说着说着吹起了口哨或喊起了口令，如同体育课上在组织调队；又如有的教师，说着说着发出了"同学们，下面我给大家做一个示范"，也如同是上课中的示范环节；有的是完全照搬了课堂教学过程中的讲解环节，将技术动作的基本要领和方法原原本本地讲了一遍；还有的教师说课一开始就在用上课的方式表达，如同在模拟上课，这种情况说明这些教师完全把说课与模拟上课混为一谈。无论是哪种情况，都说明说课者对说课概念是模糊的，尤其是分不清说课与模拟上课究竟有何本质的区别。这实际上也是说课能力不足的表现。如何避免这种现象再次发生呢？最为关键的是要搞清什么是说课、如何说、说什么等最基本的问题，它与模拟上课最本质的区别在哪里。如果这些问题理不清也就很难说得明。还要做好充分的准备，在说课活动前多次试说，确保没有任何"教"的痕迹，如此便能在说课活动中完全用"说"的方式呈现所设计的课。

4. 重点不明现象

在说课活动中，需要说的内容有很多，但一定会有需要着重说和简要说的区分。然而，在说课的时候，一个较为普遍的现象就是，从第一个要说的内容到最后一个，几乎是平均分配时间，都是在详细表述，根本区分不出哪些是要突出的重点。甚至有些说课者，一字不漏地将说课稿上或 PPT 上的全部文字说了个遍。说者没有将重点部分突出出来，听者就难听出所以然。这样的说课者，说课的结果是很难让人"眼前一亮"或"耳目一新"的。假如听众不能留下深刻的印象或听不出重点环节，自然也就很难打出较高的分数或给出较好的评价。重点不明现象产生的根源在于，说课者对如何取舍说课内容，如何分配说课时间，以及如何突出重点等，都还处于模糊认识状态，或根本不知道还需要在说课过程中突出重点。要避免这种现象再度发生，说课者可以在以下两个方面加以注意：一是要明确哪些是要表述的重点内容，哪些是只需简单介绍或高度概括的内容，即区分说课内容的重要程度，并做好及时的处理，看哪些是必须详说的，哪些是可以略说的，甚至哪些是可以不说的。如果说课者对此都能了如指掌的话，说课重点自然就能突出。二是要善于把握关键，就是要基于说课活动组织者的要求，合理分配说课时间，突出要说的重点内容。假如说课组织者要求突出安全防范工作，那么在说课的时候，该部分内容不仅要说，还要说清楚有可能存在哪些安全隐患，如何采取有效措施进行防范。假如说课组织者要求突出创新之处，那么在说课的时候就应该把创新手段与方法一一说清楚，包括创新的意图最好也要说到。

5. 手段无效现象

体育学科的说课，不仅要说如何设计，更要说如何组织教学，这会涉及基本部分主教材教学流程中围绕强化重点和突破难点应采取哪些教学手段。在平日的常态课或观摩课教学活动中，教学手段是否有效，无论是任课教师还是看课者都能够做出较为准确的判断。但是，假如是说课，由于用语言表述教学手段不那么直观，判断起来就有一定的难度，假如专业水平再不高的话，就更难做出准确判断。这就更需要说课者在准备的时候力求采取有效的教学手段，但也难免会有教学手段无效的现象。如在一次说课评优活动中，一位老师说的是一节跪跳起课，其中，设计一种练习手段，让学生跪在斜放的垫子上练习跪跳起动作，而且学生的面部朝向垫子较高的一端，这样的练习手段，别说是新授课上学生很难完成，即便是一节复习课学生完成起来也依然有困难。可是，说课者却认为能够完成，并认为是一种他人所没有的创新手段。结果让说课者做一下该动作的时候，他却未能跳起，说明这样的设计不切合教学实际，尤其体现出说课者对教材和学情的研究不够。说课的时候，出现教学手段无效现象的主要根源，总体上可以归结为说课者能力不足，更为具体地说是说课者对教材的理解尚不到位。要避免这种现象发生，一个最为直接的策略，就是在说课准备阶段认真阅读教材，结合学生实际情况、单元进度和课时目标，选择确定有效的教学手段，对于关键的教学手段，要能够在说课前自己尝试做一做，看能否顺利完成，提前做出判断并及早完善说课内容。

6. 过于求全现象

说课要说什么，说的内容是越多越好，还是越少越好，以前并没有明确规定。但归纳过去参加的说课活动可知，大部分说课组织者都提出了较为全面的说课内容要素，有的采用的是完整的体育教学设计要素，也有的在教学设计要素的基础上做了补充完善。如某区说课规定必须围绕以下几个方面展开：指导思想与理论依据、教学背景分析（教学内容分析、学生情况分析）、教学目标、教学重点和难点、主要教学方法手段和教学资源、教学流程图、教学过程、学习效果评价设计、教学设计特点九大要素。有的除了这些要素，还增加了安全防范；也有的是将教学背景分析拆分为教材分析和学情分析两个要素。总之，从说课的各要素要求来看，在短短的 10 分钟左右的时间内要想都说清楚，并非易事。因此，就有说课者紧赶慢赶才说完，结果由于内容多，就很难避免有人不抬头一直读稿子，或事先背诵下来，说的时候用背稿的方式呈现。说课内容贪多求全现象，多数情况下原因在于，不是说课的一线体育教师自主确定，而是组织者事先规定，说课者被动执行。假如不提倡太全面的内容，哪些内容要素保留，哪些可以少说或不说呢？这一问题将在后续探讨说课内容取舍的时候做进一步分析。

三、说课的基本要求

说课不是上课，既没有学生参与其中，也不是在常用教学场地上说，基于前文中谈到的不良现象，笔者对说课提出几点最基本的要求供大家参考。一是可以有说课稿，但说课的时候最好不要总是低头读稿，事先熟悉说课内容十分必要；二是分清说与教，不能用教的方式表达说课，如果出现教的情况就不再是真正意义上的说课；三是要有主次之分，突出重点要说的内容，重要部分多说、细说，次要部分少说、略说；四是时间分配要合理，不能前松后紧，也不能平均分配，重点突出的部分时间上要有所保障；五是要把握好说课的语速和语调等，把握语言的运用技巧；六是明确说课要评价的是什么，既要评说的能力，又要评课的设计水平，设计得好但不会说、说的能力强但设计不到位，都达不到理想的说课效果。因此，要成功说课，不仅要重点突出、详略得当，还要吃透教材，搞清概念。

体育教师要具备"备、上、看、评、说"较为全面的"五课"能力，尽管说课在日常工作中不常用到，但仍不容忽视。体育学科开展的说课活动，有些老师或许将作为说课者参与该类活动，也或许作为观摩聆听者参与其中，还有可能作为评委专家参与说课评优工作等。无论是以何种角色参与说课活动，都需要厘清说课的概念和关键，规避说课过程中的不良现象，从而更为准确有效地参与说课比赛、组织、评审等各项工作。下面对说课的若干现象做一个简单的归纳。

说课的若干现象

说课本质重在说，　不良现象也较多；
读稿背诵避免做，　边说边教难通过；
重点内容不突出，　一味求全靠不住；
按照要求说规范，　说课水平有呈现。

第二章　说课的若干困惑

在说课活动中，有的说课者表现较为优秀，有的一般，还有的明显较差，为什么会有如此差别？究其原因，除了说课能力有别，一个至关重要的问题就是，说课者对说课产生的困惑各有不同，困惑越多且长期未解，就越难在说课活动中有良好的表现。那么都有哪些困惑困扰着说课者并阻碍其能力提升呢？下面从说课准备中、说课实施中、说课结束后三个维度展开讨论。

体育学科的说课，无论是说课前的准备，还是对说课过程的把握，以及说课后的答辩或反思总结，都有说课者提出过一些深感困惑的问题。本章主要通过观察、访谈、理性分析等方式对说课者所提出的若干困惑进行研究，旨在为说课者尽早消除困惑，更好地把握说课方法与技巧，提高说课能力，提供理论参考和方法借鉴。

一、说课准备中的困惑

在说课活动中能否取得较好的成绩，与说课准备是否充分有关，也与对准备工作重点把握的准确与否关系密切。具体而言，包括态度是否认真、是否高度重视、说课理论与方法的积累是否丰富、准备工作的关键点把握到位与否等诸多方面。那么，在说课准备阶段，说课者常有哪些困惑呢？

1. 关于说课文稿撰写的困惑

在某些区域性说课比赛中，组织者都要求参赛教师每人提交一份说课文稿。有的事先规定了说课文稿的结构要素，有的是让说课者自主确定文稿的撰写内容。说课前撰写一份完整的说课文稿就如同我们上课前要撰写一份教学设计一样，不仅要认真对待，而且还要在要素齐全的前提下把握关键点。通过与部分说课者的交流笔者发现，有一些说课者对如何撰写说课文稿存在疑惑，集中体现在三个方面：一是不知道哪些要素是说课文稿必须要呈现的；

二是在诸多要素中如何做到详略得当；三是说课文稿上呈现的内容是否可以作为说课时的讲述内容。之所以有这么多的困惑，说明当前说课文稿尚未有相对固定的模式可以仿效，也说明说课者对说课这一衡量和提高体育教师专业技能的教研活动，未能把握住关键。所以，在准备说课文稿的时候会不知所措，结果会写出自己不够满意的说课文稿。基于这类困惑，我们需要厘清有关联但又不完全对应的两项内容，一个是为说课现场准备的可参考的稿件，可简称说课稿，就如同我们登台演讲时的演讲稿一样，所讲内容可以与所写内容一致；另一个是说课设计稿，是一份较为详细的文本，它与说课时要表述的内容有关联但不完全一致。为了与说课稿区分开来，可以将完整的说课设计稿称作说课案（或说课教学设计）。具体而言，说课案是需要提交给组织者的文本文件，而说课稿是可以拿到说课现场用于提醒自己说课的稿件，二者的内容是有区别的。这样一来，说课者的困惑就要分成两个部分，一个是如何撰写说课案，一个是如何撰写说课稿。提交给组织者的说课案相似度较大，因为组织者大都会有统一的格式规定，但是说课稿就不见得人人都统一了，最好能够体现出个性。说课时既要讲清楚合理和新颖的设计，还要体现出语言表达的技巧。

2. 关于说课课件制作的困惑

说课比赛或一般的教研活动中，有的要求制作说课课件，以 PPT 的形式呈现。如某区组织的说课比赛，明确要求说课者制作课件。也有只要求口头表达的，如职称评审、体育教师招聘考试等活动中，往往采取的是口头表达方式。不同活动有着不同的要求，要能够做好相应的准备。要求制作课件的时候，部分说课者就对此有一定的困惑，提出的问题有：可否在 PPT 制作时穿插视频材料？可否把要说的内容全部呈现在 PPT 上？实际上，这既是 PPT 制作的内容问题，也是技巧问题。说课比赛中，可以较为明显地看出，不同的说课者课件制作形式和内容有所区分，有的文字内容多，有的图文并茂，还有的几乎都是图片、表格，很少见到文字。除此之外，有的穿插有视频资料，有的只是静态的图、表和文字，既没有音频也没有视频材料插入其中。

那么，应如何消除说课课件制作的困惑呢？首先，我们要看视频材料需不需要，这根据个人说课设计而定。如有的说课者在其中插入了自己事先做的示范视频，有的插入了学生练习的视频，等等。但要把握住视频长度，一般以几十秒不超过一分钟为宜，视频不能过长，否则就会喧宾夺主，因为说课毕竟要以说为主。其次，PPT上呈现的内容原则上是越简单越好，上面所呈现的内容不是提供给说课者阅读的，而仅仅是提示作用，最好是提纲挈领性的，文字不可过多，有标题和关键词出现即可。当然，图和表可以根据需要呈现。总之，PPT是辅助说课者的可有可无的形式，"有"就要充分发挥其辅助作用，"无"也同样可以把课说好。因此，要合理把握其内容、形式和呈现方式。

3. 关于说课创新体现的困惑

体育课上有无创新，往往在评优课上被看作较为重要的评价点。在说课准备过程中，或许也有人会问：说课案文本的设计是否需要考虑创新？这与上课是否需要创新是同样的道理。对于上课而言，假如是常态课，设计合理能够顺利上下来就基本上算可以了。但是，假如是要参加观摩或评优比赛，最好能够在设计合理的基础上，在某环节尽可能地体现出创新性。因为创新的课，一般都是比较有想法的课，能够给他人带来一定启发。从课的设计中就能够看到任课教师的创新思路和方法，尤其是创新设计能够达到较好的教学效果的课，其创新设计更值得提倡。基于此，说课准备过程中，对课的设计如果能够考虑到方法、手段上有所创新是比较好的选择。那么，创新体现在课的什么阶段更好呢？放在基本部分的主教材学习期间，尤其是在选择强化重点和突破难点的教学手段时考虑创新更为适宜。因为，这个时候的创新能够调动学生积极主动性，从而使其掌握该节课最重要和最难的内容，这样教学目标自然能够顺利达成。所以，说课案文本的准备过程中考虑创新是很有必要的。

4. 关于背诵说课稿件的困惑

在说课现场，我们不难发现，有的说课者让人感觉是在背诵说课稿，有的在说课时不停地低头看说课稿，还有的完全在说，看不出背诵的迹象，也不是在断断续续念稿子。这样一来，就会有人问，说课准备阶段是否需要将说课稿事先背诵下来，是不是背诵得越熟练说课的时候表现得越好呢？存在这样的疑惑并不奇怪，因为有诸多说课者在说课的时候会出现紧张的状态。从一定意义上说，把说课稿在说课前背诵下来也未尝不可。但是，如果想达到比较好的说课效果，就不要背诵说课稿了，因为凡是靠背诵说课稿说课的，比较容易在说课现场忘记部分内容，出现卡壳或间断现象，轻者做短暂思考后能回忆起下面的内容，重者会忘得一塌糊涂，不得不终止说课。因此，说课水平高不是靠背出来的，而是要在设计环节下功夫，不仅要吃透教材，熟悉学情，合理设置教学目标，而且要确定好重点和难点，根据目标要求和重点强化难点突破需要，选择切实可行的方法手段，等等。然而，尽管不主张准备阶段背诵说课稿，但是需要牢记说课的内容顺序，即把说课的内容架构在大脑中过几遍，要明确先说什么后说什么。除此之外，还要把握各部分要说的关键点，而不是逐字逐句地把内容都事先背下来。记住关键点以后，还要能够在说课的时候体现两个"活"，一是"灵活说"，二是"说活"，而不至于把课说死。死记硬背很容易把课说死。当然，对于新手来说，可能刚开始不敢不背说课稿，但以后能多参加几次说课，比对一下背与不背的效果，就自然能够做出最适宜的选择。

二、说课实施中的困惑

说课实施过程是有技巧可言的，但有些说课者不仅没有把握技巧，反而有一系列困惑。诸如说课过程中能否看说课稿，可否在说的过程中穿插动作示范，说课时间该如何合理分配，哪些地方需要细说深说，哪些环节可以略说浅说，甚至还有说课的语速语调等语言节奏如何把握这样的困惑，等等。

1. 关于说课时可否做动作示范的困惑

过去我们在参与说课比赛的时候，无论是作为听众还是评委，都会发现有的说课者在说课过程中做了一次或多次动作示范，有的说课者自始至终都没有做一次示范。那么，有人就提出："说课的时候是否需要做动作示范？"之所以产生这样的困惑，一方面确实看到了说课时有的做示范有的不做示范，另一方面也确实没有看到哪里有明确的规定要求一定要做示范或不做示范。因此，有这类困惑也就不足为奇了。实际上，要想消除该困惑，我们需要讨论两个问题：一是说课的时候该不该做示范，二是做示范效果如何。任何事情都不是绝对的，说课的过程中需不需要做示范，这一点并没有明确的规定。做与不做示范都不为过，关键是要看做示范是否能带来更好的效果，如果不能带来更好的说课效果，就不要节外生枝了。所以，就说课过程中的示范问题无须做更多的讨论，前提是尽量根据效果来确定。对于不便做示范的动作不要强求示范，否则不但不能达到理想的效果，还很有可能会带来一定的负面影响。例如说课内容是体操技巧，假如在说课的时候突然在垫子上做起了头手倒立，或者是在垫子上做肩肘倒立或仰卧推起成桥，穿插这样的示范就显得不妥，一是会占用较多的时间，二是不一定能够达到应有的效果，尤其是示范不完全成功的情况下，负面影响就更可想而知了。为此，假如能够在说课的时候表达清楚，在有限的说课时间内不做动作示范可能会让说课更紧凑些。

2. 关于说课时间如何合理分配的困惑

无论是说课比赛，还是职称评审中要求说课，或是应聘教师职位时的面试说课，时间一般都会有明确的规定，少则5—10分钟，多则15分钟左右，无论规定的说课总时间是长还是短，都会牵涉所说各部分内容时间如何分配的问题。这就不免会有人提出："如何合理分配说课时间？"那么，如何在确保总时间不变的情况下合理分配各部分时间呢？通过对过去说课活动的观察了解笔者发现，有的说课者各部分说课内容的时间几乎是平均分配的，内容上都是在详细阐述，因而时间上也就没有特别的倾向性。而有的说课者却不然，不仅内容呈现详略得当，而且时间分配上也体现出了重点和关键部分占用时间明显较多，需要简单介绍的内容占时较少。那么，如何分配时间更为合理呢？在此提几点建议：一是要把握一个原则，就是将更多的时间用于讲述一节课如何设计以及将如何实施；二是要注意合理把控时间。有的说课者说着说着时间到了，但内容还没有说完，这说明各部分尽管在准备的时候做到了合理的布局，但由于现场说课的时候未把控好节奏，结果时间不够用。这一点在说课准备阶段就需要反复操练，以确保准确无误地完成说课。

3. 关于说课语言形式如何把握的困惑

有人或许会问："说课语言形式如何把握？"诸如，说课是否需要开场白？需要什么样的开场白？说课对象是评委还是学生？说课比赛往往都有一定的时间限制，如果开场白太长会浪费自己有限的说课时间，如果没有开场白又会觉得太突然。基于这种考虑，建议开场的时候，直接说"大家好，我今天说课的主题是……"，即把要说的主题说出即可，无须大段的寒暄或自我介绍。简单的介绍既是礼节，也是引入说课的有效方法。具体到主要表达的内容要说给谁听，当然是评委和听众，而不是学生，因为说课不是在上课，主要目的是要让听者听明白您说的是什么，他们会根据您的表达做出判断。因此，说课语言是面对评委和听众，是介绍性的，而不是讲课似的语言风格。可是在说课活动中，经常会听到有的说课者并非如此，而是一开始就好像是在模拟上课，给人的感觉不是在说课。还有的是边说边上，或边解释边上，这也不是理想的说课。除此之外，说课结束的时候，或许有人会问，是否需要说结束语，这一点，要根据情况而定，如果没有超时，就可以比较从容地说上一句："感谢大家的聆听，欢迎批评指正！"简单大方，同时又是一种礼貌用语。大家知道您完成了说课。假如时间不允许，紧紧张张刚好把要说的内容说完时间即到，或者已经超时了，后面的结束语不说会更好些。但值得说明的是，整个说课过程中要少用第一人称"我"，"我设计了……""我让学生做了……"等，这些语言表达形式都不提倡。

4. 关于说课突发事件如何处理的困惑

上课过程中有突发事件发生的可能，说课过程中也不免会有突发事件。这就有突发事件如何巧妙处理的问题。过去在参与说课活动的时候笔者看到，有的老师说课过程中遇到突发事件束手无策，有的无论遇到什么突发情况都能从容应对，还有的无论发生什么都继续淡定自如地说着该说的内容。这就表现出对说课突发事件的认识、处理方式和处理能力的不同，达到的效果就会各异。有人曾问："如何巧妙处理说课过程中出现的突发事件呢？"面对这样的问题，我们需要区分突发事件的类型，从严重程度上来看，有影响较大的严重事件，有影响一般的，也有影响不明显的小事件。从突发事件引发因素来看，有说课者自身引发的，有外界环节或他人引发的。从突发事件发生的时间来看，有说课一开始就出现的，也有说课中间或说课即将结束的时候出现的等。无论什么情况下出现突发事件，对于一个正在说课者而言，都会做出一些反应，也有可能都会想到应对方法。然而，该如何应对才最适宜呢？其关键是要把握如何才能对说课不产生负面影响，至少影响应控制在最小范围。比如，带有说课稿的说课者，假如说课过程中突然遗忘，最快速的反应就是低头看一眼随身携带的稿子，有课件的话，回看一下 PPT 上的内容，尽可能让听众或评委感受不到你出现了遗忘现象。另外，假如是在示范的时候出现意想不到的错误，或未顺利完成示范，这个时候，不能再继续做一次示范来弥补，因为，假如第二次示范再不成功的话，影响就会更大。因此，错就错了，弥补的方式是要尽可能地讲对。

三、说课结束后的困惑

有的说课活动在现场除了要打分数，紧接着还有专家提问环节，说课者要根据专家的问题进行回答。还有的说课比赛后要求说课者写出反思或小结，或者要求说课者进行自评。无论何种形式或要求，说课者都有可能会产生这样或那样的困惑。诸如，有的说课者对如何答疑存有困惑，有的搞不清楚该从哪些方面写反思，等等。

1. 关于说课后回应专家提问的困惑

有的说课者在说课结束回答专家提问时，表现出态度十分谦虚，甚至谦虚到不知道用何种语言来回答问题的地步；有的紧张得语无伦次，本来能够顺利回答问题，却出现了颠三倒四的语言表达；还有的因紧张而吞吞吐吐，不知所云。尤其是遇到"爱挑毛病"的评委，心理素质不够强或准备不够充分的说课者，听到问题大脑会一片空白，无言以对。那么，该如何机智应对评委专家或听众的提问呢？说课结束以后，针对专家们的提问，一般情况下，我们无须紧张，用语要谦虚，但谦虚不能过度。回答问题要充分考虑到所提问题的关键，结合自己已有的经验或设计过程中的一些想法与专家们平等交流。假如专家们提出的问题真的难以回答，最好能够谦虚地说："抱歉，某某老师，这一点我考虑得不是很周全，希望得到您更多的指导。"因此，无论是熟悉的还是陌生的问题，用虚心交流学习的态度应对，就不会出现尴尬或失态现象。

2. 关于说课后全面深刻反思的困惑

我们平常的课堂教学，在课后需要写课后反思，反思越深入越全面，就越有利于促进教师的专业发展和课堂教学质量的提高。说课也是如此，尽管说课活动不要求说课者在说课结束以后撰写说课反思文本，但是，就说课者个人而言，要不断地提高说课能力、把握说课技巧，不仅需要说课后进行深入的反思，而且最好能够付诸行动，把反思的内容记录下来。或许有人会问："说课后该如何全面深刻反思呢？"有这样的困惑，原因有两个：一是过去或许不常反思，二是或许做过但不知道如何做得更好。基于这一困惑，首先要认识到说课后反思的重要性和必要性，课后反思对个人专业技能的发展有一定助推作用。其次要能够行动起来，每次说课后都能够静下心来想一想，这次说课成功与否，对于说课前、中、后的表现自己是否满意，有哪些经验值得总结，还有哪些问题有待解决，还要反思专家提出了哪些问题，当时是如何应对的，还有哪些可以进一步改进的地方，整个说课过程给自己带来的最大启发是什么，等等。如果每次说课结束以后都能做出全面而深刻的反思，这些教师的发展速度将会远远超过不愿或从不反思的人。

3. 关于评说课具体标准确定的困惑

只要是比赛，无论是上课还是说课，都会有具体的评判标准，说课是从哪些维度评价的呢？这一问题也经常让不少人产生困惑。如有说课者曾问：

"说课好坏的评价标准是什么?" "说课主要是评说的能力还是课的设计水平?"等等。说课比赛、体育教师资格考试、新任教师面试等,不同场合下的说课,其评判标准各有不同。有的是看语言表达能力、教学目标的设置、重难点的把握、教学手段的选择等,还有的是按照提交的说课文稿材料和现场说课两个方面来组织评判工作。但无论如何,对于评说课而言,实际上要把握两大方面,一个是课的设计水平,另一个是语言表达能力和技巧。关于设计水平,一方面通过说课案文本可以了解大约20%,另一方面通过说课者现场对设计思路、方法和实施措施的描述了解40%左右。剩余的40%的比例可以用于评判说课者说的水平,包括语言的精练程度、对设计内容的熟悉程度、达到详略得当效果的时间控制、突发事件的处理能力等。为此,作为一个说课者,既要注重说课前的充分准备,精心设计,还要能够通过语言把设计的课表达清楚,只有这样,才能在说课中立于不败之地。

说课与备课、上课等都有着必然的联系,并相互影响互为促进。说课能力的提高不仅需要在说课前充分准备,还要在说课时认真把握全过程,说课后的反思也不容忽视。减少或消除对说课的困惑,一定程度上能够更好地把握说课,无论是时间分配、内容详略、说课语言、突发事件,以及专家提问等都能灵活把握,巧妙处理。如果不断反思,还能够积累经验,指导他人,从而达到与同行共同进步,共同提高教育教学能力的目的。下面对说课的若干困惑做一个简单的归纳。

说课的
若干困惑

说课难免有困惑, 分析解决不为过;
准备实施分开说, 困惑大小要把握;
创新设计困难多, 内容取舍合理做;
示范方式考虑早, 恰到好处很重要;
时间分配要合理, 详略得当靠自己;
说课结束专家问, 把握关键有自信。

第三章　说课应遵循的原则

说课尽管不像日常上课、备课那样频繁开展，但是，它也是衡量一个教师专业技能水平高低的重要方式。几乎所有的说课者都希望在说课活动中表现突出，或许有的说课者已经积累了丰富的说课经验和技巧，但是，依然有说课者对如何成功说课存有疑惑。假如有基本的原则可以遵循的话，对于说课者来说，不仅会缩短说课能力发展适应期，而且还能够更好、更快地在说课活动中脱颖而出。与此同时，说课能力的提高，也有助于促进教师教学能力和水平的提高。下面重点从说课原则与落实方略两个方面讨论。

说课有其规范性要求，要想在说课活动中取得好的成绩，体现说课的水平，是有原则需要遵循的。本章重点讨论说课应遵循的内容精准、语言简明、布局合理、设计有效原则，并从结合学情吃透教材体现"精准"、依照时间锤炼语言体现"简明"、明确要求精心设计体现"合理"三个方面探讨遵循原则的可操作性方略，旨为广大一线教师更好地把握说课理论与方法提供一定的参考。

一、说课的四项原则解析

说课要遵循的原则可以概括为内容精准原则、语言简明原则、布局合理原则、设计有效原则，下面对其逐一分析。

1. 内容精准原则

内容精准是指说课的内容尽可能地完整和准确无误。完整是说的要素要尽可能地都包含其中，准确无误是说每项内容要素都要重点突出且无错误表述。一般情况下，几乎每次说课活动组织者都会提前制定标准、提出要求，尤其会要求说课者提供一份说课文本材料。但是，说课现场要说的并不一定要与提交的说课文本完全一致，现场要说的内容如果用文字呈现出来是说课稿，说课现场要说的说课稿和提交的说课文本材料有一定的区分，在前面的章节中已做了分析说明。说课稿中的内容或具体要说的内容要求精准，应几乎达到"字字千金"，没有实际意义的语言，不能说明问题的语言尽量少说或不说。一方面说课时间十分有限，另一方面要想把课的设计和教学组织方法讲明白，要求把握好关键内容。假如要说的内容不够精准，很有可能内容未说完时间已到；也有可能是时间没到内容却早早说完了；还有可能出现尽管时间够用，但说的内容未能达到详略得当，该一语带过的却在细说（如指导思想等），该说清说透的却简单介绍（如教学手段与设计意图等）。总之，内容精准是成功说课的关键，但要达到精准需要明确说课的核心要素，并把握好说课的流程。

2. 语言简明原则

语言简明即用最简单明了的语言表达所要呈现的内容。说课时的语言要求简洁明了，因为需要让听众或评委在有限的时间内了解更多内容：诸如课的基本信息，哪个学段、哪个年级、学生人数、学生性别等；前提信息，如课的目标、教学内容、重点难点、教材分析和学情分析、场地器材等；主要信息，如教学流程，准备部分、基本部分、结束部分都安排的是什么内容，这些部分的内容安排是否匹配与合理，更要重点说清楚主教材教学的方法步骤。有的说课组织者还要求说课者对教学创新、教学效果预计情况进行阐述等。这么多内容需要呈现，假如语言不够简明，从内容上来看很有可能遗漏或者蜻蜓点水，从时间上来看，还有可能前松后紧或时间不够用。为此，语言简明需要认真遵守，这就要求说课者事先有充分的准备。当然，以上内容要素，可以打破要素界限，不必严格按照说课设计文本上的要素呈现顺序，可以不具体说出每一个要素的名称，而是把要说的内容统合成一个整体来阐述。当然，这样的境界或许要等说课者积累了丰富的经验后才能达到。

3. 布局合理原则

布局合理是需要表达的内容在说课中的时间分配恰到好处。布局合理，有利于确保在规定的时间内把要说的内容完整且巧妙地呈现出来，让听者能够很容易且富有逻辑地获取说课信息，也能反映出说课内容条理清晰、详略得当。当说课布局不合理时，多表现在各部分内容详略不当，即应简单说甚至可以不说的内容描述过多，该详细说深入说的却又没有做到。更有甚者，将各部分内容在详略上都视为等同，结果，听者很难听出哪里是重点。假如是说课评优活动，这样的说课者很难取得优异成绩；假如是评定职称时的一种考核，说课者也难以取得理想的结果。例如，有的说课者因事先未能对每一部分要说的内容分配好时间，结果当评委们提醒时间快到时，不得不仓促收尾，这是即将超时的表现，甚至课未能说完不得不被叫停。还有一种不良情况，因布局不合理，课说完了可时间还有剩余，出现了时间浪费现象。这种时间上不足或浪费现象都需要引起说课者在准备阶段高度重视，从而进行合理规划。

4. 设计有效原则

设计有效主要是指说课的结果要能够达到预期的目的，除了让听者清清楚楚、明明白白地听清声音，最好还要让听者了解体育课的设计思路、方法和创新意图等。实际上，遵循设计有效原则，其中包含两层含义：一是体育课的设计要合理，具有可操作性，并能达到一定的教学效果；二是说课文稿的设计要能够让听者听清楚说的是什么，以及为什么。因此，说课的设计工作，首先是包含了课的设计过程，说课文本的设计等于是在课的设计前提下的一次延伸设计，是要把课说出来，不是课设计后的教学实施（若是上课，无须再做延伸性设计）。看似时间虽短的简单活动，实际上从文本呈现来看，远比备课写教案更为复杂。即设计有效要充分地考虑课与说两个方面，任何一个方面的设计工作做得不充分，都难以达到理想的效果。

二、遵循原则说课的方略

说课的原则对于说课者而言只是一个明确的方向或具体的要求，学会使用这些原则更为重要。下面重点从三个方面讨论遵循四项原则参与说课活动的具体可操作性方略。

1. 结合学情吃透教材体现"精准"

说课的时候，要体现内容的精准性，就需要首先吃透教材，而且需要站在学生的角度，先分析学情，在充分掌握学生具体情况的基础上认真分析教材。同样一项内容，针对不同学段、年级的学习者，衡量是否教准和说准的标准有所区分。即便是同一个年级不同的班级，学生特点各异，说课内容的精准性体现得也不完全一致。因此，是否掌握学情是说课内容精准与否的前提，离开了学情，无论所说内容选择与搭配多么合理都不切实际。例如，同样是学习篮球的行进间运球，我们不能脱离学生实际，单纯地谈行进间运球教材特点、采取哪些形式组织学生练习、如何评价等。因为不仅小学、初中、高中各学段篮球技术教学各有侧重，而且内容难度和要求学生掌握的程度都有所不同。再有就是学生的身体素质和运动技能基础也可能会存在一定差异。因此，想要说课时内容精准，必须考虑学生所处的年级，具体地说是年龄特点、兴趣爱好、运动基础、目标定位等。否则，即便是说得头头是道，也不能称其为准。教材内容说准，组织方法说准，甚至场地器材布置规划也需要充分考虑学情说准。但如何做到这一点呢？一是先分析学生的具体情况，教学对象确定以后，要充分了解施教对象的特点，具体到性别、人数、年级等基本信息要把握，有无特殊学生；二是结合学情认真研读教材，尤其需要考虑教材与学生的关联性，例如兴趣爱好、已有基础、适宜方法等。

2. 依照时间锤炼语言体现"简明"

说课时间合理分配十分关键，这是因为说课时间一般都有一定的限制，如果语言不够简洁明了或啰啰唆唆，说课时就会产生难以避免的负面影响。仓促收尾与未能完成，要么是时间布局上出了问题，要么就是语言表述上不够简明。这两种情况都表明说课者未能在准备阶段依照时间反复试说，未能达到语言的简明。那么，如何合理分配各部分内容表达的时间呢？例如规定了 10 分钟之内完成全部说课内容，那就可以事先规划一下，根据每一部分要说内容的重要性，分配所需时间，本着重要程度越高时间越长，反之越短的分配原则，先将其进行分割，然后限定各部分要说的文字量。假如以 1 分钟说 260 个字的语速（介于播音员与平常人说话语速之间），把每部分的说课稿事先写好，并修改为大约对应字数的文本，反复修改，高度提炼，避免套话、废话，保留或增加能说清楚并听明白的精准语言。例如有的说课活动要求说"指导思想"，说课者在说课前要明白这里的指导思想究竟是什么，是教学要遵循的依据、达到的目的等。因此，说这一部分的时候，就应该用最简洁的语言把该次课需要遵循的依据说到、目的提到。千万不可长篇大论地说个没完，否则，不仅听者不爱听，而且听不明。指导思想可以用一两句话表达出来，而且最好不用明说，要尽可能地采取暗说的方式，即不用说"这节课的指导思想是……"，可以直接进入主题，如"本节课遵循'健康第一'和'激发兴趣'的课程理念，重点把握学生在体育学习过程中的体质健康促进和兴趣培养"。这样大家也能够听明白，该次课重点放在体能素质锻炼和兴趣激发上了。

另外，值得进一步提醒的是，当我们把要说的重点放在基本部分主教材教学的时候，就要明确这部分该如何做到语言简明，必须要说的是什么，可说可不说的是什么，最好不说的又是什么。要求语言简明，最好就只留下必须要说的内容。例如，课是如何设计的，采取了哪些教学手段，设计的目的意图是什么，等等。

3. 明确要求精心设计体现"合理"

说课的合理性总体上可以从课的"设计"合理和课"说"的合理两个方面理解。如果设计得合理，说得不合理，也达不到说课的最佳效果；相反，如果说得较好但设计得不合理，也同样达不到预期目的。因此，合理性上要放宽视野，不要仅仅聚焦在某一个方面。从课的设计合理性上，大家都十分熟悉，主要体现在目标设置难度是否适中和是否具体可操作、重难点确定是否准确、教学方法步骤与手段是否科学有效、密度与负荷预计是否合理等。从说的合理性上，我们可以看所说的内容取舍是否合理、说课时间分配是否合理、说课过程把握是否合理、说课过程中的突发事件处理是否合理等。如何才能达到说课合理呢？那就要明确说课活动的具体要求，对"课"与

"说"进行巧妙布局十分重要，具体从以下几个方面把握。

首先是研读说课要求，把握规定性和灵活性，即了解哪些是必须遵守的，哪些是可以有自主性的。如果不按规定完成说课，显然不可取；如果要求中已经提出在某方面可以灵活把握，有自由度，而没有理解，缺乏新意或没有想法，说课效果自然也会大打折扣。因此，对说课组织者提出的具体要求不可只是浏览一遍，要仔细认真研读，理解透彻，方能很好执行。

其次是科学规划课要如何上，前面我们分析过，说课的设计包含两层含义，一是课本身的设计，二是将设计用语言表达出来。课的设计是说课的前提和保障，所以认真把握好课的设计至关重要。要充分考虑课实施的可操作性，所以，课的设计要实、要新、要准、要真。课的设计科学、合理，方能达到一定的实效。假如设计有偏差，说得再好，课的设计问题还依然存在。就说课教学设计而言，需要提示的是，与过去写一份教学设计所不同的是，设计的目的意图要有所呈现。过去我们的教学设计，设计的目的意图或许没有时间或机会在教学中表达出来，因此，有很多人的教学设计文本中并没有体现这些内容。但是，要把课说给别人听，并让人能听明白，就需要更深入地说出设计思路、方法和意图。

最后是说课稿的设计，因为说课的时候，基本上是按照说课稿的内容和大致顺序去说的，因此，先说什么后说什么，每个部分说多少、说多久、怎么说都需要精心设计，否则就很难顺利完成说课任务。但该如何巧妙布局说课稿呢？一是"定要素"，在说课要素的取舍上要结合具体要求，违背要求的说课要么要素过多，要么要素不足，都不利于说课的呈现。二是"定顺序"，即先说什么、后说什么，要在规划的时候有一个合理安排，顺序不颠倒、不错位。三是"定时长"，即每个要素的内容说多长时间合适，需要事先做好合理分配，该详说的和略说的，在时间上要先规划好。四是"定方法"，怎么说才能最有效？说课时自己说明白，听者听清楚，这仅仅是好的说课的底线或最基本要求，说课还需要有一定的方法技巧，让听者想听，不至于边听边跑神或打瞌睡等。因此，说课要有变化，无论是语音上，还是内容的处理方式

上，最好能够让听者有耳目一新或眼前一亮的感觉，即被吸引。为此，说课稿的巧妙设计更不容忽视。

　　说课作为一项教研活动或教师专业技能竞赛形式，甚至作为招聘或职称晋升的一项考核方式，越来越多的研究者在着手研究说课基本理论与方法，越来越多的实践者在理论的指导下，研究如何把课说好。说课的原则看似是理论化的命题，但假如脱离实际，很难对说课实践活动发挥指导作用。本章提出的内容精准、语言简明、布局合理、设计有效原则，正是从实践中归纳，又希望能够回到实践中去的可操作性理论。这些原则的确定，希望能够给后续研究者提供一点基础理论参考。希望这些遵循原则的方略，能够给未来说课者带来或多或少的启发。下面对说课应遵循的原则进行一个简单的归纳。

说课原则有很多，　内容语言分开说；

内容精准把握住，　语言简明有好处；

布局合理很重要，　设计有效水平到；

吃透教材工作早，　深析学情少不了；

说课水平有高低，　遵循原则属第一。

第四章　说课应把握的技巧

　　说课对老师来说并不陌生，而且很多老师都参与过不同类型的说课活动，有的还已经积累并归纳总结了一些经验。但是，如何在较短的时间内提升说课水平，确保说课活动中减少失误、突出亮点、取得优异成绩？多维度把握说课技巧十分关键。然而，说课的技巧在哪里？从哪些方面探究其技巧？目前，这方面的研究尚未引起大家的关注。本章通过对当前说课若干类活动的观察，在归纳说课若干问题的基础上，从说课准备技巧、说课实施技巧两个方面展开讨论。

一、说课准备技巧

　　说课前要有一个精心的准备工作，除了突出认真、仔细，更要把握其技巧，只有这样，才能为成功说课打好基础。说课准备一般情况下包括三个方面：一是文本的准备工作，即撰写一份完整的说课文稿（或说课案），多数情况是需要提交给说课组织者的文本；二是课件的制作，通常情况下是指做PPT，PPT的制作水平也直接影响说课效果，而且制作是有技巧可言的；三是身心准备，是指身体和心理的双重准备，这方面的准备同样要把握一定的技巧，对说课是否成功也起着关键性作用。

1. 文本：撰写完整而精准

　　一般情况下，说课的文本材料包括一个需要提交的说课案和一个现场使用的说课稿，内容上前者较为详细，后者略为简单，详细的是尽可能地把课的设计按照说课程序呈现出来，简单的是在规定的时间内现场表达的内容。基于此，既要确保这两份相似文本的内容完整性，也要考虑其精准性。要想达到这样的目标要求，文本准备需要把握一定的技巧，具体概括起来体现为两个方面，即"全"与"准"。

其一"全",意指结构要素确保完整性,即提交的说课文本(说课案)要与通知要求的结构要素保持高度的一致性。否则,要素缺失或自主添加,都或多或少地会造成一定的负面影响。因此,收到说课活动通知以后,要从过去的"浏览"转换为"研读"。"研读"可以获得两大益处,一是明确活动宗旨,二是瞄准内容要素。力求文本与要求高度一致,即达到要素完整。如同写论文不至于跑题,说课效果就不会差得太远,评比也不会失分太多。

其二"准",意指内容表述体现精准性。如果是说课比赛,文本很大程度上参与评分,即占一定的权重,因此,注重内容表述质量十分关键。达到精准,要求表述内容与要素名称高度一致,既"不绕",也"不偏"。要达到此标准,就需要在撰写文本之前认真解读要素,把握"核心"。例如,在撰写"教材分析"之前,就要对此要素进行深刻解读。该要素由两个核心概念组成,一是"教材",二是"分析"。过去,很多说课文本重视对"教材"是什么做了描述,忽略对"分析"的把握,即没有对选择该教材的原因的真正分析。要想二者齐备,前提是吃透教材,多元关联。吃透教材体现在"知其然",分析教材近似于"知其所以然"。只有知其然又知其所以然才能灵活地驾驭教材。

2. 课件:制作清新而简洁

把握说课课件制作的技巧,方能达到清晰又简洁的效果。有些说课活动需要参赛者事先制作一份 PPT 文件,以备说课现场使用。通过观察和比较笔者发现,目前课件可以归纳为三类。一类是"通篇文字型",即每张 PPT 上都被长篇幅文字占据,如同把说课稿一字不漏地搬到 PPT 上一样,密密麻麻的字,看着"累眼",读着"累心",属于不理想的类型。这样的课件,未体现出任何制作的技巧,也是最简单、最容易做成的。一类是"图文并茂型",这一类型比前者制作水平和效果上都略有提高,形式上体现出了多样化,看起来轻松些了,但无论是图表还是文字都只呈现出静态效果。如果讲究技巧的话,表现为可以用绘制图表的方式替代部分文字或关键内容。还有一类是"动态创新型",这种类型突破了完全静态的呈现方式,根据说课需要,有的用音频、视频做巧妙穿插,有的做成 Flash 动画,在看似静止的图像上设置动态。这一类型有着明显的制作技巧，是需要有一定软件系统操作技术和动画设计开发技术才能做到的。

新颖、独特且理想的说课课件制作，首先需要有创新意识和想象力，其次需要有完成该类课件制作的能力，再次还要具备操作使用技巧。否则，缺乏任何一环都很难将其发挥至最佳效果。例如，北京实验学校任军老师在说课比赛活动中，制作了动态的障碍赛跑游戏活动路线演示图，呈现了 Flash 动画效果，如图 1-4-1 所示。

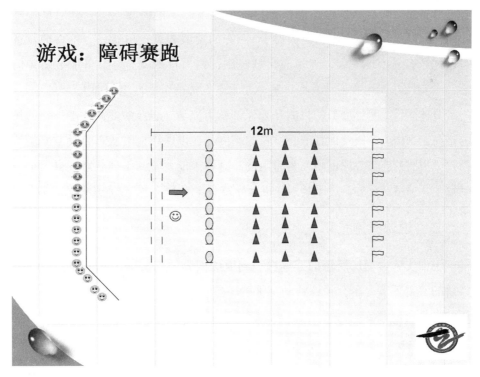

图 1-4-1 障碍赛跑游戏活动路线演示图

点击该 PPT 之后，游戏活动路线图中的小笑脸图标就开始从比赛的起点，跨越障碍，最后再回到起点，这一游戏活动路线演示的制作效果，一定程度上吸引了观众的注意，也无形中让观众多了一份积极的认同。该图除了新颖，而且非常简洁，能够让大家对游戏方法和跑动路线一目了然。由此可以看出，制作图与移动演示便是技巧所在。

3. 身心：调整齐全而到位

有的说课者会在说课活动中如同"大脑短路"一样，忘记下面要说的内容而中途停顿，甚至完全终止。一方面或许是对说课内容不甚熟悉，另一方面不容忽视的就是身心的准备是否能够达到参与活动"精气神"的需求，但这一点通常不被人们重视。例如，有的为了第二天的说课比赛，通宵达旦做准备工作，第二天上场多数情况下会出现"头晕眼花"或一过性记忆力减退。身心准备是在说课文本准备工作做好的前提下，再把握两点，一是"早睡早起精神好"，二是"充满自信失误少"。有的说课者表现出怯场、不自信，越是这样越容易出现失误。有了充足的睡眠，精力自然就充沛，再加上满怀信心，十有八九就能够正常发挥，甚至超水平发挥的可能性也会加大。

具体而言，身体准备的目的是要保证精力充沛、思维敏捷；心理准备的目的是要充满信心，还要抱着虚心学习的态度，在说课结束时认真聆听专家们的指教。当然身体与心理也是互为影响的。身体未能调整到最佳状态，自然也会导致紧张情绪；反之，过于紧张，也会导致身体的不舒适，从而影响说课效果。

二、说课实施技巧

说课实施过程从简短的开场白，到说课内容的完整陈述，再到陈述结束以后的答辩环节（部分说课活动有答疑环节），都有技巧可言。下面对各环节逐一进行讨论。

1. 开场：语言简单而明了

关于说课开场，有部分说课者不太在意开场内容和形式。实际上，说课活动开场白不可忽视，因为往往不同的开场能够给听众或评委留下不同的第一印象。过去通常很多人都在这么说："各位评委好（或大家好）！我说课的题目是……"，然后就开始说课。这样的开场并没有引起大家更多的关注，更没有人提出过不同的意见。然而，这样的开场白，如果做进一步分析的话，对于"说课的题目是……"，尽管大家都知道应该是课的主教材内容（如篮球单手肩上投篮），但是，如果用"我说课的主题是……"，将会更为准确。除此之外，还有些人在开场的时候说了太多不该说的话。例如，一位说课者说："各位专家评委、老师大家上午好！我下面要说课的题目是……，由于时间紧，准备得不太充分，说得不当之处，敬请各位评委批评指正。"这样的开场发挥的作用往往会是反面的。即便是在随后的说课中未发生任何失误，但是，由于开场就说"准备不充分"，这样就会给人留下一个不好的印象，或多或少地会影响到最终评判效果。还有个别说课者，开场先来一大堆的感谢，诸如"各位评委，非常高兴能够参与今天的说课比赛，感谢给我提供这样一个难得的学习机会。下面我就从指导思想、教材分析、学情分析等方面逐一说课"，这种"感谢式"的开场白也需要进一步精简。

总之，开场白需要说但不用太复杂，也不要过度谦虚，感谢的语言也无须在此表达。上述这些形式的开场白不仅浪费时间，而且发挥不了积极有效的促进作用，甚至还很有可能出现适得其反的负面影响。为此，开场要尽可能简单，问候用"大家好"足矣，至于"上午"还是"下午"，可以不必问候得那么具体。接下来就可以用"我说课的主题是……"引出说课的内容。

2. 陈述：表达清晰而自信

事先准备好的说课内容，在说课实施过程中，要对其进行陈述，要求表达清晰体现自信，这就需要把握一些技巧。针对有 PPT 演示的说课陈述，要想达到表达清晰而自信，需要做到：一方面所准备的 PPT 演示稿不可过多、不可过于复杂，文字要尽可能地减少，以便于在陈述中浏览；另一方面要事先对演示稿上的内容强化记忆，即便是脱离了演示稿也能顺利而流畅地清晰表达。针对没有 PPT 演示的说课陈述，要达到清晰而自信的表达，其难度略高于前者，因为脱离演示稿，不仅要牢记陈述内容的呈现顺序，还要牢固掌握各部分内容的精准表达。否则，清晰与自信都无从谈起。所以，两种情况的说课活动，要想在陈述方面达到要求，要把握好"熟悉"与"精准"的原则。

除此之外，要想做到说课陈述环节表达清晰而自信，语言的处理上也有技巧可言。首先，最好不要用第一人称的方式进行表达。例如，有些说课者，在说课过程中反复出现"我设计了……""我选择了……""我让学生……"等。过多的"我"的出现，不是更加自信的表现，相反，暴露出的是"以教师为中心"的设计思路与组织方法。新课程改革要求以学生的发展为中心，注重学生学习能力的培养和学习方法的传授。其次，要注意最好不要用模棱两可的语气。例如有人在说课中多次出现"这样的练习可能……""这项游戏或许能够……"等表达方式，这样就不太容易确定所选内容或教学手段是否能够达到理想的教学效果。因此，说课设计时要尽可能地做到科学、合理地选配内容、方法、手段，事先就要预判能否达到理想的教学效果。

3. 眼神：目光灵活而聚焦

观察说课活动时笔者发现，有的说课者一直盯着说课稿或 PPT 演示页面，更有甚者，说课时一直将目光集中在天花板上（即一直向上看），与评委、听众无任何眼神交流，这类属于"无眼神说课者"，因为他人看不到其眼神。相反，有的说课者，目光移动过于频繁，不够聚焦，给人以一种不稳定的感觉。如有的人说课的时候，目光面向观众席或评委台，不停地前后左右移动目光做扫视动作，像寻物似的，这类属于"眼神移动过频者"。除了眼神过于集中和过于飘浮，还有一种介于二者之间，但又不是最理想的情况，表现为说课者时而看屏幕，时而看评委，但看评委时没有目光交流，而是看评委席上的物体（如桌签、茶杯、文本材料等），这或许是说课者过于紧张所致。

基于此，要想达到理想说课效果，眼神既要有目光灵活的一面，还要有相对比较聚焦的时候。灵活，表现为根据需要做必要的移动调整。聚焦，表现为目光到哪里的时候，要有短暂停留，不能是快速扫视。例如，看到某评委的时候，要有一个与评委目光交流的片刻，假如能够面带微笑效果更好，体现出礼貌又放松，同时能够从他们那里获得一种积极的正能量信息传递。有的专家或评委可能在听的过程中做出频频点头动作，以示认同所说内容。

当然，在提问答疑环节，对眼神有更高的要求，回答某一评委提出的问题时要能够与该评委有目光交流，面带微笑地聆听着评委的提问，用基本稳

第四章
说课应把握的技巧

033

第一部分
体育教师说课
——理论准备

定的目光与提问者交流的同时，较为自信地完成答疑。

4. 突发：反应及时而机智

突发事件是任何活动中都有可能发生的事情，说课也不例外。笔者以前观察到的说课活动中的突发事件无外乎有如下几种情况，如突然忘记内容（最常见）、示范出现失误（部分说课中穿插示范时）、突发电脑黑屏（有制作 PPT 要求的）、视频无法播放（部分说课中穿插视频）、说课过程中突然听到哨声等。无论遇到什么突发情况，都需要说课者快速做出反应并做机智处理。假如是没有制作 PPT 的说课者，忘记下面要说的内容出现暂时停顿，如果不能及时恢复已有记忆，第一反应可以低头迅速看一眼事先准备的说课稿。如果是说课过程中穿插动作示范，所做示范未能成功，第一反应不要想到再次示范，一旦再次示范依然失误，就更难继续衔接下面的说课。如果是说课过程中电脑播放 PPT 突然死机或出现黑屏、蓝屏现象，说课者可以快速通过点击鼠标调整电脑出现的异常，假如未能及时复原，不要把时间花费在等待修复，而是继续凭借自己的记忆将课说完。假如说课过程中事先准备好的视频无法正常播放声音或图像，可以简单对未成功播放的视频内容做出描述，然后继续说课，直至说课内容全部完成。假如说课时间未能把握好，说课未结束时突然听到哨声，此时此刻，按照组织者的要求要迅速停止说课。遇到这种情况，第一反应是遵守活动规则，而不要视而不见、听而不闻地继续说课。这种情况往往延长的时间越长，负面影响会越大。假如听到的哨声不是最终时间到的终止之声，而是还差 1 分钟的提示声，说课者就需要快速收尾，该减的减，该略的略，假如通过减或略还能按时且相对完整地将课说完，对说课效果的影响会相对小一些。假如听到提示声时，自己很有把握按原有节奏把课说完，只需依然按部就班说完即可。这种情况一般不会影响最终说课效果。

5. 答疑：态度淡定而谦虚

在部分说课活动中，说课者将要说的内容说完以后，会有几分钟的提问和答疑环节。提问者多为专家或评委，答疑者多为现场说课者。提问一般都会围绕说课内容展开，有的倾向于询问未能听明白的问题，有的则倾向于问一问课的设计意图，还有的把提问的点放在了对课的设计与如何组织教学的疑惑点上，等等。多数情况需要说课者做出解释，有的甚至会出现"问"与"答"的多次互动，有时也会听到说课者与专家或评委的争论，这多出现在对某一问题观点不一的情况下。但无论是何种情况的争执或辩论，对于说课者而言，被提问时，最好是十分淡定，不紧张、不急躁，也不怠慢、不漠视。回答问题时要显得很谦虚、礼貌。例如，当听到问题后，可以先用一句"感谢您的提问"，然后再结合自己对问题的把握做出相应的解释。如果问题较难，自己难以很有自信地做出解释，也要十分谦虚地回应，切不可一言不发。假如能够用"很抱歉，在这一点上我还没有做过多的思考，希望得到您的指教"等回应，一般情况下，专家或评委们都能够比较有诚意地提出几点进一步完善的建议。

由此看来，提问与答疑是部分说课活动的一种交流形式，也是考察和检验说课者专业素养的方式。答疑成功与否，并非完全由答案的正确程度决定，而是由教师的知识储备、应变能力、回应方式、交流态度等综合决定的。做出淡定而谦虚的答疑回应，方能达到较为理想的效果。

说课技巧在不同的阶段有着不同的呈现，准备阶段与实施阶段把握不同的说课技巧，都有助于达成较好的说课效果。但说课技巧也不是永恒不变的，会随着说课者经验的积累逐步完善，或增加新的技巧。因此，要想说课成功或在说课活动中有较理想的表现，注重把握各环节的说课技巧十分必要。下面对说课应把握的技巧做一个简单的归纳。

说课应把握的技巧

说课技巧很重要，　准备实施不可少；
准备技巧把握好，　文本撰写尽量早；
身心准备很关键，　疲惫作战别出现；
开场简明又聚焦，　时间把握要正好；
语言表达需精练，　说课效果方能见。

第二
部分

体育教师说课——实践方略

为成功说课做了一些理论准备还不够，还需要不断地实践以总结经验，尤其要全面把握说课前的准备，说课中对各要素内容、时间、示范等的处理，以及说课结束时回答专家的提问等，这些都要引起足够的重视。本部分阐述了说课前如何做准备，重点对说课中的内容取舍、说课中的时间分配、说课中的示范处理、说课能力提升策略、说课比赛评优方法等进行了分析，提出了一些行之有效的方法或方略，希望能够使体育教师们更加全面地把握说课方式方法和技巧，便于其进一步提高说课水平。

第一章 说课前的充分准备

说课作为体育学科教研或检验教师专业能力的重要形式，几乎每个参与说课的教师都会在说课前做准备，只是有的准备比较充分，说课效果较好，而有的准备不足，可能会出现这样或那样的问题。实际上，说课准备得充分与否，不仅与态度、能力息息相关，还与是否掌握了准备技巧有关。本章通过分析说课准备不充分导致的若干现象，研究在说课前做好充分准备工作的具体内容，提出说课前充分准备应把握的关键点，旨在为后续研究提供基础数据，为说课实践提供参考。

一、准备不足导致的若干说课现象

说课准备不充分，会有这样或那样的现象出现。诸如说课中一直盯着说课稿、出现遗漏、内容顺序前后颠倒等。

1. 盯稿现象

说课中一直盯着或间断性地注视文字稿件较多见，这种情况与前期准备时对说课内容不熟悉有关，也与个人心理素质有关。比较严重者是自始至终目光都不离开说课稿，如同在一直念稿子，这严格意义上不能算是在说课，而是在"读课"。假如说课变成了"读课"，说课者的能力就难以体现，更谈不上有什么技巧。如果是说课比赛，可想而知，就难以取得理想的名次；假如是应聘新任教师考试，说课成绩也很难如愿；假如是职称评审，有可能会因为盯稿达不到理想效果而错失良机。因此，说课前要做好充分准备，尽可能地减少甚至消除盯稿现象。

2. 遗漏现象

在说课活动过程中，有时会听到有的说课者遗漏部分说课内容，有的是整个要素的内容，有的是某要素中的部分内容，即未能将事先准备的说课内容表达完整。这种现象也说明对说课的准备不够充分，表现为对说课文稿不够熟悉。或者是在准备过程中只是死记硬背，说课现场由于环境特殊，说课者因紧张出现遗漏。为此，熟悉说课文稿内容，最好不要简单地采取背诵的方式，而是要理清思路，全面掌握每个要素要表达的含义，在说课的时候是在全面把握和深刻理解的基础上去说，而不是采取死记硬背的方式表达，只有这样才有可能避免遗漏。

3. 中断现象

说课过程中出现中断是忘记说课内容的具体表现，有的是暂时中断，等想起来时还能够继续说下去，有的是完全中断，即出现终止比赛情况。这不仅是十分遗憾的，而且假如从头再来，往往会给评委们留下不好的印象，甚至在第二次开始比赛的时候起评分会不同程度地降低，如有些说课组织者对重说者从 9 分开始打起（总分 10 分制），有时根本不给予重说的机会。中断现象也与说课前的准备工作不够充分有着直接的关系，赛前背诵文稿和赛中出现紧张都是说课中断的主要原因。对于出现这种现象的说课者，假如能够有一个说课稿或说课内容框架随身携带，就可以避免中断（或终止）现象发生。

4. 无序现象

无序，是说课内容的呈现顺序混乱，甚至前后颠倒。有要素的前后颠倒，也有要素具体内容呈现先后顺序与准备时不一致。例如，说课前准备把重难点放在教材分析中表达，可是，该内容在教材分析时并没有表述出来，而是在后面说到基本部分时想起重难点的内容，才将其补充说到该部分。另外，在同一个要素中，先说什么后说什么的顺序发生改变现象也时有发生。例如，有些组织说课活动者提出了明确要求，按照一定的顺序各要素先后呈现，可是，在说课过程中却并非如此，呈现出了具有个性化的说课顺序，有的甚至添加了未规定要素，或减少了规定要素。对于没有严格规定要素的说课活动而言，可以自主创新呈现方式，但是，如果有明确要求，不按要求说可能就会吃亏。这种现象的发生，一方面有可能是因为对说课要求了解不细致，另一方面也有可能是因为中途出现遗忘。

5. 超时现象

一般而言，几乎所有的说课活动事先都有时间规定，最短的据说规定 5 分钟完成的，按 10 分钟规定说课的较多，当然，也有稍长的如 15 分钟说课，再加上 5 分钟答疑。可是，无论规定时间长短，都有在说课活动中超时的现象。有的说课活动，时间一到就终止比赛，无论说课者将说课内容表达到何处，都不允许再继续说下去。有的说课活动看所说内容接近尾声，就略有延迟后自行结束。无论是哪种情况，对于说课者而言，出现超时，不仅会情绪紧张，还有可能草草收场，不同程度地影响效果。超时现象的发生，一方面可能是在准备阶段未能熟悉说课内容，另一方面也很有可能是由于在说课过程中放慢了速度或任意增加了说课内容等。

二、说课前做充分准备的内容维度

说课前要从哪些方面做好充分准备呢？可以做好以下几个方面必要的准备，即教材、学情、文稿、课件、精力等。

1. 吃透教材

平日上课前的备课工作需要我们先吃透教材，说课活动也应如此。因为参与说课之前，只有全面把握了教材，才能对教材有更深入的了解，便于选准教学手段和方式方法，课的设计才显得更为有效。那么，说课前该如何吃透教材呢？一是从内容上把握教材的特点。说课教材具有什么特点，是有趣味性的，还是较为枯燥乏味的；是有一定难度的，还是较为容易的；是较为常见的，还是不常见的；是学生比较喜爱的，还是不容易激发兴趣，学生可能缺乏学习热情的；等等。二是从价值上把握教材所能发挥的作用。要能够充分挖掘教材的价值，在撰写说课文稿的时候，尽可能地将其价值做充分的分析，比如是侧重于基本运动能力提升，还是专项运动能力的提高？三是从对象上把握学生对教材的熟悉程度。对于学生从未接触过的教材和已有基础的教材，撰写说课文稿的时候，在教材分析部分要有所阐述。四是教材的使用上要把握好度。用什么方法，教到什么程度，什么情况下算是教会了，以及说课时说到学生掌握的程度，既不可脱离实际，说出"一教就会"的效果，也不能不结合学情任意确定。

2. 熟悉学情

对学情的把握程度，是能否达到理想说课的关键。熟悉学情主要包含以下几个方面的内容。一是对学生基本信息的了解，如学生学段、年级、人数、性别、兴趣爱好、认知特点、体能状况、技能基础以及是否有特殊学生等。二是把握说课教材学生学习时可能遇到的困难。结合教材内容，分析学生完成的难易度、学习的进度等。三是了解学生对学习方法的掌握情况，是否已经掌握了准确的学法，即会不会学，会不会听、看、练等。例如，观察的方法是否明确，当老师做示范的时候是否知道观察什么，如何观察。了解学生的学法掌握程度，有利于说课教师结合情况设计完整的示范方法。对于尚未掌握学习方法的学生，教师在施教的时候，几乎在每一个教学行为呈现环节，如讲解、示范等，都要较为明确地提出学法要求。只有这样，说课过程中基本部分讲解、示范等的呈现方式才能更具针对性和实效性。说课比赛或评聘考核，既是考核说课者课的设计水平尤其对课堂教学有效性的把握，还要衡量说的能力。对学情的全方位把握，熟悉程度越高，越有利于呈现说课水平。当然，或许有人会这么认为，说课是没有学生直接参与的活动形式，对学情的了解可以不那么重视。笔者在这方面的不同看法是，我们要说的是课，而不只是教材，所说之课如果忽略了学生，课的设计就很难衡量其是否有效，尤其是教学目标、重难点、组织教法各个要素的表述中，都要依据学情进行设置、选择。脱离了学情，几乎所有说课要素的呈现都缺乏针对性和可操作性。所以，熟悉学情并分析其特点，是上课、说课，甚至模拟上课等多种课的呈现形式在准备阶段都必须高度重视的环节。

3. 精写文稿

说课前要准备的材料中，说课文稿是每一个说课者都要认真对待的文本材料。精写说课文稿，关键在"精"字上，至于"精"到何种程度，从哪些方面体现精写，这是在准备阶段需要认真思考的问题。"精"体现在两个方面。一方面要确保要素精准。说哪些要素，假如是说课比赛，组织者对要素有明确的规定，说课者在准备阶段，要充分考虑各要素，甚至要严格按照所规定的要素名称及顺序撰写说课文稿。假如是招聘教师或职称评定，组织单位或许未能对要素提出明确要求，这就需要说课者在准备说课文稿的时候合理而准确地取舍说课要素，其取舍的原则应把握"精准"，哪些是必须要有的，如教材分析、学情分析、教学目标、教学流程等，哪些是可以有的，如教学效果预计、安全防范措施等。另一方面要做到内容精准。每一个已确定要素的具体内容如何表述，要能够围绕要素展开说明。例如，教学流程，最好是呈现基本部分主教材教学的方法步骤，尤其是学生是如何一步一步学练的，采取了哪些练习手段，提出了哪些明确要求，等等。有必要时还可以将设计意图稍做阐释。除了对要素与内容的把握，还要注意文稿的表达要尽量做到语句通畅，字词正确。错字、病句要尽量避免。当然，除了撰写组织者要求的要提交的文本材料，有的说课者还为自己准备一份精简压缩的说课稿，或者是以大纲的形式，或者是完整内容稿形式，以备说课现场紧张遗忘时参考。如果组织者不允许携带说课稿，那么准备一份事先熟悉也十分必要。

4. 巧制课件

在说课活动中，有的组织者要求说课者制作一份 PPT，有的是可自主选择是否制作，还有的只是通过语言表达即可。不同的要求，说课者要能够灵活应对，对于可以或一定要做 PPT 的说课活动，说课者对 PPT 的制作就要重视，尽可能地制作出为说课结果增效的课件。课件的制作，随着信息技术的不断发展，几乎每一个老师都能够完成，但并非每一个老师都能做出精美并带有技巧性的 PPT。有的 PPT 几乎是静态的文字；有的略带有表格或图片，但依然是静态呈现；有的是静态的图文版，只是在播放时设置了动态演示；还有的是制作了精巧的动静结合、声情并茂的 PPT，一定程度上增强了说课的效果。如有的课件中除了用大量的图片演示学生学习的过程，还能配上教师示范的视频或学生练习的视频等，更形象地表现出了说课教师想表达的内容。总之，巧制课件也是说课前重要的准备工作内容。那么，课件制作该如何体现其"巧"呢？需要把握几个小原则。如"图文并茂"原则，没有图示的仅仅用大量文字堆砌的 PPT 效果较为一般。但选取什么样的图和文呢？文字尽可能是纲要式的，或在条目下面用高度概括的字或词提示即可；图片可以是照片，也可以绘制结构图或卡通图，但每张 PPT 上放置的图片无须太多，太多的密密麻麻的文字和图片看着吃力，影响视觉效果。又如"量少精制"原则。一些说课活动给予说课者的完整说课时间往往十分有限，在大约 10 分钟的时间内发挥 PPT 的辅助作用，其制作的量不能太大。有的一场说课下来，演示了二三十张 PPT，演示的信息量过大，甚至把所有要说的文字都显示到一张张 PPT 上，势必会影响说的效果。基于此，10 分钟的说课 10 张以内的精美 PPT 就能达到较为理想的效果，毕竟说课还是主要靠说完成的一项特殊活动。

5. 保障精力

说课的时候需要保持充沛的精力才能取得较好的效果，精力是保障，离开了这一保障，有可能在说课过程中难以发挥应有的水平，甚至会出现意想不到的负面影响。如本来记得滚瓜烂熟的内容，临场突然忘词了，甚至因大脑暂时"短路"无法将说课进行下去。为此，确保充沛的精力十分关键。这就要求说课者除了在说课的前一晚保证充足的睡眠，还要注意饮食，不能因不当饮食而影响到健康，保持健康的身体和充沛的精力方能有良好的说课保障。说课准备工作中，也有一些人习惯于临时抱佛脚，临阵磨枪的做法尽管也能发挥一点作用，但是，在说课前一天晚上挑灯夜战，甚至延续到凌晨一两点钟，文稿或 PPT 是准备完备了，可是精力却几乎耗费殆尽，这样的做法是不可取的。因此，要想在说课过程中保持好的精力，说课准备越早越好，临说课前一两天的准备，只是再次熟悉一下已准备好的材料，最好不要把大部分的准备工作都集中在最后两天完成。除此之外，心理调节也十分重要，准备充分，充满自信，说课时就会减少紧张情绪。

三、做好充分的说课准备应把握的几个关键点

说课前需要从"全""细""新"等方面系统把握准备工作，以便使说课达到理想效果。

1. "全"：基本保证全面深入

要全面把握好各项准备工作并考虑周全，因为有时会由于某个环节未顾及而影响说课效果。"全"这一关键点主要体现在两个方面。一是说课准备的全过程高度重视，包括从阅读说课通知开始，就需要认真把握好说课的各项明确要求，该参考的材料要及早收集齐全，该做的准备做到位，甚至说课当日的服装也要提前准备，省得说课出发前手忙脚乱，从而造成不必要的紧张。高度重视各项准备工作，才能够轻松应对说课活动。二是注重"课"与"说"准备的全面性，因为评说课的时候，主要针对课的设计和语言表达两个方面，因此，不仅要全面准备课的设计，还要更好地准备"说"，把握说的技巧十分关键，包括语气、语调、语速、语音，以及各要素过渡性语言等，都要在说课前考虑周全。这样才可能做到合理控制说课时间。

2. "细"：着重把握细小环节

常言说，细节决定成败，说课准备工作要求把握好细小环节，其主要原因在于，有时因准备工作不够认真细致，有可能会不同程度地影响说课结果。假如阅读说课比赛通知不细致，有可能把要素名称记错，说课的时候就会在具体要素名称和内容上出现偏差。例如，有一次说课比赛，说课通知上写的是"教学背景材料分析"（应该是包含教材分析和学情分析），结果某说课者仅仅对"教材分析"进行了阐述，却忽略了学情分析。有的说课者忽略了按规定时间演练，而只是把 PPT 和说课稿反复地熟悉了一下，结果在说课的时候就很难准确把握时间，多数会发生超时现象，也有个别提前结束的情况。

3. "新"：尽量体现创新思路

就体育学科说课而言，要想在说课活动中取得优异成绩或理想名次，体

现出创新的思路和方法尤为重要。一是教学手段新颖，让人有耳目一新的感觉。例如，北京五一小学郭蕊老师在说课的时候，在 PPT 上展现出几张采用垫子卷合作练习仰卧推起成桥的图片（如图 2-1-1）。当时，评委一下子就被吸引。将垫子卷穿入绳子用于自制器械辅助练习，让尚未掌握推起成桥动作的学生能够同样体验到成桥时的身体感觉，这种创新值得借鉴。二是课件制作的新颖性也能为说课比赛带来一些积极影响。除了我们前面谈到的图文并茂、动静结合，还可以在 PPT 模板的选择、PPT 文字图标的色彩、平面与立体的交替等方面考虑创新设计。三是说课内容呈现方式的创新也会带来不同寻常的效果。例如，在准备阶段，充分考虑多要素整合，如将指导思想、教材分析、学情分析、场地器材等整合并按照一定的逻辑综合表达。也可以将说课内容用隐形的三个要素"如何设计的""如何上的""上出什么效果"先后进行表达。

图 2-1-1　仰卧推起成桥辅助练习

为说课做准备，不仅要在认识上提高重视程度，而且在方法上也要把握技巧。充分准备，尽可能地避免说课中出现这样或那样的不良现象。准备越全面、扎实、细致，越有利于成功说课。如果又能体现创新，则可锦上添花。下面对说课的准备做一个简单的归纳。

说课成败因素多， 充分准备需要做；

准备不足受影响， 中断超时均难防；

教材学情了解透， 认真精细还不够；

全面把握细心做， 创新思路不放过。

第二章　说课中的内容取舍

说课内容的取舍,既是在说课准备阶段首先要确定的问题,又是说课成败的关键。究竟哪些内容该说,必须说?哪些内容可说可不说?哪些内容根本无须说?那些十分有必要说的内容,就是我们要选择或选取的内容,相反,那些不需要说,可以不说的内容归为舍弃的内容。那么,哪些是要取的、哪些是必舍的、依据什么来判断、取舍到什么程度等一系列问题,都是值得研究的重要理论和实践问题。

一、说课内容及其表述方式存在的问题与分析

任何一项说课活动,都是通过说课者对内容的陈述来呈现的。目前,通过归纳笔者发现,就说课内容而言,存在以下几种常见现象值得讨论。

1. 不同说课活动规定要素不统一现象

无论是不同区域,还是相同区域的不同活动,几乎说课要素的规定都各不相同。有的要求说的要素内容较多,有的较少。目前从全国范围来看,尚未有统一的规定。一方面几乎未开展过全国性的说课活动,另一方面,也未看到某一权威机构对说课要素取舍有明确的说明。因此,出现说课要素不统一并不是什么大问题,关键在于,无论是何种级别的比赛或何种活动,要素的取舍都要有明确的依据,不能过于主观,更不能不考虑其相对稳定性。为此,判断说课哪种要素要求更为合理,是我们说课研究与实践不容忽视的关键问题。

2. 相同要素陈述详略不一致现象

在说课活动中,我们不难发现,对于相同要素而言,有些说课者陈述得较为详细、深入,有些说课者采取的却是简单介绍的方式。然而,究竟哪些

内容该详讲，哪些内容要简略呢？我们在判断的时候，不能简单地看谁讲的多而深就认为其优或劣，而是看哪些要素内容该详讲，哪些内容该略讲。例如，很多说课活动都要求说课者对"指导思想"加以阐述，该要素实际上是让说课者对课的把握要有明确的方向，即所说课的设计要有明确依据。所以，该部分说的时候做到"点到为止"即可，无须长篇大论。在说课实践活动中笔者发现，有的说课者将"指导思想"完完整整地读给大家听，这显然是不可取的。相反，有些内容需要详说的时候也不能过于简单，如教学过程的陈述，除了开始、准备和结束部分可以简单介绍以外，基本部分尤其是该部分主教材学习的过程与方法，甚至是设计意图都需要详细说明。

3. 不同说课者内容表达各异现象

就说课者而言，除了说课水平有高低差异，其说课内容的呈现形式也有明显区分。有的说课者在说课时会原原本本按照说课要求的要素，将事先撰写好的内容进行逐一陈述。例如，某说课者，整个说课过程，几乎是一字不落地将各要素内容一一呈现，一直是低头读稿，这并非真正的说课。而有的说课者，则能将一些书面语言灵活地转变成书面与口头相结合的语言表达方式向听众们讲明课是如何设计的，将如何实施课堂教学工作。还有的更为灵活，整个说课过程各要素的呈现几乎是无缝对接，说课语言非常流畅，会让听众不知不觉中了解了课的设计思路与组织教法。说课能力较强者，其每一部分的内容呈现都会非常巧妙。例如，有些人在说教材的时候，连同教法、学情等一并说得十分清楚。有的或许单独就教材而说教材，这就让人感觉比较单一。

二、说课内容取舍的依据与策略

对说课内容的取舍，应有相应的依据，不能凭空确定。通过研究笔者发现，在确定说课内容的时候，以下几个方面不容忽视。

1. 依据说课活动要求确定说课内容

一般情况下，说课活动的组织者会在活动前下发通知，并提出明确的要求，其中会有关于说课内容的要求。要求要说的内容，每一个参与该活动者首先要明确，属于该要求之外的内容可以暂不考虑。一方面，说课活动时间有限，另一方面，一旦额外增加未要求的内容，导致说课超时，会直接影响说课结果。假如未按要求把该说的内容说完整，也会因内容缺失而影响效果。因此，依据说课活动要求确定说课内容十分关键。假如，说课活动要求说课者说指导思想、教材分析、学情分析、教学目标、教学流程、教学评价、教学特色等一系列内容，参与说课者就要围绕这些方面做充分准备，并在说课活动中逐一呈现，无论是明说（按要素名称逐一说），还是暗说（不点明要素名称，而是将各要素打乱顺序再重新整合），这些方面的具体内容都是不可或缺的。

2. 依据教材特点灵活把握说课内容

不同的教材有着不同的特点，其对应选择的教法手段也会各异，也就是说，几乎每一项教材内容都有其适宜的教法。从"会能度"的角度来看，"会与不会有明显区别"的教材，由于难度较大，学生必须认认真真地从易到难，一步一步地学习方能掌握。因此，说这类教材的时候，教法手段的合理性、适宜性、层次性要有不同程度的体现。相反，对于"会与不会没有明显区别"的教材而言，由于较为简单，几乎不需要太多的讲解、示范等环节。有时过于复杂地教太简单的教材，反而会带来相反的效果，有可能会把学生从"会"教成了"不会"。因此，针对这类教材，在说课的时候就要适度把握所选择的教法步骤，不可过于复杂。同样，对于说基本运动技能类教材和专项运动技能类教材而言，从目标到重难点的确定，再到教法步骤的选择都应该各有侧重地灵活把握。

3. 依据学生情况精准确定说课内容

学生与说课的关系最为密切，或许有些人尚未认识到这一点。说课中具体要说什么，实际上，从指导思想到教材分析，一直到教学流程等任何一个要素无不与学生关联。也就是说，任何一项说课要素，都需要围绕学生情况而展开，脱离学生具体情况的说课，是不可取的。又如，说教材分析的时候，不能只说教材的特点、功能价值，或教材的难易度，而是要围绕学生的实际说教材。首先，教材的难易度是基于学生的具体情况而判断的。其次，教材的功能价值也是在学生学习过程中或学习结果中体现的。最后，就是某一节课安排学什么具体内容，也是基于学生的基础而确定的。例如，耐久跑具有培养学生吃苦耐劳的精神、顽强拼搏的意志品质的价值。又如，安排高一学生学习鱼跃前滚翻，是基于学生在以前学习过前滚翻、远撑前滚翻等相对简单的滚翻技术。因此，就教材分析而言，不能不考虑学生情况，脱离实际的分析，显然是不妥当的。同样，说课中陈述其他的要素也应如此。例如，要说场地器材布置，无论是器材数量，还是场地大小和摆放方式等，都要依据学生说场地布置的方式与结果。又如，如果所说的课是跳箱，有可能老师根据学生的差异性，会摆放高低不等的箱体，有的多一层，有的少一层甚至两层，有的踏板距离跳箱较远，有的放得较近。说课的时候就要将这些摆放的情况与学生实际情况关联起来。

4. 依据时间长短巧妙分配说课内容

无论什么样的说课活动，都会事先规定说课时长。有的较短，如要求在 5 分钟之内完成一次说课，有的相对适中，比如有 10 分钟的说课时间，还有的规定在 15 分钟内或更长时间内完成。说课时间长短不同，说课内容的取舍就显得更为关键，要能够随时间的变化而有所区分，即规定的说课时间越长，要说的内容越多，时间越短，具体要说的内容就要有不同程度的压缩。内容量的增减，实际上反映出的是说课内容广度与深度的把握问题。时间短还要体现要素齐全、面面俱到，就很难说得深入，长一些时间自然就能够做到。因此，说什么、说到什么程度，时间长度起着决定性作用。但无论安排的说课时间是长是短，说课内容都要有所侧重。时间分配上，最好不要将时间平均分配到各要素之中，有些要素的陈述要尽量详细一些，如教学过程的组织与教法部分就要详说，有些可以点到为止，如指导思想、安全防范等，不可无，但也无须太多的陈述。在规定的时间范围内，说课内容只有做到详略得当，方能达到理想的说课效果。

5. 依据个人风格巧妙呈现说课内容

不同的说课者，即便说的都是同一主题、统一要素要求的课，因为说课者个人风格不同，对说课内容的处理也会各有特点。学习他人的说课经验有必要，说课时保持自己独特的风格也应给予充分肯定。例如，两个不同的说课者，一个按部就班，依据活动组织要求将说课稿中的各要素内容一一进行陈述，是常规说课型；另一说课者却从说课内容要素顺序到表现形式都做了大胆创新，突破了传统的常规定式，体现了个人风格特点，除了要素名称明暗相间，具体内容处理也十分巧妙，甚至有的表达得给人以身临其境之感。因此，说课者在了解和很好地把握组织活动具体要求的基础上，在说课中适当体现个人独特风格，有时会达到更为理想的效果。

三、说课内容案例分析

说课活动很多，有的是专门的说课比赛，有的是教师招聘中的一个测试项目，还有的是教研活动中的说课研讨等，无论哪种活动，说课内容的取舍都应准确把握。下面以某区组织的一次说课比赛中的一节小学三年级"跳上成蹲撑—起立—挺身跳下"为例，重点分析该案例中的部分说课内容的取舍问题。

1. 说课案例中的结构要素分析

在说课比赛现场，说课者首先介绍了要说的内容目录，即各要素名称的列举，包括：（1）指导思想与理论依据；（2）教学背景分析；（3）教学目标；（4）教学重难点；（5）主要教学方法、教学手段和教学资源；（6）教学流程示意图；（7）教学过程；（8）教学设计特点；（9）教学效果评价预计。不难看出，这些要素与教学设计文本十分相似，所不同的是，教学设计中的核心内容"教案"在该说课稿中主要分开呈现为"教学目标""教学重难点"和"教学过程"等。另外，"教学设计特点""教学效果评价预计"等要素，基本上是地方上某些区域的说课稿和教学设计中需要呈现的内容。总体上该案例的说课稿内容要素选择相对比较全面，但还缺乏一个较重要的因素，即"安全防范"。因为，假如"安全防范"在说课时不说，就很难判断课上是否有隐患、隐患类型，以及防范方法是否合理等。

2. 说课案例中的具体内容分析

说课中各要素具体要说什么内容，要做到详略得当，重点突出，尽可能地避免不必要的内容陈述。因此，在准备说课稿的时候，就要反复推敲，尽可能地保留非说不可的内容，那些可说可不说的，甚至是完全可以不说的，不要占用有限的说课时间。下面以案例中的"指导思想与理论依据""教学背景分析"为例，分析说课者内容的取舍情况。

"指导思想与理论依据"部分，该案例中的具体内容是："本课以'健康第一'为指导思想，以《义务教育体育与健康课程标准（2011 年版）》的基本理念为依据，以学生学习掌握体育知识技能和方法为载体，以身体练习为主要手段，以增进学生健康为主要目标。通过学习'跳上成蹲撑—起立—挺身跳下'发展学生力量、灵敏、协调等身体素质；提高学生克服困难、勇敢顽强、主动参与、互相协作和自我展示的意识和能力。"该部分内容中包含了课标中的部分基本理念，还有课程性质的描述，还有教学目标，实际上，为了节省说课时间，该部分主要应突出的是，依照课标中的基本理念把握明确方向。因此，关于目标的后半部分都可以整合在"教学目标"要素之中陈述。"指导思想与理论依据"的要素名称也可以简化为"指导思想"。

"教学背景分析"要素的具体内容中，既包含过去通常所说的"教材分析"（该案例用的是"教学内容分析"），也包含"学情分析"，还增加了"第一次课学生学习情况、问题和教师对策"。其中，该部分所占内容长度，大约为整个说课稿的 1/6。其中，"教学内容分析"是："本课内容选自人教版《体育与健康》三至四年级技巧内容教材。技巧是小学体育教学中一项重要教学内容，小学三至四年级开始出现的支撑跳跃内容是最基本的跳上和跳下动作练习，让学生掌握轻巧落地的方法。通过练习使学生学会跳上成蹲撑—起立—挺身跳下的动作方法，并能够轻巧落地，掌握好身体平衡，腾起后头正、挺胸、展髋，落地时屈膝缓冲。发展学生的灵敏、协调和平衡能力，培养勇敢、果断的精神。""学情分析"是："三年级学生正处于生长发育的关键时期，乐于参加体育活动，在课堂中思维活跃，模仿力强，反应比较灵敏，具有较强的竞争意识。但他们骨骼肌肉和内脏器官发育都不完善，作为支撑跳跃的初学者，部分学生会出现恐惧心理，因此，在练习中加强保护帮助，循序渐进由易到难来克服恐惧心理。我校三年级（1）班共有 28 名学生，有一定的组织纪律性和集体荣誉感，因此，教学中在自主体验的基础上，加强小组合作学习，提高学生参与的意识和能力。在第一次课学习中，学生基本掌握助跑几步、双脚踏跳、直臂支撑、提臀、屈膝成蹲撑和保护与帮助的方法。个别男同学做动作时，过高估计自己的能力，做出危险动作，须加强安全教育。几名体重较重的学生，降低跳箱高度后在保护帮助下完成动作。"除此之外，还有关于"第一次课学生学习情况、问题和教师对策"的表述，以及单元计划和该次课的单元课次信息（略）。

显然，"教学背景分析"这一要素的三块内容需要做大量的精简和整合，把核心的内容留下，删除可要可不要的信息材料。所谓核心内容，是指什么教材、有何特性、学生学习该教材的基础、本教材选择的适宜的教学方法等信息。"单元计划"部分，该单元四次课每一个课次的技能目标和教学重难点都可以省略不谈，只说明"本次课是本单元的第二次课"即可。

总之，说课内容的取舍要把握其"必要性"和"合理性"，必要性主要体现为该不该说，合理性体现为该如何说。说课内容取舍恰到好处，确保陈述内容字字千金是说课取得良好效果的关键所在。下面对说课中的内容取舍做一个简单的归纳。

说课中的
内容取舍

说课水平有不同， 内容取舍要先行；
把握不当现象明， 精繁简略要分清；
组织要求要参考， 时间保障不可少；
详略得当是前提， 说清关键不偏离。

第三章　说课中的时间分配

说课成功与否，不仅与说课前的内容准备有关，而且还与说课时间能否合理地分配密切相关。目前，说课活动中时间的分配存在哪些问题、什么原因、该如何合理分配说课时间等都是值得研究的重要理论问题和实践问题。本章重点从说课时间分配不当现象、根源及策略三个方面展开讨论，旨在为广大一线教师在说课过程中把握好时间分配提供参考。

一、说课中常见的时间分配不当现象

目前，说课中存在的时间分配不当现象主要有均匀分配、前松后紧、前紧后松、过早结束、超时拖延等。

1. 说课时间"均匀分配"现象

在说课活动中，我们会看到有的说课者几乎将时间均匀分配到各个要素之中，致使听者分不清哪些是重点要说的内容，哪些是可以少说，甚至哪些是可说可不说的内容。均匀分配说课时间，一方面说明对说课内容的重要程度把握不够到位，另一方面也表现出缺乏说课的技巧。例如，该简单介绍的指导思想、教材分析和学情分析等，在有限的说课时间内无须过多陈述，而部分说课者未能做到精简，时间占用过多，导致后面重点内容如基本部分主教材教学的步骤与方法无法说得详细具体。说课过程中对各要素所占的时间均匀分配显然是不妥的。

2. 说课时间"前松后紧"现象

有的说课者在说课的时候，前面的内容说得语速较慢，甚至是说得过细、过全，导致后面的内容完成得过于仓促。有的是采取加快语速的方式加以弥补，有的是草草结束后面的内容，这样"前松后紧"的说课难免会留些许遗憾。有的因要快速说完后面的内容难以做到详略得当，有的因要在规定的时间内完成说课不得不放弃某一内容的陈述，这种不够从容的结尾是难以达到理想说课效果的。如因前面介绍课的背景材料包括教材、学情等过于详细，主教材教学设计方法、意图等该详说的却难以实现详说，甚至连后面十分有必要的安全防范措施也未能留出一点时间说。因此，"前松后紧"显然不是理想的说课时间把控方式。

3. 说课时间"前紧后松"现象

与前面谈到的"前松后紧"说课现象相反，说课时如果时间表现为"前紧后松"，也是不够理想的。"前紧后松"，顾名思义，是前面的内容说得过快，在较短时间内主要内容完成了，感觉还有较充裕的时间，后面的内容语速明显减缓，甚至后面该简说的内容因时间充裕也变成了详细描述，显然这样调配说课时间的方式也是不够合理的，也难以发挥出说课的水平。例如，说课者一开始没有控制好语速，看着 PPT 上的文字快速读了起来，眼看内容快要读完了，顿时才发现时间还不到一半，于是开始放慢语速，甚至还进一步解释说过的某一内容，明显是在拖延时间，其目的是想刚好在规定的时间完成内容。这样处理显然也是缺乏经验的。

4. 说课"过早结束"现象

所谓说课"过早结束"是指要说的内容说完了，还剩余较长的时间。一般而言，任何一个说课活动都会事先有时间规定，只要不超过时间都符合要求。说课时间多数是在 10—15 分钟之间，假如过早地结束说课，如规定 10 分钟说课时间，却 5—6 分钟就结束了说课内容，同样，规定 15 分钟，却只用了不到 10 分钟。用时过短，尽管也有完整的说课内容，但多数情况下是该详说的未能详说，甚至还有的出现内容遗漏的情况，因此，过早完成要说的课，也难以达到理想的说课效果。

5. 说课"超时拖延"现象

说课时间控制不当还表现为"超时拖延"现象。往往是规定的时间到了，内容还有一部分没有说完，有的剩余内容较多，有的较少。很多说课组织者都会在规定时间结束的前一分钟做个提示，有的说课者听到提示铃声会草草结尾，还有的可能未听到提示音，依然保持原有的语速说下去，直到计时者要求其停下，说课者才突然意识到超过了规定时间。当然，有些组织者对时间的要求并非十分严格，尽管有个别说课者超时，也依然允许其把要说的内容说完。这样的做法实际上并不妥，一来对其他按时说完的说课者不公平，二来也会滋长那些超时者不遵守规则的不良习惯。因此，无论参加何种说课比赛或说课教研活动，一定要有规则意识和时间观念。

二、说课时间分配不当的主要根源

说课时间分配不合理，有一定的原因。通过研究笔者发现主要有以下根源：准备工作不够充分、说课期间过度紧张、说课过程增减内容、说课组织不够严谨等。

1. 准备工作不够充分

说课效果好与差，取决于准备工作做得是否充分，尤其是说课时间是否合理分配。较为准确地给每一要素的内容分配好其所需要的时间，该详说的时间稍长些，该略说的时间自然应少一些，合理分配好每一要素的时间，有助于在说课时做到从容和自信。假如说课没有做好这样的准备，而是跟着感觉走，很容易过早结束或超时拖延。准备工作不充分具体表现为以下几种情况：一是准备的时间短，未来得及分配各部分的时间；二是准备时间充裕但考虑得不全面，忽略了时间分配问题；三是对时间进行了分配但不够精准。总之，说课要做好充分的时间分配准备工作。

2. 说课期间过度紧张

有的说课者在说课过程中出现明显的紧张状态，时间的控制就容易出现问题。有的是因紧张而忘记内容，说课早早结束；有的是因紧张而语无伦次，打乱了原来的时间分配，说课不能按时完成略有拖延；还有的因紧张过度而终止说课比赛。造成紧张的原因也很多：有些说课者的紧张很难在较短的时间内消除，因为属于心理素质问题；有些说课者的紧张缘于准备不够充分，多数是对说课内容不够熟悉；还有的经验不足，一旦在说课过程中有点遗忘，就马上出现紧张情绪；还有些紧张是由于参与说课的次数较少，甚至是第一次参加说课，完全没有经验可言，尤其是遇到突发情况会不知所措，紧张感会更为突出。因此，说课时间能否合理把握也和紧张与否密切相关。

3. 说课过程增减内容

说课一般要求说课者按照事先准备好的内容通过语言逐一呈现，通过观摩说课比赛和教研活动笔者获悉，也有少数说课者在说课的时候任意增加内容或删减内容。这一做法直接影响着说课时间，并容易导致时间延长或缩短。说课时无论是增加内容还是删减内容，都反映出：一种情况有可能是说课内容记得不牢，根据自己的不完整记忆在说课；另一种情况有可能是缺乏说课经验，未能很好地把握住说课进度，担心时间不够而随意减少了某一要素或某一小块内容，结果显得内容不够完整，时间把握也不够精准；还有一种情况是说课者的习惯所致，容易在说课活动中自由发挥，结果很容易造成超时拖延。总之，无论什么情况下在说课过程中增减内容都是不妥的。

4. 说课组织不够严谨

组织说课活动都要求有较为严格的规定，例如时间的限制、内容要素的取舍定位等。具体到说课组织不够严谨现象，要么说课活动在时间上没有明确的要求，要么有要求而不严格执行。说课时间没有明确规定，一般出现在说课教研活动之中，假如这样的活动不对说课做出具体的时间规定，很有可能使参与说课者没有时间观念，自然也就不会有明确的按时说完要说的内容的意识，说课者的随意性较大。有明确规定但不认真履行，说明时间观念不强，尤其是，一旦组织者不叫停已到时的说课者，其他说课者也都会模仿组织者的做法而不严格遵守说课时间，超时拖延自然就难以避免。总之，说课活动中，组织者是否认真履行了规则要求，与说课者能否按时完成说课关系密切。

第三章
说课中的时间分配

059

第二部分
体育教师说课
——实践方略

三、合理把握说课时间的有效策略

能否合理把握说课时间，既是态度问题，也是能力体现。为有助于参与说课的老师合理控制说课时间，顺利完成说课任务，或在说课活动中表现更为优秀，下面提出几点有效策略。

1. 认真准备精心分配说课时间

做好说课前的准备是保证说课成功的关键，不仅要认真，还要能够对各要素所占时间做出精心的分配。当然，组织者规定的说课总时间不同，各部分的时间分配自然会有一定的区分。无论所规定的时间是长还是短，基本上要把握一个主次要素的时间分配比例，最好能够把大约一半的时间用于主教材教学步骤的讲述上，包括要说清楚该部分的设计思路与方法、设计意图，学习与锻炼手段，甚至能够达到的效果等。实际上，说课需要表达出的效果，一个是说清楚课是如何设计的，一个是说清楚课是如何上的，后者所占的时间要稍长些。因此，在说课准备阶段，只要能够把主要部分的时间确定好，一般情况下，说课时间的分配不会出现太大的偏差。

2. 反复说练准确把控各项时间

现场说课时，能否合理把控好各要素的时间，也就是说，能否按照事先分配好的时间完成说课任务，既取决于一个人的说课能力，也取决于在准备阶段是否做了反复的计时说练。多次反复掐着时间进行说课练习至关重要，通过练习既能对总时间有一个总体上的把握，也能够对各要素的时间分配是否合理做出较为明确的判断，对不合理的分配及时做出调整。假如通过反复说练，确定事先分配的时间是合理的，那就通过反复练习使各部分时间能够相对固定下来，熟悉了以后，就能够在说课的时候准确按时间分配阐述要说的内容，而不至于过早结束或超时拖延。因此，说课比赛前的说练不容忽视。

3. 熟记内容避免说课遗忘拖延

说课内容既有如何设计的部分，也有如何组织教学的部分，而且每一部分还要细分为若干个要素的具体内容，一旦在说课过程中遗忘某一部分，都有可能因利用过多的时间停留在思考回忆上而拖延整个说课时间。为此，说课前在认真准备阶段，熟记各要素的具体内容十分必要。但熟记的方法绝不是死记硬背，而是在设计好说课文稿以后，细心地看、进一步理解与反复地琢磨，直至合上文稿能完整地、顺利地复述出来。一旦达到了这样的熟记程度，说课的时候就不容易因内容遗忘而拖延时间。

4. 提高能力巧妙处理突发事件

说课的时候，也会因为出现某一突发事件而使说课活动暂时中断，或因处理突发事件的方式不当而完全终止说课比赛。这就要求说课者应巧妙把握，提高处理突发事件的能力。常见的说课中的突发事件有很多，诸如电脑故障、PPT无法显示，麦克风电量弱或不能正常使用，做示范失败，因紧张内容遗忘，一时未能忆起要说的内容，等等。无论什么样的突发事件，都会对说课造成一定的负面影响，突发事件处理不当，将会带来更加严重的结果。因此，提高对突发事件的处理能力及说课全程的把控能力尤为重要。要想提高说课能力，除了要多练说，熟能生巧，还要多观察，学习他人的经验。同时还要强化说课研究，归纳总结已有说课经验，以求分析、判断、解决说课问题，也能够在一定程度上提高说课者的说课能力和水平。

说课尽管没有上课时间那么长且复杂，但要想成功，就要把控好时间。说课时间的分配与把握是否合理，起着关键性作用。及时了解说课中时间分配的不当现象，并深入了解其根源，对合理把控说课时间将能起到重要作用。同时，说课时间的巧妙合理分配也要因人而异，由于个人风格不同，可能时间的分配也会与众不同，甚至独具特色。下面对说课时间分配做一个简单的归纳。

说课中的时间分配

时间要求提前定，　说课过程好把控；
内容长短有不同，　时间分配要跟从；
把握不准现象多，　提早延迟均有过；
产生原因要厘清，　能力水平要提升；
认真准备反复练，　把准时间是关键。

第四章 说课中的示范处理

对说课进行评价的时候，不仅要看说课者对要说的课是"如何设计"的，还要看所设计的课将"如何上"。一个说课者假如能够把这两个方面表达清楚，基本上就完成了说课的任务。显然，在说"如何设计"这一部分的内容时无须做动作示范，因为该部分是在说"理"，是要说明设计的思路、方法与结果等。另一部分说"如何上"，实际上要表达的是"法"，通常情况下，该部分的呈现主要还是通过语言来表达，在对说课活动的观察中笔者也发现，有的说课者在说课时穿插有示范。但究竟说课中该不该做动作示范？过去说课中的示范有哪些不良现象？是何种原因产生的？如果要在说课中做示范，该如何处理好示范与说课其他内容和形式的关系？这些都是达到理想的说课效果需要关注的问题。

一、说课中的示范现象

对于有示范的说课而言，据笔者观察，说课过程中的示范出现过若干不良现象。诸如示范错误、示范失误、示范过多、示范不便等。

1. 示范错误现象

无论是我们平常上课还是专门的说课活动中，只要做示范，都必须确保正确无误。否则，上课时出现错误示范会误人子弟，说课时做出错误示范会直接影响说课效果。如一次说课活动中，一位说课者在说篮球双手胸前传接球课时做了一个传接球示范，可是，接球时说课者两手的十个手指都朝向了前方，显然是错误且存在安全隐患的。如果按照说课中的这种示范方式去上课，学生不仅不能掌握正确的传接球技术动作，而且还很容易在接球时发生手指挫伤，甚至骨折。以前，在观察体育课堂的时候笔者就发现过类似的事情。某小学生接球时手指朝前，结果导致左手小手指骨折，造成了较为严重的心理障碍，后来学习篮球接球时再不敢主动去迎球和接球，而是用两手的掌跟先将球打在地上，再将其捡起。与此同时，这也给任课教师带来了不必要的麻烦，因为那位受伤学生的家长后来不依不饶，三番五次地到学校闹事。所以，说课中我们看到的示范错误，也很有可能会在今后的上课过程中呈现，也同样有可能带来一些不良后果。因此，示范确保正确至关重要。

2. 示范失误现象

有些说课者在说课中做的示范不是错误，而是因失误未能示范成功。如前滚翻示范时未能顺利滚动，有的是偏离滚动方向，甚至偏离出了体操垫；有的尝试两次示范都没有顺利做出滚翻动作；还有的滚动动作做完后未能成蹲撑姿势；等等。又如，有人做足球脚背连续颠球示范时，球被颠起一下就跑掉了，两个连续的颠球就未能做出。还有的说课示范失误表现在准备工作未能做充分，排球自垫球示范时，由于手腕上带着手表，抛起要垫的排球，接触手臂的一刹那却砸在表链上而被斜弹出，未能完成自垫动作。还有些失误出现在临时配合完成示范的同伴身上。如有次说课活动，说课者在说篮球双手胸前传接球的时候，事先安排了一位与他配合传接动作的老师，但是，当两人互相传接球的时候，配合者未能将球准确传递到位，而是过高了，说课者就未能做出准确的接球技术动作。以上各种示范失误都会不同程度地影响说课效果，因此，与其出现失误倒不如不做示范。

3. 示范过多现象

一般而言，对于说课者来讲，几乎所有的说课活动组织者都没有明确规定在说课过程中要做示范，更没有要求做几次示范。可是，有些说课者不仅有示范，而且还多次做示范。示范次数越多，不仅出现失误的概率越大，而且还会占用更多宝贵的说课时间。说课中过多的示范一般出现在介绍课的内容时，有的是基本部分主教材内容呈现时，还有的是说到学生各种形式的练习教师做巡回指导环节时，等等。例如，在说一节排球传球的课时，说课者开始介绍该次要说的课的内容，就先做了一下徒手传球动作，并简单做了解释。在按照教学流程说到基本部分的时候，说课者拿起放在一旁的排球，完整地做了一个自传球示范。随后又请出一位配合者，做了正面上手传球示范。三次示范总耗时 1 分半钟左右，再加上对技术动作的讲解，仅这两项就占用了 3 分钟。对于一个 10 分钟左右的说课活动而言，显然多次示范会导致说课时间分配不合理，因此说课过程中多次示范是不妥的。总之，说课的示范应简洁明了，点到为止。

4. 示范不便现象

就说课中是否做示范问题而言，并非所有的内容都适宜示范，因场地限制、器材限制、时间限制、能力限制等诸多条件限制不能或难以完成示范的时候，在说课过程中可以放弃。可是，在一些说课活动中，却有说课者对那些看似完不成的示范也试图做，这显然就很难达到理想的说课效果。例如，体操器械类内容的说课，就难以在说课中穿插示范动作，可是，某次说课比赛，说课是在教学楼 3 楼的一个教室内进行，由于场地的限制，在双杠上完成示范几乎是不可能的，而那位说课者在短短的说课时间内连续做了三次双杠跳上成分腿坐的"徒手示范"，其目的是想在没有器械的情况下，尽可能地多做几次让大家看明白。实际上，这样的做法大可不必，因为说课重在说而非做，不便于完成示范的说课内容，仅通过语言表达完全可以达到较为理想的效果。

二、说课中的示范定位

说课活动中是否需要示范，或许不同的人有不同的理解，也有不同的处理方法。下面我们分析一下，究竟该如何给说课中动作"示范"进行定位。

1. 示范在说课中可能体现出的价值

假如是在上课过程中，动作示范不仅能够有助于学生了解动作方法，建立动作概念，有助于学生更有效地练习，而且示范准确、完整、优美还能引发学生的兴趣，提高其参与度。那么，就说课而言，假如在其中也穿插动作示范，能够发挥什么作用呢？首先，假如示范动作成功完美，能够在一定程度上体现教师的专业技能水平，对说课效果会产生一定的积极作用。其次，如果示范时机恰到好处且不占用较长时间，由于增加了肢体的动作配合，体现了形式的多样性，会给听众或评委带来耳目一新的感觉，因为并非所有的说课者都会在说课过程中做示范。再次，对于不善表达的说课者而言，或许还能够在一定程度上弥补语言缺陷，动作表达往往会更为直观和吸引人。总之，假如在说课活动中巧妙且适当地加入说课主教材内容的动作示范，说课效果或许会增强。但是，不能为示范而示范，形式化的或错误的示范要不得。

2. 说课中的动作示范依据需要而定

把握好说课中的示范尽管能够起到一定的作用，但是并不是每次说课或说什么样的课都做示范，是否做示范，一定是根据所说课的内容需要而定的。那么，什么叫依据需要？如何准确把握这一需要？这是说课者在准备阶段事先要做出准确判断的。然而，什么情况下需要？什么内容需要？什么条件下能够满足需要呢？首先，要考虑说课组织者是否在说课具体要求中有明确规定，如果规定说课中做示范或可以适当做示范，那对于说课者而言，是需要考虑做示范的。其次，要考虑说课的内容是否需要通过一个示范才能更为清晰地表达。有的内容仅靠语言描述会比较抽象，且某一技术动作很多人又不太熟悉或不容易理解，此时穿插一个示范，或许会有助于听众或评委更直观地获取说课信息，这种情况示范是有必要的。再次，要结合说课者自身的说课风格或特点，有的习惯于在说课过程中加入示范动作，而有的可能不习惯于这样做。因此，说课中是否要做示范，可以考虑自己以往的做法，而不去过分纠结做还是不做。

3. 不能确保精准的示范尽可能不做

如果说课者在说课过程中插入的示范不够正确或出现失误，或做得不够标准，与其做示范，倒不如不做示范。不够精准的示范很有可能还会带来一定的负面作用。说课时做的示范达不到理想的效果，有时还会造成说课者产生紧张情绪，直接影响后续部分说课效果。有时因示范失败而造成不必要的紧张，可能会导致遗忘，甚至有的心理素质不良的说课者，有可能因此而完全中断说课。如，在一次说课比赛时，有位说课者在说课过程中按照他事先设计好的练习手段给学生做斜坡跪跳起示范的时候，由于设计不够合理，结果示范时未能跳起，示范失败，该说课教师就开始紧张起来，因不知所措而暂停说课，这是因不当示范而导致的后果，这样的示范倒不如不做。即便是具有较高语言表达能力的说课者，一旦说课中的示范出现失误，也很难弥补。说课中因示范引发的问题可以看出，说课中的示范假如不能确保精准，建议最好不做。

4. 评说课不会因为没做示范而降分

当专家们评说课的时候，或许有人会担心，会不会因为有的老师做示范，有的老师不做示范，打分标准会有所不同呢？应该是不会的。因为从笔者目前所了解到的情况来看，在开展说课比赛的时候，一般不会提出示范在整个说课评价标准中占一定的权重比例，更不会出现因有示范而加分，因没有示范而扣分的做法。可是，一旦说课中做了示范，示范本身的效果给评委们带来的直观感受，会或多或少地影响对说课水平的判断。如一次说课活动中，在示范可做可不做的情况下，说课者选择做了一个示范，由于某一原因示范没有成功，给评委们的打分带来了负面影响，或许有的评委会因此而扣分。但是，假如可做可不做示范的说课，说课者的选择是不做示范，错误或失败示范也就不会存在，说课者都是通过语言表述动作方法，因示范错误或不成功的扣分自然也就不存在了。因此，评说课不会因为不做示范扣分，但做了示范且示范出现了各种各样的问题，会影响评委们的打分，尤其是扣分的可能性较大。

三、说课中的示范策略

任何一个说课者都希望在说课的时候表现良好，甚至在比赛中能取得较好的成绩。示范的有无、示范质量的优劣对说课会产生直接或间接的影响。那么，如何更好地把握说课中的示范内容与形式？建议尽可能地把握好以下几个方面。

1. 示范要能起到画龙点睛作用

很多说课组织者都没有提出关于说课示范的明确要求，而一旦说课者选择了在说课过程中配合做一次示范，就要能够使该示范起到画龙点睛的作用，而不是画蛇添足的作用。例如，示范时教师的技术动作不仅顺利完成，而且非常精湛优美。这一定程度上能够弥补说课语言表达之不足。因此，假如要在说课中穿插一次示范，在说课准备阶段就要多下一些功夫，确保在说课中能够做出起到画龙点睛作用的优美示范动作。

2. 示范次数时机需要灵活把握

当确定了要在说课中做示范，就要充分考虑好示范在整个说课过程中的次数以及时机。显然，说课中的示范不是越多越好，因为受说课时间的限制，示范次数增多必然会占用过多的说课时间。而且无论是几次示范，其出现在整个说课流程中的具体位置需要灵活把握且恰到好处。有些人会在说课开始介绍说课内容的时候巧妙地呈现其动作示范，但更多人是选择在阐述课的流程或课的基本部分的时候，做一次完整示范或部分技术动作（或是技术动作的最关键部分）示范。

3. 示范失误及时通过语言补救

说课活动中一旦出现示范失误该如何补救呢？是再继续做一次成功示范，还是就此停下继续通过语言表述说课内容？可能不同的人处理方式也不尽相同。为了确保不因示范失误而继续扩大对说课效果的负面影响，一旦示范失误后，如果没有百分之百的把握，建议不要再次做示范。要尽可能巧妙地用语言来弥补示范之不足，可再次强调技术的关键，或补充一句："该动作对于学生来讲，如果不能把握住动作关键就很难完成。"也就是说，当示范做得不好的时候，可采取正反向说清楚的方式补救。

4. 区分说课与上课的示范差异

由于说课与上课不是一回事，侧重点不同，表达方式不同，即便是说课与上课活动中都有动作示范，其示范的要求也存在明显区别。因为，毕竟在上课时示范所面对的对象是学生，既需要任课教师把技术动作做对做好，还要在示范前有明确的观察法指导，不仅要做清楚，还要能够确保让学生看明白，便于学生模仿老师的动作进行练习。说课中观察教师的示范者却是听众或评委，不存在后续的练习等环节，因此，说课示范的呈现形式、对示范面的选择、示范位置的调整、示范前的提示等，都没有像上课那样要求严格而明确。

或许很多人平常不太关注说课中的示范问题，但是，由于示范完成的情况与说课效果息息相关，因此，说课示范问题的研究就不容忽视。一旦在说课中选择穿插某一示范动作，就要力求在不出现明显的大错误的前提下，尽可能地趋于完整而优美。既要体现说课者的技能水平，也要体现说课者具有一定的说课技巧。下面对说课中的示范处理做一个简单的归纳。

示范现象有很多， 错误失败也有过；
说课过程要把握， 说中示范不多做；
视频演示可选择， 演示结束有评说；
现场示范看需要， 时机次数考虑到；
精准示范需呈现， 画龙点睛是关键。

第五章　说课与模拟课的区分

说课和模拟课是不是一回事儿？从名称来看，几乎所有的人都会回答二者不同，但在操作层面，有不少人将说课当成了模拟课，也有人在上模拟课的时候却又把它当成了说课，这说明有些老师是将二者混淆的。那么，二者究竟有何不同？如何区分？又如何把握说课与模拟课的技巧？下面就以上问题展开讨论。

一、混淆说课与模拟课的若干现象

在具体的说课与模拟课活动中，我们时常会看到或听到有人将二者混淆，具体表现在以下几个方面。

1. 说课时"边说边教"现象

有一些说课者在说课的时候，不是始终用介绍或阐述的表达方式说课，而是时而在说，时而在做，时而在模拟与学生互动交流。这样的表达形式显然不是真正意义上的说课，实际上已经与模拟课相混淆。之所以在说课时"边说边教"，其根源在于未能真正掌握说课要领。说课的最本质特征是"说"，是"介绍"，是"阐述"和"展示"，主要通过口头语言将课的设计和组织方法讲清楚，听者完全通过聆听这些信息，明确课的设计思路和方法，以及判断是否合理与科学。假如说课活动中不是在说，而是边说边教，不仅自己有可能表达模糊，逻辑不清，而且也很有可能让听者莫名其妙，搞不清是在说课还是在模拟上课。当然，对于那些也同样分不清说课与模拟课的听者，或许并不会产生疑惑。

2. 模拟课"边上边说"现象

在某一模拟课比赛现场，曾经有参赛选手在模拟课堂上集合整队宣布课的内容以后，就开始给评委和观众们介绍接下来课将如何上，说完，又开始模拟上课，在模拟期间，又穿插介绍课的组织形式与方法等。总之，既不是完全的模拟课，也不是独立的说课，而是以模拟为主，"说"与"模拟"交替呈现的不规范的模拟上课。显然，这样的呈现方式是不清楚二者的最本质区别。模拟上课最基本的特征是"上"，只是没有学生又当作有学生的"上课"，是在模拟真实课堂，可以有讲解、有示范、有组织学生练习的模拟形式，甚至还有巡回指导等模拟教学环节，以上各种教学形式模拟效果的好与差，体现了模拟上课能力的高低。因此，"边上边说"的模拟课是不合乎要求的，真正意义上的模拟课无须介绍课的设计思路与方法，而且多数是"无生"课堂。

3. 模拟课"始终在说"现象

和"边上边说"的模拟课现象相比，"始终在说"的模拟课显然是更不准确的。因为，这完全把"模拟课"与"说课"画上了等号，这是一种错误的理解。如在第一届全国中小学体育教师教学技能比赛中，在模拟上课比赛的时候，笔者就发现不止一位参赛选手自始至终都是在说课，似乎一点都看不到有模拟上课的迹象。之所以当时有些参赛教师理解和操作出现偏差，是因为或许很多人还未接触过模拟课，也就是说，或许他们还不知道模拟课究竟是一种什么形式，当时，模拟课是没有学生参与的形式，这就难免会有教师将模拟课完全当成了说课。但随着时间的推移，也随着大家对模拟课的理解越来越准确和到位，再在模拟上课的时候穿插说课的现象不多见了。

二、说课与模拟课的关联点与区别

无论从形式还是从内容来看，说课与模拟课都是存在本质区别的，但是，二者也并非完全没有关联。

1. 说课与模拟课的关联点

以不同方式呈现的"课"，如主要通过口头语言呈现的说课，通过口头语言、肢体语言以及身体运动多种形式表达的模拟课等，它们之间有着一个关联点，即都是从不同角度，通过不同形式检验或促进教师专业技能水平的重要手段。也就是说，检验与促进教师专业技能水平是二者均具有的功能。例如，说课活动的开展，既可以检验教师对课的设计能力和语言表达能力，经常参与说课，还可以促进教师对课的设计与表达能力的提高。同样，参与模拟上课也是如此，一方面可以检验教师课的设计水平和模拟真实课堂上课的水平，另一方面，经常参与模拟上课，也可以有效促进课的设计能力和模拟教学能力。由此可以看出，说课和模拟课因共同具有检验和促进教师专业技能水平的作用而相互关联。因此，尽管二者有着本质区别，但也不能将其绝对孤立起来。说课能力强者，或许模拟上课的能力也不弱，反之亦然。

2. 说课与模拟课的不同点

说课与模拟课无论形式上还是内容上都存在明显不同，充分认识两者各自的特殊性，方能在两种不同的活动中更好地表现。首先，从形式上说，说课的形式较为简单，要求说清课如何设计和将如何上；模拟课的呈现形式略微复杂，不仅仅是通过语言表达出教学工作，还需要示范（如教师做完整示范）以及适当组织活动（如模拟调整队形、组织练习）等。从难易程度来说，模拟课比说课的难度相对大些。其次，从内容来看，说课的内容多数情况下是关于教学设计，设计的合理与否以及创新程度都可以通过语言表达出来。而模拟课的内容与说课大不相同，因为模拟课是模拟真实的课堂，实际上也是在上课，所以其主要内容与常规课要呈现的内容十分类似。如果是完整课堂的模拟，就与整个常规课的内容基本吻合；如果是部分模拟（如模拟基本部分），就要围绕模拟的部分展开模拟教学。

三、成功说课与进行模拟课应把握的技巧

要想在说课与模拟课中取得较好的成绩或表现较为突出，就应把握二者在语言表达、身体配合、有效创新、现场应变等方面的技巧。

1. 语言表达技巧

语言表达是说课和模拟课都不可或缺的形式，只是二者通过语言表达的

第五章
说课与模拟课的区分

071
第二部分
体育教师说课
——实践方略

内容有所不同。那么，该如何把握说课与模拟课中的语言表达技巧呢？

就说课而言，语言表达关键是要体现清、准、精、通。其中"清"，是语言清晰，结构分明，无模棱两可现象；"准"，是语义准确，表达到位，无错误表达现象；"精"，是语言精简，干净利落，无拖泥带水现象；"通"，是语言流畅，语义贯通，无中断遗忘现象。总之，说课的语言表达要清晰、准确、精简和流畅，否则，就难以在说课比赛或活动中有较好的表现。

就模拟课而言，语言表达关键是要体现全、导、简、妙。所谓"全"，是语言内容全面。有常规性语言，如集合整队、安排见习生、宣布课的内容和要求等；也有讲解性语言，如讲解技术动作的要领等；还有指导性语言，如学法指导语，如示范前讲清学生如何观察示范等；还有总结性语言，如在结束部分做简单小结等。所谓"导"，是语言具有一定的引导性。模拟课是模拟有学生的课堂，所以，同样要有引导性的语言，或是指令性语言，又或者是启发性语言等。所谓"简"，主要是体现出简单明了，要能够做到复杂的语言简单化，专业性语言通俗化等。所谓"妙"，是语言表达恰到好处，讲解时机把握准确，语速、音量适中等。总之，模拟课离不开语言表达，且范围广而全，语义体现引导性，内容简单明了，语言处理巧妙。

2. 身体配合技巧

无论是说课还是模拟课，都会或多或少有身体配合的环节，有的类似于肢体语言，传递着一种信号，如一看皆明了的高低站位集合的手势，手指手掌协同表达的暂停口令，点头示意认可，紧握拳头连续震动两三次表示鼓励，等等。有的是用身体完成某一技术动作，如模拟课上，当讲述完单手肩上投篮的动作方法以后，紧接着做了一次示范，这一示范是与语言配合完成的对技术动作的展示，是一种更直观的表达方式。还有的在模拟组织学生练习的时候，老师巡回指导过程中，也会不时地结合学生练习情况做出纠正错误的动作。还有就是模拟师生合作或完整或分解地示范某一练习方法。与说课相比，模拟课上出现身体配合的频次更高。

那么，身体配合的技巧应如何体现呢？应把握住动作标准、时机恰当、速度适中、表达完整这几个方面。所谓"动作标准"，是在说课或模拟课上，只要做示范动作，都要确保准确无误，达到示范的标准要求，示范位置选择准确、示范幅度大小合适、示范形式灵活多变等。做示范就要能够起到示范的作用，动作标准是最基本也是最关键的。所谓"时机恰当"，就是身体配合要在什么时候呈现，要能恰到好处，不是任何时候都需要身体配合。身体配合过于频繁，或许会给人一种手舞足蹈的感觉，一定程度上可能会减弱说课或模拟课的效果，是得不偿失的。所谓"速度适中"，主要是指身体发出的动作要有一定的节奏控制，不可过快，也不可过慢。过快难以表达清楚，也会给人以紧张感；过慢会浪费时间，还可能难以达到身体配合的目的。如紧握拳头拳心向内在胸前做两次上下震动动作，速度就要恰到好处，过慢就显得不够坚定。所谓"表达完整"，就是当身体某一部分发出动作信号，要能够充分表达出所要表达的含义。如用手势配合口令发出站立式起跑的指令，当发出"各就位"口令的时候，手臂同时举起，接着发出"跑"的口令，手臂需要同时做出向下迅速摆动的姿势，这样的手势才显得完整。又如集合整队，当教师做出一高一低手势的时候，该手势就需要停留一定的时间，也就是说，学生都能够大约站好位的时候再放下，并进而发出后续的队列口令。再如模拟课上，假如要做"传接球"示范，当做完"传球"示范以后，紧接着要完成一次"接球"动作，否则示范动作就不完整。

总之，尽管身体配合不是说课与模拟课的主要形式，但也必不可少，灵活把握身体配合技巧或许能够达到意想不到的效果。

3. 有效创新技巧

各种形式的课上，有无创新决定了效果的优劣，如何创新则体现了能力的高低。一线教师在说课和模拟课上的创新表现，一定程度上影响着对这两种活动的效果评判。创新是否有效与说课和模拟课的效果是呈正相关的，因此，有效创新技巧的把握至关重要。那么，说课和模拟课的有效创新技巧是什么呢？实际上，要想达到创新有效，需要关注以下几个方面。一是创新内容要"实"，不能走形式化的创新，可以是语言表达方式别具一格，让人听了有耳目一新的感觉。如很多人说课都是按照固定的结构范式说，先说指导思想，再说教材分析、学情分析、教学流程等，而采取新颖的表达方式，可以打破该顺序，将几个要素的内容整合在一起，没有明确的要素之分，但又能巧妙地将各部分的内容说得清晰完整，这样往往会显得更为流畅。二是创新形式要"真"，模拟课上的创新要尽可能地将创新点设置在基本部分主教材学习上，最好是设计新颖的练习手段，有利于激发学生兴趣，并能达到良好的教学效果。当然，该部分的创新不能为创新而创新，那些不真实、效果差，甚至不合理的创新是不可取的。三是创新次数要"适"，即适当，过多的创新有可能会显得为创新而创新，过少或没有创新会显得亮点不够突出，在比赛中不利于取得更好的成绩。因此，说课和模拟课中巧妙适当地设计有效创新是有必要的。

4. 现场应变技巧

说课或模拟课中都有可能出现突发事件，现场及时准确地做好处理至关重要。那么，该如何把握现场应变的技巧呢？首先，设计有预案，即在设计环节需要考虑一些有可能发生的突发事件的现场处理办法。例如，一旦说课过程中突然断电，PPT 无法正常播放，该如何处理？在室外模拟课的时候，突然刮起了大风或下起了小雨该如何应对？如果事先都想好了处理办法，一旦出现类似的情况就不会措手不及。其次，快速准判断，即遇到突发事件的时候，要能够准确快速地做出判断，是什么原因造成的。例如，说课过程中突然电脑黑屏，就要能够马上做出判断，是因临时停电、线路故障、电源线未插好，还是屏保等。准确判断突发事件产生的原因，方能快速做出处理。再次，遇事要冷静，即现场出现任何突发事件都要头脑冷静，绝不可手忙脚乱不知所措，从容应对有利于妥善解决突发事件。面对突发事件也应该从容淡定。最后，说课不中断，即当突发事件发生以后，处理突发事件不能占用太多时间，一旦不能马上恢复正常，就要转向另一种方式继续完成说课或模拟课的剩余部分内容，最好不要中断比赛。如电路故障一时无法恢复，就要凭自己准备阶段对内容的记忆，将比赛继续下去。假如模拟课时突然遇到大风天气，只要示范不受影响，依然可以继续下去；假如风力较大，无法正常完成示范（如羽毛球的发球技术），可以不用羽毛球，只持拍模拟示范动作即可。总之，遇到突发事件时，在保证说课或模拟课不完全中断的前提下，快速判断、准确处理十分关键。

说课和模拟课不是一回事儿，相信大家都能认同。在把说课说得像说课，把模拟课上得像模拟课的基础上，要想体现出较高的水平，就需要把握诸多技巧。本章仅仅从语言、身体、创新、应变几个方面做了初步分析，起到抛砖引玉的作用。除此之外，还需要参与说课和模拟课者结合自己的经验不断探索，找到适合自己的最有效方法，甚至可以形成说课和模拟课的独特风格。下面对说课与模拟课的区分做一个简单的归纳。

说课与模拟课的区分

说与模拟有不同，　概念实施有侧重；
混淆现象时常有，　边说边上问题留；
说课重点是介绍，　模拟上课组织到；
成功说课有技巧，　表达应变不可少；
无生模拟难度大，　想象能力别落下。

第六章　成功说课应把握的关键

凡是参加说课的老师都想在说课活动中取得理想成绩，但能否如愿？都与哪些因素有关？起关键作用的是什么？通过研究笔者发现，从设计到实施，再到专家提问整个过程中，能否做到精细准备、精准表达、精辟答疑，直接决定着说课的成败。

一、说课设计阶段的"精细准备"是成功说课的前提

每一次说课前，说课者都要做一系列的设计准备工作。包括文本的准备，如撰写教学设计或完整的说课稿，制作说课课件，拷贝课件，播放课件等；包括心理的准备，如为了不产生紧张情绪，事先反复熟悉说课材料，个别情况下还有可能做器材的准备，如想在篮球单手肩上投篮说课过程中做一个投篮示范，在体操前滚翻说课时做一个前滚翻示范，或许需要事先准备一个篮球和一张体操垫等。那么，如何体现准备工作做得精细呢？

1. 说课文本力求完备

撰写说课文本是成功说课至关重要的一环。从对以往说课文字材料的了解来看，有的说课文字材料缺乏反复通读的过程，不仅存在错别字，还有的专业术语表达错误。有的还在多级标题的编号上存在顺序颠倒或其他不规范现象。一旦提交的是有错误或不完善的明显被人看出是不够认真的说课文本，尽管评委们可能不明确地在参与态度方面扣除一定的分值，但是也会在整体评价时给评委留下不好的印象。因此，参与说课比赛前，在撰写好说课文本材料后，要能够反复地阅读修改完善，力争消除错误或表述上的不当之处。例如，一份"篮球传接球"内容的说课文本材料，在"教材分析"部分，多处将"传接球"写成了"传球"。这不仅仅是一个漏字现象，很有可能会被升级为态度问题或专业术语不准确问题等，这势必会影响到参赛结果。

2. 目标设置体现差异

无论是上课还是说课，教学目标的设置都会对其效果产生一定的影响。过去有关目标设置的问题主要集中在是否具体和可操作、可评价上。实际上，还有一项不可忽视的就是在目标中是否体现了学生的个体差异，即目标是否顾及了全体学生。如果以前未能在这方面加以重视，建议以后在说课文本中能够有所体现。因为《义务教育体育与健康课程标准（2011 年版）》基本理念第四条提出：关注地区差异和个体差异，保证每一个学生受益。如果要让每一个学生受益，从教学目标的设置上就要能够体现层次性，最好不要制定空泛难落实的笼统目标。也就是说，从目标设置上就应该能够显示出照顾到了全体学生。以初中一年级的篮球原地传接球的说课内容为例，在进行运动技能目标设置时，根据学生的不同运动技能基础，可以提出不同的目标要求，如果有少部分学生已经熟练掌握了原地传接球技术，就可以在为大部分学生制定原地传接球学习目标以后，给这少部分学生提出较高的目标要求，甚至可以让他们完成行进间传接球练习任务等。

3. 课件制作选配精美

在部分说课比赛中，要求制作课件，以 PPT 的形式配合完成说课。要想在说课中充分发挥其作用，有助于说课取得较理想的效果，PPT 的制作要尽可能地精美，尤其是内容呈现形式和图文字体色彩搭配都应有讲究。如果每一张 PPT 都是通篇文字，不仅给人的视觉效果不好，让人看着吃力，而且很难吸引观众和评委的注意。假如评委们不能集中注意力聆听说课陈述，那么或多或少地会对说课结果产生不利影响。基于此，要考虑尽可能地以图表代替大量的文字，必须要呈现的文字，也最好使文字的字体醒目。图表的颜色选配也应充分考虑其合理性与精美度。课件制作时假如能够考虑到动静结合，则更能引起关注，而且还会给人以耳目一新的感觉。基于此，说课者要力争从 PPT 的展示上就略胜一筹。如北京实验学校任军老师在一次说课比赛的课件演示中，以一个可以移动的模拟小人儿完成了游戏跑动示范，让人眼前一亮，吸引了大家的注意，并给评委留下了深刻的印象。

4. 材料拷贝认真核对

常言说，细节决定成败，说课时一旦需要借助 PPT 展示，那么 PPT 内容的拷贝也不可疏忽。无论是以移动硬盘还是容量较小的 U 盘拷贝说课相关材料，都要经过一个核验和调试的过程。有的因文本转换存储位置，有些内容会发生格式变动或图文显示不一致等，有的甚至不能正常读取，这些都需要拷贝后核验，有问题及时核查与处理，否则，这些容易被忽视的问题就很有可能影响到整个说课效果。例如，在一次说课比赛现场，一位说课者由于事先未能检查拷到 U 盘里的课件存储情况，当开始走上讲台准备说课时，却发现 U 盘里的 PPT 文件无法打开，当时又没有其他备份，如果再回去重新拷贝为时已晚，如果不拷贝就很难说得自如从容，结果该说课者选择了后者，果然在说课的时候，几次出现遗忘，最后以说课失败而告终。

二、说课实施阶段的"精准表达"是成功说课的核心

在说课实施阶段，有诸多需要把握的关键环节。语言表述上，语音、语速、语意都不容忽视；肢体展示上，手势、目光、眼神、表情都十分关键；整体把握上，突发事件处理方式、说课节奏调节等都与说课效果直接关联。

1. 语言表述：自信与从容

说课时的语言表述直接影响着说课结果，说课者能否在说的时候自信与从容，一方面取决于对说课内容的熟悉程度，另一方面也与说课者自身的心理素质有关，甚至还与说课者的个性特征有关。同样是一句话，自信者和不自信者的表达效果会截然不同。不自信者大多会语气与语意不肯定，甚至会使用模棱两可的语言表达形式。如，一位说课者在说跪跳起课的设计时，说道："如果让学生跪到斜放的垫子上，可能会更有利于学生完成动作。"这样的语言表达形式显然是不确定的，一句"可能会"，很难让人们相信，采取这种斜坡跪跳起练习方式究竟能否完成教师所要求的练习。一个自信与从容的表达者，不仅会减少或避免不确定的表述，还很有可能在一定程度上发挥出更高的说课水平。

2. 肢体展示：得体与尊重

说课并非完全是通过语言在说，有时会有肢体上的配合。有的是通过手势，有的是通过眼神，有的是借助身体的展示。手势的表达有的是一种习惯，有的是说课某环节的需要。但无论做出什么样的手势，都要力争动作频次适中，不可过多，否则就会显得乱而不稳，减弱说课效果。用手指表达某一含义的时候，切不可指向他人，否则会给人一种不礼貌甚至不尊重的感觉。同样，眼神的呈现也要多加注意。说课的时候，目光既不可过分集中在某人或某物之上，也不可太过于游离不确定，如有的说课者的目光像扫视或寻求某一目标似的，边说边从左至右，又从右至左地转个不停，这样可能会让人有心慌或不安之感，说课的效果自然也就会随之被削弱。

3. 应对突发：机智与灵活

说课比赛中说课者有时可能会因为一个小小突发事件处理不当而失去成功的机会。突发事件尽管在说课活动中并不多见，但是，一旦出现也不可掉以轻心。突发事件有大有小，大的突发事件可能会让说课者措手不及，小的突发事件也同样可能产生难以挽回的损失。因此，处理突发事件是否机智，也在一定程度上决定着说课的成败。其中，大的突发事件，可能会导致说课一度中断，小的突发事件，可能会影响到说课者的情绪，从而精力分散出现一连串的负面连锁反应。如说课现场不够安静时，说课者可能心情不悦，进而导致注意力分散，对内容的记忆稳定性发生变化，甚至出现明显遗忘。短暂遗忘快速恢复记忆对说课效果影响甚微，假如遗忘时间跨度过长，有可能会导致说课比赛终止，从而造成严重的后果。机智地处理突发事件，除了说课前有预案，还要把握及时观察、准确判断、灵活调整三位一体的处理方式。

4. 节奏把握：明确与适中

要想获得说课的成功，也不可忽视对说课节奏的把握，前松后紧和前紧后松的表达都是说课节奏未能把握好的具体体现。很多人在说课的时候会忽略节奏问题，有的甚至从未考虑过还要把握说课的节奏，结果上述问题就难以完全规避。那么，该如何把握说课节奏，什么样的节奏是最适宜的呢？从时间来看，要呈现各项内容时间分配合理的说课；从内容来看，各部分内容要详略得当；从形式来看，要展示新颖；从效果看，要保证无追赶或拖延；等等。当然，说课的时候，有的会因为突发情况而打乱节奏，还有的会因为事先未重视节奏而在说课过程中忽快忽慢，等等。要想成功说课，这些不良现象都要尽可能地避免。

三、说课陈述结束的"精辟答疑"是成功说课的助力

很多说课活动都有说课结束以后由评委或听众向说课者提出问题，说课者进行答疑的环节。这一过程能否把握得好，也直接或间接影响着说课的效果。例如，如何听懂他人提问？如何对问题做出巧妙回应？如何应对疑难问题？等等。尤其是对这些问题能否做出精辟的回答更是重中之重。

1. 微笑示意：表达认同所提问题

说课答疑阶段，在聆听评委或听众提出问题的时候，说课者是否能够微笑示意，既表现出是否从容淡定，还表达出对所提问题是否认同。有的说课者，不仅微笑，还会同时点头示意，表达出认同所提问题。能够做出微笑示意者，都显示出了与他人友好沟通的能力。答疑顺利自然效果更好，但一旦未能顺利作答，也不要太在意，因为毕竟在交流中找到了自己的不足和今后的努力方向，即心态要放平摆正。但假如他人提问时，说课者面无表情，或表现出紧张无助之感，或不屑一顾的神情，无论问题回答得是否圆满顺利，都难以给评委们留下较好印象。例如，在一次说课比赛活动中，在某一评委提问的时候，说课者不但目光未能与提问者有任何交流，而且还振振有词地质疑评委提出的问题。固然他人提问所包含的观点或许与说课者观点不一，但采取不当的处理方式显然不利于说课的成功。

2. 简明扼要：体现答疑思路清晰

回答问题应简明扼要，逻辑思路清晰，尤其不要出现"所答非所问"现象，这就达到了答疑的基本要求。简明扼要，究竟简到何种程度为宜，一般而言，先呈现要点或观点至关重要，进而对所提出的观点用一定的支持材料

稍做解释，基本上就能给评委以思路清晰的印象。实际说课活动中，有的答疑时绕来绕去，有的语无伦次缺乏逻辑，还有的逻辑性虽有，但与问题的相关度不高，这同样会导致难以被认同，甚至会引来更大的答疑难题。

3. **难题无解：力争传递虚心态度**

说课者在专业范围内，或许能够对评委们提出的问题及时作答，但是，也不免会有未能解答的现象发生。在评委们提出问题以后，有的说课者哑口无言，有的支支吾吾不知在说些什么。当然，在众多遇到难题的答疑者中，会有一些人直接诚恳地表达："对这一问题还没有足够关注，接下来会认真学习。"面对难以回答的问题，不同的说课者因表现不同而效果不一。但是，当说课者面对难解问题的时候，如果能够传递给评委们一种虚心学习的态度，则基本上不会影响说课成绩。因此，在答疑阶段，一方面精辟作答十分关键，另一方面保持一种良好的答疑态度至关重要。如，在一次说课活动中，某说课者面对评委提出的专业性较强的问题，因过去未曾思考过该问题，结果无言以对，可是，说课者并没有体现进一步加强学习之态度，而是所答非所问地做了一番无用的解释，这就难以给评委们留下较好印象。

教师们对说课尽管不像常态课那样经常接触，但是，一旦参与说课，都会力求展示能力、体现水平，并追求卓越。能否做到精细准备、精准表达、精辟答疑十分关键，但每一个说课者也有自己独特的风格。在已取得的丰富经验基础上，探索如何更加成功与有效，是说课活动应永恒关注的课题。下面对说课成功的关键做一个简单的归纳。

成功说课有讲究，　精细准备放在首；
水平高低有区分，　精准表达要求深；
说课能力看关键，　精辟答疑有呈现；
充足准备是前提，　凝练表达不分离；
现场答疑看反应，　能力体现灵活性。

第七章 说课能力提升策略

体育教师顺利开展教育教学工作，应具有"备、上、看、评、说""五课"能力，即备课、上课、看课、评课、说课的能力。基于体育学科的特殊性，无论是备课、上课，还是看课、评课、说课，体育教师的这些能力强弱或水平高低，都直接与教育教学效果密切相关。其中，就说课而言，说课过程的把握和结果的呈现，在一定程度上受客观条件的制约，但更与说课者的说课能力息息相关。长期以来，在围绕说课相关问题的研究中，多数在探索说课是什么、说课在某一学科中的应用、说课设计等几类问题。相比较而言，说课能力相关问题，尤其是体育教师说课能力提升问题很少被研究者关注。本章探讨说课能力提升策略，首先分析了因说课能力不足而存在的若干不良现象，重点从设计和实施两个阶段对说课能力进行分类定位，并从三个方面提出了提升说课能力的具体策略。

一、说课能力不足产生的若干现象

通常情况下，因说课能力不足，在说课过程中会产生这样或那样的不良现象。诸如因设计能力不足而说课时间分配不合理、练习手段选择不当等；因语言表达能力不足而逻辑性不清晰、连贯性不强等；因调控能力不足而对突发情况措手不及等。

1. 教学设计能力不足产生的说课现象

说课之前的设计工作对说课效果的影响不容忽视，因事先准备不充分，设计不合理或不规范，说课的时候就会出现诸如时间把握不准、方法手段不灵、创新程度不够等若干不良现象。

就时间而言，说课有总时间的把握，也有各部分内容的时间分配。假如设计阶段未能对时间进行准确把握，就很有可能出现多种情况，要么提早结束，要么超时拖延。各部分内容时间分配不合理，在说课的时候就会有的部分时间分配得太少而表达不清楚，有的部分不该多说却分配时间过多而显得浪费时间，因此，说课时间规划准确至关重要。

就方法手段而言，无论说课过程中陈述的是什么教学方法或练习手段，也都是通过设计而来的，但假如设计的时候在方法手段上考虑得不到位，说课陈述的时候，很有可能呈现的是效果不明的方法手段。如一位老师在说小学的跪跳起课的时候，就设计了一项让学生在斜放的垫子上做跪跳起的练习，这显然缺乏可行性。

就创新而言，有的说课确实呈现出了一定的创新性，但也有的创新缺乏实际意义。是否有创新、有什么样的创新都与前期的说课设计息息相关，为说课或为评优课或观摩课设计创新都要充分考虑其实际价值，不能做不切实际的为创新而创新的不当设计。

2. 语言表达能力不足产生的说课现象

说课最为关键的是语言表达，因为说课不像上课那样，表达形式十分多元，上课的时候，有教师的讲解，也有教师的示范，还有学生的练习，等等。上课时，教师的语言表达虽然也不可忽视，但并非最主要的表达方式。而说课就大不一样，主要是通过陈述表明课是如何设计的，以及将如何上。假如说课者表达能力不足，有可能出现诸如音量过低、语速过快、语意不清等问题。

就语音而言，说课时对音量的把握不容忽视，无论是过高还是过低都会让人听起来感到不舒服，过低听着吃力，过高显得震耳，直接影响说课的实际效果。语速的快慢与说课效果也关系密切，有些人因平时说话语速过快，很有可能在说课的时候也表现出语速过快，语速过快不利于听者准确了解所说信息，相当于还没有听清前面说的是什么，来不及思考，就要快速听后面陈述的内容。因此，说课语速要能够适中。相反，过慢也不利于充分表达说课内容。说课者所表达的语意最为重要，假如说课者语意表达不清，直接影响说课效果，而且影响最大。有的是语言模棱两可，有的是多次重复表达同一内容，还有的是语意表达不完整，即说了是什么没有进一步说明为什么，如设计了某一手段，不说设计意图。主要解决什么问题，是强化重点、突破难点，还是为了纠正某一错误动作等，都要表达清楚。

3. 调控应变能力不足产生的说课现象

在说课的时候，我们或许会遇到突发情况，或令你不解，或出乎意料，或意料之中，无论是何种突发情况出现，都需要说课者能够及时调控，审时度势，巧妙应对。很多老师为说课做准备的时候更多的是考虑说什么、怎么说等问题，很少对有可能出现的突发情况做预测或有预案，结果调控应变能力自然也就难以有所提高，于是措手不及而中断说课，或面红耳赤尴尬遗忘，或无法处理而求助他人，或口误讲错后不知所云，等等。

从某种意义上说，要想实现成功说课，说课者对突发情况的调控与应变能力起着决定性作用。评价一个老师说课水平高低，离不开对说课现场的调控能力这一重要指标。说课调控包括突发情况出现之前的预感或预知，还包括突发情况出现之后的巧妙处理。有些说课者过于投入某一环节而把握全局的能力较弱时，可能就难以在突发情况出现之前有任何觉察。有些人由于准备阶段缺少对突发情况的预测和提出预案，突发情况一旦发生，对于这些说课者就是一个不小的挑战。除此之外，说课者如何做到以不变应万变呢？无论发生什么样的突发情况，说课者都应保持冷静，神情不紧张，心不慌，从容应对，但这种从容与冷静不是说做就能做到的，一定是基于一种前提，即已经积累了一定的经验，这种经验或直接或间接。也就是说，最好能有预案，对于说课中的突发情况出现如何解决早已胸有成竹，这样才能不慌不忙地将突发情况对说课效果的影响降到最低。因此，我们平日除了不断归纳总结自身的说课经验，还要多观察，多与人交流，多学习他人的说课经验，尤其是处理突发情况的经验。

二、说课能力的定位及其综合分类

提高说课能力，首先要对什么是说课能力，即说课能力的概念、特征、类型等相关理论有所把握。否则，不仅难以做到有效提升，而且还难以达到理想的说课效果。

1. 说课能力概念界定

提及"能力"二字，很多人并不会感到一无所知，因为我们每个人在工作、学习、生活中，都会或多或少地体现出其能力水平。但说课能力该从何谈起呢？我们还是先要回到"能力"二字上。众所周知，能力实际上是达成一项目标或者完成一项任务所体现出来的素质。那么素质又是什么？素质有多种解释，其中一种比较常见的解释，是指人与生俱来的以及通过后天培养、塑造、锻炼而获得的身体上和人格上的性质特点。这种解释将有助于我们对说课能力的理解。这种解释说明说课能力一部分可以理解为先天具有的或父母遗传而来的，另一部分是通过后天的培养所达到的。说到底，说课能力可以综合概括为说课者与生俱来的和后天通过学习、锻炼而获得的顺利完成说课任务的性质特点。能力是一种本领，是一种力量，任何活动要想成功都需要参与者的能力。不同的说课者说课能力有区分，而且能力与成功率呈正相关。那么，说课能力都表现出哪些特征呢？

2. 说课能力基本特征

判断一个说课者是否具有一定的能力，一方面与说课所呈现的结果有关，另一方面与说课者对说课过程的把握关系密切。那么，说课能力的基本特征集中在哪些方面呢？换句话说，具有说课能力者可能有哪些具体表现呢？其中，"语言表达自如流畅"是最基本的特征之一，这也是确保成功说课的关键所在。"内容安排逻辑清晰"也是不可或缺的特征，说课说的是什么，除了流畅的表达，不容忽视的是所说内容逻辑结构清晰，易于听众理解把握。"时间分配精准到位"是有效呈现说课内容的又一能力特征，每一部分所要说的内容都需要有最合理的时间分配，能否做到是说课能力强弱的体现。"事件处理灵活得当"是说课能力的又一重要体现，遇到突发情况时，假如不能及时巧妙地处理，何谈有较强的说课能力？总之，从语言表达、内容安排、时间分配和事件处理四个方面，既可以判断说课能力之强弱，也可以衡量说课成功

第七章
说课能力提升策略

085

第二部分
体育教师说课
——实践方略

率之高低。

3. 说课能力综合分类

既然说课能力有强有弱，说课效果有好有差，就很有必要对说课能力进行综合归类，便于说课者找准定位，更便于说课者确定努力方向，不断提升说课水平。那么，如果将说课能力进行分类，可以划分为哪些类别呢？我们可以尝试如下分类方式。比如可以用学、能、会、精四个递进的层次来区分说课者能力，即学说型、能说型、会说型、精说型四种能力类型。其中，"学说型"是说课能力最弱的一种能力类型，对于那些担心完成不了，因若干问题未能顺利完成说课的，对应的说课能力自然是最不理想的类型，这样的说课者是需要向有经验的说课者多学习的。一般情况下，"学说型"所占比例不会太高，因为大多数说课者都会在说课之前认真做好准备，多数已经排除了说课中的诸多困惑。"能说型"，即能够完成说课任务，也就是说，说课内容是完整的，时间安排是合理的，但缺乏技巧，说课效果仅仅定位在完成上。说课者中有一部分会处于这一能力阶段。"会说型"，意味着有技巧，"会"的含义集中体现在"巧"字上，不仅可以理解为说课内容各要素衔接之巧，还包含特殊情况发生时处理方法之巧，更包含说课中的语速、语音、语意表达之巧等。"会说型"的说课者完成了说课以后，会有一种成功体验，同时，说课效果自然也会比较理想。"精说型"，除了巧妙之外，我们能够感受到这一能力类型的说课者会在说课中体验到一种享受，享受说课的过程，同时，又能给他人带来愉悦的体验，说课声音不仅洪亮、清晰，而且悦耳动听，而且说课中会与听众有眼神的交流，是面带微笑或心情愉悦地表达了说课的每一部分内容。给人的总体感觉是自如、愉悦、享受、精准。态度上是积极的、认真的；情感上是快乐的、享受的；程序上是流畅的、合理的；结果上是理想的、成功的。能够达到这种效果的说课者，不仅经验丰富，而且善说乐说，是说课能力最强者，更重要的是能够给听者带来一些新的启发。

三、提升体育说课能力的有效策略

体育学科说课和其他学科相比，一个明显的区别是体育学科主要"说实践"（以身体活动为主的实践），而其他学科多数是在"说理论"（以看听读写为主的理论）。从课的类型来理解，体育学科说课主要是说实践课，其他学科多数是说理论课。那么，要提高体育学科的说课能力需要从哪些方面着手呢？

1. 设计能力提升策略

说课设计是准备阶段要做的工作，准备得越充分，说课成功率就会越高。当然，说课成功与否与设计能力关联性更大。那么，该如何提升说课设计能力呢？把握好以下几个关键或许能够发挥一定的作用。第一，坚信"态度决定一切"。一场说课比赛或展示，是以一种什么样的态度去面对，直接决定着说课效果。假如每次都能以认真、积极、学习的态度在说课前做充分准备，那么每次说课设计能力都能有一定程度的提升。第二，把握"思考的力量"。常言说，想清楚了就能写清楚，说课设计不可忽视动脑思考的过程，尤其是在规定的时间内要说什么、如何说，甚至如何成功地说，都是在设计环节需要认真思考的。第三，做到"吃透教材"。说课尽管在形式上与上课不同，但如果对说课所要呈现的最核心内容即"教什么"把握不到位，接下来的组织教法、手段等都将出现不同程度的偏离。所谓"吃透"就是要通过研读或研磨精准理解教材特点、作用、条件等一系列问题。第四，注重"查漏补缺"。当一次说课设计结束以后，不要自认为已经全部完成，查漏补缺的过程往往能够间接提升设计能力。可以对照说课要求检查还缺什么，是不是完全符合要求，可以反复推敲说课文稿的内容，看看哪里还不妥当（如要素之间的连贯性，字词句表达的准确性等），还可以先说给身边的人听一听，让他人提些中肯的建议，从而进一步完善。除此之外，还可以在每场说课活动结束以后，通过反思查找设计之不足，从而有效地改进提高。

2. 表达能力提升策略

说课主要是通过各种表达方式呈现的，尤其是通过语言表达来呈现的。那么表达能力自然也就成了说课能否取得较好成绩的关键。如何提升说课者的表达能力？以下几个方面的建议对说课者或许能够有所帮助。第一，正确

第七章
说课能力提升策略

087

第二部分
体育教师说课
——实践方略

理解表达的含义。说课的表达方式不止一种，但语言是必不可少的也是最重要的，同样一场说课活动，语言表达能力强弱直接决定着说课的效果优劣，所以，语言表达能力的提升往往会排在首位。肢体语言是辅助口头语言或配合口头语言发挥一定作用的表达方式，说课过程中有无肢体语言，其效果有所不同。有时，适宜的肢体表达会使说课显得生动；相反，整个说课过程都没有任何肢体语言，可能会显得呆板。但也并非完全如此，如果有使用不当的或过多的肢体语言，则可能会适得其反。其他如 PPT 上的图标、视频、文字等也是说课的辅助表达方式之一，用得好会提高实效性，反之也会带来一定的负面效应。第二，学练结合，演示提升。任何一种能力的提升都离不开学与练的过程，尤其是学练到了一定程度以后，反复做完整演示至关重要。表达能力提升要学什么？学习语言表达的技巧。例如，该如何将各要素有机关联起来表达，做到融会贯通，而不是机械地一个要素一个要素地呈现。学习课件的制作技巧，并反复练习如何将精美的图片、视频巧妙地穿插于说课课件之中，并充分发挥其辅助作用。正式说课前的演示，既能检验说课准备的充分与否，还是提高表达能力的重要方式，尤其做相对比较正式的、完整的演示，能够增加自信并进一步熟悉说课内容，从而更好地把握说课技巧，提高说课的成功率。

3. 应变能力提升策略

说课的应变能力同样对说课的效果有着一定的影响，但并非所有人都能够在说课中面对突发情况从容应对，应变能力不同，对突发情况做出的反应就不同。如何提高应变能力从而提高说课的成功率呢？以下几点建议或许对说课者有一定程度的帮助或启发。第一，预设与尝试。在说课准备阶段，预设突发情况，尝试性地去解决它，而且尽可能采取多种方式模拟解决突发情况。这种锻炼可以使说课者在真实的突发情况发生时更从容和自信，减少或尽可能地避免临场手忙脚乱的情况。第二，查找与完善。从物资准备到心理准备，从时间分配到内容熟悉，从重温要求到关键细节，在说课前都需要认真查找一下是否有不完善的地方，或哪里与通知要求不相吻合，或说课文稿哪些内容还不够熟悉，或心理上是否消除紧张情绪，等等。查清以后就要采取有针对性的措施加以弥补，力求说课时已做好充分准备，减少因准备不足而导致突发情况发生的可能性。第三，反思与比对。每一次说课活动结束后都要认真、深入地反思，尤其是对有突发情况发生的说课，更要多反思并多与他人说课中对突发情况的处理方式做对比，看差距在哪里，取长补短有助于不断提高应变能力。

说课能力有强有弱，其能力提升也可以从多个角度把握，但影响说课效果的最主要的能力，包括设计能力、表达能力、应变能力等是需要我们重点关注和进一步强化的。了解说课能力的内涵、特征与分类方式，有利于有针对性地提升不同方面、不同阶段的说课能力，而对有效策略的把握更是快速提升说课能力的关键。希望本章内容能够给广大说课者提高说课能力带来一定的借鉴意义，也希望能够给说课能力研究者的选题与思路带来一定的启发。下面对说课能力提升策略做一个简单的归纳。

说课能力
提升策略

能力不足表现多，　设计表达分开说；
设计水平是关键，　表达能力要呈现；
说课能力有多种，　从学到精各不同；
学能类型不算高，　会精能力是目标；
提高能力策略有，　经验技巧学到手。

第八章　说课比赛评优方法

说课比赛需要建立评价标准体系，否则，就难以判断其优、良、中、差等级。目前，从全国范围来看，全国统一性的说课比赛标准并未建立，但地方组织说课比赛时，多数建立有地方评优指标体系。然而，笔者通过研究发现，很多说课比赛评优标准有待进一步完善。如有些指标设置过多过细，操作性不强，有的指标体系建立不够准确，难以真正反映出说课水平，更难以对说课者未来提高说课能力发挥指导和引领作用。据此，说课比赛评优方法的研究有待进一步加强。本章从分析说课比赛评优若干现象谈起，重点建构了说课比赛评优标准体系，以及提出实施过程中应把握的关键。

一、说课比赛评优若干常见现象

在众多说课活动中，多数以评优的方式组织。尽管每次也都评出各类等级，以区分说课者能力水平之差异，但是，这其中存在的若干不良现象值得做进一步研究。

1. 说课比赛缺少标准

说课比赛需要评优标准，但有些比赛未能事先研制出相应的评定标准，而是让评委们结合自己的经验判断。有时，只是组织者向评委们口头提出了几点评判过程中的注意事项。这样的说课比赛一方面缺乏方向引领性，另一方面容易造成评比结果出现分歧。因为毕竟评委们的经验积累与认识程度，尤其是评的视角或把握的关键点有可能存在差异，从而致使评比结果出现偏差。假如没有标准作为主要依据，有的评委可能将侧重点放在了教师说的能力上；有的侧重于课的设计，是否能实施有效教学；还有的综合判断现场说的水平、说课文稿的规范性、PPT 制作的精美程度等评出等级。总之，缺少标准很难评。

2. 说课比赛标准不准

在一些说课比赛活动中，有的组织者会事先准备标准，但笔者仔细研究部分标准后发现，有的标准制定得不够精准，一部分分值分配到了课的设计文本上，如有的说课比赛标准中，教学目标占5分，重难点占5分，教材和学情分析占10分。这样分配权重也不为过，但是，对于说课比赛而言，其重点还远非这些，应将多数分值集中在现场说课能力与课的设计实效性上。假如说课比赛设置的标准不够准确，或重点不突出，或抓不住关键点，就难以真正评断说课者的说课水平。

3. 说课比赛标准不一

不仅说课比赛需要标准作为评分依据，而且标准的相对统一性也需要加以重视。所谓标准不统一，一方面是同一场说课比赛中评委之间用了不同的标准来评判，另一方面是不同说课比赛的标准不统一。后者有的体现在学校间，有的是区域间，如同一省份的不同区县所采用的说课标准不一，或不同省份说课标准不同。无论是哪个层面的不一致，都说明建立相对统一的说课标准未能引起大家的广泛关注。目前，全国范围内尚未研究发布相对统一的标准，地方或学校只能各自为战研制自己的标准。但无论如何，缺乏统一标准，说课水平就难以做区域间的横向比较。

4. 说课比赛不用标准

所谓不用标准主要是指说课比赛中有标准，但有些评委在评分的时候未能参考标准，基本上是结合自己的经验去判断。这种情况其结果与无标准没有太大区别。在有标准的前提下，多数评委会严格按照标准逐条打分，而有的评委并非如此。不按照评分标准中的各指标要素进行评判，评分结果就可能产生分歧，甚至不合理性随时都可能存在。因此，只要是事先制定了标准的说课比赛，无论标准内容确定了哪些，评分的时候均需要参考组织者事先提供的标准。而且，评委们还需要事先熟悉这些标准，在评分的时候心中有数。

5. 说课比赛组织不严

严格组织说课比赛，对顺利完成一次说课活动十分关键。有的组织者比较重视严格的组织工作，而有的却有所疏忽。通常情况下，好的评定结果主要体现在比赛是否公平、公正，是否严谨、规范，是否科学、合理，等等。有些说课比赛是准备工作做得不到位，如说课开始后发现麦克风电池较弱，声音效果不佳，导致先说课的参赛选手由于麦克风影响，其成绩或多或少地会受到一定的影响。有些是评委人为主观因素，如有的评委对自己熟悉的参赛选手在打分上适当倾斜，这样做对其他参赛选手不公平。有些是时间把控不严，如规定10分钟的说课，有的选手在比赛中略有超时，就立即被叫停，而有的选手尽管已经超时，但依然在说。这样的比赛因不能一视同仁、组织不合理，会产生一定的矛盾，参赛者甚至会对组织工作产生强烈的不满。

6. 说课比赛目的单一

任何一项比赛其最终目的都不要过于单一，还应能够看到和正确把握比赛所能带来的更有价值的东西。对于说课比赛而言，比出成绩或能力等级固然重要，但如果仅仅将其作为唯一目的，就会显得过于单一。毕竟说课比赛还有更有价值的功能值得挖掘，如果不考虑说课比赛的拓展价值，就很容易为比赛而比赛，参赛者会过分看重比赛结果。有的在比赛中或比赛结束后未能体现出"胜不骄败不馁"，不利于说课者的发展和更高水平的提升。假如除了说课比赛本身的评优目的，我们还能够充分挖掘其能力诊断和方向引领作用，那么，几乎所有的说课参赛选手就能够通过一次比赛对自己的说课能力进行准确定位，找到自己的短板，从而更好地查漏补缺，提升水平。除此之外，假如说课比赛标准比较科学、客观，能够发挥其引领作用，参赛者就会明确好的说课应具备哪些要素，以后更加关注这些方面。

二、说课比赛评优标准体系建构

关于说课比赛评优标准体系，依据比赛类型而不同。说课比赛评优标准，不仅与体育课评比标准差异明显，而且与模拟课比赛标准相比也各有侧重。

那么，说课比赛应该从哪些方面建构评优标准指标体系呢？

1. 说课比赛评优标准体系建构的主要依据

说课比赛评优标准，体现其合理、科学、可操作的前提就是要有明确的确立依据，也就是说依据什么确立标准，尤其是依据什么确立各指标要素。概括起来，主要有以下几个方面的依据：其一，说课能力分布体现观测点。说课能力从哪些方面体现，对确定说课评价标准至关重要。当我们进一步分析"说课"这一专业术语或专有名词的时候，不难发现，说课包括"说"与"课"两个关键词。所谓"说"就是语言表达，而"课"则与平常意义上的"体育课"意义相当，但这里的"课"不是常规下组织教学活动去"上"，而是要通过语言表达"课"是如何设计的，将如何上。因此，确立评价指标的时候一方面要考虑说的能力，另一方面还要考虑课的设计情况即设计能力。其二，地方设置的说课标准指标体系的共同点。多数地方说课评分标准都包含说的内容，如教学目标、重难点、教法学法、教学流程等，说的能力，如语言表达能力、技巧等，教学设计水平，如教学目标表述情况、教学手段选择情况、教学时间分配情况等。因此，依据地方标准中的相同和相近指标，更能体现结合实际。其三，专家建设性的意见。笔者通过现场访谈、电话访谈等多种方式和途径对我国部分学校体育理论与实践专家学者进行访谈，他们的意见尽管不完全一致，各自有独到的见解，但都认同笔者提出的从"说"和"课"两个大的维度建立说课评优标准。

2. 说课比赛评优指标的取舍与分布

关于说课比赛评优指标的取舍，当我们从"说"与"课"两个大的维度建立一级指标的时候，其二级指标，即具体评价内容就比较容易确立。指标取舍的原则如下：一是"准为先"，指标是否精准是衡量一个评价标准优劣的首要因素。假如说课评优标准中的指标确立有所偏离，就难以评出说课者的真实水平，更难以清晰地分出其等级。二是"全有度"，指标全面但不是越多越好，而是全面有度，即有边界。有的指标尽管与说课也有关系，可能并非直接关系，如学校场地器材条件，在说课的时候，场地器材条件好坏不能作为评价说课能力的指标内容。三是"行关键"，即指标的可操作性或可行性是非常关键的取舍原则。如果指标选择准确，全面有度，但是不具有可操作性，评优标准就失去了应用的价值。

基于以上分析确立说课评优标准，一级指标包括"说"和"课"两个方面，二级指标共有八个，也是综合呈现的特点来评。其中，第一个方面，对说课者"说"的能力的评判，集中在：一是"表达的准确性"，即是否能够说得清晰到位。二是"内容的完整性"，即该说的是否都有所表达。三是"处理的灵活性"，即遇到突发情况能否机智处理，如遗忘时的语言调节。四是"分配的合理性"，即说课内容的时间分配是否合理，整个说课内容是否做到了详略得当。第二个方面，对说课者"课"的设计能力的评判，集中在：一是"设计的规范性"，即说课者对课的设计是否规范，是否符合说课评比要求。二是"手段的目的性"，即选择的教学手段是否有明确的设计意图，要解决什么问题是否清晰可见。三是"要素的对应性"，即说课设计中的各个要素，如指导思想、教材分析、学情分析、安全防范等是否精准地表达出了应说的内容。如教材分析是否有真正的分析，某些比赛中有些说课者只介绍教材本身，而未做任何与教学和学生等的关联性分析。四是"方法的创新性"，即说课的设计组织与方法是否有创新的成分，有多大的创新性，创新放在了课的什么位置等，这都与说课成败有直接的关系。

3. 说课比赛评优指标权重分配与评分方法

基于对以上说课八个评优指标的内涵分析，也为了使说课比赛量化评优更易操作，下面就说课评优标准中的指标权重及评分应把握的关键点进行分析。如表 2-8-1 所示。

表 2-8-1　体育说课比赛评优指标权重分配及评分方法（10 分值）

一级指标	二级指标	权重	评分点	评分标准
说	表达的准确性	1.5	语言表达是否准确	准确/一般/不准确（1.5/1/0.5）
	内容的完整性	1.5	语言内容是否完整	完整/一般/不完整（1.5/1/0.5）

续表

一级指标	二级指标	权重	评分点	评分标准
说	处理的灵活性	1	语言处理是否灵活	灵活/一般/不灵活 （1/0.7/0.3）
	分配的合理性	1	语言分配是否合理	合理/一般/不合理 （1/0.7/0.3）
课	设计的规范性	1	课的设计是否规范	规范/一般/不规范 （1/0.7/0.3）
	手段的目的性	1.5	手段目的是否清晰	清晰/一般/不清晰 （1.5/1/0.5）
	要素的对应性	1.5	指标要素是否对应	对应/一般/不对应 （1.5/1/0.5）
	方法的创新性	1	组织方法是否创新	创新/一般/不创新 （1/0.7/0.3）

从表 2-8-1 不难看出，从"说"与"课"两个维度进一步细化了评优方法，确定了指标权重，制定了评分标准。从权重分布情况来看，按照 10 分分配，所确定的各指标所占分值总体上包括 1 和 1.5 两类，相对重要的所占分值高，反之则低。评分点用于判断各要素达到何种程度，如对说课表达的准确性进行判断，根据所能达到的程度，可以从"准确/一般/不准确"三个层次中确定其一，并对应选择其得分。如说课语言表达不太准确，其得分就是对应的 0.5 分，假如语言表达被判断为"准确"，该项得分可以确定为该指标的最高分 1.5 分。同样，其他指标的判断也可如此操作。评分标准主要都是以三分法对达成情况进行区分，如"设计的规范性"这一指标，评分标准划分为"规范/一般/不规范"，由于该指标的权重为"1"，各层次对应的分值就为 1、0.7、0.3。

除此之外，值得进一步说明的是，表 2-8-1 中的"课"这一维度，多数情况下也是说课者在说课过程中通过多种表达方式呈现出课的设计情况。也就是说，其中一些指标，如"手段的目的性""方法的创新性"等也是通过说课者的语言或所制作的课件中呈现的内容进行判断的，而不是根据说课纸质文稿进行判断。所以，说课评分还是主要集中在说的能力和说的内容上。个别指标可以通过翻阅说课者提交的说课文本加以判断，如"设计的规范性"通过文稿或许能够一目了然。

三、说课比赛评优应把握的关键

在说课比赛中，无论是组织者还是参与者，都有关键可以把握。组织者把握关键能够使说课比赛活动顺利开展，并使说课比赛活动发挥出示范引领作用。参与者把握关键能够在比赛中取胜，能力得到不断提升。因此，探讨说课比赛评优应把握的关键十分必要。

1. 说课比赛评优组织者应把握的关键

作为说课比赛的组织者，要想顺利完成比赛评优活动，并客观、公平、合理地评出等级，有几个关键点要认真把握好。其一，把握好评委的遴选与培训。这项工作是重中之重，因为该项工作决定着组织工作完成的质量优劣。同样是一场说课比赛，评委工作做得好与差，比赛过程和结果将区分明显。因此，说课比赛前所遴选的评委不仅要对说课这一形式比较熟悉，积累有一定的理论或实践经验，更重要的是，要对所采用的评优方法和评分标准十分熟悉，并能认真把握评分点。否则，则可能出现这样的情况：说课者尽管做了精心准备满怀期待，但是由于评委问题，结果却大失所望。其二，把握好说课比赛评分标准的研制或选定。有些地方或单位，组织说课活动已经有了长期的经验积累，研制过评分标准，并能够不断完善。有的没有自主研制，而是多次采用他人标准。因此，无论是组织者研制还是选定他人标准，都要把握前文谈到的"准为先""全有度"和"行关键"三个方面。假如标准不能做到这三个方面，评判结果就很难体现客观性、有效性等。其三，把握好说课比赛后的延续效应。不少说课比赛组织完后，比赛结果一公布，好像全部活动就宣告结束。其实不然，说课比赛要比出名次，分出能力之不同，关键要进行后续的研讨，并为组织工作和说课者能力提升提出有建设性的指导意见。这或许是过去很多说课组织者容易忽略的。

2. 说课比赛评优参赛者应把握的关键

参与说课比赛，很多人都能够精心准备，认真对待。要想获得较好的成绩，说课者还应把握哪些关键呢？其一，把握说课比赛各项要求中的关键点，如时间规定最好不要违背。可能说课要求中会提出"最后一分钟的时候会有提示",说课者切不可无视"提示"二字,但也要从容收尾。如果所设计的说课内容刚好在规定时间说完,无论是否有提示都不会超出规定时间,自然能够顺利完成说课比赛。假如组织者提示后,一分钟之内难以说完,最好考虑抓重点说,也要将其在规定说课时间内完成。因为有的组织者较严格,到点会叫停,无论说课者是否已经说完,都会终止比赛。其二,研磨细读评优标准,包括从哪些维度评,有哪些评价指标、权重分配、评分要点、评分具体标准与方法等都要精准把握,说课准备最好能够对照标准一一检查,哪些方面还没有做到,及时查漏补缺,并将其进行完善,否则就难以获胜。因为多数说课比赛都是按照事先确定的标准评优的,评委们打分的时候,多数会逐一对照。因此,参赛者不仅要对评优标准了如指掌,更要参照标准做精心准备。其三,反思定位完善提高。一次说课比赛无论输赢都不是终结,也不代表永久的水平,还需要说课者在比赛结束以后进行深入反思。假如是获胜者,要总结归纳其经验,但也并非没有问题。假如是失败者,更要反思查找问题,吸取教训。尽管"胜败乃兵家常事",但却不能"屡战屡败",要用"失败乃成功之母"激励自己,不断反思定位,再逐步努力改进。这样,不仅能够感受学习过程和比赛成功的喜悦,更能使自己的专业能力得以不断提升。

虽然本章建立了评优标准与确定了评优方法操作方略,但这依然是研究的阶段性成果,标准的进一步完善还需要说课组织者以及参赛者共同参与。愿说课评优标准与方法能够给大家带来一点启发。下面对说课比赛评优方法做一个简单的归纳。

说课比赛评优方法

说课评优现象多, 评优标准最先说;

标准缺乏较常见, 不准不全也呈现;

说课比赛重两点, 评说评课是关键;

说的能力包括全, 重点判断靠语言;

课的能力看设计, 精准合理是凭据。

第三
部分

体育教师说课——案例分析

说课活动的开展，给体育教师提升说课能力提供了机会，教师们也积累了诸多经验，当然，也或多或少地存在着一些需要改进的地方。说课能力可以从语言表达能力和设计能力两方面综合评价。本部分从说课视频与说课文本两个方面分析了田径类、体操类、球类等基本教材的说课案例。这些案例说课时间有长有短，呈现形式有分要素逐一说，有各要素整合说，有 PPT 辅助说，有无 PPT 独立说，等等。笔者希望通过对这些案例的分析，能够给广大读者带来一些启发与借鉴。

第一章　说课视频分析

诸多省份或区县都开展过说课比赛，但要求并非完全一样，从时间来看，长短要求不一，5、10、15 分钟较为多见。无论时间要求多长，几乎所有的比赛都要求是一个完整的说课。当然，不同的说课者有不同的说课风格，下面结合具体的说课案例展开分析。

一、"跪跳起"说课视频分析

【案例来源】北京市第二实验小学
【说课教师】付同顺
【说课年级】小学三年级
【说课内容】跪跳起

扫码看"跪跳起"说课视频

（一）"跪跳起"说课视频描述

老师们，下午好！我是来自北京市第二实验小学的体育教师，我叫付同顺。首先，感谢樊老师能给我这次跟大家交流学习的机会，也同时感谢西城区教研室的各位教研员给我的帮助和指导。那么，我今天说课的内容是跪跳起。

关注学生需求，拓展学习空间，促进全面发展，是我这次教学设计的主题。大家都知道，"双主体"育人一直以来是我们学校的办学思路，而生本、对话、求真、累加，又是课堂文化的核心内容。本课教师通过引趣、引学、引体、引思等教学步骤，促使学生主动参与，积极讨论，勇于实践，不断创新，促使每位学生身心得到全面发展，是我本节课追求的目标。

跪跳起，它是人教版小学三、四年级技巧内容，是一项负荷较大的运动，对发展孩子的腰腹肌力量，以及身体协调性、灵敏性和平衡能力都有显著的作用。以前，孩子们学习了前滚翻、后滚翻、仰卧推起成桥，相对来说，动作简单，运动负荷也比较小，而这次学习的跪跳起的内容，则是为今后学习跳上成跪撑——向前跳下，以及前滚翻、后滚翻接跪跳起的一些组合动作打基础的。我们首先来看它的动作结构，它是由摆臂、压垫、提腰、收腿四个环节组成的，它的重点是摆臂制动要提腰，压垫提膝收腿快。难点是摆臂制动与压垫的配合。为此，我设计了4次课的单元计划。本次课是第一次课，主要目标是解决"摆、压、提"的基本动作的问题。本节课的重点，是摆臂、压垫、提腰，动作难点，则是动作协调连贯。

孩子是课堂学习的主体，因此，我们要了解他们喜欢什么、需要什么。游戏和竞赛，一定是这个年龄段的孩子最喜欢的活动形式，因此，活动游戏是本节课的主要特点。尊重和理解是孩子们的需要，当孩子们遇到困难时需要帮助，失败受挫时需要鼓励，遇到困惑时需要引导，取得成功时需要分享，因此，尊重差异、满足需求、拓展学习空间，又是本课重要的指导思想。因此通过以上的分析确定了本课的教学目标。首先，就是让学生初步理解跪跳起的动作要领，明白脚面、小腿压垫、摆臂与制动以及提腰的动作方法。其次，就是通过练习，使学生较好地掌握摆臂制动与压垫动作，发展孩子的腰腹肌力量，以及身体的灵活性和协调性。最后，是培养学生勇敢果断、克服困难的意志品质以及团结协作的集体主义精神。

好了，老师们，下面就和我一起走进课堂。

在开始部分，进行完一般的常规（活动）之外，教师在音乐的伴奏下，进行队列练习，突出了五个变化。第一，就是齐步走和踏步走的变化；第二，是队列队形的变化；第三，是手臂动作的变化；第四，是练习方向的变化；第五，是领做角色的变化。那么，老师看到的是由四列横队变成二列横队。这是手臂动作的变化，老师们可以看到，有叉腰、击掌、头后屈、肩侧屈、斜上举等。这是练习方向的变化，以前是从前做，现在是从中间，也可以从周围做，可以变换不同的方向，那么在变化过程中，教师可以随机指定学生，也可以进行领做，这就是刚才我说的领做角色的变化。那么，这些多种的变

第一章
说课视频分析

103

第三部分
体育教师说课
——案例分析

化，主要的目的就是吸引学生的注意力，培养学生的观察力、模仿力以及应变的能力。

在准备部分，我安排了一个小垫操。那么，教师在音乐的伴奏下，我们可以看到是将跪跳起的动作元素编入其中，有跪地的行走啊，有摆臂呀，支撑啊，收腿，等等。目的呢，主要是活动与"跪跳起"相关的身体关节，达到热身和保护的作用。在引导性练习中，我安排了三个小游戏，分别是毛毛虫、跳跳虫和爬爬虫。老师们可以看一看，这是爬爬虫，孩子们支撑向前移动，同时还设置了不同的情景，看谁先找到三个朋友。看，这是跳跳虫，通过跳的方法，看谁先找到和自己同月出生的朋友。这是毛毛虫，看谁的配合最默契。可以看到，孩子们在这些游戏过程中，相互交流，相互沟通。进一步活动了跪跳起相关关节，渗透了一些简单的动作概念，为后面的主教材教学做好了引导和铺垫。

基本部分，首先就是教师的讲解示范，目的是让孩子们建立正确的动作概念。那么，在动作之前，教师要引导孩子们注意观察，跪跳起都是由哪些动作组成的。通过观看正面和侧面的示范，学生和老师共同总结出：跪立，臂前屈，后坐，臂后摆，压垫，身跃起，收腿，成蹲立的动作口诀，目的是培养学生的观察能力、分析能力以及表达能力。游戏高人、矮人、巨人，把孩子们带入了游戏中，老师们可以看到，跪地臂上举，就是高人，坐姿臂后摆就是矮人，高高跃起就是巨人。在老师不同口令的变化下，孩子们在游戏中，在欢笑声中，练习了摆臂，练习了提腰，练习了压垫，原来比较枯燥的摆臂压垫练习一下子有趣起来，初步地体会着压垫部位和发力顺序，满足了孩子们喜玩好动的心理需求。在练习中，我们经常会发现，孩子们摆臂抬体动作不协调，还会发现，孩子们摆臂和压垫配合不好，还有就是，提腰、提膝不够。根据这三个问题，我设计了两个游戏，分别是撤垫子游戏和加垫子游戏。老师们可以看到，这个游戏要两个人合作才能完成，一名同学要掌握好撤垫子和加垫子的时机，另一名同学则要利用摆、压、提的动作，使身体高高跃起，这样才能使垫子从腿下顺利地撤出或加入。我们看一下视频。好，这就是撤垫子；这就是加垫子。孩子们在这个游戏过程中，讨论办法，商量对策，进一步体会摆、压、提的动作。然后，巧妙地避免了练习中的易犯错误。我们在教学过程中，经常会发现，有的孩子利用脚尖支撑起立，这就是我们所说的勾脚尖；还有的同学跳起来不能成蹲立，坐那了或趴那了。我们分析其原因，有三点：第一，就是心理恐惧、身体紧张造成的，勾脚尖是因为害怕向前摔倒；第二，就是没有理解脚背和小腿压垫，知识模糊造成勾脚尖；第三，就是腰腹肌力量、腿部力量不够，能力达不到造成的动作变形，勾脚尖。所以说，不管是知识、能力还是理解不够，作为教师，我们都要考虑进去。教师首先在垫子上设置了明显的标志，红色的标志，老师们可以看到；其次，让孩子们的膝关节压在红线上，使他的小腿和脚面尽量在垫子里面。这样就对勾脚尖起到了一定的限制作用。两个人的保护与帮助，消除了孩子的紧张心理。从不同高度往下跳，满足了孩子们不同的生理、心理需求，尊重了他们的个体差异，促进了学生的全面发展。那么，当大部分孩子们能够在一层垫子上独立完成的时候，由于看不到自己完成的动作，找不到问题所在。这个时候，我就利用了学生熟悉的 iPad 进行摄像，老师们可以看，孩子们四个人一组，一名同学进行摄像，其他三名同学进行练习。学生们通过观看录像的回放，可以看到自己做的完整动作，同时找到了问题所在，学习了其他同学的优点，改正了自己的不足，使自己的动作逐渐趋于规范和标准，这样就解决了本课的难点。那么，孩子们通过小组的讨论，最后选出优秀的同学进行展示，睁大眼睛找别人的优点。通过观看展示，以及集体的练习，最后我们总结出摆臂、压垫，要提腰，动作连贯，要协调的知识点。

游戏快乐冰车，又把孩子们带入了冰雪世界，孩子们把垫子当作冰车，有的单人自己滑，有的两人拉着滑，还有的三人组合滑。我们看一看视频。这是单人自己滑，用手臂支撑向前滑动。这是两人拉着滑，我们在冰场上经常会看到这样的情景。这是三人组合滑，我们看到孩子们非常高兴，他们体会着运动、游戏活动给他们带来的幸福和快乐。

那么，接下来呢，就是用幸福拍手歌做一个放松，老师和孩子们一起唱歌，一起放松。好了老师们，不管您的是金掌、银掌，还是仙人掌，和我挥挥手好不好，如果感到幸福你就挥挥手，如果感到幸福你就挥挥手，如果感到幸福你就挥挥手，我们大家就一起挥挥手。如果感到幸福你就拍拍手，如果感到幸福你就拍拍手，如果感到幸福你就拍拍手，我们大家就一起拍拍手。谢谢！

在歌声中、在笑声中、在掌声中结束了这节体育课，我们看到孩子们灿烂的笑容，他们确实体会着体育给他们带来的幸福和快乐。

那么，这是我的运动负荷的预计，所用的器材。本课的特点，第一，就是游戏贯穿在教学的每个环节；第二，就是巧用垫子，一物多用；第三，就是信息技术在体育课当中的运用。感谢倾听，感谢感谢！

（二）"跪跳起"说课视频分析

"跪跳起"说课案例，总体上来看，比较自然、流畅，给人以耳目一新的感觉。主教材内容说得也比较清晰、具体。下面按各部分呈现的情况进行分析。

开场的内容包含了问好、自我简单介绍、致谢、提出说课的主题四部分。从结构上看，多数说课者习惯于用"问好、简介和点题"三部分组成开场。当然，不同场合或不同活动中的说课，"致谢"的语言也可适当加入，但对于一般的说课而言，并不强调非有不可。

进入主题以后，首先从本校的办学思路开始切入，比较新颖，且显得较为灵活，同时又巧妙地介绍了学校课堂文化的核心内容。课的设计思路也比较清晰，利用"引趣、引学、引体、引思"的教学步骤，以教师为主导，引导学生"主动参与，积极讨论，勇于实践，不断创新"，从而使每一个学生身心得到全面的发展。这是在巧妙阐述"指导思想"，也是该节课追求的目标。

教材的分析部分，是从前面的介绍比较自然地过渡的，没有说"下面是教材分析"等一类的语言，但让人们一下子就能听到该部分是进入了教材分析环节。分析教材也比较深入全面，与此同时，直接切入了学情分析的内容，介绍了学生以前学过的内容，点明以前所学的前滚翻、后滚翻、仰卧推起成桥等动作比较简单，引出了这节课所学内容跪跳起是体操技巧中相对比较复杂的内容之一。接着，通过PPT图示的方式，比较直观地展示了几项技术的完整动作。更有借鉴意义的是，说课者说明了该节课要学的跪跳起是为以后学习"跳上成跪撑—向前跳下"以及前滚翻、后滚翻接跪跳起的一些组合动作打基础的。此外，还较为具体、直观地分析了跪跳起的动作结构，由"摆臂、压垫、提腰、收腿"四个环节组成。四张图生动形象地展示了四个环节的动作方法。

该部分对重难点的介绍，能够让人听明白是什么，但表述方式需进一步完善。从"重点是技术或技术的某环节，难点是效果"来理解的话，该项技术将重点定为"摆臂制动要提腰，压垫提膝收腿快"，显然里面包含着难点的内容，尤其是"压垫提膝收腿快"中的"收腿快"，应将其作为难点来理解。因为"快"与"慢"是属于效果的描述。那么，结合原来确定的"摆臂制动与压垫的配合"难点，通过进一步调整，如果重新描述重难点，建议重点可以表述为："摆、压、提、收"，难点是"摆、压、提协调配合，收腿快"。由于任课教师将跪跳起单元划分为四次课，而该节课重点学习"摆臂、压垫和提腰"，难点是"动作协调连贯"，所以对比跪跳起整个技术学习的重难点设置，这节课的重难点设置是比较清晰而准确的。

教材、学情、内容与方式，在分析的时候几乎做到了无缝衔接，将几部分巧妙地结合在一起综合呈现，听起来非常自然，分析得也比较到位。尤其是在分析学情的时候，从学生喜欢什么、需要什么，到具体谈游戏与竞赛，尊重与理解是孩子们喜欢的和需要的，这也反映出该课以人为本的设计理念。

基于以上分析，说课者设置了较为明确的教学目标，并从"认知、技能和情感"三个方面进行了描述，也通过PPT较为直观地加深了人们对目标设置的印象。

　　一句"好了，老师们，下面就和我一起走进课堂"把大家带入了跪跳起课堂情景之中。在开始部分，与以往说课所不同的是，该教师明确提出了开始部分体现的几个变化：①齐步走和踏步走的变化；②队列队形变化；③手臂动作变化；④练习方向变化；⑤领做角色变化。进一步解释了集中变化的具体操作方法。设置各种变化的目的也非常明确，主要是为了吸引注意力，培养观察力、模仿力、应变能力。可以说，从开始部分就比较新颖，打破了常规的组织和表达方式。大多数说课者很难在开始部分说出新意，其主要原因在于设计缺乏特色。而该节课老师通过几个"变化"吸引了说课评委们的注意，同时，会给评委留下较为深刻的印象。

　　课的准备部分，老师用跪跳起的动作元素创编了几节徒手操，在音乐的伴奏下，由任课教师带领学生一起完成。同时，创编该套操的目的也是十分明确，即活动与"跪跳起"动作相关的身体关节，达到热身和保护的作用。在引导性练习中又安排了几个向跪跳起逐步过渡的小游戏，学生们既感兴趣，又不知不觉中过渡到基本动作的学习。同时，说课过程中通过视频演示向大家展示了几种游戏的做法，非常直观和生动。该部分的目的也较为明确，通过游戏渗透一些简单的动作概念，为后面的主教材学习做好引导和铺垫。

　　进入基本部分以后，老师通过不同方位的示范，引导学生注意观察，并和学生一起总结学习跪跳起的动作口诀："跪立，臂前屈；后坐，臂后摆；压垫，身跃起；收腿，成蹲立。"并通过"高人、矮人、巨人"的游戏，激发了学生的练习兴趣，提高了他们的参与度。同时，归纳了学生练习中易犯的错误，主要包括"摆臂抬体动作不协调"，"摆臂与压垫配合不好"，"提腰、提膝不够"三个方面。为解决这些问题，老师创新设置了"撤垫子""加垫子"两个有趣又需要合作练习的游戏，学生在快乐的体验与练习中，逐渐纠正错误动作。除此之外，还有一些学生勾脚尖、不能成蹲立等，老师分析了造成这些现象的主要原因：心理恐惧，身体紧张；理解不够，知识模糊；力量不足，动作变形。在练习过程中，通过让学生自主选择、设置标志、加强保护帮助等措施，纠正错误、提高练习准确性的目的。但在该部分，令人不解的是，如果两人像图片中那样相互拉手练习，或许不利于学生完成跪跳起的动作，因为拉手以后，学生的摆臂动作被限制了，后续动作也就难以完成。

在练习中，为了让学生们更好地发现自己动作中的错误，并辨别错在哪里，老师通过 iPad 辅助拍摄技术，学生合作练习、拍摄、观察、分析、讨论。既能激发兴趣，又能提高练习的效率。在说课的过程中，老师也讲述了该部分的明确目的——找问题、学优点、改不足、解难题，而不是流于形式的应用信息技术。在动作展示环节，老师用到一句"睁大眼睛找别人的优点"，教育引导学生一定要相互学习，取长补短。同时，带领学生总结出该课学习的知识点："摆臂、压垫，要提腰，动作连贯，要协调。"实际上，这些知识点，也正是该课学习的重难点。这就反复强调了课的重点与难点，让学生记忆深刻，练习把握关键。

在课结束之前，老师先是安排了"快乐冰车"游戏，结合该节课学习的跪跳起，学生跪撑在垫子上，做单人、双人和三人的滑动游戏。随后，师生一起用"幸福拍手歌"集体放松，结束了该节课的内容。最后说课老师与现场的老师互动结束了说课。

二、"前滚翻"说课视频分析

【案例来源】北京实验学校（原北京市立新学校小学）

【说课教师】任军

【说课年级】小学二年级

【说课内容】前滚翻

扫码看"前滚翻"说课视频

（一）"前滚翻"说课视频描述

大家好，我是二里沟中心学区立新学校小学（现北京实验学校）的体育教师任军。今天我说课的题目是前滚翻，我将从以下九个方面进行说明。

1. 指导思想与理论依据

本课以"健康第一"为指导思想，以《义务教育体育与健康课程标准

第一章
说课视频分析

109

第三部分
体育教师说课
——案例分析

(2011年版)》基本理念为理论依据。课堂教学以学生学习体育知识、掌握运动技能、学会锻炼方法为主线，以身体练习为主要手段，以增进学生健康为目标，以学生发展为中心。激发学生的学习兴趣，在充分发挥教师主导作用的同时，特别注重学生主体地位的体现，在教学中利用灵活多变的教学方法，使用有效的教学手段，培养学生自主学习、合作学习能力，发展学生的学习能力。本课既面向全体学生，又兼顾个体差异，促进学生身心全面发展。

2. 教学背景分析

教学内容分析。本课内容选自人民教育出版社《体育与健康》一、二年级全一册教材，属于技巧类项目。前滚翻是由头部（枕骨）开始，经颈、肩、背、腰、臀等身体部位，依次着垫的动作过程，是技巧类运动的基础动作，也是一种自我保护方法。学生在一年级已经学习和掌握了各种方式的滚动，二年级是在前后滚动的基础上进一步地学习滚翻动作，并为以后学习各种姿势的滚翻打好基础。

单元计划。本单元共4次课，本课为第一课次。

学生情况分析。心理特点：二年级学生活泼好动，注意力不易集中，但他们模仿能力很强。生理特点：骨骼肌肉以及内脏器官发育都不完善。本课教学对象为二（1）班32个人，身体素质较好，有2名转插生、3名肥胖儿童，教学中对这部分学生要加强个别辅导。

前期教学状况、问题和对策的研究说明。①手撑垫过远。解决策略：语言提示，在垫子适当位置画标志线。两个大手印，强化学生手撑垫子的位置。②头顶垫子。解决策略：提示动作要点，帮助者手扶练习者头部、枕骨，使头后着垫，或下颚夹手绢，帮助他练习低头。③支撑屈臂滚动方向不正。解决策略：提示动作要点，帮助者扶其易弯曲的手臂，使其两臂支撑力量均匀，或在垫子上画一直线，要求沿直线滚动。

3. 教学目标

（1）初步学习前滚翻动作方法，使70%—80%的学生在保护与帮助下完成动作，20%—30%的学生能够独立完成动作，做到蹬地有力、团身紧、滚动圆。

（2）发展学生柔韧、灵敏素质和身体协调性，提高控制身体平衡和快速安全通过障碍的能力。

（3）培养学生自尊与自信，勇于展示自我，和同学友好交往与合作的好品质。

4. 教学重点和难点

教学重点，蹬地有力、团身紧、滚动圆。教学难点，团身紧、滚动圆、方向正。

5. 主要教学方法、手段和教学资源

主要教学方法有讲解示范法、学生练习法、观察比较法、纠正错误法，还有游戏比赛法。

主要教学手段：一、利用电脑大屏幕播放的课件辅助教师讲解与示范，在练习过程中学生结合观看视频进行合作、讨论式学习；二、通过"小手按大手"强化前滚翻双手前撑的位置，利用下颚夹手绢等方式，引导学生枕骨着垫；三、利用体操垫下放置厚垫子形成10—15厘米高度斜坡，向下做前滚翻，降低动作难度。在垫子中间画一直线，提示学生滚得直、方向正。

主要教学资源：小垫子34块，录音机、电脑大屏幕各一，锥桶24个，自制钻圈8个，标志旗8面。

6. 教学流程图

这是本课的教学流程图。绿色是开始部分2—3分钟，蓝色是准备部分6—7分钟，红色是基本部分28—29分钟，结束部分2—3分钟。

这是本课的场地示意图。前滚翻场地示意图、游戏场地示意图。

7. 教学过程

第一，开始部分2—3分钟。首先是课堂常规，队形成四列横队，体育委员整队，师生问好，报告人数，教师介绍本课内容，并提出要求，检查服装，安排见习生。设计意图，让学生知道本课教学内容和教学目标，激发学生学

习兴趣，为达成教学目标认真学习，积极锻炼。队列练习，四列横队；用并步法疏散和集合；转法练习向左、向右、向后；原地踏步走，立定。要求动作迅速敏捷、队形整齐规范。设计意图，进行服从教育，培养集体主义精神。

第二，准备部分用时6—7分钟。一般准备练习：垫上操，有器械，动作要求，准确、到位，身体姿态优美。专项准备活动：①活动颈、肩、肘、腕、髋、膝、踝关节；②前后滚动5—6次，教师首先示范，学生再进行练习，教师指导。要求充分活动各关节韧带，动作幅度由小到大。设计意图，充分活动各关节、韧带，为学生学习前滚翻打基础、做铺垫，预防伤害事故的发生。

第三，基本部分，这是本课的核心部分。这个为基本部分的时间分配柱状图，主教材用时17—18分钟，障碍赛跑用时10—11分钟。

前滚翻。①教师示范，借助电脑大屏幕讲解前滚翻成蹲立的动作方法和要点。要求学生认真观察教师示范，听清动作方法和要点。设计意图，运用现代化的教学手段辅助教师示范与讲解，做到图、文、声、像并茂，形象、生动、具体、直观，让学生形成正确的动作概念和动作表象。②学生自荐演示、教师介绍保护与帮助方法。要求听清楚、看明白。设计意图，使学生知道保护与帮助的方法，为练习做准备，预防伤害事故的发生。

这是滚动原理，在课的起始部分，要对学生提问：同学们，方形会不会滚动？回答，不会。那圆形怎么样？好，滚了，非常远。继续举例子，在生活当中有没有发现圆形物体更容易滚动？

师生针对电脑大屏幕动作图进行讨论，进行学习。这是大屏幕展示的动作图。

保护与帮助方法，单膝跪立于练习者一侧，一手压小腿，一手托肩，必要时可以扶腰、背，帮助成蹲撑。

这是教师示范动作，这是前滚翻的完整的动作：

（1）蹲撑提踵，两手撑垫同肩宽。

（2）两脚用力蹬地，同时提臀、收腹，重心前移，团身向前滚动，枕骨、颈、肩、背、腰、臀依次着垫，当背部着垫时，记住屈腿，两手抱小腿成蹲撑。

（3）前滚翻练习。分组练习 1，原地支撑，蹬地伸腿、提臀、收腹模仿练习。教师讲解动作方法，练习者双手支撑在大手印上，帮助者按住练习者的手加以限制，另一只手帮扶练习者头后，使其枕骨尽量靠近垫子上的标记，上面的标记是一个方块，同时采用游戏比赛的方式，看谁找得准。必要时练习者可以下颚夹手绢，帮助练习低头 2—3 次。要求一蹬、二撑、三低头。设计意图，先分解练习体验动作，为前滚翻动作打基础做铺垫，用口诀法帮助学生记忆。分组练习 2，练习完整前滚翻动作，借助 10—15 厘米的斜坡，由高处向低处做前滚翻练习，一人练习，一人进行保护与帮助。要求蹬地有力、团身紧、滚动圆，团身滚动要像皮球。设计意图，由分解到完整，降低动作难度，便于学生掌握动作。这是利用 10—15 厘米的斜坡向下滚动的示意图。分组练习 3，两人一组继续练习，去掉斜坡，练习者体会枕骨、颈、肩、背、腰、臀依次触垫的顺序，一人练习一人保护与帮助 3—4 次。要求蹬地低头、提臀、团身紧、滚动圆，滚动要像皮球，两人配合要默契。设计意图，增加难度进行练习，体会前滚翻的动作全过程。

（4）运用口诀，学生尝试独立完成练习，教师巡视提示动作要点，纠正错误动作，并辅导个别学生 4—5 次，要求蹬地有力、团身紧、滚动圆、方向正。设计意图，教师观察评价及时，纠正错误动作，学生形成正确的动作定型。

（5）两人结对、四人小组结合观看视频进行讨论式、合作式学习。要求通过分析比较、观察评价，互相学习，互相促进，共同提高。设计意图，利用现代化的教学手段形成更直观具体、更生动形象的动作概念，加强对前滚翻知识技能的理解和掌握。给学生一定的时间和空间，创造合作学习的环境，让学生通过多层次系统化的学习和练习，学习知识掌握技能，增强同学之间友好交往与合作。

（6）分组展示，采用不同形式的评价，自评、互评、师评，1—2次。要求动作连贯协调、成蹲立、姿态优美。设计意图，检查展示动作完成情况，学生参与教学过程评价，树立体操意识，提高动作质量。

（7）教师小结，总结本课知识、技能掌握情况，指出问题，提出希望。

游戏，障碍接力，障碍赛跑。①教师讲解游戏方法与规则，要求认真听，要听明白。设计意图，游戏的方法与规则是整个游戏的核心，必须要听明白，才能够进行游戏。②尝试练习，教师提示学生遵守游戏规则，1次。要求严格遵守游戏规则，快速安全通过障碍。设计意图，熟悉游戏规则，为比赛做好准备，养成遵守规则的好习惯。这是本游戏的教师示范，起跑以后，教师穿过圆圈，绕过障碍，到达标志，沿直线返回，先到为胜。③分组比赛，单人、双人接力，女同学和运动能力较差的男生可自选起跑线，各1次。要求小组商量战术，保证游戏安全。设计意图，适当提高练习密度，有效增强学生体质，加强学生之间友好交往与合作，根据学生不同运动能力因材施教，区别对待。④分组比赛，四人小组接力赛手拉手通过障碍，教师观察评价，1次。要求四人协同跑配合默契，快速安全通过障碍。设计意图，提高难度，增加密度，增强学生的兴趣，发展和谐的人际关系。

第四，结束部分用时2—3分钟。①放松小舞蹈，幸福拍手歌，用时1分30秒，要求师生同歌同舞，身心愉悦充分放松。②教师小结，学生畅谈本课收获。意图，检查了解学生知识、技能掌握情况。宣布下课，师生再见，布置收器材。

8. 学习效果评价设计

评价形式新颖，教师在教学中将及时评价、过程性评价、多元化评价、终结性评价相结合，最大限度地调动学生学习的积极性。本课教学组织严谨，教学步骤清晰，层次分明、教学重点定位准确，把握教材得当，教法手段灵活多样、实用有效。运动负荷，全课练习密度32%—36%，全课平均心率124—132次/分钟。

9. 教学设计特点

①提出基本能力培养，突出运动技能教学。采用游戏和比赛的形式处理主教材。②采用现代化的教学手段，配合教师讲解示范，突出技术重点、难点。③通过小手按大手，强化前滚翻双手前撑位置，在垫子上画线，提示学生枕骨着垫，滚动直、方向正，运用口诀形式便于学生记忆。④多分组、多练习、精讲多练，讲练结合，减少掉队，提高实效。谢谢大家！

（二）"前滚翻"说课视频分析

这节"前滚翻"课，任军老师不仅规范地按照说课流程将每一部分详细而明确地做了一一阐述，而且整体结构和每一部分的内容十分清晰。看完这个说课视频，大家都会十分明确案例中的说课内容包含 9 个部分：①指导思想与理论依据；②教学背景分析；③教学目标；④教学重点和难点；⑤主要教学方法、手段和教学资源；⑥教学流程图；⑦教学过程；⑧学习效果评价设计；⑨教学设计特点。该案例所呈现的内容较为全面，既能让人了解课是如何设计的，又能让人通过聆听这几个部分的描述，明白了教学的过程与方法。

本案例的最大特点是，任老师对每一部分都做了较为详细的介绍，说课内容简洁明了，最突出的是更加具体和深入地讲述了前滚翻的多种练习方法，及其要求和设计意图。这样，大家能够明白，每一项练习为什么这么设计或者是那么设计。尤其是"前期教学状况、问题和对策的研究说明"，是平时教师说课容易忽略的部分。有了该部分内容，能够体现出本次说课是非常有针对性的解决问题的设计，也体现出了课的上下连贯性，更有利于学生学习和掌握前滚翻知识与技能。

从本节课教学目标的设置来看，不仅针对全班同学，还照顾到了个体差异。如既有 70%—80% 学生的目标，也有 20%—30% 学生的目标。我们还能够从目标的表述中看到，通过该节课学习，大部分学生能够在他人的帮助下完成动作，有少部分学生能够独立完成动作，且能做到蹬地有力、团身紧、滚动圆等。总体上来看，目标的设置较为全面和可观测。

针对前滚翻单元的第一次课而言，重点定位在蹬地有力、团身紧、滚动圆，难点设定为团身紧、滚动圆、方向正，显然重难点有所重复，因为我们明显能够看出，重点的描述方式更像是难点。基于重点与难点的概念区分，该节课的重点最好能够定位在蹬地、团身、滚动，因为"有力、紧、圆"等这一类的词语都是从完成动作的效果的角度来说的，即均可以归入难点之中。

教学流程图比较全面地列出了从开始部分到结束部分所用时间、课程内容，以及方法步骤。实际上，对于教学流程而言，仅列举基本部分主教材的教与学的过程会更为适宜。

在教学过程部分，任老师详细介绍了每一部分的内容与设计意图，包括课堂常规、准备活动内容，教师教的过程和学生学练的过程都较为具体，如同把听众带到了一节完整的体育课堂之中。但有一点小小的建议，假如说课组织者要求时间更短，可以尽可能地将大部分时间用于对基本部分，尤其是主教材教学环节的讲述。这样会显得重点内容更加突出。

在整个教学过程介绍中，任老师借用了电脑大屏幕等教学辅助设备，有利于学生对前滚翻动作的更进一步理解和把握。如在垫子上画两只大手、一个方块和一条直线，提示学生"用小手按大手""枕骨部位触及方块位置""沿直线滚动"，以及演示滚动原理等，更加直观地提示学生完成动作的方式方法，从而有利于强化重点和突破难点。这一定程度上反映出，任老师对该课围绕重难点进行了精心设计。

除此之外，课的小结，明显看出是在主教材教学之后进行的，而没有像大多数课一样把小结放在结束部分。主教材教学之后立刻小结能够让学生对该节课主要学习内容进一步加深印象，让学生及时了解自己主要学了什么，学会了什么。当然，将小结放在结束部分放松活动之后，也比较适宜，因为一是放松活动和课的基本部分能够连贯起来，二是放松活动结束以后，该节课等于基本完成了，小结得会更加全面。在小结最后，如有需要，也可以直接布置些需要学生课后练习的任务或体育家庭作业。

三、"双手从头后向前掷实心球"说课视频分析

【案例来源】北京第二实验小学

【说课年级】小学五年级

【说课教师】张楠

【说课内容】双手从头后向前掷实心球

扫码看"双手从头后向
前掷实心球"说课视频

（一）"双手从头后向前掷实心球"说课视频描述

好，各位家人，大家上午好！我今天说课的主题是：启发是为了理解，理解是为了掌握。投掷类内容在人教版教材水平一、二、三中都有涉及，而水平二中开始出现前掷实心球。我今天给大家聊的是，水平三当中双手从头后向前掷实心球。它由蹬地、收腹、挥臂、甩腕四个环节组成，用力顺序和出手角度是它的重点。通过水平二和水平三的教材对比，我发现，水平三对出手角度的要求有所提高，这恰恰是整个内容当中最难以理解和掌握的。如何让学生更容易掌握出手角度，以便按顺序完成投掷的动作，是我这节课的切入点。我授课的这班学生，是五年级的学生，在三、四年级的时候，他们已经学习了前掷实心球的知识和用力顺序，但由于上肢力量和腰腹肌力量较弱，对投掷的方向、高度、角度、投掷能力等理解较差，所以他们投不远。通过第一节课的学习，学生初步学习了双手从头后向前掷实心球的用力顺序，但由于出手时机和出手角度是在瞬间完成的，学生很难观察到出手角度这一教学要点，他们的理解是模糊的，没有一个相对准确的概念，在练习中常出现出手后球直接砸地的现象。以上课堂上出现的问题，应该如何解决呢？回忆以前的教学，我常会用立杆拉横绳和学生手持跳绳充当标志物，通过反复地投掷实心球，来寻找自己的出手时机和出手角度。反思以往的教学，我渐渐发现，实心球长时间使用，学生会很快感觉到疲劳与厌倦，学习兴趣降低。出于安全考虑，教师让学生只能听信号投，听信号捡。再从教具的角度看，横绳高度不好调节，不能因人而异。那么，如何增强学生学习体育的兴趣，

第一章
说课视频分析

117

第三部分
体育教师说课
——案例分析

增加练习密度，做到因材施教呢？课标解析中指出，运用合作学习，有利于增强学生体育学习的效果。给学生创造自主学习的时间和场合，是合作学习的一个必要条件。学生在教师的启发下，在合作中自主进行练习，理解技术动作，有利于充分发挥学生体育学习的自觉性和积极性。基于以上这些分析，我制定了本节课的教学目标。当中，出手角度是我的教学重点，难点是动作连贯、协调。为了更好地完成本课的教学目标，我设计了以下的教学环节。

开始部分，传统的上课模式和队列练习，都是教材当中要求掌握的，目标呢，是展示身体姿态。

准备部分，我安排了两个环节：首先，是配乐球操；其次，是专项练习。内容包括比投球的高度和返弹球的高度，是为了让学生体会蹬地、收腹和快速挥臂。

接下来是基本部分，也是我着重向大家介绍的环节。为了调动学生学习的主动性和积极性，首先我设置了一个小游戏。我们先来看怎么做，稍微有点慢，可能小游戏设计得比较完美，想让大家看得更精彩一些。好了，比比谁投得远，好东西不嫌晚。接着学生进行了有参照物的投掷练习，在练习过程当中我发现，你们的球没有像张老师那样，有一道美丽的抛物线。我有一个窍门，好，你来给我配合一下，站在一点的位置，我只有一个目的，在不用全力的情况下，将球从他头上投过去。通过刚才这个教学环节，教师主动告知学生在练习中出现的问题及解决的办法，没有给学生留有思考的空间。如果再上课的话，我会先找两组同学进行对比，学生通过观察、对比，发现自己练习当中动作的问题，从而再次进行练习，我想效果会更好一些。有参照物投掷，目的是让学生进一步体会出手时机和出手角度，因为出手角度的不同，球飞行路线会变化，当我观察大多数同学都能投过参照物以后，为了让学生对技术动作理解更深刻，我给他们提了一个问题：当球出手时你的手臂处于何种状态？学生带着问题继续进行练习，通过练习，学生都能很轻松地投过参照物，随后教师增加了难度，怎么做的呢？我们来看一下，后面没声音，没声音也没关系哈，这个位置，哦，我不要声音了。既然前面没听见，我给大家解释一下，学生还分成四个人一组，中间那个同学充当参照物，然后呢，旁边那个同学充当小老师，对面的那个同学负责捡球。捡完球以后要跟小老师进行沟通，看球的落点，是落一个点，两个点，还是三个点，然后跟小老师进行沟通，小老师再跟投球人进行沟通，随时调整参照物的位置，寻找适合自己的出手角度和时机。在练习的过程当中，教师巡视、指导，随时发现问题，随时进行纠正。无论你的力气有多大，出手速度有多快，出手时机和出手角度不正确，是不是还是投不远？教师再次增加了难度，中间站两名同学，目的是让学生在一定高度和远距离下强化体验出手时机和出手角度，通过练习，学生对动作理解得更加深刻，技术掌握得也越来越好了，学生兴趣也越来越高。可是，原有的这些难度还是不能满足一部分同学的需求，我果断地采用之前的设计当中没有的内容，相邻的两组同学组合在一起，进行更有挑战的练习。这样，既满足了一部分同学的需求，同时也给其他同学提出了新的目标。瑞士球的使用，是为了让大家更好地了解技术动作，最终我们还是要回到实心球的练习当中，因为这节课学的还是双手从头后向前掷实心球。练习共分两个难度：第一，是不发力的投掷，目的是让大家进一步体会出手时机；第二，进行全力投掷实心球练习，目的是强化教学重点，还记得在教法二当中我提的那个问题吗？我们回忆一下，当你出手时，你的手臂处于何种状态？当时我们没有要答案，目的是用瑞士球练习当中得出的技术重点，迁移到实心球上来，此时再次提出同样的问题，学生进一步思考与实践，最终答案放在两种器材的使用后得出。这种时机的把握，是为了让孩子进一步地理解与掌握，直至真正地学懂知识。

接下来就是辅教材了，游戏接力跑比赛，目的是让学生在游戏中发展速度和提升力量，这是我的游戏规则与要求。

结束部分，设置的是一个放松的小练习，让师生在愉快的氛围下，放松身心，增进感情。

本课的安全措施及教学效果，通过此表大家可以清楚地看到，实际效果已经达到了预计效果，在练习密度上还高出了预计效果。

第一章
说课视频分析

119

第三部分
体育教师说课
——案例分析

教学特色，这儿我想向大家强调的是器材的使用。以前上实心球课，球贯穿课的始终，每个同学投 10—15 次。本课运用瑞士球和实心球相结合，通过合作学习的方式，每人投 20—25 次，这不光是提高了练习密度，更重要的是让学生更好地掌握技术动作。

反思整节课的学习，学生受到启发，运用合作、探究式的学习领悟技术动作，并且对技术动作有了新的理解，从而进行理解基础上的练习，不断规范技术动作。让学生从体验中思考，从思考中突破。启发是为了理解，理解是为了有效地练习，练习是为了得到新的启发，借助新的启发，让学生再次经历启发、理解、练习，就这样循环往复，螺旋上升，直至真正地掌握。谢谢！

（二）"双手从头后向前掷实心球"说课视频分析

张楠老师所说的"双手从头后向前掷实心球"课，是一节课后说课，即该课在说课之前已经上过。说课大致分为上课前说和上课后说两类，即一类是还没有上过，只是做了设计，说出了如何设计的，将如何上，另一类是已经上过，说的是如何设计的，怎么上的。

从"双手从头后向前掷实心球"说课的总体情况来看，说课内容的各个部分衔接自然，语言表达流畅，课的设计环环相扣，主题鲜明。

说课开始，张老师对说课内容的介绍有所不同，大多数说课者都会说到，我今天说课的题目或内容是什么，而题目或内容基本上都是上课的主教材的内容，如上篮球原地胸前传接球课，就会说"我今天说课的题目（或内容）是篮球原地胸前传接球"，如果上实心球课，往往会说"我今天说课的题目（或内容）是实心球"。张老师说课的主教材内容是实心球，具体说是双手从头后向前掷实心球，但是张楠老师并没有直接说课的主题是这些，而是说"启发是为了理解，理解是为了掌握"，突出强调了启发、理解、掌握，并将"双手从头后向前掷实心球"作为副标题呈现在说课 PPT 的首页上。这种方式较为新颖，也不会让人产生疑惑。

在介绍这节课的主教材内容的时候，张老师一开始就谈到投掷类内容在教材水平一、二、三中都有涉及，而水平二当中开始出现前掷实心球，今天说的是水平三中的双手从头后向前掷实心球。该部分不仅介绍了教材，还分析了水平二、水平三投掷内容的差异所在，重点分析了双手从头后向前掷实心球的教学重点与难点，学生学习的步骤与方法。在进行学情分析的时候，重点分析了学生学过什么，存在哪些身体素质上的不足、技术动作弱点，尤其是对投掷的方向、高度、角度理解较差，所以提出在这节课上着重解决的问题——出手角度问题。在第一节课学习投掷实心球的用力顺序时，因出手动作是在瞬间完成，学生不容易把握，因此，该节课结合教材与学生特点，设计了首先练习瑞士球，然后过渡到实心球的方式方法来组织实心球教学活动，激发了学生的兴趣，调动了学生练习的积极性和主动性。

总体来讲，课说得较为全面、具体，分析较为深入与详细，课的设计也较为合理，有诸多值得借鉴之处。但也存在有待进一步完善的地方，如视频与音效在说课前需要试播，以确保在说课过程中顺利播出，否则，会影响说课时间和整体效果。

四、"小篮球—原地运球"说课视频分析

扫码看"小篮球—原地运球"说课视频

【案例来源】北京市崇文新景联盟校

【说课教师】商维禹

【说课年级】小学三年级

【说课内容】小篮球—原地运球

（一）"小篮球—原地运球"说课视频描述

老师们，我是崇文新景联盟校的商维禹。今天我要说课的内容是小篮球—原地运球。

在上课之前备课的时候，我就在想，我要上一节什么样的体育课？怎么来落实"健康第一"的指导思想，促进学生健康成长？首先，我想上一节学

生喜欢上的体育课，应该让学生感觉到新颖，有收获，好玩，所以，我将篮球运球这一技术性教学进行游戏化的处理，激发学生练习兴趣，让学生在玩中逐渐掌握体育技能，并在实战和游戏当中得以运用。其次，我还想上有锻炼效果的体育课，那应该是让学生感觉到在身体、心理、知识、技能等各个方面都有所收获的，所以，我在教原地运球动作的时候，注重篮球知识点传授和实战运用，注重合理搭配练习的强度与密度。关注学生的心理健康发展，促进学生健康成长，这就是本节课的指导思想和理论依据。

本课内容是三年级小篮球—原地运球，选用北京版教材的第三册。篮球运动之所以受大家的喜爱，主要是它具有对抗性、集体性和游戏性等特点，并且大家能够通过篮球运动，达到终身锻炼的目的。在篮球比赛当中，唯一能够持球移动的技术就是运球，而原地运球又是所有运球技术的基础，因此，非常有必要让学生在初学阶段打下良好的、扎实的基础。原地运球的教材要点是，手触球的部位和时机，培养学生抬头运球和两手都能运球的能力。本节课将重点学习运球时用力按压和随球缓冲的动作要领。为了增加练习的强度，主教材搭配的是游戏协助跑。本班学生在一年级的时候，曾经学习过拍球比多、投篮游戏等，还有一些学生是篮球兴趣班的，所以具备了一定的球性基础，但是也有几名学生协调性较差，球感较差，所以学生在能力方面还是存在着一定差异的。针对以上的一些分析，我为本次的教学活动安排了不同要求的活动。例如利用辅助教材去解决和突破教学的重难点，运用运球砸点的游戏进行评价，并且针对三年级学生的篮球基础还不足以满足正式比赛的需求，我就给他们设计了另外一种形式的比赛，叫作快快报时，根据学生不同的能力情况，让他们站在时针和分针不同的位置游戏，在游戏当中体会篮球基本功练习的重要性。

本单元已经安排了4课时，本次课为第2课时。在第一次课的时候，学生已经基本掌握了手触球的部位，但是还有拍打球的现象，所以本节课将进一步学习小篮球—原地运球的动作方法，使学生初步掌握用力按压和随球缓冲的动作要领，发展力量素质和身体协调性，提高控球能力。由此，也引出了本节课的重难点，重点是用力按压，难点为随球缓冲。

有了以上的前期准备，我就可以开始上课了。在课的开始部分，我安排了队列练习，培养学生的常规意识和集体主义观念。在准备部分，通过传球比快的小游戏，发给学生每人一个球，然后，通过篮球操达到热身的目的，学生在热完身后，开始做各种熟悉球性的练习。其中，有一个熟悉球性的小游戏，叫作按球比高，学生以原地运球的准备姿势，用力向下按压后，看看谁的球弹起来高。能力强的学生，还可以在用力按压后再接住球。这个游戏主要是让学生体会用力向下按压的感觉。

然后，我们进入了基本部分。首先是主教材，让学生复习上节课原地运球的动作，熟悉手触球的部位，让学生巩固五指自然张开，把掌心空出的动作要领，学生要控制好球的落点。接着，我给学生进行了示范和讲解，重点讲解了手触球的时机和随球缓冲的动作，那么，学生通过观察和思考，再去持球，再去运球，去体会球向上反弹的力量，去寻找手触球的时机。为了让学生更加直观地观察到，手触球时机和随球缓冲动作对运球动作的影响，我和学生进行了一个运球比快的游戏。这是游戏场面。在游戏过程中，我故意地拍打球，并且手在高处挡球，那么，结果是显而易见的。想通过这种结果的反差，引发他们思考：我怎么样才能更好地控制球呢？什么时候手能接触球呢？那就需要在球向上反弹的时候就接住球，并且随球缓冲。这也培养了学生善于思考的能力。紧接着我让学生利用辅助的教具，去体会用力按压和随球缓冲的动作，就把这个自制的教具当作一个小篮球，学生把手放在教具上，用力向下按压，会感到有一股向上反弹的力量，顺势缓冲，用力按压，顺势缓冲。我们看看课上学生的练习情况，学生的手随着教具上下重复运动，就好像球粘在了手上一样，这进一步使学生体会了本节课的重难点。然后，学生放回教具，拿回篮球，继续通过运球来寻找真正的球粘手的感觉。这个时候学生的运球能力就会分化。有的学生能够比较好地控制球，也有一部分学生可能控制不好球，但是却认为，只要拍不丢就是运得好。因此我就设计了一个运球砸点的游戏，让学生来进行自我评价，大家看看评价的过程。学

第一章
说课视频分析

123

第三部分
体育教师说课
——案例分析

生左右两脚开立，两脚前各贴一个点，运球三次就要换到另外一个点上。如果运球能力比较强，他可以直接在点上进行交换，不用其他的区域过渡，那么他就能够得到篮球明星的奖章，可以贴在自己的胸前。能力差一点的学生，就会运不准，就会把球运到其他的区域过渡，他只能得到篮球运动员的评价。每个学生都想当明星，这时候他们就会思考：我怎么样才能控制好球呢？那就需要让球粘手，那怎么样球就粘手了呢？那就需要手用力按压后，球向上反弹的时候就接触球，并且要随球缓冲。然后，在学生进行自我评价和体验之后，继续练习运球。我们练习运球的目的，绝不仅仅是为了健身，更重要的还是能够在实战当中运用。那么，有了实战，就会有防守，这时我就问学生，如果有人防守你，抢断你的球，你该怎么办？有的学生当时就说，我可以跑。我觉得他的回答吧，也没有什么错。还有学生说，我要保护球，他的说法也很合理。这个时候我就告诉学生，无论怎么样，我们都应该仔细观察防守人，然后再根据防守人的情况进行选择。如果需要运球突破，那就必须用身体去保护好球，这就是学生在课上自我保护球的一个状况。老师们也看到了，我刚才还在学生们运球过程当中，出示篮球裁判的各种手势，这样就会慢慢培养学生抬头的意识，提高控球能力，并且让学生记住了篮球的相关知识。我觉得通过这种模拟抢断练习，使学生在练习的过程当中记住了：我为什么要在运球的时候抬起头来观察和保护球，进一步加深了学生对技术动作的理解。

最后，为了增加学生学以致用的机会，我就设计了一个原地运球和移动运球相衔接的游戏——快快报时。在这个圆圆的大表盘上，学生分别扮演时针和分针，他们通过这种运球的移动来体现时间上的变化。通过这个游戏，学生既巩固了原地运球的动作，又初步体会了移动运球的方法，还进一步强化了抬头运球的意识。我这节课出示的各种时间，都是寓意深刻的，全是学生在学校锻炼的时间。目的是要提示他们，要按时锻炼，养成健康的习惯，这也培养了学生合作学习的能力。

在主教材结束后，我又注重鼓励和表扬以延续学生的学习兴趣，并提示学生要在课下用右手去尝试教会左手运球，最终达到两手都能运球的目标。辅教材是游戏协助跑，学生两人一组，持球互让，以侧身跑的方式向前行进。通过这个游戏，学生初步体会到侧身跑的动作方法，能够为将来学习双手行进间传接球做好一个铺垫，这也达成了本节课辅教材的教学目标，并发扬了学生团结协作的精神。

进入结束部分，首先是一个放松的小游戏，球碰球保平衡，整理器材，小结，结束这节课。

本节课的教学评价用了很多方式，我感觉效果比较突出和明显的就是运球砸点的自我评价。学生通过这个游戏就知道了，自己是否达成目标，就是自己真实能力的体现，这就是对自己的客观评价。篮球明星奖章的设置也很吸引学生，每个学生都想当明星，所以会努力认真地练习，这也起到了评价的激励性作用。

预计运动负荷生理曲线如图，合理的内容搭配和教学手段，使学生达到了一定强度的运动量，这也为有一定效果的体育课进行了论证。

这节课的特点和一些反思。首先，给他玩，在开始阶段，让学生传球比快、运球比高、运球比快等。学生能够在游戏当中产生思考：我该如何玩？我怎样玩才能更好地控制球？怎样玩才能获得游戏和比赛的胜利？通过本节课辅助教具的使用，突破和解决了这节课的重难点。运球砸点、快快报时等游戏，使学生逐渐在游戏过程当中学会了基本技术，体会了成功，从而也就产生了我要玩的主动性想法，我觉得这就是学生喜欢上的体育课。篮球原地运球技术看似简单，但是学生要想在短时间内就能够很好地控制球，我觉得也并非易事。那么在本节课，让学生利用这个辅助的教具，主要利用松紧适度的皮筋的弹力进行体会，他们很快就会找到运动的关键点，从而学会了基本技术。此外，还通过较大密度的练习，发展了学生体能。在教学过程的各个环节中不断渗透团结协作、敢于担当等德育，使本节课也成了有多维效果的体育课。当时流畅的教学过程，也使我收获了很大的信心。在今后的教学工作中，我会以"健康第一"为指导思想，以促进学生健康成长为目标，继续努力工作。谢谢各位老师。

（二）"小篮球—原地运球"说课视频分析

"小篮球—原地运球"说课的开始首先提出一个问题，并自问自答：上一节什么样的体育课呢？第一，上学生喜欢上的体育课，注重兴趣的激发；第二，上有锻炼效果的体育课。这样的开场方式比较新颖、独特。

这节课商老师还利用辅助教具，帮助学生体验和掌握运球动作。运用运球砸点游戏激励学生争当小明星，提高学生练习的积极性和主动性。同时，也巧妙地渗透了评价。还设计了一个快快报时游戏，学生站在分针和时针不同的位置进行游戏，让学生在游戏中体会到篮球基本功练习的重要性。

这一说课也是上过课以后的说课，即本课已经组织过课堂教学，在教学中教师注意引导和启发，引导学生善于动脑思考。

有待进一步提高的是，尽可能增加每次新颖练习方式的练习次数和持续时间，这样既能体现出新颖，还能大大提高练习的实效性。

五、"足球—带球跑"说课视频分析

【案例来源】深圳市龙岗区天成学校

【说课教师】黄立

【说课年级】八年级

【说课内容】足球—带球跑

扫码看"足球—带球跑"
说课视频

（一）"足球—带球跑"说课视频描述

各位评委老师好，我是6号参赛教师，请大家批评指正。今天我说课的内容是，体育与健康课程水平四，八年级足球教学，带球跑。学生人数为常规教学班50人，场地为学校足球场，器材为足球60个、雪糕桶20个。

由于体育学科只有全科教材，因此，我将参考教材定为人民体育出版社《足球教学训练工作指南》，及人民教育出版社《中小学校园足球》教材。从课程性质以及技术难度来说，此课属于入门初级课，是学校七年级足球教学的进一步学习。此课的开设保障了学校足球队的选拔和训练，也是学校落实"2+1"政策、响应国家大力发展校园足球号召的重要措施。

从学情来说，八年级的学生不管是领悟能力还是身体机能，都较七年级有了一个长足的发展，但仍然属于发育阶段，他们对具体的技术动作的学习非常快速，但有不稳定性，而且学生在七年级的时候已经对足球有了一定的基础。因此，我将本次课教学目标定为以下三个方面：第一，知识与技能方面，学生能够有效准确地理解并能说出带球跑的动作要领，以及它的意义，90%的学生能够在带球的过程中稳定控制住球。第二，过程与方法方面，课程能够按照既定的流程进行，使学生通过带球跑练习，能够自然地学习到规范的技术动作。第三，情感态度与价值观方面，使学生通过学习，加强对足球的热爱，培养他们为校争光、为中国足球争光的精神。

综合考虑到足球教学的特点，以及我们的场地器材、学生的水平、带球跑的技术动作，以及男女学生之间的差异，我将这节课的重点定为：带球跑过程中学生对球的控制，难点为正确的触球动作以及力度的掌握。

根据体育学科常规教学流程，我将课的结构分为三个部分：准备部分、基本部分及结束部分。

准备部分为7分钟，除了常规内容，考虑到足球的特点，我将带领学生做一套足球的徒手操，以及进行一个网式足球的游戏。通过这个热身活动，学生能够充分体会到学习的快乐，并且进行损伤的预防教育，以及安全教育。

基本部分为30分钟，主要分为三个部分。第一，将学生分为10组，以5米为距离进行自由带球，时间为3分钟。第二，教师讲解示范正确的带球技术动作，重点展示脚内侧推球和脚外侧拨球的带球，强化七年级学过的技能，并将5米的距离推至15米。学生进行练习的同时，能够用口令提醒的方式进行同步反馈，每组练习后进行一个末端反馈，学生出来示范，并且进行错误的纠正。第三，限定区域自由带球，利用全场自由带球，通过学生穿插带球练习，强化学生对力度的掌握，培养学生对力度的控制，也促进学法的改进。

第一章
说课视频分析

127

第三部分
体育教师说课
——案例分析

然后，限定半场，提高带球的难度。在三个练习当中，我会充分利用案例、脚踢球方法等的指导、演示重心变化等强化的手段，以及利用分组指定小教师的方法，发挥合作学习的作用。

结束部分，将学生限定在半场区域，进行踢走别人的球的游戏，让学生体会到快乐的同时，继续强化技术。最后进行拉伸放松，总结，表扬本次课的先进个人或者团体，讲述最近的足球热点，比如中国足球队出线无望，但精神可嘉的新闻，将其带给学生，同时回收器材，以及师生再见。至此，我的课就基本结束了。

课的密度设计为65%左右，学生心率在每分钟124次左右，心率曲线大概成倒U形。同时，如果条件允许积极利用信息技术手段，例如利用手机的一个慢动作功能，将练习过程当中教师或学生的动作拍下来，课后通过班主任推送给学生，然后他们课后能够通过微课程这种方式，继续强化认识。至此，我的说课就全部结束了，感谢各位评委老师。

（二）"足球—带球跑"说课视频分析

说课开始，黄立老师说："各位评委老师好，我是6号参赛教师，请大家批评指正。"开场按规定介绍了自己的参赛编号，并用了一句"请大家批评指正"，体现出说课教师虚心、诚恳的态度。

整个说课过程，语言简洁、明了，各部分内容表述清晰，知识技能目标的定位比较准确，但未能体现全员性，仅设置了90%的学生能够在带球过程中稳定地控制住足球的目标，剩余的少部分学生应该通过这节课的学习达到何种水平并未提及。另外，目标维度分为知识与技能、过程与方法、情感态度与价值观这三个方面，略有不妥，因为其中的过程与方法难以真正实现量化和具体化，即便是课堂能够按照既定的流程进行，使学生能够通过带球跑练习学习到比较自然、规范的技术动作，但是过程与方法，不太适合作为目标维度。应该是达成目标应如何把握过程与方法，而不是达成过程与方法方面的目标。

该节课重难点的确定比较准确。黄老师将重点设定为：带球跑过程中学生对球的控制，难点确定为：正确的触球动作以及力度的掌握。该节课各项练习的设计，也紧紧围绕重点的强化与难点的突破展开，可以收到较为明显的教学效果。除此之外，还可以明显感受到，该次课比较注重育人，尤其在小结部分，通过表扬、激励、引导等方式育人。

下面对说课视频分析做一个简单的归纳。

说课案例有很多，　经验问题分开说；
每个案例说得好，　经验启发都不少；
多数表达很精辟，　自然流畅又大气；
个别环节需改进，　视频分析留分寸；
说课水平想提高，　多学多看不可少。

第二章　说课文本分析

　　说课的文本要求完整、具体、清晰。特点鲜明、设计新颖一定程度上能够给说课参赛选手更大的信心。下面对几个说课文本案例进行分析。

一、"自然站立式起跑"说课文本分析

【案例来源】北京航空航天大学实验学校小学部

【说课教师】王艺兵

【说课年级】小学二年级

【说课内容】自然站立式起跑

（一）"自然站立式起跑"教学设计

"自然站立式起跑"教学设计

一、指导思想与理论依据

本课以"健康第一"为指导思想，以《义务教育体育与健康课程标准（2011年版）》的基本理念为理论依据，注重激发学生的运动兴趣，积极引导学生体验运动的乐趣和成功的喜悦。以学生发展为中心，突出学生的主体地位，促进学生学会体育与健康学习。关注学生的不同需求和个体差异，区别对待、因材施教，合理运用评价手段，促进学生身心全面发展。

二、教学背景分析

（一）教学内容分析

自然站立式起跑属于小学低年级跑的教材内容，是在学习各种姿势起动的自然跑基础上继续学习起跑动作，它是小学低年级学生掌握快速跑技能的一种最基本的起跑方法，也是最简单的自然式起跑动作。教学重点是要求前脚的异侧手在体前，教学难点是

续表

反应迅速起动快。在教学中要把站立式起跑与快速跑的练习紧密结合起来。通过练习，可以激发学生对跑步的兴趣，发展下肢力量，发展速度、灵敏和协调素质，发展跑的能力，促进内脏器官的发育和技能的增强，为今后学习30米和50米快速跑打下基础。在前期学习各种姿势起动的自然跑时，教师发现小部分学生起动慢并有抢跑现象发生，在本课教学中教师应通过发出不同信号以及放慢口令速度等手段加以指导和帮助。本单元共三次课，本课为第二课次。

单元教学目标：

1. 提高完成自然站立式起跑动作的能力，做到前脚异侧手在体前，反应迅速，起动快，动作连贯、协调，快速向前跑出。

2. 发展学生的下肢力量，发展速度、灵敏和协调素质，提高快速奔跑能力。

3. 培养学生顽强拼搏、果断勇敢的精神以及积极进取的优良品质。

课次	技能目标	教学重难点
1	学习各种姿势的起跑，使 70%—80%的学生做到反应灵敏，起动快	教学重点：反应灵敏，起动快 教学难点：动作连贯、协调
2	学习自然站立式起跑动作，使80%以上的学生做到前脚异侧手在体前，反应迅速，起动快	教学重点：前脚异侧手在体前，反应迅速，起动快 教学难点：动作连贯、协调，快速向前跑出
3	巩固自然站立式起跑动作，使90%以上学生做到起跑动作正确、连贯、协调，反应迅速，起动快，跑成直线	教学重点：起跑动作准确、连贯、协调，反应迅速，起动快，跑成直线 教学难点：前脚用力蹬地，后脚快速前摆

（二）学生情况分析

小学二年级学生年龄为7—8岁，骨骼易弯曲，肌肉力量小，身体的柔韧性好，大肌肉群的动作已经比较协调。他们活泼好动容易兴奋，注意力易分散和易疲劳，他们模仿能力强，但是组织纪律性、自我控制能力以及空间知觉能力差。在教学过程中，往往要借助教师的语言、手势或具体的参照物加以导向，帮助学生认识体位关系和活动方位。他们感知事物以直接的视觉、听觉为主，理解能力和抽象思维能力不高，以形象思维为主，思维离不开具体形象，教学方法宜采用直观性教学。所以，在体育教学中，针对二年级学生的身心特点，应每节课都安排队列练习，培养学生正确的身体姿势和组织纪律性。在技能教学中应采用直观教学，如图片、视频和教师正确的示范动作，帮助学生加深对动作的理解和表象的形成，并要不时运用问答法吸引学生注意力，如教师问"1、2、3"，学生答"3、2、1"，教师问"大眼睛"，学生答"看老师"。教师还要不断地提示、表扬、激励学生，促使其达到要求，全身心投入。

第二章
说课文本分析
131
第三部分
体育教师说课
——案例分析

续表

　　本课是对二（8）班学生进行教学，这个班集体荣誉感强，整体纪律较好，踏实、肯学，喜欢运动，体能状况较好。班内有 3 名男生纪律较差，上课爱做小动作，爱讲话。还有 1 名学生偏胖。因此在上课过程中，教师要多关注这几名学生，加强对他们的指导帮助与鼓励，确保每位学生受益。

　　三、教学目标

　　1. 学习自然站立式起跑动作，使 80% 以上的学生做到前脚异侧手在体前，反应迅速，起动快。

　　2. 发展学生的上下肢、腰腹力量，发展速度、灵敏和协调素质，提高快速奔跑能力。

　　3. 培养学生顽强拼搏、果断勇敢的精神和积极进取的优良品质以及团结协作的作风。

　　四、教学重难点

　　教学重点：前脚异侧手在体前，反应迅速，起动快。

　　教学难点：动作连贯、协调，快速向前跑出。

　　五、主要教学方法、教学手段和教学资源

　　（一）主要教学方法

　　示范讲解法、练习法、问答法、目标参照法、矫正错误法、个别指导法、观察评价法、游戏比赛法。

　　选择以上教学方法的理由：

　　1. 示范讲解法和练习法：二年级学生以形象思维为主，宜采用直观性教学，促使其形成正确的动作表象和概念；通过各种身体练习逐步掌握动作技能，体现先动脑后动体的学习规律。

　　2. 问答法：学生注意力易分散和易疲劳，保持学生的上课注意力。

　　3. 目标参照法：空间知觉能力差，帮助学生认识体位关系和活动方位。

　　4. 条件作业法：通过限制条件的练习，尽快掌握动作技能。

　　5. 矫正错误法和个别指导法：发现共性问题及时集体纠正，个别问题个别指导，区别对待。

　　6. 观察评价法：发挥评价的诊断、反馈、发展功能。

　　7. 游戏比赛法：通过游戏和比赛的形式调动学生的练习积极性。

　　（二）主要教学手段

　　1. 利用动作挂图和操场上的大屏幕辅助教师讲解示范动作。

　　2. 采用集体练习、个体练习、合作练习、游戏比赛练习多种方式，自我检查动作，相互观察评价动作。

续表

3. 利用在手臂和脚面上粘即时贴的方法，解决前脚异侧手在体前的问题。

4. 通过进行"飞毛腿"比赛和追拍游戏提高学生的反应和起动速度。

（三）主要教学资源

录音机 1 台、大屏幕 1 块、实心球 12 个、动作挂图 1 张、即时贴 64 块。

六、教学流程图

开始部分（约 3 分钟）——→课堂常规——→小游戏：金鸡独立——→队列练习

↓

准备部分（约 5 分钟）——→一般性准备活动——→专项准备活动

↓

基本部分 1：自然站立式起跑（约 18 分钟）——→四个方向快速起动练习——→教师示范讲解——→学生原地体会动作——→粘即时贴练习——→整合动作练习——→自主练习——→合作练习——→同学表演——→起跑过 3 米线——→追拍游戏：飞毛腿比赛——→教师小结

基本部分 2：游戏播种（约 11 分钟）——→语言导入戴头饰——→示范讲解方法、规则——→学生练习——→学生比赛——→教师小结

↓

结束部分（约 3 分钟）：放松练习——→教师小结

场地示意图

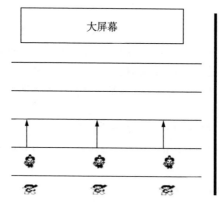

七、教学过程

（一）开始部分（约 3 分钟）

1. 课堂常规

（1）体委整队报告人数。

第二章
说课文本分析

133

第三部分
体育教师说课
——案例分析

续表

（2）师生问好。

（3）宣布本课内容及要求，以语言激励调动学生积极性。

（4）安排见习生。

（5）小游戏：金鸡独立。

本课要求：遵守纪律、听从指挥、刻苦练习。

设计意图：使学生明确本课学习内容和要求，激发学生学习兴趣，进行心理启动；通过游戏吸引学生注意力，并熟悉左右方位，认清异侧手、脚。

2. 队列练习

（1）原地踏步走—立定1—2次。

（2）游戏：快速变换队形——双圆队形、两路纵队、两列横队各1次。

动作要求：动作用力、声音洪亮，分清左右手和脚；快速起动换位，注意力集中。

练习要求：变换队形时不和同学发生身体碰撞。

设计意图：分清左右方位，体验快速起动。

（二）准备部分（约5分钟）

1. 一般性准备活动：十二生肖操12节，每节2×8拍，教师和同学一起领做并及时提示动作要领

动作要求：动作形象，用力。

练习要求：听音乐和老师一起练习。

设计意图：培养学生的模仿能力并进行生理启动。

2. 专项准备活动：原地摆臂；弓步压腿；活动踝、腕、膝关节

动作要求：听口令充分活动身体。

练习要求：跟随老师一起练习。

设计意图：为主教材学习做好身体准备。

（三）基本部分——主教材：自然站立式起跑（约18分钟）

1. 教师运用手势和语言指挥学生进行前、后、左、右四个方向的快速起动练习，并语言导入自然站立式起跑，练习1—2次后，逐步过渡到站立式起跑

动作要求：反应迅速，快速起动。

练习要求：注意力集中，动作迅速。

设计意图：身心投入，体验快速起动的身体感受。

2. 教师示范讲解自然站立式起跑技术动作，并结合动作挂图强调教学重点，观看视

频加深对动作表象和动作概念的理解

观察要求：仔细观察教师示范完整动作和动作挂图、动作视频。

听讲要求：认真听讲，边听边记边说出教学重点。

设计意图：练习之前先动脑，使学生初步形成完整的动作表象和概念，明确本课教学重点。

3. 教师带领学生听口令，体会原地不同出脚、出手的自然站立式起跑动作各 2—3 次

动作要求：口令 1——两脚前后开立站在起跑线后。

口令 2——两腿稍弯曲，上体前倾，异侧手在体前，眼看前下方 2—3 米处。

口令 3——后腿快速向前迈出一步，同时配合摆臂 1 次。

练习要求：学生听口令认真体会动作，并找出自己习惯的手和脚。

设计意图：分解练习逐步掌握动作，通过不同出手出脚的练习，引导学生确定自己更习惯更适合哪只脚和手在前。

4. 教师引导学生把两张即时贴粘在自己确定的手臂上和脚面上

设计意图：利用目标参照，防止学生动作错误。

5. 教师发"预备——跑"的口令，原地整合自然站立式起跑动作，练习 3—4 次

动作要求："预备"时，两脚前后开立，两腿稍弯曲，上体前倾，异侧手在体前，眼看前下方 2—3 米处；"跑"时，后腿快速向前迈出一步，同时配合摆臂一次。

练习要求：注意力集中，认真听口令做动作。

设计意图：初步体验完整起跑动作。

6. 学生自喊口令，原地自主练习自然站立式起跑动作 3—4 次

动作要求：前脚异侧手在体前，后腿快速迈出一步。

练习要求：边练习边自我检查动作。

设计意图：自主练习，巩固动作，培养自我观察评价的能力。

7. 男女生分别 2 人 1 组，互喊口令练习原地自然站立式起跑动作各 3—4 次

动作要求：注意力集中，快速反应，快速迈后腿。

练习要求：2 人 1 组轮换练习，一人做一人发令，发令学生及时观察评价同伴动作。

设计意图：伙伴互帮互练，共同提高。

8. 学生练习，教师巡视指导帮助，关注个别生，加强指导

设计意图：及时发现问题，及时纠正。

9. 教师请 5—8 名学生表演动作，师生共同评价

第二章
说课文本分析

135

第三部分
体育教师说课
——案例分析

观察要求：认真看是否异侧手在体前，后腿是否迈腿快。

设计意图：树立榜样，自我改进，共同提高。

10. 学生分 2 组，听口令轮换练习起跑过 3 米线 4—5 次

动作要求：预备姿势正确，反应快，起动快。

练习要求：过线后分成 8 人 1 组，分别从两侧快速走回；前 1 组跑出，后 1 组跑至前 1 组的起跑线后停下。

设计意图：初步体验起跑后接快速跑，教师强调起动速度。

11. 教师发出不同信号，学生两人一组进行追拍游戏 3—4 次

动作要求：注意力集中，反应快，起动快。

练习要求：注意安全，拍到即可。

设计意图：活跃课堂气氛，提高学生快速反应能力。

12. 先后进行起跑过 10 米和 15 米线的"飞毛腿"比赛各 2—3 次

动作要求：不抢跑；起跑姿势正确；跑成直线。

练习要求：休息学生观察比赛学生的起跑动作，并加油鼓劲。

设计意图：结合快速跑，巩固起跑动作，活跃课堂气氛。

13. 学生练习中，教师及时用不同方式激励、表扬学生，调动学生练习积极性

设计意图：不断激励学生达成教学目标。

14. 教师小结学练情况，并颁发"飞毛腿奖"和"动作进步奖"

设计意图：物质激励学生，培养对跑的兴趣和信心。

（四）基本部分：游戏——播种（约 11 分钟）

1. 教师语言导入，创设春天播种的情境，引导各组排头戴上牛、马、羊、兔动物头饰

设计意图：使学生进入情境，进行心理启动。

2. 教师示范讲解游戏方法和规则

观察要求：仔细观察教师的示范动作，并记住规则。

设计意图：让学生明确游戏方法和规则，学会遵守规则。

3. 教师组织学生尝试性练习 1—2 次头上传递实心球

动作要求：双手须举过头顶向后传递。

设计意图：初步体验动作方法，进行生理启动。

4. 学生进行头上传递实心球比赛 1—2 次

比赛要求：遵守规则，相互配合。

5. 学生进行胯下传递实心球比赛 1—2 次

动作要求：双手拿稳实心球，球不落地。

6. 各组学生研究制定获胜方法

设计意图：引导学生学会开动脑筋练习，学会解决问题。

7. 学生进行头上、胯下传递比赛 1—2 次

动作要求：注意力集中，配合默契。

8. 各组自选一种传递方法进行接龙传递 1—2 次

动作要求：传递后马上跑至队尾。

设计意图：加大难度，增强游戏气氛。

9. 教师小结游戏情况

（五）结束部分（约 3 分钟）

1. 放松练习：听儿童歌曲——小松树，大家互相拍打放松身体

动作要求：轻轻拍打上肢和下肢。

2. 教师小结并口头表扬部分学生

设计意图：总结学生掌握知识和技能的情况，激励学生继续努力学习。

3. 宣布下课，师生再见

4. 收拾器材

八、教学设计特点

（一）采用三种方式对学生进行激励与表扬

1. 口头表扬：动作标准奖、遵守纪律奖、动作进步奖、勇敢展示奖、帮助同学奖

2. 肢体接触表扬：教师用手摸摸学生的头，拍拍学生的肩，竖起大拇指

3. 物质表扬：发给学生小奖票

（二）教师讲解时做到通俗、具体、生动、形象、亲切和蔼，并"蹲下来"和学生交流

（三）通过对学生的动作、观察、练习、听讲提出具体要求，对学生进行相应的学法指导

（四）从课的开始部分就开始为主教材教学做铺垫

（五）游戏环节采用情境教学，运用十二生肖中的四种动物形象，跟准备部分的十二生肖操首尾呼应

（六）教学方法和教学手段多样、简单实用，符合二年级学生的年龄特点

续表

九、学习效果预计

本课设计严谨，教学步骤清晰，层次分明，重难点突出，教学方法灵活多样，教学手段实用有效，课堂气氛活跃，学生生动活泼，学习气氛浓厚。预计80%以上的学生能做到前脚异侧手在体前，反应迅速，起动快地完成自然站立式起跑动作。本课能较好地发展学生的上下肢、腰腹力量，发展速度、灵敏和协调素质，提高快速奔跑能力。

预计全课练习密度34%—38%。

预计全课平均心率126—135次/分钟。

（二）"自然站立式起跑"教学设计分析

该说课案例的教学设计内容比较完整，教学方法与教学手段丰富多样，有助于调动学生参与运动的积极性和主动性。注重对学生进行激励性教学，通过颁发"飞毛腿奖"和"动作进步奖"等给获得者进行奖励，能够更好地发挥评价的激励作用。

为进一步完善该教学设计，提出如下建议：

教学目标的设置最好能够关注到全体学生，除了文本中看到的针对80%的学生设置的教学目标，最好还要对剩余20%的学生设置相应的目标，尽可能地在目标设置方面关注到全体学生。

提高前后表述上的一致性，例如，在"主要教学方法"部分，"条件作业法"在前面一段介绍方法类型时未出现，但在对各类方法进一步解释的时候对其做了介绍。

部分地方可调整用词，语意会更加准确，如基本部分中有一环节是"同学表演"，其中"表演"可用"展示"替换。又如，教学设计特点部分，"蹲下来"这个词并不是最佳表达用语。

在结构上个别地方还需要调整。如在教学过程的开始部分，将小游戏"金鸡独立"归属到"课堂常规"之中略显不当，因为本游戏并不属于课堂常规，也就是说，小游戏并非是常规要求的内容。

二、"障碍跑"说课文本分析

【案例来源】北京市海淀区实验小学
【说课教师】廉永军
【说课年级】小学五年级
【说课内容】障碍跑

(一)"障碍跑"教学设计

"障碍跑"教学设计文本

一、指导思想与理论依据

本课以"健康第一"为指导思想,以《义务教育体育与健康课程标准(2011年版)》为依据,以知识和技能传授为主线和载体,以身体练习为主要手段。从学生身体、心理和社会适应的三维健康观出发,以学生发展为中心,在充分重视学生主体地位的同时,积极发挥教师的主导作用,面向全体,关注个体,遵循循序渐进的教学原则,加强知识技能的传授和运动兴趣的培养。引导学生运用自主、合作和探究的学习方法,充分发挥学习的积极性、主动性,培养安全、协作的运动参与意识,为健康成长奠定基础。

二、教学背景分析

(一)教学内容分析

障碍跑,选自人民教育出版社《体育与健康》水平三教材,属于田径类——跑的项目。作为发展学生灵敏、协调和速度素质的一个内容,不同学段水平有不同的教学要求,如下:

续表

教学要求\内容	具体体现		
	水平一	水平二	水平三
跑进距离	20米以内	20—30米	30—40米
障碍数量	2个	2—3个	3—4个
完成方法	简易、安全地钻、跨	跨、跳、钻、翻、爬	运用已掌握的跨、跳、钻、翻、爬方法，创造新的过障碍方法
完成效果	协调、迅速	姿势合理，方法正确，安全、快速	合理控制重心，采用合理姿势，安全、快速、协调、连贯
运动价值	提高身体灵敏性、协调性，培养克服困难的精神	发展灵敏、速度素质，提高身体协调性	提高速度素质和身体灵敏性，培养克服困难、敢于挑战的精神

从表中可以看到，每个学段的学习都是在上一水平的基础上，不断提升教学要求，加大难度，促进提高。结合这些分析，本单元设三课次展开教学，本课为第三课次。

课次	技能目标	教学重难点
1	改进已掌握的障碍跑技能，学生在翻越障碍时基本做到——支撑提臀方法正确，姿势合理	教学重点： 支撑提臀翻越障碍时，方法正确，姿势合理 教学难点： 动作安全、灵敏、协调
2	进一步改进已掌握的障碍跑技能，学生在跳跃障碍时基本做到——前脚掌发力位置准确、有节奏	教学重点： 双脚跳越障碍时，前脚掌发力位置准确、有节奏 教学难点： 动作安全、灵敏、协调连贯

续表

课次	技能目标	教学重难点
3	巩固提高障碍跑技能，在障碍摆放方式改变的条件下，学生基本做到——跨越障碍蹬、跨姿势安全合理，协调连贯	教学重点： 　跨越障碍时，蹬、跨姿势合理，方法正确 教学难点： 　动作安全快速、重心平稳、协调连贯

（二）学情分析

小学五年级学生，离青春期发育越来越近，由于身高的影响，重心控制难度变大。在灵敏性方面，会弱于三、四年级学生，教学中，要作为重点提示；在力量、速度和思维方面，优势增长，创新意识浓，喜欢新鲜且具有挑战性的运动项目，判断力、主见性增强，对于感兴趣的活动，参与欲望比三、四年级学生更为强烈；在获取信息方面，主要还是采取直观形象的思维方式感知事物。

本次授课班的五年级学生共有36人，文化底蕴普遍较高，身体素质和运动能力较好，他们头脑灵活、在感受新鲜事物方面较为突出，但班中有几名身体超重和肥胖的学生，需要在教学中给予特别关注。因此，本课将所学知识用游戏的方式呈现并作为主线，减少乏味性，采取探究、合作、自主的学习方式，生成技能授予学生。

根据学生身高和技能特点，会出现的问题和解决对策：

1. 动作不灵敏

解决对策：降低难度，做针对性练习。

2. 重心控制不稳

解决对策：尝试合理姿势，适当降低跑速。

三、教学目标（含重难点）

1. 巩固提高障碍跑技能，在障碍摆放方式改变的条件下，学生基本做到——跨越障碍蹬、跨姿势安全合理，协调连贯

2. 通过练习与游戏，发展学生速度、力量、灵敏与协调等身体素质，提高奔跑能力

第二章
说课文本分析

141

第三部分
体育教师说课
——案例分析

续表

3. 在学练中培养学生敢于挑战、克服困难的精神，增强团结协作、与人交往的能力，养成重视安全、勤于动脑的良好习惯

教学重点：跨越障碍时，蹬、跨姿势合理，方法正确。

教学难点：动作安全快速、重心平稳、协调连贯。

四、教学过程与教学资源设计（可附教学流程图）

（一）教学方法

讲解示范法、观察练习法、分解练习法、区别对待法、纠正错误法、游戏比赛法。

（二）主要教学资源、手段

1. 主要教学资源

木钻架 2 个；跳箱 2 个；敏捷栏 8 个；小体操垫 16 块；提示板 8 张；软体栏架 6 个。

2. 主要教学手段

（1）利用圆形场地创设学生感兴趣的技能传授环境，激发参与兴趣。

（2）利用提示板，障碍跑时强调要领，明示探究小组分工，同时，在游戏中做转折标识，一物多用。

（3）利用探究方式，创新通过障碍的方法，借助限制物和自身肢体感受，促进技能的形成。

（三）教学流程图

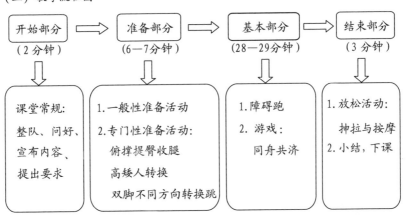

续表

（四）教学场地图

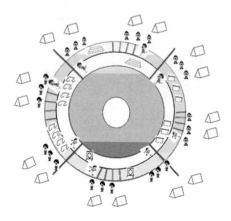

（五）教学过程

开始部分（2分钟）

组织：四列横队。

课堂常规：

（1）队长整队报告人数。

（2）师生问好。

（3）宣布本课内容、学习目标，提出本课要求。

（4）检查服装，安排见习生。

要求：安全参与、团结合作、不怕困难。

设计意图：使学生明确学习目标，为达成目标而积极主动参与。

准备部分（6—7分钟）

组织：四列横队散开队形。

1. 一般性准备活动

8节，每节4×8拍；教师领做，练习中随时提示要领。

（1）手腕、脚踝绕环；（2）提踵伸展；（3）体侧屈体；（4）体转绕肩；

（5）弓步压腿；（6）腹背触脚；（7）跳跃踢腿；（8）踏步整理。

要求：动作舒展、有节奏。

设计意图：完成热身，为后面的跑做准备，同时，渗透安全意识教育。

第二章
说课文本分析

143

第三部分
体育教师说课
——案例分析

续表

2. 专门性准备活动

（1）俯撑提臀收腿：2 次。

（2）高矮人转换：2 次。

（3）双脚不同方向转换跳：2 次。

要求：认真听，认真看，安全快速。

设计意图：为障碍跑教学做准备。

基本部分（28—29 分钟）

主教材：障碍跑（18—19 分钟）

组织：利用圆形场地，分 8 组，每组 4—5 人。

1. 运用已掌握的障碍跑技能进行练习与比赛（1—2 次）

要求：方法合理，安全通过，不串跑道。

设计意图：利用游戏竞争性特点，吸引学生注意，复习已掌握的障碍跑技能，为教学的深入开展做铺垫。

2. 探究通过障碍的新方法，并练习与比赛

（1）小组探究，寻找安全快速通过障碍的方法。（进行分工安排，利用口诀进行指点）（2—3 次）

要求：积极动脑，制定安全、快速通过障碍的小组方案。

设计意图：把自主权交给学生，学生通过探究与实践，自然生成新的知识和技能，发挥主体作用。

（2）交流共享。（1 次）

要求：大胆展示，突出成果。

设计意图：为各组探究的结果提供一个展示的机会，在教师主导的基础上，强化要领口诀，资源共享，共同提高。

（3）达成共识，确定新的知识点，集体进行练习。

①左右跨越的动作顺序练习。（无限制和有限制）（各 5—7 次）

②原地的左右蹬、跨练习。（无限制和有限制）（各 5—7 次）

③上两步的左右蹬、跨练习。（无限制和有限制）（各 5—7 次）

要求：积极思考，专心练习。

续表

设计意图：针对展示结果，强化口诀，进行归纳总结，在变化中找相同和不同，在自然交流中确定新的知识点——左右跨越过障碍的方法，突出重点——蹬、跨姿势合理，方法正确，突破难点——动作安全快速、重心平稳、协调连贯。同时，进行技能学习。

（4）轮换场地练习体验。（1—2次）

要求：轮换有序，过障碍方法安全、合理。

设计意图：由于在探究"钻、跨、翻、跳"新的过障碍方法时，每个组只负责一项进行共享，不够全面，轮换场地练习刚好弥补这一缺陷，具有新鲜感，利于激发兴趣，促进四种技能共同提高。

（5）连过两个障碍的组间对抗赛。（1次）

要求：控制好重心和节奏，方法合理，安全通过。

设计意图：控制速度，运用新的方法过两个障碍，适当加大难度激发兴趣，提高重心平稳、安全、协调、连贯过障碍的技能。

（6）连过三个障碍的组间对抗赛。（1次）

要求：控制好重心和节奏，方法合理，安全较快通过。

设计意图：控制速度，运用新的方法过三个障碍，进一步加大难度激发兴趣，提高重心平稳、安全、协调、连贯、较快过障碍的技能。

（7）连过四个障碍的组间对抗赛。（1次）

要求：控制好重心、速度和节奏，方法合理，安全稍快通过。

设计意图：控制速度，运用新的方法过四个障碍，继续加大难度激发自主性，进一步提高重心平稳、安全、协调、连贯、稍快过障碍的技能。

（8）交换赛道过四个障碍的组间对抗赛。（1次）

要求：控制好重心、速度和节奏，方法合理，安全快速通过。

设计意图：更换赛道，变化环境条件，激发挑战欲，在运用新的方法过四个障碍过程中，巩固提高重心平稳、安全、协调、连贯、快速过障碍的技能。

3. 教师讲评

要求：专心听讲。

设计意图：总结学习情况，指出不足，提出希望。

第二章
说课文本分析

145

第三部分
体育教师说课
——案例分析

续表

辅教材：游戏——同舟共济（10—11分钟）

组织：利用圆形场地，分8组，每组4—5人。

1. 教师讲解游戏方法与规则

游戏方法：

比赛开始前，参赛队员在起跑线上做好准备，每组两个渡河工具，裁判发令后，四名队员站在一个工具上，交替前进，队员落地则重新开始，最后最快完成的队获胜。

游戏规则：

（1）听口令统一开始。

（2）身体任何部位都不能触到河。否则，重新开始。

（3）直至所有成员渡河成功才算结束。

要求：认真听讲，细心观察。

设计意图：明确游戏方法与规则，为后面的练习与比赛做准备。

2. 分组练习体验（1—2次）

要求：遵守规则，服从指挥。

设计意图：在实践中熟悉游戏方法与规则，加强规则意识，为下面的比赛做准备。

3. 小组对抗赛

（1）7米往返（2—3次）。

（2）9米往返（1—2次）。

要求：遵守规则，团结守信，安全行动。

设计意图：利用距离的变化，提出挑战，增进学生主动参与的积极性，提高活动的实效。

4. 教师讲评

要求：专心听讲。

设计意图：针对比赛结果进行讲评，鼓励大家，提出希望。

结束部分（3分钟）

组织：同上圆形队。

1. 放松活动：抻拉与按摩（60秒）

要求：专心听讲，动作放松舒展。

续表

设计意图：在教师的带领下愉快投入，使身心得到充分的放松。 2. 师生小结，布置作业 要求：专心听讲，主动发言。 设计意图：梳理一节课的收获，肯定成绩，指出不足，提出希望，课后提高。 3. 师生再见，收拾器材	

五、学习效果评价设计

1. 教师对学生学习障碍跑知识、技能及其效果进行及时、具体的评价，总结掌握技能的优缺点，提出改进方法与手段；在改变障碍摆放方式的情况下，学生四至五人一组，互相探究、互相观察，师生、生生间互相评价与展示，基本做到跨越障碍蹬、跨姿势协调连贯、安全合理，通过时重心平稳、快速

2. 通过对教学组织、教法步骤的层次化设计，预计全课的练习密度为 32%—37%

3. 通过不同强度的练习安排，预计全课平均心率为 120—130 次/分钟

六、教学设计特色说明

设计特色	具体说明
学生主体突出	本课在主教材教学中，以游戏为主线，采取学生探究、合作与自主学习相结合的方式，充分发挥学生主体作用，培养了创新意识，促进了知识与技能的自然生成。
场地运用科学	1. 本课采用不同半径的同心圆教学，利于学生观察、学习和比赛 2. 促进了弯道跑技能在实践中的运用 3. 比方形场地节省了 3/4 的障碍器材（按现在的 8 个小组计算） 　　圆形场地：2 个木钻架；6 个软体栏架；2 个跳箱；8 个敏捷栏 　　方形场地：8 个木钻架；24 个软体栏架；8 个跳箱；32 个敏捷栏 4. 两条同心圆跑道，利用道差画出四条不同位置的起跑线，体现竞赛的公平性，感受赛场的真实氛围（1/4 圈距离；2/4 圈距离；3/4 圈距离；1 圈距离）

续表

设计特色	具体说明
器材使用 多元	1. 教学中，每个组起始障碍器材不同，使场地内所有障碍没有闲置，得到充分利用 　2. 场地的轮换，改变了每个组障碍摆放的顺序，在充分利用器材的同时，激发了学生的挑战欲望 　3. 教学中，提示板、小垫子在技能学习和游戏中重复使用，做到了一物多用，有效方便了教学
技能评价 到位	本课技能评价方面，结合学生年龄特点，采取自评（身体重心控制和速度）、互评（动作安全性、协调连贯性）相结合的方式，评价内容具体，便于操作。

"障碍跑" 课时教学计划

年级：五年级　　　　学生：36 人

教材内容：　1. 障碍跑　　2. 游戏：同舟共济

课的目标：

　1. 巩固提高障碍跑技能，在改变障碍摆放方式的条件下，学生基本做到跨越障碍蹬、跨姿势安全合理，协调连贯

　2. 通过练习与游戏，发展学生速度、力量、灵敏与协调等身体素质，提高奔跑能力

　3. 在学练中培养学生敢于挑战、克服困难的精神，增强团结协作与人交往的能力，养成重视安全、勤于动脑的良好习惯

部分	课的内容	运动负荷		组织教法与要求
		时间	次数	
开始部分 (2′)	一、常规 1. 队长整队报告人数 2. 师生问好 3. 宣布本课内容、学习目标，提出本课要求 4. 检查服装，安排见习生			组织： 四列横队如图 o　o　o　o　o　o o　o　o　o　o　o *　*　*　*　*　* *　*　*　*　*　* ★ 要求：安全参与、团结合作、不怕困难。

续表

部分	课的内容	运动负荷		组织教法与要求
		时间	次数	
准备部分（6'—7'）	二、一般性准备活动 1. 手腕、脚踝绕环 2. 提踵伸展 3. 体侧屈体 4. 体转绕肩 5. 弓步压腿 6. 腹背触脚 7. 跳跃踢腿 8. 踏步整理	3'—4'	每节4×8拍	组织：　四列横队散开 o　o　o　o　o　o o　o　o　o　o　o *　*　*　*　*　* *　*　*　*　*　* ★ 教法： 1. 教师提出要求 2. 随教师节拍练习 要求：动作舒展、有节奏。
	三、专门性准备活动 1. 俯撑提臀收腿 2. 高矮人转换 3. 双脚不同方向转换跳	3'	2 2 2	教法： 1. 教师示范提示 2. 随节拍师生互动练习 要求：认真听，认真看，安全快速。

第二章
说课文本分析

149

第三部分
体育教师说课
——案例分析

续表

部分	课的内容	运动负荷		组织教法与要求
		时间	次数	
基本部分（28′—29′）	四、障碍跑 方法：在跑进过程中，运用钻、跨、翻、跳等技能，安全、迅速地通过障碍物。 要领口诀： 观察障碍早判断，姿势合理战困难，身体重心控制好，安全快速向前跑。 教学重点： 跨越障碍时，蹬、跨姿势合理，方法正确。 教学难点： 动作安全快速、重心平稳、协调连贯。 常见问题： （1）动作不灵敏。 纠正方法： ①降低难度。 ②做针对性练习。	18′—19′	1—2 2—3 1 5—7 5—7 5—7 1—2 1 1	组织： 教法： 1. 运用已掌握的障碍跑技能进行练习与比赛 2. 探究通过障碍的新方法，并练习与比赛 （1）小组探究，寻找安全快速通过障碍的方法。（进行分工安排，利用口诀进行指点） （2）交流共享。 （3）达成共识，确定新的知识点，集体进行练习。 ①左右跨越的动作顺序练习。 ②原地的左右蹬、跨练习。 ③上两步的左右蹬、跨练习。 （先无限制，再有限制） （4）轮换场地练习体验。 （5）连过两个障碍的组间对抗赛。 （6）连过三个障碍的组间对抗赛。

续表

部分	课的内容	运动负荷		组织教法与要求
		时间	次数	
基本部分（28′—29′）	（2）重心控制不稳。 纠正方法： ①尝试合理姿势。 ②适当降低跑速。 五、游戏：同舟共济 1. 游戏方法 比赛开始前，参赛队员在起跑线上做好准备，每组两个渡河工具，裁判发令后，四名队员站在一个工具上，交替前进，队员落地后重新开始，最后最快完成的队获胜。 2. 游戏规则 （1）听口令统一开始。 （2）身体任何部位都不能触到河。否则，重新开始。 （3）直到所有成员渡河成功才算结束。	 9′—10′	1 1 1—2 2—3 1—2	（7）连过四个障碍的组间对抗赛。 （8）交换赛道过四个障碍的组间对抗赛。 3. 教师讲评 要求： 1. 教师随时辅导 2. 合作探究，主动、积极 3. 有序参与，安全避让 组织：利用圆形场地向内进行练习。 教法： 1. 教师提示游戏方法与规则 2. 分组练习体验 3. 小组对抗赛 （1）7米往返。 （2）9米往返。 4. 教师讲评 要求： 遵守规则，团结守信，安全行动。

续表

部分	课的内容	运动负荷		组织教法与要求
		时间	次数	
结束部分(3′)	六、放松活动 抻拉与按摩 七、师生小结,布置作业 八、师生再见 九、收拾器材	1′	3—5	组织:利用圆形队。 教法: 1. 教师提示方法 2. 生随师活动 要求:专心听讲,动作放松舒展。 组织:同上放松队形。
器材	木钻架2个;跳箱2个; 小体操垫16块;提示板8张; 敏捷栏8个;软体栏架6个。			练习密度预计 / 32%—37%
				平均心率预计 / 120—130次/分钟

运动负荷曲线预计		场 地 设 计

安全措施	1. 为了避免学生在练习中受伤,要教育学生按要求认真完成各项准备活动 2. 在做练习时,要强调纪律,强化安全保护意识,严禁学生无秩序活动 3. 分组练习时,合理安排练习空间,避免因练习空间过小而互相影响造成伤害 4. 在危险障碍周边设置软保护

（二）"障碍跑"教学设计分析

说课案例"障碍跑"的教学设计，内容较为丰富，结构较为完整，特点也比较鲜明，而且安全措施比较明确具体，为说课提供了比较详细的文本材料。为了更进一步规范教学设计文本，以下几方面有待进一步完善。

第一，要确保教学设计文本中前后时间安排的一致性，如"基本部分"时间安排，教学设计前面的"教学过程"中是28—29分钟，"教案"中的该部分时间是27—28分钟。

第二，重难点的确定要尽可能地精准。该节课对重点的描述是："跨越障碍时，蹬、跨姿势合理，方法正确。"这样的表达方式更像是难点，因为难点是完成动作或技术要达到的效果。因此，重点的表达方式可以调整为"障碍跑的蹬、跨动作"。

第三，教学流程图尽可能地聚焦在基本部分尤其是主教材的教学流程。该设计的教学流程更像是课的流程。要突出主教材的教与学，就需要将"障碍跑"的教学流程进一步细化。

第四，精简教学设计内容，由于教学设计文本最后是一份完整的课时计划（即教案），再加上将障碍跑的教学流程具体化，因此，"教学过程"部分要尽可能地简化，可以将该部分与教学流程和课时计划进行整合。

三、"发展跳跃能力的练习与游戏"说课文本分析

【案例来源】清华大学附属小学

【说课教师】任海江

【说课年级】小学三年级

【说课内容】发展跳跃能力的练习与游戏

第二章
说课文本分析

153

第三部分
体育教师说课
——案例分析

（一）"发展跳跃能力的练习与游戏"教学设计

一、指导思想与理论依据

本课以"健康第一"为指导思想，以《义务教育体育与健康课程标准（2011年版）》的基本理念为理论依据。在教学过程中，力图以"游戏闯关"的情景贯穿本课的始终，突出趣味性和多样性。课堂教学以传授知识、技能和方法为主线，以身体练习为主要手段，以学生发展为中心，充分体现学生主动学习、掌握运动技能的教与学的过程。选用灵活多样的教学方法和实用有效的教学手段，针对学生之间的差异进行分层递进的教学，注重分层评价，使每个学生都享受到练习的乐趣和成功的喜悦，身心得到发展和满足，并达成本课教学目标。

二、教学背景分析

（一）教学内容分析

发展跳跃能力的练习与游戏，是人教版教材水平二的内容，是跳跃的基本教学内容。目的是通过游戏的形式，激发学生参与学练的兴趣，使学生在游戏化的氛围中，获得各种跳跃的动作体验，使学生通过练习发展力量、灵敏素质和身体协调性，提高空间感知能力。本课是单元计划两课次的第一次课，第一次课注重原地起跳的练习，第二次课注重助跑起跳的练习。蹬地有力、上下肢协调配合、落地轻巧是本单元的一个教学重点。学生通过练习，为以后学习急行跳远和跨越式跳高打下基础。

单元课次（本单元共两次课，本课为第一次课）

课次	教学目标	教学重难点	组织教法与措施
1	1. 初步学习发展跳跃能力练习与游戏的动作方法，使85%左右的学生掌握动作，做到蹬地有力、上下肢协调配合、落地轻巧 2. 发展学生力量、灵敏素质和身体协调性，提高跳跃和手臂支撑能力 3. 使学生树立自信心，勇于展示和挑战自我，培养学生团结合作的优良品质	重点：蹬地有力、动作连贯、落地轻巧 难点：上下肢协调配合	1. 学生尝试应用不同方法跳上、跳下两层体操垫 2. 学生展示 3. 集体练习原地单、双脚跳上、跳下、跳过两层体操垫 4. 学生两人一组练习原地双脚跳上、跳下、跳过三层和四层体操垫 5. 教师示范动作，并讲解动作要点及重难点 6. 四人一组合作式、讨论式练习 7. 分组展示 8. 尝试加助跑跳跃一定高度的练习 9. 通关跳远赛 10. 教师小结

课次	教学目标	教学重难点	组织教法与措施
2	1. 进一步学习发展跳跃能力练习与游戏的动作方法，使95%左右的学生掌握动作。做到蹬地有力、动作协调连贯、落地轻巧 2. 发展学生力量、灵敏素质和身体协调性，提高跳跃和手臂支撑能力 3. 使学生树立自信心，勇于展示和挑战自我，培养团结合作的优良品质	重点：蹬地有力、动作连贯、落地轻巧 难点：动作协调连贯	1. 学生集体复习原地单、双脚跳过两层体操垫 2. 学生两人一组练习原地双脚跳过三层、四层体操垫 3. 学生尝试性练习跑几步单脚起跳，双脚落地跨过一定高度的体操垫 4. 教师示范动作，并讲解动作要点 5. 学生集体练习 6. 四人一组合作式、讨论式练习 7. 优秀组进行展示 8. 创新游戏看谁跳得高、远 9. 教师小结

（二）学生情况分析

生理特点：三年级学生正处在身体发育的旺盛阶段，身体协调性较好，下肢力量明显增强，因此是全面发展身体素质、提高跳跃能力的良好时期，而且学生可塑性强，能够掌握本单元所选内容。

心理特点：三年级学生正处于身心发展的关键期，对于直观的、趣味性的、挑战性的学习内容兴趣较高。他们思维能力、团体意识逐渐增强，喜欢表现自我、展示自我。因此，在教学中我多采用独立完成动作、合作式、讨论式练习进行教学，以此来激发学生的学习兴趣。

运动基础：本课的授课对象是我校三年级（2）班的学生，共有32人。其中有2名较胖的学生，2名协调性较弱的学生，在学练过程中需要老师和其小伙伴多予以帮助。从他们掌握"单、双脚跳跃能力"技术测评情况看，70%左右的学生能够较好地掌握技术动作，30%左右的学生还存在下肢力量不足、协调性弱、蹬地无力等问题。所以在本节课中要充分利用好这70%的学生，为分层教学提供支持，多关注那30%的学生，让其在原有基础上有提高。

续表

三、教学目标（含重难点）
1. 初步学习发展跳跃能力练习与游戏的动作方法，使85%左右的学生掌握动作，做到蹬地有力，上下肢协调配合，落地轻巧
2. 发展学生力量、灵敏素质和身体协调性，提高跳跃和手臂支撑能力
3. 树立自信心，勇于展示和挑战自我，培养学生团结合作的优良品质
重点：蹬地有力、动作连贯、落地轻巧。难点：上下肢协调配合。

四、教学过程与教学资源设计（可附教学流程图）

教学资源：

36块小体操垫、CD机一台、8个标志碟。

教学流程图：

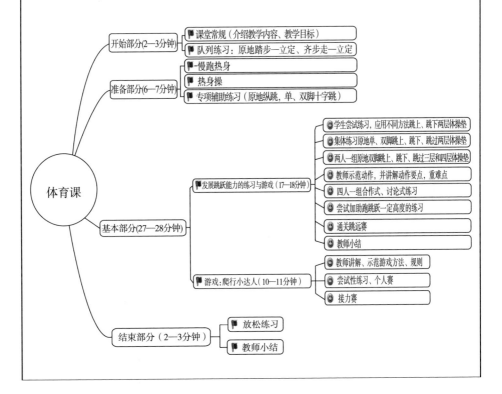

续表

教学过程（如下）：

年级：三年级　教师：任海江　课次：第一次课

教材	1. 发展跳跃能力的练习与游戏 2. 游戏：爬行小达人
教学 目标	1. 初步学习发展跳跃能力练习与游戏的动作方法，使85%左右的学生掌握动作，做到蹬地有力，上下肢协调配合，落地轻巧 2. 发展学生力量、灵敏素质和身体协调性，提高跳跃和手臂支撑能力 3. 使学生树立自信心，勇于展示和挑战自我，培养团结合作的优良品质

课的 部分	课的内容	运动负荷		教师组织指导与学生学习活动
		时间	次数	
开始 部分 (2'—3')	一、课堂常规 1. 体委整队，报告人数 2. 师生相互问好 3. 宣布教学内容和目标，提出教学要求 4. 检查服装，安排见习生 二、队列练习 1. 原地踏步—立定 2. 齐步走—立定	20″ 30″	1—2 1—2	组织：四列横队集合。 ◎○○○○○○◎ ◎○○○○○○◎ ♀♀♀♀♀♀♀♀ ♀♀♀♀♀♀♀♀ △ 要求：集合快、静、齐。 教法与学法： 1. 介绍课的目标和教学内容，鼓励学生达成学习目标 2. 教师喊口令，学生做队列练习 要求：动作规范、精神饱满。
准备 部分 (6'—7')	一、慢跑热身 二、热身操（八节） 第一节：头部运动 第二节：肩部运动 第三节：体侧运动 第四节：体转运动	1'30″	1	组织（如下图）： （队形图） △

第二章
说课文本分析

157

第三部分
体育教师说课
——案例分析

续表

课的部分	课的内容	运动负荷		教师组织指导与学生学习活动
		时间	次数	
准备部分 (6'—7')	第五节：腹背运动 第六节：下蹲运动 第七节：跳跃运动 第八节：腕踝运动 三、专项辅助练习 原地纵跳 单、双脚十字跳	2'30" 40" 40"	4×8 5—6 5—6	教法与学法： 1. 教师带领学生进行慢跑热身 要求：队形整齐，安全通过。 2. 教师领做并提示要领，学生跟做热身操 要求：拍节准确，动作到位，富有节奏感。 3. 教师领做专项练习 要求：蹬地有力，蹬摆配合协调。
基本部分 (27'—28')	一、发展跳跃能力的练习与游戏 动作方法（口诀）： 要想跳得高和远， 蹬地有力需连贯， 上肢下肢齐配合， 轻巧落地更安全。 发展学生跳跃能力的练习与游戏 重点：蹬地有力、动作连贯、落地轻巧。 难点：上下肢协调配合。	30"	2—3	组织（如下图）： 教法与学法： 1. 学生尝试应用不同方法跳上、跳下两层体操垫 要求：敢于尝试、勇于创新、注意安全。 2. 学生进行展示 要求：勇于展示，认真观察，抓住重点。

续表

课的部分	课的内容	运动负荷		教师组织指导与学生学习活动
		时间	次数	
基本部分(27′—28′)	重点：蹬地有力、动作连贯、落地轻巧 难点：上下肢协调配合。	2′	8—9	3. 在教师口令下集体练习原地单、双脚跳上、跳下、跳过两层体操垫。教师巡视，提示动作要点，辅导个别学生。教师及时评价鼓励 要求：蹬地有力、动作连贯、落地轻巧。
		2′	7—8	4. 学生两人一组练习原地单、双脚跳上、跳下、跳过三层和四层体操垫。教师巡视，提示动作要点，辅导个别学生，教师及时评价鼓励 要求：蹬地有力、动作连贯、上下肢协调配合。
				5. 教师示范，结合口诀讲解动作方法、动作要点、教学重难点 要求：认真听讲，抓住重点，进一步理解上下肢协调配合。
		1′	3—4	6. 四人一组进行合作式、讨论式练习，在能力范围内自选高度进行通关，教师巡视指导 要求：互相观察，互相评价，互相提出改进措施。
		1′	1—2	7. 分组展示，采用不同形式评价（自评、互评、教师评） 要求：蹬地有力、动作连贯、落地轻巧，上下肢协调配合。

续表

课的部分	课的内容	运动负荷		教师组织指导与学生学习活动
		时间	次数	
基本部分 (27′—28′)		30″	1—2	8. 学生尝试加助跑跳跃一定高度的练习 要求：勇于尝试、蹬地有力、上下肢协调配合。
		1′	1—2	9. 通关跳远赛（跨过 3 个格子得 1 分，跨过 4 个格子得 2 分，跨过 5 个格子得 3 分） 要求：勇于尝试，上下肢协调配合，注意安全。
	二、游戏：爬行小达人			10. 教师小结：指出技术动作掌握情况，提出改进措施 组织：分八组，每组四人。
	游戏方法：分八组，每组四人，各站成一路纵队在起跑线后。游戏开始，爬过体操垫，仰卧屈体两手反支撑爬到标志碟处，然后快速起立返回终点。先回到起跑线者获胜。			
				教法与学法： 1. 教师示范、讲解游戏方法、规则
	游戏规则： 1. 不抢爬，不越线，击掌后才能爬	1′30″	1	2. 学生分组进行尝试性练习
	2. 按规定路线行进	2′30″	1—2	3. 分组个人争先赛 要求：发展个性，勇于争先。
	3. 按指定方法完成比赛	3′	1	4. 小组接力赛 要求：讨论战术，团结协作。

续表

课的部分	课的内容	运动负荷		教师组织指导与学生学习活动
		时间	次数	
结束部分 (2'—3')	一、放松活动 二、小结本课 小结本课目标完成情况。 三、宣布下课，师生再见，收拾器材	1'30"	1	一、组织：四列横队，呈体操队形散开 二、学法与教法 1. 跟着音乐师生同做放松练习 2. 学生说本课的收获和体会 3. 教师小结 三、要求：欢快，身心放松
器材	1. 36 块小体操垫 2. CD 机一台 3. 8 个标志碟	运动负荷生理曲线预计 次 170 160 150 140 130 120 110 100 90 80 0 5 10 15 20 25 30 35 40 分钟		全课 练习密度 35%—38% 全课 平均心率 126—130 次/分钟
课后小结				

续表

五、学习效果评价设计

本课为了促进学生认真学习，积极锻炼，身心都得到发展和满足，在教学过程中设计了多种学习效果评价，很好地达成了教学目标。

在设计教学过程中，本课教师对学习跳跃知识、掌握跳跃技能情况进行了及时的口头评价，对完成动作质量存在问题的同学，提出改进的措施。练习过程中，同学之间、同组之间进行互相观察，互相评价，互相提出改进措施，采用多元化形成性评价（自评、互评、教师评）。

本课85%左右的学生能够很好地掌握跳跃的动作方法，做到蹬地有力、上下肢协调配合、落地轻巧，能较好地达成本课的教学目标。

预计全课练习密度为35%—38%，全课平均心率为126—130次/分钟。

六、教学设计特色说明与教学反思

教学设计特色说明：

（1）在教学过程中，力图以"游戏闯关"的情景贯穿本课的始终，突出了运动的趣味性和多样性。让学生们在玩中学、学中练，提高了教学的实效性，关注到了每一位学生。既突出了技能教学，加大了练习密度，又抓住了三年级学生的特点，让学生真正成了课堂的主人。同时，教师的主导作用充分地发挥，学生在教师的引领下积极主动地进行学习，很好地完成了教学任务。

在课的基本部分中，教学方法层次分明，由易到难，循序渐进，大大提高了本课的练习密度和强度，让学生出了汗，有兴趣，很好地提高了跳跃能力，并逐步由趣味教学向技能教学过渡和延伸。在学习过程中，学生自主练习、小组合作练习的能力都得到了锻炼，积极探究的意识进一步激活。

（2）为了增加学生的练习机会（练习次数和时间），我在精讲多练、讲练结合的基础上，精心设计场地、器材。主教材发展跳跃能力的练习与游戏场地向前走就是游戏"爬行小达人"的场地，调队省时、方便、快捷，节约时间，为学生创造了更多的练习机会。在本课器材中，小垫子的使用贯穿始终，体现了一物多用。

教学反思：

教学过程中还存在一些需要改进之处，应根据学生各自不同的身体条件、运动能力做到因材施教，注重个体差异，使每一个学生都体验到体育学习和活动的成功感，多鼓励他们克服困难，树立信心，使所有学生都取得不同程度的进步和发展。

个别学生协调性和跳跃能力较弱，导致动作没有较好完成，因此课下需要加强对他们的辅导，让他们持续提高。

（二）"发展跳跃能力的练习与游戏"教学设计分析

任海江老师的这节课，教学设计内容比较丰富，格式比较规范，各环节的练习设计比较合理。整个文稿内容分为六大部分，和别的教学设计不同的是，该设计将课时计划紧跟教学流程之后，而未单列一项课时计划或教案，使得整个教学设计完整性更突出。学情从生理特点、心理特点、运动基础三方面描述与分析也比较清晰。为进一步优化该教学设计，笔者提出如下建议：

第一，重难点的表述还可以再精准些。尤其是重点，目前将其描述为"蹬地有力、动作连贯、落地轻巧"，是属于教学效果方面，这更适用于描述难点。

第二，教学目标中的人群范围应扩展到全班学生。本设计的目标设置了"使85%左右的学生掌握动作，做到蹬地有力，上下肢协调配合，落地轻巧"，而缺乏针对剩余15%左右的学生的教学目标，这少数人的教学目标应更高还是更低，由于没有呈现，所以难以判断。

第三，课的结束部分"放松活动"，应尽量具体，写清楚通过什么方式放松，这样可以更进一步判断放松活动做得是否充分，放松活动内容是否安排适宜。

第四，"教学设计特色说明"要先做一个高度的概括，然后再进一步说明是什么样的特色。这样在说课的时候，也能够让听众一下子就能明确这次说课的教学设计特色。

第五，作为一份完整的教学设计，最好增加"安全防范措施"，提高课的安全性。如果课的内容安全隐患比较突出，而安全措施又比较得力，那么可以在说课的时候做一描述；如果课的安全隐患较小，且一般的防范能够避免安全事故发生，为了节省说课时间，说课的时候可以不提及。

四、"小篮球—行进间双手胸前传接球"说课文本分析

【案例来源】中关村第二小学

【说课教师】张丽伟

【说课年级】小学五年级

【说课内容】小篮球—行进间双手胸前传接球

(一)"小篮球—行进间双手胸前传接球"教学设计

单元教学设计	
单元学习 主题	小篮球—行进间双手胸前传接球
一、单元教学设计说明	

理论依据

　　小篮球运动具有集体性、趣味性和竞争性特点，深受少年儿童的喜爱，是小学体育与健康课球类教材的重要教学内容。本单元以"健康第一"为指导思想，以学生发展为中心，注重学生的心理健康与身体健康协调发展。同时，《义务教育体育与健康课程标准（2011年版）》中指出，水平三学生的球类学习要掌握组合动作，因此，本单元教师将创设比赛情境，突出篮球运动的集体性和合作性特点，让学生在活动中体会技术动作，篮球教学贯穿小学一至六年级，低年级以游戏为主，中年级以学习基本技术为主，高年级则需要在提高技术的基础上，学习在比赛情境中连贯完成组合动作。

　　行进间传接球是比赛中快速进攻的主要技术动作，本单元主要学习行进间双手胸前传接球技术，这一技术是在学生掌握了原地双手胸前传接球技术的基础上学习的，也是学习其他战术的基础。另外，行进间传接球是需要配合才能完成的动作，通过练习不仅能够提高学生对距离、速度的判断能力，提高控球能力和无球跑位意识，还能够培养相互配合的精神，形成合作意识。我校五年级学生在前期已经初步掌握了运、传、投等基本动作，对篮球运动很感兴趣，经常在课下自发组织小组比赛，但比赛时经常合作意识不够。因此本单元将以比赛活动贯穿全程，让学生在运用中提高技术，学会合作。

续表

二、单元学习目标与重难点

（一）单元学习目标

1. 能说出小篮球的技术术语、基础知识及简单的比赛规则，能用语言描述行进间双手胸前传接球的动作要领，85%以上的学生能够配合完成行进间传接球的动作方法

2. 提高速度、力量、灵敏等身体素质，以及观察和快速判断能力

3. 积极主动参与练习、游戏及比赛，做到遵守规则、团结协作，体验小篮球活动的乐趣

（二）单元教学重点

传球时，结合接球人的位置、速度和时机，准确地将球传出；接球时能迎球跨步接球。

（三）单元教学难点

准确判断距离和速度，传球到位接球稳。

三、单元整体教学思路（教学结构图）		
课次	教学目标	教学重难点
一	1. 初步体验行进间双手胸前传接球的动作，80%左右的学生能够在慢速跑动中做到跨步接球、迈步传球 2. 发展下肢、腰腹力量，提高跳跃能力 3. 乐于参与练习，培养团结协作及自觉遵守规则的意识和能力	教学重点：跨步接球、迈步传球 教学难点：传接球协调到位
二	1. 进一步学习行进间双手胸前传接球的动作，85%以上的学生能够在中速跑动中做到连续传接不失误 2. 发展灵敏、速度素质和身体协调性 3. 乐于参与练习，遵守比赛规则，积极与同伴交流	教学重点：跑动中侧身传接球 教学难点：上下肢协调用力
三	1. 巩固提高行进间双手胸前传接球的动作方法，90%以上的学生掌握行进间双手胸前传接球的技术动作，并能成功地完成助攻 2. 发展学生的灵敏、速度素质及跳跃、协调能力 3. 培养战胜困难、勇于取胜的坚强品质，培养学生的自主团结协作能力	教学重点：对接球人速度的判断 教学难点：传接球到位，手脚协调用力

续表

课次	教学目标	教学重难点
四	1. 通过比赛提高学生技术运用能力，90%以上的学生能够做到传球准确、接球稳，并完成进攻 2. 发展学生的力量、速度、耐力、弹跳、灵敏等运动素质 3. 培养战胜困难、勇于取胜的坚强品质，培养学生的自主团结协作能力	教学重点：传球快、准，接球稳 教学难点：传接球动作与脚步动作协调配合
五	1. 学生能够在篮球比赛中将传接球与投篮动作组合运用，有球队员和无球队员互相配合 2. 发展学生的灵敏、速度素质及观察判断能力 3. 培养战胜困难、勇于取胜的坚强品质，培养学生的自主团结协作能力	教学重点：技术的合理运用 教学难点：同伴之间的默契配合

四、课时教学设计

课题	小篮球—行进间双手胸前传接球
课型	新授课☑　　章/单元复习课☐　　专题复习课☐ 习题/试卷讲评课☐　　学科实践活动课☐　　其他☐

五、教学内容分析

篮球传接球技术在比赛中有各种运用方式，都具有快速、准确和隐蔽性特点。对于上肢力量不足的小学生来说，双手胸前传接球技术便于掌握，需要有较高的准确性，行进间双手胸前传接球技术与原地传接球技术动作基本一致，但学生要重点掌握跨步接球、迈步传球的动作，了解中枢脚概念，避免出现走步违例。

本节课是单元第一次课，主要有三个学习内容：第一，初步体会行进间胸前传接球动作，让学生学会观察分析行进间传接球和原地传接球动作的区别，建立动作表象，并体验侧身慢速跑动传接球，初步掌握跨步接球、迈步传球的动作。第二，通过运球+投篮、传接球+投篮等组合动作练习，提高控球能力，为单元后期的比赛打好基础。第三，通过教学使学生掌握一些篮球基本知识、技术和技能，发展身体的灵活性和控球能力，为中学继续学习篮球运动做好准备。在课课练中根据学生上肢力量不足的情况，安排有针对性的俯卧爬行练习，发展学生的力量素质。培养合作探究学习的能力和团队意识。

续表

六、学情分析

　　小学五年级学生的身体发育正处于两个生长发育高峰之间的相对平稳阶段。他们已经有了独立思考的能力，希望获得老师和同伴的认可，有团队意识和与他人合作的愿望。另外，学生的评价能力有所提高，能够理解规则，并通过对照、反思，比较客观地对自己和他人进行评价。我所教授的班级的学生都喜爱篮球这个项目，男生更是热衷于篮球比赛。他们已经学习了运球、传接球和投篮等动作，有一定控球能力，熟悉并能遵守篮球课的纪律要求，对走步违例有了一些了解。在本节课学习中预计部分学生会出现走步、传球不准、上下肢不协调等问题，教师将通过有针对性的教法帮助学生掌握动作，但在传接球方面仍有部分学生存在动作不连贯、上下肢配合不协调等问题。在本节课学习行进间双手胸前传接球的技术时，预计学生会出现以下问题：①传球不到位，②接球不稳，③走步。我将通过以下方法进行纠正：

　　(1) 多进行原地传接球练习，提高动作连贯性和力度控制能力。

　　(2) 针对"接球不稳"的问题，提示学生伸手迎球，接球缓冲，练习时集中注意力。

　　(3) 针对"走步"问题，让学生明确中枢脚概念，同时用口令提示帮助学生体会传接球时机。

七、学习目标确定

　　1. 初步体验行进间双手胸前传接球的动作，80%左右的学生能够在慢速跑动中做到跨步接球、迈步传球

　　2. 发展下肢、腰腹力量，提高身体协调性和控球能力

　　3. 乐于参与练习，培养团结协作及自觉遵守规则的意识和能力

八、学习重难点

教学重点：跨步接球、迈步传球

教学难点：传接球协调到位

九、学习评价设计

行为表现	非常符合	比较符合
原地传接球动作连贯，传得准、接得稳		
跨步接球、迈步传球节奏清晰		
友好合作，互相鼓励		
遵守纪律和规则		

续表

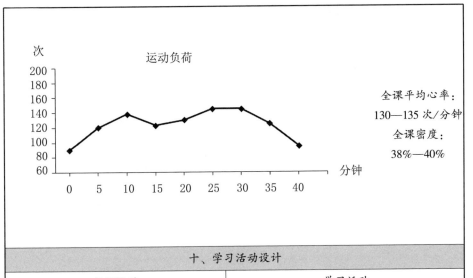

次　　　　　　　运动负荷

全课平均心率：
130—135 次/分钟
全课密度：
38%—40%

分钟

十、学习活动设计

教师活动	学习活动
环节一：开始部分 课堂常规（3′） 1. 体委整队，报告人数 2. 师生问好 3. 宣布本课内容 4. 检查服装，安排见习生 5. 队列练习，绕球蛇形跑	活动一 组织队形：四列横队 ××××××× ××××××× ××××××× ××××××× △ 学生按以上组织队形站好，体委整队报告人数，学生认真听教师讲解。 要求：集合做到快、静、齐。精神饱满，问好声音洪亮。

设计意图
提高学生注意力，让学生精神饱满，了解本课内容

续表

教师活动	学习活动
环节二：准备部分 教师示范讲解并带领学生做以下活动。 要求：讲解简明扼要，动作示范到位。 一、一般性准备活动（3′） 1. 自编篮球韵律操8节 2. 球性练习 二、专项准备活动（3′） 1. 滑步 2. 侧身跑 3. 跨步急停 要求：利用场上的线、固定目标进行各种移动练习，要求学生注意观察场上情况。	活动二 学生按照以下队形，认真看教师示范，听讲解，模仿练习，听口令做动作。 要求：注意力集中，精神饱满，动作正确。 组织队形：体操队形 ××××××× ××××××× ××××××× ××××××× △ 要求：认真观察，动作规范，反应敏捷。 组织队形：专项准备活动组织队形 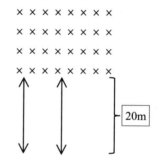

设计意图

　　1. 篮球韵律操目的是充分进行热身，为专项准备活动做铺垫

　　2. 安排侧身跑目的是让学生体会运用双手胸前传接球所涉及的移动步法。安排跨步急停是为了让学生进一步学会跑动中接球的移动技术，体会跨步接球，培养主动接球的意识，为主教材的进一步学习做铺垫

　　3. 球性练习是为了更好地巩固原地各种运球技术，并为学习行进间双手胸前传接球做好准备

续表

教师活动	学习活动
环节三：基本部分 一、行进间双手胸前传接球（15′） 动作要领： 眼视来球，伸臂迎球，接球时两手手指自然分开，拇指相对成八字，用指根以上部位持球后下方，手心空出，两肘自然弯曲于体侧，将球置于胸前。 传球时，两臂迅速向传球方向伸直，手腕翻转，拇指用力下压，食指中指用力拨球将球传出。 跑动中双手胸前传接球是一个连贯动作，手脚配合。一般左（右）脚上前接球后，右（左）脚抬起，在落地前传出球。	活动三 组织队型： 　X　X　X　X　X　X　X　X 　X　X　X　X　X　X　X　X 　X　X　X　X　X　X　X　X 　X　X　X　X　X　X　X　X
教师活动： 1. 复习原地传接球、迎面对传接力后，进行跨步接球练习，提问引出要求：明确中枢脚概念（为行进间传接球做过渡）（30′）	活动四 1. 学生复习原地双手胸前传接球，教师鼓励每一位学生思考"原地和行进间传接球的区别" 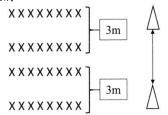
2. 教师示范讲解跨步接球、迈步传球的动作要点。听教师信号自抛球按跨步接球、迈步传球的顺序做模仿练习（3′） 3. 进行"提前量"练习（2′） 4. 教师采用固定球练习方式，跨步拿固定球练习，一人托球侧平举，学生跨步拿球做跨步接球动作，再做迈步传球动作，把球传给同伴（3次）	2. 学生自抛自接练习跨步接球动作体验"跨步接球、迈步传球"的动作要领和节奏。 3. 学生两人一组进行"提前量"练习，要求一人侧身跨步接球 要求：学生在自我分析和思考的基础上，有针对性地练习。 4. 学生3人一组，一人直臂托球，另一人做跨步接球动作跨步将球传给第三人

续表

教师活动	学习活动
5. 学生两人一组进行慢跑中双手胸前传接球练习。要求传球要有提前量，跑动时脚尖朝前，上体内转面向同伴（2′）	5. 学生两人一组练习短距离传接球，要求传球要有提前量 提问："如何迅速传球?""如何才能做到不走步?"
6. 教师指导学生进行三人一组全场快速跑动中双手胸前传接球练习。要求中间学生位置稍后，两边学生位置靠前（2′）	6. 学生三人一组快速跑动中练习双手胸前传接球 要求：判断提前量，跨步接球、迈步传球。思考："如何传球到位?"
7. 教师指导学生由慢到快自主练习双手胸前传接球练习，个别生单独辅导（2—3次） 8. 教师组织学生集体展示，自评互评（1′） 9. 教师小结	7. 学生自主练习并展示 要求：尽量做到传接球动作连贯。 8. 集体展示，学生互相评价
教学重点： 跨步接球、迈步传球	要求：默契配合。
教学难点： 手脚的协调配合	9. 学生交流本课的体会
二、传球追捕（5′） 教师指导学生半场进行传球追捕，并巡视观察。	活动五 1. 学生尝试练习一次
练习方法：指定两名学生为追捕者，在半场内移动传接球，其余学生在场内散开躲闪，当传球学生持球触及了谁，谁即变为追捕者，直至将所有学生捕尽。要求：传球者只准传球移动，不准运球或走步、犯规。	2. 学生讨论战术，进行比赛 3. 获胜组分享获胜心得，学生再比赛 要求：遵守规则，友爱、拼搏、合作，动手动脑，主动参与。游戏过程中注意安全，避免发生冲撞。
要求： 1. 认真听教师要求，完成指定动作 2. 练习过程中充分互帮互助 3. 在指定区域练习，做到安全第一 4. 引导学生思考如何有效、快速传接	

续表

教师活动	学习活动
三、游戏：投篮比赛（8′） 1. 教师讲解游戏方法及规则，并提出要求 方法： 将学生分成人数相等的四个队，每人持球在起点线后站好。游戏开始，学生分别运用运球、传接球动作到篮筐前进行投篮。规定时间内进球最多者为胜。 规则： ①不抢跑、不越线、投篮时站在投篮线后。 ②不能有走步等违例动作。 ③按照要求的路线完成游戏。 2. 指导学生游戏，提示规则 3. 组织小结 四、"课课练"——发展上肢力量素质（5′） 俯卧支撑爬行 练习方法：学生俯卧直臂支撑身体，异侧臂向前爬行。 要求：脚不用力，直臂异侧爬行。 教学方法：（1）俯卧支撑，（2）移动中爬行。	活动六 1. 学生尝试练习一次 2. 学生讨论战术，进行比赛 ①个人运球投篮比赛。 ②两人传接球投篮比赛。 3. 获胜组分享获胜心得，学生再比赛 要求：遵守规则，友爱、拼搏、合作，动手动脑，主动参与。游戏过程中注意安全，避免发生冲撞。 组织队形：四列横队体操队形 教法： 1. 教师讲解支撑爬行方法，并提出要求 2. 学生尝试练习 3. 学生根据自身能力选择练习难度 （1）原地练习（2次/人），（2）行进间练习（2次/人）。

设计意图

1. 教师采用了直观教学法和游戏比赛法进行教学，以帮助学生尽快形成动作表象，更好地激发学生的练习兴趣，使学生积极主动地学习行进间双手胸前传接球。同时，教师还采用了对比法、讲解法、模仿练习法，通过教师的讲解示范，学生更深地体会动作要领

2. 主教材运球+投篮、传接球+投篮比赛中，提高学生组合动作的综合运用能力，符合课标要求

3. "课课练"提高身体素质练习是学校体育教学的重要组成部分，各类身体素质之间是相互影响、相互促进、相互制约且具有迁移性的，因此，针对本课教学合理安排发展上肢力量的俯卧支撑爬行练习

续表

教师活动	学习活动
环节四：结束部分（放松操，教师总结，归还器材） 一、集合放松（2'） 听音乐进行放松 二、结束常规 1. 教师采用鼓励性语言激发学生自我评价，并主动示范 2. 布置课后练习 3. 安排人员回收器材 4. 宣布本课结束	组织队形： X X X X X X X X X X X X X X X X X X X X X X X X X X X X X X X X △ 在教师带领下学生做放松操，回收器材。 要求：集合迅速，认真参与自然放松。

设计意图

  有组织地结束教学活动，逐渐恢复学生机体功能，对学生进行美育教育，培养学生创造美、表现美的能力。教师采用鼓励性语言评价学生，激发学生自我评价和互相评价。

十一、作业与拓展学习设计

  1. 上肢力量：首选俯卧撑，俯卧撑很锻炼臂力和胸肌，并且俯卧撑是锻炼全身素质的

  2. 训练腿部肌肉，建议做提踵和蹲起，提踵可以训练小腿肌肉，建议20个一组

  3. 以篮球游戏和小组比赛的形式激发学生练习的兴趣，提高学生技术的综合运用能力，课上课下相结合互相促进，为学生升入中学继续学习篮球运动做好准备

十二、特色学习资源分析、技术手段应用说明（结合教学特色和实际撰写）

本课所需器材要求：

  1. 音响1台

  2. 篮球32个

十三、教学特色与教学反思

教学特色

  1. 本课采用循序渐进、由慢到快、由易到难的教学步骤，让学生充分体验行进间双手胸前传接球的技术动作

  2. 一物多用：本课从准备部分的慢跑热身及专项练习到主教材的学习，以及传接球投篮比赛，都用篮球贯穿全课，提升学生的控球能力，培养学生的团队合作意识，突出了本课重点

第二章
说课文本分析

173

第三部分
体育教师说课
——案例分析

续表

---

3. 小组学习培养责任意识：设置小组长（技术好的学生），帮助技术差的学生改进技术动作。同时，以小组练习的方式，培养学生的责任意识和团队意识，发展探究学习的能力。始终贯穿"篮球意识"的培养，从而使学生具有在比赛中正确地驾驭技术、支配战术的意识

教学反思

在游戏的设计上，尽可能照顾到每名学生，让学生都体验到篮球运动的魅力。

（二）"小篮球—行进间双手胸前传接球"教学设计分析

说课案例"小篮球—行进间双手胸前传接球"的教学设计，结构比较完整，设计思路清晰，各部分格式比较规范，系统呈现了单元教学设计与课时教学设计的思路、方法和内容。既列出了整个单元的目标和重难点，还对该单元的每一课时的教学目标和教学重难点做了较为详细的介绍。课时教学设计中，教学内容分析和学情分析比较全面和具体，为上好该节课做了充分准备。学习活动的设计具体而明了，不仅呈现出了教学的每一个环节内容和师生活动的方式，而且一一介绍了设计意图，给人耳目一新的感觉。本案例中的"作业与拓展学习设计"内容也能启发我们既要注重课堂教学，也要强调课内外相结合，这样才能更全面系统地发挥体育对学生身心健康的促进作用。

为了更加优化该案例文本内容，下面提出有待进一步完善的几方面。

关于目标表述。无论是单元教学目标还是课时教学目标，一方面，要注重照顾到全体学生，而本案例中的教学目标只呈现了大多数学生的目标要求，而未写明剩余少部分学生要达到的目标；另一方面，在目标的表述上要尽量一致，一份设计尽量不要同时出现多个表述，如在单元设计中，每一课时的目标用的是"教学目标"，而具体到该课的目标时，用的却是"学习目标"。值得注意的是，同一目标在教学设计的前后要能够保持一致。该案例出现表述前后略有不同之处，如在单元教学设计总的课次一中第二条目标表述的是："2. 发展下肢、腰腹力量，提高跳跃能力。"而课时教学设计中的对应该目标的表述是："2. 发展下肢、腰腹力量，提高身体协调性和控球能力。"

关于学习评价。该课评价表的设计缺少对全体学生的考虑，而主要顾及的是学习相对较好的学生，其行为表现通过"非常符合""比较符合"区分学生的学习情况，未能充分考虑到：假如班级内有学习行为表现"不符合"的学生，那该如何填写该评价表？因此建议增加一列"不太符合"的选项。

关于课后作业。由于学生之间或多或少会存在个体差异，所以在给学生布置课后练习作业时，需要将学生的差异性考虑进去。诸如男女生的差异、同一性别素质基础差异、兴趣爱好差异等。尽可能地体现学生家庭体育作业类型、内容、量等的规定性与自主选择性。

五、"小足球游戏—踢球比准"说课文本分析

【案例来源】北京市海淀区万泉小学

【说课教师】刘峥

【说课年级】小学二年级

【课程内容】小足球游戏—踢球比准

（一）"小足球游戏—踢球比准"教学设计

一、指导思想与理论依据

全课以《义务教育体育与健康课程标准（2011 年版）》为依据，坚持"健康第一"的指导思想，以学生发展为中心，全面贯彻"育人"标准，遵循学生的身心特点及认知规律，科学合理地组织课堂教学。

在课堂教学中，既关注学生的个体差异，又关注教师与学生之间的互动环节；既关注学生对体育活动的兴趣，又关注体育课的运动量；既关注学生独立学习的过程，又关注同学之间合作学习的过程。

在组织教学的过程中，要求做到主动合作，积极参与，从而达到培养学生乐学、善思品质的教育目的。

续表

二、教学背景分析

1. 教材分析

　　各种方式的小足球游戏其实就是一种对能力的培养，教材中踢球比准游戏与足球比赛中点球射门有些相似，但不同的是踢球比准更加适合二年级学生的年龄特点，强调左右脚协调发展，接近足球专业课射九宫门踢准练习，其主要目的是发展力量和灵敏素质，具有很强的趣味性、竞争性，可以有效提高学生的判断力和控制力。

　　小足球游戏在 2012 版人民教育出版社教材中共有四个教学内容，就万泉小学二年级体育课而言，我们选择第二个内容与第三个内容组成一个单元课时计划，目的是将脚内侧踢地滚球与脚内侧踢准两个游戏串在一起，使学生掌握动作更加稳定，真正做到在游戏活动中掌握灵活的动作方法。

　　从教材的前后顺序看，学生会在掌握传地滚球游戏的基础上学习踢球比准，踢球比准更加强调力量和准确性。

　　本教学内容：小足球游戏共 4 节课，本课为第 3 次课。

课次	教学内容	教学重难点
第 1 次课	初步学习传球地滚球游戏的动静相结合的方法，使 85% 左右的学生相距 3 米基本掌握用脚内侧踢球的中后部；接球脚自然伸出迎球，做到踢球时让球贴地面沿直线向前滚动，接球时把球停在脚下。使 15% 左右的学生能够正确地掌握脚触球的位置。	重点：脚触球的部位和支撑脚的选位。 难点：踢得正、滚得直、停得住。
第 2 次课	进一步学习传球地滚球游戏在运动中的动作方法，使 90% 左右的学生准确掌握用脚内侧踢球的动作方法，做到踢球时让球贴地面沿直线向前滚动，接球时把球停在脚下。使 10% 左右的学生能够正确地掌握脚触球的位置。	重点：脚触球的部位和支撑脚的选位准确。 难点：踢得正、滚得直、停得住。
第 3 次课	初步学习脚内侧"踢球比准游戏"的方法，使 85% 左右的学生能够掌握脚弓触球中后部，将球踢进球门，15% 左右的学生能够完成在缩短距离情况下，将球踢进球门。	重点：踢球脚的部位。 难点：目标的准确。

续表

课次	教学内容	教学重难点
第4次课	进一步学习脚内侧踢球比准游戏的动作方法，使90%的学生能够做到踢球有力、准确。	重点：踢球的力点、目标准确。 难点：上下肢协调用力。

2. 学情分析

由于学生的年龄较小，力量素质较差，特别是肢体的支配能力较弱，将球随意踢出容易，而踢准则比较困难。因此，通过"踢球比准"的游戏，不但可以发展学生的下肢力量，同时也能够发展学生的控制力和判断力，以及灵敏性和协调性等。

通过对学生年龄段的分析，针对上课的二（2）班学生来讲，七岁孩子骨骼正处在发育过程，运动能力不是很强，身体的协调性和灵敏性有待提高，学生注意力不易集中，形象思维占优势。他们活泼、好动，身体素质普遍较好，学习能力较强，但学生的运动能力、性格爱好具有一定的差异，男女生性格表现开始显现差异，动作技能的掌握也出现分层。班内有2名协调能力较弱的学生。

易犯错误

1. 踢球脚部位不正确
2. 侧身踢球

纠正方法

1. 在脚弓部位贴上标记，通过分解动作踢固定球模仿练习
2. 用语言提示身体正对球门

三、教学目标（含重难点）

1. 教学目标

（1）初步学习脚内侧踢球比准的方法，使85%左右的学生能够掌握脚弓触球中后部，将球踢进球门，15%左右的学生能够完成在缩短距离情况下，将球踢进球门。

（2）发展学生力量、速度、灵敏、协调等身体素质，发展学生下肢力量。

（3）在相互合作学习中，培养学生勇于进取、不怕困难的良好品质，树立其互帮互助的团队精神。

2. 教学重难点

重点：踢球脚的部位。

难点：目标的准确。

第二章
说课文本分析

177

第三部分
体育教师说课
——案例分析

续表

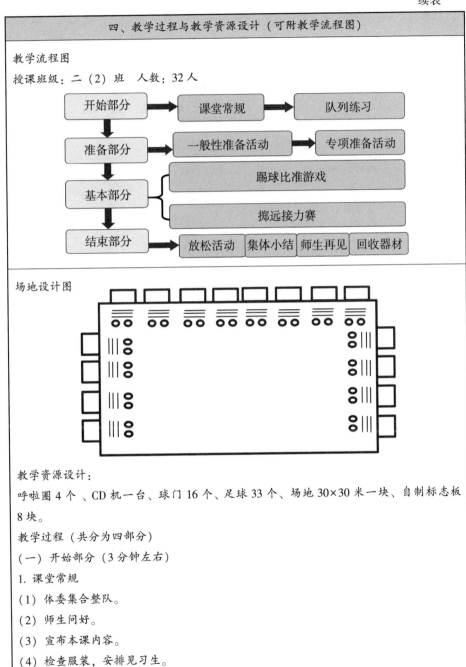

四、教学过程与教学资源设计（可附教学流程图）

教学流程图

授课班级：二（2）班　人数：32 人

教学资源设计：

呼啦圈 4 个、CD 机一台、球门 16 个、足球 33 个、场地 30×30 米一块、自制标志板 8 块。

教学过程（共分为四部分）

（一）开始部分（3 分钟左右）

1. 课堂常规

（1）体委集合整队。

（2）师生问好。

（3）宣布本课内容。

（4）检查服装，安排见习生。

续表

2. 队列练习

(1) 稍息、立正。

(2) 看齐。

(3) 原地三面转法。

(4) 踏步走—立定。

(5) 报数小游戏。

(6) 传球小游戏。

组织：全班成四列横队集合

教法与学法：

(1) 教师提出本节课内容与要求，学生积极参与。

(2) 在教师口令下进行队列练习。

要求：动作整齐、口令洪亮。

【设计意图】培养学生养成良好的课堂常规，增强学生集体意识。

(二) 准备部分 (6分钟左右)

1. 一般性准备活动

(1) 揉球。

(2) 连续脚踩球。

(3) 散点带球小游戏。

游戏方法：学生散点进行带球练习，听到哨音分别快速做出用膝盖停球和臀部坐球动作。

组织：四列横队成体操队形。

教法与学法：

(1) 听音乐，师生共同完成动作。

(2) 教师在领操中用语言提示要点。

要求：

(1) 认真模仿教师动作，尽量做到准确。

(2) 动作舒展大方有力。

【设计意图】教师在音乐伴奏下带领学生进行热身活动，从而达到热身目的。

2. 专项准备活动

(1) 活动手腕、肩、腰、膝、踝关节 (2×8拍)。

(2) 小游戏"拨球比多"。

游戏方法：游戏开始每名学生听哨音进行脚内侧拨球，规定时间内多者获胜。

续表

组织：四列横队成体操队形。

教法与学法：讲解示范动作并组织学生一起游戏。

要求：积极参与游戏，注意安全。

【设计意图】专项准备活动针对性强，能激发学生学习兴趣，集中学生注意力，为主教材教学做好铺垫。

（三）基本部分（28分钟左右）

1. 踢球比准游戏（17分钟左右）

动作方法：支撑腿微屈，重心稍下降，用摆动腿的脚内侧击球的中后部，将球向前方的标志区或标志物踢出。

组织：前后二人一组，如下图

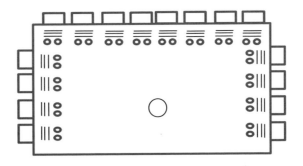

教法与学法：主教材的学习分四个步骤。

第一步：诱导练习

教师引导学生复习上节课脚内侧传地滚球动作，提示学生脚触球部位要正确。（5—8次）

【设计意图】复习上节课所学动作，为学习新的内容做好铺垫。

第二步：学习过程

（1）教师示范讲解脚内侧踢球比准动作方法。

（2）教师借助口令带领学生原地进行（左、右脚）模仿练习。（5—8次）

【设计意图】教师利用直观教学法，帮助学生建立正确动作概念，同时强化动作要点。

（3）在教师指挥下学生2人一组进行自选距离（2m、3m）脚弓射门练习，教师巡视指导。（15—20次）

【设计意图】进一步巩固要点，能够将要点通过动作表现出来。

（4）4人一组，由各组小骨干指挥分组练习，可自选不同距离（2m、3m、4m）练习，教师巡视指导提示要点。（5—8次）

【设计意图】发挥小骨干作用，教师进行薄弱学生指导。

（5）请2—3名优秀学生表演。（1次）

【设计意图】集体进一步改进动作，借助手势对同伴进行评价。

第三步：拓展练习

（1）4人一组借助自制教具自主选择射门练习。（借助标志板自由选择距离：2m、3m、4m，进行射门）（5—8次）

【设计意图】学生自主选择性练习，增强练习兴趣，同时满足不同学生需求。

（2）小组集体展示。（1次）

【设计意图】教师了解学生掌握动作情况，为归纳总结做好准备。

第四步：归纳总结

教师带领学生进行集体小结。

【设计意图】教师用谈话方式进行小结，帮助学生完成简单的归纳总结。

要求：认真练习，积极思考，团结协作，注意安全。

2. 游戏：掷远接力赛（11分钟左右）

游戏方法：

学生分为人数相等的8组，每组4人，每人一球。双手持球举过头顶向前抛球，动作模仿足球比赛掷界外球动作。比赛时每组排在最前的学生站立于起跑线，将球向前投过标志线，并迅速将球捡起，站到对面标志线并将球举过头顶；下一名学生将球投出，依此类推，最先完成组为获胜组。第二次游戏时，听到哨音，第一名学生持球跑到对面投掷区，将球投入球门后，将球抱回交给下一名学生，最先完成组为获胜组。

游戏规则：

（1）做到不踩线、不越线。

（2）球举过头顶后下一名学生方可将球投出。

（3）球投进球门方可返回。

组织：8路纵队（见下页图）

第二章
说课文本分析

181

第三部分
体育教师说课
——案例分析

续表

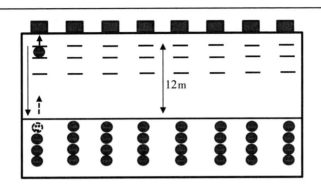

教法与学 14 法：

（1）教师讲解游戏方法及规则。

（2）学生 4 人一组尝试性游戏，教师评价。

（3）学生 4 人一组进行掷远比赛。

（4）学生 4 人一组进行投准比赛。

（5）教师进行阶段小结。

要求：服从命令，听从指挥，遵守规则，安全第一。

【设计意图】依据科学锻炼原则，使学生上下肢得到全面均衡发展，通过游戏培养学生互助友爱的团队精神。

（四）结束部分（3 分钟左右）

1. 放松活动

2. 集体小结

3. 师生再见

4. 回收器材

组织：四列横队

教法与学法：

（1）教师组织引导并提出要求。

（2）师生在音乐伴奏下集体放松。

（3）在教师引导下进行本课小结。

要求：动作优美，节奏分明，积极应答，互助友爱。

【设计意图】

（1）通过音乐进行放松，帮助学生养成科学锻炼的好习惯。

（2）集体小结，让学生学会简单描述本课学习内容。

续表

五、学习效果评价设计

1. 在教学过程中，评价以自我评价、同学评价及教师肯定性评价为主，做到直观、有效。学生在主教材的练习中预计每人能够完成 45 次左右，预计 85% 以上的学生能够完成教学目标，15% 左右的学生能够完成在近距离情况下的踢准小游戏

2. 本课练习密度预计 40% 左右，平均心率预计 135—138 次/分钟

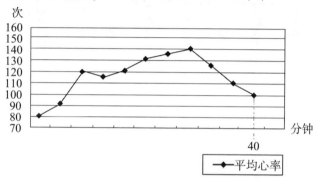

六、教学设计特点与教学反思

（一）教学设计特点

1. 一物多用

　　教师全课利用足球贯穿课堂四个部分。从上课取物到准备活动的小游戏，从主教材练习到掷远游戏，延续到放松活动，充分利用现有器材，做到一物多用。

2. 自制教具

　　主教材学习中，采用自制标志板辅助教学，标志板作为目标，当球踢到板上会发出响声，以声音作为评价学生踢准的标准，这一方法极大地调动了学生的学习兴趣。

3. 创设三条起始线，满足不同学生需求

　　在教与学中，教师为不同程度的学生设计三条线，2 米线为普通学生设计，3 米线为中等学生设计，4 米线为足球运动员学生设计。

（二）教学反思

　　其一，就易犯错误中侧身踢球动作而言，虽然有踢固定球练习，教师反复提示强调支撑腿重心下降，支撑脚正对出球方向，但是还是出现一名学生踢球时左脚内扣，右脚稍好点，其原因为平日里走路姿势是内八字，脚的吃力点不在正前方，造成侧身踢球。

　　其二，发现女学生比男学生侧身的多，其原因为虽然女生协调性高于男生，但是在足球

第二章
说课文本分析

183

第三部分
体育教师说课
——案例分析

续表

踢球上，男生协调性高于女生。就二（2）班女生而言，有2—3名学生由于下肢力量不足，造成侧身踢球。通过本节课的学习，我认为需要对这几名学生进行课后延伸辅导，练习的内容为单人对墙踢练习和踢固定球练习，争取在下次课中解决问题。

（二）"小足球游戏—踢球比准"教学设计分析

说课案例"小足球游戏—踢球比准"的教学设计，整个文本比较全面、系统，内容比较具体、详细。教材分析和学情分析也比较到位，在教材分析中还对该节课所处的单元进行了详细介绍，在该部分还分析了主教材学习易犯错误与纠正方法。教学目标设置充分考虑到了教学班的全体学生，既有大多数学生要完成的任务，还有小部分学生学习应达到的程度，比较关注全体学生的发展。在教学步骤中，较为明确地介绍了各部分的设计意图，能够让人们很清晰地了解各环节为什么这么教、学生怎么练、为什么这么练等。

为了进一步完善该案例的教学设计文本内容，提出以下几点建议。

关于概念表述。一是教学内容与教学目标概念不同，具体呈现的表述方式也应有区分。本说课案例的教学设计文本，单元计划中有一列写了"教学内容"，但具体每一课时部分写的却是教学目标中的运动技能目标。因此，目标与内容的一致性问题应引起注意。二是教学流程与课的流程含义不同，具体要呈现的方式应有差异，教学流程主要是指主教材教学方法步骤的高度概括，而课的流程是一节课从开始部分集合整队，一直到结束部分放松活动等的全过程的缩影。本案例的教学流程图呈现的实际上是课的流程图。

关于简与繁。本案例"教学过程与教学资源设计"可以进一步优化，除了教学过程通过教学流程图概括性呈现以外，教学资源设计部分仅仅列出了场地器材种类与数量，实际并未做具体设计。

下面对说课文本及其分析做一个简单的归纳。

说课文本也不少，　多种形式都见到；
教学设计看文本，　优良中差可区分；
说课文本相比较，　规范合理要能保；
问题集中重难点，　二者表达难分辨；
目标确定有不全，　关注人人是关键；
安全防范要常有，　文本缺失要补救。

后　记

　　备课、上课、看课、评课、说课"五课"的门道终于要画上圆满的句号了，感觉到一下轻松了很多。从 2007 年开始规划并着手撰写这套"体育教师专业发展丛书"以来，历经 12 年的看、听、思、记等的积累与创作，深感对体育课的认识有了一步步的提高，对如何备课、如何上课、如何看课、如何评课、如何说课等探索出了点门道，并以"五课"门道系列奉献给广大的一线体育教师和热衷于体育课程教学与体育教师专业发展研究的专家学者们。诚恳希望能够得到大家的批评和指正。

　　从 2014 年出版"五课"门道系列第一本《看课的门道》开始，本丛书的编辑出版就得到了教育科学出版社相关领导和编辑的大力支持，在他们的辛勤付出和关心帮助下，"五课"的门道才得以顺利出版发行，才能够让我的体育教育思想更好地得以在实践中接受检验，并完成为广大一线体育教师做好服务的夙愿，再次衷心地感谢他们！

　　在整套书的选题、创作过程中，我得到了恩师毛振明教授的悉心指导。他为每本书写了序，不仅帮我道出了"五课"门道创作的初衷，还为我今后的成长与学术水平的进一步提高指明了方向。感谢恩师的教导！

　　这套丛书的出版，也得到了广大读者的关心、支持和厚爱。许许多多的读者发来了祝福，有些教研员组织开展教研活动时针对本套丛书内容做专题研讨，有些一线教师用这套丛书作为成长发展、提高体育教育教学能力的重要参考，还有些读者诚恳地提出了进一步完善的建议。衷心地感谢每一位关心、支持和帮助我的读者们！

　　这套丛书终于完成了，但这并不意味着研究创作的终点，我会将其作为一个新时期新的发展阶段的起点。为了祖国教育事业的发展，为了青少年儿童健康全面的发展，为了老师们的不断进步，为了能为国家的体育教育事业做出更大的贡献，我会加倍努力，不忘初心，牢记使命，砥砺前行，认真投身于大中小（幼）一体化体育课程理论体系的建设中，致力于一体化课程的改革与实践。

体育强国，学校体育工作者和体育教育研究者肩负伟大的历史使命与重任。为充分发挥体育学科的教育功能和健身价值，我们一起努力！愿我们国家的体育教育事业蓬勃发展，愿我们的努力能够使我们的学科在德智体美劳五育人才培养中发挥重要的作用。

2019 年 10 月 10 日
于中国教育科学研究院